新世纪法学教材

顾功耘　主编

经济法教程

（第三版）

jingjifajiaocheng

上海人民出版社
北京大学出版社

主　编　顾功耘

副主编　徐士英　吴　弘

参　编　(以写作分工为序)

顾功耘　刘哲昕　魏　琼

陈少英　徐士英　胡改蓉

贾希凌　杨勤法　吴　弘

第三版前言

《经济法教程》(第二版)已经使用七个年头了,早就想修订出版新的版本,无奈事务头绪繁多,无法静心安排。假如能为拖延修订找到托辞的话,那就是再版书的社会评价还过得去。两年前,我们的教程又一次荣获省部级一等奖(上海市高校优秀教材)。获此荣誉是无愧的。全国经济法出版的教材可说有数百种,绝大多数从体系到内容大同小异,我们的教程独树一帜。全书七大编有总论有分论,还有有相当学说价值的史论。在内容上,我们有经济法基本理论的分析,更有关于经济法律制度层面的解说。值得被肯定的是,我们在十多年前就已经超前意识到国有经济参与法和市场运行监管法在经济法中的重要地位。即使用今天的眼光审视,这些内容仍然不失相当的创新性和超前性。从纯学术的角度看,我们的教程仍存有不少争议,我们也未能使学界一致信服。但是我们确信:该教程理论自成一体,比较贴近现实,学了可以致用。即使读者不认同的观点也可以为自己思考留下想像的空间,激发创新的动力。洋洋百万余字的"一块砖",也许不少人拿到手下意识地就有些不耐烦,但如果潜心研读,获得的不仅仅是体系化的经济法知识,更重要的是经济法治的战略思维和宏观意识。正因为如此,本次修订我们保持了原有的理论体系框架以及基本结构。

对于经济法以及经济法学的发展来说,最近几年国内外发生的几件重大事件是不得不加以特别关注的。一是2008年发生的美国金融危机。危机后美国国会通过立法程序由总统颁布了一系列法案,其中主要包括《2008年美国紧急经济稳定法案》、《2009年美国复苏与再投资法案》、《2010年华尔街改革和消费者保护法案》。尽管美国并没有所谓的"经济法"概念,但细心研读这些法案并结合其背景分析,经济法的实质便昭然若揭。我们很有必要认真研究和借鉴美国的经济法。二是2011年颁布的《中华人民共和国国民经济和社会发展第十二个五年(2011—2015年)规划纲要》。这个纲要是根据《中共中央关于制定国民经济和社会发展第十二个五年规划的建议》编制的,主要阐明国家战略意图,明确政府工作重点,引导市场主体行为,是未来五年我国经济社会发展的宏伟蓝图,是全国各族人民共同的行动纲领,是政府履行经济调节、市场监管、社会管理和公共服务职责的重要依据。除了社会发展的内容,纲要的其余部分均是经济法的重要内容。三是2012年年底召开的党的第十八次全国代表大会。大会报告明确提出了全面建成小康社会和全面深化改革开放的目标，具体提出了经济建设、政治建设、文化建设、社会建设以及生态文明建设五项任务。在经济建设方面，要求加快完善社会主义市场经济体制，完善公有制为主体、多种所有制经济共同发展的基本经济制度，完善按劳分配为主体、多种分配方式并存的分配制度，更大程度更广范围发挥市场在资源配置中的基础性作用，完善宏观调控体系，完善开放型经济体系，推动经济更有效率、更加公平、更可持续发展。这些内容在今后相当长的时期内将成为我们建设法治经济的主要依据。四是2013年我国新一届政府组成。新一届政府已经下决心转变政府职能，减少行政审批，将能够交给社会和市场解决的事项尽量交给社会和市场，政府将自己应当管起来的事情管起来，期望进一步释放体制改革的正能量，收获改革的红利。前不久，李克强总理在国务院机构职能转变动员电视电话会议上明确指出："要切实加强市场监管。我们最大限度地放权，一个重要目的就是要为各类市场主体营造公平竞争的发展环境。只有建立公平的环境，才能实现公平的竞争。目前，我国市场经济秩序还很不规范，经营不讲诚信、假冒伪劣屡禁不绝、侵犯知识产权时有发生、寻租行为不少。这些现象得不到有效制止，对于诚实守信的经营者就是不公平，就会产生'劣币驱逐良币'的扭曲现象，从而伤害整个经济健康发展。这不仅会影响国内各种所有制企业的正常经营，也会影响国外投资者来华投资发展。所以，我们这次改革绝对不是一放了之，在放权的同时必须加强市场监管。"我们这次修订要求编写者根据上述新情况、新精神对教程的相关内容作出调整。当然，要完全和准确反映还是有困难的，读者在阅读本教程时仍要结合相关参考文献来理解和拓展。

本书修订的变化有：第一编总论部分增写了国家经济安全原则、经济法责任与经济公益诉讼，同时对通篇的文字做了修剪；第三编宏观调控法律制度部分由陈少英教授重新编写，缩减了价格法律制度一章；第四编需要说明的是，第二十章反倾销和反补贴法律制度部分原系贾希凌副教授编写，现由杨勤法副教授负责修改；第五编国有经济参与法律制度部分由胡改蓉副教授重新编写，其中还增写了国有资产基础管理法律制度一章；第六编对外经济管制法律制度由贾希凌副教授（第二十七章至第二十八章）与杨勤法副教授（第二十九章至第三十一章）根据新修订的相关法律法规做了调整，同时对多余文字做了删减。其余编章均由原编写者重新作了较大幅度的修订。

在本次修订中，经济法学研究生苏苗声、平娜、周小龙、孙赟嘉、梁程、孙哲、孙鹏和薛晟等同学冒着40度左右的酷暑对全书的文字认真作了核校。胡改蓉副教授协助我对修订后的文稿作了部分统稿和审校，并作了琐碎的组织与联络工作。出版社王舒娟女士为本书的修订完善也付出了辛勤劳动。在此，对他们所给予的真诚帮助和无私奉献一并表示诚挚的谢意！

顾功耘

2013年8月6日于上海闵行寓所

再版前言

本书第一版出版是在四年以前。可以说，该书以其全新的体系和内容很快得到了市场的认可。不少高校的法律院系采用了我们的教程。尤其幸运的是，该书出版一年后在司法部组织的优秀法学成果与教材评奖中获得了全国一等奖的殊荣。在经济法教材种类繁多、竞相投入市场的情况下，我们的教程在四年中累计发行了数万册。在此，我要衷心感谢我们的同仁们在写作方面的精心努力以及所有读者的积极支持。

最近几年，我国的社会经济政治等方面都取得了很大成就，也发生了很大的变化：我国有效抑制了经济运行中出现的不稳定不健康因素，成功战胜了非典疫情和重大自然灾害的挑战，从容应对加入世界贸易组织后的新变化，国民经济持续较快发展，工业化、城镇化、市场化、国际化步伐加快，“十五”计划确定的主要发展目标提前实现，经济体制改革不断深化，对外贸易迈上新台阶，国家财政收入大幅度增加，价格总水平保持基本稳定，城乡人民生活进一步改善，民族团结不断巩固，各项社会事业取得新进步，社会主义民主政治和精神文明建设继续加强。工作的重心更多地转向以科学发展观为指导着力自主创新、完善体制机制、建立和谐社会等方面，以便全面提高我国的综合国力、国际竞争力和抗风险能力。2005 年 10 月 11 日中国共产党第十六届中央委员会第五次全体会议通过了关于制定国民经济和社会发展第十一个五年规划的建议，今年 3 月 14 日全国人大第十届四次会议批准了国民经济和社会发展第十一个五年规划纲要。在今后一段时间内，我们将全面贯彻“十一五规划”的精神，实现“十一五”时期经济社会发展的奋斗目标和主要任务。所有这一切，都会构成对我们的经济法教学和研究最直接的影响。

我们的《经济法教程》虽然在编写理念和内容上具有相当的超前性，也基本符合当前经济社会发展的实际，但是在涉及一些具体规范和制度上仍然存在不适应的情况。为了方便读者学习，我们组织了这次修订。修订的指导思想是使本书与“十一五规划”精神更为贴近，教学更具有适用性。这次修订各编内容均有所变化，有的编变化多一些，如市场秩序规制制度、国有经济参与制度、涉外经济管制制度等；有的编变化少一些，如总论和宏观经济调控制度等。尽管我们做了相当的努力，希望本书能够更上一层楼，但也不免仍会出现一些疏漏和错误。我们真诚地欢迎各位读者多多批评指正。

参与本次修订的作者除了原作者外，杨勤法先生参与了涉外经济管制法律制度一编的部分撰写。张忠野先生撰写的国有经济参与法律制度一编参考了我等今年年初出版的《国有经济法论》（北京大学出版社）论著的部分内容。在本次修订中，我要特别感谢我的两位博士生杨勤法先生和贾希凌小姐，是他们在我工作十分繁忙时花费了大量时间和精力，协助我完成了对全书书稿的审定和文字校对。

顾功耘

2006 年 7 月 30 日于上海

前言

进入新的世纪，中国经济体制改革的步伐将进一步加快，经济的发展也将以前所未有的速度变化着。毫无疑问，这将又会给经济法学科的大勃兴以及国家的经济法制建设带来新的机遇。尽管经济法的最初产生与市场经济并不存在必然的因果关系，但在经济法走向成熟的过程中，各国市场经济运行体制与机制的完善越来越离不开经济法的作用。现代市场经济与信息网络等高新技术密切相连，经济全球化趋势正日益逼进我们的生活。在这样的大背景下，市场的竞争将日益激烈，结构性矛盾将日益突出，防范经济风险尤其是金融风险会变得越来越重要与艰难，与此同时，市场对经济法的依赖程度正空前提高。一方面，市场发展需要政府加强宏观调控的力度，以保证宏观经济整体平衡和协调；另一方面，市场运行需要政府强化对各种要素的有效监督和管理，以保证社会经济公正、公平、稳定、有序。随着时间的推移，经济法自身的发展与完善也会进入一个全新的境界。

中国前20年改革时期的经济法，无论是理论的准备还是实践的探索都是艰辛的、曲折的，尽管取得了不少的成就，但仍然存在众多遗憾。我们还不能说，经济法的理论已经成熟，经济法的理念和精神已经被多数人所接受、所掌握，经济法制建设已经受到应有的重视。甚至连经济法这样的概念也还远没有像学者们所津津乐道的那样深入人心。即使到了今天，还有不少从事经济法教学和研究且感觉不错的同仁仍然没有划清民法、商法、行政法与经济法之间的界限。在实际工作部门，还谈不上用经济法的思想与理念指导我们的执法、司法工作。经济法“虚无”的主张也还有一定市场。我们前面还有很长一段路要走。

我们为经济法在世纪初遇极好机遇而鼓舞，我们又为经济法发展的现状而感焦急。我们惟一能做的是：努力写好一本教科书，培养更多的经济法人才。培养高素质的人才是我们的任务，也是我们一直所追求的理想目标。我们感到：要发挥学生学习的主动性和积极性，就应不吝笔墨，将教科书尽可能写深写透。本教科书共分七编，第一编是总论，主要解决经济法的一般理论问题，如经济法的调整对象，经济法的概念，经济法的基本原则，经济法与经济体制改革的关系，经济法的实施等。第二编是论述经济法律制度的历史变迁，这一编不仅回顾了经济法产生和发展的过程，而且分别介绍了经济法在不同法系国家产生的背景及发展的特点。第三编至第七编分别论述宏观调控法律制度、微观规制法律制度、国有经济参与法律制度、涉外管制法律制度和市场监管法律制度。本书的内容安排尽可能照顾到教育部关于经济法这门主干课程教学大纲的基本要求，适合于法学专业本科的教学。

本书写作的特点是力求以新的视角考察我们所研究的对象，对经济法的若干基本范畴作了重新界定。这样做并非刻意追求标新立异，而是为了使我们的经济法研究更加贴近现实的经济生活，能够指导实践并解决一些现实的问题。

经济法不仅要规范参与市场经济活动的主体行为以及约束政府的经济管理行为，而且要引导经济体制的变革和促进经济的发展和繁荣。本书着力阐述了经济法在经济体制改革中的作用，同时对政府经济职能的转变提出了新的构想。本书后五编的主题实际就是围绕着政府的五种职能而展开论述的，这五种职能是宏观调控、微观规制、国有参与、涉外管制和市场监管。中国进入世界贸易组织以后，政府职能能否转变以及如何转变问题已经成为亟待解决的问题。我们指望本书的观点多少能给那些极力推动这一改革的人们一些启发。

本书的写作分工如下：第一编总论由顾功耘、刘哲昕撰写；第二编经济法律制度的变迁由魏琼撰写；第三编宏观调控法律制度由郑少华撰写；第四编市场秩序规制法律制度由徐士英撰写；第五编国有经济参与法律制度由张忠野撰写；第六编对外经济管制法律制度由贾希凌撰写；第七编市场运行监管法律制度由吴弘撰写。本书由我负责策划，在拟订大纲的基础上征求了作者们的意见；初稿完成后，又召开了全体作者审稿会；最后由我审查定稿。

在本书写作过程中，得到了本院有关领导和专家的关心和支持。金融法专家蔡福元教授花了大量精力和时间审阅了本书稿的全部内容，并提出了许多有价值的修改意见。经济法系办公室冯树宏老师、胡叶老师做了相当多的组织、联络与文字整理工作。井涛博士在本书交付印刷前，协助我做了相当认真的审校。特别需要提出的是，上海发展汽车工业教育基金会为本书的出版给予了大力资助。上海人民出版社的何元龙先生、范蔚文先生以及责任编辑王舒娟女士也为本书的出版付出了极大的努力。在此，我们一并表示衷心的感谢！

相信本书的出版，会引起我们的读者对经济法更深入的思考和探索。经济法的创新与发展是一个长期的过程，我们的尝试一定存在着不成熟，本书内容不免会有缺陷，少数章节的内容不够充实，敬请专家、读者提出批评意见，我们定会虚心接受，认真改进。

顾功耘

2002年1月16日于上海华政园

目　录

第二编　经济法律制度变迁史

第四编　市场秩序规制法律制度

第六编　对外经济管制法律制度

第七编　市场运行监管法律制度

第一编

经济法总论

1

第一章
经济法的调整对象

第一节 经济法调整对象是经济法学研究的核心问题

一、经济法调整对象是经济法学研究的逻辑起点

经济法学是一门部门法学，因此其研究方法必然遵循法学研究的固有传统。①在法学研究的领域里，人们往往将部门法的概念作为其所有研究的逻辑起点。的确，对于一门学科研究来讲，一个准确的概念是十分重要的，它极大地凝结了人们对于该学科内在质的规定性的深刻认识。在法学研究中，只有定义好部门法的概念，深刻把握其内涵，才能在随后的论述中合乎逻辑地演绎该部门法的具体外延。有鉴于此，几乎所有的学者无一例外地将部门法的概念研究作为其部门法学论著的开篇，以期能够提纲挈领，为随后的论述奠定基础。

然而需要指出的是，任何概念都是一个意群，都或多或少地由不同的内在要素构成，我们将之称为概念的构成要素。与其说以概念作为研究的起点，还不如说以概念的构成要素作为研究的逻辑起点更为准确。当然，在概念要素中应有必要概念要素与非必要概念要素的区分，必要概念要素奠定概念的主体框架，描绘概念的整体脉络，因而是必不可少的。非必要的概念要素则可以令概念更加丰满充盈、生动翔实，但其得失应无碍于概念的基本形成。故研究一个部门法的概念，首先必须研究构成该概念的必要概念要素。

何为部门法的必要概念要素呢？考察传统法学理论可知，部门法作为法整体的分支，

① 在经济法独立性问题受到诸般困扰的时期，部分经济法学者为了摆脱这一境地，相继提出经济法应该跳出传统法学的范畴，而应理解为一门经济与法的学科，所谓“三分法律，七分经济”、“法律与经济，经济更重要”等等。我们认为，在法与经济关系的链条中，每个人确实都可以基于不同的出发点而取其环节之一展开研究，并不必一定要在法学的范畴中研究两者的关系，故而方有“法经济学”等学科的昌盛。但是承认他学科的存在并不一定要建立在抹杀自身特质的基础之上，既然我们在法学的领域中也提出了“经济法”的研究命题，那么首先要坚持的就是依照法学的学术传统在法学大范畴中建立起独立的经济法部门概念，如果求证的最终结果是独立的经济法部门无法或不值得建立的话，那么我们就应该勇敢承认这一法学理论的失败，但是在未曾进行确证的情况下即从法学领域脱身，转而引用他学科理论论证经济法的存在，实无异于学术领域的“金蝉脱壳”之术，是不可取的。基于以上认识，我们将本书定位为法学传统下的“经济法”。

其定义的方法在于"共性"加"个性",而一般认为其"共性"就是"法",至于什么是"法"则无需在部门法的具体概念中一一重述,部门法的概念最终落实到其"个性"上,这一"个性"即是该部门法与法整体的其他部门法的不同点,也即划分该部门法时所依据的标准问题。这就是所谓的部门法的必要概念要素。根据法学界通说,划分部门法的标准是该部门法的调整对象,因此定义某一部门法的概念基本上遵循了"某某法是调整某一类社会关系的法律规范的总称"的公式。在法学领域里,调整对象被认为是区分部门法的根本特征。

我们主张在研究经济法的概念之前应该首先研究经济法的调整对象,而不是相反。一旦经济法的调整对象为我们所明确,经济法的概念就自然而然地浮出水面,如果经济法的调整对象模糊不清甚至根本无法成立,那么经济法的概念又从何而来?许多论著往往在开篇就力图为经济法限定一个"完整"、"科学"的概念,这在哲学方法上往往容易陷于先验与唯心,至少难以为读者说明其中的逻辑关系,是不可取的。

二、经济法调整对象在经济法学研究中的重要意义

如前所述,在法学研究的学术传统中,部门法的调整对象实际上是该部门法学研究的核心问题,只有准确界定部门法的调整对象,才能准确定义该部门法的概念,并同时勾勒出该部门法法律关系的主体、客体和内容的基本框架,从而奠定本部门法研究的理论基石。自从法学界提出"经济法"这一命题后,论争与质疑就一直伴随了经济法的整个发展历程。根据参与论争的学者的主要研究领域是否为经济法领域,这些论争可以分为外部论争和内部论争,其中最为根本的分歧就集中在经济法的调整对象问题上,我们将之归结为两个主要问题:其一,经济法是否具备独立的调整对象,这是外部论争的主要焦点;其二,经济法有哪些具体的调整对象,这是内部论争的主要问题。从逻辑上看,第一个命题解决经济法的外部独立性问题,即经济法的地位问题。第二个命题解决经济法的内部结构性问题,即经济法的体系问题。这两个问题密切联系。以往的多数著作一般设立专章研究经济法的地位和体系,但我们认为,经济法的地位和体系问题实际上都是经济法调整对象问题的必然延伸,如果经济法具备独立的调整对象,则经济法当为一个独立的法律部门,其地位问题则迎刃而解;同样,经济法的具体调整对象问题,实质上也就是经济法的构成体系问题。因此,在本章的论证过程中,经济法的地位与体系问题将同步解决。

第二节　经济法独立调整对象问题——兼论经济法的地位

一、关于经济法独立调整对象的两种不同观点

根据对经济法独立调整对象的基本看法,我们可以将以往观点分为两大类:一类是否认经济法具备独立的调整对象(下称"否定说");另一类是承认经济法具备独立的调整对

象(下称“肯定说”)。否定说认为,经济法不具备特有的调整对象,人们所谓的经济法调整对象其实都是其他部门法的调整对象。人们熟悉的较为典型的否定说有以下几种:(1)综合经济法论,即认为经济法是分属于其他各部门法的调整各种经济关系的法律规范的综合概念;[①](2)学科经济法论,即认为经济法是研究经济法规运用各个基本法手段和原则对经济关系进行综合调整的规律的法律学科;[②](3)经济行政法论,即认为经济法的调整对象应全部或部分属于行政法的调整范围,对于其中调整的经济关系,或归行政法调整,或在行政法下设立一个新的行政法分支,即“经济行政法”[③]。

作为对否定说的回应,我国经济法学者对独立调整对象问题作了肯定性的回答,其中又可以分为两个时期。第一个时期是 20 世纪 80 年代,主要有:(1)纵横说。认为经济法调整国家机关、企业、事业单位和其他社会组织内部及其相互之间以及它们与公民之间在经济活动中所发生的社会关系。[④](2)密切联系说。认为经济法是调整经济管理关系以及与经济管理关系密切联系的经济协作关系的法律规范的总称。[⑤]第二个时期是 1992 年以后,主要有:(1)经济协调关系说。认为经济法调整国家协调本国经济运行过程中发生的特定经济关系。[⑥](2)需要干预经济关系说。认为经济法调整需要由国家干预的经济关系。[⑦](3)经济管理与市场运行说。认为经济法是国家为了保证社会主义市场经济的协调发展而制定的,有关调整经济管理关系和市场运行关系的法律规范的统一体系。[⑧](4)国家经济调节关系说。认为经济法调整在国家调节社会经济过程中因国家调节而引起的,以国家(其代表者)为一方主体的社会关系。[⑨](5)社会公共性说。认为经济法调整发生在政府、政府经济管理机关和经济组织、公民个人之间的以社会公共性为根本特征的经济管理关系。[⑩]

经济法学界对于经济法调整对象的独立性问题均持肯定态度,但 20 世纪 80 年代的观点有“大经济法”之嫌,而且对“独立性”的关键问题,比如与行政法的分野,基本上不作回答,故难以令人信服。1992 年以后的观点开始关注这一问题,在这些论著中基本上都有经济法与行政法、民商法等部门法关系的专门论述。然而,这些论述往往有意无意地避开了调整对象这一根本性问题,而多从目的、任务、价值等侧面论述它们之间的区别。尽管这些论述不无道理,但是一旦涉及独立调整对象问题就难免陷于尴尬,只能以两者之间多有“交叉”、“密切联系”等模糊理由说明。也正因如此,“无论经济法学界对经济行政法这个概念持有多么大的异议,中国行政法学界多年以来却一直有意无意地将经济行政法视作一个部门行政法来对待,这可以从行政法学教材关于行政法的分

① 王家福著:《综合经济法论》,《中国经济法诸论》,法律出版社 1987 年版,第 1—3 页。
② 佟柔著:《学科经济法论》,《中国经济法诸论》,法律出版社 1987 年版,第 221—227 页。
③ 梁慧星等著:《经济行政法论》,《中国经济法诸论》,法律出版社 1987 年版,第 129—194 页。
④ 陶和谦主编:《经济法学》,群众出版社 1983 年版,第 5—8 页。
⑤ 陶和谦主编:《经济法学》,群众出版社 1989 年版,第 11 页。
⑥ 杨紫烜主编:《经济法》,北京大学出版社、高等教育出版社 1999 年版,第 27 页。
⑦ 李昌麒著:《经济法——国家干预经济的基本法律形式》,四川人民出版社 1995 年版,第 198 页。
⑧ 刘文华主编:《新编经济法学》,高等教育出版社 1993 年版,第 12 页。
⑨ 漆多俊著:《经济法基础理论》,武汉大学出版社 2000 年版,第 107 页。
⑩ 王保树主编:《经济法原理》,社会科学文献出版社 1999 年版,第 26—27 页。

类中足见一斑”①。

为什么会发生如此之大的分歧？我们略加考察可知，持否定说的多为非经济法学者，而经济法学界则基本上持肯定说。从表面联系上看，学术争论蒙上了浓重的门户之见的阴影。然而经验告诉我们，如果一件事物的整体独立性受到质疑的话，那么来自于外部的意见往往具有一定的价值，旁观者的思路尽管粗线条却往往是清晰的。经济法学者多年苦苦思索，总是无法摆脱论争，是否应该意识到自己的思路也会存在问题？当然否定论者多年“围剿”经济法，却无法遏止经济法的发展，是否也应该意识到，这一事物的独立存在应有其内在的客观必然性。分歧刺激我们去寻找论争的症结所在。

二、论争的症结

法理学的一般观点认为，划分法律部门的主要标准是法律所调整的对象，同时还应适当考虑法律调整的方法。“而所谓法律调整的对象，也就是法律规范所调整的社会关系……凡调整同一社会关系的法律规范就构成同一法律部门。”②这就有一个问题：既然调整同质社会关系即可构成同一法律部门，那么经济法学界说得很清楚：经济法调整国家管理（调节、协调、干预）经济而发生的社会关系，这不就是同一类社会关系吗？民商法、行政法都可以抽象自己调整的社会关系，为什么经济法不可以呢？难道仅仅是由于这些社会关系有重叠而前两者历史较长就不允许后者独立存在吗？道理显然不这么简单。所谓调整对象就是社会关系，那么什么叫社会关系？社会关系是一个极大的范畴，是十分复杂、交叉与多层次的，世界上从来就没有先验地存在着某几类泾渭分明的社会关系。所以，这个所谓的“标准”并不是真正的标准，它本身还需要标准来划分。法理学界可能也意识到这一点，故提出，除了调整对象外，还要适当考虑法律调整的方法。例如刑法所调整的社会关系是多方面的，刑法之所以成为独立的法律部门，就是因为它是以刑罚制裁的方式对这多方面的社会关系进行调整的。③表面上看，这些理由能说得通，实际上一推敲，就知道这其实也是很模糊的一种理论。首先，这两个标准之间的关系是什么，是缺一不可，还是居一即可？其次，刑法真的没有统一的调整对象吗？如果我们把它的调整对象表述为“国家用刑罚制裁的手段惩罚犯罪而发生的社会关系”不可以吗？这就是一类统一的调整对象（实际上它的调整对象也是应该这样表述的）。国内法理学说并未阐明其间的矛盾。为了澄清这些疑问，我们不妨追本溯源地研究一下这一理论的来源地——苏联法学界的观点。苏联法学界曾对法律部门的划分标准进行过长期的论战，1936 年 M. A. 阿尔扎诺夫率先提出，法律调整的对象是划分法律部门的标准。④此说很快为人们所接受。不久勃拉图西提出，法律调整的方法也应当是划分法律部门的标准。尽管有人反对，但这一理论最终也被人们所实际采用。到了 1956 年，苏联法学界的观点达成一致，即“将法律调

① 宋功德著：《论经济行政法的制度结构——交易费用的视角》，北京大学出版社 2003 年版，第 16 页。

② 孙国华主编：《法理学》，法律出版社 1995 年版，第 292 页。

③ 同上书，第 293 页。

④ M. И. 皮斯科京、任允正：《苏联法的体系及其发展前景》，载于《法学译丛》1983 年第 1 期，第 1 页。

整的社会关系的内容和法律调整的方法相结合或者统一起来，作为法律部门划分的标准或依据”[①]。无疑，苏联学者认为，这两个标准应该是统一的、缺一不可的。然而，正如我们前文所述及的，由于“调整对象”这一“标准”是虚拟和空泛的，而“调整方法”标准却是清晰、实在的，把这两个标准“统一”“结合”之后，第一个标准不知不觉地被第二个标准所吸收和异化，从而令“调整对象说”反而依附于“调整方法说”，最后这一理论被引申为“要形成一个法律部门，此种社会关系的质的特性必须达到需要特种法律调整方法的程度”[②]。至此，所谓的“双标准说”成为实质上的“调整方法单标准说”。否定说否认经济法是独立法律部门，具备独立调整对象，实际上正是抓住了这一点：经济法无独立的调整方法。

显然，若是顺着这一理论的逻辑进行推演，经济法是不具备“独立”的调整对象的（因为其没有独立的调整方法）。值得一提的是，作为回应，不少经济法学者曾花费笔墨论证经济法的调整方法是“弹性的”、“间接的”、“经济性的”、“遵循客观经济规律的”、“补充性的”、“宏观性的”等等，从而区别于行政手段的“刚性”、“直接性”、“非经济性”、“命令性”云云。我们认为这种辩解是苍白的，法理上难有支持。从法律的层面来讲，调整方法只有民事、行政、刑事三种，当代法律实践还尚未催生出不同于这三类方法的其他调整方法。再说，对行政法学略有了解的人都知道，现代行政法学界早已提出，在经历了从计划经济到市场经济、从人治到法治的历史变迁后，行政手段已不再只是“刚性”、“命令与服从”了，“一些间接的、非强制性的，甚至带有平等性质的管理手段开始得到应用和推广”[③]。所以从根本意义上讲，论证经济法具备独立的调整方法是徒劳的。然而，如果完全接受这一划分方法，就会导致一种结果，即“经济法本身连带婚姻家庭法、劳动法等成为法的部门都会成问题了。这样实体法就只有民法、行政法和刑法这三个部门了”[④]。这显然是现代社会法律实践完全无法接受的结果，但确实又是这一逻辑推演的必然结果。法理学界也意识到实践对理论的抵牾，所以在提出这一划分标准之后，又在具体列举法律部门时列出宪法、行政法、民商法、经济法、劳动法、自然资源和环境法、刑法、诉讼法以及军事法、国际法等多种法律部门，[⑤]从而呈现以外延否定和修正内涵的理论局面，这一矛盾某种程度上反映了传统理论上的停滞不前与实践上的务实倾向，以及两者脱节之后不求甚解的心理。有鉴于此，我们认为，所谓经济法有无独立调整对象问题的论争实际上早已被异化，成为一场理论上论证经济法有无独立调整方法与实践上概括经济法现象的共性这两者各执一端的“游戏”，论争失去统一的焦点。若从传统理论出发进行逻辑推演，否定说无疑大占上风，若从现实实践出发进行归纳概括，肯定说当更适应现实生活的需要。两派争论长期争执不休，却无法统一意见。这就是论争的真正症结所在。显然要解决这一症结，只有两条路可以走：一条是固守传统理论，歪曲现实以令其适应传统理论；另一条是尊重现实需要，

① M. И. 皮斯科京、任允正：《苏联法的体系及其发展前景》，载于《法学译丛》1983 年第 1 期，第 1 页。

② ［苏］C. C. 列克谢耶夫：《苏维埃法律体系的一般理论问题》，转引自拉普捷夫：《经济法理论问题》，中国人民大学出版社 1981 年版。

③ 王克稳：《行政法学视野中的“经济法”——经济行政法之论》，载于《中国法学》1999 年第 4 期，第 65—73 页。

④ 史际春：《在改革开放和经济法治建设中产生发展的中国经济法学》，载于《法学家》1999 年第 1 期，第 199—205 页。

⑤ 张文显主编：《法理学》，法律出版社 1997 年版，第 103—108 页。

但要对传统理论进行批判和修正，以令其适应现实生活的张力。毫无疑问，我们选择第二条路——尊重现实，改造传统理论。

三、对传统理论的批判与超越

既然依据"调整对象暨调整方法说"划分法律部门无法适应现代法律实践的需要，那么应该以什么理论来取而代之呢？在苏联曾有过这方面的努力。1947年拉伊赫尔对只按一种标准来确定法的体系和划分法律部门的做法提出质疑，认为可以用基本法律部门的规范来构成综合法律部门。B. Ф. 麦舍拉也认为，可以根据法律制裁形式（即调整方法）的性质，把法分为民法、刑法、行政法这三个基本部门法，其他各种实体法如土地法、财政法、劳动法、集体农庄法、海洋法等都是综合法律部门。①这与我国否定说的"综合经济法说"一脉相承。但与后者直接否认经济法为独立法部门略为不同的是，前者认为综合法律部门是低一层次的法律部门。"综合法律部门说"观察到现代社会立法中传统行政法、民法、刑法、程序法等调整手段有机联系，综合使用的现实，从而对单一的调整方法划分法提出挑战，具有十分可取的思想价值。不过这一理论没有说明综合法律部门的最终地位，反而以此论证这些法部门没有独特调整对象（只不过取之于各基本部门法）和调整方法，不能成为独立的法律部门，从而落入传统理论的俗套，继而引发"基本"法律部门对"综合法律部门"的歧视，结果又是论争不休。受这一理论的启发，最近国内有学者指出，应对划分法律部门的标准进行改造，"改按社会活动的领域和法律调整的宗旨来划分法律部门"，而且"既然是法律部门，当然也就是独立的部门，不独立又何以能成为部门"②。显然，该观点摒弃了传统法部门划分理论，提出以社会活动领域为主的法律部门划分法，在某种程度上与我们的观点不谋而合。不过该学说对"客观论"的改造似乎过于彻底，以至于把"调整对象说"也随"调整方法说"一并抛弃。我们认为，对传统理论的批判不妨碍对其合理成分的继承，法律调整的不是别的，正是社会关系，是人与人之间的关系。这正如我们所熟知的，鲁滨逊在荒岛上有活动、有行为，但不需要法律（规则），一旦多了个星期五，就需要一定的规则来调整两个人之间的关系。法律的生命力就植根于社会关系，这是法学发展史上最基本和最为成功的理论抽象之一，目前还没有足够的理由将其抛弃。我们至今定义法律部门，无一例外地采用"某某法是调整某某社会关系的法律规范的总称"。而且根据我们的理解，所谓的"社会活动领域"实质上与"调整对象"一样都是一种空泛待定的"标准"，两者并无实质性区别。事实上前述观点也认为，对部门法下定义，应为"为了某某目的而规范某类活动，调整在此类活动中形成之各种社会关系的法"③，总的来看仍属于"调整对象说"。况且社会并未先验地存在着几个所谓的"社会活动领域"，"社会活动领域"的提法实际上也不过是"调整对象"的另一种说法罢了，可见这一学说也止步于途，并未最终论述清楚法律部门是如何划分的。

---

① [苏]勃拉图西：《苏维埃部门法：概念、对象、方法》，载于《法学译丛》1980年第2期。

② 史际春、邓峰著：《经济法总论》，法律出版社1998年版，第132—134页。

③ 同上书，第137页。

需要说明的是，在一个法律部门中规定使用多种法律调整方法进行综合调整早已是大量存在的现实。现代社会的立法实践是：立法者为了达到对某一类社会关系的有效调整，往往在同一法律中将民事、行政、刑事等各种调整方法根据需要进行有机结合，综合使用。可以用一个比喻来增加对这一问题的直观理解，比如现代海军的编成。虽然海、陆、空三军分立依旧存在，但是在现代海军中早已突破纯粹的巨舰大炮概念，出现海军航空兵、海军陆战队等原分属空军、陆军概念的编制，混合了海陆空三种力量形式，理由只有一个：适应现代战争需要。而它们为什么要叫海军而不叫别的，是因为它们统一于一个共性：通过海上作战平台向指定作战区域投送军事力量。从未听说过有空军或陆军愤愤不平而试图肢解海军的先例，因为这些力量已经形成有机结合的统一体，不可分割。否则，军令不一，势必为其协同作战演练制造障碍，从而极大地降低其作战效能。反过来，对于空军和陆军也是一样的道理，现代空军中的空降兵部队是用于陆战的，配备的是陆战武器，也要接受陆战训练；而现代陆军也有陆军航空兵部队，不仅有武装直升机还有固定翼战机。在实战为王的军事领域，从来还没有听说过哪一家的空军见了会飞的就要去争夺管辖权，也从没有听说过哪一家的海军因为陆军居然还有自己的舟桥部队而大发脾气。

回过头来，法律的发展又何尝不是这个道理呢？所谓的经济法大多数还是行政法律规范、民事法律规范和刑事法律规范的综合体。而它们之所以会被称为经济法，只是因为他们统一于一个共性：国家和社会管理经济。民商法、行政法等“基本法律部门”若是因为经济法这类“综合法律部门”的“血统不纯”而进行歧视，则有如单一民族国家歧视多民族国家进而认为后者不能成为一个独立主权国家一般的荒谬，是不可取的。

我们的观点是：划分法律部门的标准仍是“调整对象说”，只是这一“调整对象”不再是受“调整方法”异化的调整对象，应予以还原。但正如前文所述的，“调整对象”是一种空泛、未定的“标准”，还需要其他条件进行结合使用。现在这一“其他条件”不再是“调整方法”，而是“根据现实需要，抽象其共性”。也就是说，划分法律部门不再有万能的标准，而应根据法律实践的客观需要结合一定的前瞻性认识，对调整社会生活中某一类具备一定共性的社会关系的同质法律规范进行系统综合，形成一个法律部门。这样，是否形成一个法律部门就取决于两点：第一，这些法律规范调整的社会关系应具备某种“共性”；第二，将这些具备共性的法律规范进行综合并上升到法律部门的高度。这又需要我们考察：一是实践中这类法律规范的存在已经达到一定的数量；二是将这些规范综合为法律部门具备理论上的价值，即能更好地认识和总结规律，并更好地指导实践。显然，不是任何具备所谓共性的法律规范都可以“占山为王，自立门户”，自称为一独立法律部门的。从某种意义上说，每一个法律部门的形成都是渐进的，是长期法律实践选择的结果，因而也是历史的、具备客观必然性的。现有的几个法律部门，无一不是这样产生的。以新兴法律部门军事法为例。“在过去，这一法律部门的有些法律规范归属于宪法法律部门，如兵役法；有些归属于刑法法律部门，如惩治军人违反职责罪条例等等。但由于军事管理与国防建设在国家政治生活中的重要性增强，这一领域的法律规范将独立成为一个法律部门。”①“军事法作为单列的一个法律部门，主要考虑到我国立法的传统，军事与民事的相对分离以及设有专门的军事法院和军事

① 张文显主编：《法理学》，法律出版社1997年版，第107—108页。

检察院的现实而作的处理。"[①]回到经济法命题上,我们同样知道,经济法成为一个独立的法律部门是具备以上诸条件的。首先,经济法的调整对象是具备"共性"的,这个共性就是"国家管理(调节、干预)经济而发生的社会关系";其次,具备这一共性的法律规范已经达到十分庞大的规模,任何人都不可能视而不见;再次,在现代市场经济条件下国家的经济调控职能已经成为国家生活中最为重要的职能之一,把国家管理经济活动方面的法律规范进行归纳、抽象、总结和整合,有利于提高对国家管理经济活动的认识。社会需要这样的人才:他们立足于法学领域,但又对国民经济的管理具有较强的宏观把握能力与微观参与能力。我们强调培养复合型人才,这就是一种复合,是行政法、民法、刑法等基本知识乃至于法学、经济学、社会学知识在国家管理经济这一共性上的复合,实践证明这种知识结构是十分适应现实生活需要的,经济法独立发展具有毋庸置疑的理论价值,对于指导和推动实践具有十分重大的意义,经济法又有什么理由不能成为一个独立的法律部门呢?

综上所述,法律部门的划分标准仍是"独立的调整对象",只是这一"独立"并不意味着"绝对专有",而应理解为一种"共性"。至于这一共性是什么,为什么独立,则应根据现实的需要和历史的沉淀进行抽象。社会关系是极其复杂的,交叉、重叠、你中有我、我中有你,不能把社会关系理解为一张薄饼,用一种方法进行平面式的切分;法律部门的划分应是立体式的,其标准是多元的。从这一意义上讲,"划分"的提法本身是不够准确的,在现代法律实践条件下,与其称为"划分法律部门",不如称之为"构建法律部门"。"划分"容易导致平面式的理解,从而画地为牢,这种提法只适用于历史上生产力不发达,社会关系简单的时代,在当今社会连带关系大量产生,多元主体、多元利益交叉整合的时代里,法律学的思维也应是立体、多维与开放式的。相比起"划分"提法的割裂、封闭与边缘清晰,"构建"提法的联系、开放与边缘模糊显然更能体现和适应现实的需要,而"构建"的核心就是我们所讲的"共性",即所谓的"独立的调整对象"。

四、经济法与其他部门法的关系

论述经济法的独立法律部门地位还有赖于对经济法与其他法律部门的分野与整合问题的把握。我们认为,经济法基于其独特的调整领域和重要性,应是与民商法、行政法等能够并列的基本法律部门,地位仅次于宪法。其与宪法之间的关系应为子法与母法的关系,其制定与实施应以宪法为根本依据。除此之外,经济法最重要的外部关系应是与民商法和行政法的关系。现分述如下:

(一)经济法与民商法之间的关系

经济法与民法的关系实际上并不复杂,两者调整对象的不同决定了经济法与民法是两个相对独立的法律部门。民法是调整平等主体之间财产关系与人身关系的法律,而经济法是调整国家干预管理经济的法律。两者互不隶属、互为补充,共同促进经济的发展;从利益本位角度讲,民法是以个体利益为本位的,而经济法则是以社会整体利益为本位

① 乔克裕主编:《法学基础理论》,法律出版社 1997 年版,第 39 页。

的;从法律规范的性质来看,民法基本上是由纯粹的民事法律规范组成,而经济法在理论上存在经济法律规范,但是这些法律规范是由以行政法律规范为主,辅以适当的民事法律规范、刑事法律规范(当然鉴于刑事法律规范的特殊性,可将其视为经济法与刑法的交叉或主要归属刑法部门)等共同组成;从调整方法来讲,民法的调整方法是民事调整方法,经济法则以行政性调整方法为主,民事、刑事调整方法为辅;从法律责任看,民法的责任形式多为民事责任,注重事后补偿性,而经济法的法律责任则除了行政法律责任外,还兼有民事法律责任和刑事法律责任,注重对违法行为的惩罚性。可见两者具有较大区别。

经济法与民商法之间的外延争议主要发生在商法领域,而且一般是发生在一些具体的亚部门法领域,如证券法。一般认为证券法是商法的传统领域,但是在经济法的宏观调控法领域和市场监管法领域中,证券法亦是必不可少的内容之一。这是否意味着商法和经济法无法区分?我们认为,商法是调整商组织与商行为的法,而经济法则是国家管理经济的法,两者是不同的法律部门。现代经济学的研究表明,企业是市场交易行为的内部化,调整企业活动的商法是市场交易的基本规则;而经济法是国家弥补市场缺陷的法,一定程度上也可认为是市场规则的替代物,两者的出现都是为了节约市场自身运作引起的交易成本。[①]从这一意义上看,两者之间的共性显然要多于商法与作为公民社会规则的法律表现形式的民法之间的共性。尽管如此,商法与经济法仍然是不同的法律部门。这是因为虽然企业是市场的替代物,但在现代经济生活中,具备较大规模的企业是市场竞争主体的常态,现代的经济竞争往往是大企业与大企业之间的竞争,只要尚未出现独占垄断的情况,企业对市场的替代就是不完全的,企业与企业之间的关系至少在形式上是平等主体之间的关系。这一点正决定了商法与经济法之间的根本性区别。因为在经济法中国家是恒定的一方主体,其与市场主体之间的关系至少在形式上是不平等的,哪怕是所谓的国家采购法领域,国家在合同中亦处于管理者的地位,具有多种超出合同相对人的权力。可见,站在学术传统的角度看,经济法与商法具有不可混同的内涵。

经济法与商法内涵的区别往往会为两者外延的交叉(如前所述的对证券法归属的划分问题)所抵消,从而增加理解上的困惑。其缘由是立法传统与理论传统的不完全契合性引起的体系架构混乱。所谓的“经济法”、“商法”往往是理论上的抽象物,而“证券法”、“公司法”等却有其立法带来的法典存在形式。立法遵从的传统是:根据社会活动领域立法,这样在同一立法中往往会并存着几种不同主体之间的社会关系,而法学理论的传统却往往将这些不同主体之间的关系划归不同部门法的调整对象,两者的矛盾与不协调由此而生。比如证券法是关于证券活动的法,其中包括券商、上市公司、投资者之间的证券发行与交易关系以及券商的内部组织关系,这些法律规范应属商法中的商行为法和商组织法,但由于证券市场涉及国民经济宏观大局,因此这些商行为和商组织往往又处于国家的严密监管之下,显然针对证券市场有关的调控与监管法律规范应归属经济法领域,这样同一部法律中就包含了不同部门法的内容,这就是一种交叉。在商法的几个主要部门法的规范性文件中,都或多或少地体现了这种交叉。部门法之间包括在亚部门法层次上,法律规范的交

① 周林彬:《经济法的经济根源——兼论经济法与民商法的边界》,载于《经济法研究》,北京大学出版社 2000 年版,第 173—177 页。

叉都是一种正常现象。这不是立法方法的错误，也不是传统理论的失败。我们允许这样的交叉，也允许将部门法的外延边缘作模糊化的处理，完全是客观规律与现实需要发展使然。

（二）经济法与行政法之间的关系

经济法在摆脱了“大经济法”时代的阴影之后，经济法与民商法之间的分野已基本形成定论。但是随着经济法与民商法争论的逐步消减，经济法与行政法的冲突却与日俱增，一时间经济行政法论在法学界广为流行。如前所述，一个独立的部门法须由一定数量的具备“共性”的法律规范构成，那么具备“行政管理”这一共性的法律规范不也可以构成行政法吗？而经济法作为其一部分即“经济行政法”，又有什么不可以呢？这表面上可以讲得通，但不能为我们所赞同。其理由有三：

第一，传统法律部门划分理论中除了两个标准外，还辅有几个原则，其中一个原则就是“均衡原则”，即“划分法律部门时应当考虑各法律部门之间法律规范的规模和数量之间保持大体上的均衡，不能使某些法律部门的内容（即规范）特别多，而有些法律部门的内容特别少”①。经济法就曾有过所谓“大经济法”的时代。其实根据我们的理论，把经济法定义为“调整经济关系的法律”，本身并无不可。但是由于违反了均衡原则，其调整对象过泛，抽象困难，从而导致理论混乱，最终缩小至“国家管理经济而产生的社会关系”范围内。到了这一层次，经济法学者才有空暇去探求现代国家管理经济职能的精髓，才能对经济法独特的价值目标和原则有较为系统和正确的认识，经济法终于变得越来越真实。同样地，如果按经济行政法论所持观点，行政法将会扩张到极为庞大的规模，当今社会国家行政管理职能十分庞杂，如果把这些领域都视为行政法调整对象的话，行政法恐怕不单是“大行政法”的程度，简直是“超级行政法”了。物极必反，正因其大，行政法这一部门法的划分反而丧失其意义。从研究角度来讲，这也是行政法学者力所不逮的。实际上行政法学者的研究领域从来就没有这么大过，基本上还是固守于自己的“本土”。就算是持“经济行政法论”的学者也只是在“耕作自留地”的间歇，目光所及，从理论上论证了一下经济法是他们的“飞地”而已，得到理论满足后则继续耕作其自留地，并未（实际上也不可能）实行“有效管辖”。这种学术上的“圈地运动”是非理性与非建设性的，在方法上是形而上学的。任何一个部门法学想要将其研究深入进行下去，②都应该警惕学术上的“圈地运动”，经济法学如此，行政法学也不例外。

正如美国行政法学家勃纳德·施瓦茨所说：“行政法的要害是程序法，而非实体法”；“在美国，行政法要回答的问题是：(1)行政机关可以被赋予什么权力？(2)这些权力有什么限度？(3)用什么方法把行政机关限制在这个限度之内？”③行政法应着重以程序法为核心展开研究，其精髓在于控权，在于维持“公权力”与“私权力”的力量平衡，在国家职能极大膨胀的时代里，这已经是一件十分复杂、精细与重要的任务了。作为一个部门法概念的行政法应进行特别定义，不能将行政法等同于行政性法律规范的总和。当前行政法学

---

① 张文显主编：《法理学》，法律出版社 1997 年版，第 102 页。

② 在现代社会分工条件下，深入和专业化是一门学科理论存在和发展的根本，否则必将遭到无情的淘汰。

③ [美]勃纳德·施瓦茨著：《行政法》，群众出版社 1986 年版，第 2 页。

界将行政法定义为“调整行政主体行使其职权而发生的各种社会关系的法律规范和原则的总称”①,似乎过于宽泛。能否最终锁定在行政组织法与行政救济法的领域里?美国行政法学家古德诺认为,“行政法是公法的一部分,它规定行政机关的组织和职权,并规定公民在受到行政行为侵害时的行政救济”②。我们认为,这一定义是可行的。从这个角度来看,部门法在“构建”之后还应与其他法律进行“整合”,作较为科学合理的分类。可以说,法律部门的内涵与外延在历史进程中是相对的与变动的,是随着社会发展的客观需要而处于不断异化与还原运动中的。当这一运动超越了一定的度,就可能成为不同质的法部门的研究对象,从而需要重新界定与整合,以令法部门体系的构建更加适应当代社会生活的现实发展需要,这也是符合唯物辩证法的精髓的。

第二,就目前不同部门法学的研究及教育平台的知识结构来看,当前的行政法学界似乎暂时还难以担当目前由经济法学界所承担的责任。即便现在将所谓的经济行政法划归行政法,目前大多数行政法学者对这些经济行政法的理解也仅仅是形式化及限于手段层面的。因为客观地说,由于数十年的分道扬镳,目前行政法学者与经济法学者相比,虽然在行政机制和行政程序等方面的知识相对丰富,但是就对经济生活的认识深度以及经济学的掌握程度而言的确还相当薄弱。这一知识背景的欠缺对于研究者和学习者形成对国家和社会管理经济活动的深刻认识存有较大障碍,在用于实践时也会很自然地对经济立法、执法活动的效能产生潜移默化的影响。要成为一个独立的部门法,就必须符合构建部门法的最优化原则。如果前面对行政法学者以及经济法学者的知识传统的假设是正确的话,经济行政法的理论架构就不应该成为人们的最优选择。在笔者看来,至少从目前到将来可预见的一段时间里,经济行政法论还没有足够的底蕴从整体上替代经济法理论。从这一点来讲,肢解经济法、否认经济法的独立性是不明智的,是一种倒退。

第三,经济法是由传统的行政法律规范、民事法律规范、刑事法律规范以及若干新生的特殊法律规范根据一定的规律和目的有机构成的。从这点来看,经济行政法的确还无法与经济法实现完全的对接。就理论包容性和适应性而言,经济行政法论也远不如经济法理论。因为经济行政法论的立足点和提法决定了它不可能采用系统综合的调整方法实现对国家和社会管理经济关系的系统调整。尽管在强大的法律社会化运动面前,传统行政法也卷入了所谓的“公法私法化”和“私法公法化”的潮流,并因而展现出某些异化的特征。比如认为现代行政法除了调整传统的命令与服从关系外,还应调整行政指导、行政合同等关系。但是由于本身理论内核的强力约束,无论如何异化,行政法的基本架构和特质是不会发生变化的,如果民事法律规范还可以勉强纳入“大行政法”的话,刑事法律规范由于其异质的调整方法,却是行政法无论如何也无法包容的(按照它们自己的逻辑),仅从这点来看,经济行政法论无法自圆其说,在某种程度上还不如综合经济法论来得实用与科学。

(三)经济法中的“软法”辨析

讨论经济法中的“软法”规范是一个十分有趣的问题。按照法学传统的抽象标准,法

① 罗豪才主编:《行政法学》,北京大学出版社1996年版,第7页。

② [美]古德诺著:《比较行政法》,转引自应松年等:《行政法学总论》,工人出版社1985年版,第19页。

律规范按照调整方法的不同分为行政法律规范、民事法律规范和刑事法律规范三种。①经济法则是为了实现对国家和社会管理经济关系的最优调整，将该领域的不同法律规范系统综合而构建的一门新兴法律部门。经济法系统是一个以行政法律规范为主，民事及刑事法律规范为辅的系统结构。各种法律规范有机联系和相互作用，共同构成完整的经济法。随着社会经济生活的不断进步，人们开始惊奇地发现，在耳熟能详的三大法律规范之中，开始夹杂出现一些特殊的法律规范。这些法律规范不是调整平等主体之间的关系，所以不是民事法律规范；它们与刑事问题无涉，自然也不是刑事法律规范；它们甚至也并不符合传统的行政法律规范理论的要求，因此似乎也不能算是行政法律规范。那么它们究竟属于什么性质呢。本书暂时用“软法”来统称这些特殊的法律规范。

实证地考察一下这些所谓的“软法”，起码有三类法律规范具备这种异于传统的特殊性质：其一是宏观调控法上的指导性、劝导性法律规范；其二是市场管理法上的鼓励性、奖励性规范；其三则是中介组织②法上的自律性法律规范。这些软法的产生和发展，是国家、社会及市场主体之间合作机制得以建立的反映，是现代社会逐渐步入经济理性时代的反映。所谓的“软”，就是说明在经济管理中，管理者已经无须事事依赖确定性法律规范的强力约束，就能获得被管理者的良好合作，实现对被管理者行为的有效导向。但是要让这种相对“软”的东西发挥比较“硬”的作用，它自然又需要依赖于一方对于另一方的相对威权地位，因此这种法律规范往往又存在于原始地位不平等的法律主体之间。

也许正是由于主体地位的这种不平等，新一代的行政法理论学者们开始注意到了这些特殊法律规范在国家及社会管理经济领域中崛起的现象，并从自己的学术立场出发，研究了这些法律规范的性质归属问题。最后他们得出结论，这些法律规范应该是行政法律规范新的发展形式。对于宏观调控法中的指导性法律规范，行政法已经采用“行政指导”的提法对其进行理论抽象和具体分析。③对于市场管理中的奖励性法律规范，行政法学者们可能认为其过于零碎而不是很重视。④不过行政法学者的进一步创新并不是什么难题。一旦奖励性法律规范大量存在，他们很快就可以创造出一个“行政奖励”之类的理论对其进行收编。⑤至

---

① 这里暂时不讨论程序法意义上法律规范。有些学者认为存在着四种法律规范：刑事法律规范、民事法律规范、行政法律规范以及程序法律规范。其实程序法律规范是不应该与三种实体法律规范并列的。正如马克思指出的那样：“审判程序和法二者之间的联系如此密切，就象植物的外形和植物的联系，动物的外形和动物的联系一样。审判程序和法律应该具有同样精神，因为审判程序只是法律的生命形式，因而也是法律内在生命的表现。”(《马克思恩格斯全集》第 1 卷，人民出版社 1956 年版，第 178 页）程序法律规范只是实体法律规范的另一面，它们之间是互为条件、不可分割的，因此三种法律规范的内涵中都包含了各自对应的程序法律规范，它们之间不应该被并列。

② 经济法意义上的中介组织的外延是较为广泛的，它包括中介自律组织和中介服务机构。前者主要指非经营性的各种行业协会、商会、经济团体以及交易所等组织，后者则主要指各种经营性的中介机构，如会计师事务所、律师事务所等。这里主要指中介自律组织。

③ 郭润生、宋功德著：《论行政指导》，中国政法大学出版社 1999 年版。

④ 就笔者掌握的资料看，这方面的专门论述并不太多。在郭志斌的《论政府激励性管制》（北京大学出版社 2002 年版）等少部分论著中似是而非地涉及这方面的问题，不过实际上其内涵似乎比较宏大，只是从法价值等宏观层面来叙事，而并没有多少文字是直接落实到法律规范性质的层面来论述问题的。

⑤ 在崔卓兰、蔡立东的《非强制性行政行为——现代行政法学的新范畴》（载于《行政法论丛》第 4 卷，法律出版社 2001 年版）等论文中，已经提及“行政奖励”，不过其论证也还较为浅层。“行政奖励”作为一种独立的理论形态显然还不够成熟。

于中介组织法中大量存在的自律性规范，由于自律性管理行为不同于中介组织的授权行政行为、委托行政行为等其他管理行为，其权力来源上应该是组织成员的团体契约，故本质上是组织成员的权利让渡，而非国家行政权力的运用。换言之，这些法律规范调整的是中介组织内部的事，与国家行政权力的确不太相干。这一点的确颇让行政法学者们头疼。①不过近几年来部分行政法学者又出现了一个动向，即通过大胆扩大对“行政”的解释而努力将中介组织的自律管理行为纳入行政法范畴。一般来说，在传统行政法学理论中，“行政”只是“国家(或政府)行政”的简称而已，所谓的“行政法”也只是“国家(或政府)行政法”的代名词。②而这些学者则跳出了传统理论的窠臼，认为“行政”一词广义上是指组织的一种管理职能，所以行政应该包含公共行政(public administration)和私行政(private administration)，而公共行政又包括国家行政和社会公行政。这些学者认为，行政法除了调整传统的国家行政外，还应调整社会公行政，但不调整私行政。③如此一来，行政法的口袋的确又撑大了不少，可以将中介组织自律管理行为纳入其中。不过令人担心的是，如果将来企业行政的重要性也上升到一定的高度(这其实并不能完全算是杞人忧天或者天方夜谭，如今的跨国企业集团富可敌国，其企业内部管理的走向在适当的时候也足以动摇整个社会利益的根基)，那么我们的行政法是否又应该将口袋撑大，再把私行政也兜进来呢？其实对于前文所讲的这些“软法”现象能够在行政法的理论架构内获得一定程度的解释，我们都应该乐观其成。法学研究的重要目的之一就是要尽可能地解释各种法律现象，只要能很好地解释“软法”现象，又有什么必要介意究竟是归哪个部门法“管辖”。实际上，基础法律部门的理论发展，对于从事应用性综合法律部门研究的人来讲只会是一件好事，而不会是坏事。只是这种不断撑大口袋的理论动向仍然令人依稀想到当初的纵横统一说时代的大经济法。如果为了获得理论管辖的正当性而恣意扩大部门法的调整范围，也许最后回过头来，手中的东西相比起出发的时候已经是面目全非了。④

第三节　经济法具体调整对象问题
——兼论经济法的体系

经济法独立调整对象问题实质上也是经济法独立部门法地位的问题，只有解决了经

① 在宋功德的《论经济行政法的制度结构——从交易费用的角度出发》中，对于所谓的公共行政的问题并未着墨太多，也许已意识到将其纳入传统行政法部门略微有点勉强。

② 《法学词典》中对“行政”的解释是：政府依法管理国家事务的活动。姜明安的《行政法学》认为，所谓行政，就是国家行政机关为实现国家的目的和任务而行使的执行、指挥、组织、监督诸国家职能。应松年、朱维究的《行政法与行政诉讼法教程》认为，行政是管理中的一种，随着国家的出现，对国家事务的管理被专称为行政管理，成为国家最主要的职能之一。

③ 石佑启著：《论公共行政与行政法学范式转换》，北京大学出版社 2003 年版，第 28—29 页。

④ 如果行政法最后将私行政也包括进去，那么行政法学也就基本上可以等同于管理学了，难道以后应该成立一门“管理法”？

济法的外在独立性问题，我们才能着手进行内部的体系构建。

一、观点的评述

在经济法的发源地德国，经济法的体系问题也一直没有得到很好的阐述，以至于被德国学者称作“是科学上的发育迟缓儿，它落后于其他法律领域”①。考察中国经济法学界的观点，会发现关于经济法的体系构成的提法也是多种多样的。甚至可以说，有多少种经济法观点，就有多少种经济法体系。20世纪80年代的“大经济法”时代里，经济法的调整对象涵括了纵向、横向、内部性三大关系，由于其恰当反映了当时计划经济向有计划的商品经济过渡的经济现实而风靡一时。90年代以后，随着社会主义市场经济目标模式的提出与建立，国家经济职能逐步还原与回归，以上观点逐步丧失了实践土壤而退出历史舞台。经过反思，经济法学者对经济法的调整对象重新进行了界定，提出表述各异的观点。在摆脱了大经济法阴影之后的这些经济法学说，其观点基本上是相近或相容的，故不宜用“论争”形容，而仅以“观点的评述”为题。

关于经济法的具体调整对象，较为流行的学说有以下几种：

一是经济协调关系说。该说将经济法的具体调整对象分为：(1)企业组织管理关系；(2)市场管理关系；(3)宏观调控关系；(4)社会保障关系。②

二是需要干预经济关系说。其具体有：(1)微观经济调控关系，包括国家对经济组织的调控及经济组织内部的经济关系；(2)市场调控关系；(3)宏观经济调控关系；(4)社会分配关系。③

三是经济管理与市场运行关系说。其具体分为：(1)国家经济管理关系；(2)市场运行关系；(3)组织内部经济关系；(4)涉外经济关系。④

四是社会公共性说。其具体包括：(1)市场管理关系；(2)宏观经济管理关系；(3)对外经济管理关系。⑤

五是国家经济调节关系说。其具体包括：(1)市场规制关系；(2)国家投资经营关系；(3)宏观调控关系。⑥

六是国家管理经济领域说。此说直接以具体调整对象的罗列式为经济法下定义，具体包括：(1)经济管理关系；(2)维护公平竞争关系；(3)组织管理性的流转与协作关系。⑦

七是来自经济行政法论的观点。其具体分为：(1)宏观调控法；(2)市场管理法；(3)国土资源、国有资产管理法。⑧

---

① [德]罗尔夫·斯特博著：《德国经济行政法》，中国政法大学出版社1999年版，第16页。
② 杨紫烜主编：《经济法》，北京大学出版社、高等教育出版社1999年版，第28—32页。
③ 李昌麒著：《经济法——国家干预经济的基本法律形式》，四川人民出版社1995年版，第198页。
④ 刘文华主编：《新编经济法学》，高等教育出版社1995年版，第8—12页。
⑤ 王保树主编：《经济法原理》，社会科学文献出版社1999年版，第36—42页。
⑥ 漆多俊著：《经济法基础理论》，武汉大学出版社2000年版，第109页。
⑦ 史际春等著：《经济法总论》，法律出版社1998年版，第48—50页。
⑧ 王克稳：《行政法视野中的“经济法”——经济行政法之论》，载于《中国法学》1999年第4期。

还有多种不同的观点,由于大同小异,此处不一一列举。就经济法内部体系构建的角度来看,以上诸观点均较为成熟和稳定,一定程度上反映了现实生活的需要。尽管各种提法都有各自的道理,但是也不难发现这些观点之间的差异并不是泾渭分明,而是相互接近甚至于只是一件事物的不同说法而已。在这个问题上各学说之间明显没有在独立部门法问题上所表现出来的尖锐斗争状态,有关讨论是以一种平和、宽容的方式进行的。

二、经济法的具体调整对象

当然,经济法的具体调整对象也不应该是一个根据不同人的喜好随意划分的蛋糕。认识经济法的内部体系构造,也应该本着理论与实践相结合的态度来进行。经济生活只有宏观和微观两大领域。①可以说,对于经济生活和伫立其上的经济法来讲,宏观调控领域与微观管理领域是具备很大弹性的两个领域,其他所有领域都是从这两大领域中分化独立出来的,从逻辑上讲也是可以还原与归位的。然而人们肯定不会只满足于对经济法作如此简单的二分法,事实上上述诸学说中最简练的划分法也不止于二分法。近几年来,开始较多地出现了主张将经济法分为宏观调控法与市场管理法的"二分法"观点。②这本来也是无可厚非的,然而正如不赞同法律体系的三分法一样,笔者也不是特别赞同如此简单的经济法体系二分法。因为这种将经济法截然分为宏观调控和市场管理两大调整手段(或社会活动领域)阵营的划分方法,必然会忽略综合运用调整手段、跨越宏观与微观两个社会经济活动领域的综合性经济管理行为。而这些行为在国家和社会管理经济领域已经是大量存在。比如后面所要谈到的国有参与行为、市场监管行为等,已经很难断言它们究竟是属于宏观调控法领域,还是属于市场管理法领域。在这个界限模糊、综合运用的法律系统中,许多法律都是宏观着眼,微观着手,或者从一个角度看应该是宏观性的,从另一个角度看又似乎是微观性的。在国民经济的某些领域,所谓的宏观问题与微观问题之间的结合是如此的紧,以至于有时我们的确难以将它们截然区分。站在这个角度上,本书不赞同经济法体系的二分法观点。

那么具体应该将哪些领域独立出来呢?与经济法独立性问题一样,经济法的体系划分依旧要视社会经济生活的现实与发展需要而定。在这一层面上,理论应该服从于实践,逻辑也要求教于经验。本书主张经济法应当具体调整以下五种关系。

1. 宏观调控关系

正如我们所知道的,"市场之手"的缺陷在一定条件下会令经济陷入资源配置无序化与严重浪费的泥潭,因此需要超然于市场之上的力量对社会经济进行宏观上的引导。由于竞争的无国界,各个国家都在全力推动经济增长。发达国家需要创新,发展中国家需要升级与追赶,工业化的号角还在耳边萦绕,信息时代就接踵而至。任凭经济的自然发展与演变已经远远不能适应这一趋势,从而也需要国家之手的全面干预与促进。这种国家引

① 这点从经济学的基本分类(宏观经济学和微观经济学)中也可以得到证明。

② 刘大洪、吕忠梅:《现代经济法体系的反思与重构》;王继军、张钧:《试论中国入世后宏观调控法与市场规制法的协调问题》等。

导和促进经济产生的关系人们往往称其为"宏观调控关系"。相对应地,调整这类经济关系的法律就是"宏观调控法"。

八届全国人大一次会议通过的宪法修正案明确指出:"国家实行社会主义市场经济。""国家加强经济立法。完善宏观调控。"遵循宪法的原则规定,适应社会主义市场经济的要求,建立和健全我国宏观经济调控制度,把宏观经济调控纳入法治轨道,这是我国社会主义经济法治建设重要而迫切的任务。《中共中央关于制定国民经济和社会发展第十二个五年规划的建议》明确指出:要加强和改善宏观调控。巩固和扩大应对国际金融危机冲击成果是"十二五"时期的重要任务。要处理好保持经济平稳较快发展、调整经济结构和管理通胀预期的关系,保持宏观经济政策的连续性和稳定性,增强针对性和灵活性,提高宏观调控的科学性和预见性,防范各类潜在风险,避免经济大的起落。要把短期调控政策和长期发展政策有机结合起来,加强各项政策协调配合,促进经济平稳较快发展。

要健全宏观调控制度,使经济管理法制化达到较高水平,就必须让宏观调控行为有法可依,明确政府在宏观经济调控活动中的法律地位,赋予政府应有的宏观调控权,并明确其相关责任,确定其可以采取的调控手段,以及所应遵循的程序,只有这样才能确保政府作为法定的调控主体依法调控,约束政府必须在法定范围内行使宏观调控权,防范和制止"政府失灵"对国民经济发展产生的危害。中央政府对国民经济的宏观调控已渐成常态,但是作为宏观调控的配套法律制度并未完善。比如在实施"西部大开发"这样的国家战略过程中,中央财政需要对中西部地区进行长期和大量的转移支付,但是其主要考量的标准还掌握在中央政策制定者手中,而不是法律的长期性制度安排。这样中央政府政策的连续性和可预期性就主要取决于人们对决策者决心和恒心的信赖判断。而在中央与地方的关系上,如果地方政府违反了中央的宏观调控政策,判断其责任的依据是什么?是自上而下的行政责任,还是明确的法律责任?目前,中央对地方的约束主要依赖于高度集权的行政体制渠道,各种控制信息的传输是通过行政人事系统而不是法律系统进行。这在以前乃至于当前还都是相当有效的,但是随着法治化水平的提高,中央与地方权力分配的法律化,宏观调控信息的传输及其责任追究的渠道终有一天无法继续在传统的体制安排下顺利进行,制度安排一定会提上议事日程。此外,对于决策失误或官僚主义、长官意志造成的指导性计划失误,本应承担相应的法律责任,但在立法中却是缺失的。有报道称,财政部经常组织驻各省市的财政监察专员办事处,对重点项目进行专项检查。每次检查都发现:有不少项目存在不同形式的挪用资金或不按规定用途使用资金;有的项目从设计、规划和投资概算的制定,均未经过科学严密的论证,纯属"三边工程";有的项目配套资金不落实。出现这种违反中央政策的事情,很大程度上就是因为政府作为调控主体的责任在法律上没有明确规定。

其实在许多发达国家,对宏观调控进行法律化安排是十分正常的事。法国是采用计划指导经济较早的国家。1946 年 1 月 3 日法国政府正式颁布了实施中期计划的法令,以法律形式推行"经济、社会和文化发展计划"。日本在宏观调控方面也使用所谓的"法令性计划"指导市场经济活动。在计划调控的具体措施上,在如何通过经济法律手段实现政府计划方面,我们可以借鉴国外的经验,以完善我国的宏观调控体系。又比如在货币政策上,发达市场经济国家为了保障其货币政策的实施,大都制定了反映该国政策的金融法规。例如,美国制定了《美国联邦储备法》(即中央银行法);英国1979年制定了《英格兰银行法》;日本1942年制定了《日本银行法》;德国1957年制定了《德意志联邦银行法》;新加坡1970年制定了《新加坡金融管理局法》;等等。而在财政政策上,国家往往通过扩张性或紧缩性财政政策的不同影响,作用于经济运行,发挥着某种自动抑制社会总需求过分扩张或收缩、促进社会经济稳定的基本功能。世界各国普遍重视财政法的宏观调控作用,都制定有预算法、税法等,有的国家还制定了《财政法》法典。①

一般认为,宏观调控法主要包括:(1)财政、预算、税收、政府采购、国债法律制度;(2)央行、政策性银行、货币政策、利率、汇率、外债法律制度;(3)计划和经济增长、固定资产投资、物价法律制度等。而对于宏观调控的方式,学界的认识较为一致。主要是在适度从紧的财政政策与积极的财政政策,适度从紧的货币政策与积极稳健的货币政策之间进行选择。我国为应对美国金融危机的冲击而采取的宏观经济调控政策,主要是运用税率和国债利息率、银行利息率以及调节货币发行总量等手段,拉动内需,刺激投资,扩大对外贸易,从而使我国的经济渡过难关。但是相应的法律制度滞后,决策不民主,盲目投资,重复建设,造成了生产能力过剩,通胀压力增大,资源环境破坏严重,腐败现象没能得到扼制等问题。因此,在我们看来,宏观调控手段,包括产业政策、税率、利率、汇率、长中短期计划的制定、财政税收政策、货币政策及其货币政策手段、价格政策、地区开发政策、外贸进出口政策等等方面亟需法制化,以便形成对相关行为的强力约束。

2. 市场秩序规制关系

市场经济是随着人类文明史的发展而发展的,人们选择市场这一工具来组织社会经济是自我本性倾向和市场独具的内在功能所决定的。经验告诉我们,人类在普遍意义的经济领域里表现出的基本性质是"私的个人",经济学上将其称为"经济人"假设。而市场的功能正在于为人们进行利益交换提供场所和机制安排。当法律开始关注市场时,它基于对人类本性的认识而推定市场参与主体是自己利益的最佳判断者和最佳照顾者。同时,由于市场发展之初,交易个体之间的实力相差无几,对于信息的索取和应用能力亦处同等水平。所以当时人们的认识是只要组织起市场并维持市场秩序,同时放任市场交易行为,人们就能根据自我需要在市场上互通有无,使资源达到优化配置,从而促进社会经济的专业化分工和发展。价值规律在这里发挥几近万能的作用,它不仅从微观上调节各生产经营者的行为,而且从社会经济的总体上调节资源的配置和资本的流向,维护和保障着宏观经济的协调和稳定,这一作用是市场经济本身所具有的内在机制,人们将其称之为"无形之手"。

长期自由竞争必然会拉开市场主体之间的差距,当部分主体的力量积聚到一定程度后,垄断与限制竞争就产生了。垄断内生于竞争又限制竞争,这是市场的辩证法。由于垄断可以带来超额利润,从而令人们趋之若鹜。同时,竞争的发展也必然催生出不正当竞争,这是一种竞争过度,其对市场机制的损害也是显而易见的。不管是垄断还是不正当竞争,其结果都使市场经济的微观调节机制受到扭曲,令无形之手失灵。在微观经济领域中,国家的干预往往直接针对个案。而由于垄断组织势力强大,不正当竞争普遍猖獗,为保证法律的顺利实施,法律多以强行性规范为主。这部分的经济法律规范人们称之为市

① 徐孟洲:《对制定〈宏观经济调控法〉的构思》,载于《法学杂志》2001年第3期。

场秩序规制法，其要义在于对市场障碍的排除，维护经济发展的微观秩序。

对于反垄断和限制竞争法，各国一般都规定了统一的综合性法律，并辅之以若干单行性法律法规，英美国家还有大量的判例。反不正当竞争法的立法较为松散，除了包括狭义上的反不正当竞争法单行法外，还包广告法等规制不正当竞争行为的单行法。

从我国的立法现状来看，首先，在反垄断法方面，1980 年国务院发布的《关于开展和保护社会主义竞争的暂行规定》(已于 2001 年 10 月废止)第一次提出了反垄断。随后国家以各种形式零零散散制定了一系列反垄断法律规范，包括禁止垄断价格和价格歧视(如《中华人民共和国价格法》)、禁止公用企业及其他具有独占地位的经营者限制竞争(如《反不正当竞争法》第 6 条、第 23 条)、反对行政性垄断(如《反不正当竞争法》第 7 条)。2007 年 8 月 30 日，全国人大常委会正式通过了《中华人民共和国反垄断法》，自 2008 年 8 月 1 日起施行。随后，2009 年 5 月 24 日，国务院反垄断委员会颁布了《关于相关市场界定的指南》；2012 年 5 月 8 日，最高人民法院发布了《关于审理因垄断行为引发的民事纠纷案件应用法律若干问题的规定》，这是最高人民法院在反垄断审判领域出台的第一部司法解释。

其次，在反不正当竞争法方面，1993 年我国第一部规范市场竞争秩序的法律——《反不正当竞争法》颁布施行。此后，国家工商行政管理局针对该法颁布了一些配套规章，包括 1993 年 12 月发布的《关于禁止有奖销售活动中不正当竞争行为的若干规定》、《关于禁止公用企业限制竞争行为的若干规定》，1995 年 7 月发布的《关于禁止仿冒知名商品特有的名称、包装、装潢的不正当竞争行为的若干规定》，1995 年发布的《关于禁止侵犯商业秘密行为的若干规定》，1996 年发布的《关于禁止商业贿赂行为的暂行规定》等。另外，《中华人民共和国广告法》、《中华人民共和国专利法》、《中华人民共和国商标法》等相关法律法规也在各自领域对不正当竞争行为进行了一系列的规范。除全国性立法外，各省、自治区、直辖市也针对地方市场中的不正当竞争行为制定了各自的地方性法规规章。

再次，在消费者权益保护法和产品质量法等方面，我国 1993 年 10 月 31 日制定了《中华人民共和国消费者权益保护法》，1993 年 2 月 22 日制定了《中华人民共和国产品质量法》，并于 2000 年 7 月 8 日进行了修正。

3. 国有经济参与关系

国有经济参与是国家基于宏观经济调控的目的动用财政力量进行社会投资比例再分配的一系列活动。从这点来看，国有经济参与关系可以认为是从宏观调控关系中分化出来的。之所以把它独立作为经济法的调整对象之一，是基于国有经济参与在世界范围经济实践中的重要性以及这类关系之间的共性——通过国家直接参与市场经营活动，实现宏观经济目的。成熟的市场经济国家，国有经济参与往往集中在高风险、高投入、基础性行业以及一些公共企业领域里。而在中国国有经济参与法的外延却要大很多，这应放在历史与现实、社会主义与市场经济这样的背景下进行考察。只有真正理解了国有资产究竟是与民争利还是为民理财，国有经济参与法才能发挥其在经济管理领域中的独特作用。顺便提及的是，以往人们常常用“裁判员”来形容现代国家在经济领域的角色定位，以此区别于“运动员”式的国家职能。立足于国有经济参与这一领域，我们认为，其实“裁判员”还不足以准确形容现代国家的角色，现代国家在经济管理活动中更接近于“主持人”的角色，根据需要调动气氛(宏观调控),维持会场秩序(微观规制),必要时还须赤膊上阵,临时客串(国有参与)。当然任何比喻都是蹩脚的,当国家从事远景规划之类的活动时,不只是主持人,恐怕还要"制作"、"导演"一身兼了。

国有经济管理体制仍处于改革之中。根据中共十六大报告的精神,十届全国人大一次会议批准了国务院关于组建国有资产监督管理委员会的改革方案,设立国有资产监督管理委员会(以下简称国资委),对国有资产进行统一监管。2003 年 5 月 27 日,国务院颁布《企业国有资产监督管理暂行条例》,通过法规的形式将这一管理体制确定下来。2008 年 10 月 28 日,全国人大常委会颁布了《中华人民共和国企业国有资产法》。此外,国资委为了实现国有资产保值增值,还陆续出台了一系列相关的法规文件。[①]随着这一系列的立法动作,加上之前已经存在的众多法律法规规章,目前我国已经形成一个相对完整的国有经济法律体系,具体包括:(1)国有资产界定法;(2)国有资产清产核资法;(3)国有资产评估法;(4)国有资产登记法;(5)国有资产投资法;(6)国有资产经营法;(7)国有资产转让法;(8)国有资产收益分配法;(9)国有资产监管法等。

总体而言,在当前国有资产立法框架下,企业国有资产属于国家所有,国家实行由国务院和地方人民政府分别代表国家履行出资人职责,享有所有者权益,权利、义务和责任相统一,管资产和管人、管事相结合的国有资产管理体制。国有资产监督管理机构作为政府的直属特设机构代表同级政府履行出资人职责,同时负责监督管理企业国有资产。

相对于旧有的国有资产管理体制,新的国有资产监督管理体制的确在一定程度上可以调动中央和地方两个积极性,有利于企业清晰产权,克服以往体制中所有者虚位的弊端。同时就监管层面而言,新体制也在理论上摆脱了旧体制下多头管理、各不负责的缺陷,管资产和管人、管事相结合使责、权、利的分配相对明确,一定程度上有利于实现国有资产的保值增值。当然在本书看来,新体制在消除了旧体制的结构性问题的同时,却带来了新的结构性安排缺陷。

我们理想中的国有经济管理体制应该是:在宏观层面上,由国资委作为政府专门机构对国有资产的运作依法实施严格的监管;在中观层面上,则由国有资本运营机构作为出资者运用投资参股、授权等方式对所掌握的国有资本进行市场化运营;在微观层面上,则继续推动国有企业改革,塑造具备社会公益性和经济营利性特性的合格国有经济细胞。因此,我们设想中的国有经济法律体系也应该相应地由国有资产监管法、国有资本运营法和国有企业改革法有机构成一个三位一体的国有经济法律新框架。

4. 涉外经济管制关系

涉外经济管制法属于经济法的特别法领域,其共性在于"涉外因素"。把它列为经济法体系之一是当前世界经济全球化与国家经济安全这一对矛盾范畴相互作用的必然结果。制度经济学十分强调经济系统中的制度前提,其实国家主权的存在就是一个最大的

① 比如,2003 年 8 月 22 日颁布了《关于贯彻落实全国再就业工作座谈会精神进一步做好主辅分离辅业改制工作的通知》;2003 年 9 月 9 日颁布了《国有企业清产核资办法》;2003 年 11 月 25 日颁布《中央企业负责人经营业绩考核暂行办法》;2003 年 11 月 30 日颁布了《关于规范国有企业改制工作的意见》;2004 年 1 月 8 日颁布了《企业国有产权转让管理暂行办法》。

制度前提。德国历史学派经济学的杰出代表弗里德里希·李斯特早在19世纪上半叶就提出,经济学应分为"私经济学"和"社会经济学",而后者又可以分为"世界主义经济学"(或"万民经济学")和"国家经济学"(或"政治经济学")。他认为,亚当·斯密的经济学是"世界主义经济学",这种经济学假定"世界上一切国家所组成的只是一个社会,而且生存在持久和平局势之下","不承认国家原则,也不考虑满足国家利益"①。李斯特据此提出"国家干预"的理论,其要义与现代经济法几乎如出一辙。

涉外经济管制法在很长时期内已经而且的确应该被当作经济法的独立子系统来进行研究,但是在我国已经加入WTO的背景之下,是否还应该将其单列存在争议。我们认为,随着时间推移,WTO系统与我国经济法系统必将在更深层次上实现融合与共生,涉外经济管理上的特殊色彩必将逐渐淡化。但是,这种色彩在可预见的时期内几乎不可能完全消亡。②

作为经济法和WTO法的研究者与学习者,我们对中国加入WTO谈判时与强大对手之间进行的长达十余年的艰难博弈历程一定记忆深刻。WTO对于中国的意义并不是世界大同理想的实现,而只是拉开了一场在更广大领域中进行的更艰难的利益争夺战的序幕。正如本书随后就要揭示的那样,WTO的诞生并不曾从根本上消除固有的不合理的国际经济旧秩序。在这种条件下,无原则无计划地开放国内经济是危险与被动的。作为正在发展中的国家,只有牢牢把握国家主权,掌握国际经济交往的局部主动权,才有可能化弊为利,发展自己。经济法体系的这一划分所折射出来的思想对于长期处于经济劣势而需要实施一定对外管制措施的发展中国家来讲更具理论意义。对于中国这样一个已经具有较大经济能量又仍处于弱势地位的国家来讲,如何更加娴熟与巧妙地运用国家对外管理的权力,为我国经济的全面现代化争取宝贵的时间和空间,也同样是我国经济法学者面临的艰巨研究任务。涉外经济管制法主要包括外商投资保护法、涉外金融法、对外贸易法、涉外税收法等。

5. 市场监管关系

市场监管关系是许多经济法学者不够认同,但本书极力主张构成经济法的具体调整对象之一的一个重要范畴。有些学说将市场监管笼统归于宏观调控领域。在我们看来,宏观调控法主要应定位在国家运用价格杠杆、财政杠杆、利率杠杆以及结构调整杠杆等对国民经济实施整体性、间接性的影响和导向。宏观调控措施需要作用于具体市场上,而市场是滞后的,甚至要经历一个破坏性的运动过程来作出正确选择。因此,保证国家经济意图的正确贯彻和顺利实施需要国家对市场继续予以关注,并不断作出调整,确保市场对宏观调控要素作出适当而又积极的反应,从而避免社会成本的无端浪费。这一过程即可称为市场监管,市场监管中的微观因素令宏观调控难以将其完全涵盖。

有些学说将市场监管列入市场秩序规制领域。我们认为,市场秩序规制主要应定位在微观范畴,包括反垄断法、反不正当竞争法、消费者权益保护法以及产品质量法等。它的调整是被动的、个别的和滞后的,手段是强制的,规则是稳定的。而市场监管除了市场

① [德]弗里德里希·李斯特著:《政治经济学的国民体系》,商务印书馆1961年版,第152页。

② 无论如何一体化,全球真正无国界的经济大融合也不可能实现,至少在我们的想像极限内它是无法实现的。

秩序的维持外，还配合宏观调控，保证宏观调控的措施能够落到实处，它的特性应该是积极的、灵敏的、主被动结合的、事前预防与事后处理相统一的，手段是综合、有弹性的，规则是灵活的。这些特性有的正是承袭于宏观调控。市场监管中的宏观因素又令其特立独行于微观规制法之外。将市场监管关系单列研究是符合现实需要的。以金融市场监管为例。现代虚拟经济的发达导致了金融市场的高流动性、高泡沫性、高投机性与高风险性，在投机家的恶意炒作等内外部条件作用下，金融市场对经济的负面影响可能被极度放大，20 世纪末亚洲金融危机以及 2008 年的美国金融海啸的教训至今仍令人触目惊心。对金融市场实施有效监管在许多国家都被当作首要的经济课题对待。①2010 年 7 月 21 日美国总统奥巴马签署了《多德—弗兰克华尔街改革和消费者保护法》。该法针对危机发生的原因而提出的主要措施有：(1)扩大监管机构权力，破解金融机构"大而不能倒"(Too big to fall)的困局，允许分拆陷入困境的所谓"大而不能倒"的金融机构和禁止使用纳税人资金救市；限制金融高管的薪酬。(2)设立新的消费者金融保护局，赋予其超越目前监管机构的权力，全面保护消费者合法权益。(3)采纳"沃克尔规则"，限制大金融机构的投机性交易，尤其是加强对金融衍生品的监管，以防范金融风险。

虽然市场监管本应分属于宏观和微观两个领域，是两者的结合，但鉴于现实课题的挑战，无论把它归属于宏观调控法领域还是微观的市场秩序规制法领域都不足以很好地表彰其独有的内在特性与极端重要性。同时从立法层面来看，国家为了实现对某一重要市场的监管，通常会直接对该市场的监管事宜进行单独立法(比如《银行业监督管理法》)。其中，既包括一定的宏观性规范，又包括一定的微观性规范。它们之间的联系和搭配已经表现出相当的系统特性，显然是不适宜将其人为分割的。将市场监管法在经济法系统中予以单列研究，必将有助于我们更深刻地理解和把握市场监管的内在系统特质，有助于促进国家机关及社会组织市场监管职能的进一步完善。市场监管法应以金融监管法为重点，同时包括工商行政监管法、会计与审计监管法等。

经济法的以上五类调整对象是有主从之分的，其中宏观调控关系居核心与灵魂地位，其他关系服从于宏观调控。实际上在国家管理经济中，任何一个领域都或多或少会受到宏观调控因素的渗透与影响，国家即使进入微观层面，也是"宏观着眼，微观着手"的。即便是强制性的反垄断领域，也常常要受到宏观政策的影响，否则我们就无法解释为什么美国在肢解微软的同时，却促使波音合并麦道。"宏观性"、"整体性"正是经济法的精髓。过去我们往往认为经济法是以反垄断法为龙头，这一理解在过去相当长的发展过程中也许是恰当的，但从现代经济法的发展背景和现实来看则有所偏颇。过去社会经济关系毕竟不够复杂，发展也不如现在迅速，因此只要对市场障碍进行有效排除，就足以保证经济的顺利发展。但随着社会经济的飞速发展，现代科技与网络的广泛应用，尤其是竞争的国际化与经济全球化，国家对市场的态度不再是消极地排除障碍，而是有计划、有意识、积极地实施促导经济的计划，刺激和引导经济快速发展，国家宏观调控职能的凸显导致经济法领

① 许多经济学家认为，现代经济的核心将从产业经济向金融经济过渡，而金融市场监管将成为现代国家的首要经济管理职能。在市场经济高度发达而又崇尚自由的美国，国家对市场的监管力度和细度也是有增无减。在我国这一极度缺乏市场意识的经济土壤上培育各类市场，自然更需要国家的理性监管。

域的重心逐渐向宏观调控法转移。当代的国家已从政治国家变为经济国家，在现代国家的视野里，国民经济是一盘棋，市场仅仅是一种手段罢了。所以，经济法的调整对象应以宏观调控关系为统率，以微观的市场秩序规制关系、国有经济参与关系以及对外经济管制关系为主体，以市场监管关系为保障，从而形成经济法的有机统一体。同时，我们还认为，这一体系应是一般意义上的经济法调整对象。因为除此之外，一些其他的社会关系如社会保障关系、劳动关系、资源利用与环境保护关系等某种意义上与经济法的调整对象也是同质的。比如社会保障关系属于国民经济再分配领域，众所周知，生产、分配、消费是密不可分的统一体，分配直接影响消费，消费则驱动生产，所以把它们完全割裂开来并不利于我们更加全面与准确地考察国民经济运行与规范的效能。再比如以往人们一般认为环境保护是一种纯粹的公共物品，而当我们将其作为一种新兴的产业予以大力发展且列入国家的经济发展战略之时，环保与经济在深层次上的交叉与融合就成为必然。对于这些社会关系不妨将其视为广义上(非严格意义上)的经济法调整对象，区别于前述一般意义上的经济法调整对象。经济法学者若是学有余力，对这些领域进行系统性或边缘性的研究，对加深理解经济法是有益无害的。

第二章
经济法概念

第一节 经济法概念的历史考察

一、国外经济法概念的历史形成

基于对经济法历史形成过程的重视,本书设立专编论述经济法律制度的发展历史(见本书第二编经济法律制度变迁史),为避免内容上的重复,我们在此仅对与经济法概念相关的历史发展过程作一简要介绍。

(一) 国外经济法概念的萌芽与发展

理念中的经济法概念萌芽于近代革命思潮汹涌澎湃的法国。根据前人考察,学界一般认为"经济法"一词最早见于1755年法国空想社会主义者摩莱里所著的《自然法典》,在该书中作者描述了一系列理想社会的法律草案,其中包括"分配法与经济法",实质上是幻想在共产主义条件下的产品分配规则。显然,摩莱里所讲的经济法与我们今天的经济法最起码在适用的社会历史阶段上存在重大区别。在摩莱里之后还有法国的德萨米与蒲鲁东等人在各自的著作中分别提到"经济法"概念,但与摩莱里一样的是,这些所谓的"经济法"都只不过是这些天才空想的理念产物,并不具备与其相对应的经济基础,更毋论是否得到实际推行了。

实际颁行的经济法肇始于第一次世界大战前后的德国。当时的德国为了集中全国的经济潜力为其战争机器服务,颁布了一系列国家干预社会经济的法规,其中一些关于战争物资的法规如《煤炭经济法》、《碳酸钾经济法》等直接以经济法命名,经济法第一次有了其相对应的实在法,从而引起德国法学者的注意与研究。从一战到二战,经济法学在德国得到很大的发展,关于经济法的概念也出现了多种学说。经济法研究出现了第一次历史高潮。由于经济法的出现是与战争紧密相关的,因此其最初被称为"战时经济统制法"。随后擅长于理性抽象的德国学者开始尝试提出各种不同的经济法概念学说。例如,德国的艾斯特豪思认为:经济法是有关经济的法。①库拉乌捷认为:经济法是关于企业的法。②而

① [日]金泽良雄著:《经济法》,有斐阁1980年版,第2页。

② [日]丹宗昭信等著:《现代经济法入门》,群众出版社1985年版,第2页。

赫梅尔勒则认为:经济法是国家统制经济特有的法律。[1]显然,在这些学说中经济法被赋予了不同的含义,而且各种学说对于经济法是否为一门独立的法律部门也存在争议。这种百家争鸣现象的出现是经济法学研究初期学者感性认识积累的必然结果。在这段时期里,经济法作为一种新生事物登上法学研究的历史舞台,人们对它的认识基本上是处于摸索总结的阶段,不可能提出一个定位十分准确的经济法概念。而"经济法"这一提法本身的模糊性更是为人们在对这一法学新生儿的内涵的把握、外延的界定以及和其他相关的既有部门法如民法、商法、行政法的分野与整合时增加了极大的不确定性。

(二) 国外经济法概念的初步形成

二战结束后,经济法现象在世界各国大量出现。经济法的研究出现了第二次历史高潮。这一时期的经济法研究形成两大分支:一方是西方各资本主义国家的经济法研究。这些研究继承了前一时期的研究成果,并予以发展与丰富。其中日本由于在战后经济重建中政府发挥了重要作用,从而形成经济法的又一发展中心。例如金泽良雄为经济法概念下的定义是:经济法是适应经济性即社会协调性要求的法,也就是主要为了社会调节的方式解决有关经济循环中所产生的矛盾和困难(市民法自动调节的局限)的法。换句话说,经济法也就是在资本主义社会,为了以国家之手(代替无形之手)来满足各种经济性的即经济协调性要求而制定的法。[2]而丹宗昭信则认为经济法是国家规制市场支配之法,也就是"规制限制自由竞争行为的法"。与此同时,英国学者斯米特托夫也提出了经济法的概念,认为其应是处于商法与行政法之间,与前者一起调整经济事务,与后者分享行政管理方法的法。[3]另一方是以苏联学者为代表的经济法研究。例如,苏联 B. B. 拉普捷夫认为:经济法是调整横向经济关系和垂直经济关系的一个统一的法律部门。[4]另外还有与此相对立的一些观点,但基本上前述观点代表了当时经济法的主流观点。综观这一时期学者给出的经济法概念可知,多数西方学者已经明确将市场经济作为经济法的现实经济基础,把经济法定位为国家干预、规制市场的法律,并试图为其与民商法、行政法等相邻法部门进行恰当的划分,从而为他们理念中的经济法定义出一个更为清晰的概念。而苏联的学者则基于中央计划经济的要求,否定经济的市场自主性,实际上认为经济法涵盖了一切经济关系,而且这些经济关系都应处于国家的统制之下。可见,任何一种经济法的概念都是适应其经济土壤需要的客观产物,也是随着人们主观认识的深化而不断逼近真实的理性结晶。

二、中国经济法概念的历史形成

(一) 中国经济法概念的萌芽与发展

经济法在中国的命运同样受到上述主客观两大条件的限制与影响。根据学者研究,

---

① 金泽良雄著:《经济法》,有斐阁 1980 年版,第 7 页。

② 同上书,第 24 页。

③ 王保树、崔勤之编:《经济法学研究综述》,天津教育出版社 1989 年版,第 95 页。

④ [苏]B. B. 拉普捷夫著:《经济法理论问题》,中国人民大学出版社 1981 年版,第 40 页。

经济法的概念最早在20世纪30年代传入中国,但开始系统研究则迟至70年代末。耐人寻味的是学界比较一致的看法是首先提出经济法概念的是来自官方的声音。1978年7月胡乔木在其论文《按照经济规律办事,加快实现四个现代化》中,明确提出了发展经济立法与经济司法,“把国家、企业、职工的利益和各种利益关系,用法律形式体现出来……”随后,邓小平、叶剑英、彭真等中央领导人也在不同场合表达了类似的思想。①在官方的推动下,经济法的民间研究迅速升温,从而掀起中国经济法研究的第一次历史高潮。在这一阶段研究中,学者提出了经济法的不同概念,较为流行的有纵横说、综合说、经济行政法论等。这一时期的经济法研究体现了当时计划经济体制向有计划的商品经济体制转化的发展要求,同时由于历史原因形成的主观偏好与认识水平而在较大程度上承继了苏联学者的理论架构。因此,这一时期学者给出的经济法概念固然与今天所讲的经济法有一定差别,但在当时其定位是恰当与自然的。

(二)中国经济法概念的初步形成

中国经济法研究的第二次历史高潮勃兴于1992年邓小平南方讲话以及随后的经济体制改革的第二次推动。这一时期的经济法概念有:需要国家干预说、国家调节经济说、协调经济关系说、宏观调控说、社会公共性说等。纵观这一时期的经济法概念学说,我们可以看到经济法概念研究已经进入一个崭新的高度,由于社会主义市场经济体制目标的完整确立,经济法研究开始立足于市场经济而且服务于市场经济,学者们由此也吸收了西方法学与经济学的学术营养,同时在与其他法律部门的“地盘争夺”过程中认识到市场及其法律机制——民商法不可替代的基础作用,由此转而倾向于尊重民商法调整机制,将经济法限定在国家调节经济的范畴里,在本质上实现了与国外经济法研究的接轨,并从此形成良性互动关系,极大地推动了我国经济法的研究。可见,这一时期的经济法概念已经相当贴近当前的社会现实,是较为准确的。

三、经济法概念历史考察的结论

总结经济法概念研究的历史经验,我们可以看出,经济法概念最初是非常模糊不定的。在很长的历史时期里,学者实际上只是处于一个感性积累的摸索过程中,而各自的出发点、知识结构、研究偏好以及所处的社会性质和社会阶段的不同,导致他们触摸到的只是经济法这只“大象”的不同部位,从而决定了他们总结出迥异的经济法概念,显然都不够准确。

在经济法概念研究的后期,虽然“经济法”这一可此可彼的提法本身并未改变,但是现实的发展与理论的成熟将经济法概念的研究推进到了一个新境界,学者主动将“经济法”提法“限缩解释”为“国家干预经济的法”,即“经济法是调整在国家干预(调节、协调)社会经济关系过程中而发生的各种社会经济关系的法律规范的总称”,从而基本上摆脱了由于内涵大而不当、外延犬牙交错而导致的尴尬处境。这一时期的经济法概念基本上反映了

① 王艳林、赵雄:《中国经济法学的回顾与展望》,《经济法论丛》第2卷,方正出版社1999年版,第6—7页。

目前我国乃至世界范围的经济法研究水平，奠定了继续推进经济法研究的坚实基础，也为我们的论证提供一个基本的理论平台和论证素材。

第二节　经济法产生与发展的社会历史根源及其经济学理论基础

在我们看来，界限清晰的经济法调整对象已经为经济法的概念提供了必要的概念要素，但是在为经济法定义一个完整的概念之时，不能满足于仅仅获得这样一个骨架健全但皮肉欠丰满的经济法概念。任何一种事物的存在都具备其深刻的社会现实根源和独特的内在价值取向，经济法也不会例外。一个清晰的经济法调整对象固然为经济法学在法学传统中奠定了其应有的地位，但是如果缺乏对经济法社会现实根源与内在价值取向的深刻思考和准确把握，经济法学的理论研究必然止步于外在而无法探寻其内质。借用前文所述的"摸象"之喻，如果说经济法研究前期是由于未窥"全象"而处于混沌片面的时期，而经济法研究的后期由于窥得"全象"而进入清晰全面的时代的话，那么深入探讨经济法的社会历史根源与内在独特价值则可以比作研究这只"象"进化的外部环境条件和解剖它的内部生理机理，从而从内、外两个方面深刻认识经济法这一庞然大物，为获得完整科学的经济法概念创造条件。

经济法作为一部门法，在经典作家看来应属上层建筑的范畴，上层建筑就必然会有其相对应的经济基础，而生产关系在不同生产力的条件下又呈现出不同架构，我们研究经济法的社会历史根源，就是要研究经济法作用对象也即这一部分生产关系中的不同构成要素在不同的历史过程中不断寻求均衡的博弈过程。我们知道，经济法是调整国家干预市场的法，显然国家与市场的关系是经济法关注的焦点问题。实际上，如果我们去除细枝末节就可以看出，通篇经济法的发展史都是国家与市场互动互抑的关系史。

一、经济自由主义时期对市场与国家关系的认识

曾有人认为，市场经济是人类在社会经济领域的最伟大的发明。其实市场的出现与其说是人类发明的结晶，不如说是人们发现的结果。市场作为无形之手，是基于"经济人"的假设，推定市场之中的人为追求自身的利益会成为自身利益的最佳抉择者，市场会自动发挥着资源配置的作用。

无形之手的理论滥觞于古典经济学时期，以亚当・斯密、萨伊等人为代表人物。这一理论恰当反映了当时自由资本主义时期资产阶级要求打破封建割据和重商主义时期建立起的贸易壁垒，在尽可能大的市场范围内实现资本、商品和劳动力的自由流动，为资本主义经济的快速发展创造条件的强烈呼声。由于当时的资本主义处于上升时期，因此，这一理论是适应当时的社会经济现实条件的。在斯密看来，作为社会利益代表的国家或政府没有必要过多地干预个人的事务，其应尽的职责只有三方面：(1)保护社会，使其不受其他

独立社会的侵犯;(2)尽可能地保护社会上的每个人,使其不受社会上任何他人的侵害和压迫;(3)建设并维护某些公共事业和某些公共设施。[1]显然,斯密心目中的政府是一个无为的政府,尤其是在社会经济领域里。在这种社会经济条件下,以国家干预市场为根本特征的经济法是不可能得到很大发展的。可以说,这一时期是市场优先于政府的时期。

二、国家干预经济时期对市场与国家关系的认识

经济自由主义思潮在极大地推动了资本主义经济迅猛发展一百多年之后,进入了低潮期。长期的自由放任使自由竞争的市场结构转化为垄断竞争市场,1929—1933年的资本主义世界大危机彻底打破了人们对市场无所不能的崇拜,而同时苏联集中计划经济体制在工业化进程中取得了世人瞩目的成就。现实的发展促使人们开始系统研究市场的缺陷与政府干预的合理性,在这一问题上,福利经济学家和凯恩斯主义者作出了重要贡献,他们分别从微观经济学和宏观经济学领域分析和反思了市场的内在缺陷。以庇古等人为代表的福利经济学家通过规范分析认为:垄断、外在性和社会不平等是内生于自由竞争市场却又是市场自身无法解决的问题,因此市场是存在缺陷的,无形之手是会"失灵"的,故需要依赖国家权力通过限制垄断、校正外在性和转移收入的方法来弥补这些市场缺陷,以达到社会整体福利的增长。[2]以凯恩斯为代表的经济学家则从宏观经济学的角度论述了市场失灵和政府宏观干预的必要性。在其名著《就业利息和货币通论》中,凯恩斯批判了市场供给能够创造自身需求的萨伊定律,认为在三大心理规律的作用下,有效需求必然不足。[3]如果任由市场机制发挥作用,则无法实现宏观经济的总量均衡,故应运用国家财政金融政策拉动总需求,而在价格黏性的条件下,价格总水平不会立即跟随政府政策的扩张与紧缩而同步升降,从而保证了政策的有效性,实现总供给与总需求的平衡。

从20世纪20年代到70年代,市场失灵理论逐渐为人们所接受,并为经济现实所印证,人们开始为国家及其代表——政府不断增加新的职能,诸如限制垄断、提供公共产品、维持价格稳定、追求社会公平、实现充分就业等等。政府在经济领域可以发挥积极作用这一新发现令饱尝经济周期之害的人们兴奋不已,而罗斯福新政等经济实践的成功也为政府大规模干预市场提供了样板,相关的法律被大量制定,政府这只"有形之手"在相当长的时期里得到成功运用。可以说,这一时期是政府优先于市场的时期。

三、新经济自由主义时期对市场与国家关系的认识

好景不长,从20世纪70年代开始,遵循凯恩斯主义的国家相继进入另一种经济困境,这就是所谓的"滞胀"并存。根据凯恩斯的理论,只要存在闲散资源,扩张的需求总是

---

① [英]亚当·斯密著:《国民经财富的性质与原因的研究》下卷,商务印书馆1988年版,第29页。

② [英]庇古著:《社会主义与资本主义的比较》,商务印书馆1963年版,第14—27页。

③ 这三大心理规律是:心理上的消费倾向使消费的增长赶不上收入的增长,引起消费需求不足;心理上对资产未来收益的预期和心理上的灵活偏好使预期利润率有偏低趋势,引起投资需求不足。

会带动经济的增长与充分就业的，换言之，高通胀不可能与低增长、高失业并存的。但在滞胀的情况下，政府如果采取扩张性的政策来降低失业，则会带来更严重的通货膨胀，而采取紧缩性的政策来降低通货膨胀则会引起更严重的失业与萧条。政府的有形之手在操纵了西方经济几十年之后也“失灵”了。面对“滞胀”这一双头怪物，凯恩斯的传统理论无法作出合理解释。与20世纪30年代的大危机破除人们对市场的迷信相仿，这一时期的滞胀打破了人们对政府干预无所不能的幻想。“现在这一巨变不仅打破了政府控制经济的政治神话，而且动摇了经济学家们对具有决定性力量的财政政策和货币政策的信念。”①与此同时，在世界的另一边，东方社会主义国家的计划经济体制在推动经济发展几十年之后，也暴露出了其僵化与低效率的致命弱点，并先后开始了市场化改革的进程。在这双重经济背景互为诠释的条件下，自由主义思潮卷土重来。新货币主义、理性预期学派、公共选择理论以及产权经济学派等经济学流派分别从各自不同的角度对政府干预的缺陷与市场的潜在力量进行了充分而系统的阐述。新货币主义认为，经济的主要变量是有其客观值的，从长远来看不会被政府的干预所变更，因此政府最好是按固定的规则行事，而且从微观角度来看，导致市场产生外在性的因素同样会对政府产生影响，政府并不比市场高明，初衷良好的政府干预往往会导致相反的结局。理性预期学派则从经济当事人理性预期的假定出发，认为人们最终会了解政府政策的意图和走向，政府的政策不可能操纵大多数人，因此政府应该采取透明的、固定的政策规则，避免干扰公众的预期，引起不必要的波动。理性预期学派的结论是：在一个理性预期的世界里政府的需求管理政策是无效的。②否定政府干预的另一重要学派产权经济学派则主要从外在性的角度切入分析，认为外在性的存在是产权界定不清的结果，解决外在性问题，可以通过清晰界定产权的方法将外在性予以内在化，然后通过市场自由交易的方式发现其价格(费用)并进行消化，不必非由政府出面进行安排不可。因为不当的政府干预带来的交易成本往往要大大超出市场自由交易的成本。与前述各学派不同的是，公共选择理论将分析的对象转向经济的干预者——政府及其官员，认为在政治市场上，公共选择的主体遵循的仍然是个人效用最大化原则，“是严格按照经济人的方式行动的……当人们改变角色时，并没有成为圣人……”③因此，必须破除对公共选择的迷信。而与市场机制相比，公共选择往往会忽略一部分人的利益要求，导致社会福利的损失，而且，即使政策是符合公共需要的，也无法保证在执行的过程中不为执行者所扭曲。因此，政府的干预应受到严格限制。

新自由主义经济学说对于正确认识国家与市场的关系具有积极意义，并已逐渐为现代经济实践所证实。适度的货币政策和财政政策在宏观经济领域发挥着重要作用，而政府在反垄断等微观领域的干预也早已为人们所肯定。只是这一段时期里的政府干预比起凯恩斯主义大行其道的年代里的“粗放式”干预要谨慎和温和得多，也更加注意发挥和尊重市场的基础性作用，历史进入了一个市场与政府交替并重的时代。

---

① [澳]迈克尔·卡特、罗德尼·麦道克著：《理性预期：80年代宏观经济学》，上海译文出版社1988年版，第10页。

② 同上书，第160页。

③ [美]布坎南著：《自由、市场与国家》，上海三联书店1989年版，第347页。

可以说,我们今天所说的经济法的发展就是奠基于上述政府与市场的一系列矛盾运动之上的,这一社会经济发展的进程就是经济法产生和发展的社会历史根源。不可否认的是,作为这一历史进程最直接的反映各时期主流经济学成就在影响当时政府决策的同时也深深地影响了将这些决策上升为法律形式的经济法,因而我们说,在探寻经济法深刻内涵的时候研究这一历史发展过程是有意义的,它有助于我们更为客观和历史地把握经济法的本质并提供更为高远的前瞻平台,从而准确定义符合我们当今社会经济现实乃至于反映今后一段历史时期需要的经济法概念。

四、经济法的社会历史根源考察对经济法概念的意义

如何评价这一历史进程呢?换言之,我们理念中的经济法概念应该从这一进程中汲取什么样的养分呢?我们认为主要有以下几点:

(一)经济法须奠基于市场经济基础之上

以上的考察告诉我们,经济法是国家干预与市场自主相互作用的产物,但是足以抵御政治国家权力侵袭的市场只是在自由资本主义时候才开始存在并得到强化。在此之前的各个社会历史阶段不存在真正意义上的市场,所以也谈不上有真正的经济法。另外,在发端于苏俄的社会主义实践中实行的中央集权计划经济,由于摒弃了市场的资源基础配置作用,人为阉割市场机能而导致市场发育极端不足,所谓的国家管理经济的法律与其说是国家干预经济的法倒不如说是行政命令和长官意志的翻版罢了,在这种条件下,经济法也是不可能发达的。况且,社会历史实践已经证明了计划经济的历史不适应性,从而殊途同归地选择了市场经济体制。科学的经济法不可能奠基于反科学的经济基础之上。与奴隶劳动、小农经济一样,计划经济同样不能成为经济法的经济基础。我们在研究经济法的时候谈到它们,很大程度上是将其作为反面历史素材进行论述。

(二)经济法须是国家干预市场和市场干预国家的有机统一体

从形式上看,经济法表现为国家干预市场的法,但这一干预又是表现为国家对市场缺陷的修复与弥补,仅仅局限在市场缺陷的领域里,不可随意超出,否则即构成对市场的不当干预。在国家与市场的关系中,市场是主要的、常态的、优先的,而国家则是辅助的、非常态的、候补的。现代政治学和经济学的研究成果表明,政府及其官员的行为存在自我利益膨胀的内在倾向,如果不以法律规则将其限制在一定范围,出现权力侵袭市场并取代市场的现象是不可避免的。这在具体意义上归结为立法者对政府权力的约束问题,但在抽象意义上又表现为市场的内在自由倾向对政府不当干预的反限制,是谓“市场干预政府”。政府干预市场与市场干预政府这一对矛盾范畴相互作用的结果体现在游戏规则的最终制定上,就是我们所讲的经济法。我们认为,经济法实质上是政府与市场矛盾运动的结合体,是两种力量博弈的均衡,而决非仅仅是博弈的某一方。一味强调干预,很容易陷入误区。一部好的经济法,应该同时体现干预与反干预的精神。有学者或许不习惯在“政府干预”的经济法中“干预”政府,而倾向于主张由民商法发挥这一法律功能。然而我们说,期

待民商法参与这一博弈并在限制政府权力过程中发挥主要作用是不现实的，这是因为经济法往往具备公法的特征，根据公法优先于私法的原则，民商法无力阻挡政府权力的滥用，所以较好的方案仍然是在设计经济法律规范的时候既授权又限权，在发挥国家干预的积极作用的同时将其局限在弥补市场缺陷、医治市场失灵的限度内。这正如马尔萨斯所说的：管制过多的倾向肯定是无知的鲁莽的标志，最能干的医师最能节约药物的使用，最相信自然的力量。同样，最了解自己的工作的政治家最不愿意干涉企业与资本的自然趋向。①

（三）经济法的政府管理职能具有现代性

经济法所体现的政府管理职能不是固定不变的，而是根据事实情况灵活转换的，但整体上应体现不断扩大市场作用的趋势，从而表现出一定的"现代性"。现代经济学的研究成就告诉我们，市场力量的强大往往超乎我们的意料，今天所谓的市场缺陷并不意味着该领域将永远属于政府的世袭领地，在市场经济社会化的进程中，市场也经历着一个逐步发育与成熟的过程，当市场达到一定成熟的阶段，某些传统意义上的所谓市场缺陷可能就不再是缺陷了。一旦到了这一步，市场就会基于其先天的资源配置优势，在与政府干预的比较中占得上风。②所以，我们的经济法应该树立这样的一种理念：不仅政府的干预不是永恒的，而且一个好的政府还应该主动培育自己的对立面——市场，并为其创造条件，引导它在经济的发展中发挥更大的作用。这一理念对于经济法有着相当重要的影响，有人担心减少干预会导致减少经济法的作用领域，缩小经济法的"地盘"。其实这种小团体眼光不仅狭隘而且多虑。培育并扩大市场作用并不会必然导致经济法的萎缩。首先，政府的信息能力与资源能力在一定时期内有一个相对固定的量，在同一时空维度里，扩大干预的领域与削弱干预的能力是成正比的。通俗地讲，就是干预得多了，工作就粗了，对市场的控制能力反而有削弱的危险。可见，政府资源在经济领域的进与出不应导致人们对经济法作用的怀疑。其次，推崇市场作用的另一面就是限制政府管制，这是经济法长期忽略而又大有可为的一个领域。比如实施反垄断法的过程中大量讨论的国有企业垄断问题，从传统观点来看，这些关乎所谓国计民生的行业，又是所谓的自然垄断，自然是反不得的。但是假如我们树立市场理念，就可以知道，在这些所谓的自然垄断损社会福利之公以肥部分既得利益集团之私的情况下，如何反是一个技术性问题，愿不愿意反则是个原则性问题。可见，无论是扩大政府干预还是减少政府干预，经济法都具备十分广大的活动空间。在国家与市场力量盘根错节的时代里，如何根据实际情况厘清两者之间退与进的关系是

---

① ［英］马尔萨斯著：《政治经济学原理》，商务印书馆 1962 年版，第 20 页。

② 举产权经济学家常用的排污许可交易制度说明之。传统理论认为污染控制是典型的外在性问题，必须由政府出面解决。但经济学研究表明政府实施污染控制同样面临信息匮乏、责任不清、补偿不力的缺点，而且排污是与生产同步进行的，是正外部性与负外部性相交的过程，不当的控制与处罚会打击企业积极性，损害社会生产力。而排污许可制度通过清晰界定产权，在控制污染总量的限额条件下，出售排污许可证，这样企业就可以根据成本的大小选择自己控制污染还是购买排污许可，并可将多余的许可限额在市场上出售获利并发现其价格，从而在不增加全社会污染水平的情况下令企业自主选择交易与经营的方式，并鼓励企业减少排污，也降低政府干预的成本，消除设租寻租空间。

经济法学的一个重要的研究课题。现代意义的经济法体现的应是现代的政府管理职能，绝非抱残守缺、一成不变的旧传统。

第三节 经济法的内在价值

一、法的主导价值

所谓法的价值，是标志着法律与人关系的一个范畴，这种关系就是法律对人的意义、作用或效用，以及人对这种效用的评价。[①]一般认为，法价值包括公平、正义、自由、平等、安全、秩序、效益等。[②]想要探究法律本质，这种罗列法显然过于笼统。那么，法的主导价值是什么？我们认为应首推效益价值。

从词义上看，效益是指人类活动的有效性(即效率)以及人类活动的有益性(即人类活动所达到的有价值的结果)。[③]如果我们能够站在人类的发展史(实质上就是生产力的发展史)这一认识高度来认识法律的话，可以认为，效益价值是法诸多价值中的主导价值。安全的保证与秩序的维持从某种意义上讲只是效益实现的手段。有学者认为秩序才是法的主导价值，但实际上独裁者的法律也强调秩序，计划经济、集权统治也强调秩序，甚至也同样井井有条、社会稳定，但这是否又意味着这些秩序应予以维持？答案无疑是否定的。由此可见，秩序亦有“善”与“恶”、高效与低效之分，其存在的合理性的最终衡量标准仍然要以能否促进效益为依归。而自由、平等价值则是历史发展到一定阶段的产物，其很大程度上是市场经济条件下法律最终实现效益价值的中介目标。所谓的正义价值内涵则极其模糊，一定意义上只是人类的一种理想寄托(以自然法学派为典型)，是人们对法律这种威力无比的既在物——“社会总调节器”主观赋予的生动人格，带有浓厚的道德意味。我们认为，正如斯蒂格勒所说的那样：实际上，有关人类行为只有一个一般理论，那就是效用极大论。[④]尽管这些价值与效益价值共存，但相较起来也只是次要的、非决定性的。我们不否认这种价值的共存，然而显然只有效益价值才决定了事物矛盾发展的方向，是法律的主导价值。

二、经济法的价值

如果说法的最重要的价值是效益，还不具有最大说服力的话，那么当我们把视野缩小至经济法领域，效益价值的主导地位就变得顺理成章了。效益本身即是经济学的基本命

---

① 严存生著：《法律的价值》，陕西人民出版社 1991 年版，第 28 页。

② 卢云著：《法学基础理论》，中国政法大学出版社 1994 年版，第 7 章。

③ 同上书，第 218 页。

④ [美]斯蒂格勒著：《产业组织和政府管制》，上海三联书店 1996 年版，第 234 页。

题，指投入与产出的比例，即以最少的投入得到最大的产出。可以说效益是一切经济生产活动的最高价值目标。所以，经济法基于其固有的目的与使命，把效益作为自己最高的价值目标也就变得合乎逻辑了。这是我们对经济法价值的第一层思考。

当然，仅以效益定义经济法的价值显得过于笼统。经济法关注效益，民商法同样也关注效益。因此有必要为经济法在效益价值中划定自己的领域。民法是以弘扬私权神圣与契约自由精神的面目出现在商品经济活动中。它鼓励经济个体为追逐自己的利益进行生产与交换，反对外力的不法干预。很显然，民法关注的是个体的效益。尽管民法在一定阶段为适应需要也进行了一定程度的扩张，但由于其基本内核的约束，无法进行太大的突破。当资本经济达到相当规模后，个体极度扩张的积累打破经济运行的平衡，进而威胁到社会的整体利益，这种情况反过来又制约了个体效益的实现。在现代社会中，人与人之间的利益关系是如此的紧密，以至于我们再也不能无视社会整体利益的存在与重要性。这时经济法开始进入我们的视野，它统揽全局，对经济格局作出统筹安排，对国民经济运行进行调控，对经济机制的有害因素进行剔除，等等。很明显，经济法关注的效益是更高层次的宏观上的效益，那就是“社会整体效益”。这是第二层思考。

社会整体效益作为经济法的价值已被相当多的学者论述过了，但是当我们把思维的触角探入现代经济领域时，不难发现，不可阻遏的全球经济竞争已将所有的地球村成员卷入一场空前的全力推动经济发展的浪潮之中。经济，已不再是一种平衡与自足的代名词，它更代表了“发展”。当今的经济法功能已不满足于经济的协调，还在于如何成为经济尽可能快增长的助推力。在中国这样的后发国家，这种倾向则更加强烈。我们的发展蓝图选择超越战略，正是昭示着对发展的渴望和对竞争中适者生存法则的强烈危机感。现代经济法的价值与其表述为“社会整体效益”，不如表述为“社会整体效益的最大化”。前者体现的是一种静态的概念，后者更体现出现代经济法的动态化效应，也更能体现和适应现代经济发展的特征和趋势。因为它不仅追求效益的简单循环实现，更追求效益的不断复合增生。这是第三层思考。

仅仅提效益“最大化”有两个缺陷。其一是过分强调效益，有忽略其他价值存在（尤其是与“效益”相对应的“公平”价值）之嫌。其二是过分强调效益的最大化，有忽略效益的可持续取得之弊，易导致杀鸡取卵的短期行为。故我们的思路必须进入第四层。经济法作为一种宏观把握经济脉搏的法，它所关注的肯定不只是眼前的效益。它既然能站得高，肯定就能看得远，而且也应该、必须看得远。实际上，我们考察经济法的体系就会发现，经济法总体来讲是追求国民经济的可持续发展的法，在很大程度上兼顾与平衡了国民经济的持续、快速、健康发展的几种不同目标取向，从而令我们所关注的社会整体效益的最大化得以可持续实现。因此，我们的结论是：经济法的价值问题实际上是可持续发展的社会整体效益最大化问题。由于“最大化”提法实际上可以为“发展”与“效益”的提法所含摄，因此经济法的价值可以最终表述为“可持续发展的社会整体效益”。

三、经济法价值的内涵分析

“可持续发展”的提法发端于环境保护领域。最早见于 1987 年由挪威前首相布伦特朗夫人领导的世界环境与发展委员会(WCED)提出的著名报告《我们共同的未来》。这是一种基于生态学和伦理学理念的发展观,其中心思想是"既满足当代人的需求,又不对后代人满足其需求的能力造成危害的发展"。在这里我们将"可持续发展"的提法引入经济法的价值问题,将其与"社会整体效益"相结合,从而赋予其新内涵。在我们看来,"可持续发展的社会整体效益"的提法至少包含了以下三层含义。

(一) 经济法的价值体现了市场个体之间的协调

在人类经济发展的历史上,个体对效益的片面追逐客观上导致了社会财富的增长,但当社会发展到一定历史阶段,随着个体差异的不断积累,贫富悬殊问题突显,社会矛盾渐趋尖锐。而从经济学角度看,过度的贫富悬殊也不利于扩大再生产。在付出惨重代价后,人们逐渐地认识到:不公平是具有边际性的,一旦超过了限度,社会整体效益将呈现负增长而无法达到可持续发展。这是公平对效益的牵制。在这个问题上,传统的法资源如民法只会助长这种自然倾向,而运用各种刚性手段进行强制平均则已被历史证明是失败的(如改革开放之前的中国)。所以,经济法以其独特的视野与调整手段,越过既有的私法原则,将社会经济生活中的不公平控制在一定限度内。如对优势个体的优势地位和利益作出各种限制,对劣势个体的劣势地位和利益则予以各种救济,以期实现一定程度上的均衡。因此,从这个角度看,可持续发展理论实际上已经含摄了公平的价值。可以说,在经济法中,公平价值并没有被抛弃,而是被赋予了一种全新的含义。

从表面上看,这是对斯密理论的一定程度上的否定与修正,但实际上这种否定和修正是一种更高层次上的扬弃。经济法是人类用长远眼光来处理社会整体效益问题的一种手段和方法。需要指出的是,经济法对公平价值的含摄并不排斥它对整体效益最大化的终极追求。无论怎样作出倾斜,经济法都不会最终成为绝对公平的工具。严格来说,绝对的公平是不存在的,以前没有,现在没有,将来也不会有。所谓公平,实质上只不过是人们对实际生活中的不公平、不平等的现象进行否定的一种向往。我们冷静地考察人类生产力的发展史就会知道,"经济人"的假设并未过时,社会财富的增长机制仍然来源于个体对利益的追逐以及对私人占有的承认与保护,即对不公平的默认和保护。经济法作为促进社会整体效益最大化的法,不会也不可能去以牺牲社会财富增长机制为代价来换取所谓的"公平"。较好的办法是在一定程度上作出妥协,在不损害整体机制的前提下,以适当的"公平"换取效益最大化的可持续实现。正如经济分析法学所认为的,效率就是正义,就是公平。"每人从日益增大的蛋糕上分得较大的一块要比在分配一个小蛋糕的争论中争得一份容易得多,因为用后一种方法任何利都是以弊为代价的。"①

在现阶段,我们应当充分认识到当前所面临的社会矛盾,着力推进和谐社会的建设。中共十六大以来,中央审时度势,作出了构建和谐社会的战略部署。构建社会主义和谐社会,是我们党从全面建设小康社会、开创中国特色社会主义事业新局面的全局出发提出的一项重大任务,适应了我国改革发展进入关键时期的客观要求,体现了广大人民群众的根本利益和共同愿望。要在推进社会主义物质文明、政治文明、精神文明发展的历史进程

---

① 黄少军等著:《政府经济学》,中国经济出版社 1998 年版,第 309 页。

中，扎扎实实做好构建社会主义和谐社会的各项工作。实现社会和谐，建设美好社会，始终是人类孜孜以求的一个社会理想，也是包括中国共产党在内的马克思主义政党不懈追求的一个社会理想。在和谐社会中，社会各方面的利益关系应该得到妥善协调，人民内部矛盾和其他社会矛盾得到正确处理，社会公平和正义得到切实维护和实现；全社会互帮互助、诚实守信，全体人民平等友爱、融洽相处；社会组织机制健全，社会管理完善，社会秩序良好，人民群众安居乐业，社会保持安定团结。构建和谐社会的内涵与经济法的价值是完全吻合的。

（二）经济法的价值体现了人与环境资源之间的协调

人本主义的极度扩张，造成的矛盾不仅仅是人与人之间的，还包括人与自然环境资源之间的。在改造能力失控的今天，原先浩瀚无比的环境资源在人类种种欲望的重压下开始变得窘迫起来。人的需求的无止境与自然资源一定历史阶段的有限性、稀缺性产生了尖锐矛盾。个体利益取向的分散性决定了这一矛盾在简单之和的个体群中无法得到自然消化。而放任矛盾的发展与激化，则最终会危及我们赖以生存的物质基础，导致整体效益的实现不能。从更高的角度看，当代人恣意索取资源为己所用，而破坏环境、资源的恶果则更多地由下代人来承担，这本身是一种极大的不负责任，是一种代与代之间的不公平。很显然，我们所讲的“可持续发展”的主体应该是繁衍不息的全人类，而非仅指当代人。经济法①以其独有的手段和价值判断标准介入矛盾，理性把握两者的平衡点，让获得再生机制的自然环境和自然资源真正为我所用，为子孙后代所用，从而保证整体效益最大化得以真正意义上的可持续发展。从这个角度看，可持续发展又含摄了另一种“公平”价值，即代际公平。中共十六届四中全会以来，中央提出要加快建设资源节约型、环境友好型社会，大力发展循环经济，加大环境保护力度，切实保护好自然生态。中共十八大进一步提出了建设生态文明的任务，认真解决影响经济社会发展特别是严重危害人民健康的突出的环境问题，在全社会形成资源节约的发展方式和健康文明的消费模式。这些战略决策的背后折射出鲜明的经济法价值观。

（三）经济法的价值体现部门、地区经济结构与资源宏观配置的合理化

市场经济的基础是交换经济，交换存在着价值实现的问题。如果部门、地区产业结构安排不合理，资源宏观配置出现偏差，生产就会出现结构失衡，或过剩，或不足。而一旦价值实现的链条断裂，整个社会扩大再生产就会遭到破坏。由此可知，部门间生产结构的安排、资源宏观配置的合理与否会对生产目的的最终实现与社会再生产的良性循环产生重大影响，进而影响到社会整体效益的可持续实现。地区资源的倾斜性投入虽然是我国特定条件下推动经济发展的必经战略步骤，然而听任这些差距的继续扩大不仅会阻碍中国经济的再次腾飞，而且会导致地区利益冲突与不满情绪的不断升级，引致更大的社会结构

① 从这一层面看，本书所称经济法的外延已包括了环境资源法等，这是有争议的理论问题。但从经济利益层面考察，环境资源法与经济法是密不可分的，两者具备很大的共性与互动关系，因此从这一意义上讲，本书论述并无不当。

性矛盾,从而极大地威胁到社会整体效益的可持续实现。换一个角度分析,这种一边倒的政策倾斜、资源投向有意识的差别待遇导致地区、部门之间的贫富悬殊与发展不均衡也是一种实实在在的不公平,那是地区、部门这种特殊的利益群体之间的不公平。经济法作为促进社会整体效益的法,理应对其作出调整。首先,从部门结构上看,我国经济法应有意识优化产业结构,稳步发展农业和基础设施产业,实现产业结构的高级化与合理化,为社会整体效益的可持续发展奠定基础。其次,从地区经济结构上看,我国经济法应适时制定中西部发展战略,加大对农村地区的投入,改善内地投资环境,真正把"共同富裕"的理想落到实处。中央已经作出一系列战略性决策,推进西部大开发,振兴东北地区等老工业基地,促进中部地区崛起,鼓励东部地区率先发展,形成东中西互动、优势互补、相互促进、共同发展的新格局。同时坚持大中小城市和小城镇协调发展,按照循序渐进、节约土地、集约发展、合理布局的原则,促进城镇化健康发展。中央的这些战略举措引导我们向共同发展的目标迈出坚实的一步。因此,经济法的可持续发展理论已经含摄了第三种"公平"价值,那就是不同地区、部门之间的公平。

由此可见,经济法的价值实际上是"可持续发展的社会整体效益"。它指向效益,又决不是机械地强调效益,而是把效益放在整个人类社会生存与发展的大环境下历史地、辩证地看待和处理的。同时,基于它的独特视角和胸襟,已经最大限度地含摄了公平,并赋予"公平"这一古老命题以全新的内涵。它是人们在漫长的经济发展的历史征程中逐渐探索而得的理性结晶,其中极大地凝结了人类在处理个体利益与群体利益、眼前利益与长远利益、生产力与生产关系以及自然科学与社会科学之间的矛盾互动关系的过程中磨砺而成的高超智慧。"可持续发展"提法的引入在经济法的发展进程中具有里程碑式的意义。如果说我们用一个词汇来概括一定历史时期社会文明的基本成果,近代文明史能够抽象出"契约"一词的话,现代和后现代文明史则应首推"可持续发展"。经济法的发展过程,是人类在社会经济领域从自发到自觉,从必然到自由的历史发展过程。

四、经济法价值的内涵延伸

有一个问题值得我们思考:重商主义末期,自由经济思想兴起,对政府力量的干预进行了猛烈的批驳。在自由主义者的思想中,政府对经济个体干预从某种意义上讲是不道德、不合法和不合理的。但到了凯恩斯主义时期,人们却似乎默认与容忍了这种对个体经济自由的限制。即使到了新自由主义时期,人们反对的也只是过度的国家干预,对政府的正常干预从根本上也是认可的。正如科斯所说:"我确信,经济学家和决策者一般都有过高估计政府管制的优点的倾向。但这种观点即使成立,也只不过建议应减少政府管制,它并没有告诉我们分界线应定在哪里。"①经验告诉我们,当一种经济事实长期存在时,人们必然会从中抽象出一定的规则以为理念上的根据。所以,当这种经济事实需要改变时,人们面临的不仅仅是具体经济规则方面的转换,还要合乎逻辑地更改自己理念中的这些抽象规则。具体地说,斯密时期人们认为政府干预是非法的,除了功利性的经济因素考虑

---

① [美]科斯著:《社会成本问题》,《财产权利与制度变迁》,上海三联书店 1994 年版,第 23 页。

外，必然还有理念上的支撑点（比如自然法思想）。到了凯恩斯时期，人们容忍政府的干预，除了经济方面的考虑外，也必然涉及一个理念的转换问题。考察西方经济发展史与政治发展史可以知道，西方经济民主发展的历史进程的背后实际也是政治民主发展的历史进程，是人们用"社会契约"构筑平民政治的历史进程。两者是相辅相成、互为条件的。我们考察经济法的本质，不应仅仅从经济学与法哲学中寻求答案，还应从政治学的角度切入思考。实际上制度不仅仅是经济的外在制约因素，其本身更是经济发展的内生变量，经济总是在一定的制度条件下运转，脱离政治制度谈经济不啻一种空中楼阁。不妨这样表述：抽象地看，经济法是在历史发展到一定阶段后，人们自觉地对经济生活中的"私权力"进行一定的自我限制，然后基于某种共同的利益或为实现某种共同的目标，把这些限制后的权力真空交给"公权力"，由其进行统筹安排，而对公权力可能滥用的制约，则更大程度上依赖于政治民主生活的建立和法制建设的完备。可以说，人们对经济生活中无所不在的公权力的干预的容忍，不仅是出于经济上的需要，很大程度还基于对已经处于政治民主严格监督制约下的"有形之手"某种意义上的信赖。可见经济法的建立基础有二，一为市场经济，二为民主政治。两者缺一不可。本书前述经济法中市场干预政府其要义亦在于此，否则市场干预政府最终不过是一句空话而已，再好的经济法也只是政府强权任意践踏的一纸空文罢了。实践表明，当经济体制改革的推进遇到难以突破的阻力时，政治体制改革的话题就会浮出水面。中共十五届四中全会之后，中央多次明确发出推进政治体制改革的号召，可以说就是适应历史潮流的重大决策。如果说没有建立在市场机制充分发展的基础上的经济法不能称得上真正的经济法的话，那么没有政治民主保障与制约的经济法同样是一种"四不像"。树立这一观念，经济法学研究完全有可能在推进政治体制改革的进程中扮演更为重要和积极的角色，因为经济法研究的领域决定了它更多地代表着来自经济基础的内在呼声，更少地直接插足纯粹意识形态的争斗，从而也更易于为不同观点的群体所接受。果真如此，则此实为经济法学的一大贡献了。

第四节　现代经济法概念

一、现代经济法的含义

在本书的第一章我们研究了经济法的调整对象，获得了经济法的必要概念要素。在本书的第二章我们又对经济法产生与发展的社会历史根源进行系统考察，并层层论证了经济法的内在价值取向，在此基础上获得了经济法充分的非必要概念要素，在整体把握经济法本质的同时，创造了定义经济法概念的充分且必要条件。至此，获得完整的现代经济法概念已是水到渠成、顺理成章了。综合以上认识，我们认为，经济法是调整在市场经济运行过程中，现代民主政治国家及其政府为了修正市场缺陷、实现社会整体效益的可持续发展而履行各种现代经济管理职能时与各种市场主体发生的社会经济关系的法律规范的总称。这一定义表明，经济法是植根于民主政治与市场经济两大基石之上的，是以社会整体长期利益为本位的,其功能是修正市场缺陷且仅限于市场缺陷,其法律关系中一方主体是国家,另一方是各种市场主体,导致法律关系发生的法律事实主要是国家直接管理市场主体、进而间接管理经济的各种法律行为,而国家的经济管理职能不是一成不变的,是具有现代性的。我们认为,这一概念的获得是在科学的世界观与方法论的指导下,在正确的逻辑方法引导下,通过对定义对象进行经验总结、历史考察并对其外部决定条件、内部价值取向进行多方面、多层次的实证论证和理论抽象之后得出的,因此具备相当的科学性。正如我们前文一再强调的,经济法的概念问题实际上应该是整个经济法研究课题的中心,只有准确定义其概念,才能在随后的研究中以其为主线贯穿始终,最终建立起我们心目中科学的经济法理论体系。

二、经济法外延的二次界定

在本书的第一章中,我们已经根据经济法的内涵对经济法的外延作了详细界定,列举出了经济法的各个亚部门法,并由此建立起经济法的体系。然而正如本书第一章第二节谈到经济法与商法的关系问题时所讲的那样,在这些所谓的具体的经济法亚部门法中,往往会有许多条文并不是规范国家与市场主体之间的关系,从表面上看是游离于经济法内涵之外的。以反不正当竞争法为例,该法中固然有许多国家规制不法经营者的内容,但也不乏调整发生在经营者与经营者、经营者与消费者之间关系的规范。这种不同主体之间的关系并存于同一部法律之中是一种常见的立法现象,但也为遵从大陆法传统的我们明确界定法部门的外延造成困难。有学者因此提出应以法律规范为单位划分部门法。我们认为,为了理论抽象的"纯粹"而不惜将实在的整体存在肢解得支离破碎毕竟是不可取的。在具有清晰理念的前提下,我们可以承认某些交叉,也应允许某种无伤大雅的"僭越"。所以对于经济法概念,我们可以作另一层面的表述:经济法是以经济法律规范为核心或主体的规范性法律文件的有机总和。我们称之为经济法外延的二次界定。这一处理是适应立法现实的,因而是必要的,否则我们只能永远纠缠于无意义的思辨不得解脱,从而在理论虚无与脱离实践的两个极端之间徘徊。

实际上,在经济法的发源地德国,也有许多学者在关于经济法的定义中认同经济法的系统综合特性。比如,德国学者罗尔夫斯特博(Rolf Stober)认为:"经济法可分为经济私法、经济刑法和经济行政法……经济法是国家用来调整经济生活参与者之间以及他们与国家之间的法律关系的所有私法、刑法和公法的法律规范和措施的总和。"①亚拉斯(Hans D. Jarass)也认为:"经济法包括私法的、行政法的和刑法的三个部分。"②而弗罗切尔(Werner Frotscher)则认为,经济法是一个上位概念,它包括经济公法和经济私法两个部分,而经济公法又分为经济宪法和经济行政法。③

① [德]罗尔夫·斯特博著:《德国经济行政法》,苏颖霞、陈少康译,中国政法大学出版社1999年版,第11页。

② [德]亚拉斯著:《经济行政法》(*Wirtschaftsverwaltungsrecht*),Luchterhand出版社1997年第3修改版,第7—8页;转引自蔡和平:《德国经济法研究现状分析及其借鉴意义》,《经济法研究》第3卷,北京大学出版社2003年版。

③ 蔡和平:《德国经济法研究现状分析及其借鉴意义》,《经济法研究》第3卷,北京大学出版社2003年版。

三、关于国家与市场主体之间关系的提法

在经济法研究的后期，关于国家与市场主体之间关系的提法问题成了经济法各大流派的争论焦点之一。粗略看其中较有影响的有“协调”、“调节”和“干预”几种。其实，在我们看来，在对经济法基本问题已经形成共识的基础上，用何种提法表达国家与市场之间的关系固然不可忽视，但也并非无共通之处。何况这些学说在具体阐述各自提法的内涵时基本上大同小异，因此所谓的提法就更像一个刻意黏贴的标签一样，主要供读者用来识别。从前文所述可知，与前述几种提法不同，我们主张使用“管理”的提法。但这并非纯粹独出心裁地黏贴我们的“标签”，而是基于以下的理由：

（一）“协调”、“调节”和“干预”的提法不能用于表达经济法主体之间的关系

所谓“协调”、“调节”和“干预”的提法从理念层面上描述经济法并无不当，因为可以说经济法是国家协调（调节、干预）市场或经济的法，但是作为从学术传统意义上为部门法所作的定义，这种提法显然不够精确。我们知道，传统法学理论认为，法律是调整“人”与“人”之间的关系的，这个“人”就是指具备法律人格的法律关系主体（包括国家、市场主体和中介组织）。经济法概念中有关动词应恰当表述法律关系主体之间的关系，而非其他。但是根据语义的权威解释和这些提法的论者自己的解释可以推出，“协调”、“调节”和“干预”这些动词的动作发生主体是国家，动作受体却是“经济关系”，并非市场主体。我们知道“市场”或“经济”是指一种关系或过程，没有法律人格，不是经济法律关系主体。以上的这些提法都是不够理想的。虽然“干预”等提法在经济学著作中常常得到使用，但是在从经济学转到经济法的过程中，并不是任何概念、范畴在任何情况下都可以直接移植的，它必须首先解决好适应性的问题，即如何最大限度地遵从植入学科的学术传统。

根据语义，“管理”①含义有三：其一是“负责某项工作使顺利进行”；其二是“保管和料理”；其三是“照顾并约束（人或动物）”。可见，使用“管理”提法，其动作主体为国家，而动作受体则既可以为“市场”，亦可为“市场主体”，同时这一提法在法学中的运用更为直接和频繁，比起“干预”等也更像“法言法语”，所以我们认为是较为恰当的。

（二）“协调”、“调节”和“干预”的提法不足以全面概括现代国家经济职能的内涵

如前所述，现代国家的经济管理职能与管理手段相当庞杂繁多，而且往往针对不同的经济管理领域采取不同的调整方法，所以经济法概念的这一提法的内涵必须最大限度地包容这些不同的调整方法。但是很显然，所谓的“协调”、“调节”和“干预”，任一概念都不能胜任这一要求。比如在微观规制领域中，国家对垄断的调整手段往往是较为强硬的，其行政意志明显凌驾于违规的市场主体之上，这时候两者之间的关系无论如何也称不上是“协调”或“调节”。再比如在宏观调控领域中，国家对市场主体的作用方法往往是间接性、引导性的，这时使用“干预”这种直接性调整色彩较为强烈的提法显然不太合适。而“管

① 《现代汉语词典》，商务印书馆 1986 年版，第 410 页。

理”提法的内涵却相当广泛，无论是宏观调控、微观规制，还是国有经济参与、涉外经济管制、市场监管，都可以用“管理”予以总括。而且在不同的国家和不同的历史时期，政府的经济管理职能都是不完全相同的，采用“管理”这一弹性较强的提法显然更加具有可塑性，因而是较为恰当的。

（三）“管理”不等于“命令与服从”，现代经济管理具有更丰富的内涵

在经济法研究的前期，我国学术界多有使用“管理”提法来定义经济法的概念，但是到了经济法研究的后期，多数学者均摒弃这一“通俗”用语，而改称前述“干预”、“协调”云云，推测其心理，大抵是为了配合论证经济法的独立法部门地位而处心积虑为经济法的调整方法黏贴上的一种标签。因为在学者的认识中，民商法调整平等主体之间的关系，其调整方法是平等的；行政法则调整垂直关系，其调整方法是命令式的；而经济法是“弹性的”、“间接性的”、“尊重市场的”，其调整方法自然是不可与相对“粗鲁”的行政法相类聚的。“管理”一说暗合行政法命令服从式的内涵，自然要与经济法划清界限。立足于本书前述关于经济法独立调整对象问题的理论，我们不同意这一种看法。其理由有三：首先，划分部门法并非根据调整方法的异同而定。从法律传统层面考察，实体法的调整方法只有三种，即民事调整方法、行政调整方法与刑事调整方法。经济法之所以成为一个独立的部门法并不在于其具有与众不同的特质的调整方法，而在于其调整对象具备某一共性且进行单独研究意义重大。若是考察经济法的调整方法，倒以行政调整方法居多，兼有民事、刑事调整方法。理解了这一层关系，就不会为了刻意与行政法划清界限，而畏“管理”若蛇蝎了。其次，对于“管理”一词，学者一向将其等同于“命令与服从”，但是现代国家学说指出，国家对经济实施管理的方法是对应于当时社会的主流思潮对于国家经济职能的认识水平的，从前述语义分析可知，“管理”本身并无“命令与服从”的内涵，它只是一个中性的动词。在计划经济时代里，人们认为国家管理经济应该使用命令式的方法，然而到了市场经济时代，人们对国家的经济管理职能的认识早已非昔日可比了，国家对市场的干预是有所为有所不为、有所进亦有所出，手段综合而灵活，所谓的“弹性”、“尊重市场”本应为现代“管理”之题中之义，以“管理”表述经济法，自然是无可厚非了。最后，如本书第一章调整对象所述，作为独立部门法意义上的行政法并不应该等同于行政性法律规范的总和，而应主要限定于行政组织法和行政救济法的范畴内，其要义在于约束政府权力的合法、合理运用，在于限权。因此，所谓的“命令与服从”也是部分经济法学者对于现代行政法真正内涵的片面理解，是落后于时代发展的管理观念。

综上所述，经济法是一个系统性、综合性和应用性的法律部门。经济法在本体范畴上是一个系统，它的特性在于综合，它的生命基于应用。它的调整对象范围包括了现代社会经济条件下国家和社会管理经济领域的各种伴生关系。经济法就是一个综合运用各种法律调整手段，系统梳理和调整这些社会经济关系的法律部门。其实，这种社会关系相互伴生、利益主体相互缠绕的现象是现代社会的最主要特性之一，在其他领域同样存在着这种现象。从这点来看，所谓的“系统综合性”并不是经济法的专利，任何一个直面社会生活的法律部门都或多或少地要面对这个无法绕开的问题。在经济法命题上所作出的这些探索以及所获得的这些启发，对于整个法律体系及其各子部门来讲都是有一定启发意义的。

对经济法的概念进行深入剖析和广泛论证是有其价值的，概念问题是整个学科研究的中心，必须慎重对待。一个相对科学的概念实际上应该较为全面地含摄该研究命题的深刻内涵，并决定其外延的宽度和纵深，所以研究概念的过程就是把握整个学科整体脉络的过程，是辨别真伪的过程，是抛弃偏见的过程，是展示研究者世界观与方法论的过程。毋庸讳言的是，当前的学术研究中存在着不少流弊。有的研究满足于坐而论道导致理论脱离实践，有的习惯于从概念到概念的研究方法而导致以讹传讹，有的不求甚解导致一团糨糊或以偏概全，至于门户偏见导致多攻讦少建树、学科割裂导致画地为牢之类的情况也是时而有之。所有这些问题在经济法理论研究领域中同样存在，某些方面可能严重程度更甚。学术需要良知，需要科学的世界观与方法论，唯此，我们才可以建立科学的理论体系，获得对事物本质的认知，这一切需要我们共同为之作出不懈努力。

第三章
经济法主体及其行为

第一节 国家经济管理法律关系概述

一、国家经济管理法律关系的含义

人类进入社会文明历史时期之后，人与人之间必然会发生各种各样的关系，我们将之统称为社会关系。鉴于社会的存在和发展须以一定的秩序为前提，因此人们制定了一定的行为规则并以群体暴力为其实施的后盾，这一定的行为规则就是所谓的"法律"。初始社会关系经过法律的修正，形成了符合法律要求的规范社会关系，我们称之为"法律关系"。这是法学发展史上的基本抽象之一，至今已成为法学传统的基本理论。

正如法律划分为不同的部门法一样，法律关系也是由不同的部门法律关系构成的，不同的部门法调整不同的社会关系，从而形成不同的部门法律关系。民法调整民事关系，形成民事法律关系；刑法调整刑事关系，形成刑事法律关系；行政法调整行政关系，形成行政法律关系。诸如此类，不一而足。经济法调整国家经济管理关系，从而形成国家经济管理法律关系。以往经济法的论著一般称之经济法律关系，从而引起部分学者的批评。这部分学者认为，"经济法律关系"的提法有个缺陷，即易于使人产生误解，以为它指的是凡由法律(不限于经济法)调整的经济关系(包括平等主体之间的经济关系)均是经济法律关系。这样一来经济法律关系便会包含了民商法等部门法的法律关系，而不再是纯粹的经济法概念了。①这一批评是有一定道理的。尤其是在"大经济法"流弊尚未从我国经济法学界完全消失的情况下，确有必要将经由经济法确立的法律关系与"泛经济法律关系"作一区分。正是基于这一考虑，本书亦以"国家经济管理法律关系"称呼之。不过这一区别并非绝对。我们认为，随着当今经济法学研究逐步在经济法调整对象、范围问题上取得基本共识，"经济法律关系"的提法也并非不可接受，因为所谓的"经济法"本身就是一个模糊的提法，既然我们都可以接受它作为"国家管理经济法"的代称，自然也没有必要拒"经济法律关系"提法于千里之外。更何况这一提法还与"经济法"更为搭配。在随后的论述中，我们会将"国家经济管理法律关系"与"经济法律关系"两种提法并用。

在不同的论著中，由于对经济法概念的认识存在不同程度的差异，所以必然导致了对

① 漆多俊著：《经济法基础理论》，武汉大学出版社 2000 年版，第 201 页。

经济法律关系概念的不同表述。比如有学者认为，经济法律关系是指国家协调经济运行中根据经济法的规定发生的权利义务关系。[①]有学者认为，经济法律关系是指经济法主体，根据经济法的规定，在参加体现国家干预经济的经济活动过程中所形成的经济权限关系。[②]另有学者认为，经济法律关系是指由经济法律规范确认的，具有公共经济管理内容的权利(就经济行政机关而言，则表现为权力)义务关系。从以上列举几种学说的表述来看，经济法律关系必须满足几个条件：(1)经济法律关系须由经济法确认，这是法律关系与普通社会关系的根本区别所在；(2)经济法律关系最终表现为权利义务关系，但就国家这一方主体来讲往往表现为权力或权限；(3)经济法律关系的一方主体恒定为国家。这几点无疑是符合经济法内涵的，也可以将其称为经济法律关系的特征，但上述几种学说也存在同一个缺陷，即没有在经济法律关系的概念中清晰表述出法律关系的其他主体。众所周知，法律关系是各主体之间的关系，权利义务是相对应的，其享有者和履行者自然也应是相对应的，我们已知主体之一——国家，那么国家相对应的主体是谁呢？综上所述，我们认为，所谓的经济法律关系是指国家及其政府在管理经济过程中与各种市场主体发生的符合经济法律规范规定的权利义务关系，因而我们也可以将之称为国家管理经济法律关系。

二、国家管理经济法律关系的构成

任一法律关系都是由三要素构成的，即法律关系的主体、客体和内容。我们遵从这一学术传统对经济法律关系的构成进行分析。

(一) 经济法律关系的主体

经济法律关系主体又称为经济法主体，它是指以自己的名义独立参加经济法律关系的当事人，是经济法律关系权利的享有者和义务的承担者。经济法主体是经济法律关系构成要素中的能动性要素，因此也是最活跃的要素，它在经济法律关系的发生、存在与消灭的全过程中起到决定性的作用，它是辩证唯物主义哲学中“人”的能动作用在经济法命题中的反映。有学者不主张使用“经济法主体”的提法，原因是经济法律关系参加者的主体地位并不一定是由经济法赋予的，相反是由民法或行政法赋予的，使用这一提法会导致其与经济法主体制度的混淆。[③]我们认为法律关系及其主体都是具体的，判断某一主体到底是何种法律关系主体，要看其处于哪一种法律关系之中。法人虽由民法之法人制度拟制而得，但其参加经济法规定的活动时，其权利、义务、地位与参加民法规定的活动时是完全不同的。再比如国家，国家在民法层面上亦为一个独立主体，但显然其所享有的权利与其作为经济法主体时享有的权限是不可同日而语的。可见，同一实在主体在不同的法律关系中往往具备着不同的人格内涵，是不可混淆的。

---

① 徐杰、杨紫烜主编：《经济法学》，北京大学出版社 1994 年版，第 81 页。

② 李昌麒著：《经济法——国家干预经济的基本法律形式》，四川人民出版社 1995 年版，第 437 页。

③ 史际春、邓峰著：《经济法总论》，法律出版社 1998 年版，第 185 页。

经济法律关系既然是国家管理经济的法律关系，那么其主体自然应该包括两大对应主体：管理者与被管理者。在现代国家管理社会经济的过程中，管理者显然是国家，而被管理者则包括各种经济运行过程的参与者，当这些参与者因为参与特定的需要由国家管理的经济关系时，就必然与作为管理者的国家发生管理与被管理的关系，这些关系经过经济法的调整，即形成规范的国家经济管理法律关系。可见，被管理者的多寡取决于参与国家管理经济过程的国家之外的其他主体的数量。从这一意义上讲，任何具备独立或准独立法律人格的市场主体都有可能成为经济法律关系的主体。当这些主体涉足国家管理经济过程时，其与作为经济管理主体的国家发生经济法上的权利义务关系，就成为经济法律关系主体。

经济法主体的特点在于一方主体具有恒定性，即作为主权代表的国家及其政府，而另一方却庞杂多样，无所不包。为了更好地研究它们的特点，我们可以将其按一定的标准进行划分。根据这些市场主体在国家管理经济过程中所处的不同地位和不同的权利义务，我们将市场主体区分为两大类：其一为一般市场被管理主体，即狭义上的市场主体，主要包括企业等经济组织；其二为中介组织，即上述主体之外的广义上的市场主体，主要包括行业自律组织和中介服务机构等。第一类主体容易理解，其与国家之间的主被动关系较为明确。第二类主体地位较为复杂，其不仅作为被管理者受到国家的管理，还作为管理者管理第一类市场主体。当其作为被管理者时，可以说是一种市场主体，当其作为管理者时，又具备了一定的管理职能，是国家在一定领域的替代物。那么，究竟是将其归入哪一边呢？我们认为应该辩证地看待。从中介组织的经济性质上看，中介组织并非生产经营的直接参与者，其介入市场是为了更好地培育和规范市场，在这一意义上讲与国家介入市场的目的更为贴近，也可以视为广义上的管理者；但从中介组织的法律性质上看，中介组织取得法律资格的来源与企业等市场主体相类似，即须经国家机关登记和批准，而不像政府及其机构那样是通过行政命令设立自然取得法律资格。可见从法律意义上看，中介组织追根溯源还是一种被管理者，是国家管理经济的中介体。

（二）经济法律关系的内容

经济法律关系的内容，是指经济法律关系主体在参加该法律关系时所享有的权利和承担的义务。不同的经济法律关系主体享有不同的权利，也承担不同的义务。这些权利和义务都必须为经济法律所规定或认可，具有合法性。

对于作为管理者的国家及其政府来讲，由于处于高于其他主体的地位，故其享有的经济权利体现为一种经济权力，即经济管理权。同时，由于经济法又是“干预政府”的法，所以政府的这一经济管理权是受到法律限制的，因此政府的经济权利又表现为一种经济权限。其实，所谓经济权力和经济权限只不过是同一事物的不同提法。如前所述，经济法实际上是授权法和控权法的统一体，当我们立足于前一角度来看经济法律关系中的国家经济权利时，我们可以认为这是一种国家管理经济的权力，反之则可认为是一种国家管理经济的权限。两种提法无须相互替代。

对于作为被管理者的一般市场主体来讲，虽然其受到国家的管理，处于一定的被动与服从的地位，但其权利和义务仍是充分对应的。在计划经济时代里，这些主体往往充当行政部门的附庸,根据行政指令组织生产和销售。对于它们,不仅服从命令进行生产经营是一种需要无条件执行的义务,就是低价乃至无偿取得生产资料和销售渠道也只是一种义务而已,并非一种权利。所谓权利,就是当事人为或不为某种行为的自由。可见,权利的特性不仅在于其可以带来利益,还在于其可以为权利的享有者所放弃。显然,计划经济条件下的所谓市场主体的利益是不可放弃的。而在市场经济时代,市场主体拥有独立的法律人格,其财产独立、经营独立、责任独立,可以根据市场信号自主安排经营活动,虽然在经济法律关系中要受到国家经济管理权力的约束和规范,承担有接受管理的义务,但在这一过程中,也同样拥有与国家管理权限相互交错而又严丝合缝的权利。这些主要表现为市场主体对国家管理主体非法干预的抗辩权和当自己的合法权利受到侵害时的救济权,这些经济权利是不可剥夺的,它是市场主体真正享有独立自主的民事权利的坚强保障。基于此,我们主张在经济法中须明确规定市场主体的这些经济权利,并辅以完善的程序保障,一部不设防的经济法势必为国家公权力以公法优先于私法的名义轻易突破民事权利保障机制创造条件。

对于在经济法律关系中处于特殊地位的中介组织来讲,其权利与义务较为复杂。当中介组织作为被管理者时,其权利与义务是与作为管理者的国家相对应的,这时其权利与义务从形式上基本与一般市场主体相同,即接受管理的义务和抗辩权、救济权。当然从权利与义务的具体内容来看由于中介组织不像一般市场主体那样直接从事生产经营活动,两者必然存在较大区别,这是不言而喻的。当中介组织作为准管理者时,其权利与义务虽然与一般市场主体相对应,但却并不与另一管理者——国家完全相同。从这一点来看,中介组织的本质特点表露无遗。毕竟国家是主权的唯一代表,在现行宪政的框架内,中介组织中哪怕是最强有力的团体也不可能具备暴力后盾。当然,如果撇开这一点不谈,中介组织的权利与义务就表现出一定的"权力与权限统一体"的特征,从而又从形式上趋同于国家的经济管理权。

(三)经济法律关系的客体

所谓经济法律关系的客体,是指经济法律关系主体的权利义务所共同指向的对象。对于法律关系的客体,传统理论一般认为包括物、行为和智力成果。其实在我们看来,既然我们将法律抽象为调整人与人之间的关系的规则,而人是通过自己的各种行为来与外界发生关系的,那么显然一切没有凝结人的意思表示的事物都不应是法律的直接规范对象,所谓的物、智力成果都表现为一定的价值形态或使用价值形态,是人们行为的对象,而决非法律规范的对象。比如,所有权法律关系中,所有权人享有对物的使用、占有、收益和充分权以及合理利用所有物的义务,其他人则须承担不侵害所有权人权利的义务。在这里,法律规制的只是人们的行为,而不是所有物。可见,不管法律关系中主体的行为具有对象物还是仅仅为纯粹行为,法律关系的客体只能是法律关系主体的行为,而不包括物和智力成果。其实我们从权利与义务的内涵来看,都仅指"可以为、不为或必须为、不为一定的行为",并未涉及行为以外的事物。可以说,传统理论对于法律关系客体的认识抽象得不彻底。在法律层面上是"调整人与人的关系",到了权利与义务层面是"人的行为",到了法律关系客体层面时,却突然变成"行为、物和智力成果"云云,显然不妥。物与智力成果并无独立意识，它们只是法律关系指向的标的物，而非法律关系的客体。经济法律关系的客体是指经济法律关系各主体的行为，包括国家的经济管理行为、一般市场主体的接受、配合管理行为和抗辩、救济行为以及中介组织的接受与配合管理行为、自律管理行为和抗辩、救济行为等。由于法律关系主体的行为实际上是多种法律范畴层层指向的最后对象，因此从某种意义上讲，所有法律只不过是在如何塑造主体并规范其行为这两大问题上做文章而已。

第二节 作为经济管理主体的国家（政府）及其行为

一、国家经济管理职能的历史演变

研究作为经济管理主体的国家首先要考察国家经济管理职能的历史演变，由于本书第二编将详述经济法的有关发展史，故此处不在于罗列国家经济管理职能的发展史，而着重论述国家经济管理职能所对应的社会历史基础。

在经典作家的论著中，人类的经济生产在社会发展的历史中占有举足轻重的作用。国家作为上层建筑是建立在一定的经济基础之上且服务于该经济基础的。这一哲学上的抽象在法律层面上就表现为国家对经济履行一定的管理职能。世界各国的史料表明，任何一个历史阶段的国家都必须对经济实施一定的管理。在前资本主义时期，国家一般在土地制度、农业、矿业和赋税等领域实施较为严格的管理。到了资本主义时期，由于竞争的空前发展，社会经济基础条件发生了巨大的变化，国家的经济管理职能也相应发生了显著的变化，从对经济的各种管制逐渐转向对市场的完善方面，并从此奠定现代国家的经济管理职能的基调。

如前所述，经济法是奠基于市场经济与民主政治之上的，因此建立在奴隶劳动、小农经济乃至计划经济之上的国家经济管理主体都不是真正现代意义上的经济法的主体范畴。但是由于国家职能的历史延续性，所以考察这些时期的国家有助于我们理解作为经济法管理主体的国家。在奴隶社会和封建社会时期，国家也承担一定的社会管理职能，但主要是服务于少数集团利益的工具。因此，那时的国家哪怕仅仅从形式上看，其社会代表性也是严重不足的。到了资本主义时期，虽然阶级集团利益依旧在社会利益分配机制中起着重要作用，但是在形式上国家已不再是少数利益集团可以任意操纵的工具了，这时候的法律机制已较为全面和合理地体现了多数人的团体意志，国家通过法律机制对社会经济实施管理也取得了形式上的合法性，国家真正成为了现代经济法的主体。

国家是一个抽象的范畴，是社会发展到一定阶段的必然产物。经典作家认为国家是阶级暴力的工具，资产阶级启蒙作家则认为国家是人民主权的代表，这两种截然不同的国家理论的争斗贯穿了整个20世纪。其实在我们看来，这两种思想都具有深刻的社会历史根源，因此也都具有合理性。在人类历史的长河中，国家的出现从最初意义上确实是一种阶级统治的暴力工具，而且经历了数千年的社会条件变迁风雨的冲刷而未改其本质，以致在资本主义发展的初期演化为极其激烈的阶级冲突，经典作家立足于如此丰富的历史论据，从而抽象出其结论是毫不奇怪的。但是社会在进步，人类文明的进程也在推进，在社会历史发展到一定成熟的阶段，人类在经济领域的合作与对抗的双面实践经验最终证明了合作带来的普遍效益要远远超出对抗。而当经济领域的合作达到一定成熟度与机制化运作的时候，其合作理念就会很自然地向政治领域延伸和渗透，从而引起国家性质的异化和嬗变，这一变化最初表现为一定程度的阶级妥协和让步，但在经过了长时期的量变积累之后，质变也就发生了。当某一部分社会率先完成这一质变之后，社会制度与社会制度之间的优劣比较就必然加速推进人类的选择进程。从最终结果来看，上述资产阶级启蒙作家的人民主权论也是正确的，国家从某种意义上讲是人们社会契约的外化形式。但是，启蒙作家由于哲学方法的先天缺陷而在论证上陷于唯心和先验，他们没有看到国家性质的整个历史演变过程，而是先验地认为国家就应该是人民共同选择的结果，是正义的。这是不对的。从彻底的辩证唯物主义观点来看，国家毕竟是一种抽象物，是由一定的群体进行操纵的，如果尚未建立起完善的运行机制和保障监督机制的话，国家也是很容易沦为某一集团谋利的强力工具的。人类历史的无数事实已经证明了这一点。

以上的考察告诉我们，对作为社会管理者的国家的性质必须保持清醒的认识，社会历史阶段的变迁已经为国家管理的正义性提供了可能，但要将其转化为事实，仍然需要完善的机制制约。其实对于国家在现代经济条件下的角色，现代经济学已经有较为恰当的定位。比如公共选择理论认为，以前关于国家（政府）的行为存在着三种假设：其一是慈善模式，即认为政府无私地追求社会利益的最大化；其二是巨物模式，即认为政府也是追求自身独立利益最大化的经济人；其三是民主模式，即认为政府的一切行为都是全社会成员民主选择的结果。这三种假设中的慈善模式某种程度上等同于空想社会主义理念中的政府假设；民主模式大约等同于资产阶级启蒙作家的政府假设；而巨物模式则彻底撕开政府温情脉脉的面纱，从完全的经济学意义上对政府的角色进行考察。公共选择理论认为，现实中的政府应该介于“巨物模式”和“民主模式”之间，从选民对政治家的制约角度来看，民主模式是合理的，但政治家作为经济人，其自利动机决定了他们随时可能利用手中的权力来谋取私利，故巨物模式也具有一定的道理。现代的政府是一种准民主模式。结合本书前面的分析来看，在市场经济条件下，准民主模式是较为合理的一种国家（政府）角色定位。在经济法的领域里，民主模式的合理性决定了国家对市场干预是具有一定的法理与道德基础的，此为“国家干预”，而巨物模式的合理性又决定了对国家经济管理权力进行法律制约也是必不可少的，此为“干预国家”。这两者的合理结合（相互配合与制约）就是我们所要倡导的作为经济法主体的国家的基本内涵。

二、国家经济管理主体的分类

严格说来国家经济管理主体应是指抽象意义上的国家，因为经济管理权力从本源上是全体公民让渡给国家的，因此只有代表全民的国家才具备这一权力。但是正如我们往往将诉讼法的主体直接表述为法院而不是国家一样，在这里，我们也应该将国家经济管理主体具体表述为国家机关。关于这些国家机关的范围，学者在模糊意义上并无太大的歧义，但在具体表述时却各不相同。从横向上看，有学者认为，这一国家机关应仅指政府，有学者则认为国家立法、行政和审判机关都是国家经济管理机关，还有学者认为应包括立法与行政机关。从纵向上看，有学者认为只有中央机关才可以成为经济法上的管理主体，有学者则认为中央和地方机关都可以成为经济法主体。在地方机关的级别上又存在不同看法，有的认为地方机关只限制在省级机关，有的认为可以扩大到国家机关的所有级别上。另外，在政府内部机关的问题上还有不同看法，有学者认为经济法的管理主体仅指人民政府，有学者则认为还包括政府下面的职能管理机关与专门性管理机关。我们认为，上述学者的观点都具备各自的理论基础，但法律关系主体是部门法学研究的重要问题，经济法管理主体的界定关涉哪些国家机关在经济法律关系中享有权利与承担义务，进而取得合法利益与承受违法责任，故不可含混。理论必须来源于实践，我们的论述应最大限度地尊重立法现实，因此只要是在现实中存在的经济法主体我们都应该予以关注，但是同时理论又是高于实践的，在转轨时期的中国现实中，国家对市场的不当干预大量存在，许多本不应成为经济法管理主体的国家机关却在中国市场上"纵横捭阖"，对于这些机关我们在论述中也应一一予以指出。据此，我们认为经济法的管理主体应包括以下几类：

（一）从横向上看，作为经济法管理主体的国家机关应包括行政机关和权力机关

行政机关即政府，在中外学者的论述中，政府是被大量采用的国家的代名词，其职能决定了它应该是最主要的经济法管理主体。关于立法机关能否成为经济法管理主体存在争议，持否定态度的学者认为，经济法本身就是由立法机关制定的，而立法机关并不直接从事市场管理，不应成为经济法主体；持肯定态度的学者则认为立法机关就是通过立法来对市场进行间接管理的，也应是一种管理。我们认为，纯粹意义上的立法机关不应成为经济法主体，如果说立法也是一种管理的话，那么立法机关岂非是所有法律关系的主体？我们很难解释立法机关在民事法律关系中的地位应该是什么。但是在我国，人大不仅是我国的立法机关，更是我国的权力机关（在中央一级表现为最高权力机关），它不是分权的产物，而是集权的结果，其所承担的决不仅仅是单纯的立法功能。从理论上讲，最高权力机关有权干预国家可以进行干预的任何一个领域，我国宪法实际上已经赋予了权力机关广泛的经济领域管理权，比如当政府管理某一市场主体时，权力机关认为政府的行为具有违法性或不当性，这时权力机关实际上有权自由选择进行干预的方式与时机。当其干预较为超脱与间接时，其仅与政府发生一定的法律关系，这时往往表现为宪法法律关系或行政法律关系。当其干预表现得较为具体与直接时，尤其是当其与市场主体直接发生一定法律关系的时候，其实际上已经成为该经济法律关系的主体之一，而且是超政府的管理主体。此外，当权力机关在实施制定国家发展规划等宏观调控职能时，其与政府和某些市场主体之间实际上也形成一定的调控法律关系，这一关系也应属经济法律关系之一。显然我们这里所讲的权力机关并不因为立法而成为经济法的主体，而是在实施超政府的经济管理职能时因与政府和市场主体发生经济法律关系而成为经济法的主体。这里我们还要明确两点：其一，权力机关成为经济法律关系主体基本上还是一种理论上的表述，因为权力机关的这一职能目前只能从宪法的有关条文中推出，在具体的经济法中很难见到权力机关的影子。当然，由于宪法同样是经济法的法律渊源，故不妨碍权力机关的经济法主体地位。其二,权力机关的主体地位是不完整的。众所周知,权利义务对应,责任与主体相随。没有无义务的权利,自然也没有超责任的主体。在我国的法律中,权力机关理论上拥有广泛的权力,却基本上没有相对应的义务。要真正成为经济法律关系的主体,就必须在干预的同时允许被干预,从某一种意义上讲,权力机关的虚悬地位与其不承担法律责任是不无关系的。我们主张,一方面应该在具体的经济法立法中明确权力机关主体地位,充分发挥其在国家管理经济中的应有作用;另一方面应该在这些法律中明确规定权力机关的权利与义务,确立其责任形式与追究责任的救济程序,从而真正确立权力机关的经济法主体地位。至于审判机关,我们主张不将其作为经济法主体。在任何一个领域,一旦审判机关介入,则形成诉讼法律关系或准诉讼法律关系。这些法律关系不应成为经济法律关系,因此审判机关不宜列为经济法管理主体。

(二)从纵向上看,经济法管理主体应包括中央机关和地方机关

这里所说的中央机关包括国务院和全国人大及其常委会。我国是单一制的中央集权与地方分权模式的国家,中央机关在我国的经济发展中具有极其重要的作用,对于中央机关成为经济法管理主体人们一般没有什么不同意见。但对于地方机关应否成为经济法主体,学者有不同看法。我们认为,地方机关不仅应是经济法的管理主体,而且还是十分重要的经济法主体。目前,我国的经济法立法中存在着一些问题:

一方面,在全国性的经济立法中,地方机关的应有地位得不到确认。这是我国的集权传统导致的忽视地方利益的反映。目前地方政府往往事权较足,但是财权十分窘迫。由于在与中央的财权分配上地方所得十分有限,同时又受到政绩评价竞争的驱动,地方政府往往倾向于自寻门路广开财源,以应对经济指标快速增长和社会公共开支迅速膨胀的需要。这一深刻矛盾决定了中央的许多调控政策无法在地方得到切实执行。比如房地产投资规模问题。对于地方而言,房地产税收是地方政府的最大财政来源之一,在地方财政捉襟见肘的情况下,明里暗里地鼓励和支持发展房地产及相关产业就成了地方政府的必然选择,这直接导致了中国房地产投资规模无法得到根本的控制。

关于地方经济管理权力的重要性,我们不妨听听美国学者的意见。布坎南认为,美国的发展秘密很大程度上是得益于州与州之间的竞争,在美国,每个州都可以制定各自的经济规则,创造优良的投资环境,如果某个州滥用经济管理的权力,则投资自然就会流向其他州,以此造成竞争压力,促进经济的良性发展,是为"竞争性联邦主义"。斯蒂格利茨也认为,分散化可以对不同地方(政府团体)所提供的公共服务的优劣进行比较……不仅如此,分散化还利于社区的多样性,适应了不同的需要。①固然我国实行的是与美国的联邦制不同的国家结构制度,但是发挥地方的积极性,推动地方之间的竞争显然有利于提高公共服务的质量,这一道理是十分明显的。因此我们主张,确立并加强地方机关的经济法管理主体的地位,是适应经济发展需要的正确选择。

另一方面,与全国性立法对地方的忽略相对应的是地方性立法中地方主义的强烈抬头。在我国的经济现实中,地方机关往往利用各种手段为各自代表的利益集团争夺超额

① [美]斯蒂格利茨著:《政府为什么干预经济》,中国物资出版社 1998 年版,第 100 页。

利益服务,地方性立法成为行政壁垒的合法外衣,我们称之为行政性垄断。与前述地方之间的竞争不同的是,这是在限制和消除地方之间的竞争,其对经济的长期危害是十分严重的。而目前我国正是处于以上两方面的交叉作用的恶性循环之中。对此我们主张,在全国性经济立法中应在承认中央机关的领导地位的前提下明确地方机关的合法主体地位,并确保全国性统一市场的形成,保证生产要素与商品的自由流动,创造地方之间良性竞争的环境,在此前提下允许并鼓励地方机关制定各自的合理规则和优惠措施,营造全国的公共服务竞争市场。

(三)从地方机关的级别上看,经济法管理主体应包括所有级别的地方机关

当然这是从广义上讲的。根据我国宪法的规定,我国的国家机关分为中央、省级、县级和乡级四个级别。我国的地方立法权只赋予了省级机关、经济特区和较大市的机关。然而,县级机关实际上也是国家实施经济管理职能的重要主体。事实上,这一级别的国家机关往往是各单行法规规定的主要管理主体。比如在土地管理法中,县级人民政府和土地管理部门就实施着主要的管理职能。在反不正当竞争法等法律中,县级工商行政管理局也处于主要的管理主体地位。此外,基层乡镇机关虽然基本上不具备独立的经济法上的经济管理职能,而是处于县级机关的委托和派出机关的地位,其行为结果主要归属于其上级机关,但是在某些特定的场合如农村经济管理中,法律尤其是广义上的经济法(法规或规章)也赋予基层机关一定的经济管理职能,这时它就具备经济法的管理主体地位,应享有一定的权利并承担一定的义务。所以我们说,经济法管理主体从广义上看应包括所有级别的地方机关。

(四)从行政机关的内部来看,经济法管理主体应包括人民政府及其下属的经济管理职能机关和部门性管理机关

人民政府作为统管该行政区域的各项管理事务的执行机关,具备独立的主体资格,自然具备独立的经济管理主体地位。而其下属各部门由于隶属于人民政府而不具备独立的主体资格,故法律是否应该赋予其独立的经济法管理主体地位在学术界是存在争议的。我们认为,虽然人民政府下属各部门隶属于政府,但其中的职能机关如工商局、税务局等和一些部门管理机关如农业局、林业局等在法律中直接以自己的名义对外实施管理职能,并与市场主体直接发生一定的管理法律关系,其在行政法上是具备主体地位的,因此在经济法上也应该赋予其主体地位。至于政府下属的一些内部性机关如档案局、监察局等由于不直接对外实施一定的经济管理职能,则不应属于经济法管理主体。

三、国家及其政府在经济法上的经济管理行为

如前所述,我们认为经济法律关系的客体是各主体在经济法上的行为,而非物和智力成果。主体的行为是主体权利与义务内容的外化形式和具体表现,论述好主体的行为,同时也就界定清楚了主体的权利与义务。根据国家及其政府的现代职能定位,也根据本书论述的经济法具体调整对象体系内容,我们认为,在经济法的领域中,国家及其政府的行

为主要有以下几种：

(一) 宏观调控行为

在国家管理经济的领域中，宏观调控法处于核心的地位，因此国家的宏观调控行为也应是经济法首要关注并予以调整的客体之一。关于宏观调控的重要性和意义本书已在第一、二章进行过较详细的论述，这里主要从规范意义上对我国的国家宏观调控行为进行简略的评述。

根据当前学者的普遍认识以及国家的经济实践，宏观调控行为应包括计划行为、产业结构调整行为、财政税收行为、国家预算行为、利率汇率管理行为等。宏观调控行为立足于国家的整体资源基础上，具有综合性、间接性和宏观性等特征。

(二) 市场秩序规制行为

国家在微观经济领域中对市场的规制主要体现在国家与市场主体之间的直接法律关系。根据我们对市场秩序规制领域的认识，我们认为国家这一方面的行为主要包括反垄断行为、反不正当竞争行为、对消费者等弱者的国家倾斜保护行为以及产品质量管理行为、广告管理行为等。其中，国家在反对垄断时，既有一些较为温和的指导性行为，也有强制分拆企业、强迫转让经营乃至于动用刑罚等体现国家意志先定性的行为。目前在我国，反对垄断已经势在必行，反对不正当竞争任务也日益加重，如何有效保护竞争、规范国家的市场规制行为是经济法学者面临的重要任务。

(三) 国有经济参与行为

国有经济参与在我国是一种普遍现象。由于历史原因，国家之手无论是在非竞争性还是在竞争性经济领域都大量存在，这是一种历史非常态。我们认为，国家的国有经济参与行为应有所约束，在经济立法中，应体现对国家参与经济的领域的必要限制，这是发挥市场机制作用、转变政府管理职能所必须遵循的前提条件。当然，对国有经济参与行为的限制不应是绝对的，现代国家的经济管理职能应相对灵活，其在市场经济中的进与出应主要根据国民经济运行的需要。我们认为，国有经济参与行为主要应集中在国有资产的管理行为，包括国家投资行为、国有资本运营行为等方面。

(四) 涉外经济管制行为

涉外经济管制行为应主要包括两部分：一部分是与对内管理行为有共性的行为，如税收行为、工商行政管理行为等。尽管对外资企业的税收具有多种优惠措施，但从行为的本质上看，这些行为与对内经济管理行为是一致的。另一部分是对外资、外贸进行特别管理的行为，如对外资市场准入的特别限制和批准行为、关税征收行为、进出口商品检验行为、货币限制自由兑换行为以及各种贸易壁垒行为(如反倾销调查行为、保障措施行为等)。

(五) 市场监管行为

市场监管行为是现代经济国家的主要管理行为。从最简单的商品市场监管到最复杂的金融市场监管，都是国家市场监管行为的作用领域。市场监管行为是灵活、积极与灵敏的，是最能够体现现代国家经济管理职能的一类国家行为。但是在目前的经济法律当中，国家的市场监管行为又是最缺乏法律规制的一个领域，这导致国家对具体市场的作用力处于无常状态，从而干扰了市场主体根据市场信号作出自己正确的判断，也增加了某些市场主体对国家管理的依赖性，从而扭曲和扼杀了市场的健康发育，这一切还有待于我们从法律的层面对其作出规范。

第三节　中介组织、市场主体及其行为

一、中国中介组织的发展历程

中介组织在中国由来已久。唐宋时期就出现了以行会为代表的中介组织，明清时代得到了进一步的发展，如山西的票号、商帮、安徽徽州帮、广东潮州帮、浙江宁波帮等都比较活跃。到20世纪二三十年代，经济发达的上海等城市开始组建商会，如1927年上海建立的绸缎商业同业公会，它以团结及指导同业发展生产，繁荣经济为目的。中华人民共和国成立后，经济发达的城市都广泛建立了商会，如上海就有300多个同业公会，中介服务业得到了一定的发展。特别是改革开放以来，随着社会主义市场经济体制的逐步确立，中介服务业发展较快，中介组织作用日趋重要。当今世界，中介服务业在全球经济生活中的作用越来越突出。正因如此，联合国秘书长安南在联合国第52届年会上谈及“影响全球发展的八大因素”中，把与中介服务有直接关系的跨国与本土非政府组织的迅速发展，排在“全球政治经济格局重组、经济全球化、信息技术革命和生态环境保护”之后的第五位。

从历史上看，在传统的计划经济体制下，我国工业管理体制特征之一就是部门管理。企业主要是国有国营，政府通过建立各个专业管理部门，或者把企业分门别类划入相应部门，或者直接由部门组建企业，并按照行政级别，运用行政手段直接管理。这种体制，在我国工业化初期，对于迅速医治战争创伤、集中力量创建工业体系曾经发挥了重要积极作用。改革开放以后，多种经济成分发展起来，面对社会化、多元化的经济主体，部门管理的弊端逐步暴露出来，越来越不适应工业经济的迅速发展。从1982年开始，对原有的工业管理体制进行了一系列改革，从部门管理转向行业管理。第一步是下放企业，即所谓“企业放下去、行业拿起来”，但因为是依托原有部门搞的，所以仍然是一种本系统内的、行政性的“行业管理”。后来虽然也曾进行过若干改革尝试，力求实现跨系统的“大行业管理”，但仍旧不能涵盖全社会，真正意义上的全行业的管理始终未能实现。有的行业主管部门只能管到全社会该行业的40%；有些行业连一份准确完整的行业统计都难以作出，行业发展难以统筹规划，大量不必要的重复生产、重复建设、重复引进屡禁不止；缺乏行业管理，又造成了无序竞争、假冒伪劣横行。凡此种种，说明了工业管理体制的问题阻碍整个经济体制向社会主义市场经济体制的转变。八届全国人大四次会议通过的《“九五”计划和2010年远景目标纲要》在提出进一步调整和改革政府机构的方案时，明确把专业经济

管理部门逐步改组为不具有政府职能的经济实体，或改为国家授权经营国有资产的单位，或改为行业管理组织。这种行业管理组织的基本形式就是行业协会。行业协会在行业管理中具有举足轻重的地位。在部门管理体制下，管理主体是单一的政府；在行业管理新体制下，行业协会成为配合政府管理的主体。

我国最早的行业协会包括中国食品工业协会、中国包装技术协会等。到了1987年，中国已有全国性社团组织71个。同时，一批地方性的行业协会也相继成立。1988年机构改革，是中国行业协会广泛发展的又一个转折点。纺织总会和轻工总会是中国最早弱化政府职能、将工作重点转移到行业管理上来的部门。原轻工业部撤销了大部分专业局，改建和成立了家电协会、皮革协会、自行车协会、陶瓷协会等几十个协会。

1996年4月，由200多家国有粮食企业组成的中国粮食行业协会成立，在加强粮食的宏观管理，推动粮食流通体制改革方面发挥了重要作用。而中国国际贸易促进会是半官方外贸协会，中国国际商会对外为民间性商会。①中国工商联合会是中国工商业界组成的民间商会。1997年11月7日，中国工商联第八次会员大会全体会议原则通过了新的《中国工商业联合会章程》，1998年3月1日经中国工商业联合会主席会议审议通过。中国商业联合会则是经国家批准于1994年8月成立的商业行业协会组织。②1998年12月，中国工业经济协会更名为中国工业经济联合会，作为全国工业行业协会的联合组织，加强调查、研究和指导行业协会工作被列为中国工业经济联合会的两条主要任务。这些行业协会在行业统计、行知行约、行检行评、价格协调、行业标准修订、技术改造项目的咨询论证及培训、国际交流等方面作了大量的工作。但从行业类型划分、行业组织的设置及其职能的范围，到行业协会自身建设，包括组织结构、经费来源等等都存在不少问题。

在我国中介组织的发展中，我们还不能忽略会计师、审计师和律师等直接进入市场进行经营性中介服务活动的中介机构的重要作用。改革开放以后，为适应引进外资、对外开放的迫切要求，适应建立社会主义市场经济体制的客观需要，从1980年开始，中国会计师制度、审计师制度逐步恢复，会计师事务所、审计师事务所(注册会计师)在全国各地迅速发展起来。1980年底，财政部公布了《关于成立会计顾问处的暂行规定》。1981年1月1日，上海会计师事务所成立，这是中国恢复会计师制度后成立的第一家会计师事务所。1982年8月23日，国务院《关于建立审计机关的通知》决定在全国建立审计机关，1983年9月15日，国家审计署成立。从1984年开始，审计师事务所在全国各地陆续建立起来。1986年7月，国务院公布了《中华人民共和国注册会计师条例》，就注册会计师的工作性质、考试和注册、业务范围、工作规则及会计师事务所的管理作了原则规定。1988年11月，中国注册会计师协会成立，该协会是受财政部领导的事业单位，它的成立，对引导注册会计师在工作中正确执行国家有关法律法规，不断完善注册会计师队伍自身建设，维护注

① 这两个组织1997年共有行业分会17家，地方分会47家，支会和县级商会600余家，企业会员超过60 000个。中国贸促会在海外15个国家和地区设立了办事处，其数据库与30多个分支会联网，已经同170多个国家和地区的6 000多万用户开通了联网。

② 5年来它已先后与16个国家和地区的商会组织建立了合作关系。到目前为止，中国商会已拥有会员500多家，包括161家集团公司，28家省、自治区、直辖市和市级商业联合会等，成为流通领域最大的行业协会之一。

册会计师的合法职业权益，交流工作经验，沟通业务信息，增强国内外交流，促进注册会计师事业的发展，都起了积极作用。同时，国务院颁布了《审计条例》，规定了社会审计组织的法律地位和业务范围。《中华人民共和国注册会计师法》经八届全国人大常委会四次会议通过，于 1994 年 1 月 1 日施行。①2000 年 5 月我国政府把注册资产评估行业、注册税务师行业与注册会计师行业合并，实行统一管理，以便建立与国际惯例相衔接的经济中介服务行业管理体系。而随着改革开放的深入和民主法制建设的不断进步，我国律师工作改革和发展也取得了丰硕的成果。从 1980 年颁布《中华人民共和国律师暂行条例》到 2007 年底，我国共有律师事务所 12 428 多家，各种类型的从业律师 13 万余人。②近几年，律师的规模更是获得了快速发展。律师的工作已经进入金融、证券、企业兼并、房地产、知识产权、国际贸易、反倾销、高科技等法律服务领域。律师队伍以及律师事务所朝着专业化、规模化的方向发展。全球最大的 50 家律师事务所目前一半以上都在中国设有办事机构。同时，公证业在我国已形成覆盖全国的公证网络。而仲裁业从机构、人才队伍建设，到业务范围也都取得了较快发展，涉外仲裁已形成良好格局，企业争议劳动仲裁服务十分普遍。此外，经济鉴证类社会中介服务业在改革中也不断得以发展。截至 2002 年，中国经济鉴证类社会中介服务业已发展到 2 万余家执业机构、20 余万名执业资格人员、30 余万名从业人员。③

二、双重性格的经济法主体——中介组织

（一）作为经济法主体的中介组织的内涵

在经济法的各个主体中，中介组织是最为特殊的主体。我们知道，经济法是国家管理经济的法。显然，在整个经济法实现机制当中，作为经济管理主体的国家是毫无争议的一类主体。同时，国家对经济的管理在操作层面上又表现为对各种市场主体（如企业、个人等）的管理，这些市场主体也应是经济法必不可少的主体之一。然而，除了国家与市场主体之外，在市场经济现实和经济制度中还存在着另一类特殊主体，这类主体不是国家机关，也基本上不直接从事生产经营，但是它们却在现代市场经济运行中担负着不可或缺和不可替代的重要任务。对于国家来讲，这类主体既是管理的对象之一，又是国家管理市场主体的辅助力量和传导中介；而对于市场主体来讲，这类主体某种程度上既是自己实现利益的助力，在某些领域中又是自己的管理者。我们将这些具有强烈的双重性格特征的经

① 到 1997 年底，中国共有注册会计师 13.3 万人（其中执业注册会计师 5.5 万人）。会计师事务所、审计师事务所超过 6 900 家。其服务范围已经从外商投资企业扩大到股份制企业、集体企业、国有企业及民营企业，服务领域已从单纯查账验资逐步发展到企业会计师报表、审计、企业制度建设、企业清算审计、资产评估和申报纳税等全方位。1997 年 12 月 26 日，由国内比较知名的 12 家会计师事务所组建的中华会计集团正式成立，该集团共有从业人员 1 000 多人，注册会计师 480 多人，注册会计师业务收入超过亿元，是当时中国大陆规模最大的注册会计师事务所集团。

② 数据来源：《我国目前执业律师约有 13 万人律师事务所 12 428 家》，载于国务院政府网站 http://www.gov.cn/jrzg/2007-04/21/content_591105.htm，2013 年 6 月 11 日访问。

③ 国家发改委副主任欧新黔：《蓬勃发展的中介服务业》，载于《中国投资》2004 年 8 月 26 日。

济法主体称为中介组织。

关于中介组织的研究在经济法理论中是一个全新的领域。在目前有限的一些论著中，对这一类主体内涵的认识、外延的界定乃至于名称的提法都不尽相同，有的论著称之为"社会中间层"，有的论著将其称为"社会经济团体"，另外还有"团体社会"、"行业团体"、"同业公会"等等，不一而足。在这里，我们将其称为"中介组织"，并非为了标新立异，而是建立在我们对这类主体的内涵、外延的认识基础之上的。中共中央在《关于建立社会主义市场经济体制若干问题的决定》中指出："发展市场中介组织，发挥其服务、沟通、公证、监督的作用"；"中介组织要依法通过资格认定，依据市场规则，建立自律性运行机制，承担相应的法律和经济责任，并接受政府有关部门的管理和监督"。此后，在党和国家的一些政策文件中，市场中介组织被多次提及。①

我们认为，作为经济法主体的中介组织是指在经济法实现机制中，介于国家和市场主体之间的辅助管理主体。在市场经济中，中介组织的存在意义并不在于其本身能够创造价值，而在于为市场经济机制更好更多地产出价值起到促进作用。从经济意义上看，这一类主体在市场经济的价值实现机制中是处于一种中介的地位。而在经济法律关系中，这一类主体也是处于国家与市场主体管理与被管理链条的中间环节。在很多时候，国家经济管理职能和管理意图的真正贯彻实现还有赖于这些主体的良好传导。所以从法律意义上看，这一类主体在经济法的实现机制中也是处于一种中介的地位。在国家看来，中介组织应该是自己管理市场主体的辅助力量，国家对中介组织的管理的最终目的也只是为了更好地实现对市场主体的管理，否则这一管理就不具备任何实质意义。在市场主体看来，中介组织是国家管理职能的部分承担者，虽然这些管理职能并不完全具备法律上的强制力后盾，但对于自己而言却是实实在在的、能够影响自己利益的一类管理主体。由此可见，我们将中介组织表述为介于国家和市场主体之间的辅助管理主体是较为恰当的。

著名经济学家吴敬琏提出：我国经济增长保持着相当高的速度，然而直到目前，我国中介组织的发展远远不能适应市场经济发展的需求。这种情况必须尽快改变，否则将引致一系列的问题。他说，目前，我国经济的交易成本高，一个重要的原因是我国中介组织的发展严重不足，不能为生产和流通企业提供高素质的中介服务。中介组织所提供的是一种高智力的服务，而我国的中介组织是作为行政机关的附属机构而不是在自由竞争的环境下成长起来的，在专业技能和职业操守等方面都存在不少缺陷。吴敬琏认为，为了加快中介服务系统的建设，需要做以下工作：第一，要取消对民营中介组织的歧视性准入限制。第二，为中介组织营造透明的法治环境。第三，中介组织要根据不同行业的要求进行制度建设，并提高自身的素质。第四，要有符合现代市场经济要求的政府监管框架。第五，社会各界，包括大众传媒要支持中介组织勤勉执业，并对它们进行监督。②

在发达市场经济国家里，中介组织对于经济发展的作用十分巨大。以国外的水果业协会为例。发达国家的水果业，不论是人少地多的美国、德国、新西兰，还是人多地少的日

① 刘恒科：《论市场中介组织的经济法主体属性》，载于《山西高等学校社会科学学报》2013年第2期；转引自丁邦开、丁凤楚著：《社会中介组织法律地位》，南京大学出版社2008版，第2页。

② 吴敬琏：《市场经济需要中介组织》，载于《金融时报》2002年5月30日。

本,水果的产前生产资料供应,产中技术服务,产后加工、贮藏、运输、销售等环节通过水果协会的参与,使整个水果产业化链紧密而稳定,从而使其水果的市场竞争力大大提高。[①]国外水果协会在水果产业化中的作用包括:标准制定与生产的标准化,产销信息化和产品的档案管理,产、加、销一体化,品牌经营,[②]获取政府的支持[③]等。还比如在日本,日本的小企业是市场的主体,小企业参与市场竞争时保护自身利益的能力差,所以各种行业协会、经济团体就应运而生,遍布日本的各行各业、各个地区。日本几乎所有的企业都参加了一个民间经济团体和协会,这种团体和协会在日本有2万多个。中介服务组织的大量涌现是日本市场经济发展比较成熟的一个标志。各种各样的研究所、事务所、证券所和期货交易所非常多。企业需要投资上项目,可以找专业研究所论证;需要了解市场情况,考察合作方的资信情况,中介服务机构可以为其代理;出现了经济纠纷,律师事务所也可以包揽诉讼,而且它们认为可以受理的案件,基本上可以保证打赢官司。有些中介服务组织的名称叫得很有官方味道,如"中央监察法人",其实是一个民间的中介组织,类似我们国家的会计事务所。这些中介服务组织,全都是通过吸收会员交纳会费,进行有偿服务,自己解决经费。同时,它们独立行使企业财务会计监督,不受政府部门的干预。自治的中介服务机构,是各国向市场经济过渡的必然选择。日本的各类协会,都实行会员制。协会的经费来自会员和协会开展的各项业务活动,协会主要任务是加强行业管理,对会员的经营行为进行监督管理。这种行业性的自律组织,体现了"自我教育,自我服务,自我约束"的原则。

(二)作为经济法主体的中介组织的分类

对中介组织进行分类是建立在对中介组织外延的认识基础之上的,从前面对中介组织内涵的分析可以看出,我们认识中的中介组织其外延较为广泛,它不仅包括非经营性的各种行业协会、商会、经济团体,还包括各种经营性的中介机构,如会计师事务所等。根据主要职能的不同,我们可以将中介组织分为以下两大类:

1. 中介自律组织

这是我们通常所理解的中介组织,其外延基本上等同于其他论著中的"社会经济团体",当然也有所区别。所谓社会经济团体,主要是指各种综合性和专门性的行业协会,如证券业协会、轻工总会等。中介自律组织除了这些团体外,还包括其他一些自律性组织,如证券交易所、期货交易所以及消费者协会、工会等。这些中介组织的共同特点在于其是由各种同类的市场主体共同组成,并对这些成员实施自律性的管理职能,一般不具有营利性。在计划经济条件下,市场主体依附于国家行政意志,不具备独立性,因此也不可能组成所谓的中介自律组织。同时由于国家包揽了一切经济调控权力,客观上也不存在中介

① 崔彬、陈来生:《国外水果协会在水果产业化中的作用及启示》,载于《世界农业》2004年第4期。

② 如美国的SUNKIST GROWERS INC(新奇士果农公司)。SUNKIST这个商标在全世界各行各业的商标中排名第47位,在美国排名第43位,品牌无形资产达10亿美元。强大的实力使其能借助政府之力开拓全球性市场、建立统一品牌、进行广告促销、介入全球运输体系、培植多方位的研究能力,为果农会员获得最佳售价回报。

③ 如1996年美国农业合作社就获得了联邦政府的总投资多达20亿美元。

自律组织发挥作用的空间。而在市场经济条件下,随着社会生产力的不断发展,社会和国家适度分离,社会经济生活中存在着游离于国家直接控制和干预的相对独立的经济活动领域。由于国家对市场秩序的整合更多地体现在宏观性和一般性上,在相对细致的专业性领域中,国家资源的进入往往显得力有不逮,所以就需要市场主体自己组织起来,形成自律整合的力量,对本行业部分活动进行自律性管理。除此之外,在国家法律秩序尚未形成的领域中,自律秩序的率先形成也有利于弥补正式制度安排在时间上的滞后和空间上的不周延。可见,在市场经济条件下中介自律组织的存在具有合理的制度根源,这也是其在经济法实现机制中发挥作用的逻辑基础所在。

2. 中介服务机构

中介服务机构在经济法实现机制中的作用和地位往往被人们所忽略。在"行业协会"、"社会经济团体"以及"团体社会"等提法中,这一类中介组织基本上是被排除在外的。我们认为,中介服务机构是指在市场经济中提供各种服务的中介组织,主要包括会计师事务所、审计师事务所、律师事务所、评估机构、拍卖机构等。由于这些中介组织一般都属于营利性组织,从而与前述非营利性的中介自律组织具有较大区别。也正是因为这一点,人们往往将这些中介组织简单地归类于狭义上的市场主体。有学者指出:市场中介组织是经工商行政管理部门依法登记设立,按照法律法规,在市场活动中接受当事人委托,运用专业知识和专门技能,为委托人提供鉴证性、代理性、信息技术服务性等中介服务的营利性组织。①应该说,就这些中介服务机构自身而言,这种归类并无不当,因为它们的设立与其他市场主体一样是为了追求自身利益的最大化。然而当我们站在整个经济法实现机制的高度上来看待这一问题时,中介服务机构的作用显然不尽于此。在市场经济运行过程中,国家为了实现对市场主体的良好管理,除了发挥中介自律组织的自律管理作用之外,还会通过中介服务机构的特殊职能对市场主体实施各种专业监管,在这其中会计审计机构和律师事务所的作用尤为重要。在市场经济条件下,国家往往无法进入市场主体的内部对其实际经营内容进行监管,但是现代市场尤其是现代金融市场对市场主体经营内容的完整性和真实性却有着越来越高的要求。客观现实呼唤一种微观层面的监管力量来弥补这一漏洞,而这一监管力量必须是独立于国家的和市场化的,只有这样才能在防止对市场主体监管的缺位的同时避免再次进入国家控制微观经营主体的泥淖。在市场经济实践中,人们通过建立各种独立的中介服务机构来解决这一矛盾。比如在审核股份公司的上市资格过程中,国家证券监督管理部门由于采取符合市场理念的核准制,因此对该公司的财务状况、产权结构以及所可能面临的法律风险无法作出细致和准确的审查,这时候它所赖以判断的基础就主要建立在会计师和律师的审查报告之上,这样从某种意义上讲这些中介服务机构就成为国家的辅助监管力量。可以说,如果这一力量缺位,现代市场经济就无法健康运行。现实已经对中介服务机构的作用和地位提出了很高的要求,这需要我们从整个经济法制和市场经济体制的高度对其加以重视。

下面以注册会计师的管理模式为例进行分析。一般来讲,英国(1999 年前)与美国的注册会计师行业管制模式是以自我管制为主的混合管制方式,德国与日本注册会计师行

---

① 刘恒科:《论市场中介组织的经济法主体属性》,载于《山西高等学校社会科学学报》2013 年第 2 期。

业管制则是政府管制模式,英国注册会计师行业管制 1999 年经过变革逐渐形成以独立管制为主的混合管制模式。多年的实践证明,注册会计师行业管理的自我管制模式具有较大的优点。因为该模式具有较大的灵活性和适应性,能较好发挥注册会计师职业组织的专业知识优势迅速发现和解决行业发展中存在的问题,即能及时和有效率地针对经济环境变化对注册会计师行业的要求作出反应。随着现代注册会计师行业的发展,注册会计师所提供的职业服务种类已远远超出了传统审计职业服务的范畴,而是提供包括审计与会计、管理咨询、税务、公司财务、公司重整、法律服务、外协服务等领域的职业服务。对其中的许多职业服务,法律是没有规范的,政府也没有能力去施加管制,而自我管制则可以涵盖注册会计师职业服务的全部领域。并且注册会计师职业组织的自我管制能迅速作出反应,组织会员进行相关的经验总结与交流,发布相关的执业指南,实施有益的培训计划,这些都有助于提高它们的质量。此外,由于是注册会计师行业的共同意志,所以其制定的规则能较好地为执业会计师所理解和贯彻,也较易于监控规则的执行效果。并且作为竞争中的自我管制,在政府管制等的竞争之下,在一定程度上能有效保护公众利益,又能较好避免政府管制的缺点。①

三、中介组织的行为

(一) 中介自律组织的行为

1. 自律管理行为

中介自律组织的自律管理行为是指中介自律组织通过内部组织机制的运行,规范组织成员的行为,维持组织内部的良好秩序,并使其与整个社会的法律秩序相协调的行为。自律性是中介自律组织存在的根本理由。在中介自律组织实施自律管理行为时,其相对于组织成员是处于管理者的地位。与国家管理权以法律为权力来源有所不同的是,中介自律组织的自律管理权的权力来源是组织成员的团体契约。组织成员参加自律组织,就意味着自身的部分权利在约定限度内向自律组织的让渡,自律组织凭借成员自愿让渡的权利对后者实行自律管理,当成员违反了规则时,自律组织就有权在其受让的权利范围内对该违规成员进行惩戒,从而迫使其控制自己的行为,遵守组织内部的自律规范。当然由于自律组织不具备强制执行力,因此其自律性规约和决定主要是通过成员的自愿遵守来实现的。对于不服管束的组织成员,自律组织的约束力主要集中在资格限制权利上,当某些成员故意违反自律规范或不执行组织决议,自律组织可通过市场禁入、取消专业资质、影响商誉乃至于剥夺成员资格等方法对其施加不利影响。由于任何市场主体都不可能在行业外生存,所以这些限制实际上等同于扼杀违规成员的事业生命,其实质强制力非同小可,而法律又一般默认中介自律组织的这一权利,从而为其自律管理行为提供了最后的保障。

以美国证券市场自律监管为例。美国证券行业自律主体包括行业协会、证券交易所和其他团体,通过对其会员进行监督、指导,实施自我教育、自我管理,目的是为了保护市场的完整性,维持公平、高效和透明的市场秩序。美国证券业的自律监管主要通过一系列

① 谢德仁:《注册会计师行业管制模式:理论分析》,载于《会计研究》2002 年 2 月 15 日。

自律组织来实施。[①]而交易所是最早出现的自律组织。美国的证券交易是自发形成的,早在18世纪中期就有商人专门从事证券买卖,并于1792年5月签订了著名的"梧桐树协议"(Buttonwood Agreement)。由于那时采纳亚当·斯密的自由放任的经济政策,政府对证券市场没有采取任何规制的措施,仅仅依靠证券商、交易所的自律及各州制定的蓝天法来维持市场运行。因此,那时行业自律是证券市场的主要监管力量。其主要行为是通过制定上市规则、交易规则、信息披露等方面的标准,对其会员和上市公司进行管理,并实时监控交易活动,防止异常交易行为的发生。交易所的自律监管,主要关注市场主体的交易资格、交易行为及其交易品种。

2. 授权管理行为

除了自律管理行为外,中介自律组织还有一类重要的行为即授权管理行为。它是指中介自律组织根据法律的授权或有权机关的依法决定,对组织成员和其他相关的市场主体进行管理的行为。在中介自律组织的自律管理行为中,其权力来源是组织成员的权利让渡,而在其授权管理行为中,中介自律组织的权力来源却是法律法规的明确授权和有权机关依法作出的决定。在这一法律关系中,中介自律组织是一种典型的被授权组织。在行政法理论中,被授权组织是指按照法律法规规定或有权机关依法决定,以自己的名义行使被授予的行政职权的组织。由此可见,中介自律组织在实施授权管理行为时,其是以自己的名义进行的,这时中介自律组织在法律性质上是一种行政主体。比如我国的《证券法》第110条规定,证券交易所应当对上市公司披露信息进行监督,督促上市公司依法及时、准确地披露信息。在这一法律关系中,证券交易所作为中介自律组织对上市公司进行的管理就是一种授权管理行为。在这里,证券交易所的法律性质不再是普通的中介组织,而是一种行政主体——被授权组织。与自律管理行为仅仅约束组织成员略有不同的是,中介自律组织的授权管理行为除了约束组织成员外,还可能约束其他的相关市场主体。比如前述证券交易所虽然由券商组成,但法律还授予其管理上市公司的权力。随着法律调整的不断细化和专业化,今后的法律中会越来越多地出现中介自律组织的授权管理行为的规定,从而令中介自律组织在整个经济法的实现机制中发挥更加重要的作用。

3. 团体利益代理行为

现实中人们在高度重视中介自律组织的自律管理行为和授权管理行为的同时,往往忽略了中介自律组织为组织成员谋求利益的一面。其实中介自律组织出现的最初目的就是为了更好地保障组织成员的集体利益。例如中世纪的欧洲封建社会,行会遍及各地。"它是中世纪自然经济条件下小工业者能够巩固、保持其地位,进行正常的再生产而组织的"。"所有的行会都是兄弟般的联合,其成员承担了如下义务:帮助生病的、残疾的、贫困的或陷入法律困境中的伙伴成员,为死者举行葬礼并祭奠其在天之灵,为成员们的子女兴办学校,还有建设教学、编排宗教戏剧以及为节日提供招待和欢宴。"[②]时至今日,中介自

① 这些自律组织包括以下三类:一是交易所,如纽约证券交易所(NYSE)、纳斯达克(NASDAQ)等;二是行业协会,如全美证券交易商协会(NASD)、全美期货业协会(National Futures Association)等;三是其他团体,如注册会计师协会等。

② [美]伯尔曼著:《法律与革命——西方法律传统的形成》,贺卫方等译,中国大百科全书出版社1993年版,第474页。

律组织当然不可能保留如此复杂与烦琐的社会功能，但是其为组织成员谋求利益的初衷却依旧未改，我们将中介自律组织发挥这种功能的各种行为统称为团体利益代理行为，其权力来源也应属于组织成员的团体契约。中介自律组织的团体利益代理行为有对内和对外之分。一般来讲，对内的团体利益代理行为主要有团体内利益协调行为、培育专业市场行为、团体内互助行为等，对外的团体利益代理行为主要包括促进对外交流行为、集体抵御不法侵害行为以及反倾销诉讼发起行为等。不管是对内行为还是对外行为，中介自律组织的利益出发点和落脚点都是广义上的团体集体利益，所以我们将其统称为团体利益代理行为。

以美国的农产品加工业协会为例。美国的农产品加工业协会在推动和保护加工业发展、促进技术进步与创新、与政府部门对话等方面起到了积极作用。美国食品加工商协会是全美农产品加工行业著名协会之一。该协会共有注册会员企业400多家，既有跨国集团公司，又有小型食品加工企业。协会下设一个学院和三个科研中心以及相关的职能部门，承担了大量教育培训、科学研究、食品检验、产业规划、法律咨询、国际合作、商业保险、市场开拓等工作，为企业提供各种服务，使企业得到很好的发展。而美国国际冰淇淋协会是一个涉及冰淇淋与相关食品生产、加工和销售的行业组织，共有会员企业100家。该协会主要从事法律咨询、教育培训、市场调研等工作，推动了冰淇淋生产、加工业的迅速发展，现已开拓和占领美国85%以上的冰淇淋市场。

4. 接受管理行为

虽然中介自律组织在多数场合里都扮演了市场管理者的角色，但是这并不意味着它们就无须接受国家的管理。相反，正是因为中介自律组织在经济法实现机制中重要的管理地位，实现对它们的良好管理尤其关键。经济实践表明，只有管好中介自律组织，国家才能真正管好市场。加强对中介自律组织的管理，其可能会成为国家管理经济的好助手，而如果放任对中介自律组织的管理，其很可能会蜕变为市场主体违规牟利的保护伞。有鉴于此，在经济法的各个亚部门法中，往往规定了国家对中介自律组织的较为广泛的管理权力，对于特别重要的中介自律组织，国家还会予以相当程度的管制。

还是以前述证券交易所为例。在美国，自律监管作为美国证券业监管体系中的中间层次，往往要受到两方面的压力。一方面，自律监管自身要接受政府的事前监管和事后评估。自律组织首先要接受政府监管机构的监管和指导，其活动必须在法律规定的框架之内进行，其颁布的规则和标准要经过政府监管机构的审查才能得以实施；其次，自律监管的效果也要接受政府监管机构的事后评估，如果监管不力或行为违反法律规定，将要接受政府的修正、制裁和处罚。另一方面，自律监管还要面临来自受害者事后的赔偿诉讼，自律行为不当导致的任何损失都有可能引发受害者相应的赔偿诉讼。这两方面的压力使得自律监管组织必须兢兢业业，诚信勤勉，恪尽职守，加强对行业的自我约束和自我管理，使行业免受来自政府的处罚和来自受害者的赔偿诉讼请求。1975年，美国国会修正了1934年的《证券交易法》，极大地扩大了美国证券交易委员会(SEC)的权力，要求所有自律组织制定的新规则都必须经由SEC批准才能得以实施。现在SEC可以对自律组织颁布的任何规则进行修订、补充和废止，并可根据自己的判断，要求自律组织制定新的规章。这一修订使得自律组织的活动完全处于SEC的监控之下。1996年，国会进一步扩大了SEC

的权力，赋予SEC实施对1934年法案条款的豁免权力。1998年，依据这一新权力，SEC豁免了电子交易系统(ECN)不必遵守传统交易所应当遵守的规章。由此可见，哪怕在中介组织十分发达的美国，接受政府管理依旧是中介组织的主要行为之一。

而在中国，由于政府管理体制的原因，自律机构更要受到来自政府方面的管理。而即使撇开政府对中介组织的不当干预，这种来自政府的正当监管也是必要和有益的。比如2003年11月，中国建筑装饰协会因擅自设立分支机构被限期停止活动3个月；同年12月，民政部根据民管罚执字(2003)第3号文件的决定，提前解除对中国建筑装饰协会的行政处罚，从即日起恢复正常业务活动。民政部有关部门负责人表示，社团工作要坚持培育发展和监督管理并重的原则。中国建筑装饰协会在推动行业发展，提高为会员企业服务等方面作出了积极探索，但更需提高自我约束能力，以促进协会进一步发展。①

我国证券交易所也是属于会员制的自律组织。根据法理，会员制的自律组织其领导人应该由会员共同选举产生，但是我国《证券法》却规定，证券交易所的总经理由国务院证券监督管理机构任免。对于这一规定的合理与否姑且不论，但是由此可以看出国家对中介自律组织的重视程度。相对应于国家的管理行为，中介自律组织在与国家发生这一经济法律关系时其行为就是接受管理行为。其包括积极行为和消极行为，当然从广义上也包括了当自己权益受到不法侵害时的抗辩行为和寻求救济行为。

(二) 中介服务机构的行为

1. 中介服务监管行为

如前所述，中介服务机构在国家实现对市场主体的微观管理中起到了辅助监管的作用，可见中介监管行为应是中介服务机构在经济法上的主要行为之一。与中介自律组织不同的是，中介服务机构与市场主体之间是相互独立的法律主体，前者实施中介监管行为的权力来源既不是后者的团体契约，也不是国家法律的明确授权，其真正来源只是因为中介服务机构具备某种专业职能，而这一职能又在法律中进行确认。也正是因为这一原因，中介服务机构不具备主动对市场主体进行监管的权力，只有当其接受市场主体的委托依法履行职能之后，才在事实上实施了对市场主体的中介监管行为。除此之外，中介服务机构有时还接受国家机关和中介自律组织的委托对特定的市场主体进行专业监管(如对违规企业进行审计监督等)，从而履行其中介监管职能。中介监管行为主要包括会计监管行为、审计监管行为、法律监管行为等。

以律师在金融监管中的作用为例。纵观现行的金融监管手段，一是以中国人民银行稽核为主的行政主管部门监督；二是以金融机构内部自律稽核为基础的内控管理；三是以审计部门为主要依托的行政执法部门监督。这三种金融监管手段对于维护正常的金融秩序，完善金融机构的管理，起到了巨大作用。然而，随着金融体制改革逐步深化，多种金融机构、多种融资渠道的出现，金融管理也日益复杂化，故借鉴他国先进的金融管理经验，创建新的监管手段，形成多层次、全方位的监管模式，便成为强化金融监管的必然选择。而

① 《民政部：中国建筑装饰协会被提前“解禁”》，载于中国网：http://www.china.com.cn/chinese/PI-c/461962.htm，2013年6月7日访问。

律师系为社会提供法律服务的专业人士，已逐渐完成了从单纯“消防员”向“监控员”的角色过渡、从诉讼向同时承办非诉事务的转型，为各行各业经营管理活动把关，防患于未然，提供超前法律服务，积极配合各企业的职能部门参与它们的经营管理活动，在防范和化解各种经营风险、健全完善监控机制以及保障企业的合法权益等方面提供全过程法律服务，起到了不容忽视的作用。律师在为整个社会提供法律服务中的声誉和地位的逐步提高，以及其承办诉讼和非诉法律事务经验的日益积累，为其参与金融监管工作提供了社会基础和保障。此外，大型规范化的律师事务所的不断涌现，也为律师介入金融机构参办金融事务，从法律角度上规范金融机构运作，以达到加强金融监管的目的提供了良好的契机。这些大型规范化律师事务所一般内设专门承办金融案件的部门，这些部门有极其丰富的承办金融案件的经验，擅长办理各类金融案件，且在其承办案件的同时，对金融机构的各类业务较为熟悉了解，可以积极协助机构作大量的风险防范工作。并且大型规范化律师事务所在各地设立的分支机构，可以随时为金融客户承办涉及不同地区的案件。同时，其多年积累的办案经验，也往往形成了一套较为完善的管理制度，如为各自客户保密制度、利益冲突处理规定、诉前调查制度、重大案件所内研讨制度、案件定期书面汇报制度等，能有效地保障律师为金融机构服务的质量。所以，律师事务所作为一中介组织，可以从法律角度对金融经营行为、财务状况进行审核，从而促进金融机构内部管理的科学化、规范化和法制化。伴随着律师执业水平的不断提高和律师队伍的不断壮大，通过律师引入加强金融监管势必引起越来越多金融界人士的关注。

在欧美等国家的金融领域，律师作用几乎得到了淋漓尽致地发挥。从担任法律顾问，为金融机构的信贷、监管、纠纷解决等提供法律咨询，起草法律文件，到对有关机制的设立、资本充足、内部运营的监督及其为遵守监督机制颁布的守则与指引提供法律服务；从协助金融机构监督贷款使用情况以降低贷款风险，到审查借款人、保证人的资信情况，借款合同的内容，乃至为借款合同、保证合同的签订进行见证；从代理金融机构处理企业破产、清算等法律工作，到为金融机构参与企业改制、资产重组提供法律服务；甚至律师可以代表上级部门或金融机构管理层，对其内部经营工作进行监督，帮助它们建立和完善强有力的内控组织体制，以充分发挥内控体系的职能作用。律师基本上是无孔不入，从诸多方面推动着金融机构的规范化、合法化运营。

鉴于中介监管行为在市场经济中的重要性，法律对中介服务机构的监管较为严格，而且对它们提出了较高的道德要求。在我国当前的经济现实中，中介服务机构的问题极为突出，多数的中介服务机构法律意识淡薄、道德制约松弛，没有从国家对市场主体的辅助监管力量的高度来认识自身的位置，从而为市场上“假、大、空”现象的肆虐打开方便之门。在我国的证券市场上，这一问题的严重程度已经到了非解决不可的地步。完善中介服务机构法律制度，规范中介监管行为，是我们目前所面临的重大而又艰巨的任务。

2. 接受管理行为

对于中介服务机构本身来讲，无论是在法律意义上还是在经济意义上都是属于营利性的市场主体，因此追求利润的最大化就必然成为中介服务机构的主要目标。在我国的计划经济体制条件下，中介服务机构的发展不够充分，而且往往是行政机关的附庸，不具备独立市场主体的条件，因此也无法摆脱行政长官意志的束缚，难以成为真正的市场独立制衡力量。随着我国经济体制改革的不断深入,这种情况正在大幅度地得到改善,在欣喜地看到中介服务机构增强活力,成为独立经营、独立核算、自负盈亏的市场主体的同时,我们应该加倍警惕中介服务机构的唯利是图倾向。毕竟,中介服务机构设立的初衷是为了更好地实现对市场主体的管理,促进市场经济的良性运转,而决不是为了制造一批不法市场主体的帮凶。可见,对于国家来讲,必须强调和维持中介服务机构的独立性和超脱性,加强对中介服务机构的管理。在这一法律关系中,中介服务机构是处于被管理的主体地位的,其应受管理主体管理的行为可称为接受管理行为,也包括了积极行为、消极行为和抗辩救济行为等。

以四川绵阳市人民政府 2002 年 10 月 10 日发布《绵阳市中介机构监督管理暂行办法》为例。该办法第 2 条规定:本办法所称中介机构,是指依法设立的、在绵阳市范围内从事各种经营性中介业务的企业法人实体(律师事务所除外);第 3 条规定:绵阳市中介组织发展局(以下称市中介局)代表市政府依照有关法律法规和本办法,负责全市中介机构、中介从业人员、中介行业协会的监督管理工作,政府有关部门应积极支持配合;第 5 条规定:市级中介行业协会按照行业法律法规和协会章程开展行业自律活动,并接受市中介局、市社团登记管理机关和省行业协会的监督管理,承办市中介局和省行业协会委托的事项。

四、市场主体及其行为

(一)作为经济被管理主体的市场主体

广义上的市场主体泛指在市场经济中活动的各种主体。而在这里,市场主体是狭义的,是指与国家管理主体相对应的、除中介组织之外的其他市场主体。当这些市场主体与国家或中介组织之间发生了经济法上的权利与义务时,它就成为经济被管理主体意义上的市场主体。正如本章第一节所讲的,作为经济法主体的市场主体,与作为其他法律主体的市场主体虽然可能是同一实体,但其权利与义务是不相同的。同一个企业,在处于不同的法律关系中时其法律人格是各不相同的。相比起民法上的市场主体形式上的平等性,经济法上的市场主体往往与其他经济法主体在形式上具有不平等性,这一形式上的不平等是经济法以法律形式予以确认的。

有学者认为,经济法市场主体的特殊性在于经济法确立其主体制度时有着特殊的视角,即着眼于经济运行的实际与法律的抽象归纳技术,与其他法律部门有着明显的区别。例如,在民法的视角中,每一个个人与组织,无论其是帝王将相还是平民乞丐,无论是政府强力部门,还是民间的微型公司,都是平等的主体,它们之间的行为准则奉行着平等自愿与诚实信用。正如学者所总结的,在近代私法中,“承认所有的人的法律人格完全平等,虽可由自身意思自由地成为与自己有关的私法关系的立法者,但它却是不考虑知识、社会及经济方面的力量之差异的抽象性的人,并且在其背后是在理性、意思方面强而智的人像”。在行政法的视角中,上述各种民事主体转变为行政法主体后,就成为了行政主体与行政相对人,分别享有相应的权利与义务。“当公民、法人或其他组织不与行政主体发生权利义务的联系时,他们就不称为行政相对人,如在民事活动中他们就只能称为民事主体。”而在经济法的视野中,只要进入了经济法调整的社会关系领域,从事着与经济运行有关的活动，这些形形色色的民事主体又演化成了经济法主体，分别转变为经济法视野中的经营者、消费者或者政府，按照经济法的规定分别享有着相应的权利、承担着相应的义务。①

在经济法律关系中，国家是处于管理地位的经济管理主体，而中介组织在多数领域里也是市场主体的管理者，而市场主体在经济法律关系中基本上是处于接受国家和中介组织管理的被管理主体地位。当然在现代市场经济条件下，市场主体决不是消极、被动的被管理者，而是积极、主动应对国家和中介组织的管理行为并与之形成良好互动的被管理者。在理想的经济法律关系中，国家、中介组织与市场主体之间的关系不应该是"官兵捉强盗"的对立关系，而应是在经济理性基础上的合作伙伴关系。在这种关系中，不管是管理者还是被管理者，其最终的价值目标是统一的，就是促进效益的可持续产出。在我国现阶段，经济法实践离这一理想目标还有较大的差距。不管是作为管理主体的国家、中介组织，还是作为被管理主体的市场主体，其定位和行为都存在着较大的偏差。国家在市场的准入、管理的领域以及管理的方式上都存在不当行政干预的倾向。而有些市场主体则要么对管理者的管理漠视和敌对，要么又极度依赖于管理者的管理，或者醉心于寻租活动，扭曲理解国家管理经济的本质。可见，在推进经济法制的建设与实施过程中，塑造真正意义上的经济法被管理主体是极其重要的。

（二）作为经济被管理主体的市场主体的行为

在经济法的范畴内讨论市场主体的行为，主要应集中在市场主体作为经济被管理主体时所应具有的法定行为。因此，作为民法上的市场主体的行为如企业自主经营行为等在此不作讨论。我们认为，市场主体在经济法上的行为主要包括以下两类：

1．接受管理行为

作为国家、中介组织管理行为的最终受体，市场主体必须以自己的行为对管理者的管理予以接受。在经济法的规范体系内，只要国家、中介组织的管理行为是依法作出的，市场主体就必须予以接受，不得无故拒绝。这一法定义务的强制性是经济法能够正常发挥调整功能的基本保证，也是管理者体现形式优越性的表征。与中介组织的接受管理行为相类似，市场主体的接受管理行为从行为方式上看也可以分为积极回应行为和消极接受行为，前者主要是应管理者的要求而为一定的行为，是主动的；后者则主要是对管理者的行为后果予以承受或应管理者的要求不为一定的行为，是被动的。

2．抗辩及救济行为

市场主体与管理者之间形式上的不平等并不意味着它们之间权利与义务的失衡。尽管管理主体在经济法律关系中拥有自上而下的优位管理权，但是这一管理权的实施必须是严格依照法律规定来进行的，而一定限度的行政自由裁量权也必须控制在合法与合理的范围内。如果管理主体超出法定范围滥用其管理权，市场主体也同样拥有自下而上的抗辩权和寻求救济权，具体行为方式主要表现为复议请求行为、行政诉讼行为、申诉行为、控告行为等。在我国的经济法现实中，关于市场主体此类行为的规定是最为薄弱的环节，这是由我国孱弱的法制背景以及过于强大的政府权力所决定，这种局面亟待扭转。

---

① 李友根：《论经济法主体》，载于《当代法学》2004 年第 1 期。

第四章
经济法的基本原则

第一节　经济法基本原则的含义、作用与标准

一、经济法基本原则的含义

在整个法律体系当中，经济法是变动性和时效性最为明显的法律部门之一。一般来讲，社会对法律的基本要求是稳定性与确定性，避免朝令夕改。然而现代经济生活又是一个发展最快、创新频繁的领域，作为规范这一领域的经济法律制度，单靠稳定性与确定性肯定不足以为我们提供一个行之有效的、富有生命力的经济游戏规则。而经济法律关系的变动性容易导致经济法法律规范处于频繁的修正之中。因此，寻求经济法的内在稳定机制就成了使经济生活的变动性与经济法律的稳定性之间达成平衡的关键。经济法的宗旨或价值取向是不变的，但过于抽象，不易把握，而由其引申而来的经济法基本原则则恰当地弥补了这一不足，以其内涵的确定性及可操作性成为维护经济法稳定性并适应经济生活不断变化的重要保证。据此，经济法基本原则的概念可以表述为：经济法基本原则是效力贯穿经济法立法、执法、司法始终的根本准则，是对作为经济法主要调整对象的国家履行现代经济管理职能所发生的经济关系的本质和规律以及立法者在经济领域所施行政策的集中反映，是克服法律局限性的工具。

二、经济法基本原则的作用

（一）促进经济法体系的完善以及制度规范的协调一致

经济法的宗旨首先是维护社会整体经济利益，然而徒有抽象的宗旨无助于指导经济法法律规范的制定，在明确了具体阐释宗旨内涵的经济法基本原则之后，经济法规范、制度的制定才有了依据。其次，经济法基本原则是制定次级经济法律、法规时的立法准则，次级经济立法的基本原则必须与经济法基本法的基本原则或受基本原则制约的局部性原则保持一致，以确保各项制度、规范内在协调一致。

（二）经济法的基本原则可以作为经济法主体的行为准则和司法机关的审判依据

经济法法律规范是适应经济生活需要，对经济法基本原则的具体化，具有直接的可操

作性。因此,经济活动中,经济法主体首先应以经济法法律规范作为自己的行为准则。然而,经济生活的复杂多变,常常会发生经济法法律规范对经济领域中的问题缺乏规定或经济法律法规不再适应经济发展需要的情况,这时,一方面需要限制经济法律关系主体的越权行为,另一方面又要鼓励经济法主体应自觉以经济法法律规范的本源——经济法的基本原则作为自己的行为准则。需要指出的是,基本原则只有同时被作为审判实践中的依据时,经济法主体的行为选择才具有强制性的法律效力。因此,在法律无明文规定时经济法基本原则可以直接作为法官裁判的依据,以克服经济法律规范的滞后性、模糊性或矛盾性。

三、确定经济法基本原则的标准

确定经济法的基本原则必须符合以下几个要求:第一,经济法的基本原则必须是法的范畴的基本原则,而不是其他领域的原则。例如资源优化配置原则①体现的是经济学的要求,而平衡协调原则类似社会学的原则。②第二,经济法的基本原则必须是经济法特有的原则,而不是其他法律部门的基本原则。例如违法行为法定原则、经济管理权限和程序法定原则③更像是行政法领域的内容。第三,经济法的基本原则必须是经济法调整的各个领域的社会关系普遍适用的原则,而不是某一领域的局部性原则。例如公平竞争原则④更直接体现为微观规制领域的原则。第四,经济法的基本原则必须是经济法的基本原则,而不是经济法基础理论领域内的其他问题。例如社会本位原则⑤是社会伦理思想在经济法领域的反映,是经济法得以产生发展的社会伦理基础,而社会整体利益原则⑥则应属于经济法价值的提法。

通过以上考察,我们认为经济法应包括以下五项基本原则:(1)经济民主原则;(2)效率优先、兼顾公平原则;(3)可持续发展原则;(4)经济公正原则;(5)国家经济安全原则。这五项基本原则不仅有其各自特定的内涵,而且相互之间存在着内在的逻辑联系。

第二节　经济民主原则

一、经济民主的含义

"民主"一词起源于政治领域,其产生之初意味着"最高权力应该掌握在人民的多数或

① 李昌麒著:《经济法——国家干预经济的基本法律形式》,四川人民出版社 1995 年版,第 198 页。
② 潘静成、刘文华主编:《经济法》,中国人民大学出版社 1999 年版,第 73 页。
③ 王保树主编:《经济法原理》,社会科学文献出版社 1999 年版,第 49 页。
④ 史际春、邓峰著:《经济法总论》,法律出版社 1998 年版,第 167 页。
⑤ 李昌麒著:《经济法——国家干预经济的基本法律形式》,四川人民出版社 1995 年版,第 198 页。
⑥ 程信和:《发展、公平、安全三位一体——经济法学的基本范畴问题探析》,载于《华东政法学院学报》1999 年第 1 期,第 24 页。

多数人民手中”①。有学者认为,民主是一种社会管理体制,在该体制中社会成员大体上能直接或间接地参与或可以参与影响全体社会成员的决策。②无论是一种理想,还是一种社会管理体制,这两个概念在一定程度上表述了民主通过多数决定规则运作的途径,其目的是实现多数人的平等。

在多数决定规则下,采纳多数人意见,于形式上实现了多数人的权利,相对于让少数人意见占上风,是更为接近平等理念的方式。然而,事实是平等观念掩护下的多数决定规则常常有害民主本身,其表现为:多数规则有内在强制性,按多数人的意愿决定的方案要求全体成员遵守,剥夺了少数人的权利;由于单个参与者的行为在多数规则中无足轻重,参与者会不重视参与,产生的危险是某个利益集团会通过一定的代价收买这些不重视参与人的权利,使决策有利于少数人而损害大多数人的利益。“多数决定规则只是一项便利的决策机制,但它被错误地提高成了基本的道德原则。”③因此,现代社会民主发展的趋势是:限制利益集团对多数决定规则的利用,强调个体自由,维护个人权利。民主制度就是尽可能使其人民同时获得更多自由和最多平等的政治制度。④我们认为,经济民主原则的内涵是给予经济主体更多的经济自由和尽可能多的经济平等。

自由在法哲学上由三个核心思想界定其内涵:(1)自由就是不受他人干预;(2)限制自由是因为存在着与自由的价值同等或比自由的价值更高的价值;(3)必须保持最低限度的自由。⑤孟德斯鸠说:在一个有法律的社会里,自由仅仅是一个人能够做他应该做的事,而不被迫去做他不应该做的事情。经济自由即经济主体在市场机制有效运作的领域,自由参与、退出市场,享有不受国家行政权力随意干预的权利。

而经济平等则是一种抽象的理念,只有和经济自由相联系,才具有比较实在的意义,即有了经济自由才有追求经济平等的可能。但同时作为一种与自由的价值同等或在一定情况下比自由的价值更高的价值,平等在特定情况下限制着自由,现实经济生活是要么起点不平等,要么人为不平等,致使经济自由的享有产生了明显的结果不平等时,平等理念便作为矫正措施,制约自由。

二、经济民主原则在经济法中的体现

经济生活中之所以要突出经济自由的重要性,归根到底是由市场经济发展的客观规律决定的。市场经济社会中,市场机制在资源配置中起主导作用,宏观经济总量平衡、经济结构合理,首先依靠的是市场运行机制的核心——价值规律的作用,其作用的发挥建立在没有特权的基础上,这一前提要求市场主体必须拥有一个超然独立于政府之外的活动领域,自由参与市场,自主决定行为选择,在价值规律的支配下实现资源的初步配置。这

① 刘军宁等编:《直接民主和间接民主》,三联书店出版 1998 年版,第 141 页。

② [美]卡尔·科恩著:《论民主》,聂崇信、朱秀贤译,商务印书馆 1988 年版,第 10 页。

③ 刘军宁等编:《直接民主和间接民主》,三联书店出版 1998 年版,第 133 页。

④ 李普森著:《民主的基本原理》,《国际事务杂志》,中译文见《交流》1986 年第 3 期;转引自《二十世纪法哲学思潮研究》,法律出版社 1996 年版。

⑤ 张文显著:《二十世纪法哲学思潮研究》,法律出版社 1996 年版,第 524 页。

一论断是从计划经济中得出的经验与教训。计划经济由政府对经济生活进行严格、全面的管制，抹杀了市场主体的独立性、营利性，剥夺了其经济生活中的自由，由此产生的后果是经济发展缺乏动力，经济效率低下，国家实力没有增强，人民生活没有改善。此外，根据经济学对市场的研究，市场本身运转存在一定的缺陷，即“市场失效”，表现为受市场主体营利性的本质驱使，资源总是从利润率低的地方流向利润率高的领域，致使一些投资大、周期长但利润低的公共产品部门得不到足够的投资，而这些部门又为社会经济发展所需要。在这种情况下，政府通过独资、控股、参股的形式直接投资于公共产品部门，在“市场失效”领域履行经济管理职能，促进经济结构优化，为市场主体创造参与经济活动的同等经济环境，践行着平等理念的客观要求。

经济民主原则不仅体现在宏观调控领域，而且在政府对市场机制运行进行内部调整的微观规制领域，自由、平等同样是政府关注的重点。市场运行机制发挥引导资源配置的功能，关键在于市场存在有效的竞争机制。自由竞争是市场经济的动力之源。市场经济鼓励市场主体采用正当的竞争手段自由地参与竞争，并保护其在正当的竞争行为下占据的市场份额。但自由竞争不是毫无限度的，必须是不损害其他竞争者利益、不损害消费者权益、不危害整个经济秩序的正当竞争，而如果一方主体实施了违反上述要旨的不正当竞争行为，它就不再享有自由，而必将遭到关注平等理念的国家的制止。《反不正当竞争法》对市场上的不正当竞争行为进行了列举，并规定了实施不正当竞争的市场主体应承担的法律责任，通过惩罚性的措施维护市场主体享有的平等竞争权。

经济法领域首次倡导的保护弱者理念也秉承了经济民主原则的精髓。竞争优势的取得最终由市场主体与消费者交易的成功得以实现，交易关系本属于民法的调整对象，然而随着消费者成为市场经济条件下特定的经济群体，经济法将保护其利益纳入了自己的调整范围。在消费领域，买卖合同是经营者和消费者的交易基础，形式上是自由、平等的双方意思表示，但是实际上经营者就产品质量等级、价格形成等信息方面享有明显的优势地位，相对而言消费者是弱势主体，可以说形式上的自由掩盖了实质上的不平等，单纯依靠调整平等主体之间财产关系、人身关系的民法保护消费者权益，力度存在明显的不足。因此，经济法以保护弱势主体的身份出现，设定了全新的制度规范以弥补民法的缺陷。对存在欺诈行为的交易，因其自始丧失了双方真实、自由表达意思的基础，自始不存在自由，也就没有平等可言。因此，法律规定了双倍返还的民事责任制度，即欺诈方应承担受害方购买商品价款或接受服务费用双倍返还的民事责任，而不是仅仅限于支付的返还，体现了经济自由与经济平等不可分割的关系。

第三节 效率优先、兼顾公平原则

一、效率优先、兼顾公平原则的含义

（一）效率与公平的含义

效率与公平都是法所追求的价值，在经济法所调整的社会关系领域，两者之间特定的

主次关系成为指导经济主体行为的准则。

关于效率,有两种效率观:一种是经济效率;一种是社会效率。所谓经济效率,指从一个给定的投入量中获得最大的产出,即以最少的资源消耗取得同样多的效果,或以同样的资源消耗取得最大的效果。①所谓社会效率,指社会生产提高社会全体成员生活质量、促进社会发展的能力。②社会效率其实内化了经济效率于其中,既涵盖了经济效率的提高,又强调社会成员生活质量的改善,是"效率优先"特指的效率。

公平观也有两种,分为市场公平和社会公平。市场公平即给同样的市场参与者以同样的待遇,适用同一规则。社会公平则在承认现实经济生活中各人能力及财产存在差别的基础上,要求对不同情况区别对待,以求最大限度接近平等要求。市场公平是由民法、商法保障的,经济法追求的则是社会公平。

(二) 效率优先、兼顾公平原则在经济法原则中的地位

明确了上述概念,联系对经济民主原则进行的诠释,可以看出经济民主原则与效率优先、兼顾公平原则之间存在着内在联系。市场主体只有享有自主表达意志的权利,其积极性、创造性才得以发挥,才有提高效率的可能,因此,经济民主中的经济自由是效率的前提;而公平与平等是一对求同存异的理念,平等是道德、法律领域追求的理想,公平是为实现平等而最大限度接近平等这一理想状态的现实,是伴随着不平等现象产生而产生的,没有不平等就没有公平或不公平。③因此,公平注定是不平等的结果。

由上可见,经济自由位于效率之前发挥作用,经济平等居于公平之前设定目标,经济民主原则是效率优先、兼顾公平原则的逻辑起点。

效率优先、兼顾公平是政策性原则,是国家在特定的社会经济背景下,为处理特定的社会基本矛盾而作出将之法定化的政策选择。之所以不是效率、公平同等对待,不是公平优先、兼顾效率,归根结底是由生产力发展水平决定的。我国经济生活中的许多矛盾都源于生产力不发达,当经济增长成为一种主导的需要时,效率应被优先考虑,④适用这一原则符合经济发展的需要。诚然,随着社会生产力的发展,社会基本矛盾的变化,不排除适用公平优先、兼顾效率原则的可能,但现在确定效率优先、兼顾公平的经济法基本原则并不有违原则的稳定性。法律的基本原则虽然具有稳定性,但是随着社会经济关系和政治关系的变化,法律基本原则不可能一成不变,⑤而且可以断言,该原则在相当长时间内具有稳定性。有学者认为,社会经济总体效率优先,兼顾社会公平是各国经济法普遍适用的基本原则,⑥亦说明即使经济发达国家,该原则仍然在经济生活中占据重要地位。

---

① 张文显著:《法学基本范畴研究》,法律出版社 1993 年版,第 273 页。

② 徐祥生:《九十年代效率与公平研究综论》,载于《江海学刊》1998 年第 6 期,第 84 页。

③ 同上。

④ 张文显著:《法学基本范畴研究》,中国政法大学出版社 1993 年版,第 274 页。

⑤ 董玉庭:《论法律原则》,载于《法制与社会发展》1999 年第 6 期,第 67 页。

⑥ 漆多俊著:《论经济法价值、理念和原则》,《经济法论丛》(第 2 卷),中国方正出版社 1999 年版,第 90 页。

二、效率优先、兼顾公平原则在经济法中的体现

效率优先、兼顾公平原则可以理解为是对邓小平“鼓励一部分人、一部分地区先富起来,再带动其他人、其他地区富裕起来”的共同富裕思想的提炼。国家在宏观调控领域通过政府运用财政收入、财政支出手段在收入分配领域充分贯彻着该原则。在市场机制下,虽然竞争规则对每个人都是同等的,但市场主体或处在不同的起点上,或由于能力的差异,导致结果必然千差万别,财富的分配呈现出两极分化的趋势,若国家不介入分配领域,必然造成穷人更穷,富人更富。因此,为了实现社会公平,通过转移支付调节收入分配的差距,成为各国经济法的规制对象。但是,在国家通过形式上的不平等实现实质公平的过程中,必须考虑的要点是:资源分配应是扩大社会财富的手段,而不应成为对能力低下者和懒人的安抚和照顾。①因此,所采取的措施应当不会对现存的经济效率产生消极作用,不会阻碍经济效率的进一步提高。

在微观规制领域,反垄断法的规制原则由结构主义向行为主义的转变,深刻反映着效率优先、兼顾公平的价值取向。美国反垄断立法伊始,受经济学中产业组织理论中哈佛学派的影响,主张只要经济主体行为破坏了竞争性的市场结构,就要受到政府反垄断立法的规制。哈佛学派的理由是竞争的市场结构将为促进竞争的市场行为创造条件,因此,比起竞争的市场行为,竞争的市场结构更具有重要性,②甚至对规模经济所显示的提高经济效率的作用也不予考虑。这种遏制市场主体通过科学管理、恰当的经营策略等正当竞争行为占据市场份额并发展壮大的政策、法律,阻碍了经济的自由发展,降低了经济效率,其后果是美国钢铁、汽车等重要产业的国际竞争力低下。

与哈佛学派针锋相对的是芝加哥学派。芝加哥学派秉承了奈特以来芝加哥传统的经济自由主义思想,信奉自由市场经济中竞争机制的作用,主张政府尽量减少对市场竞争的干预。如波斯纳主张:反垄断政策目的应在于促进经济效率,进而实现消费者利益最大化。而且,反托拉斯政策应保护竞争,而不单纯保护竞争者,对市场主体行为是否要受反垄断政策的规制,关键不在于它是否损害了竞争者或排斥了竞争对手,而在于它是否促进社会的效率。如果竞争者过多,不利于规模经济的利用或经济效率的提高,就应该允许通过竞争、兼并来推动市场集中。③在以效率为前提的反垄断政策下,竞争与规模经济的冲突得以缓解,不是垄断结构而是实质威胁和损害竞争的垄断行为才是反垄断法的规制对象。芝加哥学派建立的行为主义规制原则正日益为各国反垄断政策所采纳,成为立法和司法实践的主流。当然,行为主义规制原则在以效率为先的同时,并未忽略对公平理念的关注。例如,单个中小企业在市场竞争中处于明显的劣势,可谓竞争中的弱势主体,反垄断法通常对其予以特别保护,对于中小企业实施的某些反垄断法所禁止或限制的行为,通常被予以豁免,以增强中小企业在市场上参与竞争、抵抗风险的能力,为其创造有利于市

① 张文显著:《法学基本范畴研究》,中国政法大学出版社 1993 年版,第 274 页。

② 夏大慰:《产业组织与公共政策:哈佛学派》,载于《外国经济与管理》1999 年第 8 期,第 3 页。

③ 夏大慰:《产业组织与公共政策:芝加哥学派》,载于《外国经济与管理》1999 年第 9 期,第 3 页。

场竞争的经济环境。在效率优先的前提下，实现了社会公平。

国有经济参与是国家直接参与某些生产经营活动，以调节社会经济的结构和运行。其主要表现形式为国家直接投资开办国有企业，国家临时性参与某些重要商品的购销或外贸活动。①国有经济参与程度的变化，也反映了效率与公平两者关系的动态发展。计划经济体制下，国有企业的设立，提供了大量的就业岗位，保障了人民的基本生活，体现了公平思想。但是，原有国有企业存在着始终无法解决的问题——产权归属不明确，责任承担不清晰，企业运营成本很高，经济效率低下。这一实践证明：在现行的经济发展水平下，国有企业涉足各个领域，实现的是一种缺乏效率的公平，没有处理好人民短期利益与长远利益的关系，没有真正地改善人民的生活。因此，在"效率优先、兼顾公平"原则的指导下，顺应经济发展的内在要求，让一部分国有企业逐步退出一些竞争性行业、部门，让产权明晰的非公有制经济进入市场，发挥效率优先的优势，把经济发展起来，无疑是正确的改革方向。

有人认为，效率优先、兼顾公平的原则已经不能适用了，原因在于当今社会已经出现了比较大的贫富差距。我们认为，出现贫富差距不能成为放弃这项原则的理由。强调效率优先，不是不要公平，不是将公平放在可要可不要的位置。效率优先、兼顾公平强调的是如何处理两者的关系。不管经济发展不发展，公平都是维护市场秩序的法律原则，而效率对于一个经济还处在发展中的国家来说，尤为重要。2012 年 11 月，中共十八大报告提出了五项建设任务，经济建设任务仍然是放在第一位。常识告诉我们：只有经济建设搞好了，社会建设、文化建设、政治建设和生态文明建设才有物质的基础。不首先通过经济建设提高经济的效率和效益，其他的任何目标和理想包括和谐、富裕、强盛等等都是奢谈。

第四节　可持续发展原则

关于可持续发展的提法，本书在第二章讨论经济法的价值时已经使用过，并对可持续发展的内涵和外延进行了多方面的论证。这里，我们对其在经济法的基本原则的层面再次进行使用，更加凸显可持续发展命题在经济法中的重要意义。

可持续发展原则表明：现代政治国家和市民社会对社会发展不仅要求"量"的增多，更注重"质"的提高。自然科学、经济学、社会学、法学等多种学科都将可持续发展列为共同的课题，并已被世界各国所肯定和接受。1994 年，我国制定了世界上首部国家级可持续发展战略——《中国 21 世纪议程》，并在其第一批优先项目中，将《中国可持续发展的法律制定和实施》列为 62 个项目中的首位项目。②可持续发展理念在传统法律体系中的缺位，为经济法这一新兴法律部门中法律规范的制定制造了契机，同时经济法所调整的社会关系的特殊性，为始终贯彻可持续发展要求进行立法提供了可能性。

① 漆多俊著：《经济法基础理论》，法律出版社 1996 年版，第 52 页。

② 王全兴、樊启荣：《可持续发展立法初探》，载于《法商研究》1998 年第 3 期。

在传统缺乏可持续发展的观念下,经济发展忽视了资源的稀缺性、环境自我调节能力的有限性,由此而存在的高投入、低产出的粗放式经济增长方式给人类造成了严重的后果,资源面临枯竭,环境日益恶化。因此,应该首先从保护资源、爱护环境角度阐述社会应当可持续发展。我们认为,随着对可持续发展这一理念内涵的深入研究,应加以明确的是可持续发展的重心在于经济可持续发展,强调在经济发展的过程中动态地维护经济发展强度与资源、环境的承载能力相协调,但绝非仅限于此,可持续发展还包括经济稳步发展,而非破坏性、震荡性发展,即维护经济发展的安全也是可持续发展的应有之义。

经济法是市场经济中国家对"市场失效"领域行使经济管理职能之法,以促进经济整体协调、稳定、健康发展为任。国家能够在一定程度上将社会发展的眼前利益和长远利益、局部利益和整体利益进行全盘考虑,作出在经济发展过程中同步对其负外部性进行规制的立法选择,贯彻可持续立法理念,提高社会发展的质量。而一直被经济法学者作为比较研究对象的民法、商法,受其自身立法宗旨的局限,无法体现可持续发展的要求。民事、商事法律关系主体被视为经济学假设中的"经济人",以追求自身利益最大化为目的,其经济性、自利性特点决定了其很少考虑资源的稀缺性、环境的不可再造性,很少以社会利益为出发点决定自己的行为选择。因此,民法、商法不能对社会整体生活质量的提高提供可靠的法律保证,只有经济法能够担当重任。

第五节 经济公正原则

通过对经济民主原则、效率优先、兼顾公平原则、可持续发展原则的释义,我们可以将这三个原则归结为或者是国家对市场主体赋予权利,或者是国家对市场主体课以义务,在总体上体现了国家的权力。如前所述,不仅市场主体是经济法法律关系的主体,代表国家行使行政管理权的各个政府职能部门同样也是经济法的主体,其拥有经济法授予的权力,同时也应当受到经济法的约束,经济公正原则由此而生。有学者在文章、著述中不经意地将公正与公平作为可以互换的概念使用,我们认为两者是不同的:公平是平等主体之间的关系力求实现的价值目标,而公正是针对管理者与被管理者之间、裁判者与接受裁判者之间发生的关系提出的要求。

公正可以从两个角度进行理解:其一,实体公正,是社会各种资源、社会合作的利益和负担分配正义的问题;其二,程序公正(诉讼正义),是社会争端和冲突解决的正义问题。①我们正是在这一理论基础上对经济公正原则加以阐释,赋予其特定的内涵。

"公正观念的中心是消除任意性,特别是消除任意权。"②首先,经济公正原则针对的是在国家与市场主体之间的关系中,排除政府行为的任意性,在现行法律规范、法律原则体系内,严格依法行政,对行政行为指向的市场主体一视同仁,给予同等待遇。市场存在

① 张文显著:《法学基本范畴研究》,中国政法大学出版社 1993 年版,第 270 页。
② 张文显著:《二十世纪西方法哲学思潮研究》,法律出版社 1996 年版,第 621 页。

缺陷需要国家权力的介入，不等于说行使国家权力的政府部门就会完全站在公正立场上行政，它们也难免会因受到利益机制的驱动而随意行政。如在市场监管过程中，工商行政管理部门、金融监督管理部门等市场监管机关在确认主体资格、规范市场行为、查处经济违法违规事件、健全市场规则、维护良好的经济环境和市场秩序方面承担重要职责，其执法行为的直接承受者就是市场主体。若上述监管部门在执法过程中带有任意性行为，势必使市场主体的诸项权利流于形式。因此，国家的政府部门执法公正、严格是市场主体依法享有的权利尤其是自由权实现的根本保证。

其次，经济公正原则要求司法机关在履行裁判职能时，应当将实体法中的制度观念贯彻到审判结果中，体现出经济审判的特殊性，使违反经济法规的行为与一般的民事、商事违法行为后果区别开来，让致害人承担惩罚性的赔偿责任，一方面体现出对受害人的补偿，另一方面增加致害人违法行为的成本，阻止违法行为的发生。

通常情况下，民事、商事违法行为发生在特定的民、商事主体之间，其行为的危害性只是直接影响着案件当事人之间的利益分配与责任分担。而违反经济法法律规范的行为往往涉及特定的社会群体的利益，审判结果不仅仅对案件当事人发生法律效力，而且判决的公正与否具有社会示范的作用，直接关系到经济法的法律、法规能否得到正确地贯彻执行。如在消费者权益保护领域，司法机关应该秉承经济法中保护弱者的理念，当消费者权益受到经营者侵犯的时候，不应该简单地运用民事法律关系的规则来处理致害人与受害人之间的利益冲突，而是要对消费者进行倾斜性保护，达到经济公正的社会效应，即通过维护个体消费者权益，最终达到保护整个消费者群体利益的目的。

第六节　国家经济安全原则

一、国家经济安全原则的内涵

迄今为止，各国对国家经济安全没有统一的定义。美国政府出台了许多国家安全战略报告，大多涉及国家经济安全问题，而且内容包罗万象，但却没有提出一个完整的国家经济安全含义。20 世纪 80 年代，日本政府面临着高能耗、高原材料消耗的产业结构和国内资源短缺、严重依赖国际市场的困境，其认为的国家经济安全就是遏制和排除外部的经济和非经济威胁，①就是保护日本经济不受由国际事件引起的重大威胁的影响。②1991 年，苏联解体后，俄罗斯陷入了严重的经济危机，其于 1996 年制定的《国家经济安全战略》和《国家安全构想》提出，国家经济安全就是尽快摆脱"经济危机状态"，实现经济发展，为社会稳定、国家主权完整和大国地位奠定基础。③可见，在实践层面，何为国家经济安全，

① 陈凤英：《日本实施国家经济安全战略的政策措施》，载于《经济研究参考》1998 年第 40 期。
② 崔健：《战后日本经济安全保障理论和政策的历史考察》，载于《现代日本经济》2006 年第 3 期。
③ 周荣坤、陶坚、陈凤英：《外国国家经济安全战略研究》，载于《太平洋学报》1998 年第 2 期。

不同国家在不同时期会有不同的理解。

学术界关于国家经济安全的定义也未有定论。我们认同这样的观点,即国家经济安全在内涵上指的是一个国家经济战略利益的无风险或低风险的状态,主要表现为基本经济制度和经济主权没有受到严重损害,导致经济危机的风险处于可控状态。①

对于国家经济安全原则的深刻认识,可以追溯到19世纪德国历史学派经济学的杰出代表弗里德里希·李斯特的经济学思想。在其看来,经济学应分为"私经济学"和"社会经济学",而后者又可分为"世界主义经济学"(或"万民经济学")和"国家经济学"(或"政治经济学")。李斯特认为,亚当·斯密提出的经济学是"世界主义经济学"。这种经济学假定"世界上一切国家所组成的只是一个社会,而且生存在持久和平局势之下","不承认国家原则,也不考虑满足国家利益"②。但从现实世界来看,这种假定无疑是有瑕疵的。在民族国家仍然是世界格局构成的基本要素的情况下,"国家同个人一样,各有他自己的切身利益挂在心头",只要国家还存在,人口不能在国与国之间自由流动,世界范围内的纯粹的自由贸易就会使发达国家和发展中国家之间的差距越来越大,发展中国家也必然会从属于发达国家。因此,只有基于民族国家立场,根据本国的国情及它所处的国际形势,通过适当的保护制度使本国成长为一个强国,才能为世界范围内的自由贸易创造条件。这便是其提出的基于国家利益上的"国家主义经济学"观点。该理论在今天看来,无疑仍具有重要的指导意义。

当然,这里需要指出的是,"能够提到国家经济安全层面来认识,并由政府制定公共政策,甚至采取强硬手段予以支持的,只能是国家经济利益体系中的重大国家经济利益"③。国家的经济安全应当是指一国作为一个主权独立的经济体的最为根本的经济利益不受伤害。④这些根本利益应当是事关一个国家经济前途和命运的战略利益。如果把一般经济利益受损也列为国家经济安全问题,国家经济安全就会漫无边际,并且容易成为国际贸易壁垒的借口。

二、国家经济安全原则在经济法中的体现

国家经济安全原则在经济法的制度体系中广泛体现。在宏观调控法领域,国家经济安全原则是政府弥补市场缺陷,协调市场供给关系的基本立足点。以金融调控为例,中央银行通过实施货币政策控制和调节市场上货币供应量或信用量,以实现稳定物价、充分就业、促进经济增长、平衡国际收支的目的,最终都在促进和维护着一国的经济安全。

在微观的市场规制领域,同样需要体现国家经济安全的精神。例如,当外资并购境内企业时,就需要进行国家安全审查。这种安全审查也是世界上诸多国家的做法。在美国,

① 叶卫平:《国家经济安全定义与评价指标体系再研究》,载于《中国人民大学学报》2010年第4期。

② [德]弗里德里希·李斯特著:《政治经济学的国民体系》,商务印书馆1961年版,第152页。

③ 赵英:《政府采购与国家经济安全》,载于《政府采购信息报》2006年12月14日。

④ 雷家骕:《关于国家经济安全研究的基本问题》,载于《管理评论》2006年第7期。

对外国公司并购本国企业的安全审查由来已久，外国投资委员会(Committee on Foreign Investment in the United States, CFIUS)是专门负责国家安全审查的机构。在2005年1月中国联想集团收购美国IBM个人电脑事业部和同年7月中国海洋石油有限公司收购美国优尼科石油公司的议案中，中国企业都遭遇了美国的国家安全审查，理由是根据美国的《埃克森—佛罗里奥法案》这些收购可能会威胁美国国家安全，最终中海油对优尼科公司的收购没有通过审查。在我国，外资并购的国家安全审查制度也日益完善。2006年8月8日，商务部等六部门联合发布了修订后的《关于外国投资者并购境内企业的规定》，其中第12条中设置了类似于美国的"国家经济安全"的规定。2007年8月30日第十届全国人民代表大会常务委员会通过的《反垄断法》在第31条明确规定，对外资并购境内企业或者以其他方式参与集中者，涉及国家安全的，除依照本法规定进行经营者集中审查外，还应当按照国家有关规定进行国家安全审查。2011年2月3日，国务院办公厅发布了关于《建立外国投资者并购境内企业安全审查制度的通知》，细化了外资并购中国家安全审查的具体制度，如建立安全审查部际联席会议，明确并购安全审查的范围、内容、工作机制和程序等。

在国有经济参与领域，国家经济安全同样是具有强烈的指导意义。随着改革的深入，国有经济并非要存在于任何一个经济部门或行业，相反为了更好地发挥市场机制的作用，发挥民间经济的活力，在非竞争行业领域国有经济应当逐步缩小投资战线，实现"国退民进"。但国有经济的退出并非毫无原则，在一些领域不但不能退出，相反可能还要加强，较典型的便是那些涉及国家安全或国家经济命脉的领域和行业。2006年12月，国资委出台的《关于推进国有资本调整和国有企业重组的指导意见》便明确指出，国有经济应对关系国家安全和国民经济命脉的重要行业和关键领域保持绝对控制力，包括军工、电网电力、石油石化、电信、煤炭、民航、航运七大行业。尽管上述七大行业是否都属于国家应保持绝对控制力的领域和行业，理论界和实践界都还存有争议，但是，国有经济应当控制关系国家安全或国家经济命脉的行业的思想是正确的。

在涉外经济管制领域，国家经济安全更是制度设计不可缺少的立足点。我国加入WTO谈判时与强大对手之间进行的长达十余年的艰难博弈历程便是对该原则的一个很好的诠释。尽管经济全球化是一个总体趋势，但是，WTO规则并不曾从根本上消除固有的不合理的国际经济旧秩序。在这种条件下，无原则无计划地开放国内经济是危险与被动的。作为正在发展中的国家，只有牢牢把握国家主权，掌握国际经济交往的局部主动权，才有可能化弊为利，发展自己。这也正是李斯特经济学思想的集中反映。对于我国这样一个已具有较大经济能量却仍处于相对弱势地位的国家来讲，如何更加娴熟与巧妙地运用国家对外管理的权力，在融入世界经济的同时，保障自身的国家经济安全至关重要。正因为此，我国《外商投资产业指导目录》中把属于危害国家安全或者损害社会公共利益的列为禁止类外商投资项目，在限制类领域中也有许多是基于维护国家经济安全的考虑；《中华人民共和国对外贸易法》第16条规定，基于"为维护国家安全、社会公共利益或者公共道德，需要限制或者禁止进口或者出口的"原因，国家可以限制或者禁止货物、技术的进口或者出口。可以说，在贸易自由化过程中，继续强调尊重国家主权，维护国家经济安全这一准则，有着极为重要的现实意义。

通过对经济法五项基本原则的探讨，可以看出，经济民主原则是效率优先、兼顾公平原则的前置条件，可持续发展原则是对效率优先、兼顾公平原则的提高与深化，经济公正原则、国家经济安全原则又是对经济民主原则、可持续发展原则的根本保证。这一具有内在逻辑性、有机联系的原则系统，从根本上确立了经济法的独立地位，为经济法律体系内在的和谐统一奠定了基础，并且为经济法主体在法无明文规定情形下决定自己的行为模式提供了法律依据，保障着市场经济的顺利运行。

第五章

中国经济体制改革

第一节　中国社会主义计划经济体制

一、中国社会主义计划经济体制的历史形成

中国社会主义计划经济体制在中国的建立经历了一个从产生到形成的历史过程。从新中国成立到1950年中国共产党七届三中全会召开，是中国社会主义经济体制的雏形构建阶段。根据当时的国民经济状况，全国政协第一届会议通过的《共同纲领》规定：中央人民政府应争取早日制定恢复和发展全国公私经济各主要部门的总计划，规定中央和地方在经济建设上分工与合作的范围，统一调剂中央各经济部门和地方各经济部门的互相联系，使中央各经济部门和地方各经济部门在中央人民政府统一领导下各自发挥其积极性和创造性。据此，中央人民政府陆续建立了中央财经委员会、全国编制委员会、全国仓库物资清理调配委员会等负责计划管理的中央机构，并通过这些机构开始对全国经济活动实行计划管理，没收官僚资本主义企业，接管帝国主义在华资产，调整民族资本主义工商业，编制了财政预算草案和国民经济计划，建立了社会主义性质的国营企业并逐渐使之处于国民经济的领导地位，中国计划经济体制的格局雏形初步具备。

1950年6月，中共七届三中全会明确提出了争取国家财政状况基本好转的中心任务，掀起了恢复国民经济的建设高潮。中央财经委员会于同年8月召开了第一次全国计划工作会议，讨论并编制了1951年经济计划和三年的奋斗目标，制定颁布了《编制国民经济计划的办法》、《关于国民经济计划编制暂行办法》、《关于加强计划工作大纲》和《关于编制五年计划轮廓的方针》，这是新中国关于建立计划经济体制的最早的法律文件。1952年中央设立国家计划委员会，同时政务院对国家财政作出规定，实行了统一领导、分级管理的方针和三级管理制度，把一部分国营企业和财经业务划归地方管理，各地的中央直属企业的政治工作由当地政府领导，并受当地政府的监督、指导和协助。至此，我国不仅设立了比较系统的计划机构，而且确定了条块结合的经济管理形式，同时制定了一系列与此相适应的准制度性规范，集中统一的计划经济体制初步形成。

从1953年初起，党和政府开始把注意力转移到有计划的大规模的经济建设上来，集中统一的社会主义经济体制得到进一步的加强，以“一化三改”为主要内容的过渡时期总路线正是这一要求的反映。随着第一个五年计划的实施以及社会主义改造的全面展开，

中共中央相继发出《关于建立与充实各级计划机构的指示》,批准试行国家计划委员会《关于编制经济年度计划暂行办法(草案)》,成立编制五年计划纲要草案工作小组,使各级计划机构和编制工作进一步加强,整个计划经济管理体制日臻成熟。1954 年第一届全国人民代表大会通过并颁布了《中华人民共和国宪法》,从最高法层面上对这一经济管理体制进行确认,至此,集中统一的社会主义所有制结构与计划经济管理体制在中国完全建立。在随后的长达二十多年的时期内,中国的社会主义经济建设基本上就是在这一经济体制的规范下进行运作的,计划经济构成中国这一历史时期经济生活的根本内容。

二、中国社会主义计划经济体制的基本特征

虽然中国社会主义经济体制从本质上是一种集中统一的计划经济体制,其具备了计划经济体制的根本特征,但同时也应该看到,由于具体国情的不同,与苏联建立的"标准"模式的计划经济体制相比,我国的计划经济体制显然具备了一些适合自己国情的特点,以至于被苏联某些政治经济学理论家嘲讽为"冒牌"社会主义。实际上,正是这些不同之处才构成了我国社会主义计划经济体制的基本特征。

(一) 从所有制角度看,我国长期存在着以公有制为主导的多种经济成分并存的所有制格局

在新中国建立初期,党和政府为了团结各种社会力量,实行新民主主义经济制度。《共同纲领》规定,"国营经济是社会主义性质的,合作社经济是半社会主义性质的,加上私人资本主义,加上个体经济,加上国家和私人合作的国家资本主义,这些就是人民共和国的几种主要的经济成分,这些就构成新民主主义的经济形态"。虽然《共同纲领》的实际作用时间并不长,新民主主义经济也只是一种过渡性质的经济形态,但是即使是在全面的社会主义改造完成以后,社会主义公有制经济在国民经济中已处于绝对优势的情况下,一定数量的私营经济、个体经济和公私合营经济仍然作为公有制经济的补充而继续存在着,我国社会主义经济依旧是多种所有制形式并存的格局。

(二) 从计划制度的特点来看,我国长期实行的是直接计划与间接计划相结合的计划制度

受所有制多元化的直接影响,我国的计划制度也相应较为灵活多变,也相对较为重视经济杠杆的积极作用。1953 年 8 月,中共中央明确指出:对于不同的经济成分应有不同的计划。国营经济实行直接计划,其他经济成分,实行间接计划。在这一方针的指导下,我国中央政府对关系国计民生的重要企业和主要产品实行直接计划,对基本建设实行直接计划和高度集中的管理办法,对农业、私营工商业、合作社商业和一部分手工业采取多种形式的间接计划,对零星分散的生产经营活动则主要采用政策法令指导并从价格、供销关系上进行调节,在流通领域中也适当注意发展商品交换,允许发展农民家庭副业和集市贸易以促进城乡物资交流。通过直接计划与间接计划相结合的方法,国家既加强了对国民经济的整体调控能力,又兼顾了社会各阶层的经济利益,保持了微观层面一定的经济活力。

（三）从经济管理体系来看，我国主要按照部门垂直管理为主，地方分块管理为辅的管理体制

1952年中央财经委员会颁布《关于国民经济计划编制暂行办法》，规定国营企业（包括中央各部直属各级管理部门所属企业及委托大行政区代管企业）主要以部门系统分配控制数字。1954年我国撤销大行政区，主要工业企业陆续收归中央各部直接管理，中国逐渐建立起以"条条"垂直管理为主要特征的经济管理体制。同时，地方政府对属于地方的企业以及个体经济、私营经济等也实行分块的管理，并接受中央的指导和宏观计划的约束。这一条块结合的经济管理体系保证了中央统一领导的基础上，给予地方和企业以一定的经济权利和经济自由，一定程度上促进了我国计划经济的发展。

总的看来，我国的计划经济体制从其建立到形成阶段，表现出大统一小自由、大集中小分散的特征，它体现的是计划经济的内在共性，但同时又具备了自己一定程度上的个性，它是由中国的社会主义国家性质和具体国情所共同决定的。

三、中国计划经济体制的社会根源及其经济学分析

（一）中国计划经济体制的社会根源

众所周知，我国的计划经济体制主要是学习苏联的社会主义建设经验并在后者的帮助之下建立起来的，所以苏联对于马克思主义的认识、对社会主义的理解乃至其社会主义计划经济的建设实践就必然会对我国的计划经济体制建设造成巨大的影响，今天当我们批判地审视这段历史的时候，我们应该明白，新中国建设初期所取得的巨大成就，以及我国社会主义建设的严重挫折与遗留的创伤都是与我国移植苏联创制的这一高度集中的僵化计划体制分不开的。当然，就社会根源角度而言，我国的计划经济体制的种种弊端的缘由不仅仅在此，它在完成本土化的过程中，也受到了中国国情的影响，从而凸显其"中国特色"。

首先，中国小农经济基础和传统对社会主义计划经济体制的影响。新中国是在小农经济的土壤上建立起来的。小农经济是一种同落后生产力水平相联系的生产经营方式。马克思将其称为"小块土地所有制的经济"。他指出，"小块土地所有制按其本性说来是全能的和无数的官僚主义立足的基地，它造成全国范围内一切关系和个人的齐一的水平。所以，它也就使得可能从一个最高的中心对这个划一的整体的各个部分发生同等的作用。它消灭人民群众和国家权力之间的贵族中间阶层，所以它也就引起这一国家权力的全面的直接的干涉和它的直属机关的到处入侵。"①可见，小农经济的分散、封闭的特点需要并方便了行政权力对经济生活的直接干预，这恰恰是计划经济体制中行政管理经济弊端与我国经济文化传统的内在契合之处。

其次，革命根据地和解放区经济管理经验对我国社会主义计划经济体制的影响。新中国建立之前，我党在革命根据地和解放区坚持革命斗争的同时，也进行了一系列的发展和管理财政经济工作的实践，由此积累下来的经验就必然会对新中国成立后的经济工作

---

① 《马克思恩格斯选集》第1卷，人民出版社1995年版，第697页。

造成很大的影响。在革命斗争时期，根据地与解放区常年在敌人的包围和进攻之中，处于分割、封锁的状态下，物资短缺，条件极为艰苦，这就决定了当时的管理方法必须实行"统一领导、分散经营"的方针，这种在中央统一领导下调动各方面积极性、行政命令和党的政策代替法律管理经济以及供给制传统等做法，都不同程度地延续到了新中国建立以后的经济工作中，对新中国的计划经济体制的建设形成较大影响。

再次，社会主义企业的原有经济管理传统对我国计划经济体制的影响。新中国建立初期，是通过征用、代管和收购等方式取得帝国主义在华资产以及没收官僚资本主义企业来建立起社会主义全民所有制经济基础的，鉴于企业经营的延续性，这些企业的原有经济管理传统必然会对社会主义计划经济体制的生成发生影响。在半殖民地半封建的中国社会中，帝国主义在华经济势力实际上控制了中国的经济命脉，而它们的经济统治地位是与它们在中国所享受的经济特权和政治特权密切相关的，所以这些帝国主义的在华资产反过来对这些特权又存在着很大的依赖性，也具备了集中统一管理的习惯。至于官僚资本主义经济则更是垄断资本主义与国家政权高度结合的产物，本身就是一种高度集中统一的经济形式，长期保留着政府权力干预经济的传统。所有这些都必然会在社会主义计划经济体制中留下一定的痕迹。

（二）我国社会主义计划经济体制历史根源的经济学分析

对于新中国成立之初选择社会主义计划经济体制的内在原因，各经济学流派有着各种不同的解释，20 世纪 80 年代以后，中国的新制度经济学家们也提出了自己的观点。综合起来看应该有这样几个原因：首先是由于当时中国所面临的环境约束。新中国成立之初，中国面临着巨大的战争压力，可以想像已经积弱百年的中国为了对抗强大敌人随时可能加诸已身的战争，其富国强兵的迫切愿望会是如何的强烈。这一压力促使中国领导人选择了优先发展重工业的国家战略，而为了克服资本极度稀缺的农业经济基础的约束，国家被迫实行一系列的倾斜政策强制实行该战略，通过低利率、低汇率、低工资、低投入品价格和低收入品价格等政策强行把其他行业的剩余集中到重工业领域，力求超常规发展重工业。这些经济政策的实施客观上抑制了市场的发育。因为要确保扭曲的经济政策的顺利实施，就必须人为地排斥竞争，用各种管制、歧视和保护来代替市场机制的作用。而充当扭曲政策保障的高度集权体制一旦建立，便最终消灭了市场本身，从而完成了向计划经济体制的过渡。其次是中国领导人所面临的制度知识的约束。新中国成立之初，中国领导人在体制选择上面临的制度知识供给的约束在于，他们耳濡目染的体制比较优势以及长期的意识形态熏陶基本上来自于对旧中国国民党选择资本主义道路的暂时性挫折与苏联选择社会主义道路的辉煌成功这两者的鲜明对比，在这种制度知识的约束下，中国领导人的制度创新活动主要体现在对苏联经济体制的模仿上，即建立集中统一的社会主义计划经济体制，实施"赶超战略"。再次是中国领导人的意识形态和哲学观的约束。共产主义理想的长期熏陶使"道德人"假设构成体制选择的重要前提。他们认为，集体安全的需要将促使社会的每一个成员优先考虑团体的安全，在这个社会中，人人都会为了共同的利益而无私奉献。最后他们的结论是：建立在"道德人"假设基础上的社会无须发展商品交易，无须进行内部监督，人的主观能动性是无限的，科学与完美的经济计划是可以被制定的，一切生产活动都可以在计划之下得到精确的执行。最后是社会成员的集合意愿的约束。在研究中国的计划经济体制的选择时，人们很容易将其归结到政府或领导人的强制性供给上。然而制度的供给如果没有得到与该制度具备关联利益的大多数社会成员的一致同意，那么这一制度是不可能得到真正贯彻的。在新中国成立之初，除了由于意识形态控制、社会成员普遍缺乏制度知识以及被动、盲从等传统习惯的原因而使制度更加易于执行外，也存在着社会成员对计划经济体制的积极拥护的因素。这部分取决于农民对于新体制下取得土地的预期，部分取决于在旧体制下缺乏经营能力的成员对新体制下分配规则的期望，还有长期革命斗争中培养起来的对于中国共产党的道德信赖等多种因素。

第二节　中国经济体制改革

一、中国经济体制改革的动因

从第一个五年计划起中国开始推行优先发展重工业的战略，由此内生出扭曲产品和要素价格的宏观政策环境、高度集中的资源计划配置制度和缺乏独立自主权的微观经营机制。这一经济体制虽然解决了在一个经济十分落后的发展起点上把积累率提高到15%以上的经济增长问题，并以较快速度建成了比较完整的中国工业经济体系。但是这些成就背后的代价也是极其昂贵的。这主要集中在两个方面：第一，由于违背客观经济规律强行推行重工业优先发展的经济发展战略，使中国的经济结构遭到严重的扭曲，过密的资本构成抑制了劳动力资源丰富这一比较优势的发挥，加剧了传统部门和现代部门相互分离的二元结构现象，因此丧失了本来可以达到的劳动就业和城市化水平；依靠高积累维持的经济增长扭曲了国民收入的分配，导致人民生活水平提高缓慢。第二，由于实行生产要素统一调拨，产品统一上调，成本统一核算，利润全部上缴的企业制度，企业的生产与效益脱钩，劳动者收入与劳动贡献脱钩，从而严重挫伤了劳动者的生产积极性，造成微观经济效率极为低下，社会再生产基本上维持在生产可能性边界之下勉强进行。

中国社会主义计划经济体制近三十年的推行没有给中国带来预料中的富强，反而使中国与西方资本主义国家的经济差距越来越大，城乡居民的收入水平长期得不到提高，生活品严重短缺，大量人口依旧生活在贫困之中，尤其是经过了"文化大革命"的十年浩劫，国民经济已经处于崩溃的边缘。而在同一时期，当初与中国处于同一起跑线上的周边国家和地区却因实施不同的经济体制和发展战略而快速发展起来，从而与中国的经济困境形成强烈的对比反差。到了20世纪70年代末，社会矛盾已经发展到了极其尖锐的地步，扬弃传统的计划经济体制的内在要求十分强烈，中国面临巨大的改革压力。

二、中国经济体制改革的历程

早在20世纪60年代初期中国领导层就试图通过某种程度上的改革来克服传统经济

体制缺乏效率的弊端，然而在1978年以前，经济体制改革一直停留在行政性放权、收权，地方与部门之间经济管理权力的重新划定以及与此相关的行政机构增减的循环之中，从未触及也不可能触及传统经济体制中的深层次问题。应该说这一历史时期的中国领导人对于计划经济体制还怀着较强的信心，现实还未能促使他们从整个体制选择的高度对计划经济进行反思。而从现在看来，1978年末开始发动的这一场改革应该是战略布局十分高明的体制改革，一开始就是将计划经济体制作为改革的对象，这与以前的所谓改革显然有着本质上的区别。总体来讲，1978年以后的改革在初期是将以往在行政管理权力领域的调整引入到经济微观基础领域，扩大了社会经济细胞的生产经营自主权，当得以部分改善的微观经营机制与资源配置制度以及宏观政策环境发生矛盾与冲突时，再逐步将改革从微观领域延伸到资源配置制度和宏观政策环境领域，为向社会主义市场经济的目标挺进创造充分且必要的条件。

从1978年到现在，中国的经济体制改革大体经历了以下四个阶段：

第一阶段大约从1978年年底到1984年10月，改革重点为微观经营机制。在传统计划经济体制下，中国经济在宏观经济环境、资源配置制度以及微观经营机制等方面都存在严重的问题，在这种情况下同时解决所有的问题实际上等于所有的问题都解决不了。如何在错综复杂又互为条件的众多矛盾中寻找现实的突破口是摆在中国第二代领导人面前的艰难挑战。中国领导人适应历史需要，选择从改革微观经营机制入手，通过建立经济激励机制诱发劳动者生产经营的积极性，迅速提高劳动生产效率。根据这一指导思想，从1978年开始，中国在农村全面实行了以家庭联产承包责任制为核心的农村经济制度改革，大大解放了农民的生产力，统计资料表明，在广泛推行家庭联产承包责任制的1978—1984年间，按不变价格计算的农业总增长率和年平均增长率分别为42.23%和6.05%，是新中国成立以来最快的增长时期，计量研究表明，在该时期的农业总增长中，家庭联产承包责任制的贡献率为46.89%，大大高于提高农产品收购价格、降低农业生产资料价格等因素的贡献率。在城市，中国的改革以扩大企业自主权为中心，进行了综合和专项改革试点。与以往的改革停留在行政层面不同的是这次改革是行政向企业的放权让利，赋予企业部分收益权以激励企业经营者与劳动者的劳动积极性，提高资源利用效率，力图实现以权利换效率的目的。

第二阶段的改革从1984年10月到1991年年底，重点是改革中国的资源配置制度。微观经营机制的改革，一方面使企业有了一定的经营自主权，在此基础上产生了新的资源配置要求，另一方面旧的高度集中的资源计划配置制度对初具活力的微观经营机制的制约作用越来越明显。为了解决它们之间的冲突，继续增强国有企业的活力，从1984年起资源配置制度的改革在物资、外汇和金融等各个领域全面展开并取得了实质性的进展。其中物资管理体制的改革最具成效，通过改革，缩小了计划分配物资的品种、数量和范围，建立了多种形式不同规模的生产资料市场。在外贸体制方面，通过从扩大外贸经营权、实行外汇留成制度到推行外贸承包经营责任制再到确立“统一政策、平等竞争、自主经营、自负盈亏、工贸结合、推行代理制、联合统一对外”的管理体制和运行机制的一系列改革，极大地促进了中国外贸的扩张，据统计，1978—1991年期间，中国进出口总额从206.4亿美元增加到1 357亿美元，增长速度高于国民生产总值的增长速度，中国迅速发展为一个贸易大国。在金融体制改革方面,我国打破了“大一统”的银行体系,初步建立起中央银行领导下以专业银行和综合性银行为主体,以保险、信托、证券和城乡信用社为辅助的金融体系,同时改革了信贷资金管理体制、利率管理体制和信用制度,促进了金融市场的发育。

第三阶段的改革从1992年到20世纪末,主要是改革宏观政策环境。中国的经济改革从微观领域延伸到宏观领域是改革的必然逻辑。宏观政策环境的改革主要涉及价格改革、利率改革和汇率改革。价格是资源配置的最重要的信号,我国的价格改革沿着计划价格单轨制到计划价格和市场价格双轨制再到市场价格为主、计划价格为辅的方向不断深化发展,1995年《中华人民共和国价格法》颁布,除了少数关系国计民生的物资价格由国家控制外,其他价格均由市场根据供求关系决定,从而极大地增强了市场信号对企业配置资源的影响力。在汇率方面,改革先是改单一官方汇率为多重汇率,即官方汇率、内部结算汇率和调剂汇率,接着是改多重汇率为双重汇率,即官方汇率和调剂汇率,最终是改双重汇率为单一的市场汇率,实现有管理的浮动汇率制。在利率方面,设立政策性银行,将目前商业银行承担的政策性的金融业务独立出来,然后按照国际标准打造中国的商业银行,力图实现商业银行根据市场上的资金供求变化决定利率的改革目标。

第四个阶段的改革从本世纪初加入世界贸易组织到2013年年初重启改革。这一阶段乘着我国加入世界贸易组织的东风,对不适应世贸规则的一些体制制度因素进行了必要的梳理,同时修改了部分法律以及法规规定,中国的对外开放进一步加快,对外贸易得到长足发展,综合国力得到显著提高。其中,外汇储备总额猛增到3万亿美元就是重要的证明。但是,经济的迅猛发展又累积了相当多的问题,经济结构不合理长期得不到调整,严重依赖外需,生存环境遭到严重破坏。另一方面,中国政治改革相对滞后,官僚腐败严重,贫富差距扩大。正如一些学者所指出的那样,经济不平衡、不协调、不可持续已经相当突出,如不改变,中国下一步的发展将成为问题。在这种背景下,深化改革的呼声越来越高。

三、中国经济体制改革的模式及其经济学分析

中国的经济改革是一种渐进式的改革模式。在近三十余年的改革中,几乎所有的改革措施及其改革强度都是针对经济运行中出现的主要问题和社会承受能力来确定的,按照邓小平的话就是“摸着石头过河”。然而通过分析中国经济体制改革的历程就可以发现,虽然改革的过程跌宕起伏,但是改革的基本线路却相当清晰,而且随着改革的推进,改革的目标也逐渐彰显。改革从微观领域搞活着手,逐渐递延到宏观领域,在逻辑上具有不可逆性。中国的这种改革模式随着中国经济体制改革的巨大成功,已经引起了世界范围的普遍关注,经济学家们将其称为“渐进式改革”或“增量改革”。他们认为选择这种改革模式可能是中国经济体制改革成功的关键。这是因为:第一,这种改革模式有利于充分利用已有的组织资源,从而可以保持制度创新过程中制度的相对稳定和有效衔接。第二,这种改革模式有利于把改革的成本分摊到一个较长的时期,同时允许社会成员边改革边学习和选择,有利于化解改革的阻力,以最小的成本寻找到改革的突破口,并及时修正改革路径。第三,这种改革模式有利于对市场化进程的调控。第四,当政府受制度知识的约束

无法确认改革路径时，可以通过放松控制来激励社会成员的自发改革热情，社会成员的自发改革成功了，政府可以名正言顺地予以推广，如果制度创新失败了，也可从中获取经验教训，而且政府不用承当改革责任。另外，人们在创新中学习和掌握新的制度知识，特别是试点成功的示范效应可以节约学习的成本和弱化改革的阻力。第五，新体制的逐步成长可以节约改革中的补偿成本，因为新体制的高效率创造出大量的社会财富，使政府可运用的资源增加；另一方面新旧体制的摩擦会逐步暴露出改革的阻力所在，从而使政府容易识别需要补偿的群体以及需要补偿的程度。①实际上，在我们看来，改革本身就是一个动态的制度创新过程，而且只要我们承认人的有限理性和信息上的非对称性，那么一揽子改革方案就无法事先设计好，所以从某种意义上说，改革只能是渐进式的。同时，中国改革的实践表明，成功的改革必然是最广泛地发动利益相关者的改革，从表面上看中国的改革是一场由最高层发动的自上而下的运动，实际上改革的真正力量来自于社会的微观经济主体，这是一场实质上的自下而上的革命。

第三节　中国社会主义市场经济体制

一、中国社会主义市场经济目标模式的确立

在中国的经济发展过程中，关于计划与市场在经济中的作用的争论断断续续存在了几十年，但在计划经济体制时代，市场遭到有组织、有意识的压制和消灭，计划在最大限度上取得对资源配置的主宰地位。进入改革时代后，市场的作用开始得到逐步的张扬，但是正如我们第二节所描述的那样，市场作用的发挥是一种有保留与渐进式的。从 1979 年到 1991 年，中国一直没有真正放弃计划经济的模式，哪怕是官方经济理论演进到了商品经济的提法的时候，也仍然是一种“有计划的商品经济”。随着改革的不断深入，无论是在产品还是要素的流动与分配中，市场机制都发挥了越来越重要的调节作用，改革促进了经济的高速发展，显示出市场机制配置资源、调节经济的无与伦比的优越性。与此过程相适应，经济决策层和理论界开始逐渐放弃计划的提法，给予市场更高的地位。1992 年初，中国改革开放的总设计师邓小平在南方城市深圳视察时，对于深圳充分发挥市场机制作用所取得的辉煌成绩给予了高度评价，并号召全国加快经济改革的步伐。通过邓小平南方讲话，我国终于在理论上确立了经济改革的目标模式，那就是建立社会主义市场经济体制。社会主义市场经济目标模式的提出从理论上彻底破除了对计划经济的图腾崇拜，认为计划和市场都只是社会主义经济的两种手段，市场机制应在资源配置中起基础性的作用。1992 年秋，中国共产党第十四次全国代表大会召开，江泽民代表党中央作了题为《加快改革开放和现代化建设步伐，夺取有中国特色社会主义事业的更大胜利》的报告，明确提出了中国经济体制改革的目标是建立社会主义市场经济体制，即要使市场在社会主义

① 周业安：《中国的经济转轨与中国的新制度经济学》，载于《经济研究资料》2000 年第 10 期，第 7 页。

国家宏观调控下对资源配置起基础性的作用,并通过价格杠杆和竞争机制,按照效益配置资源,把培育和建立一个完善的市场作为继续推进经济体制改革的最为重要的目标。这一理论突破表明中国经济体制改革的目标模式已经确立,进一步改革已不再具有意识形态上的根本障碍。中国的经济体制改革进入了快车道。

二、进一步推进中国经济体制改革的关键

社会主义市场经济目标模式的确立为继续推进经济体制改革指明了方向,但是在走过了三十年的改革路程之后,应该如何进一步推进我国的经济体制改革呢?在改革进行之初,由于经验的缺失等方面因素的影响,经济体制改革必然要"摸着石头过河",但是在三十年后的今天,我们已经积累了丰富的改革经验和知识,也看清了改革的最终目标,这时我们应该充分发挥主观能动性,把握住事物的主要矛盾,大力推进我国的经济体制改革。我们认为,今后经济体制改革的主线应从放开搞活转向建立科学和透明的制度规范。

市场经济是一种法制经济、制度经济。在改革初期的实践中,各种经济活动往往都是非制度化的,这是改革必然要经历的初级阶段。但是经过了三十年的市场风雨的洗礼,中国的市场主体已经充分地成长起来了,市场竞争越来越激烈,在某些领域甚至进入白热化程度。在利益的诱导之下,市场主体之间的恶性竞争现象层出不穷,市场出现无序化的倾向。而政府及其官员对市场的无理干预也日益增多,寻租设租、权钱交易现象严重损害了我国经济肌体的健康。这一切表明,想要继续推进我国的社会主义市场经济建设,就必须建立良好的制度与透明的规则,为平衡市场主体之间以及市场主体与政府之间的权利义务创造条件。同时,中国加入 WTO 使国内外市场进一步接轨,而实现市场接轨首先就要求实现市场游戏规则的接轨。这就从一个更高和更严格的层面为我们建立市场制度规范提出了要求。可以说在今后的若干年中,这一方面的错位与整合将是我国经济体制改革史上面临的最为严峻的挑战。当然挑战又意味着机遇,我国经济体制改革在摸索中进行了三十多年,不仅制度创新的成本巨大,而且每向前跨进一步都要遭遇到反改革势力的强大阻力,从而在不同程度上迟延了改革的进程。而现在我们正可以借助加入 WTO 这一千载难逢的机遇,一举引入符合国际标准的经济规则,建立起我国高效与透明的市场经济体制,彻底扫清我国迈向社会主义市场经济目标征途中的障碍。

三、警惕建立社会主义市场经济体制过程中的误区

理论家们已经从理论和实证上证明了市场经济的效率优于计划经济,但是他们往往很难解释为什么许多实行市场经济的国家(如印度)在很长的一段历史时期内并未能创造出明显高于实行计划经济的国家的经济效率。可见在实现市场经济的过程中存在着某种误区,如不对此加以警惕并努力避免之,则有可能导致建立社会主义市场经济体制目标的落空。

中国香港的张五常教授认为,人类所知道的经济体制其实应该只有三种:第一种体制就是所谓的私有产权体制;第二种体制是按照计划和社会等级进行分配的体制(即计划经济体制),在中国进行改革的过程中,唯一的问题就是如何将一个靠社会等级来排序的社

会变成一个靠产权的拥有来排序的社会；而最令人担心的是第三种体制，在这个体制内既不是完全按照社会等级来排序，也不是完全根据产权来排序，而是根据其贪污腐化的权力排序的。在这种体制下既有着交换和实现利益的市场，又存在着很多的政府管制，从而导致大量的贪污腐败行为，而一旦贪污的权力被慢慢定义下来形成一种体制后，社会资源的配置就会遵循这一体制来进行，从而令市场经济体制无法建立或真正发挥作用。[①]在中国经济体制的转型时期，我们社会确实滋生了大量的贪污腐化现象，就目前来看，中国已经出现了三种基本社会力量，一种社会力量是坚决推进改革，希望建立真正意义上的社会主义市场经济体制的改革中坚力量；另一种是依然推崇计划经济体制的保守派力量，代表了在旧体制下的旧的既得利益者；第三种力量就是利用转轨时期的混乱经济体制浑水摸鱼的新的既得利益者。这些新的既得利益者与旧的既得利益者不同，他们并不愿意回到计划经济体制里去，然而他们也不愿意看到规范化与平等竞争的社会主义市场经济体制的建立，而是希望维持甚至扩大目前的市场混乱和行政权力随意干预市场的状态，以便继续利用特殊地位进行寻租活动，牟取暴利。在这种情况下，推进改革就会遇到来自两方面的反抗。这两种社会力量有相互对立的一面，但实际上又是相互支持的，他们各自以对方的存在为理由来证明自己的合理性。保守力量常常以这些打着改革旗号而中饱私囊的人的存在为理由，诋毁真正的经济体制改革，而后者则把前者的存在作为恐吓群众的稻草人，诱导群众支持其假改革的主张。比起计划经济的卫道士们，这些新的既得利益者力量更为强大和隐蔽，而且常常是以改革者的面目出现在公众面前，他们对建立真正的社会主义市场经济体制事业的危害性更大，中国的改革一旦被诱入他们的道路，并最终演化成为前述的第三种体制，那么我们几代改革者前仆后继建立社会主义市场经济体制的努力将化为泡影。对此，我们应该加倍予以警惕。

第四节　中国经济体制改革与经济法的关系

一、经济体制与经济法之间关系的本质属性

马克思主义政治经济学的理论认为，生产力决定生产关系，生产关系又反过来促进或阻碍生产力的发展，生产力和生产关系之间既对立又统一，构成了生产方式内部的矛盾运动。在本章的前三节内容中，我们基本上就是在阐述这一对矛盾范畴在中国经济实践中的作用与反作用的运动过程。同时，马克思主义政治经济学还将同生产力一定阶段相适应的生产关系的总和称为经济基础，将建立在经济基础之上的社会意识形态以及与之相适应的政治、法律等制度称为上层建筑，并认为经济基础决定上层建筑，上层建筑反映经济基础。经典作家利用这一基本理论对历史上的所有社会现象进行剖析，最终建立起完整的理论体系。那么在这一理论构架中，经济法又扮演了什么角色呢？它与经济体制之

---

① 张五常：《人类所知道的社会体制其实一共只有三种》，载于《参考文选》1999 年第 32 期，第 1—6 页。

间的关系从本质上讲又是一种什么样的关系呢？

在一些著作中，经济体制往往被归属于上层建筑的范畴。这是不对的。所谓经济体制是指一国经济结构和组织管理经济活动的方式方法、组织形式、组织机构的总称。在我国主要包括所有制结构的形式、经济运行调节机制、价格体制、劳动工资体制、商业体制、金融体制等。①我们认为，根据前述理论，经济体制实际上属于生产关系的范畴。因为所谓的生产关系是指人们在物质资料生产、分配、交换、消费诸过程中相互结成的社会关系。其主要包括：(1)生产资料所有制形式；(2)各种不同社会集团在生产中的地位和相互关系，或如马克思所说的，"互相交换其活动"；(3)产品分配形式。②可见，所谓的经济体制实际上就是抽象意义上的生产关系，而一定历史阶段的经济体制的总和也就是所谓的经济基础。经济体制与经济法之间的关系从哲学本质上讲是经济基础与上层建筑之间的关系。

在经济基础与上层建筑之间的矛盾运动中，经济基础属于决定性因素，随着经济基础的发展与变革，上层建筑也必然或迟或早地随之变革，这一论断早已为长期的历史实践所证明。但是经济基础的决定性作用常常为某些理论家所无限夸大，从而忽略了上层建筑的反作用力量。实际上在这一对矛盾范畴中，经济基础是抽象性因素，不具有直接的可操作性，它对于人类而言主要存在于认识论上的意义之中。我们的真正力量基本上体现在对上层建筑的改造上。对于这一点，经典作家也有所阐述，他们认为，上层建筑具有相对的独立性，并反作用于经济基础，在一定条件下，甚至起主要的决定的作用，推动或阻碍生产力的发展。在经济体制与经济法的关系中，我们所能够发挥主观能动性的因素应该是后者。当历经多年的摸索终于确定社会主义市场经济体制的目标模式后，我们每天都在谈论着体制改革的话题，但是当我们要从夸夸其谈的理论层面进入细致现实的操作层面之时，我们中的大多数人迷失了着力点，因为他们并不知道，所谓的经济体制改革在可操作性意义上就是经济制度的改革，是经济法的改革。经济体制改革前进的每一个步伐，都应该在制度与法律的备忘录中印刻下足迹，否则散漫的创新激情在稚嫩的市场肌体上的肆虐很可能只是倍增市场的无序与理性的紊乱，从而导致社会主义市场经济体制目标的不能实现。

二、经济体制改革与经济法之间关系的经济学解说

在讨论中国近代以来的落后时，人们往往将结论落脚在西方的 18 世纪的工业革命，而工业革命的发端又是因为蒸汽机的发明，似乎一切的差距都起源于蒸汽机的发明这一偶然性因素。但是早在托勒密时代的埃及，人们就已经了解了水蒸气的力量，但却仅仅被用于娱乐上。同样的蒸汽机，在市场经济的英国引起了轰轰烈烈的工业革命，在农奴制度下的俄国却归于岑寂。进一步的研究告诉我们，工业革命不过是近代西方国家经济发展的结果，而不是经济发展的原因。美国诺贝尔经济学奖获得者诺斯在其著作《西方世界的兴起》中指出："有效率的经济组织是经济增长的关键，一个有效率的经济组织在西欧的发展正是西方兴起的原因所在。"有效率的经济组织的产生，需要在制度上作出安排和确立

① 《辞海》，上海辞书出版社 1999 年版，第 3308 页。

② 同上书，第 4906 页。

产权，以便对人的经济活动造成一种激励效应，一个社会如果没有实现经济增长，是因为该社会没有为经济方面的创新活动提供激励，也就是说没有从制度方面去保证创新活动主体应该得到的最低限度的报偿。诺斯比较分析了西欧各国近代以来的经济增长经验后指出，17世纪的荷兰尼德兰和英国英格兰最早进行了产权方面的变革，在要素和产品市场方面建立了一套更有效的私有权制度，从而从制度上激发和保护了经济领域内的创新活动，使这两个国家首先在西方世界兴起。他指出："在两个成功的国家里，所建立的产权制度激励人们更有效地使用资源，并把资源投入发明和创新活动之中，而在其他国家里，税收的绝对量和取得财政收入的具体形式刺激个人做相反的事情。"①

诺斯的理论为我们指出了制度的合理安排与创新在经济增长中的重要作用，揭示了近代以来世界经济快速增长的真正奥秘。这并非对马克思主义理论的反动，而是符合后者的内在要旨的，从某种意义上讲甚至是对马克思主义理论的继承与发扬。它是人类认识和改造世界的能力积累到了一定程度的基础上发挥主观能动性对上层建筑进行改造并促进经济基础的发展的典型例证。我们熟悉一个著名的论断"科学技术是第一生产力"，然而在这里，我们的观点是，在一定的历史横断面上，制度才是第一生产力。日本的明治维新从实质意义上看决不是科技的维新，而是彻地的制度维新。20世纪70年代末80年代初，中国农村在困境中奋起改革，在没有任何技术进步的条件下，仅仅推行一项家庭联产承包责任制，就在短期内摆脱了农业发展的困境。而越南在1988年对农业土地产权制度的改革使这个稻米短缺的国家成为世界稻米的第二大出口国。可见，科学技术在经济发展中固然有着重要的作用，但是它决不会自发转化为现实的生产力。中国近代的洋务运动大量引进和学习西方的先进科学技术，但是在封建中国的制度条件下，所有的努力都归于泡影。我们今天进行的经济体制改革，目的也是为了促进生产力的发展，为了更好地学习和引进发达国家的先进科技，但是今天的我们应该比我们的前辈站得更高、看得更远，我们应该充分认识到，这场经济体制的改革是一场制度的改革，它的核心是经济法律制度的建立与完善。可以讲，我们今天面临的最大任务不是简单地开放与漫无目的的改革，而是根据现实发展的需要建立起一整套具备市场经济体制内在质素的经济法律制度。

三、继续推进中国经济体制改革必须高度重视经济法的核心作用

在中国经济体制改革的初始阶段，我们遵循的改革口号是"摸着石头过河"、"不管白猫黑猫，捉住老鼠就是好猫"。实践证明，这种改革方法在一定时期发挥了巨大的作用。然而这并不意味着我们今天继续推进经济体制改革也必须采用这种方法。事实上，在经济体制改革的初期之所以提倡探索精神是有其独特的历史背景的。20世纪70年代末的中国是计划经济沉疴积弊的时代，极左思想对人们的毒化和控制还远未解除，这时候提出在整体上建立一套市场经济体制无论在理论上还是在现实上都是不可能的。在这种情况下推进改革只能采取放开搞活的方式，利用行为与利益的挂钩而逐渐激活人们长期遭受

① ［美］道格拉斯·C.诺斯著：《经济史中的结构与变迁》，上海三联出版社1991年版，第167页。

禁锢的自利心，培育人们的市场经济意识，在微观上塑造市场经济的基本细胞。同时鼓励群众进行自我谋利也是鼓励决策分散化的过程，而分散决策正是市场经济所必备的条件之一，这对于打破计划经济条件下的集中统一决策习惯具有十分重要的意义。随着经济体制改革的不断深化，这一改革初期的战略任务已经基本实现，现在中国经济现实所面临的最大问题不再是市场主体缺乏活力和创新精神，而是市场机制的不完善与市场竞争的无序化。如今，在中国市场这个缺乏规则公平的利益角斗场上，丛林法则正在被极度放大，而市场经济弥足珍贵的道德母体正遭到急剧破坏，在这种情况下如果按照已有思路继续推进经济体制改革，很可能令我国市场经济的发育受到极大的扭曲，从而导致畸形发展。从这个角度来看，现阶段我国继续推进经济体制改革的重点应放在建立和完善市场经济的游戏规则上。而经济法作为市场经济游戏规则的核心部分，其重要性亦应予以彰显。

在广义的生产力系统中，制度是一种重要的要素，任何其他要素的存在都是在既定制度条件下的存在。在新制度经济学家的视野里，制度不仅是经济的外在因素，而且还是经济的内生变量，而各种制度以法的形式进行记载和确认，形成了制度系统中最具强制力的核心——法律制度。当我们希望改变经济现实，实行变革时，我们也可以运用手中的这一制度利器，通过修改旧法、制定新法的方法促使人们沿着立法者心目中理想的制度通道去追逐各自的利益，并最终在社会成员交叉行为的反复运动过程中建立起崭新的经济体制。以往我们对待立法（尤其是经济立法）的态度往往是“先实践后立法”、“成熟一个制定一个”。这在认识论上是有一定依据的，但是在我们已经看清前进的方向且在拥有其他国家的成功范例的前提下进行经济立法，这种方法已经不再是最具效率的途径。在经济活动中，法律规则的缺失会导致大量的无谓试错，增加了改革成本。可以说，在历经三十多年的“经济基础决定上层建筑”的经济体制改革过程后，是该到了“上层建筑反作用于经济基础”的时候了。而且正如本书前文所述，中国加入WTO的现实也迫使我们不能再坚持这种零敲碎打式的头痛医头、脚痛医脚的立法中的“游击队作风”，面对汹涌澎湃的经济全球化浪潮，中国急需在较短的时间内建立起一整套公正透明的经济法律制度，依据国际标准进行大量的法律移植已是不随人的意志为转移的铁定事实。挑战就是机遇。对于我们来讲，应该十分珍惜和把握这一千载难逢的机遇，以引进和消化成熟市场经济国家的法律制度为主，以适度的制度创新为辅，充分利用法律制度（特别是经济法）对经济基础变革的强大反作用力，在空前的广度与纵深上推进经济体制的进一步改革，并进而期望藉此机会吹响经济体制改革的总攻号角，彻底解决困扰我国多年的这一世纪难题。

四、中国的经济体制改革与WTO的互动并不意味着“经济法的全球化”

然而在汹涌澎湃的WTO大潮面前，我们必须站稳脚跟、保持冷静。近几年来，在“WTO”和“全球化”的声浪中，开始出现了“法律全球化”之类的提法。在国内法部门中，若论法律的全球化，经济法当然首当其冲。然而加入WTO真的意味着“经济法的全球化”吗？至少在今天，这一提法依旧是个似是实非的谬论。

“经济法全球化”的提法的灵感应该来源于“全球化”提法的滥觞。对于“全球化”，美国学者弗里德曼曾下过一个较为宽泛的定义:"全球化是代替冷战格局出现的新的国际机制,具有自身的规则、结构和特征。全球化是自由市场、民族国家和信息科技的前所未有的有机结合,这种结合所形成的机遇和挑战构成了全球化的机遇和挑战。"①本书并不完全认同于弗里德曼的解释,但是他的定义毕竟指出全球化的三个基本要素:自由市场、民族国家和信息科技,应该说在一定程度上道出了经济全球化的本质矛盾关系所在,那就是:市场的全球化与国家主权之间的互动互抑关系。从经济的角度考察,市场不断跨越国界、市场要素全球配置的经济现实自然足以让人们得出经济全球化的结论。然而如果从法律的角度考察,人们却立即发现,调整经济关系的经济法律却完全不能如自己的调整对象那样随意跨越国界进行全球要素配置。哪怕在今天,法律的效力依然深深奠基于主权国家的立法行为与司法裁判,而不是依赖于某个国际组织的超国家权力。虽然 WTO 系统已经建立起自己的组织机构,并已形成一定的超然于各个具体国家的相对独立性,但是 WTO 法的制定本身依旧是各个国家相互协商和自愿接受的结果,其本质上还是一种主权行为。②正如前文所述,像 WTO 法这种由西方国家主持制定并已宣告生效的国际法,在这些国家内却依然不能获得自动生效的资格。相反,一旦 WTO 法与该国的国内法发生冲突,将被宣告无效。③可见,WTO 法的颁布与执行并不意味着各国经济法律已经实现了全球化,更不意味着在国际经济法律领域已经出现了一种普遍适用的法律体系。从本质上讲,法律应当是一种具有强制实施特性的规则,它当然需要一个凌驾于被规制者的强力组织作为实施的后盾。因此,在国际法律实践的素材还不足以支持证明已经出现并存在一个超国家的全球最高权力机构之前,任何自动放弃国家主权原则、主张法律全球化的理论都是不切实际、本末倒置、天真和有害的。

美国广义学派创始人杰塞普曾提出"跨国法"的概念,④幻想建立一个凌驾于各国主权之上的"世界政府",并施行高于各国国内法效力的世界立法。但该理论因为严重脱离当代国际政治和经济现实早已被国际法实践证明是乌托邦的空想。而"法律全球化"的思潮实际上也是与这些理论一脉相传的,⑤因此其中的谬误自然也是一脉相传的。"法律全球化"理论的逻辑大概是:由于经济全球化这一经济基础的逐步形成,作为上层建筑的法律自然也会逐步实现全球化。然而正是在这"经济基础决定上层建筑"的经典公式上,法律全球化理论存在着富有欺骗性的谬误。"法律全球化"理论只强调了"形式经济基础"上的共同之处,即"市场经济的全球化",却对"实质经济基础"上的巨大差异即"经济利益的非全球化"视而不见。"市场全球化"更多地意味着经济强权利益攫取范围的国际化,而绝不意味着利益公平的国际化。而经济利益的国际公平问题,恰恰是全球化理论最为虚弱

① Thomas L. Friedman, *The Lexus and Oliver Tree: Understanding Globalization*, Farrar Straus, 1999.

② 这点从世界贸易组织的最高权力实质上掌握在部长会议手中就可以得到间接证明。

③ 美国在审议《乌拉圭回合协定法》时,发生了国会与政府的大争论,最后在保守势力的影响下,美国保留了引起许多国家不满的 301 条款和超级 301 条款,并确立了所谓"三振出局"的原则(即如果 WTO 在五年内作出三次不利于美国的决定,任何一位议员可以提出联合决议案,由国会投票决定是否退出 WTO)。

④ 与杰塞普的"跨国法"(Transnational Law)思想基本相近的还有"世界法"(World Law)、和"超国法"(Supranational Law)等理论。

⑤ 慕亚平:《对"法律全球化"的理论剖析》,载于 www.chinalawinfo.com。

和最无法自圆其说的"死穴"。作为全球化急先锋的WTO的年度报告承认,"全球化的利益的分布是不平等的——技术进步和贸易自由化对所有集团和国家来说,并不总是好消息"①。世界银行和联合国的报告同样证实了这一点。②在全世界最终实现利益的全球公平调控和转移补偿之前,③"经济法全球化"就是一个难以实现的理论空想。

1994年9月27日,克林顿总统将实施《WTO协定》之《乌拉圭回合协定法》(Uruguay Round Agreements Act, H. R. 5110以及S. 2467)与相关文件正式送交美国国会表决。克林顿总统表示《WTO协定》是有史以来范围最广泛的贸易协定,对美国利益以及美国的经济成长极具重要性。此项协定如果具体落实,每年将可使美国经济增长1 000亿到2 000亿美元,同时创造成千上万的新的高薪工作机会。每年全球将减少7 440亿美元的关税,各国市场开放后,美国将成为《WTO协定》最大的受益国家。克林顿总统呼吁国会尽速批准落实此项协定。然而,在争取美国国会批准《乌拉圭回合协定法》的过程中,克林顿政府却遇到了国会议员多方的质疑、诘责与挑战,从而导致了美国历史上有名的府会之争。而争论的核心问题则为WTO尤其是WTO的争端解决机制是否会损及美国的主权。

在许多学者看来,当前世界范围的经济法律的WTO化现象充其量也不过是一种经济法律的趋同化,而不是所谓的经济法全球化。正如有的学者在总结我国三十多年来国际经济法学研究成果的时候认为的那样,"如果说在经济全球化的趋势下目前我国国际经济法研究还有什么不足的话,其中最主要的不足是对现实中的国际经济法与理想中的国际经济法未加区分。因此,经常依据我们自己的理念来描述国际经济法,将那些尚未形成(或正在形成)的规则看成是法律规则"④。如今这一理念误区正随着经济法学界涉足WTO领域而得以重现,部分学者将WTO描述成国际正义的化身,殊不知这个国际组织充其量不过是一个国际经济利益交换与谈判的最大场所而已,从这个场所中能够获得利益的有无与多寡,最终还是取决于参与博弈的各个国家或集团实力的强弱与技巧的娴拙。⑤面

① *WTO Annual Report*, 1998, p. 32, www. wto. org.

② 根据世界银行的报告,在20世纪60年代,全世界20%的最发达国家的人均国民生产总值是全世界20%的最不发达国家的30倍,然而到了全球化如火如荼的90年代,这一差距不仅没有缩小,反而扩大到了60倍。《1996年联合国人类发展报告》也证实了这一点。同样,不发达国家在全球的贸易份额以及得到的国际直接投资都随着全球化的推进呈现出令人难堪的下降趋势。根据统计,1980年世界102个最不发达国家的出口与进口分别占世界总额的7.9%和9%,但是10年后,却分别降到了1.4%和4.9%,所获得的国际直接投资比例也从1960年的1/3降到1980年的1/4和1990年的1/5(参见[法]雅克·阿达著:《经济全球化》,何竟、周晓幸译,中央编译出版社2000年版)。

③ 然而让最富强的美国的财政收入向最穷困的非洲进行转移支付?这在可以预见的将来显然是不可能实现的。

④ 车丕照:《经济全球化趋势下的国际经济法》,载于www. cel. net. cn。

⑤ 吴志攀教授在《WTO的方法与观念转变》一文中这样写道:"WTO成员普遍认为,解决贸易争端的程序在形式上是公平的,统一制度框架体系中的法律解释在逻辑上是公平的,争端双方与第三方在诉讼程序中表达的机会也是平等的,在诸多形式上平等与公平的条件下,胜诉的国家与败诉国家的差别,就在于运用法律能力与经验的差别。从经济实力方面而言,美国是最强的国家之一,当美国与另一个南美洲的小国(如智利)发生贸易争端时,美国首先由于在律师诉讼方面的优势,将在程序上获得有利地位。然后,由于美国在经济方面的优势,又可以在市场中获得有利的局面。就是在采取贸易报复方面,美国报复智利相对是比较容易,相反,智利报复美国是不容易的。由于美国在经济实力上和在WTO律师人数上都是最强大的国家,所以,美国在WTO舞台上能力与经验均占优势。"尽管语言朴实无华,但是吴教授却用非凡的洞察力抓住了事物的关键所在。

对这种残酷的国际现实，“传统理想的国际道义主张诚然是值得称赞的，但在今天这样远非和谐的国际状态下，国家间的协调与合作很难以特定的道德和价值标准来加以规范和判断”①。正如有的学者所说的，目前我国媒体和出版书籍关于“入世”的报道和分析，以及由此产生的舆论明显并不完善，某些观念过于单一，只看到了“入世”的一面，忽视了“世界进入中国”的“入世”的另一面。②

因此在研究 WTO 与经济法关系中，我们的立足点是经济法。在 WTO 和谐、正义和善良的面具背后，往往隐藏着一些比我们更为强大的竞争对手的不测野心。人们还远不能将经济法发展的希望全部寄托在与 WTO 无条件的接轨上，在这个充满差异、不平等和本质上依旧弱肉强食的全球巨系统中，国家主权的基石依旧在全球化的急风骤雨中岿然屹立。对于中国经济法来讲，WTO 规则在最终意义上也只是为我所用的一种国际经济规则。只有牢牢把握住这一立足点，才能在经济全球化与经济主权的永恒互动中，切实维护自身的根本利益。

① 刘杰著：《秩序重构：经济全球化时代的国际机制》，高等教育出版社、上海社会科学院出版社 1994 年版。

② 吴志攀：《中国与世贸的经济规则调整》，载于 www.cel.net.cn。

第六章

经济法的制定与实施

经济法的制定与实施是经济法在操作层面的存在形式，但又是对普通民众最具意义的一个层面。通过法学理论的研究和科学理念的传播来促使立法者制定切合实际的“良法”，同时指导执法者正确实施法律是理论界的根本目的所在。可见，研究经济法的制定与实施问题具有重大意义。

第一节 经济法的制定

一、经济法制定的意义

经济法的制定又称为经济法的立法，是指国家立法机关按照法定的程序和职权制定经济法律规范的活动。当然，这里的立法机关是指广义上的立法机关，包括可以制定行政法规的政府。而这里的制定也是指广义上的制定，包括了修改和撤销。多数学者均赞同政府在经济法制定中的重要地位，这也是基于对现代政府的经济管理职能的正确认识而得出的共同结论。

法律是具备稳定性的最高行为准则，因此制定出切合实际的经济法律规范在国家经济生活中居于重要地位，其意义重大。首先，经济法的制定对于健全我国的社会主义法制具有重要意义。经济法是一门独立的基本法律部门，主要调整国家与市场之间的关系，因此经济法的制定是国家经济生活有法可依的基本条件。其次，制定完善的经济法是保证社会主义市场经济体制改革成果的必不可少的条件，我国将长期面临经济转轨的困难时期，借鉴国外先进的经济立法经验并以立法的形式将其固定下来是依法治国的必然要求。直至目前为止，我国的经济立法还是采取摸着石头过河、成熟一个制定一个的经济先行、法制后至的立法方法。随着社会主义市场经济体制的逐步建立，立法界对经济的走向有了较为清晰的认识，今后的立法方式应该逐渐凸显法制先行的作用，力图以制度促经济，充分发挥我国在世界经济格局中的后发优势，争取在较短的时间内建立起我国完善与健康的经济体，迎头赶上发达国家。可见，经济法的制定在现阶段具有十分重要的意义，值得我们认真总结。

二、经济法制定的基本原则

经济法制定的基本原则是指在经济立法过程中应当普遍遵守的具有指导意义的思想

和操作规则。长期以来,我国在经济立法工作和活动中已经总结出许多宝贵的经验,经过多年来前辈学者的抽象和锤炼,已形成了一系列经济法制定的基本原则。

(一)坚持社会主义市场经济体制原则

经济法属于上层建筑的范畴,它是建立在社会主义经济基础之上并服务于社会主义经济基础的,所以制定经济法必须坚持社会主义的大原则。这里包含了两个方面的内容:第一,我们这里所讲的社会主义绝非改革开放前所一再标榜的"社会主义",我们的社会主义是以发展社会生产力为己任的社会主义,是寻求部分人先富起来,最终达到共同富裕的社会主义。所以,社会主义原则要求我们制定的经济法所追求的目标价值是效率优先、兼顾公平。第二,我们所讲的社会主义是长期目标和现行阶段相结合的社会主义,由于我国将长期处于社会主义初级阶段,因此这也决定了现行的经济立法应主要以初级阶段的基本国情为依据。经济立法将不仅作为促进和规范经济运行的规则,还要承担克服和改造旧经济体制弊端的特殊使命。

社会主义市场经济体制是制定经济法的最大的社会现实。江泽民同志在十五大报告中指出:"建设有中国特色的社会主义的经济,就是在社会主义条件下发展市场经济,不断解放和发展生产力。这就要坚持和完善社会主义公有制为主体、多种所有制经济共同发展的基本经济制度;坚持和完善社会主义市场经济体制,使市场在国家宏观调控下对资源配置起基础性作用……公有制的主导地位应主要体现在控制力上。"我们在经济立法时应该始终坚持社会主义市场经济的各项基本经济制度,领会社会主义市场经济的真正内涵,完善国家的宏观调控机制,培育与维护市场竞争机制,建立与完善社会保障机制,最终建立起与社会主义市场经济体制相适应的经济法制度。

(二)法制统一原则

我国目前经济立法中存在着各种各样的不规范现象。经济法不应该是众多经济法规的简单堆砌,而是一个有机的整体和科学的体系。由于要适应蓬勃发展的经济现实,我国过去一般都采取授权立法的方式,对于那些专业性、技术性较强的法律规范,授权各业务主管部门起草或牵头起草,这样有利于及时地反映经济现实,客观上促进了我国经济的发展。然而由于立法权的大量下放和最高立法机关监控的不力,导致各种法律法规之间重复、矛盾的现象大量产生,客观上削弱了法律的威信。同时受部门利益的影响,这些部门立法的产物往往成了各部门"夹带私货"的工具,严重损害了法律的公正性。这些弊端的产生有许多原因,但归根结底是由于我国经济立法中法制不统一造成的。法制统一的基本要求是:只有依法拥有立法权的国家立法机关或国家立法机关授权的特定国家机关才拥有制定和颁布法律法规的权力;法律法规在国家主权范围内对各地区、各部门以及全体公民具有普遍的约束力。它包括两个方面:第一,统一立法权力。立法权是制定、颁布、修改及废止法律的权力。统一立法权力,对于国家的统一、政权的巩固、社会的稳定以及经济的发展都具有重要的作用。在我国,经济法立法权力的统一应以宪法、立法法的有关规定为依据。第二,统一立法效力。法律效力是指法律法规的不同效力等级的普遍约束力,以国家的强制力为后盾。我国的法律体系基本上是由宪法、法律、法规和规章等不同效力等级的规范性法律文件构成的，宪法中的经济法律条款具有最高的权威和效力，任何法律不得与之相抵触。而经济法律次之，经济法规再次之，规章最末。在法规体系中，地方经济法规不得与全国性的经济法律法规相抵触，只有严格遵守这些原则，才可以逐步消除现实中大量存在的低效力等级的法律法规“以下犯上”抵触高效力等级的法律乃至宪法的奇怪现象，最终达到整个法律体系的协调与统一。当然，要做到这一步还需要在法制统一的前提下做好法典编纂和法规汇编的工作，并制定科学的立法规划。

（三）科学民主原则

经济法的制定是一种软科学的决策活动，经济活动的多样性与复杂性决定了这一决策活动的高难度。现代管理学知识告诉我们，要制定出高质量的经济法，就必须遵循科学与民主的立法原则，即既要具备广泛的民主性，又要具有较强的科学性。

所谓的科学性就是要求在制定经济法时，注意研究和遵循客观的经济规律。经济规律并非一种有形的可以摸得着、看得见的事物。然而，表面上的无形并不能抹杀它客观存在的事实。经济规律是微观个体的普遍心理和共同特性在现存社会经济条件下的集合表现。它存乎每个人的本性之中，它存乎社会经济生活的根源深处。在可以回顾的过去和可以预见的将来，我们还无法找到改变这些经济规律所赖以存在的基础的有力证据，因此，至少就现阶段而言，我们所认识的这些经济规律是不可逆的。作为立法者，我们应该加强学习和认识这些普遍的经济规律，探索它们在中国经济生活中的特有的作用方式和表现形式，从而力求让制定的经济法最大限度地遵循客观经济规律，促进中国经济生活的健康发展。具体而言，在社会主义市场经济条件下，我们应该严格遵守价值规律，发挥价格竞争机制的功能，引导供求变化的走向。还要大力提倡优胜劣汰的市场竞争规律，通过竞争机制的作用实现经济体的新陈代谢和资源的优化配置。与此同时，我们还应该正确认识市场的固有缺陷，破除对无形之手的迷信，大力加强和完善国家的宏观调控。只有形成对经济生活的科学认识，遵循客观经济规律，我们才能最终制定出科学的经济法。

经济法制定中的民主原则是现代社会对法律的必然要求，法是由人民的代表参与制定的，它必然要反映大多数人的意志，体现和维护大多数人的利益。法的这一最终利益指向决定了它的制定过程也必须实现程序上的民主。具体而言，经济立法的民主原则要求以下两方面的内容：第一，经济法应从实体内容上反映和记载人民的利益，规定人民参与管理和监督国民经济运行的权利，同时提供各种程序上的保障，以切实实现人民的各种民主权利。第二，立法程序必须实现民主化。程序民主化是科学决策的基本要求，立法者不是全能全知的造物主，也不是无欲无私的造法机器，因此遵循严格的法定立法程序是制定良法的可靠保障。同时，根据我国的立法法的有关规定，立法机关在制定重要法律法规时还应该广泛征求各经济部门、利益相关者与法律专家和司法界的意见，最大限度地整合方方面面的利益诉求。正如彭真所讲的：立法工作要走群众路线，多谋善断、集思广益，按照民主集中制的原则决定问题，这样的法律比较经得起各种风险。民主的过程并不一定都会产生最科学的结果，但是失去民主却往往会导致不科学的结果，从某种意义上说，民主是科学最强有力的保障。

(四)学习外国经验与适应本国国情相结合原则

关于法律的本土化与移植性一直都是法学界的争论的焦点之一。实事求是地讲,就中国而言,现代意义上的法律首先是移植的,而后才谈得上本土化。数千年中华文明是奠基于"重礼轻法"的制度文化上的,中国的本土资源是很难孕育出现代法律元素的,更毋论整体法律制度了。既然我国的经济体制改革的目标模式已经定位为社会主义市场经济体制,而发达国家又通过几百年的发展已经总结出了一整套与其发达的市场经济相适应的完善的经济法律制度,那么我们要在较短的时间里赶上发达国家,学习外国的先进经验是必要的。当然,我国是一个旧经济势力和体制惯性仍然强大的转轨国家,国民的市场意识和心理素质都有别于发达国家,所以任何经济制度要植入中国的经济体,它必须要解决与中国国情相适应的问题,盲目地抄袭看似美好实则不适应或太超前的外国经验最终只能收获学费昂贵的中国教训。这点早已为我国的改革开放的历史事实所不断证明。就现阶段这两者的关系而言,学习外国经验仍然占据了首要的地位,如果我们不大胆地借鉴和吸收发达国家的先进经验,特别是那些已为事实所一再证明且为国际社会所普遍承认的经济法律制度,我们就不能较快地建立起社会主义市场经济体制,缩小与发达国家之间的差距。再者,经济全球化的浪潮汹涌而来,经济游戏规则的统一已成为不可逆转的趋势,我们更没有理由关起门来搞建设,无视经济法律制度全球范围的融合与趋同。鉴于以上认识,我们宜舍弃传统的"立足本国国情、借鉴外国经验"的提法,以"学习外国经验、适应本国国情"取代之。

三、经济法制定的现状

新中国成立后相当长的一段时间里,我们制定了一系列的经济法律法规,但是在改革开放之前,这些所谓的经济法律法规是为集中计划经济服务的,与我们所讲的奠基于市场经济之上的经济法严格说来是不同内涵的东西。改革开放后,特别是1992年中共十四大确立了社会主义市场经济体制的改革目标模式以来,经济立法取得了长足的进步,在宏观调控、微观规制、国有参与、市场监管以及涉外管制方面都制定了一系列的法律、法规和规章。就法律而言,其主要有:

在宏观调控法律方面,我国立法机关制定了《税收征管法》(1992年制定,1995年修订)、《预算法》(1995年制定)、《中国人民银行法》(1995年制定、2003年修订)、《价格法》(1997年制定)、《农业法》(1993年制定)、《民用航空法》(1995年制定)、《电力法》(1995年制定)、《煤炭法》(1996年制定)、《节约能源法》(1997年制定)、《循环经济促进法》(2008年制定)等多部法律,初步建立起我国的宏观调控法律制度体系。

在微观规制法律方面,我国立法机关制定了《反不正当竞争法》(1993年制定)、《消费者权益保护法》(1993年制定)、《产品质量法》(1993年制定、2000年修订)、《广告法》(1994年制定)等法律。

在国有经济参与方面的法律相对较少,主要有《公司法》(1993年制定、1999年、2005年修订)、《企业国有资产法》(2008年制定)等。

在市场监管法律方面,我国立法机关制定了《会计法》(1985年制定、1993年、1999年修订)、《审计法》(1994 年制定)、《证券法》(1998 年制定、2005 年修订)、《招标投标法》(1999 年制定)、《信托法》(2001 年制定)等。

在涉外经济管制方面的法律也相对较少,主要有《海关法》、《对外贸易法》(1994 年制定、2004 年修订)等。

可以看出,经过三十多年的不懈努力,我国已经制定了大量的经济法律,初步建立起以其为骨干的较为健全的经济法律体系。在缺乏立法经验和经济土壤的中国,短期内取得这样的成绩是值得自豪的。但是我们同时也应该看到,这些立法的数量和质量距离我们心目中的经济法体系所应该达到的高度还很远。有些重要的法律,如计划法、产业政策法还尚未面世,从而影响了经济法制运行的整体效能。而有些重要的制度,如反倾销与反补贴法,也仅以法规或规章的形式出现,内容也较为陈旧和简单,已经无法适应经济现实的发展需要。同时,现行的法律也有待进一步的修改和提升。所有这些都对我国经济立法机关的现有立法资源和立法能力提出了严峻的挑战。在 2010 年,我国人大已经宣布基本形成了有中国特色的社会主义法律体系,但我国的经济立法还有不少需要改进的地方,尤其是立法质量还有待提高,任重而道远。

四、经济法制定的程序

经济法制定的程序是指有权立法的国家机关,在制定、补充、修改和废止经济法律法规的活动中,所必须遵循的法定的步骤和方法。经济法的制定可以分为广义和狭义两种,这里主要介绍狭义上的经济法制定程序,即全国人民代表大会及其常务委员会制定经济法律所履行的法定程序。根据我国的宪法、立法法的有关规定以及立法惯例,我国的经济法的制定一般须经过经济法草案的起草、草案的提出、草案的审议、草案的通过以及法律的颁布与生效等几个阶段。

(一) 经济法草案的起草

长期以来我国的经济法起草工作大多由全国人民代表大会常务委员会的法制工作委员会委托国务院有关部委组成经济法起草小组负责草拟,较为重大、牵涉面较广的法律草案有时还委托一个综合部门牵头、由若干部委共同组成的起草小组负责草拟工作。一般来讲,法律草案的草拟过程也是该法律的立法论证过程,许多时候某个法律的起草工作会进行几年甚至十几年,说明这些法律的起草实际上还处于混沌与模糊的认识过程中。而且,经济体制条件的不断转化也为这些长期酝酿的法律的起草工作带来各种变数,往往某一法律尚在起草过程之中就已落后于经济现实,从而需要再易其稿。从过去的一些法律草案来看,这种滞后性表现得较为明显。通过一定的努力,近几年来的一些法律草案论证得相对充分,最终草案往往较为科学与完善。在立法中,全国人大常委会的法制委员会也较多地发挥了法律专家的作用,往往将一些重要法律委托法学家组成起草小组负责草拟,有的同时组成两个专家起草小组,或一个专家小组和一个政府机关小组并存,在法律起草工作中引进竞争机制,提高法律草案的质量,防止片面性。近几年来我国还往往将法律草案的试拟稿通过各种途径予以公布,向全社会征求意见,再根据反馈信息修改法律草案,重要法律还要反复多次，力求最佳的立法效果。

经济法律草案的起草是任何经济立法工作的基础，是随后各种立法程序的前提条件。

（二）经济法律草案的提出

经济法律草案起草完毕，有权提出法律草案的机构或人员根据法律规定向国家立法机关提交该草案，使法律草案列入立法机关的会议议程，成为立法机关会议进行审议讨论的对象，这一过程称为经济法律草案的提出。根据我国的宪法和其他有关法律规定，全国人民代表大会主席团、全国人民代表大会常务委员会、全国人民代表大会各专门委员会、国务院、中央军事委员会、最高人民法院、最高人民检察院可以向全国人民代表大会提出属于全国人民代表大会职权范围内的法律案；全国人民代表大会各专门委员会、国务院、中央军事委员会、最高人民法院、最高人民检察院可以向全国人民代表大会常务委员会提出属于全国人民代表大会常务委员会职权范围内的法律案；全国人民代表大会的一个代表团或者 30 名以上的代表联名，可以向全国人民代表大会提出属于全国人民代表大会职权范围内的法律案；全国人民代表大会常务委员会 10 名以上联名，可以向全国人民代表大会常务委员会提出属于全国人大常务委员会职权范围内的法律案。目前，我国的立法实践中代表联名提出法律案的例子较为罕见，多数法律案的提出是由全国人民代表大会法制工作委员会或者国务院向全国人民代表大会及其常务委员会提出，请求予以审议和讨论。

（三）经济法草案的审议和通过

经济法草案的审议是指立法机关对列入议事日程的法律案按照法定程序进行审议和讨论。根据我国法律规定，对于向全国人民代表大会提交的经济法草案，由全国人大常务委员会决定是否提交全国人大审议，决定提交审议的法律案由全国人大主席团将其交预备会议讨论后列入全国人民代表大会审议议程。在审议时，一般由提案人作草案说明，说明草案的立法目的、基本精神与主要内容，然后交给各代表团分别讨论；法律委员会根据各代表团的讨论意见对该法律草案进行审议，并提出修改意见；然后举行主席团会议，由法律委员会作审议报告，如有重大分歧，由主席团会议进行讨论并通过表决方式形成主席团意见，提交大会审议表决。在大会审议过程中，人大代表可以对该法律案充分发表自己的意见，我国《宪法》第 75 条规定："全国人民代表大会代表在全国人民代表大会各种会议上的发言和表决，不受法律追究。"另外，在全国人民代表大会开会期间，中国人民政治协商会议同时开会并列席全国人民代表大会，对法律案的审议和讨论可以提出自己的意见，但无权参加最后的表决。

审议向全国人民代表大会常务委员会提交的法律案，由委员长会议审议讨论，或先由各专门委员会讨论后交委员长会议审议决定是否列入常委会的议事日程。常委会对列入议事日程的法律案，在审议讨论时先由提案人作草案说明，由常委会分组讨论，最后交由常委会会议讨论。根据我国的立法惯例，任何法律案都要至少经过两次会议审议讨论，即"二读通过"。

立法机关通过认真审议，对法律案是否通过作出表决。如立法机关依法对法律案进行审议后正式表示通过，该经济法律草案即成为法律，这是经济法制定程序中具有决定性意义的阶段。根据我国的法律规定，法律和其他议案的通过须有全国人大代表大会或常务委员会的过半数同意，宪法的修改须由全国人民代表大会代表的三分之二以上多数同意方能通过。有的国家对重要的法律案采取全民公决的方式通过，中国并无这方面的法律规定，对于这一制度的利弊因素还有待于法学界的进一步认真研究。

（四）经济法的颁布与生效

经济法律获得立法机关通过后，须由有权机关或人员依法定程序将之公诸于众，并宣布法律正式施行的日期。按照我国法律规定，中华人民共和国主席根据全国人大及其常委会的决定，以中华人民共和国主席令的方式公布法律，公布在《中华人民共和国全国人民代表大会公报》上。

法律的颁布并不等于法律的生效，从理论上至少可以存在以下几种情况：一是生效时间与公布时间一致，即法律自公布之日起生效；二是规定在公布后一定时间生效；三是在公布后一定情况发生时生效；四是规定不同地区有不同的生效时间。我国的立法实践主要以前两者较为普遍。

第二节　经济法的实施

一、经济法实施的意义

经济法的实施是指经济法主体贯彻执行经济法律法规的活动，具体包括国家机关根据经济法律法规的授权，严格依照经济法律法规的有关规定管理社会经济活动以及市场主体遵守和执行经济法律法规从事各种经济活动的过程。广义上还包括国家司法机关根据经济法律法规的规定处理经济活动纠纷、惩处经济违法犯罪行为的各种司法活动。因此，法学界一般将经济法的实施描述为经济执法、经济守法和经济司法三者相互联系和相互作用的过程。

任何经济法律规范都有一个如何保证正确实施的问题，如果我们不能解决好法律从抽象层面上的存在到具体意义上的存在的转化问题，那么经济法律法规制定得再好也只是一纸空文而已。经济法的实施对于我国的经济法制建设和社会主义市场经济建设具有重要意义。首先，经济法的实施是健全我国社会主义法制建设的必不可少的环节之一，是真正实现“依法治国”伟大方略的重要条件，制定了经济法律法规只是解决了有法可依的环节，而如何做到有法必依、执法必严和违法必究则都是属于经济法的实施问题，可见，要建立一个完善的社会主义法制系统，就必须认真研究经济法的实施。其次，经济法的实施对保障和促进社会主义市场经济的发展具有十分重要的意义。市场经济就是法制经济，对于一个发达的市场经济来讲，没有一整套完备健全的经济法制固然不行，没有一套规范透明的经济法实施保证体系同样是不可想像的，从某种意义上说，后者比前者更为重要。

二、经济法实施的基本原则

(一)以事实为根据、以法律为准绳的原则

以事实为根据、以法律为准绳是我国法律实施的基本标尺,是我国多年来法律实践正反两方面的经验结晶,因此也是经济法实施的首要原则。以事实为根据是指国家经济行政管理机关和司法机关在运用经济法规范进行经济管理活动和处理经济纠纷案件时,必须以客观存在的事实为依据。在经济法的范畴中,以事实为根据还包含着一种特别的内涵,即任何经济活动的参与者都必须充分认识客观的经济规律,按照经济规律办事,否则就必然要为经济规律所惩罚,最终付出惨重的代价。以法律为准绳是指经济法主体在进行经济活动时必须严格遵守经济法律规范。就经济守法的层面来讲,就是要求每一个市场主体在从事经济活动时须遵守经济法律,享受权利,克尽义务,不得利用各种方法规避法律。就经济执法和经济司法的层面来讲,这就要求适用经济法律的国家经济行政管理机关和经济司法机关首先要按照经济法律的规定确定权利义务关系,不得随意越权,同时在具体的活动中还要严格遵守法定程序,保障行政相对人和案件当事人的合法权利。

(二)经济奖励与经济惩罚相结合的原则

经济奖励与经济惩罚相结合是经济法实施的特有原则。法律规范可以分为禁止性规范、准许性规范以及奖励性规范。但是,一般的法律只以禁止性规范和准许性规范为主,即规定什么可以做,什么不可以做,并辅以否定性法律责任。但在经济法中,不仅有许多禁止性规范和准许性规范,而且还有许多奖励性法律规范。因此就经济法对经济生活的规范效能而言,是通过经济奖励和经济惩罚相结合的方法来实现的。我国经济立法为此提供了一定的法律依据,如《中华人民共和国自然科学奖励条例》、《中华人民共和国发明奖励条例》、《中华人民共和国科学技术进步奖励条例》等,即主要侧重于经济奖励规范;而《中华人民共和国反不正当竞争法》、《中华人民共和国产品质量法》以及《中华人民共和国消费者权益保护法》等法律,就多以经济惩罚的法律规范为主。经济法的这一显著特性是与其立法宗旨和独特价值分不开的。经济法追求社会整体效益尽可能快的增长,就必须在惩罚经济违法犯罪行为的同时提供一整套有吸引力的激励机制,从而鼓励先进、鞭策落后,在全社会树立效益观念,促进社会总财富的快速增长。

(三)经济法主体在适用经济法律规范上一律平等原则

经济法主体在适用经济法律规范上一律平等原则,是我国《宪法》规定的"公民在法律面前一律平等"原则在经济法实施中的具体体现。提倡这一原则对于我国经济法实施的现状具有特别重要的意义。由于历史的原因,我国的经济现实中经济法主体之间的不平等由来已久。首先,在经济管理主体与被管理主体之间,我国长期以来实行的是高度集权的计划经济体制,经济管理主体操控了一切经济资源的所有权,对被管理主体具有生杀予夺的至高权力,对于被管理主体来说这是毫无公平可言的。在市场经济条件下,经济管理主体与被管理主体之间虽然从形式上并非完全平起平坐,而是同样存在着管理与被管理

的关系,但是从实质上他们之间的权利义务是相互对称的,法律赋予了管理者的各种管理权,也确立了这些经济管理权的基本边界,同时规定了被管理者神圣不可侵犯的核心权利,以及受到侵犯时各种抗辩权和最终救济权。在市场经济和法治社会中,任何主体之间最终都是平等的。近几年来我国在这方面已经取得了长足的进步,被管理主体的权利意识大大增强,但是相较起发达市场经济国家,显然还有较大的差距,这也有待于改革开放的继续深化与扩大。其次,就同样作为被管理者的市场主体来讲,这种法律与事实上的不平等也是普遍存在的。多年来我国的企业制度实行的是"双轨制",既建立起形式平等的公司制度,又保留了以所有权定权利的身份立法传统,国有企业与私营企业仍未能真正站在同一条起跑线上,国有企业在原材料和能源调配、上市融资资格、国家信贷补贴、土地划拨费用等方面都具有较私营企业更为优越的条件;当然从另一方面来讲,国有企业也有历史包袱重、就业压力大、企业办社会等诸多困难,难以在市场中放开手脚搏击风雨,导致恶性循环。这些不平等现象的存在可谓冰冻三尺非一日之寒,实现经济法主体在经济法律面前的真正平等是一项极其艰巨的任务,有待于我们共同为之付出不懈的努力。

三、经济法实施的现状与不足

我国的经济法的实施已取得了很大的成绩。从宏观调控方面来看,我国已经按照计划法律规范的要求制定了十二个五年计划和规划,为经济发展描绘了清晰的前景;通过预算法的实施,我国的财政政策得到了较好的执行和贯彻,为国民经济的良好运行发挥了重要作用;通过中央银行法的实施,实现对国民经济总量平衡的宏观调控。从微观规制方面来看,我国通过反不正当竞争法、广告法、产品质量法和消费者权益保护法等法律法规的实施,初步建立起了有序的社会主义市场法律实施体系,对制止不正当竞争,维护社会经济秩序等方面发挥了重要作用。从国有经济参与方面来看,我国通过企业国有资产监督管理暂行条例的实施,建立起一套独特的国有资产监督管理体制,初步改变了国有资产管理混乱不堪的局面;通过公司法和企业国有资产法的实施,初步建立起了科学的企业制度,为进一步塑造市场经济良好的微观基础提供了良好的条件。从涉外经济管制方面来看,我国通过对外贸易法、反倾销与反补贴条例的实施,实现了外贸领域的良好法制环境;通过外资管制法律法规的实施,在大量和有效利用外资方面发挥了重要的作用,对我国三十多年来经济的迅速起飞功不可没。从市场监管方面来看,我国通过会计法、审计法等法律的实施,实现了对国民经济的会计监督和审计监督;通过证券法、保险法等法律的实施,规范了我国的金融市场活动,为国民经济的良好运行创造了必不可少的条件。

虽然我国在经济法的实施方面取得了很大的成绩,但是也应该清醒地看到,直至目前为止,中国还不能完全称得上一个法治国家,在中国的社会经济现实中,有法不依、执法不严、违法不究的现象可谓比比皆是,权大于法、钱大于法、情大于法在全国各地各行业都普遍存在。这些扭曲公理、悖违良知的现象严重损害了社会主义经济法制的尊严与权威,损害了社会主义现代化建设事业,损害了现代社会弥足珍贵的道德基础。与经济法制定环节相比,经济法实施环节的缺陷是中国法制事业的硬伤,其对社会肌体的负面影响是无法估量的,因此是我国继续推进现代化建设所必须首先予以解决的。

为中国法制的这一痼疾开出诊治的药方是一件极其困难的事情,从泛泛而谈的角度来看不外乎是加强司法和执法队伍的建设,进行教育,加强监督等等。在我们看来,这些方面固然必不可少,但归根结底还只是属于法制小环境的改善,而法制小环境的运行必须建立在宪政大环境的基础上,没有较为理想的宪政土壤,是不可能培育出娇艳的法制之花的。即使有,那一定是一束假花,徒具外表而已。当然宪政体制的建立是一个非常大的问题,也超出本书的论述范畴,我们只是主张,离开宪政来谈经济法的实施是一种空中楼阁式的乌托邦,也是不可能真正实现的。从这个角度来讲,经济法学者不仅要关心经济法领域的法律实施问题,更应该积极参与和推动中国宪政建设的宏伟事业,最终实现良好的宪政环境下的经济法的实施。

第三节 经济法责任

一、经济法责任的表述方式和定义

(一)经济法责任的表述方式

长期以来,对于经济法责任一直有不同的表述方式,比如经济责任、经济法责任、经济法律责任、经济关系中的责任、经济法主体的法律责任、违反经济法的法律责任等。经济责任这一提法,在实务界有较为广泛的使用,但是作为概念已经泛化,含义很不确定,难以成为经济法学所独有的具有特定内涵和外延的基本范畴。[①]经济法关系中的责任很容易与经济责任制混淆。经济法主体的法律责任和违反经济法的法律责任表达上不简洁,也不符合对部门法层面上法律责任定义的一般表述形式。

关于经济法责任的诸种表述中,目前学术界使用比较多的是经济法责任和经济法律责任。从语义上来看,经济法律责任的范围更宽。因为经济法律很容易被理解为关于经济方面的法律,即和经济生活密切联系的所有法律。就经济法律法规来看,有多种渊源,经济法律责任也就包括了所有这些法律中所规定的责任,范围十分宽泛。

越来越多的学者主张,应该采纳"经济法责任"这一表述方式。称经济法责任是按照部门法性质对法律责任进行分类的结果,表达很简明,意为违反经济法所产生的法律责任。到目前为止,还没有找到比经济法责任更好的表述方式。本书的观点赞同使用"经济法责任"这一表述。

(二)经济法责任的定义

有学者综合梳理了学界对经济法责任下定义的方式,并指出:通过经济违法行为来界

---

① 转引自翟继光提交的北京大学与青海民族学院联合主办的经济法前沿问题研讨会(2003年)论文:《经济法责任研究》。

定经济法责任，认为经济法责任是由于经济违法行为而应该承担的法律后果；通过经济法这一部门法来界定经济法责任，认为经济法责任是违反了经济法律规范的规定，应该对国家或受害者承担的相应的法律后果；通过经济法规的违反与特定事实的出现来界定经济法责任，认为经济法责任是因违反一般经济法规或特定的法律事实出现而承担的法律责任；通过经济法权利义务来界定经济法责任，认为经济法责任是经济法主体对其违反经济法义务或者不当行使经济法权利的行为所应承担的法律后果。①

我们认为，经济法责任是指经济管理者或市场主体因违反经济法义务而产生的否定性法律后果，既包括经济管理者滥用权力的否定性后果，也包括市场主体不承担经济义务的否定性后果。

二、关于经济法责任独立性的争论

经济法责任是否具备独立性是经济法学界争论的一个重点问题。强调经济法实施，应该关注经济法责任的独立性。

否认经济法责任独立性的观点认为，法律体系的独立不等于责任的独立。经济法要维护社会整体利益，但是所采取的责任形式仍然是传统的民事责任、行政责任和刑事责任三种方式。

承认经济法责任相对独立的观点认为，经济法本身是公法和私法的融合，是一种社会法。从制度范畴上看，与社会法相对应的是社会责任制度。这也就决定了经济法责任的社会性。经济法责任既有公法的性质，也有私法的性质，是一种相对独立的责任，在性质上兼具补偿性和惩罚性。

承认经济法责任独立性的观点则主张，研究经济法责任的独立性，应该超越有关法律责任划分的一般理论，摒弃对三大责任的过分强调，看到不同类型的法律责任实际上存在的紧密联系。因为经济法本身的特殊性决定了经济法责任在独立性方面存在许多重要的限定，其中较为重要的有经济性、规制性、自足性和可诉性等，同时也涉及主体角色的特定性、权利与义务的非对称性、非平衡性等。

我们认同第三种观点。在经济法发展初期，由于其与民法、行政法之间的界限不明，作为部门法的地位模糊不清，导致了经济法责任的模糊性。但是，随着经济法地位的逐渐清晰，我们不应再将经济法责任视为民事责任、行政责任或刑事责任的简单相加，而应是与民事责任、行政责任、刑事责任相并列的一种新型的法律责任。它以社会整体利益为本位，并从该角度出发考虑违法者的责任，通过同时运用类似于民事、行政和刑事手段的方式，使违法者承担相应的不利后果。

---

① 转引自翟继光提交的研讨会论文。观点详见吕忠梅等主编：《经济法的法学和法经济学分析》，中国检察出版社 1998 年版；刘文华主编：《新编经济法学》，高等教育出版社 1993 年版；漆多俊著：《经济法基础理论》，武汉大学出版社 2000 年版；张守文等著：《市场经济与新经济法》，北京大学出版社 1993 年版；谢次昌主编：《中国经济法概论》，中国法制出版社 1992 年版；丁关良主编：《经济法》，科学出版社 2001 年版；石少侠主编：《经济法新论》，吉林大学出版社 1996 年版。

三、经济法责任的特点

经济法责任与民事责任、行政责任、刑事责任相比,具有其自身的特点:

第一,经济法责任具有相互分离性。在经济法律关系中,经济管理主体与市场主体并非同类,且不属于同一层面,应分别承担不同的法律责任。

第二,经济法责任具有双重性。"经济法责任由本法责任和他法责任构成。本法责任指经济法主体违反经济法的规定所应承担的法律责任。他法责任指经济法主体在违反经济法有关规定时,也违反了其他法律的相关规定,从而亦应承担其他法律规定的法律责任。"①例如,反垄断法中,当市场主体实施垄断行为时,给第三人造成损失就属于民法上的责任,是他法责任;而因该行为给社会整体利益造成损害所产生的责任,则属于本法责任。

第三,经济法责任具有鲜明的经济性和社会性。经济性是指它是国家在调节经济过程中发生的法律责任。社会性是指这种法律责任直接同社会利益相关。违反经济法所损害的主要是社会整体利益,而承担责任也主要是为了防止、弥补或消除对社会的损害。在经济法的立法和实施中,认定责任条件、界定责任标准、掌握归责原则,最重要的是基于社会总体利益的考虑。②

第四,追究责任手段的综合性。经济法中除了运用经济法自身的手段外,还同时运用民法、行政法和刑法追究责任的手段。这种综合性的方式有利于解决经济法实施中采用任何民事诉讼或行政诉讼、刑事诉讼程序所无法避免的因手段单一而导致的尴尬和困顿。

四、经济法责任的承担方式

有学者提出,经济法责任可分为财产和其他经济利益方面的责任、经济行为方面的责任、经济信誉方面的责任和经济管理行为方面的责任。③

第一,财产和其他经济利益方面的责任(简称财产责任或经济责任)。这是经济法义务违反人因其行为给国家、社会或特定的社会组织与个人造成财产和其他经济利益损害,而应当以属于自己的财产和其他经济利益给被损害者以补偿的承担责任的方式。经济财产责任承担责任的条件是违法行为造成损失,责任范围一般应是等价补偿。

第二,经济行为方面的责任(简称经济行为责任)。这是经济法义务违反人以其经济行为受到某种限制作为代价承担责任的方式。经济行为受到限制,是指限制或剥夺从事某种经济活动的资格和手段,限制其某些经济行为方式。但对责任人经济行为的限制,必须是与其危害行为相关的那些经济活动领域或相类似的经济行为;应受限制的经济活动领域和经济行为种类不宜过广。经济行为责任形式是经济法责任中普遍适用的一种责任

① 寿厉冰、陈乃新:《略论惩罚性损害赔偿的经济法属性》,载于《法商研究》2002年第6期。

② 漆多俊著:《经济法基础理论》,武汉大学出版社2000年版,第190—191页。

③ 同上书,第191—194页。

形式,其适用对象为国家管理经济中的被管理主体。

第三,经济信誉责任。这是经济法义务违反人以其经济信誉受到损失为代价承担责任的方式。所谓经济信誉,是指在经济活动中同他人经济交往方面的信用和声誉。以经济信誉受到损失为代价承担责任,对于违法行为人能起到有力的惩戒作用,防止危害继续发生;同时也能教育、警戒社会上的其他人,消除不良影响。经济信誉责任的适用对象主要是企业及其他生产经营者。承担这种责任的程度和范围,应与其社会危害的大小和范围相当。

第四,经济管理行为责任(简称经济管理责任)。这种责任形式适用于国家经济管理主体,即各种国家经济管理机关及其工作人员。所谓经济管理行为责任,是指违反经济法所规定的经济管理义务的国家经济管理机关及其工作人员,以其经济管理行为受到某种限制为代价,承担责任的方式。经济行为受到某种限制,包括限制或剥夺其经济管理资格(经济管理职权),纠正、调整其经济管理行为。实行这种责任形式,可以终止其继续危害,减轻、补救其危害行为造成的损害,防止危害行为继续发生的可能性,消除其违法行为造成的社会影响。但这种责任形式,在许多国家经济法中,尚未很好确立。例如我国国家经济管理机关因过失导致违反管理义务,很难追究其责任,只是对其负责人和直接责任人员,依据行政法追究其行政责任,或者使他们承担诸如扣发工资奖金的所谓"经济责任"①。

另有学者则认为,经济法的责任应分为固有责任和援用责任。②所谓固有责任,是指经济法本身的性质和特征所决定的责任,主要包括经济责任和组织监管责任。经济责任,是以经济资产作为承担责任方式的责任,它是按照法律规定或约定主体所应该承担的责任;组织监管责任,是按照法律和监管规章规定,被监管主体所应承担的基于国家组织经济和对经济活动进行监督管理所产生的责任,主要存在于国家与经济活动主体的相互关系之中。所谓援用责任是经济法律、法规规定的,但需要适用行政法、刑法或其他法律、法规方能实施的责任形式。

还有观点认为,研究经济法责任,应特别关注惩罚性赔偿制度的建立。该制度与民事责任中只强调对经济损害赔偿的理念相反,兼具赔偿功能、制裁功能和遏制功能。③这不仅充分保护了相对当事人的利益,而且充分维护了社会整体利益,是一种典型的经济法责任。

五、经济法制裁

经济法制裁,是依照经济法律法规的具体规定,由有权限的国家机关、司法机关和仲裁机构所采取的对违法行为追究法律责任的措施。

---

① 漆多俊著:《经济法基础理论》,武汉大学出版社 2000 年版,第 194 页。

② 刘瑞复著:《经济法学原理》,北京大学出版社 2000 年版,第 163—164 页。

③ 王利明:《惩罚性赔偿研究》,载于《中国社会科学》2000 年第 4 期。

(一) 经济法制裁的属性①

经济法制裁的本质属性是一种法律责任措施。不构成法律责任,就不存在法律制裁。实施法律制裁的主体是有权限的国家机关以及人民法院、仲裁机构。这是法律制裁的主体特征。国家机关可以实施制裁,但必须依据法律规定的权限,而没有制裁权限的国家机关,不得实施制裁。除上述三类主体外,其他任何主体均无权实施制裁。制裁是为了保护法律秩序和解决争议而实施法律的活动。这些活动是基于国家的保护职能而产生的,它只能在保护性法律关系范围内实现。

经济法制裁对于保障国民经济顺利发展有积极作用,有其他措施无法替代的功能。第一,财产惩罚功能。这一点在欺诈消费者的惩罚性赔偿机制中体现得较为明显。第二,保障权益功能。经济法主体的合法权益受法律保护。无论是作为管理者的国家还是被管理者的市场主体,均是如此。第三,维护社会经济秩序功能。社会经济的秩序化是进行正常的、健康的经济活动的前提。通过制裁经济违法和经济犯罪行为,可以有效维护法律所设定的市场秩序。第四,恢复经济法制功能。任何对主体权益的侵犯、对财产的侵犯和对经济秩序的侵犯,都是对经济法制的侵犯。如果这种侵犯普遍存在或不能有效制止,则经济法制只能被架空。

(二) 经济法制裁的种类

由于学者对经济法责任的形式分类有所不同,对由此产生的经济法制裁也应作相应的分类。

有学者将经济法制裁划分成七个部类,即:(1)罚款,包括定额罚款、定比例罚款、定倍数罚款、特殊形式的罚款如滞纳金、滞报金等。(2)没收财物,没收的对象是非法经营的工(器)具、原材料和产品以及非法赢利和所得。(3)勒令停业整顿,即强制违法当事人在一定期限内停止行使某项经济活动的惩罚措施。(4)撤销生产经营许可证或营业执照,这是剥夺违法行为人的经济法律资格的措施。(5)行政处分,这是经济行政机关依行政法的规定给予违法行为人的行政制裁,其形式包括通报、批评、警告、记过和开除等。(6)权利主体承担的违法责任,包括赔偿损失、行政处分和责令退赔和罚款。(7)其他制裁种类,如降价、修理、重做、调换和退赔等。②

按制裁的主体划分,经济法制裁可分为经济行政制裁、经济司法制裁和经济仲裁制裁。经济行政制裁,是国家有权机关依照经济法律法规的规定,采取行政决定、命令方式对经济违法行为所实施的制裁,既包括国家工商行政管理部门的制裁,也包括物价、审计、计量、税务等国家经济管理部门的制裁;经济司法制裁,是人民法院依照经济法律法规的规定,采取经济审判方式对违约当事人所作的财产制裁;经济仲裁制裁,是指仲裁机构依照经济法律法规,采用经济仲裁方式对违约当事人所作的财产制裁。③

另有观点则将经济法制裁分为两种情况:(1)对企事业单位、个体经营者和其他个人

① 刘瑞复著:《经济法学原理》,北京大学出版社 2000 年版,第 165 页。

② 朱崇实主编:《经济法》,厦门大学出版社 2002 年版,第 697—698 页。

③ 刘瑞复著:《经济法学原理》,北京大学出版社 2000 年版,第 165—166 页。

等实施的经济法制裁，包括罚款、滞纳金、罚息、减少、停止或提前收回贷款、追回被侵占挪用的资金、收缴应上交收入、没收非法所得等货币制裁；征用、没收、强制许可使用等实物制裁；强制整顿、强制停业、吊销生产许可证、吊销营业执照、强制解散等经济行为制裁；通报批评、撤销荣誉称号、取消或限制从事某些经济活动资格等经济信誉制裁。(2)对国家经济管理机关的制裁，包括责令减免被管理主体按原规定需上交的利润和收费、撤销摊派、停止、纠正或撤销错误或不当干预、管理行为、限制或剥夺经济管理资格等，也可给予赔偿损失等经济责任。①

第四节 经济公益诉讼

诉权是一项基本人权，它与实体权利存在内在的必然联系。法学基本理论告诉我们："有权利必有救济"；"没有救济的权利不是真正的权利"。合法的实体权利都应有相应的诉权，经济法的权利也不例外。经济法在赋予经济法主体经济权利的同时，应当赋予相应的诉权以获得救济。由此，建立经济公益诉讼制度便成为现实的需要。

一、经济公益诉讼的内涵

（一）从经济诉讼到公益诉讼

经济诉讼是经济审判的同义语，经济审判和经济检察共同构成经济司法，经济司法和经济执法共同构成经济法的实施。②对于什么是经济诉讼，学者们有不同表述。有的认为，经济诉讼是指当事人发生纠纷后向人民法院起诉、应诉，人民法院依照诉讼程序对经济纠纷案件进行审理的诉讼活动。③有的认为，经济诉讼是经济法律关系主体对经济权利和经济义务发生法律上的争议，并将争议提交国家司法机关，国家司法机关在争议双方的参与下，根据经济法律法规，遵循经济诉讼程序（或经济特别程序），对争议事实进行审理并作出裁判时发生的诉讼活动和诉讼关系的总和。④有的认为，经济诉讼，它是一种复合型的，但又独具特色的新型诉讼机制。

在近几年，经济法学界又提出用公益诉讼这一概念来诠释经济诉讼。有学者解释：公益诉讼是保护社会公共利益的诉讼，除法律有特别规定者外，凡市民均可提起。现代关于公共利益的保护，由公务员代表国家履行之。罗马法当时的政权机构，远没有近代这样健全和周密，仅靠官吏的力量来维护公共利益是不够的，故授权市民代表社会集体直接起

---

① 漆多俊著：《经济法基础理论》，武汉大学出版社 2000 年版，第 198 页。

② 杨紫烜、徐杰主编：《经济法学》，北京大学出版社 1997 年版，第 772 页。

③ 沈关生：《中国经济法实用全书》，法律出版社 1991 年版，第 617 页。

④ 孟庆瑜：《论中国经济法的诉讼保障机制——中国经济诉讼的反思和重构》，载于《第九届全国经济法理论研讨会论文集》，第 889 页。

诉，以补救其不足。①公益诉讼在各国的表现形式和称谓不尽一致，但却有着许多共同的法律特征。②第一，起诉主体的广泛性。与传统诉讼制度相比，公益诉讼中的原告并不限于具体的合法权利或财产受到损害的特定人。起诉资格的真正问题是"申请人是否能表明一些实质性的不负责任或滥用职权，而不是是否涉及它的个人权利或利益"。第二，利害关系的不特定性。在公益诉讼中，违法行为侵犯的对象是公共利益，对于普通民众往往只有不利影响，而无直接利益上的损失。即便个案中该行为在侵犯公共利益的同时也触及特定人的直接利益，法律仍然允许在该特定人不愿、不敢或不便提起诉讼之时，普通民众为了公共利益之维护而向法院提起公益诉讼。第三，受案标准的严格性。即使是极力支持扩大原告资格范围的丹宁法官也认为"法院不愿意倾听多管闲事人的意见"。严格公益诉讼受案范围，可以有效防止原告滥诉。

(二) 经济公益诉讼的内涵

所谓经济公益诉讼，是指依据国家法律规定，由政府部门、社会组织和自然人，根据法律法规的授权，对违反经济法规范、侵犯国家利益和社会公共利益的行为，向法院起诉，由法院追究违法者经济法责任的诉讼活动。经济公益诉讼与民事诉讼、行政诉讼和刑事诉讼相比，主要有如下区别：

(1) 诉讼目的不同。民事诉讼是为了维护平等主体之间的民事权益；行政诉讼是为了限制行政机关的权力滥用并保护受到损害的公民和社会组织的利益。刑事诉讼是为了惩罚犯罪，保护人民安全和社会安定；而经济公益诉讼是为了确认市场经济中管理者和被管理者的合法行为、制裁违法行为，维护正常的经济秩序和社会整体利益。

(2) 提起诉讼的主体不同。民事诉讼属于"民告民"诉讼，双方法律地位平等；行政诉讼属于"民告官"诉讼，原告只能是处于被管理地位的公民、法人或其他组织，被告只能是处于管理地位的行政机关或授权组织；刑事诉讼属于典型的"官告民"诉讼，除自诉案件外，均由检察院代表国家追究被告人的刑事责任；经济公益诉讼相对比较复杂，既有检察院等机构提起的"官告民"诉讼，也有社会个人或其他组织以个人名义提起的诉讼(当然，其代表的都是国家和社会公共利益)。

(3) 诉讼审查内容不同。行政诉讼是审查行政机关的具体行政行为是否合法以及国家是否赔偿；刑事诉讼是审查行为是否构成犯罪、犯何种罪，应处以何种刑罚；经济公益诉讼则是审查政府经济管理行为或市场主体行为是否违反经济法，是否应承担法律责任以及承担何种不利后果。

(4) 诉讼程序不同。民事诉讼中当事人可以直接起诉，在诉讼过程中当事人有意思自治权；行政诉讼中有些案件需有复议前置程序，被告负举证责任；刑事诉讼以国家干预为原则，当事人依法处分为补充；经济公益诉讼则必须在穷尽其他救济程序后才能提起，国家对经济公益诉讼适当干预，同时，在举证责任配置中原则上实行谁主张谁举证，但个别案件由被告举证。

---

① 周枏著：《罗马法原论》(下册)，商务印书馆 1994 年版，第 886—887 页。

② 蒋安著：《经济法理论研究新视点》，中国检察出版社 2002 年版，第 206 页。

二、经济法可诉性的实现模式

增强经济法的可诉性一方面需要在实体制度上进行不断细化，明确责任制度；另一方面，需要从诉讼程序方面予以制度配合。对于后者，经济法学界进行了有益的探索。有学者提出有两种模式可供选择：一种模式是独立的经济诉讼制度（即独立诉讼型）；另一种模式是完全依附于既有的诉讼制度（即完全依附型）。①我们倾向建立第一种模式。

理由一：从实体法和程序法的关系上讲，经济法作为独立的部门法客观上要求独立的诉讼制度与之配套。有的学者认为，"实体经济法规的大量颁布是经济诉讼产生的逻辑前提"。②有的学者认为，"具有自身质的规定性和量的规定性的经济法律法规的大量诞生和实施，是经济诉讼得以独立存在的实体法律依据"③。还有的学者认为，"建立独立的经济公益诉讼制度是经济法成为独立法律学科的标志之一"④。

理由二：从社会冲突、社会纠纷的解决机制来看，大量具有独特性质的社会冲突、社会纠纷的存在，客观上要求建立独立的经济诉讼机制。有的学者认为，对于各自拥有不同属性和特质要求的不同类型的经济冲突，不能采用统一的纠纷解决机制来应对，而体现国家干预和社会公益性质的经济冲突的大量存在和尖锐化，是经济诉讼独立存在的社会经济根源。⑤

理由三：将经济公益诉讼完全依附于既有的诉讼制度处理，是无法真正保护社会整体利益的。有的诉讼法学者认为，经济法是民事实体法，而民事诉讼法制度也理所当然地成为经济法的诉讼保障制度。⑥在行政法学界，多数人认为经济法是行政法的一个分支。有关经济法的诉讼理应纳入行政诉讼的范围。如果运用现有的民事诉讼及行政诉讼程序则只能体现保护私益或国家利益的要求，而社会公共利益的保护就可能成为空缺。

三、经济公益诉讼制度的具体设想

2012 年我国新修订的《民事诉讼法》第 55 条正式引入了"公益诉讼"制度，即"对污染环境、侵害众多消费者合法权益等损害社会公共利益的行为，法律规定的机关和有关组织可以向人民法院提起诉讼"。该规定的积极意义自不待言。但其从制定开始，便具有了两个明显缺陷。其一，能够启动公益诉讼程序的情形非常有限，要么是环境污染，要么是侵害众多消费者合法权益，对于其他损害社会公共利益的行为是否可以适用该程序，并未明确；其二，该规定过于笼统和原则，可操作性差。为此，如何将公益诉讼适用于经济法领域，还需要进一步研究和探讨。

---

① 漆多俊主编：《经济法论丛》第七卷，中国方正出版社 2003 年版，第 357—358 页。

② 顾培东、王莹文、郭明忠著：《经济诉讼的理论与实践》，四川人民出版社 1988 年版，绪论第 3 页。

③ 孟庆瑜：《论中国经济法的诉讼保障机制——中国经济诉讼的反思与重构》，载于《现代法学》2002 年第 2 期。

④ 陈运华：《经济公益诉讼若干问题研究》，载于《当代法学》2002 年第 4 期。

⑤ 孟庆瑜：《论中国经济法的诉讼保障机制——中国经济诉讼的反思与重构》，载于《现代法学》2002 年第 2 期。

⑥ 江伟主编：《民事诉讼法》，高等教育出版社、北京大学出版社 2000 年版，第 18—19 页。

(一) 经济公益诉讼提起的主体

1. 国家机关

在经济公益诉讼中,提起诉讼的可以是享有特定经济案件诉讼实施权的行政机关如反垄断执法机关或人民检察院。行政机关享有其主管范围内经济案件的起诉权,检察机关则享有涉及社会公共利益案件的起诉权。①

检察机关提起诉讼符合公正、效益的诉讼法价值目标。同时,由于经济违法行为本身所具有的侵害不特定人经济利益的特点,决定了经济诉讼主体的多样性,由检察机关代表公众提起诉讼,可以避免由于当事人在各地法院分别立案出现的人民法院对同一或者同类案件作出互相矛盾的判决的现象;能够节省众多受害人的人力、物力和财力,使他们免受诉讼之累;能够把涉及众多当事人,且案情复杂的案件合并在同一诉讼中,大大简化诉讼程序,便于法院集中精力解决有重大影响的纠纷,切实维护社会经济秩序。②

在发达国家,由检察机关对此类案件提起诉讼已经是一种普遍的做法。在美国的反托拉斯诉讼中,国家受到反托拉斯法禁止行为的损害,可由检察官代表国家提起诉讼,使国家获得赔偿;州司法长官则可代表公众,以本州的名义在本州法院起诉,防止和限制托拉斯行为,确保受害人获得金钱救济。③在我国,一些地方的检察机关也进行了有益的探索。例如,在 1997 年,河南方城检察机关第一次提起了国有资产流失的诉讼。

2. 公民或组织

经济公益诉讼的原告,既可以是具体侵权行为的受害人,也可以是无直接利害关系的一切公民或组织。为了解决经济法的可诉性缺陷,应努力突破传统当事人理论关于只有诉讼利益的归属主体才能成为具体案件当事人,享有程序法上的相应权利的旧理论。非直接利害关系人可以成为诉讼当事人,在国际上已经有相当的实践经验。美国的《清洁水法》第 505 条规定:允许公民或各州对任何被指控为违反《清洁水法》的人提起诉讼。④美国反托拉斯法也规定,任何人和任何组织对违反反托拉斯法造成威胁性损失或损害的行为,不仅可向法院起诉获得禁止性救济,在胜诉后还可获得奖励。可以说,将无直接利害关系的个人或组织作为维护社会公共经济利益的起诉人,是经济公益诉讼的突出特点。

这里需要说明的是,由社会组织作为经济公益诉讼的起诉人,能够有效解决卷入纠纷的当事人数量众多或当事人无法确定,个体受侵害的数额微小以及个人起诉搭便车等问题,因而值得肯定。

(二) 经济公益诉讼的受理

从域外实践来看,各国设置法院的模式并不完全一样。大陆法系国家一般将法院划分为若干部门,如宪法法院、行政法院和普通法院。法院一般也是根据自己所适用的部门

① 孟庆瑜:《论中国经济法的诉讼保障机制——中国经济诉讼的反思和重构》,载于《第九届全国经济法理论研讨会论文集》,第 892 页。

② 颜运秋著:《公益诉讼理念研究》,中国检察出版社 2002 年版,第 361 页。

③ 单飞跃:《经济法理念与范畴的解析》,中国检察出版社 2002 年版,第 316—317 页。

④ 韩志红、阮大强著:《新型诉讼——经济公益诉讼的理论与实践》,法律出版社 1999 年版,第 248 页。

法来设置内部机构。①英美法系国家由于法律传统不同,没有严格的部门划分,因此法院设置也没有明显的部门法倾向,法院系统和其内部机构都比较单一。除俄罗斯联邦高等仲裁法院设有经济庭外,一般并没有经济审判庭的内设机构。当然,这并不表明这些国家和地区没有体现司法干预社会经济生活的审判机构,他们往往通过设立专门法院或专门法庭来解决有关反垄断、反不正当竞争、消费者权益保护、自然资源与环境保护、税收、金融以及社会分配等方面的经济纠纷。例如,德国设有劳动法院、社会法院、财政税收法院;芬兰设有水域权利法院;美国设有联邦税务法院;意大利设有审计法院;等等。②

在我国,1979 年五届全国人大二次会议通过的《中华人民共和国人民法院组织法》确定了经济审判庭的建制,1983 年第六届全国人大常委会第二次会议通过的《关于修改〈中华人民共和国人民法院组织法〉的决定》明确规定最高人民法院、高级人民法院、中级人民法院都应设经济审判庭,基层人民法院可以设经济审判庭。但是,2000 年最高人民法院启动机构改革工作,撤销了经济审判庭,将经济(知识产权)、交通运输纳入民事审判的大类。对此,在经济法学界引起了相当大的反响。不少学者建议:在法院内部应当建立新的经济庭,专审经济公益诉讼案件。有的学者甚至主张,在各级人民法院之中均应设立经济公益审判庭。③

(三)经济公益诉讼的基本形式

经济公益诉讼的基本形式之一是代位诉讼。有学者提出,有必要以现行民事诉讼制度为基础,构建相对独立于民事诉讼且兼有公诉、私诉特点的社会保障诉讼制度,制定相应的特别诉讼法。④其中,可以参照美国政府采用第三人代位诉讼制度,新设社会保障第三人代位诉讼制度,授权公民和法人对侵犯社会保障基金的行为,作为代表社会公益的第三人依法提起公诉。这将比授权公民、法人举报更能有力和快捷地保护社会保障基金。在进行制度设计时,法律可赋予工会等职业性社团以原告资格。我们注意到,20 世纪初的法国已经作出了承认职业性社团诉讼资格的司法判例,并由随后的一项法令加以确认,许可某些组织,诸如工会或在公共福利领域进行工作的社团保护其成员的共同利益。⑤如法国行政法院"广泛受理了工会对损害其全体成员或部分成员精神或物质利益,具有条理性或集体性的措施提起的诉讼"⑥。

经济公益诉讼的另一基本形式是集团诉讼。"集团诉讼(class action)是指由一人或一小部分共同诉讼人代表自己和同时代表具有共同利益的一大批或全体的共同诉讼人进行诉讼的一种制度。"⑦对于集团诉讼,我国法律并无明确阐述。由于诉讼是有成本的,且有些诉讼案件的成本中的一部分是固定的,称之为"固定成本"。当单个主体的诉讼收益小于诉讼成本时,其往往选择放弃诉讼这种途径。为解决这一问题,相应的措施只有选择

① 龚祥瑞:《比较宪法和行政法》,法律出版社 1985 年版,第 121 页。
② 颜运秋:《经济审判庭变易的理性分析》,载于《法商研究》2001 年第 2 期。
③ 韩志红、阮大强著:《新型诉讼——经济公益诉讼的理论与实践》,法律出版社 1999 年版,第 274—275 页。
④ 王利明:《社会保障立法刍议》,载于《法制日报》2000 年 4 月 9 日,第 3 版。
⑤ 王全兴著:《经济法基础理论专题研究》,中国检察出版社 2002 年版,第 222 页。
⑥ 胡建淼著:《外国行政法规与案例评述》,中国法制出版社 1997 年版,第 657 页。
⑦ 蔡彦敏、洪浩著:《正当诉讼法律分析——当代美国民事诉讼制度研究》,中国政法大学出版社 2000 年版。

集团诉讼的方式,同时对提起诉讼的胜诉人实行奖励。集团诉讼使得多个同样受到侵害的弱者团结起来,从而使更多的权利获得保护。

(四) 受理案件范围

经济公益诉讼案件的种类应根据经济法的部门法类别或者经济违法行为所侵害的客体性质来区别,一般可包括:审理垄断、限制性商业竞争案件的公益诉讼,审理涉及规制市场主体案件的公益诉讼,审理涉及国家宏观调控案件的公益诉讼,审理涉及税务案件的公益诉讼,审理涉及消费者权益保护案件的公益诉讼,审理涉及社会金融案件的公益诉讼,审理涉及社会保障案件的公益诉讼,审理涉及劳动管理案件的公益诉讼,等等。

需要说明的是,由于经济公益诉讼受案范围的大小取决于经济法的调整范围,而经济法的调整范围仍在争议之中,因此,经济公益诉讼的受案范围目前也还未形成定论。

(五) 经济公益诉讼的一些特殊规定

1. 受理

为防止原告滥用诉权,法院应该严把立案受理关。只有在公共利益确实受到违法行为的侵害,影响到大多数人的合法权益,无法直接根据我国现行诉讼法的规定起诉,法院才可以考虑立案受理。

2. 管辖

公益诉讼的一审法院应为作出违法行为的主体所在地的中级法院。因其涉及公共利益,覆盖面广,影响力大,可以认定为属于本辖区内重大、复杂的案件类型;同时,中级法院的法官也更能满足公益诉讼对法官的高素质需要。

3. 起诉保证金

因公益诉讼中原告与案件间缺乏足够的利害关系,这就使原告缺乏相应的动力追求胜诉的效果。为防止原告在启动诉讼程序后,随意退出或无故缺席,造成法院审理机制的瘫痪和司法资源的浪费,可以规定在法院立案受理之时,原告交纳适当数额的保证金,作为保证原告完整地参加诉讼过程的物质制约手段。在诉讼程序终结时,不论原告是否胜诉,法院都将如数退还保证金以及相应的银行利息。

4. 诉讼权利的处分

在经济公益诉讼中,原告变更、放弃诉讼请求,需征得法院的同意,对于调解制度的运用也应限制在一定的范围内。有学者甚至认为,调解原则不适用于由国家机关提起的经济公益诉讼,只适用于由"私人检察官"提起的经济公益诉讼。①

---

① 韩志红、阮大强著:《新型诉讼——经济公益诉讼的理论与实践》,法律出版社 1999 年版,第 259 页。

第二编

经济法律制度变迁史

2

第七章 国外经济法概念的变迁

经济法是一个抽象的概念，一种实在法是否属于经济法的范围必须根据一定的标准进行选择。构成这一选择标准的是经济法的概念。可是，经济法学又是一个新兴的法律学科领域，有关经济法的概念，长期以来争论不休，尚无定论。因而，对于初学者，遇到的第一个难题就是如何理解经济法的概念，而这一难题又极为晦涩，因此很可能令人对经济法敬而远之。但更重要的是对经济法究竟如何看待，是一个无法回避的问题。既然经济法概念尚无定论，不妨对迄今为止的各种学说进行一番探究，洞悉西方经济法概念的变迁历史，论证是非，对锻炼自己的思考能力，无疑是大有裨益的。

第一节 经济法概念的早期使用

一、西方"经济法"的语源

（一）"经济法"的最初提出

法国空想社会主义者摩莱里（Morelly, 1720—1780）在1755年出版的《自然法典》(*Code de la Nature*)①一书中首先使用"经济法"这一概念。②

该书比较全面地叙述了摩莱里的哲学和社会思想，描绘出共产主义社会的轮廓。文中第四篇"合乎自然意图的法制蓝本"部分，设计了一个符合"自然"和"理性"的制度，拟制了一个旨在实现该制度的"法律草案"，共12个部分，117条。依据现代法律的归类方法，摩莱里的法律草案实际上是一个较为完整的法律体系，涵盖根本法、经济法、行政法、婚姻法、教育法和刑法等部门法。其中，第二部分"分配法或经济法"，共12条，对设想的未来公有制社会的"自然产品或人工产品的分配"作出周详的规定。具体包括：建立以公有制为主体的所有权制度；保证每个公民都有劳动的权利和承担劳动的义务；按人口数量实行需求

① 《自然法典》是摩莱里最重要的一部著作。商务印书馆于1959年出版了由刘元慎、何清新根据俄译本译成汉文的《自然法典》；1982年出版了由黄建华、姜亚洲根据巴黎社会出版社1970年版的法文原著译成的《自然法典》中文版，以后多次印刷。本书引文均出自该书1982年5月第1版。

② 对于在国外，谁最先提出经济法这一概念，中国学者一直未停止考证研究，20世纪90年代以前的成果参见王明权主编：《中国经济法情报概览》，武汉大学出版社1989年版，第65页。在此，吸收和总结了迄今为止最新的研究动态与成果，以时间维度更细致地梳理了中国经济法学界对该问题的认识。

平等的分配；强调国家对社会经济生活实行统一和管理；规定公民之间不得买卖或交换等。

在此，"经济法"显然还不是以现实生活为基础的科学概念，而只是一种以唯理论为基础的自然法①构想。抑或正如摩莱里在著作副标题上所指出的"或自然法律的一直被忽视或被否认的真实精神"②，经济法这一未来精神尚未被揭示。

（二）"经济法"的语词继受

1771年，继摩莱里之后，法国重农学派尼古拉·博多(Nicolas Baudeau，1730—1792)在其《经济哲学初步入门，或文明状态分析》一书中，曾使用过类似"经济法"的词语(直译为"经济法规")。他认为，"无与伦比、永恒不变、普遍存在……神圣而重要的"经济法规属于自然法，而且制约着"经济社会"；"经济社会"建立在社会技艺、生产技艺和非生产技艺基础上；这三种"技艺"与弗朗索瓦·魁奈(Francois Quesnay，1694—1774)所区分的三个阶级——有产阶级、农业生产者组成的生产阶级、工商业者组成的非生产阶级——是一致的。③博多领会了任何经济活动都受"经济宪法"制约的真理，之后又为德国的经济法学说所深化。

1843年，法国的著名空想共产主义德萨米(T. Dezamy，1803—1850)在其著作《公有法典》④一书第三章就"分配法和经济法"作专章论述。"经济法"的含义与摩莱里的大致相同。在分配问题上，德萨米接受了摩莱里的思想。他认为，最好的分配方式是按比例的平等或相称的平等，即如摩莱里所说：其首要的规律是"做其所能，取其目前所需"，或者是"本着自己的能力、知识、需要和特长参加共同劳动，并同时按照自己的全部需要来享用共同的产品，享受共同的快乐"⑤。这即为"各尽所能、按需分配"思想的萌芽。然而，德萨米的经济法概念包括的内容比摩莱里的更丰富，涉及各种经济法律制度，主要有：实行公有制；公社是公有制的最好形式；按比例平等分配是最好的分配形式；建立没有贸易的社会制度；重视对劳动关系的法律调整；等等。可见，德萨米的"经济法"并非今日通说特指的调整某一特定社会经济关系的经济法。

---

① 通常指人类所共有的权利或正义体系。作为一般承认的正当行为的一组原则，它常和国家正式颁布并由一定法令施行的成文法(实在法)形成对照。它的历史悠久，在古希腊哲学家赫拉克利特(Herakletos，约公元前535—前475)和亚里士多德(Aristotle，公元前384—前322)的法律思想中，就已经包含了自然法的理论，认为人类的一切法律都因那唯一的神的法律而存在；自然法是反映自然存在的秩序的法。斯多噶学派进一步认为，自然法乃是法律与正义的基础，在整个宇宙中普遍地有效用，它的要求制约着世界各个角落的所有的人。17、18世纪西方法学家，如普芬道夫(Samuel Pufendorf，1632—1694)、托马修斯(Christian Thomasius，1655—1728)、沃尔夫(Christian Wolff，1679—1754)等人主张自然法源于人类理性，是一种普遍的人类正义，并随着社会一起变化。19世纪末，产生了新自然法学，主张自然法就是社会理想，不是具体的法律制度，而是衡量实在法是否正义的标准。参见何勤华主编：《西方法学流派撮要》，中国政法大学出版社2003年版，第1—27页。

② [法]摩莱里著：《自然法典》，黄建华、姜亚洲译，商务出版社1982年版，扉页。

③ [法]阿莱克西·雅克曼、居伊·施朗斯著：《经济法》，宇泉译，商务印书馆1997年版，第2页。

④ 该书于1959年分别由我国三联书店和商务印书馆出版，该版本根据俄译本转译。1982年商务印书馆的新版系根据巴黎社会历史出版社1967年法文版重译，译者是黄建华、姜亚洲。本书引文均出自该书1982年版。

⑤ [法]泰·德萨米著：《公有法典》，黄建华、姜亚洲译，商务出版社1982年版，第17页。

然而,对摩莱里、德萨米空想社会主义理论的追溯,其考察意义远非仅在于对经济法词义的考证,更重要的是他们为其“理想王国”所构建的“法制蓝图”中,以最大的关注阐述了其建立公有制所有权制度和实行国家对社会经济统一管理的经济法律思想。了解这些思想的脉络有助于理解时下西方各国经济法学诸流派,现代经济法学诸流派何以会负载着一定的内涵与特色,朝着经济领域权力与权利整合的方向,沿着一定的轨迹产生和发展的法律思想史的历史渊源性原因。

(三)“经济法”的概念雏形

1865 年,法国小资产阶级激进派皮埃尔·约瑟夫·蒲鲁东(P. J. Proudhon, 1809—1865)在其著作《论工人阶级的政治能力》一书中,使用了“经济法”这一概念。他提出,法律应该通过“普遍和解”的途径解决社会生活的矛盾。但是,不改组社会,“普遍和解”就无法实现——而且,构成新社会组织基础的,就是“经济法”(droit economique)。因为公法(droit public)和私法(droit privé)都无助于实现这一目标:一个会造成政府过多地限制经济自由的危险,另一个则无法影响经济活动的全部结构。

因此,他认为社会组织将建立在“作为政治法和民法之补充和必然结果的经济法”的基础上,进而指出经济法是“公正原则应用于政治经济学……[成为]相互关系条例”①。所谓相互关系,意味着分享土地、划分财产、劳动不受约束、行业分离、职权有特别规定、按个人劳动或集体劳动确定个人负责或集体负责、将管理费用减到最低程度、消灭寄生现象和贫穷现象。②在此,蒲鲁东强调,“经济法应该是在参加经济活动的各集团之间达成协议之初形成的。其目的在于维护社会正义”③。他视经济法为社会的治疗救济的手段,认为贫困和犯罪的最终原因即在于经济到处被破坏,其救济方法即在遵守相互性并由此向经济法回归。

1869 年,蒲鲁东在另一著作《战争与和平》中提出了“经济法权观念”④,但其目的不在于阐述经济法问题,而是为了发挥他的“永恒公平”原则。⑤

应当说,蒲鲁东对经济法的理解,已相当接近现代经济法的主张,触及到经济法的一些本质属性。他对经济法概念的贡献在于,他的豁达大度的观点显然预示着构成现代经济法特征之一的“协商经济”。因此,中国国内有学者提出,现代经济法概念的开山鼻祖应为蒲鲁东。⑥

二、西方“经济法”的歧义

中国现有众多经济法学资料认为,德国学者奥特(Oitter)(也称莱特,Retter)在 1906

① [法]阿莱克西·雅克曼、居伊·施朗斯著:《经济法》,宇泉译,商务印书馆 1997 年版,第 3 页。
② 同上书,第 114 页。
③ 同上书,第 3 页。
④ 《马克思恩格斯选集》第 2 卷,人民出版社 1997 年版,第 53 页。
⑤ 王保树著:《商法的改革与变动的经济法》,法律出版社 2003 年版,第 338 页。
⑥ 张世明著:《经济法学理论演变研究》,中国民主法制出版社 2002 年版,第 18—23 页。

年创刊的《世界经济年鉴》中首先使用了“Wirtschaftrecht”(译为“经济法”)这一概念,用来说明与世界经济有关的各种法规,但并不具有严格的学术意义。①

中国学者张世明在2002年4月版的《经济法学理论演变研究》中指出,就其掌握的德文资料中并无莱特在《世界经济年鉴》上使用“Wirtschaftrecht”的记载。②另一学者肖江平在2002年10月版的《中国经济法学史研究》中对此也作了详细的论证,得出的结论是:即使确有此事,但认为属现代意义上的使用是没有语义学和经济法学上的依据的。③

日本经济法学家金泽良雄在《经济法概论》中的论断是十分中肯、客观的。他认为,据田中耕太郎“经济法”(《岩波法律学辞典》Ⅰ第558页)指出,“Wirtschaftrecht”一词,在1906年创刊的《世界经济年鉴》中,每年由利特勒(即又译为莱特)用来说明世界经济有关各法,但并不是用在科学的意义上的。④

因此,诸多教科书中将莱特最初使用的“Wirtschaftrecht”直接译为“经济法”是不甚严谨的。同时,将莱特使用“Wirtschaftrecht”推定为“首次现代意义上的使用”,也是值得商榷的。

一般地说,对德国法学家是经济法先驱的看法,应该也有所保留。法国学者阿莱克西·雅克曼、居伊·施朗斯认为,在德国普遍接受的用以表示“经济法”的法律规则的词组是“Wirtschaftrecht”,意即经济的法(droit de l'economie)。意大利也是如此,人们的提法往往是“经济的法”(diritto dell' economia),而不是“经济法”(diritto economico)。

必须指出的是,“经济法”与“经济的法”之间有着本质差别。“经济的法”这一概念主要是描述性的,表示适用于经济活动的性质各异的全部法律规则,如民法、商法等也概括在内。而“经济法”这一概念,主要是说明性质的,强调的乃是特殊的法律规则。

诚然,从18世纪下半叶至19世纪中叶,西方国家不断有人使用“经济法”这一概念,但他们均是将经济法作为关于社会的整体理念的一部分,而非在现代意义上指称的市场经济条件下的“经济法”。其原因很简单,因为其时的市场经济正处于蓬勃向上的发展势态,尚未出现19世纪末20世纪初的市场失灵诸问题,也未出现20世纪上半世纪的政府失灵等个案,且当时也没有充分的经济法律现象,为其生成提供的社会和法律基础还未真正形成。

第二节 德国经济法概念的发展

一、德国经济法概念的界定

德国经济法的法律界定,⑤对人类社会的法律文明作出了巨大的贡献。如前所述,

① 杨紫烜著:《经济法》,北京大学出版社、高等教育出版社1999年版,第24页。
② 张世明著:《经济法学理论演变研究》,中国民主法制出版社2002年版,第23页。
③ 肖江平著:《中国经济法学史研究》,人民法院出版社2002年版,第57页。
④ [日]金泽良雄著:《经济法概论》,满达人译,中国法制出版社2005年版,第2页。
⑤ 何勤华主编:《德国法律发达史》,法律出版社2000年版,第289—293页。

“经济的法”或“经济法规”(Wirtschaftsrecht)作为一个法律概念率先由德国提出,用以概指德国一战前后制定的一批以经济统制为要旨的经济类法规。之后,随着越来越多的法学学者的专门性研究,Wirtschaftsrecht 渐成为一门独立部门法意义的“经济法”。

现代经济法概念的形成,肇始于第一次世界大战前后的德国。其时,在德国,由于战时经济政策,经济领域出现了新的立法活动和法律现象。例如 1915 年发布了《关于限制契约最高价格的公告》,1916 年和 1917 年发布了《确保国民粮食战时措施令》,为了确保战时需要的公告,还颁布了许多最高价格的有关命令和规则,并实行了战时冻结。战争结束后,德国又开始涌现了有关战时经济复兴的法令,如 1918 年颁布了《战时经济复兴令》。另外,还出台了一系列在《魏玛宪法》(1919 年)体制下的社会化法和其他新的法律现象。例如,1919 年颁布了《经济经过法》、《社会化法》、《煤炭经济法》、《碳酸钾经济法》;1923 年颁布了《防止滥用经济力法令》(即《卡特尔令》)。

这些法规有一个共同的显著特征,即强化了国家对于社会经济的干预和调节。根据这些经济法规的规定,国家以自己为一方主体同其他社会主体发生权利义务关系,这大大突破了历来自由主义经济的自由放任原则,与确保个体自由的民法有着显著不同。根据其规定,国家注重借助这些新法规,影响并调节社会经济的结构和运行,也有别于行政法。

受此法律现象的刺激,引发了德国法学界的注意与兴趣。第一次世界大战后,德意志法学会在理论界开展对“经济法”界定的广泛讨论。起初,有些学者认为这种法律现象同战争有关,将其称为“战时经济统制法”;之后,又认识到,这类法规的出现并非只与当时的战争相关联,而有着更为深刻的社会经济根源,即使战争结束以后,国家对经济的许多干预、调节措施仍不可缺少。于是,许多学者把这类法规统一称为“经济法”,对其进行集中研究,取得了大量成果。正如当代德国学者克里谢尔(Kroeschell)在《20 世纪德国法律史》中指出的:“经济法最初通常以企业法(Fabvivrecht 或 Industrierecht,也译为‘工业法’或‘产业法’)命名,主要从魏玛时代开始作为独立的法学领域看待。”①从此,经济法如雨后春笋欣欣向荣。

例如,1916 年,德国学者赫德曼(T. Hedemann)在《经济字典》上曾使用“经济法”这个概念。②1920 年,他还成立了经济法研究所(Institut fur Wirtschaftsrecht),开课讲授经济法,并主持有关经济法的杂志和丛书的刊行,对经济法的传播有着重要贡献。③1921 年,他在尼帕达《契约强制论》的序文中,指出属于经济法的主要法律有四类:工会法、经济的契约法、劳动法和土地法。④

其他学者也纷纷著书立说,如 1920 年,鲁姆夫(Rumpf)的《经济法和经济法学者》;1921 年,卡斯凯尔(Kaskel)的《法律和经济》;1922 年,阿·努斯鲍姆(Nussbaum)的《德国新经济法》、赫德曼(Hedemam)的《经济法基础》、盖勒(Geiler)的《新经济法的社会组织理论》;1923 年,哥尔德施密特(Goldschmidt)的《帝国经济法》;1926 年,威斯特霍夫(Weast-

---

① Kroeschell Karl, *Rechtsgescicte Deutschlands im Jahrhunderten*, Gottingen, 1992, p. 60. 转引自张世明著:《经济法学理论演变研究》,中国法制出版社 2002 年版,第 37 页。

② 王明权主编:《中国经济法情报概览》,武汉出版社 1989 年版,第 65 页。

③ 漆多俊著:《经济法基础理论》(第三版),武汉大学出版社 2000 年版,第 89 页。

④ 肖江平著:《中国经济法学史研究》,人民法院出版社 2002 年版,第 57 页。

hoff)的《经济法的体系》;1929 年,拉德勃鲁赫(Radbruch)的《法学导论》等相继出版,就经济法的概念、经济法地位等诸多问题进行了缜密的分析和精辟的界定,由此形成了各种理论和学说。

与此同时,1921 年,德意志法学会决定设立经济法部(Wirtshaftsrechtliche Abteilung),与公法部、私法部相并而立。德国遂被誉为"经济法母国"。

然而各种经济法概念、各种理论与主张,孰是孰非不能一概而论。对于第二次世界大战后,德国经济法概念学说的概观及评论,更是众说纷纭,莫衷一是。

埃希勒(Eichler)在《经济法》(*Wirtschaftsrecht*)一书提出的关于德国各种经济法学说的五分法,得到世人的广泛赞同。其分类为:(1)"集合"理论(Sammel Theorie);(2)"作为组织经济的法的经济法"理论(Wirtschaftsrecht als Recht der Organisierten Wirtschaft);(3)"作为企业主的法的经济法"理论(Wirtschaftsrecht als Recht der Unternehmer);(4)"世界观"和"法学研究的社会学方法的见解"理论(Weltanschauliche Theorie und Rechtssoziologische Auffassung);(5)"作为经济法中心概念的经济统制"理论(Lenkung der Wirtschaft als Wirtschaftsrechtlicher Zentralbegriff)。

日本当代经济法学家金泽良雄则将埃希勒上述第(2)、(3)种合称为"对象说",将第(5)种学说称为"机能说"①。

上述诸论大致可分为两大类:第一类是侧重于强调经济法是一个独立法律部门并加以论证的理论;第二类是不强调经济法是一个独立的法律部门,甚至否认其存在的理论。②前者如组织经济法说、企业管理说、经济统制说;后者如集成说、世界观说、社会学方法说等。

二、德国经济法概念的演变

由于经济法概念较新,所涉及的经济生活诸领域变化万端,日新月异,加之它与传统法律部门又存在着新的法律制度、法律意识的冲突,在经济法概念上就形成了多种学说,彼此要达成共识甚为艰难。然而,也正是这一百家争鸣的结果促进了德国经济法概念的形成与发展。倘以时间为脉络,梳理德国的经济法概念诸说,有助于厘清德国经济法概念的演变历程。德国经济法概念的形成与发展可以分为以下三个不同的时期。

(一) 第一次世界大战到经济危机时期

这一时期是德国经济法概念形成阶段。第一次世界大战之前,德国是否存在经济法法源,对此,德国学者的看法不一。例如,林克(Rinck)就认为德国在第一次世界大战爆发以前,尚没有一套经济政策与法律体系对经济活动进行系统的管理与引导,因此这一时期尚没有经济法存在。但多数德国学者如赫德曼(Hedemann)、施密特-林普勒(Schmidt-Rimpler)、施卢普(Schluep)、施泰因多夫(Steindorff)都认为法学界在 20 世纪初以"工业

① [日]金泽良雄著:《经济法概论》,满达人译,中国法制出版社 2005 年版,第 6—7 页、第 8—9 页。

② 张守文、于雷著:《市场经济与新经济法》,北京大学出版社 1993 年版,第 34—37 页。

法"(Industrierecht)的名称所讨论的法律问题,除劳工法之问题因已自成独立的法领域外,仍多为现代经济法的研究课题,虽然当时多以私法规定及原理解决之,但仍不失现代经济法源起的构成部分。①

第一次世界大战之后,主要在20世纪20年代,就经济法概念的界定,出现了多种学说观点,具体分类为:

(1) Sammel theorie,原意为集合、聚合、集中、收集、搜集,日本学者金泽良雄等人称为"集成说"、丹宗昭信等人则称为"搜集说"。此学说未明确提出经济法是独立法律部门,而将其视为综合概念看待,用以概括第一次世界大战期间及其后德国出现的新法律现象。其代表人物是努斯鲍姆(Nussbaum),他是柏林大学编外教授。

努斯鲍姆认为,凡是以直接影响国民经济为目的的规范的总体就是经济法。因而,间接影响到国民经济的法律,如财政法,以及只以个人生活为对象的法律,如民法,则应排除于经济法之外。②简言之,经济法是一系列法律规范的综合。他主张,在经济领域运用其法律事实探求的方法,这与社会学的方法是相通的,是与所谓"概念法学"相对的。③他已觉察到公法私法的混合形态,提出经济法乃当时新兴的兼具公法与私法性质的经济法的总汇。在他的学说中,劳动法是包含于经济法之中的,而税法、公保险是排除于经济法的。

这是德国法学家试图对经济法作一定性阐释,虽略显粗糙,但却极具开拓性。

(2) Wirtschaftsrecht als Recht der organisierten Wirtschaft,即"组织经济法说"。其代表人物是哥尔德施密特(Goldschmidt)。他主张:"经济法是组织经济固有之法。"他指出,所谓"组织经济",就是以改进生产力为目的而规制的交易经济和共同经济。组织经济在国民经济中占有独立地位,而以此组织经济的固有之法称为经济法,并把它作为独立的法律分支。④所谓组织经济"固有"的意义,哥尔德施密特阐释为,"经济法正是与被规制的交易经济和共同经济相对应的。在这种经济法中,仅仅过去的法分科中完全或适当地位未能发现的法规属于其中范围,经济法是本质上崭新的法的界定。当然,如上所述,经济法是新的法分科,这仅仅是在与社会经济的新的种类的经济政策相对应的意义上所说。"⑤

这一学说是基于对卡特尔、辛迪加等市场支配现象较为明确的认识,将"卡特尔和垄断以及其他的共同经济称为组织起来的经济,并把这种经济作为经济法的对象"⑥,倡导把社会学的方法与经济政策的观点加以结合,界定经济法。这种观点得到著名法学家拉德勃鲁赫(Radbruch)的支持。

(3) Wirtschaftsrecht als Recht der Unternehmer,即"企业管理法说"。其代表人物是

① 张世明著:《经济法学理论演变研究》,中国民主法制出版社2002年版,第69—70页。
② Nussbaum, *Das neue deutsche Wirtschaftsrecht*, 1922. 转引自[日]金泽良雄著:《经济法概论》,满达人译,中国法制出版社2005年版,第9页。
③ 张世明著:《经济法学理论演变研究》,中国民主法制出版社2002年版,第70—71页。
④ Goldschmidt, a. a. o. pp. 3—12. 转引自[日]金泽良雄著:《经济法概论》,满达人译,中国法制出版社2005年版,第9页。
⑤ 张世明著:《经济法学理论演变研究》,中国民主法制出版社2002年版,第80—81页。
⑥ [日]丹宗昭信、厚谷襄儿编:《现代经济法入门》,谢次昌译,群众出版社1985年版,第3页。

卡斯凯尔(Kaskel)。他着眼于作为经济法对象的"人",以经济性企业者为中心概念。①他主张:经济法是有关企业管理的专门法,商法是有关商业的专门法。由于企业管理是企业主的事,因而经济法也是企业主的法。他提出,经济法是作为具有与劳动法相对意味的经济的企业者的特别法。换言之,经济法的概念为:有关经济的企业者的法律上的地位加以规制的特殊规范的总体。②与此同时,他也认为,关于经济企业者的法并不全是经济法,只有规制"企业管理或完成经济企业者的事业而产生的关系",才是经济法的对象。③

此种观点得到豪斯曼(Haussmann)的支持和发展。豪斯曼认为,正如商业活动领域限定传统商法的特定素材一样,今日的经济活动的重点,不仅限于商业,而且也表现在生产、加工、银行、金融等各个方面,这样的企业活动的法律,要求与商业企业活动的法律具有同等的资格。④因此,他指出,各种企业都是现代经济不可或缺的,其发展需要经济法的调整。

(4) Weltanschauliche Theorie und Rechtssoziologische Auffassung,即"世界观说"与Rechtssoziologischer Auffassung,即"社会学方法说"。"世界观说"的代表人物是赫德曼(Hedemann)。他主张:以具有现代法特征,并渗透于现代法的经济精神为基调之法称为经济法。他认为,法学研究应注重时代精神,正如18世纪中以"自然"为该时代的基调一样,在现代则以"经济性"(wirtschaftlichkeit)作为时代的基调,而以此经济性为特征的法为经济法。⑤他提出,经济法是"现代法全体的基调"或"一般时代思潮的反映"。他坚信,正如18世纪,以"自然性"为其时代精神而导致自然法的兴旺一样,现代社会的经济发展必然导致经济法的发达。

该观点提出了经济法研究的一种方法论,但并未对经济法是否是独立的法律部门加以诠释。故一般将其归入"否定经济法"的阵营之中。

"社会学方法说"的代表人物是鲁姆夫(Rumpf)、盖勒(Geiler)和威斯特霍夫(Westhoff)。鲁姆夫主张,以对法律领域中经济的客观实际部分所作的法学上的全面探讨,理解为经济法的研究,企图从这一论点出发,来建立综合民法和商法的经济法的基础,并使这样的私人经济法与公共甚至国家经济法既对立,又在整个法学体系中使两者处于统一综合的地位。⑥鲁姆夫的观点集中于《经济法意义》(Der Sinn des Wirtschaftsrecht)一文中,主要特色就是倡导完全法的或完全法学(Vollrechtliche od. Vollrechtwissenschaft)。

---

① Kaskel, *Begriff und Bestandteile des Wirtschaftsrechts*, *Recht und Wirtschafts* 1921, p. 211; Gegenstand und systematischer Aufbau des Wirtschafts als Rechtsdisziplin und Lehrfach Jw. 1926, 11ff. 转引自[日]金泽良雄著:《经济法概论》,满达人译,中国法制出版社2005年版,第10页。

② 张世明著:《经济法学理论演变研究》,中国民主法制出版社2002年版,第88页。

③ [日]丹宗昭信、厚谷襄儿编:《现代经济法入门》,谢次昌译,群众出版社1985年版,第2页。

④ Haussmann, *Rechtsstaat und Wirtschaftslenkung*, 1938, p. 138; Die Grundlegung des Rechts der Unternehmenzusammenfassungen, 1926; Das Recht der Unternehmenzusammenfassung, 1932;转引自[日]金泽良雄著:《经济法概论》,满达人译,中国法制出版社2005年版,第10页。

⑤ Hedemann, Grundzüge des Wirtschaft srechts, 1922;转引自[日]金泽良雄著:《经济法概论》,满达人译,中国法制出版社2005年版,第10页。

⑥ Rumpf, *Rechtswissenschaft als Sozialwissenschaft*, 1929; Wirtschaftsrechtswissenschaft und Wirtschaftshochschule, 1920;转引自[日]金泽良雄著:《经济法概论》,满达人译,中国法制出版社2005年版,第10页。

所谓完全法学，就是在抽象的法规范的支配下，对当时德国生活的事实加以探索的法学。

盖勒则主张，经济法无非是在有关经济生活的法律领域中，适用法学研究的社会学方法而已。①他承继了施塔姆勒(Stammler)的观点，将法和经济的关系视为形式与资料的关系，进一步理解为以此形式为内容的有规律的形式化。

威斯特霍夫甚而认为，一切有关经济的法律均为经济法。②首先，他把个人主义和协同主义视为人类基本冲动，认为经济法涉及经济生活的全部法规范，并可区分为私人经济、社会的公共经济、团体的公共经济、总体经济及世界经济等法体系。在此，私人经济法与协同经济、全体经济各法体系相对立，个人主义产生资本主义，与资本主义相对的社会主义，是以作为与个人主义相对立的协同精神为出发点，新的经济形式(形态)是以新的经济秩序为前提的。③

严格说来，这一"社会学方法说"不应该被看作是有关经济法"概念"的学说。④故这一主张也被纳入到"否定经济法"阵营之中。尽管如此，这些否定经济法的想法与认识，对科学界定经济法概念仍极具启发意义。

必须指出的是，并非各种经济法理论都是孤立存在、毫无共通之处的。事实上，德国经济法是由德意志社会孕育了这一新兴的法域。根植于这一社会经济基础之上的经济法理论在不同程度上产生了相互的影响。当代日本另一经济法学家丹宗昭信在《现代经济法入门》中就此揭示道："从这样的观点来看第二次世界大战结束前德国的经济法学说(第一次大战后经济法的学术探讨也最活跃)，就会发现在这些学说中，一方面虽然有认为经济法不是独立的法律分科，而只不过是企图指出当时各种经济关系法的倾向的观点，如赫德曼的世界观说和鲁斯巴姆的搜集说以及把新的经济关系法包括在行政法体系中而认为仅仅是经济行政法的弗巴的学说等。但是，另一方面主张经济法是独立的实体的法律分科的学说也不少。"⑤究其原因，德国经济法本质上正是适应社会经济调节的法律，各种不同主张或立场均是为了更好地揭示这一新兴法律现象的本质。

(二) 20 世纪 30 年代至第二次世界大战期间

这一时期是德国经济法概念的发展阶段。资本主义世界性经济危机过后，1933 年，德国纳粹党执政，推行"国家社会主义"。国家对经济有计划地进行组织、管理和控制。在此背景下，学者对经济法概念的认识有所转变。其后第二次世界大战爆发，德国国家经济完全被套上战争马车，对这一时期的经济法概念产生了一定的影响。其间，有代表性的学术观点之一，主要是在 20 世纪 30 年代产生的，着眼于法律的机能，并以此规定经济法概

---

① Geiler, *Gesellschaftsrechtliche Organisationsformen des neuern Wirtschafsrechts*, 1922; Beitrge Zum Wirtschaftsrecht, 1931, p. 176ff;转引自[日]金泽良雄著:《经济法概论》，满达人译，中国法制出版社 2005 年版，第 10 页。

② Westhoff, *System des Wirtschaftsrechts*, 1926 Bd. Ⅰ. 1926. Wesen und Grundlage. p. 4;转引自张世明著:《经济法学理论演变研究》，中国民主法制出版社 2002 年版，第 72 页。

③ 张世明著:《经济法学理论演变研究》，中国民主法制出版社 2002 年版，第 72—73 页。

④ [日]金泽良雄著:《经济法概论》，满达人译，中国法制出版社 2005 年版，第 8 页。

⑤ [日]丹宗昭信、厚谷襄儿编:《现代经济法入门》，谢次昌译，群众出版社 1985 年版，第 2 页。

念，故称之“机能说”，它以经济的统制作为经济法的中心概念，又称为“Lenkung der Wirtschaft als Wirtschaftsrechtlicher Zentralbegriff”，即“经济统制说”。具体而言，前期主要有柏姆(F. Böhm)、赫梅尔勒(Heamerle)以及赫尔曼·克劳斯(Hermann Krause)、汉斯·舒曼(Hans Schumann)等人主张该学说。

柏姆(1875—1977)是弗莱堡学派(Die Freiburger Schule)①的重要代表人物之一。1932—1933年，他指出，经济自由的前提应该是，竞争阻止产生经济上的权力，限制现有的权力；因为垄断和卡特尔妨碍价格及时适应市场的需求，竞争则会使企业和价格波动都尽可能好地适应行情波动。据此，他提出了反垄断政策的一些主要原则。②因此，他主张作为经济法的中心概念，必须考虑到在国家统制经济和特定经济政策意义上的经济秩序以及有关的经济制度。③

赫梅尔勒主张，以国家统制经济特有的法律为经济法。④他认为经济法系国家有计划地对经济加以组织与管理之法，并认为经济活动因受国家决策方针的拘束，而逐渐失去自主性。

赫尔曼·克劳斯认为，经济法系有关国家引导与管理经济之方法与推测，以及私人经济活动范围之规范。⑤

汉斯·舒曼也强调经济法系经济引导与管理的法律规范的总称。⑥

继这些人之后，德国又涌现出不少学者支持和丰富了这一学说，如格尔德·林克(Gerd Rinck)、库特·巴勒施泰特(Kurt Ballerstedt)、赫尔曼·埃希勒(Hermann Eichler)等人。

林克主张，将经济法定义为统制、促进或者限制营业活动的法律以及国家性决定的组织。⑦他强调，从国民经济的整体立场出发，由国家对经济发展进行规制。他认为，经济法是为了追求总体经济的正确性和社会的正义性而对独立的营利行为加以促进和限制的法律及国家诸措施的体系。简言之，经济法系经济指导与管理之法(recht der wirtschaftslenkung)。经济法的客体是国家以禁止或命令、限制或奖励而对生产及消费加以影响的法律。⑧

巴勒施泰特也将经济体制作为经济法的基本概念，并在此基础上进行本质的思考。

---

① 该学派也被许多经济学界学者称为属于新自由主义经济学(Der Neo Liberalisms)。这一学说强调，“规制”是有目的，即确保自由主义经济秩序，并主张将确保自由主义经济秩序视为经济法的规制机能。

② 张世明著：《经济法学理论演变研究》，中国民主法制出版社2002年版，第91页。

③ F. Böhm, *Die Wirtschaftsordnung als Zentrallbegriff des Wirtschaftsrechts*, *Mitteilungen des Jenaer Instituts für Wirtschftsrecht*, 1936, Heft31; Die ordnung der Wirtschaft als geschichtliche Aufgabe und rechtssch pferische Leistung, Ordaung der Wirtschaft, 1937; Eichler, a. a. o. s. 22；转引自[日]金泽良雄著：《经济法概论》，满达人译，中国法制出版社2005年版，第10页。

④ Haemerle, *Wirtschaftsrecht als Disziplin*, *Zeitschrift für die gesamte Staatswissenschaft*, Bd, 97(1937) p. 286；转引自[日]金泽良雄著：《经济法概论》，满达人译，中国法制出版社2005年版，第11页。

⑤ 漆多俊著：《经济法基础理论》(第三版)，武汉大学出版社2000年版，第92页。

⑥ 同上。

⑦ Rinck, a. a. o. s. 3；转引自[日]金泽良雄著：《经济法概论》，满达人译，中国法制出版社2005年版，第11页。

⑧ 张世明著：《经济法学理论演变研究》，中国民主法制出版社2002年版，第93—94页。

所谓"经济体制",是指因为各种与全体经济有关的行动是有关利益的结社经济为了互相依存而具有共同体的(共通利害)关系,所以在这个范围内不能不与正义的价值标准相适应。有鉴于此,他的见解是,在承认经济共同体的基础上,经济法即是以此经济共同体的秩序为目标。①

埃希勒则指出,经济法中有两种考察方法。一种考察方法是关联关系的,以某种对象置于这种关系之中而与经济有关,不是以法体系的秩序视角点,也不是从公法私法的区别,而是置之经济的秩序视角点之下。另一种考察方法是将经济领域与以往的体系部门诸如商法、宪法、行政法相对,从探讨带来影响的特别的形成作用的视角点进行研究。他认为这两种观察方法具有完全同等的资格。②

总之,本质上,这一时期德国经济法概念在日益成熟的社会经济、法律基础上,为适应德国经济调节要求的法律进行了简明扼要的界定,形成了更为鲜明的部门法特质。"笼统地说,归属经济法范畴的所有有关的法律规定,它们包括在生产、贸易或金融等领域通过规定、引导或职业方面的调控所进行的干预。既涉及自由市场经济的公共利益,也涉及竞争者在保证自由市场时的私人利益。"③

(三) 第二次世界大战以后德国经济法理论观点

第二次世界大战结束后,德国分裂为东德(德意志民主共和国)与西德(联邦德国)两个国家。东德实行社会主义制度与计划经济体制,西德实行资本主义制度与社会市场经济体制。

所谓"社会市场经济",正如1947年米勒·阿尔玛克所作的权威表述:"它不是自由放任式的市场经济,而是有意识地从社会政策角度加以控制的市场经济";"社会市场经济是按市场经济规律行事,但辅之以社会保障的经济制度,它的意义是将市场自由的原则同社会公平结合在一起"④。因此,战后联邦德国经济及社会立法的启动与深化就得益于这一新兴模式。

战后联邦德国学者对经济法概念的探讨,多以关于决定国家经济基本体制的法律规范,即"经济基本体制法"为其首要的研究课题,并以这些法律规范所树立的架构和原则为基础,系统研究各种调整、管理和引导经济活动的法律措施作为经济法的内容。这一时期有关经济法的学说主张,主要有:⑤

1. 冲突法说

胡贝尔(Ernst Rudolf Huber)认为,经济法系调整经济活动主体,即企业家与劳工,在

---

① 张世明著:《经济法学理论演变研究》,中国民主法制出版社2002年版,第94页。

② H. Eichler, *Wirtschaftsrecht*, 1950. s. 13ff;转引自张世明著:《经济法学理论演变研究》,中国民主法制出版社2002年版,第94页。

③ F. Bauer、G. Walter: *Einführung in das Recht der Bundesrpublik Deutschland*, Verlag C. H. Beck, 1992, p. 118;转引自何勤华主编:《德国法律发达史》,法律出版社2000年版,第293页。

④ 张精华著:《德国市场经济体制》,兰州大学出版社1994年版,第44页。

⑤ [日]廖义男著:《企业与经济法》(台湾大学法学丛书之18),台北1980年版;转引自漆多俊著:《经济法基础理论》(第三版),武汉大学出版社2000年版,第93—95页。

经济活动中的自由与受拘束之间的冲突的特别法,其特征为个人自由与团体或国家对其所为拘束之间的冲突。他认为经济法的内容体系分为:(1)经济私法(wirtschaftsprivatrecht),其内容涉及企业法及私法自治的原则;(2)经济行政法(wirtschaftsverwaltungsrecht),内容涉及国家机关对私经济秩序的管理、干预和引导,以及国家自为经济活动的公营事业;(3)经济刑法(wirtschaftsstrafrecht),关系对违反经济法的刑事惩罚;(4)经济基本体制法,关于对经济秩序与经济体系(市场经济、管理与引导之经济、国家直接支配之经济或混合体系等)所作的基本决定。①

劳申布施(Gerhard Rauschenbach)也认为,经济法为一种冲突法,它以国家行政措施之干预,追求公共的整体利益和社会均等化为目标,并强调经济法与民商法及劳工法等的区别,但认为同宪法及行政法有密切关系。他将经济法的内容分为四部分:(1)经济基本体制形态,经济法中的基本权利及国家经济活动;(2)国家经济机关的组织,各种职业公会和私法上的经济团体;(3)卡特尔法,即研究《营业竞争限制防止法》的规定;(4)经济引导与经济监督,对货币、银行监督与管理、保险业的监督、外贸法规、能源经济、交通经济、价格法律及经济刑法等加以研究。②

2. 机能说

汉斯·卡尔·尼佩代(Hans Carl Nipperdey)认为,经济法系以保障和促进经济发挥其适当机能为目的之公法和私法。其体系安排应顾及传统的法学分类,经济法内容为:(1)经济基本体制法;(2)经济私法,规定私人企业的组织形态、私人企业财产法、企业与企业及其顾客之间的关系;(3)经济行政法,规定国家监督、保护、引导、管理和影响经济的法令措施,以及国家自为经济活动的公营事业;(4)经济刑法,研究对于违反经济法规行为的惩罚规定;(5)经济诉讼法,研究裁决有关经济法上争端的诉讼种类;(6)国际经济法,研究用以确保及发挥国际贸易功能为目的之法律规范。③

3. 经济总体关系说

施密特·林普勒(Welter Schmidt-Rimpler)认为,经济法的任务在于探求社会整体经济利益的运行,在怎样的范围内经由自治自决还是公权决定,能达成正确合理的秩序,以实现法追求正义的价值。因此,凡对经济的形成具有作用的规范,不论其是自治自决或公权决定的规定,皆为经济法。但这些法律规范应涉及总体经济运行,不能仅是个人经济关系的规范,借此以同民商法相区别。尽管经济法也和民法、商法及公司法等一样论及所有权、契约制度及企业组织,但其着眼点并非在讨论所有权人的使用收益权限、契约当事人的权利义务或股东与公司间私人利益的维护上,而是以维护与增进社会整体的经济利益为出发点自成领域。

他主张按经济形成的形态分为竞争秩序与国家引导管理两种。因此,经济法的内容

---

① Huber, *Wirschaftsverwaltungsrecht*, Bd. Ⅰ. 1953; Bd. Ⅱ. 1954;转引自漆多俊著:《经济法基础理论》(第三版),武汉大学出版社 2000 年版,第 93 页。

② Rauschenbach, *Wirtschaftsrecht mit Kartellrecht*, 1965;转引自漆多俊著:《经济法基础理论》(第三版),武汉大学出版社 2000 年版,第 93 页。

③ Nipperdey-Stumpf, *Wirtschaftsrecht*, in: *Handbuch der Wirtschafts wissenschaften*, Bd. 2, 2. Aufl, 1966, p. 633;转引自漆多俊著:《经济法基础理论》(第三版),武汉大学出版社 2000 年版,第 94 页。

包括:(1)竞争秩序的法规,涉及竞争作用的维护、竞争秩序与契约自由的关系、竞争秩序与市场霸力、营业竞争限制防止法规及国际上的营业竞争规则等;(2)国家引导与管理的法规,包括经济机构组织与措施方法的规定。其中引导与管理措施又可分为对企业等的直接管理和通过关税与捐税、公营事业或国家机关调节市场供需、金融货币或经济辅助等措施间接引导和影响经济活动。①

4. 经济协调法说

施勒普(Walter R. Schluep)认为,经济法系经济协调法。它将政治所决定的经济协调模式(自由竞争、国家统筹管理的计划经济或两者的混合)予以法律规范化。他认为经济法体系包括经济基本体制法和协调法,并认为经济基本体制法是制定经济协调体系的法律规范的总称。宪法中规定有使一定协调模式制度化的任务,经济法应使此任务得以具体实现。此外,还有一些在宪法中未明确规定的协调模式。②

5. 经济指导管理法说

格尔德·林克(Gerd Rinck)认为,经济法系以追求总体经济的正确性及社会的正义为目的,而对独立的营业活动加以引导、辅助或限制的法律及国家措施的体系。换言之,经济法系经济指导与管理法。他强调不宜将企业法纳入经济法体系。其经济法的内容体系包括:(1)经济基本体制法;(2)经济指导与管理措施;(3)个别经济行业之秩序;(4)职业公会及经济团体;(5)反不正当竞争法;(6)反限制竞争法。③

6. 经济政策工具说

施泰因多夫(Ernst Steindorff)认为,经济法系追求正义,并为实现总体经济的公共目的而作为调整经济活动工具的公法与私法。经济法以其作为经济政策的工具,并且是一种带有调整作用的工具为特色。经济法的内容分为:(1)经济与宪法;(2)国际间的联系;(3)企业;(4)卡特尔法;(5)不正当竞争;(6)公营企业;(7)社会保护与经济监督;(8)劳工法与经济法;(9)经济之调整;(10)具有特定目的之调整;(11)能源法。④

7. 弗里茨·里特纳(Fritz Rittner)之说

里特纳认为,规定经济运行的法律规范,不论其是公法还是私法性质,皆与其他已存在的法域有不可分离的关联,因此不可能给经济法下一个明确的定义。经济法概念仅可简单描述为所有对经济加以形成及对经济的运行加以规定的法律规范的关联结合。他不怀疑经济法是一个独立法领域。他强调经济法不仅仅具有经济政策的工具性质,也不能使经济法成为行政法的特别领域,而沦为经济行政法。认为经济与社会关系的形成主要依靠个人和私法自治,因此,维持和保障此种形成作用的法律规范,即卡特尔法,才是经济

---

① Schmidt-Rimpler, *Wirschaftsrecht*, in: HDSW Bd. 12, 1965, p. 686;转引自漆多俊著:《经济法基础理论》(第三版),武汉大学出版社 2000 年版,第 94 页。

② Schluep, *Was ist Wirschaftsrecht*? in: *Festschrift für Walthur Hug*, 1968. p. 25;转引自漆多俊著:《经济法基础理论》(第三版),武汉大学出版社 2000 年版,第 95 页。

③ Rinck, *Wirschaftsrecht*, 4. Aufl, 1974;转引自漆多俊著:《经济法基础理论》(第三版),武汉大学出版社 2000 年版,第 95 页。

④ Steindorff, *Einführung in das Wirschaftsrecht der Bundesrepublik Deutschland*, 1977;转引自漆多俊著:《经济法基础理论》(第三版),武汉大学出版社 2000 年版,第 95 页。

法的基本和主要内容;而国家以行政措施对经济所做的引导与管理,仅扮演补充角色而已。他按总则、分则两大部分构造经济法的内容体系。①

(四)当代德国经济法理论观点

当代德国学者在经济法律政策与经济法律理念中间,基于前人的学术观点基础之上又提出一些经济法律理论,主要有以下几种:

1. 泛经济法说

沃·费肯杰(W. Fikentscher)在其代表作《经济法》(*Wirtschaftsrecht*)中,根据经济政策的基本区别,将经济法分为"总论"和"分论",将财产保护、竞争保障和个人自由作为经济法的"总论",并提出对"经济的一般法"和"经济的特别法"加以区别。前一类涉及有关经济活动的根本法律制度(主要是财产法、合同法、竞争法),属于后一类范畴的有政府当局用以对经济活动进行强制性干预的各种具体措施;在后一类中,还可以对职能性"经济的法"(旨在保证贸易和谐进行,或更一般地说,保证经济效率的国家干预)和实用性"经济的法"(与某些特定部门或活动有关的国家干预)加以区别。

他将经济法界定为:"在被设定的经济体制框架之中,为了保护依照经济正义的标准来评价的自我开展的经济生活,作为一般原则通过国家的特别行为(介入),规范经济交易的自由和经济财产的归属的各种重要法律规范的总称。"②他强调,在一般性经济法中,维护市场竞争秩序的竞争法占据着主要地位。这一主张是适应德国经济发展的新形势需要,在"有效竞争理论"的基础上构建起来的。因此,他的经济法概念也被称为"新经济法学说"③。

2. 统制法说

大多数的经济法学者均认为,经济法产生于国家对经济的统制措施以矫正市场效率的弱化。这种统制或公法的干预被沃·费肯杰概括为"特殊部分",这种私法为了兼顾经济决策者的必要性(尤其是为了保障市场)而网开一面。新自由主义学派(der neoliberalen Schule)深刻地影响了经济法理论,在此基础上的统制学派(der Lenkung-schule zur Wirtschaftstheorie)视经济法仅有两个功能,即调整经济和影响经济,将国家视为权威力量,将国家对经济的影响理解为单向轨道。然而,法律与经济媒介的相互作用却是十分复杂的。当代德国经济法学家已经指出,法对经济不仅是行为工具,作为生产要素而且也是对内部经济利益冲突和普遍条件的调节工具,经济法的功能不是二元而是多元的。因此,经济法是因"市场失灵"而作为统制法的。

这一经济法概念的认识实际上否认了经济法为独立的法律部门的特质。在当代德国,仍有一定的学者持这一观点。

---

① Rittner, *Zur Systematik des Wirtschaftsrechts*, in: *Entwicklungstendenzen im Wirrschafts und Unternehmensrecht* (Festschrift für Horst Bartholomeyczik), 1973, p. 319; ders. Wirtschaftsrecht mit Wettbewerbs und Kartellrecht, 1979;转引自漆多俊著:《经济法基础理论》(第三版),武汉大学出版社 2000 年版,第 96 页。

② W. Fkentscher, *Wirschaftsrecht*, Bd. Ⅰ. (München) 1983;转引自王为农著:《经济法学研究法理与实践》,中国方正出版社 2005 年版,第 15 页。

③ 王为农著:《经济法学研究法理与实践》,中国方正出版社 2005 年版,第 15 页。

3. 经济法是对强势者的控制和对弱者的保护的具体化

这种观点的代表人物是哈特(Hart)和耶尔格斯(Joerges)。在对上述关于经济法是国家统制法的流派的反思过程中,另一法律理论流派试图在"经济法"的名号下界定国家和法的交互作用的内容,即控制经济的强势者(这里不仅仅是作为"市场失灵"的调节和修理)和保护经济的弱者(同样独立于市场的效率性)。哈特和耶尔格斯解释为,消费者法通过对市场参与者预设高阻碍影响的解除和其他内容的落实,来实现经济法的这一目的。总之,经济法由个别调整代替了一般性。

布吕格梅埃尔(Brüggemeier)认为,市民法以其形式性和抽象性、积极性和一致性作为私人自治的交易经济的经济法存在于没有强权市场和放弃国家干预的条件下。这种初始状态在19世纪末便不复适宜,至迟在1878—1879年便发生了"保护主义和国家干预主义的转变",自此社会现实成为"非市民的、有组织的资本主义",经济法因此成为必要,目的在于控制经济权势的滥用,调整天然的社会经济的发展,为国家干预的危机管理奠定基础。

还有的学者如艾恩斯特·斯坦多尔夫(Ernst Steindorff)、卡尔·克路泽尔(Karl Kreuzer)认为,经济法是在公共利益与有关的个人私人利益相冲突的范围内,追求公共利益的法律领域。基于此,经济法被比作经济事务领域的强制法。①

4. 经济法作为国家和经济之间相互依存的中介

这种观点的代表人物是阿斯曼(Assmann)。阿斯曼认为,经济法被视为企业法或被视为国家统制法的思想都已经过时。经济法必须表述为国家和经济之间相互的影响和关系。它既非仅仅作为工具法,也非仅仅作为秩序法。通过法律调整仅仅是一方面的意义,干预的反馈必须加以考虑。上层和下层秩序在国家与经济之间的关系中并非固定不变。因此他认为,经济法应视为国家和经济之间特有的交叉关系的表现。②

20世纪80年代,在德国还出现了从系统社会学的角度否定经济法为独立法律部门的观点。这一观点同样认为,经济法是在国家与社会经济系统之间存在的相互依赖的"中介者"——也就是说,经济法仅仅是一个具有特殊性质的法,③而并非是一个区别于民商法和行政法等的具有独立地位的法律部门。该学说的代表人物是泰勒曼(Winfried Tilmann)。他指出,经济法是"具有针对国家与经济之间关系的可操作性法形态,和限定国家使用法律工具之范围的双重任务"的法律。经济法应是国家介入社会经济生活的所有手段共同作用的产物。

综上所述,德国学者对经济法的概念有着各种各样的认识和理解,通常是与本国在不同时期推行的经济政策和经济体制紧密相联系的。但无论是否认经济法具有独立性的学者,还是肯定经济法具有独立性的学者,他们均不约而同地意识到:经济法是一个有别于各传统法律的新的立法现象,是客观存在的法律现象。随着市场经济的快速发展,经济法

---

① [德]尤尔根·巴塞多著:《论经济法上的冲突规则》,刘东华译,赵李欣校,载于《外国法译评》1996年第3期。

② 张世明著:《经济法学理论演变研究》,中国民主法制出版社2002年版,第104页。

③ [日]丹宗昭信、伊从宽著:《经济法总论》,青林书院1999年版,第103页;转引自王为农著:《经济法学研究法理与实践》,中国方正出版社2005年版,第8页。

将发挥着日益重要的作用。

第三节　日本经济法概念的沿革

一、日本经济法概念的继受

明治维新以后，日本在向欧洲学习的过程中，以法、德等大陆法系国家的法律为模式，迅速地走上了法制近代化的道路。第二次世界大战以后，日本又吸收了英美法系的许多成果，法律体系更加完备。其经济法理论起源于第一次世界大战期间及结束初期，日本经济法制建设的实践和对德国经济法理论的继受。究其原因，日、德两国经济体制、意识形态及其与近世跻身于发达国家的经历十分相近，这使日本在法律移植方面成为德国经济法学的直接继受者。

与德国经济法理论的发展相似，第二次世界大战也是日本经济法理论发展的前后两时期的分水岭。在第二次世界大战之前，日本经济法概念主要是对德国诸经济法学说的继受。

二战前日本经济法学界的主流学说，是在德国经济法概念的机能说和对象说的基础上，主张经济法是在国家组织原理支配之下的统制经济固有之法，因其具有特定对象和固有的指导原理而成为独立的法律部门或门类。这一肯定经济法说认为经济法是独立的法律分支，且与公法、私法三分鼎立。

另外，也有学者明确提出了否定经济法的学说，认为它只是分属于历来的公法、私法等法律领域的各种经济法令的汇集综合名称而已。此外，有的学者还主张避免使用引起争论的“经济法”一词，而以“经济统制法”表示有关经济统制的实体法汇集。

具体地说，20 世纪 30 年代起至第二次世界大战结束前，就经济法概念，日本学界主要流派有以下三个：

（一）对象说

这一学说，受到德国哥尔德施密特(Goldschmidt)学说的影响，着眼于高度发展的资本主义阶段的经济现象，并采纳了社会法的观点。另一方面，按照法的适用对象规定了经济法的概念，承认它为独立的法律分支(进而将公法、私法和经济法三法分立)。但为适应国家对经济统制的普遍化现象，又把经济法看作是“统制经济固有的法”。

菊池勇夫认为，“经济法的固有对象是垄断资本主义时代的统制经济立法。这种立法的指导实现思想是社会法学理论，经济基础是国家在宏观上对经济的统制政策。由于经济法具有这种特性和固有的对象，因此，它是超越私法、公法之外的一个独立的法域。”①他提出，经济法作为有关“共同经济”或“社会”的法律规定，是“面向共同经济的经济政策

① 何勤华著：《当代日本法学——人与作品》，上海社会科学出版社 1991 年版，第 339 页。

目标,并赋予计划性的指导权的法的总和"①。

高田源清认为,经济法是从国民经济的立场出发以拘束经济为对象,即从国民经济的立场出发,以对资本主义的自然倾向加以拘束并修正其轨道为内容的"经济的法"②。

桥本文雄认为,经济法是作为国家经济的法制形成的独立法域,是独立的法律部门。他指出:"财政以及社会、经济政策都是依照国家的意思,着眼于形成受统制的经济生活进行着眼于国家经济和规制的国家意思,这便是经济法。于是,国家经济和经济法的关系宛如实质和形式的关系。"③即经济法是关于交易经济的与财产分配有关的规制,亦包括在此意义上的组织经济的固有的法。在此,他强调应将财政及社会政策也作为经济法的基础。

(二) 经济法否定说

日本一些学者大致上是从两个传统法域对经济法加以否定。有的从私法角度认为经济法不能作为一个法的部门,它只不过是分属诸多公、私法的部门之经济性法规的综合名称而已,是经济法令汇集综合的名称。商法学者米谷隆三、西原宽一、大隅健一郎、津曲藏之丞等人从私法观点出发来理解经济法,以企业法为中心,认为经济法就是企业法或者企业者法,将商法与经济法作为企业法来统一理解与把握。而行政法学者美浓部达吉、田中二郎等人则是从公法和行政法的角度研究和理解经济法,其结果是在理论上否认经济法概念的存在。

美浓部达吉认为:"所谓经济法的概念,仅仅是在对关于经济的纷繁复杂的国家法律体系予以系统总结之实际上才可以承认,从法律学角度出发,理论上则是不能承认的。""作为法律学,维持公法与私法的传统分类是正当的,提出经济法的概念并使其取代前两者(公法与私法)在理论上并无正当理由。"④

日本在第二次世界大战前经济法否定说的最典型的代表应首推劳动法学的开创人物孙田秀春。据考证,日本学术界最早采用的对经济法的界定是出于孙田秀春的经济法概念,即经济法是"社会化经济制度的全体"⑤。

孙田秀春将劳动法界定为"社会化劳动制度的全体",与此相对应,提出经济法是"社会化经济制度的全体"。在这种意义上,如同劳动法制是由一个劳动法域形成而产生,经济法制也无疑是由固有的经济法域的形成而产生。他认为,这意味着经济法不仅仅局限于生产组织的问题。假如分配问题、消费问题也受到社会化思想影响,那么就可以纳入总

① [日]菊池勇夫著:《经济统制法》(新法学全集第33卷),有斐阁1939年版,第1页;转引自王为农著:《经济法学研究法理与实践》,中国方正出版社2005年版,第19页。

② [日]高田源清著:《经济法》,1995年改订增补版;转引自张世明著:《经济法学理论演变研究》,中国民主法制出版社2002年版,第105—106页。

③ [日]桥本文雄著:《社会法の研究》;转引自张世明著:《经济法学理论演变研究》,中国民主法制出版社2002年版,第106页。

④ [日]美浓部达吉:《关于经济法的一般的考察》,载于《法律时报》第12卷第8号,1940年;转引自何勤华著:《20世纪日本法学》,商务印书馆2003年版,第497—498页。

⑤ 张世明著:《经济法学理论演变研究》,中国民主法制出版社2002年版,第108页。

的经济法的范围。劳动法是贯穿着人格主义、团体主义的阶级的特别法。企业法和经济法相同都属于社会法的范围，由资本主义精神乃至企业精神加以统一，与劳动法相对立。他进而指出，“社会法是指法学上有特定范围的经济的非独立者的职业阶级法”；“可以把劳动法以外的一切的社会法制用经济法的观念加以统括”①。

（三）统制经济法说

这一学说基本上是基于经济法否定说的立场，但将经济法置于经济统制法之下加以研究，其研究对象十分宽泛。例如，在公法学领域，田中二郎在否认经济法之独立存在的基础上，进一步将其置于行政法各论中予以考察。他将经济法理解为经济统制法，并分为企业统制法、物资统制法、价格统制法等一个个领域予以研究。②此外，牧野英一从刑法角度研究经济统制法；川岛武宜、铃木竹雄等从经济统制及其与民商法关系的角度进行研究。③

但该学说的代表人物首推当代日本经济法学从战前到战后发展的过渡性人物——峰村光郎(1907—1978)。所谓“统制经济法”，峰村光郎在学术研究早期将其界定为“统制经济阶段的法”，有别于“对象说”的“统制经济所固有的法”。

他认为，经济法是以调整国民经济中的需要与供给为目的，以国家对私人企业实行统制为内容的法域，它的形成与资本主义由自由竞争阶段性向垄断阶段过渡、国家实行统制经济相适应，是对自由资本主义之法——市民法修正的产物。④他指出，统制经济在法律上的概念和在经济上的概念是不相符的，按照统制经济法律上的概念，财政法、租税法、军政法、公企业法等仅仅是统制经济存续的条件，而非统制经济所固有的法。他强调，经济法超越了公法与私法的分界，在它们两者之外形成了一个社会法领域。作为国家统制经济的固有法律，经济法具有以调整所谓国民经济的共同经济社会的秩序为已任的鲜明特色，它与公法、私法并列，一起构成了三位一体之现代国家的法律体系。⑤

必须指出的是，峰村光郎的经济法概念在第二次世界大战结束后的50年代进行了重要的修正。随着日本经济形势的深刻变化，他重新界定了经济法，由上述“统制经济法说”修订为“经济从属关系说”，即经济法是“规制经济的从属关系”之法。⑥

二、日本经济法概念的创新

日本的经济体制在第二次世界大战后发生了重大的变化。在恢复和发展经济的过程

① ［日］孙田秀春著：《劳动法通义》，第43页；转引自张世明著：《经济法学理论演变研究》，中国民主法制出版社2002年版，第108页。

② 何勤华著：《20世纪日本法学》，商务印书馆2003年版，第498页。

③ 史际春、邓峰著：《经济法总论》，法律出版社1998年版，第106页。

④ ［日］峰村光郎著：《经济法》，三和书房1953年版，第144页；转引自张世明著：《经济法学理论演变研究》，中国民主法制出版社2002年版，第112页。

⑤ ［日］峰村光郎著：《经济法の基本问题》，庆应通信株式会社1959年版，第169、179页；转引自何勤华著：《20世纪日本法学》，商务印书馆2003年版，第500页。

⑥ ［日］峰村光郎著：《经济法の基本问题》，庆应通信株式会社1959年版，第1页；转引自王为农著：《经济法学研究法理与实践》，中国方正出版社2005年版，第21页。

中，日本非常重视利用法律手段加强对经济的宏观控制，制定了大量的经济法规。各方面经济活动几乎无一例外地被纳入法制轨道，随着被破坏了的市场经济秩序逐渐恢复正常，经济运行也开始步入正常发展轨道，经济法成为了日本战后发展最为迅猛的法律领域。

早期的经济法主流观点，结合战后兴起的超出经济统制范畴的反垄断法，对经济法作进一步深入研究，提出了一些观点。这一时期经济法理论观念也相应地日趋完善，形成独具日本特色的理论体系。

日本的经济法理论观点，主要围绕是否应当将竞争原理作为经济法的基本原理，国家统制经济和禁止垄断法是否应纳入经济法的中心范畴等诸多问题，展开了热烈的论争。至20世纪60年代，日本经济法学界已达成共识，普遍认为经济法应当包括禁止垄断法。

但就如何把握经济法与禁止垄断法的关系，仍存有较大的分歧，为此出现了不同的经济法概念的解说。例如，日本学者们以是否将禁止垄断法作为经济法核心为标准，将经济法诸学说分为两类：一类不以禁止垄断法为核心，如金泽说、今村说、高田说等；另一类则以该法为经济法核心，如丹宗说、正田说等。①

（一）不以禁止垄断法为中心的经济法概念

1. 金泽说，即经济法是为了适应社会经济的调和要求而实施的国家干预之法

金泽良雄(1911—1987)是日本著名经济法学家。其最具代表性的经典著作《经济法概论》就经济法总论、经济组织法、经济活动法三部分作了全面论述，重点是“着眼于经济法的发展与演变”；“经济法是随着各种经济情况的变化而变化，是一种废立频繁的法律领域。追随着这种演变进而探求其时代意义，这对经济法的研究来说，尤为必要”②。

在经济法总论部分，他就经济法概念作了深入的分析。他认为：“经济法不外是适应经济性即社会协调性要求的法律。也就是主要为了以社会协调的方式来解决有关经济循环所产生的矛盾和困难(通过市民法进行的自动调节作用的局限)的法律。换句话说，经济法也就是在资本主义社会，为了以‘国家之手’(代替‘无形之手’)来满足各种经济性的，即社会协调性要求而制定之法。”他提出：“经济性——社会协调性的要求，已如前所述，它因时代和社会，而表现为各种不同的方式。如面对以市民法(契约自由)为媒介所形成的垄断，从通过自由竞争谋求提高生产，丰富消费品的立场(恢复市民法秩序)出发，制定了《禁止垄断法》；应付危机和不景气，从谋求经济稳定的立场出发，制定了卡特尔促进法和稳定供求的法律；为了在通货膨胀发展中和物资不足中保持经济稳定，制定了有关抑制物价和物资分配的法律。这些法律，虽说是立法目的和规制对象各有不同，但都可按照上述的本质，作为经济法来统一加以掌握的。”③

因此，他主张，经济法“是为了弥补民法调整所不及的法律空白状况，即其中包含的与市民社会私人方面相对的公共(社会)方面的法”，只有抓住这一点，才能理解经济法的本质。④

① ［日］丹宗昭信、厚谷襄儿编：《现代经济法入门》，谢次昌译，群众出版社1985年版，第5—8页。

② ［日］金泽良雄著：《经济法概论》，满达人译，中国法制出版社2005年版，著者新版序言，第2页。

③ 同上书，第27—28页。

④ ［日］丹宗昭信、厚谷襄儿编：《现代经济法入门》，谢次昌译，群众出版社1985年版，第6页。

2. 今村说,即经济法是为维护垄断阶段的资本主义经济体制的经济政策立法

今村成和(1913—)是当代日本经济法学家、行政法学家。其代表作有《国家补偿法》、《禁止垄断法》等。其中,《禁止垄断法》初版时是与金泽良雄的《经济法概论》一起,共同作为有斐阁法律学全集第52卷,合为一书出版,新版时才分开,作为第52卷Ⅱ单独成册。该书被日本学术界认为是解释日本反垄断法制的最权威作品。①

他认为,经济法是"以依靠政府的力量支持因垄断发展而失去其自主性的资本主义经济体制为目的的法律之整体"②。为此,他主张,经济法是具有垄断资本主义阶段调整各种经济关系之性质的法律。

就禁止垄断法在经济法中的地位,他指出,"纯粹的市场竞争在现实中是不存在的,自由竞争是产生垄断的要因,而经济力的集中是资本主义社会中必然的倾向。作为资本主义社会的法的《禁止垄断法》,不可能用法律将其否定掉,这是不言而喻的。这样对往昔牧歌式的自由竞争的乡愁便怎能不作为现代意味而向我们煎逼而来呢?"③

由于在日本作为占领政策引进的禁止独占政策并没有一定的社会基础加以支持,占领期间一旦结束,以大企业为中心的产业保护政策很容易地得以回复其主导权,因此,今村认为:禁止垄断法在制定之初夸大了它具有经济宪法的性质。在相当长的时间内,禁止垄断法实质上并非作为支配性的经济政策的基调。根据规制方法即政府介入经济的方法、手段、形式,他建构出由"直接的市场规制"和"间接的市场规制"组成的经济法体系。其中,按照规制对象和手法不同,"直接的市场规制"分别由"市场结构"、"市场行动"以及"公益事业"三部分规制组成;按照规制目标不同,"市场行动的规制"又是由"市场秩序的维持"和"经济循环的维持"组成的。

3. 宫坂说,即经济法是国家垄断资本主义法的一部分

宫坂富之助(1930—)是当代日本经济法学家,有多部与他人合著的成果。

他认为,经济法是"反映在国家垄断资本主义阶段以国家介入经济,维护资本主义经济体制为目的的经济政策的法律的整体"④。他提倡,经济法是在现代以经济政策立法为中心的经济法概念,而不强调以禁止垄断法为中心的经济法概念。这是因为他意识到,"在考量众多的重要的问题点时,无论为了探求解决问题点的头绪还是为了明确其现代的特质,回顾过去的历史都是必要的"⑤。所以,他在界定经济法概念时,十分注重经济法在各历史时期因政策不同而变化的现象,主张经济法是国家垄断资本主义法的一环。

持类似观点的还有小杉荣一,他在《经济法》(载于日本《经济》杂志1982年5月第217号,《经济危机时代和经济学》专辑,新日本出版社出版)中,指出经济法"是在垄断资本主义阶段出现的经济政策立法的总体","是以国家的力量来维持现代资本主义体制为目的的经济政策立法","基本上是国家为了维持垄断的利益而干预经济的手段",而这种垄断

---

① 参见何勤华著:《20世纪日本法学》,商务印书馆2003年版,第523—535页。

② [日]金泽良雄著:《经济法概论》,满达人译,中国法制出版社2005年版,第16页。

③ [日]今村成和著:《独占禁止法》(新版)第6页,有斐阁《法律学全集》52—Ⅱ.1981年;转引自张世明著:《经济法学理论演变研究》,中国民主法制出版社2002年版,第119页。

④ 张世明著:《经济法学理论演变研究》,中国民主法制出版社2002年版,第120页。

⑤ 同上书,第121页。

的利益多半标榜为“有助于国民经济的发展”、“有利于人民生活的提高”等“公共利益”的目的。①

(二) 以禁止垄断法为核心的经济法概念

这一经济法概念于1958年由丹宗昭信、田中诚二率先提出,并逐渐形成一大主流学说。其中大致又可分为两个流派,一是主张关于市场支配的国家统制法也是竞争(秩序维护)法,如田中诚二说、丹宗说等;二是主张经济法是从属于经济关系规制法的观点,如峰村说、正田说、富山说等。

1. 田中诚二说,即经济法可以分为广义、中义及狭义三个部分

田中诚二(1921—　)认为,经济法一般说来是伴随着资本主义的发展,在私法的变迁和作为补充方法运用的国家暨公法的变迁之中而形成的。②

他提出:经济法可以分为广义经济法、中义经济法及狭义经济法三种。广义的经济法是指关于经济生活的各种新出现的而又不能归入其他法域的法律规范;中义的经济法是适应社会调和之要求,作为国家干涉市民社会的经济之法,即直接地从社会利益出发对市民社会的经济运动方向加以规制,从而将其引向一定方向的法律;狭义的经济法,是“为了调整伴随着资本主义经济的飞速发展而产生的经济不平等关系的法”③,主要是指对企业进行社会性控制的法,包括关于私人社会经济生活的规则。

田中诚二就狭义经济法特别指出,它的成立应有三个要素:(1)关于社会生活;(2)伴随着资本主义发达在契约缔结上显著的经济不平等关系的存在为前提;(3)对这种不平等关系的矫正采用私法方法以外的公法的方法。因此,狭义经济法的主要内容是指禁止垄断法和与其相连的各种关系法,关于公用事业的法,各种行业中保护中小企业的法等等。此外,作为调整社会生活存在的不平等经济关系的,除了经济法之外,还有社会保障法、劳动法等。经济法与这些法的区别在于,其是着眼于维护市场内的公正与自由的竞争秩序,而并非是仅仅以调整社会的不平等关系为目的。

2. 丹宗说,即经济法是竞争(秩序维持)之法

丹宗昭信是当代日本著名经济法学家,其最具影响力的论著是《现代经济法入门》。

他认为,经济法是“国家规制市场支配的法”。这里所谓的“市场支配”,是指限制自由竞争的状态。并认为,国家为了维持竞争秩序而介入市场的法就是本来意义的经济法。并把作为独立的社会经济生活事实的“市场支配”(即不能维持竞争秩序的状况及其盖然性)作为独立的规制对象。把规制这种“市场支配”的一系列法律(规制方法、目的多种多样)当做系统的经济法,从而使其与民商法、劳动法、行政法等邻近法律分科区别开来。④

他还主张,把作为禁止、抑制竞争限制的法即竞争秩序维持法(禁止垄断法)和作为竞争限制助长法的使用除外法及经济统制法当做与竞争相关联的法包含在经济法之中。

---

① [日]小杉荣一著:《经济法》,张宇霖译,邹焕生、魏淳校,载于《法学译丛》1983年第6期。

② [日]田中诚二著:《新版经济法概说》(再全订版),千仓书房1978年版,第34页;转引自张世明著:《经济法学理论演变研究》,中国民主法制出版社2002年版,第127页。

③ 王为农著:《经济法学研究法理与实践》,中国方正出版社2005年版,第28页。

④ [日]丹宗昭信、厚谷襄儿编:《现代经济法入门》,谢次昌译,群众出版社1985年版,第7页。

他在该书的“经济法的范围”章节中指出:“一般说来,系统构成作为竞争限制法的经济法的意义,是与通过有效运用卖方和买方之间公正而自由的竞争为轴心的市场结构,谋求经济的效率性和资源的最适当分配,健全地发展国民经济民主,通过竞争增进一般消费者的利益这种资本主义经济的基本经济政策目标联系在一起的。在这个意义上,把采取竞争维持政策的垄断禁止法作为核心,把其他的竞争秩序维持政策立法(不当竞争防止法、广告规制法、转包价款迟延防止法)置于其周围的地位,并且,相对于原则法,给予其他的竞争限制允许法以一定的存在理由和位置,在涉及竞争的范围内,就可以作为经济法的对象包括进来。作为这种经济关系法的主要类型,有竞争限制的禁止、竞争限制的助长和竞争限制的允许及其赔偿措施等三种,后者是作为禁止垄断法的适用除外来对待的。”①

简言之,丹宗昭信是把垄断禁止法置于经济法的中心位置之上,强调经济法是对“限制自由竞争”(市场支配)和“阻碍公正竞争”(不公正竞争)的国家规制之法。

1999年,在与伊从宽合著的《经济法总论》(日本青林书院出版)一书中,丹宗昭信继续坚持这一经济法主张,并作了更系统地分析。

3. 正田说,即先期主张经济法是规制经济的从属关系法,之后该说修改为经济法是维护竞争秩序法

正田彬(1929—　)是继峰村光郎这一日本经济法学从战前到战后发展的过渡性人物之后,日本经济法学界又一堪称实力派人物。其代表性著作有《经济法》、《禁止垄断法》等。

在峰村和正田合著的《私的禁止独占法》中就坚持主张,经济法的本质性前提是“在垄断资本主义阶段固有的垄断体与非垄断体之间的从属关系”。

在1983年的专著《经济法》(第3版)第二章“经济法的成立”中,正田彬通过分析“法的秩序与经济秩序的关系”、“与自由资本相对应的法秩序”、“与垄断资本主义经济相对应的法秩序”得出了“经济法的意义”。他认为,“经济法是调整垄断资本主义阶段中固有的、以垄断集团为中心的经济的从属关系的法。至于所谓以垄断集团为中心的经济的从属关系,只能是对进入垄断资本主义阶段的国民经济社会中的各个经济主体占有如何的地位进行实质的判断,再以此为前提,依具体的关系的性质才能得到明确的关系。换言之,自由资本主义社会所没有的、以垄断集团为中心的从属关系的形成,这种方向是垄断资本主义所固有的,并具有特征性的社会关系的性质”②。并进一步指出,“与此有关的,在理解经济法概念时应注意的是,垄断集团和从属者之间的从属关系的形成,不仅发生与从属者的权利有关的问题,而且由于这种关系的产生,国民经济的运转这件事本身也不能顺利进行。即这种从属关系的产生所起到的作用是使自由资本主义社会失去了作为调和力量的竞争这一要素,而失去竞争的国民经济社会的矛盾,则以整个经济的矛盾表现出来。这样,作为经济法前提的经济的从属关系,就不仅具有私的关系性质,而且在与整个国民经济的关系上,尤其是有关调整国民经济中的供求关系上,有着它的意义。经济的从属关系具有的这种两面性,也自然导致经济法表现出两面性的结果。”③

---

① [日]丹宗昭信、厚谷襄儿编:《现代经济法入门》,谢次昌译,群众出版社1985年版,第8—9页。

② [日]正田彬:《经济法的形成与其意义》,林青译,谢怀栻校,载于《法学译丛》1986年第6期。

③ 同上。

至20世纪80年代后期，正田彬仍一直持这一主张，强调经济法是"规制以垄断资本主义阶段固有的垄断为中心的经济从属关系的法"，并认为经济法是由"通过规制经济支配者的活动，在经济的从属关系上，限制其进行恣意的活动，或处于支配地位的经济主体任意进行交易"的经济规制法，和"以反映允许经济从属者为了提高经济地位而结成的经济关系为中心的法制"的经济关系法这两部分组成的，是类似劳动法的从属劳动的经济法概念。①

然而，从20世纪90年代起，随着日本经济运行情况的新变化，以及禁止垄断法重新获得重视，在经济生活中发挥愈来愈重要的作用，正田彬也及时修正了他的经济法概念。在其新近发表的论文中，将其"规制经济的从属关系的法"这一表述作了修订，提出了经济法"以作为维持竞争秩序法的禁止垄断法为基本，还包含在一定的限度下容忍作为例外的卡特尔行为的法制度"，作为一个整体，经济法应当是由维持竞争秩序法和其例外法(适用除外法)构成的。②

三、日本经济法概念的当代观点

日本经济法学从战前经济法独立性争论到战后经济法中心论的争论，应该说是一个质的飞跃。当代日本经济法研究正试图超越经济法中心论的论战，建构更为完善的经济法概念与体系，并理顺经济法体系内部各种法律矛盾。其中，松下满雄的"市场机制的保全与补充法"、久保欣哉的"分权型经济法"以及丹宗昭信、伊从宽的"规制经济法"理论观点较具代表意义。

(一)松下满雄说，即经济法是保全和补充市场机制之法

松下满雄(1933—)是目前活跃于日本经济法学界的后起之秀，著有《禁止垄断法与国际贸易》、《美国禁止垄断法》、《经济法概说》等。其中，《经济法概说》是他的经济法体系专著，也是日本当代经济法学界的代表作之一。

在该书中，他相当程度上大胆地发展了金泽良雄的经济法概念。该书由一个序章和两部分正文共13章组成。③序章为"经济法的概念"；正文第一部为"竞争政策的法"；第二部为"产业政策的法"。

他认为，目前在日本流行的各种学说，主要可以概括为两种类型：一类是主张经济法是政府通过经济政策干预国家经济生活之法；另一类是主张经济法是作为针对垄断资本的对抗力的法制。他认为，前者比较妥当，是可取的；后者实质上就是把禁止垄断法作为经济法，具有以偏概全的片面性。

他提出，"经济法是市场机制的保全与补充之法"。这里，"市场机制"是指分配国民经

① [日]丹宗昭信、厚谷襄儿编：《现代经济法入门》，谢次昌译，群众出版社1985年版，第6—7页。

② [日]正田彬：《现代经济法の课题》，载于《现代经济社会と法》，三省堂1990年版，第46—47页、第54—56页；转引自王为农著：《经济法学研究法理与实践》，中国方正出版社2005年版，第29页。

③ 何勤华著：《20世纪日本法学》，商务印书馆2003年版，第535—543页。

济资源上的自由的分权的意思决定机制。在这种机制中，任何垄断形态、卡特尔组织以及限制竞争的行为，都会产生阻碍作用，使市场机制衰退。因此，为了维持市场机制健全运行，必须制定竞争政策，而禁止垄断法就是这种竞争政策的基本法，它是市场机制的"保全法"。但是，市场机制不是万能的，在其失败时，必须制定出补充市场机制之不足的产业政策，如对付结构性不景气对策等，为保证这种产业政策的贯彻而制定的法律，就是市场机制的补充法。

因此，他指出，经济法包含了两个部分：保全市场机制的竞争政策法与补充市场机制的产业政策法。经济法学，对前者应探讨禁止垄断法的理论与适用问题，对后者则必须阐明基础技术研究开发法、中小企业保护法、供需价格调整法、不景气对策措施法、对外经济法、公益事业法等。在此，作为保全"市场机制"的禁止垄断法和作为补充"市场机制"的产业政策法不是相互冲突的关系，而是相互补充的关系。

总之，松下满雄对经济法概念界定的最大贡献在于，他将"市场机制"作为经济法所固有的规制对象来把握经济法，较之以往日本经济法学说有了许多新意。他的观点开启了一些新的思考，例如，如何将经济法所保障的"市场机制"与民商法及其他法律部门所保护的市场机制相区别。

(二) 久保欣哉说，即经济法是分权型经济法

久保欣哉认为，"经济法的规制对象是'经济'，它不是'经济'的法"①。在《分权型经济法的基本设想》一文中，他指出："广而言之，20 世纪的法的领域都具有'经济性'。所谓'经济的'法就应是经济法。这就是从世界观中得出的结论。搜集说仅仅是一种怠慢和无能的表白。因为它把经济法看成是传统的部门法不能收纳的物的收容所。冲突法说认为自由和约束是'经济的'法的凭证。可自由和约束的冲突是法的领域内的一般现象，这不能成为作为独立的部门法的经济法存在的固有凭证。若单按照这样的凭证从整个法的领域中分离经济法是不正确的。"②

因此，他提出，经济法是以"经济行为"或"经济"为规制对象，"有意地"调整无数的"经济行为"，使其有秩序地进行的法。在这里，作为经济法规制对象的"经济"恰当地说应该是"经济行为"。所谓"经济行为"，就是为了生存用有限的财物去满足生存的欲望。经济法的职能就是，调整"经济行为"使其有秩序地进行。所谓"有意地"，意味着按照职能所要达到的目的来判断的一种价值概念。

据此，他将经济法分为集权型经济法、分权型经济法以及混合型经济法三种类型。集权型经济法是以进行战争为目的、依靠强权的经济管制的经济法，其职能行使人是强权(国家和官僚)；分权型经济法是以维护自由人权为目的、以私的自治的秩序为基础的经济法，其职能行使人是个人，强权给予有限度的支持；混合型经济法则是介于两者之间的。

就混合型经济法的概念本质，他进一步揭示道："大致看来，混合型经济法不但有现实性和常识性而且还有魅力。但它根本不具有明确和作为原则的价值标准。'混合经济'一

① [日]久保欣哉：《分权型经济法的基本设想》，周剑龙译，载于《国外法学动态》1989 年第 3 期。
② 同上。

词仅仅是记述概念。混合型经济法只会逢场作戏,它没有设定限制强权介入经济的界限,明显地倾斜于集权型经济法,和自由社会的终极价值相抵触。当然,近视眼似的现实政治和经济政策是赞赏混合型经济法的。但自由社会不承认混合型经济法的非原则性。无原则的例外不称其为例外。原则不明确,例外也不会明确,例外将变为原则,这样,最终仍是无原则。无原则一旦横行,自由社会的本质就会失去。"[①]显见,他是反对混合经济法的。

在现代的市场经济社会中,久保欣哉更倡导分权型经济法,他一针见血地指出:"和集权型经济法、混合型经济法相反,分权型经济法以市场经济和私的自治秩序设想为基础,正合于自由社会的至上价值和终极目标。"[②]久保欣哉对经济法概念的剖析思路,很值得回味,对时下建构一个合理而现实的经济法概念,具有一定的借鉴意义。

(三) 丹宗昭信和伊从宽说,即经济法是规制经济法

这一经济法概念的理解是对前面所提及的丹宗说——即经济法是竞争(秩序维持)之法——的深化,具体反映在他们合著的《经济法总论》一书中。

伊从宽是日本竞争法研究会会长,曾任日本公平委员会委员、国际卡特尔局局长等职务,以英文和日文出版竞争法专著多部,代表作有 *The Antimonopoly Law and Policies of Japan*。

他们提出:"经济法是在市场机制为基础的经济政策立法体系上维持市场竞争秩序之法,即国家对限制自由竞争(市场支配)和妨碍公正竞争(不公正竞争)的规制之法。"[③]这可以从下面四个方面加以补充说明:[④]

首先,经济法固有的规制对象,是市场中"限制自由和妨碍公正竞争"的现象。丹宗说:"我起初是用'市场统治'的概念来表示的。但是,经济'统治'这一概念,在日本的行政法上,因它对经济有公法性规制的意思而被使用,所以,为了不和我所界定的'市场统治'的概念相混淆,便于正确理解,以后我就采用了'市场支配'这一广义的概念。"在他们看来,因国家而形成的"市场支配"不仅包括一个国家内的、国内单个企业以及多数企业的市场支配,还包括国际间的"市场支配"。同时,抑制、禁止企业或企业集团的"市场支配"是反垄断法的职能范围。

其次,经济法固有的规制原理在于:第一是维持公正而自由的竞争秩序的原理,在此竞争表现为20世纪中期出现的"有效竞争"的概念,实质上指的是为了维护和保障市场上实质性的自由竞争。第二是保护消费者权益的原理,即在有效竞争充分发挥作用的市场经济条件下,消费者的需要就会决定产品和服务的内容与价格,从而保障了消费者(购买人)选择卖方的自由,购买到优质价廉的商品,督促竞争者提供优美价廉的商品和优质服务(供给者之间的竞争)。第三是经济民主主义原理,即禁止为了(支配)垄断市场而进行的竞争限制,维持市场公正而自由的竞争,本身就是保护消费者的利益,就会实现消费者

---

① [日]久保欣哉:《分权型经济法的基本设想》,周剑龙译,载于《国外法学动态》1989年第3期。

② 同上。

③ 漆多俊主编:《经济法学》,高等教育出版社2004年版,第23页。

④ 同上书,第23—26页。

主权支持下的经济民主主义。

再者,经济法定义中"市场支配"的国家性规制,表现为以下两个方面:一方面是因针对企业和企业集团所产生的"市场支配"而制定的国家性规制,它有着抑制乃至禁止"市场支配"的作用,是为了维护公正而自由的竞争秩序所制定的国家性规制;另一方面是为了助长"市场支配"的国家性规制。凡是在政府许可下的国家规制,在自由竞争机制下,在维护竞争秩序、保护消费者利益(公共利益)的观念下,必须经常反复质疑。一旦发现保护助长"竞争限制"的规制不理想,就应迅速予以缓和或者废除。

最后,经济法中妨碍公正竞争行为在"市场支配"中的位置。经济法本来的主要规制对象就是对"市场支配"(垄断和卡特尔竞争限制)的规制,但是为了维护竞争秩序,有必要对认为可能发展成为"市场支配"(垄断)的不公正交易(竞争)方法(妨碍公正竞争行为)加以规则。但是,在反垄断法的大量实践中,本来是以预防为主的预防性规制现在却占据了主要位置。

第四节　欧洲大陆其他国家经济法概念的形成

经济法的产生是社会经济生活的客观需要。一般而言,经济法是适应经济性即社会协调性要求的法律,即主要为了以社会协调的方式解决有关经济循环所产生的矛盾和困难,以弥补"市场失灵"带来的制度及法律缺陷(即通过市民法进行的自动调节作用的局限)的法律。换言之,经济法也是市场经济条件下,为了以"国家之手"(代替"无形之手")来满足各种经济性的,即社会协调性要求而制定之法。

尽管在大多数欧洲国家导致经济法产生发展的社会、经济、法律因素均基本相似,但由此形成的经济法概念却是千差万别的。法国的经济法概念虽已出现流派,但对本国及国际的影响力远未超过德、日两国。比利时、意大利、荷兰等国法学界虽各自有自己的经济法定义,但显然还未上升到学说的程度,其影响力甚微。

一、法国的经济法概念诸流派

法国的经济法概念研究不仅不是空白,而且颇有建树。20 世纪 30 年代,德国经济法概念开始在法国传播。20 世纪 50 年代至 60 年代以后,在法国学者如 C. 尚波、B. 谢诺、G. 法尔雅、J. 阿梅尔、R. 乌安、J. M. 让纳内、F. C. 让泰、G. 利翁-康、J. 马扎尔、J. 里韦罗和 R. 萨瓦蒂埃等杰出法学家的不懈努力下,经济法概念逐渐为法国人所认识。到 20 世纪 70 年代末,法国逐步形成了自己的经济法(droit économique)概念,并实现了"经济的法"(droit de l'economique)与"经济法"(Droit économique)的分离。

法国的经济法概念可分为范围较"窄"的概念与范围较"宽"的概念两种情况,即从狭义和广义上区别开来。20 世纪 80 年代以后,法国学者在前两种经济法概念的基础上,又有所发展,出现了企业法规说、普遍经济利益平衡说等观念。

(一) 狭义经济法说

该学说的代表人物有 R. 乌安、J. M. 让纳内、F. C. 让泰等。按照范围较窄的概念,经济法集中了使国家得以对经济施加直接影响的全部法律规则。从这个观点看,以下诸位学者对经济法有着不同的见解,分述之:

R. 乌安认为,经济法由于主要包括"官方组织经济的措施"而属于公法:这是官方对商品和服务的生产、销售和商品化进行管理和干预的法律。①

F. C. 让泰(Fernand-Charles Jeantet)在《经济法的方方面面》(Aspects du droit économique)一文中认为,经济法在各个(法律)部门都有表现,而且每一次都要从它们特有的方法中借用很大一部分。让泰指出,在经济法中,"法"不是法律规则的首要渊源和基础:那是从属的方法,是实现经济目的的手段。因此,它的特点可以概括为多变性和惩戒性。

他提出,所谓"经济法的多变性",即"基本条文是经常修改的,因为要使行政部门拥有对付形势不断变化的手段"。所谓"经济法的惩戒性"即"就经济法而言,不仅要确保控制,而且要起指导作用,甚至建立政府当局和企业真正合作的关系,以便根据总的利益协调企业的行动"。

他指出,"除使用直接的积极行动手段(例如在制定物价法规或规定专利'强制性许可'的条文方面),还越来越多地使用间接手段";"经济法的学问(或艺术)就是研究其协同作用可以取得规定结果的各种法律手段。有些手段是传统手段,比如利用有关税收或附加税的规定和利用补贴。另一些手段则来自行动必须遵守政府当局规定条件的条文结构"②。

他得出的经济法概念是,"以给予公共权力机构能够对经济采取积极行动为目的的法律规则之总称"③。经济法只涉及宏观经济关系,不包括规定私人经济活动间关系(微观经济关系)的全部规则。这是一个非常狭隘的界定,是狭义经济法概念。也有的中国学者将 F. C. 让泰的经济法理论观点概括为"国家干预经济生活法说"④。

总之,这一学说认为,经济法乃是一种政策性法律,它"随着国家行为所依据的原则的重大波动而波动"。它不是中性的东西,而是倾向于给予"个人的总的行动与方针,这是经济朝向所希望的方向发展所需要的方针"。它表现为在一个特定时刻在"指导主义的集权主义使命和私人企业的继续生存之间"实现的平衡,并为此目的而使用极其多样化的方法:单方面的规定、国家在某些经济部门中占有关键性位置、鼓励等。由于经济法的规则来自国家,所以它自然属于公法,它的许多规范都是从行政法或税法借用来的。⑤

(二) 广义经济法说

这一学说的代表人物有 C. 尚波、R. 萨瓦蒂埃等。关于经济法范围较宽的概念,J. 阿

---

① [法]R. 乌安著:《商法和 1953 年的法令》,《社会法》,1954 年;转引自阿莱克西・雅克曼、居伊・施朗著:《经济法》,宇泉译,商务印书馆 1997 年版,第 44 页、第 122 页。

② [法]阿莱克西・雅克曼、居伊・施朗斯著:《经济法》,宇泉译,商务印书馆 1997 年版,第 45—47 页。

③ [法]罗伯・萨维著:《法国法律上的经济法概念》,理钧译,王名扬校,载于《法学译丛》1983 年第 5 期。

④ 张守文、于雷著:《市场经济与新经济法》,北京大学出版社 1993 年版,第 41 页。

⑤ [法]罗伯・萨维著:《法国法律上的经济法概念》,理钧译,王名扬校,载于《法学译丛》1983 年第 5 期。

梅尔、G. 拉加尔在《论商法》一书中指出，“经济法的使命在于管理经济生活，尤其是管理生产和财产的流通”①。但他们仍未提出确定的经济法内容和特点。

C. 尚波(C. Champand)在《对经济法定义的贡献》(*Contribution a'la Defintion du droit économique*, Recueil Dalloz 11 Dctobre, 1967)中提出了广义经济法概念。他认为，经济法是“组织和发展经济的法律，不论组织和发展经济是由国家负责、私人共同负责”。这样的经济法不是新的法律部门，而是表现为“一种适合一系列不同规则的独特的法律精神”，其中汇集了商法、民法、公法、税收法、刑法……只有这种精神是新的。“汇编是根据新旧规则所要管理的客体，将这些规则汇集而成的。”因此，构成经济法标准的，就是这个客体。②

尚波提出了一个超出法律各个部门的范围很宽的概念。他主张，经济法“就是经济领域中通过整个现代法律获得重要地位的新的现实事务：那就是企业”③。他界定经济法为“一种适合一系列不同规则的独特的法律精神”。

R. 萨瓦蒂埃(R. Savatier)也有类似的见地，他曾指出，主要的法律部门“与其经济基础密不可分，因此在一系列教学中把它们集中起来，形成经济法的各个部分，是合乎逻辑的：部分行政法、部分财政法和税法、部分国际公法、公司法、货币法和会计法，是其主要组成部分”④。

(三) 企业法规说

这一学说的代表仍是 J. 阿梅尔、R. 萨瓦蒂埃以及 C. 尚波等人。他们主张将企业法规视为经济法的一个部分，即与整个经济的“宏观经济”法对称的企业“微观经济”法。从严格意义上说，该学说的经济法是“企业法规”(droit des affaires，译为“商贸法”或“经营法”更妥当)的概念属于范围较广的概念，即广义经济法说的一种倾向。

这一倾向同一种思潮有联系，此种思潮认为，“……一条规则，只要它是规定人类真正经济关系的，它便是经济法的规则”。这是广义的概念，它把经济法看作“经济组织与发展法，而经济组织与发展则是或属于国家的事，或属于私人首创的事，或属于国家与私人协作的事”⑤。

尚波认为，经济法是“一种符合尚在形成中的文明的规范与需要的法律秩序”。它同农业与手工业文明向工业经济过渡联系着，它的标准和它的基本对象就是企业——“这是作出经济决定的单位，是作为我们目前这种工业文明的框架的经济社会制度的基本细胞”，故经济法就是企业法。⑥

① [法]阿莱克西·雅克曼、居伊·施朗斯著：《经济法》，宇泉译，商务印书馆 1997 年版，第 47 页。

② [法]C. 尚波著：《对经济法定义的贡献》，达洛兹出版社 1967 年版，第 215 页及以下各页；转引自阿莱克西·雅克曼、居伊·施朗斯著：《经济法》，宇泉译，商务印书馆 1997 年版，第 47—48 页、第 123 页。

③ 《经济公法和经济私法》，意大利《经济的法》杂志，1967 年第 3 期，第 283 页；转引自[法]阿莱克西·雅克曼、居伊·施朗斯著：《经济法》，宇泉译，商务印书馆 1997 年版，第 49 页、第 123 页。

④ 《非社会主义国家的经济法教学》，意大利《经济的法》杂志，1967 年；转引自[法]阿莱克西·雅克曼、居伊·施朗斯著：《经济法》，宇泉译，商务印书馆 1997 年版，第 49 页、第 123 页。

⑤ [法]罗伯·萨维：《法国法律上的经济法概念》，理钧译，王名扬校，载于《法学译丛》1983 年第 5 期。

⑥ 同上。

他因此提出，“作为企业法，经济法便不必须解决个人利益之间或普遍利益与私人利益之间的传统的冲突。于是它既同旨在保持个人利益之间的完全的平衡的私法相分离，也同优先照顾普遍利益的公法相分离。”在他看来，企业是三种利益的汇合点，即“普遍利益，每个企业的自身利益和个人的特殊利益”，这些利益共同实现企业的利益。经济法的任务，就在于实现它们之间的平衡。他同时认为，假如企业的利益应服从于普遍利益，则企业利益本身便是一种对个人利益而言的普遍利益。

阿莱克西·雅克曼(Alexis Jacquemin)对此的评价是：“极而言之，这种情况会使人把企业法规不仅视为经济法的一个部分，而且视为传统法律和经济法显示的新前景之间的一个中间状态。”①

(四) 普遍经济利益平衡说

该说主要代表是罗伯·萨维。他认为，在大多数情况下，应在企业的范围内去寻求对立的或不同的经济利益之间的这种平衡；行政的干预必然地出于普遍的利益。任何地方，各种经济代理人的利益和经济的普遍利益之间的平衡，并非自发地建立。任何地方，经济法一方面要适应当时的与适用此经济法的社会的需要，同时也竭力建立这种平衡。

他指出，“由于经济法是一种为政策服务的手段、一种技术，所以应该到表现经济政策的各方面去寻找经济法。应从宏观经济、部门行动和微观经济方面去清查”②。其具体为，国家通过强制性的规则能够掌握重大的总量平衡，并且还在这些平衡的各个组成部分方面采取积极行动，以维护普遍的经济利益。此外，国家还通过在微观经济方面限制企业所代表的私人利益所决定的自发的企业行为，以使企业考虑普遍经济利益。

基于此，他提出，经济法既不完全是企业法，也不完全是国家干预经济的法，经济法应“是旨在保证特定时刻和特定社会中国家和私人经济代理人的特殊利益和普遍经济利益之间的平衡的规则之总称”③。在此，他认为，普遍经济利益标准“提供人们从公法和私法各部门的各种规则中认识经济法规则的方法”④。

二、比利时的经济法概念诸说

在比利时，自20世纪50年代至60年代，受周边国家的经济法学说的影响，逐渐形成了本国的经济法概念。比利时学者们对“经济法”内涵的界定有以下四种比较突出的观点。

(一)“经济法”概念

经济法首先是用来指“商法和工业的自由以及愿望自主，以实施国家经济政策的全部规则”⑤。

---

① [法]阿莱克西·雅克曼、居伊·施朗斯著：《经济法》，宇泉译，商务印书馆1997年版，第50页。
② [法]罗伯·萨维著：《法国法律上的经济法概念》，理钧译，王名扬校，载于《法学译丛》1983年第5期。
③ 同上。
④ 同上。
⑤ [法]阿莱克西·雅克曼、居伊·施朗斯著：《经济法》，宇泉译，商务印书馆1997年版，第50—51页。

E. 谢雷克斯认为，经济法是由国家据以对经济施加积极影响的全部法律规则组成的。在此，"经济法"并非是"经济法规"的同义词。该观点不是从经济法的客体下定义的，而是从经济法的作用角度界定经济法，主张经济法是政府当局用以有效地实现其经济政策的工具之一。①

（二）"经济法"是商法的延伸

多数的重商主义者持该观点。

J. 范兰认为，"商法"这种表达方式，现在已经变得很不恰当了：既然商法包括在法律上反映经济活动框架和结构的全部法律规则，那么最好是用"经济法"这种名称代替"商法"那种过时的名称。②

C. 德尔马莫尔和 S. 弗雷德里克还认为，经济法的内容应当与企业这一概念的最初含义相结合。特别是，S. 弗雷德里克主张，经济法是适用于参加经济活动并用商业方法经营的企业的全部法律规则，不管这些法律规则具有公法性质，还是具有私法性质。③

但是，在他们看来，经济法的内容仍不明确。C. 德马尔莫尔因此有一个对经济法的经典性比喻："取一个调酒器。放进一份商法；用社会发展色素使之上色；加进大量的税法和行政法；用一撮民法调味；撒上大量的社会学和政治经济学；随意摇晃，然后作为冷饮，并为这种法律饮料取名经济法"④。

之后，J. 林彭斯为经济法提出了一个范围广泛但有系统的概念："其基础就是传统的商法，但加进了现代经济引出的许多规则"⑤。他认为，今后经济法可以分为四类：(1)法律主体：自然人（定义、资格）、法人（国有部门、私营部门）、经济部门与专业组织；(2)法律客体：商业营业用房屋的续租权和营业资产（包括营业权）；(3)法律关系：抵押、委托、运输、保险、证券交易、银行、有价证券；(4)诉讼程序：破产、缓期、破产人与债务人之间的清偿协议。

（三）"经济法"不只是商法的发展

R. 昂立翁认为，经济法是处于公法和私法交界处的一个新部门；它是集中和综合的产物，它的统一性在于它的唯一目的是"管理经济活动，而且观察经济活动不是按照法律规则的观点，而是按照从事某种特定活动、适用经济形势和经济需要所引出的一系列不同渊源规则的所有人的观点"⑥。

---

① 《法律、经济与自由》，《天主教诉讼档案》，1968 年，第 444 页及以下各页；转引自[法]阿莱克西·雅克曼、居伊·施朗斯著：《经济法》，宇泉译，商务印书馆 1997 年版，第 51 页、第 123 页。

② 《商法原理》，第 1 卷，布鲁塞尔；1954 年，第 3 页；转引自阿莱克西·雅克曼、居伊·施朗斯著：《经济法》，宇泉译，商务印书馆 1997 年版，第 124 页。

③ [法]阿莱克西·雅克曼、居伊·施朗斯著：《经济法》，宇泉译，商务印书馆 1997 年版，第 51 页。

④ 《商法或经济法》，《新评论》，1954 年 10 月，第 260 页；转引自阿莱克西·雅克曼、居伊·施朗斯著：《经济法》，宇泉译，商务印书馆 1997 年版，第 52 页、第 124 页。

⑤ 《对研究经济法概念的贡献》，意大利《经济的法》杂志，1966 年，第 6 期；转引自阿莱克西·雅克曼、居伊·施朗斯著：《经济法》，宇泉译，商务印书馆 1997 年版，第 52 页、第 124 页。

⑥ [法]阿莱克西·雅克曼、居伊·施朗斯著：《经济法》，宇泉译，商务印书馆 1997 年版，第 52—53 页。

A. 雅克曼在其《寻求研究经济法的新方法》一文中，也持类似的观点，认为研究经济法概念不应集中在它的字面上(即组成经济法的内容)；经济法没有新的法律内容，而是比如说像比较法一样，对待传统内容的观点是新的。他提出，经济法“那是法律的一种名称：是从其经济后果来看的法律。与其说是‘法律’，不如说是考虑法律的一种方式”①。

(四) 经济法是企业法规

其主要代表是列日法学院的 C. 德马尔莫尔、L. 达班等人。他们旨在沟通企业主与法学家的对话，强调企业主将会遇到的各种法律问题，而经济法就是作为企业管理手段的法律。

三、意大利的经济法概念主张

日本学者吉永荣助认为，意大利也是受德国经济法学说影响最深的国家之一。从历史上看，似乎是第二次世界大战前后，墨索里尼追随德意志法西斯，造成两国政治体制相近以致文化交流密切，为意大利经济法学说的生成提供了继受契机。其实不然，更深层的原因或许在于，意大利本身就是中世纪以来商业发祥隆盛之地，文艺复兴之后，资本主义的胜利，同样使意大利在进入自由竞争社会之后，面临着如德、法等国一样的一系列社会、经济乃至法律的冲突问题，加上意大利又有着与德国较相像的思维方式和治学传统。

因此，1934 年，意大利商法学者莫萨(Mossa)出版了《经济法的原理》(*Principio del Diritto Economico*)，最早将德国“Wirtschaftsrecht”译为“diritto economico”，开创了意大利探讨经济法概念的风气。

此后，意大利学者对“经济的法”(diritto dell economia，不是“经济法”)这一概念的研究十分活跃，但对这个概念的内容没有一致的意见。M. 隆哥(Longo)在 1966 年的《经济的法》杂志上对其中三大倾向进行了区别。②事实上，数十年间，意大利学者对“经济的法”概念的论述也分成肯定与否定两大阵营，囊括了以下四大类观点。

(一) 主张肯定“经济的法”

这一观点的主要代表有莫萨、康斯柯(Canscchi)、格罗索(Grosso)等人。莫萨认为，“经济的法”包括一系列当前可以有规范性迅速变化的、与公法和私法交叉的法规。他提出，“经济法是有关造成人与经济之间的正义与冲突的一种经济组织的法。经济法拥有经济组织的现代的意义”③。

其他学者的观点与莫萨的结论虽有所差异，但也同样主张，“经济的法”是一个独立的体系，强调“经济的法”是这一名称之下独特的新的视角。

---

① [法]阿莱克西·雅克曼、居伊·施朗斯著：《经济法》，宇泉译，商务印书馆 1997 年版，第 53 页。

② [法]阿莱克西·雅克曼、居伊·施朗斯著：《经济法》，宇泉译，商务印书馆 1997 年版，第 59 页、第 126 页。

③ [日]米谷隆三：《モッサ教授著〈伊太利商法论〉》，载于《米谷隆三选集》，第 3 卷第 197 页；转引自张世明著：《经济法学理论演变研究》，中国民主法制出版社 2002 年版，第 173 页。

（二）主张否定"经济的法"

这一观点的主要代表有卡塞塔(Casetta)以及 Asquini 等人。卡塞塔认为,"经济的法"主要涉及政府部门在经济领域的活动。总之,这指的是"经济公法"。尽管某些公法专家予以否认,认为那是对行政法的无端肢解。①

（三）主张"经济的法"是构成法学家和经济学家的会合点

这一观点的主要代表有桑特罗-帕斯热里(Santoro-Pessarelli)、勒尼(Leoni)、米诺利(Minoli)等人。

他们提出,"经济的法"是为了研究深化的便宜方法,旨在别的实际的学问的部门形成基础之上把握复杂的现象本真。据此认为,对"经济的法"不能根据它的客体下定义;相反,"经济的法"既是一个特别的部门,又是一个一般的部门,因为它要全面研究一系列制度;那是将传统部门结合起来的一种方法,因为它把目的论的、讲究实际的意图与其他部门教条的、形式主义的结构交织在一起。这样设想的"经济的法"应该构成法学家和经济学家的会合点。

另外,赞罗比尼(Alloro Zanobini)也主张,"经济的法"并非是特别的部门,它仅仅是过去的法部门或者传统法部门的一部分加以代替乃至包容而已。

但是,从这一观点出发,有些学者质疑"经济的法"的独立性。M. 隆哥也就此指出,"经济的法"这一概念遭到了某些学者的怀疑,有时甚至遭到他们公开的反对。其原因在于:意大利大多数法学家严格因袭传统的态度;保持公法和私法之间的明显区别的愿望;显然缺乏"经济的法"所特有的总原则。更有甚者,从政治上对此观点予以反对,如保守派担心有关"经济的法"的论著会鼓励加强对经济的管理;改革派则认为,"经济的法"可能"由于人们所认为的法学家们所特有的某种因袭传统的影响"而成为推行他们计划的障碍。②

（四）主张"经济的法"是国家统制经济特有的法律

这一观点的主要代表是 M. 隆哥。他在《宪法诸原理与经济生活》一文中部分继受了德国弗赖堡学派的主张,从宪法与经济法的交织关系中,阐述了经济统制法的内涵。

现实生活中,意大利实行经济二重结构,表现在法律上,一方面农业法(diritto agrario)、产业法(diritto industriale)均为"经济的法"所包含;另一方面国家参加制度(partizipazioni statali,即公有企业制度)极其发达,但在市场经济生活中至 1990 年为止仍未制定有关反垄断的法律。因此,隆哥对"经济的法"的界定是建立在意大利这一经济法律现状之上的。

四、荷兰的经济法概念

尽管第二次世界大战结束后,有荷兰学者曾试图采用"经济法"这一概念,并赋予范围很广的含义。但荷兰一直未使用"经济法"这种表达方式,而是使用"社会经济法"。而"社

---

① [意]卡塞塔:《简论有关经济的行政法》,《经济的法》杂志,1955 年,第 339 页及以下各页;转引自阿莱克西·雅克曼、居伊·施朗斯著:《经济法》,宇泉译,商务印书馆 1997 年版,第 59 页、第 126 页。

② [法]阿莱克西·雅克曼、居伊·施朗斯著:《经济法》,宇泉译,商务印书馆 1997 年版,第 60 页。

会经济法”概念的出现,又有一个渐进的过程,可分为以下四个阶段:

第一阶段,有些学者如 A. 米尔德尔,强调经济法规所规定的各种制裁的共同特征和具体特征。

第二阶段,有学者承认,在这类法规的渊源中以及在用来实施这类法规的机构和程序中存在某些共同特征。

第三阶段,与各种经济组织法有关的明确的行政法原则有了发展,从而引起了法学家的重视。

第四阶段,法学家和经济学家开始比较系统地研究实体法,产生了“社会经济法”。

“社会经济法”概念于 1949 年由 A. 米尔德尔提出的。①同年,他在海牙出版了《维护社会经济法》一书。1952 年起,比利时《社会经济法》杂志专登论述经济法的文章。之后,荷兰学者纷纷著书立说,研究社会经济法概念。例如,1964 年,A. 米尔德在《法学展望》发表论文,题为《社会经济立法的发展》;同年,J. 瓦尔科夫出版了《荷兰社会经济法入门》;1968 年,P. 费洛伦・范泰马特的杰作《社会经济法协调原则》出版。

这些荷兰学者主张,社会经济法包含以有意识地影响市场运转作为直接目的或间接目的的全部法律规则;这些规则可能有截然不同的来源,从中央当局到属公法管辖范围的企业集团;或者是某个行业组织的成员自由签订的但按法律对第三者具有强制性的协议。

因此,“社会经济”主要是指全面组织经济。“经济”一词在后,“社会”一词在前,是为了明确表示组织经济是从全部社会活动着眼,而不是从企业着眼。故以“社会经济”来说明其内涵,“社会经济法”因而不包含“企业法规”。

此外,大多数学者也同意“社会经济法”应属于公法范围。

具有荷兰特色的经济法概念最大贡献在于,其观点立场深化了“社会经济法”与其他传统法律部门(如民法和商法、行政法和刑法)的关系,阐明了“社会经济法”对这些法律部门的影响。

第五节　英美国家经济法概念的例外

英美法系虽然有许多属于经济发展及经济立法却又有别于一般民事、商事的法规,但学术界始终未能对其加以抽象化、概括化,并使之成为一种缜密体系的“Economic Law”。德国学者塔伦(Tallen)为此认为,在普通法系,很少有人使用经济法概念,它至今仍未得到学术界的承认,人们宁可选择“商事法”这一术语。②

尽管如此,并不能说在这些国家根本就不注意经济法规范的存在。第二次世界大战

① [荷]J. 瓦尔科夫著:《荷兰社会经济法入门》,格罗宁根-莱登,1964 年;转引自阿莱克西・雅克曼、居伊・施朗斯著:《经济法》,宇泉译,商务印书馆 1997 年版,第 125 页注 137 及 139。

② 《国际比较法百科全书・民法与商法》(*International Encyclopedia of Comparative Law*),第 6 页;转引自张守文、于雷著:《市场经济与新经济法》,北京大学出版社 1993 年版,第 50 页。

后,英美两国有些学者从社会、经济及法律等多种角度进行了不懈的探讨,形成了不少对本国及世界有影响力的学术观点和研究方法。

一、英国的"商事法"提法

英国先后颁布了许多有关规制市场竞争和政府对各种经济行业的管理法律。但秉承普通法传统,推崇实用主义,英国更注重单项立法和对具体法律的研究,而轻视对法律体系作部门法分类,也不按照预设类别进行立法。因此,在英国非但立法中无"经济法"一说,学界也无人使用"经济法"这一术语。

但是,在自由竞争经济的发展过程中,也有为数不少的学者从研究商法的角度,提出了"企业法规"概念,进而注意到经济法的研究。

英国学者克莱夫·M.施米特霍夫在1966年的《企业法规季刊》上发表的一篇文章中指出,"如果要求一个英国法学家下一个定义,他可能会说,经济法包含管理国家在商业、工业和金融领域进行的干预。传统商法和经济法之间的主要区别,在于它们对经济活动的基本态度。商业的基础是双方按独立意志签订合同的原则。因此,在维护公共秩序这个唯一的条件下,双方可以按照自己的意愿自由经营自己的企业。相反,经济法的基本原则却是统制经济,即家长式国家可以为了公共利益限制双方独立意志的思想。因此,经济法介于商法和行政法之间;经济法和商法共同关心经济事务,又和行政法共同关心管理方法"①。

他的观点得到特伦斯·C.邓蒂瑟的赞同。在他们看来,经济法是一个狭义的概念,认为它应由以下四部分组成:金融管理条例、经济竞争管理条例、物价和收入管理条例、保护消费者条例。

在英国,随着政府当局对经济的干预和经济计划化的不断加强,欧洲政治经济一体化进程的推进,经济法的作用日显重要。经济法成为传统商法和企业法规以外的一个法律部门也有了一定的现实基础。为此,英国学者们也感到必须充分承认该事实的压力。

20世纪80年代,施米特霍夫在《英国经济法的各种形式》指出:"因为这些形式反映了,在某一特定阶段,国家希望对国民经济实行不同程度的控制,因而体现了国家的政策目的。考察各种不同的控制形式,确实有助于法学界以传统的方法探明,经济法这个名字所包含的那些新现象。"②因此,他集中地研究并阐述了经济法的各种形式。

在英国,有限的"经济法"理论基础是对经济的统制。涉及私营部门的经济法,其形式包括有以下六个方面:一是利益集团的自我调节,这是一种最简单的调节形式;二是运用与某些活动有关的许可,如空中运输证;三是独立官员的干预,如公平贸易总干事的职责;四是私有企业的特别控制条例,如物价、消费者保护和公平贸易大臣的干预权力;五是以持股方式进行的国家参与,如1975年《工业法》规定的计划性协议;六是国有化。

因此,英国学者认为,"在英国,以前把经济分成公有和私有两部分的做法正在失去意

① [法]阿莱克西·雅克曼、居伊·施朗斯著:《经济法》,宇泉译,商务印书馆1997年版,第61—62页。

② [英]施米特霍夫、佩奇:《英国经济法的各种形式》,杨日颎译,幼文、汝林校,载于《文摘》(现代外国哲学科学版)1983年第9期。

义。这两种经济类型之间的相互作用和它们的相互关系导致对经济类型作出一种新的三分法:即公共部分;或多或少受到严格控制的私有部分;不受控制的私有部分。这样英国的混合经济具有一种新的特征。法律是相当灵活的,足以对政策目的这些变化加以调节。"①特别是,经济政策的发展与经济法的形式及其运用的发展是一致的。但是,不仅法律形式是重要的,经济法的实施同样也是重要的,必须把经济法各种形式的必要的灵活性作为一种工具,使其转变为灵活的控制措施。

许多学者对这一发展情况表示出了极大的关切。然而,同欧洲经济共同体以及其他主要成员国相比,英国过分强调立法的"授权"方面,而不强调作为一种控制手段的经济法的可行性,以至于时至今日英国的"经济法"概念仍然是比较模糊的,无法上升为一个理论体系。

二、美国经济法的名与实

(一) 现实制度基础与研究方法走向

美国法学家的境遇与英国同行差不多。美国除了属于各州权限的传统商法之外,在联邦法律和各州法律中也大量存在关于各种经济活动和经济行为的法规和条例。

但总体上,美国法的基本构成是不成文的判例法,其所遵循的是实用主义原则,并以司法判例形成的基本法理为核心构建自身的法律体系。同时,在其判例法领域也存在一些过于原则性、概念性甚至是过于简单性的成文立法(制定法)。这不仅为美国法官的判例立法留下较大空间,而且也为法官的判例立法框定了界限。

一般而言,法官造法主要是对成文立法所确定的基本原则加以说明和补充,使其判例与相关的制定法保持一致。反过来,判例为理解制定法蕴涵的基本原则提供了事实依据。就此,在美国的反托拉斯立法及其运用上,表现甚为突出。

19 世纪末 20 世纪初,美国正处于一个进步主义时代。这一时期的序数论革命和边际主义思想激起了美国经济学家对法律规则中不同问题的极大兴趣,身处进步时代的经济学家对法律制度方面的问题进行了广泛的分析,尤其是对普通法和福利政策方面。在批判古典经济理论(市场理论)的同时,他们十分推崇国家对经济活动的依法干预,奉行以凯恩斯主义为基础的国家干预经济理论,宣扬实用主义的时代旗帜。

1890 年,美国国会通过了《保护贸易和商业不受非法限制与垄断之害法》,即《谢尔曼法》(Sherman Act),该法被誉为世界第一部反托拉斯法。该法经过多次修改,迄今仍是美国反托拉斯领域最重要的法律。1914 年通过的《克莱顿法》(Clayton Act)、《联邦贸易委员会法》(Federl Trade Commission Act)几经修订,也是重要的反托拉斯法规之一。其原因就在于,这些成文法规在百年的反托拉斯经典判例的充实与修正下,仍能灵活地契合于不断变化与发展的美国现实经济生活。

与此同时,根植于美国经济生活的学术研究也在不断推陈出新,其中不乏大胆尝试之举,在对法律的经济分析中,创设了当代美国许多新概念、新术语、新范畴及新体系,诞生

① [英]施米特霍夫、佩奇:《英国经济法的各种形式》,杨日颍译,幼文、汝林校,载于《文摘》(现代外国哲学科学版)1983 年第 9 期。

了以凡勃伦和他的学生康芒斯为代表的制度经济学派，成为日后新理论的重要渊源之一。

自20世纪20年代末30年代初起，美国法学家和经济学家较其他国家更注重研究法律与经济的关系；以Economic Law为题的著述并不少见。这些论著或是就有关与市场相关联的法律制度层面就事论事地进行探讨，或是就突出的经济与法的现象进行经济学、社会学乃至法理学的考察。

20世纪30年代末，由于受福利经济学革命的影响，法律的经济分析一度相对沉寂。但经济学的一些技术性研究方法，仍被大量地应用于反托拉斯法、公共事业管制等诸领域，进行学理分析与实例论证。而此时的芝加哥大学学者们也正在酝酿着掀起一轮更新的理论浪潮。

由于反托拉斯法是美国政府干预市场经济最早的法律措施，也是法学与经济学关系最密切的领域之一。围绕着反托拉斯领域中法律与经济这一关系，美国学者出版了很多专著，例如，C. 凯森与D. 特纳的《反托拉斯政策——从经济角度和法律角度进行的分析》、马克·S. 马塞尔的《竞争与垄断》、D. 杜威的《经济学和法学中垄断》等。

20世纪60年代前，绝大多数学者们仅局限于分析反托拉斯法等少数政府管制市场经济的制定法。此后，随着国家经济政策领域凯恩斯主义影响的下降和新自由经济主义的兴起，反思干预主义影响下所形成的社会经济立法成为一种学术时尚。

20世纪60至70年代，经过迪莱克特等人的极大努力和艰辛工作，加之，斯蒂格勒、贝克尔(Gary. S. Becker)、布坎南(James M. Buchanan)等人对反托拉斯法的经济分析，以及对法律经济的分析，在芝加哥大学法学院形成了一个学派即新制度经济学(New Institutional Economics)，并逐渐发展成为美国学术界公认的"芝加哥学派"。

该学派主张，当代社会的弊端主要是由国家干预过多造成的，要想使社会恢复活力，需要实行"新的自由放任政策"，充分利用"市场机制"。

20世纪70年代，美国的法学家们逐渐取代了经济学家，成为运用经济分析法律制度的主导力量。他们以制度经济学和新制度经学的经典理论为指导，日益深入和系统地运用经济学理论和方法评析、评估法律，从而催生了"经济分析法学"(Jurisprudence of Economic Analysis)，也称"法经济学"(The Economics of the Law，亦称之为法律经济学)①，至此，法经济学成为当代法学领域中一个不可或缺的学派。

20世纪80年代以后，美国法经济学得到更为广泛地重视，逐一由北美、欧洲被介绍到世界各地。但是，就经济法的宗旨而言，恰当的经济法概念既不是由经济学决定的，也不能笼统地定义为"有经济意义的法律"，它显然必须被限定于那些能感受到公共利益的强烈影响的法律领域。这一点，可以从美国经济学家和法学家们前赴后继地研究这些法律领域，创立与拓展"法经济学"而得到启示。

---

① 这一学派，英语中还有多种别的表达，如"法和经济学"(Law and Economics)、"法律的经济学研究"(The Economic Approach to Law)、"法律的经济学分析"(Economic Analysis of Law)、"经济学法学"(Legal Economic, Economic Jurisprudence)等等。理查德·A. 波斯纳在《法律的经济分析》(下)一书中说道，用Economics of Law比用Law and Economics更清楚、明确，故更合适。在此，借鉴这一权威说法，译为"法经济学"较为妥当。至于国内学者介绍经济分析法学的专著，例如钱弘道著：《经济分析法学》，法律出版社2003年版，可供参考。

(二) 法经济学与经济法的概念区别

所谓"法经济学"是对法律(或法规、法制)的制度分析。其核心就是对法律进行成本—效益的分析,这一思想被奉为法经济学的圭臬。这一学说代表人物及论著很多,其中最主要奠基人是罗纳德 · H. 科斯(Ronald H. Coase, 1910—),其代表作是《企业的性质》(1937 年)、《社会成本问题》(1960 年)以及《企业、市场和法律》(1988 年)等,在这些论著中他率先运用了交易成本理论来分析法律制度。

以科斯为代表,学者们以独创的价值理念,系统地分析那些并非公开宣布调整经济领域社会关系的法律制度。其他的代表人物还有卡莱布雷斯(Guido Calabresi)、阿尔钱恩(A. A. Alchain)等人。

法经济学的集大成者是波斯纳(Richard Allen Posner, 1939—)。1973 年,他的《法律的经济分析》(*Economic Analysis of Law*)一书横空出世,确立了法经济学在法学研究领域的学术地位,推动了法经济学的发展。他在该书中指出:"正如任何非参照性和非概念性术语一样,定义法律经济学的唯一可能准则是它的实用性——而不是准确性。分出一个独立的学科并称之为法律经济学(用'Economics of Law'比用'Law and Economics'更清楚、明确,故更合适)的目的就是为了开辟一个其大量的法律知识在其学说和制度方面是相关的经济研究领域。这些法律领域(如税收法、劳动法)中的许多经济问题不需要很多法律知识就能得到解决。"①

为此,波斯纳精辟地提出:"法律经济学就是建立在某些法律领域具体知识基础上的一系列经济研究。"②

但是,从法经济学的诸多理论与主张中,不难发现一个浅显的常识问题,即法经济学并非是"经济法",法经济学与经济法是有着质的差别的。为此,国内经济学者将其基本区别概括为以下三点:③第一,法经济学属经济学领域,而经济法则属法学领域;第二,经济法研究经济领域诸问题(如财产、合同、侵权等)的法律,而法经济学则用经济学的方法和概念研究几乎所有的法律,除经济法之外,还包括各套法律系统、法律制度以及犯罪和刑罚等各种专门立法中的经济问题;第三,经济法是用法律的准则和价值观分析经济问题,强调的是公正,而法经济学则是用经济学(主要是微观经济学)的准则和价值观判断研究法律问题,强调的是效率。

而从法学的角度找寻法经济学与经济法的内在联系,是怎样的结论呢?依据科斯、波斯纳的主张,不妨可以作如下的推论:

法律应在权利界定上使社会成本最低化,故要求法律能选择一种成本较低的权利配置形式和实施程序。由此,经济法应是以交易成本最低化为原则,调整权利配置,促使效益最优的法律。④

---

① [美]理查德 · A. 波斯纳著:《法律的经济学分析》(下),蒋兆康译,中国大百科全书出版社 1997 年版,第 905—906 页。

② 同上书,第 906 页。

③ [美]罗伯特 · 考特、托马斯 · 尤伦著:《法和经济学》,张军等译,上海三联书店、上海人民出版社 1994 年版,第 1 页。

④ 吕忠梅、刘大洪著:《经济法的法学与法经济学分析》,中国检察出版社 1998 年版,第 281 页。

然而,尽管美国的法经济学十分昌盛,“经济学对法学的长驱直入几乎给法学研究带来了一场革命”①。但是,在美国不仅立法中不使用“经济法”这一概念,而且学术界也很少使用这一概念,尽管学者们一般都知道,所谓经济法在他们那里就是指反托拉斯等法律。正如丹尼斯·特伦所认为的那样,在美国,经济法至今还缺乏高度的严谨性和一致性,只是由于它以新颖性和活力突破了传统法律部门的固有疆界,并从传统规范中引申各种原理而重新组合为一个整体,人们才对它感兴趣。大多数的学者都是反对把经济法的概念、调整范围等加以扩大化,并且均把经济法与商法相联系。因此,称美国有“经济法”之实却无“经济法”之名,实不为过。

如前所述,美国制定法中的经济性法规体系化程度丝毫不亚于经济法学说甚为发达的一些国家,但“经济法”却未抓住这一制度契机发展成为美国独立的立法门类和法学学科。相反地,由于包括经济法律在内的法律制度引起了经济学、法学界研究的高度重视,孕育而生的法经济学就有关经济的法律制度或就个别经济法性质问题作跨学科的考察,为他国认识与研究经济法提供了一种全新的视野,对世界各国经济法的概念把握、经济法的理论研究以及经济法的制度建设产生了巨大的影响。但是,他们未就这类法律规范所共同具有的经济法现象进行体系化的探讨,应该说一种缺憾,也是一种警示。

在探究经济法概念时最值得反思的是,美国法经济学的一大魅力是其方法论别具一格。它运用微观经济学的理论和方法对法律进行分析,尤其是对法律进行实证性经济分析,具有明显的定量分析优势,促使人们的思维更加趋于准确,对法律的研究更加精细而实用。但法经济学在方法论上也有不容忽视的局限性。特别是,若将“经济学”的相关理念作为“唯一的评价原则体系”来分析法律,而排斥其他社会学、哲学等原理和方法的应用时,将有失偏颇。

同样地,以法经济学来分析经济法律现象时,也容易出现类似的偏差。时下在借鉴和剖析现代经济法概念时,这点尤其需要谨记:即在经济法领域中运用法经济学理论来研究和考量经济法的概念及其具体制度,应当注意不能片面夸大法经济学方法论的作用,而偏离或模糊了对经济法内涵的清晰认识。

第六节　苏联、东欧国家的经济法概念

自20世纪20年代起,苏联(Советский Союз)②开始了经济法概念的大讨论,直至

① 钱弘道著:《经济分析法学》,法律出版社2003年版,第1页。

② 称为“原苏联”,更为妥当。现在,很多经济法教科书上称之为“前苏联”,例如司法部统编教材:史际春、邓峰著的《经济法总论》(1998年)、全国法律硕士专业学位教育教学用书:李昌麒、刘瑞复主编的《经济法》(2004年)等,不一而足。这种提法是很不严谨的,且也不符合历史事实和现实情况。历史上,1922年底,俄罗斯、乌克兰、白俄罗斯和外高加索联邦四个苏维埃社会主义共和国组成,后发展为十五个加盟共和国组成苏维埃社会主义共和国联盟,简称苏联。1990年国内政局变动,至1991年12月,原十五个加盟共和国全部成为独立国家,苏联解体。同年,12月21日,原苏联的十一个加盟共和国签署《阿拉木图宣言》,宣布苏联不复存在,并成立独立国家联合体(简称“独联体”)。参见《辞海》,上海辞书出版社2002年版,第1601页。

20世纪90年代初苏联解体,其间形成了各种经济法概念。这些经济法概念在社会主义阵营里的许多国家,包括中国在内,广为流传、影响甚大,以致当时几乎每个社会主义国家盛行的经济法概念都是苏联经济法概念的翻版。

在上一世纪中叶,这些苏联的经济法概念深深影响了这些社会主义国家的经济体制建设,也为这些社会主义国家的法制建设奠定了一定的理论基础。在其后期,这些经济法概念的论争甚至推动了这些国家经济体制的改革。

德国学者乌沙可夫认为,苏联的"经济法"是由德国传入的,是通过1927年俄国血统的德国人卡里斯基所著的《国际经济法》俄文版传入俄国的。①但历史表明,苏联经济法概念是与苏联的经济体制、经济法学说紧密相联的,镌刻着苏联经济体制与意识形态的印记,其经济法概念内涵复杂多变。

从1919年到1991年,苏联的经济体制经历了战时共产主义经济政策、"新经济政策"、"工业化运动"到"农业集体化运动",社会主义高度集中的经济体制逐步形成模式及其走向僵化和畸形,"工业建筑业改组"、"新经济体制"、实行经济核算并进行"物质刺激",直至最后的"改革新思维"等四个时期,苏联经济立法也呈现出四个各有重心的立法格局。与此同时,也触发了苏联学者对此各个阶段的经济法律现象的关注和思考,形成了各种各样的经济法概念。

为了便于梳理其错综复杂的脉络,在此,以第二次世界大战为时间界限进行划分,以便于陈述苏联的经济法概念诸说。

一、第二次世界大战前的经济法概念

"我们知道,苏联的经济法思想产生于新经济政策时期。"②早期苏联的经济法概念是在与民法的论争中初步发展起来,并由此形成各种经济法理论观点。

1922年,俄罗斯苏维埃联邦社会主义共和国民法典公布之际,经济法概念几乎同时产生。因为当时一些有影响的法学家把民法视作经济法,甚而将民法纳入经济法概念之内。如民法学家A.Г.戈伊赫巴尔格,在其所著的《苏俄经济法》(1923年)一书中,即将民法视为经济法的同义语。③

20世纪20年代至30年代,苏联经济法概念主要有两大观点。

(一)两成分法

其代表人物是П.И.斯图契卡。他的《民法及其适用》(1929年)、《苏维埃民法教程》(1931年)两本论著,集中反映了他的"两成分法"理论。他认为,20年代苏联存在着两种经济成分,形成了两种经济关系,这两种经济关系分别由两种法律学科来调整。在前本专著中,他指出:"按照服从和计划原则对国营企业之间的相互关系的调整,将

① 王家福:《经济法学浅论》,载于《经济法理论学术论文集》,群众出版社1985年版,第237页。
② 梁慧星、王利明著:《经济法的理论问题》,中国政法大学出版社1986年版,第41页。
③ 同上。

逐渐脱离民法典的效力范围"，"在这里，目前一个新的法律部门——经济行政法正在形成。"①在后一专著中，他写道："既然私人经济法或民法（也是私法）主要调整私有者的各种财产关系和部分地调整各种经济成分之间的关系，那么，经济行政法便是调整社会主义成分的各种经济关系了。"②

他因此主张，建立在国家计划基础上的社会组织间的经济关系应由经济行政法调整，而建立在无计划基础上的私有制经济成分的经济关系应由民法调整。他还认为，随着原料和产品分配的增长，民法将被经济一行政法所代替。③故在斯图契卡看来，经济法即经济一行政法，以计划性和从属性为特征。

斯图契卡的经济法认识，成为当时主流思想。1931 年，苏联公布了由他主持，根据该理论起草的苏联第一个民事立法纲要草案。草案第 1 条就规定，民事立法调整向共产主义过渡时期在两种公有制基础上，以及在这一时期日益减少的私有权和民事流转基础上发生的财产关系。④但该草案未获得通过。然而，斯图契卡的"两成分法"理论开了部门经济法主张的先河。

正如斯图契卡所称，买卖是资产阶级的制度，社会主义不承认买卖，它只承认直接的供应；应当把直接调整社会主义经济成分之一切关系的内容另行编纂法典，而不应包括在民法中。⑤为此，他在社会主义史上首次提出关于社会主义组织技术性规范的经济法概念，主张编纂经济法典，正确认识民法同当事人意思自治和自发市场关系的内在联系，并试图给予理论上的说明，这些都是有科学价值的。⑥

但是，他忽视了商品关系在社会主义经济中的作用，对市场关系和当事人意思自治及其民法调整在社会主义条件下存在之应然性和长期性缺乏正确认识。⑦在 20 世纪 30 年代中后期，该经济法概念遭到批评和政治打击，被不适当地全盘否定，认为它将社会主义社会中的个人利益与社会利益对立起来，否定苏维埃民法的社会主义性质。当时的法学权威 A. Я. 维辛斯基甚至将其粗暴地痛斥为"法律机会主义的理论"⑧。这是学术研究为阶级斗争、政治批判所扭曲的一个悲惨个案。

（二）战前经济法

其代表人物是 Л. Я. 金茨布尔格和 Е. Б. 帕舒卡尼斯。其观点主要反映于 1935 年的《经济法教程》（两卷本）。他们认为，经济法是"无产阶级国家在组织经营管理和组织经济

---

① 梁慧星、王利明著：《经济法的理论问题》，中国政法大学出版社 1986 年版，第 42 页。

② ［苏］П. И. 斯图契卡著：《苏维埃民法教程》，莫斯科列宁格勒 1931 年俄文版，第 10 页；转引自陈汉章：《苏联经济法学派与民法学派五十年的争论及其经验教训》，载于《中国法学》1985 年第 2 期。

③ ［苏］坚金、布拉图斯著：《苏维埃民法》第 1 册，法律出版社 1956 年版，第 34—35 页。

④ ［苏］П. Е. 奥尔洛夫斯基：《关于制定苏联民事立法原则的几个问题》，郭寿康译，载于《政法译丛》1958 年第 1 期。

⑤ 梁慧星、王利明著：《经济法的理论问题》，中国政法大学出版社 1986 年版，第 43 页。

⑥ 史际春、邓峰著：《经济法总论》，法律出版社 1998 年版，第 114 页。

⑦ 同上。

⑧ ［苏］坚金、布拉图斯著：《苏维埃民法》第 1 册，法律出版社 1956 年版，第 36 页。

方面所实行的政策的特殊形式"①。经济法不仅调整社会主义经济组织之间的关系,也调整公民之间的关系。因为公民也是一个"经济单位",称为"私有者",其作用只限于消费。

金茨布尔格指出:"经济法学派的作者把自己的力量集中在研究社会主义成分内部的法律关系。研究的目的在于揭示和领会社会主义经济体制在调整它的各个环节(社会主义企业)的活动方面所提供的新东西。任务在于尝试建立适应社会关系新体系的新的法律概念,表明传统的民法制度在新的条件下在某些场合是怎样变化的。由于在调整社会主义企业之间的关系方面计划和服从的因素起着特殊的作用,经济法学派不可避免地对经济管理的组织问题发生特殊的兴趣。"②

帕舒卡尼斯在其《法学概论和马克思主义》一书中系统地论述了"交换"论,把法律形式的存在同商品货币关系联系起来,将经济法视为整个法消灭的中间阶段。"交换"论成为当时的权威理论,成了在苏维埃法结构中划分出两种相互独立成分的根据。据此,帕舒卡尼斯认为,经济行政法界乎法律和非法律之间,是"日益转变为社会主义经济组织结构的科学",是法律正日趋消灭的表现。

阐述各自学术观点的过程中,他们对上述的"两成分法"理论进行了批判,但却得出了相似的结论:民法已消亡,公民之间关系应纳入经济法范畴。

后来,金茨布尔格本人也承认,经济法学派把自己的注意力集中在社会主义成分的法律关系问题时,对民事权利能力、个人所有权、继承权等问题的解决显然是不正确的。他坦率地指出:"在苏联,把'私人'解释为'劳动的消费者'是不正确的。这种理解不能容忍地限制了苏联公民的民事权利能力的范围。否认平等原则是民法典所确立的苏维埃民法(经济法)的一个最重要的原则,是不正确的。在苏联,把继承权归结为'私法的保障形式'也是不正确的。"③帕舒卡尼斯则是全面自我批判了自己关于苏维埃法正在消灭的观点,严格解剖自己的法的交换理论,认识到法是上层建筑现象、是国家的政治形式。

这两人在 20 世纪 30 年代达成共识而提出大经济法理论所主张的——研究有关计划制定、经济核算和经济合同的法律问题,在以后苏联东欧国家的民法学尤其是经济法学研究中得到了体现。

不过,在 20 世纪 30 年代后期,战前这一大经济法概念,受到了猛烈的批评。比如,当时的法学权威维辛斯基斥责这一经济法概念为托洛斯基、布哈林臆想出来的一个混合物,是"偷天换日地用所谓'经济法'来代替民法,是对共产主义敌人的重大帮助,是对那些捏造关于共产主义的谎话,胡说什么共产主义压制个人,胡说它除了社会、经济、生产之外不承认任何其他范畴的诽谤者们的重大帮助"④。在强大的政治压力下,苏联经济法概念的研究从此进入了冬眠时期。

---

① [苏]国立莫斯科大学法学院编:《经济法》,中国人民大学苏联东欧研究所译,中国人民大学出版社 1980 年版,第 11 页。

② 同上。

③ [苏]Л. Я. 金茨布尔格:《关于经济法的问题》,载于《苏维埃国家与法》1956 年第 10 期;转引自张世明著:《经济法学理论演变研究》,中国民主法制出版社 2002 年版,第 140 页。

④ [苏]A. Я. 维辛斯基:《反马克思主义的法的理论》,载于《真理报》,1937 年 4 月 9 日;转引自张世明著:《经济法学理论演变研究》,中国民主法制出版社 2002 年版,第 141 页。

二、第二次世界大战后的经济法概念

20 世纪 40 年代末，苏联法学界重新复苏，经济法概念的考察也随之呼之欲出。早在 20 世纪 40 年代，拉伊赫尔在研究保险问题时提出把法分为基本部门和综合部门，但当时与经济法问题的讨论尚无关联。

20 世纪 50 年代中期，B. C. 塔吉沃相在 1956—1958 年关于法律体系的讨论中率先提出，经济法应作为一个独立部门法的问题。他指出，必须结束对苏联经济理论问题的意义估计不足的状况，恢复对经济法的正确认识。他认为，经济法是实际存在于苏联法律关系之中的，调整社会主义国民经济体系中的经济关系的规范不应归属民法范围，而应把这些规范的总和视为苏联的一个重要的法律部门，从民法中独立出来，称为经济法或经济行政法。

随后，劫后余生的金茨布尔格在《苏维埃国家与法》1956 年第 10 期上发表《关于经济法的问题》，也提出必须重新看待关于 1930—1936 年的经济法学派的结论。

这样，经济法的概念研究又被提上议程，重新开始了一场旷日持久的论争。这一时期的经济法概念主要有以下四种。

(一) 综合部门法

此说出现于 20 世纪 40 年代末期，其代表人物是 Ю. К. 托尔斯托伊、О. С. 约菲等人。这一理论把法的部门分为二类，即基本部门和综合部门，认为基本部门法拥有统一的调整对象和调整手段，如民法、刑法、行政法等；而综合部门法，如经济法、劳动法、土地法等，则使用不同的法律手段调整不同种类的社会关系。

最初提出基本部门和综合性部门理论的时候，本来与讨论经济法问题并无关系。早在 1947 年，В. Ч. 拉伊赫尔在《保险的社会历史形式》一文中分析保险问题时就曾提出，不把经济法看成基本部门法，而是看成综合性部门法。后来，这种主张得到了 О. С. 约菲、М. Д. 沙尔戈罗茨基和 Ю. К. 托尔斯托伊的支持。①

拉伊赫尔指出：经济法调整社会主义组织之间的经济关系（这就是经济法的对象和主体特征）。他强调：按照通常的认识，经济关系属于财产关系，好比种概念属于类概念一样。可是从经济法理论的立场来看，经济关系比财产关系范围更广，况且它的构成中有计划组织关系。但是，实际上财产关系作为类概念，比作为它的种概念的经济关系是更广的概念。因此他得出结论，经济法应是综合性部门法。时隔三十多年，在《苏维埃国家与法权》1980 年第 8 期上，他撰写论文《关于经济法的理论》，批驳民法理论的传统理论（即两成分法，他将其称为所谓“合法理论”）和现代的经济法理论，仍继续坚持经济法是综合部门法这一立场，并指出：“如果不把经济法看作基本法律部门，而看作综合法律部门，那么经济法理论的许多缺点是能够消除的。”②

---

① ［苏］В. П. 格里巴诺夫、О. А. 克拉萨夫奇科夫：《苏维埃法学中的经济法问题》，马骧聪摘译：《经济法》教科书（苏联法律书籍出版社 1977 年版），载于《法学译丛》1979 年第 5 期。

② ［苏］В. Ч. 拉伊赫尔：《关于经济法理论》，任正摘译，载于《法学译丛》1980 年第 6 期。

对于综合部门的问题，Ю. К. 托尔斯托伊也作了充分的阐述，其基本观点与 В. Ч. 拉伊赫尔相同。托尔斯托伊提出，应把经济法作为综合法律部门。对综合部门的问题，托尔斯托伊不仅指出基本部门法与综合部门法的差别，而且认为，综合部门法没有统一的调整对象，调整的是不同种类的社会关系；它由别的(基本的)部门法规范组成；它在法的体系中没有任何位置，只是在对法进行分类时(根据分类整理的目的)，才给予它们一种相对的位置。①

О. С. 约菲、М. Д. 沙尔戈罗茨基在《法的理论问题》一书中认为，综合法律部门这个提法是切实可行的。在一个时间内支持经济法是综合部门法的观点。②但对经济立法及经济法问题的进一步研究，使得约菲认识到这个意见是错误的，转而提出"经济立法的系统化"(1971 年)观点，主张制定一个经济立法，但仍坚持批判经济法是独立部门。

在 1975 年苏联的《法学》杂志上，他和 В. П. 格里巴诺夫共同发表了《发展苏联经济立法的途径》一文，不再拘泥于"经济法"一词，改而阐述"经济立法"概念，提出"经济立法就是指调整社会主义经济中所形成全部关系(不论其主体构成如何)的立法"③。并指出："现在，经济法主张就同法定的经济立法概念发生了冲突了。"④况且，作为一个综合性部门来说，经济立法也是一个特殊的、需要多方面加以完善的客体，不仅要使它的内容合理化，而且要改善使它系统化的形式。在所有这些形式中，法典是最常见、容量最大的、实际上最方便的形式。这种形式在经济立法中得到广泛的应用，经济立法的许多部分或者就是法典，或者是具有别的名称的法典性文件。

约菲因此主张颁布普遍适用于经济立法部门的经济法典，强调经济法典的普遍性，反对拉普捷夫等人的"颁布经济法典同时保留各个专门法典"的倡议。在他看来，经济法典可以设计成一个综合的跨部门的文件。显见，约菲对经济法概念的认识仍然未真正脱离综合部门法特性的观念。

(二) 经济一行政法理论

此说出现于 20 世纪 60 年代，其代表人物是 С. Н. 勃拉图西、С. С. 阿列克谢耶夫等人。

这一理论是对战后经济法理论的拥护者和"综合性部门"理论代表的意见的一种独特的法律思想反映。对于上述后一种观点，勃拉图西和阿列克谢耶夫指出，"把法律规范分为部门，不是从研究经济关系的法律调整合适和方便的考虑决定的，而是由法及其内容客观存在的差别所决定的"⑤。同时，他们认为，以往"在研究行政法时所进行的科学分析，往往停留在实际上它恰恰是应当展开的地方，它局限于一些关于组织经济管理机构及其活动的原则等一般问题，没有深入到社会主义经济领域中各种关系的行政法律调整问题。在这方面，在科学研究和法律院校的法律课程教学中，形成了一个'死角'。"⑥因此，需要

---

① 程宝山著：《经济法基本理论研究》，郑州大学出版社 2003 年版，第 34—35 页。
② 中国人民大学苏联东欧研究所编译：《苏联经济法论文选》，法律出版社 1982 年版，第 127 页注⑦。
③ 中国人民大学苏联东欧研究所编译：《苏联经济法文选》，法律出版社 1982 年版，第 125 页。
④ 同上书，第 126 页。
⑤ [苏]В. П. 格里巴诺夫、О. А. 克拉萨夫奇科夫：《苏维埃法学中的经济法问题》，马骧聪摘译：《经济法》教科书(苏联法律书籍出版社 1977 年版)，载于《法学译丛》1979 年第 5 期。
⑥ 同上。

建立一个特别的、独立的亚部门的法律学科,即经济—行政法。

C. H. 勃拉图西也反对经济法是独立法律部门的主张,认为经济法的规范不是调整同类关系的,如果刻意编造一个经济法部门会破坏民法、行政法等部门的完整性,并认为国民经济管理过程中发生的纵的关系则应由行政法调整。①

C. C. 阿列克谢耶夫则把经济法区分为"民事经济法"和"行政经济法",把经济法看作苏联法的体系中的"次生结构"②。

1961 年,苏联颁布了《苏联和各加盟共和国民事立法纲要》,经济—行政法的经济法概念在各种论争中暂时取得了当局的认可。因为该纲要的第 2 条明确规定:"苏联民事立法调整国家组织、合作社组织、社会团体相互之间的,公民与国家组织、合作社组织、社会团体之间的,公民相互之间的为本纲要第 1 条所规定的各种关系。"这一规定充分表明,苏联立法继续坚持对国民经济的综合法律调整机制,并未采纳现代经济法即纵横统一论的主张,而是一定程度地支持经济—行政法的二元结构观点。

在经济—行政法的基础上,又经过几十年的争论和演变,逐步分化为两大流派:民法—行政法学派和现代经济法学派。而其中,1980 年左右所盛行的民法—行政法学派的经济法概念仍基本上持广义经济法观点。例如,P. O. 哈尔斐娜就认为,经济法不具有部门法的属性,公民是经济法主体之一。③

又如,哈尔科夫法学院的学者 B. Φ. 马斯洛夫、A. A. 普什金、И. Φ. 普罗品科等人共同在《苏维埃国家与法权》1980 年第 1 期上发表论文明确支持民法—行政法观点。他们主张:"在发达社会主义的条件下,在调整各社会主义组织的经济活动和管理这种活动时,也必须严格区分企业、联合公司和其他组织之间在产品生产、进行工作、提供劳务等过程中产生的财产关系,和在这些经济活动主体同它们的上级机关之间产生的计划组织关系。因此认为,上述关系虽然也具有某种统一性,但并不是完全相同的,需要用不同的方法对它们进行调整。第一种关系既然在客观上采用的是商品货币形式,就要求使用民法规范进行调整;第二种关系则要求采用行政法规范进行调整。""因此说,调整上述关系的民法规范和行政法规范综合在一起,构成了经济法。"④

(三) 规范群体论

也称规范的集合体理论。该说于 1975 年由 O. A. 克拉萨伏契克(即 O. A. 克拉萨夫奇科夫)提出。

他认为,经济法是不同部门法的一批在职能上有联系的规范群体。在由国立莫斯科大学和斯维德洛夫法学院民法学者集体编写的《经济法》教材中,主张经济法是"法的不同

① 李秀清:《苏联经济法理论的演变及其对中国的影响》,载于何勤华主编:《20 世纪外国经济法的前沿》,法律出版社 2002 年版,第 373 页。

② [苏]B. B. 拉普捷夫著:《经济法》,中国社会科学院法学研究所译,群众出版社 1987 年版,第 5 页。

③ [苏]P. O. 哈尔斐娜:《完善经济立法的几个理论问题》,郭明瑞译,段瑞林校,载于《国外法学》1980 年第 1 期。

④ [苏]B. Φ. 马斯洛夫、A. A. 普什金、И. Φ. 普罗品科:《社会主义条件下经济活动的法律调整》,齐进摘译,载于《法学译丛》1980 年第 3 期。

部门的、在调整经济活动中职能上起相互配合作用的规范和制度的一定总和”。“正是这么一批在职能上相互配合作用的，属于苏维埃法和立法的不同部门的法律规范和制度，我们才把它们有条件地称之为经济法。”①

这一经济法概念并不认同“经济法是综合部门”的说法。在该教科书中就指出：“托尔斯托伊把‘部门’这种术语用于不是部门现象，是没有根据的。术语‘部门’的两种含义，造成了一种错误的概念，造成了一种错觉，即综合性的部门虽然不是基本的(独立的)部门，但它毕竟还是一个部门，尽管是综合性的部门。同时，把经济法算作综合性的部门，即按照纯粹主观的标准或意愿‘制造’出来的一个部门，便排除了在任何程度上探求经济性规范相互作用的任何共同性的一切可能。综合性部门理论的这个缺点在60年代前半期已经看出来了。”②

1977年，在他与B. П. 格里巴诺夫主编的《经济法》教科书中，他们为此声明道：“在我们看来，经济法不是苏维埃社会主义法的一个部门，因为经济法的规范没有统一的调整对象。这种调整对象，是社会主义经营管理领域里产生的各种社会关系的某种总和。因此，经济法没有一个(独特的)法律调整方法。”③

通过分析在社会主义经营管理领域中的各种社会关系，他们对经济法下了以下的定义，即“经济法是在调整经济活动时在功能上相互作用的苏维埃社会主义法的各种不同部门的规范和制度的某种总和”④。

拉普捷夫对此进行了批评，他认为：“把经济法看成是规范群体的解释，不能确切地确定这一概念的范围。要知道，法律部门，或是法律部门的一个部门，或者个别法律制度，都是一个规范群体。若利用这样一般的范畴，就很难做到明确地确定经济法概念。”⑤

(四) 现代经济法论

这一理论又称纵横统一论，或战后经济法。此说出现于20世纪50年代至60年代时期，其代表人物是B. B. 拉普捷夫、B. Ч. 马穆托夫、И. A. 坦丘克、H. C. 马列英等人。20世纪70年代中，围绕着经济立法的整顿和经济法典的制定，持不同经济法概念的学者们展开了激烈的论争，在这一辩论中，以拉普捷夫为核心的现代经济法理论得以发展和充实。其最具代表性的著作是由拉普捷夫主编的、1975年出版的《经济法的理论问题》(莫斯科科学院出版社)、1983年出版的《经济法》(莫斯科法律书籍出版社)。

这是社会主义经济法学流派中影响最为广泛而深远的一种经济法概念，不仅影响20世纪80年代的苏联，而且还对其他东欧社会主义国家产生了直接的影响。其概念观点形成简述如下：

---

① [苏]国立莫斯科大学、斯维德洛夫法学院合编：《经济法》，路建京等译，中国人民大学出版社1980年版，第22页。

② 同上书，第23页。

③ [苏]B. П. 格里巴诺夫、O. A. 克拉萨夫奇科夫：《苏维埃法学中的经济法问题》，马骧聪摘译：《经济法》教科书(苏联法律书籍出版社1977年版)，载于《法学译丛》1979年第5期。

④ 同上。

⑤ [苏]B. B. 拉普捷夫：《经济法的对象》，梁溪译，载于《法学译丛》1984年第4期。

1959年,拉普捷夫在《论苏维埃经济法》一文中就初步表述了经济法的调整对象、基本原则和体系。他主张,经济法是调整国家的社会主义经济中形成的社会关系的独立部门法,既应调整横的经济关系,又应调整纵的经济关系。他以现实生活中经济关系的统一决定了经济法规范的统一为理由,反对人为地把经济法规范分割在民法和行政法中。因此,他倡议制定统一的经济法典来规定国民经济中的纵向经济关系、横向经济关系以及纵横交错的经济关系,并认为这是完善经济立法,使经济立法系统化的唯一途径和根本办法。

1969年,在《经济法的对象和体系》一书中,拉普捷夫写道:"在社会主义经营管理领域,经济法只调整一种关系范畴,即领导和进行经济活动方面的关系,这就是经济关系。"①

1970年,由拉普捷夫领导的苏联科学院国家与法研究所经济法研究室起草了一个《苏联经济法典要点》草案,并印发有关机关和企业征求意见。

1972年,在《苏联的经济立法》一文中,拉普捷夫开门见山地指出:"经济法是我国新的法律部门之一,它的规范调整社会主义的经济关系。"在其中论述"经济立法的形成"时,他提出,"它是社会主义经济法的表现形式",经济法运用各种法律调整方法来调整社会主义组织的经济关系。他因此认为,"通过《苏联经济法典》就能创立调整我国经济生活的根本法,就能够在法典中规定社会主义经营管理的极重要的原则、形式和方法以及经济法的基本制度,就能够使经济法的极重要原则严格地协调一致,并为经济立法今后发展奠定基础"②。

1973年,在规模很大的科学实践会议上讨论了《苏联经济法典要点》草案,大会对整个草案给予了很好的评价,认为对经济关系的这种形式的法律调整是有效的,有必要把准备和颁布法典的工作列入编纂工作计划。拉普捷夫的经济法概念开始深入人心,影响着其他学者和政府对经济法的认识。

1974年,在《关于经济立法的编纂》一文中,拉普捷夫认为,正是经济立法的紊乱、庞杂,调整横向经济关系和垂直经济关系的规范彼此不相协调,所以要进行经济法典的编纂。经济法典的任务就在于"规定对经济关系进行法律调整的一般原则,从法律上固定经济法的基本制度",由此强调"编纂经济立法的理论基础应该是把经济法看作独立法律部门的主张"③。

1975年,在《经济和经济法》一文中,拉普捷夫明确指出:"经济立法既规定管理程序,又规定计划程序,也规定对经济活动的监督程序。在这里,应该考虑横向经济关系和垂直经济关系的不可分割的联系。因此我们认为,调整横向经济关系和垂直经济关系的规范,组成一个统一的法律部门——经济法。"④经济法是领导社会主义经济的工具。他解释道:"经济法规范一方面促进社会主义经济的发展,另一方面又固定已形成的经济关系,使

① [苏]B. П. 格里巴诺夫、O. A. 克拉萨夫奇科夫:《苏维埃法学中的经济法问题》,马骧聪摘译:《经济法》教科书(苏联法律书籍出版社1977年版),载于《法学译丛》1979年第5期。

② 中国人民大学苏联东欧研究所编译:《苏联经济法论文选》,法律出版社1982年版,第1—7页。

③ 同上书,第27—40页。

④ 同上书,第53页。

它们具有一定的稳定性。各种不同管理形式和管理方法的运用，应该井然有序，而要达到这一点，必须始终不渝地利用法律手段以提高社会生产效率，必须广泛适用规范调整以建立国家经济机制发挥功能的稳定规则和准确数据。这样的数据也包含在作为统一的苏维埃法的一个部门的经济法之中。"①因此，改善经济立法的途径就是必须进行经济立法的编纂，也就是要制定一个统一的概括性的法律，来重新解决调整经济关系方面的极重要问题，并以此代替许多现行的规范性文件。而苏联经济法典可能成为这样的概括性文件。

拉普捷夫的经济法观点和主张得到了苏联更多学者的呼应，这一经济法概念成为苏联经济法主流学说之一。1980 年底，举行了一次全苏"经济法与生产效率"学术会议，参加会议的不仅有经济法专家，还有法学其他部门专家，他们得出一致结论，认为必须颁布一个像苏联经济法典这样的概括性文件或者其他法律来调整经济关系。②

例如，В. Ч. 马穆托夫对此作出了积极响应。马穆托夫指出，商品货币关系不是社会主义经济的本质，社会主义企业的经济独立性不是主要的，而它们在社会主义所有制体系中的统一性以及在国家计划原则领导下的活动才是主要的。不论是纵的经济关系，还是横的经济关系，都是产品的生产和流通方面有计划的直接关系。因此，经济法主张把它们看成是统一的整体而作为法律调整的对象，其基础是统一的社会主义所有制、统一的计划以及作为社会主义经济范畴的经济核算制。③他进一步认为，"法典之所以需要，首先是因为只有这种形式才能保证对经济关系的内部协调一致的调整"④。

但是，在苏联也有许多学者反对进行经济法典的制定，特别是那些主张经济—行政法、民法—行政法的学者，如 С. С. 阿列克谢耶夫、В. Ф. 雅科夫列夫等人。早在 1975 年，在他俩合写的《论完善经济立法(一般理论问题)》一文中就认为，"经济法典对于整顿经济立法来说，是个不足取的方案"，因为"对经济关系的法律调整，在法律上并不同类"，"而这就是说，在经济关系的法律调整方面，没有客观前提可以创制'法典'式的法典化文件"⑤。所以他们提出了一个《经济立法纲要》的结构设想。同年，С. Н. 勃拉图西在《论经济立法系统化的途径》一文中，讨论了将所有经济方面的规范性文件合并为一个《关于经济立法全书》的问题。⑥

20 世纪 70 年代的苏联步入了计划经济管理体制的巅峰时期，体制僵化的弊端最终也未能从制度上催生经济法典。现代经济法论不可避免地深深烙上这一体制的缺陷，尤其是在主张的"纵横统一"上实际是"以纵制横"、"横服从于纵"的统一，对经济立法应如何有效地调整作为主导性经济关系的纵向经济关系问题，未能从法理上作更充分的研究，也未能提出实践对策。

---

① 中国人民大学苏联东欧研究所编译：《苏联经济法论文选》，法律出版社 1982 年版，第 54 页。

② [苏]В. В. 拉普捷夫：《经济法与完善对经济的领导》，任允正摘译，载于《法学译丛》1982 年第 4 期。

③ [苏]В. Ч. 马穆托夫：《调整经济关系的各种法律主张》，载于《苏维埃国家与法》1979 年第 5 期；转引自张世明的《经济法学理论演变研究》，中国民主法制出版社 2002 年版，第 145 页。

④ [苏]В. Ч. 马穆托夫：《完善对经济活动的法律调整》，基辅 1982 年俄文版，第 179 页；转引自张世明著：《经济法学理论演变研究》，中国民主法制出版社 2002 年版，第 150 页。

⑤ 中国人民大学苏联东欧研究所编译：《苏联经济法论文选》，法律出版社 1982 年版，第 81—94 页。

⑥ 同上书，第 95—108 页。

因此，进入 20 世纪 80 年代后，苏联法律学界反驳经济法理论的意见仍不少见，如 B. П. 格里巴诺夫、E. A. 苏哈诺夫等学者。①

但是，现代经济法论对苏联经济建设和法制实践的贡献是任何其他经济法论断学说所无法比拟的。②因此，在现代经济法理论为苏联国家管理经济的手段科学化作出贡献，为全社会提供一个较为宽松的法制环境作出努力之际，拉普捷夫等人仍在不懈地修正与完善现代经济法概念。

1982 年，拉普捷夫又撰文认为，"经济法的主体是经济机关及其分支机构，而不是单个的公民。经济法是集体主体的法律，这符合社会主义条件下在生产资料公有制基础上进行的经济活动。"③

1983 年，在他主编的《经济法》④一书中，对经济法的定义是，"调整领导经济活动和进行经济活动中所发生的各种不同的关系"的法律规范和制度。⑤

拉普捷夫通过具体分析"经济法律关系"得出结论："分出经济法作为独立法律部门的主要标志是社会主义经济关系的特殊性，即这种关系中计划组织因素和财产因素的密切结合(调整对象)。"⑥他进而主张："经济法作为法律部门，是规定经济活动和进行经济活动的方法、调整社会主义及其所属内部单位之间的经济关系、并使用各种不同的法律调整方法以保证合理地进行社会主义经营管理的法律规范的总和。"⑦

1986 年，拉普捷夫在发表的《经济改革条件下的经济法》中再一次指出："经济法学所研究阐明的许多原理得到了反映：确认企业不仅是法人，而且是在自己的各种活动领域里拥有权利和义务的统一的权利主体；规定权利和义务由企业拥有，而领导人则在企业的权限内进行活动；扩大了结构单位的权利；施行了上级经济机关对它们的行为给企业造成的损失承担责任的制度，一反其他许多基于横向和纵向经济关系法律调整统一主张的原理。"⑧

1987 年，在《经济机制改革的法律问题》一文中，拉普捷夫呼吁道："凡此种种证明，在改革经济机制的条件下，我国的立法应当走统一调整横向经济关系和纵向经济关系的路子。只有采取这种态度来对待经济关系的法律调整，才能确定新经济机制的法律基础，才能保证社会生产的集约化。"况且"经济管理关系，这并不似行政关系，而是经济法律关系，它们完全属于保证横向经济关系和纵向经济关系统一的经济法规范的效力范围。"⑨为此，他倡议道，经济法律研究也应当进一步得到完善，在现代条件下，经济法应当成为根本改善对经济关系的调整的工具。

---

① [苏]E. A. 苏哈诺夫：《完善苏联经济立法的问题》，陈绥译，陈汉章校，载于《法学译丛》1983 年第 3 期。

② 冯卓慧、叶晓川：《什么是"纵横统一论"的贡献——以 B. B. 拉普捷夫的"纵横统一论"之评述为中心》，载于何勤华主编：《20 世纪外国经济法的前沿》，法律出版社 2002 年版，第 328—341 页。

③ [苏]B. B. 拉普捷夫：《经济法与完善对经济的领导》，任允正摘译，载于《法学译丛》1982 年第 4 期。

④ 中国社会科学院法学研究所译：《经济法》，群众出版社 1987 年版。

⑤ [苏]B. B. 拉普捷夫：《经济法的体系与经济立法》，陈绥译，陈汉章校，载于《法学译丛》1986 年第 3 期。

⑥ [苏]B. B. 拉普捷夫著：《经济法》，中国社会科学院法学研究所译，群众出版社 1987 年版，第 15 页。

⑦ 同上。

⑧ [苏]B. B. 拉普捷夫：《经济改革条件下的经济法》，陈章汉译，载于《世界法学》1986 年第 2 期。

⑨ [苏]B. B. 拉普捷夫：《经济机制改革的法律问题》，陈章汉译，载于《法学译丛》1988 年第 1 期。

在苏联解体后，B. B. 拉普捷夫仍然致力于研究新时期下的经济法概念。他撰文《经济法——经营活动法》，发表于俄罗斯《国家和法》1993 年第 1 期，论述在现代条件下对经济法的新的理解。他指出："在由计划经济向市场经济过渡的时候，经济活动正在成为经营活动，这也就决定了经济法的新内容。经济法也就正在成为经营活动。因此经济法原则正在发生根本的变化。"①

不过，他仍认为，尽管经济法对象即经济关系的性质正在改变，"但是企业和个体经营者们并非只在相互间发生关系(横向关系)，而且也和国家管理机关——国家财产管理委员会，进行企业登记并发放进行一定种类活动的许可证的机关，以及反垄断、财政、税务等国家机关发生关系。这是另一种也组成经济法对象的关系——纵向关系。这两种关系是互相联系的，并具有一定的统一性。"②

显见，拉普捷夫的现代经济法概念是一个与时俱进的概念，紧紧地根植于苏联经济生活之中，包括其后的独联体各国的经济体制改革之中。这是其探索经济法理论生涯中最值得称道和敬佩的可贵之处。

三、苏联的经济法概念对其他东欧社会主义国家的影响

"'经济法'语词在苏联的变迁，在二战后的东欧国家(如匈牙利、保加利亚、罗马尼亚、南斯拉夫等)也不同程度地存在。而且我们还可以从'经济法'语词在苏联的变迁及其影响背景中，找到 23 年来特别是 20 世纪 80 年代以前中国法学界'经济法'语词变迁的某些影子。"③应该说，当今中国学者的这一思考是十分中肯而精辟的。

原东欧诸国(除南斯拉夫外)因政治、经济与苏联一脉相承，并对苏联有一定的依赖性，由此而形成法律制度上的相似性和法学理论研究的依附性。故诸国经济法的理论深度远不如苏联，更多的是抄袭苏联的诸种经济法概念主张。其具体表现为在法律体系划分的问题上，流行着两种理论。一种是"经济法"理论，它将社会所有权问题和个人所有权问题区分开来，把民法的范围限制在由个人所有权以及社会所有权与个人所有权之间发生的法律关系。另一种是"传统的民法"理论，它把各种所有权形式作为统一的整体看待，并且认为民法适用于所有权类型。

苏联经济法概念对这些国家的影响是十分巨大的，在此作一简要的介绍。

(一) 捷克斯洛伐克

捷克斯洛伐克，即捷克斯洛伐克社会主义共和国，④诞生于第二次世界大战以后，在推翻德国法西斯统治的基础上，建立了以生产资料公有制为主导的国家政权。

此前的捷克斯洛伐克，原先法律是由奥地利的民法典和匈牙利的判例法(为捷克斯洛

① [俄]B. B. 拉普捷夫：《经济法——经营活动法》，李亚南译，伍元校，载于《外国法译评》1993 年第 4 期。
② 同上。
③ 肖江平著：《中国经济法学史研究》，人民法院出版社 2002 年版，第 68—69 页。
④ 1960 年改称，1990 年 4 月改名为捷克斯洛伐克联邦共和国，1993 年 1 月 1 日共和国解体。

伐克的法院所发展)组成,因此法律统一问题十分急迫,以至于早在1950年初就制定了一部民法典。由于在那个时候,社会主义经济的法律资料还没有形成,结果,经济里的法律资料与民法典相并地形成,而且也没有经济法理论。在这个发展过程中,两个法律领域在实践中各自形成了自己稳固的独立地位,因此在建立捷克斯洛伐克的经济法理论时,可以依靠二十多年来所积累的经验。①

特别是1960年生效的新宪法,明确指明了国家的社会主义方向和加强法制建设的迫切性,为各部门立法提供了法律依据。

20世纪60年代初,捷克斯洛伐克所面临的主要由立法来解决的问题是,仅仅有民法典和劳动法典的规范,能否解决社会主义经济组织在经济关系过程中发生的各种纠纷?是否需要一个规定社会主义组织法律地位以及它们之间权利和义务关系的法律?对此,法学家们展开了热烈地讨论,开始论证经济法作为独立的科学分支的必要性。大多数法学家们认为,由于社会主义组织在整个国民经济中占有特殊的地位,国家通过对经济活动直接的管理而发生的纵向关系,都有必要制定专门的法律。其中,主张经济法独立的学者认为,"计划和领导关系构成既不属于民法也不属于行政法的一个整体,成为经济法的调整对象"②。这一观点为制定经济法典消除了思想障碍。

但是,经济法典应该包含哪些内容呢?这又引起了广泛的争论,由此涉及如何框定经济法的概念。一部分法学家认为,经济法有广义和狭义之分。所有社会主义组织之间的经济活动,包括总体经济关系方面(计划、经济债权、环境保护、工业产权、基本建设等),部门经济关系方面(包括工业企业法规、商业、信贷、运输、科学技术)以及经济司法,都属于广义经济法的内容。③而狭义经济法的概念强调,经济法典可以只调整其中的一部分关系。这样,既可以使主要经济关系由系统的法律作出规定,又使其他法律关系在广义经济法概念范围内,以单行法加以调整。

正是以这种经济法概念为指导思想,1964年,该国颁布了《捷克斯洛伐克社会主义共和国经济法典》,④这是世界法制史上第一部《经济法典》。该法典由序言、经济法关系的原则和正文三部分组成,其中正文共12篇400条。

该法典开篇规定:"经济法调整在国民经济管理和社会主义组织的经济关系活动中所发生的下列关系:国民经济的计划领导和社会主义公有财产的管理;经济活动的组织,社会主义组织的地位及其经济活动;社会主义组织间的协作及违反规定的义务时应负的财产上的责任;社会主义组织间的支付和信贷关系。"(第1条)这充分表明,国民经济中一切经济关系均由经济法调整,并确认了经济法是一个独立法律部门。

同年,该国还颁布了民法典、外贸法典。其中,民法典规定只调整公民个人之间所发生的财产关系与人身非财产关系。它一反传统,独树一帜,是世界上独一无二的民法典与经济法典并存的国家。无论是成功还是失败,其意义是深远的。⑤

---

① [匈]居拉·埃雾西:《关于经济法理论的两种学说》,王利明译,楚建、师张校,载于《法学译丛》1984年第5期。
② 李步云主编:《中国法学——过去、现在与未来》,南京大学出版社1988年版,第314页。
③ 叶志宏等编:《外国著名法典及其评述》,中央广播电视大学出版社1987年版,第421—422页。
④ 该法典的中译本已由江平译、谢怀栻校,中国社会科学出版社1981年版。
⑤ 李昌麒、刘瑞复主编:《经济法》,法律出版社2004年版,第30—31页。

不可否认,捷克当时的这一立法活动有力地廓清了经济法与民法在调整对象上的界限,从中不难发现:这是汲取苏联的经济法研究成果的一个重大体现,这部经济法典正是苏联拉普捷夫纵横统一的经济法观点在捷克的立法实践。

但是,正如克纳普所强调的,这并不意味着关于经济法争论的解决。他指出,根据大多数学者的一致观点,争论尚未解决。立法体系和法律体系是不同的。新的立法的建立能够被解释为民法典、经济法典和外贸法典是捷克斯洛伐克民法的三个主要渊源,也可以被解释为,民法典是民法的基本渊源,而经济法典是经济法的基本渊源。但是社会主义成分的所有制关系在一个法典中规定,而其他的所有制关系由另外的法典规定这一事实,毫无疑问严重影响着司法实践、法律教育的课程结构、学者的专业划分和工作。①

因此,尽管经济法在捷克斯洛伐克的法律中占有支配的地位,但是,也还有很多学者对此持有不同的看法,否定纵横经济法概念。

(二) 原罗马尼亚

原罗马尼亚,即罗马尼亚社会主义共和国。②关于经济法是否存在的问题,该国法学界意见颇多,这些意见都涉及经济法和其他法律部门的标准。为此也形成了两个对立的阵营。

总的来说,持有经济法是独立的法律部门意见的人认为,"分界线"的划分是根据所有制的标准,因为经济法调整的各种关系都是在社会主义所有制的范围内,或者说是在它所包括的各种社会关系的范围内建立和展开的,因为贯彻执行计划和民主集中制的原则,对这些关系的建立和展开都有影响,也就是说经济立法的发展是这个法律部门的特点在立法体系中的反映。

相反,按照其他一些论点,则认为上述标准不能正确说明经济法的独立存在。这是由于在整个法律体系中社会主义所有制以及计划和民主集中制都起着极为重要的作用,因而各经济单位之间,以及各经济单位与经济领导机关之间所特有的关系,可以通过行政法、民法或与这两个法律部门有关的活动进行调整。③这一观点认为经济法不是一个独立的法律部门。在罗马尼亚,很多法学家认为,由于经济法缺乏自己的原则,经济法的规范依其性质不同而按照民法或行政法,并本着这两种法的原则精神继续加以适用。④

作为主张经济法独立的代表人物,V. 斯托内斯库、M. 康斯坦丁内斯库对此认为,"所有这些争议,至少其中一部分是试图规定一个单一的标准,这个标准既能论证经济法的本质,又能论证它与其他法律部门的差别……显然,这样的标准是不存在的,因为经济法的

---

① [匈]居拉·埃雾西:《关于经济法理论的两种学说》,王利明译,楚建、师张校,载于《法学译丛》1984年第5期。

② 1947年12月成立罗马尼亚人民共和国,1965年改称罗马尼亚社会主义共和国,1989年12月共和国解体,改名为罗马尼亚。

③ [罗马尼亚]V. 斯托内斯库、M. 康斯坦丁内斯库:《经济法同其他法律部门的区别》,郭庆云译,载于《法学译丛》1982年第1期。

④ 李步云主编:《中国法学——过去、现在与未来》,南京大学出版社1988年版,第315页。

产生是由于法律体系中的结构发生了变化的结果。经济法的独立过程并不是发生在'真空里',而是局限于现存法律体系中。"①同时,他们还指出:"经济法是一个客观现实,这个客观现实是由物质社会的存在所决定的,物质社会的存在,在法律体系结构变化方面产生和反映出经济在一定历史发展阶段所存在的结构法则,同时反映了人类行为学的要求。"②

1976年,从这个前提出发,康·奥普里尚在论文《罗马尼亚社会主义共和国经济法的理论基础和方法学前提》中,界定了经济法与民法、行政法、财政法、商法以及合作社法的关系。他认为,首先,对民法,"不能把经济法中财产的法律关系与民法中财产的法律关系看作同一概念,经济法中这种关系的法律平等,完全不同于民法中的法律平等"。其次,对行政法,"特别表现在隶属关系中对经济核算的影响。列宁对行政管理与经济管理作了区分,经济决策应该是集体意志协调的结晶,而不是同执行者背道而驰的、纯指挥者单方面的意志"。第三,对财政法,"经济法比财政法涉及的面更广"。第四,对商法,"它是有关经济单位贸易活动的法律条例,是经济法的组成部分"。第五,对合作社法,"合作社组织完全按照全国统一计划和经济核算开展的经济活动所形成的各种关系,它隶属于经济法"③。

D.维克托尔·兹洛泰斯库在《立法和完善社会关系》一书中,还就经济法和劳动法之间作了区分,认为经济法是"把劳动人民集体看作一个实体,其作用是调整从单位中劳动人民集体的角度产生的法律关系,而不管个人关系以及个人和单位之间的关系,这些关系构成劳动法的客体"。同时,他还特别阐述了作为经济法组成部分的企业法。④

1978年,由罗马尼亚科学院出版社出版的合著《经济法》一书中,V.斯托内斯库、M.康斯坦丁内斯库遂提出:经济法调整"在社会主义所有制的经济关系基础上建立起来,并在这种所有制范围内展开的各经济单位与经济领导机关相互之间的各种关系",包括平等的和领导与被领导的(即横向的和纵向的)关系。⑤

显见,苏联的纵横经济法概念也为罗马尼亚学者所接受和认同,并在罗马尼亚社会主义法律体系的建设中得到体现。

(三)民主德国

民主德国,即德意志民主共和国。⑥法的统一问题对于民主德国的发展产生了不同的影响,立法方面反映了从一个反法西斯民主国家向社会主义国家和社会不断进行革命性发展的进程。各种各样的新法律彻底改变了旧的公法和经济法、合作社法和劳动法等。特别是第二次世界大战结束后,《德国民法典》经过重大修改之后仍然具有效力。在这种

① [罗马尼亚]V.斯托内斯库、M.康斯坦丁内斯库:《经济法同其他法律部门的区别》,郭庆云译,载于《法学译丛》1982年第1期。

② 同上。

③ [罗马尼亚]康·奥普里尚:《罗马尼亚社会主义共和国经济法的理论基础和方法学前提》;转引自V.斯托内斯库、M.康斯坦丁内斯库:《经济法同其他法律部门的区别》,郭庆云译,载于《法学译丛》1982年第1期。

④ [罗马尼亚]D.维克托尔·兹洛泰斯库:《立法和完善社会关系》;转引自V.斯托内斯库、M.康斯坦丁内斯库:《经济法同其他法律部门的区别》,郭庆云译,载于《法学译丛》1982年第1期。

⑤ [罗马尼亚]V.斯托内斯库、M.康斯坦丁内斯库:《经济法同其他法律部门的区别》,郭庆云译,载于《法学译丛》1982年第1期。

⑥ 1949年10月成立,1990年8月31日与德意志联邦共和国统一,民主德国解体。

条件下,有关社会主义国有经济的法律资料在民法典的范围之外发展就是很自然的事情。因此经济法理论也得以发生发展。最后,几乎所有沿用下来的旧法律(民法典、民事诉讼法)都被1976年年初生效的一套体系完整的新法典(新民法典、新民事诉讼法典等)所取代。

其中,在经济法领域,民主德国起初拟定制定经济法典后暂时停止制定经济法典。但经济法的独立地位在该国得到了立法承认,经济法是以一系列单行经济法规的形式存在的。

1975年6月19日,在颁布新民法典之际,该国就考虑到存在着一个经济法独立部门,因而只规定,"民法调整公民与企业之间以及公民相互之间为满足物质和文化需要而发生的关系"。而经济法作为独立的部门法,调整的是社会主义组织之间的关系。

民主德国在经济体制改革的过程中,经历了集中一分散一再集中的过程,并最终建立了较为完善的集中体制,推动了国民经济的发展。在此其中,经济合同的作用不容忽视。因此,1982年,民主德国还颁布了不属于民法部门的经济合同法,用以调整社会主义组织之间的合同关系。

这些经济法律现象为其国内学者研究和探讨经济法的概念奠定了一定的现实基础。围绕着经济法概念,也出现了两种立场:一种是经济法理论,认为经济法是由计划法、组织法和协作法组成的体系,并提出"通过经济法以保证经济过程"的观点。如苏斯(Such)认为,"经济法在各个层次中产生了多重的计划、管理、组织和资金因素,这些都来自于领导和管理的'有机的统一'"。"通过不同的经济过程去划分作为国家的指导手段的经济法,承认企业'自行负责'的计划和管理是国家对国民经济实行领导的一个组成部分,对之进行指导以促成中央的领导和对经济过程的'自行负责'有效地联结起来,使经济过程受到控制并达到最佳水平。"①

还有些学者指出,"经济合同是完成计划的手段,企业有义务根据计划的要求签订合同。例如,国营农场和农业社的生产指标由国家下达,但是在收购环节上,必须由国家收购站与农业企业签订产品收购合同,这就把计划和合同有机地结合起来了。"②

又如,有些学者如乌威-任斯·海尔等认为,社会主义经济法就是按照民主集中制原则调整国家机关与作为劳动人民集体组织的企业及其他经济单位的相互关系,以及调整社会主义经济单位之间的相互关系的那些法律规范和实行这些规范的法律形式的总和。

另一种是否定经济法,某些学者反对保证经济过程的法律。他们的论据是,这种法律的基础是以法律的形式进行分类,而不是按照经济的过程进行分类。这个问题也被认为是一个对各种特殊的刺激手段(例如给予贷款、损害赔偿责任以及违约金的责任)的管理和监督问题。③

(四)南斯拉夫

南斯拉夫,即南斯拉夫社会主义联邦共和国。④南斯拉夫虽是社会主义国家,但由于

① [匈]居拉·埃雾西:《关于经济法理论的两种学说》,王利明译,楚建、师张校,载于《法学译丛》1984年第5期。

② 李昌麒、刘瑞复主编:《经济法》,法律出版社2004年版,第31页。

③ [匈]居拉·埃雾西:《关于经济法理论的两种学说》,王利明译,楚建、师张校,载于《法学译丛》1984年第5期。

④ 1945年11月成立南斯拉夫联邦人民共和国,1963年改称南斯拉夫社会主义联邦共和国,1992年4月正式解体。

其政治经济等方面的原因，建立了一套与其他社会主义国家不同的法律调整体制，深刻地体现了南斯拉夫自身的特色。

1947年至1950年间，南斯拉夫实行以行政性经济法律手段调整国民经济的法律体制，或多或少地受到当时的苏联经济法理论的影响。此后，随着其政治、经济体制的独立化，南斯拉夫实行了"社会自治计划"，这种社会自治计划实际上就是企业通过市场而制定的计划，它不同于一般意义上的计划，是以市场为取向的。因此，南斯拉夫实行的是市场经济而不是计划经济。在此基础上形成了既摆脱行政直接控制又摆脱当事人完全的平等的观念纠缠，产生了能体现国家宏观控制的经济法立法格局。

南斯拉夫学者在对经济法的研究中，出现了与苏联经济法概念有很大差异的学说主张，而这些主张更贴近于现代经济法的本来意义。他们关于经济法概念的论争更接近于西方国家的经济法争论态势。

持大经济法观念的学者，例如约万诺夫认为，南斯拉夫的经济主体构成整个经济系统，而经济法就是调整这个系统的所有各个主体之间的经济关系的法律。他还提出，经济法的调整对象就是南斯拉夫的18种经济主体之间的经济关系。

而《南斯拉夫法律百科辞典》则认为，经济法是调整联合劳动经济组织(企业)的经济事务的法规的总称，并指出："经济法"这个术语相当于西方国家中的"商业法"或"商法"一词，商法是调整企业的地位和商业事务法规的总称。"南斯拉夫经济法的特征是，从一开始就承认了各企业具有法人的性质，承认各企业彼此之间的合同具有民法义务的意义。在用行政办法管理经济的时期，情况就是如此。现在，在市场计划经济的范围内，各企业由工人管理，对这些法律主体采用真正适用于经济合同的各项法规，这些法规包含欧洲中等标准的内容。各种惯例和业务习俗具有特殊的意义。"①

解放后的南斯拉夫，经济法领域出现了下列重要的著作：巴亚洛维奇的《商法》(1952年贝尔格莱德版)；拉斯托夫参的《商法(经济法)原理》(1957年萨格勒布版)；卡波尔、安东涅维奇的《经济法——商品流通事务》(1961年贝尔格莱德版)；约万诺维奇的《经济法——经济组织》(1961年贝尔格莱德版)；安东涅维奇的《经济法》(1968年贝尔格莱德版)以及哥斯德斯坦的《国际买卖法(一)》(1965年萨格勒布版)、《经济合同法》(1967年萨格勒布版)、《国家法令和非商业合同》(1966年萨格勒布版，第1130—1131页)等。

可见，持这一商法观念的学者还为数不少。其中尤以哥尔德斯坦、左·安多列耶维奇、米·巴尔托沙等人最为著名。他们均认为，经济法是商法，是调整联合劳动组织地位、联合劳动组织与社会共同机构之间关系，联合劳动组织进入市场从事经济活动时发生的经济关系的法律规范的总和。

左·安多列耶维奇在其主编的《经济法》前言中阐述了经济法的含义，其认为："在我国的法律制度下，经济法被看作是一种特殊的部门法。这一部门法中包括调整在经济流通中作为主体的联合劳动组织法律地位的法律规范和旨在调整联合劳动组织和社会共同体机构相互关系的法律规范，以及包括为了调整连同业务活动在内的这些组织之间相互

① [南斯拉夫]黄良平、丁文琪选译：《经济制度和经济法——南斯拉夫法律百科辞典》，法律出版社1984年版，第165—166页。

关系的法律规范。”①

就“经济法的对象”角度，他进一步主张：“（无论作为部门法，还是作为一门科学研究的学科）的基本目的是研究调整我国经济法律关系的法律规范。这实际上就是意味着，经济法一方面包括参加经济流通及一般经济活动主体本身的规范，另一方面则包括调整这些主体活动（经济业务活动）的规范。”②

他同时支持米·巴尔托沙有关经济法内容的看法。按照他的转述，米·巴尔托沙主张：经济法的内容可以区分为所谓地位法（即关于联合劳动组织的法律地位法）、调整法（即关于联合劳动组织同社会共同体的关系法）和经济业务活动的实体法（即关于经济领域中的商品和货币流通业务活动法）。

左·安多列耶维奇还通过分析“经济法同其他部门法的关系”最终得出以下的结论：“经济法是部门法，它是由法律条文组成的，而这些法律条文所调整的是经济流通以及参加流通的各个经济组织的法律地位”③。足见，这一主张是一个较为狭隘的经济法观念，某种程度上是将经济法等同于商法。当然正如他本人所说的：“我国目前的经济法同旧南斯拉夫的商法有同有异。相同之处的根源在于目前的经济法包括过去商法中的绝大部分原则。但是，它们的主要差别则首先是法律的主体问题，因此，有关商品和货币流通的某些经营活动的一系列法律也有差别。”④

其他的东欧社会主义国家如匈牙利、波兰等国家，对经济法概念问题则基本上是持否定态度的。在匈牙利，学者们也曾进行过反复和透彻的讨论，普遍反对把经济法作为一个独立部门法的理论。诚然，匈牙利同其他社会主义国家一样，也在为创立某种经济法而努力，但由于权威的法学代表人物不承认匈牙利有独立的“经济法”，因此未形成一个值得一提的理论代表。在波兰，法学界对经济法的概念，甚至“经济法”这一名词既没有作出足够的明确的规定，也没有加以广泛的运用。有时干脆称“经济法”为“经济流转法”，或在使用“经济法”一词时，把它视为“混合”的性质。

综上所述，通过对东欧社会主义国家有关经济法概念论争格局的论述，不难看出，这些国家的学者在界定经济法概念所用的思维方式，是以企业（或经济组织）为中心，通过框定这一主体参与不同性质（纵向或横向）经济关系，作为经济法的调整对象，进而定义经济法的内涵。之所以有如此的考察方法，既有受苏联法学研究体例的影响，也有其各国实行的计划经济体制的因素。在计划经济体制下，社会主义国家虽然均对其不同形态的经济主体设定了不同的权利义务，实施着不同的管理，而这一管理多是集权式的民主，这些国家的主要经济成分仍然是国有经济，国有企业始终是国家管理的主要对象，因此，对其经济法的关注自然无法超乎于企业之上。这一点，对于理解同样的计划经济体制下的中国及其经济法概念是极有启发意义的。

---

① [南斯拉夫]左·安多列耶维奇：《南斯拉夫经济法的含义及其产生和发展》，熊家文译，载于《法学译丛》1980年第2期。

② 同上。

③ 同上。

④ 同上。

第八章 国外经济法的立法实践

第一节 经济法产生与发展的一般规律

一、经济法产生的起点与质疑

（一）经济法产生起点的诸种观点

关于经济法的产生起点，在中外法学界主要有以下三种观点：①

第一种观点认为，经济法是在资本主义进入垄断阶段以后才产生的。

日本经济法学者金泽良雄认为，“经济法是一个新的领域。它所反映出的经济现象，广泛而多方面地涉及今天整个人类社会生活”②。通过分析德国产生“经济法”这一概括性的术语和概念，他得出结论是，“虽然经济法产生的历史背景，是战争和革命这一特殊社会现象，但它并不存在于经济发展过程的突变现象之中，而一般的是以资本主义高度发展现象（战争也是其表现之一）为基础的”③。

中国有的学者认为，经济法作为一个独立的法的部门，是在资本主义从自由竞争走上垄断的时代，到了20世纪初，特别是第一次世界大战以后才形成的。④

有的学者进一步分析认为，由于私有制和自发的市场经济引起社会矛盾激化，发达资本主义国家于19世纪末20世纪初，走向了垄断和社会化发展阶段。垄断恶化了竞争环境并导致消费者利益受损，靠市场的力量无法纠正其弊端，又为了在社会范围内协调生产流通，资本主义国家逐步改为采用“国家干预”、“宏观调控”、“混合经济”、“管理贸易”等新的做法和理念，以“有形之手”直接、具体地干预和参与经济生活，于是，出现了与民商法和其他传统法律迥然有异的经济性法律、法规，遂有法学家将其诠释为“经济法”⑤。

还有些学者认为，任何法律部门的产生，都需要主客观两方面的条件，缺一不可。任何法律部门的形成，都是社会经济、法制客观条件和有关主观学说这两者共同作用的结果，经济法自然也不例外。因此，经济法产生的主观方面是，“由于社会观念发生的决定性

---

① 杨紫烜主编：《经济法》，北京大学出版社、高等教育出版社1999年版，第1页。

② ［日］金泽良雄著：《经济法概论》，满达人译，中国法制出版社2005年版，第1页。

③ 同上书，第2页。

④ 王忠等著：《经济法学》，吉林人民出版社1982年版，第5页。

⑤ 潘静成、刘文华主编：《经济法》，中国人民大学出版社1999年版，第19页。

变化和具体经济法学说的提出，加之业已发生深刻变革的社会经济和法的现实，便导致经济法这种新的法律门类在第一次世界大战前后问世”①。而经济法形成的客观条件，“概言之就是经济集中和垄断导致社会发生深刻变革，使得原有诸法难以在新的历史条件下继续担当维护社会暨经济秩序的重任”②。其中，经济集中和垄断是经济法产生的内在原因，战争需要则是经济法产生的直接动因之一。

第二种观点认为，近代经济法产生于 19 世纪末，但并不否认“市民革命以前经济法”的存在。

日本经济法学者丹宗昭信认为，“市民革命后的市民法秩序，原则上虽拒绝国家对经济(市场)的积极介入，但 19 世纪后半叶，随着资本主义的发展，垄断市场的倾向日渐显著，产生了各种市场弊端。因此，国家对自由市场干预的法即经济法，也就与社会方面的劳动法同步发展起来。”③通过划分经济法的构成内容，他指出：“这些近代的经济法虽然是从 19 世纪末发展起来的，但国家对市场的介入法，在市民革命前就已存在了。大约从古代起，在存在自由市场的场合，就产生了垄断的倾向。对此是取缔还是利用它来统制市场，抑或是放任、允许这种倾向，就成了一个需要探讨的问题。在古罗马帝国时期，就已制定了被认为明显是垄断禁止法的法律，从中世纪末期到近世纪初期，在商业发达的城市中，仍沿用着这种罗马法。到了市民革命前后，在英国和法国等国家，经同业公会或国王的特许，进一步制定了对垄断的禁止法。不过，我们在这里并不涉及这种市民以前的经济法，而只是叙述 19 世纪末以来美国、西德和日本的经济法的产生和发展。”④

第三种观点认为，随着国家与法律的产生，经济法就产生了；到了垄断资本主义，经济法形成为一个新的法的部门。

中国有的学者认为，就经济法的内涵，即国家运用法律的强制手段来管理社会经济法来看，它是阶级社会中最古老法律中的一个组成部分。当人类进入阶级社会时，随着国家与法律的产生，经济法也就产生了。在奴隶制与封建制社会，它是包括在“诸法合体”的法律之中的。到了资本主义社会，在自由资本主义时期，经济法与其他法同时并存，到了垄断资本主义阶段，经济法的地位突出出来，逐步形成一个新的法律部门。在社会主义社会，建立了一种新技术型的社会主义经济法。⑤

有的学者认为，作为一个独立的法的部门的经济法产生于古代社会。“不论是外国还是中国，经济立法不断加强，经济法规日益完备，这是社会经济关系发展变化的客观要求。经济法是调整特定经济法关系的法律规范的总称。它是生产力与生产关系、经济基础与上层建筑矛盾运动的必然产物。经济法的产生和发展是不以人们的意志为转移的。它既不是在人们提出经济法这一概念的时候才产生的，也不是在人们承认了它是一个独立的法律部门的时候才存在的。当适应经济关系发展的需要而制定的、调整特定经济关系的法律规范达到一定数量的时候，也就形成了作为独立法律部门的经济法。因此，不论在奴

① 史际春、邓峰著：《经济法总论》，法律出版社 1998 年版，第 71 页。

② 同上。

③ [日]丹宗昭信、厚谷襄儿编：《现代经济法入门》，谢次昌译，群众出版社 1985 年版，第 11 页。

④ 同上书，第 12 页。

⑤ 关乃凡主编：《中国经济法》，中国财政经济出版社 1988 年版，第 23、26 页。

隶制国家、封建制国家、资本主义国家,还是在社会主义国家,都有各自的经济法。当然,在不同的社会制度国家,经济法的本质、内容和作用是各不相同的。"①

另外,有些学者也持类似的看法,认为就经济法是国家干预经济关系的法律规范来讲,在古代社会时期外国的《亚述法典》、《汉穆拉比法典》、《罗马法典》以及中国的《法经》、《秦律》、《唐律》等法律中就有调整需要由国家干预的经济关系的规定。由此可以认为,经济法的发展历史可以上溯到古代的"诸法合体"的法律体系当中,但是,经济法作为一个独立的法律力量的兴起,则是人类社会进入到资本主义社会以后的事情。②

(二) 对经济法产生起点的质疑

分析有关经济法产生起点问题上的三大观点,涉及两个问题需要解答。

1. 关于经济法产生的含义

之所以对经济法产生起点时间断限有多种观点,主要源于对"经济法产生"内涵认识不一。有的认为,经济法的产生即经济法律规范的产生。在经济法产生形成为"一个新的法律部门"以前的古代社会,"经济法也就产生了"。但在"奴隶制与封建制社会,它是包括在'诸法合体'的法律之中"。

还有的认为,经济法的产生,即经济法的制定。经济法的产生,就是经济领域出现了"新的法律现象"。这种"新的法律现象",如日本学者金泽良雄指的是德国于 1915 年发布的《关于限制契约最高价格的公告》,1916 年发布的《确保国民粮食战时措施令》,1918 年发布的《战时经济复兴令》,1919 年发布的《煤炭经济法》、《碳酸钾经济法》以及 1923 年的《对滥用经济权力令》(卡特尔令)等。③

再有的认为,经济法的产生,即经济法律部门的形成。经济法是调整特定经济关系的法律规范的总称,它的产生决定于调整特定关系的法律规范达到一定的数量,形成独立的法的部门。

上述对"经济法产生"含义的三种不同观点,说明了一个共同的事实即经济法律规范的产生、经济法律的制定、经济法律部门的形成具有一定的联系。因为经济法部门是由经济法律规范组成的,经济法律规范的相当大的一部分是以经济法律为表现形式的。

就这一意义而言,对"经济法产生"的三种理解,都有不同程度的合理性。但是,这三种理解又有着原则性的缺陷。从学理上考察,把经济法产生的含义理解为经济法律规范的产生或经济法律的制定是不可取的。因为一个或若干个经济法律规范不等同于法,也不能把经济法律或经济法律总和或总称视为经济法,只有相当多的并具有一定理论体系的经济法律规范的总称,才有可能是经济法。

简言之,经济法的产生应理解为经济法形成一个法的部门,并获得独立部门法地位才是较为正确的。那么,为何对"经济法产生"内涵会有如此之大的差异呢?根源还在于,对经济法的概念的理解存在着诸多不同的角度、立场以及利益导向的不同。

---

① 杨紫烜主编:《经济法概要》,光明日报出版社 1987 年版,第 32 页。

② 李昌麒著:《经济法——国家干预经济的基本法律形式》,四川人民出版社 1999 年版,第 23—24 页。

③ [日]金泽良雄著:《经济法概论》,满达人译,中国法制出版社 2005 年版,第 3 页。

2. 关于经济法产生的时间

由于对经济法产生的不同界定和对经济法概念的把握不一，所以就大致有了以下三种关于经济法产生的时间断限观点，与上述的经济法的产生起点相对应，即：有一种观点认为，经济法产生时间是奴隶制社会；另一种观点认为，经济法产生时间是自由资本主义时期；还有一种观点认为，经济法产生时间是垄断资本主义阶段。①

对上述这些观点，应当进行认真的分析，才能正确把握经济法产生与发展的一般规律与历程。

第一种观点的时间断限源于"经济法起源论"观念，为不少经济法学者所肯定。他们认为古代奴隶社会与封建社会即有用法律手段调节经济关系之举，因此经济法自古就有，是一个与阶级同在的历史范畴。②

可是，奴隶制条件下的经济关系是怎样的经济关系呢？从其时的土地所有制关系的性质和状况、财产关系的性质和状况、劳动关系的性质和状况、借贷关系的性质和状况以及某些商品交换的性质和状况的剖析，不难发现，在奴隶制条件下，绝大多数的商品交换关系服从于身份关系，等级特权高于一切，经济关系并未形成独立的领域。

例如，作为西方文明的源头——古代西亚地区，文明程度不亚于古希腊、古罗马，社会上同样存在着商品生产和交换。在这种生产与交换中，孕育了许多关涉经济生活的早期法律。诸如，苏美尔人的《苏美尔亲属法》、古巴比伦的《汉穆拉比法典》、赫梯王国的《赫梯法典》、亚述王国的《中亚述法典》以及犹太人的《摩西律法》等，尽管它们均是"诸法合体"性质的，但其中大量条文是关于财产、契约、借贷、买卖、生产操作等的条文规范。而这些条文首先是针对不同身份的人而设定的，其次追究法律后果为民事赔偿责任时，其实质也多为人身责任，是"人身责任法"，是从刑法或神判法中发展起来的民事、商事规范。

即使这些文明国家立法中存在某些涉及经济的条文，也大多是"身份法"性质的；且有关财政税收、农田水利、市场管理等方面的零散规定，更是国家经济管理职能的反映。法令对经济的所谓干预，是一种政治权力的运用，是"政治权力法"，并且这种权力往往是具有种族、宗教乃至王权的性质。

"人身责任法"、"身份法"、"政治权力法"等实质特征，正是对奴隶制法的总概括。这样的法，是无论如何也不能称其为经济法的，③因此，只能纳入民法萌芽的范畴之内。

第二种观点的时间断限源于"经济法本质论"观点。这一观点具体又包括经济法词义论、经济立法论、经济行政法论等。④对"经济法"一词，有以下两种推论和认识倾向：

一是以"经济法"的造词为前提，追溯其起源，如法国空想社会主义者们对"经济法"一词的提出和继受。或者以"经济法"命名的法律为线索，确定其产生时间，如德国 1919 年颁布的《煤炭经济法》，是现代经济法的标志。也有的以 1910 年德国出台了扶持卡特尔的钾矿业法，抑制新设企业进入钾矿业，被认为是最初的经济法。⑤以法的手段对不经意间

① 刘瑞复著：《经济法学原理》，北京大学出版社 2000 年版，第 58—59 页。

② 单飞跃著：《经济法理念与范畴的解析》，中国检察出版社 2002 年版，第 40 页。

③ 刘瑞复著：《经济法学原理》，北京大学出版社 2000 年版，第 59 页。

④ 单飞跃著：《经济法理念与范畴的解析》，中国检察出版社 2002 年版，第 41—43 页。

⑤ [日]丹宗昭信、厚谷襄儿编：《现代经济法入门》，谢次昌译，群众出版社 1985 年版，第 21—22 页。

扰乱了自由资本主义秩序的垄断加以规制，这就是经济法的产生。①

二是以"经济法"的字面为解释，界定调整经济关系的法律即是经济法。如认为国家颁布的经济法律、法规作为一个系统应由经济法来统率经济法律，呈现出一种大经济法的倾向。或者认为国家颁布的大量经济法规的立法主体是行政机关，需要采取行政的形式予以实施，故应以行政法来统率经济法律，出现了另一种倾向即大行政法倾向。

而恰巧这些推论或倾向均发生于19世纪末20世纪初西方国家自由竞争阶段。因此，学术界不少人就不约而同地主张经济法产生于自由资本主义时期。

这些倾向是极为荒谬的。因为西方资本主义国家初期的经济是自由放任经济，其国家性质是"夜警国家"。自由竞争的发展更需要的是国家或政府对市场规则、商业惯例及个人权利的认可和捍卫。从根本上说，社会经济机制仍存在着国民经济运行的宏观问题，国家必须对经济进行职能性的、经常性的、不可或缺的调节。

在法律上，民商法及其特别法（如《反不正当竞争法》等经济性法律制度）正是这种历史条件下的典型法律形式。鉴于此，作为一个独立的法部门，经济法尚未成气候，仍处于萌芽或孕育状态。

当然，在自由经济上升时期，国家的职能的确是在不断扩大之中。在西方发达国家三权分立的权力格局中，尽管出现了行政权扩大的趋势，但有限的立法形式——委托立法即行政立法，并不是一种普遍的现象，有些法律、法规的制定与执行主体和效力仍具有一定局限性，其法律效力并非完整或一体遵行。覆盖全社会的法律仍是最一般的市民法。正如有学者所言的，"真正深入经济生活的国家权力是经济权力而非政治权力结构中的行政权力"②。所以，以偏概全地断定，经济法是大行政法的认识也是不妥当的。

第三种观点的时间断限，源于"经济法干预论"观点，这一论断流行于西方许多国家和20世纪90年代后期的中国。实际上，垄断资本主义的发展经历了两个历史阶段，即一般垄断资本主义阶段和国家垄断资本主义阶段。在一般垄断资本主义阶段中，产生了有别于市民法的新的法现象，如德国的《煤炭经济法》等，被西方学者先称为"战时统制法"，战争结束后又称之为"国家干预经济的法"。这一经济法概念大多突出或围绕国家对社会经济及其危机的"统制"、"规制"、组织或约束，即国家对经济的干预、调节和组织管理这一中心，有的甚至将经济法概念进一步限定在"国家对垄断和市场的统制"，以有别于一般意义上的民法。③

但是，实际上它是经济法的初级形态，还尚未形成经济法的完备形态。④从严格意义上说，从部门法划分的角度考察，作为部门法划分意义上的经济法，以一种独立的法律力量登上法律大舞台的时间，不是在一般垄断阶段，而是在一般垄断资本主义向国家垄断资本主义的过渡和国家垄断资本主义形成阶段。

毋庸置疑，世界性的经济危机和全球范围的战争加速了西方国家由一般垄断资本主

---

① 潘静成、刘文华主编：《经济法》，中国人民大学出版社1999年版，第28页。

② 单飞跃著：《经济法理念与范畴的解析》，中国检察出版社2002年版，第43页。

③ 漆多俊主编：《经济法学》，高等教育出版社2003年版，第6—9页。

④ 刘瑞复著：《经济法学原理》，北京大学出版社2000年版，第59页。

义向国家垄断资本主义转变的历史进程。这一转化过程表现为，越来越多的垄断组织与国家权力相结合，垄断组织得以直接地、大量地、经常地利用国家权力全面地介入经济生活。

1898年至1914年间，先在欧美后在亚洲，各国家渐次形成了国家垄断资本主义这一最高形态，并在第二次世界大战后全面进入这一阶段。此时的国家(特别是政府)作为资源中心与信息中心的作用日益突出，对经济生活的引导与调控能力随着经济与科技的发展而愈发重要，并为其他方式特别是市场手段所不能取代，政府想主动介入经济生活，而经济生活也要求政府介入。因此，国家权力与经济关系的结合，既提升了国家组织与调控经济生活的功能，也推动了法律体系的多元化，奠定了经济法产生的深厚社会基础，促使经济法逐步成为调节国民经济总体运行的“总指挥”和“总调节器”。其具体表现为：通过反不正当竞争法、反垄断法、事业限制法、交易领域调整法、消费者保护法、价格法等抑制社会再生产过程中固有的无政府状态，减小社会冲突和社会震荡，缓和社会矛盾，增进社会福利；通过计划法、预算法、财政法、税法、资源法、金融法、货币法以及产业结构改善法、产业技术法或合理化法、不景气对策法、雇佣政策法、社会福利法、社会保障法等调节社会经济过程中生产与消费的矛盾，增加生产，刺激消费，稳定物价和就业，以求缓解经济不景气，减弱经济周期，实现经济平衡。

至此，经济法作为商品经济高度发达的法律产物之一，是国家经济权力深入经济生活的法律反映，是以竞争保护法和宏观经济调控法为核心与本位的法律体系。①真正的经济法由此诞生并迅速得以发展。

二、经济法发展的动因

尽管20世纪初的西方国家大量政治、经济生活并未迅即触发现代经济法的产生，但却为现代经济法的产生与发展提供了广阔的社会、经济背景，积淀了丰厚的法律资源。

(一) 经济法产生与发展的社会根源

经自由资本主义阶段向垄断资本主义阶段过渡而形成国家垄断资本主义社会，是经济法产生与发展的基本社会前提。

私权绝对、契约自由和自由竞争，是自由资本主义阶段的固有特征。然而，在向垄断资本主义过渡中，这些基本特征不仅发生了变异，而且还逐步具有了国家垄断资本主义性质的社会特征，促使了各个领域相应地发生了巨大的变动。这一变化因此也触动了法律领域的各种变革，成为经济法产生和发展的社会根源。

1. 私权绝对向私权限制的演变及立法要求

在此，所谓“私权”主要指生产资料私人所有权，是一种占有产品和他人无偿劳动的权利。依据这一权利，得以产生构成资本的生产资料和生活资料，并不断地被用于扩大再生产，形成资本运动过程。

---

① 单飞跃著：《经济法理念与范畴的解析》，中国检察出版社2002年版，第47—57页。

所谓“私权绝对”，指的是私有权的绝对性。它是从“所有权神圣不可侵犯”、“所有权是天赋之人权”直接引出的，是指对于物有绝对、无限制地占有、使用、收益和处分的权利。它的根本要求和直接结果是利润最大化行动和所有权的滥用。①

在市场经济条件下，经济活动主体均自由地追求自己的利润，全力进行利润最大化行动。主体的利润最大化行动，必然使物的因素集中在一方，劳动力则与物的因素相分离，处在对应的另一方，从而加剧人与物的矛盾、人与人的矛盾。而每一主体的利润最大化行动，又使主体间相互对立，社会经济处于无序性和不可调和状态。因此，对所有权进行限制，是市场经济进一步发展的内在要求。

对所有权的滥用，是私有权绝对化的必然结果。这种滥用表现为交易关系、劳动关系、借贷关系等一切社会经济关系领域。在交易关系上，突出表现为利用交易中的优越地位。其判断指标是不当性和损益性，即不正当地利用交易中的优越地位妨害公平竞争，给竞争对手带来损害。滥用优越地位，是通过运用价格、获取利润的能力、生产资源的配置、分配等达到目的。

例如，制定或控制价格力超过竞争中形成的价格水平，实行价格歧视；通过合并、联合等扩大企业规模以提高利润率，排挤、打击经济力弱的企业。由于滥用优越地位，打乱了各市场、各经济部门之间的资源分配，造成生产资源的浪费；在分配上，收入和财富水平不平等，因大部分社会成员购买力下降而使生产过剩。

所有权由此演变为对直接生产者的统治权，对竞争对手的支配权和社会经济关系的控制权。上述财产权利，不再只是对物的所有权，还转化为财产权利，实现着财产权利的社会化。

私有权的绝对性势必引发社会危机，导致国民经济运行失调，这充分表明“私权绝对”的市民法已不能适应市场经济发展的现实，社会既不允许财产所有者攫取所有权的全部自由权利，也不允许所有权的滥用。为此，国家必须通过立法对所有权进行限制。其一，对于私有财产，必须在正当的补偿下，为公共目的加以利用；其二，把对财产的支配权，限制在一定范围内；其三，所有权的内容，必须符合社会利益的要求。

2. 契约自由向契约限制的演变及立法要求

契约自由，是市场经济的基本原则。依据这一原则，当事人可以自由地签订任何内容的合同。“自由协议”和“自己责任”，是契约自由的基本含义。

契约自由表现为：(1)订立契约的自由。包括订立或不订立的自由，要约、承诺也都是由当事人自由决定。(2)选择契约对象的自由。与谁订合同，可以根据当事人自身意志自由选择，不受约束。(3)决定契约内容的自由。合同的内容、条款，合同的标的、价款、质量以及合同履行、合同责任等，都由当事人自由决定，不得干涉。(4)契约成立方式的自由。只要当事人“合意”，合同便成立，不需要特定的成立方式和程序。

若一项合同是自由签订的，即被认为是神圣的，政府、法律、他人均不得干涉。这就是“契约神圣”的含义。契约自由、契约神圣正是市民法的支柱，也是自由竞争对法律的要求。

---

① 刘瑞复著：《经济法学原理》，北京大学出版社 2000 年版，第 47—48 页。

然而,随着垄断资本主义的发展,自由契约关系发生了变化。合同当事人在法律上是平等的,但经济力的强弱、经济上的依赖关系,决定了他们之间的合同关系不可能平等的。首先,缔约能力不平等。大企业与中小企业、垄断体与非垄断体、经济发达地区与经济不发达、欠发达地区之间的当事人,签约的实力强弱不同,谈判能力有差别,这不能不反映在合同上。其次,双方权利义务不平等。在合同内容上,单方规定价格歧视、排他性条件,甚至规定只适用于一方当事人的约束性条款等等。再次,合同履行不平等。一方当事人往往利用合同谋取合同外利益或更大的合同利益。最后,合同裁判不平等。经济上的强者、有社会背景的当事人,一般会成为诉讼或仲裁中的强者或胜诉人。①

契约自由、契约神圣由此推动了社会危机和国民经济失调,社会要求一种不同于市民法的法律对契约自由、契约神圣加以限制,以追求契约正义。这种限制,主要从以下两个方面进行:其一,限制经济主体的自由意思表示;其二,依据法律解决合同争议。

3. 自由竞争向垄断的演变及立法要求

自由竞争是自由放任市场经济的基石。市场经济具有鼓励和助长人们破坏公平竞争的天然特质,因为如果不具备对竞争对手采取进攻性或敌对性手段的能力,那么市场势力就很难获得。不正当竞争方法和交易方法正是在这种市场机制和心理机制的作用下形成的。其主要包括:共同拒绝交易(抵制)、以其他方式拒绝交易、分别以不同的价格交易、以不同的交易条件交易、企业的差别对待、不正当的廉价交易、不正当高价买入、对顾客进行欺骗或引诱、以不正当利益引诱顾客、搭配销售、交易带有排他性条件、限制再销售价格、滥用优越地位、妨碍竞争对手的交易、干涉竞争对手公司的内部事务、强迫销售或不正当地要求援助。当上述行为"不正当"地进行,妨碍公平竞争,由此危及整个社会经济时,便要求有一种超越民商法的新法律,对这种不正当竞争方法和交易方法加以限制。

且这种"不正当限制交易",主要是在一定的交易领域,通过卡特尔组织等方式对竞争进行实质性限制。其主要表现为,对一定交易领域里的企业数量的限制;对组成企业的企业机能和企业活动的不正当限制;对一定交易地区的竞争进行实质性限制;在国际协定和国际合同里对竞争进行实质性限制。这种共谋性的不正当限制交易,是若干企业共同约束相互的生产经营活动,通过这种约束或限制,使其他竞争者不能自由地从事经营活动,造成进入市场的困难。利用卡特尔方式对交易进行不正当限制,包括销售价格、条件、范围,也包括规定产量、分配利润等方面的限制。这种限制正是一种操纵市场的行为。②

此外,自由竞争必然要求生产集中,而生产集中的前提是资本集中。生产集中、资本集中,必然走上垄断。从自由竞争中生长起来的垄断并不消灭竞争,而是凌驾于竞争之上,与之并存。

具体而言,自由放任市场经济的发展,形成了支配力过度集中的市场结构。这一市场结构,一方面是某种商品充分占据大规模市场,实现该市场上某种商品的高度集中;另一方面是一个或若干个企业在各个市场上高度集中,自由出入多数市场,实现该企业或企业集团的经济力的高度集中。这样,造就一个垄断性的市场结构。

① 刘瑞复著:《经济法学原理》,北京大学出版社 2000 年版,第 48—49 页。

② 同上书,第 49—50 页。

过去，在自由竞争市场上，购买者和出卖者众多而无限，其个别购买者和出卖者的购买量、销售量不能影响市场价格，不存在集团性共谋。因此，生产要素具有流动性，任何企业都有进入市场的可能性。而现在，垄断性市场经济是少数企业或企业集团形成对一个或几个经济部门的垄断，这些企业取得对市场的一种支配力或控制力。垄断企业的市场任务，演变为主要协调垄断组织的各成员企业，规定统一价格以及在各成员企业间进行分配总销售额。这进一步确保了垄断组织实现相当高的市场占有率，而且也意味着非垄断企业有可能被排挤出该市场，或重新进入该市场时发生严重阻碍。在这些矛盾面前，市民法的作用越来越狭小，显得无能为力。

基于上述自由竞争的种种问题，遂要求一种新的、超越民商法的法律加以限制。这一限制包括为：其一，对不正当限制交易的限制；其二，对不正当竞争方法和交易方法的限制；其三，对垄断的限制。

综上所述，西方国家在国家垄断资本主义阶段时，私权绝对、契约自由、自由竞争都经历了嬗变，由此不断促使新的法律制度之一——经济法的产生和形成。

（二）经济法产生与发展的经济根源①

经济法，作为一种普遍性的法律现象在全球范围内兴起，是一定历史时期特定社会关系的真实记载，特别是市场机制运行中，国家（政府）基于“市场失灵”而对经济生活进行的干预，同时，国家（政府）有可能出现“政府失灵”或“管制失灵”，成为经济法产生与发展的重要经济根源。

1. “市场失灵”与经济法的生成优势

市场经济是一种以市场为基础配置社会资源的经济运行方式。在运作中不可避免地存在“市场失灵”问题。所谓“市场失灵”，就是指市场发挥作用的条件不具备或者不完全而造成的市场机制不能发挥作用的情形。

关于“市场失灵”的表现形式，诺贝尔经济学奖获得者斯蒂格利茨将它概括为公共产品、外部性、垄断尤其是自然垄断。对此，现代经济学家也多有揭示，大体为以下六个方面内容：第一，市场的不完全；第二，市场的不普遍；第三，信息失灵；第四，外部性问题；第五，公共产品；第六，存在经济周期。②

上述的弱点与消极方面充分表明：市场并非是万能的。市场在建立及维护竞争秩序和社会秩序、提供公共产品、保护经济和生态平衡方面是无效的。市场经济在自身的运作过程中，也存在着增长与波动的矛盾。这些都需要政府通过法律、政策及其他调控手段加以引导。因此，经济法正是国家运用公权力对市场失灵进行干预的法律。

客观地说，国家（政府）干预是民商法、经济法等法律制度产生与发展的原动力。民商法规范产生于市场规则，将其上升为系统的法律，正是国家行使公权力介入经济生活的表现，经济法亦是如此。在此意义上，经济法与民商法的区别不在于是否存在政府干预，而

---

① 周林彬：《经济法的经济根源——兼论经济法与民商法的边界》，载于杨紫烜主编：《经济法研究》（第1卷），北京大学出版社2000年版，第163—190页。

② 李昌麒、刘瑞复主编：《经济法》，法律出版社2004年版，第34—37页。

是在于政府干预方式的差别，这一差别简要地归纳为以下两个方面：

一是就政府干预方式的动因而言，当政府依法干预的方式比较消极，即更多地表现为对交易主体活动的更多促进或曰经济保护时，这种干预更多地表现为民商法。而当政府依法干预经济的方式比较积极，即更多地表现为对交易主体活动的更多限制或曰经济管制时，这种干预则多数地表现为经济法。

二是就政府干预方式的载体而言，民商法的政府干预主要是间接干预，政府通过制定或认可明确的交易规则，并以国家强制力保证交易规则的一体遵守，维护市场秩序。在此，政府并不是法律关系的主体。经济法则兼用直接干预和间接干预手段，比如对于市场经济领域内市场主体(不正当)交易行为的规制，经济法多采用直接干预方法，其法律制度表现为反垄断法、反不正当竞争法等市场规制法，对交易主体的交易行为进行直接干预，并以禁止性规范居多，体现了较强的刚性特征；对于宏观经济领域的经济调控，则主要采用间接干预方式，其法律制度表现为计划法、财政税收法、金融调控法、产业法等宏观调控法，以某一或若干个经济杠杆影响或引导市场主体的行为抉择，多以任意性或准用性规范为主，体现了较多的柔性特质。无论是市场规制法律关系还是宏观调控法律关系，政府总是恒定的，为这些法律关系主体中最活跃的一方。

正因如此，对于市场失灵的克服与修正，经济法具有民商法不可比拟的优势。这些具体的优势表现在以下三个方面：

首先，经济法能够直接限制市场主体的私权。这正是解决市场失灵所亟需的。而较民法对私权的限制，经济法对私权的限制的范围更广、规模更大、结果更有力。其原因在于，国家或政府作为特定法律关系的恒定一方主体，它是现代社会中能够合法运用强制力的唯一组织；能够合法地取得市场主体的财产而不侵犯财产私有权；能够合理地要求经营者(生产者或销售者)负有信息说明义务而不侵犯商业秘密；能够科学地控制垄断企业的集中行为和规模而不侵犯企业经营权。同时，通过上述的直接限制或剥夺私权，国家也从中获得相应的干预能力，扩展了公权力运作的层面。

其次，经济法能够直接改变市场主体的利益结构。这正是弥合市场失灵的关键所在。而较民法事后的干预，经济法对市场主体利益结构的改变更直接、更明确、更具有事前引导的积极性。一般而言，法律无法改变和遏制市场主体对自身利益最大化的追求，但由于市场主体时时进行着成本收益的核算，所以经济法可以通过改变市场主体行为的成本构成或利益归属，敦促市场主体作出既有利于自身、又有利于社会的选择。

再者，经济法能够直接实现公共利益和长远利益。这正是克服市场失灵的最终目的。而较民法的自利和短视利益追求，经济法中的国家或政府是各市场主体利益的代表，能够位居于某一个私人的主体之上，并以一定的程序汇集众多的私人利益跃升为公共利益，从而以追求公共利益和长远利益为已任。

2. “政府失灵”与经济法的发展空间

与此同时，政府干预也存在“政府失灵”问题。所谓“政府失灵”，是指“国家之手”难以发挥作用，既包括政府干预不到位，也包括政府干预错位，还包括政府干预不起作用，是政府局限性所造成的后果。其原因在于：(1)政府不是万能的。政府如果运用公权力保护私权利，就得先掌握市场主体之间的权利，即私权界线在什么地方。由于获取信息需要费用,资源的特性各异等不利因素的存在,政府未必能获得有关权利界限的准确信息。(2)政府存在不当运用权力的倾向和能力。政府是由具体的人组成的,政府部门的官僚易将部门利益以法律形式固定化,甚而政府会偏向某些特殊的群体,利用政府干预经济权力过度干预经济活动。(3)政府干预需要成本,在很多情况下甚至是巨额的成本,其结果不见得比市场机制自身的调节节约成本。

正如诺贝尔经济学奖获得者詹姆斯·M.坎布南所指出的,“政府的缺陷至少与市场一样严重”①。由于上述政府缺陷的存在,政府在试图矫正市场失灵时,往往又导致“管制失灵”,而无制约的政府行为更可能发生经济资源浪费和损害社会公共利益的情况。具体而言,政府失灵经常性地表现在以下六个方面:②第一,政府运行效率低下;第二,过度干预;第三,公共产品供应不足;第四,政府不受产权约束;第五,预算分配偏离社会需要;第六,权力寻租。③

凯恩斯学派曾指出另一市场失灵,即由合成谬误所导致的经济运行不稳定。所谓合成谬误,是指从个人角度看是合情合理的行为,从整体角度却会使人人遭殃。换言之,即理性的个人理性行为可能导致集体非理性。因此,减少交易费用和合作障碍,促进平等主体合作顺利进行,是经济生活中现代国家(或政府)的主要职能。

合作是国家经济职能的一个主要目的——协调社会集团的经济利益冲突;合作是市场主体博弈的主要内容;合作是市场主体博弈的主要内容;合作是交易费用的最低标准;合作也是专业化协作的结果。为保证平等主体之间的合作,有必要通过强制性和权威性的经济法,减少交易费用和合作障碍。

团体理性固然比个人理性更有效率,更能维护社会整体利益,团体理性实现的前提是满足个人理性,但若这种体现团体理性的制度安排不能满足个人理性,就不能贯彻合作。“政府干预”失败即是最好的例证。为此,解决合成谬误的唯一途径是避免个人理性与集体理性之间冲突,不是否认个人理性,而是设计一种机制(或进行相应的制度安排),在满足个人理性的前提下达到集体理性。④

这一演变的立法要求是,不能用传统民商法所强调的个人理性来否定团体理性,即绝对坚持“私法优先”,也不能用传统行政法所强调的团体理性否定个人理性,即绝对坚持“公法优先”,而应该设计一种法律机制,在满足个人理性的前提下达到团体理性。个人理性与团体理性有机结合的法律制度,就是经济法,其调整目标是解决个体营利性与社会公益性的矛盾,兼顾公平与效率,促进经济的稳定增长和社会良性发展。

因此,在市场机制中国家(或政府)既要对具有盲目性、自发性的自由竞争状态进行调整,实现经济稳定协调发展,又要审慎地运用法律对具有过度运用权力倾向、存在自身利

① [美]詹姆斯·M.坎布南著:《自由、市场和国家》,平新乔、莫扶民译,上海三联书店 1998 年版,第 28 页。

② 李昌麒、刘瑞复主编:《经济法》,法律出版社 2004 年版,第 37—38 页。

③ 所谓权力寻租是个人或者利益集团为了牟取自身的经济利益,而采取行贿等不正当手段对权力执掌者施加影响的活动。其前提是政府为了克服市场失灵,制定必要的公共政策对经济进行干预,而政府为了保证干预的实现,就必须赋予执行政策的机构或者个人以某种权力。其为权力寻租提供了基础。故权力寻租的实质就是寻求政府的强制性或特权供应,以获取市场价格与权力价格之间的差额。

④ 卢现祥著:《西方新制度经济学》,中国发展出版社 1996 年版,第 37 页。

益和偏好的扩张性、官僚性的政府经济行为进行控制，防止因权力过度膨胀和权力至上而损害市场主体利益、妨碍市场机制对资源的基础性配制作用。而这一切非传统意义的公法如行政法或私法如民法所能完全胜任，只有立足于公共利益和社会本位的新型法律如经济法才能担当此重任。

第二节 大陆法系主要国家经济法简史

一、德国经济法的历史[①]

“经济法”(wirtschaftsrecht)作为一个法律概念率先由德国提出，作为一个独立部门法，现代经济法也最早形成于德国。注重概念、结构的精巧，追求体例、理论的缜密。这一切源自德意志民族精神(volksgeist)，为德国经济法的生成提供了肥沃的理论土壤。变动不居的社会结构、史无前例的经济模式，又更有力地触发了德国经济法的全面发展。鉴此，德国被世人誉为“经济法母国”。

(一) 德国经济法的起步

1871 年，德国统一后，德国的经济由于货币及度量衡的统一、中央银行的成立、铁路的普及、法制的健全以及普法战争(1870—1871 年)胜利所得的巨额赔款，出现了空前的繁荣。伴随着 1873 年经济危机开始形成的卡特尔，通过 1878 年起实行的保护关税政策而得到了迅速发展。[②]卡特尔的出现为经济的起步提供了经济温床。

1896 年 5 月 27 日，德国第一部竞争法——《反不正当竞争行为斗争法》诞生。在既有民法和知识产权法的框架外，以专门立法的形式，对商业竞争中违反诚实信用原则的行为，采取民事、行政和刑事的手段一并调整。但由于该法中既未制定一项原则性的一般条款，又未逐一列举各种变化多端的不正当竞争形态，因此，它在《反不正当竞争法》于 1909 年 7 月 10 日生效的同时失效。

1897 年，德国最高法院的判决认为，卡特尔协定只要不是对同业者和非同业者施加不正当的压力、不违反善良风俗、不侵害营业的自由，就是有效的。其时，德国与美国不同，卡特尔只要不滥用其地位，就可以不受法律的约束而得以发展。但是，在此前后，煤炭、钢铁、纸、钾等多数行业卡特尔虽然已经形成，但德国政府对这些卡特尔的产生与存在并不是完全放任的。

(二) 20 世纪上半叶德国经济法的发展

1902 年至 1905 年，德国政府根据议会的要求，对卡特尔实际动作情况进行调查研

---

① 何勤华主编：《德国法律发达史》，法律出版社 2000 年版，第 283—385 页。

② [日]丹宗昭信、厚谷襄儿编：《现代经济法入门》，谢次昌译，群众出版社 1985 年版，第 21 页。

究,出现了两种分歧:一是"卡特尔之友",认为卡特尔是使无政府状态的经济计划化的东西,应加以肯定,但尚未就卡特尔采取任何具体的立法对策;二是"卡特尔之敌",认为卡特尔是统制市场结构而使其僵化的东西,应加以否定。但是,德国政府暂时并未对卡特尔采取具体的对策。①

1909 年 6 月 7 日,如前所述,德国颁布了《反不正当竞争法》,又称《竞争法》,其立法目的在于排除竞争中有不公正、不道德行为,建立并发展公开、公正的竞争,保护市场经济的正常运行。它的颁布标志着德国政府已充分认识到国家应当积极干预市场的意义,并付诸实践。

1910 年,颁布了《钾矿业法》,以抑制新设企业进入钾矿业。这是德国运用国家权力扶助卡特尔的法律。此时的卡特尔是作为战时经济统制的工具之一而被运用的。

1914 年至 1918 年的第一次世界大战期间,为了进行战争,德国更多地运用国家权力,对重要物资及其价格实行国家统制,即国家集中管理经济,如 1914 年 8 月,议会通过《授权法》,授权参议院在战争期间可以"发布对于防止经济损害所必需的措施";随后,1915 年,颁布《关于限制契约最高价格的通知》;1916 年,颁布《确保战争时国民粮食措施令》等经济统制令。

第一次世界大战后,社会民主党政根据《魏玛宪法》的社会化条款(第 156 条),计划对产业实行社会化和公有化。1919 年,虽然对碳酸钾和煤炭工业实行了社会化,但实际状况只是加强了对卡特尔和辛迪加的保护和监督。魏玛政府先后颁布了《卡特尔规章法》、《煤炭经济法》、《碳酸钾经济法》等一系列经济统制法,对大企业的经济活动和主要物资的供应进行直接地干预和限制,从而开创了直接把"经济法"这一概念运用于立法本身的先例。

1923 年 11 月,魏玛政府颁布了《防止滥用经济权力法令》,这是一部具有代表意义的经济统制法。其立法宗旨在于,为了防止卡特尔对参加卡特尔者和未参加卡特尔者行使强制力,限制其经济力的滥用,从而在一定意义上也着眼于削弱卡特尔滥用市场的支配力。

1930 年、1932 年及 1933 年,受 1929 年世界经济危机的影响,《防止滥用经济权力法令》先后修订三次,其内容发生了若干变动,最突出的变化在于:在努力加强卡特尔的同时,规制卡特尔的权力实际上从卡特尔法院移至经济部长(卡特尔法院于 1938 年并入经济法院)。

严重的经济危机,对竞争领域的法律政策产生了重大影响,德国对《反对不正当竞争法》也进行了一些补充与修订,如 1932 年、1933 年颁布了两个附加条例等。

1932 年 3 月 9 日,颁布了《关于有奖销售的法令》,其立法目的在于,消除商人在提供有偿商品或服务的同时,附加提供某种无偿的商品或服务的弊端。这种有奖销售或提供无偿馈赠的做法受到普遍的禁止,但也有例外的情况,例如,提供标准的商品附件(如用来盛装新购买茶叶的茶叶筒等)、通常有辅助性服务的(如商品的质量保证、免费的停车场地、免费送货、无偿咨询、以现金支付价款或批量购买时价金折扣等)都是允许的。

① [日]丹宗昭信、厚谷襄儿编:《现代经济法入门》,谢次昌译,群众出版社 1985 年版,第 22 页。

1933 年 11 月 2 日，魏玛政府颁布了《卡特尔法》，其立法宗旨是，对卡特尔协定采取限制措施。主要规定：对抬高物价“妨害公共福利”的卡特尔协定及不利于“国计民生”的生产、贩卖的卡特尔协定，经经济部长申请，卡特尔裁判所有权宣布此类卡特尔协定无效，命令其停止执行并作出变更。

1933 年 11 月 25 日，又颁布了《回扣法》，其立法目的在于，限制现金支付和批量购买提供回扣的做法。虽然该法并未从整体上禁止给予回扣，但是对消费者所能享受的回扣待遇作出了严格的限制，即用现金支付价款时折扣不得超过3%(第 3 条)、批量购买货物时的价格折扣不得超过本行业中通行的标准(第 7 条)。

1934 年 7 月 15 日，纳粹政府颁布了《德国卡特尔变更法》和《德国强制卡特尔法》。前法规定将卡特尔法院原来的关于卡特尔协定权力移交给联邦经济部长，以达到取消对卡特尔协定的限制和加强卡特尔的目的。后法授权经济部部长在一些重要的生产部门强制组成新的辛迪加、康采恩和卡特尔，以达到运用国家权力加速资本的集中，促进垄断组织的发展。

1935 年，颁布了《动力工业法》、《小商人保护法》等，由国家对某些经济部门和行业进行强烈的干预，严格限制竞争，如《小商人保护法》就规定，无限期禁止新建成或扩建百货商店，禁止已开业的百货商店经营摄影、理发、食堂和茶馆。

至此，德国已有了一定数量的国家对竞争管理的法规，其维持竞争秩序、限制垄断发展的竞争法律体系已初具规模。

之后，德国以国家公权开始全面干预经济，实施官民一体的经济统制，这种做法被沿用至第二次世界大战。在市场竞争领域之外的经济立法活动也越来越频繁，涉及的面也越来越广泛。例如，1933 年 6 月 1 日颁布了《失业缓和法》，名为救济失业，实际上是牺牲广大女工的利益，增加资本家容克地主的收入。该法主要规定女工可以从工厂企业转移到家庭充当女仆，免除其部分税金。它还规定，授权联邦政府发行 10 亿马克的国库券经营建筑业，以免税折方法鼓励资本家和容克地主添置新的机器设备，扩大工农业生产规模。

1934 年 11 月 27 日，纳粹政府出台了《德国经济有机建设的法令》，规定全国成立工业、商业、银行、保险事业、动力经济和手工业六个经济组，由行业卡特尔负责人兼任各组主席，并成立帝国经济商会，下设十八个州经济商会。

(三) 德国经济法的新发展

第二次世界大战结束后，随着国内经济重建与再生，德国经济法获得新发展，其动因就在于社会市场经济模式的缔造与运作。政府主动、积极介入经济，为此有学者称德国(也包括日本、法国等大陆法系国家)的经济法为“经济统制实施手段之经济法”①。

社会市场经济是一个规范社会经济秩序的特殊纲领，内蕴着竞争原则、生产资料公有制原则、社会平衡原则及国家原则等行动指南，是莱茵模式的突出典范。第二次世界大战以后的几十年中，德国一直在不断推行和稳定这一市场经济秩序，并逐渐形成一种“德国

① 黄铭杰：《经济法的基本性格论》，载于台湾《政大法学评论》第 58 期，1997 年 12 月。

模式”,引起世人的广泛关注。德国经济及立法的深化就得益新兴经济模式,这体现在以下四个方面:

1. 社会市场经济的竞争原则要求规范社会市场经济秩序的法律

第二次世界大战后,德国推行一种积极的经济制度政策,具体包括:积极的货币政策和稳定通货膨胀、开放的市场以及竞争调节措施,旨在建立相应的竞争秩序。为了适应建立和发展新的社会市场经济的需要,德国社会市场经济的拥护者更坚决地反对卡特尔,反对限制竞争,并反对将国营企业,如邮局、铁路、银行以及保险业等,作为所谓的竞争法适用除外的领域。规范社会市场经济秩序的法律因此陆续出台。以至于在所有欧洲国家中,德国关于竞争和卡特尔的法律仍是最复杂、最全面的。

1948 年至 1958 年,德国经济逐渐恢复,社会市场经济模式初步运行。在此基础上,1957 年 7 月 27 日,德国联邦议院正式颁布《反对限制竞争法》(Gesetz gegen Wettbewerbsbeschr Pkungen),又称《卡特尔法》(Kartellgesetz),1958 年起施行。该法立法目的在于保护竞争自由和铲除经济强权,其立法意义在于为其后社会市场经济在有序环境中的稳定与高速发展提供了制度保障。

是故,它被视为德国社会市场经济的基本法,共有 109 条,历经数次修改与补充,特别是 1966 年 1 月、1980 年 9 月分别针对当时急需发挥市场机制功能、保护竞争秩序,而对该法作了更大修正。其首要目标是“保持市场的结构与份额”,该法“只适用于那种特定的企业联合体,主要有三种形式:康采恩、合并和卡特尔”①。继 1989 年修订之后,1998 年 5 月 7 日,为配合欧洲一体化进程,德国议会通过了《反对限制竞争法》第六次修正案,于 1999 年 1 月 1 日起施行。

德国对 1909 年的《反对不正当竞争法》(Deutsche Gesetze)进行十四次修改,其中 1969 年、1970 年、1974 年以及 1986 年 5 月、7 月分别作过修订,对有关条款进行了较大幅度的修改、增补和废除,使之更具有法律意义。

《调整一般交易条件法》就是对它的补充,旨在保护供给方面的竞争,反对在市场上使用非正当手段,反对市场上一切违背良好习俗的行为,限制企业或个人任意对待顾客的可能性,或单方面将风险强加于弱者的可能性,禁止违背信誉原则而导致合同伙伴吃亏的交易条件。

与此同时,制定保护消费者权益方面的法律,也是规范社会市场经济秩序方面的重要法律。其中,最重要的两部法律:一是 1978 年 1 月 4 日,联邦议院颁布的《损害赔偿责任法》;二是 1989 年 12 月 15 日,联邦议院通过的《有缺陷产品责任法》,又称《德国产品责任法》。这两部法律有力地提高了德国消费者的法律地位。

2. 社会市场经济的生产资料私有制原则要求规范社会市场经济主体的法律

从根本上说,社会市场经济是一种私有制,即建立在生产资料私人占有这一生产关系基础上的经济制度。德国《基本法》虽规定保证私人占有的权利,即生产资料作为私有财产的自由。但生产资料私有制原则并不意味着全部生产资料均必须归私人所有。在生产

① F. Bauer、G. Walter, *Einführung in das Recht der Bundesrepublik Deutshchland*, Verlag C. H. Beck, 1992, p. 121.

过程中，可以由公共或国有企业、集体企业、社会参与，但其前提是，它们必须作为供方或需方纳入竞争市场，且不得干扰价格的形成。现有经验充分表明，国有企业极易成为国家的“自然保护区”或“经济特区”。因而，规范国有企业尤显重要，其指导思想就是，确保国有企业所有权与决策权严格分离，并将经营权委托全权负责的职业经理人员。

允许私人中小企业存在，既是分散生产资料的所有权的支配权，削弱强权经济产生的趋势，也有助于以生产资料所有者的获利机会和责任风险引导企业决策，并将资本引向获利最大的投资场所，避免生产资料私有制与垄断性强权地位的媾和，实现有效率的公平竞争。

有鉴于此，在公司法领域，《德国民法典》、《德国商法典》历经几十年不断的修改、补充与完善，其相当一部分涉及规范社会市场经济主体的内容。

1892 年，通过了世界上第一部《有限责任公司法》，联邦德国政府成立之初就着手对它进行修订，直至于 1965 年 9 月，重新颁布《公司法》。

1978 年 2 月，颁布一项法律对《公司法》修正，使之适应德国社会市场经济发展的需要，且与《欧洲经济共同体公司法令第 2 号指令》相一致。该法对股份公司、股份两合公司、联合企业、康采恩等垄断联合性企业，以及公司的合并等均作出详细规定。与此同时，1977 年，对《私人有限公司法》(1892 年 4 月颁布)进行适当的修正。

在规范社会市场主体行为的领域中，除见诸于《德国商法典》的有关条款，德国还对某些商业行为进行单项规制，制定了不少专业性极强的单行法律法规，诸如：1952 年颁布并于 1969 年修订的《机动车货运法》；1938 年制定的并多次修订补充的《铁路交通法》等。1965 年 9 月，专门制定了《上市股票公司法》，以规范最主要的商业公司之一——上市股票公司。此外，先后对早在 20 世纪 30 年代就颁布的《商业和农业合作社法》、《汇票法》、《支票法》、《仓库单据法》，以及其他有关法律法规，进行比较全面的补充和修改。

1977 年 4 月，《标准合同条件法》生效。这是很重要的法律，它规定了标准合同条件，即指大批量的合同所事先规定的合同条款，并由合同一方当事人(使用人)向合同另一方当事人(合同对方)在签订合同之际提出。该法严格地界定十几种无效的标准合同条件，并详细地列举无效的标准合同条件的类别；同时规定某些可以评价的标准合同条件；规定标准合同不得损害合同对方的权益，也不得破坏诚信原则。此法的意义在于：全面规制市场主体行为，有力地保护着其他市场特殊主体，如消费者和作为消费环节的中小商人的利益。

此外，德国的《股份法》及其施行细则、《企业责任法》、《企业章程法》、《劳资共议法》、《工资合同法》、《营业场所租赁法》等，也分别对各市场主体的行为作出了具体规定。

3. 社会市场经济的社会平衡原则要求规范社会市场经济社会保障的法律

以社会为导向的市场经济的基本问题是要重视经济，重视社会政策分配的效果，否则，社会保障制度将陷入危机。德国社会保障立法，其宗旨是追求社会平衡，避免“市场失灵”，预防“政府失灵”。

1951 年 2 月，《自治管理法》颁行，规定社会保障要实行自治管理的原则。按照《基本法》的规定，社会保障属于政府的任务范围，基于社会平衡的内在要求，政府将此任务交给劳资双方，促进投保人、雇主和保险的管理融为一体。其具体表现在以下几个方面：

1951 年 8 月,《解雇保护法》颁行。该法规定,如果雇主在实施一项解雇计划时,征求了企业委员会的意见,并发出相应的解雇通告书,处于通告期间的有关雇员可依据本法提供的手段,进行自我保护。此外,1953 年,颁行了《严重伤残法》。

1969 年,《就业促进法》颁布。该法规定,失业保险是除公职人员外,所有雇员均必须参加的法定义务保险。凡是投保人在失业前三年里至少就业了一年,并依法在此期间参加了失业保险,均有权领取失业保险金,并有权免费接受职业培训或转岗培训。雇主和雇员各自交纳一半保险金。

1957 年,联邦德国根据社会情况的变化和发展社会市场经济及健全社会保障制度的需要,对退休养老制度进行了改革。

1957 年 10 月,德国联邦议院第一次颁布《农民养老救济法》,将农民纳入社会保障的范围。

1968 年的《全体雇员的保险义务》、1972 年的《全体公民特别是自食其力者和家庭妇女的退休养老保险》等法令,进一步拓宽了养老保险范围,并使之拥有更加完备的法律保障。

1975 年颁布的《社会法典》,对社会福利制度、社会救济制度、社会补偿制度等,作出更具体、更系统的规定。

4. 社会市场经济的国家原则要求规范社会市场经济宏观调控的法律

为了避免发生"政府失灵",社会市场经济建设亟需一个强大的国家,一个生活在这一集体中的全体成员能够认同的国家。《基本法》为国家干预经济提供了法律基础。其中,第 15 条规定,在一定条件下可以将私有财产收归社会所有;第 22 条第 1 款规定,国家有义务对经济过程带来的不利于社会的结果进干预。

源此规定及授权,德国历届政府均十分注重借助相关法律法规作为"宏观调控经济"的依据和工具,具体表现为投资法、计划法、预算法、银行法、信贷法、价格法、税务法、货币发行法、外贸法等。就宏观层面而言,下列两部法构成了德国社会市场经济宏观调控法的基本法。

1957 年 7 月,联邦议院通过了《德意志联邦银行法》。该法确认德意志联邦银行作为具有公法形式的联邦直接法人,具有独立的法律地位,规定联邦银行作为货币政策的执行机关担负的任务,是负责调节货币流通和经济企业的信贷供给,保持货币价值的稳定,为国民经济稳定发展提供货币条件。

1969 年 6 月 8 日,德国联邦议院通过了《经济稳定与增长促进法》,同年 6 月 13 日颁行,1975 年修订。该法强调联邦和各州在采取经济和财政措施时必须注意"宏观经济平衡",必须在市场经济秩序的范围内采取这些措施,保证经济持续和适当增长的同时,有助于价格水平的稳定、高就业率和国际收支平衡,以实现和长期保持国民经济总体平衡的目的。

在对社会市场进行宏观调控领域内,德国的价格法、交通法、邮政法、能源经济法、农业法、税收法、关税法及对外贸易法等,同样发挥着极为重要的作用。例如,《价格法》详尽规定联邦政府对价格进行宏观控制的原则、方针和领域。联邦政府干预价格的原则是"适合市场",即在不干扰、不阻碍市场正常发挥调节作用的情况下方可进行。此外,联邦政府依法对一些特殊生产和服务行业的价格进行行政干预。其中,对农业农产品价格进行长期的、强烈的干预,以保护本国农业市场和农民的利益。这与欧共体制定"界线价格"、"指令价格"、"干涉价格",以及保护欧共体农业政策相协调。

特别是,为了更好地配合和推动欧共体农业相关政策的执行,1965 年 9 月,德国还制定了《联邦德国农业在共同市场中一体化法》,旨在保护本国农业市场,限制进口,对农产品国内价格与进口价格之间采取补贴差额的办法,对主要农产品,通过国家负责控制进口和储备农产品的主管部门的干预,减少或防止国内价格波动。

二、日本经济法的历史

日本经济法以第二次世界大战结束为界,可分为战前、战后两大阶段。其战前阶段照搬德国的经济法概念,实行与德国相近似的经济体制和经济法律制度。第二次世界大战结束后,日本的经济体制发生重大变化,根据美国旨意制定了一系列经济民主化的法律,如财阀解散法、垄断禁止法令等,日本经济法也发生了巨大变化,并结合日本本国的特殊情况形成一些自身的特质,但整体上仍未脱大陆法的窠臼,具有"经济统制实施手段之经济法"的性质。

(一)日本经济法的萌芽

从明治维新开始,日本走上了资本主义道路。关于促进卡特尔方面的立法,如《产业组合法》(1910 年)和《蚕丝业法》(1911 年)无一不带有卡特尔法的影子。

第一次世界大战期间,为保护日本国内产业,大正政府制定了一系列适应战时的有关经济法律,如《战时海上保险法》和《战时工业原料出口规制》(1914 年);《战时海上重新保险法》、《炼钢行业奖励法》、《对敌交易禁止令》和《黄金出口禁止令》(1917 年);《军需工业动员法》和《军用汽车补助法》(1918 年)等。

这些因战争而产生的保护性法律,都带有一定的促进产业卡特尔的性质,在战后到来的经济危机中,为保护日本的产业摆脱危机,又演变成对付经济危机的具有卡特尔性质的法律。

上述这些法律、法规,虽涉及经济问题,但并不是完整意义上的经济法。因为这些法律、法规尚未触及国民经济的主要问题,而且都是单项的、零星出现的经济法规,未形成统一的体系,故这段时期被称为"经济法萌芽期"。

(二)日本经济法的形成

这段时期从第一次世界大战结束到第二次世界大战期间。

第一次世界大战之后,日本吸收德国经济立法的经验,积极开展经济立法活动和学术讨论,强调国家干预经济,促进了经济法的形成。起初为对付经济危机而出现了卡特尔促进法,其后演变成把经济纳入战争体制的经济统制法。因而,这一时期的经济法带有经济危机对策与战时经济对策的双重性。

1. 经济危机的法

第一次世界大战后,日本经济陷入重重困难之中,为了摆脱慢性危机的困境,日本在以下诸领域展开了积极的经济立法活动，具体表现为：

(1) 农业危机对策法。经济危机最早出现于农业，作为对付农业危机的方法，日本政府首先采取了给予农民奖励金或补助金的政策。例如，《蚕丝业改良奖励金规则》(1918年)；《畜产奖励规则》、《米麦及其他重要粮食品种改良奖励规则》、《绵羊饲养奖励规则》(1919年)；《肥料改良奖励规则》(1921年)；《优良农具普及奖励规则》(1925年)；《农业仓库奖励规则》(1928年)；《肥料配给改进补助规则》(1930年)；《农林渔村经济复苏特别促进规则》、《农林渔村共同作坊奖励规则》(1932年)；《农村工业奖励规则》(1935年)；等等。

其次，为了稳定经济和社会，采取通过调整农产品供需关系来稳定物价的政策，日本政府借助于法律形式强化这些政策。比如，《米价法》(1921年)通过政府控制粮食购销来保持粮价稳定；《丝价稳定信贷损失补偿法》(1929年)则以国家对承担生丝业信贷的银行进行补偿的形式，间接地稳定价格。

再次，为了振兴经济，刺激国民经济的发展，利用金融杠杆以法律的载体，采取了整顿、清理农村债务的特别金融措施。例如，《产业组合中央金库特别融资及损失补偿法》(1932年)；《不动产信贷及损失补偿法》、《金钱债务临时调解法》、《农村负债清理组合法》(1933年)；《农村负债清理资金特别信贷及损失补偿法》(1937年)；等等。

上述法律、法规是当时的日本政府从资金、价格、金融等方面扶助农业，帮助农村经济摆脱危机的宏观调控法律。

(2) 保护重、化工业的对策法。第一次世界大战中形成的促进重、化工业发展方面的法规，战争结束后演变成经济危机的对策。例如，1915年制定的《染料医药制品奖励法》，经修改后，针对染料业的危机，分别转变成《关于奖励染料制造法》(1925年)和《奖励人造蓝和纯碱制造规则》(1929年)；1917年制定的《炼钢业奖励法》在战后进一步扩大了保护范围，根据经济危机情况，先后制定了《制造造船用钢材奖励法》、《制铁业奖励法》(1921年)、《制造生铁奖励法》(1926年)等法规，而1937年，上述这些法规又被统一为《制造事业法》。

(3) 开辟海外市场克服国内危机的对策法。为了克服国内危机，振兴国内产业，第一次世界大战之后日本政府制定了各种扶助和鼓励出口的法规，比如，1925年的《出口组合法》；1926年的《生丝出口检查法》；1927年的《绢织品出口管理法》；1930年的《出口补偿法》；1934年的《水产品出口管理法》；1936年的《重要出口商品产业组合法》和《重要出口商品管理法》；1940年的《毛织品出口管理法》等。同时，为了稳定国内金融和商品市场，增强国际竞争力，1931年，日本实行了禁止黄金出口的政策，随后又颁布了《资本外逃防止法》(1932年)和《外汇管理法》(1933年)。

(4) 中小企业对策法。在经济危机中最容易受到冲击的中小企业，开始成为日本政府经济立法的对象，而这些法规同时是构成稳定社会的一种社会力量。中小企业对策法主要表现在金融和组织两个方面，例如：1923年实行的向中小企业发放资金的《临时工资金发放规则》；1928年实行的《中小工商业者用转资金发放规则》；1930年实行的《中小工商业救济资金发放规则》；1937年实行的《中小工商业振兴信贷损失补偿制度》；等等。

在市场主体多元化方面，政府制定了各种把中小企业组织起来的规定，并设立了作为中小企业特殊金融机关的"工商组合中央金库"。

2. 卡特尔促进法

在经济危机对策中，最引人注目的是促进卡特尔方面的立法。

《出口组合法》和《重要出口商品产业组合法》作为世界上最初的具有强制力的卡特尔法，受到世界各国的关注。此后，日本政府更是不断强化了卡特尔促进方面的立法。

例如，1931 年制定了《重要产业统制法》；1932 年，《重要出口商品产业组合法》被分解为《工业组合法》、《商业组合法》；1934 年制定了《石油业法》；1936 年制定了《汽车制造业法》和《航路统制法》；1937 年制定了《贸易组合法》、《百货商店法》、《制钢事业法》和《人造石油法》；1938 年制定了《工作母机制造事业法》、《飞机制造事业法》；1939 年制定了《造船事业法》、《轻金属制造事业法》；1940 年制定了《有机合成事业法》；1941 年制定了《重要机器制造事业法》；等等。

在产业卡特尔的同时，也出现了引导和促进金融资本集中的动向，如 1927 年公布的《银行法》提高了银行最低的资本金金额，使小银行不得不被大银行兼并。

3. 第二次世界大战时期的经济统制法

日本在这一阶段制定的经济法规，是历史上最不光彩的立法活动，走上了法西斯主义的歧路。

第二次世界大战初期，日本经济政策的重点是确保进口和生产战略物资。为此，1937 年，日本修改并强化了《外汇管理法》，又制定了《进出口物品临时措施法》、《临时资金调整法》，从资金和物资上保证军工产业的迅速扩充。

当战争长期化后，1938 年，日本制定了作为战时立法中心的《国家总动员法》，围绕该法，还制定了一系列将人力、物力和资源投入战争的法规。例如，1939 年的《价格统制令》、《地租房费统制令》、《粮食配给统制法》；1940 年的《工资统制令》和《公司经营管理统制令》；等等。

随着战争的紧迫需求，光靠统制难以实行战时经济，因此，日本又修改了《国家总动员法》，使之成为将整个国家纳入战争体制的《总动员敕令》。根据敕令，先后颁布了《重要产业团体会》、《公司统制令》、《军需公司法》、《战时紧急措施法》等，直至最后对一切都实行军事管制。

纵观这一时期的经济立法，从国家对国民经济的全面干预及干预的深度和广度看，显然具有经济法的特有内涵，故这段时期被称为"经济法形成期"。但由于国家对经济的干预逐渐转变为对经济的全面统制，所以这一特殊的经济法还不是真正意义上的现代经济法。

(三) 日本经济法的演进

第二次世界大战后，日本经济立法有了根本性的变化，朝着经济民主化、和平经济的方向发展，在战后几十年中，形成了一套以《禁止私人垄断及确保公平交易法》为中心的、适合资本主义经济发展的经济法律制度，使政府干预经济有法可依，公司、社团或个人从事经济活动有法可循，日本成为经济立法和经济司法最完备的国家之一。

1. 经济恢复期的经济法(1945—1954 年)

这一时期的经济法旨在消除经济中垄断资本成分的封建因素，恢复国民经济，使日本的经济朝着经济民主、和平经济的方向发展。其特点是大量的经济法律制度反映了美国占领军的对日经济政策导向。

(1) 消除垄断成分的经济立法。

第二次世界大战结束后不久,日本政府根据美国占领军的指令,制定了解散财阀的法律。根据该法律,解散了作为财阀总公司的持股公司,消除了财阀家族对企业的控制,同时责令财阀及家族成员一律辞去公司领导人的职务,并规定十年内禁止其重新任职。

根据1947年制定的《经济力量过度集中排除法》,分割了28家垄断集团,切断了其纵向结合。为防止已解散的财阀死灰复燃,彻底根除日本经济体制中的战争因素,1947年,日本制定了《禁止私人垄断及确保公正交易法》(简称《垄断禁止法》)。

作为反垄断政策的一环,与解散财阀同步进行的是解散国策性机关和民间统制机关。因为国家权力和经济的结合是日本垄断经济体制的一大特点,其具体表现就是由国家设立了许多特殊公司和所谓国策性机关,而民间统制机关也是作为国家统制的渗透组织而存在的。因此,1945年,日本公布了"关于关闭在外地的银行、在外国银行及战时特点机关的事宜"的法令。随后,1947年,日本又颁布了《关闭机关令》,经过解散、整顿,国策性机关被限于必要的、最低的限度内,而民间团体则限于民主性的协作组织。

此后,1949年,通过修改《日本银行法》,使金融机关取得了完全的自主性,同时,作为中央银行——日本银行的最高机关,设置了政策委员会,而原来大藏大臣的某些权限,被移交给该委员会掌管。

(2) 消除封建因素的经济立法。

1946年,根据美军占领当局的指令,日本公布了《自耕农创设特别法》、《农地调整改正法》。

依据上述法律,地主占有土地的面积被限制在99.2亩(一町步),超过部分由政府强制收买,以一定代价卖给佃农或有能力的经营者,并废除了实物地租。到1949年,农地改革基本完成,买到农地的农户达到总数的二分之一,被处理的地主土地面积相当于改革前租地面积的80%,出租土地比率下降到5.9%。农地改革给日本农业和农村生产关系带来了深刻变化,为工业开辟了广大市场,对日本经济的复苏产生了积极作用。

(3) 恢复国民经济,促进产业合理化的经济立法。

战争严重打击了日本经济,一度出现了粮食、煤炭、电力、运输及通货膨胀的危机。因此,在解除了直接战争为目的的统制后,保留了一部分有关稳定国民生活的统制,并着手建立战后的统制体制。例如,1946年,为了对付通货膨胀,日本实行了冻结旧日元的《金融紧急措施令》、《日本银行券存入令》、《物价统制令》;为了稳定国民生活,制定了《粮食紧急措施令》、《水产物统制令》、《鲜果统制令》、《隐匿物资紧急措施令》。

1946年,在经济统制的同时,为了迅速恢复生产,日本政府还成立了经济安定总部,实行了"倾斜生产"的经济政策,即在物资、资金有限的情况下,把有限的物资、资金集中到重点产业(如煤炭、电力、钢铁和肥料等产业)的生产方式。为此,日本先后制定了一系列的法律。

在重点产业的物资供应方面,日本制定了《临时物资供应调整法》、《指定生产分配手续规则》、《指定生活资料分配规则》;在资金方面,根据《金融紧急措施令》规定的金融机关信贷准则，加强了对信贷优先顺序的统制，并根据法令，成立了复兴金融金库，扩大对重点产业的信贷规模。

1947年，在能源方面，日本制定了《临时煤炭矿业管理法》，以加强国家对能源的控制。

这一倾斜生产方式收到了很好的效果，不但重点产业迅速恢复，也带动了整个国民经济的复苏，到1950年，日本工业生产已恢复到了1934年至1936年平均水平的88%，国民生产总值恢复到97.2%。

1948年，在经济有所复苏之际，日本政府开始推行"产业合理化"政策。围绕这一政策，制定了各种法律。比如，为了促进中小企业经营管理的合理化，创立了"中小企业诊断制度"(该制度制定初期，并未起到应有的作用，直至20世纪50年代初，才受到日本社会的重视)。

此外，1949年，为了提高产品质量，促进工业标准化，日本制定了《工业标准化法》；为了节约能源，减少浪费，日本颁布了《热处理法》；1951年，为了加强计量管理，促进企业经营管理的现代化，日本出台了《计量法》；1952年，日本则公布了较为体系化的《企业合理化促进法》，该法以减税措施作为企业合理化的动力，在促进技术和设备的现代化方面起了很大作用。

根据上述各法，日本政府又先后制定了"钢铁第一次合理化计划"、"汽车合理化三年计划"、"煤炭合理化五年计划"、"硫氨合理化五年计划"、"造船合理化计划"、"电力开发五年计划"等，为基础工业的迅速恢复和发展创造了条件。

(4) 对付经济危机的经济立法。

日本政府在大力推进产业合理化的同时提出了新经济振兴政策，据此政策，开展了缓和垄断禁止，甚至促进垄断，承认卡特尔诸方面的立法。比如，1952年，日本制定了垄断禁止法适用除外的三个法规——《关于稳定特定中小企业临时措施法》、《出口交易法》和《海上运输法》，为其后扩大适用除外范围提供了先例；1953年，对《禁止垄断法》本身进行了修改，承认不景气卡特尔和合理化卡特尔的合法存在。此外，1953年，日本制定的《有关保全酒税及酒类行业组合法》，1954年，日本还制定了《有关振兴出口水产业法》等，都是这方面的法律。

20世纪50年代，为了对付生产过剩，政府的物价政策发生了变化，与之相配套，日本还先后制定了其他一些法律。例如，1951年制定了《蚕丝价格稳定法》，1953年制定了《甜菜生产振兴临时措施法》；又修改了《粮食管理法》，规定由政府按一定价格无限制收购粮食。同时为了克服经济危机，由政府出资设立的特殊企业，如电力开发股份公司、日本电信电话公社、国际电信电话股份公司、日本航空股份公司、农林渔业金融公库、中小企业金融公库等等，也通过立法而大量地出现。

总之，这一阶段是日本经济法的恢复期，基本奠定了战后经济法的格局，既为日后日本经济的高速发展打下了良好的基础，也为日本经济法的制度构建和理论研究铺平了前进的道路。

2. 经济高度成长期的经济法(1955—1970年)

经过国民经济恢复期后，日本经济进入了高度发展期，不断地推进现代化进程，迅速发展为经济发达的资本主义国家。在现代化进程中，日本政府先后制定了各种经济法规，采取了一系列措施，有力地保证了现代化目标的实现。

(1) 有关工业现代化的经济立法。

1953年，日本政府制定了"扶植合成纤维工业五年计划"；1955年，又制定了"扶植石油化工学工业对策"。根据上述两法的规定，采取了由开发银行确保所需资金，把旧军用燃料厂出售给民间、加速设备折旧、减少法人税和进口税、导入外国技术等各种优惠政策手段。此后，日本政府继续扶植石油化学工业，先后制定了《纤维工业设备临时措施法》(1956年)、《特定纤维工业改善结构临时措施法》(1967年)，使石油化工逐渐成为日本的支柱产业。

1956年，日本政府颁布了《振兴机械工业临时措施法》，根据该法，确保机床、电动工具、轴承等14个机械部门为"特定机械工业"，并采取了提供重点贷款，保证所需资金，承认合理性卡特尔，对进口先进机械设备给予奖励补助，加速设备折旧，给予减税免税等各种优惠政策，大力推进了机械工业的现代化。进入20世纪60年代，日本政府又将该法的实施延长了十年，继续扶植机械工业的发展，机械工业因此得以长足的进步，至1970年日本成为仅次于美国、德国的第三大机械产品出口国。

1957年，日本政府公布了《振兴电子工业临时措施法》，据该法规定，通产省于1958年制定了"发展电子工业五年计划"；1966年实行了"大型工业技术研究开发制度"；1971年制定了《特定电子工业和特定机械工业发展临时措施法》。从此，日本电子工业迅猛发展，成为带动其他产业发展的龙头产业，并和机械工业相结合成为日本此后发展的目标，从而使电子工业和机械工业的现代化进入了新的发展阶段。

(2) 促进农业现代化的经济立法。

经过农地改革等一系列措施，经济恢复期的农业得到了比较显著的改善，但随着日本经济的高速发展，农业增长缓慢，难以适应国民经济发展需要。为此，日本政府设立了"农林渔业基本问题调查会"，并在调查会提出的报告基础之上，于1961年，日本政府颁布了《农业基本法》。其主要内容包括：有选择地扩大农业生产；加速农业现代化进程；促进自耕农分化等等。

根据《农业基本法》，1961年11月又制定了《农业现代化资金资助法》，规定对兴修水利、平整土地、购买农业机械的农户，提供贷款和补助。

此外，还相应修改了以前制定的《农地法》，取消了对农户耕地面积的限制，并设立了农地信托制度，使富裕农户可以扩大土地经营规模。

为了与《农业基本法》相配套，日本又先后制定了《振兴果农特别措施法》(1961年)；《振兴沿海渔业措施法》(1963年)；《渔业现代化资金促进法》、《改进地区性农业结构法》(1969年)等，形成了一套较为完整的促进农业现代化的法律体系。

(3) 开放体制过渡的经济立法。

20世纪60年代伊始，贸易自由化和国际投资自由化渐成潮流。日本迫于欧美各国的压力不得不作出向开放体制过渡的姿态，并在以下两方面作出了立法修正：

第一，外汇和贸易方面。日本政府修改了1949年制定的《外汇外贸管理法》，删除了其中有关控制用外汇、统一结汇的规定，开始了汇税自由化的进程。同时，也删除了有关进口数量限制的规定，对关税制度进行了大幅度修改，实行了提高关税、把从价税改为从量税、关税总额限制、混合关税等一系列保护关税制度。

第二，国际投资方面。1953 年制定的《外资法》规定：凡是对改善国际收支、发展重要产业和公益事业有帮助的外国投资，可以认可；可能对日本经济有恶劣影响的，不予认可。1964 年，日本加入 OECD[①] 后，接受国际投资自由化的原则，不得不对《外资法》作了修改，由限制外资直接投资，转化为积极利用外资的直接投资，但是在外资购买日本公司的股份等方面，仍然予以严格的限制。

此外，这一时期在促进外贸方面的立法有：《出口贸易票据法》、《促进出口关税法》、《出口保险法》(1954 年)及《出口检查法》(1957 年)等。

(4) 调整大中小企业关系的经济立法。

在实现工业现代化的进程中，日本政府对数量众多的中小企业，不是采取排挤的政策，而是推行积极扶植其实现现代化，进而消除“双重结构”的策略，作为立法上的反映，就是从法律上保证中小企业的地位，使中小企业在经营上、竞争上都有均等的市场机会。

1957 年，日本制定了《中小企业团体组织法》，该法强调中小企业组织化的重要性，并承认卡特尔法人的存在。这是一部组织上保证中小企业地位的基本法。

1963 年，日本颁布了《中小企业基本法》，规定了中小企业“设备现代化、企业集约化”的基本发展方向，以及实现基本目标的各种施政措施，是把中小企业对策体系化的基本法。

以上述两法为中心，日本政府从各个方面展开了具体的立法活动。

第一，提供资金上促进中小企业现代化方面的立法。例如，规定向中小企业(职工不超过 100 人)提供无息贷款的《设备近代化资金借贷法》(1954 年)；规定提供资金补助，以谋求有计划地实现现代化、改进中小企业结构的《中小企业振兴资金扶助法》(1956 年)、《中小企业近代化促进法》(1963 年)；力求充实中小企业资本金的《扶植中小企业投资的股份制公司》(1963 年)；规定政府有关金融机关向中小企业提供特别贷款的《中小企业近代化资金扶助法》(1966 年)。

第二，组织上促进中小企业集约化方面的立法。例如，谋求行业改进结构的《中小企业按行业振兴临时措施法》(1960 年)；谋求对中小企业指导和融资一体化进行的《中小企业振兴事业团法》(1967 年)；限制大公司不当竞争，促进中小企业安定化的《百货店法》(1956 年)、《零售商业调整特别措施法》(1959 年)、《转承包中小企业振兴法》(1970 年)。

第三，中小企业进行各种指导的立法。比如，规定进行经营指导，帮助其提高经营水平的《中小企业指导法》(1963 年)；规定进行技术指导，提高其技术水平的《中小企业技术振兴措施》(1963 年)。

日本政府通过这些立法，充分利用和发挥了中小企业的特点，在大企业和中小企业间进行平衡互补，从而大大促进了经济的发展。

3. 经济低成长期的经济法(1970—1989 年)

进入 20 世纪 70 年代，日本经济增长的速度有了明显的减缓，其立法主要是被动性的

---

① OECD 即“经济合作与发展组织”，由欧洲 18 国、美国、加拿大和日本等国参加。

危机对策。但进入20世纪80年代,日本经济克服了种种危机,又步入了一个安定成长期,这一阶段立法倾向是完善已有的各种经济法,使之能适应不断变化的情况。其具体为:

(1) 对付美元危机和石油危机的立法。

1973年,日本政府紧急制定了《石油供求适度化法》、《稳定国民生活临时措施法》,旨在对付石油危机引起的猛烈通货膨胀。这两法均带有明显的"经济统制"的性质,使法学界大为震动,因为经济统制法已经销声匿迹了许多年,却在石油危机的压力下又出现了。此外,日本还制定《投机防止法》,旨在对付通货膨胀时的囤积居奇和惜售生活资料的现象。

1975年,日本政府制定了《石油储备法》,从根本上解决石油供给的危机。1979年,制定了《能源使用合理化法》(又称《节能法》),对日本产业朝着省资源、省电能方向发展起到了非常重要的作用。

(2) 不景气对策法。

1977年,为了克服不景气状态,日本设立了"结构性不景气对策本部",并先后制定了一系列法律。譬如,1976年的《中小企业转产对策临时措施法》;1977年的《中小企业破产法防止互助法》、《特定不景气行业就职者临时措施法》;1978年的《稳定特定不景气产业临时措施法》、《特定不稳定地区中小企业对策临时措施法》、《特定不稳定地区就职者临时措施法》;1979年的《出产地中小企业对策临时措施法》;等等。

其中,《稳定特定不景气产业临时措施法》最为重要。其立法的目的是为了有计划地处理特定不景气产业的过剩设备,帮助这些产业找到摆脱困境的出路。

1983年,日本又制定了《关于稳定特定不景气产业、地区劳动者雇用的特别措施法》、《特定不景气产业关联地区对策临时措施法》,鼓励不景气产业通过开拓新技术、新市场、新事业来达到稳定雇用,摆脱危机的目的,并追加了对开发新事业进行补助及融资的规定。

(3) 振兴知识密度型产业的立法。

1970年,日本政府提出了"70年代的通商产业政策"。1975年,为了克服结构性不景气,从根本上调整产业结构,日本修改了上述政策纲领,提出了"产业结构的长期发展政策",指出要集中力量发展知识密集型产业。1980年,又提出的"80年代通商产业政策",更强化了对知识密集型产业的政策倾斜。与之相配套,在经济立法活动方面有以下一系列举措:

1970年,根据上述政策纲领,日本制定了《关于情报处理振兴事业协会的法律》,规定以卡特尔形式促进电子计算机产业的一体化;1972年制定了《促进电子计算机开发补助法》;1976年制定了《促进新一代电子计算机开发补助金法》;1978年制定了《特定机械情报产业振兴临时措施法》,进一步把电脑数控工作母机、电子计算机及计算机软件、飞机制造等产业的高度发展作为产业政策的重点,从财政、金融及通商等各方面给予优惠政策;1981年发表了"80年代情报化及情报产业发展的施策",把情报产业振兴提到"技术立国"的高度。

这些立法旨在从根本上改变过去重点扶持资源型产业,依靠资源产业追求经济高速发展的做法，代之以重点扶持节省资源，节省能源的知识密集型产业，促进产业结构的高度化，保证经济稳定增长。

(4) 环境污染对策立法。

作为经济高度发展的代价，从 20 世纪 60 年代起，日本就出现了严重的环境污染问题，并制定了一系列有关污水排放、空气污染、噪声的法律。进入 20 世纪 70 年代，日本国民保护环境的意识更加强烈，作为对应，政府也积极进行了环境保护方面的立法活动。

1970 年，日本政府召开了专门讨论环境污染的临时国会，制定了《水质污染防止法》、《海洋污染防治法》、《农地污染防治法》、《废弃物处理及清扫法》以及关于处罚危害人体健康的公害犯罪的法律，关于防止公害的费用由事业者负担的法律等六部法律，同时又修改了以前制定的八部法律，因此这届临时国会被称为“公害国会”。

此后，又先后制定了《恶臭防止法》(1971 年)、《自然环境保护法》(1972 年)，还修改了《大气污染防止法》(1974 年)。其中，特别值得重视的是《自然环境保护法》，它标志着从单纯的环境保护，发展到保护生态平衡，并保护优美的天然风景区。

(5) 贸易摩擦对策立法。

1979 年，日本政府迫于欧美压力，又一次修改了《外汇贸易管理法》和《外资法》，将原则上禁止日元与外汇的自由兑换、禁止资本交易、例外允许的方针改为“原则开放、例外禁止”，并废除了有关外资取得日本公司股份的规制，从而基本上完成向开放体制的过渡。

(6) 竞争秩序的立法。

《禁止垄断法》制定以来，在 20 世纪五六十年代先后进行了多次修改，而修改的基调是趋向于缓和规则。但 1977 年的大幅度修改却在许多方面强化了规制，诸如：加强了对卡特尔的限制；加强了对企业持有股份的限制；加强了对垄断市场价格行为的限制；等等。

进入 20 世纪 80 年代，日本的产业卡特尔行为因激烈的贸易摩擦而遭到欧美的严厉批判，欧美各国均认为，由日本政府通过立法促进产业卡特尔的做法，是典型的保护国内产业；大公司通过把零部件转包给中小企业，以维持低价格出口的做法，是典型的倾销手段。

迫于外界的压力，日本政府不得不通过立法，不断地加强对国内市场竞争秩序的规制。这方面的立法主要有：1975 年修改了《防止不正当竞争法》；1982 年公布了 16 种“不正当交易方法”；1983 年又小范围修改了《禁止垄断法》，强化了“公正交易委员会”的机能和权限；1985 年修改了《关于禁止私人垄断及确保公正交易的法律施行令》。

(四) 日本经济法的动向

20 世纪末 21 世纪初，整个世界经济正在由自由化走向一体化，为了顺应市场经济大潮流，也为了缓和国外对日本市场闭锁性的批判，更为了刺激日本滞胀经济的发展，日本政府从各方面缓和了经济规制，提出了“原则自由、例外禁止”的经济规制新方针，并从法律的高度予以推进，各领域相关法律制度有了一定的变化。其具体内容简述如下：

第一，有关《禁止垄断法》的修改。1994 年，着重修改了该法中有关行政手续，如简化了企业合并、事业转让申请的内容及申请书的样式；减少了各种申请书的必要数量等等。1995 年 4 月 26 日再次作了修订《关于禁止私人垄断及确保公正交易的法律施行令》。

1996年6月14日,对《关于〈禁止私人垄断及确保公正交易法〉的适用除外等的法律》进行了又一次的修改。

第二,有关知识产权的立法。1994年12月,随着《万国著作权条约》在日本的实施,日本修改了《著作权法》,追加了对演出、唱片、广播等的保护措施。同年12月,公布了"关于专利法一部分修改的法律",延长了专利权的年限;新设了用外国语申请专利的制度;等等。

第三,有关不景气对策的立法。1993年11月,颁布了《关于促进特定中小企业通过开拓新事业来适应经济结构变化的临时措施法》。1995年5月,又对该法进行了修改,从投资税减免、法人税返还、提供开拓新事业、开拓海外新市场的援助金等方面,帮助特定不景气中小企业摆脱困境,开拓新事业、新市场。

1994年12月,公布了《关于稳定主要粮食的供需及价格的法律》、《关于蚕丝价格安定及蚕丝、砂糖价格安定事业团法一部分修改的法律》,大幅度缓和了有关规制,如关于粮食的运输和贩卖,由原先的指定、批准制改为登制;删除了只有事业团可以进口蚕丝、砂糖的规定;等等。

1995年3月,颁布了《关于促进中小企业创造性事业活动的临时措施法》和《关于促进特定事业者革新事业的临时措施法》,前者从提供研究资金、减税等方面支持中小企业研究、开发创造性事业;后者则在投资税减免、提供低息贷款等方面,帮助陷入困境的企业开拓新事业。

1995年4月,颁布了《更生保护事业法》及施行法,对更生保护事业的范围、国家及地方公共团体的任务、更生保护事业法人的设立、管理、解散、合并及监督等作了规定。

第四,有关环境保护的立法。1993年11月,颁布了《环境基本法》,作为今后保护环境、维护生态平衡的基本纲领。该法提出了三个目标,即使后代能继承和享受优美的环境;创造能持续发展又不增加环境负担的社会;与国际社会共同协调,积极推进地球环境的保护。

第五,保险业法的全面修改。1995年5月,将原先的《保险法》、《关于外国保险事业者的法律》、《关于保险营销管理的法律》组合成新的《保险法》,并作了全面的修改。修改中最重要的内容是,允许人身保险公司通过设立子公司的形式经营财产保险,而财产保险公司也可以同样方式经营人身保险;适应欧、美保险公司的惯例,导入了"保险经纪人"制度等。

三、法国经济法的历史

法国素以民商法、行政法之发达而闻名于世。近代经济发展的滞缓与国力的衰微,使其未成为经济法的发源地。但是,与其他国家相比较,法国现代经济与社会立法仍有自己的特色,且仍处于较为领先地位,对本国及欧洲特别是欧共体经济及其法律制度建设有着举足轻重的影响力。

(一)法国的传统理论与法律创新

1. 私法自治理论与法国经济的发展

法国法中的私法自治理论,是自由资本主义时期最具代表的法律理论,其基础是法国重农学派的经济思想,其核心是反对国家干预私人的经济活动。[①]按照重农学派的理论,法国大革命彻底废除了重商主义政策,建立了自由竞争的经济秩序。《法国民法典》因此确立了私法自治原则,规定民事权利的行使不以按照宪法取得并保护的公民资格为条件。1887 年 6 月 26 日的法律更加明确地宣布:民事权利的行使,不以按照宪法及选举法所取得的政治权利的行使为条件。

私法自治原则的理论是:经济关系是一种个人自由的“私”的关系,调整经济关系的法律(民商法)也具有私的性质,是私法。与私法相对的是公法,规定国家及其机关的权力关系和国家对个人的权利义务关系。在此关系中国家对个人处于特权地位,个人也可因在宪法和选举法中的地位或政治权利的享有而不平等。但这一特权和不平等状态只存在于公法中,不应成为私权行使的障碍。民事权利为私权,属私法范围,其行使不以政治权利为前提,也绝对禁止受政治权力的干涉。简言之,公权力不得干预私权的自由行使,即是私法自治。

19 世纪初的私法自治理论,反对国家对经济的干预,有力地促进了资本主义的发展。从拿破仑垮台到第一次世界大战,法国经济经历了快—慢—快三个大阶段,法国近代经济呈现为一种长时段渐进式的稳步增长。

20 世纪初以来,法国对于经济的干预及经济法的立法有过以下三次高涨期:先是 20 世纪 30 年代,法国经济在工业化过程中发展十分缓慢,国民经济的停滞与衰退,为了摆脱经济危机,法国同其他西方国家一样,运用凯恩斯主义大力干预经济。

接着是第二次世界大战后,法国为了重建经济选择以计划手段干预经济,加强了对国民经济的综合性调节和管理,以重构现代化工农业生产体系。法国的市场经济因此演进为一种有计划的限制性市场经济模式。至此,私法自治原则受到各种限制,计划经济法作为现代经济法的雏形应运而生。

然后是 1980 年,以社会党为主的法国左派执政后,加快了在各个领域国家对经济的干预管理。以计划经济法为龙头,法国国家十分重视对企业竞争、银行货币、价格、工资及消费、产品等方面的全面管理与积极介入,经济法的立法活动如火如荼地展开。

2. 计划理论与计划经济法的发展

当代法国计划理论家认为,现代工业经济已不具良好的自我调节力量,极不规则的经济增长、反复无常的财政危机和严重的失业,使之无法有序地运行。现代工业经济若要良好运行,就必须辅之以某种形式的、超越私人市场指导的国家经济指导。计划是最佳形式之一,计划具有以下效用:假如市场经济中的所有经济主体都遵守比赛规则(计划),那么不仅能保证国家总产量高而持续的水平,而且也能保证所有的工业有足够的供应,它们的产品也有足够的市场。此间,政府的作用在于刺激和支持私人经济,防止供应发生障碍,维持充分就业,并提供各种鼓励和控制措施,使雇主和工人充分发掘国家经济增长的潜力。

有鉴于此,法国学者们纷纷主张应当用有计划的限制性市场经济取代无计划的市场

① 魏琼:《法国经济法之特色》,载于何勤华主编:《20 世纪外国经济法的前沿》,法律出版社 2002 年版,第 110—112 页。

经济。第二次世界大战以后,法国政府决定应当以有计划的限制性市场经济取代无计划的市场经济,利用计划手段,振兴经济,建立现代化生产体系。

从1944年起,法国开展国有化运动,将国有化企业作为实施经济计划的对象。在国有化的同时,法国政府于1946年1月3日发布法令《关于实施中期计划法令》,宣布开始推行经济计划,规定在六个月之内,制定法国本土和海外领土的第一个全面经济现代化与投资计划。同时,法国政府又建立了计划总局,负责国家经济计划的制定。作为国家根本大法,法国宪法直接规定国家计划是法律。

1947年至1997年,法国政府先后实施11个经济计划。法国型计划主要特点:第一,以计划作为宏观调控的主要手段,财政、金融等政策手段均必须以计划为根据发挥作用;第二,计划编制具有民主性、科学性、系统性,从而使计划的编制程序较为合理;第三,其计划有完备的理论作指导,其计划理论尤其强调计划与市场的相容性和互补性,并试图走一条介乎高度集中的计划与完全的市场调节之间的中间道路。①

在20世纪80年代的第11个计划推行中,计划化进程发生了数次"计划失灵"的危机。②法国的"计划失灵"有着其深刻的历史背景,既是国际经济形势变化的产物,更是法国计划机制本身逐渐失去影响力的一种必然结果。

尽管如此,法国仍是西方国家中推行国家计划调节的典型。法国的市场经济体制以"计划化"而享誉全球,其法律允许国家利用行政手段抑制不支持国家计划的私人企业的经济利益。特别是,1982年,密特朗政府在推行"膨胀"与"紧缩"政策的同时,在弱化计划与加强计划的争论中,通过了《计划改革法案》(也译为《计划化改革法》),为当今法国经济法的龙头法——计划法注入了新的生命力。

(二) 其他各种经济法律制度的发达

在法国计划法的推进之际,随着经济的发展,国家又制定了许多调整经济关系的法律、命令、规章及条例,在第二次世界大战之后最终形成了现代经济法部门,并颇具自己的个性特点,即不注重法律的原理原则,制度内部逻辑不甚严谨,结构体系也不完备,甚至仅是特定领域内具体法律条文的汇编。但是,这些具体的法律制度的建立与实施的核心,均是为了解决市场失灵、政府失灵以及相关的效率与公平矛盾问题。

在法国,国有企业法律制度、中小企业法律制度、竞争法律制度、消费者利益保护法律制度、产品责任法律制度以及证券、期货交易监管法律制度、社会保障法律制度等,不仅承继了法国革命性的宪政传统,而且以灵活的姿态不断充实和修正自我,坚定地推行有计划的限制性市场经济,谱写了富有法国特色的经济法发达史。其演变发展的轨迹大体可分为以下两个时期:

1. 形成时期(1945—1980年)

(1) 国有企业法。

法国实行公私"混合型经济"。公有经济以国有企业为主体,是国家参与经济活动

① 张守文、于雷著:《市场经济与新经济法》,北京大学出版社1993年版,第289页。

② 漆多俊主编:《宏观调控法研究》,中国方正出版社2002年版,第60页。

的主要途径，推动着法国经济和社会的发展。所谓“国有企业”，是指“政府当局可以凭借对企业的所有权、控股权和管理条例，对其施加影响或间接支配性影响的企业”（欧盟的定义）。法国官方的具体划分是，国家政权持有30%以上资本的企业为国有企业。其中，有的是国家、地方政府直接投资创建的，有的是国家通过购买私有企业的资产实现控股的。

追溯法国国有企业法的发展历史，是在法国政府不断壮大国有部门、推行国有化法律政策的过程中循序渐进的。早在19世纪末，法国就建立了国营企业，同时颁布法律宣布水力资源归国家所有，开矿必须取得国家特许证。第一次世界大战期间，国家对工业、商业、租赁业进行行政干预，以渡过战争难关。第一次世界大战后，法国国有化财产法在西欧国家中先行一步。通过一系列的国家举措，实现了基础工业的国有化。

1944年3月15日，法国全国抵抗运动委员会通过《共同纲领》，提出经济计划、国有化和社会福利政策。第二次世界大战以后，法国经济遭受重大破坏，铁路、公路等基础设施大多被毁，工农业生产严重衰退。戴高乐政府为使经济发展重新启动，采取一系列重大措施，其中包括实施国有化的法律。

通过这轮国有化，国有企业在经济中的分量大大增加。国有企业在国民经济中的地位得到了迅速上升，为此后法国经济现代化的实现铺平了道路。国有企业法因此在法国经济法中占有一席之地。

(2) 中小企业法。

所谓中小企业，根据法国传统的划分，雇用职工9人以下的为特小企业，10—49人为小企业，50—499人为中型企业，500人以上为大型企业。中小企业一直是国民经济中一支不可忽视的力量，大约占全国企业总数的99.9%，主要集中于商业、服务业和工业等部门。中小企业在法国国民经济中占有着不容忽视的地位与作用。①

第二次世界大战之后，中小企业之所以能够与大企业长期并存、共同发展，既是因为中小型企业有着大型企业无法比拟的优势与作用，②也是因为法国政府不懈地推行有利于中小企业的政策，并在经济建设的不同时期，政府为扶持中小企业发展政策，颁布了一系列相应的法令。

例如，20世纪60年代以来，政府大力推行“工业分散”政策，大城市大企业大批向外迁移，有力地支援了农村乡镇企业的发展，适应农村需要的各种加工业、手工业和第三产业新型经营活动纷纷建立起来，尤其“农工商综合体”一体化经营形式大发展给广大农村带来了繁荣生机。

又如，20世纪70年代以来，政府通过实施“国土整治”政策，将发展重心由大城市转向地方中小城镇。在政府政策的鼓励下，农村地区和风景游览区，特别是铁路干线和大城市外围地区，中小企业星罗棋布，涌现了许多新兴小城市、卫星城镇和新型工业园区。地方小城镇的发展，不仅起到抑制“地区中心城市”膨胀发展的危险，而且确保了农村经济稳定。

---

① 李玉平：《法国中小型企业发展的政策》，载于《欧洲》1998年第6期。

② 何勤华主编：《法国法律发达史》，法律出版社2001年版，第276—278页。

(3) 竞争法。

竞争标志着一种自由经济。法国所有的企业,无论是商事企业还是民事企业,工业企业还是手工业企业,也不论其规模大小,都参与其中。而所有竞争活动的中心都是围绕着发展与保护顾客。保护竞争者利益即保护对顾客的拥有。故早期法国竞争法采取传统债法制度,如违反竞争规则的合同之债或不正当竞争理论。其采用的途径是由当事人向司法法院提出请求。竞争本身必然损害竞争,竞争中不断出现违反、限制甚至消灭竞争的行为,既损害了竞争者的利益,也损害了顾客(消费者)的利益。基于此,国家权力开始介入经济,对违反竞争规则的行为进行规制,从而形成新的竞争法律制度。

第二次世界大战结束后,1945 年 6 月 30 日,法国颁布了一系列有关竞争领域的法令(45-1483 号、45-1484 号等),积极着手于建设国内市场。1951 年 3 月 20 日,颁行了有关控制经济力集中的法令。1953 年 8 月 9 日,法国颁布了保持与重建工商业自由竞争的法规。这是以保持充分、有效的竞争为目的的第一部法律文件。

20 世纪 60 年代至 70 年代,法国根据竞争市场的具体领域又有针对地颁行了许多单行法令,诸如 1966 年 12 月 26 日的 66-965 号,是涉及关于旅馆及餐厅广告价格违法的认定及处罚法;1967 年 9 月 22 日 67-808 号,是有关批发市场规则的命令;1967 年 9 月 28 日 67-835 号,是关于遵守竞争诚信命令的内容;1973 年 12 月 27 日的 73-1193 号,是商业及手工业指导法;1977 年 7 月 19 日,颁布的 77-806 号法令,则是规制非法企业联合及控制企业经济力滥用的;1978 年 1 月的 78-22 号,是侧重于某些信用交易中关于消费者资讯及保护的,不一而足。

(4) 消费者保护法。

1973 年,欧洲理事会(Council of Europe)通过了《消费者保护宪章》(Consumer Protection Charter)共计 28 条,旨在制定消费者保护的国际标准与基本准则,并提供欧洲消费者最低程度的保护。①为此,自 20 世纪 70 年代初起,法国立法者对保护消费者②权益的问题给予了充分重视,以消除消费者与商品经营者之间关系中的各种不平衡,避免商品经营者基于其职业优势而滥用权利。

数年间,各种以保护消费者权益为宗旨的法律纷纷出台。通过承认消费者的一系列权利和建立一个特别的规范化的体制,实现改善消费者处境和利益的目标。尤其是合同法规定了对消费者权益的特殊保护。③

在消费者保护专门立法产生之前,实现对消费者的法律保护,主要靠合同法等民商法的有关规范。事实上,对消费者权利保护,已成为法国现代合同法的最重要特征之一。

20 世纪 70 年代,为了解决各种合同关系中日益突出的保护消费者利益问题,法国在传统法律确认符合合同效力的同时,围绕着对消费者权益的保护,对合同订立程序、内容等进行了必要的强行干预,改变了合同的传统概念,导致了法国法律制度中某些基本原则

---

① 张严方著:《消费者保护法研究》,法律出版社 2003 年版,第 55—56 页。

② 法国法中,所谓消费者主要是指在从事其职业行为之外的,为满足个人需要而订立有关财产或服务的合同的一切自然人(例外情况下,也包括法人)。

③ 尹田:《法国合同制度的发展与消费者利益保护》,载于《外国法学研究》1994 年第 1 期。

的修改。

(5) 产品责任法。

法国一直没有独立的产品责任法,契约和侵权的两种形式的产品责任都集中规定在法国民法典中。

1976 年,为实施《欧共体产品责任指令》,法国政府成立了杰斯汀(Ghestin)教授领导下的专家委员会,研讨如何将指令的内容纳入法国法中。最初委员会提出的民法典修改意见,不仅是对产品责任,而且对一般买卖法进行了全面的检讨,以改革现存法律规定的不一致和复杂性。但杰斯汀法案虽几经修改但终未被采用,而代之以一种在下述两方面把指令规定移入民法典的简化的立法草案,即一方面与消费者安全的刑法保持一致性,另一方面建立无过失责任原则。特别就无过失责任增加了新规定。

然而,其时的法国学者对于新立法草案的规定在指令下是否有效颇有怀疑。《欧共体产品责任指令》第 13 条规定:"本指令不影响按照指令公布时已存在的合同责任或非合同责任法的规则或特殊责任制度的规则中受害人可以享有的权利。"因此,一些学者感到对指令规定的违反是维护规则纯洁性而付出的较少的代价,但对外界来说,对消费者的保护的不利影响是最显著的结果。

法国原本已经建立了对保证消费者较为有利的产品责任法,而实施指令的新立法草案在一些方面仍将继续保持传统的立法,如包括农业原产品全部赔偿的原则、职业卖主的责任范围以及可减少赔偿的共同过失的有限情况等。但立法草案中包括的发展风险抗辩和制造者由于将缺陷产品投入流通引起注意的行为而免责,仍是两个令人担忧的问题。前者是对现行做法的一种退步,而后者则与指令相违背。新立法草案一直试图给现行法带来良好秩序,但由于其将成为受害者补救的唯一方法,并且包括了发展风险抗辩,因此它可能使法国消费者因实施指令而在遭受实际损失时处于不利地位,丧失其原本可以得到的更好的保护。

(6) 证券、期货交易监管法律。

法国证券市场的结构经历了由分散的地方市场到全国统一的市场的演变过程。这一演进是与一定的经济、社会和科技条件紧密联系的,尤其是证券市场的发展与证券立法须臾不可分离。只有规范的证券市场才能保证健康的发展,健康的发展离不开严格的规范,而规范的集中呈现于证券法律之中。

最初,法国证券市场的管理主要依据于 1724 年、1785 年和 1786 年国王法院所颁布的命令。早期的证券交易所集经纪人、交易所和证券管理委员会三种身份于一身。证券交易所的活动经常受到政府的干预。这种状况持续了大约一百多年。现行的证券市场监督管理体制,形成于 20 世纪 60 至 70 年代期间,主要是证券交易所管理委员会和中央银行对证券市场负有主要监管职责。证券交易所理事会和经纪人协会等均参与证券市场的监督和管理,形成一个网络状的证券市场监督管理结构。

20 世纪 60 年代,法国通过一系列立法,在外汇经纪人资格、法国证券交易所管理委员会和上市公司等方面进行了改革。1960 年进行的改革,最重要的是一种股只能在一个地方上市。此前,一个股可以在不同的地方比如马赛和巴黎同时上市。1967 年,所有各地独立的交易所联合成立了一个统一的管理性质机构——证券交易所管理委员会。该委员会相当于证券交易管理的警察,直接对总统负责,权力非常大。其主要作用是建立交易道德规范、监视股市正常运行、防止内幕交易、保护股民利益。这些改革所建立的体制一直延续到20世纪80年代中期。

(7) 社会保障法。

作为"福利国家"之一,法国在社会保障方面积累了许多经验。早在1921年,法国就提出了"社会保障法议案",经过长达七年的议会辩论,于1928年4月5日通过,1930年正式颁布实施。根据《社会保障法》规定,社会保险资金的主要来源是雇主和职工交纳的社会保险税,各占50%,政府提供的财政补贴微乎其微。其时政府通过立法的形式推行社会保障,但这些立法规定仅是单向性的,含有个别救济的性质。而企业的雇主总想设法逃避他们应负的法律责任。尽管如此,法国悠久的社会保障传统,为第二次世界大战后的法国社会保障法律制度的形成与发展奠定了深厚的社会基础。

20世纪40年代,法国的产业结构发生了巨大变化,战后又面临着社会重建问题。因此,政府对社会保障事业的干预日益加强。1945年,通过《社会安全法》,规定保留法国社会原有的各种行业保险,在行业保险的基础上拓展保险的覆盖面,由此奠定了法国现代社会保障制度的法律基础。

1945年10月29日,关于退休年龄法令的颁布,标志着法国二战后社会养老保障制度的建立。同年还建立了疾病保障法律制度,后几经修改和补充,日趋完善。法国的疾病保障制度对象是因患病而又能工作的受保人,它也分为两类人员的保险,即实行基本制度人员的疾病保险和实行特殊制度人员的疾病保险。

经过近二十年的发展,至20世纪60年代左右,法国社会保障体系的实施范围已逐步扩大到各个行业和各个阶层,统一了补贴标准,并建立了全国性的管理体系。政府的社会事务和就业部,负责社会保障的监督实施和颁布法规。按照保险项目将管理体制改为三个管理机构,分别管理全国性的养老保险、生育、残废、工伤保险和家庭补贴等,此外还设立负责征集保险费等的联合机构等。

政府对社会保障干预日益加强,社会保障资金来源逐步发展为由四个部分构成:雇主交纳的社会保险税、投保人交纳的社会保险税、国家和地方财政补贴以及其他经常性收入。

20世纪70年代后,国家对社会保障制度的财政补贴更是不断增加,尤其是对失业者和残疾人的保险补贴改为完全由国家财政拨款。至此,一个具有法国特色的社会保障体系形成。

在法定基本养老保险方面,1971年12月31日,政府颁布法令规定将投保年限规定为37年6个月,即与公职人员保险制度规定的最高年限相等。执行本法令时,参照1970年前各类相关条款,养老金的计算以工资收入最高的十年支付。

在失业保障法律制度方面,法国处理失业问题采取了保险与救济并举的办法。失业保险首次立法是1905年。之后,分别在1967年、1972年、1974年和1984年,对此进行多次立法完善。法国失业保险制度涉及的对象包括除家务工人、季节工和另有专门制度以外的所有受雇用的雇员。失业保险实行一般失业方案和失业保险综合方案。一般失业保险方案的资金来自于雇主和雇员缴纳的保险费;失业保险综合方案所需资金全部由政府负担。

家庭保障法律制度方面，由于法国人口老龄化和减少已成为一个严重的社会问题，为改变这一状况，第二次世界大战后，法国政府采取了鼓励生育等多项措施，家庭保障就是其中一种。家庭津贴享受者所具备的法定条件是：在法国定居、有两个以上的孩子并且是由本人抚养、子女年龄必须在16岁以下等。家庭津贴的经费全部由雇主负担，雇主的缴费率为工资总额的9%。

1946年8月22日，法国立法设立家庭补助基金(prestations familiales)，给那些愿意生养孩子并教育孩子的家长发放补贴。这一发放与家庭的经济收入无关，多生则多补。家庭补助的对象主要是多子女家庭。家庭困难者，还可享有额外的家庭困难补贴，这显然与家庭经济条件有关。

2. 发展时期(1981年迄今)

(1) 国有企业法。

20世纪70年代，法国经济进入"滞胀"阶段。1981年5月，社会党领袖密特朗当选总统，进行了以扩大国有化为中心的规模空前的经济结构改革。根据1981年12月18日国民议会通过的国有化法案，法案的实行使得国有企业在经济中的地位明显加强。

1983年7月26日的《公营部门民主化法》，对新、旧国有企业实行"三方代表制"原则，即由国家代表、职工代表、经济界代表(包括工业、农业、国际贸易、金融以及股东等方面代表)组成董事会，职工代表和国家代表至少各占1/3，允许职工参加企业管理和加强对企业的监督。虽然实行了"非国有化"政策，但法国仍是西方国有化程度很高的国家。

自1982年《计划改革法案》生效以来，政府逐渐减少了对多数国有企业的行政干预，积极推行"计划合同制"①，扩大企业的自主权，并将"管理自治"作为指导国有企业经营的基本原则。

进入20世纪90年代，法国国内外经济环境发生了巨大变化，执行计划的生力军——国有企业的发展也面临着新的重重挑战，诸如：全球自由化浪潮的冲击；欧盟经济一体化的法律要求；国家财政负担过重等，国有企业法律制度的改革势在必行。

进入21世纪，法国国有企业法律制度走向大体如下：第一，在坚持完全国有化的前提下，逐步开放市场，垄断性企业特别是国营铁路公司、法国电力公司、法国邮政局三个企业，逐步转入竞争领域。第二，逐步开放资本，实现部分私有化，国家重要的支柱产业，如汽车行业的雷诺公司，通过股份改革确保在激烈的市场竞争中保住了这些法兰西大企业的地位。第三，进行结构调整、兼并组合国家的一些战略部门，再逐步进行私有化，大力支持这些行业参与国际上的角逐。

(2) 中小企业法。

20世纪80年代以来，政府重点推行"工业结构改革"。通过创办新型经济活动，如兴

① "计划合同"是政府与国有企业间以法律形式确定的一种协议，其主要包括：确定企业发展战略，使之符合国家总体经济政策和国家计划重点；规定企业为实现国家经济政策目标而采取的行动；明确双方应承担的财政义务。

办投资少、见效快的各类中小型企业,改造东北部等老工业区,带动现代化工业区发展,增加就业机会,缓和失业矛盾。

20世纪90年代,政府着重实施了一系列旨在鼓励中小企业出口的新措施,形成以大企业为龙头、中小型企业紧跟、联合出击的多元贸易出口态势,大大加强中小企业在外部市场的存在能力,在外部贸易活动中发挥着日益重要的作用。

世纪之交,法国政府扶助中小型企业发展的政策法律还有很多,譬如,1995年颁布的"振兴中小企业计划"、1996年通过的有关保护中小企业权益的立法措施以及促进中小企业出口措施、1997年政府颁布的关于简化中小型企业行政管理的37条措施等,大大地完善了法国中小企业法的制度建设。

(3) 竞争法。

1986年12月1日,法国制定了第86-1243号法令《关于价格及竞争自由命令》,即法国的《公平交易法》,[①]自1987年1月1日开始施行,1987年7月6日进行了修正。该法令废止了1954年6月30日45-1483号命令,规定"上述命令所规定的财产、产品及劳务之价格全部自由的依竞争原则决定"(第1条)。并将对竞争市场的监管机构名称由"竞争委员会"改为"竞争审议委员会"。与此同时,还对原有各竞争领域的单行法令进行了个别条文的修正。

在法国,竞争法上的违法行为可分为两大类:反竞争行为和限制性竞争行为。反竞争行为主要包括三种行为,如串通、滥用优势地位以及不合理低价销售。1996年7月1日,针对以不合理低价销售现象及其破坏市场竞争秩序的后果,颁布了一个新法令予以控制。该法令还对"限制性竞争行为"特别规定一些轻罪,在1986年12月1日法令规定的民事责任基础上,加强了对因限制竞争性行为而受害的一方利益的保护。

法国现行价格制度是建立在1986年12月1日颁布的具有法律效力的法令和1986年12月29日颁布的法令基础上的。此前,法国产品和服务的价格都是固定的,政府只在必要时才可以全部或部分地取消这种价格的"冻结"。1986年的法令打破了这一原则,重申了价格的自由,强调价格自由与适度干预的紧密结合。如该法令第1条规定,价格通过竞争自由形成。所以,法国竞争法的一大内容是有关价格的规定。从1994年法律汇编中可以看出,竞争法在价格方面着重于规范价格行为,促进公平竞争,保护消费者的正当权益,突出表现在四个方面,具体如法律禁止歧视性销售、要求对价格的透明度作了规定、削价必须统一规范、禁止低价倾销。

1996年12月1日,法国颁布了《价格放开与竞争条例》。该法令确立了一套规则,形成了一个协调一致的整体,有助于推行竞争政策。《价格放开与竞争条例》特别注重对生产者、消费者和社会三方利益的保护,参照美国和欧共体反倾销法,增加了有关禁止低价倾销的内容,并对价格歧视行为作了严格限制。

(4) 消费者利益保护法。

在对消费者利益保护法律制度发展上,具体可分为以下两个立法阶段:

---

① 该法已译成中文,参见《各国反垄断法汇编》编选组:《各国反垄断法汇编》,人民法院出版社2001年版,第252—271页。

第一阶段,1980 年至 1991 年期间,是单项立法保护阶段。进入 20 世纪 80 年代之后,法国更加重视消费者的权益保护力度。通过各种单行法律,专项赋予各种消费者权利保护。例如,1981 年 7 月 29 日法律,第 13 条对出版自由作了规定;1982 年 7 月 29 日第 82-652 号法律,就广播电视的有关内容作了规定;1985 年 6 月 11 日法律,旨在保护人身保险合同的投保人;1985 年 6 月 11 日法律,旨在规定集资合同的投资人有权在交付第一次保险费或第一部分投资金额后 30 日之内,撤销其已订立的合同。

又如,1986 年 12 月 1 日颁布的价格和竞争自由法令,有专章从规范比较广告的角度,对消费者获得充分的信息资料权利予以保护;1987 年 1 月 10 日法律,涉及在贷款程序方面的规定,强调在一定条件下,当事人双方约定的义务只有在一方当事人有权反悔的期限届满时,才能履行。

第二阶段,1992 年起,是综合立法保护阶段。1992 年 1 月 18 日,法国颁布了第 92-60 号法律,即《消费者利益保护法》。[①]该法共 8 条,直接设定销售者的义务,以此赋予消费者应享有的各项权利。其消费者权利至少包括以下三方面的内容:第一,获得法律救济的权利;第二,获得充分的信息资料的权利;第三,获得公平交易和选择的权利及获得合理赔偿的权利。

在此意义上,获得合理赔偿权利、获得公平交易与选择权利、获得充分住处资料权利以及获得法律救济权利,是法国消费者权利保护法赋予消费者的四项基本权利,也是消费者权利运动在法律上的成果。这一基本法遂成为法国保障消费者权利的各种法律、法规和标准的总和,具有极重要的现实意义。

1993 年 7 月 26 日颁布的《消费法典》对上述单行消费者保护法进行编纂,未作实质改变。

(5) 产品责任法。

作为欧共体成员国,在实施 1985 年《欧共体产品责任指令》(Directive)之前,法国在把契约和侵权行为的各项原则统一化地适用于产品责任的过程中所取得的成绩远在欧洲其他国家之上。[②]而为实施指令,法国通过修改《民法典》,将产品责任作为《民法典》第 3 编侵权中的内容加以规定,以与指令内容相协调。然而这种实施指令的结果并非十分乐观,某种程度上讲,它可能等于降低了对消费者的保护标准,而使法国消费者成为实施指令的国家中唯一输掉的消费者。[③]

为此,当代法国法院对《民法典》中有关产品责任规定的特别适用,倡导追究产品责任的特别原则,推动了产品责任法的新发展。其具体表现在:首先,严格责任的确立。在现代法国,严格责任得以确立,被称为世界上最严格的产品责任。[④]其次,侵权责任——过失的推定。法国法院对很多产品责任案件的解决是通过合同和规定强制性严格责任的法律

① 李克勇译:《法国消费者利益保护法》,载于《外国法学研究》1994 年第 2 期。

② [英]迈克尔·惠恩卡普:《欧洲共同市场各国的产品责任法》,刘慈忠译,潘汉典校,载于《法学译丛》1983 年第 4 期。

③ Gerain Howells, *Comparative Product Liability*, Dartmouth 1993, p. 114.

④ 梁慧星:《论产品制造者、销售者的严格责任》,载于《民法学说判例与立法研究》,中国政法大学出版社 1993 年版,第 174 页。

来达到的。

20世纪80年代以后，实践中最常用的方法之一是受害者对生产者直接起诉，以避免缺乏直接合同关系这道障碍。在侵权和过失行为领域，法国法院发展了"保管"概念，用以概括那些本应加以保护的动产已经脱离"保管者"之手的情况。通过这种扩展，法国法院能够对本国《民法典》1384条的范围加以相当的扩大。①

(6) 证券、期货交易监管法律。

1986年至1991年，法国又通过立法，在证券市场的体制和操作技术方面进行了新的改革。其具体为：第一，在证券市场体制方面，确立证券市场和管理框架。第二，在操作技术方面，实现证券交易计算机化。

法国的证券市场管理，除了直接关于证券管理的立法外，还受商法典有关规定的调整。1988年1月22日，法国颁布《证券交易所法》，②1989年、1993年进行过两次修改，共4章、30条。1989年8月2日的第89-531号法律、1993年12月31日的第93-1444号法律对该法的内容进一步进行了扩充，以确保股东的平等地位和市场的公开性。1995年后现行证券法逐步与1996年实施的欧洲统一证券法相衔接。

在监管法制建设方面，监管主体之一是法国的中央银行，它负责直接监管金融机构和金融市场。③例如，中央银行直接派员参加证券监管机构；又如，1992年发布的《与证券业务有关的风险限制管理办法》规定，中央银行须对各个银行的风险进行估测，使之不超过银行的资本规模；再如，1992年发布的《关于证券操作的账簿管理办法》涉及中央银行管理证券操作的账簿，具体规定改革银行账户，按市场价格对证券进行评估。

在期货交易市场上，1885年3月28日法国议会颁布《期货交易法》，迄今已修改多次，仍有效。④该法共19条，其中有的条款如第3、4条已被以前的法律废除。

(7) 社会保障法律制度。

如前所述，法国社会保障制度的建立经历了一个逐步发展完善的过程。在近百年循序渐进的结果之上，随着社会经济生活的变化，不断推陈出新地建立各种新的法律规范。

第一，各个领域专项的新举措。

其一，法定基本养老保险方面的新规定。例如1982年3月26日，政府制定了新法令，该法令从1983年4月21日开始执行。根据新规定，凡投保人投保达到150个季度(即37年6个月)，年满60岁时，可领取相当于基本工资50%金额的养老金。1988年1月5日颁布的第88-16号法令，制定了累进养老金制度，以便希望从事减量工作的投保人，可以享受部分养老金。1993年7月22日制定的第93-936号法令规定，从1994年1月1日后的五年内消费价格的变化，将被计入养老金内。另有法令规定，每年的1月1

① [荷兰]奥托·巴罗·沃塞内厄·范·凯特威杰克：《欧洲产品责任法评述》，孟繁香译，师张校，载于《法学译丛》，1988年第2期。
② 卞耀武主编：《法国证券、期货交易法律》，法律出版社1999年5月版，第184—200页。
③ 另外，法国还成立了证券交易所理事会，它是证券市场的监督和管理机构，由12名成员组成，其中10名来自会员公司。主席从12人中推选。财政部长任命一位特派员代表法国政府。证券交易所理事会对证券市场的各种主体履行监管职责，而证券交易所是法国证券市场的主体。
④ 卞耀武主编：《法国证券、期货交易法律》，法律出版社1999年版，第203页。

日，确定增值方式。1993 年 8 月 26 日，颁布的第 93-1022 号法令规定，将领取全额基本养老金的投保年限，从原来的 150 个季度提高到 160 个季度(即 40 年)。这一法令于 2003 年 1 月 1 日起开始生效。该法令亦增加了养老金计算的参照时期，逐步达到以工资收入最高的 25 年计算。

其二，在补充养老保险方面，着重于鼓励基本制度待遇不高的一些行业或协会自行建立的一些养老保险措施。例如，就业人员的退休年龄制度，通常的退休年龄定为 65 岁。1986 年 1 月 6 日的法令规定，通过新的计算方式，逐步将退休年龄降到 60 岁。丧失工作能力的人，二战期间的老战士和战俘，可以在规定的年龄前，最早为 60 岁，领取退休金。

其三，特别保险方面的新规定，对一些特殊群体给予特别的照顾。例如自由职业者的保险制度，1984 年 1 月 2 日第 84-2 号法令规定，自由职业者在 60 岁时可以领取养老津贴，条件是按照提前退休比例的规定和中止所从事的职业工作。在实践中，自由职业者的社会保险制度，包括基本制度和强制性的补充制度，故自由职业者的补充制度随职业不同而变化。再如，手工业者和商业工作者的保险制度，自 1984 年起，享受全额养老金。手工业者和商业工作者既可选择非强制性的社会保险制度，也可选择强制性的补充制度。

其四，家庭保障法律制度的新变化，则主要规定从 1987 年 6 月 1 日起，多子女家庭还可以享受搬家津贴。政府还发放单亲家庭津贴、孩子入学津贴、父母育儿补贴费、保姆补贴费等。

除了上述四种社会保障的法律规定外，社会保障法律制度的变革还涉及失业、工伤、生育、残废、遗嘱等保险项目的制度完善。

第二，基本法令的改革行动。

1995 年 11 月 15 日，法国右翼政党执政的朱佩政府向法国国民议会提出了《社会保障体制改革法案》，该法案旨在扩大社会保障的收入，控制社会保障支出的膨胀。然而，这一社会保障改革一揽子方案一公布，爆发了一场全国性大罢工，这意味着：社会保障的改革已不仅仅是一个简单的经济措施，而是具有深刻的政治社会意义及影响以及利益再分配。

进入欧洲货币联盟之后，法国社会保障制度的改革更加陷入一种两难境地。在各种利益之间重新取得平衡，是法国社会保障制度改革的关键所在。

1995 年 12 月底，议会通过一项法案，授权政府以颁布法令的形式促使社会保障改革法律化，以减少争议。

1996 年 1 月 24 日，政府发布两条法令：第一条法令规定征收补偿社会债务。自此，征税范围涵盖了法国所有的收入来源，包括原来可规避社会福利责任的投资收入和“社会补偿金”的收入。第二条法令规定，社会福利来源是雇主交纳的其收入 6%的免费健康创作制药工业税。

1996 年 10 月，政府向议会提出立法备案，计划采用新的 Csg 捐助以减少赤字：一是对雇员的强制性的 6.8%的健康保险费下调到 5.5%；二是在 Csg 捐助中增加 1%弥补这方面的损失。

1996年10月1日，社会保障与缩减的家庭津贴合并，改为一个单项的社会保险金。这一改革成果就是废除了家庭津贴减免计划。

第三节　英美法系主要国家经济法简史

一、英国经济与社会立法史

（一）英国经济干预法形成时期①

英国最初的经济模式是以市场为基础配置资源，政府不干涉经济的运行，扮演着“自发性的”(autonomous)角色。但国家绝非“无为而治”的守夜人。英国政治家帕麦斯顿(Palmerston)有句名言：“政府的职责，是为商人开辟道路，并保障之。”②英国资本主义的兴起和发展，工业得以顺利进行，首先依靠国家通过立法建立起良好、稳定、有效率的法制环境，并在这一进程中不断适时调整，从行业开始大胆干预。

尔后，英国政府利用法律干预经济、社会的手段愈来愈灵活，富有伸缩性，通过国家介入以补充市场力量的不足。19世纪30年代工业革命基本完成，国家在经济、社会立法方面又有了新的进步，诸如加强了自由贸易、金融监管以及劳动等领域的立法。但至19世纪末，由于其他新兴资本主义国家的赶超，英国很快失去了“世界工厂”的地位，所以愈加重视运用国家角色对经济、社会生活的广泛调节，逐步扩展到全国性的干预立法，以刺激经济的发展，缓和社会矛盾，增加民众的福利。

第一次世界大战爆发后，为了集中一切力量战胜敌国，英国被迫制定了一系列国家直接管制国民经济的法规。例如，1910年10月，议会通过了《授予政府紧急权力法》，赋予政府对战备必需品，如食物、燃料、水的供应，实行强行管制的权力，并对交通运输进行统一管理。一战结束后，英国经济长期萧条。其经济立法具有恢复经济和危机对策法的特点。1939年，英国再次面临战争爆发的局面，在执政的英国保守党政府要求下，议会通过了《关于行政机关非常职权法》，该法规定政府可以根据战争需要，对工业生产、物资供应等方面的事务发布单行法规。

此前，面对1929—1933年世界性经济大危机，英国还重点采取了以下三个方面法律措施，其具体为：贸易统制法；刺激国内投资立法，如1939年的《防止欺诈(投资)法》，旨在有效地禁止证券市场上欺诈的操纵行为；生产、产业合理化立法，如1930年的《采煤工业组织区域卡特尔化法案》，规定分区制定采煤限额和最低售价，设立煤矿重组委员会，推动采煤合并，实行“生产合理化”。1936年，英国又通过了《采煤业强制合并法案》，促进垄断联合。

尤其是证券市场的监管方面，英国加强了对突发事件的处理规定和防范应对机制。

---

① 何勤华主编：《英国法律发达史》，法律出版社1999年版，第329—337页。

② Christopher Platt, “The Repeal of the Corne Laws”, *Economics*; Vol. 9. 1959. p. 25.

这一机制的建立可以追溯到16世纪英国证券交易市场的产生初始。1720年的“南海事件”(South Sea)[①]发生后，针对这一事件就通过了《泡沫法案》，指出“以公共利益为幌子，征求公众认股，使无戒心之人认购而筹得巨款”的行为为法律所禁止。这是英国证券法史上的重要一页。1733年，英国又通过了《禁止无耻买卖股票恶习条例》，[②]防止证券买卖中的欺诈恶习，该法规对于未经特许的交易加以严惩。

1773年，伦敦出现了证券交易所的雏形。虽然英国没有专门的证券法，但与英国发达的证券市场相适应，它也有一套完备的有关证券业的法律、法规。其中，最为重要的是《公司法》，此法是英国管理监督证券市场最重要的法律。1844年制定的《公司法》(Company Act, 1844)，规定了有关证券管理的“公开书制度”，规定公司募股筹集资金必须提交公开说明书，公开企业的生产、经营活动、财务状况、经理人员履历等。还规定公开说明书发出前，所有合同的日期以及合同当事人的名称都必须公开，“否则视为发出此公开书的发起人、董事及公司职员对认股人之欺诈，除非后者已知悉此契约”。

英国在1929—1933年席卷资本主义世界的经济危机过后，认识到证券合法的重要性，故于1939年制定了《防止欺诈(投资)法》，旨在有效地禁止证券市场上欺诈和操纵行为。这不仅规范了竞争市场的有序运作，而且更有力地保障了广大投资者及相关利益关系人的权益。

在其他特殊交易市场的法律监管方面，也是渐进式以公权力介入干预，以对付种种危机。早在1870年制定并颁布了《人寿保险公司法》(Life Insurance Company Act)，对寿险公司的保证金、财产账户、兼并、清算等都作了明确规定，确立了“只要作了说明就有完全自由”[③]的原则。其含义是保险业者只要向管理当局、保单持有者提供足够的信息以便能合理估计公司的财务状况，公司才能正常经营。

在总结了寿险公司监管的经验教训后，1909年，英国制定了《保险公司法》(Insurance Company Act)，把寿险公司法中的管理及各项规定扩展到除水险和汽车险以外的所有其他险种。

英国政府为了规制汽车市场的安全，在1930年制定的《道路交通法》(Road Traffic Act)规定汽车的第三者责任险为强制保险，并将1909年的保险公司法扩展到了汽车保险，使汽车保险和其他险种一样受到监督管理。但强制保险对于汽车保险市场的经营管理并没有产生积极的影响。1933年至1935年间，由于竞争激烈，仍有6家公司破产。许多保险公司纷纷退出汽车险市场。

为调查保险市场出现的问题，英国政府成立了“凯塞委员会”(Casell Committee)。该委员会通过调查，建议对经营强制性保险的企业领发执照，建立中央基金。当有营业执照的保险人破产时，可动用这笔中央基金进行弥补。这些建议被1946年保险公司法所采纳，确立了偿付保证金制度。

① 英国南海公司因为能通过为政府包揽大部分国债而身价百倍，中小股民疯狂抢购公司股票，使股价一路攀升，投机达到了狂热的程度，但实际上“南海公司”只是一家毫无价值的空壳公司。不久，神话破灭，南海公司股票价格一泻千里，千百人血本无归，陷入破产困境中。

② C. B. Wright, *History of English Security Law*, London, Sweet And Maxwell, 1982, pp. 17—29.

③ Riegal & Miller. *Insurance*. Principles and Pracfices, 1967, London, p. 117.

总之,20世纪上半叶的英国经济立法多具有恢复经济和危机对策法的特点。没有积极的国家干预,市场经济的前景是不可想象的。有鉴于此,有学者认为"这一历史时期的经济干预法,是经济法的雏形"[①]。因为这一经济干预法是对市民法秩序作某种修正、补充的法。它具有以下三个特征:一是建立统一、合理竞争的法律制度;二是维持市场经济的基础条件;三是根据社会经济的具体限制要求,进行经济干预。所以它尚未改变自由市场机制的基本形态,也没有改变市民法秩序,但是,它推动了市民法秩序的演变,促进了传统法律体系的变革。经济干预法虽不能等同于经济法,却已具备了经济法的某些机能,涉及国民经济总体运行的法律调整问题,因而它是经济法的起始形式之一,为形成完备形态的经济法准备了直接法律条件。[②]

(二)第二次世界大战结束后的英国经济与社会立法

第二次世界大战是英国历史上重要的分水岭。英国乃是一个典型的资本主义市场国家,即在分散决策、自由竞争和市场调节中分配资源。战后英国在政治、经济领域有一段短期快速增长期,但不久又回归于低速增长。这一时期经济立法主要是为了恢复经济或调整经济。20世纪70年代,英国经济出现了生产萎缩、高失业率和高通货膨胀率同时并存的现象,被称作患上了"英国病",其经济地位有所下降。之后,随着国情的变化,英国的经济与社会立法也凸显出新的特点,表现为国有经济立法和竞争立法,开始具备现代经济法的内涵。

1. 国有化方面的立法

1945年7月工党获得大选胜利,艾德礼(Attlee)执政后提出"民主社会主义"政策,把"个人自由与计划经济,把民主与社会主义结合起来",掀起了国有化的高潮。[③]因此,国家颁布了一系列法律。

1945年12月,通过《英格兰银行法》(The Bank of England Act)。1946年3月,国家以4倍的国债额换取该行的股票,将该行业收归国有,专司中央银行之职。该年,还通过了《塔夫脱-拉特克列夫法案》,确定了积极的财政政策,为国民经济注入资金。同时,通过了《就业法》,以尽可能多的增加社会就业,解决提高生产和扩大购买力问题,该法超出了作为民法的雇佣法的局限,把雇佣关系、就业与失业问题,置于国民经济总体发展之中。

1946年颁布了《煤炭工业国有化法》;1948年颁布了《煤气事业法》;1950年颁布了《钢铁工业化法》,这一系列针对重要行业国有化法的出台,旨在借助法律铁腕,运用国家力量对影响国民生计而私人资本又不愿经营的公用事业,或由政府收购,或给予财政支持,从而掀起了国有化的高潮。

20世纪70年代中期,英国以"经济外部性"(external economies)为理论基础,以法律为手段大规模干预经济生活,又掀起了第二次国有化浪潮,国家通过立法,将汽车、造船、飞机、宇宙航空、石油等企业收归国有,或重组联合。随着新古典经济学派的兴起,英国政

① 刘瑞复著:《经济法学原理》,北京大学出版社2000年版,第60页。

② 同上书,第63页。

③ 何勤华主编:《英国法律发达史》,法律出版社1999年版,第338页。

府愈发重视运用这一理论，客观上推动了法律制度的发展。

2. 宏观经济计划立法

英国是传统的市场经济国家，战后沿袭了战时计划管理的方式，通过立法对私营部门、国营企业及国有中央银行——英格兰银行行使国家控制权。

从1947年开始，政府每年颁布法案，在预测的基础上对未来一年经济定出量化指标。如1947年的法案中明确了政府订立经济计划的宗旨目的，是"根据国家整体的利益，通用全国的资源"，"逐步建立比较理想的全国经济计划机构"。为此制定的1947年计划着重于规划未来一年全国的总投资，以及国民收入和支出的简单要求。嗣后的每年计划内容就较为详实。

1962年，英国成立了计划主管机构——国家经济发展委员会，还依法设立了国家经济发展总署及三十几个专门委员会。委员会的成员由劳工界、工商界和政府的代表共同组成。

1975年，议会通过了《工业法》(Industrial Act)，该法是在执政的工党政府倡议下制定的，其宗旨在于促使私营、公营部门间，加强信息、经营、决策领域的合作，以期顺利实现经济、社会发展的总目标。

就实质而言，英国的经济计划是在预测的基础上，国家通过立法对经济施加一定影响，对实际经济生活起到协调和引导作用。这种经济计划立法，仅是市场指导经济活动的辅助手段与必要补充。

3. 市场规制方面的立法

(1) 在竞争法领域。

1948年颁布了《垄断与限制竞争法》[Monopolies and Restrictive Practices (Inquiry and Control) Act]，这是英国第一部与竞争有关的成文法，旨在保障公平竞争和限制有违公共利益的反竞争行为。

1956年通过了《限制竞争贸易行为法》(Ristrictive Trade Practices Act)，主要对限制性贸易协议及类似的行为作了规制。所谓限制性贸易协议不仅指约定对于各自贸易活动加以限制，以实现共同垄断或控制的正式契约，而且包括一切有关此类安排的合意，即所谓"君子协议"，该法案第6条第1款对此作了详细的列举。

1964年，通过法案(Act of 1964)，对转售价格维持行为作了规制。所谓转售价格维持行为又称为水平价格限定行为，指供货商、制造商与零售商之间关于限制后者以低于特定最低零售价销售其货物的贸易安排或者协议行动。转售价格维持不仅破坏了竞争机制，扭曲了价格信号，而且严重损害了消费者的利益，所以法律严格禁止就集体执行维持性零售价格作任何贸易安排。

1976年，英国对上述法案进行了修订，颁布了《转售价格法》(Re-sale Price Act of 1976)。此前，1965年，英国颁布了《垄断与合并法》(Monopolies and Mergers Act of 1965)。

1979年还通过了《公平交易法》(Fair Trading Act of 1973)，1980年制定了《竞争法》(Competition Act of 1980)。至此，英国竞争法体系基本形成。1980年《竞争法》在整个体系中具有龙头地位，它对各种不正当竞争行为作了总体控制性的规定，一切不正当行为，无论其是否属于垄断或者合并行为，也不管其是否属于《限制贸易行为法》调整范围，都一律适用《竞争法》的规制。

自从1973年，英国加入了欧共体的诸条约后，欧洲煤钢共同体(The European Coal and Steel Treaty)和欧洲欧共体(European Communities)的竞争规则也适用于英国，1990年9月21日，《欧共体兼并控制规则》(Ec Merger Control Regulation)正式生效。

(2) 在消费者保护法领域。

20世纪60年代起，英国制定了大量的关于市场保护管理、产品卫生方面的法规，对消费者加以保护。如1963年的《度量衡法》、1968年的《交易说明法》、1971年的《自动上门提供货物与劳务法》、1973年的《公平交易法》、1978年的《消费者安全法》等。

消费者信用交易是现代金融发达的产物。根据议会1971年提出的消费者信用报告，1974年英国通过了《消费者信用法》，试图将以往所有形式的消费者信用交易都纳入一项法规。由此废除了先前一些仅规定某些特定形式的消费者信用交易的立法。例如1872年和1960年的《当铺老板法》，1900—1920年的《放债者法》，1965年的《租买法》和1967年的《广告(租买)法》。

随着欧洲一体化进程的加速，英国消费者保护法也加快了整合接轨的步伐。1985年7月，欧共体委员会达成协议，同意在产品责任方面采取严格责任主义。1987年，英国也相应修改了《消费者保护法》，并于1988年3月正式生效。

4. 社会福利立法

第二次世界大战之前，英国的社会福利制度初具规模，但有关社会福利的各项法案、法规和规定缺乏统一的原则和标准，管理机构各行其是，实施实效甚微，社会矛盾由此激化。为此，英国政府颁布了一系列社会福利立法。

例如，1945年8月，政府修改并颁布了《工伤保险法》，对于工作中因工负伤的受害人及其家属发放津贴。1946年1月，颁布了《国民保险法》，规定了"从摇篮到坟墓"的一系列保险项目，凡投保职工在失业、退休、怀孕、工伤、疾病、死亡的情况下都可以申请补助。同年3月又颁布了《国民健康服务法》，要求改善现有的保健设施，增建医院和保健站，使居民享受免费医疗，但此条规定实行不久又改为交费制。

1948年，又通过了《国民援助法》，设置国民救济委员会。由政府拨款来救济贫困者，如对退休金和残疾金较少的或没有的老、病、残者的救济，低收入者的家庭补助，新生婴儿补助等。至此，英国政府向全球郑重宣布其已建立起"从摇篮到坟墓"的社会保障制度，并成为世界上第一个"福利国家"。

5. 市场监管立法

证券、银行、保险被称为现代经济增长的三大支柱。英国在此三方面都曾走在世界的前列。英国金融市场是世界上最早出现和发展起来的国际金融市场，它一度雄踞世界最大国际金融中心地位。虽然，随着竞争的日益激烈，其中心地位有所下降，但目前仍是世界上最大的金融中心之一。

(1) 证券市场的监管法律。

所谓证券，按照英国《1958年防止诈骗(投资)条例》第26条规定，是指"股票、债券或其上之权利、政府公债，或存于工业、互助或建筑合作之款项上的权利并包括单位信托之权利……"换言之，证券是各类财产所有权或债权凭证的通称，是用来证明债券持有者有权按书面所载取得相应权益的凭证。证券的产生,依赖于信用制度的建立和发展。

按照英国的传统,《公司法》是英国证券市场的重要法律。现行《公司法》系以 1948 年制定法为基础,合并多次修订的内容而成。其中特别重要的是规定了证券发行的公开原则、违规行为的罚则、证券投资公司的设立、"内幕人士"的界定。

第二次世界大战后,英国经济又一次遭到严重的打击,以至于在 20 世纪 60 年代,英国不得不对证券市场上的外国债券进行严格限制。随后经济的恢复,外国对英国的股票投资及英国对北美、西欧的股票投资有了长足的进展,伦敦股票市场的国际性也随之逐步增强。

此间,1958 年、1983 年两度对《防止诈骗投资法》进行修订,以更有效地保护投资者的合法权益,因此也成为证券市场上十分重要的监管法之一。

特别是 20 世纪 80 年代以来,在世界金融自由化、国际化、一体化风潮的影响下,各国加快了金融改革步伐。1986 年英国通过的"大震"(Big Bang)法案便是一例。该法彻底改变了伦敦证券市场结构,促进了业务的大发展,推进了资本地国际化进程。

(2) 保险市场的监管法律。

现代英国保险法发展的一个显著特点是加强保险监管立法,其管制主旨在于纠正经营管理中的弊端,防范金融风险,在保险契约法之上形成保险监管法的二元格局。

1946 年《保险公司法》实行偿付保证金制度,该制度加强对保险公司的财务监管,但却无法杜绝那些缺乏保险经营经验但拥有最低限度保证金的公司进入市场。因此不可避免地会导致一些企业在经营上的失败。许多汽车及普通险保险公司的破产,极大地震动了英国朝野,政府监管当局认真反思监管中存在的弊病,决心改革,推动保险立法进程。1973 年通过了《保险公司修正案》,加强了工贸部对保险公司信息调查的权力;1975 年、1977 年为了加强对投保人利益的保护,前后通过了《保单持有人保护法》(Policy Holder Protection Act)和《保险经纪人法》(Insurance Broker Act)。

现行的英国保险业法制监管,是以一系列的法制为基础的,其主要内容包含于 1982 年《保险公司法》。这部法律吸收了过去保险法规中有益成分,特别是借鉴了 1974 年、1980 年和 1981 年《保险法规》的主要内容。1982 年《保险公司法》涉及的范围广泛,包括保险公司开业的审批、账户及报表制度、保险公司长期业务的资产及责任、有限公司业务的责任干预权、财务来源、业务转移、停业的规定,还涉及保险公司董事、管理者或经理的变更保险业的经营手段(广告、中间人以及长期业务的撤回等)和对特殊险种的规定。

1982 年《保险公司法》则规定,在英国境内从事保险业务的公司无论其属于何国国籍均适用英国法。凡从事保险业务的保险人(承保人)必须取得国务大臣的许可授权,国务大臣具有对保险营业进行管理和调查的广泛权力。①

1982 年《保险公司法》赋予了国务大臣对保险业的干预权,同时规定了行使这些干预权的条件。政府对保险公司的监管,主要是监督它们的展业及财务状况。公司必须以法定的方式向政府公开相关数据。据此,工贸部便可对公司的偿付能力作出评价。如果公司的偿付能力恶化到保证基金以下时,为了维护保单持有者的利益,监管当局就可以采取

① 董安生等编译:《英国商法》,法律出版社 1994 年版,第 469 页。

它认为必须采取的措施,如取消公司经营权;如果公司偿付能力良好,对于公司的行为,诸如保险费率的高低、对技术准备金的投资等就不加以限制,对承保的危险也不加以干预,实行"责任自由原则"。

二、美国经济与社会立法史

美国的市场经济不同于德国的社会市场经济、日本的政府主导型市场经济、英国的福利市场经济,它具有显著的个性特点,被称为垄断性主导型的市场经济。即在法治的基础上,以强大的垄断为主导,垄断企业与中小企业形成市场主体架构,有组织完备的市场体系、社会保障体系,政府实行有限的宏观调控的市场经济。鉴于此,美国在自由市场经济的私法基础上,国家对社会经济实行一定限制的法,是经济法的先兆,具有经济干预法的特质,为形成完备形态的经济法准备了直接的法律条件。

(一)自由放任时期的经济与社会立法(18世纪末至19世纪中后期)

这一时期是美国自由放任经济体制的形成与发展时期。19世纪以前,美国政府通过立法对经济和社会进行管理的作用是有限的。如美国著名学者罗杰·希尔斯曼(Roger Hillsman)在《美国是如何治理的》中所说,"除了授予建筑、铁路用地,通过移民地法,建立邮政系统和一些其他措施外,政府在经济领域几乎是无所作为的"①。

19世纪后半叶,美国各州立法中的限制性立法逐渐增多。在公司立法方面,有反对抑制贸易的法律,禁止公司进行欺诈活动以及制定类似阴谋性经济活动的法律。在铁路立法方面,这种限制性法律,始于19世纪70年代格兰其(美国农业保护性组织)法律和南北战争以前的法律。从1869年到1875年,在有格兰其成员的几个州颁布了一系列政府控制铁路运费和经营业务的法律,规定由管理委员会制定州内特定运输线上货运的最高运费。在劳动立法方面,规定关于星期日劳动的法律,以及限制铁路或其他危险部门工作时间的法律,规定雇用童工、女工的工资和劳动条件的法律,以及安全事故法规。在生产经营方面,规定产品、食品的标准,实行许可证制度。在雇主责任立法方面,法律否定了《工友章程》中雇主对因工伤死亡的工人不负责任的规定,制定了对工伤和因工伤死亡的工人及其家属予以补偿等保护措施的法律。

这一切表明,自由放任不再是一个完美的政策,联邦政府对经济干预、管理的问题被提上了议事日程。

1887年,国会通过了《州际商务法》(Interstates Business Act)禁止进行联合经营与订立运输协定,宣布回扣与歧视性运价为非法。为了实施该法,联邦政府建立了州际商务委员会。此后,联邦政府又通过一系列立法来抑制垄断,维护公平竞争。但总的看来,由于州际商务委员会的权力是非强制性的,而最高法院的裁决则是最后有效决定。因此,国家对经济的干预还是初步的。②

---

① Geiorge C. Lodge, *Perestroika for American*, Chicago Press, 1989, p. 129.

② 何勤华主编:《美国法律发达史》,上海人民出版社1998年版,第200—202页。

在大机器工业发展中，企业合并、联合是必然趋势，但迫于国内反托拉斯势力，特别是南部农民的压力，控制国会的保守党，提出了反托拉斯法案，1890 年 7 月 20 日通过了《谢尔曼反托拉斯法案》，具体名称为《保护贸易及商业以免非法限制及垄断法案》，简称《谢尔曼法》(Sherman Act)。该法推动了国家经济权力的集中，对自由竞争进一步实行限制，并标志着对全国商业活动进行调控的开始。

《谢尔曼法》是联邦反托拉斯法的基本法律之一，旨在通过控制垄断的实际实施步骤，协调州际之间的商业活动和对外贸易活动。这项立法，是美国立法史的一个重大转折，标志着国家借助公权力，以经济法律调整国民经济运行的现实可能性和成熟程度。

在司法审判上，美国最高法院基本上以《谢尔曼法》的宗旨为经济司法的目标。1897 年和 1898 年，最高法院在美国政府与横贯密苏里的货运联盟涉讼案、美国政府与联合运输联盟诉讼案等案件中，判决铁路公司违反《谢尔曼法》。1899 年，最高法院判决阿迪斯顿管道公司和炼钢公司等 6 家公司组成的市场联营违反《谢尔曼法》。至 1901 年，最高法院受理了 18 起联邦诉讼案。其间，尽管在所有案件的处理上，最高法院表现了某种弱化反托拉斯法的倾向，但毕竟在全国性反托拉斯潮流中，仍然十分积极地运用《谢尔曼法》，捍卫全美自由有效的竞争秩序。

(二) 自由放任向现代市场经济过渡时期的经济与社会立法(20 世纪上半叶)

这一时期的经济立法，已不再是纯粹的经济干预法，而是体现国家垄断这一国家与经济相结合、相统一特征的法律；不再是仅仅局限于对民商法建构的秩序补充、修正的法律，而是超乎于传统法律救济手段之上，有了独立的调整领域、调整手段的经济法律。这些法律具有共同的利益取向，即追求公共利益，调节国民经济运行。因此，美国虽未曾有“经济法”之名称，但却涌现了大量现代意义上的经济法实质内容的法案。

1. 一战前后的美国经济与社会立法

20 世纪初，全美对放任主义经济政策的憎恨几乎达到了顶点。面对这种情况，第 20 任总统西奥多 · 罗斯福顺应民心，开展了一场“进步主义运动”，其主要任务是使市场经济自由放任向国家干预转变，利用 1890 年制定的《谢尔曼法》实现政府对经济的管制。

1902 年，司法部对控制大北部、北太平洋以及芝加哥、柏林顿和昆西等铁路的北部证券公司提出公诉。1904 年，联邦最高法院判决北部证券公司解散。在这一判决胜利的鼓舞下，罗斯福没有命令继续对肉类包装公司、洛克菲勒的美孚石油托拉斯和美国烟草公司提出类似的控告。其间，1903 年国会通过了优先审理反托拉斯诉讼案件的加快处理令、加强对铁路管理的埃尔金斯法令，以及设立享有调查工商公司活动权限的商务和劳工部法令。这些加强政府管制作用的运动标志着美国放任主义的日渐式微。

1914 年，国会建立了联邦贸易委员会，通过了《联邦贸易委员会法》(The Federal Trade Commission Act)。该委员会拥有发布违禁命令的权力，对于违反命令的工商企业，可提交法院审理。依据上述法案，该委员会多次对几个大公司采取了强硬措施，制止不公平的竞争手段。

同年，美国国会通过了《克莱顿法》(The Clayton Act)，这是另一个反托拉斯的重要法律。它是对《谢尔曼法》的全面细化和补充的法律。该法的主要内容是：规定可能实质上削弱竞争或趋向于建立垄断的商业活动为非法行为；禁止“有利于减少竞争或有利于形成垄断”的商品价格歧视；禁止签订“搭配销售”和“约束买主”协议；禁止因导致削弱竞争后果而购买竞争对象公司的股票；禁止竞争性公司之间建立“连锁董事会”。

1930年，国会又通过《罗宾逊—帕特曼法案》(The Robinson-Patman Price Discrimination Act)，该法案旨在制止价格歧视。上述法案共同构成美国反托拉斯法的基础。①

第一次世界大战的爆发，成为美国彻底摒弃自由放任经济的推动器和催化剂。联邦政府为了有效地把整个国民经济置于国家的统一管理与监督之下，以动员全国的人力、物力、财力来保证战争的胜利，成立了“战时产业局”，由它和它在各地的地方分局来分配军事订货，分配原料、燃料和劳动力，监督合同的履行，以及决定开设战争所需的新企业等。

1917年8月，国会通过了《粮食生产法令》、《燃料管理法令》，以解决粮食和燃料的生产储备问题。

为了解决劳动力的匮乏，政府扩大了“劳工部”和“职业介绍所”的活动范围。1918年初，在劳工总署之下又成立了“战时劳工局”和“战时劳工政策局”，前者主要解决劳资纠纷案件，后者主要负责制定政策对工时、工资、工作条件的一般规定，并且尽可能地调节劳资双方的关系。

总之，在战时经济的推动下，美国政府运用法律手段，对国民经济加强控制，国家干预达到了一定的程度，加速了自由放任经济的衰弱。

2. 经济大危机时期的新政立法

1933年，美国国会通过授权法案，根据该法案，总统罗斯福实行“新政”(New Deal)，制定了一系列法律。这些“新政”立法主要有金融计划、《农业调整法案》(Agricultural Adjustment Act)、《全国工业复兴法》(National Industrial Recovery Act)、《铁路紧急法令》(Emergency Railway Act)以及涉及紧急救济、社会保险、举办公共工程、复兴工会等等法案。

(1) 金融计划。

金融计划在通货与信贷方面实行通货膨胀，改革银行制度和加强对证券和商品交易的监督，为防止全国财政信贷崩溃立法。例如《紧急银行法》，规定所有银行一律停止兑付才存款，由财政部对银行进行清理，银行副业的批准权归财政部。存款保险法即《格拉斯—斯蒂格尔法案》规定，由政府保障存款，以恢复储户对银行的信任，防止新的挤兑风潮，由政府向银行提供30亿美元贷款，增强其实力。为此，美国成为第一个由政府组建存款保险公司的国家。

(2) 农业调整法案。

采用实行政府奖励、津贴的办法，提升农产品的价格，以恢复农民的购买力和战前的地位。

1933年5月，颁布《农业救济与通货膨胀法令》(Agricultural Emergency Relief and Inflation Act)。该法令规定用三种方法来减少农产品的过剩和增加农民的收入，其中，有棉花种植者减种面积30%，政府对暂时不种植的田亩给予额外津贴。用订立销售协定的方法减少浪费等。

---

① 上述法案中译本参见黄勇、董灵著：《反垄断法经典判例解析》，人民法院出版社2002年版，第476—517页。

还颁布了《农村信贷法》,对农场发放新贷款,防止农场因不能偿还抵押贷款而破产。规定凡负债额不超过土地本身价值50%和建筑、设备价值20%的农场,均可从政府的农业贷款局得到4.5%的低息贷款。该法使美国国内信贷关系发生了变化,国家成为新的债权人,是一种借贷关系的新主体。

(3) 全国工业复兴法。

该复兴法的目的在于复兴工业和减少失业,保持工业的合理利润和工人维持生活的工资。为此,需要通过工商业的自行调整减少生产过剩,增加工资,缩短劳动时间和提高物价。同时,这个法令还授权联邦政府资助公共工程建设,其金额达到30亿美元。复兴法还鼓励工人加入工会,鼓励工商业在程度上的集体自治。

(4) 对运输事业的扶持。

受萧条影响最大的部门是运输业,特别是铁路运输事业。政府通过复兴金融公司对其提供大量支援,设立"联邦铁路协调员"协助防止浪费,改进财务组织,把运费率降到符合公众利益的程度,以改善铁路信用。

(5) 救济与举办公共工程。

国会于1933年通过了《紧急救济法案》(Federal Emergency Relief Act),成立"联邦紧急救济部署",并指定"金融公司"提出5亿美元作为各州的紧急救济金,直到1936年共支出30亿美元。此外,又成立了"公共工程总署",以33亿美元为原始基金,发展与公共利益有关的建设。还成立"民用工程总署",作为一个冬季就业计划,支付10亿美元金额解决400多万人的工作问题。

还颁布了失业保险法、老年保险法和其他地方法,加强工资收入者的经济安全,以改善工会工人在美国经济制度中的不利地位。《全国工业复兴法案》第7条中规定,受雇者享有"组织起来、并通过自已选出的代表进行争议谈判的权利,在选派代表和自行组织工会时,不受其雇主或其代理人的干涉、限制和压制",并且公司不得限定工人以加入公司选定的工会作为受雇的条件。

在大力进行危机对策立法的同时,美国进一步完善反托拉斯立法,改善经济结构和市场结构,而代之以"公共管理"式的社会秩序。

3. 第二次世界大战期间的美国经济与社会立法

其间,美国经济和社会法律体系不断得到补充、修改和完善。在反托拉斯法方面,1938年通过的《惠勒—李法》(Wheeler-Lee Act)修改了《联邦贸易委员会法》第5条的规定,具体规定:除了不正当竞争方法外,不正当或欺骗性的行为或做法也属违法行为,其目的就是使该法适用于那些直接对消费者产生有害影响的商业行为。

在消费者保护法方面,1938年,国会对1906年颁行的《联邦食品和药品法》(Federal Food and Drug Law)进行了全面的修改、补充,改为《联邦食品和药品和化妆品法》(Federal Food Drug and Cosmetics Law)。该法规定了对与人的健康利害攸关的食品、药品和化妆品实行管制,规定了食品、药品、化妆品的质量标准,要求商品进入市场以前,必须根据食品和药品管理局的要求,证明该产品是安全有效的。该法还特别禁止食品、药品、化妆品使用名不符实、夸大其词的产品说明,反对掺杂掺假欺骗消费者,如果违背则要受到罚款、没收、销毁产品的处罚。

在劳动力调配法方面,1938 年,国会通过《公平劳动法》(Fain Labor Act),规定工人最低工时和最高工时,超过这一限度应付给加班加点的报酬。此前,1935 年,国会通过了《美国国家劳资关系法》(The National Labor Relation Act),又称《华格纳法》(The Wagner Act)。该法规定职工有权自己组织起来,建立、参加或扶助劳工组织,有权通过自己挑选的代表进行集体谈判,有权进行集体谈判或以互相保护为目的的其他共同活动,职工有权不参加以上的全部或部分活动。

(三) 第二次世界大战后的经济与社会立法

第二次世界大战后,市场经济国家进入经济相对稳定阶段。这一阶段可分为三个时期:战后经济恢复和调整时期、经济相对发展时期及经济转折时期。在这一历史阶段世界重要政治、经济特征呈现着两极分化,两大阵营的对峙、两种经济体制的独立性与冲突,客观上促进了美国这一奉行高度自由的市场经济国家在国民经济调控方面的法律制度发展,从而实现了具有实质意义的经济法。

1. 战后经济恢复和调整时期的经济与社会立法(二战结束后—20 世纪 50 年代前期)

二战结束即是美国等西方国家与以苏联为首的社会主义阵营"冷战"的开始。这期间国内的托拉斯联盟及国际垄断急速发展。反托拉斯立法更加成熟,如 1950 年的《塞勒—凯弗维尔法》(Celler-Kefauver Act),修改了《联邦贸易委员会法》第 7 条的规定,在限制企业合并方面作了更为严格的规定。其内容为在国内任何地区任何商事行为中,凡购买竞争性企业的股票或资产,从而引起垄断和集中趋势的行为,均属违法。与此同时,为准备与发动朝鲜战争之需要,美国实行国民经济军事化政策,颁布一系列强化国家采购与订货的立法。

2. 经济相对发展时期的经济与社会立法(20 世纪 50 年代中期—70 年代初)

这时期美国消费法制日益完善,颁布了一系列有关消费者保护的法律、法规,进入"黄金阶段",主要有:

(1) 产品卫生与安全方面。

1968 年,国会通过了《药品修改法》(Drug Amendment Act),责令药品制造商就一切新药向食品和药品管理局提出报告并标明药品的名称,以使在事前检验药品的安全与功效。1965 年,制定了《正确包装与标志法》(Correct Package and Mark Spotation and Mark Act)。1966 年,制定了《全国交通与汽车安全法》(National Transpotation and Motor Safety Act),授权交通部制定新旧汽车与轮胎安全标志。

(2) 消费者信用方面。

1968 年,全国通过了《消费者信用保护法》(Consumer Credit Protection Act),规定分期付款买卖合同应明确付款的金额、时间和年利率,并采用标准格式化合同;还规定当消费者在其信用利益遭受侵害时,有权解除合同。

(3) 交易规则方面。

20 世纪 70 年代随着美国市场竞争日益激化,迫使企业运作由过去的以生产为主转向以营销为中心,而以营销为中心理念的核心是"顾客导向论",由此提出了"消费者是上帝"的口号,消费者在交易中享有至上的消费权利。联邦贸易委员会根据国会授权制定和执行了一系列交易规则，其中较具影响的有《减价商品广告规则》(Advertisment of Sales Good Regulation)、《上门推销规则》(Door Visitiy Sale Regulation)、《眼镜验光规则》(Glasses Optometry Regulation)、《邮购规则》(Mail-Order Regulation)等。

此外，在反托拉斯立法方面，相继颁布了相应的配套法规。如1962年的《反托拉斯民事诉讼法》(Antitrust Civil Lawsuit Act)，强化了反托拉斯法的执行，对国内出现的违反法律规定的纵向合并和横行合并，一律予以禁止。

3. 经济转折时期的经济与社会立法(20世纪70年代初—90年代初)

这一阶段，经济总体上是滞胀和危机并存。为此，采取的对策主要是因应性经济立法。其具体表现在以下四个方面：

第一方面，非常措施立法。1971年，美国实行新经济政策，规定禁止美元与黄金兑换，对进口品征收10%的进口附加税，冻结工资、物价和房租90天，联邦支出削减47亿美元，削减海外援助10%等等。

第二方面，金融证券立法。1980年3月31日，国会通过了《存款机构放松管制及货币控制法案》(Deposit Facilities Release Control and Monetary Control Act)，其最重要的内容是逐渐废除了所有储蓄和定期存款的最高利率限额，并且免除了这些机构向州政府贷款的高利贷利率。

1982年，通过了《加恩·谢尔曼法》(Cohen-Sherman Act)，旨在提高储蓄业的灵活性与稳定性，推动金融自由化。该法通过扩大储蓄和贷款协会、互助储蓄银行，向工商业、消费者提供贷款，购买市政公债，以及办理临时居民的不动产来加速对储蓄和贷款协会和互助储蓄银行放松限制。该法还授予银行和储蓄机构设置交易和混合的货币市场存款账户。

第三方面，税法修订。1986年9月，国会通过由里根总统指出的旨在使美国税利"公平、简化有利于经济增长"的改革法案，其改革重点是：简化税制，降低个人所得税税率；取消或减少许多减免优惠，堵塞税收漏洞；既不增加，也不减少政府的税收收入。这些大刀阔斧的税制改革使美国成为工业化国家中税率最低的国家，成为吸收外国资本的投资热土。

第四，反托拉斯法。1974年的《反托拉斯诉讼程序和惩罚法》(Antitrust Lawsuit-order Punishment Act)，1975年的《马格纳森—英斯联邦贸易委员改进法》(Maglason-Ins Federal Trade Commission Improvement Act)，1976年的《哈特—斯各特—鲁迪南反托拉斯法》(Harter-Sgater-Rdinan Antitrust)，1977年的《禁止对外贿赂法》(Forbid Bribery Act)以及1980年的《联邦贸易委员会改进法》(Federal Trade Commission Improvement Act)等，这都使得由三个基本法律确定的反托拉斯法得到不断的修改和完善。

第四节　苏联、东欧主要国家经济法简史

一、苏联、东欧国家经济法产生与发展的经济社会根源

在社会主义历史上，曾出现过以苏联为代表的经典计划经济和南斯拉夫的社会所有

制这两种经济模式。

俄国十月革命后，先后于1918年和1920年颁布了关于工业国有化的法令和对小型工业实行国有化的行政命令。当时实行战时共产主义，工业国有化的法令和对生产、交换与分配高度集中管理，实行所谓"总局制"。国家设立最高国民经济委员会及其下属的委员会、管理局、生产部等专业管理机构，通称为"总局"，对生产和分配实行直接的实物管理。同时，设立普遍劳动义务制总委员会，实行强制性的劳动动员和分配。由于通货膨胀，废止货币工资，一度连拨款和企业间的结算，也被实物的计划供应所替代；对职工的分配则取消货币工资，采取免费提供食品、住房、水电和客货运输的方式。这一切，表明它是一种取消货币和劳动力自由流动的"有史以来最纯粹的计划经济形式"①。虽在一定程度上不得已而为之，却不能否认它确是对共产主义学说的超前实践，为以后的经典性计划经济奠定了基础，也直接决定了社会主义国家经济法的发展命运。

1921年，由粮食匮乏引起社会动荡，直接催生了新经济政策。实践使社会主义的先驱者们认识到，无产阶级国家不能直接利用命令，单纯依靠热情，按照共产主义原则来组织生产，而必须尊重个人利益，实行经济核算，在社会主义建设中利用商品货币关系。②新经济政策以粮食税代替余粮收集制为核心。同时，1923年的《国家工业托拉斯条例》（简称《托拉斯条例》）则要求国有企业和国营托拉斯实行经济核算，利用市场手段，在商业的基础上开展活动，将利润作为托拉斯活动的基本目的。③列宁还认为这可以作为实现国家统一计划的一种方法。为配合新经济政策的实行和引进市场关系、市场机制，制定了第一部《苏联民法典》。然而，由于革命和军事共产主义的惯性力，社会主义市场经济的实践未能进行到底。1927年，苏联就修订了《托拉斯条例》，以计划原则代替了利润目标，使之成为1965年《社会主义国有生产企业条例》制定以前调整国企的组织和活动的基本法规；同时颁布了《关于集体农庄的决议》和一系列有关国有经济管理的法规，规定企业合同落实国家分配计划。

1929年，颁布关于农产品预购合同的法律后关于组织机器拖拉机站的决议，将农业生产纳入计划的轨道。④1930年至1931年，苏联实行了信贷改革，由银行信贷、银行结算取代了企业间的商业信贷；20世纪30年代初正式建立了集体农庄制度。在经济流转方面，更加强调产品的计划分配，颁布了许多有关物资供应和建设承包合同的法规和决议。具有代表性的有：1931年，劳动国际委员会发布了《关于国家联合企业、托拉斯和其他经济组织的流转手段》的决议；苏联人民委员会发布的《关于订立1933年度合同》和《关于订立1934年度合同》的决议等。至此，苏联确立了传统的计划经济体制，奠定了主要以党和政府的规范性文件来组织管理经济的模式，此后颁布的有关文件和行政法规浩如烟海、不胜枚举。

这一制度的特征是"中央集权"，计划自上而下逐级下达，以实物数量和产值为核心实

① [匈]格·萨穆利著：《社会主义制度的最初模式》，湖南人民出版社1984年版，第2页。

② 《列宁全集》第33卷，人民出版社1987年版，第39、155页；第35卷，第549页。

③ [苏]B. B. 拉普捷夫著：《苏联的经济立法》，中国人民大学苏联东欧研究所编译，载于《苏联经济法论文选》，法律出版社1982年版，第8页。

④ [苏]坚金·布拉图斯著：《苏维埃民法》（第1册），法律出版社1956年版，第87—89、93—95页。

行经济管理，企业是政府的附属物，合同被视为落实计划的工具或手段。该体制最终发展到僵化的地步，其思想根源是对社会主义国家的经济职能作了夸大和片面理解。社会主义国家在公有制基础上承担起组织直辖市经济的职能，避免了资本主义私有制下难免的经济无政府状况。

20世纪50年代后，苏联、东欧国家在改革中，曾注重法制及在经济中引入商品倾向关系，但是，由于把国家经济职能视为社会主义的专利，盲目否定资本主义国家在市场基础上对经济进行的组织调节，以致国家的经济职能成了对经济的包揽，计划被庸俗化成事无巨细和无所不能的安排，结果滑向法治和商品关系的对立面。社会经济环境决定了经济法在苏联东欧国家之命运多舛。

南斯拉夫变革苏联式中央集权体制，取消国家，谋求直接的社会自治。它企图把国有制这种不发达的公有制形式，转达为高级的社会所有制形式。从20世纪50年代初到20世纪70年代，南斯拉夫逐步建立起社会所有和联合劳动的体制，制定了相应的宪法和“联合劳动法”。

然而，南斯拉夫在否定苏式计划经济体制的同时，有点矫枉过正了。南斯拉夫一直缺乏必要的社会经济协商，没有形成统一思想的市场，类似于自由竞争资本主义时代的弊端无所不在；加之社会经济文化发展水平尚不足以实行社会民主自治，计划经济行政官僚被自治组织或企业的所谓技术官僚所取代，企业和地方的差异扩大则意味着民族间的隔阂和矛盾加剧、世仇凸显。在理论上，不承认国家、实践中一味削弱国家职能的条件下，不可能形成以国家的规划、调控和参与为基本标志的现代经济法。因此，南斯拉夫的联合劳动的宪法和法律，并没有成为真正的社会法和经济法的法律渊源。相反地，随着国际形势发生变化，社会所有和联合劳动的实践及法制均毁于一旦。

二、苏联、东欧国家经济法的发展历程

计划经济国家是从经济体制的角度对社会主义国家所作的一种概括。苏联、东欧国家就是在这一体制下建设自己的经济法律制度。

(一) 对旧国民经济改造阶段的经济法(1917—1920年)

在苏联、东欧国家，社会主义革命成功后，即开始有计划、有步骤地对旧国民经济进行改造。其主要任务，是建立社会主义公有制，将整个国民经济纳入计划经济轨道。因此，这一历史阶段，国家利用法解决面临的新的国有经济问题。这种新的法现象，具有经济法的某些特征，处于刚刚产生阶段，是计划经济经济法。

1917年11月4日，发布了《工人监督条例》，规定所有的企业都归工人管理，工人监督由工厂委员会和其他委员会负责执行。

1917年11月8日，全俄第二次代表大会通过了《土地法令》，法令废除了土地占有方面的农奴制残余，宣布没收地主的1.5亿俄亩的土地，无偿交付农民使用。这一法令奠定了苏联土地国有化的基础。随后，又颁布了一大批各经济部门国有化的法律。

1917年12月，批准了《关于大型工业企业、铁路运输企业和共用企业收归国有的法

令》。收归国有的企业成为社会主义国家的国营企业,其企业财产为全民财产。同年,颁布了《关于商船国有化的法令》,将商船收归国有。

1918年5月,发布了《粮食专卖法令》,即《关于授予粮食人民委员会同隐藏存粮和投机贩卖余粮的农村资产阶级进行斗争的特别职权的法令》,其立法目的是实行粮食国家垄断制。针对全国的饥荒、粮食和其他食品大量投机活动,法令禁止任何人保存和隐藏余粮,把全部余粮按国家规定的价格卖给国家,在全国范围内国家按公平合理的办法分配粮食。由于外国武装干涉,国家采用工业品交换农产品的办法已不可能,在这种情况下,1919年1月,颁布了《余粮收集法》,该法的基本内容是农民把现有的余粮按固定价格出售给国家、不允许通过市场自由出售。

东欧国家是在第二次世界大战后走上社会主义道路的。这些国家直接借用苏联的经验,一开始便通过经济立法措施,实行国有化,对旧国有经济进行改造,恢复二战后的国民经济。

南斯拉夫是独立走上社会主义道路的国家。1942年2月,通过了《弗坎斯基法令》,没收旧国家财产为社会主义全民财产。1946年,发布了《私营企业国有化法令》,实行私营企业的国有化,但采取对私营企业全额给付偿金的办法。同年,通过了《国营经济企业基本法》,规定了企业的法人地位,由政府管理企业。

(二)建立、巩固计划经济基础阶段的经济法(1921—1956年)

这一阶段计划经济体制初具规模,其经济立法大致包括国民经济恢复时期的立法、实现国家工业化和农业集体化时期的立法、巩固和发展公有制时期的立法。这一历史阶段,是计划经济法的形成和发展阶段,经济法具有较强的"计划经济法"的性质和特征。

1921年后,苏联实行"新经济政策",其立法主要表现在:用实物税代替余粮收集制;工业上,实行企业租赁制,其中个别企业允许租赁给外国资本家。通过"新经济政策"立法,医治了战争创伤,恢复了国民经济。

1929年,通过了《第一个五年计划》。这部五年计划具有法律性质。1932年,制定了《集体农庄法》,全面推行"集体农庄"这种新的农村集体组织形式。1932年,颁布了《关于保护社会主义所有制法律》,规定集体农庄同全民所有制一样,具有同等重要意义。在巩固国营企业基础上,开始企业的改组与联合。1923年制定了第一个《托拉斯条例》、1927年制定了《工具钢业托拉斯新规程》,以推动国民经济的大发展。

在苏联经济立法发展的第三个阶段,1935年2月,通过了《农业劳动组合章程》,规定农村土地归集体农庄集体永远所有,规定了个体经济的范围。这是为调动农民和农村集体经济组织的生产积极性所作的新的法律调整措施。1939年,通过了《关于发展集体农庄公有畜牧业的措施》。1936年,苏联颁布新宪法,确定了社会主义经济的基本原则和指导方针。

在南斯拉夫,这一历史时期自1946年至1963年。1946年,通过了《计划法令》,开始实行对国民经济进行计划管理。1950年起,南斯拉夫决定实行"自治制度"。这一自治制度时期可分为两个阶段:1950年至1963年,实行"工人自治"阶段;1963年南斯拉夫解体,为实行"社会自治"阶段。1950年6月,通过了《劳动集体管理国家经济企业和高级经济联合组织基本法令》，规定工人有权管理经济企业。尔后，又发布了一系列法令，明确规定生产者享有自治权力。1953 年 11 月，通过宪法，规定生产者的基本权利，包括管理权、计划权、收入分配权和工资报酬权等。

在其他东欧国家，捷克斯洛伐克 1958 年颁布《社会主义组织间经济关系》，1964 年 6 月 4 日，制定世界上第一部经济法典，规定社会主义组织间经济活动原则、手段和准则。

罗马尼亚在 20 世纪 50 年代就制定了《经济合同法》，后来制定了《国民经济发展计划法》。

民主德国 1952 年采取措施，赋予企业在国家计划范围内的若干经济机制，其宪法规定："国家所有制能够为社会带来最大成果。社会主义计划经济和社会主义经济法是为这一目的服务的。"

（三）经济改革阶段的经济法（20 世纪 60 年代开始）

20 世纪 60 年代开始，苏联、东欧各国普遍经常经济改革。经济改革，实际上是对计划经济的否定。这种否定是通过全面的大规模的经济立法实现的。在这一历史阶段，经济法获得空前发展，改变了原来的经济法性质和作用机智，兼具"经济改革法"与"西方式市场经济法"的特征。

20 世纪 50 年代末，苏联开始酝酿进行经济改革，1965 年推行"计划工作和经济刺激新机制"。为此，先后通过了《社会主义国营生产企业条例》、《全苏和共和国工业联合组织总条例》、《苏维埃社会主义共和国联盟科研生产联合公司条例》，以及计划、经济合同、银行、信贷等一系列立法。其主要内容是：减少指令性计划指标的数目，扩大企业自主权；实行部门管理为主，兼顾地区管理的原则；用经济办法管理经济，加强经济刺激制度。1970 年 2 月 23 日，苏共中央、苏联部长会议作出《关于改进国民经济中法律工作的决议》。1975 年 6 月又联合发出了《关于进一步完善经济立法的措施的决议》促进经济改革的深入发展。

苏联解体后，俄罗斯等独联体国家把经济改革急速转为对社会主义基本经济制度的"改革"，使经济立法成为推行私有化和市场经济的工具。这一时期，俄罗斯相继制定了《国营企业和地方国营企业私有化法》、《所有制法》、《竞争和限制垄断活动法》、《企业和经营活动法》、《外国投资法》等。

从 1963 年开始，南斯拉夫进入实行自治制度的下一阶段，即"社会自治"阶段。"社会自治"立法的主要内容是：自治原则从企业扩大到社会，国家基本上不再管理经济；企业有扩大再生产的决策权和收入分配权，自行确定价格；各个外贸、外汇制度，实行一定程度的外贸自由化。1963 年 4 月 7 日，通过修改宪法，规定"社会所有制的生产资料归使用这种资料从事劳动劳动人民直接管理"。通过统一分配的制服，使劳动组织能够使用扩大再生产资金。1974 年宪法的年颁布，反映了社会自治达到了一定的深度，为进一步更充分、更深入的迅速发展社会自治奠定了宪法基础。1976 年，通过了《联合劳动法》，以调整经济组织和一般联合劳动组织的地位和内部关系。

1967 年，罗马尼亚从扩大企业自主权入手，开始经济改革。其主要内容是减少区划层次，取消州和区的建制，建立工业中心作为工业管理的中间环节，取消企业的一长制；改变计划编制方法，实行及时预测。为适应改革需要，罗马尼亚制定了一系列经济法规，如财政法、税收法、内贸法、投资法、利润法、固定资产折旧法、物资供应法和外贸法等等。

在东欧国家的经济改革立法中一个重要的立法现象是这些国家重视计划立法。例如1972年匈牙利制定了《国民经济计划法》，1999年罗马尼亚制定了《经济社会发展计划法》，1982年波兰制定了《社会一经济计划法》等等。东欧国家所谓经济改革，实际上是针对计划经济的改革。然而，这些国家却仍然重视计划立法。这说明这一时期的经济改革不是取消计划本身，而是探索计划的表现形式和实现方式。

第九章
中国经济法概念的变迁

在中国，经济法概念最初也是模糊不定的。对于经济法的内涵与外延，在很长一段历史时期里，中国学者实际上只是处于一个感性积累的摸索过程中。然而，概念问题是经济法各类理论问题展开的起点和基础。①究竟什么是经济法，不仅外国学者纷争不断，中国学者也是争论不休。从认知的顺序上说，只有对经济法的各类理论问题有了一定的研究之后，再提出或研究经济法的概念，也许更具有合理性。但是，从演绎思维的角度出发，对经济法概念作出界定，业已成为经济法理念提炼的核心了。自经济法产生以来，中国经济法概念就走过了漫长的道路，经济法学科才渐次成熟起来，为世人注目。

第一节　中国经济法概念的初创阶段(1979—1986年)

早在民国时期，来自德国、日本等的经济法思想就对中国产生过影响。例如，1923年的《法律评论》第26、27期就载有《新时代产物之经济法》一文，介绍西方的经济法概念。又如，1942年，张则尧所著《比较合作社法》，在第二章"合作社法在法律体系上之地位"中，专门列出第二节"经济法之范畴与合作社法"，对经济法的实质及其特征作出了阐述。但是，由于当时兵荒马乱的社会现实以及不典型意义的商品经济，使得经济法在理论和实践上均未能从"六法全书"中脱颖而出。真正意义上的经济法是在20世纪70年代末80年代初产生的。其产生背景则是10年"文化大革命"之后全国上下对法制的理性呼唤、民法传统的长期缺失以及对苏联和日本的经济法理论的继受。②

此后，中国学术界才开始系统地研究经济法概念。在这一初创阶段，中国学者主要研究经济法的调整对象，其中心是如何把它与民法分开，开辟自己的研究领域。这一标志是1979年5月在北京召开的关于民法、经济法的学术讨论会，会上法学界的同行们对民法同经济法的关系进行了热烈的讨论。20世纪80年代，中国学者主要研究如何建立具有自己特点的经济法学科体系，包括研究经济法的调整范围、经济法的基本范畴、总论与分论的关系等。这一阶段发展的标志是1983年9月和1983年12月分别在沈阳和北京召

① 张守文：《经济法理论的重构》，人民出版社2004年版，第217页。

② 史际春主编：《经济法》，法律出版社2003年版，第6页。

开的经济法理论工作会议和经济法学术理论讨论会。在这两个会上，尤其是在后一个会上，学者们根据自己的研究成果，提出了经济法的不同概念，初步形成了中国经济法理论研究中的五个学派，即"纵横经济法论"、"纵向经济法论"、"计划经济法论"、"综合经济法论"以及"学科经济法论"。通过讨论，学者们把争论集中到一点，即正确划定经济法调整范围的关键，在于揭示经济法所调整的经济关系的特殊性质。①这些学说较为朴素和肤浅，并带有十分浓重的时代色彩。

其中，"纵向经济法论"认为经济法只调整纵向经济关系，而这一纵向经济关系无一例外地均以"计划性"、"行政性"为特征。属于这一主张的有以下三种观点：(1)以计划法为核心的纵向经济法论。该论认为经济法是"调整我国社会主义经济关系中的宏观纵向经济关系的法律规范的总和"②。经济法是置于根本大法——宪法、一级大法——计划法之下的二级大法。(2)以宏观微观为核心的纵向经济法论。该论认为经济法是在国家利用国家权力干预经济生活后产生的。在此基础上国家经济生活分为国家宏观决策和微观决策，因此，"中国经济法的调整对象应是宏观经济关系和微观经济关系"③。(3)以经济管理为核心的纵向经济法论。该论指出，经济法调整的经济关系集中表现为组织和管理经济的关系，或者说，就是管理关系。"经济法的特殊调整对象决定了它的调整方法的特殊性，即指令和服从的行政调整方法。"④经济法所调整的经济管理关系的特征在于，它是在生产领域中产生的直接劳动关系，而不是在交换领域中产生的间接劳动关系；它是按指令和服从建立起来的行政隶属关系，而不是完全按协调原则建立起来的平等关系；它是一种往往表现为以全社会需要为宗旨的具有无偿性质的关系，而不是一种按局部需要建立起来的等价有偿的关系。

"计划经济法论"则认为经济法只调整计划经济关系，并不调整上述的全部纵向经济关系。这一观点是计划经济的理论产物，强调"中国经济法是调整中国社会主义经济建设中建立在计划经济基础上，不通过商品货币关系，而直接通过计划关系而形成的各种经济关系的法律规范的总和"。

"综合经济法论"认为经济法调整的并非单一的经济关系，而是经济活动中发生的具体性质不同的多种类的经济关系。这是一种大经济法论，是这一阶段占主导地位的一种观点。例如，有学者主张，经济法"是调整和规范一切经济关系的法律规范的总称"⑤，这实际上是以否定民法的价值为代价，对经济法作扩大解释，并不科学，后逐渐被摒弃。

"学科经济法论"认为经济法不是一个独立的法律部门，只是一个学科，不存在所谓经济法的调整对象问题。

"纵横经济法论"最初的纵横经济法就是大经济法观念，即无论"纵的"或"横的"经济关系均由经济法调整，经济法调整的主要是生产领域(广义上的，包括生产、交换、分配)中的组织间的经济关系；而民法则主要是调整公民在生活消费领域(不包括生产消费)中的

---

① 李步云主编：《中国法学——过去、现在与未来》，南京大学出版社1988年版，第301—302页。

② 孙亚明：《经济法应否成为独立的法律部门》，载于《法学研究动态》1982年第13期。

③ 国务院经济法规研究中心办公室编：《开创经济法制工作的新局面》，法律出版社1984年版。

④ 王利明、李时荣：《关于经济法的几个基本问题》，载于《中国社会科学》1984年第4期。

⑤ 施竟成：《对经济法命题的一点认识》，载于《湖北财经学院学报》1982年第1期。

经济关系，[1]从而把个体经营及其参加的非生活消费性流转关系也囊括在经济法调整的横向关系之中。这一结论显然是受制于当时中国经济体制中无处不在的"行政命令"、"国家意志"现状，同时也反映了当时法学界的幼稚，学者们对苏联现代经济法学派的纵横经济法说缺乏深刻的理解与把握。这一"纵横经济法论"几乎就是中国版的拉普捷夫观点。这种现象是可以理解的。因为20世纪70年代末80年代初，中国迫切需要加强经济建设和法律建设。当时人们考察了德国、日本和苏联、东欧国家的经济法情况，由于苏联、东欧国家的政治经济制度与中国基本相同，中国的法学思想理论和立法实践又长期受其影响，所以人们很容易接受苏联学者的学术观点和研究成果，无需作大的修改即可拿来运用。中国经济法研究前期之模仿苏联，同日本二战以前之仿效德国，情况是十分相似的。[2]

第二节 中国经济法概念的形成阶段(1986—1991年)

1986年，中国颁行《民法通则》后，经济法学界的论争一方面转为修正形态的纵横经济法论与纵向经济法论之间的对话，由此对经济法调整范围作出了进一步的界定。另一方面开始与行政法发生冲突，因为行政法也调整一定范围的经济关系，且20世纪80年代末，整个国家经济生活仍极具强烈的行政隶属属性。在这两种矛盾冲突之中，经济法概念的纵深研究由原来的"纵横经济法论"继而演变为"密切联系说"和"管理协作说"。

修正后的"纵横经济法论"认为经济法调整纵横统一的经济关系或纵横交错的经济关系。其具体为，经济法是调整经济管理过程中和计划指导下的经营协作活动中所发生的经济关系的法律规范的总称。这就意味着，经济法并不调整属于当事人意思自治范围内的经济行为，它调整的是公私兼顾、相互融合的经济关系，如公共经济管理关系、维护公平竞争关系以及组织管理性的流转和协作关系。[3]

在此基础上，"管理—协作论"认为，中国经济法是调整经济管理关系和经济协作关系的法律规范的总称。调整对象是经济管理关系和经济协作关系。所谓经济管理关系和经济协作关系又分别有宏观、微观之分，而宏观和微观又有国内国外之别。

"密切联系论"认为，"经济法是调整经济管理关系以及与经济管理关系密切联系的经济协作关系的法律规范的总称"。并指出，"经济管理关系是指在经济管理过程中发生的物质利益关系，包括国民经济管理关系和经济组织内部的经济管理关系"[4]。

上述两种对经济法概念的主张，其精神实质是完全一致的，是同一意思的不同表述，是在坚持"纵横经济法论"的基本框架的前提下，缩小了经济法的调整范围，故仍是一个

---

① 中国人民大学法律系经济法教研室编：《中国经济法教程》，中国人民大学出版社1985年版，第15页。

② 漆多俊著：《经济法基础理论》(第三版)，武汉大学出版社2000年版，第105页。

③ 潘静成、刘文华主编：《中国经济法教程》(修订本)，中国人民大学出版社1995年版，第37—38页。

④ 陶和谦、杨紫烜主编：《经济法学》(第四版)，群众出版社1989年版，第11页。

“大经济法论”。

与此同时，还出现了经济行政法论、经济管理法论以及企业经营管理法论等诸多观点，为经济法概念的研究注入了更多视角。具言之：

“经济行政法论”主张，经济法调整以政府为核心的国家在实现经济职能和调控社会经济运行中所形成的具有行政隶属性的经济管理关系。该说认为经济法是国家行政权力深入到经济领域，对国民经济实行组织、管理、监督、调节和干预的结果。它具有较强的行政隶属性，主要采用行政命令或指令的调整方法。因此，经济法应该称为“经济行政法”更为合适。它着重于以带有经济性因素的管理关系为主要调整对象并以“经济性”作为划分经济法与行政法的唯一依据。

“经济管理关系法论”，按其是否包括对内部经济管理关系的调整，可分为广义的经济管理关系论和狭义的经济管理关系论。前者的主要代表是谢次昌，他的这一主张实质是一种以经济管理为核心的纵向经济法论。该论认为经济法调整国家管理经济中所产生的关系，这种关系包括“政府对经济的管理”、“国家和企业之间的关系”、“企业内部的纵向关系”以及实际上属于经济管理关系的“不平等主体之间的经济关系”。这些关系既可以是强制性的命令和服从、监督和被监督的关系，也可以是非强制性的指导和被指导关系。① 后者则以叶希庆、漆多俊等人为代表。该论认为，经济法调整“国民经济管理和国民经济协调过程中所发生的经济关系”②。强调国家对国民经济的宏观管理和协调。漆多俊一针见血地指出，“经济法调整国家经济管理关系”③，即有关主管机关（国家）对于由其投资的企业（特别是国有企业）所进行的必要的经营管理活动而发生的经济组织的内部经济管理关系。

“企业经营管理法论”认为，经济法是“调整企业的经营管理关系，提供经济工作准则法”，“因而也可称为经营管理法或经营经济法”④。该论的实质是“企业法”，似乎与“商法”有着更密切的关系。虽以保护企业的独立自主权为基调，但根本上仍是维护计划体制下国家对企业的微观管理和介入。

第三节　中国经济法概念的调整阶段（1992—1999 年）

1992 年，邓小平南方讲话以及随后的经济体制改革的推动，市场机制的引入，中国经济法的理论研究上了一个新的台阶。许多经济法学者纷纷调整其原有观点判断，以适应市场经济的内在要求和客观规律；同时，又有许多新的观点学说不断推出。学者们开始重

---

① 谢次昌：《论经济法的对象、地位及学科建设》，载于《中国法学》1990 年第 6 期。

② 叶希庆主编：《经济法教程》，厦门大学出版社 1988 年版，第 3 页。

③ 漆多俊：《经济法调整对象及其它》，载于《法学评论》1991 年第 2 期。

④ 潘念之著：《中国经济法理论探索》，上海社会科学院 1987 年版，第 86 页。

视与西方国家的相关研究成果相接轨，更多地借鉴日本、德国等经济法发达国家的经济法思想。随着研究的推进，经济法学界也不再仅仅局限于对经济法概念和调整对象的研究，而是广泛地就经济法的定位、宗旨、价值选择等问题作全方位的探讨。因此，这是经济法真正走向成熟的时期。

在20世纪90年代，这一时期的诸多经济法概念至少可归纳为以下三大类：

(一) 调整对象类

这类论断是基于经济法所调整的社会经济关系，来探讨经济法的中心概念。具言之，又可分为以下五种：

第一种，"国家经济管理关系论"，以漆多俊为代表，也是一种对原有论断进行修正的观点。该论认为，"经济法是调整国家经济管理关系，以保障国家调节社会经济、促进其协调稳定和发展的法律规范的总称"①。这样就将调整对象与社会功能结合起来探讨经济法的概念，指出经济法的调整对象是国家经济管理关系——以国家为一方主体且具有经济性内容、以影响社会经济为直接目的；其基本功能和任务是保障国家对于社会经济的调节，以促进社会经济协调、稳定和发展，即实现国家经济管理意志。"社会总体性"和"直接的经济性"因此成为经济法区别于民法和行政法的基本特征。而国家调节经济的三种方式则是强制、参与、倡导，并以此构建经济法的体系。但是，这三种方式并不能全面概括现实经济生活，在实践中，经济法对任何经济关系的调整都可能是多种方式的综合运用，因此由此构建经济法体系便会产生许多无法解释和解决的矛盾。

第二种，"经济管理与市场运行关系论"，以刘文华为代表。该论认为，"经济法是调整国家为了保证社会主义市场经济的协调发展而制定的、有关调整经济管理关系和市场运行关系的法律规范的统一体系"②。其调整对象主要包括：(1)国家经济管理关系；(2)市场运行关系；(3)组织内部经济关系；(4)涉外经济关系。其中，经济管理关系不仅在有关国家机关与企业等社会组织之间发生，在各级经济管理机关之间也会发生，它又可分为综合经济管理关系、职能经济管理关系、行业经济管理关系、经济监督关系。市场运行关系指由国家计划制约、国家直接管理以及涉及全局利益和其他重要的市场运行关系，具体包括：经济联合关系，如全国性的或者跨地区、跨部门的大公司、企业集团等在其组合过程中发生的经济联合关系等；市场协作关系，如与国家规划、计划相连，与国家的整体部署相关，影响着社会主义市场的整体运行状况和全局利益安排的宏观调控领域内的经济协作关系。显见，这是管理—协作论和密切联系论在市场经济条件下的修正。

第三种，"宏观调控论"，以王希仁为代表。该论指出，"经济法是国家对国民经济进行宏观间接调控的部门法"③。它将社会经济关系划分为五类，其中只有国家作为经济管理主体与市场主体之间的间接宏观调控性经济关系，才由经济法调整。它较稳当地划定了经济法与相关部门法的界限，但却过分地缩减了经济法的调整范围，以至于无法真正体现

① 漆多俊著：《经济法基础理论》，武汉大学出版社1993年版，第84页。

② 刘文华主编：《新编经济法学》，高等教育出版社1993年版，第60页。

③ 王希仁：《经济法概念新论》，载于《河北法学》1994年第2期。

市场经济条件下的经济法本质。

第四种,“经济协调论”,以杨紫烜、徐杰为代表。该论认为,经济法是调整在国家协调经济运行过程中发生的经济关系的法律规范的总称。①这一协调关系包括企业组织管理关系、市场管理关系、宏观经济调控关系和社会保障关系四种。这一论断实质上是对“管理一协作论”的扬弃和继承,着重于在遵循市场经济的客观规律前提下探求经济法本质的一次努力,但其宽泛地界定经济法调整范围,并不能切中经济法的要害,揭示其真正内涵。

第五种,“经济干预论”,以肖岳峰、宋志国为代表。该论认为,“经济干预关系才是经济法赖以建立的基点,是经济法的调整对象”②。这种干预关系具有三个特征:一是国家干预经济生活的目的是为了社会整体利益,有别于计划经济体制中国家对经济的微观管理;二是国家对经济的干预是来自经济运行机制的外部,以监督者的身份加以实现;三是国家对经济干预的非经常性,表明干预的对象不是固定的经济组织,也不是具体的经济权利,而是特定的经济违法行为。经济干预关系具有复杂性、特殊性,它必须在已经发生的横向经济关系危及自由、公平的市场秩序、破坏竞争,导致市场调节机制失灵或发生危机时,干预关系才会发生。因此,干预关系虽是纵向经济关系,但却以横向经济关系为基础。

(二)机能类

由于多年来,对经济法概念的解说均是以调整对象为切入点,由此常常无法自圆其说。这类经济法观点则另辟蹊径,基于经济法的社会功能和目标任务,解答经济法中心概念,揭示经济法的本质。大致归纳为以下四种概念认识:

第一,“社会整体经济利益说”。该说主张,经济法的本质属性(也即基石范畴)是保障社会整体经济利益;基本价值是社会效益和社会公正;基本功能是平衡协调经济运行;发挥功能的基本方式是规制经济运行中的经济行为;直接任务是通过引导、促进、保障、制约,实现国民经济的健康、协调、可持续发展。因此,“经济法是公私融合的新法域,是具有独立意义的社会法的特别法”③。它是社会性、经济性、整体性、现代性、综合性的有机统一,是对经济关系进行整体、系统、全民、综合调整的法律部门。换言之,经济法应当是“国家为保障社会整体经济利益,实现经济协调发展而规制经济运行行为的法律规范的总称”。

第二,“需要干预经济关系说”。该学说认为,“经济法是国家为了克服市场调节的盲目性和局限性,而制定的调整需要由国家干预的具有全局性和社会公共性的经济关系的法律规范的总称。或者简言之,经济法是调整需要由国家干预的经济关系的法律规范的总称”。“经济法的调整对象是国家需要干预的经济关系,具体来讲,国家需要干预的经济关系是指市场主体调控关系、市场秩序调控关系、宏观经济调控关系和社会分配调控关系。”④由于这四种关系在内容上相互交叉,所用概念不甚严谨,因此在建构经济法体系上

---

① 杨紫烜、徐杰主编:《经济法学》(新编本),北京大学出版社1995年版,第41页。

② 肖岳峰、宋志国:《论市场经济条件下的经济法调整对象》,载于《研究生法学》1996年1月。

③ 肖乾刚、程宝山著:《经济法概论》,中国商业出版社1994年版,第20页。

④ 李昌麒著:《经济法——国家干预经济的基本法律形式》,四川人民出版社1995年版,第197页。

也不够完整，无法与相邻部门法区别开来。

第三，“创设市场经济之法论”。该论认为，中国的经济法是在没有市场经济的情况下产生的，“中国法律的发展现实告诉我们，可以先没有民法、也可以先没有商法，但是绝对不可能先没有经济法。经济法是我国的立国之法”①。在新中国成立初期，经济法是创设社会主义计划经济体制的法；而今，经济法则应是创设社会主义市场经济之法。经济法的本质在于其“创设性”，而非是“干预性”。其调整对象不仅包括政府宏观经济调控关系、市场管理经济关系、社会经济保障关系，而且还将公司法、破产法、合同法等民(商)法的内容划归“创设市场经济”的经济法。这一主张较为狭隘、偏颇，故其分析不尽合理。

第四，“干预政府论”。该论强调，“经济法固然是政府干预社会经济之法，但也在某种程度上甚至首先是‘干预政府之法’，界定政府权力、规范政府行为、明确政府责任是经济法的核心内容所在。从一定意义上说，法律‘干预’好了政府，其实政府就干预好了社会经济”②。经济法就是“要为政府干预社会经济建章立制，是政府干预社会经济必须遵循的基本法律法规。没有建立起一套‘干预政府’的经济法体系，政府干预经济就没有依据和标准，这种经济法体系就是不完善的”。所以，干预政府也是经济法的宗旨。

(三) 经济行政法类

这一论断由来已久，在市场经济条件下又有所发展，但却分离出了两大不同的立场。一是否定经济法的独立地位，认为“经济行政法属于行政法，是行政法的一个分支部门”。经济行政法是“调整国家经济机关在实施经济管理活动中所发生的各种社会关系的法律规范的总体。国家经济管理机关在实施经济管理活动中与一定的经济组织或公民之间所发生的各种社会关系在理论上称为经济行政管理关系”③。二是肯定经济法的独立地位，认为“经济法是国家从社会整体利益出发，对市场经济进行干预和调控、管理的法律。就其性质而言，它是公法，也就是经济行政法”。甚至有人认为，经济法作为行政法的特别法就像商法作为民法的特别法那样，可以独立自成一个新的法律部门。④

(四) 方法论类

以经济分析的方法研究法学，成为当今世界法学界一种前沿的研究方法。经济理性人、最大化、市场均衡、效益、交易成本等经济学术语被引入甚至代替传统法学理论，用于设定或者评定法权配置。⑤学者们在吸收经济学研究成果的基础上，采纳经济分析方法力图探求经济法概念与本质。比较典型的两类如下：

第一类，“新经济法理论”。该论从交易成本、帕累托最优等角度，主张经济法就是“为减少经济运行中的交易成本而运用经济手段，对市场经济运行进行宏观调控和管理的法律规范的总称”。“经济法有其独特的调整对象，即国家对市场经济进行宏观调控和管理

---

① 董娟：《市场经济下经济法的调整对象》，载于《理论与现代化》1995年第10期。

② 邱本、董进宇：《论经济法的宗旨》，载于《法制与社会发展》1996年第4期。

③ 王克稳：《经济行政法论》，载于《法律科学》1994年第1期。

④ 刘仲铭：《反思与自省：市场经济体制下“经济法”的重新定位》，载于《中外法学》1996年第1期。

⑤ 程宝山著：《经济法基本理论研究》，郑州大学出版社2003年版，第64页。

过程中所发生的经济关系”。只有运用经济手段进行宏观调控,才能避免市场经济的盲目性,使市场主体有所依循,减少市场经济中的交易成本;只有进行管理,才能有效扼制和防止破坏市场机制的行为,实现微观经济的良好效益,从而使整个宏观经济在国家对微观经济的调控中取得整体综合效益,进而实现经济法的目的。①

第二类,“经济法概念新探”。该论以减少交易成本为出发点,主张经济法为“国家干预经济之法”,同时,基于对政府追求利益最大化可能造成的不当干预的分析,主张经济法又是设定“政府干预权限”之法,因此,“经济法是以实现社会公共福利最大化为出发点,授权政府以行政行为干预私人经济行为的法律”②。

此外,还有宏观调控说、社会公共性说、规范文件综合说等。宏观调控说认为,经济法是调整国家作为经济管理主体与市场主体之间间接宏观调控性经济关系的法律规范的总称。③社会公共性说则主张,经济法是调整发生在政府、政府经济管理机关和经济组织、公民之间的以社会公共性为根本特征的经济管理关系的总和。④规范文件综合说把经济法视为一个综合概念,认为经济法是国家现行的经济法律、法规、规章等经济法律规范的总和。⑤纵观这一时期的经济法概念诸说,经济法概念研究已经进入一个崭新的高度,由于社会主义市场经济体制目标的确立,经济法学者们及时调整了研究方略,立足于市场经济而且服务于市场经济,为经济法的勃兴建立一个百家争鸣的大平台。

第四节　中国经济法概念的成熟阶段(2000 年至今)

在中国,经济法的成熟是经济发展、社会进步、法律完善的客观要求。20 世纪 90 年代以来,国家十分重视经济法制度建设工作,尤其是 1995 年以后,市场经济的建立要求市场在资源的配置方面发挥基础作用,要求进一步削减计划经济体制之下政府对经济的过度干预,因此经济立法方面表现出进一步限制政府对经济干预的权力趋势,修订或颁布了许多新的经济法律法规,如《反不正当竞争法》、《消费者权益保护法》、《产品质量法》、《广告法》、《预算法》、《审计法》、《价格法》、《证券法》、《招标投标法》、《反垄断法》、《食品安全法》等等,这为厘清现代经济法的内涵和本质提供了良好的制度基础和实践经验,为经济法的理论提升创造了新的历史契机和科学视野。在进入 21 世纪之时,国内学者们纷纷著书立说,为经济法概念的揭示和经济法理念的培养进行着不懈努力,中国经济法进入了一

① 张守文、于雷:《中国“新经济法理论”要略》,载于《中外法学》1993 年第 1 期。

② 王肃元、周林彬、许志勇:《经济法概念新探——一种经济分析思路》,载于《甘肃政法学院学报》1996 年第 4 期。

③ 刘国欢:《经济法调整对象理论的回顾、评析与展望》,载于《法律科学》1996 年第 1 期。

④ 王宝树:《市场经济与经济法学的发展机遇》,载于《法学研究》1993 年第 2 期;《经济法基础理论研究大纲》,武汉 1996 年全国经济法研讨会论文。

⑤ 蔺翠牌主编:《中国经济法学》,中国社会科学出版社 1996 年版,第 11 页。

个成熟发展的新阶段。

目前,理论界最具代表性的经济法论断大多是对以往观点的进一步修订与完善,较有代表性的观点有以下六种:

第一种,主张"社会公共性论"。该论以王保树为代表,主张经济法是调整发生在政府、政府经济管理机关和经济组织、公民之间的以社会公共性为根本特征的经济管理关系的法律规范的总和。经济法所调整的经济管理关系是具有社会公共性特点的经济管理关系。

随着改革的深入,国家(主要是政府)不再是一个身份与职能不分的包罗万象的管理者,而是在不同的社会关系中表现为不同的地位。就主要者而言,国家是国家财产(含经营性财产和非经营性财产)的所有者,是行政关系的权力主体,是社会公共管理者。只有当国家(主要是政府)作为社会公共管理者,实施经济管理权时,它所发生的经济管理关系才是经济法的调整对象。这是一种社会公共经济管理,它表现为一种普遍性的措施,着眼于社会整体,而不是着眼于某个个体。它既不表现为对某个自然人和法人的直接控制,也不表现为对某个自然人和法人的个别保护,而是以承认并维护自然人和法人的独立地位为基点,着眼于社会整体的市场管理和宏观经济管理,在这种管理中所发生的经济管理关系具有社会公共性。为此,经济法只能定位于"调整经济管理",不能再留有调整财产关系的痕迹。

"社会公共性"经济管理关系,是指政府或政府授权经济管理机关以社会公共管理者的名义实施经济管理中发生的经济管理关系。经济法调整对象具有物质性和社会公共性的特征。经济法调整对象的社会公共性是它区别于其他法的调整对象的一个最根本的特征。经济法仅以具有社会公共性为根本特征的经济管理关系为其调整对象。

经济法的调整范围包括三部分:一是市场管理关系,它是政府或政府授权部门在建立和维护自由、公平的市场竞争秩序中形成的管理关系;二是宏观经济管理关系,它是中央和省两级人民政府及其法定的宏观经济管理部门实施对国民经济的宏观管理而发生在宏观经济领域里的经济管理关系;三是对外经济管理关系,它是指因国家对外经济贸易管理部门实施对外经济贸易管理而发生在对外经济贸易管理部门与对外贸易经营者、境外进口商之间的社会关系。

这一经济法的调整对象及范围,旨在强调经济法是法律体系中的一个独立法律部门,是确认和实行社会整体调节机制的重要法律部门。它之所以是一个独立法律部门,这是因为判断一个法域是不是独立的法律部门,关键是看它有没有自己独特的调整对象。而由于经济法有了特有的调整对象,经济法可以无疑地以一个法律部门立于法律体系之中了。对于经济法的法域属性,该说认为经济法以公法性质为主,兼具私法的性质,换言之,它基本上是公法。对经济法体系应作这样的概括:它是按照统一性和内在有机联系的要求,由经济法规范构成的部门法体系。经济法体系可以由市场管理法、宏观经济管理法和对外经济法三个部分构成。为此,经济法基本原则有三:一是经济法上的公平与公正原则;二是违法行为法定原则;三是经济管理权限和程序法定原则。①

① 王保树主编:《经济法原理》,社会科学文献出版社 2004 年版,第 20—65 页。

该说指出，社会公共性体现为社会普遍性、公有性、公益性和国家干预性，是经济法的核心范畴，决定并表现在经济法的产生、价值、主体、权利义务、属性等各个方面。社会公共性的凸显，标志着从个人本位转向社会本位，要求国家提供社会福利和对市场经济进行干预，并要求法律的有效调整能够反映这一时代精神。民法、行政法因其固有属性不能完全做到，体现社会公共性要求的经济法便产生了。社会公共性所体现的经济自由、经济民主和经济秩序以及社会公益是经济法价值之所在。经济主体的经济法权利的行使不得违反社会公共性要求并受到社会公共性的限制，国家机关经济法权力由于其权力本质的公共性、权力行使的程序性、权利范围的合理性、权力地位的非本位性和权力宗旨的非公益性而具有社会公共性。经济法义务具有社会性、公共性、无偿性、公益性。①

第二种，主张"国民经济运行法论"。该论以刘瑞复为代表，主张经济法是调整国民经济运行过程中形成的经济关系的法律规范的总称，即由"国民经济运行"、"经济关系"和"经济法律规范"三要素构成。国民经济运行要素，规定了经济法的存在和作用领域。国民经济运行，是指一国范围内所有的经济部门、经济单位和经济环节组成的有机整体，通过一定的原则、程序、方式和手段实现经济运转。在思维抽象上，国民经济运行可分为微观经济运行、中观经济运行和宏观经济运行。经济关系要素规定了经济法调整的具体范围。经济关系是指国民经济运行过程中，基于经济活动所形成的主体间的相互关系。经济活动是主体为实现一定经济目的所进行的生产、交换、分配和消费活动的总称。定义中的法律规范，是经济性法律规范。总之，经济法是由经济法律规范构成的，经济法是跨部门法的、失去部门法属性的、具有经济性共同本质和同一调整机能的经济法律规范的总和。而在核心层面上，他认为经济法是调整国民经济运行的法，是调整经济依赖关系的法，是经济法律制度体系的法。

这一理论认为，经济法调整的经济关系的范围，在当代条件下，就是国民经济运行过程中形成的七种经济关系：一是经济组织关系，是指经济组织内部和外部的组织关系；二是经济活动关系，是指主体依据其法律地位和经济权利，在对外参加经济活动中所形成的关系；三是经济竞争关系，是指主体在市场竞争机制中所形成的经济关系；四是经济调控关系，是指国家在协调、控制国民经济运行中形成的经济关系；五是经济管理关系，是指国家经济机关、社会组织和经济组织在管辖、处理经济事务中形成的经济关系；六是经济监督关系，是指国家和社会组织以及个人在对经济行为实行监察、督导所形成的经济关系；七是涉外经济关系，是指在一国与外国或者地区间进行经济活动所形成的经济关系。经济法所包括的这七种相互联系、相互依存的经济法律制度，与之相适应的法，是经济组织法、经济活动法、经济竞争法、经济调控法、经济管理法、经济监督法和涉外经济法。

经济法的调整方式，是经济法规范作用于国民经济运行并对其形成的具体经济关系进行调整的方式。经济法发生调整作用的方式，与国家联结在一起，它是国家借助于法，实现对国民经济的组织和领导，从而使经济活动主体相互之间、国家与经济活动主体之间所形成的经济关系，按照法所需要的方向、限度得到调整，以保障国民经济良性运行。调整方式的基本构成，包括指令性调整、修正性调整、引导性调整和参与性调整。

---

① 肖江平著：《中国经济法学史研究》，人民法院出版社 2002 年版，第 291 页。

经济法在一国整个法体系中仅次于国家法，居于首要地位，而且它是以真正独立的地位存在的。正因为具有宪法、国家政策和经济法本身作用等重要基础，经济法才确立了自己的地位。经济法在组织国民经济运行中，对于国民经济稳定、协调、可持续发展过程本身，起着巨大的决定性的作用。经济法的基本原则包括实行社会主义经济制度的原则（基础）、国家经济统筹发展原则（根本）、宏观调控与市场机制相结合原则（主导）、责权利统一原则（核心）和国家经济主权原则（关键）。

总体上说，经济法是调整上述七种经济关系所形成的法制度、法形式和法方法的总和。它是保障国民经济全面、协调、可持续发展的法律。经济法的调整，能够实现国民经济运行中城乡、区域、经济社会、人与自然、国内发展与对外开放的统筹发展。①

第三种主张，“需要国家干预论”。该论以李昌麒为代表，主张经济法是国家为了克服市场失灵而制定的调整需要由国家干预的具有全局性和社会公共性的经济关系的法律规范的总称。经济法的调整对象正是需要由国家干预的、具有全局性和社会公共性的经济关系，即国家需要干预的经济关系，主要指市场主体调控关系、市场秩序调控关系、宏观经济调控关系和社会分配关系。②也有的学者为此提出，经济法是调整国家干预的影响国民经济运行的经济关系的法律规范的总称。所谓国家干预的影响国民经济运行的经济关系，就是指这些不协调、不均衡经济关系（或称为非均衡经济关系、失衡经济关系），经济法主要调整的是这些不均衡经济关系，即经济发展总量不均衡关系、产业结构发展不平衡关系、区域经济发展不均衡关系、公共物品的需求与生产的不平衡关系、价格与生产成本之间不协调关系、收入水平与消费水平的不平衡关系、个人利益与社会利益不协调关系等。这些不均衡、不协调的经济关系是本原性的、基础性的、客观存在的关系。从这种意义上说，经济法是调整不均衡经济关系之法。③

该学说主张认为，现代经济法在西方是指社会由自由资本主义进入垄断资本主义阶段后而存在的经济法形态。考察现今主要的经济法观点，几乎都蕴含着国家运用经济法的形式介入或者干预社会经济生活这一质的规定性，所不同的只是提法而已。从这种意义上讲，国家需要干预应当成为经济法赖以存在的理论基础。④经济法是为了克服市场失灵和维护社会公共利益的需要而存在的。对经济法的本质属性作出这一界定的内在逻辑是，理论和实践都表明市场机制是迄今为止资源配置的最佳方式，但市场机制并非总是高效率，相反市场失灵内生于市场机制，市场失灵使市场运行的结果呈现出明显的配置上的非效率和分配上的非公平性，而市场自身又无法克服市场失灵，这就必然产生对外力介入的需求，国家也就因此以其特有的优势成为介入主体，乘虚而入进行干预，而干预的基本法律形式就是现代经济法。

简言之，市场失灵内在于市场机制，市场失灵产生干预需求，干预需求产生干预供给，而干预供给的法律形式则是现代经济法。因此，经济法语境中的国家干预是国家实施市

① 刘瑞复著：《经济法学原理》（第三版），北京大学出版社 2008 年版，第 41—155 页。

② 李昌麒主编：《经济法学》（第四版），中国政法大学出版社 2011 年版，第 38—49 页。

③ 黄河主编：《经济法》（第三版），中国人民大学出版社 2011 年版，第 7 页。

④ 李昌麒、刘瑞复主编：《经济法》，法律出版社 2004 年版，第 1 页。

场经济体制的一种特殊的经济职能，旨在克服市场失灵以提升市场效率，而并非泛指国家公权意志在法律中的体现。①

从中不难看出，在21世纪之后，"需要国家干预论"在原有基础上有所完善与发展，历经了"国家干预—适度干预—谨慎干预"的理论进程，逐渐成熟，日趋完善。所谓国家干预是尊重市场经济体制的干预，是授权和限权有机结合的干预。②这一国家干预与经济自由是辩证统一的，它有利于推动政府职能的转变。这正是印证了一个既有的道理："凡是市场能有效运行之处，就没有经济法存在的空间；凡是有经济法不能克服市场缺陷之情形，就没有经济法运作之余地；凡是存在经济法克服市场缺陷不经济之情形，也没有经济法存在之必要。"③

与此同时，"需要国家干预论"也引发了学界的更深入而广泛的讨论。④

第四种主张，"国家调节论"。该论以漆多俊为代表，主张在经济法的概念和本质属性上，经济法是规范和保障国家调节社会经济之法。它规范在国家介入社会经济生活，对经济实行干预、参与和促导——即国家调节经济中人们的行为，调整在上述过程中所发生的各种社会关系，保障国家调节顺利和有效进行，以实现维护和促进社会经济结构和运行协调、稳定和发展的预算目的。在此，国家调节，指的是国家对于社会经济的一种调节机制和调节活动，是国家直接介入社会经济生活，进行干预、参与和促导，排除社会经济正常运行中的障碍，并积极促进和引导其朝着国家意志所希望的方向和轨道运行，以维护和促进社会经济协调、稳定和发展。现代社会经济需要国家调节，国家调节同市场调节是两种不可或缺的基本调节机制。国家在调节社会经济过程中，以国家为一方主体同其他各方主体之间会发生各种社会关系。它主要包括：在国家调节中发生的国家（它的机关及工作人员）同企业等民间社会主体之间的关系，国家同各有关国家机关之间及各有关国家机关之间的关系。

国家经济调节关系有以下特点：第一，它发生在国家调节经济过程中，是由国家调节引起的社会关系。第二，它的主体即当事人有一方为国家或代表国家的机关，他们担负着国家经济调节职能，是一种调节、管理主体；而相对方则为被调节被管理主体，有接受国家调节的义务。第三，它也不是当事人之间完全自愿协商的关系，而具有一定强制性；国家调节主体有时也需要运用协商机制，并尽量让被调节主体自觉自愿，但并不以协商和自愿为原则。第四，它具有经济性内容，必会触及有关当事人利益。

该论还指出，经济法所调整的国家经济调节关系，不同于国家行政管理关系。国家行政管理有时也涉及经济领域并具有一定的经济性内容。这一部分行政管理，也可称作国家经济管理。但是，作为国家行政管理的这部分经济管理，同经济法所调整的国家经济调节关系，在管理的目的与任务、管理内容与深度、管理方式与手段等方面均有所不同。另

① 李昌麒主编：《经济法学》（第二版），法律出版社2008年版，第53页。

② 李昌麒：《我对"需要干预经济关系论"的进一步解释》，载于《寻求经济法真谛之路》，法律出版社2003年版，第132—142页。

③ 李昌麒、应飞虎：《论经济法的界限》，载于《法学》2001年第5期。

④ 单飞跃等：《"干预"直面十年——"需要国家干预说"的争鸣与发展》，载于《需要国家干预——经济法视域的解读》，法律出版社2005年版，第397—432页。

一方面，经济法的调整对象同民法所调整的民间社会经济关系(即所谓“平等主体之间经济关系”)也显著不同。这是一种特殊的社会关系，经济法调整对象具有特定性。

经济法的基本任务与作用，是确保国家调节依法作用于社会经济，影响经济结构和运行，使其实现国家意志所预期的目标。国家调节社会经济需要制定法律，国家应当依法调节；同时，法律保障国家调节。经济法是国家调节中人们的行为规范，是国家调节的法律保障。一般情况下，或者说国家调节按其本来的使命，是希望维护和促进社会经济的结构和运行能够协调、稳定和发展。所谓协调，主要指社会经济内部各种结构和比例关系的大致均衡；所谓稳定，主要是指避免经济停滞、过速增长或大起大落；所谓发展，是指经济在质和量上的提高和增长。

由此反映了经济法的本质：经济法是在国家调节社会经济过程中人们行为的法律规范，是国家调节社会经济意志的体现。它是国家调节社会经济之法，是国家调节即“国家之手”有效运作的法律保障。国家调节，是经济法本质属性的引发点和核心，是认识经济法本质属性的关键。另一方面，作为国家调节之法的经济法，其实质乃是一种社会性法，是关于社会调节之法。①

第五种，主张“调制关系论”。该论以张守文为代表，主张从调整对象理论的“社会关系说”的角度出发，可以认为，经济法是调整在现代国家进行宏观调控和市场规制的过程中发生的社会关系的法律规范的总称。简单地说，经济法就是调整调制关系的法律规范的总称。②

在他看来，“研究调整对象的过程，实际上就是探寻经济法概念中的‘种差’的过程，同时也是解析经济法同其他部门法的差别的过程”。对于法律调整的具体对象，学界主要有两种观点：有人认为法律调整的对象是社会关系，这可以称为“社会关系说”；也有人则认为法律调整的对象是行为，这可以称为“行为说”。因此，经济法的调整对象作为一种关系，往往被看作一种物质利益关系或称为经济关系；同时，因其具有特定性，不同于传统部门法的调整对象，因而要对其进行界定，必须先明确其具体调整范围，找到它与其他部门法调整对象的“种差”。

在对“种差”的解析过程中，他认为，基于“经济法的研究者普遍认为，市场失灵是研究经济法问题的一个重要入口，它使国家的宏观调控和市场规制在一定程度上成为必要，并由此使宏观调控法和市场规制法得以产生和发展”③。从调整范围上看，经济法的调整对象包括两个方面，一个是宏观调控关系，一个是市场规制关系。调控关系和规制关系，也可以合称为“调制关系”。因此，经济法的调整对象，最简单地说，就是“调制关系”。

这一经济法的基本定义至少有助于理解以下几个方面的问题：第一，由于宏观调控和市场规制是作用于现代市场经济，因而经济法具有突出的现代性，这是它与传统部门法的重大不同。第二，基于自身的宗旨和所要解决的主要问题，经济法主要是运用法律化的宏观调控和市场规制手段来进行调整，因此，与其他所有的部门法相比，它又具有突出的经

① 漆多俊、冯果主编：《经济法学》(第三版)，武汉大学出版社 2011 年版，第 4—18 页。

② 张守文著：《经济法学》(第五版)，北京大学出版社 2012 年版，第 11—12 页。

③ 张守文著：《经济法理论的重构》，人民出版社 2004 年版，第 200—209 页。

济性和规制性。经济性、规制性与现代性，都是经济法的突出特征。第三，上述的经济法概念，可以涵盖日益打通的国内经济法和国际经济法，这本身也是经济全球化的需要。第四，经济法不仅要像传统的民商法那样调整一般的经济关系(狭义的)，而且还要调整日益重要的体制关系，这是经济法同其他调整经济关系的部门法的一个重要不同，因此，可以用含义更广的"社会关系"来替代"经济关系"，其中不仅涉及市场主体之间的经济关系，还涉及相关的体制关系或称分权关系；在这些关系的背后，不仅涉及个体私益，也涉及社会公益乃至国家利益。

此外，在对"社会关系说"和"行为说"之间的关系上，他提出："经济法所调整的各类社会关系的产生，都要以相关主体的行为为纽带。经济法通过规范相关主体的行为，也就能够起到调整相关社会关系的作用。因此，宏观调控行为和市场规制行为(也可合称调制行为)，都是经济法需要着力规范的重要而直接的对象。"①如果从调整对象理论中的"行为说"的角度来下定义，则可以认为，经济法是规范经济调制行为和市场对策行为的法律规范的总称。

从"行为说"的角度来下定义，有助于明确经济法的直接调整对象，对于建立和完善经济法的具体制度，对于切实规范相关主体的行为，都是非常重要的。

概言之，该论在界定经济法概念时十分注重方法论的应用，探讨了经济法概念的研究价值及其提炼方法。在提炼方法中，最重要的是对"种差"，即调整对象的提炼。同时强调了"社会关系说"与"行为说"对于理解调整对象的重要价值，并在此基础上提出了经济法的基本概念。这一逻辑起点和分析框架，对建构现代经济法概念及其理论有着积极的作用。

第六种，主张"国家协调和调整关系论"。该论以杨紫烜、徐杰等人为代表，主张在经济法的定义中，要正确概括经济法的调整对象，不需要讲各种法律规范共有的属性，不必列举经济法的主体，不应当使用含混的概念，定义项的外延与被定义项的外延应该相等，要明确经济法是以特定经济关系为调整对象的法律规范的总称。对此，将经济法定义为调整在国家协调本国经济运行过程中发生的经济关系的法律规范的总称。此定义包含以下三层内容：一是经济法属于法的范畴；二是经济法属于国内法体系；三是经济法不同于国内法体系中的其他法的部门。他们指出："经济法是国家协调本国经济运行之法。"②使用"国家协调"这一概念，体现了国家行使经济管理的职能应该符合客观规律的要求，力求避免主观随意性。这就既充分肯定了"国家之手"在经济运行中的作用，又反映了对国家权力的必要限制。

经济法的宗旨，是指贯穿在经济法律规范之中的，创制和实施经济法所追求的目标。在现代市场经济条件下，经济法宗旨的内容是，维护市场经济秩序，防止和消除经济运行中的总量失衡和结构失调，优化资源配置，保障国家经济安全，推动经济发展和社会进步，以实现经济法主体利益的协调发展。从维护掌握国家政权的阶级的根本利益出发，实现经济法主体利益的协调发展，是经济法宗旨的基本内容。而对本国经济运行依法进行国

---

① 张守文：《略论经济法上的调制行为》，载于《北京大学学报(哲学社会科学版)》2001 年第 5 期。

② 杨紫烜、徐杰主编：《经济法学》(第六版)，北京大学出版社 2012 年版，第 21—22 页。

家协调，则是宗旨实现途径的基本内容。经济法的基本原则，是指贯穿于各种经济法律规范之中的，在国家协调本国经济运行过程中必须遵循的根本准则。它是由经济法主体利益协调原则和国家协调本国经济运行法定原则构成。①

经济法特定的调整对象既不是一切经济关系，更不是经济关系以外的其他社会关系，如人身关系、财产关系等，而是特定的经济关系，即在国家协调本国经济运行过程中发生的经济关系。国家经济协调关系的形成是因为经济运行需要国家协调，而国家协调经济运行既是为了促进经济的健康、稳定发展，也是国家经济管理职能、国家对经济活动的干预和"国家之手"在经济运行中作用的体现。国家经济协调的主体是国家，客体是经济运行，方式是法律的和非法律的手段(其中，法律手段是主要的；在法律手段中，具有法律形式的经济手段是主要的)，目的是使经济运行符合客观规律的要求，推动国民经济的发展。②

经济法具有特定的调整对象，是一个独立的法的部门。经济法调整特定经济关系是在国家协调本国经济运行过程中发生的经济关系。所以把经济法律关系视为经济法的调整对象，是不正确的。法所调整的社会关系是社会关系的重要组成部分，而不是全部社会关系；法律关系虽也是社会关系，但不是法的调整对象；法律关系是法所调整的社会关系在法律上的反映。经济法调整的特定经济关系，同经济法律关系是属于不同类型的社会关系：前者是物质关系，属于经济基础的范畴；后者是思想关系，是前者在法律上的反映，属于上层建筑的范畴。总之，经济法律关系不能成为经济法的调整对象，其他法律关系不能成为其他法的调整对象，任何法律关系都不能成为法的调整对象。该论认为，在社会主义市场经济条件下，这种经济关系的表现形式应该包括市场监管关系和宏观调控关系。市场监管关系是在国家进行市场监督、管理过程中发生的经济关系；宏观调控关系是在国家对国民经济总体活动进行调节、控制过程中发生的经济关系。这两种经济关系应该由经济法调整。③

该论主张，经济法是调整经济管理和经济协作过程中产生的经济关系的法律规范的总称。经济法的调整对象包括以下四个方面的社会关系：国民经济管理关系、经济协作关系、市场经济主体在内部经济管理中产生的经济关系和涉外经济关系。与调整对象相适应的，经济法的主要内容有市场主体法律制度、宏观调控法律制度、市场规制法律制度和社会保障法律制度。④

① 杨紫烜主编：《经济法》(第四版)，北京大学出版社、高等教育出版社 2010 年版，第 53—69 页。

② 杨紫烜主编：《经济法》(第四版)，北京大学出版社、高等教育出版社 2010 年版，第 10—20 页。

③ 杨紫烜著：《国家协调论》，北京大学出版社 2009 年版，第 122—132 页。

④ 徐杰主编：《经济法概论》(修订第七版)，首都经济贸易大学出版社 2011 年版，第 16 页。

第十章

中国经济法立法实践

经过多年的理论探讨，经济法作为一个独立的法律部门的地位不仅为大多数国家所认同，而且还为改革开放后的中国所接受。如果说中国经济法是以中国共产党第十一届三中全会为契机出现了第一次勃兴的话，那么，随着社会主义市场经济体制的建立和知识经济时代的到来，必然迎来中国经济法的第二次勃兴与发展。通过客观审视中国经济法立法实践的历史发展进程，将有利于更好地把握中国经济法的未来前进方向。

第一节　中国经济法立法实践的萌芽时期（20世纪20年代至70年代末）

一、1949年中华人民共和国成立以前

清末以来，西风东渐，大陆法系中德日经济法概念及学说，对其时国民党政府的经济立法和经济法要领影响甚深。

1929年，国民党时期立法院制定了《训政时期立法工作按年分配简表》，其中有“经济立法规划”项，与“民法之起草”、“财政立法之规划”、“关于军事立法之规划”等项并列，包括自治县经济建设法规、中央协助地方兴业置产之法规、银行法、合作社法、粮食整理法、森林法、采矿法、公路条例等的制定计划，完成期限为1930年。财政立法规划项下则有税法、公债法、预算法、财务行政法、会计法、审计法等的起草安排，以及国家与地方收入和支出划分之法制建设。这是中国历史上第一次出现的经济法相关概念。

此后近20年间，国民党政府还做过经济法规汇编工作。1938年8月至1939年1月，当时成立不久的经济部编成《经济法规汇编》三集，收入了《修正国货审查委员会规则》、《非常时期华侨投资国内经济事业奖励办法》等法规；1947年又编成七集，分别为“官制类”、“管制类”、“工业类”、“矿业类”、“商业类”、“电业类”和“国际贸易类”，包括《倾销货物税法》、《取缔棉花掺水掺杂暂行条例》、《非常时期粮食调节办法》、《非常时期取缔日用重要物品囤积居奇办法》、《各省市重要物品价格联系调整办法》、《矿业监察员规程》、《特别工业保急及补助条例》、《度量衡法》、《标准法》等法规。此外，国民党政府其他部门、地方政府和民间还编过关于抗战时期经济管制、农矿、交通和铁道、审计、合作社、建设等方面的分类或专业的法规汇编，如1929年农矿部编《农矿法规汇编》、1932年广东省建设厅编《建设法规会刊》六

集、1933 年铁道部参事厅编《铁道法规汇编》、1935 年交通部法规委员会编《交通法规汇编》、1941 年沈雷春等编《中国战时经济法规汇编》、1946 年孟光宇主编《地政法规》等。

必须指出的是,这一时期无论官方抑或民间均未及时对经济法作系统研究,经济法学说及相应的经济法体例本身终未能确立。因此,这段时期是中国经济法的萌芽时期。该萌芽随着中华人民共和国的诞生并掀起社会主义事业建设高潮后,当代社会主义法制及其"经济立法"的发展,就被中断了。

二、计划经济时期(1949—1979 年)

从新中国成立后至改革开放前的中国社会主义经济法,更多属于计划经济时期的经济行政法,先后涉及计划、财税、金融、价格、行业管理以及企业组织管理等领域,其主要的法律法规包括以下七个方面:

第一,企业组织管理方面。主要有:《私营企业暂行条例》(1950 年)、《国营企业内部劳动规则纲要》(1954 年)、《公私合营工业企业暂行条例》(1954 年)、《关于工业企业下放的几项规定》(1958 年)、《关于实行企业利润留成制度的几项规定》(1958 年)、《工商企业登记管理试行办法》(1962 年)。

第二,计划方面。主要有:《关于各种负责综合平衡和编制生产、事业、基建和劳动计划的规定》(1957 年)、《关于改进计划管理体制的规定》(1958 年)、《关于加强综合财政计划工作的决定》(1960 年)。

第三,财税方面。主要有:1950 年制定了《全国税政实施要则》、《公营企业缴纳工商业税暂行办法》以及利息所得税、印花税、屠宰税、货物税等暂行条例;1951 年制定了特种消费行为税、城市房地产税、车船使用牌照税等暂行条例;1958 年制定了《农业税条例》;1972 年制定了《工商税条例(草案)》。

第四,金融方面。主要有:《关于发放农业贷款的指示》(1953 年)、《关于整顿和加强银行工作的几项规定》(1977 年)、《关于实行现金管理的决定》(1977 年)。

第五,价格方面。主要有:《关于各地不得自动提高国家统购和收购的家庭副产品收购价格的指示》(1956 年)、《关于物价管理权限和有关商业管理体制的几项规定》(1958 年)、《关于物价管理的试行规定》(1963 年)、《关于国营工商企业商品作价的规定》(1964 年)等。

第六,行业管理方面。主要有:《矿业暂行条例》(1950 年)、《对外贸易管理暂行条例》(1950 年)、《海关法》(1951 年)、《基本建设工程设计任务书审查批准暂行办法》(1955 年)、《关于改进商业管理体制的规定》(1957 年)、《关于发展农副业生产的决定》(1962 年)等。

第七,关于福利方面。主要有:《劳动保险条例》(1951 年公布,1953 年修正公布)、《关于精简退休老职工生活困难救济问题的通知》(1965 年)、《关于安置老弱病残干部的暂行办法》(1978 年)、《关于工人退休、退职的暂行办法》(1978 年)。

这一历史时期计划经济体制已初具规模,国家通过经济立法将国民经济纳入经济计划轨道,实行生产资料的社会主义公有制和按劳分配。企业必须完成国家计划任务,企业间的关系亦是一种计划联系。在此意义上计划经济排斥私有制和按资分配,私法以及维护自由放任经济的民法归于消失。对应的经济方面立法实践是应计划体制的需要而产生，其立法指导思想及制度与体制均带有浓重的计划色彩，尚未形成真正的经济法。因此，这一时期是经济法的萌芽时期。

第二节　中国经济法的初创时期(20 世纪 70 年代末至 1986 年)

这一时期，中国开始改革过去高度集中的计划经济体制，实行计划经济与市场调节相结合的体制，国家经济管理模式发生了明显变化，逐步重视发挥价值规律和市场机制对国家经济运行的作用，重视以法律手段调控经济，颁布了大量的管理经济的法律法规。在 20 世纪 70 年代末 80 年代初，中国经济法律体系与经济法学应运而生。

随着健全经济法制的呼声不断加强，在经济法学酝酿和形成的过程中，《中华人民共和国森林法(试行)》(1979 年)、《中外合资经营企业法》、《中外合资经营企业所得税法》、《广东省经济特区条例》、《关于扩大国营工业企业经营管理自主权的若干规定》(1979 年国务院发布)、《国务院关于推动经济联合的暂行规定》(1980 年)、《关于发展社队企业若干问题的规定(试行草案)》(1979 年国务院发布)、《中华人民共和国个人所得税法》(1980 年)、《中华人民共和国外汇管理暂行条例》(国务院 1980 年发布)、《中华人民共和国优质产品奖励条例》(1979 年国务院批准发布)、《中华人民共和国标准化管理条例》(1979 年国务院发布)、《中华人民共和国环境保护法(试行)》(1979 年)、《经济合同法》(1981 年制定，1993 年修订)等法律、法规先后出台。

1981 年，国务院成立了“经济法规研究中心”(1986 年并入国务院法制局)，从事经济法规起草、修订的组织协调工作；各级人民法院于 1979 年开始设立经济审判庭，主要受理商品购销、农村承包经营、银行和信用社借贷、建筑工程承包和加工承揽等经济合同纠纷案件，也审理经济损害赔偿，知识产权和海外经济纠纷等新型案件；1980 年恢复设立铁路运输法院和水上运输法院，并在大面积国有林区设立森林法院；1984 年开始在沿海港口城市设立海事法院；1986 年人民法院又陆续组建行政审判庭，受理工商、税务、土地管理、海关、环境保护等方面的经济行政纠纷。这些经济行政立法与相关审判活动为经济法创设及其发展提供了坚实的基础。

在此基础上，这十余年间，由全国人大及其常委会、国务院制定的有关经济管理的法律、法规达六百余件。各省、自治区、直辖市以及经济特区等地方权力机关和行政机关也在其各自的立法权限内，制定和颁布了大量的地方性经济管理法规。这些法律法规的内容涉及企业管理、国有资产管理、计划、财政、金融、价格、市场、自然资源、环境保护以及工业、农业、建筑、交通运输、商业、科技、邮电、财务等各个方面，包括了国民经济的各行业、各部门、各环节。其时，国民经济的各个基本方面和基本部门中，大多都有一个综合性的法规加以全面管理，与之配套的还有诸多单项法规。

至此，经济法的法律规范大量地蕴含于各种形式意义的法律之中。从整体上考察，这一时期的中国经济法将大量应属于民商法调整范围的社会关系纳入立法范围，为国家直接介入经济活动提供法律保障。国家管理国民经济的主要方式是，投资开办国有企业并直接进行管理，这使得国家投资和国有企业立法构成经济立法的主要组成部分。这或多或少地反映了计划体制或有计划的商品经济体制的局限性。与之相对应的经济立法仍非真正意义上的现代经济法，而只是行政干预的手段而已。

第三节 中国经济法的形成时期(1986—1992年)

这一时期从立法上确定了经济法是一个独立的法律部门，颁布了大量经济法规，体现出国家管理经济的权力受到削减和限制，注重科学管理的推行。其主要法律法规有：《土地管理法》(1986年)、《全民所有制工业企业法》(1988年)、《中外合作经营企业法》(1988年)、《烟草专卖法》(1991年)、《外商投资企业和外国企业所得税法》(1991年)、《关于发展高产优质高效农业的决定》(1992年)以及《关于加快发展第三产业的决定》等。可见，这一时期尽管短暂，却是中国经济法迅速形成自己的制度框架的重要阶段，为中国经济法的调整转型和成熟做好了积极的准备。

第四节 中国经济法的调整与成熟时期(1992年至今)

改革开放不断深化，引发了“市场经济就是法治经济”的命题，举国上下都深感建立市场法律体系的重要，经济法体系亟需健全。1992年之后，我国正式实行市场经济，尤其是1993年宪法修正案明确规定“国家实行社会主义市场经济”，“国家加强经济立法，完善宏观调控”之后，我国的经济法立法非常迅速，进入了经济法的调整与成熟时期。在进入21世纪以后的十多年间，围绕着建设法治国家任务，我国的法律(包括经济法)是处于转型时期的法律，是转变中的法律，是调整中的法律。我国经济法因此又有了新的发展。目前，我国的经济、政治和社会体制的改革还在继续进行，经济法也将随着改革而不断发展与完善。在保障和规制国家经济调节，促进经济协调、稳定和发展，保障社会公平等方面，中国经济法发挥着其他部门法不可替代的重要作用，它在未来的发展时期还将呈现出新阶段性及其特点。

一、宏观调控法律制度方面

(一) 有关产业政策的立法活动

自20世纪90年代以来，我国陆续制定或者修订了一些包含或体现相关产业政策性质的法律、法规、规章和其他规范性文件。其中，除了《中华人民共和国科学技术进步法》

(1993 年制定,2007 年 12 月 29 日修订,自 2008 年 7 月 1 日起施行)、《中华人民共和国促进科技成果转化法》(1996 年)、《中华人民共和国清洁生产促进法》(2002 年制定,2012 年 2 月 29 日修订,自 2012 年 7 月 1 日 1 起施行)、《中华人民共和国中小企业促进法》(2002 年)等为数不多的法律之外,我国有关产业政策方面的内容大多是在法规、规章及其他规范性文件加以规定,其中以国务院的决定、命令等形式加以落实,较为常见。

例如,《中共中央、国务院关于加快发展第三产业的决定》(1992 年)、《汽车工业产业政策》(1994 年)、《指导外商投资方向暂行规定》(1995 年,后被 2002 年《指导外商投资方向规定》所取代)、《外商投资产业指导目录》(1995 年,后分别被 1997 年和 2002 年发布的《外商投资产业指导目录》所取代)、《水利产业政策》(1997 年)、《中共中央、国务院关于加强技术创新,发展高科技,实现产业化的决定》(1999 年)、《关于当前调整农业产业结构的若干意见》(1999 年)、《鼓励软件业和集成电路产业发展的若干政策》(2000 年)、《关于加快发展环保产业的意见》(2000 年)、《中西部地区外商投资优势产业目录》(2001 年)、《"十五"期间加快发展服务业若干政策措施的意见》(2001 年)、《国家产业技术政策》(2002 年)、《促进产业结构调整暂行规定》(2005 年)、《关于加快培育和发展战略性新兴产业的决定》(2010 年)等。

(二)有关财政和税收的立法活动

在财政法律制度建设方面,《中华人民共和国预算法》(1994 年)及《中华人民共和国预算法实施条例》(1995 年)、《中华人民共和国统计法》(1983 年制定,1996 年、2009 年修订)、《中华人民共和国会计法》(1985 年制定、1999 年第二次修改)、《中华人民共和国审计法》(1994 年制定;2006 年修正)、《中华人民共和国审计法实施条例》(1997 年制定,2010 年修订,自 2010 年 1 月 1 日起施行)等法律法规构成了一个较为完备的体系。此外,2002 年 6 月 29 日,第九届全国人民代表大会常委会通过《中华人民共和国政府采购法》,2003 年 1 月 1 日生效,这也是该领域一项较为重要的经济立法活动。

在税收法律制度建设方面,1994 年 1 月 1 日,我国建立了税收与财政管理体制,对中央与地方的事权及收入、支出作了划分,规定建立以增值税为主体的流转体系,统一企业所得税制,并由国务院制定了关于增值税、营业税、消费税、土地增值税、资源税、企业所得税等的暂行条例,由此形成了我国税收立法的鲜明特点,即我国的税收立法权长期控制在行政部门——国务院。

迄今为止,在税收事项上我国共有 21 个税种,经全国人民代表大会及其常委会通过的税收法律制度,仅有《税收征管法》、《企业所得税法》、《个人所得税法》和《车船税法》。随着我国社会主义市场经济体制的建立与发展,这些税收法律法规也经历了数次修订,具体如下:《中华人民共和国税收征收管理法》(1992 年制定,1995 年、2001 年修订)及《中华人民共和国税收征收管理法实施细则》(2002 年制定,2012 年修订)、《中华人民共和国个人所得税法》(1980 年制定,经 1993 年、1999 年、2005 年、2007 年、2011 年五次修订)及《中华人民共和国个人所得税法实施条例》(1994 年制定,经 2005 年、2008 年、2011 年三次修订)、《中华人民共和国企业所得税法》(2007 年)及《中华人民共和国企业所得税法实施条例》(2007 年)、《中华人民共和国车船税法》(2011 年)及《中华人民共和国车船税法实施条例》(2011年)等法律及相关的行政法规构成了一个较为完备的税收立法体系。

而其他的18种税收，其征收依据均是国务院制定的暂行条例，这些并不是严格意义上的法律，而是行政法规。这些税收立法活动，具体表现是根据全国人大常委会的两次授权，[①]国务院以行政法规的形式颁行了十多个不同税种的暂行条例，并在实施过程中，根据我国社会主义市场经济体制的发展情况，国务院适时地对这些行政法规进行了必要的调整与针对性的修订，以契合我国税收法律制度的运行。其具体包括：《中华人民共和国增值税暂行条例》(1993年制定，2008年修订)、《中华人民共和国消费税暂定条例》(1993年制定，2008年修订)、《中华人民共和国营业税暂行条例》(1993年制定，2008年修订)、《中华人民共和国城镇土地使用税暂行条例》(1988年制定，经2006年、2011年两次修订)、《中华人民共和国土地增值税暂行条例》(1993年制定，2011年修订)、《中华人民共和国房产税暂行条例》(1986年制定，2011年修订)、《中华人民共和国耕地占用税暂行条例》(2007年)、《中华人民共和国烟叶税暂行条例》(2006年)、《中华人民共和国固定资产投资方向调节税暂行条例》(1991年制定，2011年修订)、《中华人民共和国船舶吨税暂行条例》(2011年制定)、《中华人民共和国资源税暂行条例》(1993年制定，2011年修订)、《中华人民共和国进出口关税条例》(2003年制定，2011年修订)、《中华人民共和国印花税暂行条例》(1988年制定，2011年修订)、《中华人民共和国城市维护建设税暂行条例》(1985年制定，2011年修订)、《征收教育费附加的暂行规定》(1986年制定，经1990年、2005年、2011年修订)等等，不一而足。

上述暂行条例的制定与修订，深刻地表明：我国在税收方面的行政立法与执法活动已经走过了二十多年，业已积累了相当丰富的税收立法经验。显见，将这些税收暂行条例上升为法律，由全国人民代表大会及其常委会加以立法的条件早已成熟，因此，尽快制定更加完备的税收法律、完善我国税法体系，是我国今后又一项十分重要的经济立法活动。

(三) 有关金融调控的立法活动

1995年《中华人民共和国中国人民银行法》和《中华人民共和国商业银行法》的颁行，标志着我国金融体制改革和经济法制发展到了一个新的阶段。

2003年12月27日，第十届全国人民代表大会常委会第六次会议通过《中华人民共和国中国人民银行法》和《中华人民共和国商业银行法》的两个修正案，同时还通过了《中华人民共和国银行业监督管理法》(2003年制定，2006年修订)，这是中国国有商业银行改革史和银行业监管立法史上的一个里程碑式的事件。在新的法律框架中，中国银监会对于银行业的监督管理职能得以从法律层面确立，商业银行的改革目标的制定和改革步骤也进入了法律程序。《中华人民共和国外国中央银行财产司法强制措施豁免法》(2005年)、《中华人民共和国反洗钱法》(2006年)等立法活动，也进一步构建了我国的金融法体系。

此外，在金融领域，我国的行政立法活动也十分频繁，一是相关行政职能部门制定了大

---

① 1984年9月，全国人大常委会作出决定，授权国务院在实施国营企业利改税和改革工商税制的过程中，拟定有关税收条例，以草案形式发布试行，再根据试行的经验加以修订，提请全国人民代表大会常务委员会审议。1985年，全国人大常委会又授权国务院对于有关经济体制改革和对外开放方面的问题，必要时可以根据宪法，在同有关法律和全国人民代表大会及其常务委员会的有关决定的基本原则不相抵触的前提下，制定暂行的规定或者条例，颁布实施，并报全国人民代表大会常务委员会备案。

量的行政法规，如《中华人民共和国外资银行管理条例》(2006年)、《个人外汇管理办法》(央行2006年)、《中华人民共和国外资银行管理条例实施细则》(银监会2006年)、《金融机构反洗钱规定》(央行2006年)、《电子银行业务管理办法》(银监会2006年)等；二是相关行政职能部门完成了很多行政法规的修订工作，如《中华人民共和国金银管理条例》(1983年制定，2011年修订)、《储蓄管理条例》(1992年制定，2011年修订)、《中华人民共和国外汇管理条例》(1996年制定，经1997年、2008年两次修订)、《现金管理暂行条例》(1998年制定，2011年修订)、《非法金融机构和非法金融业务活动取缔办法》(1998年制定，2011年修订)等。

近些年，大量的部门规章对我国金融领域发挥着重要的宏观调控功能。例如，《金融租赁公司管理办法》(银监会2007年)、《信托公司管理办法》(银监会2007年)、《固定资产贷款管理暂行办法》(银监会2009年)、《消费金融公司试点管理办法》(银监会2009年)、《商业银行董事履职评价办法(试行)》(银监会2010年)、《信托公司净资本管理办法》(银监会2010年)、《非金融机构支付服务管理办法》(央行2010年)、《流动资金贷款管理暂行办法》(银监会2010年)、《个人贷款管理暂行办法》(银监会2010年)、《商业银行理财产品销售管理办法》(银监会2011年)、《商业银行贷款损失准备管理办法》(银监会2011年)、《商业银行杠杆率管理办法》(银监会2011年)、《商业银行信用卡业务监督管理办法》(银监会2011年)、《金融机构衍生产品交易业务管理暂行办法》(银监会2004年制定，经2007年、2011年修订)、《商业银行资本管理办法》(银监会2012年)、《单用途商业预付卡管理办法(试行)》(商务部2012年)等，不一而足。

二、市场秩序规制法律制度方面

(一) 反垄断与维护公平竞争法律法规

《中华人民共和国反不正当竞争法》(1993年)、《中华人民共和国广告法》(1994年)、《中华人民共和国拍卖法》(1996年制定，2004年修订)、《中华人民共和国招标投标法》(1999年)及《中华人民共和国招标投标法实施条例》(2011年)，这些立法初步构成了我国市场秩序规制的法律法规体系，而《中华人民共和国反垄断法》(2007年)及《国务院关于经营者集中申报标准的规定》(2008年)、《国务院关于在市场经济活动中实行地区封锁的规定》(2001年制定，2011年修订)等，这些经济立法成果则进一步完善了我国反垄断与维护公平竞争的法律体系。

(二) 价格与反倾销法律法规

《中华人民共和国价格法》(1997年)是该领域一部重要的法律制度，而《价格违法行为行政处罚规定》(1999年制定，经2006年、2008年修订)等行政立法活动则推动了我国价格法的有效实施。《中华人民共和国反倾销条例》(2001年制定，经2004年、2011年修订)及相关的部门规章等，则构成了我国反倾销基本规范体系。

(三) 产品质量与消费者保护法律法规

《中华人民共和国消费者权益保护法》(1993年施行)、《中华人民共和国产品质量法》

(1993年制定,经2000年、2009年修订)、《中华人民共和国农产品质量安全法》(2006年)、《特种设备安全监察条例》(2003年制定,2009年修订)等,均是该领域的重要法律法规,它们对切实保障我国消费者合法权益发挥着十分重要的作用。针对近些年在某些商品流通领域频繁发生数起危及消费者权益的严重事件,我国加大了在食品安全等领域的立法力度与广度,如《乳品质量安全监督管理条例》(2008年)、《食品安全法》(2009年)等。

近些年来,在产品质量与消费者保护方面,相关的行政立法活动集中地反映于为数众多的部门规章之中,如《产品质量监督抽查管理办法》(质检总局2010年)、《食品检验机构资质认定管理办法》(质检总局2010年)、《出口食品生产企业备案管理规定》(质检总局2011年)、《农产品质量安全监测管理办法》(农业部2012年)、《质量监督检验检疫行政许可实施办法》(质检总局2012年)、《质量监督检验检疫统计管理办法》(质检总局2012年)及《进出口乳品检验检疫监督管理办法》(质检总局2013年)等。这些立法实践,充分表明我国政府十分重视规制市场秩序的制度建设,以全面保护广大消费者的合法权益。

此外,2012年我国民事诉讼法进行了重大修订,在法律上正式建立了公益诉讼制度,因此有关消费者合法权益保护方面的法律制度,亟待有所修正与发展。

三、国有经济参与法律制度方面

有关国有经济参与的法律法规体系,经过这二十多年的发展,也已初具规模。具体地说,这方面的经济立法成果大致有两个层面。一是法律、法规层面的国有经济参与制度,除了《中华人民共和国公司法》(1993年制定,经1999年、2004年、2005年修订)、《中华人民共和国合伙企业法》(1997年制定,2006年修订)等为规范国有经济参与市场竞争提供了基本法律规范之外,有关国家投资和国有企业的法律、法规量多面广,诸如《中华人民共和国企业国有资产法》(2008年)及《企业国有资产监督管理暂行条例》(2003年制定,2011年修订)等。

二是部门规章及规章以下的规范性文件层面的国有经济参与制度,诸如《企业国有资产评估管理暂行办法》(国资委2005年)、《行政单位国有资产管理暂行办法》(财政部2006年)、《事业单位国有资产管理暂行办法》(财政部2006年)、《金融企业国有资本保值增值结果确认暂行办法》(财政部2007年)、《中央企业财务预算管理暂行办法》(国资委2007年)、《金融企业国有资产转让管理办法》(财政部2009年)、《中央企业境外投资监督管理暂行办法》(国资委2011年)、《中央企业境外国有产权管理暂行办法》(国资委2011年)等,这些规范性文件较为全面地贯彻了国家实现宏观经济调控、服务社会的公共利益的立法宗旨。

四、对外经济管制法律制度方面

我国在涉外经济管制方面的立法实践,大体表现为法律、行政法规、部门规章及规章以下的规范性文件。具体地说,第一,在法律上,《中华人民共和国对外贸易法》(1994年制定,2004年修订)是我国对外贸易方面最为重要的一部法律制度。在我国大力深化改革开放的过程中,除了内资企业之外,中外合资、合作及外资企业,无疑是对外贸易活动的最为活跃市场主体，为此，我国在原有的法律法规基础上，对《中华人民共和国中外合资经营企业法》(1979 年制定，1990 年、2001 年两次修订)及《中华人民共和国中外合资经济企业法实施条例》(1983 年制定，经 1986 年、1987 年、2001 年、2011 年四次修订)、《中华人民共和国中外合作经营企业法》(1988 年制定，2000 年修订)及《中华人民共和国中外合作经营企业法实施细则》(1995 年制定)、《中华人民共和国外资企业法》(1986 年制定，2000 年修订)及《中华人民共和国外资企业法实施细则》(1990 年制定，2001 年修订)等进行了多次修订，逐渐形成了一套较为完整的涉外经济管制法律体系。

第二，在行政法规方面，有《中华人民共和国对外开采海洋石油资源条例》(1982 年制定，经 2001 年 9 月、2011 年 1 月、2011 年 9 月三次修订)、《中华人民共和国对外合作开采陆上石油资源条例》(1993 年制定，经 2007 年、2011 年两次修订)、《中华人民共和国海关对出口加工区监管的暂行办法》(2000 年制定，经 2002 年、2003 年、2011 年三次修订)、《中华人民共和国技术进出口管理条例》(2001 年制定，2011 年修订)、《中华人民共和国进出口商品检验法实施条例》(2005 年)、《对外承包工程管理条例》(2008 年)、《外商投资电信企业管理规定》(2001 年制定，2008 年修订)等，这些法规在一定程度上落实了我国对外经济管制法的立法宗旨和法制保障。

第三，在规章及其规章以下的规范性文件上，有关涉外经济管制方面的规定甚多。比如，2004 年的《货物自动进口许可管理办法》、《货物进口许可证管理办法》、《外商投资商业领域管理办法》，2005 年的《国际货运代理企业备案(暂行)办法》、《外派海员类对外劳务合作经营资格管理规定》、《出口加工区加工贸易管理暂行办法》、《两用物项和技术进出口许可证管理办法》、《纺织品出口自动许可暂行办法》等，2006 年的《关于外国投资者并购境内企业的规定》、《纺织品出口管理办法(暂行)》、《产业损害调查信息查阅与信息披露规定》、《易制毒化学品进出口管理规定》等，2008 年的《机电产品进口管理办法》、《机电产品进口自动许可实施办法》、《中国禁止出口限制出口技术目录》，2009 年的《境外投资管理办法》、《对外承包工程资格管理办法》、《技术进出口合同登记管理办法》、《禁止进口限制进口技术管理办法》、《禁止出口限制出口技术管理办法》、《两用物项和技术出口通用许可管理办法》、《关于境内企业承接服务外包业务信息保护的若干规定》，以及《进出口商品许可证发证机构管理办法》(1993 年制定，2010 年修订)、《中华人民共和国海关对加工贸易货物监管办法》(2004 年制定，经 2008 年、2010 年修正)、《中华人民共和国海关关于异地加工贸易的管理办法》(1999 年制定，2010 年修订)、《外商投资产业指导目录》(2011 年)等。这些部门规章及规章以下的诸多规范性文件，尽管其效力位阶比较低，但却为我国涉外经济管制领域的诸多问题提供了不少具体的且极具操作性的管制范式，在一定程度上也不失为我国涉外经济管制法的立法尝试。

综上所述，从宏观调控到市场规制，从国有经济参与到对外经济管制，围绕社会主义市场经济体制的建立与发展，迄今我国已经颁行了大量的相关法律、法规、规章乃至其他规范性文件，这些经济立法活动无疑弥补了我国市场运行的自身缺陷，维护了社会公平，促进了我国经济与社会的良性发展。基于此，通过这些宏观调控及市场规制等方面的法律制度建设，中国经济法得以迅猛地向前发展，并与民商法、行政法等部门法相互补充、共同发展，构筑成一个成熟而完备的社会主义法律体系。

第三编

宏观调控法律制度

3

第十一章 宏观调控法的一般原理

第一节 宏观调控法概述

现代市场经济是宏观调控下的市场经济。我国《宪法》第 15 条规定:"国家实行社会主义市场经济。国家加强经济立法,完善宏观调控。国家依法禁止任何组织或者个人扰乱社会经济秩序。"可见,运用法律手段对经济进行宏观调控是中国社会主义市场经济的特色。

一、宏观调控的含义

在西方经济理论与实践中,没有与我国"宏观调控"一词相对应的术语。"宏观调控"是一个中国独有的现代经济学上的概念,是对中国社会主义市场经济管理实践的经验总结与概念创造,其概念的形成经历了从"宏观调节"、"宏观控制"到"宏观调控"的过程。自 1988 年"巴山轮会议"正式提出"宏观调控"的概念以来,便成为理论研究的重大热点问题。经济学认为,"宏观调控是指在市场经济条件下,以中央政府为主的国家各级政府,为了保证整个国民经济持续、快速、健康地发展并取得较好的宏观效益,主要运用间接手段,对一定范围内经济总体的运行进行引导和调节的过程"①。在我国,所谓宏观调控,即宏观经济调控,是指政府为实现社会总需求与社会总供给之间的平衡,保证国民经济持续、稳定、协调增长,而运用经济、法律和行政的手段对社会经济运行的调节与控制。②对此定义我们从以下几点来认识:

第一,宏观调控的主体是政府。唯有政府,特别是中央政府才有可能反映总量运行的经济要求,并可能具备制定克服总量失衡的制度及政策的能力。宏观调控虽然是市场经济条件下政府调控的基本内容,但不能把宏观调控等同于政府调控。就政府调控而言,不仅包含对经济生活的调控,而且包含对非经济生活的调控;就政府对经济调控而言,宏观经济调控是政府的经济职能,甚至是政府主要的经济职能,但政府不仅对宏观经济进行调控,还对微观经济进行直接调控。

① 李兴山主编:《宏观经济运行与调控》,中共中央党校出版社 2002 年版,第 3 页。

② 潘静成、刘文华主编:《经济法》,中国人民大学出版社 2000 年版,第 291—292 页。

第二，宏观调控的基本目标是总供给与总需求的均衡发展。这是总量的均衡，而不是微观经济单位或地区、部门的局部均衡。然而，为实现总量均衡目标，必须通过政策手段和制度方式，使微观经济单位以及局部地区和部门，在市场经济活动中根据竞争原则，追求微观经济目标，或者说分散的市场行为在宏观调控下最终集合成总量均衡的趋势。

第三，宏观调控的手段是综合性的。基于宏观调控是政府对整个国民经济综合的总量的调控，其调控手段包括经济手段、法律手段和行政手段等多种手段。这是宏观调控的职能及目标的客观要求，但在市场经济条件下，宏观调控手段原则上应以经济手段、法律手段等间接手段为主，行政手段等直接手段只能限定在必要的范围之内，根据国民经济运行的失衡状况有针对性地采用。

二、宏观调控法的含义

宏观调控法是调整国家在宏观调控过程中发生的经济关系的法律规范的总称。关于宏观调控法的调整对象，国内学者大都认为是宏观调控关系，但对国家宏观调控关系作何解释却不尽一致。我们认为，宏观调控关系是国家对国民经济和社会发展进行规划、调节和控制过程中发生的与受控主体之间的权利义务关系以及宏观调控主体之间的平衡协调关系，它涉及国民经济整体利益、社会公共利益和国家根本的长远利益。其内容十分广泛，具体包括计划调控关系、财税调控关系、金融调控关系、投资调控关系、产业调控关系、涉外调控关系。各类宏观调控关系，涉及宏观调控目标的实现，体现国家宏观调控的意志，具有许多共同的特点：

第一，各类宏观调控关系，都具有经济活动内容，属于经济关系的范畴。各类宏观调控关系是关系到国民经济全局的、总体性的经济关系，而不是具体的、局部的经济关系。首先，宏观调控所作用的对象具有总体性，如货币供给量、财政收支、就业率、社会商品服务的总供给和总需求等，均是各类经济总量。其次，宏观调控追求的经济增长、充分就业、经济稳定和总量平衡等目标都是经济总量的问题，具有宏观性。例如，《国民经济和社会发展第十二个五年计划纲要》提出的未来宏观调控的主要预期目标。

第二，各类宏观调控关系，都体现着国家对经济生活的干预。国家干预既有直接干预，也有间接干预。宏观调控法是通过体现经济杠杆或经济利益机制的经济政策来改变市场交易环境，并通过交易环境的改变来影响市场主体的交易行为选择，即所谓“国家调控市场，市场引导企业”的间接干预市场的法律机制。宏观调控法的间接性具体体现在：一是通过市场这一中介来实现的。例如，中央银行通过改变对商业银行的再贴现影响市场利率，而市场利率影响到成本的变化，从而影响企业生产决策和投资者的行为。二是运用金融、财政、税收、产业政策等刺激或限制市场机制的手段，给经济主体以指导、鼓励、帮助和服务，引导社会经济的发展，实现特定的宏观调控目标。

第三，各类宏观调控关系中，政府或法律授权的机关始终是调控主体。各类宏观调控关系主体的一方是政府，包括负有宏观经济调控职能的各级政府及其经济职能部门，如国家发展和改革委员会、中国人民银行、财政部、国家税务总局等。调控主体与受控主体之间的关系,既存在着命令与服从的性质,也存在着协调、合作的性质。

总之,宏观调控法在调整各类宏观经济关系的过程中,除了规定市场主体配合国家宏观调控应如何作为,还规定政府调控的权限、范围、程序、措施以及责任,目的是要为政府干预立章建制,实现政府干预法制化。宏观调控法已成为国家管理经济的主要法律手段,是经济法体系中的重要组成部分。“当今世界各国经济法的核心正在发生两种相向的变化趋势:在西方资本主义国家,其经济法体系的核心正在由反垄断和限制竞争法移向宏观调控法;在中国,则由国家投资经营法逐渐让位于宏观调控法。宏观调控法正在成为各国经济法的核心。”①

三、宏观调控法的制度根源

任何一种新的法律或法律部门的出现,都有其一定的客观条件和理论基础。为了准确地把握宏观调控法的概念与本质,可以从宏观调控法产生的客观经济条件及其理论基础两方面考察宏观调控法的制度起源。

(一) 宏观调控法产生的客观条件

1. 社会化大生产的需要

19 世纪后期,生产不断社会化。单个生产者对社会信息掌握不足和滞后,导致周期性经济危机。在 1929—1933 年经济危机期间,美国罗斯福新政为代表,各国实施了一系列调节经济等方面的经济政策措施,包括金融、财政、产业政策等对经济实行调控。可见,为了使社会化大生产的管理和调控能规范有序地进行,一方面需要公司法、企业法、经济合同法等调整微观经济活动的经济法律制度;另一方面,需要国家对生产过程、宏观经济行为进行引导、规制和监督的宏观经济法律制度,以协调和管理社会再生产各环节之中的经济活动,使之服务于宏观经济效益的统一目标。

2. 市场经济存在和发展的要求

古典西方经济学认为市场存在完美的自动均衡机制。然而,资本主义经济自产生之日就有自身不能克服的先天缺陷和弱点。其一,市场机制本身不能够解决社会目标问题,外部经济导致投资者缺乏经济性,而外部不经济性又导致环境污染,影响了社会的可持续发展;其二,市场规则是一种“丛林规则”,无情的竞争必然导致弱肉强食、两极分化、社会不公平,根本不可能促进公共利益;其三,市场经济的调节具有一定的盲目性、事后性和惯性,不能根据发展的需要变革经济结构;其四,市场的自发性必然导致垄断和寡头,从而导致市场的低效或无效率。因此,需要政府对市场经济的运行施加宏观调控措施,把“看得见的手”与“看不见的手”有效结合起来。基于市场经济是法治经济,许多现代市场经济发达国家都制定了反垄断法、反竞争限制法、产品质量法、消费者权益保护法等微观经济法律制度和预算法、税法、银行法等宏观调控法律制度,以维护市场经济的健康发展。

① 漆多俊著:《经济法基础理论》(第三版),武汉大学出版社 2000 年版,第 370 页。

3. 国家履行经济管理职能的要求

随着社会经济的发展和经济关系的复杂化,国家职能从政治职能、军事职能逐步向经济职能、社会职能转换。20世纪以来,不同国家都以不同方式在不同程度上改变了不介入经济生活的做法。宏观经济调控是政府最主要的经济职能,这种经济职能作用需要一定的法律保障,如税收杠杆作用的发挥,离不开税法强制力的保障。正因为国家履行经济管理职能借助于法律形式,宏观调控法便应运而生。

(二)宏观调控法产生的理论基础

古典经济学认为,价格机制的完全性、市场主体决策的完全理性和市场信息的充分、对称,足以确保市场价格机制自动实现对资源的有效配置和对经济的有效调节。在这种理论支配下,政府对经济基本上采取自由放任的管理政策。由于市场竞争机制本身在公共物品供求、外部效应和收入分配等诸问题上无法从根本上解决问题,即所谓市场失灵问题。由于政府在力图弥补市场缺陷的过程中,又可能产生另外一种缺陷,即所谓政府失灵问题。宏观调控法是以市场失灵和政府失灵理论作为其理论基础的。

1. 市场失灵理论

所谓市场失灵理论,是人们鉴于对市场调节机制所存在缺陷的认识而提出来的。既然市场存在着外部性、有些交易的成本过高以及信息不对称等弊端,那么单纯依赖市场进行资源配置和利益分配不能达到理想的效果。随着垄断现象的出现,收入分配的两极分化,公共产品供给不足,以及社会产品总供给和总需求失衡等问题的出现,在现代市场经济下仍然需要政府从宏观上对经济予以调节和控制,以防止经济的大起大落。

2. 国家干预理论

国家干预理论可以通俗地表述为“经济发展热时泼冷水,经济发展冷时添把柴,逆水行舟,熨平波动”,即所谓“相机抉择”的宏观经济政策。20世纪30年代,西方出现了规模空前的经济危机,传统的经济理论无法有效地帮助各国政府摆脱困境。1936年凯恩斯以“有效需求”理论为核心,主张强化国家干预、“赤字财政”政策,标志着西方经济理论的一次革命,即由崇尚自由放任转向政府干预。自此以后,西方国家普遍运用“政府干预”来弥补经济运行中的市场失灵,这个过程一直延续到20世纪70年代。20世纪90年代日本和北欧四国的金融调控、美国乃至世界范围内对金融危机的强势干预等,使得凯恩斯主义被一次又一次地推上前台,在调控市场经济运行中扮演着重要角色。当然,在西方经济理论中,并未将政府干预与宏观调控区别开来,往往用国家干预的提法来取代宏观调控。实际上,宏观调控仅仅是国家干预经济的一个重要方面,不能完全包含国家干预的所有内容。

3. 政府失灵理论

政府失灵理论是指政府运用经济政策调节社会产品总供给和总需求失衡所出现的调控失败和官僚主义导致经济运行的低效、失衡及其解决方案的理论。为纠正、弥补市场机制的局限与缺陷,政府对经济的干预是必要的,但政府也不是万能的。政府对经济的干预,是外在的、人为的,稍有不慎就有可能违背市场内在的规律,搅乱原有的经济结构和运行。政府失灵的主要表现是:第一,由于公共物品的受益者和支出者的分离,造成低效益、高成本、甚至负效益运行,形成外部负效应;第二,由于政治家的短期行为,为了竞选或显示辉煌政绩、官场升迁，往往夸大近期成本和利益，而忽视未来成本和效益；第三，由于寻租与腐败，[1]政府滥用权力干预经济，不仅对经济发展造成损害，还侵犯人民的正当经济利益，导致政府失灵。最早对政府失灵进行系统研究的是公共选择派。其代表人布坎南和纳特认为，如果不能保证政府经济行为最符合全民福利最大化，也无法保证政府行为的结果符合政府的初衷，那么政府的公共政策失效，不仅不能弥补市场失灵，反而会加剧市场失灵，甚至会引发社会灾难。

4. 国家适度干预理论

在现代市场经济中，脱离国家宏观调控的所谓“纯粹”市场经济，早已不复存在。但凯恩斯主义兴起后，又出现了政府失灵现象，于是，“各种学派的基本观点和理论脉络，几乎都是围绕着如何选择、运用好宏观调控政策，以便解决经济增长和市场竞争中出现的诸多矛盾这个基本点来展开的”[2]。如新经济自由主义者认为，市场和政府是相互伴生、缺一不可的，国家有必要介入经济以克服市场失灵，但为避免政府失灵，国家应当适度干预经济，当市场机制失效时，国家干预需加强，而当市场机制功能恢复时，国家干预则需递减。这就是国家适度干预理论。

四、宏观调控法的结构体系

现代国家对经济的宏观调控已形成“国家计划—经济政策—调节手段”为轴线的系统工程。因此，我国宏观调控法的基本内容或体系包括以下法律制度：计划调控法、财政调控法、税收调控法、金融调控法、产业政策调控法、投资调控法以及对外经济调控法等。[3]

（一）计划调控法

在社会主义市场条件下，经济运行要以市场为主体，但这并不排斥计划的作用，而是要实行市场调节手段和计划调节手段相结合。中共中央《关于建立社会主义市场经济体制若干问题的决定》指出：“宏观调控主要采取经济办法，近期要在财税、金融、投资和计划体制的改革方面迈出重大步伐，建立计划、金融、财政三者相互配合和制约的机制，加强对经济运行的综合协调。”中共中央《关于完善社会主义市场经济体制若干问题的决定》进一步规定：“国家计划明确的宏观调控目标和总体要求，是制定财政政策和货币政策的主要依据。”中共十七大报告再次指出：“完善国家规划体系。发挥国家发展规划、计划、产业政策在宏观调控中的导向作用。”可见，计划规定经济发展的目标和任务，它体现着国家经济调节的总意图。为保障计划的编制合理、科学及其有效实施，需要制定计划法。计划法是

---

① 寻租意即寻找利润，是为了获得和维持垄断地位而付出的代价，它完全是一种“非生产性的寻利活动”，在政府管制而市场主体又想进入的领域，往往会出现权钱交易，权力和经济的结合必然产生腐败。

② 张守文主编：《经济法学》（第五版），北京大学出版社2012年版，第98页。

③ 其实，在财政法中，将统一的财政现象分割为财政与税收是不合适的，因为二者之间是属种关系。财政包含税收，但不限于税收，税收只是财政活动的形式之一。然而，经济学对财政的研究大都以税收作为切入点，税法在财政法中也逐渐发展成一个相对独立的内部体系。这里基于税法在宏观调控中的重要作用，将其与财政法分别论述，也就再自然不过了。

宏观调控法的中心环节，或可称之为“龙头法”①。

（二）财政调控法

财政是国家为了维护自身的存在并实现国家职能，凭借政权的力量，直接参与国民收入初次和二次分配的活动，从而形成的特殊分配关系。尽管广义的财政法包括税法、费用征收法等可能导致公民向国家让渡财产的领域，但从整体上看，财政法应该是以维护和保障基本人权，促进人权保护水平不断提高为基本宗旨的。无论是财政收入法还是财政管理或运营法，其除了保证行政过程的公开、公正、公平，防范行政权力侵犯人民基本权利外，最主要的目的还在于通过规范管理，提高财政资金使用的效益，增进全民福利，促进经济发展。②可见，财政法中有关对国民经济运行实行调控的内容，是宏观调控法的重要组成部分。

（三）税收调控法

税法作为财政法相对独立的内部体系，除了发挥组织财政收入的原始功能以外，“还在于通过调整资源分配、收入差距、景气周期以及保证合理财政支出等职能消除社会发展过程中的不公平现象，并最大可能地促进经济总量的增长”③。税法伴随财政法，在宏观调控法中具有举足轻重的地位。

（四）金融调控法

由金融活动产生的金融关系，是在与货币流通和银行信贷相联系的经济活动中形成的一类经济关系。货币调控和信贷资金的调控是国家调控经济的极为重要的手段。因此，调整货币发行和资金流通中形成的金融调控关系，是宏观调控法的重要内容。

（五）产业政策调控法

国家通过对产业结构、产业组织形式和产业区域布局的规划和安排，达到对经济建设总体的合理布局，是宏观调控的目标之一。因此，应当将产业调控关系纳入宏观调控法的调整范围。

（六）投资调控法

固定资产投资膨胀，是造成国民收入超分配的重要原因。要保持经济总量的基本平衡和国民经济的协调发展，必须控制固定资产投资规模，同时不影响国家重大建设项目的安排。因此，对于投资调控关系的调整，也是宏观调控法的任务。

（七）对外经济调控法

《关于建立社会主义市场经济体制若干问题的决定》指出：“国家主要运用汇率、税收

---

① 漆多俊著：《经济法基础理论》（第三版），武汉大学出版社 2000 年版，第 353—354 页。

② 刘剑文主编：《财税法学》（第二版），高等教育出版社 2012 年版，第 9 页。

③ 同上。

和信贷等经济手段调节对外经济活动。”《关于完善社会主义市场经济体制若干问题的决定》又要求“建立健全外贸运行监控体系和国际收支预警机制,维护国家经济安全”,同时要对少数实行数量限制的进出口商品的管理按照公平、效益和公开的原则,实行配额招标、拍卖或规范化分配。为保持对外经济贸易活动的健康发展,保持国际收支平衡,国家需要对涉外经济贸易活动进行必要的宏观调控和监管。因此,由国家宏观调控措施作用产生的对外经济关系,应当由宏观调控法调整。

上述宏观调控法体系中,最主要的是计划调控法、财税调控法和金融调控法,本章将着重论述;至于投资调控法、对外经济调控法的内容,在本书的国有经济参与法律制度和涉外经济管制法律制度两编中都会涉及,为避免重复,不再赘述。

第二节 宏观调控权问题

宏观调控权的权力来源及其配置,是宏观调控法中的核心问题。因此,有必要阐述宏观调控权的基本理论。

一、宏观调控权的含义

宏观调控权是一个“复杂性问题”,仅描述性的定义就有50余种,目前还没有一个公认的、非常科学的确切定义,但形成的基本共识是:宏观调控权是指政府为确保社会总需求与社会总供给之间的平衡,实现国民经济持续、稳定、协调增长的目标,而运用经济、法律和行政的手段对社会经济运行进行调节与控制的法定职权。宏观调控权是国家权力在经济管理领域的具体化,是国家权力的组成部分。①

在有的学者尤其是行政法学者看来,宏观调控权乃是行政权的一部分。其实,宏观调控权是一项独立的、新型的国家权力,不能简单地认为是行政权膨胀的结果。②宏观调控权与传统行政权存在的区别主要有:首先,两者产生的经济基础不同。宏观调控权产生的经济基础是社会生产力的发展、一国宏观经济的形成以及“市场失灵”凸显,使得国家不得不改变“守夜人”的角色,介入私人领域,主动地干预社会经济生活;而传统的行政权则显然没有这些经济基础。其次,两者的主体不同。宏观调控权的享有主体只能是中央级次的国家机关,包括国家最高权力机关、最高行政机关和某些国家的中央银行这种“准自治非政府组织”或“独立控制机构”、“独立管制机构”;而传统的行政权的享有主体则显然没有如此高的级次(或曰层级),也不包括这些立法机关、“独立管制机构”。此外,两者行使的目标、保护的法益亦有所不同。③

---

① 张守文主编:《经济法学》(第五版),北京大学出版社2012年版,第101页。

② 张守文:《宏观调控权的法律解析》,载于《北京大学学报(哲学社会科学版)》2001年第3期。

③ 邢会强著:《宏观调控权运行的法律问题》,北京大学出版社2004年版,第22—23页。

我国社会实践也表明，大量的宏观调控行为如中央银行实施货币政策的许多措施，绝不是单纯的行政行为。上述区别使得宏观调控权相对于传统行政权，不仅仅是时间上的“新”，更是性质上的“新”。因此，宏观调控权是对国家所有宏观调控职权的一个抽象，是经济法的一个特有的范畴。①

二、宏观调控权的权源

政府的宏观调控权力必须具有合法性，也就是说，运用宏观手段管理社会、引导市场时，必须具有法律依据。那么，合法的权力必须要有其权源。

宏观调控权是现代国家的国家权力的一部分。通说认为，国家权力来源于公民权利，其依据要追溯到卢梭的“社会契约论”所创造的人民主权学说。卢梭以自然权利论和社会契约论为理论基础，说明人类在出现私有财产后，原来的自然状态的社会和人们拥有的自由、平等的自然权利被破坏和践踏，于是相约组成国家，而缔约者必须遵守契约，服从公意。因此，人民的公意在国家中表现为最高权力，主权是公意的具体体现；人民是国家最高权力的来源，国民全体为主权的所有者，主权属于人民。一切人民必俱已承认将其固有的一切权利归诸于国民全体，而听从国民的“共同意志”的支配。②人民主权原则蕴含了两个密切相关的内容：一方面，公民权利是国家权力的源泉，同时，公民权利又需要国家权力的确认与保障；另一方面，国家权力来自于人民，又服务于人民。数百年来，人民主权原则已在世界各国人民中成为共识，并被宪法性文件予以确认。我国《宪法》第 2 条也明确规定：“中华人民共和国的一切权力属于人民。”当人民选出自己的代表后，决定国家大事的权力，则让渡给了国家机关行使，人民则享有监督和参政议政的权利。③

综上所述，权力来源于公民权利，而在形式上，权力来源于法律的明确授权。因此，“从根本上说，宏观调控权同样是整个国民总体的一项重要权力”，宏观调控权“在根本上是人民的权力”④。而“从形式上看，宏观调控权来源于法律上的明确授权。在把法律仅理解为制定法的情况下，宏观调控权的确立、分配和行使等内容，要通过国家制定的法来加以体现”⑤。1993 年 3 月通过的宪法修正案规定：“国家加强经济立法，完善宏观调控。”同时，全国人大通过的《国民经济和社会发展“十五”规划》将中央政府的主要职能定位为“搞好宏观调控和创造良好的市场环境”。应该说，这就使得中央政府在经济改革进程中频频行使宏观调控权有了合法性。

三、宏观调控权的配置

宏观调控权的配置即宏观调控权的主体问题。和其他权力一样，宏观调控权也是一

① 邢会强著：《宏观调控权运行的法律问题》，北京大学出版社 2004 年版，第 22—23 页。

② 王世杰、钱端升著：《比较宪法》，中国政法大学出版社 1997 年版，第 42—45 页。

③ 李文汇：《公民权利与国家权力关系之法律分析》，载于《社会主义研究》2000 年第 3 期。

④ 张守文：《宏观调控权的法律解析》，载于《北京大学学报（哲学社会科学版）》2001 年第 3 期。

⑤ 同上。

种重要的资源，具有稀缺性。宏观调控权效益最大化的实现，离不开科学规范的有效配置。如果“配置不明晰，或配置失当，就会产生如同私人产权配置不清一样的问题。而私人的交易成本的加大，在一定程度上只会影响到相关私人主体的私人利益；但若调控主体的权力配置出现问题，则会直接影响国家利益和社会公共利益。其负面影响无疑是非常巨大的。”①因此，宏观调控权的配置是政府有效行使宏观调控权的前提保障。

（一）宏观调控权的纵向配置

宏观调控权的纵向配置，就是宏观调控权在中央和地方之间的划分。目前有两种观点：一种认为中央和地方均享有宏观调控权；另一种认为只有中央才享有宏观调控权，地方不享有宏观调控权。有学者认为，之所以出现分歧，是因为对宏观调控权的理解不同。当把宏观调控权理解为包括宏观调控的执行权在内的权力束的话，地方政府当然享有这种所谓的“宏观调控权”。但如果将地方税收调控权、地方财政投资和支出的决策权以及地方产业政策的决策权也理解为宏观调控权的话就值得商榷了。②其实，在宏观调控权的行使主体方面，只有中央级次的国家机关才享有宏观调控权，地方不享有宏观调控权。第一，从宏观经济的角度来讲，“宏观”是指一个国家的范围，宏观经济只能是一国范围内的宏观经济。只有宏观调控权集中在中央级次的国家机关，才能从国家的高度，从“全国一盘棋”的大局出发，保证宏观调控目标的实现。第二，从公共物品的角度来看，宏观调控是公共物品，而公共物品是分级次的。不同级次的公共物品，其提供的效率不尽相同。一般说来，中央级次的公共物品应当由中央政府来提供，而具有地方特色的公共物品，应由地方政府来提供。这是财政联邦主义的基本精神。具体到宏观调控这类公共物品，究竟由谁来提供，谁有权来提供，的确是一个重要的问题。宏观调控的主体应当是国家，应当是国家的最高政权机构，而不是基层的政权机构，否则就不能说是“宏观”调控。因此，对于宏观调控权的配置应当有一个合理的界定：实施宏观调控的主体，不能是地方政权，而只能是国家的最高政权。也就是说，尽管宏观调控同微观市场主体的活动和利益相关，但它是一种中央级次的公共物品，只能由中央政权来提供。③

（二）宏观调控权的横向配置

宏观调控权的横向配置，就是宏观调控权在中央政府各宏观管理部门之间的配置。具体讲：

第一，中央立法机关应享有宏观调控权。因为在国家的宏观调控中，调控法定原则是一项重要原则，④但在最高立法机关和行政机关之间，还存在授权立法的问题。如何很好地解决这些问题，还需要深入研究，这对于理论和实践的发展，对于国家的法治水平的提高，都非常重要。特别是在我国，由于诸多方面的原因，在授权立法方面存在的问题非常突出。⑤

---

① 张守文：《宏观调控权的法律解析》，载于《北京大学学报（哲学社会科学版）》2001年第3期。

② 邢会强著：《宏观调控权运行的法律问题》，北京大学出版社2004年版，第24页。

③ 张守文：《宏观调控权的法律解析》，载于《北京大学学报（哲学社会科学版）》2001年第3期。

④ 同上。

⑤ 同上。

第二,特定的中央行政机关享有宏观调控权。中央人民政府即国务院拥有宏观调控权,我国的国家发改委、财政部、中国人民银行、商务部等政府职能部门在具体地、大量地行使着宏观调控权,实施着宏观调控行为。例如,1998 年我国进行大规模的政府机构改革后,与计划、财政、金融三大调控手段有关的国家发改委、财政部、中国人民银行、商务部等,都明确为宏观调控部门。这实际就是对宏观调控主体行使宏观调控权的横向配置,但对国务院各职能部门宏观调控权的赋予,缺少充分、明确的法律根据;对各类具体的宏观调控权也没有作出具体的划分。

第三,司法机关没有宏观调控权。因为宏观调控是相关机关审时度势对宏观经济加以干预的权力,是一种无须相对人申请就于事前、事中、事后主动地提供公共物品,这与司法权的被动性大异其趣。因此,司法机关不应享有宏观调控权。①

总之,宏观调控权的配置是关乎宏观调控主体的重要问题,必须遵循"调控权法定"的法治原则,慎重配置宏观调控权;必须通过法律的形式明确各类宏观调控政策、措施、制度,并加强彼此之间的协调。

四、宏观调控权的限制

在赋予国家宏观调控权的同时,应树立一种观点:不是任何市场缺陷都可以由政府来弥补的,政府干预不是在任何时候都是有效的。因此,有必要对政府干预经济的权限及范围在法律上进行约束和规制,防止权力滥用。"因为国家权力对于经济发展的反作用",如果"沿着相反的方向起作用,在这种情况下,就像在每个大民族的情况一样,经过一定时期都要崩溃"②。"政治权力会给经济发展带来巨大损害,并造成人力和物力的大量浪费。"③因此,在讨论了宏观调控权的配置问题后,中央政府宏观调控权的界限是什么,宏观调控权行使有无监督,宏观调控行为应否承担责任,如此等等现代市场经济条件下的法治政府行使宏观调控权所面临的重大问题都摆在我们面前。

在西方市场经济国家,宏观调控一开始就是建立在自由竞争的市场经济理念和财产所有权不可侵犯、意思自治和契约自由所构成的法治基础之上,这为国家宏观调控的内涵界定提供了一种限制性标准:国家对经济的宏观调控在任何情况下都不能违背市场经济的基本理念,不能对市场经济的法治基础构成损害。在这种观念的指引下,当国家宏观调控权的行使有突破底线的可能时,法治便成为政府不得不面对的一道障碍。④

而我国宏观调控的制度背景是:政府是全能政府,政府以干预和介入的方式治理社会;政府官员缺乏法治和依法行政的理念,公民缺乏契约自由和意思自治的精神;市民社会和私权至上的制度没有建立起来。因此,在宏观调控权的界限不够明晰的情况下,越

① 邢会强著:《宏观调控权运行的法律问题》,北京大学出版社 2004 年版,第 26 页。

② 马克思、恩格斯著:《马克思恩格斯选集》第四卷,人民出版社 1995 年版,第 701 页。

③ 同上。

④ 李曙光著:《经济法学》,中国政法大学出版社 2007 年版,第 73 页。

权、弃权、争权、滥权等情况都可能发生，在一定程度上影响了宏观调控权的实施，从而影响宏观调控的具体效果。所以，应坚决杜绝宏观调控政策以党的会议纪要以及领导人的指示等形式出现，把公共决策和政府管理纳入法制化轨道。从此种意义上讲，宏观调控法可以被看作是规制国家宏观调控行为之法。应该对宏观调控的权力主体、权力主体的权限以及行使宏观调控权的程序和法律责任进行规定。

对于中央政府的宏观调控权的法律限制，主要仰仗于《宪法》和《立法法》。我国《宪法》对中央政府的权力职能的定位以及立法权的规定，对行政机关规范性文件的审查，对行政官员的罢免和撤职，以及《立法法》对立法权限和程序的明确规定，都界定了中央政府宏观调控权的边界。同时，《宪法》和《立法法》规定"全国人民代表大会有权改变或者撤销它的常务委员会制定的不适当的法律"，全国人民代表大会常务委员会有权"撤销国务院制定的同宪法、法律相抵触的行政法规、决定和命令"，国务院有权"改变或者撤销各部、各委员会发布的不适当的命令、指示和规章"等等，对宏观调控机关违反法律行使宏观调控权给社会整体利益造成损害时，提供了最后的法律救济。

第三节　宏观调控法的综合协调制度[①]

一、确立宏观调控法综合协调制度的客观要求

近几年来国家日益重视各种宏观调控手段的综合运用。强调"发挥国家发展规划、计划、产业政策在宏观调控中的导向作用，综合运用财政、货币政策，提高宏观调控水平"[②]。而各种手段各自的特点和属性决定了我国建立宏观调控综合协调法律制度的必要性和重要性。

（一）计划与财政、金融调控的相互协调

在现代市场经济体制下，国家的经济计划通常都是指导性的，[③]日益突出的特点是战略性、宏观性、政策性。但是计划的地位和作用却不容忽视，国民经济和社会发展计划是财政政策和货币政策制定和调整的依据，计划的实现也要依靠财政、货币政策。国民经济和社会发展计划通常指明了财政政策和货币政策的目标和方向。例如，计划提出某一时期的经济增长速度时，就需要金融、财政从资金平衡的角度制定相应的政策措施；同样，金融、财政对资金的运用，必须以支持国民经济和社会的发展为前提。

---

① 本节内容主要参考徐孟州、谢增毅的《论建立宏观调控法的综合协调法律制度》一文，该文载于朱崇实主编：《经济法理论与实务热点问题探讨》，厦门大学出版社 2002 年版，第 305 页。

② 参见胡锦涛同志在中国共产党第十七次全国代表大会上的报告。

③ 经过立法机关批准的计划，其主要作用在于为市场主体提供一种经济信息，引导企业作出符合国家计划的决策和行为，对市场主体并不具有直接的强制约束力。

(二)产业政策需要财政和金融的支持

产业政策包括产业组织政策、产业结构政策、产业技术政策、产业布局政策。国家财政的投资规模和投资结构、税收调控、财政补贴、财政的转移支付等都会影响到产业政策。中央银行确定的信贷规模以及指导商业银行的贷款资金流向,都会对产业政策产生影响。因此,国家产业政策的成功实现,必须依靠财政和金融。产业政策的制定部门必须与财政、金融宏观调控部门协商,取得支持;财政和金融政策的制定和实施,也要符合国家的产业政策。

(三)财政调控与金融调控的相互配合

财政调控与金融调控需要相互协调与配合主要基于以下三点:其一,各自调节范围的不同要求相互协调配合。财政调控和金融调控都是以调节社会总需求为基点来实现社会总供求平衡的手段,但两者的调节范围不尽相同。财政调控对社会总需求的影响主要是通过税收增减、发行国债、调整支出规模和结构来实现的,其主要在分配领域实施调控;金融调控对社会总需求的影响主要是通过影响流通中的货币量来实现的,其调节行为主要发生在流通领域。可见,两者的调节都有一定的局限性,因此必须相互配合。其二,各自的侧重点不同要求相互协调配合。财政调控与金融调控都对总量和结构进行调节,但在资源配置和经济结构上,财政调控比金融调控更强调资源配置的优化和经济结构的调整,具有结构特征。而金融调控的重点是调节社会需求总量,具有总量特征。其三,各自的时滞性不同要求相互协调配合。财政调控法的制定需要通过立法机关,并由执行机关执行,决策程序虽复杂,可一旦实施,将直接影响社会的有效需求。金融调控一般由中央银行制定和实施,决策程序简单,但其对社会总需求的影响是间接的。[①]财政调控和金融调控是宏观调控中的两大支柱,很多国家都非常重视两者之间的配合和制约。

由此可见,单一的宏观调控手段由于本身的特点和局限性是无法实现宏观调控目标的,建立宏观调控的综合协调是国民经济本身的内在要求和客观需要。况且,不同的宏观调控部门拥有巨大的宏观调控权,其行使过程中产生的外部性,都会对经济、市场主体和普通民众产生巨大的影响。建立综合协调制度有利于在不同的宏观调控部门之间形成一种监督,防止宏观调控各部门为了维护一己私利、部门利益,置国家经济大局和百姓经济利益于不顾,滥用权力而不受制约。

二、国外宏观调控综合协调法律制度的考察

德国和美国分别制定了《经济稳定与增长促进法》(1967 年)和《充分就业和平衡增长法》(1978 年),并且建立了具体的宏观调控综合协调制度。借鉴美、德等国的先进立法经验,在我国宏观调控法律体系中,建立综合协调制度具有重要意义。

---

① 刘溶沧、赵志耘主编:《中国财政理论前沿》,社会科学文献出版社 1999 年版,第 394—396 页。

（一）德国宏观调控综合协调制度

德国的《经济稳定与增长促进法》第3条规定了“一致行动的指导方针”，即在发生危及其第1条所规定的宏观调控四大目标时，联邦政府应立即制定“指导方针”，使各级政府、各同业公会以及企业联合会采取同时互相配合的行动。这种指导方针应特别说明在这种形势下整个经济的各方面之间的相互关系。①

该法第18条所规定的“国家经济平衡发展委员会”更具典型意义，是国家建立专门的机构以协调宏观经济政策。该法规定，联邦政府设立国家经济平衡发展委员会，委员会由联邦经济部长、财政部长，每州代表1人，乡镇与县的代表4人组成；联邦经济部长为国家经济平衡发展委员会主席。国家经济平衡发展委员会根据议事规则，定期开会，讨论为实现该法所确定的经济增长、高度就业、物价稳定和外资平衡目标所必需的一切经济平衡发展措施。联邦银行有权参加国家经济平衡发展委员会的会议。②

（二）美国的宏观调控综合协调制度

美国的《充分就业和平衡增长法》虽未明确在联邦政府内建立一个跨部门的宏观调控协调机构，但从该法许多零散规定中，可以窥视到美国独具特色的综合协调制度。该法要求美国联邦储备委员会理事会主席，每年必须向国会做两次报告，就其货币、信贷计划与总统确立的短期目标之间的关系作出评论，③目的主要是为了加强政府的财政政策和中央银行的货币政策之间的协调。

此外，该法指出，仅仅依靠货币政策和财政政策是不能实现预期的宏观经济目标的，必须同时采取其他相应的措施，比如，要确定明确的短期和中期经济目标；同时加强总统、国会、联邦储备委员会之间的协调。这一规定强调了计划和财政政策、货币政策的协调以及政府、中央银行和立法机关的协调。该法要求召开国家就业会议，由小企业、大企业、工人、政府、其他利益关系人参加；总统为解决失业率高的问题，采取相应的计划和政策，或者向国会提出法案，以加强联邦政府、地区、州和地方，以及私人部门之间的协调。④

总之，国外大多数国家采用宏观调控综合协调制度，可以行使宏观调控权的宏观调控部门一般不是单一的。例如美国，从事国家宏观调控的经济管理机关，包括白宫办公厅、行政管理和预算局、经济顾问委员会、政策发展办公室、商务部、财政部、美国联邦储备委员会、联邦贸易委员会等；在德国，主要有联邦经济部、财政部、经济合作部、联邦经济信息总署、联邦银行等；在日本，主要有大藏省、通商产业省、农业水产局、经济企划厅等。行使宏观调控权的部门具有高度的专业性，其地位也高于一般的经济管理部门。同时，某些宏观调控部门相对于政府而言又具有较强的独立性，如美国的联邦储备委员会就以“独立”

---

① 谢怀栻译：联邦德国《经济稳定与增长促进法》第3条，载于史际春主编：《经济法》，法律出版社2000年版，第213页。

② 联邦德国《经济稳定与增长促进法》第1、18条。

③ 参见英文网页 http://www.drfurfero.com/books/231book/ch03h.html#top(2002年8月22日)。

④ 参见 Full Employment and Balanced Growth Act(1978) “Congress Findings” (b)(2)、(3) “National Employment Conference”和“Economic Activity Coordination”。

和"制衡"为基本原则,在人事和预算方面享有很高的独立性。[①]

美国的意图是使货币政策的制定和实施独立于政府,从而在中央银行的货币政策和政府的财政政策之间形成一定的制衡。

三、中国宏观调控综合协调法律制度的建立

在我国,宏观调控部门之间的职能及其业务,各有优势和侧重并自成体系,缺乏彼此之间的沟通,缺少合作精神;宏观调控部门代表着不同的利益关系,难免产生部门偏好,相互之间又无法监督,综合协调机制的重要性便凸显出来。例如,国债作为弥补财政收支缺口的基本来源,直接制约着财政运行;作为货币供应的一个重要工具,对货币市场和资本市场也有重要影响。但长期以来,在国债问题上,基本上是各搭各的台,各唱各的戏,致使国债发行成本居高不下。[②]因此,建议借鉴美、德等国的经验,我国也应出台一部类似的法律,以明确宏观调控综合协调机构的法律地位,确立国家宏观调控综合协调制度,加强各宏观调控部门之间的对话和制约,保证各部门之间的合作。

(一)设立国民经济宏观调控委员会,明确其议事规则及权力

国务院应设立国民经济宏观调控委员会。国民经济宏观调控委员会是国务院集中行使宏观经济调控权的常设机关,以政府总理为主任,成员包括各宏观调控部门的首长。国民经济宏观调控委员会按照议事规则,定期召开会议,在充分发扬民主的基础上,实行首长负责制。

国家宏观调控委员会的权力,应符合我国《宪法》、《立法法》以及《国务院组织法》、《预算法》、《中国人民银行法》等法律,同时考虑到宏观调控本身的经济属性,应建立科学的、民主的、高效的宏观调控决策法律制度。国民经济宏观调控委员会召开会议,讨论下列事项并作出决议:(1)国内外经济形势,近期国家实行的财政政策、货币政策和产业政策;(2)国家计划制定中的重大问题;(3)中央财政预算编制中的重大问题;(4)国家产业结构调整的重大问题;(5)国债发行规模和用途;(6)年度货币供应量;(7)中央财政出资的数额特别巨大的拟建设项目;(8)国务院确定的其他事项。国民经济宏观调控委员会决议应当具有强制力,国务院经济主管部门、地方各级人民政府和政府经济主管部门应当执行。依照法律、行政法规需经其他机构批准或者同意的,经批准或者同意后执行。

(二)建立宏观调控的综合协调机制

宏观调控综合协调制度,主要是提供不同经济调控部门之间政策、措施协调的程序和方式,形成稳定的协调机制,避免宏观调控部门各自为政,以提高宏观调控决策的效率;同时也可提供一种解决不同部门之间争议的途径,在不同部门之间形成一定的制约和监督,

① 美国的联邦储备委员会的7名理事由总统提名,由参议院批准。委员会可以自行决定利率的调整,无须政府批准。

② 肖伟雄:《国债在财政货币政策协调配合中的效应研究》,重庆大学硕士学位论文,2004年。

避免宏观经济政策彼此之间的相互冲突和抵消,保证宏观调控目标的实现。

通过立法明确不同宏观调控部门之间相互制约和监督制度的主要内容是;(1)国家发改委、财政部、中国人民银行、商务部等调控部门相互之间可以就国民经济和社会发展计划以及经济政策的制定或者实施提出意见和建议。(2)一方认为其他方计划或者经济政策的制定或者实施违反国务院或者国民经济宏观调控委员会的决议时,应当及时向总理报告,并向总理提请召开国民经济宏观调控委员会会议。(3)一方认为其计划或者经济政策的制定和实施需要其他方配合时,可以向总理提请召开国民经济宏观调控委员会会议。

总之,建立健全宏观调控的综合协调制度,既要使其遵循市场经济规律,考虑经济利益的平衡,又要符合权力制衡、权力正当行使等基本的法治理念。

第十二章 金融调控法律制度

第一节 金融调控法概述

一、金融调控的基本原理

(一) 金融与金融调控

1. 金融的含义

金融(finance, banking),意即货币资金的融通。金融的基础是信用,融通的条件是市场,融通的中介是金融机构,从而形成不同的金融形态。

金融是经济、社会的重要组成部分,连接着生产、交换、分配、消费各个环节,媒介着各种各样的社会关系。金融活动包括货币的发行与回笼,存款与贷款,货币的汇兑与结算,金银的买卖以及证券、保险、信托等领域的各类融资活动。由于金融活动涉及面广,直接关系国计民生,影响国家与社会经济的稳定和发展,因而各国都对其高度关注,制定大量的金融政策,以对经济运行进行宏观调控。

2. 金融调控的含义

金融调控主要是通过制定金融政策和金融法律来引导各类主体的金融活动以实现其调控目标,它是宏观调控的重要形式,具有如下特征:

第一,金融调控主体是中央银行。在我国中央银行即为中国人民银行,其他任何机构与组织都不能成为金融调控的主体。

第二,金融调控的手段主要是货币政策。金融政策,是一国为实现金融领域的经济目标而运用的各种政策工具和具体措施的总称。金融政策通常包括货币政策、信贷政策、外汇政策等与金融市场相关的各种政策。其中,货币政策居于核心地位。所谓的货币政策,是指中央银行为调控货币供应量而采取的方针、策略和措施的总称。由于货币政策是宏观性、间接性与长期性的经济政策,决定了金融调控具有宏观性、间接性与长期性的特点。

第三,金融调控须在法制范围内运行。货币政策处理现实货币问题虽具有灵活性和适应性,但缺乏法律的确定性和稳定性。因此,制定和实施货币政策是法律赋予中央银行的一项权力,金融调控必须在法律的框架内运作。因此,中央银行宏观调控实质上是在法律授权的范围内灵活运用权力的行为,它不能脱离法定宗旨恣意行事。①

---

① 陈晓著:《中央银行法律制度研究》,法律出版社 1997 年版,第 319 页。

(二) 金融调控的手段

金融调控的手段可以分为两大类:一类是一般性货币政策工具;另一类是选择性货币政策工具。

1. 一般性货币政策工具

一般性货币政策工具是对整体的货币供应量和信用规模能够产生全面影响的普遍适用的金融调控手段。其主要包括三类,即法定存款准备金、再贴现和公开市场操作,通称货币政策的"三大法宝"。

(1) 法定存款准备金。法定存款准备金是指依照法律规定,商业银行等金融机构必须存放于中央银行准备金账户的无息存款。金融机构交存准备金占其吸收存款总额的比例称为法定存款准备金率。亦即法定存款准备金率是中央银行通过调整商业银行等交存中央银行的存款准备金比例,来调控商业银行的信贷规模,以实现调控货币供应量的一种政策手段。①法定存款准备金率作为国家金融调控的重要杠杆,它调控迅捷有力,效果明显;但缺乏弹性和灵活性,对经济的震动和对商业银行的冲击较大,因而不宜频繁使用。

(2) 再贴现。贴现,是用未到期票据到商业银行等金融机构贴息兑现的行为;再贴现,就是商业银行等金融机构将通过贴现得到的票据再向中央银行贴现的行为。在贴现时,商业银行等金融机构扣除从贴现日至票据到期日的利息,以票面余额付给持票人资金;商业银行等金融机构持通过贴现获得的票据到中央银行进行再贴现时,中央银行同样要按一定的利息率来扣除,此利息率即为再贴现率。再贴现率是进行金融调控的重要杠杆,再贴现政策是实现货币政策目标的重要手段,它有利于中央银行发挥最后贷款人作用,维护金融系统稳定,并进行结构调整,作用效果也较为缓和;但中央银行要以商业银行进行再贴现为前提,其调控具有一定的被动性和依赖性。

(3) 公开市场操作。公开市场操作,也称公开市场业务、公开市场政策,是指中央银行在金融市场上公开买卖有价证券,通过证券的吞吐和货币资金的收发,来调控市场利率和货币供应量。公开市场操作的决定权在中央银行,中央银行具有主动性,且调控的弹性和灵活性较大,可以经常连续地进行;但操作的技术性强,告示作用较弱,必须以发达、完善的有价证券市场的存在为前提。

以上三种调控手段各有利弊,需要协调并用。

2. 选择性货币政策工具

选择性货币政策工具是对一些特殊领域的信用活动加以调节和影响的货币政策工具,因其并非针对金融整体,通常都是有针对性、有选择地使用,故称为"选择性货币政策工具"。选择性货币政策工具包括:信用直接控制工具和信用间接控制工具。

(1) 信用直接控制工具。信用直接控制工具是指中央银行对商业银行等金融机构的金融业务进行直接控制而采取的各类措施,如信用分配、直接干预、利率限制、流动性控制。

第一,信用分配是中央银行根据宏观调控的需要,对商业银行等金融机构的信用创造加以合理分配和限制的行为。

① 张守文著:《经济法学》,中国人民大学出版社 2008 年版,第 226 页。

第二，直接干预，是中央银行直接干预商业银行的业务范围和贷款政策等措施的行为。

第三，利率限制，是中央银行直接对商业银行的最高利率进行限制的行为。

第四，流动性控制，是指通过规定商业银行流动性资产与存款的比率，来限制商业银行信用规模的行为。

上述措施非常重要，因而有人认为这些措施才属于真正的"选择性货币政策工具"，而证券市场信用控制、不动产信用控制、消费者信用控制应当归属于"其他货币政策工具"①。

(2) 信用间接控制工具。

信用间接控制工具，是中央银行通过对商业银行等金融机构进行指导、劝告、磋商，来间接控制信用规模的各类措施，包括窗口指导、道义劝告、优惠利率等。

第一，窗口指导(windows guidance)，是指中央银行在日常业务往来中，对商业银行等金融机构的业务方针、融资计划和经营活动等进行具体指导，规定其贷款重点投向和贷款变动数量，以使其信贷规模控制在适当的范围内的行为。

第二，道义劝告(moral suasion)，是中央银行通过发出通告、指示或进行谈话等方式，劝告商业银行等金融机构将其信贷限制在适当的投向和规模的行为。

第三，优惠利率，中央银行对国家鼓励发展的经济部门或产业，如出口工业、农业等，给予优惠利率，促进其发展。

这样，把鼓励和限制结合起来，有助于更好地进行金融调控。

(三) 金融调控的目标

在市场经济条件下，对于金融调控的目标各个国家有不同的选择，如美国以宏观经济的四大目标作为货币政策目标，即稳定物价、充分就业、经济增长和国际收支平衡。

(1) 稳定物价。所谓稳定物价，其含义就是将物价总水平的上升控制在一定的幅度之内，一般认为年物价上涨率控制在3%，就是实现了物价稳定。20世纪六七十年代以来，通货膨胀日益成为世界性的经济问题，物价的不稳定严重干扰了各国经济的顺利发展，因此各国政府与各国中央银行都将稳定物价作为宏观调控的重要目标。在货币政策中，稳定物价就是要稳定货币币值。

(2) 充分就业。充分就业的标准是以一国的失业率来衡量的。根据各国的经验数字，若将失业率控制在4%以内就实现了充分就业。

(3) 经济增长。经济增长的衡量标准一般采用"人均国民生产总值"的增长率来表示。由于各国在各时期对经济增长的要求不同，因而有所区别。但一般来说，发达国家以1%—4%作为经济增长的目标，而发展中国家则为4%—8%。

(4) 国际收支平衡。随着国际市场竞争的日益激烈，维持国际收支的相对平衡成为各国普遍性、持久性的重要政策任务。国际收支相对平衡的标准只能根据各国所处的不同经济发展阶段和具体情况而定。

---

① 漆多俊主编:《经济法学》，高等教育出版社2007年版，第447—448页。

金融调控要同时实现上述四大目标,在现实经济中几乎不可能,但"四大目标"均为国民经济稳定运行所必需的,因此,金融调控的目标还存在选择问题:第一,稳定物价与实现充分就业之间的选择。经济学的"菲利普斯曲线"描述了稳定物价与充分就业这两个货币政策之间的选择难点所在。在失业率与物价上涨率之间,无论货币政策措施如何,都存在着此消彼长的替代关系。因此,在特定的社会经济条件下,应选择较为缓和的政策措施。第二,稳定物价与促进经济增长之间的选择。有关资料表明,任何一国在经济增长时期,其物价水平均呈上涨趋势。中央银行在为实现经济增长目标而努力时,必须考虑如何处理经济增长与稳定物价之间的关系。第三,稳定物价与平衡国际收支之间的选择。一般而言,本国物价水平上涨到高于他国物价水平时,国内总需求增长,导致出口减少,进口增长,从而使本国国际收支出现逆差或减少顺差;反之,则本国国际收支顺差增加或减少逆差。由于两个目标存在矛盾,金融调控时应作出选择。第四,促进经济增长和平衡国际收支之间的选择。消除国际收支逆差通常要求压缩国内总需求,带来国内经济的收缩;而若要扩张国内经济,则需要采取扩张性货币政策,刺激国内总需求增加,从而会导致国际收支出现逆差或减少顺差。因此,在纠正国际收支失衡和改变国内经济衰退的货币政策与措施之间,通常需要中央银行依据特定的情况和条件进行合理的选择。①基于以上,德国选择了单一目标,即以币值稳定作为货币政策目标;日本则将过去的多重目标改为单一的稳定物价目标。在我国,虽然《中国人民银行法》将"稳定货币与经济增长"作为金融调控目标,并明确表示:在稳定货币和经济增长发生冲突时,应优先考虑稳定货币。因此在我国,金融调控的首要目标是稳定货币,即稳定物价。

此外,金融调控目标的实现,尚有赖于货币政策的中介指标——货币供应量、利率、汇率、存款准备金总额、存款准备率等的变动。中央银行通过货币政策工具的作用,控制这些中介指标的变动,促成最终经济目标的实现。因此,有学者还将金融调控的目标分为最终目标和中介目标。②最终目标,就是实现宏观经济的四大目标;货币政策的中介目标,则是调控货币供应量和信用规模,实现币值稳定。

二、金融调控法概述

(一) 金融调控法的含义

1. 金融法的含义

金融法是调整金融关系的法律规范的总称。具体说,就是调整货币流通和资金信用活动中所发生的各种社会关系的法律规范的总称。③从所调整的金融关系的范围来看,金融法有广义、狭义之分。由于金融活动主要是通过银行的各种业务来实现的,银行法是金融法的基本法,处于中心地位,因此狭义的金融法是指银行法。广义的金融法除包括银行法外,还包括货币法、证券法、票据法、信托法和保险法等。

① 王大伟等著:《各国中央银行管理运作》,贵州人民出版社 1994 年版,第 26 页。

② 李昌麒主编:《经济法学》,法律出版社 2008 年版,第 458—459 页。

③ 漆多俊主编:《经济法学》,高等教育出版社 2007 年版,第 431 页。

2. 金融调控法的含义

金融调控法有别于传统金融法。金融调控法是调整金融调控关系和金融监管关系的法律规范的总称。金融调控关系是指:国家金融主管机关,以稳定金融市场、引导资金流向、控制使用规模为目的,对有关金融变量实行调节和控制而发生的社会经济关系。金融监管关系是指:国家金融主管机关依法利用金融权力,对金融机构和金融活动实施监督和管理而发生的社会经济关系。

我国已经颁布了许多调整金融调控关系和金融监管关系的法律、法规和规章,这些规范性文件的总和,构成了金融调控法。金融调控法是宏观经济法的重要组成部分。

(二) 金融调控法律关系

金融调控法律关系,由金融调控法律关系的主体、客体和内容构成。金融调控法律关系主体包括调控主体和受控主体。金融调控法律关系的调控主体系具有国家机关性质的职能部门,如我国的中国人民银行或法律授权的金融管理部门,受控主体指与金融调控有关的其他国家机关、各级政府、各种金融市场主体以及公民个人。在国家金融宏观调控过程中,调控主体具有法律赋予的宏观调控职权,而受控主体只能接受调控和服务管理。金融调控法律关系客体主要是指具备宏观调控性质的金融调控行为以及与此行为有关的对货币、金融及金融证券调控的行为。例如,中央银行控制货币发行量行为、升降存款准备金比例的行为以及具有财产因素的行为和中央银行为实现宏观调控目标需要进行市场公开业务行为等。金融调控法律关系的内容是指国家金融调控主体依法行使金融调控的职权,同时也是依法履行金融调控的义务;金融受控主体必须依法承受金融调控主体进行宏观调控的义务。双方的权利、义务相对不平等性,与民事法律关系双方主体权利、义务一致性有所不同。①

(三) 金融调控法的体系

由于金融调控法的调整对象包括金融调控关系和金融监管关系,所以,金融调控法的体系就由金融调控法和金融监管法组成。

1. 金融调控法

金融调控法亦称金融调节法,是关于国家金融主管机关制定和执行货币政策,调节、控制金融变量,稳定金融,以调控国民经济总量增长和结构平衡的基本规则。金融调控法的核心和主干是银行法,而银行法又以中央银行法为中心;货币发行和流通管理、外汇管理、政策性银行的导向也是金融调控的重要内容,故金融调控法一般包括中央银行法、政策性银行法、货币法、外汇和外债管理法等。制定货币法的目的在于加强国家对货币的管理,调节货币的流通,以保证货币的统一与币值的稳定,货币法的内容一般规定在中央银行法中;制定外汇管理法的目的是为了保护本国经济不受外国商品和资本的冲击,维护本国货币和汇率的基本稳定,保持国际收支平衡;而政策银行的功能是直接或间接从事政策性融资业务,充当政府发展经济、调整产业结构、进行宏观经济调控的手段和工具。所以,

① 卢炯星主编:《宏观经济法》,厦门大学出版社 2005 年版,第 297 页。

货币法、政策性银行法、外汇管理法也是金融调控法的组成部分。本章主要介绍中央银行法、政策性银行法。

2. 金融监管法

金融监管法，亦称金融监督法，是关于国家金融监督管理机关对金融机构、金融行为和金融市场进行监督和管理，以维护金融秩序的基本规则。金融监管法一般包括银行业监管法、证券业监管法和保险业监管法三部分内容。本书的特色之一就是专辟市场监管法，金融监管法是其中重要的内容，故本章对此不再赘述。

第二节 中央银行法

一、中央银行法概说

(一) 中央银行法的含义

中央银行是在一国金融体制中处于中心、主导地位，制定和实施货币政策，进行金融调控和金融监管的特殊金机构，是发行的银行、①政府的银行、②银行的银行。③中央银行履行调控、服务职能已是不争的事实，那么，中央银行应否有监管职能？当前各国几经变革，多已设立独立监管机构，分离中央银行的大部分监管职能，中央银行只承担和履行与其调控服务职能相关联的部分必要监管职能。

中央银行法是调整中央银行内部和外部各类关系的法律规范的总称，是具体包括规定中央银行的性质、地位、职责权限、组织形式、组织机构以及金融调控、金融监管和金融服务规范的法律规范的总称。

(二) 中央银行的历史演进

中央银行的产生大致有自然演进和自觉设计两种情形。

1. 中央银行的自然演进

初时，银行与普通企业一样自由营业，任意发行钞票、提供存贷款和结算服务等，由于各银行力量分散，不足以在一国或整个区域内提供发钞信用和权威的票据清算服务，金融的发展也要求各银行集中一部分现金准备，在单个银行发生支付困难时给予贷款支持。这样，银行中实力雄厚、信用卓著、与政府关系密切且良好者便脱颖而出，成为中央银行。最先具有中央银行名称的是瑞典国家银行。该行成立于1656年，最初以私人资本形式出现，1668年起才由国家出资并改名为瑞典国家银行。当时该行并不具备现代中央银行的

---

① 中央银行垄断国家的货币发行权，是唯一的发行法定货币的机构。但有些国家，如美国、日本、德国，硬币和辅币是由财政部发行的。

② 中央银行代表政府管理金融事务，制定和执行货币政策，履行金融调控、监管等职能，为政府提供金融支持。

③ 中央银行为商业银行等金融机构提供金融服务，保管后者的存款准备金，为后者提供清算，是各类普通金融机构的最后贷款人。

职能,19 世纪末以后,才逐步发展为瑞典的中央银行。实际上,最先执行中央银行职能的是 1694 年成立的英格兰银行,它被认为是中央银行的鼻祖。1833 年获国会准许发行具有无限清偿资格的钞票,19 世纪中叶取得最后票据交换中心地位,1928 年成为全国唯一的发行银行,第二次世界大战后于 1946 年被收归国有,取得金融调控、管理职能。

2. 中央银行的自觉设计

美国的联邦储备体系(the Federal Reserve System)则是自觉设计的中央银行制度的典型。美国特有的州与联邦的矛盾、加上自 19 世纪中期美国崛起过程中频繁发生的金融危机,自由银行体制无法及时演进出中央银行来。于是,1908 年美国国会成立了国家货币委员会,研究成立中央银行,1913 年建立了联邦储备体系,将全国分为 12 个储备区,每区设一联邦储备银行(区域性中央银行),国民银行为联邦储备银行的法定成员,按资本金和公积金总额的 6%认购其股份;1951 年,联邦储备体系不再承担支持政府发行公债的义务,货币政策开始独立、平行于财政政策。①

19 世纪以后,世界各国大都采用了中央银行制度,纷纷成立了中央银行,但其名称不尽相同。有的直接由国家命名,如英格兰银行、法兰西银行、日本银行等;有的称为国家银行,如奥地利国家银行、比利时国家银行、希腊国家银行;有的称为储备银行,如美国联邦储备银行、印度储备银行;有的则直接称为中央银行,如土耳其中央银行、阿根廷中央银行。

(三)我国中央银行的历史沿革

我国于 1904 年设立户部银行,1908 年制定《大清银行则例》,将其改为大清银行,经理国库、发行纸币,是为中央银行的萌芽;1927 年,国民政府制定《中央银行条例》,次年成立中央银行,初与中国银行(原大清银行)、交通银行共享发钞权,1942 年统一发钞、经理国库、管理外汇,其中央银行的职能渐趋完善。1948 年,在石家庄成立了中国人民银行。中国人民银行长时间内"一身二任",既发行人民币、经理国库、管理金融,又办理工商信贷和储蓄。②1983 年,国务院决定中国人民银行专门行使中央银行职能,从而确立了中国人民银行的中央银行的法律地位。1985 年,国务院又颁布了《中华人民共和国银行管理暂行条例》,进一步强化了中国人民银行作为中央银行的地位和职权。社会主义市场经济体制建立后,为了确定中国人民银行的地位和职责,保证国家货币政策的正确制定和执行,建立和完善中央银行宏观调控体系,加强对金融业的监督管理,1995 年 3 月 18 日第八届全国人民代表大会第三次会议通过了《中华人民共和国中国人民银行法》。2003 年 12 月 27 日第十届全国人民代表大会常务委员会第六次会议又对《中国人民银行法》进行了修改,并于 2004 年 2 月 1 日起施行。现阶段,一个以中国人民银行为中心,以商业银行为主体,以政策性银行为补充的银行体系已在我国初步形成。

---

① 盛慕杰主编:《中央银行学》,中国金融出版社 1988 年版,第 16 页。

② 同上书,第 33—37 页。

二、中央银行的性质和地位

（一）中央银行的性质

关于中央银行的性质，各国规定不一，理论界也有不同认识。从中央银行作为经营贷款、贴现、从事金融交易、有盈余的法定机构看，它属于特殊企业或特殊金融法人；从中央银行以国家信用或强制力发行货币、组织上与政权交织衔接、承担金融调控和监管职能看，它又是国家机关。根据中央银行产生发展的历史轨迹，综合目前世界上大多数国家的立法，中央银行在性质上应属于通过经营特定金融业务，以调控宏观经济、实施必要金融监管、提供金融公共服务、维护金融稳定的特殊的国家机关。①我国就是将其定位为国务院组成部门的宏观调控机关。

作为国家机关的中央银行之所以特殊，具体表现在：第一，中央银行履行国家职能需通过金融机构和金融市场，需要经营如接受存款、发放再贷款、再贴现、票据清算等特定的银行业务，这与完全依靠行政手段履行职能的政府机关显然不同。第二，中央银行虽经营银行业务，但在其经营目标、经营原则、业务经营对象及人员管理上，均与普通银行不同。第三，中央银行不以营利为目的，不经营普通银行业务；不对工商企业、单位和个人办理业务，只对政府、普通银行和其他金融机构办理业务；其资产具有较大流动性，以便实施货币政策。第四，中央银行的高级领导人由政府或议会任命，其任免程序与政府机构行政首长的任免程序相同，其工作人员系国家公务员。

（二）中央银行的地位

中央银行的地位主要是指中央银行在制定和执行金融货币政策、开展业务时享有多大的权力或多大独立性，主要体现为它是否要独立于政府、独立于财政，是否要直接对国会或议会负责。

以法律规定中央银行的法律地位，是决定中央银行独立性的一个关键因素。世界各国根据各自的历史文化传统、政治制度、经济水平等因素，对中央银行的法律地位作出了不同的规定，形成了三种模式。

第一，独立性很大的模式。中央银行直接对国会负责，可以独立地制定和执行货币政策，政府不得对它直接发布命令，不得直接干预货币政策的制定和执行，如美国、德国、瑞典等都属于此类，美国联邦储备体系是当代各国中央银行中对政府享有很大的独立性的一个典范。

第二，独立性较大的模式。法律上虽规定中央银行隶属于政府财政部门，但在实际业务操作中却保持较大的独立性，如英格兰银行和1998年之前的日本银行即属此类。

第三，独立性较小的模式。中央银行无论是在组织的隶属关系上，还是在货币政策的制定和执行上，均受政府控制，货币政策的制定和执行需经政府批准，采这种模式的有意大利、比利时、澳大利亚、巴西等国家。

① 漆多俊主编：《经济法学》，高等教育出版社2007年版，第441页。

中央银行独立性的强弱，取决于中央银行的法律地位，也决定了它在金融调控方面的作用和影响力。[①]我国中央银行的法律地位与其他国家有所不同的，具有自己的特色。《中国人民银行法》第7条规定，中国人民银行在国务院领导下依法独立执行货币政策，履行职责，开展业务，不受地方政府、各级政府部门、社会团体和个人的干涉。这就明确了中国人民银行的法律地位及同其他国家机关的关系：即中国人民银行隶属于国务院，但不隶属于财政部门；中国人民银行独立于地方政府、各级政府部门、社会团体和个人；中国人民银行向全国人大常委会提出有关货币政策情况和金融监管情况的工作报告。

三、中央银行的职责与组织机构

中央银行的性质、地位决定和影响着它的职责及组织机构的设立。

（一）中央银行的职责

中央银行的职责是其职能的具体化。中央银行具有发行的银行、政府的银行、银行的银行三大传统职能，央行的职责就体现其中。《中国人民银行法》第4条集中列举了中国人民银行的13项职责及国务院规定的其他职责。

1. 作为发行银行的职责

中国人民银行作为发行的银行，依法制定和执行货币政策，发行人民币，管理人民币流通。

2. 作为银行的银行的职责

中国人民银行作为银行的银行，与商业银行发生贴现与贷款、存款准备金缴存等金融业务关系，并与银行和其他金融机构进行债券和外汇等的买卖，维护支付、清算系统的正常运行，负责金融业的统计、调查、分析和预测等。

3. 作为政府的银行的职责

中国人民银行作为政府的银行，有权发布与履行其职责有关的命令、规章，持有、管理、经营国家外汇储备、黄金储备，经理国库，作为国家的中央银行从事有关国际金融活动等。

现代一般认为中央银行具有调控、监管和服务三大职能，央行作为政府的银行的重要职责之一是代表国家实行金融监管。而根据2003年第十届全国人大常委会第二次会议通过的全国人民代表大会常务委员会《关于中国银行业监督管理委员会履行原由中国人民银行履行的监督管理职责的决定》，修改了《中国人民银行法》，将央行原监管职责一分为二，删去了其中有关中国人民银行审批、监管金融机构的规定，着重赋予其金融市场监管和与央行履行职能有关的监管职责。这些监管职责包括：监督管理银行间同业拆借市场和银行间债券市场，实施外汇管理、监督管理银行间外汇市场，监督管理黄金市场，指导、部署金融业反洗钱工作并进行反洗钱的资金监测，对于金融机构有关执行存款准备金、人民币管理规定、外汇和黄金管理规定、代理央行经理国库、执行清算管理规定等方面

① 张守文著：《经济法学》，中国人民大学出版社2008年版，第232页。

的违法行为有直接进行检查和处罚的权力等。

(二) 中央银行的组织机构

1. 国外中央银行的组织机构

中央银行根据其性质、地位和职能设置各自的组织机构,包括权力机构、职能机构及分支机构的设置。

(1) 权力机构。中央银行的权力机构分为决策、执行和监督三类机构。决策机构,也称最高权力机构,各国机构名称不一,如美国称联邦储备委员会,日本称政策委员会,德国称中央银行理事会,法国称货币政策委员会,英国和加拿大称董事会,韩国称金融通货运营委员会。

(2) 职能机构。各国中央银行在总行内部均设置了行政管理部门、业务部门、金融监管机构、调研机构等相应的职能部门,这些职能部门按其各自的分工行使职能。

(3) 分支机构。除复合式的中央银行外,中央银行的分支机构都是总行的派出机构,由总行对分支机构进行垂直领导,不受地方政府管辖,分支机构必须按规定执行和完成总行的政策和任务。即使在复合式的中央银行制度下,州一级的中央银行也相当于联邦中央银行的派出机构,尽管它们具有一定的独立性,但不能擅自在所辖区内制定和推行与总行不同的政策及制度。各国分支机构大体按经济区划或行政区划设置。

2. 中国人民银行的组织机构

中国人民银行的组织机构分为最高权力机构(决策机构)、咨询议事机构和执行机构(包括总行内设机构和分支机构)三个部分组成,以保障人民银行职能职责的实现。

《中国人民银行法》未明确规定中国人民银行的最高权力机构,但规定了中国人民银行设立行长 1 人,副行长若干人,并实行行长负责制。这实际上规定了中国人民银行的领导机构及领导体制。

根据《中国人民银行法》第 12 条规定,中国人民银行设立货币政策委员会。货币政策委员会应当在国家宏观调控、货币政策制定和调整中,发挥重要作用。1997 年 4 月 15 日,国务院发布《中国人民银行货币政策委员会条例》,规定了货币政策委员会的性质和地位、职责、组织机构、委员的权利和义务以及工作程序。

与多数国家不同,《中国人民银行法》未规定内部机构的设置。实际运行中,中国人民银行总行内部设立了 18 个职能司局,2005 年设立了中国人民银行的上海总部。中国人民银行的分支机构是其执行货币政策和实施金融监管的主要组织基础,是中央银行组织体系的重要组成部分。从 1999 年起,中国人民银行从原来的按行政区域设置分支机构,改为按地域关联性和金融总量等设置分支机构。目前,在天津、沈阳、上海、南京、济南、武汉、广州、成都、西安设立了 9 个跨省域的分行;在北京和重庆设立了中国人民银行总行营业管理部,在 20 个省级政府所在地设城市中心支行。《中国人民银行法》第 13 条规定,中国人民银行的分支机构根据中国人民银行的授权,维护本辖区的金融稳定,承办有关业务。这说明中国人民银行的分支机构是中国人民银行的派出机构,不具备法人资格,其履行职责必须根据中国人民银行的授权进行。

四、中央银行的货币政策

货币政策是中央银行调节货币供求以实现宏观经济调控目标的方针和政策的总称，是国家宏观经济政策的重要组成部分。

（一）中央银行的货币政策目标

货币政策目标是中央银行实施货币政策所要达到的目的。根据中央银行对货币政策的影响力和影响速度，通常把货币政策划分为三个层次，即货币政策的最终目标、中介目标和操作目标。

《中国人民银行法》第 3 条规定："货币政策目标是保持货币币值的稳定，并以此促进经济增长。"我国货币政策目标的特点是，以稳定币值为前提，以经济增长为目的，充分阐明了稳定币值与经济增长之间的关联性和依存性。此规定既不同于把"稳定货币"作为央行货币政策的单一目标，也区别于以"稳定货币、发展经济"作为央行货币政策的双重目标。单一货币政策目标强调了"稳定货币"的第一性，而忽略了经济发展，会导致稳定货币政策的目标不明确；双重目标在实际执行中往往畸轻畸重、相互冲突，如有的国家以牺牲货币稳定为代价来求得经济发展。《中国人民银行法》所规定的我国中央银行的货币政策目标是在克服单一目标片面性的同时，对双重目标内容和关系的重新界定。另外，《中国人民银行法》未将"充分就业"、"国际收支平衡"作为货币政策目标，主要是因为我国工业化程度还不高，农业人口占全国总人口的很大比例，整个国民经济的国际化程度有待于进一步加强。因此，《中国人民银行法》把保持货币币值的稳定、并以此促进经济增长作为货币政策目标是符合我国国情的。

（二）中央银行的货币政策工具

货币政策工具是中央银行实现其政策目标的政策手段。《中国人民银行法》根据我国实际情况和今后金融改革的发展方向，规定了 6 种货币政策工具，其中既有一般性的货币政策工具，又有符合我国国情的特定工具。

（1）存款准备金。我国自 1984 年 5 月开始启动该制度，其主要内容有：规定存款准备金率；规定存款准备金的缴存范围；规定存款准备金缴存比例；规定存款准备金缴存时间以及对迟缴、少缴的处罚。2001 年我国开始实行差别存款准备金率制度，即资本充足率高、不良贷款比例低的金融机构所适用的存款准备金率低，反之则高。通过实行区别对待的办法，在调控货币供应量的同时，确保金融安全和金融稳定。

（2）基准利率。基准利率是指利率体系中起主导作用的基础利率，它的水平和变动决定其他各种利率的水平和变动。中国人民银行通过对基准利率的调整来实现紧缩银根或放松银根的目的。

（3）再贴现。再贴现是指商业银行或其他金融机构将贴现所获得的未到期票据向中央银行转让，也就是商业银行和中央银行之间的票据买卖和资金让渡。中央银行通过制定或调整再贴现利率来干预和影响市场利率及货币市场的供应与需求，从而调节市场货币供应量。

(4) 再贷款。再贷款是指中央银行对商业银行的贷款。中国人民银行通过再贷款控制和调节商业银行的信贷活动,从而控制和调节货币供应量和信用总量。

(5) 公开市场业务。根据《中国人民银行法》的规定,我国中央银行公开市场业务是指中央银行在公开市场上买卖国债、其他政府债券和金融债券及外汇,从而控制和调节货币供应量。1997 年 4 月中国人民银行发布《公开市场业务暨一级交易商管理暂行规定》,规定了公开市场业务交易的品种、对象、方式等具体事项。

(6) 其他货币政策。主要有贷款限额、特种存款、消费信用控制等。贷款限额,也称信贷规模,是指中国人民银行为控制社会货币供应量而对贷款金融机构设定的一种季度性或年度性的贷款计划指标,它曾是我国中央银行的主要控制手段;特种存款是指在货币供应过多、出现通货膨胀时,中央银行要求商业银行须向中央银行缴存的特别存款;消费信用控制主要规定分期付款的首期最低付现额和分期付款的最长付款期,由此来调节社会对商品的有效需求。

五、货币发行的调控

货币的发行,对于货币供应量会产生直接而重要的影响。因此,货币的发行是金融调控的重要手段。我国的货币发行调控制度体现在《中国人民银行法》、《人民币管理条例》、《货币发行管理制度(试行)》、《人民币发行库管理办法》等法律、法规和规章的规定之中。

(一) 人民币的法律地位

在我国,货币发行指的就是人民币的发行。《中国人民银行法》第 16 条和《人民币管理条例》第 3 条规定明确表明了人民币的法律地位,即人民币是我国的法定货币。一方面,人民币具有法定性,以人民币支付中国境内的一切公共的和私人的债务,任何单位和个人不得拒收;另一方面,人民币是我国唯一合法的货币,国家禁止发行除人民币以外的其他货币或变相货币,同时禁止人民币以外的其他货币或变相货币在境内私自流通。

人民币作为法定货币,具有无限清偿能力,是我国内地唯一的合法货币,其发行规模、投向等,会对经济生活产生非常大的影响。因此,必须加强人民币的发行调控。

(二) 货币发行与发行权①

1. 货币发行

货币发行在狭义上是指中央银行将本国货币发放到流通领域的行为;在广义上是指中央银行发行、投放、回笼、保管、调拨、销毁货币的活动的总称。

在我国,人民币于 1948 年 12 月中国人民银行成立时发行。新中国成立后,国务院先后发布了《关于发行新的人民币和收回现行人民币的命令》(1955 年 2 月 21 日)、《关于发行新版人民币的命令》(1958 年 4 月 25 日)等。继《中国人民银行法》首次确立了人民币

① 张守文著:《经济法学》,中国人民大学出版社 2008 年版,第 242 页。

的法律地位后，2002 年 2 月 3 日发布的《人民币管理条例》，则健全和完善了我国人民币法律制度。到目前为止，我国共发行了五套人民币，其中前三套已经停止使用。

2. 货币发行权

货币发行关系着全国的商品生产和流通，关系着币值、物价和人民生活的稳定，因此货币发行权是一种宏观调控权；货币发行权是国家在货币管理方面至为重要的权力，它是一种垄断权，通常归属于中央政府，并由中央银行具体行使。

在我国，由国务院代表国家行使货币发行权，并由国务院授权中国人民银行具体行使。中央银行具体行使垄断的货币发行权，与其执行货币政策的职责密切相关。首先，由于货币发行量会直接影响货币供应量，中央银行垄断货币发行，有助于控制基础货币的投放量，从而有助于保持币值的稳定。其次，中央银行垄断货币发行，独立行使货币发行权，有助于防止在多家银行发行货币的情况下所产生的币种不一、信用不足以及由于发行银行倒闭等所引起的影响金融安全和金融秩序的问题。

（三）货币发行原则

1. 统一发行原则

《中国人民银行法》第 18 条规定，"人民币由中国人民银行统一印制、发行"，这说明我国人民币的发行权集中在中国人民银行，其他任何单位和个人都无权发行货币和变相货币，以代替人民币在市场上流通。

2. 计划发行原则

计划发行原则是指货币的发行要根据国民经济和社会发展的计划来进行。在我国，具体计划由中国人民银行制定，报国务院批准后实施。

3. 经济发行原则

经济发行原则，也称信用发行原则，即必须根据宏观经济运行和市场需求的情况，按照商品流通的实际需要来发行货币。因为货币发行量过大，会引起通货膨胀；发行量过小，则会导致通货紧缩。因此，人民币的发行应使货币发行量与商品流通量基本相适应，使价值流和商品流基本相一致，避免财政发行。①

（四）货币的发行程序

货币的发行程序按照计划—批准—调拨—流通的程序依次进行。

（1）提出发行计划。中国人民银行总行提出货币发行计划，确定年度货币供应量，报国务院审批。

（2）批准发行计划。国务院审核同意后，批准中国人民银行的发行计划。

（3）调拨发行基金。发行基金是货币发行的准备基金，由设置发行库的各级中国人民银行保管，是尚未进入流通的人民币，其动用权属于发行库的总库。

（4）进入流通领域。各商业银行将中国人民银行发行库的发行基金调入业务库，再

① 即按照财政的需要而不是经济的实际来发行货币，有助于弥补财政赤字，却不利于币值的稳定。从保障经济可持续发展和增进政府合法性的角度来看，必须坚持经济发行原则。

通过现金出纳支付给各单位和个人，这样，人民币就进入了流通领域，现金投放便告完成。

第三节　政策性银行法

一、政策性银行法概述

（一）政策性银行的含义

政策性银行是指由政府创办的、不以营利为目的的专门为贯彻配合一国宏观经济政策、产业政策，在特定的范围内直接或间接从事政策性融资的金融机构。

在社会经济发展中，对国民经济、社会稳定有重要意义的农业、基础产业部门、高新技术产业部门等领域，往往投资规模大、周期长、风险大，商业银行出于营利宗旨的考虑，不愿投放贷款。为扶持其发展，各国便成立专门经营这类融资业务的专业银行。政策性银行就是专门为配合政府的社会经济政策，贯彻政府的经济意图而设立的，它是政府发展经济、调整产业结构、进行宏观经济调控的金融机构。其作用在于弥补商业银行在资金配置上的缺陷，健全与优化一国金融体系的整体功能，促进国民经济的全面、健康发展。

（二）政策性银行的分类

20 世纪 30 年代，美国、德国、日本率先建立政策性银行。①第二次世界大战后，各国为了恢复战争创伤，发展经济，设立了一批政策性银行，后又为发展基础产业，扶植落后地区的经济发展，各国普遍建立了各自的政策性银行体系。我国的政策性银行在 20 世纪 90 年代以后才开始建立。政策性银行根据其业务性质可以分为以下四大类：

第一类是专为经济开发提供投资性贷款的银行，各国一般称其为开发银行，如国际复兴开发银行（即世界银行）、亚洲开发银行、日本开发银行、中国国家开发银行等。

第二类是支持和扶植农业开发的农业信贷银行，如美国联邦土地银行、日本农村渔业金融公库、法国农业信贷银行、中国农业发展银行等。

第三类是专门经营对外贸易信用业务的银行，如美国的进出口银行、法国的外贸银行、日本的输出入银行、中国进出口银行等。

第四类是为便利居民购买房屋、支持房地产业发展的住宅信贷银行，如美国的联邦住宅放款银行、德国的德意志建筑地产银行、法国的房地产信贷银行、日本的住宅金融公库等。

此外，还有为扶植中小企业发展及其他特殊职能的政策性银行。

（三）政策性银行的特征

与商业银行相比，政策性银行具有以下法律特征：

---

① 漆多俊主编：《经济法学》，高等教育出版社 2007 年版，第 449 页。

(1) 由政府创立,属于政府的金融机构。大多数国家的政策性银行由政府全部出资创立,如美国的进出口银行。我国的《国家开发银行章程》第 7 条规定,国家开发银行注册资本为 500 亿元人民币,由财政部核拨;也有国家的政策性银行由政府提供部分资金,如德国《复兴开发银行法》规定,复兴开发银行为政府所有,其中联邦政府占 50%的股份,各州政府占 20%的股份。

(2) 不以营利为目的。这是政策性金融机构与非政策性金融机构的根本区别。政策性银行以贯彻和执行政府的社会经济政策为己任,主要是为国家重点建设和按照国家产业政策扶植的行业及企业提供政策性贷款,实行自主保本经营。

(3) 特定的融资途径。政策性银行主要从事贷款业务,不吸收存款。其资金来源包括政府提供的资本金、各种借入资金和发行金融债券筹措的资金,其资金运作多为长期贷款和资本贷款。

(4) 特定的服务领域。政策性银行有自己特定的服务领域,不与商业银行竞争。这些领域集中在国民经济比较薄弱的环节或亟待发展的部门,共同特点是不易得到商业银行的资金支持,需要政府设立专门的金融机构予以特殊的资金支持。其名称往往与其特定的服务领域相适应,如进出口银行,一般是服务于进出口领域的。

(5) 一般不设立分支机构。政策性银行不以盈利为目的,保本微利的经营目标决定了必须降低成本,同时,它不面向公众吸收存款,因而一般不像商业银行那样普遍设立分支机构,其业务一般由商业银行代理。

(四) 政策性银行的职能

政策性银行既具有商业银行和金融机构必须具备的职能和性质,又具有商业银行不具备的特殊职能,即贯彻、配合政府政策或意图实现的融资性质。

1. 一般职能

政策性银行的一般职能与商业银行的职能相同,均具有金融中介职能。它通过负债业务,吸收资金,再通过资产业务将资金投入到所需单位或项目,从而担负起金融中介的职能。实现资金从贷出者到借入者之间的融通。

2. 特殊职能

政策性银行的特殊职能可以具体表现为倡导性、选择性、弥补性和服务性职能。倡导性职能是指政策性银行以直接的资金投放或间接地吸引民间或私人金融机构从事符合政府意图的放款,发挥其引导资金流向的作用;选择性职能是指政策性银行对融资领域的确定,是有选择而非任意的,当市场机制不予选择的领域(即商业银行不愿融资的领域),在机制配置中得不到它应有的发展时,这些领域由政策性银行以政府机制予以选择,确定融资支持,从而体现政策性银行融资的特殊性;弥补性职能是指政策性银行的金融活动客观上弥补了商业银行金融活动的不足,对以商业银行为主体的金融体系职能是一种完善,如政策性银行对投资回收期限过长、投资回报率低的项目进行融资补充;服务性职能是指政策性银行以其专业银行的特征和其在金融领域所拥有的高级人才和丰富经验,为企业提供各方面的金融或非金融服务,为政府经济政策和产业政策提供参考及指导。政策性银行特殊职能的综合作用,使政策性银行主动、积极地贯彻实施政府的宏观经济政策,尤其是产业政策。

(五) 政策性银行法

1. 政策性银行法的含义

政策性银行法是规定政策性银行的组织和行为的法律规范的总称,它主要包括政策性银行的性质、地位、资金来源与资金运作、业务范围、组织形式以及组织机构的设立、变更和终止等内容。

2. 政策性银行的立法概况

西方发达国家一般都制定了政策性银行法。如《国际复兴开发银行协定》(1965 年 12 月 17 日修订生效)、《建立亚洲开发银行协定》(1965 年 12 月 4 日于马尼拉),日本的《日本开发银行法》(1952 年 3 月 31 日公布)、《输出入银行法》(1955 年 4 月 10 日公布)、《国民金融公库法》(1950 年 5 月 2 日公布)、《住宅金融公库法》(1951 年 5 月 6 日公布),德国的《复兴开发银行法》(1948 年 11 月公布),美国的《农业信贷法》(1933 年)、《联邦住房放款银行法》(1932 年)、《全国住房建筑法》(1938 年)等。在我国,1993 年 12 月 25 日,国务院发布了《关于金融体制改革的决定》,提出要深化金融体制改革,组建政策性银行;国务院以组建通知的形式,对三家政策性银行的性质、任务、资金来源、资金运用、经营管理进行规范。

3. 政策性银行的法律地位

从金融学的角度来看,政策性银行是一国银行体系中与商业银行并存,互为补充,具有同等地位的特殊的金融机构,是现代金融体系不可缺少的组成机构之一。

从法律的角度看,政策性银行是一个独立的法人,自主经营、自负盈亏、自担风险、自我约束,但它作为实现政府特定政策目标而设立的金融机构,它的经营深受政府部门宏观决策与管理行为左右,其自主经营权不可能完全实现,只能是为政府特定经济政策、产业政策服务的特殊金融机构。①

二、国外政策性银行的立法考察

作为政府干预和调节的工具,政策性银行以其特殊的功能和目标,特定的融资原则和服务领域补充和纠正了各国市场机制在社会资源配置中的局限性和不合理性,在各国经济增长、社会发展中起了巨大作用。国外政策性银行法律制度的主要内容有以下几个方面:

(一) 政策性银行与政府的关系

政策性银行与政府的关系表现在:政府是政策性银行的坚强后盾,政府对其进行监督管理和行政领导;政策性银行为政府经济政策、社会政策服务,成为政府发展经济,进行宏观管理干预经济活动的有力工具。从政策性银行发展历史看,根据不同国家不同的金融

---

① 漆多俊主编:《经济法学》,高等教育出版社 2007 年版,第 451 页。

环境,政策性银行与政府关系大致分为三类:第一,依附型,即政府为政策性银行提供全部资本,任命银行官员,银行自身经营自主权很小,政策性业务盈余上缴国库,亏损由国家弥补,发展中国家政策性银行多属此类型;第二,相对独立型,即政府仅为政策性银行提供全部或部分资本金,银行自筹营业资金,业务盈利不上缴国库,在经营方面有较大自主权,也有权选举银行官员,多数市场经济国家政策性银行属于此类;第三,中立型,政府不提供资金,政府的控制主要依靠任命董事长,董事会决定经营方针和政策,有很大自主权,发达国家的政策性银行多属此类。

政府对政策性银行的管理主要在以下几个方面:第一,政府决定政策性银行的新设与歇业;第二,政府资金是政策性银行的坚强后盾,通过资金规模控制政策性银行的运作条件;第三,政府确定政策性银行的职能、任务、经营活动领域、经营目标,政策性银行的业务活动计划必须报财政部批准;第四,政府以政策实现效果情况考核政策性银行的业绩。

总之,政策性银行与政府的关系集中表现在它与财政部门的关系上。就多数国家而言,政策性银行资本金由政府拨付,筹资由政策担保,筹资成本、贷款利差以及呆账损失由政府补偿。政策性银行的业务活动,实质上是一种财政投资融资活动。

(二)政策性银行与中央银行的关系

政策性银行与中央银行有不同的职能,各国为保证中央银行独立地执行货币政策、控制货币发行量而切断政策性银行资金与中央银行基础货币的联系,禁止中央银行向政策性银行提供直接融资。在金融监督管理方面,中央银行一般不直接管理政策性银行,它们的关系表现得较为松散。但在经营方面,中央银行仍给予政策性银行以必要的支持与指导,政策性银行也要尽量同中央银行的政策目标保持一致。具体而言,第一,中央银行的代表参与政策性银行的决策机构或董事会,实行人事结合,以利于协调与合作;第二,中央银行向政策性银行提供再贴现、再贷款或专项基金,给政策性银行提供临时的资金来源,以解决政策性银行的资金周转困难;第三,有些国家的中央银行要求政策性银行缴纳一定比例的存款准备金;第四,中央银行通过货币政策工具,如利率政策、公开市场业务等手段间接控制和管理政策性银行。在一些发展中国家,中央银行利用再贷款规模、信贷规模和发债筹资规模等控制政策性银行的业务范围和经营规模。

(三)政策性银行的资金来源和运用

各国因经济发展水平、政策干预能力和金融市场发达程度的差异,影响政策性银行的筹资渠道和规模。一般的资金来源渠道有:

(1)政府资金。这是政策性银行最主要的资金来源,一般在政策性银行设立之初由政策提供部分或全部资本金,以后逐年增资。

(2)借入资金。借款渠道包括财政、中央银行、政府部门资金、公共基金以及国外资金等。

(3)发行债券。在国外金融市场发行由政府担保的金融债券是发达国家政策性银行筹资的主要方式,是发展中国家政策性银行筹资的辅助方式。

(4)其他辅助性资金来源。如邮政储蓄、社会福利基金、保险基金等。少数国家还允许政策性银行吸收社会存款。

各国政策性银行的资金运用主要为政策性贷款、投资担保和保险，少数国家政策性还运用于贴现或向海外输出资金。

三、我国政策性银行的法律规定

根据 1994 年《国务院关于金融体制改革的决定》，我国对三家政策性银行作了具体规定。

（一）中国国家开发银行的法律规定

1. 中国国家开发银行的性质和任务

中国国家开发银行是专门从事政策性国家重点建设贷款及贴息业务的银行，它是直属于国务院领导的政策性金融机构，对由其安排投资的国家重点建设项目，在资金总量和资金结构配置上负有宏观调控的职责。

中国国家开发银行的主要任务是：按照国家的法律、法规和方针、政策，建立长期稳定的资金来源，筹集和引导社会资金用于国家重点建设。投资项目不留资金缺口，用于支持国家基础设施、基础产业和支柱产业的大中型基本建设和技术改造等政策性项目及其配套工程的建设。从资金来源上对固定资产投资总量进行控制和调节，优化投资结构，从而逐步建立投资约束和风险责任机制，提高投资效益，促进国民经济的持续、快速、健康发展。

2. 中国国家开发银行资金来源、注册资本、业务范围及规则

中国国家开发银行的资金来源于财政部核拨，其注册资本为 500 亿元人民币。中国国家开发银行主要经办的业务是：(1)管理和运用国家核拨的预算内经营性建设基金和贴息资金；(2)向国内金融机构发行金融债券和向社会发行财政担保建设债券；(3)办理有关的外国政府和国际金融组织贷款的转贷，经国家批准在国外发行债券，根据国家利用外资计划筹借国际商业贷款等；(4)向国家基础设施、基础产业和支柱产业的大中型基本建设和技术改造等政策性项目及其配套工程发放政策性贷款；(5)办理建设项目贷款的条件评审、咨询和担保等业务，为重点建设项目物色国内外合资伙伴，提供投资机会和投资信息；(6)经批准的其他业务。

3. 中国国家开发银行的内部组织形式

中国国家开发银行在金融业务上接受中国人民银行的指导和监督，总部设在北京。国家开发银行只设总行，不设分支机构。国家开发银行对国家政策性贷款的拨付业务，优先委托中国人民建设银行办理，并对其委托的有关业务进行监管。

中国国家开发银行实行行长负责制，设行长 1 人，副行长若干人，均由国务院任命。行长负责全行工作，副行长协助行长工作。国家开发银行行长主持行长会议，研究决定以下重大事项：(1)审定本行的业务方针、计划和重要规章；(2)审查行长的工作报告；(3)审定筹资方案，确定政策性贷款计划；(4)审查、通过本行年度财务决算报告；(5)审定其他重大事项。

国家开发银行设立监事会,监事会由财政部、中国人民银行、审计署等部门各出一位负责人以及国务院指定的其他人员组成。监事会主席由各监事会成员单位定期轮换担任,每届任期为3年。监事会的主要职责是:监督国家开发银行执行国家方针政策的情况;监督国家开发银行资金使用方向和资产经营状况;提出国家开发银行行长的任免建议。监事会不能干预国家开发银行的具体业务。

(二)中国农业发展银行的法律规定

1. 中国农业发展银行的性质和任务的规定

中国农业发展银行是负责筹集农业政策性信贷资金,办理国家规定的农业政策性金融业务的银行,是直属国务院领导的政策性金融机构。根据《中国农业发展银行章程》的规定,中国农业发展银行是注册资本为200亿元人民币的独立法人,实行独立核算,自主、保本经营,实行企业化管理。

中国农业发展银行的主要任务是:按照国家的法律、法规和方针政策,以国家信用为基础,筹集农业政策性信贷资金,承担国家规定的农业政策性金融业务,代理财政性支农资金的拨付,为农业和农村经济发展提供优惠低息贷款。

2. 中国农业发展银行经营业务的规定

中国农业发展银行在业务上接受中国人民银行的指导和监督,主要经办下列业务:(1)办理由国务院确定,由中国人民银行安排资金并由财政部予以贴息的粮食、棉花、油料、猪肉、食糖等主要农副产品的国家专项储备贷款;(2)办理粮、棉、油、肉等农副产品的收购贷款及粮油调销、批发贷款,办理承担国家粮、油等产品政策性加工任务企业的贷款和棉麻系统棉花初加工企业的贷款;(3)办理国务院确定的扶贫贴息贷款、老少边穷地区发展经济贷款、贫困县县办工业贷款、农业综合开发贷款以及其他财政贴息的农业方面的贷款;(4)办理国家确定的小型农、林、牧、水利基本建设和技术改造贷款;(5)办理中央和省级政府的财政支农资金的贷款拨付,为各级政府设立的粮食风险基金开立专户并代理拨付;(6)发行金融债券;(7)办理业务范围内开户企事业单位的存款;(8)办理开户企事业单位的结算;(9)境内筹资;(10)办理经国务院和中国人民银行批准的其他业务。

3. 中国农业发展银行组织机构的规定

中国农业发展银行实行总行、分行、支行制。其中,总行设在北京,分支机构的设置,须经中国人民银行批准,才能在若干农业比重大的省、自治区设派出机构(分行或办事处)和县级营业机构。

中国农业发展银行实行行长负责制,对其分支机构实行垂直领导的管理体制。总行设行长1人,副行长若干人,由国务院任命;分行的正、副行长由总行任命;支行的正、副行长由其所在的省、自治区、直辖市分行任命。行长负责全行工作,主持行长会议,研究并决定以下重大事项:(1)本行的业务方针、计划和重要规章制度;(2)行长的工作报告;(3)国家重点农业政策性贷款项目;(4)本行年度决算报告;(5)有关本行的其他重大事项。

中国农业发展银行设立监事会。监事会由中国人民银行财政部、农业部、国内贸易等有关部门选派人员组成,并报国务院批准。由国务院任命监事会主席1人。监事会的主要职责是:(1)监督中国农业发展银行执行国家方针政策的情况;(2)检查中国农业发展银行的业务经营和财务状况;(3)查阅、审核中国农业发展银行的财务资料;(4)监督、评价中国农业发展银行行长的工作,提出任免、奖惩建议。监事会不得干预中国农业发展银行的具体业务。

(三)中国进出口银行的法律规定

1. 中国进出口银行的性质和任务

中国进出口银行是对我国进出口业实行政策性贷款业务的专业银行,是经营国家进出口方面业务的政策性金融机构。其主要任务是执行国家产业政策和外贸政策,也就是说,进出口银行要以金融手段支持我国出口贸易的发展,尤其是支持机电产品和成套设备出口,以促进出口商品的升级换代。

2. 中国进出口银行的资金来源和注册资本

中国进出口银行的资本金由财政部核拨,资金来源主要是财政专项资金和对金融机构发行的金融债券。

中国进出口银行的业务范围主要是为大型机电成套设备进出口提供买方信贷和卖方信贷,为成套机电产品出口信贷办理贴息及出口信贷担保。不办理商业银行业务。该行坚持自担风险、保本经营,不与商业性金融机构竞争,其业务受中国人民银行监督。

3. 中国进出口银行的经营范围、经营原则和经营措施

进出口银行的经营范围:(1)提供进出口信贷;(2)提供信贷担保等业务;(3)兼办出口信用保险业务;(4)其他业务。

在经营原则方面,中国进出口银行必须坚持自主、保本经营,实行企业化管理的原则。一方面要通过经营活动,为支持我国成套设备与机电产品出口作出贡献;另一方面要在经营活动中取得效益,把政策性与效益性统一起来。银行通过加强管理,综合经营,增收节支,在取得财政合理补贴后实现保本和争取盈利。

4. 中国进出口银行的组织机构

中国进出口银行只设总行,不设营业性分支机构,其信贷业务由中国银行和其他商业银行代理,在个别大城市,可设派出机构(办事处或代表处),负责调查统计和监督代理等事宜。

中国进出口银行设董事会。董事会设董事长1人,视需要设副董事长。董事长可兼任银行行长。董事长、银行行长都由政府或政府授权任免。

中国进出口银行设立监事会。监事会由财政部、中国人民银行等有关部门的代表和其他成员组成。监事会受国务院委托对中国进出口银行的经营方针及国有资产的保值、增值情况,对中国进出口银行行长的经营业绩进行监督检查,对中国进出口银行行长的工作作出评价和提出建议。

第十三章
财政调控法律制度

第一节　财政调控法概述

一、财政调控的基本原理

(一)财政的一般认识

1. 财政的含义

从一般意义上讲,财政是国家为了维护自身的存在并实现国家职能,凭借政权的力量,直接参与国民收入初次和二次分配的活动,从而形成的特殊分配关系。理解财政的含义需要把握以下几点:

第一,财政是以国家为主体的凭借政治权力的分配活动。财政伴随着国家的产生而产生,是国家参与社会产品的分配和再分配的手段。

第二,财政分配的对象是社会产品,主要是剩余产品。在前社会化时代,财政主要是将财产由社会向国家的单向转移,而在经济调控职能业已确立和不断深化的今天,财政将财产从国家向社会的转移也愈益普遍,如财政补贴、国家参与社会保障等。

第三,财政的目的是满足国家职能的需要。国家的存续与职能的发挥要以一定的资源为基础,国家获得资源的方式就是财政,财政存在的价值就在于为国家的存续和职能的发挥提供资源。

随着国家职能的变化,财政的内涵也发生了变化。在现代社会,国家的职能主要是满足社会公共利益的需要,故财政一般被称为公共财政。所谓公共财政是国家依法通过税收等手段筹集收入以为公众提供公共产品和公共服务的财政模式,既是民主化的财政,体现财政民主原则,又是法治化的财政,体现财政法治原则。①

2. 财政的特征

自从人类的财政活动出现以来,财政的本质是什么的问题一直争论不休。古代社会的"家计财政",资本主义社会的"公共财政",社会主义社会计划经济时期的"国家财政",都集中体现了"国家分配论"的特征,即财政是以国家为主体并且以满足国家职能的需要为目的的分配,且从本质上来说是以国家强制力为后盾的政府行为。财政具有以下特征:

---

① 刘剑文著:《走向财税法治——信念与追求》,法律出版社 2009 年版,第 40 页。

(1) 强制性。财政是国家凭借政治权力对国民收入和社会产品进行的强制性分配,财政收入和财政支出都由国家单方面决定并强制实施。

(2) 公共性。财政具有公共目的性,并非像私人经济那样以利润最大化为目标。财政活动主要是为了向社会提供公共物品,增进社会福利。

(3) 持续性。财政与国家相伴共生,是国家的一种持久的连续性活动,在国家的存续期间,财政必须连续运行而不能中断,否则就会破坏公共经济的正常秩序。

3. 财政职能的历史扩张

在不同的历史时期,不同的社会制度,不同的国家,财政的职能存在着差异。自然经济条件下财政的主要职能是替君王筹集行政管理、国防安全与扩张以及皇室开支的经费。自由竞争资本主义时期的财政也仅限于筹集收入满足国家日常经费开支的需要,很少通过再分配的形式调节社会收入不公平,也不需要干预资源配置。进入垄断资本主义时期以后因为市场失灵所带来的种种恶果集中爆发。为了应对危机,财政的职能开始不断扩展。首先,财政应当在市场和国家之间有效配置资源,然后保证财政内部资源的合理分配。例如界定财政活动范围,优化财政支出结构,安排财政投融资的规模、结构,并通过税收、补贴等方式,引导社会投资方向等。其次,财政开始通过自身活动进行社会范围内的收入再分配,以缓和两极分化现象,实现社会分配的相对公平。例如,个人所得税累进征收,开征遗产税,实施社会保障等。最后,为解决市场自发运行中所产生的经济周期问题,"反周期"的财政政策开始实施,如在经济过热中提高财政收入水平,压缩财政支出,而在经济萧条时则通过减税等方式培育消费和投资能力,同时加大财政支出以增加社会需求,以此刺激经济的发展。①

(二) 财政职能与财政调控

财政调控主要是通过制定财政政策和财政法律以规范财政活动的全过程,使财政将其固有的职能外化为一种功效或作用,引导全社会实现宏观调控的既定目标。

在计划经济体制下,财政的主要职能是进行以国家为主体的对包括生产资料和生活资料在内的一切社会资源的分配。由于生产和生活都通过财政进行控制,不会出现收入分配不公或生产周期波动,因此财政资源配置职能也就将收入分配和经济调节完全包容在内。在市场经济体制下,市场是一种重要的资源配置方式,财政也是一种资源配置方式,市场是通过均衡价格等手段实现资源配置,财政则是通过财政收支即通过收入分配来实现资源配置。但两者所处的地位和作用是不同的,在市场经济体制中,市场对资源的配置居于基础地位,而财政则是在市场配置的基础上发挥作用,弥补市场配置的缺陷和克服市场固有的弱点,也就是说,在市场对资源配置起基础性作用的前提下,财政发挥其宏观调控的作用。②其具体体现在以下几个方面:

1. 财政有效配置资源

资源配置,就其本来的意义,是指社会的各种资源,包括自然资源和经济资源,在国民

① 刘剑文主编:《财税法学》(第二版),高等教育出版社 2012 年版,第 9—10 页。

② 漆多俊主编:《经济法学》,高等教育出版社 2007 年版,第 364 页。

经济和社会发展中的各个部门之间的分配。就资源配置的决策主体看,有些资源是通过国家财政来配置的,有些资源是市场主体——企业或个人通过经济活动来配置的。市场经济条件下,财政在资源配置方面的作用主要是提供公共产品①以满足社会需求。公共产品之所以要由国家提供,主要基于一般的市场主体不能也不愿提供诸如此类的公共产品的缘故,市场机制在这些领域里失灵,这就需要国家予以提供。此外,财政还可以通过资源的分配,引导人力和物力的流向,以形成一定的资产结构和产业结构,实现资源的有效配置。

2. 财政调节收入分配

财政的收入分配职能是指通过财政收支过程,在国民收入和社会财富的初级分配基础上,进行再分配,并使之符合社会认可的公平或合理标准。在市场经济条件下,人们的收入状况是通过两个层次形成的,第一层次是人的天然禀赋和后天继承;第二层次是要素在市场中的交换。由于人的天然禀赋不同或继受财富的差别,特别是人力要素和资本要素占有的差别,在市场交换中必然形成收入或财富的不平衡,这种不平衡在一定程度内或许是可以接受的,但差异过度扩大就会引起社会动荡。因此,财政通过收支分配,改变社会成员原有财富占有状况,使之尽可能符合社会公认的公平标准。

3. 财政促进经济稳定增长

财政的经济稳定和增长职能,是指通过财政分配,促使经济发展处于一种良性的状况——经济稳定和增长之中,从社会供求角度分析,经济稳定的基本条件是社会总需求与社会总供给相等。但在市场经济条件下,总供给与总需求之间很难自动实现平衡,亦即市场机制并不能保证有一个适当的供求水平,总是会有所失衡,这就需要国家财政参与社会经济生活,通过财政收支活动,影响供给和需求,实现经济稳定。在经济增长方面,市场所决定的经济增长率不一定与社会需求相符合,政府必须通过包括财政政策在内的宏观经济政策施加影响,如企业、个人的需求主要通过市场形成,财政通过支出活动也形成社会总需求的一部分,并通过收支政策影响社会总供给,最后实现两者的均衡。

由上而知,财政所具有的资源配置、公平分配、景气调整的功能,是现代市场经济国家实现宏观调控所不可或缺的。

二、财政调控法的研究基础

(一) 财政法的含义

依照传统法的部门划分标准,每个部门法之所以成为一个独立的法律部门,就是因为其有自己独特的调整对象,这个对象就是社会关系。财政法的调整对象是财政关系,无论在哪个历史时期,哪个国家,有财政,就有财政关系,就有财政法的调整对象。简而言之,

① 公共产品概念最先由著名经济学家保罗·萨缪尔森所提出,是指与私人产品相对应的一种社会产品,是指"那些无论个人是否愿意购买,都能使整个社会每一个成员获益的物品。而私人物品恰恰相反,是那些可以分割可以供不同人消费,并且对他人没有外部收益或成本的物品"([美]保罗·萨缪尔森、威廉·诺德豪斯:《经济学》,肖深等译,华夏出版社 1999 年版,第 268 页)。

从形式上讲，财政法就是调整财政关系之法。但是，对于新时期的财政法学来说，仅仅停留在这个层次上是不够的，因为它无法揭示出财政法更深层次的内涵，即在不同的历史时期，在不同的社会、不同的国家中，财政关系所体现的本质与内容是大不相同的。故此，财政法的含义还有待于从时代特性方面进行深入挖掘。从实质层面看，"现代财政法是建立在民主宪政基础上，以增进全民福利和社会发展为目标，调整财政关系的法律规范的总称"①。

（二）财政法的地位

财政法的地位，即财政法在法律体系中处于什么位置，基于此引出财政法是不是一个独立的法律部门。

从历史发展看，伴随着国家和财政的产生，也就产生了以法律调整财政关系的客观需要。然而，中外古代法虽有大量的调整财政关系的法律规范，但受当时诸法合一的历史局限性不可能赋予财政法独立的地位。在自由竞争资本主义时代，财政活动的范围被严格限制在"守夜人"的狭小范围，财政对行政的附属作用难以突破，这时的财政法属于行政法的范畴。进入垄断资本主义阶段后，由于财政对社会经济生活的影响日益增强，财政逐渐摆脱对行政的依附，开始具备自己独立的品格，财政的权力性由此凸显。②财政法的性质和职能也随之发生变化，即行政法色彩逐渐淡化，而经济法色彩逐渐增强。

从理论创新看，苏联法学界经过1938—1940年关于法的体系的大讨论，苏联科学院法学研究所公布了《苏联社会主义法制体系研究提纲》，指出应按所调整的社会关系的性质划分不同法律部门，财政法作为一个独立部门法的地位正式确立。③这就意味着传统的法的部门划分理论，从一开始产生起就遇到了当时苏联出现的集体农庄法、劳动法、财政法、土地法、家庭法等的挑战。因为传统法律部门划分标准建立在社会关系界限相对明晰的基础之上，各个部门法分别以单一的法律规范调整某种相对单纯的社会关系。然而，在法律实践中，这种划分只有理论认识上的意义。某些错综复杂的社会现象必须由多种法律规范同时调整，这就有了产生综合性法律部门的必要性。财政法诸多法律规范融合在一起时，"形成了一个有机统一的调整财政关系的法律整体，缺乏其中的任何部分都难以达到预期的功效，从这个意义讲，财政法足以成为一个独立的法律部门，一个不同于传统的综合性法律部门"④。

（三）财政调控法的定位

在我国，学术界对财政法的法律地位存在着争议。有学者认为，财政法是与经济法、行政法等相并列的第二层次的部门法；⑤有的认为财政法是经济法的重要部门法，属于经

① 刘剑文主编：《财税法学》（第二版），高等教育出版社2012年版，第9页。
② 蔡茂寅：《财政作用之权力性与公共性》，载于《台大法学论丛》第25卷第4期。
③ 李建英编译：《苏联财政法》，中国财政经济出版社1985年版，第19—39页。
④ 刘剑文主编：《财税法学》（第二版），高等教育出版社2012年版，第16页。
⑤ 参见蔺翠牌主编：《中国财政法学研究》，中国财政经济出版社1993年版，第78—80页；刘剑文主编：《财政税收法》，法律出版社1997版，第14页。

济法中的宏观调控法。[①]还有的学者认为，财政法属于经济法，并具有“龙头”地位。[②]可见，把财政法作为经济法的一个组成部分，是我国法学界目前的主流观点。

需要探讨的是，有学者认为财政法与行政法和经济法具有从属关系，在分析了财政法具备一个独立部门法所应有的客观依据和条件后，纠结于财政法地位的三种选择：其一，将其归于行政法；其二，将其归于经济法；其三，将其分割为两个部门法，行政法律规范归于行政法，经济政策法律规范归于经济法。[③]其实，这种三难境地正说明了财政法应该是一个独立的综合性法律部门。“在现代财政法中不但有行政法律、经济法律规范（甚至有些法律规范从形式上看是行政法律规范，但内涵的价值取向却又体现着明显的某种经济政策目的，即具有“一体两面”的特质），而且包含有宪法、社会法、私法等法律规范。”[④]经济法何尝不是这样呢？如果依照传统法的部门划分理论以单一的法律规范调整某种相对单纯的社会关系，经济法、社会法、环境法等第三法域的部门法也根本不可能成为一个独立的法律部门。现代社会关系纷繁复杂，各部门法就是这样相互交融、相互渗透，你中有我、我中有你，互相支持、共同发展。

综上所述，财政调控法可以理解为：国家为了履行对市场经济进行宏观调控的经济职能，在参与社会总产品和国民收入的分配和再分配活动中所形成的各种财政调控关系的法律规范的总称。由于经济活动与财政活动、财政政策密不可分，这里，属于经济法范畴的只是财政法中国家运用财政政策和财政手段调节经济的一些财政法律和政策方面的规定。国家在管理经济的过程中，借助于财政法的保障来实现其对市场经济活动的宏观调控的政策目标，已成为世界各国通行做法。它们的成功经验说明，财政调控法作为经济法中宏观调控的重要组成部分，不仅具有调控范围的广泛性，而且具有鲜明的导向性，特别是在保障经济平衡、协调经济运行方面，更是具有决定性的意义。

三、财政调控法的理论依据

（一）基于现代国家财政的地位

从财富的占有量来看，许多国家财政收入占国民生产总值的比重都维持在 35%左右，北欧高福利国家甚至超过 60%；我国 2007 年和 2008 年也已经突破 20%，如果再加上预算外收入以及各种制度外收入比例还会大幅上升。[⑤]如此大量的资金集中在国家之手，通过财政收入和财政支出不断循环，使得现代财政的地位远非过去所能比拟。财政成为国内最大的消费者、资金持有者和信用保持者，有足够的能力引导个人的生产和消费，达到调节经济景气周期的作用。

（二）基于财政法定主义的要求

财政“法定”要求财政行为必须具有法律依据，必须得到法律的明确许可或立法机关

① 参见张守文主编：《经济法学》，北京大学出版社 2008 年版，第 144 页。
② 参见史际春主编：《经济法》（第二版），中国人民大学出版社 2010 年版，第 236 页。
③ 参见漆多俊主编：《经济法学》，高等教育出版社 2007 年版，第 367 页。
④ 刘剑文主编：《财税法学》（第二版），高等教育出版社 2012 年版，第 16 页。
⑤ 同上书，第 19 页。

的专门授权。由于法律的稳定性、可预测性,一旦立法程序完成,在具体的执行过程中,立法机关自己也必须受其约束,不能随意变动。这种状况便于形成一种稳定的财政秩序,便于协调国内各种阶层的利益冲突,使各种利益诉求通过立法程序达到平衡。而且,在一般情况下,法律规定的内容涉及财政活动的普遍规则,对所有的财政主体和财政行为,都具有约束力和指导效力,因此,财政法定主义较为适合现代社会条件下日益变化和纷繁复杂的财政实践,便于掌控财政活动的宏观秩序。

(三) 基于财政健全主义的调整

财政健全主义所关注的是财政运行的安全稳健,其核心问题在于能否将公债作为财政支出的资金来源。资本主义早期,财政健全主义一般要求年度财政平衡,不得在预算中列赤字。国家财政开支只能以税收、费用等非税收入作为来源,公债的合法性被完全否定。进入垄断时期后,受经济危机的影响,国家不得不大规模干预经济。由于财政开支的数额剧增,而传统的收入来源不升反降,因此财政赤字成为各国的普遍现象。这时有人主张,如果财政能够促进经济健康发展,即使出现财政赤字也没有关系。为了弥补财政赤字,公债手段被大量使用并逐渐合法化。但随着财政平衡被打破,公债的规模日益扩张,引发财政危机的风险也越来越大。在这种历史条件下,财政健全的理念不应过时,其重点应随之调整。法律应当着重对公债的发行主体、审批程序、发行方式和限额、使用范围、偿还方式、债务管理等作出限制,如公债只能用于具有公共性的建设项目,以最大可能地发挥公债的积极功效,降低公债的财政风险。

(四) 基于财政平等主义的指导

财政平等主义包含着对正义的价值追求,从制度上则主要体现一种平等的对待。它既包括财政收入方面义务人的平等牺牲,也包括财政开支方面权利人的平等受益,还包括在财政程序方面的同等条件同等处理,等等。[①]财政法上之所以强调平等主义,除了宪法上的直接要求外,更重要的是一种公平观的指导。第一,财政法保证最低限度的财政均衡。除了中央政府通过转移支付增加财政困难地区的财政供给能力外,还设计一种地区间横向财政均衡的模式,由富裕地区按照一定的标准向贫困地区进行财政援助。第二,财政法保障每一个群体同等的机会和待遇,不能出现制度性歧视。我国目前的城乡差距很大程度上是与财政支出的不平衡有关,应该通过一定的财政法律措施予以反向调节,以促进城乡的机会均等。第三,财政法保障每一个公民的生存权、受教育权等基本人权,为社会弱者提供力所能及的帮助和救济。

四、财政调控法的结构体系

关于财政法的体系,由于各学者所持立场不同,认识上存在分歧。这里,仅从财政调控的角度,结合法学上的效力要求及功能定位,依照财政收入、财政支出和财政管理的分

① 刘剑文主编:《财税法学》(第二版),高等教育出版社 2012 年版,第 26 页。

类,对财政法的体系予以解构。

(一)财政收入法

财政收入法主要包括税法、费用征收法、国债法、彩票法,以及一些特别的财产收益法,如罚没收入、国有资本和资产的收益等。但基于财政调控的角度,主要是税法、国债法和彩票法,由于税法专章论述,这里只涉及国债法和彩票法。

(二)财政支出法

财政支出法主要包括财政转移支付法、政府采购法、财政投资法和财政贷款法。虽然这几种开支都应该经过财政预算,但其各自的标准、程序、管理和监督本身仍然需要相应的法律规定。基于财政调控的角度,主要涉及财政转移支付法、政府采购法、财政投资法。财政投资法也有专门论述,在此只涉及财政转移支付法和政府采购法。

(三)财政管理法

财政管理法主要包括:第一,财政收支划分法,其涉及政府间的财政关系,如中央政府及各级地方政府的收支范围、下级政府对上级的财政上缴、上级政府对下级的财政拨款;第二,财政预算法,主要包括预算编制、审批、执行、决算以及监督等方面的法律规定,同时也包括财政资金入库、管理和出库的相关内容;第三,财政监督法,其内容涉及财政监督机关的设立、财政监督机关的职权、财政监督的途径与程序等,[①]财政活动的合法性、财政职能的完成都要以财政监督法的完善和充分发挥作用为前提,在财政法体系中具有特别重要的意义。财政管理法与财政调控密切相关,但预算是财政收支的计划或总体规划,对整个财政收支活动具有指导作用。由于篇幅所限,本章主要论及财政预算法,并在其中穿插一些财政收支划分法的内容。

第二节 财政收入调控法

一、国债调控法律制度

(一)国债调控法律制度的研究基础

1. 国债的含义

国债即国家公债,又称"金边债券",是国家以其信用为基础,按照债的一般原则,通过向社会筹集资金所形成的债权债务关系。在这种债权债务关系中,国家作为债务人,根据还本付息的信用原则,通过在国内外发行债券或向外国政府、金融机构借款方式筹集财政

① 我国目前的财政监督机关是审计机关,财政监督法也就表现为《审计法》。审计机关隶属于同级政府,审计监督属于政府的内部监督,这与美、日等国财政监督机关是国会的一个职能部门有很大的不同。

资金、取得财政收入。

2. 国债的特征

国债与一般债权债务关系相比,其特征在于:(1)国债的主体较为特殊。国债的债务人只能是国家,国债的债权人既可以是国内外的公民、法人或其他组织,也可以是某一个国家或地区的政府以及国际金融组织。(2)国债是财政收入的特殊形式。其举借方式具有自愿性和偿还性,即国家以发行国债或借款方式筹集资金须遵循有借有还、还本付息和诚信原则。(3)国债是国家信用的重要形式。国债是信用等级最高、最具安全性、风险性最小的债权债务关系,国债以国家信用与国家财政作担保,债权债务关系容易实现。(4)国债是重要的经济杠杆。当今世界各国,国债已不仅仅局限于平衡预算、弥补财政赤字,它是调节经济、实现宏观调控、促进经济稳定发展的重要经济杠杆。

3. 国债的调控功能

由于国债是财政分配的组成部分,国债收入的取得和使用、偿还等在宏观上均具有经济调节的功能,因而运用国债手段可以进行宏观调控。国债的宏观调控功能主要体现在:

(1) 国债的发行体现了社会资源的重新配置。国债的发行,一方面,能够筹集资金,使政府可支配的财力增加,使国债的权利人的即时可支配的财力减少,以此调节积累与消费的比例关系,从而有助于保障总供给与总需求的平衡;另一方面,将社会上的消费资金、临时闲散资金等,引导到国家重点建设事业上来,国债收入投放方向的不同,对社会经济结构的影响也不同,这将有助于调节投资结构和产业结构,促进宏观经济协调发展。

(2) 国债是财政政策与货币政策之间的桥梁和衔接点。财政部发行国债,中央银行开展公开市场业务吞吐国债,调节流通中的货币量,从而影响总供给和总需求,以实现国家宏观调控的目标。因此,财政政策与货币政策的相互协调配合,离不开适量的国债的发行。国债具有"财政"和"金融"的双重调控功能。

(二) 我国的国债立法现状

我国的国债立法与新中国的建立相伴而生,如中央人民政府在 1949 年通过了《关于发行人民胜利折实公债的决定》,同年政务院颁布了《1950 年第一期人民胜利折实公债条例》,对公债发行的形式、发行数额及利率、发行对象及发行方式、公债的流通等作了规定。1953 年 12 月中央人民政府通过《1954 年国家经济建设公债条例》,决定从 1954 年起以发行公债的方式筹集部分建设性资金。1968 年国家偿付了全部内外债本息。直到 1981 年,我国是一个既无内债、又无外债的国家。1981 年 1 月,国务院通过《中华人民共和国国库券条例》,决定发行国库券来弥补财政赤字,以后又发行了国家重点建设债券、财政债券、重点企业债券、保值公债、特种公债等。到 1992 年止,每年都颁布一个国库券条例,对发行对象与方式、发行数额及利率、还本付息的期限、国库券及其他债券的贴现、抵押和转让、国债法律责任、国债管理机构等内容予以规定。1989—1991 年每年还颁布一个特种国债条例,对特种国债的发行对象、发行数额、发行期限、利率及偿还期等内容予以规定。

现行的国债法律制度是 1992 年 3 月 18 日由国务院颁布的《中华人民共和国国库券条例》(以下简称《国库券条例》),该条例对国库券的发行对象、计算单位、发行国债条件的确定、发行方式、偿还本息、流通、转让、抵押、筹集资金的使用、国债法律责任等都作了原则规定。但是,该条例已不能适应当前社会主义市场经济发展的需要。一是它的适用范围仅限于国库券而不能对所有的国债名类予以规范;二是它主要规定的是国库券发行方面的有关事项,对国债流通、国债的使用等未作规定;三是没有规范有关发行的审批程序等。因此,有关部门正在积极起草《国债法》,以期对国债行为和国债关系予以明确规范。

(三)国债宏观调控的法律规制

虽然国债对宏观调控具有举足轻重的作用,但国债的副作用也是客观存在的。如果不能兴利除弊,或者不能根据经济变化适时调整国债政策,则不仅不能起到对经济的宏观调控作用,反而会损害经济的有序运行。[①]国债立法的目的之一,即在于总结国债运行中的经验与不足,设计行之有效的管理制度和运行程序,以保障国债的宏观调控职能有效发挥。

1. 国债发行制度

国债的发行需要解决发行的对象、发行的条件[②]和发行的方法[③]等问题。国债发行对象可以是任何拥有闲置资金的单位或个人,成熟的国债市场则以机构投资者为主要发行对象。但在国债一级市场上,中央银行作为货币发行机关不宜购买国债。这是因为中央银行一旦购买国债,必然动用货币发行资金,这与发行货币毫无二致,容易诱发通货膨胀,因而对此须严格控制。至于在二级市场上,中央银行因履行公开市场操作职责的需要而购买国债则是不受限制的。

2. 国债使用制度

国债的使用包括政府对国债资金的使用[④]以及国债债权人对国债权利的行使[⑤]两个方面。国债资金能否使用于公共财政开支？公共财政开支是为了满足公共需要,不具有营利性的开支项目,如行政管理费、社会福利救济、国防经费等。如果国债资金使用于这些公共开支,偿还必然缺乏资金来源。因此,一般情况下,国债资金只能用于具有盈利性的基础建设项目,项目的收入可以用于偿还国债。

3. 国债管理制度

国债管理是为了调控国债的规模、结构、利率等所采取的各种措施。国债的管理贯穿于国债运行全过程,其主要目的是确保国债运行实现国家的财政政策,促进经济的稳定和增长,并兼顾投资者的利益。国债管理的主要内容如下:

(1) 对国债总额的管理。国债总额,是指当年新债额与历年积累债额的总和。在国债总额调控理论中,一直有国债限额论和国债无限额论两种观点。基于国债限额论,才有必要调控国债总额。其主要方法:一是国家规定国债总额上限,财政部不得逾越;二是财

---

① 漆多俊主编:《宏观调控法研究》,中国方正出版社 2002 年版,第 216 页。

② 国债的发行条件是指国债的种类、数额、利率、付息方式等。确定国债的利率所参照的主要因素,包括金融市场利率水平、政府信用状况和社会资金供给量。

③ 国债发行的方法主要有直接发行法、间接发行法、销售发行法和摊派发行法。按照国债发行时的价格与其票面值的关系,可以分为平价发行、减价发行和增价发行三种。

④ 政府使用国债主要用于弥补财政赤字、进行经济建设和用于特定用途。

⑤ 国债债权人对国债权利的行使,主要体现在国债的转让和抵押等方面。

政部或中央银行在市场上买卖国债,以调节国债余额。

(2) 对国债结构的管理。国债结构包括国债的类型结构、所有权结构和期限结构。国家在经济周期的不同阶段,注意结构的多样性,可通过改变国债结构来达到稳定经济的目标。例如,个人持有国债一般不会引发通货膨胀,而商业银行持有国债则能使信用膨胀。所以,充分就业时可扩大个人持有国债份额,经济萧条时可增加商业银行持有国债份额。又如,中长期国债比短期国债有利于经济稳定,当经济稳定目标更重要时,就需要加大中长期国债的比重。

(3) 对国债利率的管理。国债利率的高低,不仅会影响国家付息负担(即财政负担)的轻重,而且会影响人们对购买国债、投资和银行存款的选择,还会影响市场利率的变动。一种观点认为,对国债实行高利率,会加重国家付息的财政压力,减少私人投资,升高市场利率,这就不利于生产投资,不利于经济发展和充分就业。另一种观点认为,对国债实行高利率,能够给资本拥有者带来较高利息收入,提高人们的投资积极性,这有利于经济发展。目前一般认为,前一种观点较为可取,即国债利率不宜太高。①

(4) 对国债运行的监督。发行国债虽属政府宏观调控职能的范围,但具体的发行数额、种类、用途、期限以及偿债方式等却必须经过有权机关的审批,以防止政府滥用自身的宏观调控职权;国家有关部门应对国债资金使用单位实行严格监督,主要审查和批准国债资金所投资的项目,检查国债资金是否按规定用途使用、有无浪费、是否违反财经纪律等。

二、彩票调控法律制度

(一) 彩票调控法律制度的研究基础

1. 彩票的含义

彩票,又称奖券,是指印有号码、图形或文字供人们填写、选择、购买并按特定规则取得中奖权利的凭证。从世界各地的彩票发行主体来看,可以分为政府发行的彩票与私人发行的彩票;从彩票的发行动机而言,可以分为公益性彩票与营利性彩票。在我国,只允许由政府发行公益性彩票。因此,依照《彩票管理条例》的规定,彩票是指国家为筹集社会公益资金,促进社会公益事业发展而特许发行、依法销售,自然人自愿购买,并按照特定规则获得中奖机会的凭证。国家发行彩票的目的是筹集社会公众资金,资助福利、体育等社会公益事业发展。②

2. 彩票的特征

彩票具有下列法律特征:(1)目的上的公益性。彩票具有副作用,国家之所以认可博彩而特许发行彩票,主要是基于筹集社会公益金的正当目的。(2)发行上的垄断性。彩票是由国家特许发行、依法销售的。(3)性质上的射幸性。彩票机构和彩票购买者之间建立的射幸合同关系,是具有"以小搏大"的"输一赢"概率。(4)购买上的自愿性。彩票的购买主体限定为自然人,对其不得摊派、不得强买强卖。(5)形式上的要式性。彩票是按照其

① 漆多俊主编:《经济法学》,高等教育出版社 2007 年版,第 386 页。

② 刘剑文主编:《财税法学》,高等教育出版社 2004 年版,第 114 页。

具体品种的游戏规则以及开奖、兑奖的规范获得中奖机会的有效凭证，这是确立彩票机构和购买者之间权利义务关系的主要依据。(6)对价的不可逆性。彩票是射幸合同的书面凭证，不同于股票、存款单等权利载体。购买彩票支付价款，是彩票购买者履行合同义务的行为，不存在反付本金、计付利息问题。①

3. 中国彩票业现状

新中国成立后，彩票被视为赌博而予以禁止。20 世纪 80 年代中期，随着改革开放的深入，我国开始尝试利用彩票为社会公益活动筹集资金。经过近 30 年的发展，彩票业逐步发展壮大。根据财政部公布的数据显示，2012 年 1 月至 12 月累计，全国共销售彩票 2 615.24 亿元，同比增加 399.42 亿元，增长 18.0%。其中，福利彩票机构销售 1 510.32 亿元，同比增加 232.35 亿元，增长 18.2%；体育彩票机构销售 1 104.92 亿元，同比增加 167.07 亿元，增长 17.8%。②由此可见，中国的彩票业正伴随中国经济的快速发展而呈现出一种快速发展的态势，彩票成为体育、福利等公益事业发展的重要资金来源。

(二) 彩票监管法律制度

1. 彩票监管模式

彩票监管模式主要有三种，即英国模式、美国模式及法国模式。英国模式的特征是：监管机构相对独立，彩票监管依发行机构的不同而不同。其中，附带娱乐活动发行的小型彩票和私人彩票，只要其符合相关的规定，任何人和机构都可以发行。彩票监管机构有博彩委员会、地方政府和国家彩票委员会，地方政府只承担小型福利彩票的监管，博彩委员会监管慈善机构发行大型福利彩票，国家彩票委员会专门监管国家彩票。美国模式的特点是：监管权力集中与分散相结合的独立监管。一方面，彩票监管权力集中在一个监管机构——彩票委员会；另一方面，彩票的监管权力主要分散在各州的彩票委员会。并且，州彩票委员会是独立于政府行政系统的独立监管机构。法国模式的特征是：法国没有专门的彩票监管机构，主要的彩票监管职能集中在国家预算部，地方政府没有彩票监管权。预算部代表法国政府对法国唯一合法的彩票发行者国家游戏集团的彩票经营活动进行监管，以保证彩票业的安全运作及透明度。

2. 我国彩票监管体制

我国彩票的监管历经了多管齐下、多头监管到以中国人民银行监管为主，其他部门配合，再到现行的以财政部门监管为核心，民政、体育、工商、公安部门配合的过程。

我国彩票业早期呈"发行主体多元化，发行主体与公益金使用主体重合，没有统一的政府主管部门，没有系统的管理制度"的局面。1991 年《国务院关于加强彩票市场管理的通知》，明确彩票发行审批权归国务院，中国人民银行负责审批具体事宜。1994 年，国务院《关于严格彩票市场管理，禁止擅自批准发行彩票的通知》，明确将中国人民银行作为彩票的主管机关，负责彩票市场监管。伴随我国彩票市场的发展，人们认识到发行彩票不是

① 刘剑文主编：《财税法学》，高等教育出版社 2012 年版，第 51—52 页。

② 财政部网站：http://zhs.mof.gov.cn/zhuantilanmu/caipiaoguanli/201301/t20130111_727675.html，2013 年 3 月 25 日访问。

金融问题,而是财政分配问题。1999年年底,彩票监管职能由中国人民银行转移至财政部。2001年,国务院发布《关于进一步规范彩票市场管理的通知》,明确财政部负责起草、制定国家有关彩票管理的法规、政策,会同民政部和国家体育总局研究制定彩票资金使用政策,监督彩票资金的解缴、分配和使用。2009年出台的《彩票管理条例》第5条则明确规定,国务院财政部门负责全国的彩票监督管理工作。国务院民政部门、体育行政部门按照各自的职责分别负责全国的福利彩票、体育彩票管理工作。

从我国彩票监管体制的演变历程可以发现,现行彩票监管体制在一定程度上保障了我国彩票的有序发展,但缺陷也很明显。首先,依现行彩票发行体制,国家体育总局、民政部不直接参与彩票的发行销售,而分别由国家体育总局下设的体彩中心及民政部下设的福彩中心进行。基于它们之间的天然联系和利益共同体特征,国家体育总局和民政部的监管效果可想而知。其次,财政部监管与自己性质相同、地位相似的国家体育总局和民政部,在中国目前的行政管理体制和法制环境下,依靠"行政部门监管行政部门"的作用十分有限。[①]再者,财政部门作为财政管理部门其监管职能相对有限,财政部没有成立专门的彩票监管机构,仅仅由财政部综合司负责制定规章、政策以及市场监管,监管力度值得怀疑。从现行彩票业监管体制看,仍没有摆脱多头监管的局面。[②]正如乔斯科所说:"好的监管制度的标准'处方'一般包括这样一些条款:独立性、透明性、可问责性、专业性和可信性。这些条款表达了监管制度的重要原则,其具体实施则必须谨慎地应对不同国家的法律和政治制度。"[③]由此,在构建中国特色的彩票监管体制过程中,一方面要吸收西方国家成熟的监管体制,另一方面要体现我国的国情和特点。

(三)彩票公益金宏观调控的法律规制

1. 彩票公益金与宏观调控法律制度

(1) 彩票公益金的含义

我国《彩票公益金管理办法》明确规定,彩票公益金是从彩票发行收入中按规定比例提取的,专项用于社会福利、体育等社会公益事业的资金。彩票公益金从来源上看是彩票发行盈余获得的收入,从构成上看是扣除返奖及发行费用后的剩余,从资金流向上看是用于国家或地区性公益事业,从运作机制上看是政府性公益基金。彩票公益金的提取和使用直接关系到彩票发行者和购彩者的利益,关系到社会的稳定,关系到彩票业的生存和发展,故而又可以说,彩票公益金是平衡彩票行业各方利益的杠杆。[④]

(2) 彩票公益金调控法律制度的含义

国家发行彩票的目的是筹集社会上闲散资金来弥补国家财政对于公益事业投入的不足,是对市场调节失灵领域的补充,从某种意义上讲,彩票公益金可以成为继市场分配、国家分配后的第三次分配。学界对彩票公益金的共识为:"彩票公益金是社会互助对政府调

① 财政部综合司:《新中国彩票发展综述》,载于《中国彩票年鉴2002》,中国财政经济出版社2003年版,第3—12页。

② 刘剑文主编:《财税法学》,高等教育出版社2012年版,第55—56页。

③ 刘玉琴:《彩票法律制度研究》,华中科技大学硕士学位论文2007年6月,第38页。

④ 纪燕渠:《完善彩票公益金管理 促进彩票业健康发展》,载于《财政研究》2006年第2期,第43页。

控的补充,应体现出公益性和慈善性。"①因此,公益彩票常常被人们称为"微笑的纳税女神"、"无痛的税收"。那么,如何筹集、使用、管理彩票公益金就成为彩票公益金法律制度亟待解决的问题。彩票公益金法律制度就是国家在进行彩票公益金的筹集、使用和管理过程中制定的具体法律法规的总称,简称彩票公益金制度。②

2. 彩票公益金法律制度的内容

(1) 彩票公益金的募集制度

彩票公益金的筹集制度包括两个部分:一是公益金的提取,即国家从彩票销售收入中按照法律规定取得彩票公益金的过程。目前,我国彩票公益金提取比例不得低于彩票销售额的35%。二是公益金的集中,即解决从各地方提取的公益金统一由哪个部门管理、由哪个部门使用的问题。

(2) 彩票公益金的使用制度

一是彩票公益金的收入分配。通过限定彩票公益金在中央和地方之间、部门与部门之间的分配比例及范围,对彩票收益的处分做出规定,能够有效防止发行机构把彩票收入挪作他用,以确保这些收入能符合公益的目的,保护购彩者的合法权益。二是彩票公益金的使用范围。彩票公益金募集到位后,资金的使用是社会公众最为关心的问题。彩票公益金制度规定了资金的使用范围及公告制度,明确公益金使用部门的职责、申报条件、使用范围、审批程序、收支手续、跟踪检查等具体的规定,确保彩票公益性目标的实现。

(3) 彩票公益金的监管制度

从各国对彩票公益金的管理看,主要有三种模式:集中筹资、统收统支模式;③集中筹资、分项专用管理模式;④集中筹资、混合使用模式。⑤在各国制定的彩票公益金管理法规中,最重要的内容就是规定彩票公益金的管理原则与机构。其目的就是通过立法明确公益金的使用范围,强化公益金管理的执行效率,把政府与彩票发行机构的职能有机地结合在一起,有效地避免公益金管理中因职权交叉而形成的事权与财权的分离、需求与分配脱节等问题。

在我国,1994年中国人民银行被确定为彩票主管机关。中国人民银行、民政部门、体育部门先后联合或单独制定了一系列彩票公益金的监管规范,如《社会福利基金使用管理办法》、《体育彩票公益金管理暂行办法》、《福利彩票机构财务管理暂行办法》、《体育彩票

① 张向达、张敏:《彩票公益金价值的正义性分析》,载于《财政研究》2008年第2期,第46页。

② 为保持行文的简洁与语言的精练,下文将彩票公益金法律制度简称为彩票公益金制度。

③ 集中筹资、统收统支模式是把全部彩票公益金纳入国家或地方财政预算,由国家或地方财政部门统一支配使用。法国、荷兰、韩国等国家采用此种模式。

④ 集中筹资、分项支出模式是指全部彩票公益金不纳入国家或地方的财政预算,而是直接转入有关部门,用于各类具体用途。如美国的弗吉尼亚州,将彩票公益金全部用于教育事业;澳大利亚将其主要用于医疗健康事业;日本和瑞士等国家全部用于慈善事业。有些国家和地区则将彩票公益金在多个方面酌情分配,如挪威将基金在文化艺术、体育和科学研究三项事业之间平均分配;德国和新西兰的分配更是面面俱到。

⑤ 集中筹资、混合使用模式是前两种模式的折中与综合,既将一部分公益金纳入国家或地方的财政预算,又将剩余部分用于其他具体用途。这种模式又分两种情况:一种情况是将大部分的彩票公益金上缴国家或者地区财政,小部门投向具体用途;另一种情况则是把大部分彩票公益金用于具体事业,而将不到50%的彩票公益金交到国家或者地区财政,用于统收统支。

机构财务管理暂行办法》等,对彩票公益金的提取、集中、财政专户管理、收支两条线、使用范围及程序作了规范。彩票业的主管部门转移至财政部后,财政部采取了一系列改革措施,彩票公益金的监管逐步加强,但总体上局面仍未发生多大的改变。2004 年财政部下发了《关于加强政府非税收入管理的通知》(财综[2004]53 号),明确彩票公益金属于非税收入,纳入非税收入管理。这一做法存在重征收轻支出监管的问题,管理体制并不完善。从 2008 年起,财政部将中央集中彩票公益金的收支纳入政府性基金预算,按项目进行管理,专项用于国家规定的社会公益事业。

第三节　财政支出调控法

财政支出依据其在经济上能否直接获得补偿,分为财政购买支出和财政转移支付两大类。财政支出调控法主要包括政府采购调控法与财政转移支付调控法。

一、政府采购调控法

(一)政府采购调控法概述

1. 政府采购的含义

政府采购是指政府为了实现公共目的,按照法定的方式和程序,以购买者身份购进货物、工程和服务的行为。我国《政府采购法》将政府采购界定为各级国家机关、事业单位和团体组织,使用财政性资金采购依法制定的集中采购目录以内的或者采购限额标准以上的货物、工程和服务的行为。政府采购主要有如下特征:(1)政府采购的资金来源为财政资金,具有明显的公共性;(2)政府采购的主体是依靠国家财政资金运转的政府机关、事业单位和社会团体以及公用企业;(3)政府采购的目的是为了给政府部门提供消费品或向社会提供公共产品,不具营利性,是一种宏观调控手段;(4)政府采购的对象从一般的办公用品到武器、航天飞机等,涉及货物、工程和服务等各个领域,采购范围具有广泛性;(5)政府采购通过专门立法规范采购程序及行为,具有严格的规范性。

2. 政府采购制度与宏观调控

政府采购制度起源于英国,美国联邦政府的采购历史可以追溯到 1792 年。第二次世界大战后,西方发达国家纷纷建立政府采购制度。近几十年来,发展中国家也日益重视政府采购制度的建立。在国际贸易中,政府采购占有重要地位,最具代表性的是世界贸易组织的《政府采购协议》。各国之所以纷纷建立政府采购制度,主要基于它有以下作用:一是强化财政支出的管理,提高财政资金流向的透明度和财政资金的使用效率。①二是与相关经济政策和社会政策相配合,调节国民经济的运行,影响经济结构的调整和经济总量的平

① 依据国际公认的经验数据,政府采购可使资金使用效益提高 10%。目前,我国的政府消费约占 GDP 的 10%,因此,如果真正实行政府采购制度,可以使政府支出大为节约。

衡;保护民族经济,提高国际竞争力;通过存货吞吐来弥补市场缺陷,维护企业和消费者的合法权益;促进充分就业和环境保护。三是加强财政监督,促进反腐倡廉。

上述作用表明,政府采购制度是加强财政支出管理的一项制度,也是政府运用财政支出实施宏观调控的一种手段。在国际上,运用政府采购实施的经济和社会政策目标主要有:(1)通过采购规模的增减调节经济运行,促进产业结构调整。(2)通过优先购买本国产品,保护国内产品,支持国内企业的发展,如澳大利亚的悉尼市为举办2000年奥运会建设了大量的体育场馆,根据澳大利亚政府规定,所有的场馆都由本国企业承建。(3)促进就业,要求拿到一定规模采购合同的企业,必须安排一定数量的失业人员。(4)保护环境,如我国香港特别行政区鼓励采购再生纸张。(5)支持中小企业发展,如美国的中小企业法规定,10万美元以下的政府采购合同,要优先考虑中小企业,通过价格优惠方式对中小企业给予照顾。中型企业的价格优惠幅度为6%,小企业为12%。美国《小企业和劣势企业分包合同法》还规定,政府采购合同中,凡是50万美元以上的货物合同和100万美元以上的工程合同,中标企业都必须提交分包计划,将合同价的40%分包给小企业。(6)保护妇女权益,对妇女经营的企业给予支持,对歧视妇女就业的企业给予禁止准入政府采购市场的处分。此外,还有保护残疾人兴办的企业等。国外经验表明,政府采购制度越完善,其宏观调控作用也越明显。

3. 我国政府采购立法的历史沿革

1996年,我国的政府采购工作在上海试点,2000年向全国推广。1998年,我国明确财政部为政府采购的主管部门,并于1999年颁布了《政府采购管理暂行办法》,之后又颁布了《政府采购投标管理暂行办法》、《政府采购合同监督暂行办法》、《政府采购品目分类表》、《政府采购信息公告管理办法》、《采购运行规程暂行规定》、《政府采购资金财政直接拨付管理暂行办法》以及《中央单位政府采购管理实施办法》等一系列规章制度。2002年6月29日,第九届全国人大常委会第二十八次会议通过了《政府采购法》,于2003年1月1日起施行。我国《政府采购法》规定政府采购应当遵循公开透明原则、公平竞争原则、公正原则和诚实信用原则。政府采购应当有助于实现国家的经济和社会发展政策目标,包括保护环境,扶持不发达地区和少数民族地区,促进中小企业发展等。

(二)政府采购法的基本制度

1. 政府采购模式的选择

政府采购模式可分为由主管机构或其授权机构统一采购的集中采购模式,以及由使用单位自行采购模式。选择哪种模式,关系到政府采购法中各类主体的权利、采购管理体制,也关系到采购法的实效。

2. 政府采购法的主体

一般应包括采购主管机构、采购受益机构、采购中介机构、供应商或者承包商等。其中,采购主管机构一般是财政机关;采购受益机构是需要采购的国家机关、事业单位、社会团体等;采购中介机构是招标代理机构、采购代理机构等。

3. 政府采购的资金

一般是财政性资金,包括财政拨款,分为预算资金和预算外资金。有几种情况要加以鉴别:(1)部分为财政性资金的采购项目。实践中,全额财政性资金很容易把握,但有相当部分的采购项目的资金来源于配套资金,其中财政资金占很少的比重,都应适用本法。(2)全部为非财政性资金的采购项目,如借款或贷款,不受本法约束。(3)以非财政性资金采购最终用财政性资金支付的项目,也应严格适用政府采购法。

4. 政府采购的方式

(1) 公开招标方式,这是政府采购的主要方式。公开招标要求招标人公开发布招标公告,所有符合条件的供应商公平参与竞争。按政府采购法规定,政府采购项目以标准数额划分,分为招标数额标准以上的采购项目和招标数额标准以下的采购项目。招标数额以上的,一律采用公开招标采购方式,这是强制性的规定。

(2) 邀请招标采购方式,即采购人从符合资格条件的供应商中,以随机方式选择三家以上供应商,并向其发出投标邀请。适用情形:一是采购的货物或服务项目,因为其具有特殊性,只能从有限的供应商处采购,如生产、制造或者提供货物或直接提供服务的供应商虽然在三家以上,但仍然非常有限,对履约供应商有特定资质、能力要求,需要进行资格预审。二是采用公开招标方式的费用占政府采购项目总价值的比重过大。

(3) 竞争性谈判采购方式,即要求采购人可就有关采购事项,如价格、技术规格、设计方案、服务要求等,与不少于三家供应商进行谈判,最符合预先规定的成交标准,确定成交供应商。适用条件:第一,招标后没有供应商投标或者没有合格的或者重新招标未能成立的;第二,技术复杂或者性质特殊,不能确定详细规格或者具体要求不明确,难以编写招标文件;第三,采用招标所需时间不能满足用户紧急需要的(招标时间一般为自招标文件发出之日起至投标人提交投标文件截止之日止,不得少于 20 天);第四,不能事先计算出价格总额的。

(4) 单一来源采购方式,即采购人向唯一供应商进行采购的采购方式。适用情形:一是只能从唯一供应商处采购的,这类情况通常是指专利产品、新型产品、定制产品、独家提供的服务等。二是发生了不可预见的紧急情况不能从其他供应商处采购,或者考虑到必须与原采购的项目保持一致或者服务配套要求需从原供应商处添购。

(5) 询价采购方式,即因采购项目的货源规格、标准统一,现货货源充足且价格幅度变化小,价格是唯一考虑的因素,要求采购人向三家以上供应商发出询价单,以最符合采购需求、质量与服务相等且报价最低的原则,确定成交供应商。

(三) 政府采购程序的完善建议

在我国《政府采购法》第四章“政府采购程序”中,对不同类型的政府采购方式所涉及的程序问题,都有一定的规定。例如,对于实行招标方式和邀请招标方式采购的,对在招投标过程中所涉及的程序问题作出了专门的规定。此外,对于采用竞争性谈判方式采购所应当依循的谈判程序,对采用询价方式采购所应当依循的询价程序等等,都作出了较为细致的规定。然而,这些规定都是针对政府采购执行程序的,并没有涉及政府采购宏观调控的决策程序。我们认为,加强财政支出管理,完善财政支出的宏观调控功能,还应当建立政府采购的宏观调控决策程序。①

---

① 邢会强著:《宏观调控权运行的法律问题》,北京大学出版社 2004 年版,第 139—140 页。

(1) 中央政府采购管理机构应当根据国家在相应时期的社会经济政策目标，制定相应的政府采购政策。在经济过热、通货膨胀时，可以通过压缩或推迟政府采购，减少社会总需求，抑制厂商的积极性，从而减少社会总供给。在经济偏冷、商品过剩、失业增加时，可以通过加大或提前政府采购，刺激厂商的积极性，从而增加社会总需求。

(2) 各级政府采购管理机构应当根据国家在相应时期的产业政策目标，制定相应的政府采购政策，在政府采购目录中多安排国家鼓励的产业和技术产品，少安排国家限制的产业和技术产品。

(3) 中央政府采购管理机构应当制定相应的政府采购政策，在政府采购目录中安排一定比例的不发达地区和少数民族地区的产品。

(4) 各级政府采购管理机构应当根据国家支持中小企业的政策目标，制定相应的政府采购政策，一定金额以下的政府采购合同要优先考虑中小企业。在一定金额以上的政府采购合同中，中标企业都必须提交分包计划，将合同价的一定比例分包给小企业。

二、财政转移支付调控法

(一) 财政转移支付的内涵及外延

财政转移支付，即国家财政资金（包括中央和地方政府的财政资金）的转移支付，具体指国家为了特定的政策目标，依据法律权限和法定程序，将国家财政资金在上下级政府或同级政府之间以及政府与企业、居民之间进行再分配的活动，是用以补充公共物品而提供的一种无偿支出。

财政转移支付的外延表现形式多样。从主体角度分析，财政转移支付既包括上下级政府之间和同级政府间的转移支付，也包括政府向企业、居民进行的转移支付。从客体的角度分析，财政转移支付既可能是资金的流动，也可能是实物的流动，如政府向特定灾区实施的食物、药品的转移支付。从制度的目标和宗旨分析，财政转移支付分为以均等化为宗旨的财力性转移支付和实现特定政策目的的特殊性转移支付。从层级方向来看，财政转移支付又可分为纵向财政转移支付与横向财政转移支付。①

(二) 财政转移支付的宏观调控基础

在一国行政区划内，不同的公共产品，其受益范围并不一定绝对等同于其供给主体的辖区范围。也就是说，由中央政府提供的公共产品，可能仅仅在某一特定区域内释放其效应，如救灾性补助、贫困性补助等。地方政府提供的公共产品，也可能在一定程度上超出本区域的界限，如地方政府对江河污染的治理。因此，公共产品受益层次划分的准确性不是绝对的，而是相对的。正因为如此，中央政府与地方政府之间、地方政府相互之间才会因解决公共产品受益范围的交叉问题而发生一定的财政联系，从而为财政转移支付立法奠定了宏观调控的基础。

首先，因"财政失衡"必须实现公共产品"均等化"。中央政府及地方政府提供公共物

① 刘剑文主编：《财税法学》，高等教育出版社 2012 年版，第 143—144 页。

品，均需要相应的财力支持，但是，由于体制等诸多方面的原因，一个国家的各个地区的发展是不均衡的，其经济状况也都是不一样的，因而必然存在着“财政失衡”的问题。一般认为，过度的财政失衡是有害的，它不仅是严重的经济问题，而且会引发严重的社会问题乃至政治问题，会严重地影响经济与社会的良性运行和协调发展，进而影响到国家与社会的安全与稳定。为此，中央或者财力相对丰裕的地方必须对贫困地区予以援助来解决财政失衡问题，以使各级政府在自然资源禀赋、人口密度、历史文化、经济结构和经济发展程度存在诸多差异的情况下，能够依其级次提供相应的、差别不大的公共物品，即在公共物品的提供方面要大略实现“均等化”。

其次，必须“因势利导”来实现宏观调控的目标。在财政收入的分配过程中，中央一般先入为主地取得超过其财政支出需要的收入。除地区间财政均衡的开支外，还肩负着经济宏观调控的重担。中央对地方的财政支出可以起到诱导地方政府在经济决策上与其保持一致的作用，这本身就是宏观调控的重要手段。例如中央对地方的有条件拨款，拨款者在一定程度上指定了资金的用途，受款者必须按照规定的方式使用拨款资金，如专门用于教育、科研、公路建设、环境保护等特殊用途。有条件拨款的主要功能在于：保证各地区的居民享有与整个国民经济发展水平相适应的教育、医疗、文化生活、生态环境条件，协助地方政府改善能源、交通、通讯等经济发展的基础设施条件。根据不同时期经济社会发展薄弱环节或宏观调控重点的变化，拨款的项目范围及配套比例也会根据中央政府的财力状况而做相应的调整。又如中央对地方的税收支出方面，在计算纳税人的中央税应税收入时，允许从已调整过的总收入中扣除大部分已向地方政府缴纳的税额的税收扣除制度，或者允许纳税人用对地方政府的纳税额抵付对中央政府的纳税额的税收抵免制度，以及允许对购买地方债券所得利息免征中央所得税的免征措施等，既相当于一种税收分割，也相当于中央对地方通过税收支出的形式拨款。这些都会对地方政府产生一定的激励或限制作用。①

（三）财政转移支付的国外立法现状

从世界范围看，财政转移支付制度最早起源于英美。②在当代，西方发达国家已逐步建立起一套比较完善的财政转移支付制度，成为上级政府用以调节和制衡下级政府财政活动、实施特定政策目标的重要手段。③

财政转移支付制度在各国财政法制体系中的地位日益突出，表现在立法层面，主要就是关于转移支付的法律规范的形成。首先，受财政立宪思想的影响，不少西方国家（如加拿大、澳大利亚、德国等）都在宪法中明确了财政转移支付制度。其次，关于财政转移支付的专门性立法也相继出现。例如，德国制定了《联邦与各州之间的财政转移支付法》，芬兰制定了《中央政府对地方政府财政补助的法令》，日本制定了《日本地方交付税法》。我国台湾地区也制定了《台湾地区对直辖市及县（市）政府补助办法》。此外，各国的预算法、财

① 漆多俊主编：《宏观调控法研究》，中国方正出版社 2002 年版，第 194 页。
② 蒙丽珍著：《转移支付分析比较及选择》，东北财经大学出版社 1996 年版，第 5 页。
③ 王雍君著：《发达国家财政管理制度》，时事出版社 2001 年版，第 226 页。

政法等基本法律规定中都有涉及财政转移支付的条款。

我国目前没有专门的财政转移支付立法，但预算法及其国务院的相关决定、规范性文件中有涉及政府间财政转移支付的内容。

（四）中国财政转移支付法律制度

1. 中国财政转移支付制度的现状

我国只就中央对地方政府的转移支付作了统一规定，省级以下地方政府相互之间的转移支付仍由各地自行制定，未能实现规范和统一。我国转移支付制度的内容如下：

（1）税收返还。税收返还是1994年分税制改革、2002年所得税收入分享改革和2009年成品油价格和税费改革后，为保证地方既得利益，针对原属于地方的收入划为中央收入部分，给予地方的补偿，包括增值税、消费税返还，所得税基数返还，成品油价格和税费改革税收返还。

（2）一般性转移支付。一般性转移支付是指为弥补财政实力薄弱地区的财政缺口，均衡地区间财力差距，实现地区间基本公共服务能力的均等化，中央财政安排给地方财政的补助支出，由地方统筹安排。从2009年起，财政部进一步规范了财政转移支付制度。其中，一般性转移支付包括原财政转移支付。此外，主要是将补助数额相对稳定、原列入专项转移支付的教育、社会保障和就业、公共安全、一般公共服务等支出，改为一般性转移支付。

（3）专项转移支付。专项转移支付是中央政府为实现特定的宏观调控及事业发展战略目标，以及对委托地方政府代理的一些事务或中央地方共同承担的事务进行补偿而设立的按规定用途使用的补助资金。专项转移支付重点用于教育、科学技术、社会保障和就业、医疗卫生、环境保护、农林水事务等公共服务领域，其特点是不利于地方统筹安排，专款专用，但体现中央的政策导向，便于监督考核，是中央实施宏观调控的重要方式。根据中央政府与地方政府事权划分范围，专项转移支付可分为三种：中央政府事权范围内的专项转移支付、①中央与地方政府共同事权范围内的专项转移支付②和地方政府事权范围内的专项转移支付。值得注意的是，2000年财政部制定了《中央对地方专项拨款管理办法》，根据该办法，专项拨款的分配采取"基数法"、"因素法"相结合的分配方法，以"因素法"为主，逐步向规范的专项转移支付分配方法过渡。

2. 中国财政转移支付法律制度的完善

首先，在借鉴国外立法成功经验和总结我国实践得失成败的基础上制定财政转移支付法。各国转移支付制度最大的共性就是有明确的法律依据。我国每年约有1/4的财政

① 主要包括两种：一是属于中央政府事权范围，但由地方政府具体组织实施，中央政府将这部分事权通过专项转移支付转移给地方政府，如军队离退休干部安置类专款；二是中央政府为了特定宏观调控目标安排一定的专项转移支付，如老少边穷地区广播电视设备更新专款、归侨生活补助专款等。

② 按照事权属于地方政府事权开支的范畴，但中央政府要求地方政府达到中央确定的政策目标，为此中央政府设立对地方的专款补助。例如"米袋子"实行省长负责制，粮食收购支出由地方政府承担。但为了保护农民种粮积极性，中央要求地方政府按照保护价收购农民手中的余粮，因此增加的支出，中央和地方政府按照比例分担，中央设立补助地方粮食风险基金专项转移支付。

资金用于财政转移支付,如此庞大规模的财政转移支付行为至今无法可依。财政转移支付立法的缺失,造成的后果是将转移支付的决策权和执行权基本赋予了行政机关及相关主管部门,导致现行财政转移支付主体的多元化和混乱化,驻京办、"跑部钱进"正是对此现状的真实写照。因此,必须尽快制定统一、规范的《财政转移支付法》,将政府间转移支付的目标、原则、规模、标准以及具体的技术性操作程序和方法等,通过立法的形式加以确认。

其次,科学确定财政转移支付的政策目标。目前,我国转移支付的目标应定位于确保全国各地都能提供最低标准的公共服务,重点用于经济欠发达地区和能源、交通、通讯、环境保护等基础产业以及教育科技、医疗保健、就业培训等公益事业和社会保障事业。

再次,改革现有的财政转移支付模式,实行以纵向为主、横向为辅、纵横交错的财政转移支付模式。通过纵向转移支付可以强化中央政府的宏观调控能力,通过横向转移支付不仅可以减轻中央财政的压力,而且可以均衡地方公共服务能力。

最后,建立财政转移支付评价、监督和考核机制。一方面,设计一套科学合理的效益评价与考核指标,据此对转移支付资金的使用和效益情况进行评价和考核;另一方面,建立一套行之有效的监督制约体系,对财政转移支付资金的分配程序、使用过程、经济效益进行跟踪反馈,确保资金使用效益的最大化。

第四节 财政预算调控法

一、财政预算调控法的基本范畴

(一) 预算的含义

预算又称国家预算。"一般认为,预算是经法定程序批准的国家各级人民政府和实行预算管理的各部门、各单位一定期间的财政或财务收支计划,具有计划性、法定性、政治性、预测性、公开性等基本特点。"①预算是国家管理经济社会事务和政府实施宏观调控的主要手段之一,在整个国家财政体系中居于核心地位。

形式上,国家预算是按一定标准将财政收入和支出分门别类地列入特定的表格,综合反映国家经济上的活动;实质上,"预算是一种制度,它以复杂的技术、精确的数据告诉人民,他们的政府打算做什么、正在做什么,以及做了些什么。正是通过数据与图表,预算界定了政府活动的范围,确定了政府与社会之间的界限,进而划定了公共领域与私人领域的边界"②。所以,预算本质上是一个政治和法律问题,预算权力是一种非常重要的政治权

① 刘剑文主编:《财税法学》,高等教育出版社 2012 年版,第 83 页。

② [美]乔纳森·卡恩:《预算民主:美国的国家建设和公民权(1890—1928)》,叶娟丽等译,上海人民出版社 2008 年版,译序第 1 页。

力,预算制度也成为现代市场经济国家进行收入分配和宏观经济调控,以及控制政府行为的重要工具。①

(二)预算法的含义

预算法是调整预算关系,规范预算行为,贯彻国家财政政策,管理财政收支分配的基本法律手段,是财政法体系中的核心制度。②广义上的预算法,即一般意义上所说的预算法渊源,既包括宪法性法律中关于预算的基本规定,也包括有关预算的单行法律规范。我国自1949年9月27日中国人民政治协商会议第一届全体会议通过载有"建立国家预算、决算制度"内容的《共同纲领》以来,我国的预算法律制度经历了不同的历史发展时期。1951年,我国政务院颁布了《预决算暂行条例》,这个条例一直沿用了40年。1991年10月,国务院发布《国家预算管理条例》。1994年3月,第八届全国人民代表大会通过了《中华人民共和国预算法》(以下简称《预算法》),自1995年1月1日起施行。1995年11月,国务院颁布《中华人民共和国预算法实施条例》。此外,国务院颁布的《财政违法行为处罚处分条例》也是有关预算的重要法律规定。

在国家宏观调控体系中,预算法贯彻国家财政政策、产业政策,反映并约束政府的宏观经济活动的方向和范围。因此,预算法在宏观调控法律制度中具有重要地位。一方面,无论是财政收入计划,还是财政支出方案,都必须经由预算的程序方可正式付诸实施,从这个意义上说,预算法是一部政府宏观调控经济的程序法;另一方面,在预算法中也存在一些财政实体法的规定,如"各级预算应当做到收支平衡","中央政府公共预算不列赤字,中央预算必需的建设投资的部分资金,可以通过举借国内和国外债务的方式筹措,但是借债应当有合理的规模和结构"。这些预算行为必须坚持的准绳,无疑对宏观调控经济具有重要的意义和影响。

(三)预算权的配置

《预算法》中关于预算级次的划分、预算收支的范围以及预算管理的职权分割等,构成了预算权配置的内容。

1. 预算级次的划分

我国实行"一级政权,一级财政;一级财政,一级预算"。《预算法》第2条规定:"国家实行一级政府一级预算,设立中央,省、自治区、直辖市,设区的市、自治州,县、自治县、不设区的市、市辖区,乡、民族乡、镇五级预算。不具备设立预算条件的乡、民族乡、镇,经省、自治区、直辖市政府确定,可以暂不设立预算。"

2. 预算收支的范围

按《预算法》及其实施条例的规定,我国的预算收入包括:(1)税收收入;(2)依照规定应当上缴的国有资产收益;(3)专项收入;(4)其他收入。

预算支出分为中央预算支出和地方预算支出。预算支出包括:(1)经济建设支出;

① 刘剑文主编:《财税法学》,高等教育出版社2012年版,第84页。

② 刘剑文主编:《财税法学》,高等教育出版社2004年版,第207页。

(2)教育、科学、文化、卫生、体育等事业发展支出;(3)国家管理费用支出;(4)国防支出;(5)各项补贴支出;(6)其他支出。

3. 预算管理职权

预算管理职权是指各级预算主体在预算活动中享有的权力和职责。预算管理职权可以分为权力机关的职权,行政机关的职权,财政部门的职权,其他部门和单位的职权。

(1) 权力机关的预算管理职权。全国人大对于预算管理享有审查权、批准权和变更、撤销权;全国人大常委会对于预算管理享有监督权、审批权和撤销权。地方人大对于本级预算享有与全国人大对国家预算的同等权力;地方人大常委会对于本级预算享有与全国人大常委会对国家预算的同等权力。设立预算的乡、民族乡和镇的人民代表大会对于本级预算享有审批权、监督权和撤销权。

(2) 行政机关的预算管理职权。国务院对于预算享有编制权、报告权、执行权、决定权、监督权和变更撤销权;县级以上人民政府对于本级预算享有与国务院对中央预算的同等权力;乡镇人民政府对于本级预算享有编制权、报告权、决定权和执行权。

(3) 财政部门的预算管理职权。财政部门担负各级预算的组织实施工作。各级财政部门对于本级预算享有编制权、执行权、提出方案权和报告权。

(4) 其他部门和单位的预算管理职权。其他各部门和单位具体负责本部门和本单位预算的编制和执行。

二、复式预算体系与宏观调控

《预算法》第 26 条规定:“中央预算和地方各级政府预算按照复式预算编制。”《预算法实施条例》第 20 条进一步规定:“各级政府预算按照复式预算编制,分为政府公共预算、国有资产经营预算、社会保障预算和其他预算。”这些规定对于改变过去实行的单式预算,[①]区分政府以公共管理者与国有资产所有者身份取得收入和支出的不同性质,具有重大意义。

(一) 政府公共预算

1. 政府公共预算的内涵

政府公共预算是指国家以政治权力身份取得收入,并为维持政府公共活动、保障国家安全和社会秩序,发展各项社会公益事业而发生支出所进行的预算。政府公共预算的基本内涵是:(1)其分配主体基本上是作为政权组织的政府;(2)其分配目的是为了满足公共需要,即为了保证那些无法通过市场机制配置的社会公共性需要所需的财力;(3)凭借政治权力经由非市场的渠道进行分配,其行为具有强制性;(4)其收入主要是税收,其支出具

① 单式预算指政府在一个财政年度内的全部财政收支汇编在一个统一的预算表格中,而不区分各项财政收支的经济性质。单式预算的优点是整体性强、编制简单、易于操作;主要缺点是对预算执行结果难以得出正确的结论。

有公共性，包括经常性经费和公共投资性支出。①

2. 政府公共预算的收支范围

政府公共预算的收支范围主要依据是：《关于实行分税制财政管理体制的决定》(国发[1993]85 号)、《所得税收入分享改革方案》(国发[2001]37 号)、《国务院关于明确中央与地方所得税收入分享比例的通知》(2003 年 11 月 3 日)。

中央财政承担并列入中央预算的支出，包括中央本级支出和中央返还或者补助地方的支出，主要是有关国家安全、外交和中央国家机关运转所需经费及调整国民经济结构、协调地区发展、实施宏观调控所需支出及中央直接管理的事业发展支出。②由地方财政承担并列入地方预算的支出，包括地方本级支出和地方规定上解中央的支出，主要是本地区政权机关运转所需支出及本地区经济、事业发展支出。③

根据事权与财权相结合的原则，按税种划分中央与地方的收入。将维护国家权益、实施宏观调控所必需的税种划为中央税；将同经济发展直接相关的主要税种划为中央与地方共享税；将适合地方征管的税种划为地方税。中央固定收入包括：关税，海关代征消费税和增值税，消费税，车辆购置税，船舶吨税，铁道部门、各银行总行、各保险总公司等集中交纳的收入(包括营业税、所得税、利润和城市维护建设税)。地方固定收入包括：营业税(不含铁道部门、各银行总行、各保险总公司集中交纳的营业税)，城镇土地使用税，固定资产投资方向调节税，城市维护建设税(不含铁道部门、各银行总行、各保险总公司集中交纳的部分)，房产税，车船税，印花税，烟叶税，耕地占用税，契税，土地增值税。中央与地方共享收入包括：增值税中央分享 75%，地方分享 25%；除少数特殊行业和企业外，对企业所得税和个人所得税中央分享 60%，地方分享 40%；资源税按不同的资源品种划分，大部分资源税作为地方收入，海洋石油资源税作为中央收入；证券交易印花税中央分享 97%，地方分享 3%。

(二) 国有资本经营预算

1. 国有资本经营预算的内涵

国有资本经营预算，即国家以所有者身份依法取得国有资本收益，并对所得收益进行分配而发生的各项收支预算。国有资产经营预算的基本内涵是：(1)其分配主体基本上是作为生产资料所有者代表的政府；(2)以国有资产的宏观经营为分配目的，所追求的是宏观经济效益；(3)以资产所有权为分配依据，并以自然垄断市场和一部分竞争性市场为其活动范围；(4)收支内容基本上围绕对国有资产和国有资源进行价值管理和分配，属于经营型财政。2008 年 10 月 28 日通过的《中华人民共和国企业国有资产法》第六章专门规

① 刘剑文主编：《财政法学》，北京大学出版社 2009 年版，第 104 页。

② 具体包括：国防费、武警经费、外交和援外支出、中央级行政管理费、中央统管的基本建设投资、中央直属企业的技术改造和新产品试制费、地质勘探费、由中央财政安排的支农支出、由中央负担的国内外债务的还本付息支出，以及中央本级负担的公检法支出和文化、教育、卫生、科学等各项事业费支出。

③ 具体包括：地方行政管理费，公检法支出，部分武警经费，民兵事业费，地方统筹的基本建设投资，地方企业的技术改造和新产品试制经费，支农支出，城市维护和建设经费，地方文化、教育、卫生等各项事业费，价格补贴支出以及其他支出。

定"国有资本经营预算",是我国现行国有资本经营预算制度的重要法律依据。建立国有资本经营预算制度,对增强政府的宏观调控能力,完善国有企业收入分配制度,推进国有经济布局和结构的战略性调整,集中解决国有企业发展中的体制性、机制性问题,具有重要意义。

2. 国有资本经营预算的收支范围

根据《中央企业国有资本收益收取管理暂行办法》①(财企[2007]309号)和《企业国有资产法》的规定,国有资本收益具体包括:(1)应缴利润;(2)国有股股利、股息;(3)国有产权转让收入;(4)企业清算收入;(5)其他国有资本收益。

根据《国务院关于试行国有资本经营预算的意见》(国发[2007]26号)和财政部《中央国有资本经营预算编报试行办法》(财企[2007]304号),国有资本经营预算支出按照资金使用性质划分为:(1)资本性支出,主要是根据国家产业发展规划,国有经济布局和结构调整规划,用于支持国有企业改制、重组,自主创新,提高企业核心竞争力;(2)费用性支出,主要用于弥补国有企业改革成本,解决历史遗留问题,当前重点解决困难企业职工养老保险、离退休职工医疗保险、特困企业职工生活补助、企业后勤服务社会化等涉及职工切身利益的问题,以及支持重点行业企业的节能减排;(3)其他支出,即用于社会保障等方面的支出。

(三) 社会保障基金预算

社会保障基金预算,是指国家为协调收入的时间分配和代际分配,以社会管理者的身份取得财政收入,并为全体公民或居民的福利,或以特定主体作为受益人进行财政开支所形成的预算。社会保障预算的基本内涵是:(1)其分配主体是作为社会管理者的政府;(2)其分配目的是为保护公民和居民的长期利益,协调收入的时间分配和代际分配;(3)其分配对象是参与者共同出资的社会保障资金,其中政府作为组织者,承担一部分拨款,用于满足社会特殊成员的要求,并承担最终支付能力责任;(4)社会保障资金虽由各方共同筹资,但为维护其严肃性,保障社会保障职能的连续,实施中采取法律手段强制执行,居民和单位作为个人无权抵制社会保障资金的集中管理。②

社会保障基金预算的依据主要有《社会保险法》(2010年10月28日通过、2011年7月1日起施行)、《国务院关于试行社会保险基金预算的意见》(国发[2010]2号)和财政部2010年1月20日发布的《关于做好2010年社会保险基金预算编制有关事宜通知》等法律和规范性文件。目前,纳入预算管理的社会保障基金包括:企业职工基本养老保险基金、失业保险基金、城镇职工基本医疗保险基金、工伤保险基金、生育保险基金等。条件成熟时,根据国家法律法规建立的其他社会保险基金,也应尽快纳入社会保险基金预算管理。通过对社会保障基金筹集和使用实行预算管理,增强政府宏观调控能力,强化社会保险基

① 该办法采用不同行业适用不同比例的方式收取企业的收益,即将企业划分为三类:一是具有资源性特征行业企业,上缴比例为净利润的10%;二是一般竞争性行业企业,上缴比例为净利润的5%;三是国家政策性企业,暂缓3年上缴或者免缴。

② 漆多俊主编:《宏观调控法研究》,中国方正出版社2002年版,第205页。

金的管理和监督,增强基金收支计划性和约束力,保证社会保险基金安全完整,推进基金管理公开透明,提高社会保障基金运行效益,促进社会保障事业健康发展,维护人民群众切身利益和社会和谐具有重要意义。

(四)政府性基金预算

政府性基金预算是国家通过向社会征收以及出让土地、发行彩票等方式取得收入,并专项用于支持特定基础设施建设和社会事业发展的财政收支预算,是政府预算体系的重要组成部分。政府性基金预算的管理原则是"以收定支、专款专用、结余结转使用"。其对于提高政府预算的统一性和完整性,增强预算的约束力和透明度,更好地接受人大和社会监督,具有十分重要的意义。

目前,纳入政府性基金预算管理的基金共 43 项。按收入来源划分,向社会征收的基金 31 项,包括铁路建设基金、民航基础设施建设基金、港口建设费、国家重大水利工程建设基金等;其他收入来源的基金 12 项,包括国有土地使用权出让收入、彩票公益金、政府住房基金等。按收入归属划分,属于中央收入的基金 9 项,属于地方收入的基金 20 项,属于中央与地方共享收入的基金 14 项。

按支出用途划分,用于公路、铁路、民航、港口等建设的基金 9 项;用于水利建设的基金 4 项;用于城市维护建设的基金 8 项;用于教育、文化、体育等事业发展的基金 7 项;用于移民和社会保障的基金 5 项;用于生态环境建设的基金 5 项;用于其他方面的基金 5 项。①

三、预算管理程序与宏观调控

我国《预算法》规定,预算的实现,必须经过预算的编制、预算的审批、预算的执行、预算的调整和决算五个环节。预算法的宏观调控作用就在于为预算活动设置周密细致的程序和标准。

(一)预算的编制

预算编制,是指编制预算草案。预算草案即各级政府、政府各部门、各单位编制的未经法定程序审批的预算收支计划。草案一经法定程序审批后,便成为正式的国家预算。预算编制是预算管理程序中首要、基础性环节。

在现代民主国家,预算编制权基本上由行政机关行使。在我国,宪法和预算法也都明确了国务院财政部以及地方各级财政部门是编制预算的主体。预算的编制应遵循平衡性原则、真实适度原则和节约统筹原则。预算的编制应参考上一年度预算执行情况和本年度收支预算,按照复式预算编制。《预算法》第 27 规定:"中央政府公共预算不列赤字。中央预算中必需的建设投资的部分资金,可以通过举借国内和国外债务等方式筹措,但是借债应当有合理的规模和结构。"第 28 条规定:"地方各级预算按照量入为出、收支平衡的原则编制,不列赤字。除法律和国务院另有规定外,地方政府不得发行地方政府债券。"我国

① 刘剑文主编:《财税法学》,高等教育出版社 2012 年版,第 100 页。

现行地方政府发债采取财政部代为发债的方式进行。

预算的编制程序为:国务院于每年 11 月 10 日前向各省级政府和中央各部门下达编制指示;中央各部门布置所属部门编制预算草案,于 12 月 20 日前报财政部备案;省级政府提出本行政区编制预算草案的要求,地方各级政府按法定程序编制和上报,省级政府于 1 月 1 日前报财政部;财政部审核中央各部门预算草案,编制中央预算草案,汇总地方预算草案,汇编中央和地方预算草案。

(二) 预算的审批

预算的审批,是指国家各级权力机关对同级政府所提出的预算草案进行审查和批准的活动。由权力机关对行政部门提出的预算草案进行审查和批准,使其成为具有法律效力的、各预算主体必须遵守的正式预算,这是预算管理程序中极为关键的一个环节。

根据《预算法》的规定,中央预算由全国人大审批,国务院在全国人大举行会议时,向大会做关于中央和地方预算草案的报告;地方各级政府预算由本级人大审批,地方各级政府在本级人大举行会议时,向大会做关于本级总预算草案的报告。

各级政府预算经本级人大批准后,必须依法自下而上地向相应的国家机关备案。各级政府财政部门应当在本级人大批准本级预算之日起 30 日内,批复本级各部门预算。各部门应当自财政部门作出批复之日起 15 日内,批复所属各单位预算。

(三) 预算的执行

预算执行是指经过法定程序批准的预算进入具体的实施阶段。各级政府是预算执行的组织领导机关。各级政府财政部门在本级政府的领导下具体负责预算的组织和实施。各级财政部门、税务部门和海关负责预算收入的征收和管理。国家金库具体经办预算收入的收纳及库款的支拨。有关部门和单位负责本部门和单位预算的执行。

(四) 预算的调整

预算的调整是指在预算执行过程中,因发生特殊情况而对原来收支平衡的预算进行部分调整和变更。

各级地方调整预算的,应当编制调整方案,由本级人大常委会批准后执行。预算调整必须依照法定程序进行,否则就构成违法,对于违法的调整,本级权力机关或上级政府有权予以改变或撤销。

(五) 决算

决算是对预算收支的年度执行情况的总结。决算在形式上包括决算报表和文字说明两个部分。编制决算草案,必须符合法律、行政法规的规定和要求,做到收支数额准确、内容完整、报送及时。

决算草案的编制根据财政部的部署,层层编制、层层上报,由各级财政部门汇总,提请进入审批阶段。中央决算由全国人大常委会审批,县以上各级地方决算由本级人大常委会审批,乡级决算由本级人大批准。

四、预决算监督与预算法律责任

(一) 预决算的监督

预算决算的监督根据主体不同,可以分为权力机关的监督、政府的监督和政府专门机关的监督。

全国人大及其常委会有权对中央和地方预算决算进行监督;县级以上地方各级人大及其常委会有权对本级和下级预算决算进行监督;乡级人大对本级预算决算进行监督。权力机关行使监督权的主要形式是组织调查和询问、质询。

各级政府有权监督下级政府的预算执行情况。上级政府对下级政府在预算执行中违反法律、行政法规和国家方针政策的行为,依法予以制止和纠正。财政和审计部门有权对本级各部门及其所属单位预算执行情况进行监督。

(二) 预算法律责任

预算法律责任,是指预算主体违反预算法所必须承担的法律后果。违反预算法的法律责任主要包括擅自变更预算的法律责任、擅自动用库款的法律责任和违法进行预算收支的法律责任。责任的形式一般包括责令改正和给予直接责任人员以行政处分。《财政违法行为处罚处分条例》(2004 年)对各类主体的财政违法行为及其处罚作了具体规定。

五、我国预算法的完善

(一) 完善复式预算制度

目前的复式预算存在的问题是:第一,预算管理范围没有拓宽,政府的收支活动没有得到全面的分类反映;第二,现行预算制度不是按政府的不同身份和不同职能划分不同预算的收支范围,因而在内容上存在混乱现象;第三,建设性预算的相对性不能解决公债收入用于非市场性项目的问题;第四,国家预算的编制程序、部门和单位预算的编制方法,都没有按复式预算的要求进行改革。基于此,需要设计出政府公共预算、国有资本经营预算、社会保障预算和政府性基金预算等不同预算的界定标准及收支方案,并督促有关部门尽早实施,以维护法律的权威。

(二) 完善预算编制制度

第一,明确预算编制的主体,建立相对独立的预算编制机构;第二,改变预算资金管理方式,强化部门预算;第三,延长预算编制时间,规范预算编制程序;第四,调整预算编制范围,取消编制地方总预算;第五,借鉴零基预算和绩效预算的经验,改革预算编制方法。①

① 史际春主编:《经济法》(第二版),中国人民大学出版社 2010 年版,第 246 页。

（三）完善预算审批制度

第一，较大幅度地延长权力机关审批预算的时程，充实人大财经委、人大常委会预工委人员编制和审查力量；第二，建立分项审批制度，拓宽预算审批权的范围和深度；第三，确立预算修正权、预算否决权及其预算被否决后应有的法律救济措施；第四，明确预算被否决的法律后果及责任，督促编制机关认真履行职责。

（四）完善预算执行制度

第一，强化预算法律效力，严格控制预算调整；第二，调整预算年度起止时间，消除预算效力真空；第三，统一财政部门的预算执行权，简化拨款程序；第四，严格政府采购制度，提高资金使用效益；第五，改革国库管理体制，明确国库法律地位；第六，建立国库单一账户制度，实行财政资金集中化管理。

第十四章 税收调控法律制度

第一节　税收调控法概述

一、税收调控法的研究基础

(一) 税收概念的诠释

税收是国家为了实现其公共职能的需要,凭借政治权力,运用法律手段,强制地、无偿地、固定地集中一部分社会产品所形成的特定分配关系。对税收这一概念,我们做以下诠释。

1. 税收的本质

国家对社会产品进行分配,所凭借的不外乎两种权力。凭借财产权力,即生产资料占有权而进行的分配,是社会再生产中的一般分配。如在我国,国家凭借生产资料所有权向国有企业收取利润。税收是一种特殊的分配形式,其所以特殊,就在于税收是凭借国家政治权力实现的分配。国家通过制定法律征税,纳税人必须依法纳税,不依法纳税就会受到法律制裁。

2. 税收的特征

传统观点一般将税收的特征概括为“三性”,即强制性、无偿性和固定性。

(1) 税收的强制性,是指国家征税,是以法律的形式加以规定,并依法强制课征。凡是法律规定有纳税义务的主体,不论其主观上是否愿意,都必须无条件地依法履行纳税义务;也就是说,在主体意志方面,税收并不取决于纳税主体的主观意愿或征纳双方的意思表示,而只取决于税法构成要件的满足。

(2) 税收的无偿性,是指国家征税在具体的时空条件下,既不向纳税人支付任何报酬,也不向纳税人提供相应的服务或者某种特许权利;并且,税款一经征收,即转归国家所有和支配,而不再直接归还给纳税人。

(3) 税收的固定性,是指国家在征税之前,对于对谁征税、对什么征税、征多少税、怎么征税,都用法律的形式规定下来,由税收征纳双方共同遵守。这一特征体现了现代税收与税法的一一对应关系,与税收法定原则的普遍采用、防止征税权的滥用和保护纳税人的合法权利等密切相关。

(二) 税收的基本分类

国内外学者依据不同标准对税种作了多种分类。在此,根据我国的税制,①仅对最重要、最基本的分类方法即按照征税对象分类作一简介。因为征税对象是税制的核心要素,是区分不同税种的主要标准,据此便于揭示和把握各税种的特征,阐明各税种不同的宏观调控功能。

依据征税对象的不同,国际上将税收分为商品税、所得税和财产税,在我国一般分为四大类,即流转税、所得税、财产税和行为税。(1)流转税。流转税是以纳税人的商品流转额和非商品流转额为征收对象的一类税收。我国现行的流转税包括:增值税、消费税、营业税、关税,拟开征证券交易所得税。(2)所得税。所得税是以纳税人在一定期间内的应税所得为征税对象的一类税收。我国现行的所得税包括:企业所得税、个人所得税,拟开征社会保障税。(3)财产税。财产税是以纳税人所拥有或支配的财产为征税对象的一类税收。我国现行的财产税有:资源税、耕地占用税、土地使用税、土地增值税、房产税、契税、车船税、车辆购置税,拟开征遗产与赠与税。(4)行为税。行为税是以纳税人的某些特定行为为征收对象的一类税收。我国现行的行为税有:印花税、城市维护建设税、固定资产投资方向调节税(停征)。

二、税法与宏观调控

(一) 税收调控的一般原理

税收是国家宏观调控的一个重要杠杆,或者说,宏观调控是税收的重要职能之一。②税收的调控职能体现在宏观经济运行的整个过程。

在市场经济条件下,各经济主体以追求利益最大化为目标,一般只注重眼前利益和局部利益,因此存在着局部生产的有计划性和整个社会生产盲目性之间的矛盾,其结果表现为社会总供给和社会总需求之间的失衡,导致经济运行出现波动。其包括两种情况:一是总需求小于总供给,出现经济萧条和失业;二是总需求大于总供给,出现通货膨胀和物价上涨。在这两种情况下,政府都可以运用税收手段对之进行调节,以求得社会总供给与总需求在总量上的平衡。在总需求小于总供给时,一方面减少税收总量,压缩供给;另一方面则是通过降低税率,缩小税基等税收政策来鼓励投资,刺激消费。当总需求大于总供给时,一方面可以增加税收总量加大供给;另一方面则是通过提高税率、扩大税基等税收政策来限制投资,抑制消费。一般说来,税收作为一种重要的调控手段,可以由政府有意识地根据不同时期的经济形势加以运用,以消除经济中的不稳定因素。

① 经济意义上理解的税制同对税收体系的认识是一致的,因为从经济角度看,"税收制度是由各个税种构成的税收调节体系,它说明一国税制主要由哪些税种构成,哪些税种是主要税种和辅助税种及其调节方向和构成情况,因而也被称为税制结构"(董庆铮主编:《外国税制》,中国财政经济出版社 1993 年版,第 2 页)。

② 税收职能是税收本身所固有的功能和职责,是税收的一种长期固定的属性,是客观存在,不以人的意志为转移的。一般讲,税收有三种职能,即财政功能、经济功能和监督功能。财政功能是基础,它的充分实现是调控功能发挥的先决条件。

(二) 税法调控的一般原理

税法是国家权力机关及其授权的行政机关制定的调整税收关系的法律规范的总称。①按照税法的调整对象内容的不同,可以将税法分为税收实体法、②税收程序法③和税收权限法,④与调控直接相关的是税收实体法。对应于前述税收的分类,税收实体法也分为流转税法、所得税法、财产税法和行为税法,下文将专门介绍。

税法具有的规制性、综合性、技术性和经济性特征,赋予其与生俱来的宏观调控经济的功能。例如,税法的规制性特征表现在:第一,税法可以为调控宏观经济提供最具权威性的规则和效力最高的保证体系,使调节力度与预期的经济、社会目标一致,防止税收杠杆的软化;第二,税收借助法律的评价、预测作用,可以增强税收杠杆的导向性,使其对宏观经济的调控更为灵敏;第三,税法集经济手段与法律手段于一身,可以将积极的鼓励、保护与消极的限制、禁止结合起来,使其在宏观经济的调控中审时度势,灵活把握,相互规制。尤其税法的经济性是税法的重要特征之一。⑤它具体体现为:第一,税法作用于市场经济,直接调整经济领域的特定经济关系即税收关系,其适度调整有助于弥补市场缺陷,节约交易成本,提高经济效率;第二,税法能反映经济规律,从而能够引导市场主体从事经济合理的市场行为,解决效率与公平的矛盾;第三,税法是经济政策的法律化,它通过保障税收杠杆的有效利用,能引导经济主体趋利避害。

正是基于税法具有与宏观调控密切相关的特征,才使其成为国家宏观调控经济的重要手段。那么,税法的宏观调控作用如何发挥呢?国家通过税种的设置、征税范围的调节、税率的高低以及税收优惠措施的调整来影响投资和储蓄,影响资产结构和产业结构,影响各类资源的配置;国家还可以通过采取增税和减税措施来平衡经济过热或过冷,控制经济波动。其实,税收法律制度本身对经济波动就有较强的适应能力,具有自动影响社会需求变化、在一定程度上减轻经济震荡的"内在稳定器"功能。具体来说,当经济衰退,失业率增高时,税收会自动减少,赤字自动发生,可以帮助缓解衰退;而当物价上涨,通货膨胀率升高时,税收会自动增加,自动产生财政盈余,可以帮助降低通货膨胀率。"一般认为,税收和国民收入(或 GDP)之间存在着递增的函数关系,税收随国民收入(或 GDP)的增减而相应增减。但是,由于不同税种的税收收入弹性之间存在着较大的差异,因此在不同的税制结构条件下,税收的自动稳定效果是不同的。"⑥总之,税收法律制度具有明显的"反周期"作用,在很大程度上能促进经济的稳定。

三、税收实体法要素

税法的宏观调控作用主要是通过税收实体法构成要素来实现的,因此,有必要事先了

---

① 参见罗玉珍主编:《税法教程》,法律出版社 1993 年版,第 4 页;徐孟洲主编:《税法》,中国人民大学出版社 1999 年版,第 9—11 页。

② 凡是规定税收征管过程中征、纳双方主体的实体权利义务内容的是税收实体法,如各单行税种法。

③ 凡是以税收征管过程中税收征收管理程序关系为调整对象的是税收程序法,如《税收征管法》。

④ 凡是以税收立法权限分工和责权关系为调整对象的是税收权限法,如《关于税收体制管理的规定》。

⑤ [日]金子宏:《日本税法原理》,刘多田等译,中国财政经济出版社 1989 年版,第 25 页。

⑥ 邓子基著:《税种结构研究》,中国税务出版社 2000 年版,第 91 页。

解一下税收实体法的要素。

(一) 纳税人

纳税人是税法上规定的直接负有纳税义务的单位和个人。纳税人的规定解决了对谁征税,或者谁该缴税的问题。纳税人,可以是自然人,也可以是法人。

(二) 征税对象

征税对象,也称征税客体或课税对象,是指征税的目的物。它说明对什么征税的问题。例如,消费税是对消费品征税,其征税对象就是消费品(如烟、酒等);房产税就是对房屋征税,其征税对象就是房屋。

与征税对象相关的概念是税目。税目即征税对象的具体内容,是在税法中对征税对象分类规定的具体的征税品种和项目。规定税目首先是为了明确具体的征税范围。另外,通过规定各种税目,对不同的项目制定高低不同的税率,体现国家的宏观调控意图。

(三) 税率

税率是指应纳税额占征税对象数额的比例。在征税对象既定的前提下,税收的调控力度的大小主要体现在税率上,因此,税率是税收的核心要素。税率一般分为以下三种:

1. 比例税率

它是指对同一征税对象,不分数额大小,只规定一个百分比的税率。其一般适用于对流转额的征税,也适用于对所得额的征税。

2. 累进税率

累进税率是随征税对象数额的增大而提高的税率,即按征税对象数额大小,规定不同等级的税率,征税对象数额越大,税率越高,累进税率税额与征税对象数量的比,表现为税额增长的幅度大于征税对象数量的增长幅度。累进税率的形式有两种,即全额累进税率和超额累进税率。超额累进税率对于调节纳税人收入有着特殊的作用,所以适用于对各种所得额的征收。累进税率的形式虽然有两种,但是划分累进级距的依据却可以是多种多样。例如我国的土地增值税按照增值额与扣除项目金额之间的比例,实行四级超率累进税率。

3. 定额税率

定额税率又称固定税额,是按单位征税对象,直接规定固定税额的一种税率形式,适用于从量计征的税种。对于价格稳定、质量规格标准统一的产品,应尽量采用定额税率。一方面,定额税率计算简单;另一方面,定额税率有利于企业改进包装,提高产品质量。

(四) 税收特别措施

税收特别措施之所以"特别",是因为它是在上述基本的税法要素之外体现税法的规制性特征的一系列措施。由于规制性的特征包含了积极的鼓励和促进,以及消极的限制和禁止这两个方面,因而规制性措施就要体现一定政策倾向和法律的褒贬的价值取向。

1. 税收优惠措施

税收优惠措施,作为减轻或免除纳税人税负,从而使其获得税收上的优惠的各种措施的总称,它体现的是对纳税人行为的鼓励和促进。在我国,税法作为宏观调控法的重要组成部分,其对宏观经济运行的调控,不仅体现在征税对象的确定、具体税目的变更和税率的调整等方面,而且也直接体现在税收优惠措施的适用方面。

税收优惠分为直接税收优惠和间接税收优惠。前者是通过直接减少应纳税额来使纳税人获得优惠的措施,主要有税收减免、税收抵免等,减免税是我国长期以来主要采取的税收优惠措施;后者是通过减小税基来间接减轻纳税人税负的优惠措施,主要有税前扣除、亏损结转等,近几年我国也同时采用更为合理、规范的税基式间接优惠措施。此外,起征点与免征额也属于税收优惠措施的范围。起征点是税法规定对征税对象开始征税的数额。征税对象数额未达到起征点的不征税,达到或超过起征点的就其全部数额征税。例如,我国现行增值税法规定,销售货物的起征点为月销售额 5 000 元。规定起征点是为了免除收入较少的纳税人的税收负担,缩小征税面,贯彻合理负担的政策。免征额是税法规定的征税对象中免于征税的数额,免征额部分不征税,只对超过免征额的部分征税。例如,我国现行个人所得税法规定,对工资薪金征税,免征额为 3 500 元。规定免征额是为了贯彻最低生活费不纳税原则,同时减小纳税人的税基。

2. 税收重课措施

税收重课措施,是依法加重纳税人的税收负担的各种措施的总称,它体现的是对纳税人行为的限制和禁止。如果说政府对某些税种有"寓禁于征"的思想,那么就通过税收重课措施在该税种法中得以体现。当然,现代税法更多地体现激励,并通过优惠来引导纳税人的行为,对于税收重课措施运用得并不普遍。

目前,税收重课措施主要是加成征收和加倍征收。例如,在我国的《个人所得税法》中规定,对于个人劳务报酬所得一次收入畸高的,就可以依法加成征收。此外,根据某些税法规定,在纳税人由于故意或过失而导致账目混乱,从而不能明确地核定其应纳税额时,征税机关享有税额调整权;如果纳税人经营的项目所适用的税率高低不一,则税务机关可以依法从高适用税率。这也可视为一种税收重课措施。

第二节　流转税调控法

一、流转税调控法概述

(一) 流转税调控的特点

1. 流转税具有普遍调节的作用

流转税是以商品或者劳务的流转额为征税对象,只要存在经营过程,存在商品流通,不需要考虑纳税人的生产成本、费用以及亏损或者盈利都能按流转额的一定比例进行征税,因此,流转税征税范围广,具有普遍的调节作用。

2. 流转税调节收入的功能较弱

流转税一般按比例征收，随着收入增加，消费支出占收入比例下降，如果按消费支出比例计算，那么，流转税占个人收入比例必然下降，从而使流转税比例征收具有累退特点，因此收入越高，税收占其个人收入比重越低，税负也相对越低；相反收入越少，税负反而相对越高，这违背了量能课税原则，不符合公平税收原则要求。而且，流转税的课税对象一般是日常生活用品，因课税而引起的商品涨价幅度往往是生活必需品最大，日常生活用品次之，对奢侈品的影响最小，因而流转税对穷人的影响要大于对富人的影响，在调节收入分配方面的功能较弱。

3. 流转税调控可实现经济公平

流转税无论是价内税还是价外税，其税款实际上成为商品或劳务价格的附加，从而影响了商品和劳务的价格。税收正是通过价格这一传导机制调节着资源的配置和产业结构的调整。从资源的配置看，资本和物质资源、劳动力资源、管理者资源、信息和技术资源等作为生产过程的要素投入，构成商品流转额的主要组成部分，被流转税所调节着。由于流转税的课征，客观上是对商品的一种加价，而消费者一般有选择廉价商品的偏好，企业的资源配置直接受到市场价格信号所引导；也就是说，流转税的高低制约着消费者的消费选择，消费者选择事实上构成了资源配置的诱导机制。正因为税收对消费者选择产生重要影响，从而也对资源配置产生着影响，所以，对各种资源的课税自然会影响到资源配置的全过程，进而影响着资源配置的结构和规模。从产业结构的调整看，产业结构发生变化的基本驱动力是利益变动，税收作为一项引起利益转移的工具，能够通过对各经济利益主体的影响来引导产业的合理化组合。例如增值税或营业税作为价格的组成部分，会形成高税高价、低税低价的格局，这样，给不同的生产经营者带来不同等的竞争压力。生产经营者如果提高商品和服务价格，该商品和服务在竞争中便处于不利地位；如果维持原有价格，该商品和服务的生产经营者与别的生产经营者相比，等量资金得不到等量利润。这时生产经营者会作出调整生产方向或生产规模的选择，从而形成与税率结构相适应的供给结构。现实中，因商品的供求弹性，税负会随着商品的流转大都转嫁到后续环节，最终由消费者承担。但是，如果某种产品因为高税而引起高价，消费者便减少对该产品的购买，寻找替代品，由此形成的市场需求结构也会相应地调节市场商品的供给结构。可见，“不论是由生产者负担，还是由消费者负担，它总是从一个方面调节供给结构”①。

（二）我国流转税的立法概况

我国现行流转税法律制度包括：《中华人民共和国增值税暂行条例》、《中华人民共和国消费税暂行条例》、《中华人民共和国营业税暂行条例》以及相关的实施细则；关税法律制度包括：《中华人民共和国海关法》、《中华人民共和国进出口关税条例》以及《中华人民共和国海关进出口税则》和《中华人民共和国海关入境旅客行李物品和个人邮递物品征收进口税办法》。此外，国务院、财政部以及国家税务总局颁布的一些补充性或调整性的行政法规和部门规章等法律文件都构成了我国现行流转税法律制度的基本内容。

① 邓子基著：《税种结构研究》，中国税务出版社 2000 年版，第 93 页。

二、我国增值税法律制度

(一) 增值税的含义及类型

增值税是以法定增值额为征税对象的一种税。从理论上说,增值额是指纳税人在生产经营过程中新创造的那部分价值,即商品价值 c+v+m 中的 v+m 部分。但理论增值额只是对增值额的抽象,并不当然应用于各国的增值税法律制度中。法定增值额则因各国规定的不同而有所不同,其与理论增值额的差异在于是否扣除 c 中的固定资产价值。①根据各国对固定资产的处理不同,增值税分为以下三种类型:

1. 生产型增值税

生产型增值税是指在计算增值税时,对购进固定资产价款中所含的税额不允许作任何扣除。就整个社会而言,该类型的增值税税基相当于国民生产总值,既包括消费资料,也包括固定生产资料,故称为生产型增值税。生产型增值税的税基最大,它保留了重复征税的因素,影响生产的发展,但对抑制非理性投资、保证财政收入具有一定作用。我国 2009 年之前采用这种类型,还有一些发展中国家例如印度尼西亚和巴基斯坦等也采用生产型增值税。

2. 收入型增值税

收入型增值税是指在计算时对购进固定资产价款中所含的税额,只允许扣除当期应计入产品成本的折旧部分,其税基相当于国民收入,故称为收入型增值税。从理论上来看,收入型增值税是最标准的增值税,其对财政收入、经济、效率以及公平性等方面的影响在三种类型的增值税中都处于中间程度。但从技术操作上分析,并不科学严谨。采用这一类型增值税的国家不多,主要有匈牙利、海地、土耳其等几个国家。

3. 消费型增值税

消费型增值税是指对当期购进用于生产应税产品的固定资产价款中所含的税额,允许从当期一次全部扣除,就整个社会而言,其税基只限于社会全部消费品的价值,因而被称为消费型增值税。与前两种类型的增值税相比,消费型增值税有非常明显的优势:(1)税基最小,税负最轻,客观上起到了鼓励投资,鼓励设备更新的作用;(2)消费型增值税解决了重复征税的问题,虽暂时会降低国家的财政收入,但由于减轻了企业的税负,刺激了投资和生产,其必将带来企业利润的增加,从而增加所得税;(3)消费型增值税在计算征收方面要简便得多,最适合凭发票扣税,也利于纳税人操作,方便税务机关管理。但由于对固定资产的一次性扣除,实行消费型增值税也可能带来投资过热的风险。

(二) 增值税的纳税人制度

在中华人民共和国境内销售货物或者提供应税劳务以及进口货物的单位和个人,为增值税的纳税人。根据经营规模和会计核算制度是否健全,可以将增值税纳税人分为一般纳税人和小规模纳税人。

① 对于非固定资产,各国均规定可以一次性扣除。

(三) 增值税征税范围的一般规定

在理论上,增值税的征税范围应包括农林牧业、采矿业、制造业、建筑业、能源交通业、商业及劳务服务业各个行业。但由于增值税的技术操作性较强,配套条件要求较高,而各国征管水平、手段不一,各国增值税的征收范围大体上可分为三种:一是仅覆盖全部制造业货物以及进口货物;二是覆盖整个制造业、批发业和进口货物;三是在农业、工业、批发、零售、服务各领域普遍征收增值税。我国增值税的征税范围是在中国境内销售货物、提供应税劳务以及进口货物。这里的应税劳务除了提供加工、修理、修配劳务以外,又在部分省市试点,将提供交通运输业和部分现代服务业服务纳入增值税的征收范围。增值税避免重复征税,有利于社会分工;增值税税收中性,避免对经济产生扭曲。不断地"增值税扩围"或逐步地"营改增",正是我国运用税法调控手段来促进现代服务业的发展,以实现优化资源配置、调整产业结构的目标。

(四) 增值税的税率制度

1. 国外的增值税税率制度

增值税作为中性税种,客观上要求采用单一税率。但单一税率无法区分奢侈品和生活必需品,不能兼顾低收入群体的利益和限制对奢侈品的消费,因而多档税率更为常见。如果把零税率包括在内,许多国家的税率一般包含两个以上的档次,可分为高税率、低税率、基本税率(标准税率)和零税率几种。一般以高档税率来限制消费某些奢侈品或对个人健康、社会发展不利的商品,低税率则是考虑到大众对食品等必需品的消费。绝大多数国家都针对出口实行零税率,目的是鼓励本国产品出口,增强其国际竞争力。

2. 我国的增值税税率制度

我国现行增值税实行三档比例税率:基本税率、低税率、零税率。(1)基本税率。增值税一般纳税人销售货物或者进口货物,提供加工、修理修配劳务,除属于低税率适用范围外,税率一律为17%。(2)低税率。增值税一般纳税人销售或进口下列货物,[①]适用13%的低税率。(3)零税率。纳税人出口货物,税率为零。零税率与免税不同,适用零税率的货物不仅出口环节免税,而且该货物在生产过程中各个环节已缴纳的税款亦予以退还。

增值税试点在现行增值税税率制度的基础上,增设11%和6%两档低税率,交通运输业适用11%的税率,研发和技术服务、文化创意、物流辅助和鉴证咨询等现代服务业适用6%的税率。不同税率的商品混在一起,分别对它们计税将比对单一税率的商品计税更为复杂,而且一旦商品的原材料等外购货物从属于不同税率,进项税额的计算将非常困难。在增值税试点中,这些问题已凸显。财政部声称,增值税税率调整为四档是一种必要的过渡性安排,今后将根据改革的需要,适时简并税率档次。

(五) 增值税的免税制度

增值税免税是对部分特定的生产经营活动获得的收入或报酬不征增值税,但对购进

① 指粮食、食用植物油;自来水、暖气、冷气、热水、煤气、石油液化气、天然气、沼气、居民用煤炭制品;图书、报纸、杂志;饲料、化肥、农药、农机、农膜;国务院规定的其他货物。

商品、劳务的已纳增值税不予抵扣。发达国家大多对基本食品、医疗服务、房屋租赁、教育和金融服务业实行免税;发展中国家大多对种子、肥料和农机设备等农业生产主要投入物实行免税。由此可见,不同的政策导向产生不同免税政策。为保持增值税征收链条的完整性,多数国家对免税范围都进行了限制。

我国《增值税暂行条例》规定的免税项目有:农业生产者销售的自产农产品;避孕药品和用具;古旧图书;直接用于科学研究、科学试验和教学的进口仪器、设备;外国政府、国际组织无偿援助的进口物资和设备;由残疾人组织直接进口供残疾人专用的物品;销售自己使用过的物品。此外,《增值税暂行条例》还规定:对资源综合利用、再生资源等给予增值税优惠;纳税人生产销售和批发、零售有机肥产品免征增值税;对计算机软件产品征收增值税时,根据不同情况分别给予即征即退及免税待遇。所有这些,都体现了我国的宏观调控导向。

三、我国营业税法律制度

(一)营业税的含义及作用

1. 营业税的含义

营业税是对"商品经营收入和非商品的服务收入额所征收的一种税"①。我国现行营业税是对我国境内提供应税劳务、转让无形资产和销售不动产的单位和个人就其营业额征收的一种流转税。

2. 营业税的作用

(1) 营业税具有保障地方经济所需资金的作用。营业税征收范围较广,且税额随着第三产业的发展而增长。在我国,营业税是地方财政的主要收入来源,保障地方经济的发展。

(2) 营业税具有促进第三产业发展的作用。第三产业在各国经济发展中占据越来越重要的地位,因而各国都注重对第三产业采取优惠、扶植的税收政策。这对于第三产业的稳定发展是非常有利的。②

(3) 营业税具有协调行业发展的作用。营业税按不同行业的经营业务及其盈利水平,设计差别税率,对关系国计民生的行业采用低税率,对营业收入较高的行业适用高税率;对一些有利于社会稳定发展的福利单位和教育卫生部门,给予免税待遇,充分体现国家政策导向,发挥税收对国民经济的调节作用,既保证财政收入,又照顾与人民生活密切相关行业发展的立法精神。③

(二)营业税纳税人的一般规定

营业税的纳税人是指在中华人民共和国境内提供应税劳务、转让无形资产或者销售不动产的单位和个人。

① 陈少英主编:《税法学教程》,北京大学出版社 2005 年版,第 191 页。

② 张守文著:《税法原理》(第三版),北京大学出版社 2001 年版,第 214—215 页。

③ 徐孟洲主编:《税法学》,中国人民大学出版社 2005 年版,第 156 页。

(三) 营业税的征税范围

营业税实行普遍征收,现行增值税范围以外的所有经营项目均征收营业税。按照《营业税暂行条例》的规定,营业税的征税范围为有偿提供应税劳务,即属于交通运输业、建筑业、金融保险业、邮电通信业、文化体育业、娱乐业、服务业等征收范围的劳务,以及转让无形资产或者销售不动产。现部分省市已将交通运输业以及服务业、建筑业和转让无形资产的部分现代服务业税目纳入增值税征收范围。

(四) 营业税的税率制度

营业税的税率总体水平较低,主要有3%和5%两档;且根据各行业盈利水平的高低不同,营业税在税负设计上,一般实行同一行业同一税率,不同行业不同税率的制度,较好地体现了公平税负的原则。

(五) 营业税的税收优惠措施

营业税的税收优惠措施主要有以下几个方面:

(1) 托儿所、幼儿园、养老院、残疾人福利机构提供的育养服务、婚姻介绍、殡葬服务。

(2) 残疾人员个人为社会提供的劳务。

(3) 医院、诊所和其他医疗机构提供的医疗服务。医疗服务具体是指对患者进行诊断、治疗和防疫、接生、计划生育方面的服务,以及与这些服务有关的提供药品、医疗用具、病房住宿和伙食的业务。

(4) 学校和其他教育机构提供的教育劳务,学生勤工俭学提供的劳务。

(5) 农业机耕、排灌、病虫害防治、植保、农牧保险以及相关技术培训业务,家禽、牲畜、水生动物的配种和疾病防治。

(6) 纪念馆、博物馆、文化馆、美术馆、展览馆、书画院、图书馆、文物保护单位举办文化活动的门票收入,宗教场所举办文化、宗教活动的门票收入。①

此外,在特殊情况下,国家出于公共利益的需要,在《营业税暂行条例》及其《实施细则》以外,还会对一些特定的纳税主体和特定的行业制定一些税收优惠政策。

四、我国消费税法律制度

(一) 消费税法的研究基础

1. 消费税的含义

消费税是对特定消费品征收的一种商品税,其应税消费品的选择仅限于特定范围,具有独特的调节生产、消费的作用。目前大多数国家均实行特种消费税,我国亦是如此。即

① 所称纪念馆、博物馆、文化馆、美术馆、展览馆、书画院、图书馆、文物保护单位举办文化活动,是指这些单位在自己的场所举办的属于文化体育业税目征税范围的文化活动。其售票收入,是指销售第一道门票的收入。所称宗教场所举办文化、宗教活动的售票收入,是指寺庙、宫观、清真寺和教堂举办文化、宗教活动销售门票的收入。

对特定范围内的消费品,在普遍征收增值税的基础上再加征消费税。

2. 消费税的特征

(1) 征税范围的选择性。在不同的国家,由于经济发展水平及传统文化的差异,选择应税消费品的范围是不同的;即使在同一国家,消费税的应税品目也会随着时间的推移和经济的发展而不断发展。例如我国在2006年取消了护肤护发品税目,只保留对高档护肤类化妆品征收消费税。

(2) 征税环节的单一性。增值税是"道道课征",而我国消费税一般选择在生产环节或进口环节一次性征收,仅有金银首饰、钻石、钻石饰品在零售环节缴纳消费税以及卷烟在批发环节缴纳消费税。

(3) 征收方法的多样性。消费税的征收既有从价征收,也有从量征收,对卷烟和白酒还实行从价与从量结合的复合征收方法。

(4) 税率规定的差异性。与其他流转税相比,消费税的平均税率较高,税率档次较多,差别幅度大,凸显了消费税的特殊调节作用。

(5) 税收负担的转嫁性。消费税属于价内税,应税消费品的价格之中包含了消费税税额,纳税人可以通过调整消费品的销售价格,将其所纳消费税额转嫁到消费者身上,而且这种转嫁具有隐蔽性。

3. 消费税的作用

各国征收消费税的目的是为了增加财政收入,但消费税的调节功能历来为各国所倚重。

(1) 消费税利于调节收入差距,平衡社会各阶层的利益,如针对高档消费品、奢侈品征收消费税。

(2) 消费税倡导正确的社会消费方向,达到限制消费、缓解供求矛盾、压缩生产之目的,如2006年消费税调整将木制一次性筷子等作为新增税目,2009年提高卷烟的消费税税率等就是例证。

(3) 消费税调节产品结构,体现产业政策,如2003年12月31日财政部和国家税务总局发布的《关于低污染排放小汽车减征消费税问题的通知》意在促使汽车行业达到国际先进的环保标准,实现国家的产业政策。

(4) 消费税是具有生态意义的税种,但其设立之初并未认识到这一问题。尽管如此,现行税法中与生态有关的税目,的确发挥了保护环境及资源的作用。未来消费税的改革应更加注重消费税的生态调节功能。

(二) 消费税的纳税人制度

消费税的纳税人为在中华人民共和国境内从事生产、委托加工和进口应税消费品的单位和个人。但金银首饰消费税的纳税人,是指从事金银首饰商业零售业务的单位和个人。

(三) 消费税的征税范围规定

在中华人民共和国境内生产、委托加工和进口的应税消费品是消费税的征税范围。从总体上说,法定的应税消费品可以分为以下五大类:

(1) 过度消费会对人类健康、社会秩序和生态环境等造成危害的消费品,包括烟、酒及酒精、鞭炮及焰火、实木地板、木质一次性筷子五个税目。

(2) 奢侈品和非生活必需品,包括化妆品、高尔夫球及球具、贵重首饰及珠宝玉石、高档手表四个税目。

(3) 高能耗的高档消费品,包括小汽车、摩托车、游艇三个税目。

(4) 石油类消费品,包括成品油一个税目。

(5) 具有特定财政意义的消费品,包括汽车轮胎一个税目。

(四) 消费税的税率制度

消费税采用比例税率和定额税率两种形式,以适应不同应税消费品的实际情况;消费税根据不同的税目或子目确定相应的税率或单位税额,多数税目适用比例税率,定额税率主要适用于成品油税目以及黄酒、啤酒两个子目。

(五) 消费税的减免税规定

消费税具有较强的政策导向作用,国家出台的消费税减免优惠措施如下:

(1) 航空煤油继续暂缓征收消费税。

(2) 对用外购或委托加工收回的已税汽油生产的乙醇汽油免税;用自产汽油生产的乙醇汽油,按照生产乙醇汽油所耗用的汽油数量申报纳税。[①]

(3) 对生产销售达到低污染排放值的小轿车、越野车、小客车减征30%的消费税。

(六) 消费税的出口退(免)税制度

我国借鉴国际惯例,对纳税人出口的应税消费品免征消费税,但国家限制出口的产品除外。按《出口货物退免税管理办法》等法规的规定,免税的办法可实行先征后退或者在生产环节免税。出口货物退(免)消费税与出口货物退(免)增值税都有许多一致的规定,区别在于:当出口应税消费品时,其退还的增值税要按规定的退税率计算,而其退还的消费税则按照该消费品所适用的消费税税率计算。企业应将不同消费税税率的出口应税消费品分开核算和申报,如划分不清,则一律从低适用税率计算应退消费税税额。

五、我国关税法律制度

(一) 关税的含义和作用

关税是对进出关境的货物或物品征收的一种流转税。关税的作用在于:

(1) 增加财政收入。随着经济的发展,关税的财政职能逐渐下降,但在一些发展中国家,尤其是工业不发达、工商税源有限、国民经济主要依赖于初级资源产品出口,消费品主要依赖于进口的国家,征收进出口关税仍然是取得财政收入的重要渠道。

(2) 宏观调控的作用。关税可以影响进出口规模,调节国民经济活动;关税可以引导

① 《财政部、国家税务总局关于提高成品油消费税税率后相关成品油消费税政策的通知》,财税[2008]168号。

各类产品的生产，调节进出口商品数量和结构，关税可促进国内市场商品的供需平衡，保护国内市场的物价稳定。

(3) 保护国内经济和产业的作用。对进口货物征收关税可提高进口货物的成本，降低其竞争力，从而减除其对国内产业的冲击和对国内市场的占领，保护国内产业的发展。

(二) 关税的纳税人制度

关税的纳税人是进口货物的收货人、出口货物的发货人、进出境物品的所有人。

(三) 关税的征税对象规定

关税的征税对象是准许进出境的货物和物品。货物是指贸易性商品；物品是指旅客随身携带的行李物品、个人邮递物品、各种运输工具上的服务人员携带的自用物品、馈赠物品及以其他方式进境的个人物品。

(四) 关税的税率制度

《海关进出口税则》将关税税率分为进口税率和出口税率。在加入 WTO 前，我国进口税设两档税率，即普通税率和优惠税率；在加入 WTO 后，我国进口税设有最惠国税率、协定税率、特惠税率、普通税率、关税配额税率等。现行 36 种商品的出口关税中，16 种商品为零关税，真正征收出口关税的商品只有 20 种，6 种商品税率为 10%及以下，其他商品税率最高不超过 20%。

(五) 关税的优惠制度

根据现行规定，关税减免分为法定减免、特定减免和临时减免。与调控有关的特定减免有：科教用品，残疾人专用品，扶贫、慈善性捐赠物资，符合特定条件的加工贸易产品。

第三节 所得税调控法

一、所得税调控法概述

(一) 所得税的调节机制

所得税是典型的直接税，其税负由纳税人直接承担，不易转嫁。正因为如此，所得税必须以纳税人的实际负担能力为计税依据，所得多则多纳税，无所得或所得达不到标准不纳税。只有所得才最适合作为现代社会衡量税收能力的标准。所以，所得税在保证财政收入上不如流转税，但它以纳税人真实可靠的实际所得为基础，能更好地按照纳税人的实际负担能力确定税负，并针对纳税人的贫富程度调节社会收入和财富分布的状态。如今，运用所得税法，特别是个人所得税法来调节纳税人的社会收入和财富分布状态是世界各国的普遍做法。

首先,个人所得税可以降低个人的收入水平,使个人可支配收入减少。尤其在实行累进税率的情况下,税率随着个人收入的提高而上升,因此对高收入者的征税高于对低收入者的征税,这就使得高收入者与低收入者之间的收入差距在征税过后减少,能够对调节收入公平分配发挥决定性的影响。

其次,企业所得税是对公司利润的课税,它可以减少资本收益,从而缩小资本收入者和劳动收入者之间的收入差距。与个人所得税相似,在实行累进税率的条件下,税收的调节功能将发挥得更为明显。不过,在 20 世纪 80 年代以后的世界税制改革浪潮中,各国普遍缩减了公司所得税的税率级数,转而实行比例税率。因而公司所得税对于调节收入公平分配的作用程度有所减弱,所得税调节收入公平分配的重任主要落到了个人所得税的身上。

(二) 我国所得税的立法概况

我国企业所得税的主要法律依据是 2007 年 3 月 16 日十届全国人大五次会议通过的《中华人民共和国企业所得税法》、国务院于 2007 年 12 月 6 日发布的《中华人民共和国企业所得税法实施条例》,两者同时于 2008 年 1 月 1 日起施行;个人所得税的主要法律依据是 1980 年 9 月 20 日五届全国人大三次会议制定,经过 1993 年 10 月、1999 年 8 月、2005 年 10 月、2007 年 6 月、2007 年 12 月和 2011 年 6 月六次修正的《中华人民共和国个人所得税法》。

二、我国企业所得税法

(一) 企业所得税的纳税人制度

企业所得税法以法人为标准确定纳税人,将我国境内的企业和其他取得收入的组织(以下统称"企业")确定为企业所得税的纳税人,对个人独资企业、合伙企业不征收企业所得税;根据承担纳税义务的范围不同,将企业所得税的纳税人区分为居民纳税人与非居民纳税人两类。

(二) 企业所得税的征税对象规定

企业所得税的征税对象是企业的生产经营所得和其他所得。生产经营所得,是指企业从事销售货物或者提供劳务及其他营利事业取得的所得;其他所得,主要是指企业取得的转让财产收入,股息、红利等权益性投资收益,利息收入,租金收入,特许权使用费收入以及营业外收益等所得。

(三) 企业所得税的应税所得规定

企业所得税的应税所得,即计税依据,是指企业每一纳税年度的收入总额,①减除不征

① 《企业所得税法》中所讲的"收入总额"其实是企业的会计收入总额,在计算应纳税所得额时,还需要在会计收入总额中减除不征税收入和免税收入。本书为行文的方便并有助于理解,将《企业所得税法》中的"收入总额"称为会计收入总额,减除不征税收入和免税收入后的收入总额称为法定收入总额。

税收入、免税收入、各项扣除以及允许弥补的以前年度亏损后的余额。因此，企业所得税应纳税所得额的计算公式可以归纳为：应纳税所得额＝法定收入总额－准予扣除项目金额。

预提所得税应税所得按下列方法确定：(1)股息、红利等权益性投资收益和利息、租金、特许权使用费所得，以收入全额为应纳税所得额；(2)转让财产所得，以收入全额减除财产净值后的余额为应纳税所得额；(3)其他所得，参照前两项规定的方法计算应纳税所得额。

（四）企业所得税的税率制度

企业所得税的税率分为基本税率、预提所得税税率和优惠税率三类。基本税率为25%，预提所得税为20%。优惠税率有两档：符合条件的小型微利企业，税率20%；国家需要重点扶持的高新技术企业，税率15%，以此扶持微小企业，鼓励高新技术企业的发展。

（五）企业所得税的税收优惠

1. 税收优惠的体系

为实现国家的经济政策，发挥税法的宏观调控功能，企业所得税法建立了“产业优惠为主、区域优惠为辅”的新税收优惠体系。

(1) 产业性优惠。国家对重点扶持和鼓励发展的产业和项目，给予企业所得税优惠：从事农、林、牧、渔业项目的所得；从事国家重点扶持的公共基础设施项目投资经营的所得；从事符合条件的环境保护、节能节水项目的所得；符合条件的技术转让所得；非居民企业在中国境内未设立机构、场所的，或者虽设立机构、场所但取得的所得与其所设机构、场所没有实际联系的。

(2) 区域性优惠。民族自治地方的自治机关对本民族自治地方的企业应缴纳的企业所得税中属于地方分享的部分，可以决定减征或者免征。自治州、自治县决定减征或者免征的，须报省、自治区、直辖市人民政府批准。

2. 税收优惠的方式

(1) 税基式优惠。企业的下列支出，可以在计算应纳税所得额时加计扣除：开发新技术、新产品、新工艺发生的研究开发费用；安置残疾人员及国家鼓励安置的其他就业人员所支付的工资。创业投资企业从事国家需要重点扶持和鼓励的创业投资，可以按投资额的一定比例抵扣应纳税所得额。企业的固定资产由于技术进步等原因，确需加速折旧的，可以缩短折旧年限或者采取加速折旧的方法。企业综合利用资源，生产符合国家产业政策规定的产品所取得的收入，可以在计算应纳税所得额时减计收入。

(2) 税额式优惠。根据企业所得税法规定，企业购置用于环境保护、节能节水、安全生产等专用设备的投资额，可以按一定比例实行税额抵免。

3. 授权性优惠

企业所得税法授权国务院根据国民经济和社会发展的需要，或者由于突发事件等原因对企业经营活动产生重大影响的，可以制定企业所得税专项优惠政策，报全国人民代表大会常务委员会备案。税法规定的税收优惠的具体办法，由国务院规定。

4. 过渡性优惠

企业所得税法公布前已经批准设立的企业，依照当时的税收法律、行政法规规定，享受低税率优惠的，可以在税法施行后5年内，逐步过渡到税法规定的税率；享受定期减免税优惠的，可以在税法施行后继续享受到期满为止，但因未获利而尚未享受优惠的，优惠期限从税法施行年度起计算；国家已确定的其他鼓励类企业，可以按照国务院规定享受减免税优惠。

综上所述，我国企业所得税法税收优惠的主要内容包括：促进技术创新和科技进步，鼓励基础设施建设，鼓励农业发展及环境保护与节能，支持安全生产，促进公益事业和照顾弱势群体，以及自然灾害专项减免税优惠政策等。

三、个人所得税法

(一) 个人所得税的纳税人制度

我国个人所得税的纳税人是在中国境内有住所或者虽无住所但在境内居住满1年，以及无住所又不居住或者居住不满1年但从我国境内取得所得的个人。因此，以住所和居住时间为标准，个人所得税的纳税人可以分为居民纳税人和非居民纳税人两类，分别承担不同的纳税义务。

(二) 个人所得税征税对象的规定

个人所得税以自然人取得的各项所得为征税对象。由于我国采用分类所得税制模式，《个人所得税法》根据纳税人取得收入的实际情况，列举了11项应税所得，即工资、薪金所得，个体工商户的生产、经营所得，企事业单位的承包经营、承租经营所得，劳务报酬所得，稿酬所得，特许权使用费所得，利息、股息、红利所得，财产租赁所得，财产转让所得，偶然所得，经国务院财政部门确定征税的其他所得。

(三) 个人所得税的税率制度

《个人所得税法》规定了三类税率：工资、薪金所得适用3%—45%的7级超额累进税率，按月应纳税所得额计算征税；个体工商户生产经营所得和对企事业单位的承包经营、承租经营所得适用5%—35%的5级超额累进税率，按全年应纳税所得额计算征收；稿酬所得，劳务报酬所得，特许权使用费所得，财产租赁所得，财产转让所得，利息、股息、红利所得，偶然所得和其他所得，适用20%的比例税率。其中，对稿酬所得按应纳税所得额减征30%，对劳务报酬所得一次收入畸高的，加成征收。

(四) 个人所得税的税收优惠措施

1. 免税优惠

省级人民政府、国务院部委和中国人民解放军军以上单位，以及外国组织、国际组织颁发的科学、教育、技术、文化、卫生、体育、环境保护等方面的奖金；国债和国家发行的金融债券利息；按照国家统一规定发给的补贴、津贴，如政府特殊津贴、院士津贴、资深院士津贴和国务院规定免纳个人所得税的其他补贴、津贴；福利费、抚恤金、救济金；保险赔款；军人的转业费、复员费；按照国家统一规定发给干部、职工的安家费、退职费、退休工资、离

休工资、离休生活补助费；依照我国有关法律规定应予免税的各国驻华使馆、领事馆的外交代表、领事官员和其他人员的所得；中国政府参加的国际公约以及签订的协议中规定免税的所得；经国务院财政部门批准免税的所得。

2. 减税优惠

残疾、孤老人员和烈属的所得；因严重自然灾害造成重大损失的；其他经国务院财政部门批准减税的。

第四节 财产税调控法

一、财产税的调控功能

财产税与流转税、所得税的主要区别在于：后者对流量征税，而前者对存量征税。财产税退居主体税种地位后，对经济、社会仍产生着经久不衰的影响，就在于它具有其他税种法系所无法替代的功能。

（一）财政功能

财产税具有税源的丰富性、税基的稳定性、课征的直接受益性、对地方较强的依附性等特征，赋予其较强的收入功能。随着商品和所得课税的发展，财产税筹集收入的作用逐渐下降，但在许多国家和地区，财产税仍然是各国地方政府和地方慈善、公益事业的主力税源。

（二）社会功能

社会功能是指财产税依法参与社会产品分配，从社会财富的存量上缩小贫富差距、抑制社会危机、最大程度地促进与实现社会公平和社会正义。社会财富的表现形式有流量和存量两种，相对于流量而言，存量对贫富差距影响更大。因为贫富差距的产生既源于收入分配的差距，也是财富存量的累积所致。所得税对收入差距的调节作用较为明显，但对财富存量的差距则难以调节，对因继承、受赠等方式获得的存量财富更是力不能及。财产税是对一切积累的财产、生产资料、生活资料甚至资源课税，具有直接税的性质，税负不易转嫁，在一定程度上弥补了所得税不能对资产增值和存量财富课税的缺陷，发挥了调节收入和财富分配的功能。

（三）经济功能

经济功能是指财产税法以社会整体利益为基点，不仅减少财富的过度累积，而且刺激有效需求，进而推动经济增长，突破形式上的公平，侧重社会经济的协调发展、人与自然的和谐共存。因财产税是对遗产、闲置的资源，尤其是土地资源课税，纳税人会在税收和受益之间权衡。当纳税人不愿或无力承担财产税时，其可能会将财产转移，更多地用于消费和投资。因此，财产税法通过对纳税人的实际收入及其运用产生重大影响，使闲置资源减少，从而促进非生产性资源向生产性资源转化。此外，政府为了保护生态环境或者战略性资源，也可以通过财产税法中相关税种如资源税的开征或调整进行整体调控。

二、我国资源税法律制度

（一）资源税法律制度概述

资源税是国家对我国境内从事资源开发、利用的单位和个人，就其资源生产和开发条件的差异形成的级差收入而征收的一种税。开征资源税是国家保护国有资源、维护国家权益的重要举措，既有利于筹集资源保护资金，促进国有资源的合理开发、节约利用和有效配置，建立资源生态价值补偿机制；也可以合理调节资源级差收入，有利于企业的公平竞争；同时还能增加国家的财政收入。1993 年 12 月 25 日国务院发布了《中华人民共和国资源税暂行条例》和 1993 年 12 月 30 日财政部发布的《中华人民共和国资源税暂行条例实施细则》，于 1994 年 1 月 1 日起施行；2011 年 9 月 30 日，通过国务院令第 605 号发布，对《中华人民共和国资源税暂行条例》进行修订，于 2011 年 11 月 1 日起实施。

（二）资源税的征收范围

资源税的征税范围包括：原油、天然气、煤炭（焦煤和其他煤炭）、其他非金属矿原矿（包括普通非金属矿原矿和贵重非金属矿原矿）、黑色金属矿原矿、有色金属矿原矿（包括稀土矿和其他有色金属矿原矿）、盐（固体盐和液体盐）。

资源税的纳税人，是在中国境内开采或生产应税资源的单位和个人。

（三）资源税的税率制度

资源税采用比例税率和定额税率两种形式。除了原油、天然气适用 5%—10%比例税率以外，其他都适用定额税率。焦煤每吨 8—20 元，其他煤炭每吨 0.3—5 元；普通非金属矿原矿每吨或每立方米 0.5—20 元，贵重非金属矿原矿每千克或每克拉 0.5—20 元；黑色金属矿原矿每吨 2—30 元；稀土矿每吨 0.4—60 元，其他有色金属矿原矿每吨 0.4—30 元；固体盐每吨 10—60 元，液体盐每吨 2—10 元。

三、我国耕地占用税法律制度

（一）耕地占用税法律制度概述

耕地占用税是对我国境内占用耕地建房或者从事其他非农业建设的单位和个人，按其实际占用的耕地面积征收的一种税。土地是人类赖以生存的宝贵资源，耕地则是从事农业生产的基本条件，保持一定的耕地面积，对于农业生产乃至整个国民经济的发展，都有根本性意义。为了保护耕地，早在 20 世纪 80 年代，我国就发布了《耕地占用税暂行条例》。现行规范是 2007 年国务院发布的《中华人民共和国耕地占用税暂行条例》，该条例自2008年1月1日起施行,与之配套的《中华人民共和国耕地占用税暂行条例实施细则》也于同年2月施行。

(二)耕地占用税的征收范围及纳税人

耕地占用税的征税范围包括建房①或从事其他非农业建设而占用的国家所有和集体所有的耕地。占用耕地建房或者从事其他非农业建设的单位和个人,都是耕地占用税的纳税人。

(三)耕地占用税应纳税额的计算

耕地占用税以纳税人实际占用的耕地面积为计税依据,实行地区差别定额税率,即以县为单位,根据人均占有耕地面积的多少,参照经济发展情况,将全国划分为四类不同的地区,确定相应的税额幅度。具体来讲,人均耕地不超过1亩的地区(以县级行政区域为单位,下同),每平方米为10元至50元;人均耕地超过1亩但不超过2亩的地区,每平方米为8元至40元;人均耕地超过2亩但不超过3亩的地区,每平方米为6元至30元;人均耕地超过3亩的地区,每平方米为5元至25元。

四、我国城镇土地使用税法律制度

(一)城镇土地使用税法律制度概述

城镇土地使用税是对在城市、县城、建制镇和工矿区范围内使用土地的单位和个人,按其实际占用的土地面积和规定的土地等级征收的一种税。城镇土地使用税有利于合理利用城镇土地,调节土地级差收入,提高土地使用效益,加强土地管理,并增加财政收入。城镇土地使用税现行规范是国务院1988年发布并施行的《中华人民共和国城镇土地使用税暂行条例》,该条例于2006年底修改后,自2007年1月1日施行。

(二)城镇土地使用税的征税范围和纳税人

城镇土地使用税的征税范围是:城市、县城、建制镇和工矿区内属于国家所有和集体所有的土地,不包括农村集体所有的土地。在城市、县城、建制镇、工矿区范围内使用土地的单位和个人,为城镇土地使用税的纳税人。自2009年1月1日起,公园、名胜古迹内的索道公司经营用地,应按规定缴纳城镇土地使用税。

(三)城镇土地使用税应纳税额的计算

城镇土地使用税以纳税人实际占用的土地面积②为计税依据,采用幅度定额税率,即

① 建房,包括建设建筑物和构筑物。农田水利占用耕地的,不征收耕地占用税。占用园地建房或者从事非农业建设的,视同占用耕地征收耕地占用税。

② 纳税人实际占用的土地面积,是指由省、自治区、直辖市人民政府确定的单位组织测定的土地面积。尚未组织测量,但纳税人持有政府部门核发的土地使用证书的,以证书确认的土地面积为准;尚未核发土地使用证书的,应由纳税人据实申报土地面积。

每平方米土地年税额为大城市 1.5 元至 30 元；中等城市 1.2 元至 24 元；小城市 0.9 元至 18 元；县城、建制镇、工矿区 0.6 元至 12 元。

五、我国房产税法律制度

(一) 房产税法律制度概述

房产税是以房屋为征税对象，按房屋的计税余值或租金收入为计税依据，向产权所有人或使用人征收的一种财产税。1986 年 9 月 15 日，国务院正式发布了《中华人民共和国房产税暂行条例》，从当年 10 月 1 日开始实施。2011 年初，上海和重庆先后颁布了《上海市开展对部分个人住房征收房产税试点的暂行办法》和《重庆市关于进行对部分个人住房征收房产税改革试点的暂行办法》，并同时于 2011 年 1 月 28 日起施行。这标志着我国正式启动了地方房产税改革的试点工作。

房产税的征收有利于调节房产所有人和使用人的收入；有利于积累建设资金，促进房产的开发和建设，改善城乡居民的居住条件；有利于加强房产管理，提高房屋的使用效益。

(二) 房产税的纳税人和征收范围

房产税的纳税人是房屋的产权所有人，包括国家所有和集体、个人所有房屋的产权所有人、承典人、代管人或使用人。

房产税的征税范围是在我国境内城市、县城、建制镇和工矿区内用于生产经营的房屋，不包括农村的房屋。

(三) 房产税应纳税额的计算

纳税人经营自用的房屋，以房产的余值为计税依据，税率为 1.2%；纳税人出租的房屋以租金收入为计税依据，税率为 12%；对个人按市场价格出租的居民住房，暂按 4% 税率征收房产税。

六、我国契税法律制度

(一) 契税法律制度概述

契税是指在土地、房屋权属转移时，向取得土地使用权、房屋所有权的单位和个人征收的一种税。改革开放后，为适应市场经济发展的需要，我国在 1994 年财税体制重大改革的基础上，于 1997 年发布了新的《中华人民共和国契税暂行条例》及其《实施细则》。

(二) 契税的征税范围和纳税人

契税的征税范围是境内转移的土地、房屋权属，具体包括国有土地使用权出让、土地使用权的转让、房屋买卖、房屋赠与、房屋交换。①

契税的纳税人，是境内转移土地、房屋权属时承受的单位和个人。

(三) 契税应纳税额的计算

契税的计税依据为不动产的价格，适用3%—5%的幅度税率。由于土地、房屋权属转移方式不同，定价方法也不同，具体计税依据视不同情况而定。即国有土地使用权出让、土地使用权出售、房屋买卖，以成交价格为计税依据；土地使用权赠与、房屋赠与，计税依据由征收机关参照土地使用权出售、房屋买卖的市场价格核定；土地使用权交换、房屋交换，计税依据为所交换的土地使用权、房屋的价格差额；以划拨方式取得土地使用权，经批准转让房地产时，由房地产转让者补交契税，计税依据为补交的土地使用权出让费用或者土地收益。

七、我国土地增值税法律制度

(一) 土地增值税法律制度概述

土地增值税是对有偿转让国有土地使用权及地上建筑物和其他附着物产权、取得增值性收入的单位和个人征收的一种税。现行土地增值税的规范是1993年12月13日国务院颁布的《中华人民共和国土地增值税暂行条例》及其实施细则。

土地增值税可以发挥税收分配的经济杠杆作用，合理调节土地增值收益，维护国家利益，规范房地产交易秩序，促进房地产市场健康发展。

(二) 土地增值税的征税范围和纳税人

土地增值税的征税范围是转让国有土地使用权、地上的建筑物及其附着物，转让国有土地使用权、地上的建筑物及其附着物并取得收入的单位和个人，为土地增值税的纳税人。

(三) 土地增值税的计算

土地增值税的计税依据是转让房地产的增值额，即纳税人转让房地产的收入减除法律规定的扣除项目金额后的余额；土地增值税实行四级超率累进税率，具体见下表：

土地增值税四级超率累进税率表

极数	增值额与扣除项目金额的比率	税率(%)	速算扣除系数(%)
1	不超过50%的部分	30	0
2	超过50%至100%的部分	40	5
3	超过100%至200%的部分	50	15
4	超过200%的部分	60	35

① 随着经济的发展，其他一些权属转移方式也纳入了契税的征税范围，如以土地、房屋权属作价投资、入股；以土地、房屋权属抵债；以获奖方式承受土地、房屋权属；以预购方式或者预付集资建房款方式承受土地、房屋权属。

八、我国车辆购置税法律制度

（一）车辆购置税法律制度概述

车辆购置税是对在中国境内购置应税车辆的单位和个人征收的一种税。车辆购置税的前身是车辆购置附加费，于 1985 年 5 月 1 日在全国范围内普遍征收。它在加快公路建设，促进社会经济发展和人民生活水平的提高等方面发挥了重要作用。2000 年 10 月 22 日，国务院发布《中华人民共和国车辆购置税暂行条例》，从 2001 年 1 月 1 日起实施。

（二）车辆购置税的纳税人和征税对象

车辆购置税的纳税人是在我国境内购买、进口、自产、受赠、获奖或者以其他方式取得并自用应税车辆的单位和个人。

车辆购置税以列举的车辆作为征税对象，包括汽车、摩托车、电车、挂车、农用运输车。

（三）车辆购置税应纳税额的计算

车辆购置税的计税依据是应税车辆的计税价格，计税价格根据不同情况确定：纳税人购买自用，计税价格为纳税人支付给销售者的全部价款和价外费用；纳税人进口自用，计税价格为组成计税价格；纳税人自产、受赠、获奖或者以其他方式取得并自用，计税价格由主管税务机关参照最低计税价格核定。车辆购置税的税率为 10%。

九、我国车船税法

（一）车船税法概述

车船税是对我国境内的车辆、船舶的所有人或管理人征收的一种税。长期以来，我国实行的是车船使用税制度，属于行为税性质。2006 年 12 月国务院颁布了《中华人民共和国车船税暂行条例》，财政部、国家税务总局随后颁布了《实施细则》，车船税正式实施，其性质为财产税。2011 年 2 月 25 日，第十一届全国人大常委会第十九次会议通过了《中华人民共和国车船税法》，于 2012 年 1 月 1 日起正式施行。

（二）车船税的纳税人

车船税的纳税人是在中华人民共和国境内，车辆、船舶的所有人或者管理人。

（三）车船税应纳税额的计算

车船税实行按年从量计征，根据征税对象的不同而有所不同：

1. 对乘用车、商用车中的客车以及摩托车以每辆作为计税标准

乘用车按排放量分 7 档：1.0 升（含）以下的，税额 60—360 元；1.0 升以上至 1.6 升以下（含）的，税额 300—540 元；1.6 升以上至 2.0 升以下（含）的，税额 360—660 元；2.0 升以上至 2.5 升以下（含）的，税额 660—1 200 元；2.5 升以上至 3.0 升以下（含）的，税额

1 200—2 400 元；3.0 升以上至 4.0 升以下(含)的，税额 2 400—3 600 元；4.0 升以上的，税额 3 600—5 400 元。商用车中的客车，税额 480—1 440 元；摩托车税额 36—180 元。

2. 对商用车中的货车、挂车、专用作业车、轮式专用机械车以整备质量吨数计税

商用车中的货车，税额 16—120 元；挂车按照货车税额的 50% 计算；专用作业车、轮式专用机械车税额 16—120 元。

3. 对机动船舶以净吨位吨数计税，对游艇则以艇身长度为计税标准

机动船舶，税额 3—6 元(拖船、非机动驳船分别按照机动船舶税额的 50% 计算)；游艇税额 600—2 000 元。

第十五章

计划调控法律制度

第一节 计划调控法概述

一、计划的一般原理

（一）一般意义上计划的含义

从一般意义上讲，计划是指在掌握信息并对其进行分析的基础上，预测未来所要达到的目标，以此确定行动方案的活动。经济法中所称的计划一般是指经济计划。国民经济计划是指为经济的未来发展制定一个总体目标，并且预定一系列实现这一总体目标的手段这样一种对经济进行整体控制的活动。①可见，计划是一国进行宏观调控的重要手段，在国家和国民的生存和发展中有着重要的地位和作用。

2006 年 3 月，十届全国人大四次会议通过的"十一五"规划纲要，将计划改称为规划。在英文中，计划和规划是同一词义（plan 或 programme）；在日常用语中，计划与规划基本相同，但规划更强调部署与安排的长期性和全面性。"计划变规划之所以引人瞩目，值得关注，是因为'计划'有着与计划经济紧密相关的特定含义。改计划为规划的最重要意义，是我们主观上期盼并且希望在实践中能够同计划经济彻底划清界限。另一重要意义在于，一字之变，使国民经济与社会发展规划与土地规划、区域规划、城市规划等衔接、融合起来。"②

（二）不同体制下计划的差异

马克思主义经典作家认为，资本主义市场经济存在根本性的制度缺陷，不能包容它自身创造出来的生产力，只能以公有制和计划经济取而代之。但这里的经济计划是建立在生产力高度社会化基础上，由社会集中控制整个生产、交换和消费过程的手段，是完全排斥市场机制的。而社会主义国家的实践则缺乏高度社会化的生产力基础，在高度集中的计划经济体制下，计划无处不在、无时不有，它的触角伸到社会生活的每一个角落；且计划事无巨细、包揽一切，可谓"天网恢恢，疏而不漏"。其结果是，对计划的过度依赖导致计划

---

① 李力著：《宏观调控法律制度研究》，南京师范大学出版社 1998 年版，第 171 页。

② 史际春著：《论规划的法治化》，载于《兰州大学学报（社会科学版）》2006 年第 4 期。

不再是服务于国民经济和社会发展以及个人生活的有益工具，而成为“阻滞社会发展进步、束缚人、奴役人的桎梏”①。

凯恩斯主义的经济理论认为，边际消费倾向递减规律、资本收益递减规律以及货币灵活偏好规律等因素导致了市场机制的失灵，从而使国家干预成为必要。在这一理论背景下产生了西方的经济计划。从《新帕尔格雷夫经济学大辞典》中可以看到西方对计划的认知：在计划经济的各种形式中，只有一种形式即指令性计划被认为是天生与市场不相容，其他形式的计划与市场是相互补充的。②由此，法国创造了“计划经济奇迹”。日本也自第二次世界大战后，相继推行了13个全国性的经济计划，以此指导政府的工作，诱导市场主体的行为，促进国民经济协调、健康发展。西方国家的实践表明：经济计划是在市场运行的基础上，由国家通过一些调节和控制手段来达到特定的经济目标，制定并实现经济计划有助于市场经济的平衡发展。

东西方经济计划实践的差异是根本性的，但却包含着共同的理论前提，即市场经济中的“看不见的手”不能够有效地调节经济的运行。从这个意义上讲，东西方理论对市场经济的缺陷和经济计划的意义达成了某种共识：“纯粹的”市场经济和计划经济是根本不存在的。“那种‘完全自由的市场经济’只不过是一种特定理论条件下的‘海市蜃楼’。”③我国在建立社会主义市场经济体制过程中所发生的最重要的一个变化，就是将高度集中的指令性经济计划改变为市场调节基础上的宏观调控性经济计划。

（三）市场经济下计划的职能

市场经济体制下的计划职能主要体现在以下三个方面：

第一，预测功能，即对国民经济和社会发展的趋势所作的一种判断。政府在计划的编制过程中，首先要占有国民经济和社会发展各方面的详尽信息以及国际政治经济发展的相关信息，通过对信息的全面、深入的分析，准确把握当前国民经济和社会发展的形势和存在的主要问题，并对计划期间内的国民经济和社会发展作出相应的预测，并据此确定相应的宏观调控目标和政策。我国的五年计划中对国民经济和发展的许多方面都有相应的目标预测。

第二，引导功能，即通过计划所确定的国民经济和社会发展的目标以及由此所确定的宏观调控目标和政策以实现对市场的引导。计划所确定的宏观调控目标和政策，无疑是向市场传递国家对经济和社会关注的信号，它会引导市场资源向国家关注的领域转移，从而促进整个国民经济和社会的发展。我国在第十二个五年规划中所确定的经济社会发展战略，就表明了计划对市场的调节和引导。

第三，协调功能，即通过计划的实施，实现社会经济总量的平衡、产业结构的平衡、区域发展的平衡和经济、社会、文化、民主政治的协调发展。一个国家国民经济的发展速度受制于它的最薄弱环节，对薄弱环节予以加强和完善，可加快整个国民经济的发展。

---

① 王建敏著：《市场经济与宏观调控法研究》，经济科学出版社2005年版，第57页。

② 卫兴华：《对“计划”问题的辨析（论纲）》，载于《高校理论战线》1999年第5期。

③ 侯廷智：《为“计划经济”正名》，载于《前沿》2002年第8期，第63—64页。

二、我国计划法概述

（一）计划法的含义

计划法是调整在制定和实施计划的过程中发生的社会关系的法律规范的总称。计划法所调整的国家计划规定了国家的宏观调控的方向和目标，控制着供给与需求，根据经济景气情况而相机抉择，实施不同的宏观调控政策；计划法规范着政府编制和实施计划的行为，又是政府实现其宏观调控职能的法律保障。因而，计划法是国家进行宏观调控的纲领性文件，因其核心地位也有“龙头法”[①]之称。

计划法分为计划实体法和计划程序法。计划实体法的形态在各国有所不同，它主要表现为国民经济和社会发展计划法、国家发展战略和远景规划法等。计划程序法则是规定计划编制、审批、执行与监督程序性规范的法律。

（二）计划的立法现状

新中国成立后，我国非常重视对计划关系的法律调整，先后制定了《国民经济计划编制暂行办法》(1952年1月颁布)、《关于编制国民经济年度计划暂行办法(草案)》(1953年8月颁布)、《中华人民共和国国家计划委员会暂行组织通则》(1955年10月颁布)、《关于改进计划管理体制的规定》(1958年9月颁布)、《关于改进计划体制工作的若干暂行规定》(1984年10月颁布)、《关于改进计划体制的若干暂行规定》(1984年10月颁布)、《关于试编两年滚动计划暂行办法的通知》(1991年7月颁布)等。[②]这些规范性文件对于加强当时的计划工作和完善计划法制建设发挥了积极作用。然而，社会主义市场经济体制建立之后，这些法规已不适应经济发展的需要，应“尽快制定出一部具有权威性的，能够全面反映社会主义市场经济体制中计划调节机制的功能和特征的计划法”[③]。

（三）计划的立法模式

目前世界上有三种计划立法模式：(1)法典式。即颁布计划法，规范所有的计划关系，如法国的《计划化改革法》、罗马尼亚的《经济和社会发展计划法》、匈牙利的《国民经济计划工作1972年第7号法》(简称《计划法》)。(2)分散式。即没有完整的计划法典，计划关系分别由相应的行政法规范、经济法规范来调整。(3)结合式。即颁布单独的计划法典，以规范计划活动中的一般性问题，如计划体制、计划编制的基本原则、计划编制的程序等，同时在行政法、经济法中也有一些计划方面的规定。

我国有长期的计划工作实践，积累了许多计划工作经验，但始终没有制定一部规范计划制定和实施的法律。我们认为，我国的计划立法应分两步走。当前，我国尚处于转轨时期，对市场经济条件下宏观调控的计划还认识不深，计划工作的经验有待于进一步总结，

---

① 漆多俊著：《经济法基础理论》，武汉大学出版社2004年版，第370页。

② 参见《中国发展战略报告》2001年第2期《规划动态》栏目中的《我国计划、投资体制改革回顾》部分。

③ 杜伟：《浅议市场经济与计划烹法》，载于《东岳论丛》1998年第4期。

在现行分散式立法模式下,先制定一部《计划法》,将计划的内容、计划的制定和通过的程序以及计划的实施等用法律的形式规定下来,确立计划在国家经济生活中的重要地位;待社会主义市场经济体制逐步完善之后,在总结计划工作实践的基础上,再考虑是否制定计划法典。

第二节 计划调控法的实体规范

计划调控法的实体规范涉及计划调控体制、宏观调控目标体系、宏观调控政策体系、计划主体的权力结构及法律责任等方面的规定。

一、计划调控体制

计划调控体制是有关计划调控权的分割、配置的各项制度的总称。我国实行"统一计划、分层决策、分级负责,以间接计划为主的计划体制"。各级人民代表大会及其常务委员会是审议、批准和监督计划执行的国家权力机关。①我国计划的制定、编制工作由政府部门负责。其中,全国性的国民经济和社会发展计划由国务院编制和管理,并由国家发展和改革委员会负责编制的具体工作。②国家发改委的主要职责之一就是:拟订并组织实施国民经济和社会发展战略、中长期规划和年度计划;提出国民经济发展和优化重大经济结构的目标和政策;提出运用各种经济手段和政策的建议;受国务院委托向全国人大作国民经济和社会发展计划的报告。全国性的行业计划由国务院各个部门负责编制。地方性的国民经济和社会发展计划包括省一级和县一级的计划,分别由省、自治区、直辖市、计划单列市人民政府和县人民政府编制和管理,并由同级发展和改革委员会负责具体编制工作。

二、宏观调控主要目标

新中国成立后,我国一直编制国民经济计划,但计划内容侧重于经济任务和生产指标。1982 年《宪法》将计划名称改为国民经济和社会发展计划,其内容包括国民经济、科技进步和社会事业三个方面。计划内容完整、科学,更有利于促进社会生产力的发展。

---

① 我国《宪法》第 62 条规定,全国人民代表大会行使下列职权:……审查和批准国民经济和社会发展计划和计划执行情况的报告;《地方各级人民代表大会和地方各级人民政府组织法》第 8 条规定,县级以上的地方各级人民代表大会行使下列职权:……审查和批准本行政区域内的国民经济和社会发展计划、预算以及它们执行情况的报告。

② 根据《宪法》第 89 条规定,国务院行使下列职权:……编制和执行国民经济和社会发展计划和国家预算。国家发展和改革委员会,作为国务院的组成部门,是综合研究拟订经济和社会发展政策,进行总量平衡,指导总体经济体制改革的宏观调控部门。

“十五”计划作为我国新世纪的第一个五年计划，其内容就发生了较大改变，中长期计划的宏观性、战略性、政策性及计划指标的指导性和预测性得到进一步加强，其具体变化是：第一，从政府包办一切的规划转变为正确区分政府与市场作用的规划；第二，从主要考虑国内供给平衡的规划转变为着眼于在开放条件下提高国际竞争力的规划；第三，从以物为本的规划转变为以人为本的规划；第四，从单纯考虑生产力供给的规划转变为在供求分析的基础上统筹考虑结构调整的规划；第五，从计划经济下“分钱”、“分物”的规划转变为重视体制创新和法制建设的规划；第六，从以经济发展为主的规划转变为经济与社会发展并重的规划。以下案例即是例证。

《中华人民共和国国民经济和社会发展第十二个五年规划纲要》

（第三章　主要目标）

按照与应对国际金融危机冲击重大部署紧密衔接、与到2020年实现全面建设小康社会奋斗目标紧密衔接的要求，综合考虑未来发展趋势和条件，今后五年经济社会发展的主要目标是：第一，经济平稳较快发展。国内生产总值年均增长7%，城镇新增就业4 500万人，城镇登记失业率控制在5%以内，价格总水平基本稳定，国际收支趋向基本平衡，经济增长质量和效益明显提高。第二，结构调整取得重大进展。居民消费率上升。农业基础进一步巩固，工业结构继续优化，战略性新兴产业发展取得突破，服务业增加值占国内生产总值比重提高4个百分点。城镇化率提高4个百分点，城乡区域发展的协调性进一步增强。第三，科技教育水平明显提升。九年义务教育质量显著提高，九年义务教育巩固率达到93%，高中阶段教育毛入学率提高到87%。研究与试验发展经费支出占国内生产总值比重达到2.2%，每万人口发明专利拥有量提高到3.3件。第四，资源节约环境保护成效显著。耕地保有量保持在18.18亿亩。单位工业增加值用水量降低30%，农业灌溉用水有效利用系数提高到0.53。非化石能源占一次能源消费比重达到11.4%。单位国内生产总值能源消耗降低16%，单位国内生产总值二氧化碳排放降低17%。主要污染物排放总量显著减少，化学需氧量、二氧化硫排放分别减少8%，氨氮、氮氧化物排放分别减少10%。森林覆盖率提高到21.66%，森林蓄积量增加6亿立方米。第五，人民生活持续改善。全国总人口控制在13.9亿人以内。人均预期寿命提高1岁，达到74.5岁。城镇居民人均可支配收入和农村居民人均纯收入分别年均增长7%以上。新型农村社会养老保险实现制度全覆盖，城镇参加基本养老保险人数达到3.57亿人，城乡三项基本医疗保险参保率提高3个百分点。城镇保障性安居工程建设3 600万套。贫困人口显著减少。第六，社会建设明显加强。覆盖城乡居民的基本公共服务体系逐步完善。全民族思想道德素质、科学文化素质和健康素质不断提高。社会主义民主法制更加健全，人民权益得到切实保障。文化事业加快发展，文化产业占国民经济比重明显提高。社会管理制度趋于完善，社会更加和谐稳定。第七，改革开放不断深化。财税金融、要素价格、垄断行业等重要领域和关键环节改革取得明显进展，政府职能加快转变，政府公信力和行政效率进一步提高。对外开放广度和深度不断拓展，互利共赢开放格局进一步形成。

三、宏观调控政策导向

实现经济社会发展目标，必须紧紧围绕推动科学发展、加快转变经济发展方式，统筹兼顾，改革创新，着力解决经济社会发展中不平衡、不协调、不可持续的问题，明确重大政策导向。

《中华人民共和国国民经济和社会发展第十二个五年规划纲要》

（第四章　政策导向）

第一，加强和改善宏观调控。巩固和扩大应对国际金融危机冲击成果，把短期调控政策和长期发展政策有机结合起来，加强财政、货币、投资、产业、土地等各项政策协调配合，提高宏观调控的科学性和预见性，增强针对性和灵活性，合理调控经济增长速度，更加积极稳妥地处理好保持经济平稳较快发展、调整经济结构、管理通胀预期的关系，实现经济增长速度和结构质量效益相统一。第二，建立扩大消费需求的长效机制。把扩大消费需求作为扩大内需的战略重点，通过积极稳妥推进城镇化、实施就业优先战略、深化收入分配制度改革、健全社会保障体系和营造良好的消费环境，增强居民消费能力，改善居民消费预期，促进消费结构升级，进一步释放城乡居民消费潜力，逐步使我国国内市场总体规模位居世界前列。第三，调整优化投资结构。发挥投资对扩大内需的重要作用，保持投资合理增长，完善投资体制机制，明确界定政府投资范围，规范国有企业投资行为，鼓励扩大民间投资，有效遏制盲目扩张和重复建设，促进投资消费良性互动，把扩大投资和增加就业、改善民生有机结合起来，创造最终需求。第四，同步推进工业化、城镇化和农业现代化。坚持工业反哺农业、城市支持农村和多予少取放活方针，充分发挥工业化、城镇化对发展现代农业、促进农民增收、加强农村基础设施和公共服务的辐射带动作用，夯实农业农村发展基础，加快现代农业发展步伐。第五，依靠科技创新推动产业升级。面向国内国际两个市场，发挥科技创新对产业结构优化升级的驱动作用，加快国家创新体系建设，强化企业在技术创新中的主体地位，引导资金、人才、技术等创新资源向企业聚集，推进产学研战略联盟，提升产业核心竞争力，推动三次产业在更高水平上协同发展。第六，促进区域协调互动发展。实施区域发展总体战略和主体功能区战略，把实施西部大开发战略放在区域发展总体战略优先位置，充分发挥各地区比较优势，促进区域间生产要素合理流动和产业有序转移，在中西部地区培育新的区域经济增长极，增强区域发展的协调性。第七，健全节能减排激励约束机制。优化能源结构，合理控制能源消费总量，完善资源性产品价格形成机制和资源环境税费制度，健全节能减排法律法规和标准，强化节能减排目标责任考核，把资源节约和环境保护贯穿于生产、流通、消费、建设各领域各环节，提升可持续发展能力。第八，推进基本公共服务均等化。把基本公共服务制度作为公共产品向全民提供，完善公共财政制度，提高政府保障能力，建立健全符合国情、比较完整、覆盖城乡、可持续的基本公共服务体系，逐步缩小城乡区域间人民生活水平和公共服务差距。第九，加快城乡居民收入增长。健全初次分配和再分配调节体系，合理调整国家、企业、个人分配关系，努力实现居民收入增长和经济发展同步、劳动报酬增长和劳动生产率提高同步，明显增加低收入者收入，持续扩大中等收入群体，努力扭转城乡、区域、行业和社会成员之间收入差距扩大趋势。第十，加强和创新社会管理。提高社会管理能力，创新社会管理体制机制，加快服务型政府建设，在服务中实施管理，在管理中体现服务，着力解决影响社会和谐稳定的源头性、基础性、根本性问题，保持社会安定有序和充满活力。

第三节 计划调控法的现状及完善

一、我国计划调控法律制度评析

（一）我国计划调控法律制度的现状

我国计划调控法律制度体系覆盖了国民经济和社会发展的各个重要方面。国家的中长期国民经济和社会发展规划对国民经济的整体发展起着重要的指导作用，行业规划和专项规划对国民经济和社会的发展也有着重要的影响；在调整各个计划工作领域的规范之间已建立了相互统一、相互协调、相互衔接的机制；在计划调控基本规范中已初步建立了评价和监督机制。与计划经济体制下的计划法律制度不同，我国现行计划调控法律制度主要是规范政府各种宏观性计划的编制与实施，反映了政府职能的转变和计划工作的重心的转移，基本上适应了市场经济条件下对计划工作的要求。

（二）我国计划调控法律制度之检讨

尽管如此，与社会主义市场经济对计划法的要求，以及与一些发达国家的计划法相比，我国现行计划法律规范还存在许多不足。

1. 计划法统一立法缺位

虽然我国在产业发展计划、自然资源利用保护计划、城市规划、计划评价等方面已基本建立了较为完善的法律制度，但在对国民经济和社会发展具有重要影响的综合性计划的编制和审批、修改方面，却没有一部完整、权威的计划法。鉴于我国计划工作的传统以及国民经济和社会发展规划在国家经济和社会生活中的重要作用，计划法统一立法的缺失不能不说是一大遗憾。

2. 计划法律责任制度缺失

计划法律责任是一种具体的经济法律责任，它是指计划法主体实施了违反计划法的行为，侵害了计划法所保护的法益而应受到的制裁。①计划法律责任制度是计划法的重要内容，它的确立具有重要的意义。首先，它可以规范计划主体的计划行为，以责任制度来约束计划主体，保证计划工作的严肃性和权威性，减少计划主体在计划工作中的任意性和随意性。其次，它可以成为计划救济制度的前提。如果在法律上不能确认一方主体行为

① 王建敏著：《市场经济与宏观调控法研究》，经济科学出版社 2005 年版，第 80 页。

的责任,其他主体也就不能因该方主体的行为而要求法律上的救济。在我国现有的计划法律制度框架内,除了在城市规划法和环境影响评价法中确定了相应的法律责任制度外,其他的计划法律制度中很少涉及计划法律责任。

3. 计划协调机制不力

在我国相关的法律制度中,虽然规定了行业发展规划和专项发展规划的编制和实施应当与综合性的国民经济和社会发展规划相统一和衔接,从理论上讲,局部规划应当符合全局规划,低层次规划应当符合高层次规划,但由于计划的审批主体不同,在没有相应法律责任追究的情况下,为追求局部利益和地方利益,不能排除出现局部规划不符合全局规划、低层次规划不符合高层次规划的情形。此外,不同的发展规划在编制和实施过程中应相互协调,但实践中不同类型的规划之间的协调也存在不足。

二、法国计划调控法律制度考察

法国是资本主义计划的发源地,法国的市场经济体制以"计划法"而著称于世。[①]二战结束后,1945 年原自由法兰西驻伦敦代表让·莫内向戴高乐提出制定和实施法国现代化和重新装备计划的建议,立即被戴高乐接受,并委任让·莫内主持此事,战后法国连续实行中期经济计划的工作即由此开始。1947 年开始编制实施第一个计划,到目前已制定和实施了十个计划(其中第八个计划因社会党上台而放弃,被第九个计划所代替)。从第一个计划到第三个计划,计划名称为现代化与重新装备计划,从第四个计划到第八个计划,名称改为经济与社会发展计划,到第九个计划时名称又改为经济、社会与文化发展计划。

1982 年法国制定《计划化改革法》。该法分三个部分:第一部分为"国家计划",第二部分为"地区计划",第三部分为"其他的和暂行的措施",第一部分为该法的重点。《计划化改革法》的内容[②]是:第一,实体性规范。该法规定:"计划决定国家的经济、社会和文化发展的战略选择和中期目标以及为达到这些战略选择和中期目标所采取的必要措施。"在国家计划的编制程序方面,把国家计划分为第一计划法和第二计划法。第一计划法规定五年中的战略选择和目标以及为达到预期的结果所提出的重大行动;第二计划法规定为达到第一计划法的目标所要实行的法律、财政和行政方面的措施,确定计划内优先实施的项目,确定国家打算同地区签署计划合同的目的和范围,以及确定市镇、省和地区经济干预的条款等。实际上,第二计划法是对第一计划法的落实和具体化。第二,程序性规范。该法专章规定了国家计划制定和通过的程序。计划的制定程序首先由政府、工会、农会、企业界、科研单位、社会名流等共同组成的现代化委员会提出最初的建议和方案,计划总署汇总编制后提出的草案,须提交经济与社会理事会[③]审议征求意见,然后才交议会讨论通过。第三,计划机构的设置。该法规定,新建两个计划机构:一是计划化议会代表团;二

① 邢会强:《法国的〈计划化改革法〉》,载于《法国研究》2001 年第 2 期,第 188—189 页。

② 黄文杰著:《法国宏观经济管理》,复旦大学出版社 1990 年版,第 369 页。

③ 经济与社会理事会是由工会、农会、企业界、学术界人士为主组成的半官方机构,号称"小议会",计划草案如得不到经济与社会理事会的支持,则提交议会表决也得推迟。

是国家计划化委员会。后者是一个咨询性质的机构，负责领导计划制定中的必要咨询和参与计划实施的全过程，其组成具有广泛的代表性，使国家计划尽量建立在民主的基础之上。

法国计划法所起的指导性作用归纳起来主要有：一是计划提供了对当前和未来法国及国际经济发展的形势与趋势的判断与估计，在一定程度上为企业的决策提供参考，但它不能决定企业的决策与行动。二是政府通过计划文件向社会提供了政府在中长期内的行动方案、政策和措施，使有关企业能够在自己的经营决策和过程中可以参考利用。三是计划主要是为政府提供一个"要做什么，怎么做"的工作清单。随着法国市场将完全融入欧共体统一大市场，法国计划必然随着形势的变化而变化，计划编制要考量的因素乃至计划有无存在的必要都将成为值得关注的问题。

三、法国计划法制对我国的借鉴

法国的《计划化改革法》总结了法国近四十年来以计划调节经济的实践经验的总结，是把行之有效的计划工作用法律的形式确定下来的一部"改革法"，并非是一部无所不包的计划法典。[①]但它却对计划工作的最主要、最基本的方面进行了规定，是法国计划工作最主要、最基本的法律依据；它对保证法国国家计划与地区计划的有效实施，确立计划在法国经济生活中的地位起了至为重要的作用。我国也是一个十分重视以计划调节经济的国家，尤其在社会主义市场经济体制下，借鉴法国的计划法制与实践，完善我国的计划立法，强化政府的宏观调控功能，是历史赋予我们实现中国梦的一项使命。

（一）制定国家计划的法律

法国的国家计划在世界各国计划中的法律地位与效力是最高的。宪法直接规定国家计划是法律，这对于保证法国国家计划的地位和作用，具有十分重大的意义。针对我国计划法规范存在的不足，我们应改变过去弱化计划调节的做法，把计划的内容、制定和通过的程序以及计划的实施等用法律的形式确定下来，出台一部类似于法国《计划化改革法》那样的法律。至于国家计划是否法典化，现在条件尚不成熟，将来是否需要，应随国内和国际经济、政治、社会形势的发展进一步深入探讨。

（二）加强国家计划的民主

法国的《计划化改革法》是密特朗总统和社会党政府推行"法国式社会主义"的重要步骤。法国社会党反对苏联的社会主义模式，认为苏联模式是"极权主义"；也反对德国、瑞典等国社会党主张的社会主义模式，认为德、瑞模式"没有触动资本主义社会真正的经济决策权"。法国社会党致力于寻找一条"将西方民主国家的政治多元同经济的某种集体组织形式结合起来的中间道路"。法国社会党主张实行经济的计划化，同时强调计划应建立在民主之上。而加强民主参与、下放财政权、实行中央与地方的分权、推行计划合同等正

① 邢会强著：《宏观调控权运行的法律问题》，北京大学出版社 2004 年版，第 90 页。

是加强计划的民主性的重要内容。为此,法国社会党改革计划体制,在《计划化改革法》明确规定政府吸收经济与社会委员会、社会与经济对话者以及地区参加计划的制定;新设了由15人组成的计划化议会代表团和代表性更为广泛的由社会各界成员组成的国家计划化委员会。据此,法国计划的要旨,就是协调全国所有的社会力量和经济力量,是"社会意志的确认"。这一点,尤其值得我国借鉴。为了增强计划或规划在我国的地位,增强其民主性,在各级人大设置规划委员会是一个不错的选择。①

(三)规范国家计划的程序

法国的《计划化改革法》对程序的规定是十分完备的。在国家计划和地区计划的制定和通过的程序方面,详细地规定了计划的建议、报告、咨询、协商、审批、调整、公布等程序性规范;在计划合同方面,也有许多有关合同缔结、转达、公布、解除等程序性规范。表明了计划法具有鲜明的程序法特征,非常值得我国借鉴。我国在计划编制方面,应确定计划编制遵循的一般原则,明确各种计划编制的基本工作程序,建立各种计划编制的协调机制。在计划审查方面,根据局部计划、下级计划符合全局计划和上级计划,专项计划、产业计划符合综合性计划的原则,局部计划、下级计划的草案应当由全局计划和上级计划编制机关审查,并出具审查意见,再由审批机关审查批准;专项计划、产业计划的草案要由综合性计划的编制机关审查并出具审查意见。此外,应确立优位计划,如土地利用总体规划相对于草原保护、建设、利用规划,城市总体规划,铁路建设用地规划,公路建设用地规划等是优位计划,这些计划的草案在审批机关批准前应当由土地总体规划的编制机关审查,并出具审查意见,然后再由审批机关批准。

(四)注重国家计划的实施

为了保证国家计划得到切实的执行,法国的《计划化改革法》专章规定了国家计划的实施,而计划合同是执行国家计划的重要手段。计划合同制颇具特色、卓有成效,也是值得我国借鉴的。当然,法国的《计划化改革法》也不是十全十美的。由于该法欠缺法律责任的规定,不能很好地保证计划的民主性。因此,我国应通过计划法律责任制度和救济制度的确立,来规范计划编制和实施行为,保证计划工作的严肃性和科学性。

---

① 邢会强著:《宏观调控权运行的法律问题》,北京大学出版社2004年版,第91页。

第十六章
产业调控法律制度

第一节 产业调控法概述

一、产业与产业调控

产业是关于生产经营活动中提供同一产品或者同一劳务的各个企业、行业、部门的总称。产业作为一个概念最初由重农学派提出,主要指农业。后来随着资本主义机器大生产的出现,产业的内涵主要是指工业。目前,产业不仅包括第一、第二产业,而且包括第三产业。

产业调控是运用产业政策实现的一种调控,它是国家宏观经济调控的重要组成部分。产业调控起源于16—17世纪的重商主义学派。该学派主张政府必须通过保护关税,扶植本国工业。二战后,各国在不断强化国家宏观经济管理职能的同时,不约而同地进行产业结构的调整,而日本运用产业政策调节经济迅速发展起来。产业调控就是政府设计有关产业发展,特别是关于产业结构演变的政策、目标和政策措施的总和。[①]产业调控对于推动产业结构优化,保护国内工业,弥补市场缺陷,促进资源在国民经济各部门之间的合理配置,提高宏观经济效益,实现国民经济快速、协调、可持续发展具有显著作用。

二、产业调控法的概念与特征

(一)产业调控法的含义

产业调控法是调整国家运用产业政策,对产业结构、产业组织、产业技术和区域经济发展进行调控过程中发生的产业调控关系的法律规范的总称。产业调控法规范产业调控的基本措施或手段,以及各产业部门在社会经济发展中的地位,保障产业的合理布局。在我国社会主义市场经济条件下,由于计划法调整手段和调整对象的单一,不能完全胜任宏观调控基本法的重任,因此,必须由产业调控法辅助计划法共同担当起宏观调控法基本法的重任,才能针对我国市场发育不足的矛盾,正确运用各种宏观调控手段,实现宏观调控的总体目标。

---

① 杨紫烜著:《经济法》,北京大学出版社2010年版,第458页。

(二) 产业调控法的特征

在市场经济体制下,产业政策具有客观性、阶段性、综合性、指导性等特点,产业调控法也据此具有以下特征:

第一是综合性。首先是调整对象具有综合性,它包括了产业结构、产业组织、产业技术和区域经济发展等;其次是调整方法具有综合性,它由财政手段、金融手段、直接规制手段及行政指导手段等构成;再次是调整领域具有综合性,它涵盖了第一、第二、第三产业在内的各行各业。

第二是协调性。一方面,产业调控法的协调性体现为它与其他各项法律制度的配套,如产业调控至少涉及规划、计划、财政、金融、价格、外贸等诸多手段的综合运用,相互配合才能实现。另一方面,产业调控法的协调性还体现为它自身内部的配合,如采用鼓励、促进、限制或者禁止的措施,在产业结构法中,实现朝阳产业与夕阳产业、支柱产业与一般产业的协调发展;在产业组织法中,避免大中小企业发展的"失衡";在区域经济协调发展法中,充分发挥发达地区与落后地区、沿海沿边地区与内陆地区的优势等。

第三是灵活性。由于产业政策具有很强的阶段性,从世界各国发展规律看,具体的产业政策一般是以每十年或更短的时间为一个周期,产业政策的内容就进行一次较大的更新和调整。因此,产业调控法应根据经济社会的发展情势,对原有的规范进行适时的完善。较之其他宏观调控法,产业调控法在立法和执法上具有很强的灵活性,这种灵活性的特点决定了产业调控法大多以行政法规为基本表现形式。

第四是选择性。产业政策主要表现为经济杠杆的运用,这充分表现了产业调控法旨在通过以经济杠杆为主要内容的选择性规范,来引导市场主体的生产经营行为符合国家产业政策要求的制度特点。

三、我国产业调控法之考察

从20世纪90年代开始,我国陆续制定了一些产业调控方面的法律、法规、规章和其他规范性文件,例如关于促进科技发展的《科学技术进步法》、《促进科技成果转化法》、《关于组织国家高技术产业发展项目计划实施意见》、《国家产业技术政策》等,关于促进三大产业发展的《农业法》、《汽车工业产业政策》、《全国第三产业发展规划基本思路》等,以及其他产业领域的《外商投资产业指导目录》、《水利产业政策》、《关于加快发展环保产业的意见》、《清洁生产促进法》等。从总体上看,我国关于产业调控的立法还存在许多不足,如立法层次较低,立法分散等。有学者认为,所有的产业政策不必泛法律化,但对基本的产业政策应逐步转化为相关法律,才能规范产业政策的制定和实施,完善国家宏观调控法的体系。①

下面,我们按照产业调控在宏观经济中运行规律的要求,对构成产业调控法律体系的各个组成部分分别予以探讨。

---

① 杨紫烜著:《经济法》,北京大学出版社2010年版,第462页。

第二节　产业结构调控法律制度

产业结构调控法，是促进产业结构合理化、高级化和资源合理配置的一种法律制度。它的主要内容包括保护、扶植战略产业制度，巩固、促进基础产业制度，调整、援助衰退产业制度以及推动、支持幼稚产业制度等。由于产业组织调控、产业技术调控都要围绕产业结构调控的目标进行，因而产业结构调控法律制度在产业调控法中居重要地位。

一、保护、扶植战略产业制度

战略产业是一国为实现产业结构高级化目标所选定的能够带动国民经济其他部门发展的产业。战略产业一般包括新兴产业，即在技术基础上发展起来的朝阳型产业；成长产业，即那些由于技术革新而取得飞跃发展并在国民经济中起着举足轻重作用的传统产业；出口产业，即那些已经具备国际贸易竞争力的出口型产业。各国都是根据不同的经济、技术发展水平和对未来经济技术发展的预见来确定战略产业的。例如，美国在 20 世纪 80 年代初制定了一系列高科技发展计划，将电子计算机、信息技术、生物技术、海洋工程等确定为战略产业。保护扶植战略产业是各国实现产业结构合理化的一项重要措施，也是各国产业政策所要实现的直接目标。

对战略产业保护的措施主要有：(1)贸易保护，即限制所保护的同类国外产品的进口，限制国外私人直接投资等。(2)财政投资，即通过财政的优先安排，对战略产业的公共基础设施、设备进行投资。(3)税收优惠，即给予战略产业各种优惠措施，以减轻其税负。(4)行政干预，即引进国内外先进技术和设备，并予以低息贷款等金融优惠，以加速本国产业技术进步。

二、巩固、促进基础产业制度

基础产业是指在国民经济发展过程中，为其他产业部门的生产提供基础性必需品(包括产品或者服务)的产业部门。基础产业与战略产业不同，它在国民经济发展中体现为一种基础性的支撑作用，往往是国民经济中的薄弱环节。因此，任何一个国家的政府都会对这些基础产业进行政策支持，如对农业的保护和补贴是全世界的通行做法，对基础设施尤其对不可能依靠直接进口的交通运输、邮电通讯及其他基础设施，各国都采取相应政策进行扶植，包括国家财政直接投资。

三、调整、援助衰退产业制度

衰退产业就是日本法中的不景气产业，即所谓的夕阳产业。日本针对战后出现的衰退产业(包括煤炭业、纺织业、造船业、有色金属业、石油化工业等)进行调整、援助,主要包括限制进口、财政补贴、减免税等。在我国,对衰退产业的调整、援助措施是:(1)调整设备,即加速折旧甚至报废"过剩设备",以降低设备的生产能力。(2)调整内部结构,即加速现代技术对衰退产业的改造过程,促进设备现代化和知识密集化,增加衰退产业的生存能力。(3)调节剩余资本和剩余劳动力,即优先为衰退产业离职者提供就业机会,实施转业培训,促使中小企业实现就地转换行业和从外地引进投资等。(4)采取补贴措施,即专门为企业的技术改造发放低息贷款,建立工业现代化基金等。(5)吸收外国资本,增强企业改造的能力。[①]从宏观上看,对某些夕阳产业的调整具有一定意义。首先,有利于减少经济损失和社会动乱;其次,尽量减少资源过多地向衰退型产业流动;再次,有利于国家集中力量支持基础产业和战略产业的发展,从而促进产业更新。

四、推动、支持幼稚产业制度

幼稚产业,指在工业发展比较落后的国家中刚刚建立起来但是仍未成熟和稳定的产业。例如,中国的电子信息产业、汽车产业、环保产业等。这里所说的不成熟和不稳定是相对于工业发达国家而言的。幼稚产业由于正处于起步阶段,因此相对比较薄弱,往往无法依靠自身的力量与发达国家同一类型的产业进行竞争和抗衡,这就需要国家通过产业调控对幼稚产业进行推动和扶持,以加快其发展,确保其顺利度过"成长期"。

第三节　产业组织调控法律制度

产业组织调控法是关于政府对产业组织进行调控的法律规范的总称,是政府协调市场结构、市场行为和市场结果之间相互关系的法律规则。如上所述,产业结构调控主要是解决资源在产业之间的分配问题,而这里的产业组织调控则主要解决各个产业内部的资源配置问题。企业采取何种组织形式似乎是企业自身的事情,但产业结构,无非是各类、各种企业组成的产业的相互关联。某一产业内各种企业的组织方式,以及各企业之间的相互关系,既涉及企业自身的经济效益,也关系到整个产业乃至整个国民经济发展的速度和效益。因此,国家要对产业结构进行调整,必然要干预产业组织的发展方向和目标,以使之适应社会经济可持续发展的需要。

一、产业组织调控制度的目标

产业组织调控的主要目标是:使企业运行具有活力,保护有效的竞争机制,符合产业

---

① 李昌麒著:《经济法学》(第二版),法律出版社 2008 年版,第 504 页。

结构的调整方向，充分利用规模经济取得最大经济效益。我国产业组织调控的目标是：促进企业合理竞争，实现规模经济和专业化协作；规模经济效益显著的企业，应该形成以少数大型企业集团为主体的市场结构；对其他产业，形成大、中、小企业合理分工或者大、中、小型企业并存和企业数目较多的市场结构。

二、产业组织调控制度的内容

（一）确保企业经济自由

产业组织调控制度首先是保证企业充满活力，保证企业对政府的各种激励措施作出积极、灵敏的反应。这就要求政府保护竞争机制，如外贸和外资自由化制度、鼓励和扶持出口制度，对违反市场竞争规则、以各种方式进行市场垄断的行为，通过强制性手段限制和排除危害；为进行充分有效的竞争，采取扶持制度，如对中小企业的扶持制度，对中小企业合并改组的鼓励制度等；完善合理竞争环境，如培植各种要素市场、鼓励公平竞争的制度。

（二）确保社会经济效益

为了防止过度竞争，要科学区分市场垄断和产业规模化生产经营两者的关系，依法控制同一产业内部企业组织的规模和数量；充分考虑涉及国家经济发展根本利益和实质安全的需要，确保规模经济的充分利用。对于某些垄断，国家应予以允许、提倡和扶持，有的甚至可以采取国家垄断的形式（例如能源产业等）；对大、中、小型企业在不同产品上具有互补优势的产业，应当发展大企业与中、小企业的经济联合关系，组建企业集团，提高该产业国内企业在国际市场上的竞争力。

三、产业组织调控制度的措施

在市场经济条件下，企业有自主选择组织形式和生产经营方式的自由，但这种自由必须限制在国家对国民经济和社会发展的总目标和总原则之内。国家既可以采取各种积极的鼓励、诱导、扶持措施，引导企业采取符合国家经济发展总目标的组织形式，如为发展规模经济鼓励组建企业集团等；[1]国家也可以采取各种消极的限制、禁止、取缔措施，对不利于实现经济发展总目标的企业组织形式予以控制，如对非法垄断的企业予以强制解散等。因此，产业组织调控法与具体规定企业设立规则的企业组织法并非同一层次的法律，两者既不能互相混淆，也不能互相代替。

---

① 国家在引导、鼓励和支持企业集团发展的过程中，为提高企业集团的国际竞争力创造公平竞争的环境和必要的条件：一是资金投入的支持。国家从金融、信贷等方面为企业集团提供资金支持，同时支持企业集团通过合法途径多渠道融资。二是财政税收的支持。如在某些领域或者某个发展阶段为企业集团提供税收优惠。三是技术创新的支持。国家鼓励企业集团建立技术中心，重视技术人才的培养。四是内部管理的支持。例如，改革工资总额管理方法，支持分离分流，建立政府有关部门与企业集团定期沟通渠道，加强对企业集团的监管等。

第四节　产业技术调控法律制度

为了适应产业结构的高级化、合理化，各国都采取立法手段，制定各种技术进步法律制度促进技术结构的高级化。①我国改革开放以来，国家也制定了大量的产业技术调控方面的规范。其中，比较重要的有：《科技进步法》、《科技成果转化法》、《技术引进合同管理条例》、《中共中央、国务院关于加速科学技术进步的决定》、《中共中央、国务院关于加强技术创新，发展高科技，实现产业化的决定》、《国家高新技术产业开发区若干政策的暂行规定》、《国家重点技术创新项目》、《近期行业技术发展重点》、《"九五"全国技术开发指南》、《关于加速实施技术创新工程形成以企业为中心的技术创新体系的意见》等。产业技术调控法就是规定与产业结构转换相适应的产业技术发展目标、途径、措施的法律规范的总称，目的在于促进产业技术进步，推动产业结构的合理化、高级化。②产业技术调控法包括科学技术进步法律制度、产业技术创新法律制度、技术成果转化法律制度、技术引进促进法律制度。

一、科学技术进步法律制度

全国人大常委会于1993年制定了《中华人民共和国科学技术进步法》，2007年进行了修订。国家推行科学技术进步的措施主要有：一是制定和实施知识产权战略，建立和完善知识产权制度，营造尊重知识产权的社会环境，依法保护知识产权，激励自主创新；二是建立和完善有利于自主创新的科技评价制度；三是建立科学技术进步工作协调机制，研究科学技术进步工作中的重大问题；四是完善科学技术决策的规则和程序，建立规范的咨询和决策机制，推进决策的科学化、民主化；五是建立科学技术奖励制度，对在科学技术进步活动中作出重要贡献的组织和个人给予奖励；六是国家建立以企业为主体，以市场为导向，企业同科学技术研究开发机构、高等学校相结合的技术创新体系，引导和扶持企业技术创新活动，发挥企业在技术创新中的主体作用。

---

① 1993年2月，美国总统克林顿发布了《促进美国经济增长的技术，增强经济实力的新方向》官方政策报告，强调以增强美国竞争力的技术政策来补充美国以基础研究和教育为中心的传统科学政策。为激励科技人员转让科技成果的积极性，1996年3月7日，克林顿总统签署了《国家技术转移与进步法》，规定联邦实验室若向工业部门转让技术，首先要拿出2 000美元转让费付给发明者，之后发明者再提成技术使用费的15%。日本国会于1995年审议通过了《科学技术基本法》，这是日本第一部有关科学技术的根本大法，是日本政府实施21世纪科技战略的主要纲领。为了支持研究开发，以色列政府通过了《鼓励工业研究与开发法》，韩国制定了《研究组合法》。

② 李昌麒著：《经济法学》(第二版)，法律出版社2008年版，第507页。

二、产业技术创新法律制度

产业技术创新是指，企业应用创新的知识和新技术、新工艺，采用新的生产方式和经营管理模式，提高产品的质量和生产效率，从而促进国家产业的发展。我国现有的鼓励技术创新的政策与法规主要有：《关于加速实施技术创新工程形成以企业为中心的技术创新体系的意见》、《中共中央、国务院关于加强技术创新，发展高科技，实现产业化的决定》、《关于科技型中小企业技术创新基金的暂行规定》等。今后，国家还将制定《技术创新条例》。国家主要通过经济援助和非经济援助两种方式鼓励技术创新。经济援助政策包括财政补助、税收优惠、金融扶持等政策措施；非经济援助政策包括对研究和开发活动的组织协调、人才培养、国际合作以及有关技术发展战略的制定和实施等。

三、技术成果转化法律制度

产业技术成果转化是指，为提高生产力水平而对科学研究与技术开发所生产的具有实用价值的科技成果进行的后续试验、开发、应用、推广直至形成新产品、新工艺、新材料、发展新产业等活动。长期以来，我国的科技成果转化率偏低，直接制约了我国的科技产业化进程。为了鼓励科技成果转化，国家曾颁布了《关于依靠科技进步振兴农业加强农业科技成果推广工作的决定》、《农业技术推广法》、《科技成果转化法》、《关于促进科技成果转化若干规定的通知》等法律、法规，但效果并不显著。

四、技术引进促进法律制度

技术引进是产业技术国际化的一个方面。“东亚（包括日本在内）的经济起飞和经济奇迹是技术引进获得成功的范例。其实，当初德国超越英国、美国超越欧洲都是技术引进获得成功的直接结果。”①对于经济比较落后、生产技术不发达的发展中国家来说，引进先进的产业技术具有重要的意义。我国改革开放以来，对引进国外的先进产业技术持积极态度，并颁布了一些法律、法规予以规范，如《技术引进合同管理条例》及其《实施细则》。然而，目前在产业技术引进方面仍存在不少问题。例如，盲目引进国外的技术和设备，造成技术设备与实际生产不对口；引进的“先进技术和设备”是发达国家淘汰的，导致大量国有资产流失；事先未做企业生产的规划，重复引进技术；等等。为了规范和引导产业技术引进，国家应完善技术引进方面的法律和法规，建立技术质量审查制度、技术引进信息公告制度、技术资产和引进效益评估制度，以及各种鼓励性技术、限制性技术和禁止性技术的目录和相应的法律责任制度。

① 漆多俊著：《宏观调控法研究》，中国方正出版社 2002 年版，第 146 页；转引自杨治：《产业政策与结构优化》，新华出版社 1999 年版，第 198 页。

第五节 区域经济调控法律制度

区域经济调控是指,政府旨在改善一国范围内经济的空间结构所制定的公共干预的准则及所有的公共干预行为。政府制定和实施区域经济调控的目的,是纠正市场机制造成的国民经济空间结构的某些缺陷,以达到提高经济效率和实现社会公平的总目标。由于区域经济直接体现产业布局政策,其目标是实现产业结构布局的合理化,所以区域经济调控是产业调控法律体系的重要组成部分。

一、经济特区法律制度

世界上最早出现的经济特区是意大利于1547年在热那亚湾建立的自由港——雷格亨港,该港是世界上第一个正式命名的自由港。其后,欧洲发达国家相继建立了本国的自由港和自由贸易区。到第二次世界大战前,几乎各大洲的主要贸易区都设立了自由港或自由贸易区。二战后,新兴国家以及许多发展中国家也建立了多个各具特色的经济特区,特别是20世纪80年代以来,世界各类经济特区无论是数量还是种类都发展迅猛,而且朝着多功能综合性方向发展。

改革开放以来,为充分发挥东部沿海地区的经济技术优势,我国于1980年首先在广东省的深圳、珠海、汕头和福建省的厦门设立了经济特区,其后,又于1988年在海南建立了经济特区。经济特区的经济以市场调节为主,并大力引进外资,对前来投资的外商在税收、土地使用费、劳务费、外汇管理、人员出入境等多个方面给予了倾斜性优惠政策,并从法律、法规上做了相应规定,使经济特区成为我国对外招商引资的"试验区"和"窗口"。

二、中西部地区优惠制度

中西部地区指位于我国中西部,经济相对欠发达的二十个省、自治区、直辖市,具体包括黑龙江、吉林、内蒙古、山西、河南、湖北、湖南、江西、安徽、四川、重庆、云南、贵州、西藏、广西、陕西、甘肃、宁夏、青海、新疆,人口占全国的63%,面积占全国的86%。中西部地区地大物博、资源丰富,历史上曾是全国政治、经济、文化中心,为中华民族的文明作出了重大贡献,到近代则逐步走向了衰落。东西部的差距既有长期积累的历史原因,也有区位与政策等客观原因。

我国对经济特区的倾斜调控在当时乃至一定时期是必要的,但结果却拉大了东部与中西部的经济差距,影响了中西部经济资源的合理利用和国民经济整体均衡发展。为此,党中央和国务院于1996年提出"坚持区域经济协调发展,逐步缩小地区发展差距"的重要方针。此后,为协调区域经济发展,促进落后地区和重点地区的经济建设,1999年和2002年中央政府又分别提出西部大开发和振兴东北老工业基地的战略。与此相适应,我国出台了相应的区域经济调控规范。例如,《关于实施西部大开发若干政策措施》、《振兴东北老工业基地科技行动方案》等。而且,《西部开发促进法》已经被十届全国人大常委会列入新的五年立法规划,将成为我国关于区域经济发展效力最高的法律。区域经济调控立法的目的,就在于更好地发挥国家在区域经济宏观调控中的作用。

中西部地区调控制度的主要内容有:(1)投融资制度。一方面,逐步扩大政策性银行对中西部地区贷款发放的比重,将国家的建设资金更多地投向中西部地区;另一方面,在重大项目立项、投资参股和控股、投资风险担保等方面,实施区别对待和同等条件下优先照顾等优惠政策。(2)财政转移支付制度。增加对中西部地区的财政支持,提高中央财政在中西部地区的投入比重。(3)价格优惠制度。对中西部地区各种优势产品尤其是资源性产品的价格进行调整,提高中西部地区通过市场机制进行自我发展的能力。(4)投资倾斜制度。对作为全国性基地的中西部资源开发项目,实行投资倾斜;对跨地区的能源、交通运输、通信等重大基础性设施项目,以国家投资为主进行全面建设;加快对中西部地区加工工业区的建设,引导资源加工型和劳动密集型产业向中西部地区转移。

第四编

市场秩序规制法律制度

4

第十七章
市场秩序规制法的一般原理

第一节 市场秩序规制法概述

一、市场秩序规制法的含义

（一）市场和市场秩序

市场是社会发展到一定阶段的产物，是随着交换和社会分工的出现而出现的。早期的市场被认为是商品交换的场所，但随着社会分工和生产的日益专业化，交换已不再局限于某个时间和某个地点。所有涉及商品交换关系的都可称之为市场。根据市场交易的性质可以对市场进行不同的分类，市场体系就是由不同的市场类型构成的有机整体。健康、完备和有序的市场体系是社会经济发展不可缺少的重要条件。

市场离不开市场主体，市场主体是指在市场中利用自己所占有的资源，通过交易和竞争来实现自己利益最大化的自然人、法人、社会组织和政府机构。市场主体在进行交易和竞争中会形成各种错综复杂而又紧密联系的关系，这些关系既处于形式多样的动态变化之中，又具有某种程度的一致性和反复性。这种兼具有反复性和变动性的市场关系就是市场秩序。

市场秩序是一个多维的概念，可以从不同的角度进行解读。从经济学意义上考察，可以把它界定为"市场参与者按照特定的市场交易规则安排行为而产生的个人利益与公共利益的协调状态"①。这种协调状态是一种人人不可或缺的公共产品。每个市场参与者既是市场秩序的接受者，同时又是市场秩序的供应者，即市场秩序产生于市场主体的行为之中。从法律的角度来看，市场秩序是指在特定时空范围内形成的一系列法律制度和习俗惯例的总和，以公开、公正、公平为目标，旨在保障市场交易顺利进行的一种有条不紊的经济状态。②由此可见，不管从哪个角度看，市场秩序的核心就是强调市场主体行为的规则性和经济状态的稳定性。

作为社会的一种公共产品，秩序可以分为自然秩序和人为秩序。自然秩序是指社会经济发展中自然形成的商品交易、利益分配等人与人之间的关系的规则总和；人为秩序则

---

① 王蓓根著：《市场秩序论》，上海财经大学出版社 1997 年版，第 37 页。

② 李昌麒著：《国家干预经济的基本法律形式》，四川人民出版社 1995 年版，第 333 页。

是指在人(政府)的主观设计下所形成的商品交易、利益分配等各项规则的总和。在西方市场经济发育、发展、发达过程中,人们曾经无比崇尚自然秩序,认为自然秩序能够自动使个人利益和社会利益达到和谐。然而,事实的发展却并非如此。进入垄断资本主义的西方社会发生了重大的变化,市场竞争变得愈来愈不平等。意思自治成了某些垄断者用以维护垄断地位的有力武器,合同自由也被当作任意限制他人权利和自由的绳索。自由的市场经济制度产生了限制自由的对抗市场的力量。市场秩序的维护不得不由市场本身转移至政府,国家开始对社会经济进行干预,而且这种干预逐步加强,一系列主张政府干预社会经济的经济政策和法律也应运而生。人为的秩序由此进入市场经济社会。

市场经济是强调让市场机制在资源配置中起基础性作用的一种经济体制。市场机制作用的发挥,必须以良好的市场秩序为前提条件,没有这一前提,人们所追求的资源配置的效率目标就难以实现。良好的市场秩序决定于两方面的因素,一是市场主体内在的自我调控与自我约束能力,二是市场主体外部的控制力量。当市场主体对自身利益的安排与社会利益基本上达到和谐时,就无需市场主体外部的控制力量,这就是市场机制自发作用下的市场秩序。但是,社会经济发展的历史表明,只有市场机制自发形成的市场秩序并不能充分保证资源合理有效的配置,市场主体的逐利性和有限理性,常常会发生市场主体自身利益与社会利益冲突,甚至会为了实现自身利益而损害社会公共利益。正如著名经济学家哈耶克所说的,"鉴于各种原因,自生自发的发展过程有可能会陷入一种困境,而这种困境则是它仅凭自身的力量所不能摆脱的,或者说,至少不是它能够很快加以克服的"①。因此,有必要通过外部控制力量对市场秩序施加影响,以加快和促进良好市场秩序的形成。对市场秩序的规制,就是这样一种外在于市场主体的控制力量。

(二)市场秩序规制

"规制"(regulation)是市场经济国家自20世纪30年代以来反复出现于政府法令和学者著作中的词语,自从日本学者植草益《微观经济规制法》一书传入我国以后被广泛使用。"规制"之语义有"规整"、"制约"和"使有条理"的含义,是利用外部一定的强制力量对某一事物(或行为)偏离应有状态的矫正和规范。因此,规制的发生必然以规制对象的偏颇为前提。只有对已发生偏离轨道的某种状态或行为施加一定的外力使其得到矫正时才需要规制。在市场经济体制下,市场主体都以拥有的资源进行自由交换,谋取自身利益的最大化。在社会化程度越来越高的条件下,个体行为对整个社会的秩序产生越来越大的影响。在个体利益增进的同时,不一定也会增进社会利益,有时恰恰相反会减少整个社会的利益,垄断和不正当竞争行为就是这种影响的典型。因此,必须加以纠正,而这一任务就必然落在政府身上。政府作为市场外在的力量,介入市场经济的运行对市场机制本身无法克服的缺陷进行修正、调节和干预,保证市场机制充分有效地发挥其在资源配置方面的基础性作用,这就是市场秩序规制的必然性。但另一方面,政府在对市场秩序进行规制的过程中可能存在另外一种缺陷,即政府缺陷。政府的规制行为一定要适度,规制过度或者规

---

① [英]弗里德利希·冯·哈耶克著:《法律、立法与自由》,邓正来译,中国大百科全书出版社2000年版,第135页。

制缺位都可能造成政府规制的缺陷。因此,政府只是在市场失效的领域内才发挥作用。“国家权力对经济的促进作用,通常是在国家权力的行使符合客观经济规律或者有利于调动作为生产力中最活跃的因素人的积极性时候才发生,反之则对经济的发展起破坏或阻碍作用。”①因此,一方面需要政府对市场秩序进行规制,另一方面也要对政府规制行为加以约束。正如中国共产党第十八次全国代表大会的报告中所指出的,“经济体制改革的核心问题是处理好政府与市场的关系,必须更加尊重市场,更好发挥政府的作用”②。市场秩序规制法就是这样一类既保证政府对市场秩序的规制,同时又对政府的行为进行限制的法律制度。

(三) 市场秩序规制法

市场秩序规制法是国家从社会经济的整体出发,为了维护市场机制的作用,对影响市场秩序,偏离市场经济基本原则的行为进行规制的法律规范总称。它是以社会整体利益为本位,为达到社会经济整体协调发展的目的而实施的对市场行为的限制,集中体现了现代经济法的本质和基本原则。

从自由资本主义制度确立以来,市场交易和市场竞争都作为平等主体之间的经济关系,由传统的民商法律进行调整。但是这种调整“仅限于私人之间的自治,并不具有国家政策性的特征”③。随着交易和竞争的主体因市场力量逐渐悬殊而形成的实质上的不平等,使原有法律的调整只能成为外在形式上的保护时,如果继续这样的保护,市场秩序则有可能走向反面。市场秩序规制法,就是在这种特定的市场环境中应运而生的含有政策性矫正的法律制度,对原有各种交换关系和竞争关系进行特殊的制度安排,使社会整体经济能够持续和谐均衡地发展。但是,要达到这一目的,就不可避免地要对传统法律调整的“平等关系或建立这种关系的条件进行修改甚至破坏”④。例如,在商品买卖关系中对消费者利益的倾斜保护,再比如,禁止市场优势地位的拥有者(抑或市场垄断者)对市场的排他性控制等,就是这种“修改和破坏”的典型,这是一种对依据传统私法形成的市场秩序的根本性矫正。

市场秩序规制法可以分为广义和狭义的两种理解。从广义上说,国家为了市场经济的稳定发展和市场资源的有效利用所采取的一切规制手段都可理解为市场秩序规制法律,包括特定时期的价格调整法、经济危机时期的危机对策法、对特定产业的振兴促进法、对中小企业的特别保护法等。因此,对宏观经济调控的法律和对微观经济规制的法律成了现代市场经济秩序法的主要组成部分,但一般所讲的市场秩序规制法更多的是从狭义进行理解,即为规制市场交易秩序和市场竞争秩序的各项法律制度的总称,其中又以市场竞争秩序为主要内容。鉴于本书其他章节已经对相关内容有所阐述,本编内容以市场竞争法为主。

---

① 李昌麒著:《国家干预经济的基本法律形式》,四川人民出版社 1995 年版,第 188 页。

② 参见中国共产党第十八次全国代表大会报告《坚定不移沿着中国特色社会主义道路前进 为全面建成小康社会而奋斗》。

③ [日]金泽良雄著:《经济法概论》,满达人译,甘肃人民出版社 1985 年版,第 45 页。

④ 同上书,第 45 页。

二、市场秩序规制法的调整对象

法律的调整对象是指法律直接面对的,并对之进行确认、变更、规范、整合或控制的一定类型的社会关系。由以上分析可知,市场秩序规制法作为一个独立的法律部门,它直接面对的是市场秩序,而"市场秩序是一个不断扩展的秩序"①,其本身是不断发展变化的。因此,市场秩序规制法的调整对象是政府在矫正市场主体为追求个体利益,损害社会公共利益和社会整体效率的行为时所产生的各类社会关系。如果市场主体追求个体利益最大化时所选择的行为损害了市场秩序,违反了社会整体利益时,则为市场秩序规制法的内在价值否定,必须对之规制。具体而言,市场秩序规制法的调整对象主要包括以下几个方面:

(一)对特殊市场主体行为的规制

在商品经济发展的漫长过程中,形成了各种固定化和法制化的基本交易规则。但是,当基础性的交易行为一旦演变为特质的交易行为,或者当交易发生在关系到国计民生的重要领域时,它就需要国家以特殊的外部控制进行规制,以超越传统民商法自由交换原则的现代经济法原则予以调整,以实现整个社会的交易正义、公平和效率。对特殊的市场行为规制,包括以下三个方面:

一是对特殊交易主体的规制。在市场经济条件下,一般的市场主体的设立、资格、条件等均应该由普适性的市场经济基本法律加以调整,如公司法、合同法、财产法等。但是,对于某些特殊的市场主体(如政府机关)以及提供公共服务的主体或大众平台性交易机构(如各类商品交易机构、金融机构和公共交通卫生机构等),由于它们的经营活动与社会整体利益和社会经济秩序密切相关,则有必要通过国家制定的特殊法律予以调整,从而确保该类市场主体的行为符合正常的市场竞争秩序的需要,防止产生不公平交易和竞争,以达到市场经济稳定发展的目的。

二是对特殊交易方式的规制。对于关系到国计民生的重要市场(如粮油市场、房地产市场、证券市场、保险市场等),因其具有与普通商品不同的交易方式和规则,在民商法基本规则的基础上,还需要规定与其性质和交易手段相适应的制度,如规定对消费合同中格式条款的管理、对粮食最低收购价的管理、对证券和保险市场的监管等都体现了超乎自由交易原则的国家意志,目的就是为了保证这些市场的健康发展。

三是对市场体系的规制。市场经济作为资源配置的方法和制度,是由各种资源的市场组合而形成的市场体系。随着生产和科学技术的不断发展,市场也不断以有利于资源更加有效配置和利用的客观规律不断分化和组合。市场体系的均衡发展是市场秩序得以稳定有序的重要条件,而市场秩序规制的成效,也会对一个国家市场体系的完整性和合理性起决定性的影响。因此,市场秩序规制法的重要内容之一就是通过法律对新兴市场进行培育、发展,对淘汰的市场进行调整和限制,对市场主体的进入与退出进行妥善处置,防

---

① 纪宝成著:《论市场秩序的本质与作用》,载于《商贸经济》2004 年第 5 期,第 45 页。

止出现有损市场竞争秩序的现象。这对国民经济整体运行以及对特定时期市场体系的调整具有重要的意义。

(二) 对市场竞争行为的规制

竞争是市场经济的本质特征,但竞争的结果往往导致消除和限制竞争的因素和力量,从而影响竞争机制的正常作用。无论哪一类市场,都有可能出现违背市场有序化的非正常竞争行为。为此,对市场主体的竞争行为进行法律调整是市场秩序规制法的重要内容。具体而言,对市场竞争行为的规制有以下两个方面:

一是对垄断行为的规制。垄断行为是指经营者对市场经济运行过程进行排他性控制或对市场竞争进行实质性的限制,妨碍公平竞争秩序的行为或状态。在市场上,垄断行为的表现形式有:垄断协议行为,即通过订立垄断协议共谋限制竞争的行为,如固定价格、划分市场、联合定价或拒绝交易等行为;滥用市场支配地位进行不公平交易和竞争的行为,包括实施垄断高价、差别对待、附加不合理交易条件或搭售等行为;经营者集中行为,即经营者实施可能影响市场竞争的集中行为。此外,在市场经济运行中可能出现行政机关滥用行政权力排除限制竞争的行为,这也已经成为各国市场规制法律调整的对象之一。市场经济中出现的垄断行为抑制竞争机制,阻碍社会技术进步,损害消费者利益和社会公共利益,对市场经济的持续发展具有十分严重的危害。因此,对垄断行为(自然垄断及合法垄断除外)的规制,已经成为现代市场经济秩序法律制度发展的重心。从 1890 年美国颁布的第一个反垄断法律《谢尔曼反托拉斯法令》开始,世界各国对垄断的规制法律已经走过了 100 多年的历史,无论在实体法和程序法方面都已经有了相当的积累。随着经济全球化的发展,国际反垄断立法也已经被提上议事日程,并开始在区域内(如欧盟、北美等)形成具有约束力的制度。

在建设与发展市场经济体制逐渐深入的条件下,2007 年我国及时颁布了《反垄断法》,并已于 2008 年 8 月开始实施。我国的反垄断法律既保持了世界各国反垄断法的共性之处,对于垄断协议行为、滥用市场支配地位行为,以及经营者集中行为进行了全面的规制,同时,也针对我国由于计划经济体制所形成的滥用行政权力排除限制竞争的行为作了特殊的规定。有理由相信,《反垄断法》的实施,必将在巩固与完善社会主义市场经济体制,实现社会主义市场经济持续发展方面发挥重要作用。

二是对不正当竞争行为的规制。在市场竞争中,经营者为了谋取自身的利益,往往会采用违背诚实信用商业原则、损害其他竞争对手的手段参与竞争,争夺市场,如假冒与混淆他人知名商业标识的行为、通过贿赂争夺市场机会的行为、诋毁他人商誉掠夺竞争优势的行为等。这些不道德的竞争行为,与排除限制竞争的垄断行为一样,会给市场秩序造成极大的混乱与危害。同时,恶性竞争的结果也将使消费者的利益受到损害。因此,对不正当竞争行为的规制同样是市场秩序规制法律制度中不可缺少的内容。1896 年,德国率先制定了《反不正当竞争法》,规制大量不正当的竞争行为。此后,各国相继出台针对欺骗性的虚假和不诚实的竞争手段为主的竞争行为的立法。通过对假冒行为、混淆行为、贿赂行为、诋毁他人信誉行为等的规制,打击各种不正当竞争行为,保护合法诚实经营的经营者,保护不直接参与交易和竞争,但利益受到侵害的其他经营者和消费者,有力地维持了市场的经济秩序。

我国在改革开放之后，一方面在原先缺乏竞争机制的体制内外引入竞争，与此同时，也出现了大量不正当竞争行为，严重影响了市场经济的发展。1993 年底，国家颁布了《反不正当竞争法》，并于 1994 年开始实施。该法实施二十年来，发挥了不可估量的重要功能，一系列不正当竞争行为得到了有效的打击和处罚，为维护市场竞争秩序、保护消费者和其他经营者的合法利益提供了重要的制度保障。

（三）对消费者合法权益的保护

在市场经济的条件下，消费者可以从市场的竞争中获得好处。但是，如果市场主体偏离正常的行为准则，进行不公平和不正当的竞争，就会使消费者的合法权益受到损害。因此，在现代市场经济中，竞争秩序规制与消费者利益的保护有着直接的紧密的联系。一个社会具有良好的市场经济秩序，消费者就能以最低的价格获得最好的产品和服务；与此相对应的，如果消费者的权利能够得到最大限度的法律支持和保护，市场秩序就能在消费者的监督和评判中逐步稳定和完善。由于消费者在市场中所处的地位显然弱于经营者，因此，无论从经济利益角度还是法律公平角度，消费者和经营者的关系都已超出平等民事主体的范围。仅仅按照传统民事法律的原则来调整两者之间的关系，消费者的利益只能在所谓的“合同自由”的形式中逐步丧失。为了维护市场经济中由于消费者的弱势地位所导致的力量失衡，必须要由特定法律来进行调整。在保护消费者利益的过程中形成的社会关系就自然成为市场秩序规制法的调整对象，消费者权利保护问题也就成了市场秩序规制法的重要内容。

三、市场秩序规制法的特征

部门法的特征是指通过组成该部门的众多法律规范体现出来的实质上或者形式上的特殊之处。任何法律部门都有其独特的价值指向，它是部门法之间的本质区别。为了实现其价值，部门法需要对其调整的对象进行抽象、模式化、类型化，形成特定的法律关系。市场秩序规制法主要有以下四个方面的特征：

（一）法律调整社会关系的综合性

在传统法律调整社会经济关系的模式中，民商法部门被界定为是调整平等主体之间的财产关系，而行政法部门被界定为调整具有行政隶属关系主体之间的经济管理关系，两者共同构建起了一个调整现实中经济关系的法律框架。而其他类型的经济关系，由于数量少、出现频率低，或者由于对社会经济运行无关紧要，被忽略在法律调整的范围之外。但是，随着市场经济的发展，经济运行模式的变化出现了大量新型的经济关系。这些关系既发生在平等主体之间，具有横向性质，又需要行政机关加以管理、调节和控制，具有纵向性质。因此，无论用民事法律还是行政法律，都无法单独对之进行快捷、简便、直接、有效的调整，客观上需要产生新的法律调整部门。这种新型的法律群体，不再将经济关系划分为纵向和横向，而是将之视为一个整体的社会关系进行综合性的调整，以便使这类新型的经济关系得到保护，社会经济朝着增进社会整体利益的方向持续发展。经济法规范就是这样一群有着鲜明个性的法律部门。其中,市场秩序规制法作为经济法的重要组成部分,从产生伊始就带有综合性调整对象的特征。现实生活中的经济竞争关系是错综复杂的,如果以不同的法律分别调整已经形成的纵横交错的关系是不经济的,也是不可行的。但是,由国家法律对之直接规制从而成为简明清晰的法律关系,可使法规范操作简便快捷,可以一次性地使偏离市场机制轨道的主体纠正其行为,并承担相应的法律责任。这对及时稳定市场秩序、提高体制运行的效率极为有利。

(二)法律关系主体的多样性

由于影响市场秩序和受市场秩序影响的主体范围大、类型多,因此,市场秩序规制法的主体对象也十分广泛。从范围上讲,影响市场秩序的主体主要包括经营者、政府机关和行业协会等社会组织;受市场竞争秩序影响的主要有广大的消费者。从主体性质讲,市场秩序规制法的主体不仅有以法人、社会组织、公民个人等形式出现的经营者,还包括规制市场秩序的政府机关、行业协会等;不仅包括独立的经营者,还包括经营者内部的分支机构和工作人员个人,如侵害企业商业秘密、持股控股的合并等,都涉及传统市场法律涉及不到的主体的行为。从类型上讲,无论民商法或行政法的主体都是单一类型,民商法主体是"平等民事主体",行政法中主体具有行政隶属关系。与这种单一性质相比,市场秩序规制法的主体既有平等主体之间的关系也有不平等主体之间的关系,这就是由市场秩序规制法的特殊对象所决定的。

(三)法律关系客体的唯一性

与同样调整经济关系的民商法法律关系的客体相比,市场秩序规制法的客体具有唯一性的特点,这是由市场秩序规制法的目标和任务决定的。市场秩序规制法并不以协调个体利益冲突为基本出发点,而是通过对市场秩序的整体考虑,缓解和消除因无序的竞争秩序而导致的社会资源配置低效为根本目的。因此,无论法律规范的具体行为和主体是什么,其唯一的宗旨就是维护市场秩序。相比民商法的客体总是具体的、特定的、因人而异的特点,市场秩序规制法的客体却显示了其抽象的性质。虽然在不同的环境和时期,对市场秩序会有不同的具体要求,主体之间的权利和义务关系也有区别,但是,这些权利与义务所针对的对象却是共同的,都是为了维护市场竞争秩序。人们在"市场秩序"这一单一客体之下,区别不同的具体环境,调整和平衡各个主体的权利义务和责任。例如垄断行为,有时需要禁止,但在有的情况下又需要容忍,甚至还要扶持。不管是禁止、容忍还是扶持,目的都是为了维护和发挥市场机制的作用,提升市场资源的配置和利用效率。

(四)主体权利义务的不对等性

法律通过权利的赋予或义务的承担,使法律关系主体之间建立起各种联系,形成稳定的、平衡的社会关系。按照调整民商事关系的传统,一个主体享有权利,必然承担相应的义务;反之亦然。这种权利和义务的对等性体现了商品经济条件下平等主体间利益冲突的基本方法和原则,在相当长的历史时期中,这种权利和义务的对等性成了调整商品关系的主导地位的准则。但当商品经济发展到现代市场经济时,随着市场主体的竞争和分化,逐渐形成强势主体和弱势主体的时候，这种静态、形式意义上的调整原则发生了变化。在市场秩序规制法中，同一主体的权利与义务往往是不对等的。某些具有特殊地位和市场力量的主体，法律往往会规定较多的义务，相应的权利也会减少。例如，享有市场优势地位的经营者的行为被严格限制在一定范围内，包括不得限制其他主体进入市场的义务，不得采用集体协商的方式进行价格或生产数量的变化等。市场中的弱者也被赋予较多的权利，以平衡其与经营者的不对等地位。例如消费者如果被欺诈或被隐瞒商品的真实情况，可以提起惩罚性赔偿的诉讼；在质量问题争议中，消费者的举证责任被转移至经营者身上，经营者被严格限制。事实上，这种权利和义务的不对等性并非不公平，而是力图在一种动态的社会环境中实现实质意义上的公平与正义。

四、市场秩序规制法的历史沿革

（一）市场秩序规制法的产生

在人类社会中，自从产生市场以后，就有了保护市场有效运行发展的政府规定，只是规范的范围和程度不同。如在我国唐朝制定的《唐律》中就有为了保障正常的交易，由市场主管部门评定物价的规定，如果评定价格不公的，依法予以处罚；而操纵市场、垄断价格的行为，将受到严厉打击。[①]在现代意义上的市场秩序规制法形成之前，各国就有了单行的法律和判例对经济生活中的竞争行为和竞争关系进行调整，但是这些零散的法律法规和现代明确以维护市场秩序为宗旨的市场秩序规制法在性质上是不同的。现代市场秩序规制法诞生于19世纪末叶。一般认为，以美国1890年颁布的《谢尔曼反托拉斯法》和德国1896年颁布的《反不正当竞争法》为标志，翻开了规制市场秩序的制度篇章。

1. 反垄断法

从17世纪中叶到19世纪中叶，二百多年时间里，资本主义经历了从萌芽到发展，最终确立其制度地位的历程。在整个漫长的过程中，一方面，资产阶级代表着先进的生产力，为人类社会进步作出了巨大的贡献，正如马克思所言的："在它不到一百年的阶级统治中所创造的生产力，比过去一切世代所创造的全部生产力还要多，还要大。"[②]但另一方面，资本主义制度作为一种自由经济的集中代表，它所带来的灾难与它的贡献同步而行。随着科学技术的巨大进步，大工业生产的迅速发展，资本越来越多地集中到少数大企业手中，资本主义从自由竞争阶段走向了垄断。少数大企业集团为了获取更多的高额利润，愈加疯狂地创造条件垄断市场，防止新的竞争对手进入市场。它们利用市场上所占的优势地位，独占或控制生产和销售，排斥竞争；或通过联合定价、划分市场、共同抵制交易等，以此来约束相互间的竞争。[③]美国在20世纪初的二十多年中，工业部门的托拉斯(Trust)发

① 参见《唐律·杂律》，徐永康主编：《中国法制史》，华东理工大学出版社1994年版，第146页。国外最早规范竞争关系的法律可以追溯到古代罗马时期，当时有禁止粮行阴谋抬高粮食价格行为的规定。英国17世纪初的判例中有明确反对垄断和限制竞争行为的规定。

② 《马克思恩格斯选集》第1卷，人民出版社1975年版，第256页。

③ 美国在1870年至1879年间，仅洛克菲勒一家公司就兼并了14家石油公司，并控制了另外26家石油公司的多数股票，从而把美国石油生产90%集中到了自己的手中。

展到300多个,占整个制造业总资本40%以上。欧洲的卡特尔、辛迪加等不断涌现,成为垄断的主要形式。由于垄断能够获得固定的超额利润,垄断组织就不再具有技术创新的压力和动力,新技术的采用和劳动生产率的提高受到极大影响。正如列宁在揭露垄断资本的性质时深刻指出的:"垄断必然会带来停滞和腐朽的趋势。"垄断一方面限制了竞争,削弱了由自由竞争所产生的市场活力;另一方面,垄断并未消灭竞争,只是使竞争在更高的层次上、更大的范围内进行。一个垄断集团的成功与失败,将会连带很多企业一荣俱荣、一衰俱衰,波及整个国家的经济稳定,甚至导致国家之间的恶性竞争,引发世界大战。因此,无论是从维护资产阶级的整体利益出发,还是从稳定社会经济秩序出发,国家都会考虑通过政策与法律手段对过度的自由竞争进行强制性干预,市场秩序规制法就此应运而生。

1890年,美国国会通过了《保护贸易及商业以免非法限制与垄断法令》(简称《谢尔曼法》),开了反垄断立法之先河。该法旨在反对托拉斯垄断行为损害竞争机制的行为,虽然条文不多,但是确立了重要的法律标准,即"任何人垄断或企图垄断,或与他人联合、共谋垄断州际间或与外国间的商业和贸易是严重犯罪"①。美国竞争法对世界各国产生的影响十分深远,各国根据自己的情况相继制定了类似的法律。例如,德国制定了《反对限制竞争法》,②旨在规制卡特尔的垄断行为。日本1947年通过了《禁止私人垄断和确保公平交易法》。垄断资本主义国家反垄断法的相继出台,表明了反垄断法的诞生在社会发展中的必然性,也标志着现代市场秩序规制法开始成为整个法律体系中的重要组成部分。

2. 反不正当竞争法

与美国制定反垄断法几乎同时,一场围剿不正当竞争行为的立法运动也在各国展开。随着经济的迅猛发展,竞争日益激烈,一些商业领域中不诚实、不道德的行为日渐增多。例如仿冒他人商标、名称的行为,不正当的倾销行为,以贿赂手段夺取交易机会的行为以及侵犯他人商业秘密行为等,成为良好市场秩序的公害,极大地影响了经济的正常运行。虽然这些行为对经营者和消费者造成了很大的损害,但是依传统的法律却又难以对其进行及时有效的制约。公众强烈要求消除那些不道德的市场竞争行为,维护公平竞争的呼声促使各国政府不得不考虑设计新的法律法规。1896年,德国首先进行了重要的历史性创新,一改以传统民法对不正当竞争行为进行规制的做法,旗帜鲜明地颁布了《反不正当竞争法》。1909年,在原有基础上经修改后颁布了新法,并一直沿用至今。《反不正当竞争法》在现代经济法律中确立了一个重要的原则,即"在营业中为竞争的目的,采取违反善良风俗的行为是非法的"③。根据这一原则,那些虚假的广告宣传行为、故意混淆的搭便车行为等,都因其违反商业伦理和善良风俗的性质而可得到有效的制止。与此同时,美国的《联邦贸易委员会法》和《克莱顿法》也对"商业中或影响商业的不公平或欺骗性的行为"

① 美国《谢尔曼法》第2条。参见尚明主编:《主要国家(地区)反垄断法律汇编》,法律出版社2004年版。

② 德国的《反对限制竞争法》又称《卡特尔法》,最初以1923年的《卡特尔法》为渊源。尽管由于希特勒的上台使该法变成一纸空文,但其诞生的社会经济条件与《谢尔曼法》大致相当。后来于1957年颁布《反对限制竞争法》,1958年开始实施。40年中先后经过6次修订,最近的一次修订是在1998年。

③ 德国《反不正当竞争法》第1条。参见尚明主编:《主要国家(地区)反垄断法律汇编》,法律出版社2004年版。

进行了规范。除了对不正当竞争行为进行总的立法以外，各国还对各种具体的不正当竞争行为进行个别立法，如日本的《不当赠品防止法》、德国的《折扣法》、美国的《商业秘密法》等。这标志着规范不正当竞争行为的法律与规范垄断行为的法律一起，构成了以保护社会公共利益，即市场秩序为鲜明特点的崭新的市场秩序规制法律制度，在人类法律历史上展开了新的一页。

3. 市场秩序的国际立法

关于市场秩序规制方面的立法不仅表现为国内立法，区域性和国际性的立法也蓬勃发展。1900年，《保护工业产权巴黎公约》的修订本中第一次对不正当竞争行为进行了规定，该公约第10条规定，“在工商业领域中任何与诚实惯例相悖的竞争行为均构成不正当竞争”。并且以列举的方式对几种特别严重的行为加以禁止，如工商业活动中制造混乱、制造令人误解的商品标记、利用广告诋毁竞争对手等行为。《巴黎公约》的修订，不仅是对欧洲各成员国国内竞争法的概括和反映，同时也推动了其他国家国内立法，如日本的《不正当竞争防止法》就是在这样的条件下制定的。可以认为，后来绝大多数国家的反不正当竞争立法的内容都是根据这一公约的原则来确定的。

(二) 市场秩序规制法的发展及趋势

随着现代社会的发展以及专业化和社会分工深度和广度的拓展，知识成为主要的经济要素，经济增长的方式和社会经济结构也发生了根本性的变化，它也必然导致市场秩序规制法律制度的变化。同时，科学技术的发展也推动了经济全球化和一体化的进程，使得经济关系的变数更加复杂。早期为规制国内市场中的竞争行为而制定的市场秩序规制法显得滞后，因为竞争的主体不再纯粹是企业与企业之间，在企业的背后往往有各国政府的支持和援助，有时国家直接作为市场主体在统一的国际市场里展开竞争；竞争的手段也不仅局限在产品的价格和质量上，还扩展到产品之外的服务、技术、人才、投资环境等众多对象和因素。竞争主体、竞争范围和竞争手段的变化，对法律规制的具体内容提出了挑战。同时，由于越来越激烈的竞争，对原本处于弱势地位的消费者利益受到更大的威胁。这些因素决定了市场秩序规制法的发展趋势具有以下特征。

1. 立法宗旨更关注“消费者利益”

早期的市场秩序规制法主要以保护竞争者为目标，针对竞争者的不当行为加以规制，以维护市场的公平竞争。如今，消费者利益越来越受到关注。带着浓厚保护消费者权益色彩的一系列竞争法相继出台，如有关食品卫生、消费者信贷、产品标识、虚假广告、引人误解的市场促销手段等法律法规成为竞争立法的主要内容，反垄断立法更是明确了以消费者是否受到损害作为判断市场竞争秩序的主要标准。在日益以消费者为中心的未来社会，市场秩序规制法对消费者保护的趋势将会越来越明显。

2. 法律实施更注重于调节功能

一方面，随着市场竞争的范围和程度都在不断扩大和加剧，矛盾日益激化，市场秩序对于各国社会经济的持续发展具有越来越大的影响，各国的市场秩序法律也日益发挥着积极的调节功能。不少国家通过修改法律或制定新法，以适应上述变化。例如，德国的反垄断立法充分考虑到“德国境内外事实上或者潜在的竞争”，严格化和严厉化开始让位于灵活务实。日本的反垄断法本来以诸多的例外条款而著名,但是,那些曾经因产业政策优先而实施多年的众多豁免条款现在荡然无存,法律实施也变得日益严厉,这使得日本的市场秩序立法显示出竞争政策优先的战略性变化。①另一方面,经济全球化程度的提高,也对市场秩序法产生了重大影响,因此,各国都将市场秩序法律的实施与产业政策、贸易政策、投资政策以及其他相关经济政策联系起来考虑。②尤其是在对垄断行业的改革与规制上,更是体现了市场秩序法较强的灵活性。

3. 国际立法更加快进程

由于国际市场的统一化程度不断提高,世界范围内的竞争日趋激烈。跨国合并浪潮迭起,国际卡特尔肆无忌惮,贸易保护抬头,为此,如何规制国际经济秩序,维护国际贸易自由和公平竞争,成为世界性的共同问题。正如欧盟委员会认为的,竞争政策在国际市场中具有双重作用,对内要保护欧盟内部大市场的公平竞争,对外则要保护欧盟企业进入外国市场。国与国之间的竞争使传统竞争法的促进公平竞争的价值开始受到挑战。③为此,联合国贸发会议进行了不懈的努力,④加强国际反垄断立法提上了议事日程。在国际大市场内,国家正在利用其主权进行人为的市场分割,针对这种情况,秩序规制的法律在规制企业之间的竞争行为时,也必须对国家妨碍国际竞争的行为进行规制,这就需要尽快确立国际层面上的竞争规则。在各国经济相互依赖日趋加强的情况下,施行统一的竞争规则也已成为必然的趋势。但由于经济发展的不平衡,达到这一目标还有很大的障碍。所以,为竞争法的国际化进行的努力还将继续。在《关贸总协定》的基础上成立的世界贸易组织已经跨出了重要的一步,沿着这个趋势自觉地调整各国的竞争制度也将成为世界的共识。

第二节　市场秩序规制法的基本原则

一、确立市场秩序规制法基本原则的意义

市场秩序规制法的基本原则是指在建立市场秩序规制制度的立法、执法和守法过程中人们所应该遵守的基本原则,它是由市场秩序规制法的基本任务和调整对象的性质所决定的。

法律原则是对法律价值的反映和提炼,它对于法律的产生和实施有着重要的作用。在法律规范的体系中,法律原则起到统率具体法规范,使之形成一个系统的作用。法律原则的意义在于以下两个方面:一是在制定法律时,法律原则是具体法律规范的来源和依

---

① 徐士英:《反垄断法在日本实现"本土化"的启示》,载于《法商研究》1999 年第 4 期。

② 侯作前:《经济全球化背景下的中国竞争法的重构》,http://www.civillaw.com.cn。

③ 同上。

④ 徐士英著:《竞争政策研究——国际比较与中国选择》,法律出版社 2013 年版。

据，是法律整体的基础；二是在法律实施中，法律原则作为一种根本性的准则，可以在一定程度上作为具体法规范的有益补充，克服成文法难以顾及一切可能情况的局限。因此，市场秩序规制法基本原则本身既是立法机关在制定市场规制法时的指导方针，又是司法机关进行司法活动的基本依据，更是一切市场活动主体的行为准则和评判标准；同时，它还是市场秩序规制法的主要解释依据，可以起到补充法律疏漏、发展学说判例的重要作用。

二、市场秩序规制法的基本原则

在长期的立法、执法和司法实践中，世界各国逐渐形成了市场秩序规制法的一些基本原则。这些原则是人们维护竞争机制、提高经济绩效和效率的愿望的反映和提炼，通常具有普遍的适用性与指导作用。

（一）维护经济民主原则

经济民主是指社会经济运行过程应该反映全体市场主体的意愿，而不是由少数人控制和决定该过程的经济制度，其具体的表现就是市场主体在市场经济活动中对资源、信息等享有相同和平等的机会与权利，国家应当通过法律政策在社会经济生活中为市场主体创造一个进入市场机会均等、交易商品决策自主和市场竞争公正公平的经济环境。自由交易和自由竞争是商品经济存续和发展的客观要求，这一要求反映了市场经济民主性的本质。从古代罗马法开始孕育自由民主的萌芽，到近代法国民法典中合同自由制度的全面建立，发展经济民主成为自由资本主义时期市场经济赖以建立和发展的最重要的基石。意思自治、契约自由原则正是自由资本主义经济民主的最高概括，同时也成为传统民法的核心内容。因为人们相信，通过这些原则的实施，能实现个人利益与社会利益的和谐与一致，也正是这些原则把自由交易和自由竞争推到了绝对神圣的、至高无上的地步。

但是历史发展的事实表明，放任自由并不能自动实现个人利益与社会利益的持续和谐，所谓造物主决定的自然秩序中所包含经济秩序并不能维持社会达到可能的最大的再生产。①在进入垄断资本主义阶段之后，社会经济生活中存在大量具有经济优势地位的市场主体通过自由交易和自由竞争的原则，不正当地夺取他人利益、来实现自已利益的行为。历史和现实使人们认识到，维护市场经济民主，充分让市场主体自由交易和自由竞争，必须要在一定范围内限制交易和竞争的自由。为此，对交易自由进行适度限制成为社会的共识。

市场秩序规制法从本质上来讲是建立必要的人为秩序，以保证社会整体利益为前提倡导自由交易和自由竞争，是对自由经济制度在更高层次上的确认和保护。贯彻维护经济民主原则，必须维护市场主体的经济民主权利，防止和制止强势主体以不正当竞争危害市场竞争秩序，尤其是防止国家权力对经济生活的不正当干涉和影响。对于我国这样一个从高度集中体制转为市场体制的国家来说，维护经济民主是整个经济改革的重要组成部分，我们应当通过转变政府职能、反对经济力量过度集中、制止不正当竞争行为等途径，

---

① 《魁奈经济著作选集》，商务印书馆1979年版，第245页。

通过立法对危及经济发展秩序和不正当掠夺他人利益的自由进行限制，尤其是对那些在市场中长期享有特殊地位的主体进行必要的监管和限制，实现整体经济环境的民主化。

（二）保障实质公平原则

公平是法律的基本原则之一，它含有“公正”、“平等”、“合理”等意思，法律应保障人们的社会生活公正合理，地位平等，不允许有特权凌驾于大众之上的要求、愿望和理想。公平本身的要义涵盖形式意义上的公平与实质意义上的公平，是两者的有机结合与适度平衡。但实践证明，现代社会经济生活的现实却把形式上的公平与实质上的公平相分离了。

从历史上看，以公平为目标的法律制度是为社会经济生活提供一个大致的框架，每个市场主体有相同的法律地位，相同的权利和相应的义务，自由地展开竞争，这样的公平是凭借形式而实现的。但是在现代市场经济中，这种形式意义上的公平却并不必然保证实质上的公平。因为市场主体之间由于竞争的结果导致经济实力的差别，实际上是处于不平等地位的。实力强大的企业通过压低价格使竞争对手丧失交易机会，从而独占市场；同行业的企业联合起来控制市场供应和商品价格，使消费者蒙受损失；拥有行政权力的机构可以限定购买者交易或不交易。这些行为产生的原因，就是法律仅规定了形式公平的大致框架，而未对其中某些特殊主体进行区别和限制，强势主体滥用市场优势的结果使得竞争机制失效。

市场秩序规制法以实质上的公平为目标，限制上述行为在市场中的泛滥，使市场主体在真正相同的地位上展开有效的经济竞争。实质公平原则主要体现在对具备某些特殊条件和能力的某些行为进行限制，对可能遭受经济特权侵害的主体进行倾斜保护。从形式上来看，这些规定对于某些主体是不公平的，但是，法律的这种倾斜性保护有助于限制经营者的不正当行为，使其回复到竞争机制的框架中，这无疑是体现了真正的公平和正义。

（三）社会整体效率优先的原则

社会整体效率优先原则是指通过众多竞争法规范体现出来的在社会整体效率与其他法律目标发生冲突时，优先考虑社会整体利益和效率的基本准则。

效率是法的价值目标之一。竞争机制的最大效用就在于通过对市场规则的运用，可以顺利实现经济效率的提高，但是人们在从事经济生活的过程中，还形成了其他一些要求，诸如安全、正义、公平等。一般情况下，经济效率的提高意味着更多的物质产出，对大多数市场主体而言，也同时带来了公平、安全和正义。但是由于个体利益与社会利益并不总是一致的，因而在另一些具体的情况下，为了经济效率的提高，不得不牺牲某些市场主体的经济利益，有时甚至是非常合理的，但从个体的角度来看又是绝不应该牺牲的利益，此时效率和公平就处于冲突状态。

产生效率和公平对立的根本原因是因为效率是一种客观的指数，它不随人们主观愿望的变化而变化，有一套具体的、公式化的衡量标准；而公平是一种主观的评价，即使是对同样的现象、同样的事物、同样的法律准则，不同的人也可能作出不同的评价，而没有一套具体的、客观的衡量标准。这就使得法律在顾全了社会的整体利益，即效率的提高时，很难顾及每一个市场主体对该法律规范的主观评价。例如，一个市场主体经过长时间的不懈努力，终于通过优胜劣汰规则，击败了所有竞争对手，取得了市场独占或准独占的地位，并且也没有滥用这种地位，但是，该主体的这种独占地位在事实上影响了竞争的存在，从而影响了社会整体效率的进一步提高。当竞争法以效率为由对它的独占地位进行种种限制乃至取消时，就很难同时保证对它的公平，因为它是通过长时间合理合法的努力所取得的独占地位，能够给个体带来许多经济利益，现在却被法律介入，轻而易举地取消了。然而，对于整体社会来说，这样的取消往往是必要的。

所以，解决效率与公平的冲突，在竞争法中只能是基于全社会的考虑，应当优先选择整体效率。但这也不是完全否认公平，而是说，当冲突发生时，在效率优先的原则下应当尽可能地兼顾公平。事实上，当一个社会的整体效率能够得到持续发展时，社会的公平也就有了物质基础的保障。

（四）倾斜保护弱者原则

在现代社会中，由于各种因素的影响，诸如利益集团之间的冲突、人们认识能力和禀赋的差别、商品信息的不适当分布、社会分配不公、消费者需求的个体差异以及竞争和垄断的加剧等，①在作为个体人与群体人总和的人群中，总有一批容易受到损害或者处于社会弱势地位的人群，这类人群很难以自已的力量与处于强势地位的人群进行抗争。如果这类人群的利益得不到法律强有力的保护，那么以追求社会正义为理念的各种法律就难以实现自身的价值。但是以“个人本位”为理念的民法和以“国家本位”为理念的行政法对社会弱者的保护程度远远要小于以“社会本位”为理念的经济法的保护程度。在市场秩序规制法律体系中，有关限制大企业的独占、消除对消费者权益的侵犯、保护中小企业的权益等一系列法律法规都体现了保护弱者的原则。市场秩序规制法对弱者保护不仅仅从维护权利的角度出发，而且还是从维护市场竞争秩序角度考虑的。这是基于以下两个方面的主要原因：一是一些企业规模过大，可能造成独占和垄断，不利于市场经济的竞争性，一旦市场没有竞争机制，社会进步的动力就丧失；二是市场竞争主体的强弱不同，容易出现弱肉强食的现象，从而造成市场动荡，影响社会经济甚至政治秩序的稳定。所以，市场制度规制法确立保护弱者的原则，其意义深远。

确立市场秩序规制法的上述基本原则是市场经济健康、稳定发展的重要保障。这些基本原则不是孤立的，而是相互呼应、协调一致的。因此，对这些基本原则的正确认识和贯彻，应符合全面、综合和发展的客观要求。

---

① 李昌麒、许月明著：《消费者权益保护法》，法律出版社 1997 年，第 4—9 页。

第十八章
反垄断法律制度

第一节 垄断与反垄断法概述

一、垄断及其危害

(一) 垄断的含义

垄断最早是一个经济学的概念,它是指一种市场结构的状态,即在市场上只有一个(或少数几个)生产者独占或具有控制地位的情形。"如果一个企业是其产品的唯一的卖者,而且其产品并没有相近的替代品,这个企业就是垄断。"①经济学对垄断的研究开始于对市场结构的分析,即市场自由竞争的结果会导致市场结构发生变化。而市场力量的过度集中则会形成垄断,有损竞争从而影响市场的资源配置效率。有效的市场竞争取决于三个衡量指标,即市场结构、市场行为和市场绩效。为了达到理想的市场绩效,就必须控制市场结构和市场行为,而其中市场结构是最主要的。政府的公共政策与法律应该集中于优化市场结构和规范市场行为。这种被称为结构主义的经济学理论是反垄断法的基础,至今仍然是分析垄断危害、限制企业集中的主要理论依据。

20 世纪后期的经济学研究对上述研究框架提出了质疑,以美国芝加哥大学的经济学教授为代表的现代产业组织理论的研究成果表明,有效的竞争不仅仅依靠"合理的市场结构"来维持,还有一些内在的诱因促使企业不断地努力向前,人们对经济效率的追求是经济体制创新、发展和变迁的根本动力。正是这种对效率的不懈追求才导致了垄断地位的产生,②市场垄断恰恰是高效率的体现。因此,市场的高集中度未必必然影响市场效率。因为高集中度仅仅表明企业拥有了较大的市场力量,而真正对市场竞争产生实质性影响的则是企业利用自身的市场控制地位构筑市场进入壁垒,或者进行不公平交易的行为。这种被称为"行为主义"理论的出现,使人们对垄断的理解由单纯的"结构"转为"结构+行为",并以"垄断行为"为法律规制的重点。行为主义理论对反垄断政策和法律产生了重要的影响,各国对垄断的规制也从注重市场结构状态转向了注重优势企业滥用市场控制力的行为。正如著名经济学教授张五常所说的,"反托拉斯反对的是动词的垄断(monopo-

---

① [美]曼昆著:《经济学原理》,生活·读书·新知三联书店和北京大学出版社 1999 年版,第 316 页。

② 参见[美]G. J. 斯蒂格勒著:《产业组织和政府管制》,潘振民译,上海人民出版社、上海三联书店 1996 年版。

lize)而不是名词的垄断(monopoly)"①。

法学上对垄断的理解离不开对其正当性和社会危害性的判断,而垄断行为的违法性与经济学的研究及其发展有着直接的联系。尤其是经济学对市场效率的分析和评估。19世纪末20世纪初,"资本主义的某些基本特征开始转化成自己的对立面"②,垄断逐渐替代自由竞争在经济生活中起着决定性的作用。但是"从自由竞争中生长起来的垄断并不消除竞争,而是凌驾于竞争之上,与之并存"③,使这种竞争对经济的发展造成日益严重的损害。因此,各国政府通过制定竞争政策与竞争法律对占有市场优势地位的企业排除限制竞争的行为进行了严厉的规制。对垄断的研究从经济学扩大到法学上。按照美国《布莱克法律大词典》的解释,垄断是指"一个或几个私人或公司享有特权或市场优势,对某一特定的市场或贸易实施的排他性控制,或对某一特定产品的生产、销售、供应的全部控制"。同时,"垄断还表现为一个或少数几个企业支配产品或服务的销售的市场结构状态"④。日本的法律中称垄断是"事业者不论单独或利用与其他事业者的结合、通谋及以其他任何方法,排除或控制其他事业者的事业活动,违反公共利益,实际上限制一定交易领域内的竞争"⑤的行为。我国于2007年8月颁布的《中华人民共和国反垄断法》中,对于垄断是通过列举的方式加以界定的,即"本法规定的垄断行为包括:(1)经营者达成垄断协议;(2)经营者滥用市场支配地位;(3)具有或者可能具有排除、限制竞争效果的经营者集中"。同时,对每一种垄断行为再加以具体的界定。⑥

由此可见,反垄断法意义上关于垄断的基本含义是指各国通过法律规定的、经营者在市场运行过程中实施的排除限制竞争,或者可能限制竞争的行为或状态。⑦事实上,法律上关于垄断的概念要比经济学上的宽泛,不仅包括经济性的垄断,还包括滥用行政权力排除限制竞争的行为,以及滥用知识产权实施排除限制竞争等行为。

(二) 垄断的危害

垄断是竞争的对立面。在市场经济中,一旦垄断取代了自由竞争,就会给市场的运行过程投下停滞与腐朽的阴影,从而给社会产生诸多的危害。

(1) 垄断阻碍社会技术进步。市场经济主体对利润的追求是其生产的内在动力,而竞争则表现为外部的压力。正是这种动力和压力才促使企业在采用先进技术、改善经营管理、提高产品质量等方面积极创新。但是,在存在垄断情况下,既然可以不必依靠改进和创新来获取利润,垄断企业必然会滥用已有的市场地位扩张优势,达到实现垄断利润的

① 张五常:《经济解释之五十五:反垄断法性质模糊》,参见 http://law-thinker.com/show.asp?id=912,访问日期2005年9月25日。

② 列宁著:《帝国主义是资本主义的最高阶段》,《列宁选集》第2卷,人民出版社1995年版,第650页。

③ 同上。

④ 《布莱克法律大词典》,West Publishing Co. 1990年第6版,第1006页。

⑤ 参见日本《禁止私人垄断及确保公平竞争的法律》。

⑥ 参见《中华人民共和国反垄断法》第3、13、17、28条规定,2007年8月30日第十届全国人民代表大会常务委员会第二十九次会议通过。

⑦ 对市场结构状态的规制仍然是各国《反垄断法》的组成部分,不仅因为市场结构是规制行为者滥用市场优势地位的前提条件,还因为不少国家和地区对市场结构的状态仍然进行一定程度的规制。

目标。因此,在竞争性市场中的创新性会受到极大的影响。不仅如此,在位的垄断企业为了避免对自己的垄断地位受到威胁,往往会阻止他人的创新和超越。正如一个垄断企业公开承认的:掌握那些可能使我们的竞争者的机器得以改进的专利权,以便把这些专利权搁置起来,不让这种改进付诸实施,正是他们购买专利权的目的。这就是列宁在揭露垄断资本的性质时所深刻指出的"垄断必然会带来停滞和腐朽的趋势"。

(2) 垄断破坏市场公平竞争。市场产生垄断以后,垄断企业会利用市场上的优势地位,控制资源和生产销售,设立进入壁垒排斥竞争,使市场成为强者的天下,削弱由自由竞争而产生的市场活力;或者通过联合定价、划分市场、共同抵制交易等,约束竞争者相互间的竞争,使其他竞争者尤其是中小企业难有立足之地。同时,垄断形成的寡头间竞争更为激烈,层次更高、影响的范围更大,其结果会波及整个国家的经济稳定,甚至导致国家之间的恶性竞争,引发世界大战。

(3) 垄断损害消费者利益。经济学的研究表明,在一个竞争的市场中,消费者就能够以合理的价格得到优质的产品和良好的服务。这些都是消费者应当获得的利益,它来自自由竞争的结果。但是,如果是在一个缺乏竞争的垄断市场中,消费者的这些利益就不可能得到维护,垄断企业对利润的追求会把价格维持在一个较高的水平,也不会保持技术和质量的不断提高。即使由于扩大规模产生规模经济的效应,使得生产成本下降,但是所有的检验表明,这种成本的节省只会流进企业的口袋,而不会是消费者的口袋。因此,维护消费者正当利益的最好办法是让市场充满竞争而不是垄断。

(4) 垄断影响经济民主制度。在一个垄断性市场上,垄断者往往会利用市场支配地位限制其他经营者进入市场,打击同行,排挤竞争对手,进行强制交易。不仅如此,在一个高度集中的市场中,垄断者可以专横跋扈,控制产品和服务的价格,控制产量和标准等,将其他经营者和消费者都置于其控制的范围内。当垄断企业成了所有社会资源的支配者、市场价格的制定者和经营利润的掠夺者时,市场经济的平等自愿准则和公平竞争的机制一旦遭到破坏,人们所追求的经济民主制度,乃至政治民主也将荡然无存。

总之,垄断对于市场竞争机制有极大的危害性,使得各国政府都通过反垄断法对其进行规制。但必须指出的是,有些垄断行为虽然符合法律关于垄断的概念,但由于这些行为对市场竞争并不构成严重的影响,或者垄断经营在一定程度上有利于资源的利用效率,会得到国家法律明文规定适用除外,如知识产权的独占、特殊行业的独家经营等,这些行为就不列入反垄断法规制的范围。

二、反垄断法

(一) 反垄断法的含义

反垄断法①是指国家以维护市场公平竞争,保护消费者利益,提高经济运行效率为目

① 反垄断法在不同的国家或地区有不同的称谓,如美国称为反托拉斯法(Anti-Trust Law),欧盟称为竞争法(Competition Law),我国台湾地区称为公平交易法(Fair Trade Law)。为方便叙述,本书通称为反垄断法(Anti-Monopoly Law)。

的，规制市场各类主体排除、限制竞争行为的法律规范的总称。这可以从以下几个方面理解这一概念。

1. 反垄断法适用的对象是市场主体

垄断一般是企业或企业联合组织的行为，因此，反垄断法的主体主要是企业和企业联合组织。例如，日本和我国台湾地区的反垄断法中明确规定该法的适用对象为“事业者和事业者团体”；德国的法律中规定，反垄断法规制“企业和企业的联合组织”；英国和美国等国家的反垄断法也都对“私人”或公司、企业的垄断行为进行规制。我国《反垄断法》中规定的适用“经济活动中的垄断行为”。在规制具体的垄断行为时，都是以“经营者”为对象而设立规范。在各国实践中，某些非市场主体也实施了垄断行为，如政府机构或社会组织(行业协会等)在经济生活中对市场资源的垄断和限制竞争的行为。从对市场机制的破坏作用和影响来说，这些垄断和市场垄断都是一样的，都对统一市场的形成和资源的有效配置产生障碍，因而也应该成为反垄断法规制的主体范围，理由是政府机构和社会组织的该种行为应当被视为“经营者”的市场行为。[①]我国《反垄断法》在总则和第五章也都对这种行为作出了规定。

2. 反垄断法规制的行为是排除限制竞争的行为

现代反垄断理论认为，市场主体占有市场支配地位本身并不当然违法，因此，反垄断法不会仅仅根据市场结构而对优势企业进行规制。但是如果市场主体凭借自身的市场地位，限制竞争或排除竞争，则应当受到反垄断法的规制。反垄断法律中所规制的行为不仅包括独家垄断和寡头垄断的，而且还包括以经营者集中方式谋求垄断的行为、以联合方式限制竞争的行为以及以其他形式(如政府滥用行政权力)进行限制竞争的行为等。所有这些行为的共同特征就是经营者通过以排斥或限制竞争的行为，实质性地损害市场竞争机制，因此，只要是符合这一特征的行为都属于反垄断法的范围。

3. 反垄断法是国家竞争政策的直接体现

反垄断法的宗旨是尽可能维护一个竞争性市场，实现更加有效的资源配置和利用，增强消费者福祉。但是，在经济发展过程中，市场竞争机制的作用始终处于动态变化中，而经营者的竞争行为对市场效率的影响在经济发展的不同阶段也是不同的。因此，反垄断法的实施必然会受到经济发展不同阶段的影响，同时市场变化的因素也会影响经营者的行为。各国的经验证明，一个国家在不同经济发展时期，对于垄断行为的规制标准和水平是不完全相同的。因此，在大多数国家的反垄断法都比较原则地规定了法律的宗旨和基本原则，包括违法行为的认定标准、豁免的类型和条件等，而由执法机关和法院颁布的具体实施规则(指南或判例等)在法律实施中则起到了重要的作用。例如，美国在《谢尔曼反托拉斯法》之外，还专门针对滥用垄断地位和不正当竞争行为颁布《克莱顿法》和《联邦贸易委员会法》以及《反托拉斯民事诉讼法》等，欧盟、日本以及其他各国也在竞争法之外，公布了大量关于公司合并、政府限制竞争、知识产权许可反垄断指南等。这些法规和指南对具体的法律实施具有重要意义，体现了反垄断法与一个国家在竞争政策方面的目标具有

① 徐士英：《政府干预与市场运行之间的防火墙：〈反垄断法〉对滥用行政权力限制竞争的规制》，载于《华东政法大学学报》2008 年第 2 期。

直接的关系。

(二) 反垄断法的发展简史

17 世纪初期,英国就以判例的形式确认了"限制贸易应受谴责"的法律原则,①此原则后来贯穿于整个英美法体系,成为反垄断法的主要渊源。19 世纪中后叶,社会经济生活产生了重大的变化。一方面,资产阶级代表着先进的生产力,为人类社会进步作出了巨大的贡献,"在它不到一百年的阶级统治中所创造的生产力,比过去一切世代所创造的全部生产力还要多,还要大"②。但另一方面,资本主义制度作为一种自由经济的集中代表,它所带来的灾难与它的贡献同步而行。由于资本越来越多地集中到少数大企业手中,资本主义从自由竞争阶段走向了垄断。垄断企业为了获取更多的利润,不仅阻止新的竞争者进入市场,同时滥用市场支配地位实施不公平竞争。由垄断导致的种种恶果弊端出现,社会经济走向了反面。为了稳定社会经济秩序,各国通过制定法律对过度自由的竞争进行强制性的干预,反对垄断的法律制度应运而生。1890 年,美国国会通过了《保护贸易及商业以免非法限制与垄断法令》(简称《谢尔曼法》),首开反垄断立法之先河。该法旨在反对竞争过程中的托拉斯垄断行为,虽然条文不多,但确立了重要的法律原则,即"任何以契约、联合或共谋等形式对贸易或商业进行限制的行为是非法的","任何人垄断、企图垄断或与他人共谋垄断贸易和商业的行为是严重犯罪"③。这一法律旗帜鲜明地反对垄断,维护经济民主,限制市场经济力量过度集中,在一定程度上对缓和社会矛盾、克服资本主义垄断带来的腐朽和停滞起到了积极的作用。

美国的反托拉斯法对世界各国产生的影响十分深远,在以后的几十年里各国相继制定了类似的法律。例如,德国在 1923 年制定了《卡特尔法》,旨在规制卡特尔的垄断行为。尽管由于希特勒的上台使该法变成一纸空文,但其诞生的社会经济条件与《谢尔曼法》大致相当。垄断资本主义国家反垄断法的相继出台,表明了反垄断法的诞生在社会发展中的客观必然性,也标志着现代竞争法开始成为整个法律体系中的重要组成部分。

第二次世界大战结束后的大半个世纪至今,反垄断法得到了极大的发展。

首先,市场经济发达的国家反垄断立法进一步加强。战后的日本、德国等在民主力量的压力下,被迫放弃独裁的军国主义政策,并通过对经济力量过度集中的排除,走上了民主化的道路。日本 1947 年通过了《禁止私人垄断和确保公平交易法》,虽然该法的制定是出于控制法西斯力量复活的初衷,但是战后五十多年的历史表明,以促进市场竞争机制的活力为宗旨的这一法律对提高日本的经济民主性的作用是不可估量的。德国的非军事化、非纳粹化和非工业化的改造计划在客观上促使联邦德国的《反限制竞争法》成为国民经济运行的基本保障法。随着经济的发展反垄断法得到不断修改和调整。经济、政治制度的重大变化和国际竞争的日趋激化,促使各国重新审视国内立法的适度性。为了解决

① 该原则认为"限制贸易自由,不合理抬高物价,降低产品质量的垄断行为构成违法",参见[英]约翰·亚格纽著:《竞争法》,徐海等译,南京大学出版社 1992 年版,第 2—6 页。

② 《马克思恩格斯选集》第 1 卷,人民出版社 1975 年版,第 256 页。

③ 美国《反托拉斯法》第 1 条、第 2 条规定。参见尚明主编:《主要国家地区反垄断法律汇编》,法律出版社 2004 年版,第 186 页。

经济危机和应对国际竞争的局面，原来已经颁布反垄断法的发达国家开始调整本国的反垄断政策，对法律进行了一系列的修改和补充，在企业合并、控股公司垄断等方面把法律的原则规定更加灵活地具体化为各种可操作的制度，并使之精细化。例如，美国针对国际竞争的变化调整了横向合并控制的规定；日本在对金融控股公司的规制中也修改了原来一律禁止的规定；德国在《反对限制竞争法》中对豁免制度作了重大的修改。

其次，随着发展中国家和转型经济国家的兴起，反垄断法出现了全面勃兴的热潮。世界经济格局的重大变化，不少独立后的新兴国家在发展市场经济的过程中也开始重视保护竞争机制问题。韩国于 1980 年制定了《限制垄断及公平交易法》、罗马尼亚 1991 年制定并实施了《制止不正当竞争法》，保加利亚 1991 年颁布了《保护竞争法》，波兰 1987 年制定并实施了《反国民经济垄断法》。我国台湾地区也于 20 世纪 90 年代初在吸取世界各国立法的基础上制定了集反垄断、反限制竞争和反不正当竞争法律于一体的“公平交易法”。更加引人注目的是几乎所有实行计划经济体制的国家，都不约而同地相继进行经济体制和政治体制的改革。随着经济体制的转型，竞争立法问题成为必须面对的现实需要。俄罗斯、乌克兰、印度、巴西等发展中国家相继出台反垄断法，我国继 1993 年制定《反不正当竞争法》规制某些垄断行为①之后，也于 2007 年颁布了《反垄断法》。据联合国贸易与发展会议竞争政策与消费者署的统计，世界上现在已经有一百多个国家有了竞争法。这些国家的反垄断法都具有一些共同的特征，即将反垄断立法与法律的实施作为国家经济体制改革的主要组成部分，因此，反垄断法与所有制改革、垄断行业管制以及政府职能转变等国家的竞争政策的制定与实施紧密联系，使反垄断法的实施不仅仅是规制市场竞争秩序的法律，更是国家继续推动改革、实现经济民主、保持持续发展的原动力。

再次，国际社会的反垄断法提上议事日程。二战结束后签署的《国际贸易组织宪章》的宗旨，几经周折，通过《关贸总协定》首次提出了关于贸易与竞争政策之间相互关系的问题。在讨论建立国际贸易组织的《哈瓦那宪章》中指出：“在私人和公共企业方面，为防止商业惯例限制竞争，限制市场准入或培养垄断控制，从而影响国际贸易。”1960 年，全体缔约方采纳了《关于限制性商业惯例磋商的决定》。该决定建议“在任何一个缔约方的要求下，某缔约方应该就限制性商业惯例进行双边或多边为基础的磋商……如果该缔约方承认商业惯例的有害后果，它应该采取它认为合适的措施，以消除这些后果”②。1980 年 12 月 5 日联合国第 35 届大会通过了《多国同意的控制限制性商业行为的公平原则和规则》（以下简称《原则与规则》），把限制竞争的行为、不公平竞争行为列入了世界范围的禁区。至今三十三年过去了，联合国贸易与发展会议（简称贸发会）已经对该《原则与规则》的实施情况进行了六次审查（每五年一次），并进一步做了修改。虽然这些规则和制度的法律效力仍然有限，但对于约束经济一体化带来的国际竞争秩序，无疑是有积极作用的。与此同时，由于各国反垄断法中关于适用除外和域外适用的规定，导致了法律的冲突和对抗，经过谈判，形成了一系列双边协定，以促进相互之间实施反垄断法时的合作。例如，欧洲

① 主要是规制行政垄断和公用企业滥用市场优势地位的行为。参见《中华人民共和国反不正当竞争法》第 6、7 条规定。

② 转引自朱颖：《论构建 WTO 框架下的全球多边竞争政策》，载于《世界经济研究》2003 年第 2 期。

联盟制定了地区性的反对不公平竞争的《罗马条约》,对规制国家之间的竞争行为作了积极的努力。WTO成立后,人们更加广泛地认识到,在国际社会确立竞争规则有利于各国及世界经济的发展,为此,为了限制各国政府以其他方式代替被废除的关税贸易壁垒和非关税贸易壁垒,同时有效规制企业通过限制竞争的行为来重建那些被废除的国际贸易壁垒,一个在WTO的框架下进行竞争政策的多边谈判以形成协议的议题被提上了议事日程。

自20世纪末以来,新经济对反垄断法的实施产生了重要的影响。[①]新经济具有不同于传统经济行业的新的特征,给反垄断法带来了前所未有的挑战。[②]目前,世界上有超过100个国家制定了竞争法以规制垄断行为。正如现代经济学之父萨缪尔森曾形象地指出:"反托拉斯法像一个大森林那样,是由几粒种子发展起来的。"[③]反垄断在经历了一个多世纪的发展历程后,已经从早年美国的一枝独秀发展到当今世界全方位内的枝叶繁茂阶段。

(三)反垄断法的宗旨

世界大多数国家的法律实践表明,现代反垄断法的宗旨呈现多元化的趋势,至少涵盖维护公平竞争、促进经济效率和保护消费者利益三大基本目标。我国《反垄断法》规定了反垄断法的宗旨是,保护市场公平竞争、提高经济运行效率、维护消费者利益和社会公共利益。

1. 维护市场竞争

竞争是现代市场资源配置的基本最佳方式,是各国实现社会发展必然选择的工具。在确立实行社会主义市场经济体制的前提下,保护公平竞争是我国必然的选择。不合理的垄断对我国市场经济的进一步发展产生了极大的负面影响,它不仅严重制约了市场资源配置功能的发挥,而且严重阻碍了产业改革的推进步伐。我国的实践也证明,不打破现行不合理垄断,中国经济的进一步发展将是步履维艰的。从这个角度来讲,打破垄断、促进市场展开公平竞争是我国反垄断法的第一要务。

2. 提高经济效率

现代反垄断法是在现代产业组织理论的效率思想影响下形成的,追求经济效率被认为是反垄断立法和执法的重要目标。我国实施改革开放政策以来,经济高速发展,取得了令世人瞩目的成就。但是,必须指出的是,以往发展主要依靠的是外延发展模式,资源利用率仍然较低。要进一步实现持续发展,提升经济效率,就必须在更多的行业引入竞争,如通讯、交通、金融、能源等长期处于垄断经营状态的行业,打破不合理的垄断、促进市场的有效竞争,使经济蛋糕得以做大。中国经济现状与社会发展需求客观上决定了提高经济效率是反垄断法追求的重要目标。

---

① See Richard A. Posner, "Antitrust in the New Economy," 68 Antitrust L. J. 925(2001);转引自王传辉:《反垄断的经济学分析》,中国人民大学出版社2004年版,第204页。

② 参见李怀、高良谋:《新经济的冲击与竞争性垄断市场结构的出现——观察微软案例的一个理论框架》,载于《经济研究》2001年第10期。

③ 孔祥俊著:《反垄断法原理》,中国法制出版社2001年版,第52页。

3. 保护消费者利益

当今社会实践证明,垄断不仅仅是个单纯的经济效率问题,更是一个关系到社会发展的全局性问题。"以维护自由公平竞争秩序为己任的反垄断法是现代市场经济的基本法律之一,是现代经济法的核心。"①因此,反垄断法是以社会为本位的法律制度,保护公共利益自然是反垄断法承载的重要历史使命和立法宗旨所在。消费者利益是社会公共利益的集中代表,从消费者与生产者的关系看,经济学研究表明,即使不考虑垄断造成的无谓损失和寻租成本,仅在生产与消费关系看,也可以得出结论即消费者比生产者更为重要。因为,现代社会中,供给已经在整体上远远大于消费需求,如果消费活动不能正常进行,那么生产必然将处于瘫痪状态,甚至有可能爆发危机,造成人类社会的整体动荡。其次,从消费者保护的角度看,当前各国社会关注的一个焦点就是消费者权益的保护。各国经验证明,消费者权益受到侵害的主要问题集中在那些具有市场优势地位的企业身上,捆绑销售、超高定价、共谋提价等等。这些案件不仅直接严重侵害了消费者利益,而且直接影响到市场的健康发展。无论是从维护市场竞争角度还是从对市场主体关注的角度,都应该对消费者权益保护问题作出相应表态与规定。甚至有国家规定,反垄断法的终极目标就是保护消费者。②

三、反垄断法的地位

反垄断法是现代市场经济国家的基本法律制度,在市场经济国家的法律体系中占有十分重要的地位。虽然各国用以描绘反垄断法在经济制度与法律制度中地位的用语不尽相同,但它们所表达的实质内容是基本一致的,即反垄断法是市场经济国家的"经济宪法"。美国最高法院在 1972 年的一项判决中指出:"反托拉斯法……是自由企业的大宪章,它们对维护经济自由和我们企业制度的重要性,就像权利法案对于保护我们的基本权利的重要性那样。"美国最高法院在判决中还将《谢尔曼法》称为"经济自由的宪法"。联邦德国《反对限制竞争法》被称为规范联邦德国社会市场经济制度的"基本法",是经济法的核心部分,是促进和维护市场经济最重要的基础之一。日本的经济法学者一致认为禁止垄断法在日本经济法体系中占有基本的或核心的地位,是经济法体系中的原则法与一般法,是日本的"经济宪法"。有的国家宪法还直接规定了反垄断条款,如菲律宾 1987 年宪法规定:"在公共利益需要时,国家应当管制或禁止垄断。禁止任何限制贸易的联合或者不公平竞争。"有的国家直接根据宪法制定反垄断法,如墨西哥根据其宪法第 28 条制定了反垄断法。

反垄断法的"经济宪法"地位是由其性质所客观决定的。反垄断法属于经济法范畴,具有典型的公法性质。尽管反垄断法是主要针对市场上出现的非法垄断行为,但是它在对企业规模和市场结构的规制方面还往往涉及市场主体、国家对经济的宏观调控等内容;

① 杜文学:《垄断与竞争:制度安排与价值决定——反垄断与充分竞争的法经济学思考》,载于《兰州铁道学院学报》2001 年第 5 期。

② 颜运秋:《反垄断法应该以消费者保护为终极目标》,载于《消费经济》2005 年第 5 期。

在对消费者利益的最终保护方面,还在某种程度上具有社会保障法的性质。根据目前实行市场经济国家的立法来看,经济法律规范主要是由市场主体法、市场行为法、宏观调控法和社会保障法构成。而反垄断法律制度几乎涉及所有经济领域和所有经济活动,它为经济的各个部门和各个方面的立法提供了一般性的依据,又以其原则规定弥补了各个部门和各个方面立法可能存在的不足,从而从整体上保证了现代市场经济的健康发展。因此,反垄断法被称为"经济宪法"是当之无愧的。①

四、反垄断法适用范围

(一) 适用对象

各国反垄断法在适用对象上基本一致,可以概括为经营者、行业协会、行政机关以及其他社会组织。

1. 经营者

经营者是直接影响市场经济秩序的市场主体,因此,反垄断法的适用对象首先集中在经营者。但是有关经营者的表述,各国反垄断法则有所不同。日本《禁止私人垄断及确保公正交易法》称之为"事业者",即从事商业、工业、金融业及其他事业者。为事业者的利益进行活动的干部、从业人员、代理人及其他人员的适用相关事业团体规定时视为事业者。德国《反对限制竞争法》则使用企业这个概念,但是法律并没有对"企业"作出解释。德国政府在公布该法律草案时明确指出,这个法中的"企业"不一定与工商管理法中"企业"相一致,因为这里的"企业"在概念上只是服务于《反对限制竞争法》的目的。②德国联邦法院在判决中发展了一个"功能性企业"的概念。一个组织是否可被称为企业,决定性的不是该组织的人员,也不是该组织的法律形式,而是组织的活动类型,即它参与经济活动。③美国和英国则仅使用 Person 来概括其适用对象,欧共体《罗马条约》使用 undertakings(有的人将之翻译成工商业者)。我国《反垄断法》采用"经营者"这个概念,它是指从事商品生产、经营或者提供服务的自然人、法人和其他组织。

2. 行业协会

行业协会是一种非营利性组织,它是由商业中的竞争者所构成,目的在于促进和提高该行业中的一个或多项经济利益或者该领域所覆盖成员的经济利益。④反垄断法与行业协会之间是有着密切的关系的。一方面,行业协会为了促进该行业的健康发展和维护全体成员的共同利益,会通过其享有的社会组织自治权制定自律守则,约束成员企业的违反反垄断法的行为。这与反垄断法倡导的维护自由、公平竞争的目的是一致的。但另一方面,行业协会为了实现会员企业利益的最大化,可能协调成员企业的竞争行为在"自律"的名义下,妨碍竞争者开展激烈的竞争,如签订价格联盟等协议等。行业协会这些行为损害

---

① 徐士英著:《新编竞争法教程》,北京大学出版社 2009 年版。

② BT-Drucks. 2/1158, S. 31.

③ BGH 19. 9. 1974 WuW/E BGH 1325-Schreibvollautomat.

④ 鲁篱著:《行业协会经济自治权研究》,法律出版社 2003 年版,第 4 页。

了竞争,因而可能成为反垄断法所要规制的对象。[①]为此,很多国家的反垄断法明确将行业协会纳入其适用范围。例如,日本《禁止私人垄断及确保公正交易法》第8条明确规定禁止商会对任何特定领域的商业竞争实施限制竞争;美国也通过判例如硬木生产商协会案件[②]禁止行业协会实施限制竞争;欧共体条约第81条规定也对行业协会作了相关规定。我国《反垄断法》明确禁止行业协会实施垄断行为,该法第16条规定"行业协会不得组织本行业的经营者从事本章禁止的垄断行为",并规定了比较严厉的法律责任。

3. 行政机关以及授权行使行政权力的公共组织

在反垄断法发展早期,受国家主权主义理论的影响,反垄断法基本不干预政府所作所为。美国最高法院在1943年的帕克诉布朗案中确认了这一原则。[③]但是伴随着政府在市场经济中的干预和调节作用的增强,滥用行政权力限制竞争的现象也日益增多,各国反垄断法逐步放弃传统理论而开始关注政府行为对市场竞争的影响。1991年,在美国和欧盟同时出现了法院依据反垄断法判决政府行为违反反垄断法的案件。在1991年哥伦比亚市诉Omni户外广告公司一案中,美国最高法院拒绝了一个地方政府提出的豁免要求,并指出,《谢尔曼法》只是不适用于体现国家主权的政府管理中的限制竞争行为,但如果仅仅因为案件中有私人共谋者的存在就可使政府机构从反托拉斯法中得到豁免,最终会损害帕克尔一案中发展起来的原则。[④]欧共体法院在1991年Höfner案的判决也指出,政府及其机构在参与经济活动时可以视为企业而适用反垄断法的规定。[⑤]我国《反垄断法》针对我国长期存在的滥用行政权力排除限制竞争的现象,在法律中设专章对滥用权力限制竞争的行为作了禁止的规定;该法第8条指出,"行政机关和法律、法规授权的具有管理公共事务职能的组织不得滥用行政权力,排除、限制竞争"。

(二)适用除外制度

反垄断法的适用除外是指国家为了保护整个国民经济的发展,在反垄断法中规定的对特定行业或企业的特定行为不适用反垄断法内容的法律制度。反垄断法豁免制度是各国反垄断法共有的制度,一般包括以下几个方面内容:

1. 国家垄断

国家垄断是指国家凭借政治权力对某些产业领域或经营活动实施独占控制而形成的垄断。国家垄断一般是为了国家利益或社会公共利益,通过国家权力的正当安排实现的,受国家的法律保护。但是从大多数国家实践来看,国家垄断的范围正在呈现出日趋狭窄的趋势,越来越多的行业引入了竞争机制而适用反垄断法。目前,只有少数行业如邮政、烟草等通过专营的形式实行国家垄断。即便如此,在其中的某些经营环节也适当开展竞

① 徐士英:《行业协会限制竞争行为的法律调整——解读〈反垄断法〉对行业协会的规制》,载于《法学》2007年第12期,第28页。

② America Column & Lumber Co. v. United Stated, 257 U. S. 377(1921).

③ 美国最高法院在这个案件的判决中指出:"国会不要求国家服从《谢尔曼法》,因此,国家可以自己的名义,以私人不被允许的反竞争方式从事管理或者行为。"See Parker v. Brown, 317 U. S. 341, 350—351(1943).

④ City of Columbia v. Omni Outdoor Advertising, Inc. , 499 U. S. 365, 111 S. Ct. 1351(1991).

⑤ Case C-41/90 (1991), ECR I-1979.

争,而非整个行业不适用反垄断法。

2. 自然垄断

自然垄断行业是指那些规模经济效益明显,单个企业能够比多个企业更加有效地提供全部产出的行业。①由于在这些行业的企业如果实行竞争则可能导致社会资源的浪费,所以允许垄断经营。在传统经济中的电信、能源、公用事业等行业一般都获准实行垄断经营,原则上不在反垄断法的适用范围之内,其经营活动由国家实行监管。但随着科学技术的发展,从保护经济运行效率和消费者利益的需要出发,自然垄断行业将逐渐实行改革,适度引入市场竞争。因此,自然垄断行业就成为受到政府监管和反垄断法适用的双重规制。

3. 知识产权

知识产权是国家通过知识产权法直接规定的赋予权利人独占权利,理所当然地列入了反垄断法适用除外范围的垄断。给予知识产权权利人垄断权的目的是为了激励和保护发明创造的积极性,推动社会生产力的发展。但是,随着知识经济时代的到来,社会对于创新的理解变得更加全面。对于利用自身拥有的知识产权阻止竞争的行为,越来越受到谴责。因而反垄断法将那些在行使知识产权时凭借独占权实施排除限制竞争的行为纳入调整的范围,从 20 世纪 80 年代起,以 1995 年美国的《知识产权许可的反托拉斯指南》确立基本原则为特征的立法活动遍及世界各国。知识产权法与反垄断法开始趋于和谐和统一,共同作用于知识产权的实施,以达到扫除社会技术进步的障碍,以最低成本生产消费者所需要的东西,使社会财富最大化。②我国《反垄断法》第 55 条中规定:“经营者依照有关知识产权的法律、行政法规规定行使知识产权的行为,不适用本法;但是,经营者滥用知识产权,排除、限制竞争的行为,适用本法。”这一规定显然是遵循了世界各国通行的规则和经验。

4. 农业

农业是各国的基础产业,本身具有可增值幅度小和深受自然条件影响的特点。为了保证农业的稳定发展,世界上很多国家反垄断法都明确不适用于这一领域的相关行为。例如,欧共体为了避免农业生产者之间毁灭性竞争,对农产品行业不适用欧共体竞争法。③我国农业还比较落后,需要保护程度远远超过西方国家社会。有鉴于此,我国《反垄断法》对农业生产者及农村经济组织在农产品生产、加工、销售、运输、储存等经营活动中实施的联合或者协同行为实行适用除外制度。

(三) 域外适用制度

反垄断法的域外适用制度是指一国的反垄断法对发生在国外但是影响到本国国内市场竞争制度的行为进行反垄断管辖的制度,它是近代经济全球化的必然产物。

随着国际经济的发展,跨国企业的活动对本国的市场产生了许多巨大的影响,为了维

① 徐士英著:《自然垄断行业的竞争法规制》,载于《竞争法新论》,北京大学出版社 2006 年版,第 138 页。

② See Willard K. Tom, Joshua A. Newburg, “Antitrust and Intellectual Property: From Separate Spheres to Unified Field,” *Antitrust law Journal*, Vol. 66(1997).

③ 王晓晔著:《企业合并中的反垄断问题》,法律出版社 1998 年版,第 293 页。

护本国的经济利益作出域外适用规定是势在必行的。美国是世界上最早实行反垄断法域外适用的国家。早在1911年,美国最高法院在审理“美国烟草公司案”时就确立了其反托拉斯法的域外适用。1945年,美国最高法院在审理“美国铝公司案”时正式确立了反垄断法域外适用的效果原则。①效果原则扩大了美国反垄断法域外适用的效力的同时,也给其他各国有关方面的立法带来了巨大的借鉴意义,即它为母国和东道国监管跨国公司并购活动提供了基本的法理依据。以“效果原则”为基础确立的反垄断法的域外适用制度对其他国家也产生了巨大影响,欧共体、德国、澳大利亚等国家相继在其反垄断法中建立了反垄断法域外适用制度;有的国家如日本等,虽然没有在其反垄断法中明确规定这一原则,但通常通过立法解释和法院判决来确认反垄断法的域外适用原则。我国《反垄断法》第2条也作了“中华人民共和国境外的垄断行为,对境内市场竞争产生排除、限制影响的,适用本法”的规定。

但是,根据国际法的基本规定,反垄断法的域外适用会造成国家之间的主权冲突,不仅如此,由于各国法律的差异,还必然会导致对于同一行为在各国的反垄断法中有不同规定的法律冲突现象。如果依据本国的反垄断法对发生在他国的垄断行为进行规制,往往会造成不公平的情况,加剧主权国家之间的摩擦。即使他国承认了反垄断法的域外效力,但在实际中也存在着执行难的问题。尽管反垄断法的域外适用存在上述问题,但是在经济全球化的条件下,主权国家建立反垄断法的域外适用制度,使之具有法律效力仍然是有必要的。正如德国反垄断法学术权威麦斯麦克教授指出的:“放弃域外适用,国家就不能对企业的行为制定一个有效的规则。”②可行的办法就是通过国家之间签订竞争执法的合作协议,如美国与加拿大、巴西、澳大利亚、日本、德国以及欧共体委员会之间就竞争法的实施问题达成相互合作的协议,德国与法国之间、加拿大和欧共体之间关于适用竞争法的合作协议等。③我国反垄断法实施以后,也相继与美国、韩国等国家签订了反垄断执法合作备忘录。④这些协议对于缓解跨国界的执法起到了重要的作用。

第二节　滥用市场支配地位的法律规制

一、滥用市场支配地位的含义

滥用市场支配地位是指企业凭借已经获得的在相关市场上的竞争优势,采用排除限制竞争的手段与其他市场主体进行不公平的竞争与交易的行为。滥用市场支配地位行为

---

① 法官Hand指出,《谢尔曼法》也适用于外国企业在美国境内订立的协议,只要其意图是影响美国出口,且事实上也影响了美国出口。

② 王晓晔著:《竞争法研究》,中国法制出版社1999年版,第443页。

③ 参见尚明主编:《主要国家(地区)反垄断法律汇编》,法律出版社2004年版,第746页。

④ 2011年7月27日,中国三家反垄断执法机构(国家发展改革委、商务部和国家工商总局)与美国反托拉斯执法机构司法部、联邦贸易委员会在京共同签署了《中美反托拉斯和反垄断合作谅解备忘录》;此后,国家发展改革委与韩国公平交易委员会在2012年5月又签署了《关于反垄断和反托拉斯合作的谅解备忘录》。

因具有严重的反竞争性而成为反垄断法规制的重要对象。依据行为的性质与目的不同，以及对竞争产生的影响不同，滥用市场支配地位行为可分为妨碍性滥用和剥削性滥用两类。传统反垄断理论认为，企业一旦具有市场支配地位，通常会滥用这种优势地位，限制或者排除竞争，因此主张应重点控制市场结构。原则上限制企业规模，及时解散具有独占地位的企业，消除这些对市场竞争潜在的威胁。但经济学对市场垄断与效率之间关系的新的研究，提出了反垄断法的目标是促进经济效率的提高，①具有市场支配地位的企业往往是市场竞争的幸存者，它们是有效率的表现。因此，占有市场支配地位的经营者并不必然违法，法律应该规制的是具有市场支配地位企业的竞争行为，防止这些经营者滥用优势限制市场竞争，这就是反垄断法的主要任务。我国反垄断法也指出，具有市场支配地位的经营者，不得滥用市场支配地位，排除、限制竞争。这表明在我国反垄断法中，市场支配地位本身不违法，而滥用市场支配地位的行为才是需要禁止的。也许德国学者西格费里德·克劳(Siegfried Klaue)的观点很能说明这些变化："按照竞争法，具有控制市场地位的企业应该承担特别的义务。譬如，在没有正当理由的前提下不允许不平等对待其他企业。因此，国家对具有控制市场地位的企业掌握着特别的干预权。"②

二、滥用市场支配地位行为的认定

滥用市场支配地位行为的构成需要符合三方面要件：一是经营者拥有市场支配地位，这是垄断力滥用的先决条件。二是经营者实施了滥用的行为，它具体表现为具有市场支配地位的企业利用其地位所实施的各种排除限制竞争和妨碍公平交易的行为。三是经营者的行为造成了损害的后果，对市场的有效竞争或公共利益造成了客观的损害事实。

对滥用市场支配地位行为的认定通常分为确定相关市场、确认市场支配地位和认定行为性质三个步骤。

(一) 确定相关市场

相关市场是指经营者在一定期间内就特定某种商品或者服务进行竞争经营所涉及的商品范围和地域范围，③它分为产品相关市场、地域相关市场和时间相关市场。因此，在界定相关市场时必须兼顾产品、地理和时间三方面的因素。任何竞争行为(包括具有或可能具有排除、限制竞争效果的行为)均发生在一定的市场范围内。界定相关市场就是明确经营者竞争的市场范围。相关市场的界定通常是对竞争行为进行分析的起点，是反垄断执法工作的重要步骤。④

1. 相关产品市场

相关产品市场是根据商品的特性、用途及价格等因素，由需求者认为具有较为紧密替

---

① See Herbert Hovenkamp, *Antitrust Policy after Chicago*, 84 Mich. L. Rev. 213 (1985), 227.

② 曹士兵著：《反垄断法研究：从制度到一般理论》，法律出版社 1996 年版，第 140 页。

③ 参见《中华人民共和国反垄断法》第 12 条。

④ 参见国务院反垄断委员会 2008 年《关于相关市场界定的指南》。

代关系的一组或一类商品所构成的市场。这些商品表现出较强的竞争关系,在反垄断执法中可以作为经营者进行竞争的商品范围。①产品的替代性与产品的竞争关系十分密切,②正如美国法院在审理"布朗鞋诉美国"一案中所认为的,"一个产品的相关市场范围取决于对合理的可交换性的应用,或者对产品的本身和其替代品之间的交叉弹性的需求"③。反垄断法的实践证明,产品相关市场的大小,对认定垄断的可能性具有最重要的影响。

对相关产品市场可以从以下两个方面进行界定:

一是从消费者需求的可替代性来界定。这是以消费者对产品的需求弹性为判断标准的界定方法。欧共体委员会将相关产品定义为:"如果消费者对两种产品就其价格、品质和用途都是可替代的,则该两种产品应属于同一市场。"需求弹性$(D)=A$产品需求数量的变动/B产品价格的变动。如果需求弹性D是正数,A产品和B产品就是替代关系;如果是负数,则两者是互补关系。从需求替代角度界定相关产品市场,可以通过"假定垄断者测试"(SNNIP)进行界定。④此外,商品的特性和质量、销售渠道以及需求者的偏好等,也是界定相关产品市场需要考虑的因素。

二是从生产者供给的可替代性来界定。生产者供给替代性的理论基础是供给弹性理论。⑤若供给数量的增加比例十分敏感,则表示其他厂商容易转换生产,厂商价格的抬高可能不易维持。反之,若供给数量的弹性很低,则表示涉案厂商抬高价格后,可能由于高进入障碍或高转换成本,阻碍其他厂商增加相同产品的供给量。生产供给的可替代性是以市场内存在的"潜在竞争"进行考虑的,如当涉案产品的价格足够高时,有可能诱发其他潜在生产者转换生产,从而使市场的供给增多,形成对产品价格的抑制。界定供给替代性时考虑的因素包括:其他经营者对商品价格等竞争因素的变化作出的反应、其他经营者的生产流程和工艺、转产的难易程度、转产需要的时间、转产的额外费用和风险、转产后所提供商品的市场竞争力以及营销渠道等。

2. 相关地域市场

在确定了相关产品市场以后,还应该确定产品的相关地域市场。所谓地域市场是指需求者获取具有较为紧密替代关系的商品的地理区域。这些地域表现出较强的竞争关系,在反垄断执法中可以作为经营者进行竞争的地域范围。⑥在相关地域市场消费者能够

① 参见国务院反垄断委员会 2008 年《关于相关市场界定的指南》。

② 阮方民著:《欧盟竞争法》,中国政法大学出版社 1998 年版,第 115 页。

③ [美]马歇尔·爱华德著:《美国反托拉斯法与贸易法规》,中国社会科学出版社 1991 年版,第 24 页。

④ SNNIP 测试是考虑需求者因商品价格或其他竞争因素变化而转向或考虑转向购买其他商品的情形来决定相关产品市场,其做法是:假设在市场上存在一家某类商品的垄断供应者,当该企业对其商品进行一个"小幅的,但有意义的,而且是非临时性的涨价"时,看消费者或者客户是否会选择其他商品,从而使得该企业的涨价行为变得无利可图,从而阻止了该假定垄断者的涨价行为。那么,相关产品市场应该将消费者最可能选择的替代品纳入待选市场,并且重新进行上述测试,直到最终达到一个临界点,使得这个供应有关产品或者服务的假定垄断者在这个点上获得市场支配力,即该假定垄断者可以通过将价格保持在平均水平之上而达到其利润的最大化。这个临界点通常就是划分相关产品市场的标准。有关这个测试中提到的涨价标准,一般而言采用 5%—10%作为常用幅度。

⑤ 供给弹性是指当涉案厂商将产品价格抬高某一百分数时,市场上相同产品的供给量相应增加的比例。

⑥ 参见国务院反垄断委员会 2008 年《关于相关市场界定的指南》。

有效地选择各类竞争产品，供应商能够有效地供应产品的一定地理区域。一家拥有既定市场力量的厂商，不可能在任何地方都具有相同的市场力量，生产不同产品的企业在市场上相互之间固然不具有竞争性，但在不同地区生产销售相同产品的企业，由于空间的距离，也不具有竞争性。地理空间上产生的障碍将使产品的相互替代性受到限制。因此，必须重视地域市场的界定。

在确定相关地域市场上应当考虑以下两个主要因素：

一是区域间交易的障碍。区域间交易的障碍包括：交易成本的障碍（最重要的影响因素是产品的运输成本）和法律上的障碍（某些行业受限于政府的管制，必须由政府给予执照或特许才能营业，可能因此限制厂商进入市场，如对某一地区某种矿产所授予的采矿特许权）。

二是产品的特有性质。有些产品可长期保存，适合长途运输，或运输成本相对于产品价值来说微不足道，市场的范围就可以扩大到全国，如药品、汽车、音响设备、电器等。相反，有些产品原本就以地域市场为销售目标，如地方报纸；有些产品不适合长途长时间的运送，如鲜奶；有些产品如长途运送则运费占产品价格比例太高，如水泥，沙石等。

3. 时间相关市场

在市场竞争过程中，时间对于相关市场的确定有着十分重要的影响，当生产周期、使用期限、季节性、流行时尚性或知识产权保护期限等已构成商品不可忽视的特征时，界定相关市场还应考虑时间性。①因为过了时令或者适当的机遇，市场竞争的格局将会发生变化。尤其是知识产权等具有时间限制的交易和使用寿命比较有限的产品都必须考虑时间对市场界定的相关性。因此，必须把“在一定时间内”的因素放在重要位置，同时把地域相关市场与产品相关市场一同结合起来考虑，才能正确界定相关市场。

（二）确认经营者的市场支配地位

市场支配地位是指经营者在相关市场内具有能够控制商品价格、数量或者其他交易条件，或者能够阻碍、影响其他经营者进入相关市场能力的市场地位。②也就是说，企业在市场中对交易价格和交易条件的决策无需考虑其他经营者，并足以影响市场竞争的地位。确定企业是否拥有市场支配地位是确定滥用行为的前提条件。在明确划分了相关市场之后，就可以进一步判断企业在市场上是否享有支配地位。对于市场支配地位的界定，存在两种立法模式，一种是通过立法明文规定，另一种是在案件审理中进行推定。前者以德国、日本以及我国台湾地区的法律为典型，③后者以美国和欧盟的竞争法为典型。法律中

---

① 参见国务院反垄断委员会 2008 年《关于相关市场界定的指南》。

② 参见《中华人民共和国反垄断法》第 17 条。

③ 以德国《反对限制竞争法》规定为例，该法对市场支配地位作了明确的规定：如果一个企业符合下列条件的即认定是具有市场优势：没有竞争者或没有实质竞争或者相对于其他竞争者具有突出的市场地位；如果一个企业就某种特定的商品或服务至少占有其 1/3 的市场份额，则推定该企业为控制市场的企业；如果 3 个或 3 个以下企业共同占有 50%或 50%以上的市场份额，或者 5 个或 5 个以下企业共同占有其 2/3 或 2/3 以上的市场份额，则推定符合具有市场控制力的条件。日本、中国台湾等法律中虽然在具体的指标上有所差别，但是其规则的原则是一样的。

并未对市场垄断力量加以定量化的规定,也未规定在何种条件下才属于具有显著市场垄断力,在实际审判中法官是以推论方式裁定厂商是否具有市场垄断力。但是,在判定市场支配地位时的最重要的考虑因素还是企业的市场占有率,正如美国联邦最高法院在Grinnell一案中提出:"这些力量(市场支配力量)的存在大概可以由市场控制比率推论而得"。但是,也不排除考虑其他的因素。欧共体法院的判例认为,市场占有率对判断企业市场优势地位的重要性会因不同的市场结构有所不同,以市场占有率的高低作为市场优势地位的证据并非是一种永久不变的标准,除非在某些例外情况。

我国的立法吸取了上述国家和地区的经验,对市场支配地位分别以"认定"和"推定"的方式加以规定。我国《反垄断法》第18条规定,通过对一些重要因素的考虑,执法机关可以认定经营者具有市场支配地位。这些因素包括:(1)该经营者在相关市场的市场份额,以及相关市场的竞争状况;(2)该经营者控制销售市场或者原材料采购市场的能力;(3)该经营者的财力和技术条件;(4)其他经营者对该经营者在交易上的依赖程度;(5)其他经营者进入相关市场的难易程度等,还包括与认定该经营者市场支配地位有关的其他因素。根据大多数国家的执法经验,在上述众多因素中,经营者在相关市场中的份额是首要考虑的。为此,我国法律规定了推定市场支配地位的条件。我国《反垄断法》第19条规定,如果经营者具有较大的市场份额,比如,一个经营者在相关市场的市场份额达到二分之一,或者两个经营者在相关市场的市场份额合计达到三分之二,或者三个经营者在相关市场的市场份额合计达到四分之三的,就可以直接推定其具有市场支配地(但如果两个经营者以上共同占有市场份额的,其中有经营者的市场份额不足十分之一的,则不应当推定其具有市场支配地位)。这就为执法提供了明确的依据。同时法律还规定,如果被推定具有市场支配地位的经营者,有证据证明不具有市场支配地位的,不应当认定其具有市场支配地位。

(三) 具有市场支配地位企业的行为性质认定

根据行为主义理论,企业的市场支配地位本身并不必然违法,只有当企业滥用这种市场优势地位时,法律才对其行为加以禁止。综观现代各国反垄断法中所禁止的滥用市场支配地位的行为,可以分为两类:剥削性滥用行为和妨碍性滥用行为。我国《反垄断法》第17条明确规定了这些行为。

1. 垄断价格行为

垄断价格是指具有市场支配地位的经营者在一定时期内以超高价格销售产品或者以超低价格购买商品的行为。在存在竞争的市场条件下,商品的价格是市场竞争的结果,每个企业只能是价格的接受者,而不可能是价格的决定者。但是占有市场支配地位的企业为了获取超额的垄断利润,通常会利用其自身的优势,以不合理的高价销售其垄断产品,使得消费者享有的福利转移到垄断厂商的手里,它严重损害了消费者的利益,实际上这是一种对购买者的剥削行为。因此,作为直接损害消费者利益的优势地位企业的垄断定价行为应受到反垄断法的规制。欧共体法律对垄断高价的判定是依据两个方面的因素进行,首先是进行产品的成本/价格分析,通过对实际收取的价格与实际发生的成本之差进行比较,如果这一比例是超高的,再看该价格与其他竞争产品价格的比较是否超高。由此看来，垄断高价的确定具有较大的不确定性。

2. 掠夺性定价行为

掠夺性定价行为是指处于市场支配地位的经营者无正当理由以牺牲短期利益(低于成本的价格)的手段销售商品的行为。经营者以营利为目的的生产经营活动是正常的，但是占有垄断地位的经营者的低价倾销则是一种有危害正当竞争之虞的行为，①因为实施该行为的企业通常具有市场竞争优势，为了排挤竞争对手，能够承担因低价销售所造成的暂时损失；"而其他实力较弱的竞争者因承受不了交易机会减少的损失而不得不被驱逐出市场。"②之所以称为"掠夺性"定价，是基于优势企业在将竞争对手排挤出市场后会将产品价格提高到边际成本以上，以获取超额利润，不仅补偿其先前降价销售的损失，还要凭借独占掠夺更多的利益。这种行为开始看上去是低价销售，似乎在一定时期内还有利于消费者，但从其动机来看，牺牲短期利益的做法正是为了排挤竞争对手，达到独占市场的长期目的，损害消费者的长远利益。不仅如此，在短期内的低价销售是损害竞争者的合法利益的，也妨碍了市场竞争机制功能的发挥。因此，掠夺性定价行为受到各国反垄断法的禁止。美国通过价格歧视的法律对之进行规制，而欧共体则将它认定为是一种不公平的销售价格，是滥用市场优势地位的行为。

3. 拒绝交易行为

拒绝交易行为指具有市场支配地位的经营者无正当理由，拒绝向其他经营者销售商品的行为。虽然根据合同自由原则企业有权选择自己的交易伙伴，但对于优势地位的企业而言，却具有向所有具备资格的购买者提供货物的义务，因为"它们无权决定下一个经济阶段市场上的竞争关系"③。如果允许具有市场支配地位的企业或者拥有关键设施的经营者随意拒绝交易，则必然扩大现有具有市场支配地位企业的垄断范围，使其从原始市场扩张到附属市场，有悖于反垄断法本身的宗旨。美国联邦最高法院在 1985 年的一个判决中指出："拒绝进行继续合作不仅损害了竞争对手，而且损害了消费者的利益，被告提不出合法的理由为中断合作的拒绝交易行为做辩护，这就使得对竞争对手造成的损失成为不必要的，降低了竞争效率，符合排挤竞争对手的要件。"④拒绝交易的形式有：拒绝供应产品或服务、拒绝提供信息、拒绝提供其他企业已经产生依赖性的必要配件、拒绝知识产权的许可使用等。但是，并非所有的拒绝交易都是违法的，要确认其违法性，必须认定该拒绝交易行为使得相关市场的竞争受到损害。

4. 排他性交易行为

这是指处于市场支配地位的企业要求经营伙伴在特定的市场内只能与其交易而不得与其他的竞争对手进行交易的行为。这种行为不仅限制了交易对手的选择权，同时也是人为地限制了竞争对手进入市场的机会，故而可能产生损害竞争的效果。但排他性限制竞争的行为也存在一定的合理性，在一定程度上被允许。例如，欧共体法律明确规定了某

① 孔祥俊著：《反不正当竞争法的适用与完善》，法律出版社 1998 年版，第 572 页。

② 邵建东编著：《竞争法教程》，知识产权出版社 2003 年版，第 254 页。

③ 参见 P. 贝伦斯：《对于占市场支配地位企业的滥用监督》，载于《反垄断法与市场经济》，法律出版社 1998 年版，第 215 页。

④ 黄勇、董灵著：《反垄断法——经典判例解析》，人民法院出版社 2002 年版，第 176 页。

些行为的适法性，如单纯的独家经销而不及于其他限制者、独家交易经销商直接向消费者销售商品，且在限定区域内没有其他可供消费者选择的来源等。其他的行为则需要通过具体考察其效果后再作出判断。以美国司法部和法院关于纵向限制竞争的司法原则和判例代表的另外一种做法是，事先并未具体规定行为的适法性，而是在案件审理过程中，通过实际考察其行为效果而确定，①只有在市场结构状况等达到执法部门关于纵向限制行为的标准时，才会受到进一步的考察。

5. 搭售和附加不合理交易条件的行为

搭售是指在相关产品市场上拥有优势地位的企业在出售产品或服务时，强制性要求买方接受与该产品或服务无关的产品或服务的行为，或者要求买方签订接受与该产品或服务无关的产品与服务的协议。而这种要求对于前述交易来说并不必要。②搭售具有明显的限制竞争作用，它是一种强迫交易相对人违背自己意志进行交易的行为，不仅限制了交易自由，侵害了自由竞争的根基，而且搭售还是将具有市场支配地位企业的市场优势不正当地延伸到被搭售产品的市场，使之免于竞争的压力。对其他生产被搭售产品的企业而言，显然是提高了市场进入障碍，其反竞争的性质十分明显，基于维护市场参与者的进入自由和保护有效竞争机制的目的，必须对搭售行为进行有效规制。

6. 差别待遇行为

差别待遇是指处于市场支配地位的企业在没有正当理由的情况下，对条件相同的交易对象，就其提供的商品的价格或者其他条件给予明显的歧视性对待的行为，最为常见的就是价格歧视。对于占有市场支配地位的企业来说，差别待遇作为一种经营策略，对经营者具有市场效率。但是从维护市场竞争机制的角度看，通过这种亲疏不一的交易政策，可能产生排挤潜在竞争对手的后果，并在三个层面的市场上造成不良后果。③第一层面是生产者之间的竞争，即对处于同一层次上实行价格歧视的企业与未实行价格歧视的企业之间产生影响。第二层面是经销商之间的竞争，即商品供应商的歧视行为会对经销商之间的公平竞争产生不利影响。第三层面是对消费者的影响。价格歧视不仅对市场的竞争秩序产生明显的不利影响，而且还会因其歧视交易对手从而影响最终消费者的利益。④由于供应商的区别对待殃及零售商的价格差异，使无辜的消费者受到波及，遭受不应有的差别待遇。

三、滥用市场支配地位行为的法律责任

基于滥用市场支配地位对市场竞争的损害一般都是相当严重的，因此都受到各国反垄断法的严厉制裁。根据制裁内容的差异性，这些制裁可以分为三类，即约束性制裁、救济性制裁与惩罚性制裁。⑤

---

① 垂直限制指数是指同一市场中所有实施垂直交易限制的厂商的市场占有率的平方之和，以英语缩写 VRI 表示。

② [美]理查德·A. 波斯纳著：《反托拉斯法》，孙秋宁译，中国政法大学出版社 2003 年版，第 230 页。

③ 参见《欧洲共同体竞争法中企业滥用优势地位研究》，《公平交易季刊》第 4 卷，1996 年第 4 期。

④ 王晓晔著：《欧共体竞争法》，中国法制出版社 2001 年版，第 256 页。

⑤ 参见王磊：《试论对滥用市场支配地位行为的法律制裁方式》，载于《学术交流》2005 年第 6 期。

(一) 约束性制裁

约束性制裁包括:(1)签订和解协议。美国司法部与违法当事人通过谈判来达成和解协议,经联邦法院审查后签发“同意令”。根据协议,涉嫌对象可以停止涉嫌行为,修正自己的行为以达到符合执法机关要求。(2)签发停止令。美国联邦贸易委员会有权签发停止令责令当事人停止违法行为或者修正正在实施的行为。对于违反停止令的,联邦贸易委员会可以处以每日1万美元的程序性罚款。(3)行政劝告。日本公正交易委员会在认为有违反日本反垄断法的行为时,可以劝告涉嫌对象采取适当措施加以矫正。接受劝告的人必须立即向公正交易委员会告知是否承诺接受该劝告。

(二) 救济性制裁

救济性制裁具体包括:(1)分拆大企业。反垄断执法机关可以根据具体情况将涉嫌具有市场支配地位的企业分拆成为若干个小企业,使分拆后的企业没有能力实施滥用市场支配地位的行为。在反垄断法早期较多使用这一方式。(2)没收违法所得。美国成文法中并没有没收违法所得这样处罚,这是通过司法判例确立起来的。(3)损害赔偿。很多国家反垄断法规定,受到市场支配地位企业的垄断行为造成损害的当事人都可以提起损害赔偿诉讼,美国规定了受害人可以提起3倍损害赔偿的私人诉讼。

(三) 惩罚性制裁

惩罚性制裁的实施方式有:(1)行政罚款。对于滥用市场支配地位的行为,德国联邦卡特尔局有权作出罚款,意大利竞争法可以处以上一财政年度营业额1%—10%的罚款,日本公正交易委员会可以责令违法企业按照一定比例向国库缴纳罚金。(2)刑事罚金和判处徒刑。美国法律规定对实施垄断和限制贸易行为构成犯罪的企业可处以100万美元以下的罚金,个人参与者将被处以10万美元以下罚金以及3年以下监禁。德国卡特当局规定对违法企业处以高达100万德国马克或相对于非法所得3倍的罚金。

我国《反垄断法》对滥用市场支配地位行为确立了行政责任与民事责任,即经营者违反本法规定,滥用市场支配地位的,由反垄断执法机构责令停止违法行为,没收违法所得,并处上一年度销售额1%以上10%以下的罚款。经营者实施垄断行为,给他人造成损失的,依法承担民事责任。

第三节　垄断协议的法律规制

亚当·斯密曾经在《国民财富的性质和原因的研究》中指出:“进行同一种贸易活动的人们甚至为了娱乐或消遣也很少聚集在一起,但他们聚会的结果,往往不是阴谋对付公众便是筹划抬高价格。”①由此可见,垄断协议对于市场竞争和消费者利益的危害之大,这也

① 亚当·斯密著:《国民财富的性质和原因的研究》(上卷),商务印书馆1981年版,第122页。

是为什么世界各国反垄断法都将垄断协议的规制放在极为重要的地位的原因。

一、垄断协议行为概述

垄断协议是指两个或者两个以上的经营者之间达成的旨在排除、限制竞争的协议、决定或者其他协同行为。由于受到各国法律的严厉规制，为了规避监督和调查，垄断协议往往处于隐蔽的状态之下达成，因此，法律认定的垄断协议，不仅包括正式签署的书面协议文件，也包括通过电报、传真和信件传递所达成的合意，还可以是通过非明确的意思交流而自觉跟从的其他协同行为。[①]此外，行业协会或者其他商业组织的共同决定等也可能作为多数人的合意形式，被认定为是垄断协议的另一种表现形式。

垄断协议行为在经济生活中较为普遍，对市场竞争的影响十分严重。[②]这主要表现在：第一，垄断协议将直接损害未参与共谋企业的利益。一方面，垄断协议可使已进入市场的非"联合"者的经营活动严重受挫，或使其业务的发展受到直接或间接的威胁，尤其是那些遭受联合抵制的经营者，可能遭受灭顶之灾。另一方面，垄断协议行为还会排挤潜在竞争者尤其是中小企业进入市场，使其丧失参与公平竞争的机会。[③]其次，垄断协议损害消费者的利益，使消费者不能在竞争的情况下自由选择，被迫接受原本具有竞争关系的经营者的一致定价或相同的交易条件，形成不合理不公平的交易。再次，垄断协议妨碍了竞争机制作用的功能。市场竞争机制的重要功能就是能够准确反映市场供求，引导企业正确决策，从而优化资源配置。但由于垄断协议的存在，使商品价格在"协议"力量的强制下难以波动，不能准确反映市场供求，误导生产和消费。由此产生的错误信息还将降低通过市场竞争可能实现的效率，造成社会资源的浪费。因此，无论从法律还是从商业伦理的角度来看，垄断协议行为都是应该否定的。

必须指出的是，由于各国产业政策的需要，对于垄断协议的进一步分析，发现垄断协议尤其是纵向限制竞争的协议也并非没有任何存在的合理价值。有些协议在一定程度上限制了市场竞争，但是它能够有效地避免因市场过度竞争而导致的市场缺陷的发生，或者在一定时期内符合国家产业发展政策的需要，从而促进社会整体经济的发展。因此，各国反垄断法在原则禁止经营者垄断协议的同时，也对某些具有合理性的垄断协议进行豁免。

二、垄断协议的表现形式

垄断协议分为横向协议和纵向协议两类。横向垄断协议是指生产或者销售过程中处于同一层次的经营者之间的协议行为，固定价格、划分市场、产量控制、联合抵制等是横向垄断协议的常见形式。纵向垄断协议是指具有上下游交易关系的经营者之间的协议行为，其主要形式为供货商对下游转售商的转售价格进行强制性限制，包括限制最低销售价

---

① 阮方民著：《欧盟竞争法》，中国政法大学出版社 1998 年版，第 141—142 页。

② 国家工商行政管理局：《现代竞争法的理论与实践》，法律出版社 1993 年版，第 20 页。

③ 吕明瑜：《垄断协议及立法思考》，载于《经济师》2003 年第 6 期。

格或者固定转售价格。①纵向限制行为与滥用市场支配地位行为有着密切的联系,它的实施往往依赖在市场上的优势地位。

(一)横向垄断协议

横向垄断协议是对市场竞争的直接损害,故为各国反垄断法严厉禁止。我国《反垄断法》第13条规定:禁止具有竞争关系的经营者达成下列垄断协议:固定或者变更商品价格;限制商品的生产数量或者销售数量;分割销售市场或者原材料采购市场;限制购买新技术、新设备或者限制开发新技术、新产品;联合抵制交易,以及国务院反垄断执法机构认定的其他垄断协议。

1. 固定价格协议

这是最为典型的横向垄断协议,具有竞争关系的经营者通过协议、决议或者协同行为来确定、维持或者改变价格的行为,使市场中的价格竞争趋于减弱直至消除。价格竞争是市场竞争的最基本的方式,在一个相关市场中,没有可以替代的产品,消费者面对一个没有价格竞争的市场,无疑等同于面对一个垄断市场。②实行价格固定,经营者很容易获取垄断利润。由于其明显的反竞争性质,价格固定行为受到各国法律的严格规制,适用自身违法原则。

2. 划分市场协议

垄断利润的获得不仅可以通过固定竞争者的价格,还可以通过相互承诺不开展竞争的间接方式进行。寡头垄断的市场很容易达成划分市场的协议,将统一的、竞争性的市场肢解成分散的、独占的市场,其危害性是显而易见的。其不仅造成商品的单调和由于没有竞争造成的价格不合理,在产品创新、服务质量等方面,也会因独占地位而失去进一步改进的动力,最终使消费者利益受到损害。

3. 控制数量协议

这是企业之间为了维持相关商品价格高位状态以保障企业的超高利润而采用限制生产数量的协议。参加协议的企业不得随意提高产量,压价销售,这就人为地造成市场始终处于"不饱和"状态。在市场供求关系影响价格的规律作用下,相关参与企业能够获得相对超高的经济利益。控制生产的行为往往与固定价格行为结合,各国法律都予以禁止,并适用自身违法原则。

4. 联合抵制协议

它是指经营者通过联合共同不与其他竞争者(供应商或者客户)交易,排挤竞争对手的协议。联合抵制行为在主体上涉及三方当事人,即号召者、抵制者和被抵制者。在内容上,以损害特定的竞争对手为目的,促使抵制者对被抵制者断绝供应、购买或其他交易的行为。一般来说,联合抵制行为并无正当理由,因为其联合他人加害第三人的反商业道德性质十分明显。美国法律对联合抵制的行为认为是当然违法的行为,一般适用"本身违法"原则。

---

① 王晓晔:《纵向垄断协议的经济分析》,载于 www.cass.net.cn,访问日期2006年11月27日。

② 孔祥俊著:《反垄断法原理》,中国法制出版社2001年版,第404页。

5. 其他限制市场竞争行为

其他限制竞争的行为，还包括限制购买新技术、新设备或者开发新技术、新产品的协议；相互交换价格情报的行为、提供建议的行为、统一标准以及排挤其他竞争者的行为等。这些行为一般通过行业协会或其他组织进行。行业协会的限制竞争行为名义上是通过一个法律主体作出决定的形式，但在形式背后却是团体成员复数的意思表示，这使得该决定在性质上与后果上等同于企业之间的共谋协议。①

(二) 纵向垄断协议

纵向垄断协议并不直接发生在竞争者之间，因此，其对市场竞争的影响也是间接的。经济学研究的成果认为，纵向垄断协议在增强市场效率方面有着一定的合理性，理论研究的发展影响了竞争法的实施，对纵向垄断协议的规制也发生了变化。目前，对纵向垄断协议的规制主要集中在规制限制转售价格方面。

限制转售价格协议产生的原因是供货商与销售商之间利益冲突的一种协调，为了保证双方分享更多的利益，占有一定优势地位的供货商，采用限制转售价格的方式，阻止零售层面的市场竞争，使商品价格始终处于无竞争的高位状态。我国《反垄断法》明确禁止两类纵向价格限制协议，即固定向第三人的转售商品价格与限定向第三人转售商品的最低价格行为。

无论是固定转售价格，还是限定转售最低价格，都是一种损害竞争机制的维持垄断价格行为。市场竞争主要是价格竞争，如果一个供货商限制了销售商的转售价格或者规定了最低的转售价格，同一品牌内的销售商就不可能根据各自经营条件和成本状况开展价格竞争。这实际上就是排除了在销售商层面上的价格竞争，使相关市场商品维持着高价。这是由于价格固定在一个水平上，一部分销售量从低成本销售商转移到了高成本销售商，那些经营效率低下的销售商得以留存，不至于因市场竞争而被淘汰。而经营更有效率的销售商却不能将自己高效率带来的好处扩展至消费者，消费者将不得不支付更高的平均价格。由于总的销售成本增加了，从而社会整体利益也受到了损失。为了保证这种限制的强度，供货商往往还采取监督和"违反协议即停止供货"的威胁等措施，使各销售商必须执行这一在纵向高压下形成的横向垄断协议。2013 年初中国白酒名企茅台和五粮液生产商限制转售价格事件就是十分典型的案例。②必须注意的是，纵向垄断协议还存在着另外一种更大的危害，如果相关市场上的生产商达成共谋垄断协议时，所有的销售商都不能通过改变供货方式来增强自己在定价上的竞争力。

三、垄断协议的认定

垄断协议的认定是反垄断执法的关键，它包括垄断协议行为构成要件的认定与垄断

---

① 鲁篱著：《行业协会经济自治权研究》，法律出版社 2003 年版，第 258 页。

② 徐士英：《茅台受罚为哪般?》载于《上海法制报》2013 年 4 月 17 日。http://finance.stockstar.com/MS2013022500000236_2.shtml 访问日期，2013 年 4 月 20 日。

协议豁免适用条件两方面内容。

(一) 垄断协议的构成要件

1. 经营主体的资格

无论是横向垄断协议还是纵向垄断协议,行为主体都是相关市场的经营者。横向垄断协议是在有竞争关系的经营者之间达成,而纵向垄断协议则是在具有供销关系的经营者之间达成。"经营者(企业)"这一概念在反垄断法意义上是比较宽泛的,包括进行生产、销售以及提供服务的各类经济实体,也包括企业团体的决定。根据欧盟委员会、日本、韩国的法律规定和判例,企业团体的决定可以包括由这类组织制定的规则(如章程、纪律等)、对协会成员具有约束力的规定以及没有约束力的建议。①只要从事了经营性业务,或者参与了组织垄断协议的,也同样会受到反垄断法的规制。

2. 限制竞争的目的

主体之间具有限制竞争的"合意"是认定垄断协议(尤其是横向垄断协议)的重要条件。但是,这种合意包括具有法律拘束力的意思表示和并不具有法律效力的其他合意表示。很多国家执法实践表明,参与垄断协议的主体为逃避法律规制往往掩盖或消灭证据。为此,很多国家建立了反推规则,即如果其他事实证据能够证实垄断协议确实存在的话,就推定这种协议的主观故意性。②

3. 实施垄断协议的行为

这是从客观方面认定限制竞争行为的条件。企业之间不管有没有以书面形式订立协议,只要通过协调行为实施了共谋,采取了限制竞争的实际行为,就属于法律所规制的垄断协议行为。尤其是对于那些缺乏书面证据的"其他协同行为",一般都以企业实施了"可觉察的相同行为"加以确认。所谓可觉察的相同行为,即"没有明显的证据表明厂商确实聚集在一起制定了串谋价格的公开协议,但是厂商又的确通过索取相同的价格而表现出来了相同的行为方式"③。我国反垄断执法机构制定的配套性规定中,对此做了类似的规定:④应当依据经营者的价格行为具有一致性、经营者进行过意思联络,以及市场结构和市场变化等情况进行认定。

4. 损害市场竞争的后果

这是指企业间的垄断协议与市场竞争的后果之间存在关联性。对这种协议与实施后果的关联性,各国法院的审判实践中是十分关注的。例如《欧盟条约》第 81 条规定,凡是以影响成员国之间贸易,并以阻碍、限制或妨害共同市场内部竞争为目的或具有这种效果的,所有企业间的协议、企业联合一致的决议和联合一致的做法都应该予以禁止。在考虑此项要素时,多数国家都认为对市场的影响不一定要实际发生,只要能证明对市场的影响

---

① 阮方民著:《欧盟竞争法》,中国政法大学出版社 1998 年版,第 142—143 页。

② 戴奎生等著:《竞争法研究》,中国大百科全书出版社 1993 年版,第 91—92 页。

③ W. Kip Viscusi John M. Vernon Joseph E. Harrington:《反垄断与管制经济学》(第三版),陈甬军等译,机械工业出版社 2004 年版,第 76 页。

④ 参见国家发展和改革委员会 2010 年 12 月 29 日公布的《反价格垄断规定》,该规定自 2011 年 2 月 1 日起实施。

在一定程度上有发生的可能性及这种影响的严重性，就足以推断这种影响的存在。

对于纵向垄断协议的主要表现形式限制转售价格行为，鉴于如前所述的某些合理性，各国反垄断法认定行为性质时还必须掌握两个条件。一是限制转售价格必须有两个独立的交易关系存在，即"初次销售"(制造商与经销商的交易关系)与"转售"(经销商与零售商的交易关系)是两个独立的销售关系。如果供货商与经销商之间是代理关系，或者是"母子关系"，则不存在转售价格的控制问题，即经销商具有独立人格的，就不能认定转售的价格控制，而只能视为公司的"内部管理"关系。二是限制转售价格必须是带有"强制性"的，限制转售价格是上游厂商对下游经销商构成有拘束力的限制行为，而不包括单纯的"建议价格"行为。凡是订有罚则或以拒绝交易相要挟等内容的转售协议的，即属于"强制性"价格限制。

(二) 垄断协议的豁免

垄断协议原则上应该受到法律追究，因此，并非所有国家的法律都会设置豁免的条件。垄断协议的豁免是指对于违反法律规定的垄断协议行为，由于其具有某些合理的因素，或者这类协议产生的有利因素足以抵消其限制竞争所造成的危害，经竞争执法机关的批准，不适用反垄断法规制垄断协议的规定，或者减轻或免除其法律责任的制度。豁免制度对垄断协议行为的规制产生着重要的影响。

垄断协议的豁免标准是通过竞争可以实现的利益与一定程度的限制竞争而实现的利益相比，如果后者大于前者，则属于反垄断法的豁免范围。很多国家和地区在法律中明确规定了垄断协议的豁免条件，[①]只有那些符合条件的协议才不会被反垄断法归责。我国《反垄断法》第 15 条规定的豁免条件内容整体上与世界各国相近，即经营者能够证明所达成的垄断协议属于下列情况之一的，可以不适用反垄断法：(1)为改进技术、研究开发新产品的；(2)为提高产品质量、降低成本、增进效率，统一产品规格、标准或者实行专业化分工的；(3)为提高中小经营者经营效率，增强中小经营者竞争力的；(4)为实现节约能源、保护环境、救灾救助等社会公共利益的；(5)因经济不景气，为缓解销售量严重下降或者生产明显过剩的；(6)为保障对外贸易和对外经济合作中的正当利益的。必须注意的是，除了符合上述类型豁免的条件，大多数国家还要求所达成的协议不会严重影响市场竞争机制，所以必须进行市场竞争的评估分析。同时，消费者利益也是必须考虑的重要因素。我国《反垄断法》规定了几种类型的豁免条件，同时还规定"经营者还应当证明所达成的协议不会严重限制相关市场的竞争，并且能够使消费者分享由此产生的利益"。由此可见，垄断协议的豁免是被严格控制的。

从反垄断法实施的发展趋势来看，随着各国竞争政策目标的明确，产业政策逐渐与竞争政策协调，行业性的垄断协议豁免逐步减少。日本和德国都是十分典型的。日本反垄断法的许多豁免条款产生于 20 世纪 50 年代，那是产业政策的产物。当时各类法律中可

① 《欧盟条约》第 85 条第 3 项规定对垄断协议的豁免列出了四个条件：(1)有助于改进商品的生产或者流通，或者促进技术或者经济进步；(2)使消费者公平分享由此产生的利益；(3)除非为实现这些目标所必须者外，对有关行为人不强加限制；(4)对于所涉及的产品的重要部分，不给予此种行为人排除竞争的可能性。

以获得豁免的卡特尔总共有 68 种之多。1995 年内阁批准的全面废止卡特尔豁免制度的文件表明,基本经济政策开始向竞争政策倾斜。由此开始,被豁免的卡特尔的具体数目直线下降。[①]日本废除已经存在长达四十年历史的卡特尔豁免的做法,被认为具有重大意义。表明其竞争政策的实施达到了较为成熟的程度,即使没有垄断协议豁免制度,竞争政策的影响也已经强大到足以制止某些企业合作的行为。德国除了合理化卡特尔以外,几乎所有的卡特尔也都在应当废止的范围之内。

关于纵向垄断的协议,大多数国家一般都对出版物的维持转售价格进行了豁免。允许对出版物维持转售价格的原因主要是出于对文化政策和教育政策的考虑,有利于保证文学作品的多样性,保证科学和学术著作的出版,保证书店经营品种的多样化,以及保证中小书店在地域分布上的合理性等。德国学者普遍认为,出版物不仅是经营性的产品,而且也是文化产品,对这种产品在纵向限价方面给予特权不违反德国宪法。[②]

四、垄断协议的法律责任

由于垄断协议对市场竞争的严重影响,各国反垄断法对其规定了较为严格的法律责任。经营者之间的垄断协议如果得不到反垄断法的豁免,将面临反垄断法如下的严厉惩罚:

(1) 行政责任。首先,法院根据法律规定直接宣告各类限制竞争的协议决议自始无效;其次,行政机关发布禁止协议、废止禁止的命令,并对行为人处以巨额的罚款(或课征金)。例如,韩国《规制垄断与公平交易法》第 22 条规定:"对于实施不正当共同行为的事业者,公平交易委员会命令其缴纳不超过总统令规定的销售额的 5%的课征金,无销售额的缴纳不超过 10 亿韩元的课征金。"我国《反垄断法》规定,经营者违反本法规定,达成并实施垄断协议的,由反垄断执法机构责令停止违法行为,没收违法所得,并处上一年度销售额 1%以上 10%以下的罚款;尚未实施所达成的垄断协议的,可以处 50 万元以下的罚款。行业协会违反本法规定,组织本行业的经营者达成垄断协议的,反垄断执法机构可以处 50 万元以下的罚款;情节严重的,社会团体登记管理机关可以依法撤销登记。

(2) 刑事责任。在有些国家如美国、英国、日本以及澳大利亚等,对于所谓的核心卡特尔[③]实施刑事制裁,包括罚金和主要责任者的刑事监禁。例如,美国法院对限制竞争行为的犯罪企业可处以 100 万美元以下的罚金,对个人处以 10 万美元以下的罚金;美国与澳大利亚均规定对个人可以处 10 年以下的监禁。值得一提的是日本,2009 年日本反垄断法对不当限制交易罪刑事制裁从原来的 3 年以下徒刑或并处 500 万日元以下的罚金提

---

① 日本 1966 年还有 1 079 个卡特尔被豁免,1980 年就降为 491 个,1990 年为 261 个,1995 年为 161 个。到了 1997 年,这个数字更是降到了历史的最低点,仅为 12 个卡特尔可以得到豁免。参见徐士英:《日本反垄断法的本土化及对我国的启示》,载于《法商研究》1999 年第 4 期。

② BVerfG 26. 11. 1986 NJW1987, 1397.

③ 有些垄断协议因为其危害性较大,又不易调查,故称为核心卡特尔或硬壳卡特尔(Hard Core Cartels),如价格固定协议、市场划分协议以及联合抵制协议等,这些协议一般适用自身违法原则加以处罚。

高到5年,这一规定为日本反垄断刑事处罚的实际落实发挥了重要作用。①

(3) 民事责任。多数国家规定由于垄断协议受到损害的可以提出损害排除的诉讼。例如,美国《谢尔曼法》第7条规定,任何因反托拉斯法所禁止的事项而遭受损失的人,不论损失大小,都可提起3倍损失排除的诉讼。日本《禁止私人垄断及确保公正交易法》第25条对实施垄断行为的事业者规定,即使没有过错或过失,也应该对受害人承担赔偿责任。

(4) 垄断协议责任的宽恕制度。由于经营者之间达成垄断协议的手段越来越隐蔽,给查处违法行为带来很大困难。美国、日本、韩国等国家执法机构利用协议本身具有的不稳定性,鼓励参与协议的成员检举揭发限制竞争的行为。对那些向反垄断法机关举报并提供重要证据的成员,可以根据提供信息的情况,不同程度地得到法律责任的豁免或者减免处罚的宽大处理。我国《反垄断法》对垄断协议行为也规定了如下的责任宽恕条款:经营者主动向反垄断执法机构报告达成垄断协议的有关情况并提供重要证据的,反垄断执法机构可以酌情减轻或者免除对该经营者的处罚。根据执法部门制定的实施细则,②经营者主动向政府价格主管部门报告达成价格垄断协议的有关情况并提供重要证据的,政府价格主管部门可以酌情减轻或者免除对该经营者的处罚。第一个主动报告达成价格垄断协议的有关情况并提供重要证据的,可以免除处罚;第二个主动报告达成价格垄断协议的有关情况并提供重要证据的,可以按照不低于50%的幅度减轻处罚;其他主动报告达成价格垄断协议的有关情况并提供重要证据的,可以按照不高于50%的幅度减轻处罚。

同时,组织行业经营者达成垄断协议的行业协会,我国《反垄断法》还规定了50万元以下的罚款和依法撤销社会团体登记的处罚。

第四节　经营者集中行为的法律规制

一、经营者集中概述

由于经营者集中(也称为"企业合并")是直接导致经济力量集中的途径,从而可能影响市场结构和市场竞争。因此,自1890年美国颁布《谢尔曼反托拉斯法》以来,控制经营者集中一直是各国反垄断法的重要任务。伴随着经济全球化和跨国兼并浪潮的兴起,经

---

① 根据日本《刑法》第25条的规定,3年以下徒刑可以适用缓刑,因此在过去的反垄断法司法实践中,垄断罪犯往往能够通过缓刑制度而逃避实际监禁处罚。这对于打击垄断犯罪的威慑力和惩罚力十分不足,使得反垄断刑事责任的作用也流于形式。而新法中提高了垄断犯罪监禁上限,则使得实际监禁措施有望在垄断案件中得到真正落实,使反垄断刑事制裁真正起到作用,从而大大强化了日本反垄断法的执行力和对垄断行为的抑制力。

② 参见国家发展和改革委员会2010年12月29日公布的《反价格垄断行政执法程序规定》,该规定自2011年2月1日起实施。

营者集中控制制度越来越凸显它的社会综合价值。

(一)经营者集中的含义

经营者集中在各国法律中也被称为企业合并,或联合、兼并、收购等。为了避免与狭义的"企业合并"概念相混淆,我国反垄断立法中采用了"经营者集中"的提法。显然,这要比其他法律中企业合并的含义宽泛些。它不仅包括会计法①与公司法②关于资产转移型的合并,还扩大到一个企业能够对另一个企业发生支配性影响的所有方式,包括持有其他公司的股份、取得其他企业的资产、受让或承租其他企业全部或主要部分的营业或财产,与其他企业共同经营或受其他企业委托经营、干部兼任、直接或间接地控制其他企业的人事任免等实现市场力量集中之目的的所有行为,即一个或者多个企业对其他企业全部或者部分获得控制,从而导致持久的相互关系的一切可能性都是包含在内的。由此可见,竞争法关于经营者集中概念的重点并非在于被合并企业的法律人格的变化,而在于集中产生或可能产生的市场经济力量的集中和对市场竞争的影响。关注集中以后是否创设或强化了市场支配地位,这在各国立法中可以明显看到。例如,美国根据《克莱顿法》第 7 条规定,经营者集中是指从事商业或从事影响商业活动的任何人取得他人所持有的股票或其他股份或者资产行为、合并行为、合营行为、兼任管理职务的行为。③德国《反对限制竞争法》规定,该法上的合并不仅包括一个企业取得另一企业的财产或者股份,还包括"一个或者若干企业可以直接或者间接对另一企业的市场竞争施加重大影响的所有联合方式"。日本《禁止私人垄断及保护公正交易法》(以下简称《独占禁止法》)没有关于经营者集中的明确定义,而是采取列举式的方式,在限制垄断状态的措施前提下,分别对合并、股份持有、干部兼任、合并、营业受让等行为进行了规定。如果前述行为的结果将实质性地限制一定交易领域内的竞争,以及行为人所采取的方法被认为是不正当的交易方法时,该种合并行为将被予以禁止。④

(二)经营者集中类型

根据集中所采用的方式不同,经营者集中可以分为资产转移型集中和经营控制型集中。

1. 资产转移型集中

资产转移型集中实际上就是公司法意义上的企业合并,它又可以分为横向集中、纵向集中与混合合并。

横向集中是指竞争者之间的集中,其显著的市场效果是经营规模扩大而带来的规模

① 根据国际会计准则第 22 号(IAS22)的解释为:"企业合并是指一个企业获得对另一个或若干个企业控制权的结果,或指两个或若干个企业实行股权联合的结果。"

② 参见《中华人民共和国公司法》第 173 条:"公司合并可以采取吸收合并或者新设合并。一个公司吸收其他公司为吸收合并,被吸收的公司解散。两个以上公司合并设立一个新的公司为新设合并,合并各方解散。"

③ 王为农著:《企业集中规制的基本法理——美国、日本及欧盟的反垄断法比较研究》,法律出版社 2001 年版,第 12—19 页。

④ 《日本禁止垄断法》,王长河、周永胜、刘风景译,法律出版社 1999 年版,第 102 页。

经济效益,与此同时,也因合并而直接减少了市场竞争。横向集中被认为是最有可能影响市场结构,引起市场集中度提高的行为。规模经济所产生的效益,由于经营者追求利润最大化的考虑而往往到不了消费者的口袋。①经营者会减少产出而提高价格,造成消费者剩余减少,社会整体福利也因总产品供给减少而下降。②不仅如此,横向集中还可使相关市场上的竞争者更加容易地进行危害消费者利益的协同一致,减少竞争。因此,横向集中一直是各国反垄断法规制较严的行为。

纵向集中是指处于不同生产或销售环节的企业之间的集中,其实质是将原来的市场交易关系内化成企业内部的管理关系。纵向集中能够减少经营者信息收集、交易谈判及签约等交易成本,虽不直接导致企业市场占有率的提高和市场势力的增强,但集中后的企业会增强对上、下游市场的控制力量,进而影响市场竞争力量的对比,特别是形成强势市场主体后可能产生以滥用市场支配地位的方式排挤竞争对手。正如美国司法部 1968 年有关集中的指南中规定,纵向集中对市场上的生产者或销售者可能会构成进入市场的障碍,从而使未参与或者未完全参与联合的企业处于不利的竞争地位,且这种做法又不利于提高企业经济效益时,这种集中就应被视为严重损害竞争的违法行为。正因为纵向集中存在着对市场竞争的潜在威胁,它也成为反垄断法规制的对象。

混合集中是指分属不同产业领域的企业的集中,由于混合集中的各方之间既不存在横向竞争关系,也不一定具有纵向交易关系,其对市场竞争并不产生直接的消极影响,以往法律对此类集中并不严厉。但在当今世界各国的集中案中,混合集中已成趋势。这类集中不仅能增强企业的整体经济力量,加强对集中企业主要产品市场的控制,还可能使原来不同市场的产品产生优势地位。如将两种产品的优势都加以利用,比如定价都提高,由此形成对消费者选择的限制,消费者将会处于不利的地位。此外,不同部门资本的集中有可能导致少数大型混合企业对国民经济的垄断性影响,从而有悖于经济自由与经济民主原则。当这种集中成为市场集中主要途径时,其影响竞争的潜在威胁不能忽视。

2. 经营控制型集中

经营控制型集中,又称间接合并,它是公司法意义以外的其他形式的集中。反垄断法控制的经营者集中其实更多的是经营控制型的。根据我国《反垄断法》的规定,经营控制型集中包括:(1)经营者通过取得股权或者资产的方式取得对其他经营者的控制权;(2)经营者通过合同等方式取得对其他经营者的控制权或者能够对其他经营者施加决定性影响。前者包括股份控制,即企业通过购买竞争者企业的股票或资产,受让或承租资产而导致限制竞争或垄断控制的行为。优势企业通过控股,持有其他企业的股份等少量财产支配更多资产的形式,把其他经营者的活动纳入本企业的范围,达到控制市场的目的。后者是指通过包括委托经营、共同经营或联营以及人事控制(企业监事会、董事会或其他被委任执行事务的干部的兼任)等形式实现共同控制市场的目的。只要掌握了其他企业的经营权和人事权,就能对其他企业实行控制。

① 徐士英:《美国反垄断纵横谈》,载于《政治与法律》1994 年第 1 期。

② 萨缪尔森著:《经济学》(第 12 版),高宏业等译,中国发展出版社 1992 年版,第 686、858 页。

二、经营者集中控制的制度价值

经营者集中控制制度是反垄断执法机关根据实体标准和法定程序对具体经营者集中案件进行审查并作出是否准许的机制。经营者集中控制制度是世界各国反垄断法共有的一项制度,它对各国的市场竞争秩序维持及其国家安全保障等都具有非常重要的作用。

(一) 有效维护市场竞争

虽然现代反垄断法本身并不反对企业通过正当的工业化途径获得市场支配地位,企业原则上可以通过市场竞争机制来兼并相关竞争者,①但是各国出于以下两个方面的考虑都建立了经营者集中的控制制度,对企业的集中行为进行适度调整,即"经营者集中会导致市场力量过度集中造成市场竞争状态受到抑制"和"企业获得市场支配地位后可能滥用优势扰乱经济秩序"。这种结构主义的规制思路一直影响到 20 世纪 80 年代,立法中仅要求审查市场集中度和参与经营者集中的市场份额,如果市场集中度迅速上升或者参与经营者集中的市场份额过大,就会被认为是垄断性集中而被禁止。这种单纯的结构主义立法对经营者集中的控制是相当严厉的,一些大的经营者集中案件被禁止,②就反映了对市场经济力量过度集中的高度警惕。

(二) 提高经济运行效率

19 世纪 40 年代创立的有效竞争理论分析指出,完全竞争理论在各国反垄断执法中应当只是一种理想的趋向,因为市场竞争状态基本是处于不完全竞争的状态。因此,反垄断法执法追求的应当是能够保证和促进经济增长与技术进步的有效竞争,③在很长一段时间内,人们通常认为垄断者出于利润追求而在使用相关生产要素时的效率是最大化的,因此每一产量水平都实现了最小的成本。④既然如此,反垄断执法机关对经营者集中控制制度似乎没有存在的价值。1956 年,美国经济学家雷宾斯坦(Leibenstein)在"Allocative Efficiency vs. X-Inefficiency"一文中有关 X—无效率则很好地回答了经营者集中控制制度的价值。他在文章中指出,缺乏竞争会使得垄断者的无效率成为可能,垄断者可以在高于它的理论成本曲线的某点运行。⑤因此,经营者集中控制制度是在不完全竞争市场状态下政府实现效率最大化的工具。

---

① 参见《中华人民共和国反垄断法》第 5 条规定:经营者可以通过公平竞争、自愿联合,依法实施集中,扩大经营规模,提高市场竞争能力。

② 吕明瑜:《美国经营者集中制度的研究与借鉴》,载于《河南师范大学学报》2003 年第 5 期。

③ 辜海笑著:《美国反托拉斯理论与政策》,中国经济出版社 2005 年版,第 14 页。

④ W. Kip Viscusi John M. Vernon Joseph E. Harrington 著:《反垄断与管制经济学》(第三版),陈甬军等译,机械工业出版社 2004 年版,第 49 页。

⑤ H. Leibenstein, "Allocative Efficiency vs. X-Inefficiency", *American Economic Review*, June 1996.

(三) 国家安全保障

伴随着经济全球化的趋势,跨国兼并蓬勃发展,国际化企业的规模也变得越来越大。每一次并购都可以达到一个中小国家的国民生产总值。①虽然跨国兼并有着提高效率的积极方面,但它也极大地增加了跨国企业在东道国的影响。跨国集中不仅直接影响到相关国家的市场结构,还往往涉及国家安全、产业政策实施以及其他社会问题。经营者集中控制制度不仅可以维护市场竞争与经济效率,也成为应对跨国集中的制度工具。我国作为世界上最大的发展中国家,同样面临着跨国兼并带来的负面影响,反垄断法在经营者集中方面的实施有助于控制各方面的风险。

三、经营者集中控制的标准

虽然大部分国家的反垄断法并不当然地反对经营者集中,但对经营者集中的法律控制至少在很大程度上带有结构主义的色彩。虽然由于芝加哥学派的影响,结构主义理论分析模式对反垄断仍然具有影响力,尤其是在竞争企业之间的集中方面表现得最为明显。从世界各国反垄断法的实践来看,经营者集中的控制已经成为反垄断法实施的核心内容之一。对经营者集中进行反垄断控制的最终目标应当是社会整体效益得到增进,而社会效益增长这一抽象的概念必须通过具体的标准得以体现。各国反垄断法对经营者集中控制实行的标准有以下三类:

(一) 实质减少竞争标准

实质减少竞争标准是指按照是否减少市场竞争,对竞争是否产生实质限制作用为标准对经营者集中进行控制。美国 1914 年颁布的《克莱顿法》中规定:如果可能实质上削弱竞争或造成垄断,那么一个公司通过购买另一竞争公司的全部或大部分股票而吞并该公司的做法是法律禁止的。按照美国《企业并购指南》的规定,经营者集中导致的相关市场产品价格如果显著高于没有集中情况下的价格,而且这种价格的差异难以在两年内消除的,就可以认定是实质减少了竞争的情形而予以禁止。该标准的采用节约了对垄断组织形成之后再进行分解的社会成本,②但从效率角度分析,用这样的标准来衡量企业集中的效果并不理想,由此也促使美国的相关法律进行了多次修改。1968 年至 1984 年司法部三次颁布了企业合并指南,改变了原来单纯的社会目标,增加了对新企业或者其他行业的企业进入市场的潜在性和对国际竞争因素的考虑。③1992 年司法部和联邦贸易委员会联合发布了新的企业合并指南,明确提出了控制企业合并要看是否"有益于企业的竞争和消费者的福利"。由此可见,消费者的福利成了检验企业合并是否需要控制的核心标准。目前采用"实质减少竞争标准"的国家还有日本、韩国、加拿大、澳大利亚等。④

---

① 王晓晔著:《竞争法研究》,中国法制出版社 1999 年版,第 234—250 页。

② 蒋泽中著:《企业兼并与反垄断问题》,经济科学出版社 2001 年版,第 161 页。

③ 王晓晔著:《企业合并中反垄断问题》,法律出版社 1996 年版,第 35 页。

④ 例如,日本《禁止私人垄断及确保公正交易法》中明确规定:因该集中将实质性限制一定交易领域里竞争的不得集中;韩国《规制垄断与公平交易法》中也规定:企业结合不得在一定的交易领域内实施实质性地限制竞争。

(二) 市场支配力标准

市场支配力标准是以集中是否增强了市场支配地位并影响市场竞争为标准的经营者集中控制制度。该标准以竞争作为观察集中是否被允许的唯一视点,是否对经营者集中进行干预的重要标准就是评价集中是否产生或增强了市场支配地位。以欧盟的《集中条例》为例,如果一项集中创设或者增强了市场支配地位,从而使得欧共体市场或市场的大部分有效竞争受到严重妨碍,该集中得宣布与共同市场不一致而不被批准。集中后的相关市场没有了竞争者或者消除了实质竞争,或者企业在与其竞争者的关系上具有突出的市场地位,就被认为是增强了市场控制力。法律还规定了占有一定市场份额的企业具有控制市场地位、大型企业参与的企业合并加强突出的市场地位以及寡头企业参与合并具有控制市场地位的法定推定(推定事实),①如果企业合并所产生的竞争方面的利大于弊,则虽可能产生或加强控制市场的地位,也不应禁止合并(权衡条款)。由此可见,欧盟对企业合并的控制比较具体,给执法机关留有一定的余地,对一些有利于市场效率和国家整体竞争力提升的合并,可以考虑给予准许。这就使他们在竞争政策和产业政策发生冲突时,根据法律的原则和标准进行选择。此外,欧盟在判断是否增强支配地位时还将结合市场本身的特征(如是否急速发展的市场)、市场中竞争的属性(如是否寡头竞争)等因素来综合考虑市场支配地位的认定。即使是占有20%—30%的市场份额,如果公司大规模地投入研发也可能创设市场支配地位。“只有在市场份额既能反映企业的当前情况也能反映企业的未来状态的情况下,市场份额才可以成为确定市场支配地位的一项重要指标。”②

(三) 经营者集中控制中的效率抗辩

随着反垄断法对效率目标的追求,对经营者集中的控制逐渐转移到以效率为标准,这被称为“集中控制标准的效率化趋势”。20 世纪 80 年代以来,美国司法部在其颁布的多个集中指南中,对实质性减少竞争的标准进行了调整。除了增加对经营者集中可能产生的潜在的反竞争影响的考虑之外,③更加重要的是把是否损害市场效率,尤其是相关市场上消费者福利作为对集中进行控制的主要考虑因素。例如,1992 年司法部和联邦贸易委员会联合发布的集中指南中明确提出,经营者集中能够产生效率,但是也会产生反竞争的影响。当竞争法主管机关控制集中时,企业可以提出“效率抗辩”。当局只考虑那些具有“集中特有的效率”的集中,即在没有集中的情况下不能产生的效率。而“集中特有的效率”必须是可以认知的效率,反垄断当局对可认知的效率的认定是:如果一项集中导致的收益可能大到足以超过该集中损害相关市场上消费者利益的坏处时才可以得到反托拉斯机关的批准。欧盟也在其“市场支配地位”的标准的基础上对之加以修正,以突出效率在控制集中中的重要性。一方面,通过成文法明确规定了企业在集中审批中的“效率抗辩”权的行使,如对市场份额不超过 30%的纵向集中,当事人可以集中的效率增强大于集中

---

① 邵建东著:《中国法律对企业合并的控制——中国应否采纳德国的企业合并监控法律模式?》,载于王晓晔编《反垄断法与市场经济》,法律出版社 1998 年版。

② 卫新江著:《欧盟美国经营者集中反垄断法规制比较研究》,北京大学出版社 2005 年版,第 74 页。

③ 王晓晔著:《经营者集中反垄断问题》,法律出版社 1996 年版,第 35 页。

的反竞争效果为由进行抗辩，欧盟委员会可授权对之加以豁免；另一方面，通过对于效率的内涵的界定明确了竞争机关可以以效率为标准对集中进行评价，即只有在“对消费者有利而且不构成对竞争的妨碍”的条件下才可以被欧盟委员会所考虑。

在实践，很多国家将上述标准综合起来，多方面考虑经营者集中对市场经济的影响来控制集中。这个体现了反垄断法的政策性和灵活性：首先，规定了对于集中达到一定金额标准的重大集中是要事先进行控制的，经营者集中必须要向主管机关进行申报，达到批准后才能集中。其次，规定了准许集中时应当考虑的一些因素，其中包括集中后可能排除或限制竞争的可能性、集中后对技术进步和市场准入的影响、对消费者和上下游企业的影响、集中对经济效率的促进作用、集中对规模经济发展和社会公共利益的影响等。再次，规定了关于集中控制的量化标准。

（四）中国的控制标准

我国反垄断法吸收了上述国家的经验，在经营者集中控制的审查标准上贯彻了反垄断法的政策性和灵活性。如《反垄断法》规定，“经营者集中具有或者可能具有排除、限制竞争效果的，国务院反垄断执法机构应当作出禁止经营者集中的决定”。与此同时，设定了反垄断主管机关在作出禁止集中的决定时应当考虑的一些因素，如参与集中的经营者在相关市场上的占有率及其对市场的控制力；相关市场的集中度；经营者集中后对相关市场竞争的影响；经营者集中后对市场进入、技术进步的影响；经营者集中后对消费者、上下游经营者的影响；经营者集中对国民经济发展和社会公共利益的影响等。①同时又规定，经营者能够证明该集中对竞争产生的有利影响明显大于不利影响，或者符合社会公共利益的，国务院反垄断执法机构可以作出对经营者集中不予禁止的决定。②该条款表明我国在控制标准中关注市场效率，也规定了效率抗辩的权利。由此可见，我国《反垄断法》中关于经营者集中控制的标准注重与产业政策之间的协调，但是可能引发竞争政策与产业政策的冲突。如果偏重关注产业政策的社会目标，竞争政策的实施一定会受到削弱。可行的做法是将“消费者福祉”的考虑引入经营者集中控制标准中去。③

四、经营者集中控制程序制度

经营者集中的控制程序可以分为事先申报制度、行政调查制度以及司法审查制度。

（一）事先申报制度

事先申报制度是指世界各国反垄断法对市场竞争具有重大影响的集中事项必须事先向主观机关进行申报的强制性规定。美国法律规定，除非根据《哈克—斯科特—罗迪

---

① 参见《中华人民共和国反垄断法》第27条。

② 参见《中华人民共和国反垄断法》第28条。

③ 徐士英：《论企业合并反垄断法控制的权衡》，载于《法律杂志》2006年第1期。

诺法》[①]获得豁免，符合法律规定条件的集中当事人必须在集中前向主管机关提供通知，协议达成后 30 天内(现金收购的条件下为 15 天)向联邦贸易委员会或司法部反托拉斯局进行申报。欧盟法律规定集中当事人负有向欧盟委员会进行申报的强制性义务，必须在集中协议达成或发出公开市场收购的 7 天之内申报。

对于申报的条件抑或“门槛”，各国都规定了数额。例如，美国的《哈克—斯科特—罗迪诺法》规定，任何收购交易额在 1 000 万美元及以上的集中行为，或收购的结果是收购人将持有被收购人 15%以上股权的涉及集中企业的股权或资产价值达到 1 500 万美元的集中行为，必须向联邦贸易委员会或者司法部反垄断局进行申报；上述金额于 2001 年分别修改为 2 000 万美元和 5 000 万美元，同时放弃了 15%的股权收购的要求。

欧盟对于重大影响的集中申报的条件规定是：所有当事人的全球累计营业额超过 50 亿欧元；至少有两家当事人在欧盟范围内的累计营业额均超过 2.5 亿欧元必须申报(但参与集中的单个当事人的三分之二的欧盟营业额来自同一个成员国的除外)；在三个成员国的每一个国家的营业额超过 2 500 万欧元的、全球累计营业额超过 25 亿欧元，或者在三个成员国的每一个国家的累计营业额超过 1 亿欧元、至少两家当事人的每一个的欧盟营业额超过 1 亿欧元，都属于重大的集中事项，也必须要向欧盟委员会申报。

我国《反垄断法》同样对大型的重要集中事项作出了必须申报的规定。国务院于 2008 年 8 月制定了《关于经营者集中申报标准的规定》，规定指出：经营者集中达到下列标准之一的，经营者应当事先向国务院商务主管部门申报，未申报的不得实施集中：参与集中的所有经营者上一会计年度在全球范围内的营业额合计超过 100 亿元人民币，并且其中至少两个经营者上一会计年度在中国境内的营业额均超过 4 亿元人民币；参与集中的所有经营者上一会计年度在中国境内的营业额合计超过 20 亿元人民币，并且其中至少两个经营者上一会计年度在中国境内的营业额均超过 4 亿元人民币。但是经营者集中有下列情形之一的，可以不向国务院反垄断执法机构申报：一是参与集中的一个经营者拥有其他每个经营者 50%以上有表决权的股份或者资产的；二是参与集中的每个经营者 50%以上有表决权的股份或者资产被同一个未参与集中的经营者拥有的。

(二) 调查与审查制度

审查程序包括集中审批机关对必要信息的调查取证、对于当事人表达意愿的听证以及进行初步或者进一步审查等阶段。执法机构按照法律规定的程序和标准经过审查后，有权决定是否通过集中申请。例如，美国联邦贸易委员会有权签发调查令，自行进行调查获得书证和证言，司法部反托拉斯局也可以组织调查获取相关证据。欧盟的《企业集中条例》赋予欧盟委员会广泛的调查权力，包括进入任何场所和运输工具内检查文字记录和商业记录、要求当事人现场解释调查中的问题等。听证制度是控制经营者集中的一项重要制度。听证一般由竞争法的主管机关组织，听证的内容包括程序方面和实体方面的问题，以确保当事人受到法律公平公正的规制。在美国，如果经过听证后当事人不提起上诉，反

① 该法全称为《1976 年哈克—斯科特—罗迪诺反垄断法改进法》，于 1978 年实施，是对《克莱顿法》等关于经营者集中控制标准和程序规定进行修改的法案。

垄断机关就以此作出是否禁止集中的正式决定。欧盟虽然把听证结果作为参考,但是在程序方面对保护当事人的抗辩权和知情权有着决定性的作用。根据我国商务部制定的《经营者集中审查办法》,在经营者集中审查过程中,商务部可召开听证会,调查取证,听取有关各方的意见。其中,有关各方将包括参与集中的经营者及其竞争者、上下游企业及其他相关企业的代表;特定情形下可包括有关专家、行业协会代表、有关政府部门的代表以及消费者代表。在听证制度之外,还设立了"商谈制度",经营者启动集中反垄断审查是从申报开始的,申报前商谈或联系能够增加反垄断执法机构对拟申报集中的事先了解,确保申报格式和内容从一开始即满足法律的完整性要求,并有助于双方初步确认集中的关键性议题和可能产生的竞争损害,为即将展开的反垄断调查做准备。①

(三)审批与救济制度

经营者集中的审查一般分为初步审查和进一步实质性审查两个阶段。大部分的集中申请是无条件批准的,我国自2008年8月1日《反垄断法》实施至2012年底,商务部反垄断局共审结经营者集中案件474件,其中无条件批准458件。进入实质性审查的集中申请,通过进一步调查,或者补充材料之后,大部分申请也会被通过。只有少数案件,其集中后限制竞争的效果比较明显,执法部门在作出禁止之前,通过附加某些结构性条件或者行为性条件的措施之后,可以批准这些集中。我国《反垄断法》第29条规定,对这些不予禁止的经营者集中,国务院反垄断执法机构可以决定附加减少集中对竞争产生不利影响的限制性条件。附条件批准经营者集中制度,既可消除经营者集中对市场竞争产生的不利后果,又充分发挥了集中带来的经济效益。附加条件主要是采用资产剥离(包括业务或产能的剥离)。剥离优势企业的某些强势业务就成为反垄断的法律救济方式之一。美国的经营者集中被以资产剥离方式解决的比例高达30%,美国电话电报公司(AT&T公司)于1982年由于美国司法部的起诉,被决定放弃其控股的地方性电话营业公司就是一例。欧盟在所有申报集中的案件中,除了无条件批准的以外,其他案件77%是通过资产剥离的方式结案的。②我国商务部在2010年制定了《关于实施经营者集中资产或业务剥离的暂行规定》,至今已经有20多件集中案件是以附条件的批准方式实施的集中。③

五、经营者集中的法律责任

经营者集中行为如果得不到反垄断执法机关批准,将承担法律责任。从世界各国反垄断立法来看,经营者集中的法律责任主要有:

(1) 禁止结合。德国法律规定如果可以预见因经营者集中将出现控制市场的地位或

① 我国商务部《关于经营者集中申报的指导意见》第1条对申报前商谈也作出了规定,并指出申报前商谈须满足下列三个条件:(1)经营者应事先向反垄断局提出书面商谈申请,并预约商谈时间。(2)书面申请应包括申请人、申请事项、交易概况、拟商谈问题以及联系人等信息。(3)经营者应向反垄断局提供与拟进行商谈的集中交易有关的必要文件、资料。

② 卫新江著:《欧盟美国经营者集中反垄断法规制比较研究》,北京大学出版社2005年版,第100页。

③ 参见国家商务部反垄断局网站:http://www.mofcom.gov.cn/。

加强控制市场的地位，那么反垄断当局就可以禁止集中。一旦禁止企业就不得完成该项集中，其他人也不得参与完成集中。美国的联邦贸易委员会和司法部有权对违反集中法律规定的企业发布禁制令终止制止集中。

(2) 解散已集中企业。对于集中后有损市场竞争的企业，反垄断主管机关可下令解散已经结合的企业团体。例如德国法律规定，如果联邦卡特尔局已经下令禁止的集中已经完成，则必须进行解散。

(3) 赔偿损失。当企业结合已经对社会造成危害时，应加以必要的惩戒，如集中损害了其他经营者或消费者的权益，集中者应承担相应的损害赔偿责任。

(4) 其他方式。对于人事兼任、合资经营、委托经营等形式的经营者集中，还可采用解除职务、宣告合同无效等方式进行处罚。严重的还有刑事责任，例如美国对不经申报擅自集中的企业，法院可处以违反期内每天高达 1 万美元的罚金。

(5) 资产剥离。经营者集中业务的结合使得原来拥有优势的企业更增强了市场支配地位，因此，剥离优势企业的某些强势业务就成为反垄断的法律救济方式之一。

我国《反垄断法》第 28 条规定，经营者集中具有或者可能具有排除、限制竞争效果的，国务院反垄断执法机构应当作出禁止经营者集中的决定。第 48 条规定，经营者违反本法规定实施集中的，由国务院反垄断执法机构责令停止实施集中、限期处分股份或者资产、限期转让营业以及采取其他必要措施恢复到集中前的状态，可以处 50 万元以下的罚款。给他人造成损害的，则依法承担相应的民事责任。

第五节　行政性垄断的法律规制

一、行政性垄断概述

在国家为克服市场缺陷而进行的经济干预日益增多的同时，也出现了不少地方政府不当行使行政权力设置市场壁垒，排除限制竞争的现象。这些现象被称为行政性垄断行为。虽然与市场经济运行过程中通过激烈竞争产生的经济性垄断不同，但是其危害市场竞争的性质是一致的。①尤其在经济体制改革过程中，地方政府为谋取局部利益而直接充当竞争者，不惜以行政手段损害竞争机制的情况大量存在。虽然这不是中国独有的现象，即便是在发达国家，也不可避免存在这种以行政权力为支撑形成的特殊的垄断。但是作为转型经济的我国，由于传统体制的影响甚广，客观情况迫切需要反垄断法对行政性的垄断行为加以规制。因此，反垄断法将行政性垄断纳入规制的范围，既是推进经济体制改革的有效路径，也是顺应世界发展趋势的必要举措。

① 行政机关等滥用行政权力排除限制竞争的行为在我国一般简称为行政性垄断，本书为叙述方便也采用这一称谓。

(一) 行政性垄断的概念

根据我国《反垄断法》的规定,行政性垄断是指行政机关和授权进行公共管理的组织滥用行政权力排除或者限制竞争而形成的垄断。[①]根据这一规定可以明确,就主体而言,行政性垄断的主体包括行政机关和法律、法规授权的具有管理公共事务职能的组织;就表现形式而言,行政性垄断是滥用行政权力排除限制竞争的行为,既包含具体行政行为,也包括通过制定行政规定的方式实施垄断的抽象的行政行为。具体行政行为是指在行政管理过程中,针对特定的人或事所采取具体措施的行为,其行为的内容和结果将直接影响某一个人或组织的权益,包括行政许可、行政监督(检查)、行政处罚、行政确认(登记)、行政强制、行政给付、行政裁决和其他行为(如行政命令、行政指导、行政计划、行政奖励、行政规划)等。抽象行政行为是指以不特定的人或事为管理对象,制定具有普遍约束力的规范性文件的行为,如制定行政法规、规章和其他行政规范性文件等。一般来讲,在排除限制竞争的行政性垄断中,抽象行政行为是主要形式,多数损害竞争的具体行政行为都是依据政府规范性文件得以实施的,这也是为什么行政性垄断要比经济性垄断更加具有危害性的原因。

(二) 行政性垄断的表现形式

1. 地区垄断

地区垄断是指地方政府或政府授权机构通过行政权力设置市场壁垒,人为地削弱地区外经营者竞争能力的行为。这种市场壁垒既没有效率因素,也缺乏法律依据,只是为了保护本区域企业免受竞争压力,达到提升局部经济利益的目的。我国在经济转型过程中,地方保护的现象比较严重,成为建设社会主义统一市场的严重障碍,如限定或者变相限定单位或者个人经营、购买、使用其指定的经营者提供的商品,或者通过指定或变相指定商品;对外地商品设定歧视性收费项目、收费标准或者规定歧视性价格;对外地商品采取歧视性技术措施,专门针对外地商品的行政许可以及阻碍外地商品进入或者本地商品运出等方式,达到对商品在几个不同行政区域之间的自由流动形成限制;排斥或者限制外地经营者参加本地的招标投标活动;排斥或者限制外地经营者在本地投资或者设立分支机构等。反垄断法对上述现象作了禁止性的规定。

2. 部门垄断

也称为行业垄断,这是政府行政部门特别是行业主管部门利用其合法拥有的权力,如行政许可、生产要素的分配、投资审批等限制企业竞争的行为。部门垄断还表现为把行政职能与经济实体结合起来,将行政权力和职能无法律依据地授予企业形成行政性公司的形式。行政性公司采用了公司的形式,但兼具行政权和经营权。这些公司政企不分,官商合体,享有诸多特权,使之在市场竞争中处于绝对优势地位,极易产生控制、限制市场竞争的行为。

3. 行政性强制交易

行政强制交易行为指行政垄断的主体直接以行政权力为根据而发生的经营行为,包括政府及其所属部门通过限定他人与其指定的市场主体进行交易,或者使得这些经济实

---

① 参见《中华人民共和国反垄断法》第8条规定。

体在同一市场中与其他经济实体相比处于更加优越的特权地位。而这种指定没有任何法律依据。利用行政权力强制交易,还包括没有法律依据地通过行政命令要求对特定买方优先供应商品或优先签订合同的行为。

由于限制竞争的行政手段一般都会通过政府部门制定和颁发行政性规定甚至行政立法才能够有效地实施,反垄断法同时也规定了禁止行政机关制定含有排除限制竞争的行政规定。①

(三) 行政性垄断的危害

行政性垄断本质上是公权力在市场管理的异化的产物,它不仅直接侵害了当事人的合法权益,更是严重损害了市场竞争机制。行政性垄断行为的危害具体有以下几个方面:

(1) 行政性垄断扭曲市场机制。行政性垄断大多是为了本地区、本部门的利益运用行政权力,人为地设置障碍,肢解和割裂市场,无法形成开放统一的市场体系。这种行为必定扭曲市场机制的有效运转,使市场失去应有的调节功能,降低资源配置的效率。

(2) 行政性垄断违背公平竞争原则。行政性垄断通过其不正当行使行政权力,在市场上人为制造出地位不平等的竞争者,对企业的经营或加以特别保护,或进行强制干预,或滥用行政命令强制企业从事限制竞争的行为,不仅与公平竞争理念相悖,从本质上抹杀了市场竞争的精神,也使企业的利益受到侵害。

(3) 行政性垄断削弱企业竞争能力。行政性垄断从表面上看似乎可以维护局部的利益,但这种做法恰恰忽视了利益产生的根源——企业竞争机制的培育。它是以牺牲整体利益、长远利益作为代价的。有了政府的保护或者压制,企业在市场上失去了竞争的动力和压力,创新机制减弱,腐朽力量增添,影响社会经济的发展。

(4) 行政性垄断背离 WTO 规则。行政性垄断的存在,是直接违背 WTO 基本原则的。通过政府行为实施的地方保护、差别对待等做法与 WTO 规定的"国民待遇原则"、"透明度原则"、"公开原则"是完全相背离的,随着我国加入世界贸易组织,遵守 WTO 的原则,减少国家对经济活动的行政干预和保护已经成为一项重要的义务。破除地方保护主义,建立社会主义统一市场正是我国实施 WTO 基本原则的具体表现。

二、行政性垄断的成因及其性质分析

(一) 行政性垄断的成因

虽然行政性垄断产生的直接原因是行政权力的滥用,但是它有着深层次的经济社会根源。

1. 政府干预主义的影响

反对以行政权力限制竞争问题其实是一个世界性话题,其根本原因在于在克服市场失灵时造成的"政府失灵",即政府的不当干预经济。②一旦政府的公权力普遍且深度介入

① 参见《中华人民共和国反垄断法》第 37 条规定。

② 这里所说的"私人经济"是借用了资本主义社会中与政府相对应的含义。

市场时，政府(或其授权的组织)就有足够的能力去夸大和促进与它有着利益关系的经济单位的发展。[①]这就"潜在地存在着严重扰乱经济生活和扭曲资源配置的可能性，造成市场经济的效率降低"[②]。我国的情况可能更加严重些，政府干预的意识根源于传统的计划经济体制，政府对于管理企业驾轻就熟，企业对于政府依赖成性。经济体制改革开始后，经济生活发生了巨大的变化，国家对经济生活的垄断管理从根基上被动摇，但政府干预经济的惯性在相当程度上仍然存在。政府的"有力干预"与企业的"自愿服从"为行政性垄断的产生提供了体制条件和观念基础。

2. 经济利益多元化的格局

现代市场经济的特征就是政府与市场体制的混合运行，我国经济体制改革的目标也是要形成一个既有国家宏观调控，又有地方、部门社会自治权利，还有市场主体自主经营权利的有效经济运行模式。多层次的权利、多种类的义务形成了一个多元化的利益格局。政府主体与市场主体都有各自的利益追求，不同主体之间必定存在利益冲突，也需要进行利益协调。正如经济学家詹姆斯·布坎南在《自由、市场和国家》一书中指出的，政府决策者与市场决策者一样，也是由"理性人"组成，同样会运用他们的权力谋求自身利益最大化，因此，政府在决策过程中向利益集团靠拢的倾向十分明显。另一方面，"选民总是把选票投给能为他们带来最大预期利益的人"。因为他们懂得，获得政府的政策援助要比得到某些直接的经济支持更为重要。因此，不管在哪个国家，经营者都具有这种向政府靠拢的意愿和实践。当双方的利益互相吸引并达成一致时，就会出现地方保护、部门垄断等行政性垄断的现象。尤其是在我国，由于各方面体制的问题，地方与部门经济的发展关联着众多的相关利益，为此，政府部门自然会竖起羽翼将需要保护的经营者加以特殊保护，通过政策优惠、帮助占领市场，共同限制竞争，以实现各自的目标。

3. 权利寻租的必然性

"寻租"一词最初是由安娜克鲁格在分析政府运用限额来控制本国进口和外汇供给产生垄断利益时所提出来的，后来公共选择学派扩大了"寻租"一词的含义，将其解释为政府运用法律或行政手段对财富进行再分配或对经济活动实施管制时，人为地造成"权力"稀缺而形成"租金"，寻租就是对这种租金予以寻求的活动。政府主导型的经济体制中，政府对经济生活的干预较为深入和频繁。虽然政府干预并不必然导致寻租，但是政府干预却是寻租活动产生的重要条件。尤其是我国在体制转轨时期，体制内部本身就存在着不少矛盾，特别是经济体制改革中政企不分的现象还未能完全转变，权力俘获的事情也屡屡发生，这必然产生行政性垄断。[③]为了促进自身利益的增长，行政机关和官员会利用自己的权力来进行包括产权安排、资源流通、指定交易、强制垄断等以谋求局部利益增长为目的的行政性垄断行为。

---

① 不管这种利益是经济还是政治的，政治利益最终也将转换为经济利益。

② 参见 U. S. Supreme Court Columbia v. Omni Outdoor Advertising Inc. , 499 U. S. 365 (1999) Certiorari to United State court of appeals for the fourth circuit No. 89—1671。

③ 周书会：《行政垄断之成因分析》，载于《湖北社会科学》2004 年第 2 期。

(二) 行政性垄断的性质

由上述分析可见，行政性垄断其实已经不是纯粹意义上的行政行为，而是一种与地区或部门利益紧密相连、带有明显经济性质的政府行为。因此，从本质上讲，行政性垄断是一种公权与私利相结合共同谋取不当利益的反竞争行为。它肇始于私权获取垄断利益的需要，却借助了公权力量得以实现。在"形式合法"、"程序正当"的外表下(发布行政法规、行政命令或规范性文件往往是符合行政法规定的)，利用行政权力来限制排除市场中的竞争，使市场竞争机制受到远比经济性垄断更严重的损害。对于这些看似行政又非行政的行为，人们没有理由不怀疑隐藏其形式背后的真实目的。①只要仔细观察行政性垄断的现象就可看到，凡是出现滥用行政权力限制排除竞争的地方和部门，就一定存在着政府庇护下的利益集团私利的膨胀，否则就不会有行政性垄断的出现。②

因此可以认为，表面上看，政府通过某些形式合法的"法令"促进地区(或行业)企业的发展，但"实际上可以将它看作是政府官员和私人团体之间达成的限制竞争的协议"③。日本在地方建筑项目的招投标中频频出现政府指定招标，或者政府与某些投标者勾结的事件，遭到公平交易委员会(JFTC)的制裁已经不是偶尔的现象。由于政府官员的行为被认为构成了"在操纵投标过程中的限制或防止行为"定义下的操纵投标行为，JFTC 要求市长依据《独占禁止法》的规定，采取必要措施来确定并防止所涉限制竞争的行为。④美国在反托拉斯法诉讼中明确概括了行政性垄断即公权力和市场力量(私利)结合共同限制竞争的类型：私人引诱政府作出限制竞争的行为；政府部门制定限制竞争的政策和制度；经政府批准同意的由私人实施的限制竞争行为。这些行为都被纳入了反托拉斯法的规制范围。⑤欧共体对政府权力滥用的规制更加凸显，在欧盟竞争法(《罗马条约》第 86 条)中，规定成员国不得对其国有企业以及其他享有特权或者专有权的企业采取背离欧共体条约，特别是背离欧共体竞争政策的任何措施。⑥从国际竞争的角度来看，国家的公权力和私人垄断结合的垄断行为更是受到密切的关注，私人企业游说政府通过有利于少数利益集团的政策就是这种权力结合的典型，⑦国际社会出现了以竞争法律约束滥用政府权力和私人权力结合限制竞争的发展趋势。⑧

---

① 徐士英：《反垄断法规则行政性垄断是我国的必然选择》，载于《中国工商行政管理》2007 年第 6 期。

② 徐士英：《政府干预经济与市场运行机制的防火墙》，载于《华东政法大学学报》2008 年第 2 期。

③ Eleanor M. Fox, An Anti-Monopoly Law for China-Scaling the Walls of Protectionist Administrative Restraints, Peking L. Rev. July 11, 2006.

④ 日本公平交易委员会(JFTC)关于参与 Iwamizawa City 建筑合同的招投标者以及应 Iwamizawa City 市长请求采取的纠正措施的建议。参见"第五届竞争法与竞争政策国际研讨会"资料。

⑤ Ernest Gellhorn & William E. Kovacic, *Antitrust Law and Economics in a Nutshell* (fourth edition), West Group, p. 481.

⑥ 《欧盟竞争法》第 87 条明确规定，成员国不得利用国家财源优待个别企业或者个别生产部门，损害共同体市场上的公平竞争。参见尚明主编：《各国反垄断法律汇编》，法律出版社 2002 年版。

⑦ 如为了抵制美国产品进入日本，日本政府赋予富士胶卷垄断国内市场的权利。转引自王欣新、王斐民：《论政府滥用权力限制竞争的反垄断法规制模式》，中国民商法网。

⑧ 欧洲制药工业对于政府制定在药品专利到期之前不允许测试的立法施加压力和游说就是典型的例子。

三、行政性垄断的法律规制

通过反垄断法对不当行使行政权力导致和可能导致市场竞争机制受损的行为规定责任是十分必要的。在《反垄断法》中设计直接对应的条款，以该行为对市场竞争造成的实质性影响为标准来判断该行政行为的性质，从而对限制竞争的政府行为进行审查和处理，要比以“授权和控权”为核心的行政法律更加有效地判断行政权力是正当行使抑或滥用。把《反垄断法》作为反行政性垄断最直接的制度依托，通过对权利义务、法律责任、诉讼程序、赔偿制度等设计，激励社会公众抵抗行政权力不当进入市场的热情，有效遏制滥用行政权力限制竞争。正如学者指出的：“当制定者对限制行政权力滥用的规则应该放在法律体系中的什么位置不很确定的话，那么将该条款放在反垄断法中可能是最有效的做法。”①

(一) 行政性垄断行为的主体

根据我国《反垄断法》的规定，行政性垄断的主体可以分为以下三类：

(1) 政府行政机关，包括中央行政机关和地方行政机关。这里所指的行政机关，既包括中央人民政府和地方各级人民政府，也包括中央和地方各级政府所属的行政部门，例如国务院各部委、各级地方政府及地方政府所属部门等。

(2) 依授权行使职权的社会组织，包括企事业单位、社会团体及其他组织，即《反垄断法》第 8 条所称的“法律、法规授权的具有管理公共事务职能的组织”。法律、法规授权的具有管理公共事务职能的组织，是指本身不属于行政机关，但通过法律、行政法规和地方性法规的授权而享有行政权力、行使行政管理职能的组织。例如，中国证券监督管理委员会的性质是国务院直属事业单位，但依据《证券法》的授权统一监督管理全国证券期货市场；高等院校依据《中华人民共和国学位条例》的授权，对毕业生授予学位等。它们与行政机关一样以自己的名义行使行政管理权，同时独立承担由此引起的法律后果。滥用行政权力排除、限制竞争的主体不仅仅局限于经济行政管理部门，因为现实中也存在大量非经济行政管理部门实施的滥用行政权力排除、限制竞争的行为。但相比较而言，具备经济管理职能的行政机关更容易滥用其行政权力开展排除、限制竞争的行为。

(3) 受行政机关委托行使职权的社会组织。这些社会组织以委托机关名义行使行政权力，其行政行为所导致的后果归于该委托机关，这种情形下排除、限制竞争的主体应视为委托的行政机关。依据行政法的规定，行政机关可以委托社会组织行使若干职权，这些社会组织以委托机关名义行使管理公共事务的职能，由此引起的行政后果由委托机关承担。

中央政府的垄断行为不属于行政性垄断，而属于国家垄断。国家垄断在世界各国都不同程度地存在着，并且都受法律保护。但是这种垄断行为由于特定的目的仅限于重要

---

① Ernest Gellhorn & William E. Kovacic, *Antitrust Law and Economics in a Nutshell* (fourth edition), West Group, p. 481.

的行业和产品，并且根据不同时期的实际情况，垄断的范围也会作相应的调整。值得指出的是，行政性垄断的主体是行政机关，不能笼统称为国家机关。因为国家机关除了行政机关，还包括权力机关(立法机关)和司法机关，它们不属于反垄断法规制范畴。

(二) 行政性垄断行为的违法性判断

判断行政性垄断行为的违法性在于两个方面：一是滥用行政权力；二是排除限制竞争，而后者又是判断是否"滥用"的前提。滥用行政权力可以有多种表现，如果不是以行政权力排除限制竞争，也不能构成反垄断法意义上的行政性垄断；反之，即便是在行政权的授予、行使等方面没有违反相关法律，行政行为的形式和程序也没有违法，但其实施的结果却给市场竞争带来了损害，即有可能被认定为行政性垄断。关于排除限制竞争的认定，主要在于对该行政行为是否具有支配性、排除性和损害性的评价。支配性，即其对市场主体的经营活动是否进行直接或间接的制约，剥夺或者限制市场主体的经营自主权。排除性，即是否在一定经济领域中使某些市场主体的经营活动难以继续进行，或者限制了市场主体的自由竞争权，包括现实的排除和有排除的可能性。妨碍性，即是否对原来已经存在的市场竞争造成了妨碍或损害。这种损害指已经或者可能给市场竞争带来不良影响的危险性，而不必是已经发生的结果。

(三) 行政垄断行为的法律责任

规制行政性垄断的关键在于对行为主体法律责任和具体处罚的规定。行政性垄断有的是通过具体的行政行为实施的，如强制性交易、设置关卡等，但更多的则是通过抽象行政行为实施的，如政府通过行政程序制定含有排除或者限制竞争内容的发布政府令和行政规章，妨碍市场公平竞争。因此，对行政性垄断的法律责任也就分为对具体的行政行为的规制和对抽象行政行为的规制。

1. 具体行政行为的法律责任

由于大多数国家并不区分行政性垄断与经济性垄断，所以也不特别规定行政性垄断行为的法律责任。例如，俄罗斯《反垄断法》规定，不论是商业性组织还是联邦行政权力机构、俄联邦各部门的行政权力机构、市政当局以及公民，只要违反反垄断法的规定，都应当根据联邦反垄断法当局的处理意见，承担相应的法律责任。这些责任包括行政责任、刑事责任和民事责任。例如，反垄断当局可以作出停止违法行为、责令改正、消除影响、上缴非法所得、宣告限制竞争的协议无效、以分解的方式重组等决定。[①]根据法律规定通过程序强行征收罚金或发出警告，对于限制竞争行为的直接责任人员，情节严重触犯刑法的还可以追究其刑事责任，并规定直接责任人员的罚金。规定行政性垄断的受益方向受害方进行经济赔偿。匈牙利的《禁止不正当竞争法》中规定，如国家行政机构的决议损害了竞争的自由，竞争监督机构可以作为一方当事人请求法律救济。我国在处理行政性垄断的具体行政行为时，适用行政法的规定。

---

① 参见俄罗斯《关于竞争和在商品市场中限制竞争活动的法律》(1995 年)第 4 条；尚明主编：《主要国家(地区)反垄断法律汇编》，法律出版社 2004 年版，第 146 页。

2. 抽象行政行为的法律责任

对于政府颁布限制竞争的法令和决议造成市场竞争受损害的，有些国家通过反垄断法的特别规定进行规制。例如俄罗斯《反垄断法》规定，“联邦行政权力机构、俄联邦各部门的行政权力机构、各市政当局制定限制竞争的法令和行为”①，与反垄断法规相抵触或者因这类机构不履行或不恰当履行其职责而使经济实体或个人受到损害时，应该通过民事法规消除这类损害。②有的国家则专门制定规制行政性垄断的法律，例如美国颁布了《地方政府反托拉斯法》等法令，以明确国家权力限制竞争的原则与范围；通过司法审查制度检验行政规定是否违反国家维护竞争、反对垄断的宪法原则或竞争法宗旨，是大多数国家规制行政性垄断的有效途径，例如韩国的宪法法院对于法律法规是否违反宪法关于保护竞争反对垄断的原则进行审查，并可以作出修改(撤销)法律的决定。

3. 中国反垄断法关于行政性垄断的法律责任

我国虽然在立法上禁止行政机关滥用行政权力制定含有排除、限制竞争内容的规定，但是没有具体规定此类行为的法律责任。《反垄断法》第 51 条规定，违法者将被上级机关责令改正这种行为，对直接负责的主管人员和其他直接责任人员依法给予处分。显然，这是在行政系统内的自我纠正的责任形态，而《反不正当竞争法》实施的经验表明，这种责任形态的作用是有限的，应当采用更加有效的责任形式。

(1) 对于行政机构实施了对经济活动不当干预时，应当借鉴俄罗斯的经验，赋予反垄断法执法机构有直接提起诉讼的权力，通过司法纠正行政行为。尤其是对于政府抽象行政行为的撤销更为重要，③因为行政垄断“赋予”某些经营者的“市场地位”是通过行政程序进行的，具有永久(至少是长久)性和不可替代性。它无法随市场机制的成熟而消除。因此，必须在行政性垄断诉讼中，通过司法审查制度加以消除，才能有效制止和防范。

(2) 处罚依靠行政性垄断获益的经营者。设定对“受益者”的罚没违法所得和行政罚款的责任，④有利于使那些已经或者企图依傍行政权力的庇护或指定交易进行不公平交易，从而获取高额利润的经营者受到足够的阻却，起到制止行政性垄断的效果。⑤

(3) 建立受害者的民事赔偿制度。依照《反垄断法》第 50 条规定，“经营者实施垄断行为，给他人造成损失的，依法承担民事责任”。实施细则可以当然地解释为该条适用于行政权力滥用限制竞争的行为。如果可以这么解释的话，消费者和被排挤的生产者就有动力去检举违法行为并且诉诸《反垄断法》的保护，这会大大提高救济的效率。

(4) 关于《反垄断法》执法机构的处罚建议权。《反垄断法》对行政性垄断行为规定了

① 参见俄罗斯《关于竞争和在商品市场中限制竞争活动的法律》(1995 年)第 4 条；尚明主编：《主要国家(地区)反垄断法律汇编》，法律出版社 2004 年版，第 146 页。

② 这类机构的行为包括：采取专门针对外地商品的审批、许可等手段，限制外地商品进入本地市场；在市场准入方面采取同本地经营者不平等待遇等方式，排斥或者限制外地经营者在本地投资等。

③ 俄罗斯新修订的反垄断法设专章对政府部门行政行为及其诉讼程序作了规定，对行政机构对经济活动的不当干预，反垄断法机构有权将地方政府领导告上法庭；转引自桑林：《中国工商管理研究》2007 年 6 月。

④ 参见《反不正当竞争法》第 30 条规定：“被指定的经营者借此销售质次价高商品或者滥收费用的，监督检查部门应当没收违法所得，可以根据情节处以违法所得 1 倍以上 3 倍以下的罚款。”

⑤ 桑林：《行政性垄断的表现形式及其法律规制》，载于《中国工商管理研究》2007 年 6 月。

反垄断执法机构的处罚建议权，“反垄断执法机构可以向有关上级机关提出依法处理的建议”。但反垄断执法机构如何运用权力来鉴别认定对市场竞争进行排除和限制的违法行政行为则需要明确。在界定限制竞争后果时，建议应根据受惠方与受害方(即获得行政庇护的行业企业与受到排挤的行业企业)之间的损益关系进行确定。对限制竞争后果的消除方式应以撤销行政规定为主。

《反垄断法》的颁布，为规制行政垄断提供了明确的界限和可行的手段，但是，《反垄断法》实施的任务相当繁重。要有效实施这一法律，尚需建立一系列配套的制度。我们认为，有两个方面是需要加强的：一个是对于政府行政行为的事前检查审议制度，OECD 国家运用竞争法原则作为工具，对政府文件和产业政策等进行审查的经验值得借鉴；另一个就是竞争文化的建设与普及，努力培育政府和企业公平竞争的理念，消除经济特权。如果缺失对行政垄断加以约束和制裁的社会文化认同，行政性垄断的规制是不会有效的。

第十九章
反不正当竞争法律制度

第一节　反不正当竞争法概述

一、不正当竞争行为

(一) 不正当竞争行为的含义

不正当竞争行为(unfair competition)是相对于市场竞争中的正当手段而言,它泛指经营者为了争夺市场竞争优势,违反法律和公认的商业道德,采用欺诈、混淆等手段扰乱正常的市场竞争秩序,并损害其他经营者和消费者合法利益的竞争行为。

在激烈的市场竞争中,经营者为了争取有利的竞争地位和相对优势,采取各种竞争手段为自己谋取利益。当这种竞争手段不仅损害了竞争对手的利益,而且对市场秩序带来严重影响时,这些竞争手段就被认为是不正当的。早期对不正当竞争行为进行规制的是民事法律中的侵权规则,但是,在司法实践中发现,仅仅依靠传统民法难以制止日益增多、形式多变的不正当竞争行为。"因为不诚实的商人凭借其聪敏才智又会发明新的不正当竞争的方法,而这些方法没有被列入禁止的具体行为之中。因此必须寻求一种既能包罗万象又能恰当表达的定义或概念涵盖其全部形式的方法。"①

1. 一般性条款的概括界定

针对19世纪末期欧洲各国出现的大量违反商业道德的竞争行为,如盗用他人的良好产品声誉的行为,以虚假广告进行欺骗的行为等,《保护工业产权巴黎公约》1900年的修订本首先对不正当竞争行为进行了概括式的定义,这是最早全面界定不正当竞争行为的条款。该公约规定:"凡在工商业活动中违反诚实信用的竞争行为即构成不正当竞争行为。"②这一定义首开了对不正当竞争行为进行一般性界定的先例,对各国立法的影响很大。为此,各国开始制定专项法律对不正当竞争行为进行规制。德国于1896年颁布了《反不正当竞争法》,在1909年的修订案中将不正当竞争行为定义为"在营业中为竞争的目的采取违反善良风俗的行为"。美国1924年针对商业中的不正当行为颁布了《联邦贸

---

① 1989年在北京召开的"亚洲地区反不正当竞争研讨会"上世界知识产权阻止总干事鲍格胥博士的讲话;转引自孔祥俊:《反不正当竞争法的适用与完善》,法律出版社1998年版,第7页。

② 参见《保护工业产权巴黎公约》第10条规定。

易委员会法》，该法第 5 条经 1938 年和 1975 年修正后，将不正当竞争行为界定为“在商业中或影响商业的不公平的竞争方法、不公平或欺骗性的行为和惯例”。

2. 列举式的补充界定

为了有效制止特别严重的不正当竞争行为，各国法律在概括式规定之外，还通过列举方式来补充对行为的概括界定。前述《保护工业产权巴黎公约》中特别规定了“能够引起营业机构、商品或商业活动发生混乱的虚伪主张、标记”属于不正当竞争行为；德国在其《反不正当竞争法》中专门规定了“欺诈广告”、“混淆商业标志”、“泄露商业秘密”等 10 种不正当竞争行为特别条款；日本在其 1934 年颁布的《不公正竞争防止法》中也规定了虚假表示和混淆行为等 6 种行为。

3. 中国反不正当竞争法的规定

我国于 1993 年 12 月 1 日实施的《反不正当竞争法》对不正当竞争行为的界定采用了世界各国的通常做法。首先，在该法的总则部分规定了市场交易的基本准则，实际上是提出了正当竞争行为的标准：“经营者在市场交易中，应当遵循自愿、平等、公平、诚实信用的原则，遵守公认的商业道德”，把违背这些基本准则的行为界定为不正当竞争行为并作了原则上的规定。其次，对不正当竞争行为作了概括性的界定，即“经营者违反本法规定，损害其他经营者的合法权益，扰乱社会经济秩序的行为”。这是在吸收现代竞争法律和理论发展成果的基础上，进一步明确了不正当竞争行为不仅是侵害其他经营者合法权益的行为，而且更是一种危害社会利益、扰乱社会经济秩序的行为，揭示了其社会危害性。这条规定虽然在是否具有一般性条款效力方面尚存在不同理解，但是在该法进行修改的讨论中对于必须赋予其一般性条款效力的呼声却十分强烈。这说明对反不正当竞争行为进行概括式界定的立法模式是势在必行的。再次，在该法律的分则部分又规定了 5 种不正当竞争行为。它们分别是仿冒混淆行为、虚假广告行为、商业贿赂行为、侵犯商业秘密行为、不当有奖销售行为。通过这些特别的列举，明确规定了对市场秩序产生严重影响行为的定义、构成要件以及处罚的措施。采取列举式规定具有重要的意义，它可以有针对性地规定处罚措施，有力打击危害市场秩序的竞争行为，体现法律的总体原则和立法宗旨。

（二）不正当竞争行为的法律特征

1. 行为主体的“经营性”

竞争是市场主体之间在市场上通过价格、质量、服务等条件，为争取交易机会和经济利益而开展的“商战”，因此，不正当竞争行为的主体应该是在商业活动中采用不正当手段竞争的经营者。美国《联邦贸易委员会法》中明确指出该法适用的对象为个人、合伙人、公司、托拉斯或者联合会等经济组织。我国台湾地区的“公平交易法”中对不正当竞争行为的主体规定为“公司、独资或合伙工商行号、同业公会以及其他提供商品或服务从事交易的个人或团体”。我国《反不正当竞争法》中规定了该法规制的对象是“经营者”，即以营利为目的、从事商品的生产、销售或提供服务的法人、其他经济组织和个人。[①]对此，应当作

① 参见《中华人民共和国反不正当竞争法》第 2 条(1993 年 9 月 2 日颁布，同年 12 月 1 日实施)。

广义的理解,经营者的特性是其"经营性",既包括具备法定经营资格的企事业法人、非法人的经济组织、社会团体以及个体工商业者,也包括并不具备法定经营资格、但却在从事经营活动的自然人,如农村人员经营活动中的竞争行为、企业内部职工侵害商业秘密的竞争行为等。[①]因此,不正当竞争行为的主体不以是否具有经营资格为标准,也不能以是否赢利为标准,否则就难以对影响市场竞争的主体进行全面的规制。

2. 行为判断的不确定性

大多数国家在法律中对不正当竞争行为的界定使用了诸如违反"商业道德"、"善良风俗"、"诚实信用"等道德语言,这使得不正当竞争行为具有不确定性。商业道德是在漫长历史中逐渐形成的符合交易各方利益的行为规范,它是社会秩序得以维持的最基本的环境条件。不正当竞争行为说到底是损人利己、不劳而获、搭便车的不道德行为,因此,以违反商业道德作为标准来概括不正当竞争行为是最为贴切和全面的,并以此作为一般性条款来覆盖已经发生的和潜在的不正当竞争行为,对维护市场竞争秩序,及时规制竞争行为具有重要意义。但是,道德标准不可能及时地成为法律规定的内容,而不正当竞争行为的表现又是形式各异,且变化多样,正因为如此,不正当竞争行为违法性的确定与其他行为有所不同,具有较大的不确定性,必须通过个案进行判断。市场竞争主体的行为一旦被认定为有悖公认的商业道德,即可被作为不正当竞争行为进行规制。[②]这一特征揭示了现代经济社会中法律和道德的互补性已经成为趋势,以维护商业道德作为经济立法的宗旨有利于加快市场秩序制度建设的进程。

3. 危害后果的社会性

现代市场经济中竞争程度日益加剧,对社会的影响也日益增强。不正当竞争所导致的后果是十分严重的,仿冒他人营业标志,盗窃他人商业秘密、通过贿赂抢夺交易机会等行为,会使市场信号失灵、消费者产生误导、商业道德败坏、劣币驱逐良币,其危害性已经从损害经营者的私权和私益扩大到对公众利益的损害和对社会经济运行秩序的破坏。因此,对不正当竞争行为的规制已超出传统法律对个体经济行为规制的意义。法律之所以把竞争行为从私法规制转而纳入具有公法性质的竞争法规制,正是针对了其社会危害性的本质特征。认识这一特征,有助于我们把不正当竞争行为与一般的民事侵权行为和违约行为区别开来,站在维护秩序的高度,在对不正当竞争行为进行规制时,采用更加有效的手段。

二、反不正当竞争法概述

(一) 反不正当竞争法的含义和特征

从广义上说,反不正当竞争法是国家为了维护市场竞争在经济运行中的基础性作用,对市场主体偏离公平竞争原则的一切行为进行规制的法律规范的总称。从狭义上讲,反

① 孔祥俊著:《反不正当竞争法的适用与完善》,法律出版社 1998 年版,第 69—70 页。

② 孔祥俊:《反不正当竞争法若干问题研究》,载于徐杰主编:《经济法论丛》(第一卷),法律出版社 2000 年版,第 532 页。

不正当竞争法是国家对经营者在市场竞争中违反商业道德，扰乱经济秩序的行为进行规制的法律规范的总称。它是市场秩序规制法的重要组成部分，与反垄断法共同组成公平竞争法律制度体系。

反不正当竞争法的上述含义反映了反不正当竞争法的以下重要特征：

首先，反不正当竞争法是政府对经营者竞争行为的干预。在市场经济条件下，企业具有自主经营、自由竞争的权利。但是，由于企业的竞争行为关系到市场秩序的稳定和有序，政府必须对经营者的竞争行为进行适当的限制，这种限制体现了现代经济法的本质，即为了维护市场经济的有序发展和可持续发展，必须对市场主体的经营自由进行适度干预。发达国家的竞争法主管机构，如美国的联邦贸易委员会(FTC)、日本的公正交易委员会(FTC)等，都具有法定权力对不正当竞争行为进行直接的管制与处罚。[①]我国的《反不正当竞争法》中也规定，"各级人民政府应当采取措施，制止不正当竞争行为，为公平竞争创造良好的环境和条件"。这表明国家权力机构对经营者竞争权利的干预正是反不正当竞争法的重要特征。

其次，反不正当竞争法调整的范围具有外延性。反不正当竞争法规制对象是违反商业道德的行为，这就表明了不正当竞争行为的外延具有不确定性。随着社会经济的发展，人们生活习惯的变化，商业道德的含义和形式也会变化，几个列举式的规定是不足以囊括所有不正当竞争行为的，因此，必须以"违反商业道德"来弥补立法上的缺陷。这能使法律更全面、更有效地制止不正当竞争行为，体现立法的宗旨。

再次，反不正当竞争法具有与其他法律的竞合性。在对不正当竞争行为进行规范时，常常发生同一法律事实由多个法律或行政法规加以规制的现象，如反不正当竞争法在对假冒他人注册商标行为进行规制时，就会和知识产权法发生竞合。法律竞合使反不正当竞争法成为一个外延广泛的法规集合，可以从不同的角度保护竞争机制和合法经营者、消费者的权益，但也给适用反不正当竞争法带来一定的困难。

最后，反不正当竞争法保护的法益具有社会性。反不正当竞争法不仅保护合法诚实经营的经营者，还保护利益受到侵害的、不直接参与交易和竞争的其他经营者和消费者。不正当竞争行为的侵权性质比民事侵权要复杂得多，反不正当竞争法要解决的是个体利益和社会利益之间的矛盾，它要保护的是众多经营者和消费者的利益，并非是针对某一特定的受损害的消费者或经营者进行的特别保护。

(二) 反不正当竞争法的立法宗旨

立法宗旨是指创立法律的价值目标所在。经济竞争一方面在促进技术进步，资源优化组合，推动经济效率提高方面具有极大的作用。但另一方面，由于竞争者与生俱来的"经济人"特性而产生的"外部性"使社会经济效率大量流失。因此，法律制度必须发挥其必要的功能，通过立法保护自由竞争，打击破坏社会经济秩序的行为，把竞争者的行为强

① 美国《联邦贸易委员会法》第18条规定：委员会有权制定规范特定的行为、活动(惯例)作为影响商业的不公平的欺骗性行为的规则。日本《不当赠品及不正当表示防止法》规定，公正交易委员会以法律规定有权对提供赠品的数量、种类和最高额进行限制或禁止。

制性地约束在“从诚实信用的商业道德出发，不以损害他人利益和公共秩序的手段去获取自己的利益”的行为模式上。1924 年美国制定的《联邦贸易委员会法》第 5 条(B)款中明确规定：无论何时，委员会有理由确认任何个人、合伙人、公司已经或正在实行上述非法方法及行为、惯例时，若对此提起诉讼同公众利益极为相关，委员会应对上述当事人发出、送达起诉状。我国台湾地区 1991 年颁布的“公平交易法”开宗明义就提出：“为维护交易秩序和消费者利益，确保公平竞争，促进经济之安定与繁荣，特制定本法。”

我国在建立市场经济体制过程中，绝不能重蹈西方市场经济国家“先自由竞争，后规范不正当竞争”的道路，必须从现在就开始建立公平竞争的理念。从我国历史发展来看，诚实信用的商业惯例历来为社会大众所推崇，“见利忘义”的不道德行为也始终被人们所唾弃。“以德治国”治国方略的提出，表明了以社会利益高于个人利益的传统理念重新得以确立，这完全符合商业竞争领域中对不正当竞争行为的规范的客观要求。我国《反不正当竞争法》第 1 条对该法的立法宗旨作了明确的规定：“为保障社会主义市场经济健康发展，鼓励和保护公平竞争，制止不正当竞争行为，保护经营者和消费者的合法利益，特制定此法。”由此可以看出，这是在宏观、微观两个层次上作了明确规定。宏观上，我国反不正当竞争法是为了维护市场的竞争机制，创造公平的竞争的市场环境，保障和促进社会主义经济的发展，这一目标是宪法中关于“国家加强经济立法……依法禁止任何组织或者个人扰乱社会经济秩序”规定的具体化。微观上，对影响竞争秩序的具体的不正当竞争行为坚决制止，保护正当合法的竞争行为和消费者的利益。

第二节　混淆行为的法律规制

一、混淆行为的含义

混淆行为是指生产者或经营者为了争夺竞争优势，在自己的商品或者营业标志上不正当地使用他人的标志，使自己的商品或者营业与他人经营的商品、营业相混淆，牟取不正当利益的行为。混淆行为对社会经济具有巨大的破坏作用，已经成为市场经济发展的一大“公害”。混淆者以虚假的信息扭曲正常的商业竞争，这种“不播种而收获”的“搭便车”行为使本应属于正当经营者的利益为不正当竞争者所获，使原本可以获利的诚实的经营者可能在付出大量代价后得不到利益，而混淆者则可能攫取巨额利润而不必花费相应的成本，公平竞争环境被破坏，影响社会发展。这种情形如不加以制止，对国家必然带来严重的后果。仿冒行为在商业活动中的危害性已经成为全社会的共识。

从广义上讲，混淆行为包括对产品、质量、价格、广告以及一切代表企业商品或者企业商誉的外在标志的混淆。狭义的混淆行为仅指经营者在其商品或商品包装上以他人的注册商标、包装、装潢、名称、质量标志、产地等进行标识而与他人标志混淆，特别是与知名商品的标志相混淆的欺骗性行为。混淆行为作为一种不正当竞争行为，许多国家的反不正当竞争法中都有明确规定。例如，日本的《不正当竞争防止法》以列举的方式规定了商品主体混淆、营业混淆、原产地混淆、商品质量混淆等多种行为。①我国台湾地区的“公平交易法”中对“蒙混行为”进行了详细的规定，除与日本同样的规定外，还包括“相关大众所共知的他人姓名、商号或公司名称、商标、商品容器”等对“其他显示他人商品之表征”的不正当使用而导致混淆的行为。

我国《反不正当竞争法》第5条中，对包括商标、商品名称、包装和装潢、企业名称、产品质量标志等混淆行为进行了规定，但未涉及其他更为广义上的混淆行为。这种狭义的规定已经不能适应维护竞争秩序的需要，对其修正已经提到议事日程上来。

二、混淆行为的表现形式

混淆行为的具体表现形式是多种多样的。根据我国现行的《反不正当竞争法》第5条规定和工商行政机关的执法实践经验，属于不正当竞争的混淆行为主要有以下几大类型：

(一) 仿冒他人经法定程序获得的外部标识

这是指不经任何授权，擅自使用其他经营者经法定程序获得的外部标识的行为，包括经注册登记合法享有的注册商标、企业商号名称、服务标记等商业标志。这些标志是经营者享有的由商事法律和知识产权法律明文规定保护的专用权利。我国的《反不正当竞争法》中对这种行为作了两类规定，一类是假冒他人的注册商标行为，另一类是假冒他人(或企业)名称权(姓名权)的行为。

商标是商品生产者对自己的产品区别于他人产品的标志。假冒他人注册商标的行为在知识产权法中属于侵害他人的知识产权的行为，与侵犯他人的有形财产权无异。对于这种行为，各国知识产权法都作了明确的规定。企业名称、商号以及个体经营者的姓名、字号等标识的专用权同样是企业和经营者所拥有的合法垄断的财产，代表了企业的外在形象，也关系到该经营者商业信誉和商品、服务的声誉。作为一种无形财产，企业和个人的名称和姓名享有专用权，各国都通过民事立法或企业名称登记管理制度予以确认并对这些权利进行保护。冒用企业名称引起消费者的误解，与上述侵犯商标权的行为不仅在侵权性质上相同，其对市场秩序造成的影响也是相同的。但是不同于知识产权法，反不正当竞争法对此行为的规制立足于维护市场竞争秩序的需求，有着更加宏观的重要意义。

(二) 不正当使用他人合法外部标志的行为

这是指经营者为了谋取竞争的有利地位，虽然不在自己企业的名称、商号、商品或商标中直接使用其他经营者合法使用的企业名称、商标以及商号、字号等商业标识，但对这些经营者的合法外部标识进行不正当使用的行为。例如，故意以他人的著名商标作为自己企业的名称或商号，或者把他人的享有盛誉的企业字号，作为自己企业商品或者服务的商标，或者作类似商标使用的行为；擅自将相关公众知悉的他人在先使用的商标、特有商品名称、字号或者与其相近似的文字申请登记为自己的域名；使用在其他国家或者地区登

① 参见日本《不正当竞争防止法》第1条。

记的含有他人在中国为相关公众知悉的商标或者字号的企业名称等。上述行为的出现反映了著名商品商标的知识产权法保护存在空白地带。反不正当竞争法作为规制市场秩序的法律，把上述行为纳入了危害市场秩序的混淆行为的范畴，规定了这种行为的违法性。根据法律，对这种行为的违法性确定不必以特定企业的法定权利受到侵害为前提，只要导致市场中消费者或用户的误解，造成市场混乱，即可进行制止。如韩国《不正当竞争防止法》中所规定的，"对国内共知之他人姓名、商号、商标等表示他人商品（营业）之标识，作同一或类似之使用，而与他人商品（营业）混淆之行为应当禁止"。

（三）不正当使用自己合法商业标识的混淆行为

这是指经营者通过不正当使用其本身合法拥有的商业外部标识，包括经过注册登记取得的和未经注册登记但合法拥有的标识，造成其所提供的产品或者服务与他人的产品或者服务相混淆，从而获得不正当经济利益的行为。这种类型在实践中的具体形式也是多种多样的，但有两种最为典型：一是反向假冒，即擅自更换他人的商标、企业名称以及其他特有的商品标识并将更换标识的商品投入市场；二是以不正当的方式使用自己的注册商标、外观专利、企业名称，造成或者足以造成市场混淆，引起购买者误认。这类混淆行为与前面的仿冒或者不正当使用他人合法的外部标识行为本质上是一样的，都属于不正当竞争行为，对健康的市场竞争秩序都有巨大的危害。所以，世界各国都将其纳入了反不正当竞争法的规制范畴。

（四）擅自使用知名商品特有的商业标识导致市场混淆的行为

这里所说的知名企业及其产品的商业标识是指那些虽然不受国家法律明文规定保护，但对知名企业和商品、服务声誉具有重要价值的识别性标志。例如仿冒知名企业或知名商品特有的名称、包装、装潢、广告宣传、形象设计等行为。这种行为虽然不构成侵犯他人的法定权利，但是对经营者利益的损害是十分严重的。日本的《不正当竞争防止法》中把这种行为规定为，是"使用众所周知的……与他人的商品标记相同或类似的标记，而与他人的商品、营业上的设施或活动产生混淆"的行为。南斯拉夫在《防止不正当竞争和垄断协议法》中指出，"使用不受法律保护的标识，如果以此造成或者能够造成经济流通中混乱，并给原先在该领域中使用这种标志的其他组织造成损害"的行为同样是不正当竞争行为。

我国《反不正当竞争法》规定：禁止"擅自使用知名商品特有的名称、包装、装潢，或者使用与知名商品近似的名称、包装、装潢，造成与他人的知名商品相混淆，使购买者误认为是该知名商品"的行为。知名商品特有的名称、包装、装潢也是该商品的无形资产，在一定程度上反映了商品生产经营者的商业信誉和商品声誉，对知名商品外在形象和商业标识的仿冒导致混淆，也就是对企业无形财产的侵犯。例如法国巴黎上诉法院对被告的仿冒零件行为作出裁定，认为某些零件的尺寸和原告类似的零件的尺寸广泛雷同，以至于可以交换使用，而这么做并无技术上的必然性，所以认定被告是实施了不正当竞争行为。世界知识产权组织在一份专题报告中也指出，为了系统性地直接模仿竞争者的产品而向竞争者购买样品的行为，也应视为不正当竞争的仿冒行为。

（五）仿冒他人产品的质量标志和产地并引人误解的行为

"认证标志"是指经国际上或国内质量认证机构认证合格后在商品上或商品包装上使用的质量标志。它是一个公正的证明，表明产品可信赖的程度。取得认证标志，有助于经营者提高商品的知名度和竞争力。"名优标志"是指在国际上或国内由有关部门或社会团体评定颁发在产品或其包装上使用的质量荣誉标志。我国的《产品质量法》和《反不正当竞争法》分别从加强产品质量管理和维护公平竞争两个不同的角度规定经营者不得伪造或冒用认证标志和名优标志。所谓商品产地，是指商品的制造地、加工地、出产地或商品生产者的所在地。伪造商品产地是经营者在商品上虚假地标上名优产品或特有产品的原产地，其目的在于引诱消费者误认为是信誉好、技术先进、质量好的地区的产品而购买该商品。

上述行为有的可以纳入商标法、产品质量法、专利法、著作权法调整，但实践证明，不论是在哪一种情况下，以反不正当竞争法对这些行为进行调整，都能够及时、有效地制止违法行为，更加充分地保护权利人合法正当的权利。

三、混淆行为的法律规制

（一）对混淆行为的认定

要对混淆行为作出正确的认定，需要明确混淆行为的法律特征。根据大多数国家法律的规定，具有以下特征的才构成混淆行为。

1. 主观故意性

混淆行为一般都是针对质量好、知名度高、市场销售量大的商品或者具有很高商业信誉的企业进行的，它的实质就是掠夺他人的经营优势，侵占他人长期形成的无形资产。因此，混淆行为是一种有选择的故意行为，其故意性可以从行为上进行判断。例如我国法律中对仿冒行为规定"擅自使用他人商品名称、包装、装潢"的"擅自"一词，也表明了这一行为主观上的特征。再如德国法律中规定"企图制造给人以特别优惠的要约的假象"中"企图"一词，也是主观故意条件的规定。

2. 混淆的特定性

由于混淆行为是对市场中经营优势的掠夺，因此，混淆行为总是发生在特定的具有市场优势的经营者身上及其特定的商品上。经营者通过对这些特定商品的商标、包装、企业名称等外部标识的精心模仿，使市场上用户和消费者受到混淆。因此，认定混淆行为首先是确定被混淆的特定经营者和特定商品。在我国实施《反不正当竞争法》过程中，国家工商行政管理局对仿冒知名商品特有的名称、包装、装潢并引人误认的行为提出了标准。所谓"知名"商品，是指在市场上具有一定知名度、为相关公众所知悉的商品。所谓"特有"的名称、包装、装潢，是指商品的名称、包装、装潢不为相关商品所通用的，并具有显著的区别性特征的名称，为识别商品以及方便携带、储运而使用在商品上的包装和为识别与美化商品而在商品或包装上附加的文字、图案、色彩及其编排的组合。①在实践中，对知名商品认

① 参见国家工商行政管理局1995年7月6日发布的《关于禁止仿冒知名商品特有的名称、包装、装潢的不正当竞争行为的若干规定》。

定的主要依据包括:(1)经国家主管部门认定的名优商品;(2)在国内外或者本地区为用户、消费者所广为知悉的商品;(3)被实际仿冒名称、包装、装潢的商品。①涉及具体案件诉讼时,根据最高人民法院于2007年颁布的《关于审理不正当竞争民事案件应用法律若干问题的解释》(以下简称《关于审理不正当竞争民事案件司法解释》),人民法院在认定知名商品时,应当综合考虑该商品的销售时间、销售区域、销售额和销售对象,进行任何宣传的持续时间、程度和地域范围,作为知名商品受保护的情况等多个因素,进行综合判断。

3. 后果的误导性

仿冒者都不希望以自己真实身份从事市场交易活动,其从事仿冒行为的目的就是在于使交易对方对其提供的商品或服务产生混淆或误解,从而接受其商品或服务,以此获得竞争优势,牟取非法利润。因此,仿冒者往往是故意缩小自己产品的标志,如商标、厂名或其他特有的标志的影响,而以他人的商品形象出现在市场竞争之中。这种明显的"创作"行为就成为认定仿冒行为的参考要件之一。按照大多数国家的法律规定,对仿冒行为是否构成误解以"一般购买者施以普通注意力会发生误认"等进行综合分析认定。由此可见,"误解"的主体是"一般消费者",即相关领域中的普通大众。我国台湾地区"公平交易法"规定,"相关大众"是指商标注册的区域内一般所共知者。美国对此的解释是"依照常理,一位具有正常理解力和洞察力的人"。"普通注意力"则是指非专业人员的注意或非特别的注意。我国《反不正当竞争法》的主要执法部门工商行政管理局在其发布的法规中,规定了以"一般消费者"的理解不发生偏差为认定的标准。最高人民法院《关于审理不正当竞争民事案件司法解释》对误解的认定做了更加细化的规定。如果相关行为使公众对商品的来源产生误认,包括误认为与知名商品的经营者具有许可使用、关联企业关系等特定联系的,即可以认为相关行为使公众产生了误解。此外,如果行为人在相同商品上使用相同或者视觉上基本无差别的商品名称、包装、装潢,则可以直接推定该行为足以造成和他人知名商品相混淆。

(二) 混淆行为的法律责任

由于混淆行为对市场经济秩序的危害性特别严重,它为世界各国竞争法所禁止,行为人需承担较为严厉的民事、行政和刑事责任。例如,我国台湾地区的"公平交易法"规定,对假冒行为的行为人可以处以3年以下有期徒刑,拘役或并课以新台币100万元以下的罚金;如行为人为法人,则实行两罚制原则。日本《不正当竞争防止法》规定,"除了追究其

① 有的学者指出,1995年7月16日国家工商行政局发布的《关于禁止仿冒知名商品特有的名称、包装、装潢的不正当竞争行为的若干规定》(简称《规定》)提供的这一认定知名商品的方法存在缺陷。根据《反不正当竞争法》第5条第(二)项规定,构成仿冒知名商品特有标识须具备的要件有:该商品必须是知名商品;有关标识必须为该知名商品所特有;标识被其他经营者仿冒,造成或者足以使产品造成混淆。只有同时具备以上三个要件才可以被认定为对知名商品的仿冒行为。但是如果依据国家工商行政管理局上述《规定》中提供的认定知名商品的反推规则,只要仅仅具备上述构成要件后两项就可以构成仿冒知名商品特有标识行为,因为依据国家工商行政管理局上述《规定》,有认定仿冒知名商品特有标识的后两项要件就可以推出该商品为知名商品。参见丁茂中:《对知名商品认定的思考》,载于北大法律信息网:http://article.chinalawinfo.com。

民事赔偿责任之外，还可以处以3年以下有期徒刑20万日元以下的罚金的刑事责任”。根据我国竞争法的有关规定，经营者擅自使用知名商品特有的名称、包装、装潢，或者使用与知名商品近似的名称、包装、装潢，造成与他人的知名商品相混淆，使购买者误认为是该知名商品的，监督检查部门应当责令停止违法行为，没收违法所得，可以根据情节处以违法所得1倍以上3倍以下的罚款，情节严重的，可以吊销营业执照。情节严重，如销售伪劣商品，构成犯罪的，还应承担刑事责任。与此同时，经营者的假冒仿冒行为，导致市场混淆，给其他经营者造成损害的，都应当承担损害赔偿责任。根据我国《反不正当竞争法》的规定，被侵害的经营者的损失难以计算的，赔偿额为侵权人在侵权期间因欺骗性交易行为所获得的利润，并应当承担被侵害的经营者因调查该经营者侵害其合法权益的不正当竞争行为所支付的合理费用。

由于混淆行为还涉及商标侵权、侵害消费者利益等，因此在对其进行规制的过程中会发生与知识产权法和消费者权益保护法等法规相竞合的现象。《反不正当竞争法》是规制市场秩序的基本法，按照特别法优于一般法的原则，对混淆行为进行认定时，首先考虑适用特别法，这些法律大多有较为明确的责任规定。

第三节 虚假宣传行为及其法律规制

一、虚假宣传行为的含义

虚假宣传行为是指经营者为获取市场竞争优势和不正当利益，对商品或提供的服务进行虚假和引人误解的宣传的行为。这里所讲的宣传行为，包括广告和广告以外的各种宣传方式，广告是指“商品经营者或者服务提供者承担费用，通过一定的媒介和形式直接或者间接地介绍自己所推销的商品或者所提供服务的商业宣传行为”①。它包括利用报刊、广播、电视、路牌、橱窗、印刷品、霓虹灯等媒体进行刊播、设置、张贴广告，在商品及其包装的标签和说明上介绍商品，以及对商品作现场演示或口头说明、散发、邮寄商品的说明书和宣传品等。一切具有或可能具有欺骗、误导消费者并影响其购买倾向或决策能力的商业宣传，若导致相当数量的消费者实质性地陷入错误的判断时，就构成了虚假宣传行为。

世界各国对虚假宣传行为的规定大体相同。例如，德国在其《反不正当竞争法》中对虚假宣传行为界定如下：“在商业交易中以竞争的目的，对商业情况，尤其是对各种商品或工业给付或全部要约的特征、来源、制造方法或定价，对货物的承购方式或订购资料来源、获奖、销售的动机或目的，或者对于仓储的数量故意进行引人误解的陈述。”日本在《不正当竞争防止法》中将虚假表示行为界定为：“在商品上或广告中，或者在用于交易的文件或通信中，对商品的原产地、质量、内容、制作方法、用途或数量，或者对服务的质量、内容、用

① 参见《中华人民共和国广告法》第2条。

途或数量，作引人误解的标示，或者买卖、为买卖而展示、进出口使用此种标示的商品、或者提供使用此种标示的服务的行为。”①

二、虚假宣传行为的表现形式

虚假广告宣传的形式是多种多样的，但总的来讲，世界各国反不正当竞争法主要对以下虚假宣传内容进行规制。

（一）商品质量的虚假表示

产品的质量是经营者之间竞争的重要因素和最主要的竞争工具，也是消费者进行购买决策的重要依据。产品质量可以从多个方面得到体现和标示，包括产品的生产者、产品成分、制造方法、产品性能、产地以及产品有效期等，更加主要的还有经营者或者产品的获奖标志、认证标志等，它们代表了产品的商誉和其经营者的声誉。不少消费者购买商品主要参考对商品的产地、认证标志等商品信息的宣传。如果经营者利用广告或者其他方法，对商品的质量作虚假的、模糊不实的表示，或者在商品上伪造或者冒用认证标志、名优标志等质量标志，对商品质量作引人误解的虚假宣传，不仅影响消费者对商品的理解、购买和使用，而且将导致市场混乱，使原本具有一定市场竞争力的经营者失去竞争优势，扭曲了市场机制应有的功能。

（二）商品价格的虚假表示

价格作为市场交易的条件之一，往往是经营者广告宣传的主要内容。经营者利用价格公开地影响消费者的购买行为是十分普遍的做法，而消费者也主要是通过价格的比较进行自由选择，获得消费效用的最大化。如果经营者以虚假不实的价格吸引消费者与之进行交易，又不让消费者了解真实的市场信息，以达到其争夺竞争优势的目的，这种竞争手段与市场的基本规则相悖。虚假的价格表示包括以下几种：一是虚构原价谎称打折的价格；二是利用比较进行虚假宣传，如谎称降价、最低价、清仓价、成本价等迷惑消费者；三是以部分低价商品的宣传作为诱饵，把消费者引诱来后进行转换销售；四是以所谓免费或者其他语义模糊的词语进行宣传，影响消费者购买决策。价格虚假表示不仅欺骗消费者，更严重的是它导致市场的供求信息混乱，经常引发恶性竞争。我国《价格法》首次明确规定，禁止“利用虚假的或者使人误解的价格手段，诱骗消费者或者其他经营者与其进行交易”。

（三）变相广告宣传行为

变相广告宣传是指那些虽然不采取商业广告的形式，但同样达到商业广告效果的行为。例如，通过一些欺骗性的启事、声明、担保以及有关权威组织的推荐等来达到广告宣传之目的；以名人进行见证验证式的广告进行虚假宣传；以消费者的来信或患者的所谓感

① 参见日本《不正当竞争防止法》第2条第1项（1993年修改）。

谢等进行欺骗性的宣传。有的甚至通过公开的新闻报道、新闻特写以及新闻消息等有偿新闻隐瞒真相、夸大事实。这些广告宣传都是经过虚伪的"创作",纯属子虚乌有。事实上,产品的功效并非如此显著,甚至完全虚假。变相广告往往通过权威性的机构进行宣传,更增加了消费者对其产品的信任度,因此对这类广告加以规制就十分必要。

(四) 引诱性广告宣传行为

引诱性广告宣传行为是宣传者故意混淆含义,省略词句或者模糊语义,使消费者在接受宣传信息时产生误解,从而影响他们购买决策的行为。引诱性广告与上述虚假广告有所不同的是,前者以完全虚假的信息欺骗消费者,而后者则是以可能不完全虚假的信息,但通过模糊表达方式让消费者上当。这类行为的误导性特别严重,无论是对消费者还是对同业竞争者都是不公平的。世界各国通常严格禁止这类商业广告宣传行为。

(五) 诋毁性比较广告行为

诋毁性比较广告是通过在广告宣传中采用捏造事实、诽谤或不适当与他人比较的手法贬低或攻击其他竞争对手的不正当竞争行为。从理论上讲,比较性广告宣传能够为消费者提供更多更完整的信息,有助于消费者的选择,同时也能促进经营者之间的品质和价格的竞争。但是如果进行的不是真实、全面的比较,或通过比较来贬低竞争对手,这样的比较就有悖公平竞争。比较性广告有两种形式,一种是针对特定对象的比较,如"某某产品(指广告主自已的产品)是某某产品(他人的产品)的更新换代产品"这样的广告,直接贬低他人产品已经淘汰;另一种是顶级广告,即不特指某一产品,而是使用顶级比较语言"最好"、"全国唯一"等贬低全部同类产品的做法。不管是哪一类比较广告,只要使市场中的购买者产生了误解,就应当加以禁止。

三、对虚假宣传行为的法律规制

(一) 虚假宣传行为的一般认定

从多数国家的法律规定来看,对虚假宣传行为的认定可从以下几个方面进行。

1. 宣传主体是经营者

不正当宣传行为的主体是经营者,根据我国法律的规定,经营者包括广告主、广告的制作者、发布者以及与广告宣传行为相关的社会团体等。行为人的主观目的是为了在商业竞争中取得竞争优势,通过不正当宣传行为来排挤竞争对手,扩张自已产品或企业的影响和市场占有率。这是认定虚假宣传行为的主观要件,也是区别于其他广告宣传(如公益广告)的重要标志。

2. 宣传行为虚伪不实

虚假宣传行为的重要特征就是"虚伪不实",行为人总是通过一些表述上的失实、语义含混、内容虚假来蒙骗消费者和竞争者。一般认为,如果所宣传的内容虽然是真实的,但是由于该项内容是片面的,不能全面反映所宣传的商品的真实情况,就可以认为宣传行为是虚伪不实的。例如,将自己商品的优点与他人商品的缺点进行对比宣传;或者使用"唯一"、"最好"等含有排斥竞争对手的文字;或者将学术上未定论的事实当作定论的事实,用作对商品质量的宣传都应当认定为是虚假宣传。

3. 宣传后果引人误解

虚假宣传行为,造成的后果是导致消费者陷入实质性的错误认识,这是认定虚假宣传行为的客观要件。判断虚假宣传行为是否导致消费者误解需要注意两点:首先,认定"引人误解"应当以普通消费者的认知水平和判断力作为是否误解的判断标准。因为专业人员或者受教育程度较高的人员一般具有较强的认知能力,因此,如果一般的公众(以中等文化水平为标准)受了广告的影响(施以普通的注意力)就陷入了认识的错误,就可以认定是虚假的广告宣传。其次,虚假宣传行为应与未使消费者产生误解的不实广告作必要的区别。既然消费者的认知在认定虚假宣传行为中有着重要的标准价值,那么,对于消费者可以明显感到其夸大不实,并没有引起误解的广告宣传就不能认定为是虚假的宣传行为。例如销售鲜花的经营者以"全世界最美丽的花"进行宣传,辛辣食品以"嘴里喷火"图片为宣传内容等,这些行为虽然属于虚假宣传,但是并不足以引起消费者误解。根据最高人民法院《关于审理不正当竞争民事案件司法解释》的规定,以明显的夸张方式宣传商品,不足以造成相关公众误解的,不属于引人误解的虚假宣传行为。第三,即使有些广告宣传的内容从陈述上看是真实的,但是仍然引起了人们的误解,也应当认定为是虚假宣传行为。这是因为广告宣传者所运用的手法是错误的,他们故意使用模糊的语言和不恰当的省略,使字面上真实的陈述产生了虚假的第二含义,从而使人陷入误解,应当构成"引人误解的或欺骗性的行为"。因此,判断引人误解宣传的关键不在于表示的真假,而在于是否容易引起相关大众陷入错误。

(二) 引诱性广告的认定

引诱性广告实际是一种转移销售的广告,欺骗性十分隐蔽,往往不易识别。因此,对引诱性广告的认定,有些国家规定了特别的条件。例如美国联邦贸易委员会向销售者提出了几项商业准则,作为对这种特殊虚伪不实广告的限制。[①]在我国目前的商业竞争中引诱性广告也已屡见不鲜,但是现行有关广告和竞争的法律法规中尚未对此行为进行规范,只有对有奖销售的引诱性广告有所规定,应当引起立法者足够的重视。

(三) 诋毁性比较广告宣传行为的认定

对于利用比较性广告宣传对竞争对手进行诋毁的做法,各国法律是一致反对和禁止的,认为其是典型的不正当竞争行为。我国法律对贬低他人产品的比较性广告作了较为严格的禁止。我国《广告法》第 12 条规定,"广告不得贬低其他生产经营者的商品或者服务";《反不正当竞争法》第 14 条规定,"经营者不得捏造、散布虚伪事实,损害竞争对手的商业信誉、商品声誉"。此外,我国《广告法》第 7 条还规定,"广告不得使用国家级、最高

① (1)通过广告发出的销售必须真诚;(2)广告不得对产品的等级、性能、产地等作虚假宣传,等顾客进门以后再说明真实情况;(3)不得通过各种手段使顾客转向购买其他商品,如拒不出示样品、交货数量不足、向顾客陈列次品、贬低广告中的产品等;(4)在销售以后再转换所出售的产品等。

级、最佳等绝对化"的用语。这表明了我国法律禁止在不特定的产品中进行比较性的广告,主要规范"顶级"广告,即称自己的产品是同类产品中的"最高级"的广告。在司法实践中对于内容片面,使用"唯一"、"最好"等含有排斥竞争对手的文字宣传可视为虚假宣传。

(四) 虚假宣传行为的法律责任

关于虚假宣传行为的法律责任主要通过各国的竞争法和广告法进行规定,责任形式包括停止宣传行为、行政罚款、民事赔偿等,危害严重的虚假广告宣传的经营者将被处以刑事责任。以我国广告法和反不正当竞争法的规定为例,由于我国的《广告法》的颁布在后,《反不正当竞争法》中的责任规定与之有竞合之处,故而主要以《广告法》为依据追究虚假广告宣传行为的法律责任。

1. 行政责任

主要包括:(1)停止发布虚假广告。我国《广告法》第 37 条规定:"利用广告对商品或者服务作虚假宣传的,由广告监督管理机关责令广告主停止发布。"同时,对负有责任的广告经营者和广告发布者,情节严重的可以停止其广告业务。(2)更正广告。当广告主或广告经营者、发布者受到发布虚假广告的指控时,行政当局会责令广告主"更正广告",以消除虚假广告宣传行为给消费者造成的不良影响。而且执法机关还可以详细规定更正广告的具体内容,如广告的有效期限、广告周期、广告费用、刊登广告的报纸或电台等。我国《广告法》第 37 条明确规定:"利用广告对商品或者服务作虚假宣传的,由广告监督管理机构责令广告主停止发布,并以等额广告费用在相应范围内公开更正消除影响……"(3)罚款制度。对虚假广告宣传行为的广告主,除了上述停止发布广告和更正广告以外,还要处以罚款。我国《广告法》规定,对广告主可处以广告费用的 1 倍以上 5 倍以下的罚款,对负有责任的广告经营者和广告发布者还应没收其广告收入。《反不正当竞争法》第 24 条规定,对"经营者利用广告或其他方法,对商品作引人误解的虚假宣传的,监督检查部门……可以根据情节处以 1 万元以上 20 万元以下的罚款"。

2. 民事赔偿责任

民事赔偿是针对虚假广告宣传行为人对广告的接受者造成的损害所提供的救济方式,根据民事赔偿的法律,责任人应当赔偿受损者的损失。我国《广告法》第 38 条规定,发布虚假广告宣传行为、欺骗和误导消费者,并使购买商品或者接受服务的消费者的合法权益受到损害的,由广告主依法承担民事责任。至于广告经营者和广告发布者,如果明知或者应知广告虚假,仍进行设计、制作、发布的,应当依法承担连带责任。此外,我国 2009 年颁布的《食品安全法》还规定,社会团体或者其他组织、个人在虚假广告中向消费者推荐食品,使消费者的合法权益受到损害的,与食品生产经营者承担连带责任。

3. 刑事责任

我国《广告法》第一次对虚假广告宣传行为的责任者规定了刑事责任。《广告法》第 37 条、第 39 条规定,利用广告对商品或者服务作虚假宣传的,构成犯罪的,依法追究刑事责任。我国 1997 年修改的《刑法》第 222 条也规定:"广告主、广告经营者、广告发布者违反国家规定,利用广告对商品或者服务作虚假宣传,情节严重的,处 2 年以下有期徒刑或者拘役,并处或者单处罚金。"

第四节　侵犯商业秘密行为的法律规制

一、商业秘密的含义与特征

（一）商业秘密的含义

在现代市场竞争中，商业秘密往往能使经营者获得强大的竞争优势，因此，围绕着商业秘密进行的争夺战是重要的竞争手段。根据《布莱克法学词典》的解释，商业秘密是指"用于商业上的配方、模型、设计或信息的汇集，使拥有人相对于其他不知或不使用的竞争者有更多获得利益的机会"。世界知识产权组织在其拟定的《发展中国家保护发明示范法》中称，商业秘密为"有关使用和适用工业技术的制造工艺和知识"。《与贸易有关的知识产权协议》(TRIPS)中，商业秘密被称为"未公开信息"而纳入保护的范围，同时界定了这些未公开信息"应当具有保密性和商业价值"。由此可见，商业秘密可以分为广义和狭义两种理解：狭义的商业秘密一般只包括工业适用的技术，如设计图纸、工艺流程、配方、数据等技术信息；广义的商业秘密则泛指工业、商业以及其他经济事业的秘密信息。概括地说，商业秘密主要包含以下三类：

(1) 技术信息。它是指人们从经验中或技艺中得来的，能在实践中特别是在工业中应用的技术信息、技术数据或技术知识。技术秘密一般不能独成一体，而只能依附于某项专利或公开的技术，作为实施主要技术时必备的经验性技巧而存在。技术信息通常表现为产品配方、关键数据等。

(2) 经营信息。指具有秘密性质的经营管理方法及与经营管理方法密切相关的信息和资料，包括经营计划、客户名单、标书等。

(3) 管理信息。这是指组织生产和经营管理的秘密，特别是合理有效地管理各部门、各行业之间相互协作，使生产与经营有效运行的经验性信息，如管理模式、公关技巧等。

我国《反不正当竞争法》首次把商业秘密定义为"不为公众所知悉，能为权利人带来经济利益，具有实用性并经权利人采取保密措施的技术信息和经营信息"。此种定义符合国际社会关于商业秘密的界定。

（二）商业秘密的特征

1. 非公知性

非公知性也称秘密性，它是商业秘密最核心的特征，是指该种技术信息或经营信息作为一个整体或者其各部分的具体内容处于秘密状态，不为相关领域的人普遍知道，一般人不易通过正当途径获得或探明。正如有的学者所说的，"法律对商业秘密唯一的、最重要的要求，是该商业秘密在事实上应是保密的，除却这一先决条件，其他条件也就毫无意义了"①。

① Malvin F. Jagger: *Trade Secrets Law*, Borsdman Company Ltd, 1986, Page 23.

但是,这种秘密性只能是相对的,因为一项商业秘密在使用和管理中是无法避免在一定范围内或一定程度上向外界公开的。企业内部雇员、合作对象、政府审批机构的工作人员都有可能接触到商业秘密的内容。只要权利人采取了适当的保密措施,就可以认定是处于秘密状态下的信息。需要指出的是,行为人通过自行开发研制或者反向工程等方式获得的商业秘密,虽然不为公众所知悉,但不认定为是对商业秘密的侵犯。

2. 管理性

正因为商业秘密的秘密性是相对的,所以它要求权利人采取合理的保密管理措施进行自我保护。但如何确定保密措施的合理性是十分重要的,它涉及某些信息能否在实际中被认定为商业秘密。保密性可分为主观保密和客观保密两个方面,大陆法系国家比较重视保密措施的主观性,即只要企业主观上采取了这些措施,如签订了保密合同、制定了与商业秘密相关的现场准入制度等,就可以认为是采取了保密措施。而英美法系国家还同时重视客观上该信息是否在现实中真正处于保密状态,只有同时具备主观和客观两个方面的保密性,商业信息才属于受到法律保护的商业秘密。随着科学技术的不断发展,各种窃取商业秘密的手段也变得愈来愈高明,商业秘密的保密措施很难保证万无一失,因此,法律要求的保密措施只能是在相对合理的程度上。我国《反不正当竞争法》第10条第3款规定,"并经权利人采取保密措施"应理解为采取的保密措施是合理的、具体的、有效的,并且应当与商业价值等具体情况相适应,在具体认定时可以根据所涉信息载体的特性、权利人保密的意愿、保密措施的可识别程度、他人通过正当方式获得的难易程度等因素综合判断权利人是否采取了保密措施。

3. 经济性

经济性也称为价值性,是指商业秘密的使用可以为权利人带来经济上的利益,使权利人拥有比不知晓或不使用该商业秘密的竞争者更有利的竞争优势。商业秘密的经济性包括现实的经济利益和使用后可能体现出来的潜在的经济利益。这种经济性并不一定表现在侵权人在侵权时给权利人带来的经济损失,它更多的可能表现为侵权人在将来通过使用该商业秘密,给自己造成某种竞争优势,强化其在市场竞争中的地位,导致商业秘密权利人在竞争中优势地位的丧失。因此,商业秘密的经济性(商业价值)既可以体现为经济利益的增加,也可以体现为损失的减少。

4. 实用性

商业秘密的实用性是指商业秘密能在生产和经营中应用,并能创造出积极的经济效益和社会效益。这使得商业秘密区别于一般的生产技术和经营管理的理论成果。对实用性的规定,世界各国有不同做法。日本的商业秘密法律制度要求商业秘密必须具有现实的实用性,即商业秘密已被经营者所采用。美国《统一商业秘密法》的规定更接近现代知识经济背景下的社会现实。该法律规定,商业秘密不仅包括现实的实用性,也包括潜在的实用性,并不要求商业秘密已经被实际使用。我国《反不正当竞争法》中对商业秘密的定义,没有区分实用性的现实性和潜在性,但最高人民法院《关于审理不正当竞争民事案件司法解释》中将商业秘密做了宽泛的解释,认为实用性包括现实的和潜在的商业价值,从而扩大了商业秘密的保护范围。必须指出的是,商业秘密的实用性只是指那些客观上有用的具体方案或信息能够运用到一定经营活动中去的特性;对于抽象的定义、概念、原理和原则，是不能作为商业秘密加以保护的。

上述非公知性、秘密性、管理性和实用性作为商业秘密的构成要件已为世界各国法律所接受，但这只是对商业秘密抽象的概括，在适用个案时，还存在着具体的解释问题。从根本上来说，制约商业秘密保护范围的是受到社会物质生活条件所限制的社会道德观念的发展程度。一个国家在一定时期内的国民道德水准决定了商业秘密的认定标准和保护程度。以我国的具体国情而言，不少学者专家主张对其采用较为严格解释，以促进经济的迅速发展。①

二、侵犯商业秘密行为的表现形式及危害

(一) 侵犯商业秘密行为的表现形式

1. 以不正当手段获取他人商业秘密

这是指出于竞争目的，以各种非正当手段获取他人商业秘密的行为。禁止以不正当手段获取他人商业秘密，实际上是规定了"获取"行为本身的违法性，而不必等到公开使用时才算违法。所谓"不正当手段"，是指一切违反诚实信用、公平竞争原则，直接或间接从权利人处获取商业秘密的行为。美国的《统一商业秘密法》规定的"不正当手段"，包括"窃取、贿买、不真实表示、违反或诱使违反保密义务，或者通过电子方法或其他方法窥探"。当然，不正当手段是不可能列举穷尽的，因此，在具体的案件审理中还需对个案进行分析，只要侵权人不是以正当手段获得，并有足够的证据证明其获得手段的不合法性，就可以认定为是以不正当手段获得。②我国《反不正当竞争法》对"不正当手段"，具体规定为"以盗窃、利诱、胁迫等或者其他不正当手段"③。另外，如果权利人能证明他人所使用的信息与自己的商业秘密具有一致性或者相同性，同时能证明他人有获取其商业秘密的条件，而他人不能说明其所使用的信息是合法获得或者使用的，也可以视为侵犯他人商业秘密的行为。

2. 恶意披露、使用或允许他人使用以违法行为获得的商业秘密

这是行为人获取商业秘密后的继续行为。非法获取他人的商业秘密的行为人将其所获取的商业秘密转告第三人或利用各种方式将其公布于众，自己使用或允许他人使用该商业秘密，这些都会使权利人的损害进一步扩大而造成更为严重的后果。我国《反不正当竞争法》对此明确规定，"披露、使用或者允许他人使用以前项手段获取的权利人的商业秘密"是侵犯商业秘密的行为。

3. 违反约定或者违反权利人的要求，披露、使用或允许他人使用商业秘密的行为

这是侵犯他人商业秘密的最常见的行为，也是早期对商业秘密的保护规定。尽管侵权人是以正当的手段获得该项商业秘密，但由于对权利人有明示或默示的义务，因而不得披露、使用或者允许他人使用该商业秘密，否则，同样被认为是侵权行为。我国《反不正当

---

① 郑成思主编：《知识产权法研究》，中国方正出版社 1996 年版，第 114 页。

② 美国 1978 年《〈统一商业秘密法〉之立法理由书》；转引自唐昭红：《商业秘密研究》，载于梁彗星主编：《民商法论丛》第 6 卷，法律出版社 1997 年版，第 750 页。

③ 参见《中华人民共和国反不正当竞争法》第 10 条规定。

竞争法》对此也做了规定,禁止"违反约定或者违反权利人有关保守商业秘密的要求,披露、使用或者允许他人使用其所掌握的商业秘密"。

由于商业秘密具有实用性,因此,基于正常业务或相互信任等关系而获得商业秘密的情况是存在的,如因业务需要在本单位职工中进行交流;因市场经营需要被产品的销售者、原材料的供应者、设备的修理者所知晓等等。但由于这些合同的特殊前提,商业秘密的获得者就对权利人负有明示或默示的保密义务。虽然我国法律对此并无明确的规定或解释,但《反不正当竞争法》所规定的违反"保密约定"和"权利人有关保守商业秘密的要求"应该包括明示和默示两种情况。这是因为,这里强调的是对商业秘密持有人的意志的违背,而无论明示的或默示的许可都是持有人的真实意志,只要缺乏这种许可,披露、使用或者允许他人使用商业秘密都应认定为侵害他人的商业秘密的行为。

4. 第三人侵犯商业秘密的行为

这是指第三人明知或应知转让人获得该商业秘密是不当取得的,或是未经授权取得后披露、使用或者准许他人使用的,仍予以受让、使用或披露的行为。显然,这里的第三人有侵权的主观恶意。我国《反不正当竞争法》规定:"第三人明知或者应知前款所列违法行为,获取、使用或披露他人的商业秘密,也视为侵犯商业秘密。"这种情况下,第三人并非直接以不正当手段获得他人的商业秘密。但是,这种类似于"销赃"的行为对于商业秘密权的侵害以及对公平竞争秩序的危害与上述三种行为是同样的,正因为有了转让的市场,才促使侵权人去实施上述行为。因此,将其列入侵权行为,有利于制止违法行为。

(二) 侵犯商业秘密行为的危害

1. 损害商业秘密权利人的合法权益

商业秘密往往是权利人投入大量财力、物力和人力,经过相当时间的研究和积累所获得的无形资产,拥有商业秘密可以获得竞争上的独特优势和经济利益。一旦该商业秘密被他人不正当地获取、泄露或使用,就会使得权利人失去竞争优势,给权利人现有的或者潜在的利益带来严重损害。

2. 扰乱社会公平竞争秩序

在存在同业竞争的情况下,很显然,侵犯他人商业秘密是一种掠夺他人竞争优势的行为,是一种不公平的竞争手段。如果不用花费精力研究和开发有价值的商业信息,只要盗窃或者收买商业秘密就可以创造利润,那么市场竞争就会蜕变成偷掠者的乐园,竞争机制也就失去其应有的功能。正如美国一名法官在1982年审理一件关于雇员利用原公司商业秘密并与之开展业务竞争的案件时所说的:虽然竞争一直为法律所扶持和鼓励,但这里的竞争是违法的,因为它违反了商业道德,是违反诚实信用的不公平竞争,是为法律所不允许的。[①]

3. 阻碍技术进步和遏制创新的积极性

商业秘密的持有人之所以不通过申请专利的方法保护自己的技术发明,就是想避免专利授权后要公开其技术成果。在全球经济已经进入知识经济的时代,作为一种信息资源,商业秘密在经济发展中所起的作用越来越大。如果侵犯商业秘密的行为得不到有力

---

① F. Jagger, *Trade Secrets Law*, Malvin, Bosrdaman Company Ltd, 1986.

的制止，人们用以维护自身无形资产的成本高到难以为继的时候，将会挫伤人们继续进行科学研究、积累经营经验的积极性，对开发、研究和发展知识产权是极为不利的，从而影响技术进步和经济的发展。

三、侵犯商业秘密行为的法律规制

（一）侵犯商业秘密行为的法律制度

规制侵犯商业秘密行为的法律经历了一个发展变迁的过程，到目前为止，世界上仍然存在着不同的法律规制模式。

1. 民事法律规制模式

对侵犯商业秘密行为进行民事法律规制主要在于强调商业秘密的财产权性质，从保护权利的角度进行规制。民事法律规制又分为合同法律规制和侵权法律规制两种。早期一般是通过合同法进行规制的，即通过规定合同义务来达到保护商业秘密持有人权利的目的。如果违反这些义务，必须承担违约责任并赔偿损失。我国在体制改革初期也是在《技术合同法》中规定了商业秘密的保护问题。

由于合同理论在保护商业秘密中具有局限性，合同以外的当事人不正当获得或使用商业秘密就难以进行约束，这使得对商业秘密的保护转向了侵权理论。大陆法系的国家在民法中以侵权法规范对之进行规制，而普通法国家因为不存在法典意义上的民法，故一般通过侵权行为法进行规制。把商业秘密视为财产权是侵权理论的基础，如美国的立法就是典型代表，特别是 1939 年美国制定的《侵权行为法第一次重述》实施以后，这种理论的影响被进一步扩大，并得到了广泛的运用。

2. 竞争法律规制模式

将侵犯商业秘密行为纳入竞争法规制的模式是强调这种行为对竞争机制的破坏作用，是从维护竞争秩序的角度对其进行规制的。德国、日本等国都采用这种模式，在反不正当竞争法中规定了禁止侵犯他人商业秘密，并对此行为规定了法律责任。例如，德国法律专门设定的“商业秘密或经营秘密的泄露”条款中规定：以竞争为目的，或出于私利或为第三人谋利或故意加害于商事企业主，获取、透露、告知或者使用他人商业秘密或经营秘密的行为可处以最高 3 年的徒刑和罚款，情节特别严重的案件可处以 5 年以下的徒刑或罚款。[①]日本的《不正当竞争防止法》1990 年修改后，把侵犯商业秘密行为也纳入了竞争法的规制，法律规定，采用不正当的手段获得、使用、泄露商业秘密或者使用、泄露明知或后来知道以不正当手段获得的商业秘密的行为是不正当竞争行为。这说明商业秘密受到侵犯并不仅仅损害持有人利益，更会对市场秩序造成影响。反之，也表明了商业秘密的保护只有纳入竞争法的规制才能得到更加广泛的保护。“事实上，保护商业秘密的规则已经发展成为确立公平竞争标准的一部分。”[②]

---

① 《德国反不正当竞争法》第 17 条。参见尚明主编：《主要国家（地区）反垄断法律汇编》，法律出版社 2004 年版。第 68 页。

② 孔祥俊著：《反不正当竞争法新论》，人民法院出版社 2001 年版，第 704 页。

我国现行关于侵犯商业秘密行为的规制也是在《反不正当竞争法》中规定的，不仅明确界定了商业秘密的概念，而且对行为的类型和法律责任都做了规定。《反不正当竞争法》颁布后，我国又通过《关于禁止侵犯商业秘密行为的若干规定》对该法律予以细化，在修改的刑法中还专门规定了侵犯商业秘密罪，对保护商业秘密、规范市场秩序提供了完善的法律依据。

3. 专项法律规制模式

鉴于侵犯商业秘密行为涉及权利保护、市场竞争秩序，还关系企业职工和管理人员的竞业禁止等问题，不少国家和地区制定了保护商业秘密的专项立法，如美国的《统一商业秘密法》、英国的《保护秘密权利法》、我国台湾地区颁布的“营业秘密法”等。通过专项立法，对商业秘密的保护范围、保护措施、处罚手段以及诉讼程序等都可以进行综合、完整的规定，更加有利于规制侵犯商业秘密的行为。我国通过制定《商业秘密保护法》来专门规制商业秘密侵害行为、保护持有人的权利，也是十分必要的。

(二) 违反商业秘密的法律责任

侵犯商业秘密的法律责任包括民事责任、行政责任和刑事责任。

1. 侵犯商业秘密的民事责任

其包括:(1)停止侵害。大多数国家对于侵犯他人商业秘密的行为人的处罚首先是责令停止违法行为，这是鉴于商业秘密的特性，一旦公开审理案件，都会造成商业秘密持有人损失的扩大化。美国对停止侵犯商业秘密行为方面还有一种特殊的做法，即由法院判决禁止被告在相关领域中一定时间内使用原告的商业秘密，待原告公开该商业秘密后才可以使用。这种责任形式被称为“扣除领先时间”原则。即指被告通过不正当手段获取他人的商业秘密，会比其他竞争者取得一段技术领先时间。如果判令被告在一段时间内不能使用该商业秘密，就等于扣除了其领先时间，与其他竞争对手处于相同的起点。我国在2006年颁布的《关于审理不正当竞争民事案件司法解释》中也引进了该原则，规定停止侵害商业秘密的时间一般持续到该项商业秘密已为公众知悉时为止，但是，如果这一时间明显不合理，则可以在保持权利人竞争优势的情况下，判决侵权人在一定期限或者范围内停止使用该项商业秘密。(2)返还财产。当非法泄露、获取他人商业秘密的侵权行为已实施完毕，但商业秘密尚未被公开，其秘密价值尚存时，被侵权人可向法院请求责令侵权人返还商业秘密，包括追回已经转移的物品，或者销毁体现商业秘密的载体如文件、实物复制品等。(3)赔偿损失。商业秘密作为无形财产，被侵害后势必会给侵权人造成经济损失，因此，侵权人有权要求侵权人赔偿损失。一般来说，请求损害赔偿需要原告举证，但是有时损害难以证明，或损害不易计算时，而法院认为必须给予原告补偿的，可以以不当得利的理论为依据，给予补偿。我国法律规定，损失难以计算的，赔偿额为侵权人在侵权期间因侵权所获得的利润，并应当承担被侵害的经营者对侵权行为的合理调查费用。①此外，如果因侵权行为导致商业秘密已为公众所知悉的，则损害赔偿额可以根据该项商业秘密的商业价值予以确定。商业秘密的商业价值，与其研究开发成本、实施该项商业秘密的收

① 参见《中华人民共和国反不正当竞争法》第20条第1款。

益、可得利益、可保持竞争优势的时间等因素密切相关。对于恶意欺诈和盗用商业秘密的行为，有些国家还规定了惩罚性的赔偿条款。赔偿金额由司法部门视情节轻重而定。

2. 侵犯商业秘密行为的行政责任

商业秘密一旦受到侵害，仅仅运用民事赔偿的方法有时难以弥补。因此，运用行政法律，及时、果断、强制性地制止和制裁这种行为必然成为各国立法的选择。我国《反不正当竞争法》首次规定，对于侵犯商业秘密的行政责任，"监督检查部门应当责令停止违法行为；返还商业秘密的载体如图纸、文件等；监督侵权人销毁侵权物品；根据情节处以 1 万元以上 20 万元以下的罚款"。我国台湾地区"公平交易法"也规定，侵犯他人商业秘密的，处罚新台币 50 万元。

3. 侵犯商业秘密行为的刑事责任

对于侵害商业秘密的行为，只规定民事责任和行政责任还明显不够，有的国家专门设立了"泄露企业秘密罪"或"泄密罪"，如日本、墨西哥等。法国《刑法典》也规定，公司职员泄露秘密的处以 2 年到 5 年徒刑，并课以 1 800—7 200 法郎的罚金。在我国，1997 年修改后的《刑法》规定："有侵犯商业秘密行为的，给商业秘密的权利人造成重大损失的，处 3 年以下有期徒刑或者拘役，并处或者单处罚金；造成特别严重后果的，处 3 年以上 7 年以下有期徒刑，并处罚金。"这表明了我国商业秘密保护制度的进一步发展。不仅如此，对法人犯罪也有了适用双罚制的规定，如我国《刑法》第 220 条规定，单位侵犯他人商业秘密的，对单位判处罚金，并对其直接负责的主管人员和其他责任人员，同样依照上述规定处罚。

第五节　不正当有奖销售行为的法律规制

一、不正当有奖销售的含义及其危害

（一）不正当有奖销售的含义

不正当有奖销售是指经营者为了推销产品或者获取竞争优势，以谎称有奖或者超过限度设奖等手段从事不正当竞争的行为。

根据我国国家工商行政管理局发布的《关于禁止有奖销售活动中不正当竞争行为的若干规定》的界定，有奖销售是指"经营者销售商品或者提供服务，附带性地向购买者提供物品、金钱或者其他经济上的利益的行为，包括奖励所有购买者的附赠式有奖销售和奖励部分购买者的抽奖式有奖销售"。有奖销售作为一种促销手段，在引发消费欲望、促进销售增长、刺激经济发展方面有一定的作用。但是有奖销售行为本身及实践操作也存在很多的问题，例如：可能引发诚信危机。由于有奖销售在形式上是一种优惠于购买者的赠与行为，而实质上还是以营利为目的的市场竞争行为，不少消费者在所谓的"优惠"面前失去理智，结果受骗上当。伴随着有奖销售的愈演愈烈，人们对市场产生的怀疑也日益增多。我国实践中还有很多经营者借有奖销售大肆销售各种伪劣产品，这可能会进一步加剧人们对市场机制的怀疑。因此，法律必须对企业的有奖销售行为作出适当的限制性规定。

一旦企业的有奖销售行为超过了法律允许的范围，则就转化为反不正当竞争法所禁止的不正当有奖销售行为。

(二) 不正当有奖销售的危害

不正当的有奖销售对市场秩序的危害主要表现在以下几个方面：

一是有奖销售容易形成强势弱势企业的不公平竞争。有奖销售需要具有一定的经济实力，一般都是强势企业所为。通过奖励促进消费者的购买，从大量的销售中不仅可以收回奖励的成本，而且还能增加获利。中小企业一般不具备与之竞争的条件，从而影响市场的公平竞争。同时，由于所赠的商品一般是主商品(指实际交易的商品)以外的从属商品，作为有奖销售的奖励品，由于其价格往往已经包含在主要商品的价格之内，而且可以随主商品一同出售，这就使经营同类商品或相近似商品的经营者遭受不公平的竞争。

二是有奖销售可能损害消费者的利益。有奖销售的方式往往使顾客难以判断商品或服务的实际价格，对市场价格的传递机制发生怀疑。在利用有奖销售形式推销商品时，经营者实际上是把赠品和奖品的价值打入商品的总成本之中，因此，对消费者来说最终并没有受到免费的赠品，相反只有使消费者因赠品而实际上支出了更多的费用。

三是市场供求信息的失实。有奖销售很可能导致消费者在奖品诱惑下，不去考虑价格、质量、性能以及是否需要等本应考虑的因素，而是由于可得的额外好处才去购买自己不需要或暂时不需要的商品，从而使市场不能如实反映实际需求，甚至还会传递错误的市场信息，诱发错误的购物导向。这种错误的信息会使厂家盲目扩大生产，造成产品积压，有时还可能导致国家宏观经济管理决策的失误，浪费社会资源，阻碍经济的发展。

二、不正当有奖销售的表现形式

(一) 抽奖式有奖销售

抽奖式有奖销售，也称悬赏销售，它是销售方以抽奖等带有偶然性的方法决定购买方是否中奖并提供奖品或奖金的销售方式。抽奖式销售利用购买者的博弈心理推销商品，容易导致社会风气的衰退。更有甚者，利用有奖销售推销劣质产品。因此，世界各国对抽奖式有奖销售一般都有相应的规制措施和具体的规定，如德国《附赠法令》禁止以抽奖方式推销商品或服务，或为招徕顾客集体乘坐旅游车而在每辆车中提供免费座位等。

根据我国《反不正当竞争法》的规定，以下几种抽奖式有奖销售行为应受到禁止：

(1) 欺骗性有奖销售。《反不正当竞争法》第 13 条规定，“采用谎称有奖或故意让内部人员中奖的欺骗方式进行有奖销售”的行为性质都属于欺骗性有奖销售行为。这种有名无实的销售行为，对购买者是一种欺诈行为。不仅如此，有奖销售争夺了同业竞争者的顾客，其行为方式也是不正当的。正因为如此，它在各类有奖销售行为中主观恶性最大，社会危害也最为严重，必须对其严格加以禁止。

(2) 利用有奖销售推销质次价高的商品。所谓“质次价高”的商品，是指由工商行政管理部门根据同期市场同类商品的价格、质量和购买者的投诉进行认定的商品。利用有奖销售推销质次价高的商品是违背公认的商业道德的行为。利用购买者的投机获利的侥幸心理,通过有奖销售来推销质次价高的商品,对于市场秩序和整个社会公共利益都是有害的。

(3) 巨额奖品的有奖销售。所谓巨奖,是指抽奖的奖品、奖券超过法律允许的设奖金额限度。允许设奖的金额限度各国规定不一。以日本为例,交易额在500元以下的奖品和奖金价值不得超过交易额的20倍;交易额在500日元到50 000日元之间,则不超过3万日元;交易额在10万日元以上的,则不超过5万日元;等等。我国《反不正当竞争法》规定,抽奖式的有奖销售,最高奖的金额不得超过5 000元。若以非现金的物品或者其他经济利益作奖励的,按照同期市场同类商品或者服务的正常价格折算其金额。

(二) 附赠式有奖销售

附赠式有奖销售,也称普遍有奖的销售。它是指销售方(包括厂家或批发商)向所有购买方(包括零售商或消费者)赠送奖品或奖金,或者赠送有价凭证(如消费满一定金额退还多少礼券等)的销售行为。这种行为一方面向消费者搭售了商品,消费者因商品或服务的价格结构不明显而产生误解,误认为高价变为低价而购买了不需要的商品;另一方面可能会影响竞争者或者赠品的供应商所在市场的竞争秩序。对于附赠式有奖销售,各国法律视附赠商品的金额大小而定。小额的附赠行为是被允许的,但大额的附赠行为就会与商业贿赂行为联系起来进行规制。法国基本上禁止在销售商品时采取免费或即时、定期付款的形式向消费者赠送商品,包括向对方提供物品、利益或服务。德国《附赠法令》规定,商业往来中凡带有"馈赠"、"奖励"、"免费"等词语的广告,均在禁止之列,但允许在销售中附带赠送一些价值低廉的物品,如小气球、小旗子等,但这些物品只做广告用途,其上要有永久性广告标志,且所赠物品的金额不得超过主商品价值的3%。

我国《反不正当竞争法》对有奖销售的规制并不包括抽奖式销售和附赠式销售。商业竞争中附赠式有奖销售的行为已经十分普遍,对市场竞争秩序产生了很大的影响。为此,2006年,商务部、发改委、公安部、国家税务总局、国家工商行政管理总局联合颁布了《零售商促销行为管理办法》,对与消费者关系最为密切的零售商促销行为予以规制,要求零售商在开展有奖销售活动时应当展示奖品、赠品,不得以虚构的奖品、赠品价值额或含糊的语言文字误导消费者。

三、不正当有奖销售行为的法律责任

有奖销售作为企业的一种市场营销手段,其本身并不当然的违法。这种行为是否违法,主要是取决于所赠的奖品是否影响竞争和交易秩序,是否属于公平竞争法规定的禁止范围之内。除了赠送价值小的物品等符合商业惯例的做法仍然被允许外,世界各国在原则上是严格规制有奖销售的。根据各国有关立法中普遍规定,违反有奖销售法律规制的,则要承担相应的民事责任、行政责任甚至刑事责任。例如,法国对违反有奖销售法律的行为可以处以2个月至2年的监禁,并处以60法郎至20万法郎的罚金。加拿大竞争法实施的是刑事制裁和处罚,最高罚金为2.5万加元或者1年监禁,或者两者并用。我国现行的《反不正当竞争法》没有在原则上对有奖销售进行否定,只是限制和禁止几种不正当销售行为,但总体上看,对于违反有奖销售的行为规制相对较为宽松,没有规定相应的刑事制裁措施,立法本身有待于进一步的完善。

第六节　商业贿赂行为的法律规制

一、商业贿赂行为概述

(一) 商业贿赂的含义

商业贿赂是贿赂的一种表现形式,它的一般含义就指具有竞争关系的经营者通过秘密收买竞争对手的代理人或者雇员的方式,争夺交易机会,获取市场竞争优势的不正当行为。依靠商业贿赂行为进行竞争是一种不道德的行为,历来为各国法律所禁止。例如美国《联邦贸易委员会法》第 5 条将其作为不公平的竞争方法进行规制;在《鲁宾逊·帕特曼反歧视法》中规定"商人在其商业过程中,支付、准许、收取、接受佣金、回扣或其他补偿是非法的(提供的劳务除外)";此外,还有专门的《反海外腐败行为法》对商业贿赂进行规制。德国在其《反不正当竞争法》中规定:在商品交易中,行为人以竞争为目的而给工业企业的职员或受任人提供、许诺或授予一种利益,以此作为在取得商品或工业企业给付时以不正当的方式给自己或第三人换取优惠的相应给付,可对行为人处以最高 1 年的徒刑或罚款;商事企业的职员或受任人如有同样的行为也给予同样的处罚。根据我国《反不正当竞争法》和国家工商行政管理局在 1996 年发布的《关于禁止商业贿赂行为的暂行规定》,商业贿赂是指"经营者为了销售或购买商品而采用财物或者其他手段贿赂对方单位或者个人的行为",行贿者提供或许诺提供某种利益,引诱交易对方作出有利于行贿者的决定,从而在商品交易和提供服务中使自己或第三人取得市场竞争的优势地位,以达到促成交易或取得经济利益目的的行为。

(二) 商业贿赂行为的法律特征

1. 行为主体包括行贿者和受贿者

我国《反不正当竞争法》规定:"经营者不得采用财物或者其他手段进行贿赂以销售或者购买商品。在账外暗中给予对方单位或者个人回扣的,以行贿论处;对方单位或者个人在账外暗中收受回扣的,以受贿论处。"值得注意的是,由于我国法律对商业贿赂的主体界定仅从贿赂双方的共性上入手,仅以"经营者"这个模糊的概念作为商业贿赂的主体要件,因此,有必要在此区分商业行贿者和商业受贿者。

将行贿者指代为"经营者"是符合实际的,因为行贿者的目的是销售或购买商品,这是经营者的行为。但是,对于"受贿者"却不能简单地界定为"经营者"或者"对方单位"。我国法律对经营者的界定是"从事商品经营或者营利性服务的法人、其他经济组织和个人",应该是一个具有自己独立财产的商事主体。因此,作为经营者不可能以接受小额利益的贿赂而出卖自己的大额利益,除非这个经营者只是代理人而已(如国有企业)。因此,受贿者应该是与行贿者的交易相对人相关的中间人员,如代理人、雇员等。他们不是企业经营者,所以可以出卖经营者的利益。国外的法律规定可以说明这一点。如在美国的两项关于商业贿赂的法律中明确将受贿主体限定为外国公职人员、政党及其成员、政治职务候选人,①或者是雇员、合伙人、受托人以及代理人。②而德国《反不正当竞争法》第12条则将商业贿赂之受贿主体限定为"对方职员或代理人"③,日本商法规定的"特别背任罪",其犯罪主体为公司董事、股东、经理以及雇员。④这就说明交易主体(经营者或者对方单位)不是受贿主体,本身不参与交易但属于交易主体一方的中间人员才可能成为受贿主体。

2. 行为人以排斥商业竞争为目的

商业贿赂行为大多存在于竞争较为激烈的商业性活动之中,贿赂的目的就是为了排挤同业竞争者,促成自己取得竞争优势。这是商业贿赂区别其他贿赂行为的主要标志。对于我国《反不正当竞争法》中规定的商业贿赂的目的是为了"销售或购买商品"的规定,应当做广义的理解。一些传统上认为不属于商业领域的贿赂行为,如体育、文艺比赛等,一旦具有商业性质,属于以谋取经济利益为目的的经营性活动,其中所发生的贿赂行为就应当认定为是商业贿赂,如众所周知的"黑哨"行为。

3. 商业贿赂行为是以不正当的方式进行的

在实践中,商业贿赂的行为表现是多种多样的,我国《反不正当竞争法》规定,商业贿赂的表现形式是行贿者以提供"财物或其他手段"进行贿赂。在《关于禁止商业贿赂的暂行规定》中又罗列了"财物"和"其他手段的范围",财物"包括现金和实物、促销费、宣传费、赞助费、科研费、劳务费、咨询费以及佣金、报销等方式;"其他手段"包括提供国内外各种名义的旅游、考察等给付财物以外的其他利益。从概念来看,自然也包括为对方装修住房以及为对方提供明显可以获利的业务项目、合同等各种利益。随着商业贿赂的非法性不断为社会所认识,法律对商业贿赂的打击也越来越严厉,商业贿赂行为的非货币化倾向也越来越明显。

(三)商业贿赂的社会危害

第一,商业贿赂行为扭曲市场竞争。商业贿赂行为是采取不正当利益给付的形式争夺交易机会,它会破坏社会正常的竞争秩序,使得市场经济规律无法充分发挥优胜劣汰和资源优化配置的作用,损害了其他经营者的合法利益。

第二,商业贿赂促使低质产品得以畅行。在金钱的诱惑下,贪图小利的经营人员会接受虚假低质的商品,或者通过收受贿赂出卖经营者的利益,使得那些本来通过正当竞争应当被淘汰的产品得以登堂入室,损害消费者的利益。

第三,商业贿赂行为影响国家经济运行。由于商业贿赂是在暗中进行,又不入法定账户,在正常的经济运行渠道之外进行,如此必然造成大量的非法收入和税外利润,它们被转入企业的小金库或被个人不法侵吞,不仅严重影响国家税收,而且由于经营者经营信息的失实,国家的宏观政策制定和实施也将缺乏真实的原始基础和依据。

---

① 参见美国《反海外腐败行为法》(FCPA) § 78dd-1(a)。

② 参见美国《示范刑法典》(Model Panel Code) § 224.8(1), (2)。

③ 邵建东著:《德国反不正当竞争法研究》,中国人民大学出版社2001年版,第222页。

④ 参见日本《商法》第486条。

第四，商业贿赂行为败坏社会风气。商业贿赂行为使得个人获利、企业受损，在某种情况下，还与权力寻租相连，引发其他领域的贿赂行为，是吏治腐败的重要原因之一。大量经济犯罪行为也与商业贿赂有着密切的关系。因此，商业贿赂行为是败坏社会风气、引发经济犯罪的温床，如果商业贿赂发展蔓延成风，社会的商业文化将受到极大的破坏。

二、商业贿赂的表现形式

(一) 商业回扣

1. 商业回扣的含义

商业回扣是指经营者销售商品时，在账外暗中以现金、实物或者其他方式退给对方单位或者个人一定比例的商品价款。商业回扣和价格折扣是两种相似但是具有不同性质的行为。价格折扣也称为让利，是指在商品购销活动中卖方在所成交的价款或数量上以明示的方式给买方一定的比例减让返还以促成交易的一种促销手段。《关于禁止商业贿赂行为的暂行规定》中把它定性为是"商品购销中的让利，是经营者在销售商品时，以明示并如实入账的方式给予对方的价格优惠，包括支付价款时对价款总额按一定比例即时予以扣除和支付价款总额后再按一定的比例予以退还两种行为"。与回扣相比较，折扣一般在合同中直接列明，并且入账，公开给付，属于"明扣"；回扣则是在账外暗中秘密进行的，属于"暗扣"。折扣虽然是一种合法的让利销售行为，不属于商业贿赂的范畴，但国家也需要对折扣现象进行规范，对折扣的比例加以一定限制，防止某些企业推行削价销售、限制竞争的价格政策，这当然属于另一种形式的不正当竞争行为。

2. 商业回扣的构成要件

构成商业回扣必须具备以下条件：第一，一方当事人向另一方当事人的有关人员提供金钱、有价证券或其他财物等。第二，上述金钱等经济利益的给予和收取都采取不公开的方式在账外进行的。这里所指的"账"，指依法设立的反映生产经营活动或者行政事业经费收支的财务账。所谓"账外暗中"，就是《关于禁止商业贿赂的暂行规定》中规定的"未在依法设立的反映生产经营活动或者行政事业经费收支的财务账按照会计制度规定明确如实记载，包括不记入财务账、转入其他财务账或者做假账等"情况。第三，经营者利用回扣是为了凭借给予对方不正当利益来达到排挤竞争对手，获取交易机会的目的。

(二) 不正当的佣金行为

佣金是居间合同的主要内容，是中介机构提供居间劳务所获得的报酬。可见，合法佣金和价格折扣一样都不是商业贿赂的形式，而是法律允许的一种商业行为，不能简单地把它们与回扣混淆起来。但是在实际经济生活中，佣金与商业贿赂行为容易混淆，因此，正确区分商业贿赂与合法的佣金之间的界限，规制以佣金的形式出现的不正当商业贿赂行为就显得十分重要。佣金和商业贿赂两者的区别之一，就是佣金是明示公开，佣金的支付者与中介人、经纪人之间一般都订有居间或经纪合同，因此，经营者支付的佣金必然公开入账，收受佣金的中介人也会如实入账，并依法纳税。而商业贿赂的收受者是在地下暗中进行的，不可能公开入账。佣金和商业贿赂的区别之二，是收取佣金的中介机构都具有合法的经营主体资格，没有经营资格的就不能接收佣金。而商业贿赂的收受者是中间人，一般都不具备经营主体资格。

三、商业贿赂行为的法律责任

商业贿赂是一种严重的违法行为，不少国家规定了严格的法律责任。如前所述，德国、美国都规定了刑事责任。我国过去将商业贿赂问题仅作为财经纪律问题进行处理，仅对公务员主体受贿、贪污的行为加以规范。直到 1993 年《中华人民共和国反不正当竞争法》出台，第一次提出除行政主体之外的商业贿赂行为，并对违反商业贿赂的行为规定了行政处罚和刑事处罚。根据《反不正当竞争法》和《刑法》的规定，经营者采用财物或者其他手段进行贿赂以销售或者购买商品，构成犯罪的，依法追究刑事责任；不构成犯罪的，监督检查部门可以根据情节处以 1 万元以上 20 万元以下罚款，有违法所得的，予以没收。这就从竞争立法角度开始了我国对商业贿赂的法律管制。但是《反不正当竞争法》仅仅对商业贿赂罪作了原则性的规定，未有量刑方面的具体规定。1997 年我国刑法修正案中对商业贿赂行为做了进一步的规定。我国《刑法》第 163 条规定，公司、企业的工作人员利用职务上的便利，索取他人财物或者非法收受他人财物，为他人谋取利益；上述人员在经济往来中，收受各种名义的回扣、手续费，归个人所有，根据数额大小，判处 5 年以下或者 5 年以上的有期徒刑，还可以并处没收财产。

第七节　不正当竞争行为的监督检查

监督检查是保证法律实施必不可少的重要手段，对不正当竞争行为的监督检查是实施反不正当竞争法的重要组成部分。由于反不正当竞争法的特殊性，该法的监督检查涉及的内容广泛、形式多样，使得对该法律的监督检查必定是多方面的。反不正当竞争法的监督检查是由包括国家的权力机构、执法部门以及广大社会组织和个人依法对特定行为进行监督检查所组成的有机整体。根据行使监督权的主体不同，对反不正当竞争行为的监督检查主要包括政府监督和社会监督两大方面。

一、政府监督

（一）设立监督检查的专门行政机构

行政监督是国家行政机关依照法定的行政权力和程序对不正当竞争行为实施的监督；许多国家为保障竞争法得以有力贯彻实施，有效地制止不正当竞争行为，维护良好的市场竞争秩序，大多设立了专门的竞争法监督检查行政机构。例如，“美国的联邦贸易委员会”、“德国的卡特尔局”、日本、韩国的“公平交易委员会”等，它们均是代表国家专司对不正当竞争行为的监督检查职责。各国设立专门行政监督机构，是由不正当竞争行为的性质以及行政监督的特征所决定的。

首先，基于不正当竞争行为的社会危害，需要政府主动、直接的干预。垄断以及限制竞争行为的社会危害性体现在它们对竞争性市场结构的破坏，不正当竞争行为虽然未直接破坏市场结构，但由于不正当竞争行为几乎遍布所有领域，是大量存在、经常出现的商业现象。不法经营者利用违背诚实信用原则、商业道德的手段直接或间接地损害了其他经营者的合法权益，助长了对消费者合法权益的侵害。这可能使市场经济规律无法发挥作用，对经济秩序造成严重破坏，甚至从根本上动摇一个国家市场经济的基础。因此，其危害性也是不容低估的。现代市场经济中，国家的重要职能就是维护社会整体利益，保证市场机制良性运行，因此通过政府对危害市场秩序的行为主动直接地进行干预是非常必要的。而且，许多不正当竞争行为只有通过深入调查、认证，方能作出判断。各种不正当竞争行为的上述特点，决定了国家需要设立一个较高层次的、富于权威性的专门行政执法机构以切实保证竞争法的有效执行。

其次，竞争法执行的统一性和效率性要求设置专门的行政监督主管机关。竞争法素有"经济宪法"之称，它是市场经济条件下统一的市场规则，是保证一个国家市场经济正常运行的重要基础性法律制度，需要有统一的执法机关通过统一的执法程序来维护其严肃性和权威性。由于不正当竞争行为范围广泛涉及社会各方面，法律的实施必然要涉及各个层面的利益。尤其在我国，现行体制下企业仍未完全摆脱与各主管部门的行政管理关系，传统体制形成的利益格局还存在影响，如果各个行政机关共同实施竞争法，难免会受到各种利益的牵制，行政机关基于各自利益的保护主义而难以保证在竞争行为判断上不受企业利益的影响，也不利于维护法律的统一性以及执法的公正性，法律实施就难以达到预期的效果。因此，需要专门的竞争法行政主管机关集中行使反不正当竞争行为的权力。另一方面，对反不正当竞争法实施的效率方面的要求，也需要执法机构对各种形式的不正当竞争行为作出迅速的判断，对受到损害或有损害威胁的经营者和消费者提供迅速的救济。更重要的是要及时排除正在发生的不正当竞争行为，尽快消除不正当竞争行为对竞争秩序的影响。而行政机关由于其简洁的案件处理程序和专司反不正当竞争行为的职责，可以对市场经济中出现的各种反竞争行为作出及时反应，有利于消除不正当竞争行为对其他经营者和消费者的损害。

除了以上原因之外，在保护公平竞争方面设立专门的竞争法行政主管机关对于我国还有一层重要意义。由于几千年的传统习惯影响，我国公民和法人用法律保护自己合法权利的意识较为淡薄，大多数人在自己的权益受到侵害后，首先求助的往往是政府行政机关，依靠政府力量来保护自己。更有一些人不堪于司法程序的繁琐，不愿诉诸法院。在这种情况下，单靠司法救济手段是不足以充分保护诚实经营者和消费者合法权益的。所以，法律在授予人们司法请求权的同时，给予行政救济就更有必要。只有赋予专门的行政机关对反不正当竞争法执行和监督的权力，才能真正发挥反不正当竞争法"保护公平竞争，制止不正当竞争"的宗旨。

(二) 我国《反不正当竞争法》的监督检查机关

我国《反不正当竞争法》第 3 条规定："县级以上人民政府工商管理部门对不正当竞争

行为进行监督检查;法律、行政法规规定由其他部门监督检查的,依照其规定。”因此,县级以上工商行政管理部门对我国反不正当竞争法的贯彻执行过程负责监督检查的责任。我国之所以赋予国家行政机构中的工商行政管理部门对不正当竞争行为进行监督检查的权力,是因为国家工商行政管理局直接属于国务院领导,独立行使职权。它不受其他任何机关的干预,作为经济监督部门与被监督管理的相对人没有利益上的关系。这种超然地位有利于对竞争行为作出公正的判断。同时,国家各级工商行政管理部门是国家经济监督管理的综合部门,它本身已经具备了一定的反不正当竞争的职能基础,包括负责审查市场主体资格、规范市场行为等职能。这些都与反不正当竞争法所要规范的对象有密切的联系,而以公平交易和公平竞争为立法宗旨的反不正当竞争法与逐渐转向以维持公平竞争秩序为工作重心的工商行政管理部门的职能完全吻合,这不仅避免了执法的空白或执法的重叠,还有利于贯彻反不正当竞争法的立法宗旨。

目前,在国家工商行政管理局中设立了“公平交易局”,而且专设了“反不正当竞争处”,这对不正当竞争行为的监督、检查提供了更为有利的条件。依据现行的《反不正当竞争法》规定,行政监督检查部门有权行使下列职权:

(1) 调查询问权。即对违反竞争法律法规、危害社会公共利益的行为,行政监督机关依法定职权和程序,对被检查的经营者、利害关系人、证明人进行调查询问,并要求提供证明材料或者与不正当竞争行为有关的其他资料。这是行政监督机关对不正当竞争行为进行监督检查时所具备的最基本的权力。

(2) 查询复制权。即行政监督机关有权依法定程序查询、复制与不正当经营者有关的协议、账册、单据、文件、记录、业务函电和其他资料;有权检查与不正当竞争行为有关的财务。

(3) 检查责令权。即检查与《反不正当竞争法》第 5 条规定的不正当竞争行为有关的财物,必要时可责令被检查的经营者说明该商品的来源和数量,暂停销售,听候检查,不得转移、隐匿、销毁该财物。

(4) 处罚权。这是指行政监督机关对查证属实的实施不正当竞争行为的人或企业根据具体情况依法作出处罚措施的权力,也是保证行政监督顺利进行的实质性手段。行政处罚权包括罚款、没收违法所得、责令停止违法行为、责令消除违法后果、停业整顿和吊销营业执照等。需要明确的是,工商行政管理部门处罚权的行使范围是有限的,当涉及银行、保险、农村信用合作社等金融机构的不正当竞争行为时,工商行政管理部门对其只享有监督检查权,而由银行业监管管理机构和保险监督管理委员会对各自监督管理的金融机构行使处罚权。①

需要指出的是,我国目前的反不正当竞争执法中的行政强制措施及调查取证手段难以有效打击不正当竞争行为,执法手段有待强化。行政强制措施是确保行政机关在处理不正当竞争案件中,查明事实,取得证据,防止侵权物品重新流向社会、危害群众,并确保

① 参见《最高人民法院关于银行业虚假宣传的不正当竞争行为的处罚权由银监部门还是工商部门行使问题的答复》([2009]行他字第 17 号)、《最高人民法院关于审理涉及保险公司不正当竞争行为的行政处罚案件时如何确定行政主体问题的复函法函》([2003]65 号)、《最高人民法院行政审判庭关于工商行政管理部门对保险机构不正当竞争行为是否有权查处的答复》、《最高人民法院关于工商部门对农村信用合作社的不正当竞争行为是否有权查处问题的答复》([2005]行他字第 10 号)。

行政处罚得以执行的一种有效手段。现行的《反不正当竞争法》授予监督检查机关的监督检查权力非常软弱,仅包括询问权、查询复制权和责令权。强制措施的欠缺,使行政执法机关难以有效实施监督检查,难以获取有效证据,也难以执行行政处罚。行政执法人员形象地说,这样的职权好比"给枪,不给子弹",只能吓唬,不能动真格的,致使行政执法中常常出现监督检查机关对违法行为人转移违法物品、银行存款等现象束手无策,违法行为人可以轻而易举地转移财物、存款而逃避制裁,对行政执法极为不利。①

(三)各级人民政府在反不正当竞争法中的职责

我国《反不正当竞争法》规定,"各级人民政府应当采取措施,制止不正当竞争行为,为公平竞争制造良好的环境和条件"。这包括各级政府运用法律的、行政的、经济的措施,及时解决市场交易中违反不正当竞争法的问题,帮助和配合国家工商行政管理部门行使监督检查的职权。同时,上级人民政府要负责对下级人民政府所属机关滥用行政权力实施不正当竞争行为进行监督检查。

二、社会监督

社会监督是社会组织和社会成员依照反不正当竞争法和其他有关法律对不正当竞争行为实施的监督。社会监督的意义在于造成强大的社会舆论,给行政机关、司法机关提供违法行为的线索和证据。所以,各国政府都通过立法,赋予社会组织和公民个人享有对不正当竞争行为的监督权力,尤其是在各国的消费者权益保护法律和产品质量责任法律中设定这些权利。例如美国规定消费者有3倍损害赔偿的权利等,以消费者权利的实施来保障社会竞争秩序的稳定。社会监督具有行政监督所缺乏的积极意义,主要体现在以下两个方面:

一是监督主体的广泛性。不正当竞争行为社会监督的主体极广泛,所有党派、社会团体、经济组织、消费者以及新闻传媒等其他形式的主体都可以成为对不正当竞争行为进行监督的主体。我国的《反不正当竞争法》第4条规定,"国家鼓励、支持和保护一切组织和个人对不正当竞争行为进行社会监督"。我国《消费者权益保护法》也规定了对消费者保护实行社会监督的原则,"国家鼓励、支持一切组织和个人对损害消费者合法权益的行为进行社会监督"。加强广大群众的社会监督无疑是切实维护市场经济和保护消费者权益的重要力量。尤其在当前社会物质基础不够强大、执法和司法力量不足的情况下,更应该重视这支力量,让这种社会监督成为政府监督的一支重要的同盟军。

二是监督方式的多样性。社会监督来自民间,具有形式多样(包括举报、控告、揭发、申诉)等方面的优势特征。社会监督最显著的功能,就在于它使不正当竞争行为者直接暴露在社会公众面前。例如一听到有关群众打假的消息,一些销售商立即收拾标牌和假货,真有"闻风丧胆"之奇效。因此,建立完善社会监督体系,保证群众能以监督者的身份,而不必冒充消费者的身份出现,这是加强市场秩序的进程中一个亟需解决的问题。

① 参见国家工商行政管理总局在2005年7月9日向全国人大常委会办公厅秘书二局提交的《关于〈反不正当竞争法〉修订的有关情况》汇报材料。

第二十章
反倾销和反补贴法律制度

第一节 反倾销法律制度

一、倾销与反倾销法的含义

(一) 倾销概述

倾销是一种低价销售行为。与反不正当竞争法中"低于成本价销售的掠夺性定价行为"所不同的是,倾销发生于国际贸易领域。《关税与贸易总协定》对倾销的定义是:倾销是指在正常的国际贸易中一国产品以低于正常价格的价格向另一国出口并对进口国的相关产业造成重大损害的行为。此定义包含三层意思:一是产品出口价低于正常价值;二是倾销产品给进口国产业造成实质性的损害;三是倾销行为与损害之间具有因果关系。

根据倾销产生的目的、持续时间长短等因素,倾销一般可以分为三种形式:

一是偶发性倾销。这种倾销并非基于出口国的某种特定贸易政策导向,而仅仅是个别生产商偶然的行为,没有一定的持续时间,可以视为是一种国际贸易中的微弱行动,不会干扰进口国的市场秩序,也不会对进口国的产业造成损害。因此,各国反倾销法一般对偶然的倾销不予追究。

二是短期性倾销或间歇性倾销。此种倾销依出口商的意图不同又可大致分为四种情况:(1)保持一定的市场占有率;(2)开拓新市场;(3)在竞争中以价格手段击败对手;(4)报复别国生产商在本国市场的倾销行为。

三是长期性或持续性的倾销。长期的倾销也可分为三种情况:(1)在国外低价倾销的同时,在国内维持高价格;(2)扩大现有生产规模,同时维持国内高价;(3)获得政府的支持、奖励及补贴优惠或特权。

(二) 反倾销法的含义

反倾销法是调整进口商、出口商和进口国生产商在产品出口和进口过程中发生的倾销与反倾销关系的法律规范的总和。这一概念包括以下几层意思:

(1) 反倾销法调整的对象非商品交易关系,而是市场竞争关系。反倾销法调整的社会关系不是商品的"交易"或"贸易"关系,而是商业竞争关系,不论是国内的倾销或国际的倾销都是一种不正当竞争行为。而这里所指的反倾销法是特指维护国际间公平竞争的法律,是消除国际间价格歧视,保护世界贸易公平的商业行为规则。

(2) 反倾销法的主体是复杂多样的。反倾销法的主体不仅有出口国的出口商、进口国的进口商(这两者的利益是一致的),还包括进口国中与此交易并无直接关系的生产商,它们是倾销行为的受害人。其中出口商和进口商之间不仅是具有平等地位的交易相对人,而且还是利害关系人。当反倾销案成立,进口商多数是缴纳反倾销税的义务人。出口商与进口国的生产商之间则是利益对立人。正是由于出口商的倾销,进口国的生产者才会陷入受到损害的境地。此外,政府参与调查、监督和处罚的有关行政部门也是反倾销法的主体之一,这是市场规制法律制度的共同特征。

(3) 反倾销法是政府直接干预经济的法律。反倾销法不同于一般的民事法律,当事人之间依法明确双方的权利义务并各自承担义务和责任。一般反倾销案件由行政部门受理而非法院。如美国的商业部、我国的商务部等。对反倾销行为的裁判主要是通过调整进口关税。反倾销法实际上是国家对市场竞争进行规制的、涉及公共利益的法律,它是由政府直接对经济活动进行干预的法律。由于倾销行为对一国特定工业部门的生存关系密切,它不仅涉及企业的利益,还可能危害国家的利益,因此,对其行为的规制就必然成为政府的重要任务之一。

(三) 反倾销法的性质

反倾销法存在着两重性,反倾销法可以维护国际公平竞争秩序;如滥用,则反倾销法会限制和阻碍国际贸易的发展。

一方面,反倾销法是维护公平竞争的重要手段。倾销实际上是国际性的价格歧视,也称为掠夺性定价或周期性倾销。倾销在一个相对独立的市场上破坏了人们的预期,尤其是破坏了这个市场上的公平观念和相关产业获取有利竞争地位的希望,要维护一个秩序,只依靠市场本身或积极的政策是不充分的。反倾销法给人们提供了直接解决问题的方案,因为法律的基本生存方式是溯果求因,追究损害制造者的责任。反倾销法把政府的反倾销政策限定在法律范围内,不失为解决倾销给一国国内秩序造成损害问题的可行方法。

另一方面,反倾销法的滥用可能会导致贸易保护主义。经济学大量的研究结果和经济学实证分析发现:(1)反倾销经常导致反竞争的后果,比如赶走了外国竞争者,却在国内留下一个垄断者;(2)反倾销立法在本质上也具有歧视性,因为国内销售商和外国出口商的同样行为由于制度使用不同经常遭受不同的处理;(3)反倾销也经常给进口国福利带来损失,比如倾销税增加了消费者的成本,劣质产品替代不了优质产品等。因此,反倾销法的实施也应该控制在适当的范围内,不让其成为贸易保护主义的盾牌。

(四) 反倾销法的产生与发展

国际贸易领域中的倾销与反倾销早在 200 年前就已存在,但反倾销法则是在国际贸易发展到一定阶段才产生的。19 世纪末美国政府针对倾销就规定了一系列措施,1904 年加拿大进行了世界上第一次反倾销立法,其后新西兰、澳大利亚、南非、美国等相继进行了反倾销立法。第二次世界大战后,为规范国际贸易而达成的《关税与贸易总协定》(GATT)在第 6 条中对反倾销问题做了原则性规定,但缺少可操作性的漏洞导致各国根据自己的立场和判断制定和执行反倾销法，这就与 GATT 的目标相悖了。于是，在讨价还价的基础上，形成了《关于执行 GATT 第 6 条中的协定》，即《反倾销守则》。在 GATT 及其执行协定的影响下，更多的国家或国际组织进行了反倾销立法及立法完善。当然，这些国家和国际组织尤其是美国和欧共体(欧盟)的立法反过来也对《反倾销守则》的完善产生了很大影响。

改革开放以来，我国的对外贸易得到了长足发展，我国已经是当今国际世界贸易活动中一个活跃的、不容忽视的强大力量。但由于我们对倾销与反倾销的认识不够，致使我国对外贸易的纵深发展受到严重影响。一方面，由于我们不了解欧美等国家反倾销法的有关规定，没能在对外贸易的实践中注意防止触犯外国法律的有关规定，因此许多出口贸易中成为进口国反倾销调查的对象。另一方面，由于我国对反倾销的作用认识不足，在对进口产品的防范中没有认识到倾销产品对我国民族产业造成的危害，因而忽略了对进口产品的反倾销制约。

我国在 1994 年颁布的《对外贸易法》中首次规定了反倾销条款，并以此为依据于 1997 年 3 月颁布了《反倾销和反补贴条例》(以下简称《条例》)，这是我国第一部反倾销的法规。此《条例》的颁布，既是对我国长期缺乏反倾销法制历史的一个终结，也是中国逐步走向世界贸易大国的现实需要。我国于 2001 年 11 月颁布了新的《中华人民共和国反倾销条例》(以下简称《反倾销条例》)，并于 2002 年 1 月 1 日起实施。该条例的颁布，标志着我国反倾销法的法律体系趋于完善。

二、反倾销法的实体规定

反倾销法是融实体规定与程序规定于一体的法律规范，其实体内容规定各主体间的权利与义务关系，即规定利害关系人之间在倾销与反倾销中产生的各种关系。程序内容规定执法机构如何执行反倾销法，即规定反倾销的操作规程。

(一) 西方国家征收反倾销税的条件

西方国家惩罚反倾销的主要措施是征收反倾销税。反倾销税是在倾销和损害存在并具有因果关系时，进口国为抵制倾销而对该倾销产品征收不超过倾销幅度的特殊关税。① 在征收反倾销税时，大多数国家都设定了一定的条件。

1. 价格条件

价格条件是确定倾销的重要条件，确定倾销是否存在，主要使用出口价格与正常价值进行比较，若出口价格低于正常价值，则存在倾销；否则倾销事实不存在。因此，正常价值

---

① 关于反倾销税的性质，我国理论界存在两种不同的观点。一种观点认为，反倾销税为“非关税壁垒”，其属于非关税的贸易保护主义措施之一；另一种观点认为，反倾销税是“由进口国在正常关税和费用以外征收的一种特殊关税或附加税”，本质上属于救济手段。因此，要求 WTO 成员在采取反倾销税时，其征收额度功效应限于救济范畴，而不得进行变相不公平竞争，否则必然引发报复事件的发生。例如“美国虾反倾销税惹众怒　泰国协会联合开展报复行动”。参见丁茂中：《税法视野下反倾销税性质微探》(优秀奖)，载于《中国财税法学研究会 2005 年年会暨第四届海峡两岸财税法学术研讨会论文集》。

是确定倾销存在与否的重要比较参考值。正常价值，又称为标准价值、公平价值。西方国家根据市场经济国家和非市场经济国家两种不同的经济形式，分别确定不同的正常价值的标准。对市场经济国家，其正常价值通常是采用出口国的国内销售价格；对非市场经济国家，其正常价值通常采用一个“替代国”或“类比国”的类似产品的价格。由于确定正常价值的方法不同，直接影响到价格比较的基础，而价格比较是反倾销调查中确定倾销是否存在的核心。

2. 损害条件

在被指控倾销产品的调查过程中，如果只能证明该产品存在倾销，而不能证明因该产品的倾销而给进口国产业造成实质损害或实质威胁，或实质阻碍某项产业的建立的，还不能征收反倾销税。必须既能证明倾销事实，又能证明损害存在，并能证明倾销与损害之间有因果关系，进口国主管当局才能作出征收反倾销税的裁决。

3. 倾销与损害的因果关系

进口产品存在倾销，不一定对进口国有关产业造成损害；反之，进口国有关产业存在损害，也不一定就是倾销的进口产品所造成。只有倾销产品导致了进口国有关产业存在损害，即倾销产品与损害之间存在因果关系，才能征收反倾销税。

西方国家在综合考虑上述三种因素的基础上，对构成倾销的商品征收反倾销税，即征收进口国在正常海关税和附加费用之外的一种特殊关税或附加关税，以抵制外国商品的倾销，保护本国产业。

（二）我国采取反倾销措施的前提条件

按照我国《反倾销条例》的规定，当进口产品采用倾销方式，并由此对国内已建立的产业造成实质损害或者产生实质损害的威胁，或者对国内建立相关产业造成实质阻碍时，就有可能对该进口产品采取反倾销措施。我国要采取反倾销措施时，也必须确认一定条件。

1. 必须存在倾销事实

倾销是指进口经营者将其进口产品以低于正常价值的出口价格在进口国家或地区市场上销售的行为。这里的两个关键概念是“正常价值”和“出口价格”。确定正常价值的方法有：(1)本国价格。即适用条件是进口产品的相同或类似产品在出口国市场上有可比价格，这个可比价格就是正常价值。(2)第三国价格。即适用条件是进口产品没有本国可比价格，但有其相同或类似产品出口到第三国的可比价格，这个可比价格可以作为正常价值。(3)构成价格。其适用条件是在没有本国可比价格时，可以将其相同或类似产品的生产成本加上合理费用和利润所组成的价格作为正常价值。按照《反倾销条例》规定，本国价格优先适用，第三国价格和构成价格之间可选择适用。

确定出口价格的方法包括：(1)购买价格。当进口产品有实际支付价款或应当支付价款的价格时，该价格就是出口价格。(2)进口商销售价格。如果进口产品没有上述购买价格，或者价格难以确定，就以该进口产品首次转售给独立购买人的价格为出口价格。这里的独立购买人往往是指与出口商无利害关系的人，否则就可能导致进口商与出口商勾结造成价格确定困难。(3)推定价格。即在进口产品无购买价格，或者价格难以确定时，由对外贸易经济合作部根据合理基础所推定的价格。

确定倾销存在这一定性问题依赖于定量。量化倾销有助于决定反倾销措施的严厉程度,有时也决定是否采取反倾销措施。这个定量要求就是"倾销幅度",即进口产品的出口价格低于其正常价值的差额。在确定倾销幅度时,《反倾销条例》要求对进口产品的出口价格和正常价值应当按照公平合理的方式进行比较,轻微倾销案件将不予受理。

2. 存在损害国内产业的事实

反倾销法一般都规定了倾销可能给国内产业造成的损害,这种损害包括:(1)对国内已建立的相关产业造成实质损害。(2)对国内已建立的产业构成实质损害威胁,即虽未对国内已建立的相关产业造成实质损害,但据现存的倾销形势来看,若任其发展则必然造成实质损害。(3)实质性地阻碍了国内建立相关产业。

3. 倾销与损害之间有因果关系

只有国内相关产业所受损害确系倾销造成的,才能对倾销产品采取反倾销措施。但是,确认因果关系的问题相当复杂。当损害是由多种原因造成的时候,或者倾销系由国内其他因素所致而这些因素对损害的最终发生有决定性意义时,如何采取反倾销措施,这些都是值得考虑的因素。

三、反倾销法的程序规定

反倾销措施的实施有比较严格的法定程序,这是反倾销措施能够得到公正、合理运用的法律保障,其中最主要的程序是反倾销调查程序。反倾销调查程序是指一国负责反倾销调查的有关行政主管部门,根据其在国内受到倾销损害的相关产业的投诉,在进行立案调查时所应遵循的具体步骤(在特殊情况下,调查机关也可以基于确凿的证据自行立案调查)。各国在反倾销法中都规定了详尽的反倾销调查程序。

(一) 反倾销调查的主管机构

从各国反倾销法的规定和实践来看,管辖反倾销调查的主管机构可以分为垂直型和平行型两类。所谓垂直型是指进行反倾销调查并作出初步裁定与最终裁定的机构为同一监管机构,或者虽为两个不同的机构,但这两个机构却存在上下级的隶属关系。所谓平行型是指进行反倾销调查并作出初步裁定与最终裁定由两个主管机构组成,这两个机构彼此是平行和独立的,彼此之间不存在上下级之间的隶属关系。

我国反倾销调查的主管机构形式是混合型,即倾销价格与损害的调查分别由商务部和发改委分别进行并作出初步裁定和最终裁定,但是否征收反倾销税的决定由国务院关税税则委员会作出。

(二) 申请立案

1. 申请人资格

依照我国《反倾销条例》的规定,进口产品的相同或类似产品的国内生产者或者有关组织(以下简称申请人),可以依据反倾销条例的规定向商务部提出反倾销调查的书面申请。反倾销的申请人应该是国内生产者或有关组织,可以是生产同类产品的自然人、法人,也可以是非法人团体或其他机构。申请人应能代表国内某类产业,而不是一般的企业或组织个体。由于反倾销调查的专业性很强,反倾销的申请人一般应委托在中国合法登记注册的熟悉业务的律师机构等作为代理人提出反倾销申请。

2. 申请书内容

反倾销调查对申请书内容有严格的规定。只有符合法定条件的申请,反倾销主管当局才能对其立案。

3. 立案

商务部在收到申请人的书面申请后,首先应审查国内相同产品的生产商对申请书所要求进行的反倾销调查的支持或反对情况;其次应核实审查申请中所列各项证据的准确性和充足性,以便判断证据是否充分和是否有必要进行调查。反倾销的主管机构是否接受申请立案,要在全面审查申请人提交的全部材料和证据之后,对具备了足够初步证据的予以立案,并开始调查。商务部应当将立案调查或不立案调查的决定予以公告,并通知申请人、已知的出口经营者和进口经营者、出口国政府等利害关系方。公告是一项反倾销调查的标志,是计算反倾销调查期限的起始点。

(三) 调查

反倾销立案公告后,就进入了调查阶段。调查是指反倾销的主管机构根据反倾销申请人提出的倾销指控,在一定的期限内对被控诉方的倾销价格、给进口国产业造成的损害及因果关系,依法进行查证并作出裁定的过程。调查结果是决定采取反倾销措施的主要依据。

(四) 调查的中止和终止

反倾销调查因下列事由而终止:申请人撤销申请的;没有足够证据证明存在倾销、损害或者两者之间有因果关系的;倾销幅度低于2%的;倾销进口产品实际或者潜在的进口量或者损害属于可忽略不计的;主管部门认为不适宜继续进行反倾销调查的。反倾销调查终止应由商务部公告。由于终止反倾销调查,其法律后果就是不导致任何反倾销措施。

反倾销调查也有可能中止,并根据具体情况决定是否恢复反倾销调查。根据《反倾销条例》规定,倾销产品的出口经营者或出口国政府作出拟采取有效措施的承诺,以消除倾销对我国内产业造成的损害的,主管部门可以决定中止反倾销调查,并予公告。

(五) 裁定

裁定分为初步裁定和最终裁定。初步裁定主要是对倾销与损害是否成立作出初步认定。如果初步裁定倾销和损害成立,调查部门应就倾销及其幅度、损害及其程度进行进一步调查,并由相应部门作出最终裁定。最终裁定也称终裁,是指反倾销的调查机关在肯定初步裁定的基础上,继续对申请人提出的反倾销指控进一步调查核实后作出的是否存在法律倾销的最终结论。最终裁定是采取反倾销措施的法律依据。如果最终裁定是肯定的,进口国主管当局有权决定采取反倾销措施及征收反倾销税,最终裁定具有终局性的法律效果,标志着反倾销调查的结束。对终局性的最终裁定有利害关系的当事人不服的,有权对最终裁定提出行政复审的要求。

四、反倾销措施

主管部门按照调查结果所作出的初步裁定或最终裁定是否定的，则反倾销调查就此终结，被指控为倾销进口产品的企业不会面临进一步的制裁措施。如果最终裁定是肯定的，则将根据裁定采取反倾销措施。

（一）临时反倾销措施

初步裁定倾销成立，并由此对国内产业造成损害的，可以采取临时反倾销措施。临时反倾销措施包括两种形式：一是对倾销产品征收临时反倾销税；二是要求有关利害关系方提供现金保证金、保函或其他形式的担保。临时反倾销措施的决定由商务部公告，由海关负责具体执行。

（二）征收反倾销税

如果最终裁定倾销存在，并由此对国内产业造成损害的，由商务部提出建议，并经国务院税则委决定，向倾销产品的进口经营者征收反倾销税，由海关执行。

（三）补救措施

采取的反倾销措施由于各种因素的影响可能造成不公平的结果，这时就需要采取补救措施。补救措施包括退还和追缴两种形式。退还是指已经采取的反倾销措施与最终裁定的倾销幅度不符，应该予以纠正的情况。追缴是指征收构成倾销期间的反倾销税。

在国际贸易的激烈竞争中，有些出口商为了争取主动，击败对手，总是设法避开有关规定，即使产品已经被进口国主管当局下达征收反倾销税的命令，也要设法避开该命令所界定的范围，达到规避反倾销税的目的。

反规避措施是针对规避反倾销税的行为而采取的一种反倾销措施。为了防止规避反倾销措施的行为，《反倾销条例》授权主管部门可以采取反规避的适当措施。

第二节　反补贴法律制度

一、补贴与反补贴法的含义

（一）补贴概述

1. 补贴的含义

补贴是指一国政府以各种形式的价格支持和收入支持，以直接或间接增加从其领土输出某种产品或减少向其领土内输入某种产品的政府性措施。

补贴是一个国家的政府对国内某一行业或企业或某种企业给予支持或扶助的行为，它作为国家的一项社会经济政策，是主权国家应有的权利。补贴对促进本国经济发展和维护本国利益具有一定的作用。但是在国际贸易领域，一国政府为了鼓励出口或者减少进口而对某些行业或企业提供帮助，就可能导致对别国出口产品或本土产品的损害，有时也会损害本国的工业。因为接受补贴的企业或产品实际上享有了优惠待遇，对其他没有补贴的企业或同类产品便具有了不公平的竞争优势，补贴行为违背了国际贸易的基本准则，违反了诚实信用，公平竞争和公正贸易的原则。因此，不仅国际贸易法律规范对补贴进行规制，不少国家也颁布国内法对补贴的本质进行界定。《中华人民共和国反补贴条例》(以下简称《反补贴条例》)第3条规定："补贴，是指出口国(地区)政府或者其任何公共机构提供的并为接受者带来利益的财政资助以及任何形式的收入或者价格支持。"

2. 补贴的分类

补贴的表现形式是多种多样的，根据不同的标准，可以对补贴作出不同的分类。

(1) 从补贴的范围来看，补贴可分为一般补贴和出口补贴两大类。一般补贴，又称生产补贴、国内补贴，是指一国政府仅就其某一产品的生产给予其国内生产企业的补贴。这种补贴如果不涉及与进口产品竞争，就不会构成国际贸易中的补贴。出口补贴是指一国政府专门就出口产品给予企业的一种鼓励性、刺激性补贴。WTO《补贴与反补贴协议》中列举了12种补贴，基本上都是出口补贴。①

(2) 从补贴的方式考察，可分为直接补贴和间接补贴两类。直接补贴是指一国政府鼓励某种国内产品而给予国内生产企业直接现金支付和其他特定的具体措施。间接补贴是指一国政府给予某种国内产品的国内生产企业在贷款、技术设备、税收、工人工资和社会福利等方面的特殊的优惠或特权。政府并不直接给予受补贴企业现实财产，而仅向受补贴的企业提供一定的好处，可以低价销售自已的产品。因而，间接补贴比直接补贴更具隐蔽性。

(3) 从补贴是否导致反补贴措施来看，可分为可诉讼性补贴和不可诉讼性补贴。可诉讼性补贴是指缔约国政府或公共部门给企业提供的财政援助、税收减免、价格支持等造成其他缔约国国内工业的损害或其他缔约国的利益损害，从而可诉诸争端解决的补贴。不可诉讼性补贴是指一国政府为落实地区经济发展、环境保护、就业结构调整等给予的支持和普遍实施的补贴措施，以及企业与科研机构依合同进行研究所给予的支持。此种补贴是政府职能的体现，政府为促进本国社会经济发展普遍实施的措施，因此不可诉诸反补贴争端。

(二) 反补贴法的含义和性质

反补贴法是调整产生于国际贸易领域中的补贴与反补贴的社会关系的法律规范的总称。反补贴法与反倾销法密切相连。在实践中，同一种情况可以适用反补贴法，也可以适用反倾销法。GATT形成之初，就是将两者规定于同一或同样的条款中，我国也曾将两者统一于《反倾销和反补贴条例》中。因此，反补贴法也具备前文所述的反倾销法的三个

① 参见WTO《补贴与反补贴协议》附录"属于出口补贴的示例清单"。

特征,即反补贴法调整的对象不是商品交易关系,而是市场竞争关系;反补贴法的主体是复杂多样的;反补贴法是政府之间干预经济的法律。

从性质上说,反补贴法与反倾销法属于国际经济法的范围,这是因为补贴和倾销产生于国际贸易领域,反补贴和反倾销从来都是作为国际问题来对待的。目前,以 WTO 为代表的国际反倾销、反补贴统一实体规范,已经成为所有成员甚至是非成员遵守的法律。考察立法目的,反补贴法与反倾销法一样都是维护公平竞争的重要手段。然而,由于大多数西方国家的经济衰退,特别是 2008 年的金融危机,许多西方国家的贸易保护主义越演越烈,反补贴和反倾销成了西方国家实施贸易保护主义的重要手段。反补贴的不当使用,也会对国际经济贸易秩序造成损害。

二、反补贴的法律规定

反补贴法与反倾销法具有密切的联系,根据 WTO 的有关规定,补贴的法律构成要件与倾销的构成要件基本相同,即补贴事实、补贴的损害和这两者之间的因果关系的认定。所以,本书只对 WTO 的反补贴和我国反补贴制度作简要介绍。

(一) 采取反补贴措施的前提条件

第一,有补贴事实。补贴事实的认定包括两个方面:一是补贴的行为;二是补贴的幅度。但是,有些行为虽然属于补贴,但是并不违法,这属于不可诉讼性补贴。一般认为,不属于反补贴法中的补贴行为有:(1)用于工业研究和开发中的补贴;(2)为扶持经济落后地区的补贴;(3)为环境保护而实施的补贴。

第二,对本国某一工业有实质损害或重大威胁,或严重阻碍进口国某一工业成长。

第三,补贴的进口与损害之间的因果关系。

以上第二、第三两个要件与反倾销中关于损害和补贴与损害的因果关系的认定没有差别,法律规定也可以通用。

(二) 反补贴实施的程序

1. 调查

从国际国内的立法来看,反补贴的调查程序与反倾销的调查程序相同。在我国,调查的发起一般应由受影响的部门提出为前提。

2. 磋商

发起调查的要求被接受以后,无论如何在调查之前,即应向产品受调查的签约国提供适当的机会进行磋商,以澄清调查发动者在书面要求中所称的补贴及损害等的事实真相和达成双方同意的解决办法。磋商不妨碍调查机关的调查并采取反补贴措施。

3. 征收反补贴税

经过调查之后,确认补贴对国内产业造成损害的,由商务提出建议,经国务院税则委决定,对补贴产品征收反补贴税。反补贴税的征收期限和承诺的履行期限不超过 5 年,但是,经复审确定终止征收反补贴税有可能导致补贴和损害的继续或者再度发生的,反补贴税的征收期限可以适当延长。

反补贴税与反倾销税的规定在许多方面是相同的，不过也存在一定的差别，这主要表现在：(1)适用的条件不同。反补贴税用于政府对出口产品给予经济帮助的场合；而反倾销税则适用于存在倾销事实的场合，这种倾销可能有政府的支助，也可能没有政府的支助。(2)适应的国家不同。按照西方国家的法律规定，反补贴税一般不适用于“非市场经济国家”，而反倾销税则适用于任何经济形态的国家。(3)具体的计税范围不同。反补贴税以“补贴金额”或“补贴幅度”为基准计算，而反倾销税以“倾销幅度”为基准。

第二十一章
消费者权益保护法律制度

第一节　消费者权益保护制度概述

一、消费者和消费者保护

（一）消费者

1. 消费者的含义

消费者是消费的主体，包括生产性消费和生活性消费。消费者权益保护法中所涉及的“消费者”，主要是指生活资料的消费者，在特殊情况下也包括生产资料的消费者，如农民的生产性消费活动等。国际标准化组织“消费者政策委员会”于 1978 年 5 月 10 日在日内瓦召开的第一届年会上，把“消费者”定义为“为个人目的购买或者使用商品和接受服务的个体社会成员”。我国在这一定义的影响下，首次在 1985 年 6 月颁布的《消费品使用说明总则》中规定了“消费者”是“为满足个人或家庭的生活需要而购买、使用商品或服务的个体社会成员”。在 1993 年公布，并于次年 1 月 1 日施行的《中华人民共和国消费者权益保护法》（以下简称《消法》）第 2 条规定：“消费者为生活消费需要购买、使用商品或者接受服务，其权益受本法保护。”

2. 消费者的特征

由上述定义出发，可以得出消费者的基本法律特征：

首先，消费者的主体是指个人消费者，是对物质商品或者服务进行消费的具有自然生命的社会个体成员，它一般不包括团体或单位用户，除了最终供个人进行生活消费的单位购买者。法律之所以要对个人消费者进行保护，是因为在市场经济中个人处于弱势地位，激烈的市场竞争可能使某些主体的利益受到侵害，但是在受到侵害之后，作为团体的企业或其他组织，可以依据民事法律，以平等的地位请求法律救济，而消费者个体由于在经济实力上的悬殊差距，很难以自己的力量与侵权者抗衡。因此，法律把消费者定义在“个体社会成员”的范围内，是出于对社会弱势主体保护的特别需要。

其次，消费者的消费性质属于生活消费。各国之所以要颁布消费者权益保护的法律，正因为消费者是个体社会成员，而个体消费者的消费行为主要集中在生活消费领域，因而大量的侵犯消费者权益的行为发生在生活领域中。此外，虽然消费分为生产性消费和生活性消费，但是从社会生产的目的来看，生产性的消费最终还是要转化为满足提高社会成员的生活水平的需要。因此,无论从哪个角度考虑,保护消费者的权益应当是对生活领域中的消费权利进行保护。

第三,消费者的消费方式表现为购买、使用商品和接受服务。这是从消费方式上对消费者的界定。消费方式包括直接消费和间接消费,消费者本人购买、使用商品或接受服务可以看成是一种直接的消费活动,因为他和经营者具有直接的契约关系,理所当然地受到法律的保护;但是还有另外一些情况,如消费者购买的商品或者服务提供给他人使用或消费,或者在直接消费过程中,使相关人员受到影响等,这些并不和经营者直接发生交易关系的人,也会因某种原因成为消费者权益保护法的保护对象,从这一意义上讲,他们是一种间接的消费。如某甲因生活需要而购买一台洗衣机,某甲的邻居某乙在使用该洗衣机过程中受到伤害,那么某乙也是消费者权益保护法保护的对象。

(二) 消费者保护

1. 消费者保护问题产生的前提

消费者是对应于经营者而言的,消费者保护产生的前提就是交换的存在,没有交换就没有消费者和经营者的对立。在物物交换时期,虽然也有交换,但是双方希望获得同质的消费资料,且双方都是消费者,主体力量大致相等,无所谓强者弱者,就不会发生消费者保护问题。

2. 消费者保护问题产生的根本原因

交换虽然是消费者保护的前提,但是并不是产生消费者保护的根本原因,因为交换不一定会使消费者利益必然受到损害。消费者保护问题产生的主要原因是消费者和经营者之间存在利益形态差异。生活性交换产生了消费者和经营者两大社会阶层,经营者(包括生产者和销售者等)的目的是通过货币这一交换的等价物,实现和谋取生产剩余价值(利润),即通过交换赚取他人的利益,再转换成自己的生产资料或者生活资料,而消费者的目的只是通过交换实现自己的消费效用。因此,两者之间具有利益差异的交换可能会导致消费者受到侵害。

3. 消费者保护问题产生的直接原因

因瑕疵商品或服务导致消费者身体健康、生命、财产之安全受到侵害;不公平的合同条款导致的不合理交易使消费者受到侵害;经营者之间的竞争和垄断问题导致消费者受到侵害。虽然消费者受到侵害这一问题出现很长时间了,但是偶发的、个别的消费者受到侵害并未形成社会问题,只有当多数消费者受到侵害并形成了社会问题,才可能出现消费者保护问题。

4. 消费者保护问题产生的社会原因

社会生产力发展导致的众多情形,可以归纳如下:(1)消费信息不充分。科学发展和技术生产力的迅速提高,使现代消费品日趋复杂,其内部结构、性能、功能及潜在的危害性往往不易为消费者所了解。经营者利用这种信息不对称的情况,对消费者进行不正当的交易和欺骗性的宣传,以此谋求不正当利益。(2)消费者处于弱势地位。在现代市场上,经营者一般以规模性的公司出现,即使再小的企业也足以在消费者面前形成相对的强势主体。消费者无论在资金实力、时间、经验、专业知识、交涉能力等方面都处于弱势。

(3)消费者容易受到市场竞争的影响。消费者的权益能否得到充分的保护和实现与市场的竞争秩序优劣有着密切的关系。一方面,不正当竞争行为总是与损害消费者利益有关;另一方面,垄断的结果使消费者失去自由选择的权利。双重的不良市场竞争行为导致消费者的利益常常受到威胁和侵害。(4)消费者受损害后救济困难。现代市场经济社会中,单个弱小的消费者是难以与享有强大优势和经济实力的侵害者相抗衡的,当消费者意识到自已的权益受到侵害时,其获得救济的难度很大。经营者往往利用其强大的力量,阻止消费者向其主张权利、求得赔偿,使消费者的利益难以得到保护。

(三)消费者保护运动

消费者保护问题的出现是商品经济发展到一定时期的特有现象。随着商品经济的发展,价值规律成为支配市场经济生活的重要机制,自由竞争的市场经济开始出现严重的市场势力的滥用和市场失灵,使消费者在市场上越来越处于软弱不利的地位。特别是到了19世纪末20世纪初,资本主义进入高度发达的自由竞争阶段向垄断过渡的阶段。一方面,先进的生产技术和细化的专业分工使得消费者客观上越来越难判断自己的消费行为的合理性和产品的真实性;另一方面,垄断资本集团利用市场优势控制市场的行为却频频发生,如抬高价格、虚假广告、缩减生产以维持高额利润以及直接以假冒伪劣产品进行出售等,对消费者利益形成了更大的威胁。因此消费者权益保护问题的提出,是市场竞争激化的必然结果,是市场经济本身发展难以避免和克服的一种社会现象。

上述原因使得消费者要求保护的呼声日益强烈,这呼声最早来自美国,1891年美国纽约市成立了消费者协会。7年后,即1898年全美国各地方的消费者协会联合成立了一个全国性联盟即"美国消费者同盟"(Consumer Federation American)。1936年,美国在科鲁斯特温博士的倡议下建立了"美国消费者联盟"(Consumers Union of United States),把早期在消费者受损后给予单纯互助式的保护方式,发展为通过建立庞大的消费者社团组织,在国家的法律支持下给予消费者全面保护的消费者运动,并为保护消费者利益作出了极大的努力。其他国家受此影响,也开始了蓬勃发展声势浩大的消费者运动。到了20世纪50年代至60年代消费者保护运动空前发展。1961年,美国国会通过了一项法律《全国交通和汽车安全法》。差不多与此同时,德国于1953年成立了消费者同盟,英国于1957年设立了消费者协会,日本也于1956年因食品卫生问题影响人们健康事件的大量发生而组织了消费者团体与联络会。

随着社会经济的不断发展,市场上出现了一些新兴的消费领域,比如金融消费、网络消费、教育消费等等。这些消费领域具有一定的特殊性,逐渐成为消费纠纷的集中领域。因此,消费者保护运动开始关注这些领域,在为消费者提供一般性保护的同时,注重结合这些消费领域的特殊性,以期为消费者提供更有针对性的保护。

以金融消费者保护为例。金融消费者概念的提出源自于金融消费的特殊性,主要表现在金融商品的复杂性和金融消费者突出的弱势地位。与生活消费中消费者依据生活经验即可判断商品优劣不同,金融商品不具有外显的质地、做工等要素可供消费者判断商品质量,金融消费过程中消费者的交易决策完全依赖于银行一方所提供的商品信息。由于金融商品在风险成因、利润来源、成本构成、费用负担等方面具有较高的专业壁垒,再加上交易过程中充斥着晦涩难懂的交易术语,金融消费者更容易遭受权益损害。因此,要求给予金融消费者专门保护的呼声日益高涨。虽然"金融消费者"这一概念在我国尚未被法律所确认,但是2006年中国银监会在其发布的《商业银行金融创新指引》中首次使用了金融消费者的概念,要求商业银行开展金融创新活动时要维护好金融消费者的利益,可以认为金融消费者保护开始为国家所重视。

此外,网络的新兴和发展促进了网络商品交易的普及。由于在网络交易过程中,消费者难以在事先判断商品质量的优劣,只有在支付价款、收到货物后才能检查商品的质量状况,因此,如何保护网购消费者的合法权益越来越为人们所关注。2010年,国家工商行政管理总局颁布了《网络商品交易及有关服务行为管理暂行办法》,规定网络商品经营者和网络服务经营者应当采取安全保障措施确保交易安全可靠,应当在交易前向消费者事先说明商品主要信息并按照承诺提供商品或者服务,从而为网购消费者的合法权益提供了有效的保障。

二、消费者权益保护法

(一) 消费者权益保护法的含义

消费者权益保护法是指国家为保护消费者的合法权益而制定的调整人们在消费过程中所发生的社会关系的法律规范的总称。消费者权益保护法有狭义和广义之分。狭义的消费者权益保护法是专项立法意义上的法律,如我国的《消法》、日本的《消费者保护基本法》等。广义的消费者权益保护法是指实质意义上的有关消费者权益保护的法律规范的全体。在这一意义上,它不仅包括形式意义上的专门法律,还包括民法、产品质量法、反不正当竞争法、广告法、合同法等法律中的相关规定。通常意义上指的是狭义的消费者权益保护法。

(二) 消费者权益保护法的调整对象

消费者权益保护法是一个独特的法学领域,有自己的调整对象,主要体现为消费者和经营者之间的消费品或服务的消费关系、国家与经营者之间因管理和规制所形成的监督管理关系,以及国家为倾斜保护消费者而与消费者之间形成的保护关系。其具体包括:(1)调整国家机关与经营者之间的关系,主要是指为保护消费者的合法权益,国家有关管理部门在对经营者的生产、销售、服务活动制定相关规范,实行监督管理,对侵害消费者合法权益的行为给予制裁的活动中产生的法律关系。(2)国家机关与消费者之间的关系,主要是指国家机关为保护消费者合法权益,为消费者提供引导、服务和保护等活动中产生的法律关系。(3)经营者与消费者之间的关系,主要是指经营者应履行有关的保护消费者权益的法定义务,消费者在消费过程中依法应享有的有关权利,并就经营者违反有关法定义务、损害消费者的合法权益而进行赔偿过程中产生的法律关系。

(三) 消费者权益保护法的产生与发展

消费者运动的蓬勃发展,得到了各国政府的普遍重视。一方面,各国分别在各自的政府机关中设置或成立专门机构来负责处理消费者保护的事宜。例如,美国在联邦贸易委员会中设有消费者保护司,英国则由公平交易局来处理消费者保护问题,瑞典成立国家消费者政策委员会,澳大利亚设立竞争与消费者委员会等。另一方面,各国纷纷通过立法,以保护消费者的权益。

从立法的类型看,有的国家采用基本法加单行法保护的方法。例如,日本制定了《保护消费者基本法》及《消费者合同法》、《金融商品交易法》等法律,英国制定了《消费者保护法》及《金融服务与市场法》等法律;有的国家则单纯地采用由相关单行法保护的方式,例如,美国制定了《消费品安全法》、《联邦食品和药品法》、《正确包装和标志法》等,通过这些相关法的规定来保护消费者。

各国政府对消费者保护运动推动的重要成果,就是促进了消费者保护运动的国际化。1960年,在美国、英国、澳大利亚、荷兰、比利时五国消费者组织的发起下,在荷兰海牙设立了"国际消费者组织联盟"(International Office of Consumer Union, IOCU),它与联合国的其他机构,如国际科教文组织、国际劳工组织等同为联合国咨询机构。国际消费者组织联盟的宗旨在于促进消费者保护的国际合作,其建立标志着消费者运动进入了一个新的阶段,目前已有64个国家和地区的180个消费者团体成员。在该国际组织的努力下,1985年,联合国通过了《保护消费者准则》这一规范文件,使国际消费者保护进入了一个新的阶段。

(四)消费者权益保护法的基本原则

消费者权益保护法是国家基于消费者的弱者地位而给予其特别的保护,以维护真正的公平交易及市场秩序的法律。其立法宗旨是为了保护消费者的合法权益,维护社会经济秩序,以及促进市场经济的健康发展。其遵循的基本原则可以概括为以下几点:

1. 国家保护原则

国家保护原则的实质,是将消费者及其权益放到一个特殊的法律地位上加以保护。它隐含了这样的前提:即在经济生活中,由于各种原因,消费者的合法权益极易受到不法侵害,却没有足够的力量充分保护自己;这种侵害不仅对于消费者自身,而且对经济民主的维持、对经济整体的有效运行、对社会秩序的稳定都有极大的危害。故而国家需要主动介入,对消费者及其权益施加特别保护。

一般而言,消费者消费和利用商品或服务的活动,属于经济生活的微观层面,消费者与经营者是平等地位的经济当事人,他们之间形成的是契约买卖关系,应由市场机制加以协调。对于这类关系中产生的纠纷的解决,传统民商法一般采取告诉才处理的方法。但是随着现代经济系统的演变,特别是垄断势力和不正当竞争行为的泛滥,使消费者处于明显的弱势地位,在付出了极大的经济代价之后,仍无法得到满意的商品和服务,这样,经济生产的最终目标——为满足人们的需要而创造物质和非物质消费品——就无法得以实现。为了校正这种情况,以国家为核心的公权力主动介入到微观经济层面,站在消费者一边,通过保护消费者的合法权益,去规范和控制不法经营者的行为,达到经济协调、社会稳定的目标。

自美国总统肯尼迪提出消费者的基本权利,并在政府设立专门机构(联邦贸易委员会消费者保护司)以后,各国政府相继把消费者权利的保护纳入了政府行政工作的范畴。联合国 1985 年通过的《保护消费者准则》中也明确规定:"各国政府应当拟订、加强或保持有力的保护消费者的政策措施,以确保消费者的健康和安全不受危害;促进和保护消费者的经济利益;……各国政府应当提供和维护适当的监测机构,以便拟订、执行和监测保护消费者的政策。"国家是一个抽象的概念,在进行具体的消费者权益保护时,我国法律规定:立法机关应当听取消费者的意见和要求;各级行政组织、部门和机构应当及时预防、制止和监督不法行为,主动查处;司法机关应当利用刑事、民事诉讼程序,惩处经营者犯罪行为,并方便消费者提起诉讼。这一系列规定综合而具体地体现了国家对消费者正当权利的重视和保护,将消费者合法权益保护明确为立法、行政、司法机关的重要职责。我国《消法》总则第 5 条和第 4 章"国家对消费者合法权益的保护"体现了这一重要的原则,其内容是国家动用立法、执法和司法力量,采取积极措施,运用预防、控制、制止、处罚和监督等手段,综合地保护消费者的正当权益不受侵害。

2. 全社会保护原则

全社会保护原则的实质,就是在国家保护的基础上将对消费者权益的保护扩大到全社会范围,动用一切社会力量,对经营者及其他可能或实际侵害消费者的行为进行预防、控制、规范和监督。消费者利益的总和就是社会利益的体现,只有动员全社会的力量才能使消费者的权益得到切实保护。国家和代表国家行使权力的行政司法部门是社会的组织者、管理者,对侵害消费者权益的行为客观上不可能全部进行查处和惩办。因此,明确消费者权益的社会保护是十分必要的。它有利于及时、迅速、深入、妥善地保护消费者的各项权益。

社会保护原则具体体现为社会的监督作用。所谓社会力量的监督,是指除拥有强制力的国家机构以外的在社会生活中实际存在的组织和个人的监督,它包括消费者(特定的消费者和不特定的消费者)的监督、消费者组织的监督、大众传媒机构的监督以及一切与消费者权益有关的企业、事业单位、社会团体的监督。这在我国《消法》总则第 6 条以及第 5 章"消费者组织"中得到部分体现。法律明确消费者权益保护乃是社会共同的职责,一切组织和个人对不法侵害行为监督,均得到国家的支持和鼓励。各级消费者协会和其他形式的消费者组织通过向消费者提供信息和咨询服务,与行政部门合作,提出建议,受理消费者投诉并调查、调解、支持受到侵害的消费者起诉,向传媒披露事实等社会活动,保护消费者权益,缓解不法侵害行为的社会危害性。大众传媒则通过对不法行为的报道、披露,形成舆论监督的效应,一方面使不法经营者有所收敛;另一方面,引导更多的组织和个人参与到消费者的社会保护行列中来。

特别需要指出的是广大消费者个人的监督是社会监督中的一支不可忽视的重要力量,我国"王海打假现象"的出现正是标志着这支力量的萌芽和日益壮大。它可以使大量的侵权行为受到威慑,得到无形的控制。但是由于举报制度尚未完善,这支力量的发展受到限制甚至压抑。我们认为必须从理论上和具体制度上给予充分肯定,把社会中消费者个人自我保护的力量汇聚成强大的社会监督力量,与国家的力量一起加以运用,真正起到制约不正当竞争行为的作用。

3. 法律保护与经济发展水平相适应原则

由于我国物质经济条件的局限,对消费者权益进行国家保护和社会保护的法律原则的贯彻并非是绝对的、无条件的，它应当与我国的经济发展水平相协调。我国是一个发展中国家，法制建设、公民意识、商业道德、管理和技术水平都有待提高和发展。因此，对消费者权益的保护不能完全按照良好的愿望进行。正如马克思所说的，任何权利都不能超过社会的经济结构和经济结构制约下的文化发展。过度的保护不仅不能促进经济的协调运行，反而会抑制、甚至侵害与消费者相对应的经营者的合法权益。这就构成了消费者权益保护法的适度原则，即法律保护与经济发展相适应原则。

提出法律保护与经济发展水平相适应原则，就是要求国家和社会在具体的执法和司法实践中，分析消费者的权益是否真正受到侵害，受到侵害的是否为正当权益，致害的原因是否为经营者的恶意行为，以及是否存在消费者恶意造成权益受损的后果等，并加以区别对待。对于正当权益受损的消费者，坚决予以保护；对于因各种原因（而非经营者的故意或过失）受损的消费者，给予适度保护；对于为了谋求不当利益而故意使自己遭受损害的消费者，不予保护或仅给予有限保护。适度保护主要体现在对经营者责任的认定和对消费者损害赔偿的额度规定两个方面。因此，我国《消法》对经营者的责任认定基本上采用以过错责任制度为主的归责原则；在消费者损害赔偿制度中，除了经营者欺诈行为造成消费者的损失应当加大赔偿额以外，基本以赔偿物质损失为主，而对精神损失的赔偿则持慎重态度。

第二节 消费者的权利

一、消费者权利的含义

消费者权利有广义与狭义之分。广义上的消费者权利是指作为自然人依法享有的与消费有关的所有权利的总和，它不仅包括狭义上的权利内容，还包括民法上的物权等内容。狭义上的消费者权利仅指各国法律规定的消费者在进行消费时所享有的特定权利，如我国现行《消法》当中规定的九项权利。

最早规定消费者权利的是在美国总统肯尼迪 1962 年 3 月 15 日向国会提交的《关于保护消费者利益总统特别国情咨文（白皮书）》中，此政府性文件提出了消费者的四项基本权利，它们是“获得商品安全保障的权利”、“获得正确商品信息的权利”、“自由选择商品的权利”、“提出对消费的意见的权利”。随着消费者运动的兴起，经过发展和补充，消费者权利内容得到极大的拓展与丰富，形成了包括安全权、知悉权、选择权、公平交易权、索赔权、结社权等等在内的一套消费者权利体系。这些权利的提出既是对世界消费者运动成果的概括，又进一步推动了国际消费者制度的建设。为扩大保护消费者权益的宣传，使之在世界范围内得到重视，促进各个国家或地区消费者组织之间的合作和交往，更好地开展保护消费者权益工作，1983 年国际消费者联盟组织确定每年 3 月 15 日为“国际消费者权益日”。

二、消费者权利的内容

我国1993年10月31日第八届全国人民代表大会常务委员会第四次会议通过的《消法》在总结世界其他国家的立法经验基础上,结合我国的实际情况,规定了消费者享有以下九项消费者权利。

(一)消费者的安全权

《消法》第7条规定:"消费者在购买、使用商品和接受服务时享有人身、财产安全不受损害的权利。消费者有权要求经营者提供的商品和服务,符合保障人身、财产安全的要求。"产品的安全性是产品的重要特性,不具备安全性的产品就是不合格的、有缺陷产品。我国《产品质量法》也规定,缺陷产品是指商品存在危害人身健康和财产安全的不合理的危险。由于产品因缺陷存在不合理的危险,消费者在购买或者使用过程中的人身和财产安全得不到保障。消费者购买和使用商品或接受服务,最主要的一项权利就是保障安全。消费者的安全权包括财产安全和人身安全两方面的权利。

按照法律的规定,对于不符合质量要求的商品或者服务,消费者可以行使安全权,要求经营者承担退货、更换或者修理等责任。若消费者人身、财产因不合格商品而受到损害的,可以请求损害赔偿。

(二)消费者的知情权

消费者的消费是为了满足其生活的需要,为此他就必须了解其要购买、使用的商品或接受的服务的真实情况,才能判断这一消费是否能够满足其生活需要。《消法》第8条第1款规定:"消费者享有知悉其购买、使用的商品或者接受的服务的真实情况的权利。"这是对知情权的规定。

消费者应当知悉的情况包括商品的价格、产地、生产者、性能、规格等级、主要成分、生产日期、有效期限、检验合格证明、使用方法说明、售后服务及内容、费用等。对于这些情况,经营者应当如实提供,否则会构成对消费者的欺诈。在实践中侵犯消费者知情权的情况是较多的,例如宣传虚假商品,冒用他人的商品名称,冒用质量标志、安全标志,虚报服务价格,销售失效变质商品,夸大金融理财产品收益或回避风险以误导消费者,等等。对此,消费者可以依法主张权利。

(三)消费者的选择权

消费行为的完成实质上是消费者与经营者就有关商品或者服务达成一致意见的结果。首先,消费者要有消费商品或者服务的意思,并将这一意思明白表示出来,让经营者明白。其次,经营者要针对消费者的消费意思表示,作出相应的承诺。传统的民法一直强调民事活动中当事人意思自治的原则,这一原则贯彻到消费领域,就必然表现为消费者对消费的自主选择权。《消法》第9条第1款规定:"消费者享有自主选择商品或者服务的权利。"这是对选择权的规定。实践中出现的搭售行为、强买强卖行为、限定购买行为等,都是对消费者自主选择权的侵害。

依据法律的规定,消费者的选择权包括:(1)消费者有权自主选择提供商品或者服务的经营者。市场经济的一个特征是竞争,同一商品或者服务由两个以上的不同主体同时经营,这就在客观上为消费者选择提供商品或者服务的经营者提供了可能。为此,经营者应当通过改进经营方式、改善服务来吸引消费者,而不能对消费者采取蛮横无理的强留、强扣等做法。(2)消费者有权自主选择商品的品种或者服务方式。发达的商品经济是商品相对丰富的经济,提供了多种的商品和服务方式供消费者选择。选择商品品种或者服务方式是指选择的决定权在于消费者,经营者不能强迫消费者接受某一选择,但可以提供选择建议供消费者作选择参考。(3)消费者有权自主决定购买或者不购买任何一种商品、接受或者不接受任何一种服务。这是消费者选择权的最核心的内容。选择经营者或者选择商品品种或者服务方式,其目的在于决定是否购买商品或者接受服务,如果消费者这一层次的自主选择权被侵害,则前两个层次的自主选择权也就失去意义。

(四)消费者的公平交易权

消费者和经营者是两个平等的民事主体,他们的法律地位是平等的,各自均没有相对于对方的特权。这种平等地位决定了在消费领域中消费者能够表达其真实的消费意思,并就商品和服务的条件与经营者进行协商。从消费行为来看,经营者就商品或者服务的价格、质量等出具的条件,实质上是一种要约行为。消费者若完全接受经营者出具的条件,从而购买商品或者接受服务,那么就是一种承诺行为;若消费者对经营者出具的条件有所修改,则是反要约行为,整个消费行为的完成,就是消费者和经营者之间不断协商,最终达成一致意思的结果。而最终意思表示一致,是公平交易的本质体现。我国《消法》第10条第1款规定:“消费者享有公平交易的权利。”这是民事活动的公平原则在消费领域的客观要求。

消费者的公平交易权的内容主要有两个方面:一是消费者在购买商品或者接受服务时,有权获得质量有保证、价格合理、计量正确等公平交易条件。质量保证主要是指商品存在人身、财产安全的国家标准、行业标准的,应当符合该标准。价格合理是指商品或者服务的价格应当以商品或者服务包含的价值为基础,结合社会经济发展水平和消费者购买力,其包含的利润应当控制在法律允许的幅度内。计量正确则是指经营者不得以缺斤少两等手法坑害消费者。二是消费者在购买商品和接受服务时有权拒绝经营者的强制交易行为。强制交易行为是指经营者利用其经济上的独占地位或者经济技术上的优势,强迫消费者接受其不想购买的商品或者接受其不想接受的服务或者其他限制性条件。例如,搭售消费者不需要的商品;利用格式条款减轻或者免除自己的责任、排除或者限制消费者权利、加重消费者责任;利用店堂告示等强迫消费者接受不公平的条件等行为。强制交易行为与公平交易根本相悖,因此消费者有权拒绝。

(五)消费者的求偿权

各国法律都规定:消费者因购买、使用商品或者接受服务受到人身、财产损害的,享有依法获得赔偿的权利。公民的人身权、财产权是两项基本的民事权利,在消费领域法律对消费者的人身、财产损害赔偿权的规定，是对消费者的人身权和财产权的民事权利的进一步肯定，明确消费者可以通过一定的方式求得相应的损害赔偿。不仅如此，消费者的民事求偿权利由于倾斜保护的原则要比一般的民事赔偿更为周全。

由于设计、原材料、制造工艺、质量管理等因素，商品存在缺陷而对消费者人身、财产造成损害。商品对消费者权益的侵害可以产生两类求偿主体：一类是购买并消费商品或服务的消费者，即消费者和经营者之间存在契约关系，经营者负有担保的义务，即保证它所出售的商品或者提供的服务具有安全可靠的性能。这种担保可以是口头的陈述，也可以是默示的，即依法推定某一类商品应当具有的起码的安全性能。因此，一旦商品对消费者的人身和财产造成损害，就可以认为经营者违反其担保义务，可以按照契约关系来求偿。另一类是使用他人购买的商品或服务的消费者受到损害，在这种情况下，由于受害人与经营者没有契约关系，显然不能按契约关系求偿。因此，实践中将这一情形作为侵权行为来处理。

消费者行使求偿权，除了要求对人身、财产损害的补偿性赔偿之外，在特殊情形下还有权获得惩罚性赔偿。我国《消法》第 49 条规定，经营者提供商品或者服务有欺诈行为的，消费者可以要求经营者增加损失赔偿额，增加赔偿的金额为消费者购买价款的一倍。该“双倍赔偿”规定开创了我国惩罚性赔偿的先河。2009 年《中华人民共和国食品安全法》第 96 条规定，生产不符合食品安全标准的食品或者销售明知是不符合食品安全标准的食品，消费者除要求赔偿损失外，还可以向生产者或者销售者要求支付价款十倍的赔偿金，从而为生产者和销售者设置了“十倍赔偿责任”，加大了对食品消费者的保护力度。惩罚性赔偿具有补偿消费者和惩治侵权者两方面的功用。对于有欺诈行为的经营者，或者明知商品或者服务存在缺陷仍然向消费者提供的经营者，应当适用惩罚性赔偿制度，既是对遭受严重损害的消费者给予金钱上的慰藉，又可以惩治违法者并对整个行业的经营者起到威慑作用，从而促进市场的健康有序发展。

（六）消费者的结社权

消费者结社权的行使是为保护自身利益的需要，同时可以促进经营者加强经营管理，提高商品和服务的质量。消费者保护运动开展之初，消费者社会团体是自发形成的，它的主要作用就在于向消费者传播商品知识和信息。随着专业分工的细化，商品的技术性能愈来愈高，以致一般消费者凭其经验已不能判断商品质量的好坏，从而难以作出正确的选择。消费者社会团体的形成，有助于消费者学习和获取消费知识。另一方面，在消费争议的处理过程中，消费者处于弱者的地位，在财产、专业知识方面难以与经营者抗衡。消费者社会团体的产生，可以支持消费者就商品或者服务的质量及损害与经营者交涉，帮助消费者实现正当的权利要求。自世界上第一个消费者组织——纽约市消费者协会成立至今已经有 100 年的历史了，各国都通过立法赋予消费者协会合法地位，以此来抗衡日益强大的经营者。最早的消费者组织的职能仅仅是保护消费者在购买商品和服务方面的权益，现在已发展到生活的各个领域，包括“反吸烟运动组织”等。

消费者的结社权是一项法定的权利，其行使也得依法定程序进行，要制定团体章程，并向法定机关登记成立。我国消费者社会团体的形式是消费者协会。通过《消法》我国规定了"消费者享有依法成立维护自身合法权益的社会团体的权利";规定了消费者协会的性质是"依法成立的对商品和服务进行社会监督和保护消费者合法权益的社会团体";规定了消费者协会的职能。这些规定是对宪法赋予公民的结社自由权利的具体化,充分体现了我国对消费者权益保护的制度建设的成果。

(七)消费者的知识权

所谓"消费者的知识权",不是一般意义上的关于消费物品的信息和知识,而是消费过程中必须具备的知识和国家、社会怎样保护消费者权益的知识。我国《消法》第13条就作了明确的规定,"消费者享有获得有关消费和消费者权益保护方面的知识的权利"。消费过程是商品的使用过程,其安全性与特定的使用条件密切相连,使用不当或违规使用,就会产生损害。因此,对于商品的标志应当有严格的规定,要求对正确的使用途径、方法给予说明,对于危险商品要有警示说明或者警示标志。另外,商品的安全使用期限或者有效期限也是消费者必须知道的。不仅消费者向经营者了解时经营者应当提供这些知识,即使消费者并未主动了解,经营者也应当以一定的方式将这些知识告知消费者,否则,就有可能对消费者的正当权益造成严重后果。比如邮递部门在接受委托运送易碎物品时,就应该告知客户或消费者可以选择保险作为可能造成的损害的补偿。

除了消费过程中的必备知识外,消费者还可以出于自我保护的需要,向消费者组织、有关行政、司法机关了解和得到更多的消费和法律方面的知识。消费者组织和行政司法机关有义务告知消费者有关的法律实体规定和程序规定,告知消费者怎样才能更好地进行自我保护,或通过一定的行政、司法程序维护主张自己的正当权益。只有得到这些知识后,消费者才能成为消费领域中真正的"上帝"。

(八)消费者的受尊重权

消费者的受尊重权包括两个方面。一方面,消费者的人格权应当受到尊重。人格权是人身权的重要内容。根据各国宪法和民法的规定,人格权包括姓名权、肖像权、名誉权、荣誉权、隐私权等方面的权利。人格权作为一个整体,受到法律的严格保护。在消费领域中,对消费者人格权的侵害主要表现为对消费者名誉、人身自由和隐私权的侵犯。例如,经营者因怀疑消费者偷盗了商品就无端地指责消费者,甚至强行搜身、非法拘禁等,这种非法行为显然侵犯了消费者的人格权。此外,近几年来金融消费领域出现的消费者个人身份信息、财产和信用状况信息、金融交易信息等个人信息泄露事件,既是对消费者隐私权的侵犯,更与金融消费者的财产利益密切相关,信息泄露很可能使消费者遭受财产损失。因此,经营者对于因经营活动取得的消费者个人信息,应当妥善保管,合理使用,不得对外泄露。

消费者受尊重权的另一重要方面是民族风俗习惯应得到尊重。我国有56个民族,因历史、文化、民族传统、经济发展等因素的差异,各民族的风俗习惯也不同。根据《宪法》规定,各民族有保持自己风俗习惯的自由。因此,经营者必须通过学习和了解不同民族的风俗习惯,更好地满足不同民族的消费需求,《消法》第14条规定:"消费者在购买、使用商品和接受服务时,享有其人格尊严、民族风俗习惯得到尊重的权利。"

（九）消费者的监督权

消费者的监督权是指消费者享有对商品和服务进行监督以及对保护消费者权益工作进行监督的法定权利。消费者的监督权是社会监督的重要组成部分。

商品和服务的质量状况如何直接影响到消费者的消费需求和正当权益的实现，因此，消费者对商品和服务的监督是消费者监督权的主要内容。监督权的行使是消费者为了自身利益的需要，同时也能促进经营者提高产品质量、改进经营方式和服务方式，从而推动经济的健康发展。因此，《消法》第17条规定："经营者应当听取消费者对其提供的商品或者服务的意见，接受消费者的监督。"

消费者对保护消费者权益工作进行监督是消费者利益能够真正得到保护的重要途径，保护消费者权益的工作质量的好坏，广大的消费者体会最深，因此是最有发言权的。消费者从其切身的感受来评价保护消费者权益的工作，并提出善意的批评和改进的建议，这无疑会推动消费者保护工作的发展。消费者在这方面的权利主要包括如下内容：(1)检举、控告侵害消费者权益的行为。侵害消费者权益的行为表现形式多样，例如，出售缺陷商品、进行虚假商品宣传、强制交易、侵犯消费者人格权等等。对于任何一种侵犯消费者权益的行为，消费者都可以向工商行政管理部门或者其他有关部门检举、控告，以便依法进行处理。(2)检举、控告国家机关及其工作人员的违法失职行为。国家工商行政管理、质监等部门依照法律规定，应当在其各自的职责范围内保护消费者的权益，但是，由于社会不良风气的影响，国家机关的个别工作人员循私枉法，不能依法履行职责，对此，消费者有权进行检举、控告。(3)对保护消费者权益工作向有关机关提出批评和建议。

随着社会经济水平的日益提高和消费者保护运动的蓬勃发展，消费者权利在上述九种权利之外出现了不同维度的衍生。虽然某些消费者权利在我国尚未被立法所认可，但是相关的理论研究却为消费者保护的进一步发展打下了坚实的基础。

近几年来，学界对消费者冷静期制度(cooling-off period)较为关注。冷静期制度，是指在交易合同成立之后，消费者可以在一定期限内无条件地取消合同而不必承担违约责任。由于现代商品的复杂化和多元化，消费者仅凭生活经验很难对商品质量作出准确的判断。而消费者与经营者在经济实力、信息占有、专业能力和谈判经验等方面所存在的差异，使得消费者很可能由于经营者的欺诈、诱导而产生误解，在合同成立后才发现所购买的商品不能满足自身的消费需求。此外，随着网络的普及和新兴媒介的发展，越来越多的消费者通过网络、电视、电话、邮寄等方式购买商品。相比于在店铺购买商品和接受服务，无实体店铺销售方式使得消费存在更多的隐患，消费者对商品和服务的了解完全依赖于销售人员的一面之词，难以全面了解商品的真实信息。因此，在这些情况下就有必要对严格遵守合同的制度作出修正和补充，为消费者设立一个可以冷静思考的期间以作出购买或者不购买的选择，这一期间就是冷静期，又称为"冷却期"、"后悔期"、"犹豫期"。

冷静期制度的适用范围是有限的，只能在少数领域得以应用，并不涉及所有消费领域。例如日本在《分期付款销售法》和《访问买卖法》中规定消费者有权取消合同，英国在《购买租赁法》中规定买受人有权随时解除合同，美国在《消费信用保护法》中规定信用接受者有权取消合同。从这些国家的立法来看，适用冷静期制度的消费领域一般具备如下特点：第一，交易过程中消费者与经营者缺乏充分的沟通，消费者难以全面了解商品信息，难以有效地检查商品质量。这在远程交易、上门销售中表现较为明显。第二,交易额通常较大,消费者一旦受到欺诈、劝诱而产生误解,往往会受到较大的损害。这在分期付款销售、租赁销售及金融消费中表现较为明显。

设立冷静期制度是对在交易中处于明显不利地位的消费者提供的特殊保护,使得消费合同真正体现了民法中平等、自愿的精神。中共十八大报告指出,要牢牢把握扩大内需这一战略基点,加快建立扩大消费需求长效机制,释放居民消费潜力,扩大国内市场规模。要实现这一工作目标,就必须全方位地改善消费环境,鼓励人们大胆消费。目前,市场上存在的欺诈、误导行为使得消费者对市场信任度滑坡。而冷静期制度的设立可以在一定程度上抵消市场欺诈对消费者信心所产生的负面影响,因为即使消费者遭遇了市场欺诈,他们也可以根据冷静期制度废除合同关系,使消费者不至于因担心市场欺诈而不敢交易,从而鼓励交易、促进消费。

我国《消法》中虽然还没有规定冷静期制度,但在地方性立法和部门规章中,该制度已现雏形,但适用领域还非常有限,主要集中在上门销售领域。比如,2002 年《上海市消费者权益保护条例》第 28 条规定,经营者上门推销的商品,消费者可以在买受商品之日起 7 日内退回商品,不需要说明理由,但商品保质期短于 7 日的除外;2005 年国务院颁发的《直销管理条例》第 25 条规定,消费者自购买直销产品之日起 30 日内,产品未开封的,可以凭发票或者售货凭证办理产品的退货或换货。我们认为,可以参考借鉴国外的立法经验,在网络、电视、电话、邮寄等远程交易领域设立冷静期制度并在全国范围内推广,以更好地保障消费者的合法权益。

第三节　经营者的义务

权利的落实必然有一定义务主体的承担。为实现对消费者的最大限度的保护,法律除了要求经营者依法履行其自我设立的合同义务外,我国的《消费者权益保护法》在通过设定消费者的特殊权利以保护消费者利益的同时,还专门规定了经营者对消费者应承担的一系列具体法律义务。

一、经营者的合同义务

由于消费者在利用商品或服务的过程中与经营者所形成的关系本质上是一种契约买卖关系,因此两者之间的权利义务负担也可以适用民法的相关规定,例如《合同法》中有关合同双方当事人的权利与义务设定等。我国《消法》也重申了这一原则,其第 16 条第 2 款规定,经营者和消费者有约定的,应当按照约定履行义务,但双方的约定不得违背法律、法规的规定。

在消费活动中,经营者可能会通过口头承诺或格式合同形式与消费者缔结合同。依据《合同法》规定,依法成立的合同,对当事人具有法律约束力。当事人应当按照约定履行自己的义务，不得擅自变更或者解除合同。依法成立的合同，受法律保护。①对于这类合同，经营者必须按照合同法律的有关规定，承担合同约定的义务。例如经营者在销售消费品时对消费者承诺在1个月内对所售出的消费品可以无条件退换，在出现消费者要求退换时经营者就必须按约定履行，不论消费者的行为是否给经营者造成预料之外的损失。对经营者以店堂告示的方式公示的履行有关质量保证、服务优惠的规定，经营者也必须按约履行，如果经营者违反告示约定，消费者可以凭店堂告示的内容要求经营者依法承担相应的违约责任。例如经营者销售的消费品质量不符合约定的，应当按照当事人的约定承担违约责任，对违约责任没有约定或者约定不明确，依照《合同法》第61条的规定仍不能确定的，受损害方根据标的的性质以及损失的大小，可以合理选择要求对方承担修理、更换、重作、退货、减少价款或者报酬等违约责任。②经营者对消费者提供商品或者服务有欺诈行为的，依照《消法》的规定承担损害赔偿责任。③但值得指出的是，当经营者违背其对消费者自我设定的或者法定的义务时，其所承担的赔偿责任并不是无限的。当事人一方不履行合同义务或者履行合同义务不符合约定，给对方造成损失的，损失赔偿额应当相当于因违约所造成的损失，包括合同履行后可以获得的利益，但不得超过违反合同一方订立合同时预见到或者应当预见到的因违反合同可能造成的损失。④

二、经营者的法定义务

为了有效地保护消费者的合法权益，我国《消法》还专门设立"经营者的义务"一章，通过规定经营者的法定义务来达到保护消费者正当合法权益的实现。《消法》上规定的经营者法定义务主要体现在其向消费者提供商品和服务时的义务，主要包括以下几项具体内容：

（一）接受消费者的监督

随着社会生产力的飞速发展和科学技术的进步，商品市场逐渐由卖方市场转向买方市场，市场竞争日趋激烈。与之相应，市场营销管理哲学观念也发生了巨大的变化，逐步从以前的生产观念转变到现代客户观念甚至社会市场营销观念。这些转变促成了消费者成为市场的重心局面的形成。虽然在实践中，很多经营者为了获取市场竞争优势，采用调查问卷、电话访问等方式广泛征求消费者对其所提供的商品或者服务的意见，但出于更好地保护消费者的合法权益，《消法》还是规定了消费者有权对经营者提供的商品或者服务提出自己的意见与批评。因此，经营者必须听取消费者对其提供的商品或服务的监督意见，不得以任何方式拒绝。

---

① 参见《中华人民共和国合同法》第8条。

② 参见《中华人民共和国合同法》第111条。

③ 参见《中华人民共和国合同法》第113条第2款。

④ 参见《中华人民共和国合同法》第113条第1款。

(二)保障消费者的人身、财产安全

消费者购买和使用商品或接受服务,其最基本的一项权利就是保障安全。如果没有基本的安全保障,那么消费就失去意义。因此,经营者应当保证其提供的商品或服务符合保障人身、财产安全的要求,对可能危及人身、财产安全的商品或服务,应当向消费者作出真实的说明和明确的警示,并说明和标明正确使用商品和服务的方法。在实践中,由于一些客观因素的影响,经营者在产品出厂前可能还无法发现其所提供的产品存在危险的隐性缺陷,这可能造成消费者人身或财产遭到损害。因此,法律要求经营者一旦发现其提供的商品和服务存在严重缺陷,即使正确使用商品或者接受服务时仍然可能对人身、财产安全造成危害的,应当立即向有关行政部门报告和告知消费者,并采取防止危害发生的措施,比如发布产品危险警示或者召回不合格的产品。

值得指出的是,消费者的人身和财产安全,不仅仅指所购买的商品或者服务本身是否安全,更包括在购买、使用商品或者接受服务的过程中对消费者的安全保障义务。因此,经营者除了提供符合安全要求的产品和服务外,还应当维护、管理好经营场地、设施和环境,对进入其经营场所的消费者承担保护义务,以防止消费者人身和财产安全受到损害。

(三)提供真实信息

在现代市场机制中,信息不对称是市场一大症结,它同样存在于消费者与经营者之间的交易中。为了矫正因这种信息不对称而造成消费者弱势地位,各国相关法律都规定了经营者真实信息披露的义务。我国法律要求:经营者对所提供的商品或服务必须向消费者作出真实的陈述,不得作引人误解的虚假宣传;对消费者就其提供的商品或者服务的质量和使用方法等问题提出的询问,应当作出真实、明确的答复;必须按照有关物价部门的规定对所提供的商品或服务明码标价;必须标明所提供商品或服务的自身真实名称和标记;租赁他人柜台或场地,以及通过网络等提供商品或者服务的经营者,应当标明其真实名称和标记。如果经营者违背了这些义务,则可能构成欺诈行为,应当按照消费者的要求增加赔偿其受到的损失,增加赔偿的金额为消费者购买商品的价款或者接受服务的费用的一倍。

(四)出具有效的凭证或单据

经营者提供商品或者服务,应当按照国家有关规定或者商业惯例向消费者出具购货凭证或者服务单据;消费者索要购货凭证或者服务单据的,经营者必须出具。规定经营者出具有效的凭证或单据义务具有两个方面非常重要的法律意义:一是有利于纠纷的解决。虽然经营者与消费者之间本质上是一种买卖合同关系,但在实践中,双方当事人通常尤其在价值较小的交易中不会订立规范的合同文本。两者之间的合同关系往往落实在有关的买卖凭证或单据上,这些凭证和单据对于两者之间潜在纠纷的解决具有非常重要的意义。二是有利于我国税收征收。发票是买卖凭证和单据的重要内容之一,强制经营者依法向消费者开出买卖发票凭证,可以防止经营者偷税、漏税行为。但值得指出的是,我国现实生活中,很多消费者这种意识还不强,这既不利于消费纠纷的解决,也造成了我国大量税收的流失。

(五) 保证产品质量、性能和有效期限

现代市场营销学将产品概念分为核心产品、形式产品、期望产品、延伸产品与潜在产品。①世界上大多数国家的产品质量法通常仅对核心产品与形式产品提出严格的要求。我国不仅在产品质量立法中作了这些规定,消费者权益保护法律制度也对此作了要求。例如经营者应当保证在正常使用商品或者接受服务的情况下其提供的商品或者服务应当具有的质量、性能、用途和有效期限;但消费者在购买该商品或者接受该服务前已经知道其存在瑕疵的除外。再如经营者以广告、产品说明、实物样品或者其他方式表明商品或者服务的质量状况的,应当保证其提供的商品或者服务的实际质量与表明的质量状况相符。

(六) 对特定商品承担"三包"责任

所谓产品三包制度是指包修、包换和包退。在某些领域,这一责任是由国家法律明文规定的,比如 2012 年 12 月国家质监总局公布的《家用汽车产品修理、更换、退货责任规定》就规定家用汽车产品在包修期内出现的产品质量问题,应当由修理者免费修理;符合更换、退货条件的,由销售者为消费者办理更换、退货。除了国家的强制性规定之外,部分经营者为了提高消费者信任度和自身竞争力,也会自我设定三包责任。经营者在提供商品或者服务时,按照国家规定或者与消费者的约定应承担包修、包换、包退或者其他责任的,必须按照国家规定或者约定履行,不得故意拖延或者无理拒绝。对国家规定或者经营者与消费者约定包修、包换、包退的商品,经营者应当负责修理、更换或者退货。在保修期内两次修理仍不能正常使用的,经营者应当负责更换或者退货。对包修、包换、包退的大件商品,消费者要求经营者修理、更换、退货的,经营者应当承担运输等合理费用。

(七) 不得以格式条款免除自身的责任

格式条款是一方当事人为了重复使用而预先拟定,并在订立合同时未与对方协商的条款,其具体表现形式是多种多样的。格式条款最初是为了商事交易的迅捷而产生的,但随着社会的发展,格式条款逐步成为经营者侵害消费者合法权益的一种隐性手段。正是因为如此,英美法将之表述为 unfair contract terms。为了规制经营者利用格式条款侵害消费者的合法权益行为,很多国家进行大量的立法。我国不仅在《民法通则》、《合同法》等中对格式条款作了限制性规定,为保护消费者权益的专项立法《消法》以及 2010 年国家工商行政管理总局颁布的《合同违法行为监督处理办法》中也对经营者使用格式条款作了明确的限制性规定,即经营者不得以格式合同、通知、声明、店堂告示等方式作出对消费者不公平、不合理的规定,或者减轻、免除其损害消费者合法权益应当承担的民事责任。格式合同、通知、声明、店堂告示等含有前款所列内容的,其内容无效。此外,经营者在使用格式条款时,应当以明显方式提请消费者注意与消费者有重大利害关系的内容,比如商品或者服务的质量、价款、报酬、履行期限、民事责任等,对于消费者要求予以说明的,应给予详细说明。

---

① 郭国庆主编:《市场营销学》,武汉大学出版社 2004 年版,第 156 页。

(八)不得侵犯消费者的人格和人身自由

人格和人身自由不仅是各国宪法保护的重要内容,也是各国具体部门法保护的重点。经营者在经营过程中,必须尊重消费者的人格,不得对消费者进行侮辱、诽谤,更不得搜查消费者的身体及其携带的物品,严格禁止侵犯消费者的人身自由,不得侵害消费者的身体健康。如果经营者侵害了消费者的人格尊严或者侵犯消费者人身自由的,应当立即停止侵害、恢复名誉、消除影响、赔礼道歉,并赔偿损失。我国实践中,经营者侵害消费者的人格和人身自由的事件经常发生,因此而引发的纠纷也屡见不鲜。经营者应严格履行不得侵害消费者的人格和人身自由的不作为法定义务,提升经营者的社会形象,促进社会和谐发展。

可以看出,对经营者的这些要求和义务的规定是与消费者的知情权、安全权、选择权、公平交易权、知识权、受尊重权相呼应的。这些规定一方面是为了使消费者的各项权利得到保障,另一方面也是良好市场秩序的必然要求。

第四节 消费者权益的法律保护

一、消费者权益保护的主体

在现代社会,消费者权益的保护主体制度得到极大拓展,除了传统民商法提供的自力救济主体资格外,狭义上的消费者权益保护法还规定了国家和有关社会组织在消费者权益保护中的合法地位。

(一)国家机关

我国现行的《消法》从以下三个方面来落实国家对消费者保护的原则:一是立法。法律作为群体的意志集合,是特定集团利益的保护基础。因此,《消法》要求国家在制定有关消费者权益的法律、法规和政策时,应广泛听取消费者的意见和要求。实践中,国家在制定相关法律法规时,通常会以征求意见稿形式广泛听取包括消费者在内的社会各界的意见与建议,以保证立法的科学性与合理性。二是执法。法谚曰:徒法不足以自行,《消法》规定各级人民政府应当加强领导,组织、协调、督促有关行政部门做好保护消费者合法权益的工作,加强监督,预防危害消费者人身、财产安全行为的发生,及时制止危害消费者人身、财产安全的行为。各级人民政府工商行政管理部门和其他有关行政部门应当依照法律、法规的规定,在各自的职责范围内,采取措施,保护消费者的合法权益。有关行政部门应当听取消费者及其社会团体对经营者交易行为、商品和服务质量问题的意见,及时调查处理。有关国家机关应当依照法律、法规的规定,惩处经营者在提供商品和服务中侵害消费者合法权益的违法犯罪行为。三是司法。司法作为社会正义的最后一道保护屏障,对于消费者权益的保护同样具有非常重要的法律意义。面对强势的经营者,消费者维权的难度已然很大,再加上司法审判程序本身确实也比较繁冗,所以《消法》特别规定,人民法院应当采取措施,方便消费者提起诉讼;对符合《中华人民共和国民事诉讼法》起诉条件的消费者权益争议,必须受理,及时审理。

(二)消费者组织

消费者组织是依法成立的对商品和服务进行社会监督的保护消费者合法权益的社会团体。消费者为维护自身合法权益,有权行使结社权,成立各种消费者组织。各国有关保护消费者权益的法律也设专章规定了消费者组织在保护消费者权益方面的职责和具体方式。为了防止消费者权益保护组织的性质蜕变,大多数国家同时也对消费者保护组织作了一些限制性的规定,例如不得从事商品经营和营利性服务,不得以牟利为目的向社会推荐商品和服务等。

1983 年 5 月,河北省新乐县成立了我国第一个县级消费者协会,1984 年 9 月,广州市成立第一家城市消费者委员会。1984 年 12 月,经国务院批准,中国消费者协会在北京成立,同时制定了《中国消费者协会章程》,在保护消费者权益、促进经济健康发展方面起了良好的作用。1987 年,国际消费者组织联盟接纳中国消费者协会为其正式成员。目前,我国消费者组织的主要形式是各地的消费者协会。

消费者协会履行下列职能:(1)向消费者提供消费信息和咨询服务;(2)参与有关行政部门对商品和服务的监督、检查;(3)就有关消费者合法权益的问题,向有关行政部门反映、查询,提出建议;(4)受理消费者的投诉,并对投诉事项进行调查、调解;(5)投诉事项涉及商品和服务质量问题的,可以提请鉴定部门鉴定,鉴定部门应当告知鉴定结论;(6)就损害消费者合法权益的行为,支持受损害的消费者提起诉讼;(7)对损害消费者合法权益的行为,通过大众传播媒介予以揭露、批评。

此外,随着科学发展观融入社会生活的方方面面,作为我国主要的消费者组织,消费者协会应当承担起推动全社会树立可持续消费理念的责任,倡导合理消费,鼓励消费者在日常生活中注意节约资源和保护环境。

二、消费者权益争议的解决

(一)消费者权益主张对象

虽然根据《消法》的规定,消费者有权向经营者主张合法的权益;但在现代社会条件下,同一致害产品的经营者可能不止一个。为了防止这些经营者相互之间推诿应当对消费者承担的法律责任,大多数国家规定了消费者在主张权益时,具有对相关对象的可选择性。我国不仅在《产品质量法》中作了相应的规定,《消法》也规定了以下五种具体情形:

(1) 普通情况下权利主张。消费者在购买、使用商品时,其合法权益受到损害的,可以向销售者要求赔偿。销售者赔偿后,属于生产者的责任或者属于向销售者提供商品的其他销售者的责任的,销售者有权向生产者或者其他销售者追偿。消费者或者其他受害人因商品缺陷造成人身、财产损害的,可以向销售者要求赔偿,也可以向生产者要求赔偿。属于生产者责任的,销售者赔偿后,有权向生产者追偿。属于销售者责任的,生产者赔偿后,有权向销售者追偿。消费者在接受服务时,其合法权益受到损害的,可以向服务者要求赔偿。

(2) 企业变更下的权利主张。消费者在购买、使用商品或者接受服务时,其合法权益受到损害,因原企业分立、合并的,可以向变更后承受其权利与义务的企业要求赔偿。

(3) 违法使用他人营业执照下的权利主张。使用他人营业执照的违法经营者提供商品或者服务,损害消费者合法权益的,消费者可以向其要求赔偿,也可以向营业执照的持有人要求赔偿。

(4) 销售场所租借下的权利主张。消费者在展销会、租赁柜台购买商品或者接受服务,其合法权益受到损害的,可以向销售者或者服务者要求赔偿。展销会结束或者柜台租赁期满后,也可以向展销会的举办者、柜台的出租者要求赔偿。展销会的举办者、柜台的出租者赔偿后,有权向销售者或者服务者追偿。

(5) 虚假广告下的权利主张。消费者因经营者利用虚假广告提供商品或者服务,其合法权益受到损害的,可以向经营者要求赔偿。广告的经营者发布虚假广告的,消费者可以请求行政主管部门予以惩处。广告的经营者不能提供经营者的真实名称、地址的,应当承担赔偿责任。

(二) 消费者权益救济途径

法律规定的各项消费者权利,需通过一定的形式和程序,才能转化为现实的经济利益。没有程序上的保证,所有实体规定都只是一纸空文。因此,消费者权益保护法规定并明确了消费者与经营者发生争议时可以采取以下救济途径:

(1) 与经营者协商和解。在发生消费纠纷后,消费者可以选择直接与经营者进行协商交涉,以期达成和解协议,解决纠纷,这对消费者与经营者来说都是最经济、最理想的解决方案。值得指出的是,随着网络交易的兴起和普及,2010 年国家工商行政管理总局颁布了《网络商品交易及有关服务行为管理暂行办法》,要求提供网络交易平台服务的经营者建立消费纠纷和解和消费维权自律制度,并在消费者受到损害时积极协助消费者维护自身合法权益,在一定程度上减轻了消费者网络交易纠纷的维权成本。

(2) 请求消费者协会调解。消费者协会作为消费者与经营者的中间人,主持调解,在查明事实,分清是非的基础上,努力促成争议双方达成和解协议。消费者协会作为民间的社会团体促成双方达成的和解协议不具有法律强制力。

(3) 向有关行政部门申诉。在发生争议以后,消费者也可以选择直接向有关工商行政管理、物价、质检、卫生等有关机关提起申诉,请求有关机关对经营者的行为作出处理。相关机关根据各自的职权范围对消费者提出的申诉予以受理并开展调查。

(4) 根据与经营者达成的仲裁协议提请仲裁机构仲裁。根据原消费合同的仲裁条款或在纠纷发生后双方达成的仲裁协议,向有关仲裁机关就双方争议的事项提起仲裁,仲裁机关对争议所作出的裁决为终极裁决。

(5) 向法院提起诉讼。当事人双方在纠纷发生后,如没有选择以仲裁的方式,则可以向有管辖权的法院提起诉讼,由法院在查清事实、分清是非的基础上依据法律、法规作出判决,解决纠纷。解决途径的多元化有利于消费者及时、有效地保护自己的正当权益。

三、侵害消费者权益的法律责任

根据《消法》的规定，对经营者违反合同约定或法律规定的义务，侵犯消费者合法权益的，应根据情节轻重分别承担民事、行政和刑事责任。

(一) 侵害消费者合法权益的民事责任

根据不同的情况，经营者对消费者的合法权益造成损害的分别应承担相应的民事责任。

(1) 修理、更换、退货责任。经营者提供的商品或服务不符合质量要求的，经营者应当根据国家规定或者与消费者的约定，按照消费者的要求承担修理、更换或者退货责任。

(2) 损失赔偿责任。经营者提供的商品或者服务造成消费者损失的，应当承担经济赔偿责任。如造成消费者人身伤害的，应当赔偿医疗费、护理费、交通费等为治疗、康复支出的合理费用，以及因误工减少的收入。造成残疾的，还应当赔偿残疾生活辅助费和残疾赔偿金。造成死亡的，应当支付丧葬费、死亡赔偿金以及由死者生前扶养的人所必需的生活费等费用。

此外，如果经营者在提供商品或者服务时有欺诈行为的，还应当承担惩罚性赔偿责任，在赔偿消费者的损失之外，还需按照消费者的要求增加赔偿金额，增加赔偿的金额为消费者购买商品的价款或者接受服务的费用的1倍。

(3) 其他责任。如经营者侵害消费者的人格尊严或者侵犯消费者人身自由，除了应当赔偿消费者损失外，还应当停止侵害、恢复名誉、消除影响、赔礼道歉。

(二) 侵犯消费者权益的行政责任

对经营者违反法律的有关规定，出现下述情节的，有关行政部门可以责令其承担行政责任：(1)生产、销售的商品不符合保障人身、财产安全的要求；(2)在商品中掺杂、掺假，以假充真，以次充好，或以不合格商品冒充合格商品的；(3)生产国家明令淘汰的商品或者销售失效、变质商品的；(4)伪造商品的产地，伪造或者冒用他人的厂名、厂址，伪造或者冒用认证标志、名优标志等质量标志的；(5)销售的商品应当检验、检疫而未检验、检疫或者伪造检验、检疫结果的；(6)对商品或者服务作引人误解的虚假宣传的；(7)对消费者提出的修理、重做、更换、退货、补足商品数量、退还货款和服务费用或者赔偿损失的要求，故意拖延或者无理拒绝的；(8)侵害消费者人格尊严或者侵犯消费者人身自由的；(9)法律、法规规定的对损害消费者权益应当予以处罚的其他情形。

对经营者有上述情形之一，有关行政部门可以依据《中华人民共和国产品质量法》规定根据情节单处或者并处警告、没收违法所得、处以违法所得罚款，没有违法所得的，处以1万元以下的罚款；情节严重的，责令停业整顿、吊销营业执照或予以行政拘留。

(三) 侵害消费者权益的刑事责任

对经营者出现下列情况的，依据《消法》的有关规定，可以追究经营者的刑事责任：

(1)经营者提供的商品或服务造成消费者或其他受害人人身伤亡构成犯罪的，依法追究刑事责任。(2)以暴力、威胁等方法阻碍有关行政部门工作人员依法执行职务的，依法追究刑事责任；拒绝、阻碍有关行政部门工作人员依法执行职务，未使用暴力、威胁方法的，由公安机关依照《中华人民共和国治安管理处罚条例》的规定处罚。(3)国家机关工作人员玩忽职守或者包庇经营者侵害消费者合法权益的行为的，由其所在单位或者上级机关给予行政处分；情节严重，构成犯罪的，依法追究刑事责任。

此外，根据《中华人民共和国食品安全法》的规定，如经营者生产、销售不符合食品安全标准的食品，情节严重的，或者在生产、销售的食品中掺入有毒、有害的非食品原料的，或者销售明知掺有有毒、有害的非食品原料的食品，应当依法追究刑事责任，从而加大了对食品领域制假售假的惩治力度。

第二十二章

产品质量法律制度

第一节 产品质量法概述

一、产品与产品质量

(一) 产品

产品可以从自然属性和法律属性两个不同的范畴进行定义。从自然属性来讲,产品是指劳动者通过劳动工具对劳动对象进行加工所形成的,适合人类生产和生活需要的一定的劳动成果,包括生产资料和消费资料,它是人类生存和发展的物质条件。从法律属性来讲,产品是指经过某种程度或方式加工用于消费和使用的物品;但是,它并不包括所有的物品。纵观各国法律,对"产品"一词的解释和定义是不完全相同的。概括起来,有广义和狭义的两种解释。广义的"产品"①是指一切经过工业处理过的东西,不论是可以移动的,还是不可移动的,工业的还是农业的产品,经过加工的还是非经过加工的,任何可销售或可使用的制成品,只要由于使用它或通过它引起了伤害,都可视为发生产品质量责任的"产品"。例如美国的产品责任法中对"产品"就是采用广义的说法。狭义的"产品"概念则是仅指可移动的工业制成品。如 1976 年欧洲共同体《产品责任指令草案》中就把"产品"说成是"工业生产的可移动的产品"。但是,随着经济的发展,人类可利用的资源和生产出的产品的种类愈来愈广泛,各国的立法和司法实践也趋向于把产品作广义的解释。我国的法律同样对产品进行了较为宽泛的解释。2000 年修订的《中华人民共和国产品质量法》(以下简称《产品质量法》)第 3 条规定的产品"是指经过加工、制作、用于销售的产品",不包括建设工程产品和军工产品,但建设工程使用的建筑材料、建筑构配件和设备,可以属于产品的范围。

(二) 产品质量

产品质量是指产品性能在正常使用的条件下,能够满足合理使用用途要求所必须具备的特征和特性的总和。根据国际标准化组织颁布的 ISO8402-86 标准,产品质量的含义为:"产品或服务满足规定或潜在需要的能力特征的总和。"该定义中所称的"需要"往往随

① 曹建明著:《国际产品责任法》,上海社会科学院出版社 1987 年版,第 2 页。

时间、空间的变化而变化,与科学技术的不断进步有着密不可分的关系。"需要"可以转化为具有具体指标的特征和特性。我国《产品质量法》对产品质量的界定是通过是否符合以下三项要求进行的:

(1) 产品的安全性。这是指产品应当不存在危及人身、财产安全的不合理的危险,如果该产品具有在保障人体健康、人身、财产安全方面的国家标准或者行业标准的,应当符合该标准。

(2) 产品的适用性。这是指产品必须具备其应当具备的使用性能,比如保温瓶作为一种产品必须具有保温的性能,一旦失去该性能,就是不符合产品质量要求的。但是,如果事先对产品存在使用性能方面的瑕疵作出说明的除外。

(3) 担保性。产品应当符合生产者在产品或者其包装上注明采用的产品标准,符合以产品说明、实物样品等方式表明的质量状况。生产者的说明或者实物都是生产者对产品质量的明示或者默示的担保,产品如果不符合其担保,就被认为是不符合质量要求的。担保可以分为明示担保和默示担保。明示担保,是指生产者或销售者对产品的性能、特性、质量,直接通过语言或行为作出保证或者承诺。由于消费者显而易见能够获知,因此是明示和明确的。默示担保,指不是基于生产商和消费者之间的合同或者生产商的承诺而产生,而是根据法律规定而成为合同的一部分义务。它不需要当事人的合意,主要是法律上的强制性义务。①

二、产品质量法

(一) 产品质量法的含义

产品质量法是调整在生产、流通和消费过程中因产品质量所发生的社会关系的法律规范的总称。产品质量法律制度包括产品监督管理制度和产品责任制度。在市场经济较为发达的工业国家,大多以产品责任立法为主,而我国则表现为全面的产品质量管理立法,既包括生产者或销售者对其生产或销售的产品应当承担的责任,也包括生产者和销售者如何管理产品质量,国家各级管理部门如何监督产品质量,以及衡量产品质量的基准、质量保证等一系列制度。我国产品质量法不仅重视事后的处罚和产品责任的承担,而且更注重事前的监督管理和防范,实际上是一部产品质量管理的法律。我国产品质量法的重要特色是,将企业内部产品生产的组织制度、政府监督部门对产品供应者的产品质量监督管理制度、社会中介机构对产品质量的审查和推介制度都纳入到产品质量法的体系当中,形成一种"全面的产品质量管理立法"的立法体例。②

(二) 产品质量法的发展

产品质量法是随着现代工业生产的发展和广泛、复杂的社会分工而逐步形成和发展起来的。而美国产品责任法的发展是最迅速、最完备、最有代表性的,特别是严格责任原

① 董春华:《产品质量担保责任理论体系研究》,载于《兰州学刊》2008年第8期。

② 徐士英著:《竞争法论》,世界图书出版公司2007年版,第260页。

则的应用,对各主要工业发达国家开展产品责任的立法及对国际产品责任立法都有较大影响。美国习惯法将"产品制造人责任的法律基础"分成四部分讨论:过失责任(negligence);契约责任发展的担保责任(warranty);侵权行为法上之严格责任(strict liability in tort);在成文法方面,美国先后制定了《美国统一商法典》(The Uniform Commercial Code),《美国买卖法》(The Sales Act)和联邦立法如《麦格森-摩斯法案》(Magnuson-Moss Warranty Act)、《统一消费者买卖实物法案》(Uniform Consumer Sales Practices Act)。

1985年7月欧共体理事会正式通过了《产品责任指令》,并要求各成员国通过本国立法程序将其纳入国内法予以实施,欧洲国家产品责任立法发生了根本性转变。1987年英国率先立法,同年5月颁布的《消费者保护法》使英国成为第一个与欧共体《产品责任指令》相一致的立法国家。德国联邦议会于1989年11月5日通过了《产品责任法》。从此,该法与《德国民法典》成为并存于德国国内的两套产品责任法体系。由于贸易的全球化趋势日益加强,世界上陆续出现了一些区域性或全球性的国际产品责任公约,这些公约在不同的国际范围内协调各国有关产品责任的法律规定,呈现出规定明确、内容固定、拘束力强、应用方便等特点,主要有《斯特拉斯堡公约》和《欧洲共同体产品责任指令》。《斯特拉斯堡公约》于1977年1月27日起由欧洲理事会的成员国签字,该条约在产品责任原则、生产者范围、生产者赔偿责任、范围及其确定等方面作了详尽的规定。欧洲共同体《产品责任指令》规定了产品责任原则、生产者的免责条件和关于损害赔偿范围及赔偿限额等内容。至2003年,欧盟各成员国均完成了相应的国内立法程序。与多数成员国在此前的法律相比,《产品责任指令》有两项规定扩大了产品责任,一是规定了连带责任,二是不允许通过免责声明或其他合同约定减轻或免除生产者的责任。该项指令在请求权基础的结构上逻辑清晰,易于理解,符合一般立法前提。就生产者与产品使用者之间的风险分配而言,明显是由生产者承担更大的风险。由此可见,欧盟产品责任指令与各国转化的内国法构成了一个完整清晰的责任体系。①

(三)我国产品质量立法

新中国成立以来,我国颁布了一系列有关产品质量监督管理的法律法规。从1951年中央人民政府颁布了《兵工总局组织条例》,到1957年全国各企业建立起从准备生产到产品出厂的整套技术检验监督制度,直至1978年我国推行全面质量管理制度,产品质量的立法工作逐步得到推进。此后的十余年时间陆续颁发了《工业产品质量责任条例》、《中华人民共和国计量法》及其实施细则、《中华人民共和国标准化法》及其实施细则等十多个与产品质量有关的法律。在此基础上,1993年第七届全国人大常委会颁布了《中华人民共和国产品质量法》。这部法律吸收借鉴了外国先进立法经验,如采用严格的产品责任制、明确的损害赔偿范围等,同时又符合我国国情,它调整的是涉及产品质量方面的各类社会关系,规定的是产品质量的法律责任,比西方国家单纯的产品责任立法要更加广泛。该法的颁布实施使得中国产品质量法律制度得到了进一步的完善。2000年7月第九届全国

---

① See, Pro. Dr. Walter Rolland:《德国及欧盟产品责任法》(*Deutsches und Europ isches Produktha ftungsrecht*),载于《中德法学论坛》2007年5月,第三辑。

人大常委会第十六次会议又对该法作了较大的修订，成为我国产品质量法制建设的里程碑。2009年十届全国人大又对其做了部分退款的修改，以便与新颁布的《侵权责任法》规定保持一致。《产品质量法》是我国产品责任法的主要渊源，其余有关产品责任法的内容散见于《民法通则》、《消费者权益保护法》、《药品管理法》、《食品卫生法》等相关法律法规中。这种既分散又相对集中的产品责任立法模式是我国产品责任立法的显著特点。①

(四) 产品质量法的立法宗旨

1. 保障并提高产品质量

保障和提高产品质量是建立产品质量法的直接目的。在市场竞争中，有些企业为了牟取非法利益，无视产品质量，对消费者人身和财产造成巨大威胁。因此，通过产品质量法律制度对此进行管理和监督是极为必要的。

2. 保障消费者的合法权益

消费者通过有偿取得商品和接收服务参与社会再生产，没有消费活动就没有社会再生产的继续进行。因此，不管是西方国家的产品责任法的演变结果，还是发展中国家新建立的产品质量管理法律制度，都把消费者权益保护列为产品质量法的立法宗旨之一，明确地提出消费者在监督产品质量中的权利，提出"无过失责任"以及在消费者保护法中规定缺陷产品的责任等，都是为了更好地维护消费者的合法权益。

3. 规范社会竞争秩序

良好的市场秩序的建设是现代市场经济法制的中心内容，因此，围绕着市场秩序制度的优化，现代市场经济法制的每一项立法都有使命实现这一神圣的目标，并把它细化在法律规范的设计中。产品质量法与广告法、反不正当竞争法等都是市场秩序法律制度体系中的一部分，有着共同的立法宗旨。

第二节 产品质量监督管理法律制度

一、产品质量监督管理制度的含义

产品质量监督管理制度有广义和狭义之分。狭义的产品质量管理制度是指国务院产品质量监督管理部门以及地方人民政府管理产品质量监督工作的部门依法定的行政权力，以实现国家职能为目的，对产品质量进行管理监督的制度；广义上的产品质量管理制度不仅涵盖狭义的内容，还包括非政府主体依法对经营者的产品质量进行监督的其他制度。我国现行法律、行政法规确立的产品质量监督管理制度是由互相联系、互相依存、自成体系的各项制度组成的统一体，它们包括企业质量体系认证制度、产品质量认证制度、产品质量检验制度、产品质量监督检查制度等。

① 周新军：《对中国与欧盟产品责任立法模式的思考》，载于《当代经济》2008年第7期。

二、产品质量监督

根据国家标准 GB6583·1-86 对质量监督的定义，质量监督是指为保证满足质量要求，由用户或第三方对程序、方法、条件、产品、过程和服务进行连续评价，并按照规定标准或合同要求对记录进行分析。所谓产品质量监督管理，是指对产品质量监督活动的计划、组织、指挥、调解和监督制度的总称。我国的产品质量监督主要有以下三种形式：

(一) 国家监督

国家监督是指代表国家的政府专职机构对产品质量进行的监督，可以分为抽查型质量监督和评价型质量监督。根据国家质量监督检验检疫总局 2001 年 12 月 29 日通过，2002 年 3 月 1 日起施行的《产品质量国家监督抽查管理办法》第 4 条规定：国家监督抽查分为定期实施的国家监督抽查和不定期实施的国家监督专项抽查两种。定期实施的国家监督抽查每季度开展一次，国家监督专项抽查根据产品质量状况不定期组织开展。抽查型监督是国家质量监督机构在市场上通过抽取样品进行监督检验，对照标准检验其是否合格，从而责成企业采取改进措施，直到达到技术标准的要求。评价型质量监督是指国家质量监督部门通过对企业的生产条件、产品质量考核合格后，颁发某种证书，确认和证明这一产品已经达到要求的质量水平。我国《产品质量法》中的“产品认证”制度、国家颁发“许可证”制度也属于国家监督的具体形式。

(二) 自律监督

自律监督包括企业在生产经营中的自我监督和同行业企业之间对同类产品质量的相互监督。自律监督的主要任务是按照一定的技术标准和订货合同对产品质量进行严格检验，包括原辅材料、外购零配件、半成制品、最终成品以及主要的工序工艺检验，对新产品能否正式投产提出意见，签发成品合格证书等。行业自律监督还包括行业组织的相互检查。

(三) 社会监督

社会监督就是广泛动员和组织全社会各方力量，对产品质量进行关注、监督和评议，促进企业提高产品质量，维护国家和消费者的利益。社会监督的具体形式有消费者投诉、群众评议、舆论揭露等。随着人民生活水平的不断提高，对产品质量的要求也越来越严格。消费者在市场规制法律中的地位日益增强，因为从消费者利益保护的角度讲，比起单纯把消费者置于被保护的地位上，赋予其在产品质量监督上更多的权利更为重要。因此，依靠社会力量，尤其是消费者力量对产品质量进行监督，已经成为我国经济社会产品质量管理的主要形式和重要渠道。

三、产品质量国家监督管理体制

现行《产品质量法》根据我国管理实际，在总结过去立法经验的基础上，确立了统一管理、分工负责的产品质量管理体制，根据国家对行政机关的不同授权，可以分为级别管理和职能管理。级别管理体制分为中央一级国家产品质量监督管理部门和县级以上地方各级人民政府质量监督管理部门。职能管理体制分为政府产品质量监督管理部门和政府有关行政主管部门。国家根据这些行政机关的各自职能，授予其不同的产品质量监督管理权限。

(一) 国务院产品质量监督管理部门的职能和分工

"国务院产品质量监督管理部门负责全国产品质量监督管理工作"，这是关于国家一级管理部门的规定。根据全国人大常委会的立法原意和《国务院关于机构设置的通知》(国发[1998]5号)的规定，国务院产品质量监督管理部门是指国家质量技术监督局。它负责对全国产品质量工作进行统一管理，组织协调，对产品质量管理工作进行宏观指导。

(二) 国务院有关部门的职能与分工

"国务院有关部门在各自的职责范围内负责产品质量的监督管理工作"，这也属于国家一级管理部门的规定，但范围限定在本行业内部关于产品质量方面的行业监督管理和生产经营性管理工作。例如国家药品监督管理局负责西药、中药的质量监督管理工作，行业认证委员会负责认证工作的具体实施。

(三) 县级以上地方产品质量监督管理部门的职能与分工

这些地方级管理部门主管本行业行政区域内的产品质量监督工作。省级产品质量监督管理部门的职责是按照国家法律、法规的规定和省级人民政府赋予的职权，负责组织、协调省级范围内的产品质量监督管理工作；市(州、盟)、县(区)级管理产品质量监督工作的部门，则在省级产品质量监督管理部门的垂直统一领导下，按照职责分工，作好产品质量监督管理工作。

(四) 县级以上地方人民政府有关部门的职责和分工

这些部门在各自的职责范围内，负责本行政区域内、本部门内关于产品质量方面的生产经营性的监督管理工作。产品质量监督管理部门和各级政府的相关部门应当在各自的职责范围内引导、督促生产者、销售者加强产品质量管理，提高产品质量，依法采取措施，制止产品产生、销售中违反法律规定的行为。

四、产品质量监督管理制度

产品质量监督管理制度是指由产品质量法确认的互相联系、互相依存、自成体系的管理规定。它们包括企业质量体系认证制度、产品质量认证制度、产品质量检验制度、产品质量监督检查制度等。

(一) 企业质量体系认证制度

企业质量体系认证是指认证机构根据申请，对企业的产品质量保证能力和质量管理水平进行综合性检查和评定，对符合质量体系认证标准的企业颁发认证证书的活动。我国《产品质量法》第 14 条规定："国家根据国际通用的质量管理标准，推行企业质量体系认证制度。"

企业质量体系由组织机构、职责、程序、过程和资源五个方面组成，所以企业质量体系认证的基本内容即对上述五个方面情况的评价、确认。质量体系认证的依据为 GB/T19001—ISO9001、GB/T19002—ISO9002 或者 GB/T19003—ISO9003 三种质量保证标准模式。对于某些特殊行业的质量体系认证，还可以依据其他国际公认的质量体系规范性标准，如美国石油学会(API)发布的 QI 等。

在我国，企业质量体系认证由国务院产品质量监督管理部门，即国家技术监督局对全国的企业质量认证工作实行统一管理。承担质量体系认证具体工作的认证机构，必须经过国家技术监督局的认可，或者经过国家技术监督局授权的部门认可，方具有开展质量体系认证工作的资格。

(二) 产品质量认证制度

产品质量认证制度是指认证机构依据产品标准和相应的技术要求，对申请认证的产品进行检验，对符合相应标准和相应技术要求的产品颁发认证证书和标志予以证明的制度。产品质量认证的对象是实物产品，即经过工业加工、手工制作等生产方式所获得的具有特定物理、化学性能的物品。产品质量认证的依据是具有国际水平的国家标准和行业标准以及其他技术要求。

我国产品质量认证制度实行自愿性原则，即企业根据自愿原则可以向国务院产品质量监督管理部门或者国务院产品质量监督管理部门授权部门认可的认证机构申请产品质量认证。同时，产品质量认证实行第三方认证制度，即由独立于生产方和购买方的专门认证机构进行认证。我国的产品质量认证工作由专门的认证委员会承担。每类开展质量认证的产品都有相应的认证委员会。

目前，我国的产品质量认证主要是安全认证和合格认证。安全认证是指以安全标准为依据进行的认证或只对产品中有关安全的项目进行的认证。合格认证是指对产品的全部性能与要求，依据标准或相应技术要求进行的认证。认证机构经审查，对符合标准或要求的申请，颁发产品质量认证证书，准许企业在其获准认证的产品上使用规定的产品质量认证标志。

(三) 产品质量检验制度

产品质量检验是指检验机构根据特定标准对产品品质进行检测，并判断合格与否的活动。根据检验主体不同，可分为第三方检验和生产经营者的自我检验；根据检验性质，可分为国家检验和民间检验；根据被检查产品的销售范围，可分为国内产品检验和进口产品检验；根据检验程序，可分为出厂检验和入库检验；根据检验方式，可分为抽样检验和全数检验。产品质量检验制度是指由产品质量检验法所确认的关于产品质量检验的方法、程序、要求和法律性质的各项内容的总称。我国《产品质量法》第 12 条规定："产品质量应当检验合格，不得以不合格产品冒充合格产品。"

企业产品质量检验是产品质量的自我检验,与第三方检验不同,它具有自主性和合法性的特点。自主性是指这种检验是企业为保障产品质量合格,适用并满足消费者的要求,依法主动进行的检验,除法律强制要求的以外,企业有权选择检验范围、方法和标准,有权规定检验程序和设置检验机构。所谓合法性,是指企业产品质量检验必须依法进行,遵循国家有关规定。

产品出厂时,可由企业自行设置的检验机构检验合格,也可经过企业委托有关产品质量检验机构进行。按照我国法律规定,产品质量检验机构必须具备相应的检测条件和能力,并须经省级以上人民政府产品质量监督管理部门或者其授权的部门考核后,方可承担产品质量检验工作。法律、行政法规若有规定,则依照有关法律、行政法规的规定执行。

(四)产品质量监督检查制度

这是一项强制性的行政措施。它以监督抽查为主要方式,目的在于加强对生产、流通领域的产品质量实施监督,以督促企业提高产品质量,从而保护国家和广大消费者的利益,维护社会经济秩序。

监督检查的重点有三类产品:第一类是可能危及人体健康和人身、财产安全的产品,如药物、食品等;第二类是影响国计民生的重要工业产品,如钢铁、石油制品等;第三类是消费者反映有质量问题的产品。

由于抽查是有关机关代表政府实施的一种具有威慑力的行政行为,影响面比较大,所以这一制度由国务院产品质量监督管理部门统一规划,组织协调。按照现行法律规定,凡是中央部门对同一企业的同一产品已组织抽查的,地方部门不得再组织抽查,从而避免重复抽查。此外,为了防止重复抽查乱收费的问题,减轻企业负担,我国《产品质量法》规定,抽查检验费用按照国务院规定列支,不得向企业收取。产品质量监督部门在产品质量监督抽查中超过规定的数量索取样品或者向被检查人收取检验费用的,由上级产品质量监督部门或者监察机关责令退还;情节严重的,对直接负责的主管人员和其他直接责任人员依法给予行政处分。产品质量抽查的结果应当由国家指定的报刊负责公布,这样,既有利于发挥抽查的监督作用,又有利于保证抽查的公正性、权威性。

(五)法律责任

1. 生产者、销售者的违法责任

我国《产品质量法》第 53 条规定:"伪造或者冒用认证标志等质量标志的,责令改正,没收违法生产、销售的产品,并处违法生产、销售产品货值金额等值以下的罚款;有违法所得的,并处没收违法所得;情节严重的,吊销营业执照。"第 55 条规定:"销售者……有充分证据证明其不知道该产品为禁止销售的产品并如实说明其进货来源的,可以从轻或者减轻处罚。"

2. 检验机构、认证机构的违法责任

我国《产品质量法》第 57 条规定,检验机构、认证机构伪造检验结果或者出具虚假证明的,责令改正;对单位和相关责任人处以罚款;有违法所得予以没收;情节严重的,取消其检验、认证资格;构成犯罪的,依法追究刑事责任。

检验机构、认证机构出具的检验结果或者证明不实,造成损失的,应当承担相应的赔偿责任;造成重大损失的,撤销其检验资格、认证资格。产品质量认证机构对不符合相应标准而使用认证标志的产品,未依法要求其改正或者取消其使用认证标志资格的,对因产品不符合认证标准给消费者造成的损失,与产品的生产者、销售者承担连带责任;情节严重的,撤销其认证资格。

第三节 产品责任制度

一、产品责任的含义

产品责任是指产品的生产者、销售者或中间商因其产品给消费者、使用者或其他人造成人身、财产损害而应承担的一种赔偿责任。产品责任的承担者一般包括产品的生产者和销售者,作为产品质量责任的主要承担者,它们之间存在着连带责任。此外,若造成产品缺陷的是产品的设计者、装配者、修理者、零部件的生产者、仓储者或其他人,那么这些人最终也要承担产品质量责任。

产品责任与产品质量责任虽联系密切但并不相同。产品质量责任是指生产者、销售者以及对产品质量负有直接责任的人员违反产品质量法规定的产品质量义务,应当承担的法律责任。两者的区别主要有:(1)责任主体不同。对于产品责任,其主体只能是生产者和销售者,一般来说与生产者和销售者雇佣的职员没有关系,而产品质量责任的责任主体除此之外还包括对产品质量负有直接责任的个人。(2)承担责任的条件不同。承担产品责任的充分必要条件是产品存在缺陷并造成他人人身伤害或者财产损失,两者缺一不可;而承担产品质量责任的条件是只要产品质量不符合默示担保条件或者明示担保条件之一的,无论是否造成损害后果,都应该承担相应的责任。(3)责任性质不同。产品责任是一种特殊的民事责任,仅指产品侵权损害赔偿责任;而产品质量责任是一种综合责任,包括民事责任、行政责任和刑事责任。(4)产品责任是一种在产品造成实际损害后的消极责任;而产品质量责任既是事前责任,也是事后责任。

二、产品责任归责原则

(一) 产品责任归责原则的发展

在产品责任法的产生和发展中,有两个重要的关键问题:一是产品责任产生的依据,即是违约还是侵权;二是产品责任的归责原则,是过错责任原则还是无过错责任原则。[①] 欧美国家的产品责任法律制度围绕着这两个问题,经历了大致相同的历程,即从合同责任

① 王淑焕著:《产品责任法教程》,中国政法大学出版社 1993 年版,第 17 页。

到侵权责任,从过错责任到无过错(严格)责任的演变,体现了充分保护消费者的合法权益、实现对缺陷产品的市场抑制目标、简化确定责任所需的证明过程、降低包括运行事故修复系统的成本在内的交易成本的公共政策目标。①现以美国为例简析这一发展过程。

美国最初的产品责任是反映在英国习惯法中生产者或销售者对产品应负"谨慎之责"的规定。1842年英国温特伯诉赖特(Winterbottom v. Wright, 1842)②一案确立了"无合同,无责任"之原则,产品责任是通过解释适用传统的合同法和侵权法中的有关规范来加以确定的。后来,人们开始认识到产品损害责任的特殊性,继而把它作为一个专门的法律问题来看待,在实践中则通过扩大解释或修正传统的合同法和侵权法中的相关规定来解决。近50年来,由于消费者运动的迅猛发展,开始针对产品质量所引起的损害责任问题进行专门的立法,形成了一个新的法律部门。

1. 疏忽责任阶段

这是指由于制造商和销售商在产品制造或销售时的疏忽致使消费者遭受人身或财产的损害,制造商或销售商应当对其疏忽承担责任。它的确立始于1916年美国著名的判例"麦克夫森诉别克汽车案"③。疏忽责任原则突破了传统的以合同关系追究产品责任的理论,在原告要求被告承担因疏忽而引起的产品责任时,不必局限于双方是否有合同关系。

2. 违反担保责任阶段

1932年"巴克斯特诉福特汽车公司案"④确立了违反担保原则。它是指制造商或经销商违反了对货物的明示或默示担保,致使消费者或使用者因产品缺陷而遭受损害,应当负赔偿责任。明示担保是卖方证明其产品符合规定标准的说明、广告或标签;默示担保是依据法律的规定产生,卖方必须对产品应当具有的适销性或特定产品的适用性进行无条件的担保,尽管不以书面的形式出现,但在产品投放市场之时起,这种默示的担保就自动依法产生。

3. 严格责任阶段

1963年美国加利福尼亚州最高法院审理的格林曼诉尤宝公司案件⑤中,泰勒大法官

---

① 高圣平:《产品责任归责原则研究——以〈侵权责任法〉第41条、第42条和第43条为分析对象》,载于《法学杂志》2010年第6期。

② 该案中,马车夫温特伯顿因车轮缺陷而受伤,但由于和车轮制造商没有直接合同关系而败诉。参见张岚:《产品责任法发展史上的里程碑——评美国法学会〈第三次侵权法重述:产品责任〉》,载于《法学》2004年第3期,第118页。也有观点认为过失责任原则在更早的1852年"托马斯诉温彻斯特案"(Thomas v. Winchester, 1852)中即已确立,但此时尚未能作为普通法原则被确立。

③ 在此案中,别克汽车制造公司将一辆车卖给汽车中间商,中间商又卖给甲,甲因车胎缺陷而受重伤,于是以别克公司过错责任向法院提起诉讼。卡多佐法官认为,无论他们是否有合同关系,汽车生产者有合理注意的义务,否则构成疏忽。基于过错责任原则,消费者可以直接起诉缺陷产品的制造商,不再由于合同关系的阻拦而不能向制造商索赔。参见李亚虹著:《美国侵权法》,法律出版社1999年版,第136—137页。

④ 该案中,被告通过广告宣传汽车的玻璃是防碎的,而该汽车的玻璃碰到一块石头时碎了,原告因此受到伤害。华盛顿法院根据明示担保原则确认被告应承担责任,而不管其是否有故意的欺诈和陈述上的过失。

⑤ 张为华著:《美国消费者保护法》,中国法制出版社2000年版,第101—102页。在这一案件中存在两个被告,被告人尤宝公司是工具制造商,另一被告是工具零售商。1955年,原告之妻到零售店里买了一把可以同时做锯子、钻子和车床用的工具。1957年的一天,原告在使用工具的时候,卡在机器中的木头迸出来,打伤了他的头。原告没有将此事通知尤宝公司,而是直接告到了法庭。

确立了著名的“格林曼规则”:如果一个制造商将产品投放到市场,知道消费者将不加检查地使用,后来证明该产品有瑕疵并给他人带来了伤害的话,这个制造商就要承担严格侵权责任。后来,美国《侵权法重述》(第二版)正式将产品责任中的严格责任理论加以确立。①

严格责任是指产品只要有缺陷,对消费者或使用者具有不合理的危险,产生人身伤害或财产伤害,该产品产销中各个环节的人都应负赔偿责任。原告无需指出被告有疏忽,也无需证明存在明示或默示的担保以及被告违反担保行为。消费者只要证明产品存在危险或处于不合理的状态、产品的缺陷在投入市场之前就已存在、该产品的缺陷导致了损害即可。被告在诉讼中能提出的抗辩理由是有限的,其只能就产品制造时的工艺条件、产品出售后是否已经变动、产品是否已过有效期限等几点提出抗辩。一般来说,如果确实产品缺陷对消费者造成持久的、严重的人身伤害或财产损失,制造商或经销商的责任几乎是无法避免的。

(二)我国的产品责任归责原则

在我国市场经济发展的初级阶段,产品的归责原则尚不及发达国家,但随着市场经济的发展,产品质量、产品安全逐渐演变成为突出的社会问题。因此,宽松的归责原则只能保护落后的生产和工艺,不可能具有市场竞争力。只有实行严格的产品责任,才能使生产者和经营者以更大的动力去减少产品危险,产品质量得到提高,生产者、销售者的利益也才能真正得到维护。②

我国《产品质量法》的归责原则把生产者的责任和销售者的责任进行了区分。其第41条规定,因产品存在缺陷造成人身、缺陷产品以外的其他财产损害的,生产者应当承担赔偿责任。这一规定显然是对生产者实施了严格责任的归责原则;而第42条则规定,由于销售者的过错使产品存在缺陷,造成人身、他人财产损害的,销售者应当承担赔偿责任。销售者不能指明缺陷产品的生产者,也不能指明缺陷产品的供货者的,销售者应当承担赔偿责任。其第43条规定,因产品存在缺陷造成人身、他人财产损害的,受害人可以向产品的生产者要求赔偿,也可以向产品的销售者要求赔偿。属于产品的生产者的责任,产品的销售者赔偿的,产品的销售者有权向产品的生产者追偿。属于产品的销售者的责任,产品的生产者赔偿的,产品的生产者有权向产品的销售者追偿。

上述规定表明,我国在产品责任上采取的是严格责任和疏忽责任相结合的双重责任原则,生产者对其生产的缺陷产品造成他人人身或财产的损害承担严格责任,而销售者承担产品责任,应以其过错的存在为条件。至于生产者和销售者之间的追偿关系,由于其已不是产品责任问题,因而应按一般过错责任原则确定其各自应负的责任。

(三)产品责任的构成要件

1. 产品存在缺陷

根据大多数国家的规定,产品缺陷是指产品存在不合理的危险,这种危险在产品离开

① 张为华著:《美国消费者保护法》,中国法制出版社2000年版,第102页。

② 周新军:《中美产品责任归责原则比较研究》,载于《现代法学》2004年第2期。

生产者或销售者之前就已经存在。[1]我国《产品质量法》第46条规定：产品缺陷是指产品存在危及人身、他人财产安全的不合理危险。第46条除了将是否存在不合理危险作为判定标准外，还规定："产品有保障人体健康和人身、财产安全的国家标准、行业标准的，是指不符合该标准。"依此规定，我国认定产品缺陷的标准有两个，一是是否存在不合理危险，二是国家保障人体健康和人身、财产安全的强制性标准。如果消费者因产品而受到损害时，能够证明产品不符合相应标准，则可以主张其存在缺陷，请求损害赔偿。我国产品责任法律制度中并没有对产品缺陷做明确的分类，但一般认为缺陷可以分为制造缺陷、设计缺陷、警示缺陷和开发的缺陷。

2. 存在损害事实

即产品因缺陷造成了人身、缺陷产品以外的其他财产的损害。如果产品有缺陷，但并未造成人身或财产损害，或者仅造成缺陷产品本身的损害，均不构成产品责任；在这种情况下，生产者或销售者仅按法律关于产品瑕疵担保责任的有关规定，承担修理、更换、退货或者赔偿损失的责任。

3. 产品缺陷与损害后果之间存在因果关系

因果关系是客观事物之间的前因后果的关联性。产品缺陷与损害后果之间有因果关系，即是说损害的结果是由产品缺陷直接导致的。在产品责任事故中，损害后果的发生往往是由多种原因导致的，因此，必须确定产品缺陷是引起损害后果的唯一原因或直接原因，产品责任才能成立，生产者才承担责任。

现代产品责任法制度为了更好地保护消费者利益，在适用疏忽原则确定和追究产品责任时，对于生产者或销售者主观上有无过错，各国都已不再要求受害者承担这种过错的证明责任，而是通过"举证责任倒置"或"事实自证规则"来确定生产者或销售者的过错，这也表明了产品责任法的发展趋势，也是整个市场秩序规制法律制度朝着消费者主权的时代迈进的标志。

现代产品责任法虽然属于严格责任，但并非绝对责任，生产者仍有获得免责的可能性。[2]各国产品责任立法对产品责任的免除都有规定。生产者和销售者如果存在法定免责事由，可全部或部分的免除赔偿责任。我国《产品质量法》针对产品责任的特殊性，规定了免除生产者产品责任的条件：(1)未将产品投入流通；(2)产品投入流通时，引起损害的缺陷尚不存在；(3)将产品投入流通时的科学技术水平尚不能发现缺陷的存在。但《产品质量法》并未就销售者的免责条件作出规定，对此，可以按照民事法律确立的有关民事责任免除的条件进行确定。

(四) 我国生产者、销售者的产品质量义务与责任

1. 生产者的产品质量义务

(1) 明示担保义务。明示担保是指产品的生产者对产品的性能和质量所做的一种声

---

① 美国1965年《侵权行为法重述(第二版)》第402条规定："凡销售有不合理危险的缺陷产品者，应对最终使用者或消费者因此遭受的人身或财产损害承担赔偿责任。"欧洲共同体的《产品责任指令草案》中也把"产品缺陷"规定为"若产品未给人们和财产提供一个人有权期待的安全，则该产品有缺陷"。

② 梁慧星：《中国产品责任法——兼论假冒伪劣之根源和对策》，载于《法学》2001年第6期。

明或陈述。我国《产品质量法》第 26 条第 2 款第 3 项要求生产者生产的产品质量应当符合在产品或者其包装上注明采用的产品标准，符合以产品说明、实物样品等方式表明的质量状况，如果产品质量不符合明示担保，应当依法承担责任。

(2) 默示担保义务。默示担保主要是适销性默示担保，是指生产者用于销售的产品应当符合该产品生产和销售的一般目的。我国《产品质量法》规定产品质量应当符合下列要求：不存在危及人身安全的不合理危险，有保障人体健康和人身财产安全的国家标准行业标准的，应当符合该标准；具备产品应当具备的使用性能，但是，对产品存在使用性能瑕疵作出说明的除外。

(3) 生产者禁止的行为。我国《产品质量法》明文禁止生产者有下列行为：生产国家明令淘汰的产品、伪造产地、伪造和冒用他人的厂名厂址、伪造和冒用认证标志或质量标志、掺杂掺假、以假充真、以次充好、以不合格产品冒充合格产品等。

2. 销售者的产品质量义务

(1) 进货检查验收义务。销售者应当建立并执行进货检查验收制度，验明产品的出厂检验合格证明等，以防假冒伪劣产品进入流通领域。销售者的进货检查验收应当包括产品标识检查、产品观感检查和必要的产品内在质量的检验。

(2) 销售产品质量保持义务。销售者应当采取措施，保持销售产品的质量。此外，要建立一套完备的保管、维修制度，配置必要的产品保护设备，培训保管人员等。

(3) 销售者应当对产品的标识负责。销售者销售的产品的标识应当符合《产品质量法》关于产品标识的要求。

(4) 销售者禁止的行为。法律明确规定销售者不得从事下列行为：销售国家明令淘汰并禁止销售的产品和失效、变质的产品，伪造产地、伪造或冒用他人的厂名厂址，伪造或冒用认证标志和质量标志，掺杂掺假、以假充真、以次充好、以不合格的产品冒充合格产品等。

3. 生产者与销售者的产品质量责任

(1) 民事责任

生产者与销售者的产品质量的民事责任包括侵权责任与合同责任两类。侵权责任专指缺陷产品责任，合同责任则指违反瑕疵担保的责任。

关于产品责任，如前所述，即是产品缺陷的损害赔偿责任因产品缺陷而致人身或财产受损害的赔偿，主要有三种：对人身损害的赔偿、对财产损害的赔偿以及对精神损害的赔偿。人身损害赔偿的范围包括治疗护理费、误工费、残疾者生活补助费、残疾赔偿金及需扶养的人生活费等；若造成受害人死亡的，应当支付丧葬费、死亡赔偿金以及由死者生前扶养的人所必需的生活费等费用。为了更好地保护消费者利益，我国法律规定了消费者在请求赔偿时享有选择权。①有些地方性法规进一步规定了销售者先行赔偿的制度。②因产品存在缺陷造成受害人人身伤害的，侵害人应当赔偿医疗费、治疗期间的护理费、因误

① 我国《产品质量法》第 43 条规定："因产品存在缺陷造成人身、他人财产损害的，受害人可以向产品的生产者要求赔偿，也可以向产品的销售者要求赔偿。"

② 例如《上海市消费者权益保护条例》第 58 条规定，消费者在购买、使用商品时，其合法权益受到损害的，可以向销售者要求赔偿。销售者赔偿后，属于生产者责任或者属于向销售者提供商品的其他销售者责任的，销售者有权向生产者或者其他销售者追偿。

工减少的收入等费用。缺陷产品的财产损害赔偿形式包括恢复产品原状或者折价赔偿，若受害人因此遭受其他重大损失的，侵害人应当赔偿损失。

关于合同责任，主要是指产品瑕疵责任。这是指在产品销售中，一方当事人违反向对方当事人作出瑕疵保证和承诺所应当承担的民事责任，我国《合同法》第111条对产品质量违约责任做了严重性规定："质量不符合约定的，应当按照当事人的约定承担违约责任。对违约责任没有约定或者约定不明确，依照本法第61条的规定仍不能确定的，受损害方根据标的的性质以及损失的大小，可以合理选择要求对方承担修理、更换、重作、退货、减少价款或者报酬等违约责任。"《产品质量法》第40条则在此基础上进一步明确了销售者的瑕疵担保责任："售出的产品有下列情形之一的，销售者应当负责修理、更换、退货；给购买产品的消费者造成损失的，销售者应当赔偿损失：(1)不具备产品应当具备的使用性能而事先未作说明的；(2)不符合在产品或者其包装上注明采用的产品标准的；(3)不符合以产品说明、实物样品等方式表明的质量状况的。"该条对于瑕疵责任的分配又进一步规定："销售者依照前款规定负责修理、更换、退货、或者赔偿损失的，属于生产者的责任或者属于向销售者提供产品的其他销售者的责任的，销售者有权向生产者、供货者追偿。"也就是说，当产品上存在瑕疵时，销售者应当首先向购买产品的用户和消费者负责。如果产品出现瑕疵是由其自身行为所导致，则销售者须承担瑕疵担保责任，如果产品瑕疵担保责任属于生产者，销售者也必须首先承担责任，然后再向生产者追偿。

必须指出，产品的"瑕疵"与产品"缺陷"不同。前者是合同法上的概念，是指产品质量不符合法律规定或当事人的约定；后者是产品责任的概念，专指产品存在危及人身和财产安全的质量问题。瑕疵产品不对人身财产具有危害，因而不属于产品质量法上的缺陷产品；而有缺陷的产品，也可能属于质量合格产品，如设计缺陷或者警示缺陷等产品，虽然存在可能危害消费者的人身财产安全的隐患，但是并无合同上的瑕疵。区分两者的意义在于更好地明确产品的民事责任。①

(2) 行政责任

产品质量责任的行政责任主要表现在行政处罚上，这也是我国产品质量纳入国家监督管理的特点之一。我国《产品质量法》规定：生产不符合人体健康、人身财产安全的国家标准、行业标准的产品的生产者，在产品中以假乱真、以次充好，或者以不合格的产品冒充合格产品的生产者，行政处罚方式有责令停止生产和销售、没收违法生产的产品；违法者因此而获得的收入可以处以没收违法所得、罚款；对于伪造产地、伪造或者冒用认证标志等行为，可以加以责令公开更正等措施。另外，对严重违反产品质量法的生产者和销售者，还可采用吊销营业执照的处罚，这是较为严厉的处罚方式。

(3) 刑事责任

我国的《产品质量法》对生产者、销售者违反该法，并触犯刑律的严重行为还规定了应当承担刑事责任。其主要有以下两种情况：一是生产不符合人体健康、人身财产安全的国家标准、行业标准的产品的生产者，在产品中以假乱真、以次充好，或者以不合格的产品冒充合格产品的行为，性质严重构成犯罪的行为；二是以暴力方法阻碍国家工作人员依法执行职务的。

① 《经济法律大词典》，中国财政经济出版社1992年版，第479、645—646页。

4. 社会团体和社会中介机构的责任

随着对产品质量的日益重视和从保护消费者利益的角度出发,对凡是影响产品质量,损害消费者利益的行为主体,都纳入了产品质量责任的范围。我国《产品质量法》第 58 条规定:"社会团体、社会中介机构对产品质量作出承诺、保证,而该产品又不符合其承诺、保证的质量要求,给消费者造成损失的,与产品的生产者、销售者承担连带责任。"这显示了对产品责任的强化趋势。

三、产品责任诉讼与产品责任保险

(一) 产品责任诉讼

产品责任诉讼是指法律和当事人在其他诉讼参与人的配合下为解决产品责任纠纷所进行的全部活动。我国《产品质量法》参照世界多数国家的立法例,对产品责任的诉讼时效作了明确规定。按照规定,因产品存在缺陷造成损害要求赔偿的诉讼时效期间为 2 年,自当事人知道或者应当知道其权益受到侵害时起计算。同时,为了体现公平原则,平衡产品的生产者和消费者之间的利益,《产品质量法》第 45 条又规定:"因产品存在缺陷造成损害要求赔偿的请求权,在造成损害的缺陷产品交付最初消费者满 10 年丧失;但是,尚未超过明示的安全使用期的除外。"

(二) 产品责任保险

产品责任保险是指保险人与投保人之间达成协议,由保险人承保生产者或者销售者因产品缺陷致使第三人人身伤亡和财产损失所应当承担的产品责任的一种保险制度。它始于 19 世纪末 20 世纪初,最初的产品责任保险的范围主要适于一些与人体健康直接相关的产品。近代以来,随着产品日益丰富和现代化的程度不断提高,因产品实用而发生的事故也急剧增加,世界各国的产品责任法逐步用严格责任取代了疏忽责任,从而加重了生产者、销售者的产品质量责任。我国的产品责任保险产生于 1980 年,随着市场经济的发展,其范围不断扩大。产品责任保险合同是产品责任的关键,产品责任保险合同中的产品保险责任一般包括两项内容:一项是在保险期限内,被保险人生产、销售、修理、加工的产品在使用或者消费中因产品缺陷造成他人人身或财产的损害依法应承担的赔偿责任;另一项是被保险人为解决产品责任事故而支付的仲裁费、诉讼费以及其他合理费用。

第四节　产品召回法律制度

一、产品召回法律制度概述

(一) 产品召回的含义

产品召回是指由缺陷产品的制造商、进口商或者经销商选择更换、赔偿等积极有效的补救措施消除其产品可能引起人身伤害、财产损失的缺陷的过程。从产品召回制度的最终目的来看，它是消费者保护制度。各国的消费者保护法一般主要包括消费者保护一般法和消费者保护特别法两个层次。消费者保护一般法规定消费者的基本权利、经营者的基本义务以及国家消费者保护政策等，它在消费者保护法律体系中处于主导地位，产品召回制度是为了保障产品消费领域的消费者安全权而设立的特殊消费者保护制度，因此，它属于产品质量消费者保护特别法。

美国是第一个确立产品召回制度的国家，而美国召回制度的确立又始于汽车召回。《国家交通与机动车安全法》的颁布使汽车制造商有了公开汽车召回信息，将相关情况通报交通管理部门和用户，并对汽车进行免费修理的义务。其后，美国逐渐在多项关于产品质量和消费者人身财产安全的立法中引入召回制度。①

（二）产品召回制度的意义

首先，产品召回有利于消费者利益。产品召回制度对消费者的保护具有广泛性和事前性的特点，它与产品责任法律制度相结合，能为消费者提供更为完善的保护。在产品召回制度下，只要符合召回条件，生产商、进口商或经销商就必须对所有投入流通的该类产品采取积极的补救措施，以消除其产品可能引起产品危害的缺陷，防患于未然。产品召回制度所带来的事前保护对于降低诉讼成本、提高诉讼效率为目的的现代法律制度无疑是一个精确的诠释，避免了在损害发生后引起的“诉累”，有利于社会整体利益的提高。

其次，产品召回有利于促进科学技术发展。各国关于产品责任的法律中对于生产者可以证明将产品投入流通时的科学技术水平尚不能发现缺陷的存在，一般都规定不承担赔偿责任。这固然符合经济发展的要求，但当开发缺陷造成损害时，消费者无法依照产品责任法获得救济，其人身和财产安全处于不安定的状态。产品召回制度的建立能够较好地解决这一矛盾，可能造成产品危害的缺陷产品都可以被召回，而不论该缺陷的种类，无疑给广大消费者提供了更为完整的保护。

最后，产品召回有利于维护经济秩序。发展产品召回制度还具有维护经济秩序的目标，一方面它能够促使厂商增加产品质量意识，提高产品质量，达到维护市场竞争秩序的目的，另一方面还兼有环境保护制度之功能。对排放量超标的汽车、②对不可循环的有害原料制作的产品等实施产品召回，可以净化大气空气，保持洁净的生活环境，并实现资源的循环利用，节省自然资源，实现人类的可持续发展。因此，产品召回制度是循环性法制的重要组成部分。

---

① 现在，美国的产品召回已涉及汽车、摩托车、飞机、船舶、食品、药品、化妆品、医疗器械、儿童玩具等领域，并颁布了相关具体法案，如《消费者产品安全法》、《儿童安全保护法》、《汽车保用法》（即著名的《柠檬法》，Lemon Law）、《国家交通与机动车安全法》、《交通召回增加责任与文件》、《食品、药品及化妆品法》、《食品添加剂修正法》、《肉类食品卫生法》、《儿童玩具安全法》、《联邦危险品法》、《电冰箱安全法》、《食品安全法》、《毒品包装法》、《天然气、管道煤气安全法》等等。

② 美国的汽车召回制度把排放量超标的汽车作为汽车召回的对象，而我国国家质量技术监督总局也公布了《缺陷汽车产品召回管理规定（草案）》，但没有把排放量超标的汽车作为汽车召回的范围，这不能不说是该规定的不足之处。

二、产品召回法律关系

(一) 产品召回法律关系的客体——能引起危害的缺陷产品

在产品召回法律关系中,客体是法律关系的重心,也是整个产品召回制度的重心。

1. 缺陷产品

产品召回制度上的缺陷产品是系统性的缺陷,我国在《缺陷汽车产品召回管理条例》中指出,缺陷是指由于设计、制造、标识等原因导致的在同一批次、型号或者类别的汽车产品中普遍存在的不符合保障人身、财产安全的国家标准、行业标准的情形或者其他危及人身、财产安全的不合理的危险。因此,如果是个别产品存在缺陷则不需要通过召回进行纠正的,可以通过消费警示、损害赔偿等方式对消费者进行救济。

产品召回还存在其他的情况,从国外一些做法来看,如果产品的使用可能会对环境造成污染并超过一定标准的,也可能被认为是产品存在缺陷。例如在一些国家的汽车召回制度中,排放量严重超标的汽车被认为是缺陷汽车。

2. 产品危害

产品危害指存在缺陷的产品侵害消费者、产品使用者或者社会公众,而造成大量消费者、产品使用者和社会公众人身安全、健康受到直接和间接威胁或者损害的危险和灾难。①决定缺陷产品是否需要召回的关键因素是看该产品是否会引发产品危害,而判断该产品是否会引发产品危害时要结合产品缺陷的状况、进入流通和消费领域的缺陷产品数量、缺陷产品带来危险的严重程度,以及造成消费者伤害的可能性程度、消费者的自我保护意识、受教育程度等因素进行综合考查。

(二) 产品召回法律关系的主体

1. 产品召回的实施者

产品召回实施者是承担缺陷产品召回责任的厂商,通常是制造商和进口商。根据"就危险源之开启或使之持续者,须采取必要的可期待之保护他人措施"的原则,②制造商和进口商理应承担产品召回责任。制造商制造了缺陷产品,他们甚至还可能是产品的研发者,位于"生产—销售—消费"链条的首位。制造商通过生产消费的行为获取利润,并把缺陷产品带入流通领域和消费领域,从而危及消费者安全和健康,因此,制造商首先要对缺陷产品承担召回责任;进口商也是产品召回的实施者。缺陷产品出口到其他国家,由于法律的属地性管辖原则,进口国政府要求他国的制造商承担产品召回责任往往存在制度上和实践上的困难,因此,当居于国外的产品制造商不主动提起产品召回时,进口国为了更有效地实施产品召回和保护本国消费者,直接指令该产品的本国进口商或代理商实施召

---

① 美国《消费品安全法》将"实质性的产品危害"(substantial product hazard)定义为:(1)违反现行的消费品安全法规而对公众安全造成实质性的危险,或者(2)由于产品存在缺陷而对公众安全造成实质性的危险。

② Bar, Die Grenzen der haftung des Produzenten, in: Produktverantwortung und Risikoakzeptanz, 1998, S. 41;转引自郭丽珍:《论制造人之产品召回与警告责任》,载于苏永钦等著:《总则·债编——民法七十年之回顾与展望纪念论文集(一)》,中国政法大学出版社2002年版,第200—201页。

回，所以，进口商或者代理商应成为产品召回的连带责任主体。进口商等在实施产品召回后，可以通过他们与产品制造商之间的协议，转移其所承担的产品召回成本和损失。依照我国《缺陷汽车产品召回管理规定》，销售商和进口商是产品召回责任的承担者。

2. 产品召回的监管者

产品召回的监管者即承担监督和管理市场产品质量和厂商缺陷产品召回行为职责，当厂商不召回缺陷产品时，指令厂商召回缺陷产品的政府机关。例如法国的消费者保护法授权国务院在消费者安全委员会听证后得发布公告，责令厂商从市场收回产品、退还价款或者更换产品等。[①]我国《缺陷汽车产品召回管理规定》规定，国家质量监督检验检疫总局负责全国缺陷汽车召回的组织和管理工作，这是从我国目前各个行政机构的设置状况、技术力量等现实状况出发所采取的对策。而将来在全国范围内统一实施产品召回制度，在条件成熟情况下，应设立国务院的直属机构，[②]如消费者保护委员会，对全国性的消费者事务和普通产品召回实施统一的监管，并在各省、自治区、直辖市设立分支机构，主管各辖区的普通产品召回；对于各类特殊产品召回，则由食品、药品等主管部门实施监管。[③]

3. 产品召回的协助者

销售商、租赁商是制造商和消费者的中介和渠道，尽管他们不是产品召回责任的承担者，但是销售商、租赁商和制造商一样，在发现产品存在缺陷时，负有向消费者保护机关报告的义务，并且，当制造商提起产品召回以后，销售商、租赁商作为产品召回的协助者，应当配合、协助制造商、进口商进行产品缺陷警示和实施缺陷产品召回。此外，产品召回的其他参与者还包括公布产品召回信息的新闻媒体、对产品召回进行监督的消费者团体以及对缺陷产品进行检验鉴定的中立的权威产品质量鉴定机构。其实，消费者在一定程度上也应对召回事件予以协助，目的是防止缺陷产品流落在外继续造成危害。从这一意义上讲，消费者也可以成为召回的协助者。

（三）产品召回法律关系中的权利（力）与义务

1. 消费者的权利

在产品召回制度中，消费者的人身安全健康保障权最容易被缺陷产品所侵害，该权利的保障主要通过消费者对安全权的表现形式——产品召回请求权的行使来达到。

产品召回请求权在消费者的产品召回权利中处于核心的地位。消费者在发现市场销售或者使用中的产品存在可能危及人身、财产安全的缺陷时，得以向厂商提出批评和意见，要求厂商公布该产品的安全质量方面的数据，并对该产品的质量进行检验、鉴定，消费者有权获悉产品检验的真实结果；如果产品确实存在缺陷的，得请求厂商召回缺陷产品。消费者也可以向政府部门反映，检举厂商违反产品安全质量方面强制性法规的行为，要求政府部门履行监督和管理市场和企业生产的职责，对市场上的产品进行检验、抽查；对于

---

① 参见郭丽珍：《论制造人之产品召回与警告责任》，载于苏永钦等著：《总则·债编——民法七十年之回顾与展望纪念论文集（一）》，中国政法大学出版社 2002 年版，第 152—202 页。

② 由国务院直属机构对产品召回进行管理，有利于提高产品召回监管的权威和产品召回的实施，能够尽可能地克服产品召回实施过程可能出现的地方保护主义。

③ 《缺陷汽车产品召回管理规定》将国务院质量监督检验检疫部门作为汽车召回的主管部门。

存在缺陷的产品,得以请求政府部门指令厂商召回。消费者还可以向消费者团体反映,要求消费者团体向政府反映。产品在需要召回的情况下,如果消费者请求厂商召回而厂商不主动召回的,消费者可以请求政府部门指令其召回,或者向法院提起诉讼,请求法院判令厂商召回缺陷产品。而从我国的《缺陷汽车产品召回管理规定》第 19 条①来看,车主的汽车召回请求权似乎只能通过行政机关的具体行政行为间接来实现,说明我国汽车召回制度还存在着欠缺,当然这也与我国目前召回制度的发展相适应。

2. 厂商的产品召回义务

与消费者基本权利相对应的是厂商在生产经营活动中的的基本义务。从各国产品召回实践来看,厂商的召回义务包括停止缺陷产品生产销售义务、产品缺陷报告义务、制定召回计划义务、产品缺陷警示和公布召回信息义务、进行修理更换、修理或退货的义务以及召回总结的义务等。厂商能否从消费者的利益出发,充分、切实地履行召回义务是消费者权利能否保障的关键。厂商的这些义务贯穿于产品召回程序之中,义务的充分履行也就构成了完整的产品召回程序。②根据新规定:以汽车召回为例,召回是指汽车产品生产者对其已售出的汽车产品采取措施消除缺陷的活动。

3. 政府在产品召回监管中的权责

第一,政府对厂商的产品缺陷报告进行登记和备案,对相关情况进行调查和核实,并把可能存在缺陷的产品交由权威质量鉴定部门进行检验鉴定,根据鉴定结果对产品可能引起的产品危害进行评估,以便决定厂商将要采取的产品召回措施。第二,政府应对厂商制定的召回计划进行审查,根据产品危害情况提出修改意见,并对厂商即将公布的产品缺陷警示和召回信息资料的真实性、准确性、充分性进行审查。第三,政府应配合厂商进行产品缺陷警示,在政府网站上定期发布产品缺陷警示和召回信息。第四,政府对厂商的修理、更换的退货等行为进行监督和管理,对于厂商不符合法律法规和消费者利益的召回行为进行纠正。第五,在厂商不主动提起产品召回的,政府依据消费者的投诉或者质量监督检验部门的抽查结果等,在确定产品存在缺陷情况下,指令厂商实施召回,并依法对该厂商进行处罚。第六,在召回过程中,当厂商与销售商、消费者发生纠纷并提交政府要求解决时,政府依法对其进行调解和裁判。

三、产品召回程序

召回的程序分为主动召回程序和指令召回程序。主动召回是指产品的生产商、进口

① 第 19 条规定:“我国的任何单位和个人,均有权向主管部门和地方管理机构报告汽车产品可能存在的缺陷。”

② 以美国为例,传统的普通产品召回程序为:厂商报告产品缺陷→政府评估产品危害→厂商制定召回计划→产品缺陷警示和公布召回信息→厂商实施修理、更换和退货→厂商召回总结等。传统召回程序由于程序复杂、周期长,实施效果不甚理想,为了改变状况,美国消费品安全委员会于 1995 年 8 月推出召回指引程序(Pilot Program),后来又扩大了该程序的适用范围。指引程序取消了传统召回程序中大多数情况下政府预先评估环节,以鼓励厂商主动实施召回。指引程序取得极大成功,在开始 6 个月内厂商发起产品召回 57 起,召回缺陷产品 350 万件,到 1997 年 5 月止,厂商共发起产品召回 140 起,召回产品 1 290 万件;厂商实施召回计划的时间也缩短为 14 个工作日,缺陷产品召回率由原来的 30%上升到 60%,极大降低了消费者受到缺陷产品侵害的可能性。1997 年 5 月,指引程序作为一项产品召回简易程序(Fast Track Program)固定下来。

商或者经销商在获悉其生产、进口或者经销的产品存在可能危害消费者健康、安全的缺陷时，依法向政府部门报告，主动及时通知消费者，并从市场和消费者手中收回问题产品，予以更换、赔偿的积极有效的补救措施，以消除缺陷产品危害风险的制度。指令召回是指政府相关指令产品的生产商、进口商或者经销商及时通知消费者，并从市场和消费者手中收回问题产品，予以更换、赔偿的积极有效的补救措施，以消除缺陷产品危害风险的制度。无论哪一种召回都是在主管部门的监督下进行的，虽然两种不同的召回发起的原因有所不同，但概括而言，包括缺陷产品发现、主管机关立案调查(即风险评估)、通知企业召回、企业制定召回计划、企业实施召回计划、召回总结等不同阶段。

四、我国产品召回制度的发展与完善

为了加强我国产品质量管理，完善对消费者的保护，维护我国市场经济健康发展，2004 年 3 月 15 日，国家质量监督检验检疫总局、国家发展和改革委员会、海关总署、商务部联合发布了《缺陷汽车产品召回管理规定》并于 2004 年 10 月 1 日正式施行，[①]它以汽车业为突破口填补了我国产品召回制度的立法空白。

《缺陷汽车产品召回管理规定》(以下简称《规定》)开宗明义讲到制定的宗旨，即加强对缺陷汽车产品召回事项的管理，消除缺陷汽车产品对使用者及公众人身、财产安全造成的不合理危险，维护公共安全、公众利益和社会经济秩序。

《规定》明确了缺陷汽车召回制度上的缺陷是指由于设计、制造等方面的原因而在某一批次、型号或类别的汽车产品中普遍存在的具有同一性的危及人身、财产安全的不合理危险。符合以下三个条件的汽车应予召回：(1)经检验机构检验安全性能存在不符合有关汽车安全的国家标准、行业标准的；(2)因缺陷已给车主或他人造成人身或财产损害的；(3)虽未造成车主或他人人身或财产损害，但经检测、实验和论证，在特定条件下缺陷仍可能引发人身或财产损害的。

关于汽车召回的方式，《规定》借鉴国外做法，采取制造商主动召回和主管部门指令召回两种管理程序。国家鼓励制造商主动召回，但如果制造商在获知缺陷存在而未采取主动召回行动，主管部门就会要求其按照指令召回管理程序的规定进行缺陷汽车产品召回。

《规定》不仅有汽车产品召回过程中的消费者权利、厂商义务和政府职责等实体性规范，还包括了产品召回的程序性规范，掀开了我国产品质量法律制度建设的新篇章。该《规定》出台后，已有不少汽车厂商按照要求对其产品实施了召回。例如 2005 年 4 月 1 日，梅赛德斯—奔驰(中国)有限公司向国家质量监督检验检疫总局递交了召回报告，拟召回在 2001 年 6 月至 2005 年 3 月期间生产的 E 级、SL 级和 CLS 级轿车，原因是电子感应制动系统(SBC)存在问题，可能导致缺陷。从实践来看，被召回的问题车绝大多数尚未造成消费者人身和财产的损害，厂商所采取的措施既消除了威胁消费者安全的隐患，也树立

① 在其正式实施之前，国家质量监督检验检疫总局先后发布了四个实施细则，即《缺陷汽车产品召回信息系统管理办法》、《缺陷汽车产品召回专家库建立与管理办法》、《缺陷汽车产品调查和认定实施办法》和《缺陷汽车产品检测与实验监督管理办法》，为在我国实施汽车召回制度在制度上铺平了道路。

了本企业在市场上的良好信誉和形象。

《规定》的出台值得肯定,但产品召回制度是一项复杂的系统工程,要真正贯彻落实除制定法律法规外,还必须建立一系列配套机制予以辅助和配合,如产品缺陷预警制度、产品缺陷和召回信息披露制度等。目前,我国除了汽车外的其他产品都还没有召回的法律依据,虽然现实中已有一些食品和医疗产品召回的实践,但由于法律法规的缺失,这些领域中的产品召回都没有形成制度。为了使我国产品召回制度走向成熟和完善,今后不仅要建立配套机制,为缺陷汽车产品召回制度的实施创造条件,还要继续进行法律法规的建设,将产品召回的覆盖范围扩大至食品、医疗器械等各个领域,为消费者的合法利益提供最大限度的保护。

第五编

国有经济参与法律制度

5

第二十三章
国有经济参与法的一般原理

第一节 国有经济参与法的调整对象

一、国有经济参与法调整对象的界定

国有经济参与法是调整国家及其政府为修正市场缺陷、实现社会的可持续发展,借助国有资产直接参与国民经济活动时所发生的社会关系的法律规范的总称。所谓“参与”,就是国家以经济主体身份直接介入某些经济活动。通过国家直接参与,可以弥补市场唯利性缺陷,达到调节社会经济结构,促使其协调运行的目的。①

之所以会存在该类社会关系,主要是因为市场自身的固有缺陷。市场的投资主体是商人,其以利益最大化为行为目标。但社会经济在发展过程中,不可避免地存在一些经营风险巨大,难以赢利或仅是微利,甚至是无利可图的行业,这些行业商人往往不愿投资,但社会进步又离不开这些行业的支持,为此,就需要国家通过国有资产的投资来使这些行业得以发展,以满足人们生产生活的需求。国有资产参与社会经济活动的行为也就应运而生。

这种社会关系具有较强的国家意志性,且与国家管理经济的其他方式相比,更具直接性和见效快的特点。当国家从宏观高度洞悉国民经济的各部门、行业、地区等方面的结构比例关系及各种总体变化情况后,按照国家管理经济的意图,运用自己拥有的资产,直接投入到某些经济领域和再生产的某个环节,并参与经营活动,对于调节经济结构的作用和效果会非常明显。国家管理经济的这种方式无论在社会主义国家还是在资本主义国家,都曾发挥十分重要的作用。从世界范围内看,尽管私有化成为域外各国国有企业改革的基本方向,但是,无论是哪种类型的国家,都不会完全取消国家投资和国有企业,它们作为国家调节经济的一种基本方式和手段,过去、现在和将来都在发挥着积极的作用。问题的关键是,要根据各国、各时期的具体情况,根据国家管理经济的需要,恰当地运用这种方式和手段。②例如,为了克服2008年的国际金融危机,各国纷纷采取国有化手段救市,最为典型的就是美国政府把“两房”(房地美和房利美)国有化。此外,在救市过程中,各国还积

① 漆思剑著:《国家投资经营法的性质和地位研究》,中国法制出版社2011年版,第17页。

② 漆多俊著:《经济法基础理论》,法律出版社2008年版,第225页。

极制定了大量有关国家投资经营的法律。例如,美国制定了《2008年紧急经济稳定法》、《金融监管改革——新基础:重建金融监管》;俄罗斯制定了《支持俄罗斯金融体系额外措施》法案,还修改了《俄罗斯联邦中央银行法》和《俄罗斯联邦自然人存款保险法》;法国制定了《经济现代化法》,英国颁布了《2009年银行法》,欧盟通过了《欧盟金融监管体系改革》等等。这些法律中的诸多内容都涉及国有资产的投资活动。

二、国有经济参与法调整对象的独立性——兼论其法律地位

目前,在经济法的体系论述中,是否认可国有经济参与法调整对象的独立性,并将其列入经济法子部门,有以下三种代表性观点:

其一,否认国有经济参与法调整对象的独立性,否认其是经济法的独立组成部分。如有学者认为,经济法体系包括宏观调控法和市场规制法两大部分,它们构成了经济法体系上的"二元结构"。其中,宏观调控法包括三个部门法,即财税法、金融法和计划法;市场规制法也包括三个部门法,即反垄断法、反不正当竞争法和消费者保护法。①另有学者持相似观点,认为经济法体系包括市场竞争法和宏观调控法两大部分,只是其认为宏观调控法应由计划法、财政法、金融法、产业政策法四部分构成。②总之,在上述观点看来,国有经济参与法不属于经济法的独立构成部分。

其二,将国有经济参与法的调整对象进行分解,分别归类,不承认其是经济法的独立组成部分,但认为国有经济参与法中的部分内容分别受经济法其他不同子部门所调整。例如,"经济协调关系说"把国有经济参与法分解为国家投资法和经营法两部分,分别归属于宏观调控法和经济组织法;③"需要国家干预说"把国有经济参与法分解为投资法和经营法两部分,分别归属于宏观调控法和市场主体法。④

其三,承认国有经济参与法的经济法属性,并认为其是经济法的独立组成部分。有学者认为,国家参与(国家投资经营)是国家调节经济的一种重要方式,进而从弥补市场唯利性缺陷角度论证了国家投资经营法是经济法体系一个独立构成部分。⑤另有学者认为,经济法是调整在国家管理和协调国民经济运行过程中产生的经济关系的法律规范的总称。经济法体系包括国家参与法、国家宏观调控法、市场主体法和市场运行规制法。⑥还有学者也持相似观点,认为经济法由市场管理法、宏观调控法和国家投资经营法三个板块组成,国家投资经营法是经济法体系的重要组成部分。⑦

① 张守文:《经济法体系问题的结构分析》,载于《法学论坛》2005年第4期。

② 邱本著:《经济法总论》,法律出版社2007年版,第209—211、421—433页。

③ 杨紫烜、徐杰主编:《经济法学》(第三版),北京大学出版社2001年版,第75—93、293—332页。

④ 李昌麒主编:《经济法学》,中国政法大学出版社2002年版,第130—146、439—453页。

⑤ 漆多俊著:《经济法基础理论》(第四版),武汉大学出版社2008年版,第215—242页。

⑥ 程信和著:《经济法与政府经济管理》,广东高等教育出版社2000年版,第32页。

⑦ 陈云良:《局外人还是参与者——区分国家干预市场时的双重身份》,载于《湖南省政法管理干部学院学报》1999年第6期。

本书在总论部分即明确提出，国有经济参与法是经济法体系中不可或缺的独立组成部分，是经济法体系中一个独立的子部门法。这主要根源于国有经济参与法调整对象在经济法体系中的独立性。

（一）国有经济参与法的调整对象具备"共性"

对于国有经济参与法所调整的是国家以国有资产参与社会经济活动过程所发生的这一社会关系，应当明确以下三点认识：

首先，这类社会关系具有"共性"。这个共性就是"国家以国有资产直接参与某些生产经营活动，以调节社会经济的结构和运行"，主要表现形式便是国家直接投资开办国有企业。

其次，这一"共性"的社会关系属于经济法的总体调整范畴。作为国家管理社会经济的一种基本方式，国有经济参与行为担负着国家管理社会经济的任务，是政府经济职能在市场领域的延伸，其目的在于促进国民经济的协调、健康发展。这同经济法的基本功能和任务完全一致。为此，国家参与经济活动的全过程，从投资决定的作出，到投资实施，到经营管理，都应当符合国家管理经济的总任务和目的，应当符合社会整体效益最大化这一经济法的基本价值目标。

最后，这一"共性"的社会关系难以为经济法其他子部门法所涵盖，尤其是不同于宏观调控法。实质上，国有经济参与法是既有宏观调控法属性但又兼有市场秩序规制法属性的经济法子部门。一方面，国家掌握和运用国有资产参与经济活动，主要是为了主导国民经济、促进国民经济的健康、协调发展，实现宏观经济目标；另一方面，国家的投资经营行为，尤其是所投资国有企业的经营行为又必须符合市场秩序的要求，两者不能割裂。但目前，经济法学界的各种观点中，把经济法体系区分为宏观经济法和微观经济法，并将国家投资经营法归属于宏观调控法范畴的不在少数。[①]实质上，两者的调整方法不同，国家在两种调节经济方式中的身份也不同。在运用宏观调控法来管理经济时，国家采取的是诱导方式，国家只是制定规则，并不参与其中；而在运用投资经营法调节经济时，国家既制定规则，又亲自参与其中，具有局外人和局内人的双重身份。[②]上述谈及的美国在面对金融危机时，果断将"两房"国有化的做法，也很好地证明了国家直接参与国民经济活动依然是国家管理经济的一种方式，其作用是宏观调控法所无法取代的。

（二）具备这一"共性"的法律规范已经达到十分庞大的规模

自新中国成立以来，我国的社会主义公有制决定了国有经济几乎遍布国民经济的方方面面。自改革开放以来，随着国有经济管理体制改革的不断深化，调整国有经济参与的法律、行政法规、部门规章、地方性法规、地方性规章等规范性文件不断增多和细化，目前已经基本形成一个完整的国有经济参与法的制度体系，其主要包括国有资产基础管理法、

① 除前述学者的观点外，还可参见卢炯星：《宏观、微观经济法理论及体系完善》，载于《现代法学》2006年第5期。

② 颜运秋：《国家投资经营法在经济法体系中的独立地位》，载于《宁波教育学院学报》2012年第5期。

国有资产投资经营法、国有资产监督管理法。

(三) 有独立之必要

在现代市场经济中,国家的经济调控职能日益完善,已经成为国家最重要的职能之一。将国家管理经济活动的法律规范进行归纳、总结和完善,通过专门的国有经济参与法对国家投资经营活动进行统一、专门的规范,对保护国有资产及其权益、合理配置国有资产、提高国有资产运行效益极为重要。可以说,将国有经济参与法作为独立的经济法子部门,符合当前我国经济体制改革的需要。①

三、国有经济参与法的具体调整对象——国有经济参与法的制度体系

国有经济参与法与市场的固有缺陷,即商人的唯利性密切相关。针对这种缺陷,国家必须以国有资产参与社会经济活动,促进国民经济的健康发展。在此过程中,需要制定相关法律对国有经济参与行为进行规范,既确保国有资产的安全,又能够实现国家参与经济活动,协调、促进经济发展的目的。具体而言,法律应当对如下社会关系进行调整:

第一,国有资产基础管理关系。该关系是对国有资产进行的基础性管理,其主要包括:(1)国有资产的产权关系,又可细分为国有资产的产权界定关系、清产核资关系、产权登记关系等;(2)国有资产评估关系,主要是指因国有资产评估主体、客体、标准、方法、程序等有关事项而引起的社会关系;(3)国有资产统计报告关系,主要是就国有资产运行中有关统计和报告的类型、范围、形式、内容、方法、组织管理等所发生的社会关系;(4)国有资产审计关系,主要是调整因国有资产审计主体、审计对象、审计方式等事项而引起的社会关系。对上述社会关系进行调整的法律,在国有经济参与法中被统称为国有资产基础管理法律制度。

第二,国有资产投资经营关系。该关系是指国家或政府选择适当的组织形式和经营方式,将国有资产投入特定的企业进行资本运作所产生的社会关系。该类社会关系主要包括:(1)国有资产投资关系,主要是就投资决策的主体、投资规模、投资范围和方向、投资决策程序等进行的调整;(2)国有资产经营关系,主要是就国有资产经营运作模式进行的规范;(3)国有企业治理关系,主要是就国有企业经营中,治理机构的设置、各机构间权利义务的配置、经营管理人员的选任等进行的规范;(4)国有资产的转让关系,主要是就国有资产转让中的场所设定、转让方式、转让价格以及有关的批准程序进行的调整和规范;(5)国有资产经营收益分配关系,主要是就国有企业经营中收益的上缴以及上缴后收益的投资使用进行的规范。对上述社会关系进行调整的法律,在国有经济参与法中被统称为国有资产投资经营法律制度。

第三,国有资产监管关系。该关系是指国有资产监管机构运用监管手段,对国有经济参与的具体过程进行全面的监督和管理所产生的社会关系,其主要包括监管机构的设置、

① 王全兴著:《经济法基础理论专题研究》,中国检察出版社 2002 年版,第 658 页。

监管的职权和职责、监管的法律后果等。对这一社会关系进行调整的法律,被称为国有资产监管法律制度。

第二节 国有经济参与法的基本范畴界定

一、国有经济

国有经济是为了促进国民经济的健康发展,由国家(政府)出资,或直接设立国有独资企业,或控股、参股设立企业,并由国家直接或间接管理和经营国有资本的一种经济形式。它是公有制经济最重要的组成部分。作为社会主义市场经济的基础,其不仅数量庞大,而且分布在重要的行业领域,对国民经济发挥着重要作用。国有经济主要有以下几个特征:

第一,国有经济是国家促进国民经济平衡、协调、可持续健康发展的基本方式。中共十五届四中全会《中共中央关于国有企业改革和发展若干重大问题的决定》指出,国有经济是"国家引导、推动、调控经济和社会发展的基本力量","国有经济在关系国民经济命脉的重要行业和关键领域占支配地位,支撑、引导和带动整个社会经济的发展,在国家宏观调控目标中发挥重要作用"。国有经济的主导地位和主导作用,主要体现在控制力上。国有经济的主导作用要求国有经济在国民经济运行中必须成为国家宏观调控的重要手段。①

第二,国有经济的实现形式多样,既有国有独资企业,又有国有控股企业,还有各类利用国有资本参股的企业。

第三,国家(政府)管理和经营的对象是国有资本而不是国有资产,国家(政府)管理和经营国有资本的最直接目的是保值增值。管理和经营的具体方式可以是直接的,也可以是间接的。国家(政府)在运用这两种方式时,应以间接管理和经营为主,以直接管理和经营为辅。国家(政府)管理和经营要实行两种转变:一是要从管资产转变为管资本;二是从直接管理与经营转变为间接管理与经营。有学者将国有经济划分为企业型、财政型和权力型这三种类型。②我们不赞成此种分法。首先,"企业型国有经济"这个概念,强调的是属于国家所有的以企业资产形式存在的财产,同时强调国家直接所有或占有。国家对资产直接所有或占有,并不是最终目的,国有经济存在的基础是资本而不是资产。资本是投入企业用于经营的资产,其本质是追求增值。必须设法采取多种形式,将国有资产转化为资本从事企业的经营活动,为国家和社会谋取更多的利益。其次,"财政型国有经济"这个概念不能成立。国家所有的以非企业资产形式存在的财产,无论是以实物形式存在的资产,还是以货币形式存在的资产,当然属于国有资产。这类资产主要用于维持国家机器的运行,它与投入企业运行的国有资本有很大区别。前者属于消耗型的,一般被称为"公共

---

① 陈琪:《国有经济是社会主义国家宏观调控的重要手段》,载于《经济师》2000年第9期。

② 张亚:《从三种类型的划分看国有经济的战略调整》,载于《辽宁师范大学学报(社会科学版)》2001年第1期。

财政支出”;后者属于经营型的,它能带来资本收入,两者管理的原则、方式方法都是不同的。最后,“权力型国有经济”这个概念也不成立。国家据以组织、指导、管理和控制整个国民经济是国家的经济管理职能,并不能成为一种经济形态。国家对整个国民经济的控制,特别是对非国有经济的控制,不是为了攫取经济利益,而是为了维护社会经济秩序,促进国民经济稳定增长。即使是国家利用强制力对国民收入进行再分配,也是为了保证社会的公平和稳定。“权力型国有经济”容易被理解为“权力经济”,即以权力换取利益的经济,这不是我们所期望的经济形态。①

二、国有资产

“国有资产”(state-owned assets)由“国有”和“资产”两个词组合而成。“国有”即“国家所有”,体现的是国家这一特殊主体在民法上享有的所有权,即占有、使用、收益和处分的权利。根据《中华人民共和国宪法》第 6 条的规定,我国社会主义经济制度的基础是生产资料的社会主义公有制,即全民所有制和劳动群众集体所有制。社会主义全民所有制是社会全体成员共同占有社会生产资料的一种所有制形式。这种所有制形式在法律上必然表现为社会主义国家所有权。全体人民只有通过他们的共同代表者国家才能形成一个整体共同支配全民的生产资料,使生产资料在分配使用上从属于全社会的共同利益。如果全民财产的所有权不交由能代表全国的国家来行使,而交由直接占有全民财产的组织或个人来行使,那么全民财产也就不复存在,全民所有制也就不复存在。②“资产”(property 或 asset)是会计学和经济学中的一个重要概念。在会计学上,资产的核心特征有两个:其一,资产是一种经济资源;其二,资产能给控制者带来未来的经济利益。我国 2007 年实施的《企业会计准则》在第 20 条对“资产”作了明确规定,即“企业过去的交易或者事项形成的、由企业拥有或者控制的、预期会给企业带来经济利益的资源”。在经济学上,“资产”同样也被界定为能够带来经济利益的资源,它表现为一定时点的财富存量,由一定数量的物质资料和权利构成。与会计学中的资产概念不同的是,经济学上的资产概念还强调“稀缺性”,这是资产的社会属性。③在法学界,资产主要体现为财产,资产是可以作为生产要素投入到生产经营过程中并能带来经济利益的财产和财产权利。④美国经济学家约翰·康芒斯指出,资产的法律意义是财产,而财产的经济利益是资产。⑤《布莱克法律词典》认为,“财产是指占有、使用和收益的一切外在事物,包括物质财富、非实物形态的债权、知识产权等其他权益”⑥。《牛津法学大词典》认为,“property”即财产,主要有三层含义:(1)被拥有或者可能被拥有的事物,如财富、财务、土地;(2)所有权,即唯一拥有、享有和使用某物的权利;(3)归某人合法所有之物,即受法律保护而私人享有的有形财产权(土地、金钱、

---

① 顾功耘主编:《经济法教程》(第二版),上海人民出版社 2006 年版,第 506 页。

② 彭万林主编:《民法学》,中国政法大学出版社 1994 年版,第 235 页。

③ 王哲、赵邦宏、颜爱华:《浅析资产的定义》,载于《河北农业大学学报》2002 年第 1 期。

④ 屈茂辉著:《中国国有资产法研究》,人民法院出版社 2002 年版,第 2 页。

⑤ 秦醒民著:《国有资产法律保护》,法律出版社 1997 年版,第 2 页。

⑥ *Black's Law Dictionary*, seven edition, ST. PAUL. MINN, 1999, p.1232.

货物)和无形财产权(著作权、专利权等)。①

综上所述,所谓国有资产,在法律意义上是指国家所有的财产,是国家以各种形式对企业投资及收益、接受馈赠形成的,或凭借国家权力取得的,或依据法律认定的各种类型的财产和财产权利。②我国的国有资产主要是通过以下四种途径形成:(1)国家以各种形式投资所形成的资产(主要指国家投入国有企业及其他企业的用于经营的资本金及其权益)以及国家对行政事业单位拨入经费形成的资产。(2)国家接受馈赠形成的资产,包括公民个人赠与国家的财产和外国友人、团体、政府赠与我国的财产。(3)国家凭借权力取得的属于国家的资产,包括依法没收的官僚资本和敌伪财产;依法宣布为国有的城镇土地、矿藏、海洋、河流、森林、滩涂和湖泊等自然资源;依法赎买的资本主义工商业;依法征收、征用的房地产;依法没收的其他财产;依法征收和收缴的税、费和罚金;依法认定和接受的无主财产和无继承人的财产等。(4)凡在我国境内所有权不明确的各项财产,除法律另有规定者外,也属于国有资产。

国有资产具有以下几个特征:(1)所有者具有唯一性。在现代社会中,唯有国家在法律上是全民的代表,所以,对全民所有的财产可以在法律上充当所有者的只能是国家。(2)所有权界定具有法定性。即国有资产的各种取得方式都直接由法律规定,并且有的取得方式为国有资产所特有,如凭借国家权力取得。(3)表现形态具有多样性。即国有资产表现为多种形态的经济资源,既可以是财产,也可以是财产权利;既可以是人造财产,也可以是自然资源;既可以是有形财产,也可以是无形财产。③

在现实经济生活中,国有资产有广义和狭义两种理解。广义的国有资产是指所有权属于国家的一切财产,包括经营性国有资产、行政事业性国有资产以及资源性国有资产。其中,经营性国有资产,是指国家作为出资者在企业中依法拥有的资本及其权益,是国有资产中最重要、最活跃的部分,也是国有资产管理的重点对象;行政事业性国有资产,是由行政事业单位占有、使用、在法律上确认为国家所有,能以货币计量的各种经济资源的总和,其中包括:国家拨给行政事业单位的资产、行政事业单位接受捐赠和其他法律确认为国家所有的资产;资源性国有资产是指具有开发价值但尚未投入生产经营领域的国家自然资源,包括土地、矿藏、水流、森林、山岭、草原、滩涂、海洋等。而狭义的国有资产仅指经营性国有资产,主要包括:企业使用的国有资产、行政事业单位占有和使用的非经营性资产中通过各种形式为获取利润转作经营的资产、国有资源中投入生产经营过程的资源。我国 2003 年通过的《企业国有资产监督管理暂行条例》以及 2008 年通过的《中华人民共和国企业国有资产法》(以下简称《企业国有资产法》)采用的都是狭义的概念。

《企业国有资产法》在立法中,对于国有资产法的调整范围应当包括哪些国有资产,曾有争议。1993 年,列入第八届全国人大常委会立法规划的国资法草案采取"大"国资法概念,调整全部三类国有资产;而提交给第十届全国人大常委会第三十一次会议审议的草案则将调整范围限定于经营性国有资产,排除了行政事业性和资源性国有资产,属于"小"国

① 《牛津法学大词典》,光明日报出版社 1988 年版,第 729 页。

② 谢次昌著:《国有资产法》,法律出版社 1997 年版,第 3 页。

③ 王全兴著:《经济法基础理论专题研究》,中国检察出版社 2002 年版,第 645 页。

资法。实际上,关于国有资产法的调整范围,曾经有过大、中、小三种不同意见。"大"国资法提倡者认为,应该将经营性国有资产、行政事业性国有资产和资源性国有资产都包括在内,制定一部完整的《国有资产法》,使各种国有资产有统一的章法可循,国资立法能够切实起到规范国有资产管理、使用并加以有效保护的作用。[①]提倡"中"国资法者认为,该法使用范围应该是经营性国有资产和行政事业性国有资产,因为这两类国有资产彼此交织并可相互转换,且一直以来都是由财政部主管,可一并调整。提倡"小"国资法者则认为,应当制定一部仅调整经营性国有资产的法律,解决当前亟须解决的现实问题。这种意见是对我国关于国家所有权的认识和统筹管理水平低、部门权力和利益难以协调的现实的一种妥协,认为寄希望于一部法律解决国有资产存在的问题不现实,制定难度大,可操作性也不强。[②]立法机关在汇集了各方意见后,采用了"小"国资法的意见,认为各类国有资产在功能、监管方式等方面有很大不同,难以用一部"大而全"的法律全面调整。我国对资源性国有资产已经有了《中华人民共和国土地管理法》、《中华人民共和国矿山资源法》、《中华人民共和国水法》、《中华人民共和国森林法》、《中华人民共和国煤炭法》等相关的专门法律予以调整,行政事业性国有资产的管理方面也有《行政单位国有资产管理暂行办法》、《事业单位国有资产管理暂行办法》等行政规章。目前,最需要专门立法的是国家出资企业中的国有资产,以便维护企业国有资产的合法权益,保障国有资产安全,促进国有资产的保值增值。因而,立法机关决定,先制定一部适用于经营性国有资产,即企业国有资产的法律。[③]

三、国有资本

资本是一种生产要素,与其他要素结合能够给所有者带来价值增值,实现所有者的投资利益最大化。所有者对投资利益拥有支配权。资本具有增值性、逐利性、运动性和多样性的特点。[④]国有资本是按照一定经济基础的要求,通过不同途径参与资本运动的国有资产。国有资产不等于国有资本,但国有资产可以转化为国有资本。[⑤]国有资本的存量、布局和营利能力在一定程度上反映了一个国家国有经济的整体实力和对整个国民经济的控制力。

国有资本具有资本的一般属性,但同时又具有自身的特征,即不以追求利润为唯一目标。由于所有权归属的特殊性,即"公有",使得国有资本在一定程度上突破了资本本身固有的利润目标的局限。除要保值增值外,还要实现一定的社会公共目标和政治目标,而

① 史际春、冯辉:《论物权关系的法律调整——以经济法与民商法的功能协调为视角 兼评〈物权法〉及其相关条款》,载于《经济法学评论》(第八卷),中国法制出版社 2008 年版,第 309 页。

② 曲江烨:《〈国有资产法(草案)〉立法由来、主要内容及相关争论》,载于南京市人民政府国有资产监督管理委员会网站,2008 年 9 月 19 日访问。

③ 参见《〈企业国有资产法〉主要是确保企业国有资产的保值增值》,http://finance.jrj.com.cn/people/2008/10/2817132497137.shtml, 2013 年 5 月 4 日访问。

④ 文宗瑜、袁媛著:《经营性国有资产管理》,经济科学出版社 2010 年版,第 5 页。

⑤ 文宗瑜:《国有资产保值增值与再资本化》,载于《经济研究》1996 年第 12 期。

且,往往是后者优于前者。正是由于国有资本具有这两重属性,因而其一部分职能是生产社会公共产品,例如国防建设、基础设施建设等;另外一部分职能则是在市场经济活动中作为一般资本参与谋取利润的经济活动。前一职能的公有性质体现在为国民经济提供"外部性"条件上,后一职能的公有性质体现在收益的归属上。不论哪一种职能,国有资本的产权性质都没有发生任何变化。

总而言之,国有资本是国家宏观调控的重要工具,是政府影响和干预经济的重要手段,这使得其在国民经济中扮演着其他资本无法替代的角色。①

四、国有企业

国有企业虽在各国都存在,但对什么是国有企业,各国的认定却并不一致。在美国,"联邦公司(即国有企业)是指由联邦政府全部或部分拥有和控制或者虽非联邦政府拥有、但由联邦政府特许资助、并受其控制或监督的组织"②。在英国,国有企业必须符合以下三个条件:(1)这些工业完全归国家所有或者国家拥有能够对它实现控制的足够股份;(2)这些工业收入的大部分不是依靠国会直接拨款或财政部的补贴;(3)它们由董事会进行管理。③在瑞典、芬兰、巴西、墨西哥等国,凡国家资本占企业资本超过50%的所有企业都被称为国有企业。④就国际组织的规定而言,联合国有关部门认为,国有企业是公共所有或受公共控制的公共股份有限公司。⑤

在我国法律中,并没有关于国有企业的准确定义,只有《全民所有制工业企业法》在一定程度上表现出了从法律层面界定国有企业的意图。该法第2条第1款规定:"全民所有制工业企业是依法自主经营、自负盈亏、独立核算的社会主义商品生产和经营单位。"实际上,这个规定对于国有企业的认定仍不清晰。在法学界,代表性的观点认为,国有企业是指"国家或者政府可以根据资本联系,对其实施控制或控制性影响的各种企业"⑥。依据该界定,国有企业包括全民所有制企业(国有独资企业)、国有独资公司、国有控股的有限责任公司或股份有限公司。有学者将其概括为"国有企业是指国家拥有、经营或者控制的生产经营单位"⑦。

从以上国内外的代表性观点可以看出,在对国有企业的内涵界定中,国家与企业间的支配性资本联系以及国家对企业的控制性地位均被特别强调。基于此,我们认为,国有企业应被界定为:企业资本全部或者部分属于国家所有并为国家所控制的企业。对"国有企

① 文宗瑜、袁媛著:《经营性国有资产管理》,经济科学出版社2010年版,第5页。

② 赵旭东:《美国的国有企业——联邦公司》,http://www.cel.cn/show.asp?c_id=373&c_upid=120&c_grade=3&a_id=4747,2008年3月2日访问。

③ [英]M. H. 派斯顿:《英国的国有化工业》,载于[美]莫里斯·博恩斯坦主编:《比较经济体制》,王铁生译,中国财政经济出版社1988年版,第89页。

④ 同上。

⑤ L. P. Jones, Public Enterprise and Economic Development: The Korea Case, Korea Development Institute, (1975), p. 23.

⑥ 史际春著:《国有企业法》,中国法制出版社1997年版,第13页。

⑦ 李华民:《国企改革不能脱离国企性质》,载于《经济学家》1997年第3期。

业”的这一界定，可以视为对国有资产的监管从“实物监管”向“资本监管”的转变，使得国家的角色从实体资产的直接所有权人转变为国有资本所有者，从而带来国有资产监管体制、机制和功能的一系列变化。

依据西方经典经济学理论，国有企业的存在是政府职能的延伸，是政府为了实现某些社会政策目标而投资的特殊企业。由于该类企业主要是为了弥补市场缺陷，缓解市场经济自身发展中的矛盾，因而，其所肩负的功能“天然”地不具有营利性，其经营活动也是以社会整体效益为指导，将社会公益目标居于优先地位。在现实中，它主要存在于一些市场机制所不能及的、非国有资本不愿意投资的某些超越利润之外的，但又是国民经济长远发展和国民生活所必需的行业和领域。对于竞争性、营利性行业，国有企业一般不进入。但在我国，国有企业的存在除上述原因外，还基于社会主义本质所要求的国有经济的控制力。这种控制力主要就是通过国有企业对国民经济活动中关键行业和重要领域的决定性影响和主导作用来实现。

从理论上分析，国有企业的性质应同时有公益性和营利性两个特征。国有企业的产生是为了提供人民生产生活所需的市场不能提供的公共产品或服务，因而具有公益性；但同时，传统“企业”的本质和“资本”的逐利，又使其具有营利性。因而，其同时具有着“准政治人”和“经济人”的双重身份。有学者曾指出，国有企业的这种两重性是相辅相成、互相兼顾的。如果把国有企业仅仅定位于公益性，则会使一些企业不思进取，以至于不断亏损，这样就不会给国家带来收益，反而成了国家的一个沉重负担。同样，如果完全把国有企业定性为营利性，那么那些投资回收期长、投资额大、社会化程度高、经济效益又不显著甚至亏损的行业就没有人来投资。因而，在决定国有资产的投资方向和投资额度时，就不能忽视国有企业的营利性和公益性这两个双重性特点。既要最大限度地谋求营利，又不损及公共的利益和其他任何主体的利益。当然，营利性与公益性两相比较，公益性更为重要，因为国家投资追求营利，最终是为了谋求公益。因此，当营利性和公益性这两个目标发生冲突时，国企应毫不犹豫地放弃营利而服从公共利益，以保障市场机制作用的有效性。①

应当说，对国有企业的这种性质分析，在理论上是没有问题的。但现实中，面临的难题是，在同一经济组织体内，同时强调这两种功能，势必会出现冲突，结果反而会造成国有企业的无所适从。②也正是基于该认识，有学者将上述思想进行了发展和延伸，提出了“分类管理”的思路。即按照经营性国有资产生产产品和提供服务的性质不同，将国有企业分为两大类：对于从事商业服务和商品生产的国有企业，应当以经济功能为其主要任务，保值增值是其首要目的，在性质上将其定位于“商事企业”的私法人；而对于生产公共产品和提供公共服务的国有企业，则应以社会功能为根本追求，在性质上将其定位为“公共企业”的特殊法人。③

---

① 顾功耘：《国企改制：换汤更须换药》，载于《上海国资》2001 年第 8 期。

② 这一点，我国原来的银行业有过教训。在政策性银行建立之前，我国商业银行即面临了“经济效益”与“社会效益”难以兼容的尴尬，结果造成商业银行经营效率的低下。

③ 顾功耘：《国企类型化改革亟待法理应对》，载于《中国社会科学报》2013 年 4 月 24 日。

五、国有经济、国有资产、国有资本与国有企业相互关系[①]

国有经济是一个世界性的经济现象,它的出现是社会化大生产的产物。在社会主义国家,国有经济大都处于国民经济的绝对支配地位;在发达的资本主义国家和发展中国家,尽管各国国情不同,社会制度和经济制度也存在着差异,但都拥有一定比例的国有经济成分。国有经济本身并没有固定不变的社会属性,它的属性取决于利用它的国家的社会属性。我国是社会主义国家,国有经济是公有制经济的主体,服务于全民。[②]

国有资产与国有经济是两个相互联系又有区别的概念。国有资产侧重于从静态角度,从归属关系方面描述特殊的民事主体——国家所有的财产和财产权利。国有经济则侧重于从宏观角度,从经济形式方面描述一种与私有经济相对应的经济现象。尽管两者的角度、侧重点有所不同,但指向基本一致。国有资产是国有经济的前提和基础,没有国有资产就没有国有经济。

国有资本与国有经济是两个既密切联系又有区别的概念。国家(政府)对企业投资形成国有资本,国有经济的运行表现为国有资本的运作,或者说通过国有资本的运作来实现国有经济。作为国有经济基础的国有资本,不是泛指国家(政府)所有并由国家行使所有权的财产,而有其特指的内涵。与国有经济相联系的国有资本是指由国家出资、占有,作为生产要素用于生产经营,并在经营中获得收益以及相应权益的资产。因此,与国有经济相联系的国有资本不包括政府机关及非经营性事业单位的国有资产,也不包括国家所有的未开发的自然资源,而是专指国有的生产经营性资产(资本)。

作为国有资本的主要载体和国有经济主要组织形式的国有企业,则是国有经济的微观经济组织,是国有经济的主要实现形式。今后,从国有经济的分布领域来看,国有企业存在的领域应当逐步缩小到涉及国家安全的行业、提供重要公共产品和服务的行业以及自然垄断领域中的管道设施行业。此外,为推动技术进步,国家可以投资设立支柱产业和高新技术产业中的重要骨干企业。

国有企业和国有经济是两个相联又不同的概念。前者是指国有经济的微观经济形式,是财产组织形式和经营方式,也是国有经济的主要载体。同时,国有经济的效率及质量提高也依赖于国有企业管理水平和竞争力的提升。传统的单一投资主体的国有企业制度是计划经济体制的微观经济组织形式,它与市场经济体制不相适应,必须进行改革。建立投资主体多元的、所有者和经营者相分离的有独立经济利益的公司制(法人)企业是今后国有企业改革的方向。在市场经济体制下,传统的国有企业形式将被"公司制企业"所取代,通过改变传统的国有财产的组织形式和经营方式,转变经营机制,使国有经济更有效地发挥主导作用。但同时,一些经营效益差的国有企业也将被淘汰。此外,随着国有企业改革的推进,国有独资企业只保留极少数,国有控股企业也不可能太多,多数是国有参

① 本部分内容主要参考顾功耘主编:《经济法教程》(第二版),上海人民出版社 2006 年版,第 511—512 页。

② 陈敬武:《国有经济的功能定位分析》,载于《科学学与科学技术管理》2001 年 5 月。

股企业。因而改革的结果将是“国有企业”数量的绝对减少，但国有经济随着国有资本的积累和国家投资的增加，其资本规模将不断扩大，主导作用会不断增强。

第三节　国有经济参与法的基本原则

一般来讲，社会对法律的基本要求是稳定性与确定性，避免朝令夕改。然而现代经济生活却发展快速、创新频繁，作为规范这一领域的经济法律制度极易处于频繁的修正之中，从而可能影响法律的稳定性和预期性。作为经济法重要子部门的国有经济参与法亦是如此。随着经济体制改革的不断深入，人们认识的不断深化，国有经济参与领域的规范性制度也随时发生着变化。为此，寻求国有经济参与法的内在稳定机制就成了平衡国有经济体制改革的变动性与法律的稳定性的关键。由于法律原则贯穿于立法、执法、司法的始终，可以有力促进法律体系的完整和制度规范的协调统一，因而，积极探求国有经济参与法的基本原则，对国家以国有资产参与社会经济活动所发生的社会关系的本质和规律进行抽象和概括，可以克服该领域法律稳定性不足的局限。

一、经济法基本原则的适用和体现

国有经济参与法是经济法的基本组成部分，经济法基本原则对其自然适用。在理论上，经济法原则应该体现法律的一般价值本质，应该是经济法精神的高度提炼，能够准确反映国家管理经济的基本属性。依据本书观点，经济法的原则包括经济民主原则，效率优先、兼顾功率公平原则，可持续发展原则，经济公正原则以及经济安全原则。作为经济法的子部门法，国有经济参与法亦应当对上述原则予以体现。

（一）经济民主原则的体现

在市场经济体制中，市场在资源配置中起主导作用。合理的经济结构首先依靠的是市场运行机制的核心——价值规律的作用。而该作用的发挥建立在没有特权的基础上。同时，市场作用的发挥也需要有效的竞争机制的存在。市场公平、自由的竞争是市场经济的动力之源。市场经济鼓励市场主体采用正当的竞争手段自由公平地参与竞争，并保护其通过正当竞争而获取的合法权益。

在国有经济与国有企业的改革进程中，一个基本思路便是国有企业从竞争性领域的逐渐退出。因国有企业基于自身的特殊身份往往享受着某些政策优惠或资源优势，例如贷款优惠、税收优惠、资源性垄断等等，使得其参与市场竞争时，往往较非国有企业有利，这对于非国有经济和非国有企业而言极为不公平，在本质上是一种不公平的市场竞争。因而，竞争性领域的国有企业应当逐渐退出，为民营经济创造出公平的竞争环境，也体现出国家“不与民争利”的思想。

（二）效率优先、兼顾公平原则的体现

国有经济参与是指国家直接参与某些生产经营活动，以调节社会经济的结构和运行，主要表现形式为国家直接投资开办国有企业。国有经济参与程度的变化，反映了效率与公平两者关系的动态发展。国有企业的设立，为公众提供了大量的就业岗位，保障了人民的基本生活水平，传统的“大锅饭”思想也的确体现了一种公平主义原则。但是原有国有企业因产权归属不明、责任承担不清、运营成本高，致使经济效率低下。由此可知，在当前的经济现实中，国有企业虽涉足各领域，传统的分配体制也体现了一种公平，但这种公平却没有处理好人民短期利益与长远利益的关系，没有真正地改善人民的生活水平，因而是一种低效率的公平。为此，在“效率优先、兼顾公平”原则的指导下，应顺应经济发展的内在要求，使一部分国有企业逐步退出一些竞争性行业和领域，让产权明晰、更具活力的非公有制经济发挥效率优先的优势，提高我国经济发展的整体速度和水平。且当社会经济的总体发展水平得以提升后，公众的生活质量也可以得到更好的提高。

（三）可持续发展原则的体现

经济法可持续发展的原则，体现了一种协调发展的精神和理念。而国有经济参与法的主要功能之一，便是弥补发展差距、协调经济发展。在行业协调方面，主要是弥补某些弱势行业的资本不足，增加投资总额，满足该类行业的发展要求，促进其快速发展；在区域协调方面，由于经济基础、自然条件、发展机遇等条件的不同，各地区发展存在较大差异。这种状况若不改善，则可能产生“马太效应”，致使落后的地区越来越落后，这不仅不利于国民经济的整体协调发展，且有可能造成其他的社会问题或政治问题。因此，国有资本应当进入这些区域，通过国有投资活动，改善落后地区的基础条件，完善基础设施，促进落后区域的经济发展，缩小其与发达地区的经济发展差异。因此，弥补发展差距、促进社会经济协调发展，是可持续发展原则在国有经济参与法中的重要体现。

（四）经济公正原则的体现

经济公正原则要求执法机构、司法机关在履行职权或裁判职能时，应当严格依法办事，在执法或解决纠纷时应对所有的市场主体一视同仁、给予同等待遇。这一点对于非国有企业而言极为重要。国有企业已经基于各种资源优势在市场竞争中处于优势地位，如果在行政执法和司法裁判中，非国有企业仍然受到不公正对待，则不仅会打击非国有企业投资人的投资积极性，而且在宏观上不利于整个国民经济的快速发展。

（五）国家经济安全原则的体现

国家经济安全在内涵上指的是一个国家经济战略利益的无风险或低风险的状态，主要表现为基本经济制度和经济主权没有受到严重损害，导致经济危机的风险处于可控状态。[①]对国家经济安全原则的深刻认识可以追溯到19世纪著名经济学家李斯特的经济学思想。在其看来，亚当·斯密提出的“世界主义经济学”是有瑕疵的，在民族国家仍然是世

① 叶卫平：《国家经济安全定义与评价指标体系再研究》，载于《中国人民大学学报》2010年第4期。

界格局构成的基本要素的情况下,“国家同个人一样,各有其自己的切身利益挂在心头”,只要国家还存在,人口不能在国与国之间自由流动,世界范围内的纯粹的自由贸易就会使发达国家和发展中国家之间的差距越来越大,发展中国家也必然会从属于发达国家。因此,只有基于民族国家立场,根据本国的国情及其所处的国际形势,通过适当的保护制度使本国成长为一个强国,才能为世界范围内的自由贸易创造条件。这便是李斯特提出的基于国家利益上的“国家主义经济学”。该理论尽管提出上百年,但在今天看来,无疑仍然适用。

该思想对于国有经济参与活动而言,更是具有强烈的指导意义。随着改革的深入,国有经济并非要存在于任何一个经济部门或行业,相反为了更好地发挥市场机制的作用,发挥民间经济的活力,国有经济应当逐步缩小投资战线。但国有经济的退出并非毫无原则,在一些领域不但不能退出,相反可能还要加强,典型的体现便是那些涉及国家安全或国家经济命脉的领域和行业。2006 年 12 月,国资委出台的《关于推进国有资本调整和国有企业重组的指导意见》便明确指出,国有经济应对关系国家安全和国民经济命脉的重要行业和关键领域保持绝对控制力,包括军工、电网电力、石油石化、电信、煤炭、民航、航运七大行业。尽管上述七大行业是否都属于国家应保持绝对控制力的领域和行业,理论界和实践界都还存有争议,但是,国有经济应当控制关系国家安全或国家经济命脉的行业的思想是正确的。

二、国有经济参与法的特有原则

作为经济法的子部门法,国有经济参与法除了遵循经济法一般原则外,还应有不同于市场规制法、宏观调控法、涉外经济管制法以及市场监管法的个性化原则。

(一) 国有资产神圣不可侵犯原则

根据我国《宪法》第 12 条和《民法通则》第 73 条之规定,作为社会主义公共财产的国有资产,神圣不可侵犯,禁止任何组织或者个人侵占、哄抢、私分、截留、破坏。这说明国有资产应当受到法律的充分保护,无论在何种情况下,都不可侵犯。这是因为,国有资产归全民所有,是全民利益的载体和源泉;国有资产是我国社会主义制度的重要物质基础。在该原则下,要对国有资产进行充分保护,具体体现是:(1)保护国有资产的完整性和不可分割性,其所有者只能是代表全民的国家;(2)对国有资产实行全面保护,对国有资产的所有者、使用者和占用者的各种合法权益予以认可和保障;(3)对国有资产实行全程保护,即国有资产运行过程中的各个环节都要受到法律的严格监督,确保国有资产安全,防止国有资产流失。

(二) 经济效益与社会效益兼顾的原则

国有经济在追求经济效益的同时,因其公共性特质,决定了其同时应肩负着社会责任,注重对社会效益的追求。这两种效益兼顾原则的基本要求突出表现在:(1)正确处理国有资产投入发达地区和欠发达地区的比例关系。我国是一个经济发展不平衡的大国,除自然资源外,发达地区的存量国有资产多于欠发达地区。在发展中缩小和消除不同地区之间经济水平的差距,对经济效益和社会效益都具有意义。为了实现国民经济的整体协调发展,有必要调整国有资产分布的区际比例,尤其是东南部和中部、西北部地区的比例以及城市和农村的比例,以缩小和消除经济水平的区际差距。(2)正确处理国有经济投向不同产业的比例关系。应妥善协调不同产业之间,尤其是基础产业与非基础产业、垄断产业和竞争性产业之间的国有资产投入比例,以形成和保持兼顾经济效益与社会效益的产业结构,进而充分发挥国有资产投向对产业结构调整的导向功能,适时调整国有资产分布的产业比例。

(三)公共管理者职能与国有资产所有者职能相对分离的原则

在国有资产运行系统中,政府一方面作为政权主体对社会、经济实施着公共管理职能,另一方面又作为国有资产所有权主体发挥着支配国有资产的职能,形成了"政资不分"的格局。由于上述两种职能的性质、目标、管理范围和行为规则均不相同,所以,"政资不分"有着明显弊端,不利于政企分开,不利于维护国有资产所有者权益,不利于提高效率,也不利于市场主体间的平等竞争。因此,早在 1993 年《中共中央关于建立社会主义市场经济体制若干问题的决定》中就明确指出,国有资产管理体制必须"按照政府的社会经济管理职能和国有资产所有者职能分开的原则"进行改革。在后续的《国有企业财产监管条例》、《企业国有资产监督管理暂行条例》、《企业国有资产法》中,该原则都得到了肯定和发展。在该原则要求下,应当在执行公共管理者职能的政府部门之外,设置独立的专门执行国有资产所有者职能的主体,明确各自的职能分工,划清两者间的界限。

(四)统一所有、分级代表的原则

国有资产的全民性决定了必须由代表全体人民利益的国家统一行使所有权。国家"统一所有"主要体现在两个方面:第一,最终处分权。即国家可以通过制定法律法规来行使国有资产的所有权,必要时有权统一配置资源,依法调整出资关系,合理调整国务院、省级、市(地)级政府行使出资人职责的范围。第二,引导规范权。国家通过制定法律法规,对各级出资人代表履行出资人职责,监管企业国有资产运营等进行引导规范。例如,确定国有资产的经营范围,制定国有经济布局和结构调整的大政方针;确定国有资产转让的规则;对各级出资人代表履行出资人职责、执行国有资产监管法律法规等进行监督。①

在国家统一所有的前提下,由中央政府和地方政府分别代表国家履行出资人职责,这便形成了当前的"分级代表"制度。在具体的职能划分上,《企业国有资产监督管理暂行条例》第 5 条规定,国务院代表国家对关系国民经济命脉和国家安全的大型国有及国有控股、国有参股企业,重要基础设施和重要自然资源等领域的国有及国有控股、国有参股企业,履行出资人职责;省、自治区、直辖市人民政府和设区的市、自治州级人民政府分别代表国家对由国务院履行出资人职责以外的国有及国有控股、国有参股企业,履行出资人职责。该原则的确立,从制度层面明确了各级政府管理国有资产的范围和对所管理国有资

① 李连仲著:《国有资产监管与经营》,中国经济出版社 2005 年版,第 27 页。

产的管理、处置、收益的权限，有利于发挥地方政府有效监管国有资产的积极性，对于推进国有经济调整、国有企业改革、国有资产保值增值具有重要意义。

第四节 国有经济参与及其立法的历史沿革

一、西方资本主义国家国有经济参与及其立法的变迁

（一）西方国家国有经济参与的发展与变革

19 世纪末 20 世纪初，西方资本主义发展进入垄断阶段，国家开始全面介入经济生活，主要手段是国家直接投资开办国有企业。第一次世界大战前后，特别是 1929—1933 年爆发资本主义世界性经济危机以后，市场缺陷的存在和市场机制的失灵导致国家的直接投资及国有企业的数量迅速增长，资本主义国家掀起了第一次国有化浪潮。第二次世界大战以后，由于恢复和重建国家经济的需要，以及后来科技的飞速发展引起的生产高度社会化和国家组织管理经济职能的进一步发达，许多国家又几度掀起国有化高潮。国家投资在社会经济发展中发挥了重要作用，国有企业普及到国民经济各主要行业部门，并且在国民经济中占了相当大的比重和十分重要的地位。据统计，至 20 世纪 70 年代，法国、意大利、英国等资本主义国家，国家投资在社会总投资中的比重曾达到 30%以上，国有企业数量占企业总数的 10%以上。其中，意大利的国有企业至 1978 年在全国固定资产投资总值中占 47.1%，就业人数占 25.1%。当时的联邦德国及其他一些欧洲国家的国家投资和国有企业，也分别占有 20%和 10%左右的比例。美国、加拿大的国家投资比重较少，分别约占 6%和 10%，国有企业数约占企业总数的 3%和 5%。下面着重介绍几个主要西方国家的国家投资经营情况。

在法国，18 世纪有王族织毯、制皂等公营手工工场，19 世纪有烟草、火柴专卖，并且建立了国家铁路。20 世纪初又实行酒精专卖。第一次世界大战期间，国家控制了军火制造业、运输业、保险业和粮食贸易。一战后，政府把原属于德国人所有的阿尔萨斯—洛林地区的重要企业收归国有。这是法国国有化政策的发端。自 20 世纪 30 年代以后，法国历史上进行了三次大规模的国有化运动：第一次发生于 1936 年至 1937 年人民阵线政府时期，政府将全部铁路收归国有，建立了国营铁路公司，又将军工企业收归国有，还控制了两大飞机制造厂。这次国有化因人民阵线迅速倒台而中断。第二次发生于 1945 年至 1946 年戴高乐临时政府时期。为了恢复和重建被战争破坏的经济，政府颁布了一系列国有化法令，对煤矿、航空公司、新闻机构、雷诺汽车公司、法兰西银行等实行国有化。第三次发生于 1981 年密特朗执政时期。执行法国式社会主义，主张在不消灭私有制的基础上，通过国有化、计划化和自治管理，对法国经济进行渐进式结构改革，为此而进行了法国历史上最大规模的国有化运动。据统计，1983 年法国国有企业控制了全国电力工业的 90%，航空工业的 80%，钢铁工业的 80%，基础化工的 54%，化纤工业的 75%，军人工业的 75%，电子工业的 44%，金属加工业的 63%，玻璃工业的

35%,制药工业的 28%。

在英国,早在 1657 年就成立了由国家独家经营的邮政总局。19 世纪 70 年代英国电报系统实行了国有化。1899 年议会批准由政府掌握市营电话系统。一战至二战以前,为应付战争,国家控制了许多经济部门:1926 年成立中央电力局,1927 年成立国营英国广播公司(BBC),1933 年成立伦敦客运公司,1939 年将帝国航空公司收为国有,合并为英国海外航空公司。1945 年艾德礼的工党上台执政,开始实施其国有化竞选纲领。这期间,陆续颁布了 8 个重要的国有化法令:(1)1945 年通过《英格兰银行法》,将英格兰银行收归国有,并使之具有中央银行资格。(2)1945 年通过《煤业国有化法》,将大部分煤炭加工企业收归国有。(3)1946 年通过《民用航空法》,把航空站和全部民航机收归国有。(4)1947 年通过《电报和无线电通讯业国有化法》,成立有线电报和无线电报公司。(5)1947 年通过《国内运输法》,将铁路、公路、内河和航空运输业收归国有,成立英国运输公司。(6)1947 年通过《电力法》,由中央电力管理局管辖约 500 个电厂及输电系统。(7)1948 年通过《煤气法》,将煤气厂及煤气管道收归国有。(8)1949 年通过了当时争论最激烈的《钢铁国有化法令》,规定政府可以购买钢铁公司的资产。经过这次国有化运动,国有企业基本上支配了英国基础结构部门。1964 年至 1970 年工党威尔逊执政期间,于 1967 年制定钢铁工业国有化法案,将 14 家私营钢铁企业收归国有,并成立英国钢铁公司。1968 年制定运输法,建立国营运输公司。1974 年至 1979 年威尔逊再次担任首相,推行英国式"社会主义",再次掀起国有化高潮。在 1974 年的《工党宣言》中宣称:"实行财产和权利根本的、不可逆转的转移,使财产和权利的对比有利于劳动人民及其家庭。"到该届工党政府任期届满,英国国有企业已在国民经济中占有相当重要地位。1979 年英国大小国有企业共有 16 283家,大都分布于各基础结构部门,当年国有企业产值占国内生产总值的 11.1%,职工人数占劳动力总数的 8.1%,固定资本投资占全国固定资本投资总额的 20%。

在欧洲其他国家,国有企业也较为发达。意大利的国有企业至 1978 年在全国固定资产投资总额中占 47.1%,在国民生产总值中占 24.7%,就业人数占 25.1%。意大利的国有经济主要实现国家参与制,建立大量国家控股公司,根据 1956 年第 1589 号法律,中央政府成立国家参与部。在德国,第二次世界大战后,联邦德国于 20 世纪 50 年代创立了一批国有企业,至 80 年代,国有企业资本占全国资本总额的 23%,投资占全国投资总额的 13%,产值占全国的 12%,就业人数占 10%。

在日本,早在 1868 年明治维新后即大力创办公营企业。第二次世界大战期间,国有企业发展迅速,二战结束后,一度限制国家垄断企业的发展。1952 年《旧金山和约》生效后,日本成立了一批金融领域的国有企业,它们向民间企业提供政策性贷款,推动产业结构向重工业、化学工业转变。多年来,日本公营金融机构的贷款一直占全国贷款总额的 10%—20%,国家作为债权人,控制了企业的发展方向。1955 年以后,日本成立了许多公团、公库、事业团等特殊法人企业,主要经营公益事业、金融、保险和其他社会公用事业。

同其他各主要资本主义国家相比,美国的国有企业发展规模要小很多。第一次世界大战时期,美国在军火和其他与战争有关的部门建立了一批国有企业。二战期间投资建立了一些国营军事工业及与之相关的工业。战后的国家投资主要涉及一些投资大、周期长、内部效益低甚至为负数的产业和部门。①

20世纪80年代开始，西方资本主义国家的国有企业发生了根本性逆转。从撒切尔夫人执政的英国开始的“私有化”浪潮迅速蔓延，席卷全球，其势头至今仍在继续。仅1993年一年，大约50个国家的数百家国营企业转让给了私人投资者，成交额达690亿美元。1985年至1993年，全球私有化所得总额达3 280亿美元。1993年至1998年，仅西欧建议转让的价值就达1 500亿美元。英国自1979年至1988年，共有23家大型国营企业卖给了私人，其营业规模约占原国有企业的一半。全国持有股票人数1979年为300万人，1988年增至850万人。法国在1986年希拉克政府时通过了一项私有化法案，从1986年11月开始实施至1988年希拉克下台，有12个企业集团和32家企业完成私有化，总资产额为1 000多亿法郎，全国持股人数750万人，相当于1979年的4倍。意大利的私有化于90年代起步，政府拟订了总额为350亿马克的私有化计划，1993年随着国家电力公司等大型国营企业转为股份公司，奠定了私有化基石。美国也在服务业和公用事业部门大力推行私有化。日本1986年电力公司私有化收入124亿美元。拉美国家1992年出售国有企业金额占世界总额的35%。非洲国家90年代后也开始实行私有化计划。②

私有化不是对国家直接参与经济活动的根本否定，该浪潮的出现有着诸多原因。西方国家人士分析，各国政府推行私有化的目的是减轻国家财政负担、取得更大经济效益以及得到现金以弥补国库空虚。但深入分析会发现，其原因不仅如此。以往各国的国有化，对于当时应付战争以及其后经济的恢复、重建和振兴，发挥了重要作用。但随着二战结束后各国经济的逐渐恢复和振兴，这些非经济因素逐渐减弱或消失，国有企业自身经营效率低下的弊端开始日益显现。国家投资过多，必然影响市场机制的发挥，同时，还容易产生对于民间经济的“挤出效应”，从而影响到整个国民经济的总体效益。此时，国有企业的问题，就不仅仅局限于某个企业自身，而是制约着国民经济的全局。为此，各国纷纷开始了“私有化”运动。对于这种运动的准确理解，应当是当代国家根据各国经济运行的实际情况和需要，恰当地界定国家投资的范围和程度，把握国家投资的规模、方向和重点，将不必要的过量的国有企业转为民营企业，而保留或加强对于调节经济十分必要的国家投资和国有企业；并对于必需的国家投资选取恰当的经营形式和经营方式，改善国有企业经营状况。③

（二）西方国家国有经济参与法的概况

西方资本主义国家在进行国有资本投资的同时，制定和颁布了大量法律法规，以规范国家直接参与经济的行为。该类法律的主要表现形式可分为以下几类：④

(1) 国有化法令。例如在法国，自20世纪30年代开始，经过二战后的1945年至1946年戴高乐临时政府时期，到1981年密特朗的社会党执政时期，先后进行了三次大规模的国有化运动，每次国有化运动都颁布了一系列法令。在英国，1945年艾德礼的工党

---

① 上述资料主要引自林汗川、吴从勋主编：《外国国有资产管理比较研究》，改革出版社1991年版。

② 参见《法兰克福汇报》1993年11月24日文章、法国《青年非洲》1994年9月8日文章；转引自佟福全、李玉平主编：《当代资本主义宏观经济调节》，中国物价出版社1992年版，第125页。

③ 漆多俊著：《经济法基础理论》(第四版)，法律出版社2008年版，第221页。

④ 同上书，第222页。

上台执政,制定了国有化纲领,陆续颁布了8个重要的国有化法令,其中包括英格兰银行法、煤业国有化法、民用航空法、电报和无线电通讯业国有化法、国有运输法、电力法、煤气法、钢铁国有化法令。1964年威尔逊工党执政期间,颁布了钢铁工业国有化法案和关于建立国有运输公司的运输法等。

(2) 关于国家投资和国有企业管理体制方面的法律。例如,意大利于1956年颁布的第1589号法律,规定中央政府成立国家参与部,对国有经济实行国家参与制,建立大量国家控股公司。

(3) 关于国有企业的组建和经营管理活动规则方面的法律。各国除了制定一般性的公司法和其他类型的企业法之外,还颁布了各种国有企业在设立、组织和活动方面的特别规定。例如日本在各个历史时期先后颁布的日本制铁股份公司法,以及燃料、发送电、矿业开发、航空等方面的股份公司法、军需公司法等等。

(4) 私有化法律。这是指20世纪80年代以后从英国开始的私有化浪潮中,欧、美及日、澳等资本主义国家政府先后颁布的有关国有企业改革、改制、改组的计划、步骤和做法的法律规定。

当前,西方国家的国有企业改革和国家投资经营法立法的主要倾向表现为两个方面:一是原有的国有企业的私有化,减少国家投资和国有企业在国民经济中的比重,为此而进行私有化立法;二是改革和改善尚需保留的国有投资和国有企业的管理体制和经营方式,以及为此目的而进行的立法。

二、社会主义国家国有经济参与及其立法的变革

(一) 社会主义国家国有经济参与及立法概况

社会主义国家的国有经济在经济领域中一直占压倒优势,国有企业成为企业的最主要形式,成为整个国民经济中最重要的主体。与之相适应,社会主义国家制定了大量关于国家投资和国有企业的立法或政策。有关国家投资和国有企业的法律法规量多面广,是整个经济立法中最主要的部分。

以苏联为例。俄国十月革命胜利后,即颁布了工业国有化令,将一切大型企业全部收归国有。1923年制定了第一个托拉斯条例。1927年又制定了新的《国有工业托拉斯条例》,这是直至60年代中期国营企业的基本法。50年代中期以后,苏联对其经济管理体制进行了改革,与此同时也开始重视法制建设,颁布了大量关于改革国家投资管理体制和改进国有企业经营管理的法律,其中包括1965年颁布的《社会主义国营生产企业条例》,70年代颁布的《全苏共和国联合公司总条例》、《生产联合公司条例》等。1991年苏联解体,俄罗斯等独联体国家全面推行市场经济和实行私有化。此后的俄罗斯等国在国家投资经营领域立法的主要倾向在于两方面:一是关于国有企业私有化立法;二是调整和改革尚未私有化的国有企业的管理和经营制度的立法。①

① 以上资料引自漆多俊著:《经济法基础理论》(第四版),法律出版社2008年版,第222—223页。

(二) 社会主义国家与资本主义国家国有资本参与的比较与启示

从资本主义国家国有经济参与的沿革来看,基本上遵循着这样一条脉络:私有化占绝对优势——公有化运动——新一轮私有化运动;从社会主义国家国有经济参与的沿革来看:公有化占绝对优势——私有化运动。从上述历史发展背景和轨迹中,我们可以把握以下规律性的认识:

第一,无论是资本主义国家还是社会主义国家,公有化运动兴起的直接主导因素往往是非经济因素,或者是出于战争造成的社会后果、应对经济危机,或者是处于政治体制的需要。然而,公有化运动的后果往往是经济目的(效率)的无法实现;而新一轮私有化运动的兴起则主要是出于经济目的(效率)的提高。

第二,从国有经济参与的发展脉络中,我们看到的是市场体制和计划体制或市场主治和政府主治的复杂交替,反映了不同历史条件下,人们对于市场和政府的认识历程。

第三,资本主义国家国有经济参与的历史发展脉络与西方经济学思想的发展脉络基本一致。资本主义国家"私有化占绝对优势——公有化运动——新一轮私有化运动"的历史进程,某种程度上是"斯密的古典自由主义经济学——凯恩斯的干预主义——哈耶克等为代表的新自由主义经济学"思想在社会经济实践中的反映和演绎。

三、我国国有经济参与及其立法的演进

(一) 我国国有经济的发展历程

1. 国有经济的建立

新中国成立伊始,由于社会经济现状以及意识形态的作用,我国选择了高度集中的计划经济体制。从 1949 年到 1956 年间,国有经济经历了从无到有、从弱到强的发展过程。其建立的主要途径包括:第一,根据地时期为保证军需民用而兴办的公营企业。它们具有强烈的计划性特征,虽数量不多,却对新中国成立后国有经济的管理方式产生了重大影响。第二,没收官僚资本,处理一部分在华外资。这使得新中国成立后中央人民政府直接掌握的国有经济空前壮大起来,并因此基本控制了国民经济的命脉,为国民经济的恢复、发展和改造奠定了坚实的物质基础。第三,改造民族资本,使其转化为国有资产。新政府在 1953—1956 年间,运用赎买政策,把中国的民族资本主义工商业改造成国有经济,使得国有经济的规模进一步发展。第四,政府直接投资,建立国有经济。从 1953 年"一五"计划开始,国家投入大量资金进行经济建设,国有经济得到迅速发展,政府投资成为以后国有经济增长的主要途径。①

2. 国有经济的调整

1956 年计划经济体制在中国全面建立,国有经济居于国民经济的主体地位。随着经济建设规模的扩大和经济活动的日趋复杂,该体制的弊端逐步显露。其主要表现为:中央对国有经济管得过宽、统得过死,企业没有独立的法人财产权和物质利益要求,缺乏有效的激励机制;而且过分强调各部门的"条条"管理,给不同行业、企业之间的分工和协作设

---

① 刘统锡、于蕾:《我国国有经济的制度变迁及分析》,载于《计划与市场探索》2003 年第 11 期。

置了人为障碍。针对这些问题，在 1958—1978 年，我国先后进行了多次经济体制改革，主要是针对中央与地方、政府与企业关系中权利"收"、"放"的调整。较大规模的有 1958 年和 1970 年的两次体制下放，下放的主要权力包括计划管理权、物资分配权、财政税收管理权、信贷管理权等。但由于这些措施都是在计划体制的旧框架下进行的对原有制度的修补，加之同时期政治运动的负面影响，造成了国民经济比例关系失衡，经济生活陷入严重的混乱之中，进一步暴露了原有体制的固有缺陷。因此，这些调整措施还不能称为真正的改革，或许只能称为"改良"①。这种改良并未改变我国纯而又纯的公有制经济制度。真正意义上的国有经济改革，尤其是国有企业改革，是出现在 1978 年中共十一届三中全会之后。

3. 国有企业的改革

国有经济参与市场活动的载体主要是国有企业。纵观我国国有经济的发展历史，对国有企业的改革一直是重中之重。我国国有企业的改革进程大体可分为如下阶段，在此予以重点介绍。

(1) 放权让利阶段(利改税、拨改贷)

所谓放权让利改革，指的是将本来属于企业而被各级政府机构控制的有关权力返还给企业，同时通过利改税、拨改贷等方法，扩大企业在财务等方面的自主权。1979 年 7 月，国务院发布了《关于扩大国营工业企业经营管理自主权的若干规定》，国有企业的放权改革在当年下半年迅速在全国推广开来，到年底，试点企业已达 4 200 家。到 1980 年 6 月又增加至 6 600 多家。②1984 年，《关于进一步扩大国营工业企业自主权的暂行规定》、《中共中央关于经济体制改革的决定》的出台，使得国有企业放权改革由以往的试点阶段正式转入全面推行阶段。在放权改革的同时，让利改革也在全国逐步推行。1979 年国务院颁布的《关于国营企业实行利润留成的规定》实施后，利润留成制度正式在国有企业实行。1980 年国务院又发布了《国营工业企业利润留成试行办法》，决定实行基数利润留成加增长利润留成制度。到这年年底，已有 6 000 多家国有企业试行新利润留成制度。③利润留成制度的实行，使企业具有超额完成计划要求和通过改善经营管理来增产增收的积极性，在财务方面的自主权也大大加强，赢利意识大大提高。但利润留成制度也导致企业多占多分、财政赤字增加，国务院在 1980 年初决定在全国实行工业经济责任制。

利改税，就是指把国有企业上缴的利润按照规定的税种、税率缴纳税金，税后利润完全归企业自行支配。利改税是分步进行的，即通常所谈的"两步利改税"。1983 年 4 月《关于国营企业利改税试行办法》决定对所有大中型国有企业进行第一步利改税；1984 年 5 月，国务院发布了《国营企业第二步让利改税试行办法》，决定对国有企业实行第二步利改税。由于利改税实际上带有很强的不规范性，国有企业除了按照统一规定的比例缴纳税收外，还要根据各自的营利状况缴纳比例不同、随意性很大的调节税，而且所得税的税

① 参见王文杰著：《国有企业公司化改制之法律分析》，中国政法大学出版社 1999 年版，第 12 页。

② 参见《1978—1994 中国改革与发展报告——中国的道路》，中国财政经济出版社 1995 年版，第 84 页。

③ 吴天宝、武宜达、陶晓林、张媛媛著：《国有企业改革比较法律研究》，人民法院出版社 2002 年版，第 86—88 页。

率太高，导致了国有企业对利润的分享减少，利改税的作用未得以充分发挥。①

国家与国有企业之间经济利益分配关系的调整，还体现在"拨改贷"上。1983 年 6 月国务院批转了中国人民银行的《关于国营企业流动资金改由人民银行统一管理的报告》，"拨改贷"制度开始实行。所谓"拨改贷"，就是将国有企业所需的生产经营资金由过去的财政无偿拨款改为银行有偿贷款，从而形成了国有企业有偿使用资金制度和负债经营方式。"拨改贷"的实施，使国有企业形成了明确的资金成本意识，对国有企业的利益分配体系产生了深远影响。

从总体来看，放权让利的改革仍然是在计划经济体制下进行的，其实质仍然是国有国营。虽然授予企业收益权，但局限在政府、企业、职工三者的利益分配上，并未授予国有企业真正独立的法人财产权，实际上并未改变国有企业政企不分的状态，国有企业离真正的独立法人和市场经济主体的目标还很远。

(2) 两权分离阶段(承包制)

所谓"两权分离"，是指国家在保有财产所有权的前提下，授予国有企业经营权。1984 年 10 月，中共十二届三中全会通过了《中共中央关于经济体制改革的决定》，其最引人注目的地方，就是提出了"两权分离"理论。在该理论下，所有权和经营权可以适当分开，国有企业只要不改变国家所有制，就有权选择灵活多样的经营方式，有权安排自己的产供销活动，有权拥有和支配自留资金，有权在国家允许的范围内确定本企业产品的价格，有权依照规定自行任免、聘用和选举本企业的工作人员，有权自行决定用工办法和工资奖励方式。也就是说，国家只要求保持所有权，不再要求把持企业的经营决策权，不再干预企业的经营活动，同时，也不再承担国有企业的经营结果，以使企业成为自主经营、自负盈亏、具有一定权利和义务的法人。1988 年 4 月，颁布《中华人民共和国全民所有制工业企业法》(简称《全民所有制工业企业法》)，其中规定："企业的财产归全民所有，国家依照所有权与经营权分离的原则授予企业经营管理。企业对国家授予其经营的财产享有占有、使用和依法处分的权利。企业根据政府主管部门的决定，可以采用承包、租赁等经营责任制形式。"该法正式确立了两权分离改革的法律地位，其对后来的国有企业改革产生了深远影响。

承包责任制是我国开展两权分离改革中的一种经营机制创新，是指所有者将自己的一定财产通过合同形式交给承包人经营，以此保证所有者得到固定的收益，超额部分利益依据双方约定或归承包方所有或按一定比例在承包方与发包方之间进行分配。承包责任制的基本内容包括按照责权利相结合的原则，切实落实企业的经营自主权，保护企业的合法权益和按照包死基数、确保上缴、超收分成、欠收自补的原则，确定国家与企业的分配关系。1986 年 12 月，国务院在《关于深化企业改革增强企业活力的若干规定》中明确指出，"推行多种形式的承包经营责任制，给企业经营者以充分的经营自主权"。此后，承包经营责任制作为一种主要的改革形式在全国大中型企业中迅速推广开来。到 1987 年底，全国预算内国有企业已有 78%实行了承包制，大中型企业达到了 80%。为了进一步规范承包经营责任制，1988 年 2 月，国务院还颁发了《全民所有制工业企业承包经营责任制暂行

① 张文魁、袁东明著：《中国经济改革 30 年：国有企业卷》，重庆大学出版社 2008 年版，第 22 页。

条例》。

然而，承包制在得以推广的同时，弊端也逐步暴露。承包制无法避免承包人的“道德风险”，国有企业普遍出现了重当期生产、轻长期投入的“短期行为”。同时，承包制也使得国家与承包人之间的谈判签约成本高昂，信息不对称实质上使政府处于劣势地位，因此，即使国有企业不出现亏损，国家仍然难以获得所期望的承包利益。该制度实行至1993年后基本终止。①

(3) 公司化改革阶段

国有企业的公司化改革适应现代企业制度的需要。所谓现代企业制度，是指适应现代市场经济的要求，以规范和完善的企业法人制度为主体，包括有限责任制度、组织制度、管理制度在内的一种企业制度体系。1993年中共十四届三中全会通过的《关于建立社会主义市场经济体制若干问题的决定》明确了国有企业建立现代企业制度的目标，即“产权清晰、权责明确、政企分开、管理科学”，并第一次提出了“法人财产权”的概念。1993年颁布《公司法》，正式确立了公司的法人财产权。1994年颁布《国有企业财产监督管理条例》，明确了国务院代表国家统一行使对企业的国有资产所有权，国有资产实行分级行政管理的制度。同年，国务院《关于选择一批国有大中型企业进行现代企业制度试点的方案》出台，国有企业建立现代企业制度的试点工作正式启动。

经过二十年的公司化改革，国有企业的组织结构、运行机制发生了重大变化，既符合了市场经济的规律，也顺应了世界各国国有企业股份制改革的潮流。尤其是2008年《企业国有资产法》的颁布，使得国有企业的治理和管理模式有了更大的进步。但是，客观地说，由于受政治经济体制的影响，公司法所确立的企业治理结构并未能在国有企业，尤其是国有独资企业中得以很好地确立，致使立法与现实之间仍然存在着较大差距。例如，党委会在国有公司中的话语权依旧很大、党管干部原则和市场企业的高管选任机制始终存在冲突、国有独资公司董事会仍未科学建立等，这都需要今后改革的进一步深入。

(二) 相关制度的演进

从我国国有经济改革的历程来看，通过上述主要法律和政策性文件的出台，可以得出如下规律性认识，这对于今后我国国有企业的改革具有一定的参考意义。

首先，法律手段在国有经济改革中的作用日益重要，关键性的核心制度陆续出台。自放权让利阶段开始，政府就开始以制度化的法律手段代替行政手段划分政府与企业之间的利益分配关系，且随着改革的深入，法律意识的加强，法律位阶也越来越高，基本法陆续出现并不断更新。1986年4月全国人大通过了《民法通则》，建立了企业法人制度，确定了全民所有制企业的法人地位；1988年颁布了专门调整国有企业的第一部法律《全民所有制工业企业法》，规定国家依照所有权和经营权分离的原则授予企业经营管理权，两权分离原则正式确立；1993年颁布了《公司法》(2005年进行了全面修订)，为后续国有企业的公司化改造、建立现代企业制度提供了制度依据；2008年颁布了《企业国有资产法》，明确了政府出资人职能与社会管理职能的分离，并进一步针对性地完善了国有企业的治理

① 张文魁、袁东明著：《中国经济改革30年：国有企业卷》，重庆大学出版社2008年版，第47页。

机制和管理体系。

其次,国有企业的法律地位逐渐独立。(1)放权让利阶段的改革逐步改变了国有企业作为行政单位附属物的状况,并开始向相对独立的商品生产经营者和法律主体转变。这是国家与国有企业之间一次带有突破性意义的变革。[①]在改革开放前,我国处于高度集中的计划经济体制下,国有企业中"企业"固有的本质和属性已荡然无存,完全成为行政机关的附属物,企业的生产经营由国家通过指令性指标来控制和安排,企业的负责人由上级主管机关任命、委派和更换。可以说,从人、财、物到产、供、销都是由政府直接掌控。放权让利在一定程度上改变了旧体制下国有企业仅仅被动地完成指令性计划的状况,国有企业在一定范围内开始具有相对独立的利益和财产权利。"而企业自主权的扩大和利润留成制度的建立,使企业具有超额完成计划要求和增产增收的积极性,发展意识和盈利意识大大提高"[②];与此同时,企业也在一定范围内和一定程度上承担着因管理不善带来的风险,具有相对独立的责任。因此,国有企业成为了具有相对独立地位的法律主体。(2)在"两权分离"阶段,国有企业的经营权进一步扩大。《全民所有制工业企业法》规定,企业的财产由国家依照所有权与经营权分离的原则,授予企业经营管理,企业对国家授予其经营的财产享有占有、使用和依法处分的权利。这是立法首次肯定所有权与经营权分离的原则,保障了国有企业的经营自主权。这种经营权比放权让利阶段企业的经营自主权要更为明确和广泛。(3)在公司化改造阶段,通过现代企业制度的建立,国有企业获得了法人财产权,成为独立的法人实体和市场主体。政府对企业的行政管理权和股东权实行了分离。

第三,政府的出资人职能与社会经济管理职能逐渐分离。在传统的高度集中的计划经济体制之下,之所以出现政府作为企业的国有资本出资者而享有的所有权与作为社会经济管理者而享有的行政权混同行使现象,根本原因在于传统的计划经济体制强调社会经济资源由国家作为一个大工厂来进行集中统一配置,国有企业是行政机关的附属,政府使用习惯性的行政权力,来对企业进行直接的指挥监控。这样,政府作为社会经济管理者的行政权过度膨胀,掩盖了政府作为企业国有资产出资者而享有的所有权。另一方面,政府作为国有资产出资者的所有权与作为社会经济管理者的行政权不加区分,也与国有企业无多元化产权主体约束有关,在社会生产资料只能由国家作为唯一的所有者来掌管的观念制约下,国有企业也只能有唯一的出资者,即代表全体人民的国家或其政府。这就是说,国有企业的产权主体是唯一的,国有企业的形式也是唯一的,即国有全资企业,排除了国有企业中其他产权主体对政府这一国有资产产权主体的制衡力量,大大方便了政府行政权力在国有企业中的行使。经过改革后,该现象逐步发生了变化:(1)在放权让利阶段,利改税政策的施行,初步改变了政府在国有企业中的所有权与行政权不加区分的现象。所谓"利",即利润,其意味着政府是作为企业的国有资产出资者所享有的资产受益权,代表的是所有权。所谓"税",即税收,其意味着政府是作为社会经济管理者所享有的国民收

① 吴天宝、武宜达、陶晓林、张媛媛著:《国有企业改革比较法律研究》,人民法院出版社 2002 年版,第 88—89 页。

② 王文杰著:《国有企业公司化改制之法律分析》,中国政法大学出版社 1999 年版,第 14、16 页。

入再分配权利，即代表的是行政权。这样，在国有企业的一定领域内形成了政府的出资者所有权与社会经济管理者行政权的初步分离的状况。①(2)在“两权分离”阶段，政府的所有权和行政管理权进一步分离。在企业依据《全民所有制工业企业法》具有更多生产经营自主权的同时，政企进一步分离，主管部门减少了对企业不必要的行政干预。(3)在公司化改造阶段，政府对所投资国有企业的所有权和社会管理权实现了分离。2008 年的《企业国有资产法》，将国资委规定为“出资人代表”，不再执行社会管理职能，也再次体现了该思想。

① 吴天宝、武宜达、陶晓林、张媛媛著：《国有企业改革比较法律研究》，人民法院出版社 2002 年版，第 89—90 页。

第二十四章 国有资产基础管理法律制度

国有资产基础管理法律制度是国有资产法的核心制度之一。从法律体系上来看,国有资产基础管理法律制度应包括国有资产产权制度(包括产权界定、登记、清产核资等)、国有资产评估制度、国有资产统计报告制度、国有资产审计制度、国有资产纠纷处理制度等。在我国经济体制改革进程中,有关国有资产基础管理的立法工作受到了极大重视,相关立法不断完善。本章将重点就国有资产产权制度、国有资产评估制度以及国有资产审计制度进行重点论述。

第一节 国有资产产权制度

一、国有资产产权的界定

产权是指财产所有权以及与财产所有权有关的经营权、使用权等权利。产权界定是指依法界定产权归属,明确各类产权主体行使权利的财产范围和管理权限的一种法律行为。这一概念强调了两点:其一,产权界定的内容既包括财产所有权,也包括与财产所有权相关的其他权能;其二,产权界定是一种法律行为,界定的依据、组织与程序必须符合法律规定,界定的结果具有法律效力,受到法律保护。国有资产产权界定是对应属于国家所有的资产进行确认,明确国有资产的财产范围的法律行为。它是国有资产管理的一项重要的基础性工作。科学合理地界定国有资产产权,是防止国有资产流失,维护国有资产安全的前提;也是深化经济体制改革,建立现代企业制度的基础。为规范这项工作,国家先后制定了《国有资产产权界定和产权纠纷处理暂行办法》、《集体企业国有资产产权界定暂行办法》、《集体科技企业产权界定若干问题的暂行规定》等法规。

(一)国有资产产权界定的原则

一是统一所有、分级代表的原则。国有资产属于全民所有,国务院代表国家对国有资产行使财产权利。但在具体管理上,则需要按照地区对国有资产实行分级代表的管理制度,否则,国有资产的产权管理工作就难以有序进行。分级代表即是指由中央政府对地方政府授权,对地方政府管辖范围内的国有资产行使完整的财产权利。

二是"谁投资,谁拥有产权"的原则。资产由投资形成,投资主体自然成为资产的权利主体。因此,产权界定必须要追溯企业的初始投资来源,保护国家和其他经济主体的合法权益。在产权界定中,应防止以企业注册登记的所有制性质来界定资产归属的错误做法,而是应坚持“出资人拥有产权”的原则。就国有资产投资而言,由于国家投资分为中央和地方政府的投资以及有权代表国家的部门和机构的投资,在对这些投资所形成资产进行产权界定时,就要在明确国家统一所有的前提下,坚持出资人拥有产权。

三是尊重客观历史事实的原则。由于我国国有资产的历史成因复杂,转移变动频繁,且时间较长,加之在计划经济时期不重视产权管理,有关资料档案不全,这给产权界定具体操作带来了很大难度。因此,在界定产权时,必须尊重客观历史事实,以客观历史事实为依据,避免人为因素影响资产界定的结果。

四是国有财产的特殊认定原则。国有经济是国家的经济命脉,是国家政权的物质基础。对于国家资产的认定,法律规定了一些特殊规则,例如,无主财产推定为国家所有。在对国有资产进行界定时,这些原则应被适用和遵守。

(二) 国有资产产权界定的主体和程序

国有资产产权界定的主体是国有资产监督管理管理委员会(以下简称国资委)。按照现行国有资产监管体制,中央企业由国务院国资委负责,地方企业由地方各级国资委负责。各级国资委应当成立国有资产产权界定和产权纠纷调处委员会,具体负责产权界定和产权纠纷处理工作。

一般来讲,产权界定的程序分作三个阶段:首先,国家出资企业首先进行清理和界定,国资委负责监督检查,必要时也可以由国资委直接进行清理和界定;其次,经清理、界定已明确属于国有资产的部分,按财务隶属关系报同级国资委认定;最后,经认定的国有资产,须按规定办理产权登记等有关手续。

(三) 国有资产产权界定的规则

1. 国有独资企业中的国有资产

根据原国家国有资产管理局颁发的《国有资产产权界定和产权纠纷处理暂行办法》,国有独资企业中的国有资产主要包括:(1)国家授权投资机构和部门以货币、实物以及所有权属于国家的土地使用权、知识产权等向企业投资形成的国家资本金;(2)企业运用国家资本金及借入的资金,通过生产经营活动所形成的税后利润,经国家批准后留给企业作为增加投资的部分,以及从税后利润中提取的盈余公积金、公益金和未分配利润等;(3)以国有单位名义担保,完全用国内外借入资金投资创办的,或完全由其他单位借款创办的企业,其受益积累的净资产;(4)企业接受馈赠而增加的国家资本金及其收益;(5)企业用从留利中提取的职工福利基金、职工奖励基金和公益金购建的集体福利设施而相应增加的所有者权益;(6)企业的党、团、工会组织等占用的财产。

2. 集体所有制企业中的国有资产

依据原国家国有资产管理局颁发的《国有资产产权界定和产权纠纷处理暂行办法》和《集体企业国有资产产权界定暂行办法》,城镇企业所有制企业的国有资产产权界定按如下规定进行:(1)国有单位以货币、实物和所有权属于国家的土地使用权、知识产权创办的以集体所有制名义注册登记的企业单位,其资产应界定为国有资产,但法律、法规或协议约定并经国有资产监督管理部门认定属于无偿资助的除外。(2)国有单位用国有资产在非国有单位独资创办的集体企业中的投资,以及按照投资份额应取得的资产收益用于集体企业发展生产的,应界定为国有资产。(3)集体企业无偿占用城镇土地的,其土地使用权属于国有。根据有关规定,对集体企业中界定为国有资产的财产,企业可继续使用,国家不抽回,但应按一定方式,如交付占用费、交付受益、收取租金或作价入股等进行处理。

3. 股份制企业(包含国有独资公司、国有控股公司、国有参股公司)和联营企业中的国有资产

该国有资产产权界定主要依据如下规则:(1)国家机关或者授权投资部门向股份制企业投资形成的股份,为国家股,界定为国有资产;(2)国有企业向股份制企业投资形成的国有法人股,界定为国有资产;(3)股份制企业公积金、公益金中,国有单位按投资应占有的份额,应界定为国有资产;(4)企业未分配利润中,国有单位按照投资比例应享有的相应份额,同样为国有资产。

4. 中外合资经营企业和中外合作经营企业中的国有资产

该国有资产产权界定所依据的规则主要如下:(1)中方以国有资产出资投入的资本总额,包括现金、实物、场地使用权和无形财产,应界定为国有资产;(2)双方依据协议,中方以分得利润向企业再投资或者优先购买另一方股份的投资活动中所形成的资产,应为国有资产;(3)可分配利润以及从税后留利中提取的各项资金,按中方投资比例所占的相应的份额,不包括已提取用于职工福利、奖励等分配给个人的部分,界定为国有资产;(4)中方职工的工资差额和企业中依法按中方工资总额提取的中方职工住房补贴等,界定为国有资产;(5)企业清算时,馈赠或无偿留给中方继续使用的资产,应界定为国有资产。

(四) 国有资产产权纠纷的解决

产权纠纷是指有关当事人对财产所有权或经营权、使用权等产权归属问题所发生的争议。产权纠纷既包括不同所有制主体之间因资产所有权归属而引发的纠纷,也包括国有单位之间在财产最终权属归于国家的前提下因经营权或使用权等权属不清而引发的纠纷。

对于发生在不同所有制主体之间的产权纠纷,例如发生在国有单位与集体单位或个人之间的产权纠纷,可由争议双方协商解决;协商不成的,由司法部门处理。但国有单位对产权纠纷所提出的处理意见,必须首先经国有资产监督管理机构同意后,方可与对方协商,不能协商解决的则依司法程序处理。

对于发生在国有单位之间的产权纠纷,则应当在维护国有资产权益的前提下,由当事人协商解决;协商不成的,则应向同级或共同上级的国有资产监督管理机构申请调解和裁决,也可报请有管辖权的人们政府裁决。国务院作为国有资产所有者代表拥有最终裁决权。具体而言,对于国有单位之间的产权纠纷,我国规定了调处制度。这种调处,是由国有资产监督管理机构依据有关法律法规,对发生在国有单位之间的产权纠纷案件进行的行政调解或裁决,在本质上是一种政府行政行为。同时,根据宪法和有关法律法规的规定,国务院和地方各级人民政府及其行政管理部门,有权发布决定和命令,并对其管辖范

围的有关纠纷作出行政裁决。这里需要说明的是，调处不同于一般的调解，而是具有行政职权的主体对纠纷进行调解和裁决的过程，是行政权的行使。如果当事人对于调处裁决的结果不服，可以在规定期限内向上一级国有资产监督管理机构申请行政复议。

二、国有资产产权登记

产权登记与产权界定有着十分密切的联系。产权界定是划分财产所有权、经营权和使用权等权属关系的依据，是产权登记的前提和基础。产权登记则是对产权关系的确认，产权登记结果具有法律效力。也就是说，经过产权界定，可以依法划分财产的所有权、经营权和使用权等产权归属，之后，必须通过产权登记对业已界定的产权进行确认，从而使产权界定的结果得到法律的认可和保护。因此，可以说产权登记是产权界定工作的延伸。①

国有资产产权登记，是指国有资产监督管理机构代表国家对境内外国有资产进行登记，依法确认国家对国有资产的所有权以及企业单位占有、使用国有资产的状况的法律行为。它是国有资产管理的一项基础工作，其结果是为社会公众提供国有资产归属的情况信息。早在 1996 年，国务院便颁布了《企业国有资产产权登记管理办法》，确立了我国国有资产产权登记的基础法律依据。但由于该管理办法内容笼统，操作性不强，因此，针对该管理办法的一些实施细则陆续出台，其中最具代表性的便是 2004 年国资委发布的《企业国有资产产权登记业务办理规则》。

（一）国有资产产权登记的机关

产权登记的主管机关是国有资产监督管理机构。根据“统一所有、分级代表”的原则，各级国有资产监督管理机构负责本级企业单位的国有资产产权登记。为保障产权登记工作的有序开展，需要对各级产权登记主管机关在产权登记工作中的管理职责进行明确、合理的划分。具体而言：(1)国务院国有资产监督管理机构应负责对以下企业的产权登记工作：国务院管辖的企业、行业总公司；国家计划单列的企业集团公司；国务院批准的国家授权投资机构及其投资设立的企业；上述国家出资企业投资设立的企业。(2)省、自治区、直辖市国有资产监督管理机构负责如下企业的产权登记：省、自治区、直辖市人民政府管辖的企业；省计划单列的企业集团公司；国家出资企业投资设立的企业；国家产权登记主管机关委托其办理产权登记的企业。(3)市(地)、县级国有资产监督管理机构产权登记的管辖范围则由省、自治区、直辖市以及计划单列市国有资产监督管理机构予以规定。

（二）国有资产产权登记的种类

产权登记分为占有产权登记、变动产权登记以及注销产权登记。同时，国有资产产权登记实行年度检查制度，目的在于对国有资产占用单位承担的固定资产的保值增值责任予以检查监督，制止违法行为，防止国有资产流失，提高国有资产营运效益。

---

① 刘玉平主编：《国有资产管理》，中国人民大学出版社 2008 年版，第 92 页。

1. 占有产权登记

占有产权登记是对拟设立的企业和已经在工商管理机关注册登记并取得法人资格的企业占有使用国有资产的情况进行的登记，适用于所有占有、使用国有资产的法人企业。对于实施产权登记之前已经取得法人资格的企业，应当补办占有产权登记；对于拟申请取得法人资格的企业，在取得法人资格后，向国有资产监督管理部门办理占有产权登记。

2. 变动产权登记

变动产权登记，适用于企业发生名称、住所、法定代表人改变的；企业资本金增加或减少超过一定比例的或国家资本金比例发生较大变化的；企业分离、合并或者改变经营形式的以及产权登记机关规定的其他变动情形。只有办理了产权变更登记后，才能去工商行政管理部门办理有关变更登记。

3. 注销产权登记

适用于撤销、被合并、被兼并以及破产等情况需要终止的企业单位。申办时应填报注销产权登记表，并提交相关的证明和文件。

4. 产权登记的年度检查

为了更好地加强对国有资产的清理，严格企业产权登记制度，我国还规定了产权登记年度检查制度。国有资产监督管理部门需按年度对办理了产权登记的企业进行产权登记检查。检查的主要内容有：国有资产产权占有、使用的情况；国有资产的增减变动手续是否完备；国有资产保值增值情况，以及国有资产产权是否受到侵害等。企业应在工商年检前办理产权登记年度检查。依据《企业国有资产产权登记办法》的规定，各级产权登记机关应于每年 5 月 31 日前对企业产权登记的情况进行抽查，并将本级政府所出资企业产权登记年度汇总表和年度汇总分析报告逐级上报，国务院国有资产监督管理机构应于每年 6 月 30 日前完成全国非金融类企业国有资产产权登记年度汇总检查工作。

（三）企业国有资产产权登记程序

企业国有资产登记程序是指办理产权登记的各个具体步骤，分为填报申请、审核受理、审核认定和核发证书四个阶段。

1. 填报申请

按照 2004 年国资委发布的《企业国有资产产权登记业务办理规则》的规定，由需要进行国有资产产权登记的企业按照产权登记机关的要求填写相应表格，并将表格及相关材料提交给该产权登记机关，由后者决定是否受理。

2. 审核受理

产权登记机关在审核企业产权登记申报文件资料是否齐全的情况下，作出是否受理企业产权登记的决定。由于该阶段产权登记机关审核的内容是材料是否齐全，仅从材料的表面形式上作出是否受理的决定，并不对材料内容的真实性和合规性作出判断，因而属于形式审查阶段。

3. 审核认定

产权登记机关对申请企业提交的各种文件、证件、资料等进行合规性审核，审核的内容包括:(1)企业填报的产权登记表内容是否真实可靠;(2)企业提交的相关文件资料是否符合国家的有关规定。在该阶段,产权登记机关既负责审核产权登记申报材料的真实性,又负责审核材料的合规性,属于实质审查阶段。

4. 核发证书

产权登记机关对审查合格的企业,办理核发《中华人民共和国企业国有资产产权登记证》,企业国有资产产权登记证书是依法确认企业产权归属关系的法律凭证,也是企业的资信证明文件。

三、国有资产的清产核资

国有资产清产核资是指国有资产监督管理机构根据国家专项工作要求或者企业特定经济行为需要,按照规定的工作程序、方法和政策,组织企业进行账户清理、财产清查,并依法认定企业的各项资产损益,从而真实反应企业的国有资产价值和重新核定企业国有资本金的活动。经营性的国有资产与其他资产一样,在经营过程中存在增值、亏损、转让等种种变化,因而它们在数量上一直处于动态变化中。不同时间节点上的国有资产总量很可能会不同,那么国有资产进行清产核资对及时了解国有资产的变化趋向、及早避免国有资产不必要的流失和贬值极为必要。①

新中国成立以来,已经开展了六次全国性的清产核资工作,前三次发生在计划经济时代,后三次发生在改革开放之后。第一次清产核资是在国民经济恢复时期(1951—1952年)。新中国成立初期,国家没收了官僚资产阶级的财产并归国家所有,查清楚这批资产的状况、数量相当重要。第二次清产核资是在"大跃进"之后(1962 年 3 月—9 月)。为了贯彻当时中央提出的"调整、巩固、充实、提高"的八字方针,全面开展了对工商企业的流动资产、存货产品的清查,并核定了流动资金定额。第三次清产核资是在"文化大革命"期间(1971 年底—1974 年)。当时正值特殊历史时期,社会经济工作和企业生产经营受到严重破坏,企业物资及资金浪费严重。此次清产核资的目的在于"摸清家底",核定资金定额,挖掘潜力,加强经济核算和企业管理。第四次清产核资是在中共十一届三中全会结束不久(1979—1981 年)。为了贯彻中共十一届三中全会精神,把党的工作重心转移到社会主义现代化的建设上来,国家组织进行了清产核资工作。第五次全国性清产核资是在建立社会主义市场经济的新形势下进行的(1992—1995 年),其目的是为进一步深化经济体制改革、理顺企业的产权关系打下基础。这次清查,摸清了国有企业在资产经营和管理中存在的问题。第六次清产核资是在中共十六大之后(2003—2005 年)。中共十六大明确提出了以建立国有资产出资人制度为核心的国有资产管理体制改革方向,即"建立中央政府和地方政府分别代表国家履行出资人职责,享受所有者权益,权利、义务和责任相统一,管资产与管人、管事相结合的国有资产管理体制"。2003 年国务院国资委成立,随后各地相应成立了国资委,并开始了对所出资企业国有资产的全面清产核资工作。②

① 顾功耘等著:《国有资产法论》,北京大学出版社 2010 年版,第 25 页。

② 汪立鑫编著:《国有资产管理——理论、体制与实务》,上海人民出版社、格致出版社 2011 年版,第 122 页。

目前我国关于清产核资方面的法规、部门规章主要有:《国有企业清产核资办法》、《清产核资总体方案(试行)》、《关于清产核资中全民所有制企业资产清查登记有关问题的暂行规定》、《关于清产核资中全民所有制企业、单位对外投资的清理和界定的暂行规定》、《清产核资中土地估价实施细则》等。

(一) 清产核资的目标

国有资产清产核资的目标具有多重性,主要有:(1)全面摸清国有企业"家底",通过清产核资,真实、完整地反映企业资产状况、财务状况和经营成果,促进企业会计信息质量的提高;(2)核实国有企业各项资产的损失情况,解决历史遗留问题;(3)核实企业资产、权益等状况,规范国有企业会计核算和财务报告制度,真实反映企业经营实力;(4)规范境内外企业财务监督管理和财务报告制度,加强国有资产监督管理工作,同时为科学评价和规范考核企业经营者绩效打下基础,为国有资产保值增值提供依据。对于这四项目标的关系,有学者认为,前两项属于清产核资的阶段性目标,而后两项是最终目标。①

(二) 清产核资的对象

清产核资的对象包括占有国有资产的一切单位,重点是国有企业,具体包括:(1)各地区、各部门所属的国有企业和实行企业化管理的事业单位,以及各级国有企业、单位,以国有资产为主体投资举办并掌握实际控制权的各类国有控股企业;(2)各类国有金融企业,包括银行机构和各级政府、各业务部门及国有企业所属的信托投资公司、投资担保公司、财务公司、融资性租赁公司和证券公司等;(3)各地区、各部门和各国有企业单位投资举办的境外企业和开设的各类境外机构;(4)各地区、各部门的各类行政、事业单位投资举办的具有企业法人资格的各种经济实体。

(三) 清产核资的内容

根据国资委 2003 年颁布的《国有企业清产核资办法》,国有资产清产核资的内容主要包括账务清理、资产清查、价值重估、损益认定、资金核实等几个方面。

1. 账务清理

即对企业的各类银行账户、会计核算科目、各类库存现金和有价证券等基本财务情况进行全面核对和清理,以及对企业的各项内部资金往来进行全面核对和清理,以保证企业账账相符、账证相符,促进企业账务的全面、准确和真实。

2. 资产清查

即对企业的各项资产进行全面清理、核对和查实。在资产清查中把实物盘点同核实账务结合起来,把清理资产同核查负债和所有者权益结合起来,重点做好各类应收及预付账款、各项对外投资、账外资产的清理,以及做好企业有关抵押、担保等事项的清理。具体清查核实的范围如下:流动资产、固定资产、长期投资、在建工程、无形资产、递延资产及其他资产、负债等。

① 顾功耘等著:《国有资产法论》,北京大学出版社 2010 年版,第 33 页。

3. 价值重估

即对企业账面价值和实际价值背离较大的主要固定资产和流动资产，按照国家规定方法、标准进行重新估价。企业在清产核资中经核准同意进行资产价值重估工作的，原则上应当采取物价指数法，[①]对于特殊情况经批准后，也可采用重置成本法等其他方法进行。

4. 损益认定

即依据国家清产核资政策和有关财务会计制度规定，对企业申报的各项资产损益和资金挂账进行认定，并对执行《企业会计制度》预计损失进行确认。在清产核资中，企业对各项资产盘盈、资产损失和资金挂账的核实和认定都必须取得合法证据，对清理出的各种账外资产以及账外的债权、债务等情况在进行认真分析的基础上，作出详细说明，报国有资产监督机构审核批准后及时调整入账。

5. 资金核实

即国有资产监督管理机构根据企业经过账务清理、资产清查等基础工作后上报的资产盘盈和资产损失、资金挂账等清产核资工作结果，依据国家清产核资政策和有关财务会计制度的规定，组织进行审核并批复准予账务处理，重新核定企业实际占用的国有资本金数额。对企业上报的各项资产损失、资金挂账有充分证据的，国有资产监督管理机构在清产核资企业申报的处理意见及社会中介机构的专项财务审计意见基础上，依据企业的承受能力等实际情况，提出相应的损失挂账处理意见。企业有消化能力的应以企业自行消化为主，如企业确无消化能力的可按相关规定冲减所有者权益。对确实因客观原因在企业申报清产核资资金核实结果时，相关资产损失、资金挂账的证据不够充分，国有资产监督管理机构无法审定核准的，经同意企业可继续收集证据，在不超过一年的时间内另行补报一次。

第二节　国有资产评估制度

资产评估，即对资产在价值形态上的估价，具体来讲，是指评估人按照特定目的，遵循公允原则和标准，按照法定程序，运用科学方法，对被评估资产的现时价格进行评定和估算的法律行为。国有资产评估是由法定的资产评估机构在国有资产产权变动环节依法对国有资产的价格进行的评定和估算。[②]目前，国家制定了一系列关于资产评估的法规来规范资产评估工作。早在1991年国务院便制定《国有资产评估管理办法》及其《实施细则》。近几年来，为适应国有经济发展的新形势，国资委颁布了《企业国有资产评估管理暂行办法》，财政部也先后颁布了《国有资产评估管理若干问题的规定》、《国有资产评估违法行为

---

① 物价指数法是以资产购建年度价格为基准价格，按国家有关部门制定的《清产核资价值重估统一标准目录》(1995年)中列出的价格指数，对资产价值进行统一调整估价的方法。

② 胡海涛著：《国有资产管理法律实现机制若干理论问题研究》，中国检察出版社2006年版，第299页。

处罚办法》、《中央文化企业国有资产评估管理暂行办法》、《金融企业国有资产评估监督管理暂行办法》等等。

一、国有资产评估的必要性

(一) 有利于国有资产的有序管理

国有资产管理是涉及多领域和多环节的综合性系统工作。其中,资产评估是必不可少的一个基础环节。从对国有经济的管理来看,国有资产评估让政府摸清了"家底"。从以往了解实物数量,转变为综合了解资产的数量、质量和市场价值。政府通过定期或不定期开展资产评估工作,可以更详细准确地了解国有经济的实力,进而科学地制定有关政策,合理安排投资活动,为国有经济布局的调整提供重要依据。

(二) 有利于防止国有资产流失

在建立现代企业制度的过程中,国有资产的合理流动和优化重组是必然趋势。但伴随国有资产流动的同时,可能存在着国有资产的大量流失。近年来,国有资产流失已成为独立于其他经济问题的复杂经济现象,严重影响着国有经济的发展。在股份制改造、与外资合作以及 MBO 过程中,国有企业违反规定,对国有资产不评估,只按账面价值流转,或者虽进行了评估,但严重违反评估规范,有意压低国有资产价格,造成国有资产大量流失的案件屡见不鲜。

在国有资产流动中,评估机制之所以极为必要,在根本上是由国有资产的公有性所决定的。在私有产权的交易中,交易价格完全由交易双方自由决定。对双方当事人而言,无人能够代替他们定价,他们也不允许第三方插手定价过程,因为第三方不承担该笔交易的风险。然而,国有资产的交易则完全不同。在该类交易中,真正的所有者(全民)不可能参加到具体的定价过程中,而国有资产的实际控制人又不承担交易的风险,此时,就需要一个机制来为国有资产的交易确定一个公允合理的价格,以此制约实际控制人的交易行为,同时保护真正所有者的合法权益。而这个"机制",便是"中介机构"的介入。由中介机构基于自己的专业知识和经验对将要交易的国有资产进行客观评估,以此确定一个合理的转让价格,对确保国有资产交易的安全性极为必要。由此可见,强制性资产评估实际上是国家试图监控国有资产实际控制者定价行为的一种手段,体现了国家所有权对国有资产的控制意图。正因为国有产权无法做到由所有者视每笔交易的具体情况逐个决定是否进行资产评估,强制性规定国有资产交易一律进行资产评估具有法律上的正当性和合理性,这能够极大地节约监管费用。[①]可见,严格的国有资产评估制度,可以有效维护国有资产交易安全,防止国有资产流失。

(三) 有利于规范国有产权交易

企业价值评估是产权交易的基础性环节,评估的结果直接关系到产权交易的价格确

① 胡海涛著:《国有资产管理法律实现机制若干理论问题研究》,中国检察出版社 2006 年版,第 299 页。

定和产权交易的成败。在国有资产交易的各个环节，评估的作用都极为重要。例如，国有资产的拍卖需要受到评估价格的影响和制约，如果拍卖中的最高出价者的价格仍然低于评估价格的90%时，拍卖程序就难以进行；在国有企业的股份制改造，或者以国有资产与外商进行投资合作的过程中，为明确投资各方的投资比例和权益、风险份额，同样需要借助于评估价格，进行公允划分。总之，国有产权交易中的每个环节，都需要借助于中立“第三人”的评估，对国有资产价值进行准确判断，从而维护资产所有者的合法权益。

二、国有资产评估的原则

企业国有资产评估的基本原则，既要遵循资产评估的一般原则，还要遵循如下两项原则：

（一）国有资产保值增值原则

由于企业国有资产是国有资产的主要构成部分，而且又是经营性资产，因此，企有国有资产的运营状况关系到国有经济综合实力的增强和整体素质的提高。在企业国有资产评估中要以国有资产保值增值为原则，特别是在企业改组和改制过程中，为防止国有资产流失，更要遵循这一原则。坚持这一原则，就要在实际评估中，以资产营利性为前提，准确估计可能发生的风险，为资产投资和运营决策，提供客观的参考依据。

（二）综合性评估原则

一般来说，企业资产是通过整体协调运作来发挥作用的。对于单项资产的评估，无论是采用成本法，还是市场法或收益法，通常都是以独立的、单项资产的自身价值为评估目的。但单项资产单独评估的价值，往往与这笔资产在企业整体资产综合运用时实际发挥的价值相比有差异，且后者一般都高于前者。所以，为了准确评估企业国有资产的价值，应坚持综合性原则，评估中要综合利用各种方法，将单项资产置于整体资产的作用中来评估其价值。即使是对整体资产进行评估，也需要在单项评估的基础上进行综合性的加总和处理。①

三、国有资产评估的情形

在国有企业产权变动中，除经有权机关批准可以不予评估外，都必须进行资产评估。依据国资委2005年颁布的《企业国有资产评估管理暂行办法》第6条之规定，企业有下列行为之一的，应当对相关资产进行评估：整体或者部分改建为有限责任公司或者股份有限公司；以非货币资产对外投资；合并、分立、破产、解散；非上市公司国有股东股权比例变动；产权转让；资产转让、置换；整体资产或者部分资产租赁给非国有单位；以非货币资产偿还债务；资产涉讼；收购非国有单位的资产；接受非国有单位以非货币资产出资；接受非

① 代英姿编著：《国有资产评估管理》，中国财政经济出版社2005年版，第77页。

国有单位以非货币资产抵债。在2008年颁布的《企业国有资产法》中,第47条也明确规定,国有独资企业、国有独资公司和国有资本控股公司合并、分立、改制,转让重大财产,以非货币财产对外投资,清算或者有法律、行政法规以及企业章程规定应当进行资产评估的其他情形的,应当按照规定对有关资产进行评估。

对于可以免于评估的情形,现行制度规定得极为有限。依据《企业国有资产评估管理暂行办法》第7条的规定,只有在经各级人民政府或其国有资产监督管理机构批准,对企业整体或者部分资产实施无偿划转的;或者国有独资企业与其下属独资企业(事业单位)之间或其下属独资企业(事业单位)之间的合并、资产(产权)置换和无偿划转的,方可免于评估要求。

四、国有资产评估应重点关注的问题

近几年来,我国国有资产的评估制度虽然不断修订完善,但部分问题仍未予以明确,或需要不断改进。为了保障国有资产评估的准确性,确保国有资产的安全,今后的制度建设应从如下几方面进行重点完善。

(一) 评估方法应合理

科学的评估方法是确保评估准确性的基础和前提,否则评估价格难以反映资产的真实价值。但目前,我国有关国有资产的评估方法却不尽合理。例如,对企业固定资产的评估,常常采用账面净值法,即完全按照企业固定资产账面净值计算,不作任何调整。这种方法尽管易于操作,但账面价值反映的是企业过去的静态指标,不能动态地反映企业未来的运营情况。资本市场的定价依据应是企业潜在的盈利能力及未来收益的现金流,并非是企业的账面价值,所以,以账面价值法得出的资产评估结果并不科学。此外,在实践中,在评估时往往只作单项资产评估,很少对企业的整体价值进行综合性评估,即仅将企业有形资产、无形资产等进行简单相加,未综合考虑企业的市场份额、发展潜力等因素,这也极易造成企业价值的低估。从域外的相关经验来看,国际上通行的企业资产评估方法一般分为成本法(清算价格法、净资产法、重置价值法)、市场比较法(公开交易价格法、相似公司对比分析法)和收益法(市盈率倍数法、股利资本化法、现金流量法)。不同的方法得到的企业价值数据不同。随着我国市场经济的不断发展,借鉴域外的成熟经验,逐步丰富和完善我国的资产评估方法极为必要,尤其是要明确在什么情况下应该采取何种评估方法,必须对各种评估方法的执业程序和规范给予严格的规定,不能给予资产评估机构任意选择评估方法的权利。

(二) 评估范围应完整

评估范围完整是准确评估的另一基本要求。目前在对国有企业资产的评估中,评估范围不周延的情况时有发生,造成评估结果不能公允地反映国有资本的真实价值。例如,无形资产是企业的核心资产之一,在企业总价值中占有重要地位。但在我国,目前却没有对此予以充分重视。企业改制过程中,对无形资产漏评的现象仍时有发生,使经营较好的企业的资产价值被严重低估。相比之下，域外做法值得借鉴，尤其是在并购中，商誉、商标、报刊名、客户资源等类似项目因能给目标企业带来未来的经济利益，通常也给予估值。在我国的国有企业产权交易中，也曾出现过无形资产被正当评估的成功案例。例如，2004年11月，黑龙江黑乳集团整体产权评估净资产1 734万元，扣除不良资产损失3 724万元后，净资产为负1 990万元，但其商誉等无形资产评估值却达到6 090万元，使得其实际净资产达到了4 100万元。通过竞价转让方式后，其转让价格最终以7 900万元成交，实现国有资产增值3 800万元。①

(三) 评估机构应公正

虽然资产评估机构是中介机构，应恪守独立、客观、公正的执业操守，但其毕竟是有偿服务，部分资产评估机构为了自身利益，不惜放弃自己的执业原则，迎合企业的要求，漏评或者少评国有资产。此外，尽管根据项目审计和评估分开的原则，承接国有资产评估项目的资产评估机构不得向同一经济单位提供审计业务服务，但由于审计机构和资产评估机构分业经营的改革还未到位，许多分立后的资产评估机构和原会计师事务所虽然在法律上以及产权上分开，但实际控制人未变，同一控制下的会计师事务所和资产评估机构反而可以共同承接同一个项目进行审计、评估，评估的独立性和公正性受到质疑。可见，规范评估行业的发展，确保评估机构及评估人员的独立性极为必要。一方面，应当加强对评估机构及其评估人员的资格认证和管理，强化行业准入机制；另一方面，应当对资产评估业的评估程序和评估结果进行监督，对资产评估机构、评估人员、评估方法和工作规程等进行合规性审查，以保证评估工作的质量。最后，还应当通过严格的法律责任机制，包括虚假评估的民事责任(如赔偿责任)、行政责任(如行政处罚、资格吊销等)以及刑事责任等，加强对评估机构及其人员的职业操守监管。

(四) 监管目标应准确

目前，国有资产监管机构在对企业国有资产评估上的管理职责，是通过程序性审核对评估项目进行核准或备案，评估报告的法律责任由签字的注册资产评估师及所在评估机构共同承担。但由于履行国有出资人职责的特殊身份，在实际操作中，国资监管机构往往难以把握管理尺度，越位、错位或缺位等现象时有发生。有的地方强调国资监管机构对资产评估结果的监管作用，把国有资产评估中各类问题的解决都寄托在国资部门身上，国资管理人员不仅从程序上审核而且更关注评估细节和技术环节，不分问题性质一律要求签字注册评估师按国资部门意见修改报告，忽视了评估师对报告应承担的责任和独立发表意见的职业特征。而有的地方则认为，既然评估报告的法律责任由签字注册资产评估师及所在评估机构独立承担，那么国资部门对评估项目核准或备案的内容就仅限于形式要件审核，基本不从出资人角度关注基准日选取和评估依据等问题对国有权益的影响情况，更谈不上对评估机构和评估人员执业素质及水平的关注。②可见，国资部门监管目标的定

① 王春雨、侯大伟、任鹏飞:《黑龙江“阳光拍卖”提升国资价值》，载于《经济参考报》2006年9月28日。

② 黄茹原、曲森森:《国有资产评估项目管理若干问题探析》，载于《国有资产管理》2010年第4期。

位和力度的掌握极为重要，应当在尊重评估师的独立意见和对评估程序进行适当监管的基础上，寻求一种平衡。

第三节　国有资产审计制度

审计基于经济监督的需要而产生。“当财产所有者将其财产交付于他人代管或代为经营时，由于客观上存在着查错防弊，监督他人，以维护资产所有者利益的需要，从而委派或委托另一机构和人员，对他人代管或代为经营的业绩进行审查和评价，于是在委托代管或委托经营这一种经济关系下，就产生了审计这项经济监督活动。”①因此，审计的原意是对被审计人记录经济活动的会计资料的真实性、准确性进行审查，并将审计结果向法定机关或委托人报告的一项活动。在国有资产的经营管理中，由于真正的所有人(全民)的“虚位”，经营性国有资产的代理人(主要是国有资产的经营者)极易滥用自已的代理权，以损害全民利益为代价为自己谋取利益。为此，对经营性国有资产进行严格的审计更为必要。对于国有资产的审计，依据主体的不同可分为政府审计、内部审计和社会审计三种，以下分别予以阐述。

一、政府审计

政府审计是由国家专门的审计机构依法对公共资金和财产的运用状况进行的审计，具有法定性、强制性、无偿性、独立性的特点，其目的是实施国家的经济或财政监督。由于国家审计作为一种行政行为，具有较强的独立性和强制性，拥有处罚权，可以有效地遏制国有资产流失，促进国有资产经营管理活动的有序，因而，世界上多数国家都规定了政府审计机构拥有或保留对国有企业的审计权力。美国、法国、加拿大、日本、德国等几乎所有发达国家和墨西哥、印度、巴西、埃及、马来西亚等绝大多数发展中国家颁布的法律均规定，国家审计机关的审计范围包括国有企业。最高审计组织(International Organization of Supreme Audit Institutions, INTO-SAI)第九届会议通过的《审计规则指南》(即“利马宣言”，Lima Declaration)也明确指出，如果政府掌握企业的很多股份，最高审计机关就应对其进行审计。在政府持有多数股份或具有决定性影响时更应如此。②我国 2006 年修改的《审计法》第 2 条也规定：“国务院各部门和地方各级人民政府及其各部门的财政收支，国有的金融机构和企业事业组织的财务收支，以及其他根据本法规定应当接受审计的财政收支、财务收支，依照本法规定接受审计监督。”第 20 条更是明确了审计机关对国有企业的审计内容，即“审计机关对国有企业的资产、负债、损益，进行审计监督”。具体而言，政府审计机构对国有企业的审计主要包括如下内容：

---

①　张光瑞、钟真真主编：《中华人民共和国审计法通释》，华夏出版社 1994 年版，第 1 页。

②　白彦锋：《政府审计在国有资产审计监督体系中的作用》，载于《中央财经大学学报》2008 年第 9 期。

(一) 企业资产、负债、损益的真实性审计

对企业资产的真实性审计重点应放在应收款项、存货、待处理财产损失、待摊费用、在建工程、递延资产、固定资产等资产项目的核实上，看有无账实不符、虚增资产等不真实行为；对企业负债的真实性审计的重点是检查应付账款、应交税金和长期负债等账户，看是否存在通过应付账款、其他应付款虚构债务等方式转移资金或隐匿收入，审查对外经济担保、对外投资等重大决策是否经过了必要的可行性论证和决策会议讨论，是否按照市场化规则进行操作；对损益的真实性审计重点是财务费用、投资收益、以前年度损益调整以及收入取得、成本费用的耗费和开支、利润的实现和分配是否真实、正确、合规等。

(二) 企业经济效益审计

在对企业会计资料真实性审计的基础上，应对企业生产、经营各个环节进行审计监督，重点对企业盈利能力、偿债能力和发展能力等有关绩效指标进行审计测试和核实，全面评估企业可持续发展能力，并把上述指标与国家有关部门定期公布的企业绩效评价指标标准值相比较，如实作出评价，深入剖析重点环节和问题，充分揭示影响企业经济效益的深层次问题和原因，提出解决问题的对策，促进企业健康发展。

(三) 企业领导人任期经济责任审计

为了加强对国有企业经营管理者的监管，正确评价并落实其任职经济责任，促进国有企业加强和改善经营管理，政府审计机关应当对国有企业领导人员的任期经济责任进行审计。作为经营性国有资产的直接负责者，国有企业领导人也应当自觉接受政府审计机构的审计。为此，2006 年修订的《审计法》第 25 条规定："审计机关按照国家有关规定，对国家机关和依法属于审计机关审计监督对象的其他单位的主要负责人，在任职期间对本地区、本部门或者本单位的财政收支、财务收支以及有关经济活动应负经济责任的履行情况，进行审计监督。"《企业国有资产法》第 28 条规定，国有独资企业、国有独资公司和国有资本控股公司的主要负责人，应当接受依法进行的任期经济责任审计。

所谓任期经济责任，实际上是指国有企业主要负责人任职期间对其所在企业资产、负债、损益的真实性、合法性和效益性，以及有关经济活动应当负有的责任，包括主管责任和直接责任。任期经济责任审计主要发生于，国有企业主要负责人任期届满，或者任期内办理调任、免职、辞职、退休等事项前，或者在企业进行改制、改组、兼并、出售、拍卖、破产等国有资产重组时。通过审计，可以查清国有企业主要负责人在任职期间与企业资产、负债、损益目标责任制有关的各项经济指标的完成情况，以及其遵守国家财经法规情况，厘清国有企业主要负责人对本企业资产、负债、损益不真实、投资效益差，以及违反国家财经法规问题应当负有的责任；查清国有企业主要负责人个人有无侵占国家资产，违反与财务收支有关的廉政规定和其他违法违纪的问题。任期经济责任审计的结果应当与经营业绩考核机制、薪酬评定机制等相挂钩，进而构建出科学、合理的国有企业高管激励和约束机制。

从实践层面看，国家审计机关在对国有资产的审计过程中确实发挥了不可替代的作

用。例如,在 2006 年,全国各级审计机关共审计国有企业 6 997 户,查出各类问题金额 2 814亿元,促进国家增收节支 21 亿元,向纪检司法机关移送各类案件线索 363 件,涉案金额 53 亿元。通过对 15 户中央企业的审计和审计调查,查出企业损益不实问题金额 132 亿元,不良资产 120 亿元,损失或潜在损失问题金额 72 亿元,国有资产流失问题金额 18 亿元,存在有问题重大经济决策事项 142 项。①当然,在政府审计制度取得成绩的同时,我们也必须客观分析其所面临的障碍。尤其是,我国国有企业为数众多,且存在领域极为广泛,行业差异性大,政府审计机构面对千差万别的企业,难以适应各自的不同需求,缺乏足够的力量对国有企业实施全方位审计监督。也正基于此,我们需要社会审计、企业内部审计等方面的辅助。

二、社会审计

社会审计是由社会专业中介机构(会计师事务所)根据委托人的委托开展的审计。该类审计主要为任意性审计,其目的主要是经济鉴证和协助投资经营决策,也是加强公司等法人治理和税收、证券监管等政府监督管理的重要手段。该类审计本身具有社会自治的性质。

对国有企业进行社会审计极为必要,它是政府审计的有力补充力量。虽然对国有企业进行政府审计是各国家监管国有资产的主要方式,但是基于特定国情,我国的政府审计机关并没有能力单独完成政府审计的所有目标。这是因为:(1)政府审计的任务繁重,除对国有企业进行审计监督外,还要对本级政府各部门和下级政府预算的执行情况和决算,对预算外资金管理情况,以及事业组织等公共资金使用单位的财务收支情况进行审计监督;(2)即使针对国有企业的审计监督,也因我国国有企业数量庞大、存在行业和领域极为广泛,因而有效监督的难度较大;(3)针对国有企业的审计监督内容非常繁杂,不仅包括定期审计、专项审计,还包括对企业领导人实行的任期经济责任审计,审计目标涉及真实性、合法性及效益性等多个方面,因而,各级审计机关目前所拥有的审计力量很难完成如此庞大的审计任务。正因为此,我国规定了对国有企业的社会审计制度。例如,《企业国有资产法》第 67 条即明确规定,履行出资人职责的机构根据需要,可以委托会计师事务所对国有独资企业、国有独资公司的年度财务会计报告进行审计,或者通过国有资本控股公司的股东会、股东大会决议,由国有资本控股公司聘请会计师事务所对公司的年度财务会计报告进行审计,维护出资人权益。

尽管社会审计的作用不可或缺,但在发展中也存在着自身局限,尤其是审计的独立性难以保障。因为社会审计往往是基于委托人的委托而进行,基于自身利益的驱动,审计机构常常难以独善其身,作出的审计结果很可能有失公允。由于独立性是审计的重要特征,也是审计的精髓和灵魂,一旦独立性无法得到保障,那么审计也就失去了价值。此外,在现行的法律框架内,查处不力、处罚过轻也使得注册会计师违规成本大大缩小,其违规获得的不当利益,可能远远超过违规受罚的成本。这客观上也助长了注册会计师与委托企

① 何鹏:《审计署:垄断性行业审计力度加大》,载于《上海证券报》2007 年 2 月 9 日。

业的"通谋",丧失其审计的客观性和公正性。

对于审计独立性的不足,则可以从如下四方面进行制度完善:其一,完善选任机制。选择具有良好信誉的会计师事务所是保障审计质量的前提。为了确保选择的会计师事务所能够胜任审计工作,应当建立公开透明的选任机制。尤其是当国有资产监管机构委托会计师事务所对国有独资企业、国有独资公司的年度财务会计报告进行审计时,应当按照"公平、公正、公开"的原则,采取公开招标的方式或者企业推荐报国资委核准的方式选择会计师事务所。其二,合理确立费用承担方式。影响注册会计师实质上独立的核心问题是收费问题。注册会计师行业一方面要履行社会鉴证和经济监督职责,另一方面,又必须同其服务对象进行合作,寻求一定的经济效益。会计师事务所执行审计业务要向委托人收取审计费,毫无疑义,委托人都愿意支付较少的费用获取一份满意的审计报告,而会计师事务所则愿意收取较多的费用出具一份无风险的审计报告。在现实中,这种"买方付费"的模式,极易导致社会审计机构被审计对象"俘获",造成审计的形骸化。其三,严格执行回避制度。接受审计任务的会计师事务所如果与委托客户具有某种直接或间接的经济利益关系,则该会计师事务所就不得接受对该客户的审计和其他鉴证业务;作为会计师事务所一般职员的注册会计师,如果在客户中拥有直接或间接经济利益,则应主动申明回避。其四,严格法律责任。从责任的角度强化会计师事务所及其从业人员的独立性,也是确保社会审计质量的有力方式之一。一方面,应加大对违法注册会计师的刑事责任追究;另一方面,应严格和细化违法注册会计师在审计失败时所应承担的民事赔偿责任,建立举证责任倒置等严格的归责机制。

三、内部审计

内部审计是指企业自身依据国家有关法律法规、财务会计制度和企业内部管理规定,对本企业及子企业的财务收支、财务预算、财务决算、经营绩效,以及建设项目或者有关经济活动的真实性、合法性和效益性进行监督和评价的工作。其目的是通过检查有关法律、法规及内部控制制度的执行情况,提出各项改进措施,实现企业经济效益的最大化。该类审计在原则上应由市场主体自行决定,但在我国一定范围内还为法定,在相当程度上是作为政府审计的延伸,目的在于经济监督和经济评价,以纠错防弊,使得国有企业的内部经营管理制度得以完善。为此,《企业国有资产监督管理暂行条例》第26条明确规定,国有及国有控股企业应当加强内部监督和风险控制,依照国家有关规定健全内部审计制度。

作为企业组织体内部建立的一项独立的监督机制,内部审计的最大优势在于能够掌握外部审计无法企及的企业真实经营状况,并通过风险评价,保证企业管理层知晓公司经营所面临的重要风险,及时制定相应的对策化解风险、防患未然。然而,企业内部审计,尤其是国有企业的内部审计在发展中也日益暴露出一系列亟待解决的问题。其中,最突出的问题同样是审计机构的独立性不足。

作为企业自身的监督机构,内部审计机构的独立性至关重要,尤其是应当独立于经营者。但目前,国有企业内部审计机构存在的最大问题便是独立性不足。从目前实践来看,内部审计机构的设置主要有以下六种模式:①(1)内部审计机构受公司总会计师(财务总监)或主管财务的副总经理领导;(2)内部审计机构受公司总经理(总裁)领导;(3)内部审计机构受公司监事会领导;(4)内部审计机构受公司党委(纪委)领导;(5)内部审计机构受公司董事会领导;(6)内部审计机构受本单位董事会所设审计委员会领导。通过分析不难发现,第一、二种模式使内部审计机构完全受经营者控制,难以保证其独立性。第三、四种模式使内部审计机构难以参与企业的经营管理和战略决策,效用发挥受到一定限制。第五、六种模式基本一致,较为理想,既能最大限度保证其独立性,又能使其参与公司的战略决策,但由于董事会本身职能广泛,不能对内部审计机构开展日常的指导、监督等工作。相对而言,第六种模式更为合理。但目前国有公司董事会人员的构成还有待完善,特别是外部董事制度并未广泛建立,限制了这种模式的推广,今后应当重点对此进行构建。

① 邵永华:《试论国有资产经营公司的内部审计》,载于《第九届中国经济学家论坛暨2008中国社会经济形势分析与预测国际研讨会论文集》2007年。

第二十五章
国有资产投资经营法律制度

第一节 国有资产投资法律制度

在我国,无论是竞争性领域还是非竞争性领域,国有资产投资现象都极为普遍。随着我国社会主义市场经济体制的不断成熟和完善,国有资产的投资方向应当有所限制,并通过法律制度予以体现。这既是市场机制发挥作用的基础,也是转变政府管理职能的内在要求。

一、国有资产投资的必要性

各国在各个时期通过开办国有企业等方式进行国有资产投资,其目的和用意不外乎三方面:其一,财政性目的,即扩大财源以满足国家机关运行经费的需要;其二,政治性目的,即为了维护和巩固国家政权由国家控制某些经济要害部门;其三,经济性目的,即通过国家直接投资经营,调节社会经济结构和运行,促进社会经济协调、稳定和发展。①这三个目的在不同国家、不同的发展阶段都曾出现过。比如,德国、英国和日本在一战后、二战前开办的国有企业,围绕的大都是国家特定时期的特定任务,主要是出于财政性目的和政治性目的的需要。而当今各国,国有资产投资的原因则主要是基于利用国有资产克服市场自身缺陷,保障国民经济健康发展的需求。应该说,在这三种目的中,以克服"市场失灵"为目标的经济性目的是当前各国进行国有资产投资的共同原因。

在自由竞争资本主义时期,在自由放任的经济思想下,管得越少的政府被视为越好的政府。社会经济的发展完全依靠市场自身的价值规律、竞争规律而推进。但是,进入垄断资本主义时期后,市场缺陷日益显现,并进而引发了"市场失灵"。其中一个典型体现便是,市场经济下商人的唯利性造成了某些利润微小甚至没有利润的领域,或者投资周期长、风险大的行业无人投资。由于这些行业或者关系到公众生活的切身利益,或者对社会发展起着积极的推动作用,因而不得不由政府履行公共管理职能,运用国有资产进行投资。

此外,由于经济发展的不均衡性,商人基于市场环境的考虑,往往愿意在经济发达和

① 漆多俊著:《经济法基础理论》(第三版),武汉大学出版社 2000 年版,第 313 页。

市场成熟的地方进行投资，较为落后的欠发达地区则出现了明显的投资不足，区域发展差距不断增大。此时，国家以直接投资的方式介入市场，直接参与市场活动，对于消除区域差异，带动地区间经济的协调发展确实具有积极效应。

二、国有资产投资法律规制的原因

之所以对国有资产投资进行法律规制，主要是因为以国有企业为主要载体的国有资产投资的效率总是不尽如人意。而这种不尽如人意主要是因为政府在社会资源配置和运用上的低效，其结果可能非但没有矫正市场失灵，反而会形成新的政策性市场扭曲，致使经济境况更为恶劣，这便是“政府失灵”。产生这种“政府失灵”的原因主要有以下几个方面：

（一）公共政策失效

在市场经济条件下，存在着两种基本的决策类型：市场决策和公共决策。前者由市场主体作出，后者由国家或政府部门为干预社会经济的运行而作出。与前者相比，后者是一个更复杂的过程，存在种种阻碍，使得国家难以制定并执行合理的公共政策，导致公共政策失效。

第一，经济人假设而产生的决策失效。在著名经济学家、公共选择理论之父布坎南看来，处于政治系统中的人，本质上仍是追求自身效用的最大化，同样的人不可能因为从经济市场转入政治市场后，就由自利者转成大公无私的利他者。[①]在政治结构中，由于政策仍是由人来作出并进行的，因而便产生了一系列政府失败的结果。[②]一方面，每个政治部门或公共事业部门所遵循的政策，往往是由该部门领导人根据自己对公共利益的理解来决定的，而非真正的符合最大限度增加共同利益的目的；另一方面，官僚机构通过一些人们并不真正需要的公共服务来增加自身预算，借以提高其机构及其个人的级别、俸禄和待遇，但却相应地扩大了社会成本的支出。

第二，信息不对称造成的决策失效。信息的获得并非是免费的，同时，人们的理性也总是有限的，不可能掌握全部的信息。所以，信息不对称随之产生。由于公共政策大都是建立在信息不充分的基础上，因而政策极易出现滞后性、不平衡性及效力的递减性，[③]使得政府难以合理把握管理市场的“度”，在运用国有资产进行投资时，“进”与“退”的平衡度难以把握。

第三，政治过程中固有的近视效应导致政策失效。由于政策效果本身复杂，在政治家或官员的短期行为和长远利益之间容易产生明显脱节。为了显示政绩，谋求连任或晋升，他们很可能制定一些从长远来看弊大于利的投资政策。在当前的国有资产投资中，各地出现的很多“形象工程”、“政绩工程”都是这种现象的典型反映。

---

① [美]丹尼斯·C.缪勒著：《公共选择论》，杨春学等译，中国社会科学出版社 1999 年版，中文译本前言第 3 页。

② [法]亨利·勒帕日著：《美国新自由主义经济学》，李燕生译，北京大学出版社 1985 年版，第 122 页。

③ 厉以宁著：《非均衡的中国经济》，经济日报出版社 1992 年版，第 53—60 页。

第四，政策执行上的障碍，尤其是代理人问题。政策的有效性最终依赖于执行，而执行又依赖于各种因素或条件。在国有资产投资关系中，主要问题便是代理人是否能够勤勉尽责。在现实的经济管理中，代理人行为与政府职责往往存在很大差异，这也是西方国有企业私有化的一个重要原因。特别是在政绩的评价体系不是很科学的情况下，代理人行为更趋向于维护自身利益、部门利益而不是社会利益和国家利益，因而代理成本和代理风险往往较私人部门更为严重。

（二）公共产品供给的低效

所谓公共产品，是指产品具有“非独占性”——即不可能排除没有付费的人对该产品的使用或排除的费用过高，以及“非排他性”——即一个人对该产品的使用不会影响到另一个人对该产品的使用。典型的公共产品有公路、城市基础设施等。市场上的经济人在追求利益最大化时，往往以自身为出发点与归宿点，对于公共产品很少提供。正如亚里士多德在 2 000 多年前所说过的“凡是属于最多数人的公共事务常常是最少受人照顾的东西，人关怀着自己的所有，而忽视公共的事务，对于公共的一切，他至多只留心其中对他个人多少有些相关的事物”①。以城市道路（非高速）为例，要对城市里的所有公共道路收费，即使不是不可能，也是困难的，所以没有一个私主体有动力去修免费公共道路，这就为国家介入市场提供了基本依据，因为国家可以根据公众对公共产品的需求进行投资建设，并通过税收强迫人们为此付费。

然而由于以下三方面的原因，国家对公共物品的供给也可能低效。其一，由于政府机构及官员缺乏追求利润的动机（因为官僚不能把利润据为已有），所以，与企业经理不同，官僚的目标不是利润最大化，而是机构与人员规模的最大化，以此增加自己的升迁机会和扩大自己的势力范围。其二，公共物品的供给被政府部门垄断，缺乏竞争机制，也会产生资源配置的低效。其三，监督机制的缺陷。政府官员的行为从理论上讲必须受到立法者、公民或选民的政治监督，但现有的监督机制的不健全，致使许多监督形同虚设，特别是信息的不对称，因为政府官员比立法者和选民拥有更多的信息，使后者缺少足够的能力来有效地监督公共机构及其官员的活动。

（三）内部性与政府扩张

美国经济学家沃尔夫曾说：市场缺陷理论的核心是外在性，而非市场缺陷理论的核心是内在性。这里的非市场缺陷实质就是政府失灵。所谓内在性，指公共机构尤其是政府部门及其官员追求自身的组织目标或自身利益而非公共利益或社会福利。前面所讲的两种失效的原因也与此关系密切，或者说根源于这里。政府行为的内部性从根本上解释了政府扩张行为。

（四）寻租及腐败

从本质上看，寻租是国家干预的副产品，即用较低的贿赂成本获得较高的收益或超额

---

① 黄宪起、张晓琳编：《文明的脚步——韦伯文集》，上海三联书店 1987 年版，第 190 页。

利润。公共选择学者一般都将租金归因于政府对自由市场的干预。在市场体制下,只有国家才能够借助于行政和法律手段,创造不平等的竞争环境并维持归一部分人所有的租金,而市场主体为自身利益最大化难免会出现寻租现象。寻租的表现有多种,如政府合同的寻租等。寻租导致政府失效,因之它使资源配置扭曲,或者说它是资源配置无效的根源之一。同时,寻租导致不同政府部门及官员争权夺利,影响政府声誉,增加廉政成本,妨碍公共政策的制定与执行,降低行政运转速度。

总之,国家管理市场经济过程中所出现的失效如同市场缺陷一样,不可避免。这也就告诉我们,在市场经济发展中,一方面市场客观上需要国家介入,而另一方面国家介入市场又难免给市场带来恶果。正因为此,国有资产的投资就需要法律制度的规范,以此来引导、促进和制约政府及其代理人的国家投资行为。

三、国有资产投资法的基本原则

(一)重要性原则

在社会主义市场经济体制下,国有经济的布局结构应进行战略性调整,即消除计划经济体制下政府对经济建设"事无巨细一把抓"、"统的过死、管的过紧"的弊病,明确投资重点,对关键性领域和关涉国计民生的重要性行业,该投资的投资,但对于一般性的营利性行业,则应鼓励民间资本进入,国有经济应适时退出。即通常所说的"有进有退","有所为有所不为"。只有这样,才能加快国有经济战略性调整的步伐,实现国有经济的控制力、影响力和带动力,提高整个经济体系的运转效率。

(二)适度规模与市场控制原则

国有经济的规模应该有一个"度",规模太小,不足以保持国有经济的主导性地位,但规模过大,不但社会资源的利用效率会受到影响,而且势必对民营经济产生挤出效应,不利于市场经济体制的运行和发展。因而,合理确定国有资产投资的"度"是一个极为重要的问题。

尽管国有经济应当在关乎国计民生的重要性行业和关键性领域发挥主导作用,但毫无疑问,市场中的绝大多数行业应当是鼓励民间积极参与,通过竞争机制、价格机制的作用来推动社会经济的整体发展。因而坚持市场化的原则,以市场调节作为资源配置的主流模式是必须明确的,否则,我们可能又回到计划经济的老路上去。从域外经验来看,尽管各国也都存在国有经济及国家投资行为,但是,任何一个市场经济国家都不会否认市场的基础性作用,各国只是在承认市场的基础上,对市场的干预程度略有区别而已。因此,从整体上讲,在市场经济下,国家对经济的干预总是辅助性的,应当坚持市场控制原则,防止国家干预经济时的"越位"。与此相应,在确定国有资产的投资方向时,就应当逐步从市场发展业已成熟的竞争性领域和行业退出。无论是站在社会管理者的角度,还是基于"不与民争利"的理念,政府都不存在追求经济利益的正当性,即便在特殊情况下,提供准公共产品会带来一定的利润,但其基本出发点仍然是满足社会公共需要。

(三)协调发展原则

在一国经济的发展中,如果部门、地区产业结构安排不合理,资源宏观配置出现偏差,生产就会出现结构失衡,或过剩,或不足,直接影响到经济的可持续发展,影响到社会整体效益的实现。在我国,行业发展和区域发展的不平衡问题已经十分突出,如果任由这些差距不断扩大不仅会阻碍经济发展,而且会导致不同主体间利益冲突与不满情绪的升级,甚至会引发社会结构性矛盾。国有资产投资法作为规范政府投资的基本规范,理应对其作出调整。例如,政府在投资时,应当有意识优化产业结构,稳步发展农业和基础设施产业,实现产业结构的科学化与合理化,为社会整体效益的可持续发展奠定基础。此外,还应针对经济发展相对落后的地区制定发展战略,如西部大开发、振兴东北老工业基地、促进中部地区崛起等,以改善内地投资环境,实现我国经济的整体协调发展。

(四)稳定经济原则

政府管理经济的职能不是固定不变的,政府与市场的界限也并非静态的、非此即彼的,而是应根据客观情况灵活调整。政府利用国有资产直接参与市场经济,进行投资的行为也是如此。当市场运行良好时,国家的直接参与就少一些,尽量发挥市场的调节作用,但是当市场的整体经济运行环境出现危机,总量矛盾突出时,出于稳定经济的需要,政府介入的广度和深度就应当加大,以实现政府对社会经济的管理职能。此时,国有资产投资就肩负着扩大社会需求、增加就业机会、恢复经济增长的重任。

2008 年发端于美国、随后蔓延全世界的金融危机,是对该问题的重要检验。尽管美国等西方国家长期以自由市场为经济发展的主要理念,但面对危机,各国都不约而同地采取了宏观调控和国家投资等方式来化解危机。以美国的“两房”为例。房利美全称“联邦国民抵押协会”,是根据 1934 年国会颁布的《国民住宅房法》而由政府出资设立;房地美全称“联邦家庭抵押贷款公司”,是根据 1970 年国会颁布的《紧急家庭金融法》而由国会批准、政府出资设立。可见,“两房”最初都是国有企业。20 世纪 80 年代,在私有化浪潮的推动下,国家资本退出了“两房”,实行了私有化。而今,在国家救市过程中,为稳定市场,国家资本又重新进入,“两房”又部分地国有化。“两房”发展中“国有一私有一再国有”的过程,恰恰说明了国有资本投资对经济发展特有的稳定作用。

四、国有资产投资的基本方向

对国有资产投资的理解,应从辩证的角度出发,不仅包括国有资产的进入,也包括国有资产的退出。国有资产的进入和退出是国家参与经济过程中相辅相成的两个方面,缺一不可,两者共同促进经济的稳定、协调发展,构成国有资产投资的完整过程。国有资产的进入和退出必须有一个恰当的“度”,否则,不但不能弥补市场的唯利性缺陷,而且会抑制国民经济的发展,不利于社会资源的整体优化。

(一)国有资产在经济活动中的进入

“拾遗补缺论”主张国有经济应当退出竞争性领域,只进入其他经济成分不愿进入的非竞争性领域。所谓非竞争性领域，在市场经济条件下主要包括人们生产和生活所必需的自然垄断行业和公共产品行业。由于市场失灵或市场调节的局限，对这些行业国家必须投资经营。西方学者将其称为"拾遗补缺"。我国也有学者持相同主张。但实际上，由于我国市场经济发展不成熟，许多行业尽管在性质上属于竞争性行业，但仍然需要政府的前期引导。此外，基于我国社会主义市场经济的本质，对于关系国民经济命脉的行业和领域，为形成国有经济的控制力、影响力和带动力，也应进行国有资产投资。具体而言，我国国有资产的投资领域应当主要包括以下行业：

1. 提供公共产品的行业

公共产品是为满足公共需要，且具有消费的非竞争性和非排他性特征的产品或服务。在市场经济下，尽管市场机制对资源配置起着基础性作用，但由于公共产品的"非竞争性"、"非排他性"特征，造成了以追求利润最大化为目标的"理性经济人"不愿对该类产品进行投资，市场出现了公共产品供给的不足或缺失，对此，政府应当肩负起生产和提供公共产品的职能，以矫正市场失灵。而政府该职能的履行则需要借助于国家投资行为予以完成。

依据经济学理论，公共产品又可分为纯公共产品和准公共产品。纯公共产品同时具有非竞争性和非排他性的特点，产品本身不能产生收益，投资是为了获取社会效益，任何人都无法独享该类产品的收益，也无法在技术层面将拒绝为之付款的公众排除在受益范围之外，属于典型的"市场失灵"产品，所以，此类产品只能由政府为代表的公共部门提供，进而满足社会公共需求，比如城市公共道路、水利工程、城市广场、体育设施等。准公共产品则只具有公共产品的部分特点。从理论上来说，政府和私人都可以提供这类公共产品，但在现实生活中，私人往往不愿意提供或者提供不足。因为这些行业或者投资成本过高，或者投资周期过长，容易导致巨额资本沉淀或大量固定成本存在，民间资本无力支付如此高的先期成本，此时，也就需要国家投资以满足公共需要，如供水、供电、供气等城市基础设施行业。

2. 涉及国家安全的行业

国有资产投资除弥补民间资本无力或不愿投资的缺陷外，也是现实条件下民间资本不能投资的特殊行业的替代生产者。在各个国家的各个发展时期，国家基于安全的考虑，总有一些特殊的生产活动不宜由民间资本来承担。例如，我国的印钞制币业、武器制造业等。对于这些特殊行业的产品生产，一般都由国家直接投资的形式来完成。

3. 重要战略性领域和行业

强调国家对重要战略性领域和行业的投资，实际上是强调国有经济的导向功能，即保证我国社会发展的社会主义方向和国民经济的社会主义性质。这是由社会主义的目标和宗旨决定的，其着重体现了我国社会主义市场经济的特性，是由我国社会制度所引致的国有经济存在的特殊原因。[①]近几年来，我国国有经济投资的结构性调整，实际上也是对此的主要体现。

2006 年 12 月国务院国有资产监督管理委员会（以下简称国资委）下发《关于推进国

---

① 徐传谌、齐树天：《国有经济控制力及控制方式新探》，载于《社会科学战线》2002 年第 6 期。

有资本调整和国有企业重组的指导意见》(以下简称《指导意见》)强调对国有资本进行调整和重组,其实就是调整国有资本的投资领域。按照国资委的思路,我国的国有经济应对关系国家安全和国民经济命脉的重要行业和关键领域保持绝对控制力,包括军工、电网电力、石油石化、电信、煤炭、民航、航运七大行业;对基础性和支柱产业领域的重要骨干企业保持较强控制力,包括装备制造、汽车、电子信息、建筑、钢铁、有色金属、化工、勘察设计、科技九大行业。

总体而言,上述国有经济结构调整的基本出发点是收缩国有经济的投资领域,集中投资重点,因而总体思路无疑是正确的。但具体分析其投资方向后,我们不难发现,《指导意见》仍有不足之处。由于保持绝对控制力和较强控制力就是强化国家在这些行业中的投资主导地位,而七大绝对控制行业中,除军工、电网、石油、电信(网络部分)在一定程度上还符合国际上通行的国有资产分布领域外,对电力、石化、煤炭、民航(非基础设施部分)、航运等行业也强调"国家绝对控制"就值得反思;同样,对于国资委划定的较强控制行业,也是遍布非竞争性领域和竞争性领域,并非只有国有企业才能有资格从事。如果国资委以"维护国家经济安全"、"掌握命脉行业"为理由,依托行政力量划定势力范围,在这些行业为国有企业筑起垄断门槛,必然会形成新的行政性垄断,有违市场公平竞争的原则。正如有学者所指出的,国家资本的调整思路,应该是把国家资本保留在"我只能做"的领域,不应该是"只能我做"式的圈定势力范围。①

实际上,我国的政策制定者也已经开始对此进行反思。国务院发布的《关于鼓励支持和引导个体私营等非公有制经济发展的若干意见》就已经允许非公有资本进入电力、电信、铁路、民航、石油、基础设施、教科文卫、金融等垄断行业和领域。这无疑是一大进步。

4. 高新技术产业和新兴产业

从经济结构角度看,我国目前经济增长中最大的问题是缺乏新的经济增长点。国有资产投资应重点培育这样的增长点,例如,环保产业、新兴技术产业和现代服务业等。对于这些行业,尽管也可能属于竞争性领域,但在发展初期,因为市场不成熟、前景不明朗、投资风险大,因而私人往往不愿投资或无力投资,此时,国有资产就应发挥带动作用。待该类产业发展日趋成熟,民间资本愿意进入时,国家投资再相应减少或退出,让位于市场。可见,国家资本的进入和退出不是静止的,而是一个不断循环的动态过程,体现一种利益博弈关系。也就是说,在市场经济发展的进程中,市场自身也经历着一个逐步发育与成熟的过程,当市场达到一定成熟的阶段,某些传统意义上的所谓市场缺陷可能就不再是缺陷了,一旦到了这一步,市场就会基于其先天的资源配置优势,在与政府干预的比较中占得上风。此时,政府的投资就应当收缩。如果国家投资该进不进,该退不退,或者进入和退出不能恰到好处,就达不到最大限度调节经济的目的,有违于国家投资和兴办国有企业的初衷。这也是政府管理职能现代化的一种体现。

(二) 国有资产在经济活动中的退出

我国国有经济的原有布局是在苏联式的社会主义经济理论的影响下形成的。这种理

① 漆思剑著:《国家投资经营法的性质和地位研究》,中国法制出版社 2011 年版,第 38 页。

论认为社会主义经济是建立在全民所有制的基础之上的,而代表全体人民行使所有权的只能是代表人民根本利益的社会主义国家,因而一个国家的社会主义性质的强弱同全民所有制经济即社会主义国家的国有经济比重的大小直接相关联。这种理论的一个直接推论就是,国有经济在整个国民经济中的比重越大越好,覆盖面越宽越好。在该理论指导下,我国国家投资的规模和范围越来越大,国有企业的数量也越来越多。

在社会主义市场经济体制下,这种违背市场规律的国有经济格局必须改变。而改变的基本原则便是"有进有退"、"有所为有所不为"。

1. 退出的领域

目前,国有经济退出的领域主要是竞争性领域。竞争性领域提供的产品主要为私人产品,由于该类产品的生产和提供具有营利性,私人在利益驱动下愿意进行投资,因而,对于竞争性行业(属于战略性的除外)应当实行"国退民进"的投资政策,积极鼓励、扶持民间资本投资。这些行业主要包括三类:第一类是关系城乡居民生存、发展的行业,如食品加工、纺织服装、家用电器、文体用品、高档消费品等。居民的需求是多样的,需求结构是经常变化的,而需求结构变化又是推动产业结构不断升级的基本动力。这一行业需要有较强的竞争性。第二类是机械、电子、化工、建材、橡胶等制造业。这些领域有些是为居民日用消费品生产提供中间产品,有些是为生产资料生产提供中间产品。第三类是商业、服务业,如商品的批发、零售、饮食及其他生活服务、宾馆、进出口贸易、中介服务等。

在国有经济应退出的领域中,基础设施产业是一个需特别说明的领域。基础设施建设对公众生产、生活极为重要,但并非当然的应由国家垄断经营,而是应采取有区别的退出政策。基础设施产业并非都具有自然垄断性,其中有一部分业务应归属于竞争性。对于自然垄断性的部分,如电力、煤气和自来水供应中的线路、管道等输送网络业务,电信产业中的有线通信网络业务和铁路运输中的铁轨网络业务等固定网络性操作业务,国有企业要实行垄断经营,但对于这些行业的产品生产和服务提供则不具有自然垄断属性,而是完全可以引入竞争机制。因此,对于发电、煤气生产、自来水供应、电信网络服务等业务,国有企业应逐步退出,允许民间资本投入。

2. 退出面临的障碍

尽管在应然层面上,国有企业应当从这类行业退出,但由于多年来形成的体制依赖,在实践中,国有企业的退出面临着三大障碍:①

第一类是经济性障碍。(1)专用性资产退出障碍。某些资产只能用于特定的生产和服务,在企业退出某一产业而进入另一产业时,这些资产很难随企业被带入所进产业继续发挥作用,因而企业面临处置这些资产的障碍。尤其是我国国有企业的产业分布相当分散,而且沉淀在各产业上的资产又有相当大的规模,这就为国有企业退出某些产业带来很大困难。(2)劳动力安置障碍。企业退出后要给劳动力重新安排工作或重新培训,费用往往很高,而且退出企业职工情绪下降会引起生产经营状况的恶化和企业收益减少。由于我国的特殊情况,在竞争性行业的国有企业数量庞大,职工更是数以千万计,这笔巨额劳动力安置成本成为国有企业退出某些产业最突出的问题。(3)国有企业债务负担带来的

① 李庆华:《国有企业产业重组的方向与方式》,载于《华中师范大学学报》1999年第6期。

障碍。目前处于竞争性行业领域的许多国有企业，由于种种原因背负沉重的债务包袱，且这些债务主要是借于银行，尽管国有企业亏损会成为从竞争性产业退出的最好理由，但亏损严重的企业是很难转移出去的。如果通过破产的方式退出，银行不答应，因为一旦破产，银行的债务很难收回；此时，政府也会为了保住银行不至于发生危机，而采取维持国有企业现状的政策。可见，国有企业债务问题，是国有企业从竞争性产业退出的另一主要障碍。

第二类是原有体制障碍。(1)来自主管部门和地方政府的障碍。尽管假设中央政府在对待国有企业实施产业重组上态度明确，但主管部门和地方政府仍然会设法阻止所属企业的退出。因为这些主管部门和地方政府有自身独立的利益，例如，对所辖企业的人事任免权，如果这些企业退出本行业，主管部门和地方政府也就丧失了这些权力和利益，因此它们可能会设置种种退出障碍。有时中央政府出于政府信誉和社会稳定的考虑，也会推迟对国有企业实施产业重组的计划。(2)来自企业"内部人"的障碍。由于政府在同国有企业经理人的委托一代理关系上，缺乏严格的监督约束机制，国有企业的经理人往往拥有比私营企业经理人更大的权力，他们可以利用手中的权力谋取私利，如果企业要退出，必然影响到他们的利益，因而肯定会遭到抵制。

第三类是新体制不完善造成的障碍。例如，劳动力市场不发达造成的障碍。目前我国的劳动力市场发展缓慢且不规范，国有企业在从某些产业退出时要借用现有劳动力市场实现大量退出企业职工的转移，其作用十分有限。退出企业不得不付出一笔巨资，以解决职工的转移问题。

3. 退出方式的选择

面对这些障碍，国有企业在退出方式的选择上，就必须科学、合理、循序渐进。国有企业退出市场的方式可以分为主动退出与被动退出。主动退出是指国有企业出于宏观经济效益和国家产业政策的考虑，主动从某些产业退出的状态；被动退出是指由于市场环境的改变，导致国有企业在某些产业领域无法维持下去而不得不从该产业退出的状态。退出方式还可分为相对退出与绝对退出。相对退出是指国有企业的产品总值在某一产业领域所占份额相对下降的状态；绝对退出是指国有企业的产品总值在某一产业领域所占份额绝对减少的状态。绝对退出又可分为"整体一次退出"(即一次性全部从某一产业退出)和"边际退出"(即分若干次逐步从某一产业退出)。

在我国，国有企业的退出应基于如下方式：(1)确立以相对退出为主的国有企业基本退出战略。相对退出实际上是因非国有经济的发展而推动的，与绝对退出相比具有成本低和退出时间长的特点，面临的退出障碍也相对较小。同时，相对退出也给了非国有经济一个发展时间和空间，在不影响经济发展速度和质量的情况下，实现了国有经济的逐步退出。(2)确立以边际退出为主的国有企业绝对退出策略。在某些需要国有经济绝对退出的行业或领域，可以针对国有经济规模的不同而采取不同的退出方式：若退出的是中小型国有企业，可以采取公开拍卖、兼并破产等方式整体一次性退出；而对于规模较大的国有企业，则可以实施"边际退出"的策略。其具体做法是，首先对处于这些产业领域的国有企业实施股份制改造，使这些国有企业的产权结构多元化，然后再逐步将这些企业的一部分股份出售给私人投资者，直至政府股份完全出售完毕。

第二节 国有资产经营模式

自新中国成立以来,我们一直在积极探索有效的国有资产经营方式:从高度计划体制的国有国营阶段到两权分离阶段再到国资委(办)阶段,①从国家全权管理企业经营、国有企业不拥有法人财产权到国企经营权形式上的下放、企业拥有不完全的法人财产权再到国家仅行使出资人职能、国有企业法人财产权最终得以确立,整个改革历程无不体现这一点。

一、现行国有资产经营模式

当前,对我国国有资产经营模式提供制度支持的主要是 2008 年新通过的《企业国有资产法》以及 2003 年颁布的《企业国有资产监督管理暂行条例》(以下简称《暂行条例》)。②它们均认可了国有资产监督管理机构(以下简称国资监管机构)代表国务院和地方各级人民政府履行国有资产出资人职责的身份;③同时,《暂行条例》还认可了当前我国经营性国有资产的两种运作模式:两级授权经营模式和三级授权经营模式。

(一) 两级授权经营模式

两级授权经营模式下,国有资产监督管理机构作为国有资产出资人代表按一定方式直接管理国有企业,两者间不设立中间层。由于该模式下,政府能够直接对生产经营领域的国有企业进行管理,因而极易导致政府行政权对企业经营权的干预,难以实现政企分离。

该模式形成于 20 世纪 80 年代中后期。这一时期有三个重要文件明确了授权经营的制度内涵。1986 年 4 月 12 日颁布的《中华人民共和国民法通则》确立了"企业法人"的法律地位,并在该法第 82 条规定,全民所有制企业对国家授予它经营管理的财产依法享有经营权;1988 年 4 月 13 日颁布的《中华人民共和国全民所有制工业企业法》(以下简称《全民所有制企业法》)规定,国家依照所有权和经营权分离的原则将全民所有制企业的财产授予企业经营管理;1992 年 7 月国务院发布的《全民所有制工业企业转换经营机制条

① 该划分借鉴了顾功耘等著:《国有经济法论》,北京大学出版社 2006 年版,第 117 页的相关论述。

② 目前,《企业国有资产法》虽已颁布,但是却未否定《企业国有资产监督管理暂行条例》的效力。依据法理,在法律、行政法规、部门规章、地方性法规和规章没有被明确废止的情况下,除非下位法与上位法、旧法与新法相矛盾,否则,其仍具有法律效力。

③ 《企业国有资产法》对履行出资人职责的机构认定相对于《企业国有资产监督管理暂行条例》更为宽泛些。依据该法第 11 条之规定,除了国有资产监督管理机构代表本级人民政府对国家出资企业履行出资人职责外,国务院和地方人民政府还可以根据需要,授权其他部门、机构代表本级人民政府对国家出资企业履行出资人职责。

例》(以下简称《转换经营机制条例》)进一步明确赋予了企业14项经营自主权,以使企业能适应市场要求,成为自主经营、自负盈亏的独立法人。这种授权经营制度对扩大企业经营自主权,推进国有企业改革起到了重要作用。但这些制度所确立的企业经营自主权还是过于狭小,在某种程度上国家经营权只是形式上的下放,企业拥有的法人财产权是受限的财产权。

随后,中共十四届三中全会通过的《关于建立社会主义市场经济体制若干问题的决定》第一次明确提出"法人财产权",并指出企业中的国有资产所有权属于国家,企业拥有包括国家在内的出资者投资形成的全部法人财产权。1993年12月29日发布的《公司法》第4条规定:公司享有由股东投资形成的全部法人财产权,公司中的国有资产所有权属于国家。1994年,国务院发布的《国有企业财产监管条例》第27条规定,企业享有法人财产权,依法独立支配国家授予其经营管理的财产,政府和监督机构不得直接支配企业法人财产。在这些制度的支持下,国有企业被授予的权限大为扩充。2003年《暂行条例》颁布,其中在第13条明确规定:"国资监管机构的主要职责是:(一)依照《中华人民共和国公司法》等法律、法规,对所出资企业履行出资人职责,维护所有者权益……"这一规定,确定了国资委行使出资人职能的权限。2005年10月27日修改的《公司法》,取消了原《公司法》第4条第2款的规定,即"公司中的国有资产所有权属于国家"。2008年颁布的《企业国有资产法》再次确认了国资委的出资人代表职能。

尽管如此,两级模式从本质上说仍然注重国家对企业的直接控制,虽然为了实现"政企分开",国家也在寻求企业的自主经营权,但是在不改变产权模式的前体下,实施效果难以令人乐观:其一,法律至今未确立"法人所有权"的概念。我们现在仅仅认可"法人财产权",但法人财产权究竟是什么权利,包含哪些权能,是否就等同于法人所有权,这一系列问题在法律上没有给出答案。为什么我们的立法不主张"法人所有权"的概念?有学者认为,这里面仍然是在强调国家对企业投资有绝对支配力。①有学者更是深刻指出,企业法人财产权概念使用的目的是在与社会主义经济体制不发生冲突的前提下,暧昧地容许国有企业拥有某种近似于所有权的物权,以解决所有权主体不能落实和企业不能自主经营的问题。②其二,将国资监管机构定位为出资人代表,由其行使国有企业的出资人权能,无论是从政企分开的角度,还是从经营管理能力角度都实为不妥。这一点,下文将详细论述。

(二)三级授权经营模式

依照《暂行条例》第28条的规定,③所谓三级"国有资产授权经营模式",是指国资委作为国有资产所有权的代表,对国有独资企业、国有独资公司进行授权,委托其行使权利,对授权范围内的国有资产进行经营管理;被授权主体则将授权范围内的国有资产,以出资

① 罗培新:《法学专家激辩国资流失,郎咸平"炮轰"是否妥当》,载于《南方周末》2004年9月16日。

② 周林彬著:《物权法新论——一种法经济分析的方法》,北京大学出版社2002年版,第628—629页。

③ 《企业国有资产监督管理暂行条例》第28条规定:国有资产监督管理机构可以对所出资企业中具备条件的国有独资企业、国有独资公司进行国有资本授权经营。被授权的国有独资企业、国有独资公司对其全资、控股、参股企业中国家投资形成的国有资产依法进行经营、管理和监督。

者的身份分别投入到生产经营性企业，使之成为自己的全资、控股和参股公司，形成以产权为纽带的母子公司关系，从而建立起“国资监管机构（主要是国资委）—国有资本运营机构—生产经营企业”的授权经营体制。

其实，在《暂行条例》出台之前，我国已有了大量以企业集团为中间层的三级授权经营的实践，这也为后来《暂行条例》的制度安排提供了经验支持。1992 年 9 月 11 日，国有资产管理局、国家计委、国家体改委、国务院经贸委联合下发《关于国家试点企业集团国有资产授权经营的实施办法（试行）》，将“国有资产授权经营”界定为，由国有资产管理部门将企业集团中紧密层企业的国有资产统一授权给核心企业（即集团公司）经营和管理，建立核心企业与紧密层企业之间的产权纽带，增强集团凝聚力，使紧密层企业成为核心企业的全资子公司或控股子公司，发挥整体优势。1993 年 9 月，东风汽车集团、中国重型汽车集团、第一汽车集团等 8 家企业集团开始进行授权经营试点。①1996 年 9 月 11 日，国资局出台《关于企业集团国有资产授权经营的指导意见》，以规范各地方企业集团国有资产授权经营试点工作，该文件中“企业集团国有资产授权经营”被界定为，政府将企业集团中国家以各种形式直接投资设立的成员企业（指与集团公司为非产权关系的企业）的国有产权授权集团公司持股。2000 年 9 月 28 日颁布的《国有大中型企业建立现代企业制度和加强管理的基本规范（试行）》规定，国有资产实行授权经营；政府与被授权的大型企业、企业集团公司或国有资产经营公司等（被授权企业）签订授权经营协议，建立国有资产经营责任制度；被授权企业应当有健全的资产管理、股权代表管理、全面预算管理、审计和监督管理制度，对授权范围内的国有资产依法行使资产收益、重大决策和选择管理者权利，并承担国有资产保值增值责任。

1. 该模式设计的理论基础

在目前市场化改革逐步推进的背景下，构建“三级授权经营”模式在理论上有其合理性。因为人们越来越认识到，“国有资本运营要以政府的社会经济管理职能和所有者职能相分离、国有资产的行政管理职能与经营职能相分离、所有权与经营权相分离为原则，以构造国有资本运营主体为核心，以资本经营为手段，以此才能实现国有资本的保值增值”②。而该模式的构建，从理想状态而言，可以实现这些制度需求。

其一，该模式利于解决“政企不分”的顽疾。国有资本运营机构这个“隔离带”的设置，割断了政府与一般生产经营性企业之间的直接行政关系，政府不再直接向生产经营公司投资，不再作为出资人直接参与生产经营公司的具体事务管理。从理论上分析，这对于“政企分开”确实能起到积极作用。其二，该模式促使国有企业出资人“相对到位”③。企业中的国有资产虽名为全民所有，但这仅仅是理论上的阐述而已，实际上，“全民”不可能真正履行企业中的所有者权益。这是国有资产的固有本性所决定。“三级授权经营”的优点就在于，它为企业中国有资产确定了一个排他性的出资人——国有资本运营机构。然而，由于信息不对称、契约不完备、目标不一致、考核和监督高成本等因素存在，使得授权

① 余菁：《授权经营的制度内涵及其局限性》，载于《当代财经》2004 年第 11 期。
② 于国安主编：《国有资产运营与监管》，经济科学出版社 2004 年版，第 136 页。
③ 顾功耘等著：《国有经济法论》，北京大学出版社 2006 年版，第 194 页。

经营机构很难本着国家和人民的最大利益运营国有资产，因此，我们只能说，“三级授权经营”使得出资人“相对到位”，即国有资本运营的考核和监督机制能够使国有资本运营公司在本着自身利益最大化的同时，也尽可能使国家和人民的利益最大化，这样就接近了出资人到位的状态。其三，该模式利于实现国有资产保值增值的目标。传统的国有企业经营模式中，政府是国有产权代表，容易产生对企业的“行政超强控制”，而政府的目标函数是多元的，不仅追求资产保值增值，还有诸多的目标，如社会安定问题、失业问题等，这就必然导致其行为上的“超经济性质”。如此一来，在对国有企业管理者进行评价时，很难清楚地区分企业经营状况恶化是由于管理者管理不善导致的生产性亏损，还是由于背负政策性负担而产生的政策性亏损。而该模式则明确了被授权企业的权利与责任，即被授权经营企业必须在其与所投资子企业的产权纽带下，展开国有资本的运作，如造成国有资产损失，将追究相应的法律责任。这种制度设计，对于国有资产的保值增值能起到促进作用。

2. 该模式既存的问题

目前设计的“国资监管机构(主要是国资委)—国有资本运营机构—生产经营企业”三层架构体系，虽然在形式上具有合理性，但实质上却存在诸多问题。

首先，国资监管机构的出资人身份有待商榷。目前较为流行的一种观点认为，国资监管机构应当将自己塑造为“干净的出资人”①。而且《企业国有资产法》虽在第 4 条规定，由国务院和地方人民政府依法分别代表国家对国家出资企业履行出资人职责，但在随后的具体制度设计中，基本上又将国资委等履行出资人职责的机构作为出资人代表对待。这里的问题是，将国资委定位为“干净的出资人”是否妥当。我们对此持怀疑态度。这主要是基于如下几方面的原因：

(1) 当前国资委的体制决定了其难以具备经营管理能力，且如果将国资委定位为出资人，则“政企分开”无法真正实现。由于出资人从事的是资本运营，而在竞争激烈、高速运转的商业社会中，资本经营和管理异常复杂、专业，因此，往往需要由专业化的机构和人员来从事。正如世界银行政策分析报告所指出的：国有资产管理机构的工作人员应当经过商业培训或拥有商业经验，能够对国有企业的营销、生产、财务和其他商业计划和成果进行综合评估。②而现有的体制下，国资委工作人员多为党政机关人员，他们普遍缺乏运营国有资本所必需的商业经验和能力。国资委一位高层就曾说：“国资委管理人员来自于党政机关，不知道怎么做出资人。”③“从道理上讲，出资人拥有重大决策等三项基本权利。但对于国资委，我们感觉这样的重大决策权显然应当受到限制，因为国资委不可能比企业更了解市场，不可能比企业有更高效的决策。”④既然国资委缺乏经验和能力，基于路径依赖，它很可能会选择早已驾轻就熟的行政监管方式(主要体现为行政审批)来履行出资人职责。这样一来，“政企分开”又成为泡影。事实上，只要国资委仍隶属于国务院，仍然作

---

① 李曙光：《〈国资法〉定位本质是政府定位》，载于《21 世纪经济报道》2008 年 6 月 27 日。

② 世界银行政策分析报告：《改革国有资产管理：从国际经验看中国》，http://www.mofcom.gov.cn/aarticle/s/200303/20030300078467.html，2008 年 4 月 10 日最后一次访问。

③ 汪生科：《国资委再定位》，载于《21 世纪经济报道》2005 年 1 月 6 日。

④ 邵宁：《展望明年国有体制改革》，http://news.stock888.net/031220/101,1317,375618,00.shtml，2008 年 4 月 17 日最后一次访问。

为政府机构而存在，就不可能有效地行使国有资产出资人职能。

(2) 出资人职责不应过于集中。我国经营性国有资产数量巨大，集中由国资监管机构管理，实际也管不好。依现行规定，国资委要做到管人、管事、管资产相统一。以中央国资委为例，目前100多家央企横跨多个行业，因每个行业的特性各不相同，如果这些央企的人、事和资产都要国资委来管，其缺乏这样的管理能力。在世界范围内，也不存在这样一个机构，能够同时管理这么多行业。

(3) 经营风险无法分散。在我国，曾出现过国外公司在海外起诉我国国有企业的情形。这些被起诉的国有企业自身并没有在与外国公司的交易中有任何违反法律或合同的行为，之所以被诉，是因为其他国有企业出了问题，外国公司一时无法找到欠债企业，于是就将这些"国"字号的企业拖上法庭。根据一些国家的法律规定，凡是投资来自于一个主体，此主体下的所有企业均具有关联关系，当一个企业跨国境发生债务不能偿还时，其他具有关联关系的企业负有连带偿还债务的责任。我国专家为解决此类事件付出了极大的努力，仍然无法说清楚这些企业的投资是否来源于一个主体。[①]如果我们的立法明确规定国资监管机构作为出资人，将会给处理有关外国公司的诉讼带来极大的麻烦。国资监管机构被告上法庭，不单纯是要应诉的问题，更严重的是，一旦败诉，将承担高额的诉讼成本，意味着大量国有资产的损失。

(4) 国资监管机构履行出资人职责，其主体性质容易异化为追求自身利益的经济实体。履行出资人职责的机构，为了体现它的经营能力和业绩，一方面会尽力追求营利，另一方面会极力维护已经纳入其管辖范围的资产权利。这样做虽在一定程度上有利于国有资产的保值增值，但却很难正确处理好经济效益与社会效益之间的关系。国有经济要控制重要领域和关键行业，要运用国有资产创造更多的公共产品。作为一个追求利益最大化的主体，它很难主动从一些非重要领域和非关键行业退出，它不会主动放弃营利而提供公共产品和公共服务。从现实来看，面对直接管辖的企业，越是能够营利的产业，就越是不会轻易放掉，这些做法从根本上说，不利于我国经济结构的调整。

此外，如果将国资委定位为出资人，就没有人来监管出资人的行为，国资管理就会出现真空。单从"国务院国有资产监督管理委员会"名称来看，再清楚不过地表明，它是国务院下属的一个机构，功能应是对国有资产进行监督管理。鉴于其自身也缺乏经营国有资产所需之能力，因而使国资监管机构的监管功能理性回归，是应然之举。[②]

其次，国有资本运营机构的独立性值得怀疑。在"国资监管机构(主要是国资委)—国有资本运营机构—生产经营企业"的经营模式中，作为中间层的国有资本运营机构是核心。可以说，国有资本运营机构是否能够理想运作，是该经营模式能否成功的关键，而运营机构理想运作的前提就在于其独立性。目前《暂行条例》规定，国有资本运营机构的主要载体是国有独资企业或国有独资公司，而在当前的管理体制下，其独立性实际上难以保障。其一，2008年通过的《企业国有资产法》依旧赋予了国资委等履行出资人职责的机构对国有独资企业、国有独资公司的"主要人事任免权"，即"任免国有独资企业的总经理、副

① 顾功耘主编：《公司法律评论》，上海人民出版社2001年版，第1—9页。
② 顾功耘：《国有资产立法的宗旨及基本制度选择》，载于《法学》2008年第6期。

总经理、财务负责人及其他高级管理人员”,“任免国有独资公司的董事长、副董事长、董事、监事会主席和监事”。其二,国有资产监管机构还掌握着国有独资企业、国有独资公司的“重大事项决定权”。所以,就特定的国有独资企业或国有独资公司而言,即使对它实行了授权经营,国资监管机构仍然可以牢牢控制它,进而通过它去控制生产经营企业。作为被授权企业的国有独资企业或国有独资公司虽然表面上获得了“授权”,成为名义上的生产经营企业的出资人,实则难以真正享有出资人的权利,而是要受制于国资委的意志。这种“形似神非”的“隔离层”设计,不过是在政府与生产经营企业间构建了一块“玻璃墙”。

最后,“授权关系”表述不明。“授权经营”一词在我国各部委的行政法规中出现频率极高。前文提到的《关于国家试点企业集团国有资产授权经营的实施办法(试行)》、《关于企业集团国有资产授权经营的指导意见》、《国有大中型企业建立现代企业制度和加强管理的基本规范(试行)》及《暂行条例》等文件中,都有“授权经营”的规定。但“授权经营”模式中授的到底是什么权,授权方与被授权方到底是什么性质的法律关系,各方当事人的权利义务究竟如何认定,这一系列关键性问题,在这些法规中,却始终找不到答案。也正是这一点,造成了整个“授权经营模式”的混乱:有人将其理解为委托一代理关系,有人理解为是信托关系。

二、国有资产出资人代表的重新确认

出资人代表的确认及其权能行使是国有资产经营模式构建的前提。谁最有资格来作为国有资产的出资人代表?是政府还是政府的某个部门,如财政部、国资委等?

对于国资委作为出资人代表的观点,本书上文已进行检讨。此处,主要就财政部作为出资人代表的观点进行反思。从形式上看,目前国家投资的最初预算编制和最后具体执行都是由政府的“大管家”——财政部门直接进行,而且 2007 年 12 月财政部、国资委发布的《中央企业国有资本收益收取管理暂行办法》也赋予了财政部收取中央企业所交红利的权利。所以,直观地看,财政部门可以以国有资产向国有企业进行投资,并且基于该投资行为可以享有出资人最重要的投资收益权,故而,似乎有充分的理由可以作为国有资产出资人代表。但实际上,国有资产出资人职能(也是职责)是综合性的,是一组职能的集合,最典型的便是出资人的管理职能和经营职能,它们应由不同的部门来行使。经营职能的行使,应当由政府授权给国有资本运营公司;而管理职能又可大致分为投资决策职能(以政府的预算编制为基础)、投资执行职能、投资监管职能。其实,无论是国有资产投资预算编制还是投资执行,抑或投资监管,都是政府履行出资人职责的应有之义。可以说,出资人职能是源,预算编制、投资执行、投资监管是流。[①]因此,财政部门虽然进行了最初预算编制、执行了具体投资行为并收取了资本收益,但其仅仅是履行了出资人的部分职能而已,对于其他职能,如监管职能,由于其本身不具备相应的条件和能力,因而无法行使,这就需要其他部门,尤其是国资监管机构的介入。可见,财政部不能作为国有资产出资人的代表。

正是由于国有资产出资人的职能本身具有复杂性和综合性,需要各个部门的共同协

① 洪学军:《分权与制衡:国有资产管理委员会职能探析》,载于《法学》2006 年第 9 期。

作才能完成,政府的任何一个部门,无论是财政部门还是国资监管机构,都无法胜任。因此,由政府作为出资人代表似乎顺理成章。这样至少可以产生以下两个方面的良好效应:其一,可以在整个政府层面进行统一协调。按照专业匹配进行分权,将出资人权利的实现嵌入现有行政体制之中。比如,出资行为由财政部门负责,就可以减少财政部门向国资部门调拨资金这一代理环节,高效且可避免道德风险。其二,可以实现分权制衡的效果。不同性质的出资人权利由政府同一职能部门行使,不利于分权制衡,而通过对出资人权能的分解,由政府不同部门分别行使相应权能,则可达到理想的效果。例如财政部负责具体的投资执行和收取收益,而国资监管机构负责国资运营的全程监管,可以达到有效的制衡状态。由政府作为国有资产出资人代表的思想在 2007 年 3 月 16 日通过的《物权法》中已经被予以确认。《物权法》在第 45 条明确规定:"国有财产由国务院代表国家行使所有权。"《企业国有资产法》在第 4 条也明确规定:"国务院和地方人民政府依照法律、行政法规的规定,分别代表国家对国家出资企业履行出资人职责,享有出资人权益。"这就为我国国有资产管理体制和经营模式的构建提供了有力的制度支持。

三、国有资本运营机构独立性之保障

如何真正实现"政企分开",使得国家投资和自由市场效率达到"双赢"态势?从域外的经验来看,国有资产经营机构的设置或许是一条不错的出路。域外广泛运用的国有控股公司模式,①尤其是新加坡淡马锡控股公司的成功都是经典的范例。

国有资本运营公司设立后,政府通过授权将国有产权交予国有资本运营公司,然后由其以市场化的模式,将国有资本通过股权投资、商业信托等方式交由下级企业进行运作。国有资本运营公司与被投资企业之间不再是有着强烈公法色彩的行政性法律关系,而是典型的商事性法律关系。这样国有资本运营公司就成了公权力性质的国家投资转为私法上的市场经营的对接与转承载体。正是借助于这一载体,国有资本经营被完全纳入市场经济轨道,解决了国有资产市场化运行、与市场经济相融合这一挑战性课题。

在这样的理念指导下,国有资本运营公司是一个完全不同于国资委的独立法人:它与一般企业一样,都是平等的市场主体参与者;其投资行为同其他商主体的投资行为性质完全相同;在治理机制上,主要是以普通商事公司的运作模式为蓝本,除了在重要人员选任、特别重大事项表决等程序上受到政府一定的限制外,采用的是普通商事公司的治理模式,有着高素质的管理人员、有效的商业激励机制以及健全的组织机构;在投资方式上,完全按照市场化的方式进行运作,即主要通过持有国有企业(子公司)的股份,依法向企业委派所有者代表,并按所占股权的比重参与子公司投资、利润分配等决策,实现国有资产的保值增值;最后,作为一个实行企业化经营的独立法人,国有资产经营公司在运营过程中必须自主经营、自负盈亏,独立承担相应的民事责任。

---

① 这里所指的国外"国有控股公司"就是本书所论述的国有资产经营公司。它在美国、法国、德国、英国、新加坡、意大利、奥地利以及一些发展中国家被广泛采用,对推动和调控国家经济发展起到了重要作用。参见尚鸣:《中国的淡马锡实践》,载于《中国投资》2006 年 3 月。

四、"授权经营"关系的重新阐释

政府与国有资本运营公司之间的这种"授权"关系,在本质上,可以理解为是一种行政授权,即政府将本应由自己履行的国有资本经营职能授权给一些具备资格、能够承担国有资本运营的机构,使之拥有自主发展的决策权,而政府有权对其进行监管并收取投资收益。行政授权经营的客体既包括投入的资金,也包括国家作为出资人所拥有的股东权利。

之所以将此处的"授权"关系理解为"行政授权",原因在于,国有资产毕竟不同于私人资产,其除了追求利润外,具有强烈的社会功能,尤其在关系国民经济安全的关键领域和行业。因此,维护公共利益,提供公共产品是国有资产的应有之义。而政府是国有资产出资人代表,从宪政思想来看,维护公共利益,提供公共产品亦是其应尽之责。然而,随着经济发展,政府对国有资产经营的能力日趋下降,于是将这些职能授权给更专业的国有资本运营机构,由其行使,以期改善经营效益,并无不妥。在这种行政授权下,政府其实仍然具有很大的主动权,它可以要求被授权主体按照预算确定的投资方向进行投资、对整个授权经营过程进行监督、考察被授权主体的经营状况,如若发现被授权主体没有达到授权的预期或有违背授权内容的行为,可以解除授权。因此,这种授权已不仅仅是一个民法上的私权问题,而是牵涉诸多公法性因素。因此,若采用民法原理进行解释似有不妥。此外,从各国实践来看,的确存在着行政机关将原本为其自身所享有的职权授予其他组织行使的情形。行政授权存在的原因,既在于国家职能向社会转移和行政民主化,也在于经济效率的综合考虑。①此处的"授权",显然属于后者。

需要强调的是,本书认为该类资产的运营模式是"行政授权",而不是"行政委托"。"行政授权"与"行政委托"是两种完全不同的法律关系。这一点在行政法学界已成共识。行政委托是行政主体在其职权和职责范围内,根据行政管理的实际需要自行决定将其行政职权或行政事务委托给另一行政主体或其他组织,以及特殊情况下委托给个人,受托者以委托者的名义行使行政职权,实施行政管理行为,并由委托者承担法律后果;而行政授权是行政机关把自己享有的行政权力通过法定形式授予其他组织,这意味着所授行政职权与原行政机关的真正分离,即被授予这一职权的组织能够以自己的名义行使该职权,也独立承担行使该职权所产生的法律责任。②由于被授权的国有资本运营公司必然是以自己的名义进行资产经营,有着极大的经营自主权,并且自行承担相应的法律后果,因此,政府与国有资本运营机构之间应当是"行政授权"的关系。

在具体构建该"授权"模式时,应注意以下几点:

首先,授权的主体是国有资产的出资人代表即政府,而非国资监管机构;被授权主体是作为中间层的国有资本运营公司。因为国资监管机构仅仅担负着出资人的监管职责,

① 王名扬著:《法国行政法》,中国政法大学出版社 2003 年版,第 524 页;耿宝建:《行政授权新论——走出理论与现实困境的一种认知尝试》,载于《法学》2006 年第 4 期。

② 耿宝建:《行政授权新论——走出理论与现实困境的一种认知尝试》,载于《法学》2006 年第 4 期;林春玲:《关于行政授权若干问题的探析》,载于《行政与法》2007 年第 11 期;胡建淼主编:《行政法学》,法律出版社 1998 年版,第 242 页。

它并不是国有资产的出资人代表,因此,无权进行"授权"。此时,国资监管机构与国有资本运营公司之间不再是授权与被授权关系,而是监管与被监管的关系。

其次,授权的内容是资产的所有权或政府对生产经营企业的原有股权。国有资本运营公司依据自己对市场的判断就被授权的财产进行经营管理,可对该财产进行完全的占有、使用、收益和处分。这是保证政企分开的前提条件之一。同时,国有资本运营公司可以基于授权取得政府享有的对原生产经营企业的股权,成为生产经营企业的股东,与后者建立起明晰的产权关系。

最后,要注重对行政授权的监督。由于行政授权的本质是行政职权的再分配,①政府将本应由自己使用,以满足社会公共产品需求的国有资产授权给专业性的运营机构进行运作,以提高国有资产的经营效益。这种授权的初衷是好的,但由于国有资本运营公司本身也是一个独立的经济实体,为防止其谋求自身利益,违背授权本意,就必须加强对其的监督,尤其是投资方向,以保障公共产品的提供。依照本模式的制度设计,该监管权能主要由国资监管机构来行使。若其违背投资方向等特殊要求,政府可以解除行政授权。

第三节 国有公司治理机制

国有资产要实现保值增值,必须借助于国有资产经营体的良性运转,因此,构建新型的既符合市场经济内在要求又体现国有经济特性的现代企业制度,实现出资者股权与企业法人财产权的分离,建立规范的法人治理结构,是国有企业改革的核心。

目前,我国国有经济的实现载体主要包括国有独资企业(未改制)、国有独资公司、国有控股公司(包括绝对控股和相对控股)以及国有参股公司四种。由于国有参股公司,从狭义上仅指国家投资但不具有控制权、完全按照普通商事规则去运作的公司,因此,这里不对其进行专门讨论。故而,国有企业仅指国有独资企业、国有独资公司与国有控股公司。这样的界定也符合学术界和实务界的通常标准。②由于公司制是国有企业改革的基本方向,因此,本节主要以国有独资公司和国有控股公司为研究对象,来剖析目前我国国有企业治理机制存有的问题,并提出相应的解决思路。

一、国有公司治理的基本理念

(一) 政、资、企分开是治理的根本

政、资、企关系是构建国有公司治理机制的基石,实现政、资、企分开是建立现代企业

① 耿宝建:《行政授权新论——走出理论与现实困境的一种认知尝试》,载于《法学》2006 年第 4 期。

② 如朱大旗、朱永扬认为,国有企业是指主要出资人为国家或国家授权的机构或部门,并由国家拥有控制权的企业或公司。或者说,国有企业是单独或主要是由国家出资、国有资本占控制地位、国家拥有控制权的企业。参见朱大旗、朱永扬:《关于建立我国国有资产监管新体制的思考》,载于《法学家》2002 年第 5 期。

制度的基本需求。在市场经济不发达的发展中国家,政府普遍对经济活动进行积极的、直接的干预,强化监督管理,辅之以计划指导和市场调节;而在发达的市场经济国家,由于市场机制起主要的经济调节作用,政府与企业的关系具有间接性,政府仅仅通过经济政策与经济杠杆调节企业的生产经营。就我国而言,由于长期受"政企不分"的困扰,国有企业的经营效率低下,为此,我国三十年来的国有企业改革实际上一直是沿着"政企分开"的思路不断深入,从放权让利到两权分离,再到现代企业制度的建立,无不说明这一点。除政企分开外,政资分开、资企分开同样重要。可以说,只有政、资、企分开,排除行政性外部人控制①,坚持市场化运作,才是提高国有企业效率的根本。

(二) 董事会的专业性与独立性是治理的核心

在公司治理结构中,董事会上受制于股东(大)会(国有独资公司中为出资者),下控制经理层,是连接两者的桥梁,处于承上启下的重要地位。故而,董事会的运行状况,直接决定了公司治理结构的成败。对国有公司董事会而言,应当尤其强调其专业性和独立性。因为国有公司的终极所有者——全民,始终是"虚位"主体,无论最终由哪个机构或部门代表,都存在代理成本问题,这一点完全不同于私人企业。因此,董事会成员的专业性可以使得国有公司在日益复杂的专业化生产经营中,确保经营效率。同时,鉴于国有公司与政治的天然联动性,为使政企能够真正分开,保证国有企业进行市场化运作,董事会成员的独立性不可或缺。这种独立性要求董事会成员在履行其职责时,不能作为不同选举团的代表行事,而应以一种对公司负责的公正方式履行他们的责任。由于国有独资公司及国有控股公司中,国家拥有全部或较大的发言权,为尽可能减少公司利益与政治利益的冲突,应尽量避免从国家机关中过多地选举产生董事会成员,尤其是那些竞争性领域的国有公司更是如此。这样的目的在于尽可能减少政府干预国有公司经营或管理的可能性。为此,我们应尽快改革董事会的构成,完善外部董事制度,加强董事会的独立性。

(三) 多维度监督是治理不可或缺的要素

国有资产属于公共产权的范畴。从理论上说,它具有不可分性,属于全民所有。由于这种不可分性,导致国有资产没有明确的产权主体,相应的产权权能和利益无明确的主体来承担和享受,以至于这种财产,在某种程度上类似于"无主财产"。所以,从终极意义上讲,国有资产的所有者存在固有的"虚位",即使由国有资本运营机构作为下级企业的出资人,也无法使出资人真正到位。而且在委托—代理理论下,代理链条越长,代理成本会越高。这不是我国的特有问题,而是一个世界各国国有资产的共性问题。面对这种国有资产出资人"虚位"的固有"天性",有学者认为,与其费尽心思地设计出资人代表制度,还不如构建一套完善的考核和监督机制,使得作为出资人代表的机构、部门或资本运营公司能

① 行政性外部人控制是传统的政府主导型在外部治理结构上的延伸,根源是政企不分,即政府或主管部门仍然没有放弃对企业的控制,也就是说政府与企业未摆脱"父子情结"。这种情结是计划经济的残余,因为计划经济时期政府对企业采取的是直接的行政干预,以至于在确立现代企业制度之后,这种残余仍有一定的惯性。参见欧阳国欣:《论国有企业治理结构的完善》,载于《财经科学》2003 年第 3 期。

够本着国家和人民的最大利益运营国有资产，实现出资人利益。虽然说放弃寻求出资人代表的做法并不可取，但加强对经营性国有资产的多维度监督却值得肯定。这种多维监督机制应当包括业务监督与财务监督、内部监督与外部监督、公权监督与私权监督。

（四）信息公开是治理的制度保障

公司治理的困境之一，就在于信息不对称。由于股东无法获得董事、经理等代理人行为的充分信息，从而无法对其行为进行及时、准确的绩效评价和监督。因此，加强信息披露，保持公司运营必要的透明度，是公众公司组织机构有效运行的基本前提。在国有公司中，由于出资人的"虚位"，这种信息不对称更加明显。其实，国有公司本身就是一个公众公司，为保护真正所有者——所有普通民众的利益，国有公司应当像公众公司，尤其是上市公司一样透明，因而，应当强化国有公司中的信息披露制度，进而减少经营者拥有的"私有信息"，降低监管者监管的信息成本。①国有公司信息披露的事项，应当与上市公司的要求基本相同，至少包括财务和经营成果、治理结构、治理政策、关联交易等。

（五）治理结构因功能而异是理性选择

"企业治理结构和功能之间有着必然的联系。功能是企业治理的目的，不同的治理功能受到不同的治理结构的规定和制约，企业治理结构的优劣是能否实现企业目的的根本和关键。不同的治理结构源于不同的治理功能要求。"②因此，国有企业功能不同时，其治理模式也应当不同。提供公共产品和服务的企业和提供一般产品的竞争性行业的企业，治理模式应当有所区别。对于前者而言，其治理结构的设置更应体现公共属性，以保证企业的经营决策充分体现社会需求，实现公共利益最大化；对于后者而言，治理结构则应以更加市场化的方式进行设置，不断提高公司经营效益，实现国有资产保值增值。因而，在涉及两类公司高管的任职资格、选任方式、考核机制、报酬确定等问题上，应当有所区别。

二、当前我国国有公司治理结构的缺陷

（一）有效的产权制度还未确立

虽然我国立法已确立了法人财产权制度，但产权问题仅仅得到了初步解决，有效的产权制度还没有真正确立。

首先，"一股独大"使企业实际产权未真正摆脱原有的行政控制权。现代企业制度改革主要是公司制改革，尽管目前出资多元化在许多国有企业已经实现，但是国家所占股份比例仍然较高。在"国有企业的国有资产占很高的比重下，国家所有权代表甚至比在承包制下，更名正言顺地去控制企业。至于大量分散的小股东则是典型的名义所有者，既无力

① 有学者认为，国有公司治理涉及三类正式制度安排：一是公司最高决策机构的运作机制；二是内部治理中的监督机制；三是对公司透明度和信息披露的要求。这些技术性制度安排的形成，将构成国有出资人"管人、管事、管资产"原则的逐步精细化、技术化和专业化。参见《加快制定国有公司治理原则的对策》，http://news.163.com/05/0903/08/1SNALLUN0001124T.html，2008年4月11日最后一次访问。

② 崔天模、黄俊立著：《国有企业治理结构研究》，中国物价出版社2001年版，第32页。

也无法控制企业的实际产权，因而形成了原国家所有权的行政化加上部分所有权分散化的格局”①。此外，虽然目前国资委代表政府行使所有者权益，但是，国资委在很大程度上执行的仍然是国家的指令，其实还是国家在管理国有企业。因此，在国有企业的改革过程中要真正做到政企分开还有很长的路要走，实质上的所有者缺位问题仍然严重。

其次，过长的委托—代理链条容易导致国有产权过高的代理成本和过低的营运效率。按宪法和有关法律规定，国有资产由全民抽象性地委托给人大，人大再委托给政府，所以国有资产的所有者代表实际上是以国务院为首的各级政府。按照现有的体制，政府再委托给国资委，由国资委作为出资人代表委托给国有资本运营公司，最后再由国有资本运营公司出资给企业去直接经营，造成了多重委托代理关系。依据委托—代理理论，委托—代理关系链条越长，出资委托人的监督积极性和最终代理人的工作努力水平就越低，代理成本和经营风险就越高。再加之，这种委托代理关系的虚拟性使委托人选择和约束代理人不是借助市场契约而是借助行政任命和行政干预，国有产权代表缺乏私人股东追求利润最大化的内在动机和实施产权转让获取收益的权利，这也就使得国有公司的经营效率低下。

再次，委托—代理链条中“剩余控制权”与“剩余索取权”设置的不匹配造成了“超强控制”和“超弱控制”。由于国有资本的“非人格化”，国有资产的产权代表，往往仅拥有合法的控制权，但是却没有相应的剩余索取权，从而也就不可能承担控制权行使的责任，而风险的最终承担者仍旧是国有资产的终极所有者——全民。可以说，在委托—代理理论下，国有产权代表的虚拟性衍生的产权激励不足和风险责任缺位，是国有产权制度不能切实到位的根本原因。②而这便产生了两个层次的问题。一方面，由于国有股“一股独大”，政府是国有产权代表，就会对企业产生行政上的“超强控制”，而政府的目标函数是多元的，不仅追求资产保值增值，还有诸多的目标，如社会安定问题、失业问题等，这就必然导致其行为上的“超经济性质”，对企业行政上的超强控制就会不以企业利润最大化为目标市场竞争规则来进行选择和作出决策，从而使企业的治理结构效率受损；另一方面，国有产权代表——政府对产权的控制又是“超弱控制”，由于控制权与剩余索取权不对称，国有资产代表手中的控制权成为一种“廉价的投票权”，政府官员并不对投票后果承担责任，经营者可以花一定成本就得到这种控制权，为“寻租”开了方便之门。而政府官员用“廉价的投票权”与经营者合谋，必然不会真正代表股东的利益，难以充分体现产权所有者的利益，而只是追求自身利益最大化，最终导致内部激励和约束机制扭曲。③

（二）董事会“缺位”与“越位”并存

首先，国有独资公司中董事会缺位现象严重。依据《公司法》和《关于国有独资公司董事会建设的指导意见(试行)》，董事会不仅应当享有一般有限责任公司董事会的权力，而且由于国有独资公司不设股东会，因此，在很大程度上还享有出资人权利。但在现实中，

① 王文杰著：《国有企业公司化改制之法律分析》，中国政法大学出版社1999年版，第33页。

② 郑立新主持、李连仲主编：《国有资产监管与经营》，中国经济出版社2005年版，第32页。

③ 叶祥松著：《现代企业前沿问题研究》，经济科学出版社2004年版。

由于我国国有独资公司董事会还处于试点探索时期，董事会并没有得到应有的职权，也没有发挥其理想中的作用。例如，近几年来国资委越俎代庖代表大型国有企业"公开招聘国有公司高级经营管理者"，行使了本应由国有独资公司董事会行使的职权，就凸显了董事会在这方面的"缺位"。

其次，国有控股公司中，尤其是国有上市公司中，董事会越位与缺位现象并存。由于我国国有企业实行股份制改造时，剥离了非经营性资产、以原国有企业作为唯一发起人组建公司，因此，国家在大多数公司中拥有高度集中的股权。在这种情况下，原国有企业作为公司唯一的发起人或绝对控股股东，在"资本多数表决"规则下，很容易控制董事的选举权。董事会中除少数董事由其他人担任外，大部分成员都是原企业的领导。在这种状况下，作为代理人的董事会实际上成为了控股股东的工具，公司控制权被控股股东或大股东通过控制董事会的形式而牢牢掌握。在这样的情况下，小股东的默然以及"搭便车"心理就变得极为"理性"，而这直接导致了股东会自身的形骸化。故此，公司董事会权力不断膨胀，出现了董事会越位的情形。然而，在董事会权力膨胀的表面下，董事会其实自身也存在着"虚化"的危机，这使得董事会的权力实际上都被董事长或总经理个人所把持。就董事会内部而言，由于董事会集体决策机制的虚无化，董事会的职权主要彰显在了董事长个人身上，为其所掌控。在外部，由于我国国有企业中，董事长与总经理往往是"一纸任命"，弱化了董事会对经理的监督制约，而且经理职权与董事会职权几乎重合，公司权力向经理层不断集中，结果使个人负责制的总经理架空会议制的董事会，并最终将董事会沦为了"橡皮图章"。

（三）效率低下的多头监督

一直以来，我国都在积极探索如何对国有企业实施有效监督。1998 年，国务院向大型国有企业特派了稽察员，通过稽察，发现了一些国有企业违法违纪案件，从而有效遏制了国有企业管理混乱的状况。2000 年 3 月，国务院正式出台《国有企业监事会暂行条例》，明确规定："国有重点大型企业监事会由国务院派出，对国务院负责，代表国家对国有重点大型企业的国有资产保值增值状况实施监督。"由此稽察特派员制度过渡到外派监事会制度。2003 年，国资委成立，外派监事会的管理职能即由国资委履行。截至 2007 年底，国资委先后向 152 家中央企业派出外派监事会。①此外，国有企业财务总监制度、内设监事会制度、审计委员会制度以及外部的国家审计制度和社会审计制度等也成为对国有企业监督的重要手段。对国有公司进行多维监督固然重要，但多维监督不等于混乱的多头监督。现代经济学理论指出，"制度设计的重要功能是合理确定权力边界，权力越确定，交易成本越低，整体效率越高；反之，交易成本越高，整体效率越低"②。而我国目前国有公司的监督体制却恰恰与此相悖，监督制度的设计纷繁复杂、多重而混乱。

---

① 许太明、梁威：《委托代理下的国有企业治理机制研究》，载于《商业时代》2007 年第 9 期。

② 吴水澎著：《公司董事会、监事会效率与内控机制研究》，中国财政经济出版社 2005 年版，第 125 页。

(四) 内部人控制现象严重

应当说,内部人控制并不是我国的特有现象,只是因为各国公司的具体情况不同,使得其表现在各国差异显著。例如,在美国、英国、加拿大、澳大利亚等国家,因股权分散,大多数大型公司在很大程度上由经理控制;而在其他大多数国家,大型公司通常有控股股东,这些控股股东可以有效决定公司的决策(事实上,经理也通常来自于控股股东),因此,经理控制问题本身并不像英美国家那么严重。与上述两种情形不同,正处于经济转轨时期的我国国有公司治理中的内部人控制有着不同的表现。

从20世纪80年代开始,苏联、东欧以及我国等国家开始步入从计划经济体制向市场经济体制转轨的进程。由于历史、文化、制度、习俗等多方面的原因,转轨国家在套用发达国家已有的公司治理模式构建自己的公司治理体系时,未能达到良好的预期效果,在转型中出现了"从前国有企业的经理或者工人在企业公司化的过程中获得相当大一部分控制权的现象"①。对此,青木昌彦教授将其称为"内部人控制",并认为,在正统的股东主权模式里,经理层的偷懒以及"道德危机"问题的矫正是由外部(市场)治理来完成的,例如,竞争性的劳动力市场、有效率的资本市场等,但由于体制转轨过程中的"路径依赖",要在转型经济中构建这样的公司治理体系是非常困难的。因此,公司的经理层及员工,尤其是经理层事实上不仅控制了公司的经营权,而且控制了决策权及剩余索取权,形成了事实上的经营权对所有权的干预与"蚕食"。

可以说,"内部人控制"现象的产生是多种因素共同作用的结果:首先,在国有股东"缺位"的情况下,股东没有行使与其持股比例相当的控制。可以说,我国公司中的内部人控制现象充分反映了国有公司"所有者缺位"下公司治理的问题。②而权力控制的重心之所以转向内部人主要就是因为缺乏所有权对经营权的有效控制机制。因此,如果信息是不完全的,而且委托人不能对企业进行有效监管,那么,内部人控制就有可能产生。③其次,对监督者缺乏监督机制。在我国的国有资产管理体制中,监管者的利益与国有资产全民所有这一终极所有者的利益并不一致。如果国有资产增值,则收益要归作为出资人的国家所有,这使得国有资产监管者失去严格监管经营者的动力和压力。在没有足够的制约和责任机制下,监管者为谋求个人利益极有可能接受"寻租",损害国家利益,如接受企业负责人的各种好处而对其业绩不佳采取放任态度。再次,国有公司中的"集权"体制,客观上为"内部人控制"提供了制度空间。在《企业国有资产法》颁布前,我国国有公司中董事长、总经理、党委书记常集三权于一身,决策职能、执行职能合一,而且缺乏对其的约束机制。这种失衡的治理结构无形中就为"内部人控制"提供了便利。公司主要内部人(包括董事长、总经理等)利用自己手中的职权,为自己或雇员谋利而损害所有者利益的情形时常发生。例如经理人过度的在职消费,或尽量减少企业积累而增加消费支出等。最后,管理人的机会主义和道德沦败。公司基于现实需要赋予了管理者较大的权力,但权力越大

---

① 青木昌彦:《对内部人控制的控制:转轨经济中的公司治理结构的若干问题》,载于青木昌彦、钱颖一主编:《转轨经济中的公司治理结构:内部人控制和银行的作用》,中国经济出版社1995年版,第17页。

② 曹富国著:《少数股东保护与公司治理》,中国社会科学文献出版社2006年版,第18页。

③ 崔天模、黄俊立著:《国有企业治理结构研究》,中国物价出版社2001年版,第97页。

就越容易被滥用。一是经理作为代理人是一个具有独立利益和行为目标的“经济人”，他的目标与委托人的目标并非完全一致。二是经理人通过与政府的博弈，利用政府产权的“超弱控制”形成事实上的内部人控制来谋取自己的利益，同时又利用政府行政上的“超强控制”推脱责任，转嫁自己的风险。三是经理作为“理性的经济人”，在没有严格的约束机制下，存在“机会主义倾向”，在代理过程中会有职务懈怠、损害或者侵蚀委托人利益的道德风险和逆向选择，如大量的短期行为、过度投资和耗用资产、转移国有资产等。

（五）激励、约束机制不健全

降低委托—代理成本的一个重要措施，就是建立良好的激励、约束机制。就激励机制而言，应在保障经营者获得固定收入以满足其日常生活需要的基础上，尽量采取长期激励措施，促进企业长远发展，避免经理人员因追求个人利益最大化而产生“短期行为”，最终实现国有资产保值增值的目标。我国目前仍没有形成适应市场经济规律的、有效的公司激励制度，这主要表现为：激励力度不足，激励方式单一，尤其是偏重短期激励。

与激励机制不健全相对应的是制约机制的缺失。可以说，在国有公司中，经营责任不落实是其经营效率低下的重要原因。从2004年底的中航油投机石油期货损失近50亿元到2005年初曝光的中储棉狂热炒棉被套5亿元巨亏事件，无不说明了这一点。

三、我国国有公司治理机制的制度完善

加强国有出资人制度建设是迅速建立现代企业制度的本质要求。建立现代企业制度就是要实现国家所有权与企业经营权的有效分离与制衡，实质就是要建立“国家所有，市场化经营”的新型产权制度。现代企业制度发挥作用的关键就在于，通过建立有效的公司治理结构，规范股东会（出资人）、董事会和经理层三者之间的关系。

（一）建立有效的产权制度

缺乏有效的产权制度会造成两个后果：或者没有人管国有资产，任其大量流失；或者委托人对国有企业进行非理性的过度干预。而这两点都是我们所坚决反对的。因此，建立有效的产权制度是治理机制构建的重要前提。

如何构建有效的产权制度？除了要在法律中明确承认企业法人对其财产的所有权外，更应该注重产权代表的确定。这种确定既要确保政、资、企可以有效分开，又能够有利于国有资产保值增值。这对于国有资产委托—代理关系而言极为重要。政府作为国有资产的出资者代表必须将国有资产的经营权授予具体的国有产权代表，由其负责经营。对此，国有资本运营机构是较好的选择。通过这一中间层的设立，至少可以做到以下几点：其一，使得经营性国有资产的出资者相对到位；其二，可以尽量收缩国有产权委托—代理链条；其三，可以促进国有产权代表的权责和收益对等，强化内部激励约束机制及外部监督机制。

（二）平衡国有公司股东会（或出资人代表）与董事会的权力

目前我国采取国有独资公司形式的企业主要是不适宜实行产权多元化的特殊企业

(如关系国民经济命脉和国家安全的特殊行业和领域的公司),以及受各种条件限制目前只能暂时维持国有独资形式的公司。与一般公司相比,董事会在国有独资公司中具有特殊地位。从理论上讲,国家作为唯一股东应当承担起股东会的职权,但为防止作为出资人的国家过分干预公司事务、维持公司的独立性,又必须将原属于股东会的部分职权授予董事会行使,使得董事会具备了极大的决策功能。那么,如何在政府这一出资人代表和董事会之间进行权力平衡,既能切实保障公司独立性和经营自主权,又能有效维护国有资产的出资人权益,就极为关键。对于国有控股公司同样存在着股东(大)会与董事会之间的权力平衡问题,既要能够防止董事会成为控股股东的"傀儡"或"工具",防止董事会成为常设性的"大股东会",又要能够切实发挥董事会的作用,促使董事会独立进行公司日常经营中的商业决策,维护公司利益。

国有公司股东会(或出资人代表)和董事会之间合理关系的构建,应当注重以下两点:首先,应确保股东会或出资人代表对公司"根本性"事项的最终控制权。按照公司法的基本理念,公司治理机制的设计应当体现资本控制原则,即出资者应当能够控制公司运营的"命脉"。正是基于此,公司重大事项的决策权均在股东(大)会。但在国有独资公司中,为防止政府干预公司事务,重蹈政企不分的覆辙,将一般公司中股东会的诸多权利授予董事会行使是理性的制度安排。但"矫枉不能过正",对于涉及公司合并、分离、解散等"根本性"事项,还是应当由出资人代表来决定。其次,应确保董事会的独立性。对于国有公司而言,这是保证政企分开的基本要求。这种独立性应主要体现在两方面:其一是董事会人员上的独立;其二是董事会事权上的独立。就人员构成而言,主要有两点:一是完善独立董事制度;二是尽量避免董事会与经理层的交叉,尤其是避免董事长与总经理的兼任。就事权而言,为确保董事会的独立性,一旦法律、章程将公司的事务授权给了董事会行使,则出资人不得以其产权关系进行干预。对于政府的过度干预,要赋予董事会抵制的权力。也就是说,如果国有公司在经营中出现需决策之事项,若属于法律规定或章程授予的董事会职权范围,就应当由董事会进行决策,对于董事会依法定程序作出的决策,除非违反法律、行政法规或章程规定,否则政府不得以出资人身份否决,或责令其进行新的决策。

(三)塑造董事会内部的制衡机制

1. 董事会的结构

正如上文所言,不同功能的国有公司应该具有不同的治理机制。大体而言,对于竞争性领域的国有公司,应当促使其进行商业化运作,就本质而言,应当将其塑造为一个私主体,由商法对其进行调整,在董事会的构建中,应当尽量去除行政干预;而对于非竞争性领域的国有公司,尽管要实行市场化运作,但其本身所含有的"政治延伸"的作用不可磨灭,就其本质而言,应属于特殊法人,是一个既有公法因素,又有私法色彩,既要追求一定的经济效益,又承担了某些社会经济职能的经济法主体,因此在董事会的构建中,必然难以做到绝对的"政企分开"。然而,无论是竞争性领域的国有公司董事会还是非竞争性领域的国有公司董事会,都应当体现多元制衡的理念。这种多元制衡的董事会对于我国国有公司而言极为必要:其一,它既实现了国家股东与董事会的平衡,也实现了国家控制和市场运作之间的平衡;其二,各个董事多元化的背景和能力,可以在董事会内部实现人力资源的互补;其三,董事会中独立董事的大量存在,可以实现对股东董事以及执行董事的制约和监督,既防止了政府对企业的过度干预,又实现了对经营层的有效管理。

对于竞争性领域的国有公司,从长期看,应该逐渐实现股权多元化,并且通过国家控股、参股的方式渐渐退出。对于目前改制条件不成熟,仍采取独资形式的国有公司,应当尽量减少从行政人员中任命董事,而应建立以独立董事为主的董事会(独立董事的人员应当占有绝对多数),并且独立董事的人员选择应当拓宽渠道,对于那些具备丰富经验的民营企业、甚至外资企业中的优秀管理人员不应当排斥,这样才能广纳贤才,促进国有资产在竞争性领域的保值增值。具体而言,在该类国有公司中,独立董事人数应当超过1/2,其他董事(主要包括股东董事或政府董事、内部董事、职工董事)的人数应当少于1/2。

对于非竞争性领域的国有公司,可以建立"三三三"的董事会结构,即内部董事(包括职工董事)、政府董事(或股东董事)、独立董事各三分之一。该模式的设计主要是基于公司董事会内部的利益平衡与制约考虑,即通过政府董事,体现政府意志,反映该类企业的本质;通过独立董事,体现经营需求,促使决策的科学化;通过执行董事与职工董事,满足信息沟通的需要,同时兼顾其所代表的人力资本的权益,在各方利益诉求得以充分展现的基础上,通过董事会这个平台,实现合理的公司决策。

2. 董事会对经理层的有效监管

随着经济发展的不断社会化、专业化以及公司的不断规模化,由股东出任的董事会在公司经营管理方面已力不从心,急需一个专业的管理人员来辅助自己管理公司,因此,作为董事会业务执行的辅助机构——经理层便应运而生。经理的出现,在一定程度上确实提高了公司的经营管理水平和竞争能力。而且,随着公司规模的不断扩大,在瞬息万变的商业环境促使下,经理的职权客观上需要不断扩充。如今,"经理控制型的公司,越来越成为一种普遍现象"①。

经理层的发展虽然提高了公司经营的效率,但不断膨胀的权力,也为经理的机会主义创造了条件和可能,同时产生了经理层对董事会的反控制。而这些又都使得精心设计的公司治理机制遭到破坏,股东的利益受到侵害,经理层大量的短期行为、过高的"职务消费"比比皆是,由于信息不对称,董事会也越来越无法监督经理层的行为,丧失了了解、判断公司治理真正水平的能力。有鉴于此,在我国当前的国有公司中,加强董事会对经理层的监管极为必要。这种监督可以通过以下两个途径实现:

一是应当尽量避免董事会与经理层的大量交叉,强调董事长与总经理的分离。在我国国有公司的治理结构中,内部董事往往占董事会成员的大多数,同时董事长与总经理往往"一纸任命"。这样一来,经典公司治理理论所设计的董事会对经理层的监管职能几乎丧失殆尽。值得肯定的是,我国《企业国有资产法》在第25条第2款对于董事长与总经理的兼任问题原则上进行了禁止性规定,即"未经履行出资人职责的机构同意,国有独资公司的董事长不得兼任经理。未经股东会、股东大会同意,国有资本控股公司的董事长不得兼任经理"。但是,让人担忧的是,这里仍然有一个缺口,即是否兼任,履行出资人职责的机构有着极大的自由裁量权。那么,法律实施后,履行出资人职责的机构是否会谨慎地使

① 陈躬林:《委托代理难以说明现代公司的股东与经理关系》,载于《经济学动态》1999年第4期。

用该权力，或者在什么情况下应该使用该权力，仍然是一个值得讨论的问题。否则，该制度的设计会因该“缺口”而丧失其立法本意。但是，需要说明的是，对于董事会与经理层的交叉任职问题，新法还是没有解决。

二是将经理层的任命权归还于董事会，回归经理辅助执行机构的本质。董事会的一个关键职能就是任命和解雇总经理。如果没有这种权力，董事会就难以充分行使对经理层的监督。但现阶段仍有不少国有公司的总经理是由上级政府任命，而不是由董事会选择。董事长与总经理都能在政府中寻得支持，这种机制必然会大大削弱董事会对经理层的有效监管。因此，改革现行的总经理选任机制对于董事会监督经理层而言极为重要。

（四）完善内外并济的监督机制

现行国有公司中的监督手段不可谓少。国家审计、社会审计、外派监事会制度、财务总监制度、内设监事会制度、董事会的审计委员会制度等等，将公司高管人员及其行为，尤其是财务状况“层层包围”，但屡屡出现的重大经济损失却一次次地拷问着现行监督机制的有效性。因此，理顺国有公司的监督体制成为亟待解决的问题。

首先，应区分国有企业的改制状况，建立不同的监督机制。对已进行了公司化改造的国有企业而言，应按照公司法建立自已的内部治理机制，如内部审计委员会制度和内部监事会制度，对于财务总监制度、外派监事会制度则不再适用；对未进行公司化改制的企业而言，由于内部没有如同公司一样的相互配合、相互制衡的治理机制，为防止董事、高管滥用权力，可以设置外派监事会制度并派出财务总监。之所以在外派监事会之外，仍采用财务总监制度，是因为外派监事会实际上是一种事后监督，而无法达到事前介入、事中监督的效果。但从维护国有资产安全，防止国有资产流失的角度而言，事前介入、事中监督远比事后检查更为重要，而且这应该是监督的主要职能。当然，无论是设立审计委员会加监事会的公司型监督机制，还是财务总监加外派监事会的传统国有企业型监督机制，都少不了国家监督和社会监督。因此，我国现行的国家监督机制（国家审计）和社会监督机制应当坚持，从而完善现有的内部监督、国家监督和社会监督三位一体的监督模式。

其次，应注重监督人员的监督能力与监督动力。监督机制实际上就是对企业设立“经济警察”。既然是“警察”，就一定要有“破案能力”，同时要有“破案积极性”。前者是对于监督人员内在素质的要求，而后者则是外在的激励与约束机制，也就是权责利的配置。目前，我国对于监督人员监督能力的要求还有待提高。这一点无论是外派监事会制度，还是公司中的监事会制度，都有待完善。在外派监事会制度中，《国有企业监事会条例》规定，国家向中央级企业派驻监事会主席任职资格是副部级，各省市派驻的监事会主席是副厅（局）级，可见，在监事会主席的选择上，政治素养的要求要高于对专业水平的要求。这一点，令人费解。因为国有资产监督工作是以财务监督为核心，具备财务、经济、法律等专业知识应当是基本要求，而且只有具备了这些基本“工具”，监督工作才能正常开展。监事会主席组织监事会的工作，应当具有比一般监事更高的业务要求。在《国有企业监事会条例》对专职监事都具有专业要求的情况下，对监事会主席仅要求其政治级别，确实欠妥。尤其是，如果监事会主席对某个事项表示赞同，而专职监事从专业角度发现存有问题时，就会陷入一种尴尬境地，形成制度的严重内耗，不利于监事会职能的发挥。对于公司化的企业而言,同样存在这个问题。我国新修改的《公司法》并没有对监事的履职资格提出特别要求。这不能不说是一个缺陷。因此,在国有公司建立监事会制度时,应当强调具备财经、法律等专业知识的人才能担任监事。对于职工监事,也应当有一定的专业素养要求,否则,就仅仅是一个摆设而已,起不到真正的作用。现在,我国公司治理机制中另一个亟待解决的问题就是权责利配置不均衡。这种不均衡在监督机制中的体现就是监督动力不足。这种动力从正面讲,就是缺乏激励机制;从反面讲,就是缺乏制约与责任机制。这一正一反的缺失,使得即使监督层面很多,监督人员很多,但是都起不到应有的效果,反而徒增了监督成本。

(五)构建科学合理的董事、监事、高管激励机制与责任机制

1. 应当以"经济人"理念为基础,建立合理的激励机制

虽然"经济人"假设自提出来后不断遭到非难,但由于它符合大多数人的人性本质,因而获得广泛的经验支持,并在非难中不断发展。以"经济人"假设为基础所作的制度安排也往往具有高效性。从一定角度来看,我国国有公司改革的进程,其实就是一个逐步承认"经济人"思想的历程。[①]传统的计划经济体制不承认"经济人"假设,贬斥"自利"行为,过于强调所谓的整体利益,这种"道德性"、"无私性"的人性设计使得"经济人"行为在计划经济体制的约束下,只能以扭曲的形式顽强地表现出来(如"在职消费"、侵占和转移国有资产、严重的短期行为以及"59 岁现象"等),结果导致了国企的低效。为此,应当建立合理的激励机制,主要体现在以下两个方面:

首先,合理界定管理者的薪酬。在设计国有公司管理者的激励机制时,遇到的突出问题是如何确定其报酬,尤其是如何处理其与职工平均工资之间的关系。这可能是很多国家在处理国有公司管理者薪酬时不得不面临的一个问题。例如,在波兰,支付给国有控股企业的管理人员的薪酬就是一个政治敏感问题。为缓解国有企业管理人员高薪激起的民众情绪,波兰法律规定,监事会监事和董事会董事的薪酬数额最高不得高于企业平均工资的 4—6 倍。在我国,国有公司管理人员薪酬设计的一个主导思想同样是不应与职工平均工资差距过大。[②]这样的理念是否完全合理?我们认为值得探讨。这种将管理者收入僵硬地限制在企业职工工资一定倍数之内的做法实际上并不科学。董事等管理者的薪酬与职工工资体现的虽然都是人力资本价值,但这两者对企业经营而言却具有完全不同的意义。因为公司管理者是运用自身的知识、智慧、经验技能,从事企业经营过程中的协调、指挥、监督、控制工作,是一种以个人智力活动和管理能力为核心的复杂劳动,相对于职工的简单劳动而言,劳动报酬有差距甚至很大的差距有合理性。如果刻意要求国企管理人员

---

① 徐武著:《中国国有经济的实现形式和路径选择》,经济科学出版社 2005 年版,第 193 页。

② 目前,国资委党委已经决定适当调低中央企业负责人年度薪酬增长速度,以缩小与职工平均工资水平差距。参见《央企负责人薪酬管理取得积极进展——国资委企业分配局负责人答记者问》,http://www.sasac.gov.cn/n1180/n1566/n259655/n260179/5380004.html,2009 年 1 月 10 日访问。另据报道,一部涵盖所有行业国企高管薪酬的总规范正在制定中,高管与职工薪酬差将控制在 10—12 倍之间。参见《人保部正制定所有行业国企高管薪酬总规范》,载于 http://news.sina.com.cn/c/2009-02-19/032315183910s.shtml,2009 年 2 月 19 日访问。

的薪金不应与职工平均工资差距过大,显然是一种不尊重市场、仍停留在计划经济时代的做法。从另一方面讲,如果国有企业管理者的人力资本不能得到合理的报酬,根据公平交易理论,企业管理者很有可能通过其他途径和方式来寻求平衡和补偿,要么减少自身人力资本的投入,事业心、责任感下降,要么凭借手中的权力,合法地增加职务消费或扩大"灰色收入",道德风险或内部人控制也就由此产生并加剧。

实际上,国有公司董事高管的报酬之所以成为一个敏感话题,并非是民众对所有行业和领域的国有公司董事高管的薪酬都有不满,而是我们所设计的制度没有体现分配正义。在设计国有公司管理者的激励机制时,应当充分考虑公司所处环境因素尤其是行业因素、地区因素等对管理者管理能力的要求,进行公平的制度构建。这是因为,国有公司所处行业不同、地区不同,竞争度就不同,此时,管理者的压力自然不同,那么人力资本付出的多少显然也就不同。基于法律的公平理念,对竞争性领域国有公司管理者的激励机制设置应当市场化,应参照市场上同行业的标准确定,只有这样,才能实现激励机制的外部公平性,吸引优秀人才为国企服务;而对于非竞争性领域国有公司管理者的激励机制设置,就应当考虑其本身对公司的贡献是否与从公司获取的报酬相对应。由于那些缺乏合理基础的畸高的管理者的薪酬,是一种非正义的分配,自然会引起民众的非难。①对于前者,不应当设立所谓的上限;而对于后者,则应该考虑将董事等高管报酬与职工薪酬之间的差距控制在一定的"倍数"范围内。当然,这个倍数的具体确定也要"因企而异",应当考虑企业所在行业的经营难度、所营运资本的规模大小等因素。

其次,注重长期激励。一般而言,管理者的激励机制由固定工资、年度奖金、股票及股票期权、退休金及在职消费构成。而每一种激励措施都既有优点,又有缺点。固定工资虽保障着管理者的基本生活,但它缺乏足够的灵活性和高强度的刺激性;年度奖金虽是根据企业当年经营业绩、盈亏状况确立一定比例来作为对管理者的奖励,是对业绩优秀人员的直接回报,激励作用十分明显,但其最大的弊端就是易诱发管理者的短期行为;股票及股票期权最能反映企业管理者的真实业绩,最具有刺激作用,但风险较大;退休金有助于激励管理者的长期行为,但力度较小;在职消费虽可满足管理者享受的特权,但却受任期限制且易受约束。如此看来,一个良好的激励机制应当是既能使管理者保证基本的生活收入来源,又能调动其足够的积极性为企业服务;同时,若以发展的眼光看,长期激励应该远比短期激励更能实现企业营利目标。经济学理论多次证明,弥补委托—代理缺陷、降低代

---

① 如中国平安公司董事长马明哲的年薪高达 6 616.1 万元(其中税前报酬为 4 616.1 万元,奖金 2 000 万元),总薪酬折合每天收入 18.12 万元。按照一个普通职工年收入 2 万元计算,马明哲一年的薪酬相当于 3 308 名普通职工的年收入。如此高的薪酬缺乏一个合理的制度支持,自然引起民众强烈的不公平感。参见《马明哲每天收入 18 万　平安三高管年薪均超 4 000 万》,http://www.chinahrd.net/zhi_sk/jt_page.asp?articleid=154858, 2009 年 2 月 24 日访问。再如,中航油(新加坡)股份有限公司总裁陈久霖,其年薪曾高达 2 350万元人民币。虽然该公司的经营业绩是客观存在的,但同样客观存在的是该公司所享有的对国内民航公司销售航空用油的垄断地位,而后者无疑对公司经营业绩发挥了巨大的促进作用。在这一过程中,公司管理者的经营管理才能到底对公司经营业绩的贡献有多大,值得深思。对此有人认为,垄断行业的高额利润是在占有国有资源的基础上形成的,利润不应简单地分配给高管或者职工,而应该"取之于国,用之于国"。参见《抑制垄断行业高工资》,http://news.sohu.com/20070310/n248627687.shtml, 2008 年 4 月 13 日访问。

理成本的最有效方式就是使得企业的“剩余索取权”与“剩余控制权”相匹配,使管理者持有所任职公司的股份,使其个人收益、责任、风险与企业经济效益直接挂钩。[①]而在国有公司中,“剩余索取权”与“剩余控制权”配置的不平衡更甚于私人企业。因此,注重长期激励机制建设,应当是确保国有资产保值增值的有效措施。就我国目前国有公司激励机制而言,存在的主要问题就是,激励力度不足,激励方式单一,尤其是偏重短期激励。

2. 完善经营者责任机制

“人为什么不遵守规则,或者说人在什么条件下不遵守规则? 答案很简单,如果不遵守规则不会受到惩罚而且能够带来利益,那么人们一定不遵守规则……一个社会最可怕的是形成一个破坏规则的链条,在这个链条的作用下,破坏规则的行为得到最大限度的承认和保护。遵守规则是利益驱动,不遵守规则也是利益驱动。”[②]在国有企业中,控制权与风险和责任的不对应,权责不对等,几乎成为普遍现象,这也是造成政府行为和企业管理层行为扭曲的最重要原因。为此,严格规定经营者的责任机制成为当下经营者约束机制设计的核心。

首先,在归责原则上,应当坚持过错原则。不管董事、监事还是经理,只要在国有公司的经营管理中因自己的过错违反了忠实义务、勤勉义务,或者懈怠履行各种法定权限致使公司造成损失,都要承担法律责任。同时,应当建立企业经营管理重大决策失误追究制度。凡是由于企业经营者的失职、渎职,不负责任给企业造成重大损失的,都要依法追究其法律责任,并不得再在其他企业担任负责人。

其次,建立多样化的责任承担方式。除职务变动、行政处罚乃至刑事处罚外,应注重民事赔偿制度建设。这种规定对国有企业而言,极为必要。当经营者利用手中职权以损害企业利益为代价而满足自己需求时,民事责任可以对其起到有效的制约作用,尤其是这种机制健全后,国家不必再为因经营者过错造成的国企损失全部买单。当然,由于国企规模一般较大,民事赔偿尽管是一种有效的责任追究形式,但在执行时往往会产生无足够财产可供处罚的情形。为此,可以建立相关的辅助机制,尤其是董事责任保险制度。在该制度下,当赔偿责任发生时,可由保险公司支付赔偿金,以此减少国家损失。

第四节　国有资产转让制度

国有资产转让是我国促进企业国有资产合理流动、调整国有经济布局和结构的重要举措。但伴随国有资产转让而来的往往是国有资产的大量流失,是某些人在“国退民进”盛宴中的肆意狂欢。基于此,我国近几年来颁布的《企业国有资产监督管理暂行条例》、

① 魏成龙、杨松贺、席龙胜:《国有企业经营者的经济激励方式》,载于《河南大学学报(社会科学版)》第 2006 年第 2 期。

② 信春鹰:《人为什么要遵守规则》,http://www. blogms. com/blog/CommList. aspx?BlogLogCode＝1000064027, 2007 年 5 月 30 日访问。

《企业国有产权转让管理暂行办法》、《国有股东转让所持上市公司股份管理暂行办法》及其配套文件，就转让方式、转让程序等作出了针对性规范；2008年制定的《企业国有资产法》更是对国有资产转让中的根本性问题予以了回答。这对于规范我国国有资产转让、遏制国有资产流失、培育产权交易市场有一定的积极意义。

一、国有资产转让的基本程序

国有资产转让主要是指有偿转让，是国有资产持有方以有偿的方式将国有资产转让给另一方的行为。这实际上是一种国有资产的交易行为。国有资产的转让程序大致包括以下六个步骤：

(1) 内部审议。即企业按照内部决策程序就国有资产转让形成的书面决议。该决议的作出依国有企业类型不同而不同：国有独资企业的产权转让，由总经理办公会议审议；国有独资公司的产权转让，由董事会审议，没有设立董事会的，由总经理办公会议审议，涉及职工合法权益的，应当听取转让标的企业职工代表大会的意见，对职工安置等事项应当经职工代表大会讨论通过；国有控股公司的产权转让，由公司董事会审议。

(2) 清产核资及审计。转让方在形成内部决议书并依法经相关机构批准后，就应开展清产核资和审计工作。一般情况下，由转让方组织转让标的企业按照有关规定开展清产核资，根据清产核资结果编制资产负债表和资产移交清册，并委托会计师事务所实施全面审计(包括按照国家有关规定对转让标的企业法定代表人的离任审计)。如果转让国有产权导致转让方不再拥有控股地位的，则应由同级国有资产监督管理机构组织进行清产核资，并委托社会中介机构开展相关业务，后者应独立、公正地开展执业工作，任何企业和个人不得非法干预。

(3) 资产评估。在清产核资和审计的基础上，转让方应当委托具有相关资质的资产评估机构依照国家有关规定进行资产评估。评估报告经核准或备案后，作为确定企业国有产权转让价格的参考依据。在产权交易过程中，当交易价格低于评估结果的90%时，应暂停交易，在获得相关产权转让批准机构同意后方可继续进行。

(4) 征集受让方。除非特殊情况下的协议转让，国有资产转让一般需进入产权交易机构进行挂牌交易。按照交易所的相关规定刊登转让公告，发表转让信息，征集受让方。

(5) 完成交易。在各种条件满足后，产权交易机构应当组织转让方和受让方签订产权转让合同，受让方按照合同约定条款支付价款。依据《企业国有产权转让管理暂行办法》的规定，转让价款原则上应一次付清。如金额较大、一次付清确有困难的，可以采取分期付款的方式。此时，受让方首期付款不得低于总价款的30%，并在合同生效之日起5日内支付；其余款项应提供担保，并按同期银行贷款利率向转让方支付延期付款期间利息，付款期限不得超过1年。

(6) 产权登记。产权交易完成后，转让方和受让方应凭产权交易机构出具的交易凭证，按照有关规定及时办理相关产权登记手续。

二、国有资产转让的具体方式

依据《企业国有资产法》的规定,国有资产转让,是指依法将国家对企业的出资所形成的权益转移给其他单位或者个人的行为;按照国家规定无偿划转国有资产的除外。在国有资产转让的各种方式中,最简单、最快捷的方式就是协议转让,这也是早期国有资产转让的主要方式。但由于协议转让意味着有关政府官员或管理层可以通过私下协商来出售国有资产,而这些官员或企业领导人本身只是代理人,不是国有资产的真正所有者,因而他们具有强烈的寻租动机,往往通过与买家合谋,收取买家的好处以后,贱卖国有资产,导致国有资产流失。因此,国资委成立以后,先后出台了《企业国有产权转让管理暂行办法》等一系列文件,规范国有产权交易。该办法的核心内容有两点:一是规定国有企业产权交易除国家法律、行政法规另有规定外,必须进场(即进产权交易所公开交易);二是要求待出售的标的企业进行充分的信息披露,以保证买家进行公开、公正、公平的竞争性交易。在该文件的指导下,国有企业产权交易的主导模式由协议转让向竞争性转让过渡。2008年颁布的《企业国有资产法》对此从法律层面予以了高度认可。该法第54条规定:"除按照国家规定可以直接协议转让的以外,国有资产转让应当在依法设立的产权交易场所公开进行。转让方应当如实披露有关信息,征集受让方;征集产生的受让方为两个以上的,转让应当采用公开竞价的交易方式。转让上市交易的股份依照《中华人民共和国证券法》的规定进行。"由此,国有资产转让形成了协议转让、通过产权交易市场转让和证券交易市场转让三种方式。

(一) 协议转让

协议转让是交易双方通过洽谈和协商的方式达成交易。协议转让的受让主体一般比较明确,双方一对一地进行谈判,就价格和各项转让明细达成一致后成交。协议转让具有交易效率较高、交易方式灵活、交易渠道广泛等特点。①但是,协议转让的弊端同样明显,主要是转让的公开性和透明度低,信息披露不充分,容以滋生"寻租",通过"暗箱操作"使国有资产低价出售,造成国有资产流失。

正是由于上述缺陷,对于国有资产的协议转让,一般限定较为严格,仅是例外情况下适用。根据《企业国有产权转让管理暂行办法》的规定,能够采用协议转让的情形主要包括:(1)对于国民经济关键行业、领域中对受让方有特殊要求的,经省级以上国资监管机构批准,可采取协议转让。例如军工企业,事关国家安全,不适宜公开征集受让方,所以经省级以上的国有资产监督管理机构批准可以采用协议转让的方式。只是由于这些企业的特殊性,在协议转让后,仍应保持国有绝对控股地位。(2)经公开征集只产生一个受让方或者按照有关规定经国资监管机构批准的,可以采取协议转让。对经公开征集只产生一个意向受让方而采取协议转让的,转让价格应按本次挂牌价格确定。(3)国有企业内部资产重组(即国有企业资产重组中将企业国有产权转让给所属控股企业的)确需采取直接协议

① 文宗瑜、袁媛著:《经营性国有资产管理》,经济科学出版社2010年版,第197页。

转让的,经省级以上国资委批准可以采取协议转让。协议转让的价格不得低于经核准或备案的资产评估结果。

(二)通过产权交易市场的转让

国有资产通过产权交易市场的转让也称为进场转让,即国有资产的转让在依法设立的产权交易机构中按照法定程序公开进行,不受地区、行业、出资或者隶属关系的限制。该制度的确立至少具有两方面的意义:其一,解决了定价难题。私主体转让合同的定价依靠意思自治可以解决,因为它符合"经济人"假设前提,应了科斯"产权清晰是交易的前提"这句名言。但是,抽象的国有资产所有人人格特征,长长的委托—代理链条,弱化了国有资产所有人的意志,体现的往往是具体"经济人"的贪念。在国有资产转让定价问题上,最初采取的是"净资产值"法,转让价格高于"净资产值"就实现了国有资产保值增值,属于国有资产合法转让,反之,就是国有资产流失。这种定价方式最大的问题在于将国有资产价值僵硬地局限在历史账面上,导致国有资产可能低于真正价值卖出。事实上,在资产转让中,决定市场主体是否买受的是对该资产未来收益的主观判断,竞争的市场机制可以发现价值、产生价格,动态的市值才是国有资产价值的真正表现。因此,通过"市场定价法"有利于克服净资产定价方式的僵硬性,更为科学。其二,克服了"暗箱操作",实现了"阳光交易"。进场交易将产权交易放在了一个公开、透明的平台上。它通过要求出让方进行信息披露、对受让方进行资格审查,通过拍卖、招标等方式,落实了社会公众的知情权,保证了市场主体的参与权和公平交易权,有效地监督了权力,保证了国有资产转让流程的公平高效,保障了国有资产转让目标的最大实现。①

国有资产在产权交易市场挂牌交易后,公开征集受让方,根据受让方数量的多少,采取不同的交易方式:经公开征集只产生一个受让方,可以采取协议转让方式;经公开征集产生两个或两个以上的受让方,可以选择拍卖、招标和网络竞价等方式。

1. 拍卖方式

《拍卖法》将拍卖定义为:以公开竞价的形式,将特定物品或者财产权利转让给最高应价者的买卖方式。可见,拍卖结果的唯一决定因素是价格,即价高者得。因此,它往往适用于出让标的企业不复杂,转让目标较单纯的场合。拍卖方式的最大特点在于程序公开、衡量标准客观、交易周期较短。在广泛征集受让人的基础上,公平和效率兼具。因此,《企业国有产权转让管理暂行办法》将其列为首要的转让方式。根据《拍卖法》和产权交易机构的规定,拍卖大致分为以下环节:选择合适的机构并签订《委托拍卖合同》、拍卖公告与展示、实时排名、拍卖成交并签订《产权交易合同》、支付佣金等。

2. 招标方式

招标也是一种市场化的、透明的转让方式。与拍卖相比,招标关注的不仅是价格,而是受让方的综合素质,包括但不限于背景、经营能力、信用状况等。招标中,完整的招标文件会包含受让方的上述因素,评标委员会按照具体的权重推荐合格的中标候选人。招标方式又可分为两种:邀请招标和公开招标。前者是指招标人以投标邀请书的方式邀请特

① 顾功耘等著:《国有资产法论》,北京大学出版社 2010 年版,第 211—212 页。

定的法人或者其他组织投标；后者则是指招标人以招标公告的方式邀请不特定的法人或者其他组织投标。产权交易机构是招投标活动的组织方，负责招投标活动的组织、协调、监督和指导等工作。

3. 网络竞价方式

在产权交易市场挂牌期间产生两个或两个以上受让方时，可以采取网络竞价方式决定受让方。该方式依靠电子网络系统，通过连续、竞价的方法，按照价格优先和时间优先的原则进行报价，从而选择报价最高者进行交易。该方式在本质上仍属拍卖方式，但却适应了信息时代的需要，竞价程度高、操作成本低、操作过程简单便捷、交易过程规范，减少了竞价过程中人为操纵的现象。该方式越来越多地在产权交易过程中使用。例如，《北京产权交易所产权交易网络竞价实施办法》便对此予以了明确。

(三) 通过证券市场进行的国有股权转让

国家出资企业若为上市公司，则其股权交易必须在证券交易市场进行。而证券交易市场的发展也为国有股权交易提供了公开、公平、公正的场所。通过该场所，国有股的股东可以根据需要转让国有股份，进行国有经济布局和结构的战略调整；同时，这种交易方式也保障了国有股转让的公平合理，有助于保障国有资产流通中的安全。为进一步规范国有股权转让行为，2007 年，国资委、中国证监会联合颁布了《国有股东转让所持上市公司股份管理暂行办法》。依据该办法，国有股东所持有的上市公司股份可以通过证券交易系统转让、协议方式转让、无偿划转方式转让或间接方式转让。国有股东转让上市公司股份由国务院国有资产监督管理机构负责审核，转让价格通常情况下应根据证券市场中该上市公司股票的交易价格确定。

三、国有资产转让中的价格确定

国有资产转让价格是否合理，是衡量国有资产流动是否安全的关键因素。尽管不同的交易方式有不同的价格确定模式，但是，确保每种交易价格的公平，是保护国有资产安全的关键。

(一) 协议定价

即在协议转让方式中，由交易双方当事人通过“一对一”的谈判最终确定转让价格。为确保协议转让价格的合理性，协议转让项目应进行资产评估，资产评估报告由批准机构核准或备案。协议转让的价格不得低于经核准或备案的资产评估结果；对于经公开征集只产生一个意向受让方的协议转让，转让价格应当按照当次挂牌价格确定。如果协议转让的标的是上市公司的股份，则协议转让的价格通常情况下应当以上市公司股份转让信息公告日(经批准不须公开股份转让信息的，以股份转让协议签署日为准)前 30 个交易日的每日加权平均价格算术平均值为基础确定；确需折价的，其最低价格不得低于该算术平均值的 90%。

(二) 产权交易市场的公开竞价

国有资产进入产权交易市场,通过公开征集,产生两个或两个以上的意向受让方时,将采用竞争交易的方式决定最终价格。依据《关于企业国有产权转让有关事项的通知》(国资发产权〔2006〕306 号)的规定,企业国有产权转让首次信息公告时的挂牌价格不得低于经过备案或者核准的转让标的资产评估结果。经公开征集没有产生意向受让方的,转让方可以根据标的企业情况确定新的挂牌价格并重新公告;如拟确定的新挂牌价格低于资产评估结果的 90%时,应获得相关产权转让批准机构的书面同意。《企业国有产权转让管理暂行办法》也规定,在产权交易过程中,当交易价格低于评估结果的 90%时,应当暂停交易,在获得相关产权转让批准机构同意后方可继续进行。

(三) 证券市场的交易定价

证券市场的交易主要通过证券交易所的交易系统完成。在证券交易所进行的交易方式主要有两种:一是集中竞价交易,即按照价格优先、时间优先的原则,公平竞价,从而完成交易;二是大宗交易系统交易,即达到规定的最低限额的证券单笔买卖申报,买卖双方经过协议达成一致并经交易所确定成交的证券交易。对于前者,国有股东在转让时完全依照交易所的集中竞价交易规则进行,按照市场价格成交;对于后者,国有股东在交易时,转让价格不得低于该上市公司股票当天交易的加权平均价格。

四、国有资产转让中的信息披露

信息披露是规范国有资产交易行为的另一关键性制度,是国资监管机构和社会公众对国有资产交易进行监督的必要条件,尤其是国有资产归全体人民共同所有,社会公众有权了解国有资产转让的每个环节。

首先,对于协议转让,只要是不涉及国家安全和经济安全,交易信息应当全面公开。政府可以通过法律法规强制交易主体进行信息披露,如要求转让方将协议转让公告在省级以上公开发行的经济或者金融类报纸上以及企业网站上,公告期为 20—30 个工作日。公告内容包括:交易双方相关信息,特别是受让方信息;国有资产的基本情况;转让价格、付款方式及付款期限;交割事项等。①对于上市公司国有股权的协议转让,《国有股东转让所持上市公司股份管理暂行办法》规定了特别的信息披露制度:(1)国有股东拟协议转让上市公司股份的,在内部决策后,应当及时按照规定程序逐级书面报告省级或省级以上国资监管机构,并应当同时将拟协议转让股份的信息书面告知上市公司,由上市公司依法进行信息公开,向社会公众进行提示性公告。公开披露文件中应当注明,本次股份拟协议转让事项须经相关国资监管机构同意后方可组织实施。(2)国有股东获得国资监管机构对拟协议转让上市公司股份事项的意见后,除特殊情况外,应书面告知上市公司,由上市公司依法进行信息公开,公开的内容主要包括:拟转让股份数量及所涉及的上市公司名称及基本情况、拟受让方应当具备的资格条件、拟受让方递交受让申请的截止日期。

① 文宗瑜、袁媛著:《经营性国有资产管理》,经济科学出版社 2010 年版,第 202 页。

其次，对于产权交易市场的挂牌转让，应当进行限期公告。依据《企业国有产权转让管理暂行办法》的规定，转让方应当将产权转让公告委托产权交易机构刊登在省级以上公开发行的经济或者金融类报刊和产权交易机构的网站上，公开披露有关企业国有产权转让信息，广泛征集受让方。公开的内容包括：转让标的的基本情况、转让标的企业的产权构成情况、产权转让行为的内部决策及批准情况、转让标的的企业近期经审计的主要财务指标数据、转让标的的企业资产评估核准或者备案情况、受让方应当具备的基本条件等。公告期为 20 个工作日。

第三，对于证券交易市场进行的国有股权转让，应当严格按照《证券法》的规定进行信息披露。

五、国有资产转让中的审批机制

(一) 协议转让时的批准

依据《关于企业国有产权转让有关事项的通知》(国资发产权〔2006〕306 号)的规定，协议转让事项的批准权限，按照转让方的隶属关系，中央企业由国务院国资监管机构批准，地方企业由省级国资监管机构批准。相关批准机构不得自行扩大协议转让范围，不得下放或分解批准权限。相关批准机构应当在批准文件中明确协议转让事项执行的有效时限，并建立对批准协议转让事项的跟踪、报告制度。各省级国资监管机构应当将协议转让的批准和实施结果报告国务院国资监管机构。对于国有股权的协议转让，依据《国有股东转让所持上市公司股份管理暂行办法》的要求，在国有股东内部决策后，应及时按照规定程序逐级书面报告省级或省级以上国资监管机构；国有股东与拟受让方签订股份转让协议后，应按规定程序报国务院国资监管机构审核批准。

(二) 通过产权交易所转让时的批准

通常情况下，由国资监管机构负责国有资产转让中的审批工作。但是，当转让企业国有产权将致使国家不再拥有控股地位时，则需要由本级人民政府批准。此外，对于国家出资企业重要子企业的重大国有产权转让事项，应当报同级国资监管机构会签财政部门后批准；涉及政府社会公共管理审批事项的，需预先报经政府有关部门审批。

(三) 通过证券交易市场转让时的批准

对于国有控股股东通过证券交易系统转让上市公司股份的，同时符合以下两个条件时，只要由国有控股股东按照内部决策程序决定，并在股份转让完成后 7 日内报省级或省级以上国资监管机构备案即可：其一，总股本不超过 10 亿股的上市公司，国有控股股东在连续三个会计年度内累计净转让股份(累计转让股份扣除累计增持股份后的余额)的比例未达到上市公司总股本的 5%；总股本超过 10 亿股的上市公司，国有控股股东在连续三个会计年度内累计净转让股份的数量未达到 5 000 万股或累计净转让股份的比例未达到上市公司总股本的 3%。其二，国有控股股东转让股份不涉及上市公司控制权的转移。若上述任一条件不能满足，则转让方案应逐级报国务院国资监管机构审核批准后方可实施。

对于国有参股股东通过证券交易系统在一个完整会计年度内累计净转让股份比例未达到上市公司总股本5%的，由国有参股股东按照内部决策程序决定，并在每年1月31日前将其上年度转让上市公司股份的情况报省级或省级以上国资监管机构备案；达到或超过上市公司总股本5%的，应将转让方案逐级报国务院国资监管机构审核批准后实施。

第五节 国有资产经营收益分配制度

2007年《关于试行国有资本经营预算的意见》和《中央企业国有资本收益收取管理办法》先后颁布，国有资产经营收益与分配制度进入实质性操作层面。

一、国有资产经营分配问题的产生

长期以来，国企的经营收益问题在改革中似乎被忽略不计。自1994年"利改税"后，国企不再向国家上缴利润。然而，据资料显示，从2002年开始，国企经营状况就有了明显改善，当年实现净利润3 786亿元，此后利润每年以30%左右的速度递增，2006年国有企业实现利润达12 193亿元，其中，中央企业利润达到7 700亿元。①在国企运营中，国家投入了巨额资金以及大量垄断性资源和政策性优惠，面对如此多的收益，国家却没有如同私法中的投资者一样，从企业那里取得分红。这种不分红的局面有着其特有的历史原因。

改革开放之前，我国对于国有企业采取的是"统收统支"的管理体制，国有企业将所有的利润上缴国家，国家通过财政统一划拨国有企业所需要的投资以及弥补国有企业的亏损。这种做法显然是高度集中的计划经济体制的反映。在1979年之后，国有企业改革将收支模式调整成利润留成制，即国家将利润分一部分给企业，绝大多数上缴国家。相比原来的"统收统支"而言，利润留成制激发了企业一定的生产积极性，但是如何在政府与企业中进行利润分配仍然是一个棘手的问题。1994年国企改革提出了税养国家、利活企业的思想，随之"利改税"、"拨改贷"的制度开始实施。通过税利分流，原来国有企业利润全部上缴、投资和更新改造等都由政府拨款的收支两条线的管理体制得以改变。在当时，由于大多数国有企业改造任务重、盈利率低，因此，国家规定实行税利分流改革的企业在一段时期内只向国家交纳所得税，税后利润留归企业，用于发展生产。而这也就成为了国企不向国家分红的主要制度根源。事实上，1994年"利改税"后，财政部、国家国有资产管理局、中国人民银行曾发布《国有资产收益收缴管理办法》，但是因其法律位阶较低，加之收缴的情况复杂，实际操作起来非常困难，最终不了了之。

① 陈丽萍：《央企分红试运行》，载于《中国石油石化》2007年第19期。

二、国有资本收益上缴的正当性

时移世易。目前国企的经营状况、国企的治理结构与20世纪90年代相比都有了极大改善。当时为了国企改革的需要，基于现实考虑不要求国企进行利润分配是合理的。但在当前的国企发展状况下，要求国企向国家分红，同样也是合理的。

第一，基于公司法理论，国家作为股东享有利润分配请求权。毋庸置疑，国家是国有公司的股东，享有股权。利润分配请求权是股权最重要的权能之一，也是股东投资的最终目的所在。据此，国家要求公司向其分配红利完全合法。

第二，国家承担了国企经营的大量成本。这种成本主要有两方面：即社会成本与资源成本。所谓社会成本，主要是指国家承担了国企改制的大部分重组成本，如从国企剥离学校、医院，再如破产企业职工再就业等。据《中国统计年鉴2005》统计，从1994年至2004年，国家财政用于国企亏损的补贴达到了3306亿元。而上述社会性负担的剥离正是国企利润提高的重要原因之一，因此国家有理由要求从利润中补偿这些转移承担的社会成本。所谓资源成本是指许多国企作为利润大户，都身处垄断性行业，占有着国家大量的能源或资源，如石油石化、电网电力等，因此，要求其向国家分红也是国家实现资源收益权利的当然途径。此外，要求这些行业向国家分红，也有利于破除行业垄断。一方面分红可以削弱其继续维护垄断地位的力量，另一方面又使国家有足够的财力培植新的竞争力量，通过改变增量投入来调整国有经济结构，这对破除垄断无疑会起到积极作用。

第三，避免过度投资，提高资本利用率。由于企业未给国家分红，因而一般具有很高的留存收益，虽然大量的留存收益为企业投资和扩张提供了低成本的便利途径，但过度留存利润会因投资冲动的局限、治理结构的不完善、监督审核机制的缺乏而带来投资过度扩张的可能，其后果容易导致资金链条的断裂。而通过向国家分红，能够使这部分留存收益得到重新优化配置，进而改善整个国有资产分配的结构，提高国有资产的使用效率。

第四，充实财政资金，满足公共需求。目前的财政体制主要有四大块，税收、国债、国有资产收入、行政规费。其中，税收是最主要的来源。但在税收体制上，从20世纪80年代开始，为了争夺资本市场，各国就开展了减税运动，形成了减税浪潮。在我国，近几年来要求减税的呼声也很高，①而这势必直接影响到财政收入。面对税收收入可能下降的压力以及公共支出不断上扬的趋势，寻求新的财政收入支点就成为一个主要问题。在国企经营日渐好转的情况下，国企分红自然成为一条出路。就理论层面来讲，国企的本质就在于全民性和公共性。②每个公民都拥有国有企业的"股份"，这与股东持有股份公司的股份

---

① 我国在2007年已修改了新的《企业所得税法》，将内外资企业的所得税税率进行统一，并下调至25%；此外，在税法理论和税收实践中，对我国当前最大的税种——增值税(其收入占税收收入总额的30%左右)也有着强烈的减税呼声。参见张燕：《启动央企分红的背景和意义》，载于《新东方》2006年6月。

② 高明华：《国企本性与红利走向》，载于《中国报道》2007年第2期。

无异;同样,作为"全民"投资的公司,其收益自然应回归全民,这与股东从其所持股的股份公司中领取股息红利也没有任何区别,因而国企具有全民性。由于"全民"这一概念过于抽象,或者说全民无法直接从国有企业领取股息红利,进而受益,因而全民受益就只能体现在政府的公共投资上,如此一来,公共性便成为国有企业的本质属性。所以,国企虽然讲求营利,但是盈利不是最终目的,最终目的是用盈利服务全民,即提供公共服务,如国防、城市公共交通、义务教育、医疗卫生保健、应对突发事件等。

三、国有资本收益上缴制度的基本构建

国有资本利润分享机制是一个系统问题,国家有权收取相应红利只是问题的开始,这些红利向谁收取,收取的比例是多少,如何上缴,都需要明确化。

(一) 上缴主体

2007 年,《中央企业国有资本收益收取管理暂行办法》规定,上缴收益的企业为国资委所监管企业以及中国烟草总公司,简称中央企业。政府将上缴利润的主体限定为中央企业有一定的历史原因。实际上,在现行国有资本经营架构下,各个中央企业集团作为授权的国有资本运营机构,是从其所投资的企业分配红利的,只是这些企业集团不把红利交给国家,也不给其他任何人,而是用于自己投资或留存。因此,国有企业不分红,并不简单等同于国有企业集团控股的公司没有分红,而是子公司把红利交给其直接投资者——集团公司后,集团公司没有上缴给国家。而集团公司不向国家分红又是一个历史遗留问题。在 20 世纪 90 年代中后期的公开上市高峰阶段,企业集团一般都将质量好的资产"打包"进入上市公司,而那些劣质资产、不盈利的经营业务、大量贷款、养老金以及其他负债通常都留在了集团公司或者其下属公司,这也就意味着集团公司承担了大量的改革成本。基于这种考虑,集团公司自然不愿意将利润分红给国家。但是,将利润留于集团公司内部,无论是对于资金的利用率还是公共产品的提供都是弊多利少,无论是从国家股权角度而言还是从国家为国企支付的成本角度而言都不公平。其实,不管是现在的国有大型企业集团,还是以后越来越多的国有资本运营公司,作为直接运营国有资本的国家授权经营单位,只有它们最终向国家分配红利,把这些红利纳入国家预算体系,国有资本才真正实现了增值保值。正基于此,2007 年的《中央企业国有资本收益收取管理办法》规定,国有资本收益只是向中央直接管理的一级企业收取,税后利润按企业集团公司合并的财务报表剔除少数股东权益后核定。该《办法》对这些中央企业所属的全资企业、控股参股企业(包括上市公司)的利润分配没有直接影响。

但是,该规定出台后,关于上缴利润的主体问题还是出现了诸多争议。实际上,需要上缴利润的不仅仅指国资委所监管企业和中国烟草总公司。因为国务院国资委所监管的企业只是所有中央企业的一部分。除国资委外,财政部、文化部、交通部等部门都实际投资很多中央企业。财政部尽管将中国烟草总公司纳入缴纳主体范畴,但实际上,其控制的邮政、金融等国有企业并未纳入。面对公众的质疑,2010 年财政部发布了《关于完善中央国有资本经营预算有关事项的通知》,决定从 2011 年起将 5 个中央部门(单位)和 2 个企

业集团所属的 1 631 户企业纳入中央国有资本经营预算实施范围,[①]以改变原规定中收益收取范围过窄的弊端,但这一新规的改革并不彻底,因为仍有诸多部门所属的中央企业未纳入预算试行范围;同时,财政部控制的具有丰厚经营利润的金融类企业仍然游离于收益上缴制度之外,利润上缴主体范围的不周延问题,仍未解决。

(二) 上缴比例

2007 年颁布的《中央企业国有资本收益收取管理暂行办法》中规定,企业上缴利润比例依据企业行业不同分为三类,即烟草、石油石化、电力、电信、煤炭等资源型企业,上缴比例为 10%;钢铁、运输、电子、贸易、施工等一般竞争性企业,上缴比例为 5%;军工企业、转制科研院所企业,上交比例三年后再定。面对如此低的上缴比例,公众普遍提出质疑。为此,在 2010 年发布的《关于完善中央国有资本经营预算有关事项的通知》中,财政部将上述比例分别提升 5%。但该比例的合理性仍然值得思考。尤其是对垄断性企业(往往也是资源型企业)收益收取比例的设定依旧有过低之嫌。在实际经营中,这些企业往往凭借垄断地位获取了大量的垄断利益或资源,而这些利益最根本还是来自于全民。对这些企业规定较高的收取比例不仅体现了公平原则,而且对于削弱其维护垄断地位的力量、促进相关行业的市场化发展极为有益。此外,为了使国有资本尽快退出"与民争利"的行业,对于一般竞争性领域国有企业收益收取的比例也可适当提高,同时,也可将其作为国有资本在这些领域逐渐退出的方式之一,实现国有资本"有进有退"、"有所为有所不为"的战略目标。

(三) 上缴程序

红利应向谁上缴,由谁来代表国家接受这种利润分配?在《中央企业国有资本收益收取管理暂行办法》出台前,国资委与财政部都在为自己争取这个权力。国资委认为自己是出资人代表,而利润分配请求权是出资人最关键的权利之一,因此,理应由自己行使;而财政部则认为,自己是全民的"大管家",掌管着国库,国企分红所得是全民财产,因此,自己完全有资格接受国企的分红。对此,《中央企业国有资本收益收取管理暂行办法》第 5 条明确规定,中央企业国有资本收益由财政部负责收取,国资委负责组织所监管企业上交国有资本收益。第 14 条规定,国有资本收益收取流程为:国资委先行审核;国资委提出审核意见后报送财政部复核;财政部按照复核结果向财政部驻申报企业所在地财政监察专员办事处下发收益收取通知,国资委按照财政部复核结果向申报企业下达收益上交通知;企业依据财政专员办开具的"非税收入一般缴款书"和国资委下达的收益上交通知办理交库手续。由此看来,《中央企业国有资本收益收取管理暂行办法》实际上是认可了财政部的意见。

这种程序设计有其合理性。其一,将国资委的角色定位为真正的国有资产监督管理机构比出资人代表更为合适。因此,即使由出资人享有收益权,也不能由国资委来取得。在此情形下,国资委仅是行使监管权的机构。其二,在真正出资人为全民的情况下,由政

① 新增加的是:教育部、中国国际贸易促进委员会所属企业,国家广播电影电视总局直属中国电影集团公司,文化部直属中国东方演艺集团公司、中国文化传媒集团公司、中国动漫集团公司,农业部直属黑龙江北大荒农垦集团公司、广东省农垦集团公司,以及中国出版集团公司和中国对外文化集团公司。

府的财政部门作为投资收益的管理人符合宪政理论。从根本上来讲，国有企业的利润都是公共财政收入，应该作为公共财政收入进行管理，而财政部门是国家的专门理财机构，应该有权代表国家接受国企分配的红利。当然，财政部门也仅仅是在形式上具有接受分红的权力，并无实质意义上的支配权。真正的支配权应当属于代表全民的人大，也就是说，对于这些分红所得如何支配使用，是由人大通过的预算法案决定的，财政部在某种程度上仅仅是执行而已。

四、国有资本收益使用方向的设计

如何将国家取得的红利用之于民，真正体现全民所有的本质，是国有资本使用制度设计的关键，这本质上也是对国有资本经营预算支出制度的思考。对此，许多学者都表达了相似的观点，认为应当主要运用于如下几个方面：(1)支付改革成本，包括国有经济的布局调整，国有企业的关停并转破产，对职工和下岗工人的补助、补偿等；(2)提供公共产品，包括国防、公共设施、医疗、教育卫生、社会保障等；(3)支付突发事件和不可抗拒自然灾害等；(4)再投资。国务院颁布的《关于试行国有资本经营预算的意见》基本体现了上述思想，规定国有资本经营预算的支出方向主要包括：(1)资本性支出。即根据产业发展规划、国有经济布局和结构调整、国有企业发展要求，以及国家战略、安全等需要，安排的支出。(2)费用性支出。即用于弥补国有企业改革成本等方面的支出。(3)其他支出。当然，具体支出的范围应依据国家宏观经济政策以及不同时期国有企业改革和发展的任务，统筹安排确定；必要时，可部分用于社会保障等项目支出。

上述支出方向总体而言没有问题。但我们认为，在执行过程中，可以树立如下几个理念，并以此为指导进行收益的具体使用。

第一，投资方向的逐步非营利化。有学者曾准确指出，“构建公共财政，意味着两个基本面的重新定位：一是政府与市场的重新定位，重新划定其行为边界，政府应当从竞争性领域退出，把主要精力放在其职责范围内的事情”。①可见，国有资本的存在领域应集中于非竞争性领域。但是，目前我国国有资产投资于经济建设的领域不仅涉及基础设施等公共产品或准公共产品，而且涉足诸多本应由市场机制发挥作用的私人领域。可以说，截至目前，从传统计划经济时期承继下来的国有经济面面俱到的格局并未发生实质性改变，国有资产在资源配置上仍然发挥着主导作用，几乎覆盖了所有行业和领域。这样的投资结构亟需改变。在今后国有资本经营预算的支出结构中，应主要是加大对市场中私人不愿或不能提供的公共产品的投入，尤其是要支持自主创新、节能减排和生态环境建设，促进产业结构升级。②

第二，投资结构的均衡化。国有资本的投资和使用应以可持续发展原则中的公平性

---

① 张万强：《中国财政体制改革的演进逻辑及公共财政框架的构建》，载于《经济问题研究》2009 年第 3 期。

② 2009 年、2010 年在中央政府公共投资中用于自主创新、技术改造方面的投资分别仅占 7.4%和 7.5%，对推动结构调整的作用有限。参见孙仁宏：《扩大政府公共投资：政策背景、效益分析与对策建议》，载于《财政研究》2010 年第 6 期。

思想为指导，将国有资本的投资向农村和西部倾斜，以提升弱势地区的发展水平和竞争能力，通过国有资本经营的带动逐步实现投资结构的均衡化，缩小二元化经济结构所带来的经济发展差距。

第三，支出导向的民生化。基于国有资产本身的公共性，国有资本收益的运用不应在国有企业内部进行自我循环，而应切实让全民分享到国有资本的收益。从目前的规定来看，国有资本经营预算的支出制度缺乏明确的民生财政导向。在实践中，国有资本经营预算支出也基本用于经济建设。尽管自2010年开始，国有资本预算支出中增加了“转移性支出”项目，用于社保等民生事业发展，但数额较少。例如，在2012年875亿元的国有资本预算支出计划里，该项目仅调出了50亿元。[①]国有资本经营预算支出所体现出的这种强“体内循环”特征，实际也造成了国有企业收入分配与非国有企业之间的不公平，使得本来依靠垄断资源已获取巨额利润的国有企业有更多的现金流用于职工福利，进一步扩大了行业及个人的收入差距，引发新的分配不公。此时，如果把国有资本收益直接或间接地投向民生，不仅会减少这种不公平，而且对于扩大内需、发展经济有益无弊。[②]特别是在我国，“由于国有企业仍较多地存在于竞争性领域、并具有较强的垄断经营性……如果我们的制度设计不能使国有资本经营预算支出在必须或可能的情况下向公共预算或社会保障预算转移，那么，资本性支出的合理性就会从根本上受到质疑。”[③]而这种偏离了“公共品的政府财政分配行为本质上不能反映公民对公共品的偏好，不能被视作合法合宪的财政行为”[④]。因此，从法律层面要求国有资本经营预算支出向政府一般预算或社会保障预算进行转移有充分的理由。

① 参见《关于2012年中央国有资本经营预算的说明》，http://yss.mof.gov.cn/2012zhongyangyusuan/201203/t20120322_637096.html，2012年4月20日。

② 陈少晖、朱珍：《民生财政导向下的国有资本经营预算支出研究》，载于《当代经济研究》2012年第4期。

③ 徐晓松、林文彪：《国有资本经营预算之资本性支出及其制度构建》，载于《天津师范大学学报》（社会科学版）2009年第4期。

④ 刘剑文：《公共财政与财税法律制度的构建》，载于《政法论丛》2012年第1期。

第二十六章
国有资产监管法律制度

第一节　国有资产监管体制

一、国有资产监管体制概述

(一) 国有资产监管的含义

"国有资产监管"这一提法是对"国有资产管理"这一概念的取代。"监管"和"管理"在内涵上应当进行区分。在现代汉语中,"管理"的含义有三:其一是"负责某项工作使顺利进行";其二是"保管和料理";其三是"照顾并约束(人或动物)"①。在原先的国有资产管理体制下,相关政府部门主要以行政审批的方式实施管理,较多地体现出管理者的意思,限制了市场主体的自主权,因而广受抨击。"管理"一词也因此被学术界等同于"命令与服从"。这是用"国有资产监管"取代"国有资产管理"的一个重要原因。

"监管"有"监督"和"管理"的双重内容,但并非是两者的简单相加,对其正确的理解是从监督的角度加以管理,重心应当是放在监督上,从而和过去行政审批式的"管理"相区别。也就是说,"监督"是在被监督对象正常运行的基础上对其加以督察,以使其不偏离正常的运行轨道。"监督"不能妨碍被监督对象的自我运行,正如对权力的监督是防止权力的滥用而不是限制权力的正常行使一样,否则,监督就失去了其存在的意义。因此,我们所说的国有资产监管,是指国有资产监管机构从监督的角度,对国有资产的经营、占用主体及其投资、运营、使用、处分国有资产等行为所进行的管理。而国有资产监管法,便是调整国家及其政府在对国有资产进行监管过程中发生的社会关系的法律规范的总称。

(二) 国有资产监管体制的界定

在国有资产监管活动中,国有资产监管体制是核心要素之一,它是国家关于国有资产监管的机构设置、职责划分以及监管方式方法的总称,具体内容包括:国家国有资产监管机构的设置、机构性质和职能配置;中央和地方国有资产监管机构间的权职划分;等等。

---

① 《现代汉语词典》,商务印书馆 1986 年版,第 410 页。

二、我国国有资产监管体制的历史沿革[①]

自新中国成立以来，我国国有资产监管体制经历了一个逐步演变的历史过程，主要可以分为以下五个阶段：

（一）计划经济体制阶段（1949—1978年）

从新中国成立初到中共十一届三中全会这段时期，国有资产监管体制历经四次探索：(1)"一五"期间，初步形成了苏联模式的高度集中体制；(2)"大跃进"前后，实行以地方为主、条块结合的体制；(3)"三年调整"期间，重新强调集中统一；(4)"文化大革命"期间，基本上复制了"大跃进"期间的监管体制。[②]这四次探索主要围绕着监管权力在中央政府和地方政府之间的"集中"和"分散"而进行。这一阶段国有资产监管体制的特点是：(1)"资产管理"和"企业管理"合一。即国家（所有者）对国有资产的管理与国家对国有企业的管理是合一的，换言之，国家所有者对国有资产的管理是通过国家行政部门对国有企业的管理来实现的。"资企合一"的另一面，就是政府行政职能与资产所有者职能的统一。(2)直接计划管理，即国家有关部门以指令性的生产、分配、流通、劳动等计划，直接管理国有资产的投资、经营。(3)分部门管理。即国务院设立专业经济部门按行业分工对所属国有企业的国有资产进行管理。1954年9月，第一届全国人民代表大会召开，在国务院内设立第一机械工业部、第二机械工业部、燃化工业部、建筑工业部、纺织工业部、轻工业部等多个部门。此后，尽管部门数量时多时少，但总体框架一直延续到20世纪80年代初。在中央政府设立管理企业的部门后，地方政府亦设立了大体相同的厅局，对所属企业进行管理。(4)分级管理。即依据企业规模大小、重要性程度和设立时的资金来源，分别由中央和地方政府对自身所属国有企业以及企业内的国有资产进行管理。[③]

应当说，这种监管体制对我国完成国民经济的奠基、积累和发展起到了重要作用。但随着国民经济的进一步发展，这种监管体制的弊端也逐渐暴露：国家（政府）直接管理和决定国有资产的投资和经营，成为国有资产事实上的经营管理者。由于国家（政府）管理方式单一，同时又远离微观经济领域从而导致信息传导机制不畅，整个社会的资源配置效率低下。与此对应的是，企业没有任何经营自主权，纯粹为一个生产单位，经营活力严重不足。

（二）经济体制转轨阶段（1978—1988年）

1978年中共十一届三中全会以后，我国开始逐步推进经济体制改革和国有企业改革。在国有企业改革过程中，不可避免地触及国有资产监管体制问题，人们开始意识到传

---

① 顾功耘主编：《经济法教程》，上海人民出版社2006年版，第549—552页。

② 马红光：《国有资本监管模式的设计与运行》，载于《西安邮电学院学报》2002年第2期。

③ 鲁剑：《关于国有资产管理体制改革的几点思考——兼谈未来国有资产监管机构的职能》，载于《中国经贸导刊》2002年第18期。

统国有资产监管体制下政府"无处不在"的弊端,决策层也逐步对其作出一定的调整,主要思路定位于政府从国有资产经营的某些环节退出,扩大企业在这方面的自主权,进而使国有企业成为一个相对独立的商品生产者和经营者。例如1978年国家为提高固定资产使用效率,解决资产闲置浪费与投资效率低下的问题,对国营企业固定资产开始实行有偿调拨。1984年10月20日召开的中共十二届三中全会通过了《中共中央关于经济体制改革的决定》,该《决定》对两个基本问题作了确认:一是确认了政府和企业的职责是可以分开的,指出今后各级政府部门原则上不再直接经营管理企业,明确了政府机构管理经济的职能应是规划、协调、监督、服务,更多地运用经济杠杆来调节经济,改变过去单纯运用行政手段推动经济运行的习惯。二是确认了企业的所有权和经营权是可以适当分开的,突破了把全民所有制和国家机构直接经营混为一谈的传统观念。此后,在"政企分开"以及"所有权与经营权分离"的思路下,放权让利、利改税、承包经营、租赁经营等多种改革措施陆续出台。

上述改革措施对于增强国有企业活力,提高国有企业的经营效益发挥了积极作用,但不可否认的是,这些措施并未触及国有资产监管体制这一深层次的问题,基本上都是在国有企业这一层面展开的。由于国有资产监管体制基本不变,政府实际上仍然牢牢控制着国有企业,国有企业名义上享有的一些经营自主权,但在实践中常常被政府越俎代庖加以行使,难以取得独立的主体地位。另一方面,长期不变的国有资产监管体制在应对迅速变化的国有企业改革来说,也显得有些力不从心,导致对某些问题监管失控。20世纪80年代中期国有企业承包经营中所出现的种种问题即是对此的深刻揭示。

(三)国有资产管理局阶段(1988—1998年)

随着针对国有企业的各项改革措施步入困境,人们逐渐认识到,仅仅实行政企分开、推行所有权和经营权分离是不够的,必须同时对深层次的国有资产监管体制实行变革。传统国有资产监管体制下,政府各部门同时承担了社会经济管理职能和国有资产所有者代表的职能,"政资不分"。由于政、资双重职能的性质、目标、管理范围和管理手段均不相同,所以政、资合一存在严重缺陷,既不利于对国有资产的有效监管,也不利于行政管理的顺利进行。因此,在政府内部分别设立了管理社会经济的机构和行使国有资产所有权的机构,并各自履行社会经济管理职能和国有资产所有者职能。这便成为改革国有资产监管体制的主要思路,也是国有资产管理局设立的主要原因。

1988年8月,经全国人民代表大会批准,国务院设立国家国有资产管理局,行使"国家赋予的国有资产的所有权、监督管理权、国家投资和收益权、资产处置权"。国有资产管理局集中行使原由各行业主管部门分散行使的国有资产所有权,对经营性国有资产和非经营性国有资产实施一体化管理模式。作为专司国有资产监管的机构,国有资产管理局的设置从机构框架上实现了政府管理社会经济活动的职能(机构)与国有资产所有者职能(机构)的分离,标志着传统的国有资产监管体制有了重大变革。

对于这一改革举措,国务院的行业管理部门存在不同看法:"行业管理部门若不能对国有资产进行有效管理,就谈不上行业管理。"①基于部门利益和现实需要,行业主管部门

① 邢玉久著:《产权管理体制改革》,中国工人出版社1993年版,第25页。

并不肯轻易放弃自己对国有资产的监管权力。国有资产管理局对此则认为:“由于国有资产管理部门的职能还未到位,社会经济管理部门在政府授权范围内,对部分国有资产负有监督管理责任。但是,政府各社会经济管理部门分工监管的国有资产工作,必须纳入国有资产管理的统一体系,贯彻执行统一的国有资产管理的各项方针政策。”①在实践中,国家国有资产管理局和其他社会经济管理部门对国有资产是专司监管和分工监管的关系。但是,与相关文件赋予国有资产管理局的职能相比,其实际权力较为有限。当国有资产管理局和行业主管部门之间就国有资产的监管出现分歧时,由于国有资产管理局的行政级别低于行业主管部门,“服从国有资产专司机构的业务指导”并不现实,行业主管部门往往会越界行使对国有资产的监管权力,实际上弱化了国有资产管理局的监管权力。另一方面,由于认识的历史局限性和部门利益的惯性,国有资产管理局仍然坚持管资产与管企业统一的思路,认为管理国有资产就必须管理国有企业。国有资产管理部门对国有企业管理权的介入,致使其与工商、交通等行业主管部门和经贸委系统在企业管理方面的冲突日趋激烈。

上述争论和冲突,在某种程度上影响了政企分开的实现,加剧了对企业的多头管理。于是,国务院于 1994 年决定将国家国有资产管理局由国务院直属局调整为财政部管理的国家局,1998 年在国务院机构改革中干脆撤销了国家国有资产管理局,将其原承担的职能改组为国有资本金基础管理、财产评估管理和国有资产统计评价三个司并入财政部。

(四) 综合经济部门分散监管阶段(1998—2002 年)

国家国有资产管理局被撤销后,在中央一级,国有资产所有者的职能分别由不同的政府部门和党的人事部门行使。其中,财政部作为国有企业和国有参股企业中国有资产所有者的代表,对国有资产进行宏观管理,负责国有资产的产权界定、产权登记、监督国有资产产权收益,会同有关部门批准国有企业的设立、合并、分立、终止中的产权变动和财务处理等重大问题;经贸委对国有企业、国有控股企业的重大生产经营决策进行监管,会同有关部门批准所属国有企业的改制、重组等工作;党委组织部与企业工委任免所属国有企业、国有控股企业的领导班子,并管理派驻国有独资企业的监事会主席;计委管立项;劳动与社会保障部门管劳动与工资,形成了所谓的“五龙治水”体制。

这一体制最大的弊端在于,国有资产所有者的职能被政府部门分割行使,造成了所有者代表的多元化。政府各部门都可以依据所有者的身份对国有资产经营、使用者发号施令。由于政出多门、多头管理,往往会造成权力利益之争或认识的不同而相互扯皮,使国有资产经营、使用者无所适从。企业要受到多个“婆婆”的监管,却没有哪个部门真正对国有资产的保值增值负责任,因为各部门都只行使部分而非全部权能,根据权责对等的原则,各部门对国有资本监管绩效也只承担部分责任,由于责任事实上无法量化分配到各机构,因此各部门在实际上是不承担责任的。责任的不明又在一定程度上导致了监管积极性不高,弱化了对国有资产经营、占用机构应有的监督和约束。其结果就是,政府对国有资产经营、使用情况的了解完全靠听汇报,不出问题尚可,一出问题则往往发现情况已颇

① 潘岳著:《国有资产管理教程》,经济科学出版社 1997 年版,第 98 页。

为严重，甚至难以补救。因此，学界对于这种“分而治之”的国有资产监管体制的反对之声颇为强烈，称其“既不利于国有资本的集中统一管理，也混淆了社会经济综合管理职能与国有资本所有者职能及公共财政与国有资本的界限，是一个明显的退步”①。

(五) 国有资产监督管理委员会阶段(2002 年至今)

由于综合经济部门分散监管国有资产的种种弊端，理论界与实务界仍在继续探索国有资产监管体制的建构问题。2002 年 11 月，中共十六大报告指出，要制定法律法规，在坚持国家所有的前提下建立中央政府和地方政府分别代表国家履行出资人职责，享有所有者权益，权利、义务和责任相统一，管资产和管人、管事相结合的国有资产管理体制，并将在中央政府和省、市(地)两级地方政府设立国有资产管理机构。根据十六大精神，2003 年 4 月，经第十届全国人民代表大会第一次会议批准，国务院成立国有资产监督管理委员会(以下简称国资委)，将原由经贸委行使的指导国有企业改革和管理的职责、财政部有关国有资产管理的部分职责、中央企业工委、劳动和社会保障部拟订中央直属企业经营者收入分配政策、审核中央直属企业的工资总额和主要负责人的工资标准的职责划入国资委，授权其代表国家履行出资人职责，监管范围确定为中央所属企业(不含金融类企业)的国有资产。此后，地方也陆续在省、地(市)两级设立国资委。由此，国资委承担起了国有资产监管职责。

三、我国现行国有资产监管机构的设置思路

(一) 国有资产监管机构的设置模式②

从 1988 年国务院设立国家国有资产管理局，到 2003 年国务院国资委的正式成立，学术界和实务界就如何合理设置国有资产监管机构，一直在进行积极探索，并提出了多种改革思路。总的来看，学者们的研究主要围绕两个问题而展开：其一，国有资产监管机构是设在全国人民代表大会之下，还是设在政府之下；其二，如果是设在政府之下，那么是设置一个专门独立的国有资产监管机构，还是由政府各部门分别行使国有资产监管职能。

一些学者认为，国有资产监管机构应设于全国人民代表大会之下。其理由在于，对于全民所有的财产，所有人的监督权力应集中由反映全国人民意志的全国人民代表大会行使。③关于该监管机构的具体设置，有人提出，应建立隶属于全国人大的国有资产管理委员会，负责国有资产的重大决策，同时建立与其平等的隶属于全国人大的国有资产调查委员会，行使对国有资产的监督权。④大部分学者对上述观点提出了反对意见，认为国家的社会经济管理职能与国有资产所有者管理职能是国家管理社会经济活动的两种手段，它们之间只能适当分开，而不能截然分离。因此，脱离国务院单独建立隶属于全国人民代表

---

① 《国有资本管理体制改革的若干基本原则》，引自国务院国有资产监督管理委员会网站：http://www.sasac.gov.cn/index.html，访问日期：2004 年 7 月 26 日。

② 顾功耘主编：《经济法教程》，上海人民出版社 2006 年版，第 552—555 页。

③ 陈静波：《论建立新型的国有资产监管制度》，载于《当代法学》2001 年第 10 期；郭铁枫：《怎样建立新型的国有资产监管制度》，载于《行政与法》2000 年第 3 期。

④ 同上。

大会的国有资产管理机构是不现实的,应该由国务院根据全国人民代表大会的授权同时承担国家的这两种经济管理职能。[①]换言之,国有资产监管机构应设立于政府之内。

我们认为,将国有资产监管机构设立于全国人大之下确有不妥之处:(1)它和我国现行基本政治体制存在冲突。在我国现行政治体制下,全国人大为国家最高权力机关,行使立法职能;国务院是全国人大及其常委会的执行机构,行使的是行政职能,两种职能互不相同。按照通常理解,对国有资产的监管职能应属于政府的行政职能,只能由政府机构来履行。如果将国有资产监管机构隶属于全国人大,一方面意味着全国人大在越界行使权力,这是对政府权力的侵犯,另一方面又导致全国人大立法职能和行政职能合一。(2)对于国有资产的监管是一项日常的持续性工作,而全国人大的运作往往是非常设性的,即使人大的专门委员会处于经常运作状态,但其工作内容也往往是项目性的,即往往以项目如立法项目、执法检查项目的方式展开工作,这不利于做好国有资产的日常持续性监管工作。(3)从专业角度来看,行政机关与全国人大相比更加接近和了解市场运作的过程,由行政机关来监管国有资产更有经验上的合理性。(4)从国外国有资产监管的实践经验看,目前世界上只有奥地利等极少数国家采用在国会或议会下设专门委员会的形式来管理国有资产。[②]在英、法、德等绝大多数国家,国会(议会)对国有资产只行使一般政策意义上的监管,这表现在制定相关法律法规上,除此之外的国有资产监管职能基本上是由政府部门负责履行。他山之石,可以攻玉,虽然我国和其他国家的国情有很大不同,但国外在此方面的普遍做法值得我们深思和借鉴。

因此,将国有资产监管机构设在政府之内能更好地适应国有资产监管的现实需要。随之而来的问题是,国有资产监管机构是由政府下面一个专职、独立的监管机构来担任,还是由政府各经济部门分别承担某一方面的监管职责,学者之间观点并不一致。

多数学者认为,应当由国务院下设的一个专职、独立的机构来行使国有资产所有者职能。[③]另有一些学者则对此表示了不同意见,主张国有资产监管机构应分别设立于各行业主管部门。有学者从交易成本的角度论证了这一主张,认为建立适应社会主义市场经济运行的国资管理体制的具体模式,必须考虑该模式的制度成本。在现阶段,与专职的国有资产管理局相比,政府各行业管理部门具备更强的收集相关管理信息的能力以及更强的专业技术方面的管理能力。即使是采取国有资产管理局和各行业管理部门共同监管的方式,在存在部门利益的前提下,也会造成协商、讨论、谈判等方面的交易成本增加,而且会导致“无利之事无人负责,有利之事抢着负责”的结果。因此,从国资管理的制度成本和效率角度看,行业部门负责本行业国资管理有其合理性和可行性。[④]

回顾我国国有资产监管体制的演变过程,除了 1988 年至 1998 年期间由国有资产管理局作为国有资产监管机构外,我国一直实行由政府各部门分别监管的模式。在前文中,我们已经分析过这一模式所产生的种种弊端,这正是 2002 年以来我国对国有资产管理体

---

① 刘万生著:《国有控股公司研究》,经济科学出版社 1998 年版,第 246—248 页。

② 文宗瑜:《探索建立全新的国有资产管理与运营模式》,载于《国有资产管理》2003 年第 1 期。

③ 李建伟著:《国有独资公司前沿问题研究》,法律出版社 2002 年版,第 116—119 页;王全兴、傅蕾、徐承云:《国资委与国资运营主体法律关系的定性探讨》,载于《法商研究》2003 年第 5 期;邓元明:《关于〈国有资产法〉立法的若干思考》,载于《当代经济科学》1995 年第 1 期。

④ 张勇:《我国国有资产管理体制理论中若干基本观点的再分析》,载于《财经论丛》2001 年第 1 期。

制进行改革的一个重要原因。因此,国有资产监管机构的设置不能再回到老路上去。我们认为,根据政府的社会经济管理职能与国有资产监管职能相对分离原则,最佳办法是在国务院之下建立一个独立的国有资产监管机构,由该机构专司国有资产的监管职能。为使其有效履行职责,在制度设计上应遵循"权责一致"的原则,即将国有资产监管所必需的各项权力都集中于该机构,同时该机构对国有资产的监管后果承担完整、清晰的责任。

2003 年 4 月,我国成立了国资委,它正是在国务院之下设立的一个专司国有资产监管的机构。可以说,这样一种模式设置在现阶段来说是较好的选择,具有积极的意义。

(二) 各级国有资产监管机构间的关系

《企业国有资产监督管理暂行条例》第 6 条规定:"国务院,省、自治区、直辖市人民政府,设区的市、自治州级人民政府,分别设立国有资产监督管理机构。国有资产监督管理机构根据授权,依法履行出资人职责,依法对企业国有资产进行监督管理。企业国有资产较少的设区的市、自治州,经省、自治区、直辖市人民政府批准,可以不单独设立国有资产监督管理机构。"根据该规定,我国确立了中央、省、地市三级国有资产监管框架。

在该监管框架中,中央与地方国有资产监管机构之间的关系是相互独立运作下的业务指导和监督关系:

首先,中央和地方国有资产监督管理机构独立运作,分别对中央和地方人民政府负责,监管主体各自按年度建立国有资本预算,盈亏自负,积累自得,滚动发展。同时,中央国有资产监督管机构还应负责每一年度全国国有资本的业绩汇总,并向国务院和全国人大作出报告。

其次,中央国有资产监督管理机构是监管网络的"中枢指挥系统",对地方国有资产监督管理工作进行指导和监督。2011 年 4 月,国务院国资委修订颁布了《地方国有资产监管工作指导监督办法》,原 2006 年《地方国有资产监管工作指导监督暂行办法》同时废止。新办法提出了上级国资监管机构指导、监督地方国资的具体要求,并重新明确了指导监督工作机制和事项。其中主要包括:(1)建立健全指导监督工作机制,各级国有资产监督管理机构应当根据指导监督职责,明确指导监督的分工领导和工作机制,健全完善上下联动、规范有序、全面覆盖的指导监督工作体系;(2)细化指导和监督的具体事项,明确中央对地方国有资产管理体制和制度改革完善、地方国有资产监督管理机构履行出资人职责、地方国有企业改革发展、地方国有经济布局和结构调整、国有资产基础管理等事项进行指导,突出监督重点;(3)完善指导监督的方式和途径,明确立法指导和具体指导相结合的工作方式,健全完善国资监督立法备案制度、国资监督法规政策实施督察制度、国资监督重大事项报告制度等,增加对专项监督方式的规定。

四、现行国有资产监管体制中国资委定位的"迷失"与"回归"

(一) 国资委定位的"迷失"

在当前国有资产立法框架下,国有资产监督管理机构作为政府的直属特设机构代表同级政府履行出资人职责,同时负责监督管理企业国有资产。相对于旧有的国有资产管理体制,新的监管体制的确在一定程度上可以调动中央和地方两个积极性,也在理论上摆脱了旧体制下多头管理的缺陷,一定程度上有利于实现国有资产的保值增值。但其也存在明显的制度缺陷,其中最大的问题便在于监管者身份与出资人身份的重叠。

2008年通过的《企业国有资产法》第11条规定:"国务院国有资产监督管理机构和地方人民政府按照国务院的规定设立的国有资产监督管理机构,根据本级人民政府的授权,代表本级人民政府对国家出资企业履行出资人职责。"其表明了国资委的出资人代表身份。与此同时,该法第6条再次确认了社会公共管理职能与国有资产出资人职能分开的原则,从法律层面肯定了《企业国有资产监督管理暂行条例》第7条的规定,即"各级人民政府应当严格执行国有资产管理法律、法规,坚持政府的社会公共管理职能与国有资产出资人职能分开,坚持政企分开,实行所有权与经营权分离。国有资产监督管理机构不行使政府的社会公共管理职能,政府其他机构、部门不履行企业国有资产出资人职责。"

上述规定尽管从宏观上明确了国资委作为国有资产的出资人代表的地位和属性,强调了国资委作为国有企业形式出资人拥有的权利,但作为"国务院正部级直属特设机构"的国资委,从目前实际运作情况来看,具有着明显的二重性,除作为国家出资人外,还具有诸多行政性公共管理职能。

第一,国资委有权对违反国有资产管理法律法规的个人和组织进行监督,有权就贯彻国有资产法律法规制定相关政策、规章,有权指导和监督下级政府国有资产监管部门的工作。这些都属于代表国家对国有资产进行的一般监管职能。

第二,国资委"三定"方案中规定了国务院国资委承办国务院交办事项,如中央企业安全生产工作,维护企业稳定和企业职工合法权益专项治理工作,中央企业自主创新协同监管工作等。这些都属于政府的社会经济公共管理职能。国资委承担的产权登记管理职能,协调国有资产产权纠纷职能等,也具有一定的社会公共管理职能的性质。而且,国资委还承担离退休干部管理保障,管理其所出资企业的工会、统战、妇女等工作。

第三,部门协调合作中体现的社会经济管理职能。在工作中,国资委必须协调和财政、税收、金融等其他部门的关系,为国资管理提供宏观指导、协调和信息服务,影响相关部门出台优惠政策支持国资委的发展规划,指导和推进国有企业的改革和重组等公共职能。

上述情况说明,国资委实际上并没有实现政府社会经济管理职能和国有资产所有者职能相分离的初衷,事实上同时肩负着"出资人代表"和"监管者"的双重身份。如此一来,政企分开的改革目标也面临着落空的危险。

(二)国资委定位的"回归"

根据《国务院办公厅关于印发国务院国有资产监督管理委员会主要职责内设机构和人员编制规定的通知》和《企业国有资产监督管理暂行条例》的相关规定,国资委的性质被定位为"国务院直属正部级特设机构",根据国务院的授权,依法对企业国有资产进行监督管理。其主要职责包括:(1)拟定国有资产监督管理的法律、行政法规,制定规章、制度;(2)制定国有资产发展的中长期规划,推进国有资产合理流动和优化配置、推进国有经济布局结构调整;(3)指导、协调、监督地方国资委的监管工作;(4)负责企业国有资产的产权界定、产权登记、资产评估、清产核资、资产统计、综合评价等基础管理工作,协调其所出资企业之间的企业国有资产产权纠纷;(5)通过统计、稽核等方式对企业国有资产的保值增值情况进行监管;(6)指导推进国有及国有控股企业的改革和重组等。由此可见,国资委的职责有着明确的监管职能。

针对将国资委应当为“干净的出资人”的观点,确实需要认真反思。正如本书上一章所分析,如果将国资委定位为出资人代表,其难以胜任经营管理活动,在当前的体制下“政企分开”也无法真正实现;同时,若将国资委作为出资人代表,则出资人职权过于集中,不利于起到分散风险的效果,而其自身也会异化为追求自身利益的经济实体,不利于国有经济结构的调整。此外,若将国资委定位为出资人代表,则对国资的监管就会出现“缺位”,此时,必然还需再设机构对国有资产进行行政监管,而经过多年发展,国资委已经积累了丰富的行政监管经验,完全抛开这些经验另起炉灶,制度成本过高;且国资委名称的本意就是对国有资产进行监督管理,将其变成一个实际上的投资运营机构,也名不副实。因此,回归国资委国有资产监管机构的应然定位才是理性之举。

五、国资委和其他政府部门的关系

(一)与财政部门的关系

根据2003年国资委“三定”方案,国资委国有资产监管工作在财务会计方面执行国家统一的财务会计制度,接受财政部监督;国资委管理的国有资产统计结果报财政部备案,国有资产管理法律、法规草案的起草、拟订征求财政部意见。国家支持国有企业改革与发展的财政措施,包括中央困难企业下岗职工基本生活保障费用、分流人员费用、破产企业安置职工费用等,由财政部按原渠道解决,继续由财政部管理和监督。国资委对所监管的国有资产进行预算管理,按国家有关预算编制规定,负责所监管企业国有资产经营预算的编制工作,作为国家总预算的组成部分由财政部统一汇总和报告,预算收入的征管和使用接受财政部监督。国资委在国有资产的收益上缴、国有资本预算编制中仅享有有限的权力。

从国有资产保值增值出发进行国有资本预算,已成各方共识。国资委希望由其单独编制国资预算,遭到了财政部的反对。2007年9月,国务院发布《关于试行国有资本经营预算的意见》,标志着我国开始正式建立国有资本经营预算制度。根据该规定,各级财政部门为国有资本经营预算的主管部门。各级国有资产监管机构以及其他有国有企业监管职能的部门和单位,为国有资本经营预算单位。在这种制度安排下,国资委只享有国有资本经营预算草案的编制权。

对于这种制度安排,我们认为应当进行适当的改革:(1)对于国有资本经营预算收益的编制,应当充分尊重国资委的意见,同时发挥财政部门的监督作用。因为相对于财政部门而言,在现行经营管理体制下,国资委拥有更多的信息优势,能够相对客观、准确地确定利润上缴数额。因此,由国资委来行使主要的预算收入编制权有其合理性。当然,因为部门利益的存在,需要财政部门对国资委预算收入的编制活动进行必要的监督。(2)对于国有资本经营预算的支出编制,应尊重国资委的意见,同时适度发挥发展和改革委员会(以下简称“发改委”)的功能,并最终由财政部门进行上报。因《企业国有资产法》等诸多法律法规对国资委提出的保值增值任务极易导致国资委对经济利益的过度追求。在保值增值的压力下，国资委在编制国有资本经营预算时，往往会对经济效益较好、资本回报率高的竞争性行业加大再投入，而对那些私人不愿进入、社会发展又必需的经济效益差、资本回报率低的行业加速退出，这显然与国有资本的应然定位及政府的经济职能和宏观经济目标相违背。为防止该类现象发生，在国资委编制国有资本经营预算的支出项目时，就需要由有关部门对其进行制约。在诸多的制约机制中，发改委的适当介入应是一个较好的选择。当国有企业提出下年度的预算支出计划并上报国资委，国资委在进行平衡并形成初步的预算建议草案后，应与发改委商讨，并征求其意见，以使国有资本更好地发挥其应有的职能。在2007年发布的《国务院关于试行国有资本经营预算的意见》中，发改委曾获得了参与国有资本经营预算编制的权力，但遗憾的是，《企业国有资产法》却将该规定删去。对此，我们认为应予以矫正。当国有资本经营预算支出计划在征求了发改委的意见后，国资委应将编制的国有资本经营预算收益和支出的总体方案上报财政部门，由财政部门将其与政府一般预算、社会保障预算、政府性基金预算等一并提交本级人大审议，由人大最终作出决定。①

（二）与发改委的关系

如上所述，国资委对国有经济布局和结构进行调整是其承担的一个重要职责，即依据国民经济的发展要求，对国有资本从存量的结构调整和增量的不断投入两方面来保持国有资本宏观配置的合理性，从而保证产业结构的协调性。其中必然涉及新增投资问题，而国有资本的新增投资目前仍由发改委负责审批。依据2008年国务院机构改革方案和《国务院关于机构设置的通知》，发改委的首要职责便是拟订并组织实施国民经济和社会发展战略、中长期规划和年度计划，统筹协调经济社会发展，优化重大经济结构等。国资委在确定国有资本的新增投资项目和技改投资项目时，必须与发改委沟通协调，所安排的重大项目和投资应统一纳入国民经济计划中予以实施。

（三）与审计部门的关系

根据《宪法》和《审计法》的规定，国家实行审计监督制度。国务院和县级以上地方人民政府设立的审计机关是行使审计权的主体，其审计的对象主要有三：一是国务院各部门和地方各级人民政府及其各部门的财政收支；二是国有的金融机构和企业事业组织的财务收支；三是其他依照《审计法》规定应当接受审计的财政收支、财务收支。因此，尽管国资委是专司国有资产监管的机构，但国家审计机关通过审计监督的形式，也对国有资产享有一定的监管权力。国资委和审计机关对国有资产从不同角度实施监管，两者之间既不是矛盾对立的，也不是可以互相替代的。

此外，自国资委设立以来，鉴于其享有众多权力，学术界也颇为关注对国资委的监督问题。我们认为，除了由国务院、全国人大及其常委会对国资委实施监督外，国家审计机关也可以对国资委监督管理国有资产的情况进行审计监督，这在英国等市场经济发达国

① 顾功耘、胡改蓉：《国有资本经营预算的"公共性"解读及制度完善》，载于《法商研究》2013年第1期。

家已有先例。国家审计机关对国资委的审计监督,主要内容包括以下几个方面内容:(1)国资委对企业重组中资产价值评估的监管情况;(2)国资委对企业资产重组条件或重组目标的监管;(3)国资委对企业资产重组程序的监管;(4)国资委对企业重组方案的监管;(5)对国有企业资产重组的结果进行审计评估。①

第二节 国有资产监管的法律责任

法律责任的概念有广义和狭义之分。广义的法律责任既包括违反义务的不利后果,也包括法律上的职责和义务。狭义的法律责任仅指前者,是违法者对自己实施的违法行为必须承担的某种带有强制性的法律上的不利后果。在国有资产监管体制中,基于主体身份的不同,可能产生的法律责任也不同。

一、监督者的法律责任

国有资产监管机构本身与权力和利益非常靠近,一旦制度不严,那么监管的权力很容易被利益所腐蚀。国有资产监管机构在监督国有资产过程中,不一定只扮演一个被动的角色,还存在政治“创租”和“抽租”现象;同时,有关人员和利益集团为获取不当利益,也可能向监管机构进行“寻租”,最终造成国有资产的损失。因此,规范监管机构的行为,确立和强化对监管者的监管,对于保障国有资产的安全至关重要。

但反观我国现有的国有资产监管体制,不难发现,对国资委的监督处于缺位状态。《企业国有资产监督管理暂行条例》赋予了国资委极大的职权,却未建立起一套行之有效的对国资委进行再监督的经常性机制。一旦国资委的监管出现失职或渎职,严格的法律责任难以及时跟进。

从调整国资委行为的主要规范《企业国有资产法》和《企业国有资产监督管理暂行条例》来看,后者仅在第38条规定:“国有资产监督管理机构不按规定任免或者建议任免所出资企业的企业负责人,或者违法干预所出资企业的生产经营活动,侵犯其合法权益,造成企业国有资产损失或者其他严重后果的,对直接负责的主管人员和其他直接责任人员依法给予行政处分;构成犯罪的,依法追究刑事责任”,但对于损失和后果的范围、应当承担的责任等,却没有具体规定,并且主管人员和其他直接责任人员的说法也极为模糊,缺乏可操作性。《企业国有资产法》第68条规定:“履行出资人职责的机构有下列行为之一的,对其直接负责的主管人员和其他直接责任人员依法给予处分:(1)不按照法定的任职条件,任命或者建议任命国家出资企业管理者的;(2)侵占、截留、挪用国家出资企业的资金或者应当上缴的国有资本收入的;(3)违反法定的权限、程序,决定国家出资企业重大事项,造成国有资产损失的;(4)有其他不依法履行出资人职责的行为,造成国有资产损失

① 潘博:《探索国有资产监管的再监督》,载于《中国审计》2003年第23期。

的。"第 69 条规定:"履行出资人职责的机构的工作人员玩忽职守、滥用职权、徇私舞弊,尚不构成犯罪的,依法给予处分。"对于刑事责任的规定,则主要体现在《刑法》中的挪用公款罪(第 384 条)、贪污罪(第 382 条)、受贿罪(第 385 条)、滥用职权、玩忽职守罪(第 397 条)等方面。

上述《企业国有资产法》、《刑法》的规定虽然较《企业国有资产监督管理暂行条例》详细,但有关法律责任的规定仍不完善。尤其是在责任类型上,注重行政责任(在性质上是行政机关对公务员的处理)和刑事责任,而忽视民事责任。这既不足以从经济利益层面对违法者进行严重惩罚,也不利于国有资产的切实保护。

为此,我们应加强对民事责任的追究。这种民事责任在性质上可以认为是特殊的侵权责任。所谓特殊侵权是指职务侵权损害行为,即国有资产管理人员在执行职务时侵犯国有资产并造成损害的违法行为。其构成要件是:(1)职务侵权行为的主体必须是负有国有资产监管职责的人,包括各级国有资产监管机构的工作人员、国有资产经营机构的工作人员等;职务侵权行为的主体只能是自然人,不能是国家机关和国有企业,因为由国家机关或国有企业来赔偿国家损失不仅没有任何意义,而且也达不到制裁失职、渎职行为人的作用。(2)职务侵权行为必须发生在执行职务过程之中。(3)国有资产管理人必须是违反了执行职务时应尽的义务,且主观上有过错。(4)行为必须侵犯了国有资产的合法权益并有损害结果。①

二、国有企业经营管理者的法律责任

(一) 民事责任

在国有资产监管中,除了通过对一般人员违反国有资产监管法律追究民事责任外,还要强化对国有企业高级管理人员的民事责任追究来保护国有资产。因为是他们在国有企业经营管理中违背了自己的义务,导致了国有资产的流失。

1. 履行出资人职责的机构委派的股东代表的责任

《企业国有资产法》第 70 条规定:"履行出资人职责的机构委派的股东代表未按照委派机构的指示履行职责,造成国有资产损失的,依法承担赔偿责任……"履行出资人职责的机构委派的股东代表严格意义上不属于企业经营管理者,但由于凡法人、机构或组织充当出资人或股东的,均需委派代表参加企业的股东会。履行出资人职责的机构委派股东代表参加国有控股公司、国有参股公司的股东会会议,在授权范围内按照委派机构的指示提出提案、发表意见、行使表决权,并应将其履行职责的情况和经过及时报告委派机构。如果被委派的代表出于私利或玩忽职守,未按照履行出资人职责的机构的指示行事,有违受托或代理的责任,造成国有资产损失的,理应承担民事赔偿责任。

2. 国家出资企业的董事、监事、高级管理人员的责任

与非国有企业一样,国有企业的董事、监事、高级管理人员对企业负有忠实义务和注意义务。《企业国有资产法》第 71 条第 1 款明确规定了国家出资企业董监高违法行为的

① 陈雄根著:《国有资产监管法律制度研究》,中国经济出版社 2012 年版,第 118 页。

具体形态:(1)利用职权收受贿赂或者取得其他非法收入和不当利益的;(2)侵占、挪用企业资产的;(3)在企业改制、财产转让等过程中,违反法律、行政法规和公平交易规则,将企业财产低价转让、低价折股的;(4)违反本法规定与本企业进行交易的;(5)不如实向资产评估机构、会计师事务所提供有关情况和资料,或者与资产评估机构、会计师事务所串通出具虚假资产评估报告、审计报告的;(6)违反法律、行政法规和企业章程规定的决策程序,决定企业重大事项的;(7)有其他违反法律、行政法规和企业章程执行职务行为的。如果出现上述情形,且造成了国有资产损失,负有责任的董监高就应承担相应的民事责任,包括由企业行使归入权、交易无效、赔偿损失、由履行出资人职责的机构依法予以免职或提出免职建议等。此外,《企业国有资产法》第 73 条对国有独资企业、国有独资公司、国有控股公司的董监高提出了更高的职业操守要求,对其规定了严格的市场限入和禁入的责任,即"国有独资企业、国有独资公司、国有资本控股公司的董事、监事、高级管理人员违反本法规定,造成国有资产重大损失,被免职的,自免职之日起 5 年内不得担任国有独资企业、国有独资公司、国有资本控股公司的董事、监事、高级管理人员;造成国有资产特别重大损失,或者因贪污、贿赂、侵占财产、挪用财产或者破坏社会主义市场经济秩序被判处刑罚的,终身不得担任国有独资企业、国有独资公司、国有资本控股公司的董事、监事、高级管理人员"。

(二) 行政责任

我国对国有企业经营管理者行政责任的规定主要体现在《企业国有资产法》中。该法第 70 条、第 71 条规定了对有关责任人员的行政处分和追缴制度。例如,第 70 条规定:"履行出资人职责的机构委派的股东代表未按照委派机构的指示履行职责,造成国有资产损失的,依法承担赔偿责任;属于国家工作人员的,并依法给予处分。"第 71 条规定:"国家出资企业的董事、监事、高级管理人员有下列行为之一,造成国有资产损失的,依法承担赔偿责任;属于国家工作人员的,并依法给予处分:……国家出资企业的董事、监事、高级管理人员因前款所列行为取得的收入,依法予以追缴或者归国家出资企业所有。"

(三) 刑事责任

我国《刑法》在总则第 2 条规定了保护国有财产是刑法最重要的任务之一;随后,第 13 条又规定,侵犯国有财产,依照法律应当受刑罚处罚的,都是犯罪,但情节显著轻微危害不大的,不认为是犯罪。在第 30 条规定的单位犯罪中,涵盖了国有资产监管机构、国有公司、企业的犯罪。刑法分则中的大多数章节也涉及了国有资产监管中应当追究刑事责任的行为。例如,非法经营同类营业罪;为亲友非法牟利罪;签订、履行合同失职被骗罪;徇私舞弊造成破产、亏损罪;徇私舞弊低价折股、出售国有资产罪;私分国有资产罪;国家工作人员签订、履行合同失职罪;非法批准征用、占用土地罪;非法低价出让国有土地使用权罪等。此外,还包括贪污罪、挪用公款罪以及第五章中的相关犯罪。

应当承认,现行《刑法》对国有资产保护是有一定成效的。但相对于日益严重的国有资产流失,刑法作为国有资产监管中的控制手段还未完全发挥作用。例如,在上面所列的犯罪中,除非法经营同类营业罪、为亲友非法牟利罪规定了单处或并处罚金外,其他各罪都只规定了主刑,没有规定附加刑。这会造成违反国有资产监管的行为在经济上不会受到损失,不利于国有资产的监管。

第三节 国有资产监管中公益诉讼制度的构建

一、公益诉讼制度概述

公益诉讼早在罗马程式诉讼中便已存在。当时诉讼分为私益诉讼和公益诉讼,前者乃保护个人所有权利的诉讼,仅特定人才可提起;后者乃保护社会公共利益的诉讼,除法律有特别规定外,凡市民均可提起。目前,我国学界对公益诉讼的理解基本一致,可将其定义为特定的国家机关、组织或者个人依照法律规定,为保障国家或者社会公共利益而提起的诉讼。在 2012 年新修订的《民事诉讼法》中,公益诉讼被正式写入基本法律之中,即"对污染环境、侵害众多消费者合法权益等损害社会公共利益的行为,法律规定的机关和有关组织可以向人民法院提起诉讼"。尽管该条的规定极为笼统和原则,缺乏可操作性,但经过多年呼吁,该制度能够为法律所正式认可,毕竟是一种进步。

公益诉讼具有如下法律特征:(1)目的具有公益性,即保护国家、社会公共利益,以制止或惩罚某些机关或个人滥用权力,危害国家和社会公共利益的行为,以此保障社会每一个个体成员的合法权益。(2)利害关系的不特定性与广泛性。在传统的私益诉讼中,违法行为侵害的客体往往是特定人的合法权益,但公益诉讼中,侵犯的客体是公共利益,通常对具体的社会成员尚未形成直接的利益损失。(3)公益诉讼的发起者具有广泛性,不一定与本案有直接利害关系,对违反法律侵犯国家利益或社会公共利益的行为,任何个人或单位都有权提起公益诉讼。(4)公益诉讼成立的前提既可以是违法行为已造成了现实损害,也可以是尚未造成现实损害,但存在损害发生的可能。

二、公益诉讼在国有资产监管中引入的必要性

国有资产公益诉讼是指任何组织和个人都可以根据法律法规的授权,对国有资产运行及监管中违反法律,侵犯国家利益和社会公共利益的行为,向法院起诉,请求法院追究违法者法律责任的活动。国有资产为全民所有,如何发挥广大人民群众在我国国有资产监管中的作用,使得国有资产监管走上良性发展的轨道,这是国有资产监管体制改革的方向。而国有资产公益诉讼制度的引入是解决该问题的一个良好途径。通过建立公益诉讼制度可以起到如下作用:

其一,弥补国有资产监管中产权主体缺位的不足。国有资产尽管在理论上由全民所有,但"全民"这一概念无法使得过国有产权的主体具体化,国有产权主体的"虚位"现象难以克服。而公益诉讼制度的引入,可以对此进行弥补。既然全民享有国有资产所有权这个权利,就应当允许在自己权利受到侵害时通过诉讼途径予以救济,因为诉讼毕竟是社会

解决纠纷的最后一道防线。因此,在国有资产受到不法侵害时,赋予社会公众以诉权,以此维护公众的合法权益,是弥补国有资产产权主体“虚位”的有效方式。

其二,可以拓宽国有资产的监督渠道,弥补政府行政机关的监管漏洞,完善国有资产的监管体系。现代社会日趋复杂化,政府的公共事物也日趋繁多,政府对整个社会的管理不可能面面俱到,总是有遗漏之处。公益诉讼制度的建立可以形成国有资产流失自下而上的监督制约机制,充分发挥个人和社会组织在保护国有资产中的作用,改变行政机关单向监管的格局,扩宽原来有限的行政监管模式,从而建立起“全方位、立体式的国有资产监管法律体系”。

其三,可以有效提升对侵害国有资产行为的监管效果。一方面,公益诉讼可以有效监管国有企业高级管理人员的行为,促使其恪尽职守地为国有企业服务。通过公益诉讼,事先和事后追究管理人员的责任,防止其内部人控制。另一方面,可以有效矫正错位的公权力行为,防止国有资产管理机构的公职人员滥用公权力,以权谋私,侵害国有资产。

三、国有资产公益诉讼制度的设计

国有资产公益诉讼制度的设计,就是要通过公民、社会组织、有关国家机关的参与,增加发现侵害国有资产案件的几率。随着发现几率的增加,违规者所付出的成本越来越高,那么侵害国有资产的行为也会越来越少。因此,我们需要设计出合理的制度来确保公益诉讼机制能够发挥应有的积极作用。如前所述,新修订的《民事诉讼法》尽管从法律层面引入了公益诉讼制度,但是,极为笼统,缺乏可操作性。就国有资产监管而言,更需要进行针对性的制度设计。

(一)起诉主体

古罗马有句谚语“没有原告就没有法官”,充分证明了原告主体资格在诉讼过程中的重要作用。公益诉讼作为一种新型诉讼,对其启动主体的规定无疑是最核心的问题之一。

世界上建立公益诉讼的国家,通常是允许本国公民、社会团体、检察机关等作为原告进行起诉。在我国构建国有资产公益诉讼制度时,应结合当今世界一些国家公益诉讼的实践经验和诉讼自身的规律,将检察院、某些社会团体、公民等规定为公益诉讼的适格原告。具体阐述如下:

1. 检察院

从理论上讲,赋予检察机关在国有资产公益诉讼中提起诉讼的权力符合检察机关作为国家法律监督机关的职能特点,也是公益诉讼国家干预原则的最佳体现。作为法律监督机关,检察机关有监督国家各机关和全社会是否遵守法律的深层含义。当国有资产基于各种原因而流失,检察机关有义务对该类情况进行监督,并采取相应的措施对此进行补救。同时,由于国有资产公益诉讼的“公益”性,由检察院代表国家提起诉讼,可以解决诉讼主体不确定或缺位情况下,国有资产这一公共利益遭到侵害却得不到救济的尴尬局面。在域外,检察院作为公益诉讼的起诉主体也有诸多立法经验。法国是最早规定检察机关提起民事诉讼制度的国家之一。中世纪法国就以成文法律形式规定了检察制度。①1804年,世界上第一部资产阶级民法典——《拿破仑法典》就规定,检察官可以提起或参与民事诉讼。现行的法国新《民事诉讼法典》第421条也规定:"检察院得作为主当事人进行诉讼,或者作为从当事人参加诉讼。于法律规定的情形,检察院代表社会。"②该条赋予了检察院在民事诉讼中作为原告的资格。该法典第423条规定了检察院作为主当事人代表社会进行公益诉讼的法律地位,即"除法律特别规定之情形外,在事实妨害公共秩序时,检察院得为维护公共秩序,进行诉讼"③。在德国,联邦最高检察官作为联邦公共利益的代表人,有权参与民事诉讼和行政诉讼。④此外,德国检察官有权代表国家对涉及国家和社会公众利益的重大民事案件提起民事诉讼。在美国,检察官是政府的代表,代表政府行使诉讼权利,对涉及政府利益和公共利益的案件,提起、参加诉讼,出席法庭,保护政府和公共利益。在诉讼中,检察官可以是原告,也可以是被告,认为判决有错误的可以上诉。⑤检察官参加民事诉讼有两种身份:一是政府和公共利益的代表;二是公民的代理人。作为政府和公共利益的代表时,有权对损害政府和公共利益的违法行为提起诉讼。由上可见,从理论到实践,从国外到国内,都足以说明我国检察机关提起国有资产公益诉讼的合理性。

2. 公民

从理论上讲,国有资产是全民所有的财产,其真正的所有权者是全国人民,而负有国有资产管理职责的机关、社会组织的工作人员、企业人员与真正的所有者(全民)之间是一种委托—代理法律关系。国有资产管理人员作为受托人,在法律上负有管理好国有资产的义务,否则就要承担民事责任。但经济学的研究结果表明:在委托关系中,与委托人相比,受托人会更确切地了解被分配工作的详细信息,并更充分地了解自己的行为状况、能力和偏好,拥有着信息优势。在双方信息不对称的情况下,受托人很有可能利用受托身份,以损害委托人利益为代价为自己谋利,这便是代理成本问题。为了能够有效地监督代理人的行为,赋予委托人即真正的所有权人(全民)以诉权,是国有资产公益诉讼的应有之义。

3. 有关社会组织

在国有资产公益诉讼中,有权提起诉讼的另一类重要主体就是社会团体。由于社会团体依法成立,具有团体章程,具有个人不可比拟的良好组织性、法律性,由社会团体作为原告起诉比之公民原告具有优势。

(二) 起诉对象

国有资产监管中的起诉对象主要有两类:一是国有资产监管中的监管者行为,如国资委不履行监管职能或者违反法律规定行使监管权力;二是国有资产管理的具体行为,如在国有资产经营中违反法律规定,为自己或者他人谋取利益,侵害国有资产,造成国有资产

---

① 张穹、谭世贵著:《检察制度比较研究》,中国检察出版社1990年版,第1页。

② 《法国新民事诉讼法典》,罗结珍译,中国法制出版社1999年版,第236页。

③ 赵许明:《国外民行检察公诉范围比较研究》,载于《中州大学学报》2004年第4期。

④ 李英:《检察机关能否享有民事行政公诉权》,载于《检察日报》2001年1月25日。

⑤ 李中芳著:《民事检察学》,中国检察出版社1996年版,第33页。

流失的行为。上述的公益诉讼可以针对过去，还可以针对现在正在发生的危害国有资产的行为，也可以对将来很可能发生的危害国有资产的行为。

（三）举证责任

民事诉讼中一般采取“谁主张，谁举证”的原则。但是国有资产公益诉讼中，举证责任的配置则应区别对待：(1)对于检察院提起的诉讼，应适用一般的举证责任分担规则，即“谁主张，谁举证”。由于检察院具有公诉职能，享有侦查权，收集证据处于有利地位，由其负举证责任合理；而且检察院提起的该项民事公诉对被告的负面影响远远大于其他民事诉讼，这客观上要求检察院提起国有资产公益诉讼时，必须做到事实清楚，证据确实、充分，足以证明被告有侵害国有资产的违法行为，否则会损害被告的合法民事权益，不利于维护正常的经济秩序。(2)公民提起的国有资产公益诉讼应采用举证责任倒置原则。在国有资产公益诉讼中，国有资产流失的认定具有很强的专业性与技术性，且原告面对的是国家机关或者企业中的各类较高层级的经营管理人员，无论从经济实力还是信息的占有与获取方面都处于弱势，“让较少有条件获取信息的当事人提供信息，既不经济，又不公平”①。因此，在这类国有资产公益诉讼中，为了实现原告、被告的力量均衡，应实行举证责任倒置原则，规定国有资产流失案件中的主要证据由被告提供，原告只需要承担证明存在或者可能存在对国有资产的损害即可。

（四）诉讼时效

从法理上讲，诉讼时效作为一种消灭时效，是指起诉主体向法院提起诉讼的法定期限，若超过此期限，起诉主体将承担丧失胜诉权的不利后果。可见，国家法律设立诉讼时效制度的目的在于鼓励当事人积极主张权利，惩罚怠于行使权利的当事人。国家在具体确立诉讼时效时，一方面要考虑当事人合法权利的保护，另一方面要考虑社会关系的稳定。因此，为了便于查明案件事实，及时有效地保护当事人的合法权利，恢复被破坏的社会关系，我国法律规定的诉讼时效期限一般都不太长。例如，我国《民法通则》规定的诉讼时效期间一般为2年。

但上述规定不适合于公益诉讼，包括国有资产的公益诉讼。其理由是：(1)国有资产公益诉讼的诉讼目的在于保护国有资产的安全，即国家利益或社会公共利益，而不是私主体的权利，因而不存在惩罚怠于行使诉讼权利的当事人等问题。(2)侵害国有资产的行为发现的难度较大。在大多数情况下，侵害国有资产的行为并不直接针对具体的个人，因而在该行为发生之初时，一般难以引起公民的注意，发现该行为较为困难。但对私益诉讼来说，一般不存在该问题。总之，针对国有资产公益诉讼而规定的诉讼时效应当不同于一般的私益诉讼，总体而言，应当较私益诉讼的诉讼时效更长，甚至可以规定，提起国有资产公益诉讼的，不受诉讼时效限制。因为国家利益和社会公共利益关系到广大公众的利益，不规定诉讼时效期限，可以更好地保证公共利益。实际上，我国司法解释已有这方面的规

① [美]迈克尔·D. 贝勒斯著：《法律的原则——一个规范的分析》，中国大百科全书出版社1999年版，第67页。

定，如最高人民法院《关于贯彻执行〈中华人民共和国民法通则〉若干问题的意见》第170条便规定："未授权给公民、法人经营、管理的国家财产受到侵害的，不受诉讼时效的限制。"该规定具有一定的合理性和可借鉴性。

（五）诉讼费用

民事诉讼中的诉讼费用一般采用以件计算或以诉讼标的额计算。国有资产公益诉讼的费用宜以件计算。其理由为，在整体的民事公益诉讼中设有罚款制度，对损害公益的违法行为罚款比较重，而诉讼费用按诉讼标的额收取本身带有惩罚性质，如果还按诉讼标的额收取诉讼费用，会造成双重惩罚。此外，按诉讼标的收取诉讼费用一般比按件收取的高，不利于鼓励提起国有资产公益诉讼。

关于诉讼费用分担问题，由败诉人承担诉讼费用是世界各国民事诉讼法普遍采用的一般原则，我国也不例外。但由于国有资产流失公益诉讼的特殊性，即原告是以维护公共利益的身份提起民事诉讼，其本身与案件无直接利害关系，如果仍采用一般诉讼费用分担原则不利于鼓励公民提起国有资产公益诉讼，有悖其精神实质，故国有资产公益诉讼的诉讼费用分担应有所不同：检察院提起的国有资产公益诉讼，由其承担必要的诉讼费用；公民提起的国有资产公益诉讼，则可以通过公益诉讼基金等予以部分减轻。公益诉讼基金会可以从每件胜诉的公益诉讼案件的罚金中按照一定比例提留，同时还可以接纳社会捐款作为资金来源。

（六）奖励机制

为了鼓励公民提起公益诉讼，世界上许多国家规定了"律师费用转移"和"公私分取利益"机制。前者是指原告胜诉后，可以按照律师费用的一定倍数给原告作为奖励；后者则是对于因公益诉讼挽回重大公共利益的，原告可获得按照挽回损失的程度分取特定利益的资格。我国国有资产公益诉讼制度可以借鉴这一做法。因为该类诉讼中的原告不是为了自己的直接利益而是为国家利益、社会公共利益进行诉讼，是为了保护国家利益不受侵犯。这种行为本身就值得鼓励。实质上，古罗马的罚金诉讼就是对公益诉讼的一种激励。这种罚金诉讼是为"那些为维护公共利益的诉讼而设置"，"任何市民都可以提起"①。胜诉后原告可以从法院对被告所处罚金中分得一部分。这种激励模式一直影响到今天。美国《反欺骗政府法》就规定，原告胜诉后，可以从法院判令被告支付的罚款中分得一部分，其比例为15%—20%。②可以说，这种公益诉讼的激励机制对激发公众通过诉讼机制保护国有资产的安全具有重要意义，对国有资产公益诉讼制度的建立尤为必要。

（七）滥诉的防止

制度设计在鼓励民众通过诉讼机制维护国有资产安全的同时，对滥诉的担心也随之产生。无疑，滥诉会增加社会诉讼成本。因而，在对国有资产公益诉讼进行制度构建时，

---

① ［意］彼得罗·彭梵得著：《罗马法教科书》，中国政法大学出版社1998年版，第92页。

② 韩志红、阮大强著：《新型诉讼——经济公益诉讼的理论与实践》，法律出版社1999年版，第250页。

必须设定必要的起诉条件,以便防止滥诉的发生。对此,有学者提出,可以设置国有资产公益诉讼的前置程序。即对国有资产监管部门提起的诉讼,应当是在诉讼前向国资委的上级部门书面反映,经过一段时间,国资委仍不改正的话,方可向法院提起诉讼。对于国有资产运用部门和国有企业提起的诉讼,应当在诉讼之前向负有监管职责的国资委提起书面申请,如果国资委在一定时期内不予答复或者不去履行职责,原告就可以对国有资产运用和国有企业提起公益诉讼。[①]此外,规定滥用诉权的侵权责任,是防止滥诉的另一有效方法。在英美法中,滥用诉权可以构成一种独立的民事侵权责任,被诉方可以从诉方那里获得补偿。法国《民事诉讼法典》也有对滥诉行为进行罚款并向受害方进行民事赔偿的规定。我国可在国有资产公益诉讼中对其予以借鉴。

① 陈根雄著:《国有资产监管法律制度研究》,中国经济出版社 2012 年版,第 143 页。

第六编

对外经济管制法律制度

6

第二十七章
对外经济管制法律制度的一般原理

第一节 对外经济管制的含义与作用

一、对外经济管制的含义

经济管制属于政府管制的范畴。政府管制行为按其管理的目标可分为经济性管制和社会性控制。政府管制(government regulation),或称公共管制(public regulation),在美国是指政府在微观层次上对经济的干预。从管制的性质看,管制可分为经济的(如反托拉斯法、对某些部门的价格管制)和社会的(如环境保护);从管制的手段看,有些是确定标准(如排污标准),有些是运用经济刺激手段(如直接或间接的补贴)。①国外有学者将政府管制定义为,"行政机构为直接或通过改变消费者和厂商供求决策而直接干预市场分配机制所颁布的法规或采取的特定行动"②。

管制(regulation)由政府发布的用以控制价格、销售或厂商生产决定的法律组成。③经济管制(economic regulation),是对价格、产品标准、进入和退出的条件、特殊行业服务标准的控制,它着重处理企业之间以及企业和消费者之间纯粹的经济关系。而社会管制用来处理企业的经济行为可能给劳动者、消费者和社会带来的危害健康和安全的问题。社会管制的目的在于修正外部经济效果、特别是有损健康、安全的外部经济效果的规定组成。管制不单是一系列规则体系。我国经济学家还从行为的角度加以解释,即"政府行政机构根据法律授权,采用特殊的行政手段或准立法、准司法手段,对企业、消费者等行政相对人的行为实施直接控制的活动"④。

我国自实施改革开放的政策以来,日益紧密地参与到世界经济的潮流中,外向型经济的发展非常迅速,同时,国内的经济与国际经济的联系越来越密切,国际市场的变动成为国内经济波动的重要因素。为了适应经济全球化新形势,中共十八大报告强调,必须实行

---

① 卢现祥:《西方国家经济管制的理论与实践述评——兼论我国的行业垄断问题》,载于《经济评论》2000年第1期。

② [美]丹尼尔·F.史普博著:《管制与市场》,余晖等译,上海三联书店、上海人民出版社1999年版。

③ [美]保罗·A.萨缪尔森、威廉·D.诺德豪斯著:《经济学》(第14版),北京经济学院出版社1996年版,第622页。

④ 张曙光主编:《中国制度变迁的案例分析》(第二辑),中国财政经济出版社1999年版,第270页。

更加积极主动的开放战略，完善互利共赢、多元平衡、安全高效的开放型经济体系。对此，我国需要采取法律、经济和行政的手段加强对外经济管制。

对外经济管制是一国政府根据法律法规和经济政策对涉外经济进行的监督、管理和规制的行为。对外经济管制是国家对于整个国民经济进行干预和调整的延伸，应服务于国民经济发展的总体目标。金泽良雄认为，"国家从国家目的出发，对国际市民法秩序上进行的涉外经济活动实行各种干预"①。这些干预可以是经济的干预，也可以是非经济的干预，例如国家安全、检验检疫等卫生限制及文化财产上的保护等。在作为经济法组成部分的涉外经济法里，主要是经济的干预，如以保护、奖励为目的的关税政策、出口退税、出口保险制度，为应对国际市场自动调节制度失调而建立的国际投资、贸易、金融等管理制度，为维护国际市场的竞争秩序而建立的禁止垄断和不公平交易、反补贴和反倾销的制度等。

随着涉外经济的发展，在不同的经济发展阶段和经济管理的不同领域，涉外经济的管制有的已经完全纳入国内经济管制的法律体系当中，有的还保持相对的独立性，从而形成比较独立的对外经济管制系统。在我国改革开放的初期阶段，经济体制改革的总体目标还没有定位于社会主义市场经济，国内的计划经济体制居于主导地位。因应"对内改革、对外开放"的政策，当时按照所有制进行不同的立法，形成了泾渭分明的内资法律体系和外资法律体系两个"板块"，这在合同法、企业法、税法、金融法等方面都有所体现。随着我国社会主义市场经济体系的建立和发展，在全球化趋势下，市场统一、公平竞争、主体平等等理念逐渐被认可，大量的国际惯例和别国的适合的立法经验被我国经济立法有意识地借鉴。同时，由于涉外经济在我国的国民经济总量中的比例逐渐增大，外商投资企业的境内销售、境内投资和境内融资与内资企业日益密切和一致，国家的法律和政策也因应变化。现在，《经济合同法》与《涉外经济合同法》以及《技术合同法》被统一的《合同法》取代，外商投资企业的营业税、增值税和消费税也与内资企业一样适用有关流转税税收条例，而所得税则统一适用《企业所得税法》，这些体现了涉外经济管制的趋同性。但是，涉外经济法律在目前仍然保持了相对的独立性。

对外经济管制的对象是一部分涉外经济关系。涉外经济关系是一个综合的概念，涉外经济关系的主体、客体或者法律关系的内容至少有一个具有涉外因素，在此基础上的经济管制包含了宏观上的涉外经济管理和微观涉外经济规制。在许多情况下，对外经济管制主要针对宏观上的涉外经济管理关系，如工商、税务、金融、海关等。但外商投资企业的劳动关系等微观经济关系也是涉外经济管制的对象，成为我国外商投资企业法调整范围的一个组成部分。涉外经济流转关系如投资和对外贸易，如果涉及我国的经济全局、社会整体利益和对外经济政策，也需要依法予以管制，如外商投资的方向、进出口商品的检验、反倾销和反补贴、反垄断中的国家安全考虑等。

对外经济管制以经济政策和专门的涉外经济法作为管制的依据，而这些规范依据通常具有强制性。强制性的法律规范要求当事人必须为什么和禁止为什么。对外经济管制反映了政府直接和间接干预涉外经济发展进程的意志。例如，国家对外商投资的准入的审批，规定了准入的条件，以控制外资的投向，便于实现经济发展、经济结构调整等目标。

① ［日］金泽良雄著：《当代经济法》，刘瑞复译，辽宁人民出版社 1988 年版，第 302 页。

就对外经济关系而言,2001 年 12 月 11 日,中国正式成为世贸组织(WTO)成员,WTO 针对的主要是管制关系,是对国家干预对外经济关系的一种国际性的“再干预”,即“国际调节”,这些国际制度的有效性取决于各国政府在其管辖范围内贯彻制度安排的能力,也取决于各国政府从自身利益出发遵守相关规则的意愿和 WTO 对贸易争端的强制性管辖权。我们既要与国际惯例接轨,积极利用 WTO 规则的例外条款、过渡安排、发展中国家待遇、新技术和环境标准、保障措施来引导、服务和保护国内产业,同时也应积极主动参与国际经济规则和规范的制定,掌握对外开放的主动权。而更加关键的问题是如何提高我们自身管理经济的能力,即在尊重市场经济规律的基础上,确立政府管制的角色、提高管理效果,减少不当干预,改变消极、被动和粗放的管理模式,在解决市场失灵的同时克服管制失败、管制腐败等难题。

二、对外经济管制的作用

对外经济管制是国家对涉外经济进行宏观调控和微观管理的综合。对外经济管制的具体作用表现为:

第一,贯彻国家对外经济政策。我国对外经济政策的价值取向和对外经济法律的宗旨是一致的,都是为了保护和促进涉外经济发展,维护涉外经济秩序,保护涉外经济当事人的合法权益。我国对外贸易政策、外商投资政策、涉外金融政策以及涉外税收政策等,都通过具体的涉外经济立法和一系列涉外行政执法措施、规则加以细化并得到贯彻实施。同时,经济政策的灵活性也反映了国家经济发展需要的动态变化,比如在外商投资领域,我国于 2011 年制定了新版的《外商投资产业指导目录》,以此适应国家经济发展的新需要、引导产业结构更优化。

第二,维护涉外经济秩序,促进公平竞争。我国涉外经济管制的一个重要作用就是通过经济、法律和行政的手段,促进贸易、投资、服务等市场的公平竞争,维护良好的涉外经济秩序。例如,为了防止外国出口恶性竞争,避免、减少国外对我国的出口采取反倾销和数量限制等,我国对外贸易采用出口许可证、配额等措施。同时,我国通过制定《反倾销条例》、《反补贴条例》,防止进口产品出口国的倾销和补贴行为给我国相关产业造成损害,维护合理的竞争秩序。

第三,维护国家经济安全。安全是民族兴亡的最基本的前提条件,捍卫国家独立和主权,必须具有抵抗外敌入侵,应付重大自然灾害和突发事变的物质基础,这种物质基础除了国土、自然资源等以外,还包括构成经济命脉和综合国力主体的产业,扶植和保护这些产业是国家经济安全的目标。国家经济安全强调的是一国经济整体上的安全性,即一国主动地参与经济全球化,发挥对于世界经济应有的作用,在政治主权可靠的前提下,在其经济发展过程中应具备抗拒内外风险和抵御外部冲击的能力,国民经济能够保持持续、快速和健康发展的一种态势。①据研究,几个主要发达国家的国家安全开支中用于维护经济

---

① Robert W. Barnett, Beyond *War*. *Japan's Concept of Comprehensive National Security*, Washington, Pergamon-Brassey's, 1984. Reviewd by Gerald Segal at China Quarterly, No. 105(Mar., 1986), pp. 161—162.

安全的开支比例就超过了一半,且从立法上和组织上予以保障。以美国为例,1917年就有《反间谍法》,1947年出台《国家安全法》,其后又不断修正,弥补漏洞与不足;进入全球化时代,为应对全新的竞争格局,1996年出台《反商业间谍法》;"9·11"事件后,又出台《爱国者法案》;随后由于主权财富基金崛起,新兴国家到美国并购频繁发生,《外国投资与国家安全法》应运而生,以保护本国安全。经济越发展,交往越密切,安全的需要可能掩盖得越隐蔽,随着经济全球化深入发展和我国同世界的联系日益加强,我国保障国家安全和发展利益的范围也越来越宽、领域越来越广,涉外经济管制法对维护国家经济安全的意义更为突出。在贸易自由化过程中,继续强调尊重国家主权这一国际法准则有着极为重要的意义。

第四,在发挥市场机制的基础上,克服市场失灵。对外经济管制必须适度和适当,并以发挥市场经济的调整机制作为发挥作用的基础。但如何处理经济管制与市场自由化、经济集中与经济民主、政府与企业、直接控制与间接控制的关系,是相当复杂的问题。涉外经济管制主体必须既要看到经济全球化的趋势关注涉外经济的特点,又要从整体国民经济的全局出发,追求管制的合理性、正当性与公平性,在保障经济安全的基础上,以较小的成本和代价,调动和引导市场主体自身的创造性、积极性,而不能过度抑制经济主体的自主选择。

三、涉外经济管制的基本原则

涉外经济管制的基本原则是体现涉外经济管制价值和目标,对涉外经济管制活动的全过程具有普遍指导意义的基本准则和指导思想。涉外经济管制的基本原则主要有以下五项:

(一)依法管制原则

依法管制是从法治的根本原则衍生出来的,要求监管机关在实施管制活动时,必须依照法律,不得与法律相抵触。完善的涉外经济立法是依法管制的必要条件。在管制政策与管制法律发生冲突时,必须遵守法律;在行政法规和地方法规与宪法和法律冲突时,应遵守宪法和法律的权威。涉外经济管理机关的法律地位和职权均由相应立法予以确认;涉外经济管理机关必须在法律授权范围内行使职责。管理机关在行使管理权时,不但要符合涉外经济管制法律有关实体法的规定,尤其要注意符合程序要求。例如,各外商投资企业法就各类外商投资企业规定了细致的审批程序,《反倾销条例》和《反补贴条例》就反倾销调查和反补贴调查程序作了严格规定等。依法管制客观上要求管理权也要受到法律限制。涉外经济管制法对管理机关的权力规定、越权行为制裁、受害人的行政救济和司法救济权、对管理人的监督等都是为了防止权力滥用而设。例如,《海关法》中对海关不当执法的赔偿责任作了明确规定;《海关行政处罚实施条例》中对行政机关的行为作出了严格的程序性规定。

(二)国家经济安全原则

经济全球化一方面削弱了国家主权的影响,"把疆界和国家,传统和民族统统踩在脚下，迫使一切更加服从唯一的价值规律”①；另一方面，对国家如何加强涉外经济或者国际经济的科学管理提出了更高的要求。对后者而言，促使国家之间的合作日趋紧密，而且促使国家在其主权范围内更加精确化地管理涉外经济。经济全球化体现了资本自由化、生产自由化、贸易自由化，但其本身有可能带来国家主权的削弱。国家经济安全包括经济主权的独立、产业安全及企业竞争力的持续提高等，2009 年力拓间谍案引起了各方对中国经济安全的讨论。中共十八大报告强调，“必须坚持以国家核心安全需求为导向，统筹经济建设和国防建设”。在涉外经济管制领域，尤其是跨国并购往往会产生与东道国国家经济安全的冲突。为此，我国《外商投资产业指导目录》中把属于危害国家安全或者损害社会公共利益的列为禁止类外商投资项目，在限制类领域也有许多是基于维护国家经济安全的考虑；《对外贸易法》第 16 条规定，基于“为维护国家安全、社会公共利益或者公共道德，需要限制或者禁止进口或者出口的”的原因，国家可以限制或者禁止货物、技术的进口或者出口；《外汇管理法》、《反垄断法》等对维护国家经济安全原则也都有所体现。从长远来看，我国应该建立和完善与国家经济安全相适应的法和政策体系，并从组织上加以保障，在涉外经济管制中贯彻国家经济安全原则。

（三）适当管制原则

适当管制包括合理管制和适度管理两个方面。由于客观世界复杂多样，我国经济处于经济全球化环境下的转轨过程中，这使得涉外经济管制无法以静态的观念处理动态的经济本身，故涉外经济管制在强调法治原则的前提下，还应赋予管制机关必要的和适度的行政自由裁量权，将灵活性与原则性有机结合起来。适当管制强调涉外经济管制机关的管制行为必须以尊重和利用市场规律为前提，目的是促进公平的竞争秩序，保护涉外经济当事人的合法权益，激励当事人在价值规律支配下进行交易。由于涉外经济关系内联国内市场，外接国际市场，管制者面对复杂的市场，要把重点放在克服市场失灵，促进市场配置资源的自身力量，不能代替市场，不能过多干预微观经济活动，更不能利用权力谋求部门利益。

（四）协调管制原则

首先，涉外经济关系复杂多样，如外贸经济关系、投资关系、金融关系、税收关系等。这些经济关系包括市场主体的平等交易关系，也包括管制机关对相对人形成的经济管理关系。涉外经济管制机关在行使行政权时，必须考虑管制对象的合理的要求，在维护经济安全和公共利益的前提下，充分考虑利益平衡，保护当事人的合法利益。

其次，由于涉外经济关系相互联系成为一个有机联系的系统，例如，世贸组织《与贸易有关的投资措施协定》就对各国的投资领域的法律法规产生了深远的影响，这客观上要求各个涉外经济管制机关在实施监管时应加强协作；同时，在涉外经济的监管依据，即主要政策和法律上，应当统一、一致，避免相互冲突，例如我国投资政策、贸易政策、产业政策、竞争政策及金融政策在涉外经济管制领域应当强化协调，促进平衡和长远发展。

---

① [法]雅克·阿达著：《经济全球化》，何竟、周晓幸译，中央编译出版社 2000 年版，第 74 页。

最后，由于涉外经济管制具有涉外性，涉外经济法律政策的制定和修改以及实际执法，都应遵循我国参加的国际公约、签订的条约，且应考虑借鉴国际惯例，协调国内法和国际法的关系。

（五）效率管制原则

效率管制指涉外经济监管的成本最小化、涉外经济活动的交易成本最小化，促进涉外经济可持续发展。效率监管的核心问题是通过管制，优化贸易和投资环境，促进市场公平竞争。首先，效率管制原则要求，涉外经济管制的政策和法律应透明，明确市场准入的条件和程序。其次，应以市场为核心，通过对不正当竞争行为制裁，维护涉外经济竞争的秩序。例如，反倾销和反补贴制度的主要目的就是为了维护对外贸易的公平、合理，制裁扭曲国际贸易秩序的不正当竞争行为。再次，管制机关应以市场客观需要的变化为基本依据改变政策。我国外贸经营资格从审批制到登记和核准制的转变就反映了这一点；内外资在流转税制、所得税上的统一调整也是效率管制原则的体现。最后，效率管制原则与放松管制密切相关，经济自由化要求放松管制，但放松管制不等于放弃管制，而是要求政府塑造合理科学的管制机制，谋求管制效率。

第二节　涉外经济政策、法律与经济管制

一、涉外经济政策和法律的关系

涉外经济政策和法律都是涉外经济管制体系的组成部分，两者相辅相成，但两者应予以区分。涉外经济政策包括外贸政策、外资政策、涉外金融政策等，政策的目标和管制手段是其核心内容。例如，外贸管制的政策目标，一般由提高出口效益、提高外资和外汇利用效益、保持国际收支平衡等内容构成。

我国对外开放的实践中，涉外经济政策往往是对外经济立法的先声，对涉外经济立法的制定进行前期的准备并提供借鉴和指导。在有关经济立法没有正式出台之前，涉外经济政策也具有“软法”的规范作用。涉外经济政策体现为国家公布的关于涉外经济发展的规划、方案、计划、决定等，对涉外经济发展具有指导意义，但其具有目标性、阶段性、原则性、灵活性，与法律相比，缺少稳定性。涉外经济政策虽然也具有规范的普适性，但没有国家强制执行的效力。我国加强对涉外经济的管制，必须以明确、透明、充分的法律作为主要的基本规范依据，减少政策的数量和调控力度与作用空间，改变政策凌驾于法律、法律政策化的现象。

但法与政策并非不兼容，法律是政策的另一种表达，现代社会出现了法的政策化、政策与法融合的趋势，因为“法律绝不能回避和拒绝那些型塑并改变社会生活结构的力量的影响”①。法的滞后、矛盾、缺漏、不当超前等日趋严重，政策在法律的解释、梳理、执行乃

① ［美］博登海默：《法理学、法律哲学与法律方法》，邓正来译，中国政法大学出版社 1999 年版，第 403 页。

至立、改、废方面的作用越来越直接，可以说，政策存在于所有的法律领域。①在涉外经济管制领域，应考虑建立一套稳定的基本的法律政策，即对立法、执法、司法有长期影响并长期被遵守的基本政策、原则和纲领，使涉外经济立法系统化和透明化，长期指导涉外经济管制的活动和司法实践。

二、涉外经济法律的体系化

涉外经济法律提供了涉外经济主体进行经济活动的具有强制约束力的行为规范，应该强调的是，这些法律不应该是脱俗的，而应是符合实际需要的，并应具有系统化。

涉外经济立法在最初阶段是推行对外开放政策的工具，但随着经验的积累，逐渐成为对于已然形成的秩序或者制度的确认与规范，为涉外经济活动提供可预见性的行为模式。例如在改革开放不久，在广东出现了中方出地、外方出资的特殊企业，在 1987 年的《中外合作经营企业法》正是以法律的方式确认这种外商投资企业的合法地位。改革是一场革命，而且改革是一个不断发展和深化的过程，对外开放也是如此。随着我国加入 WTO，我国的改革和开放都面临新的机遇和挑战，需要进行必要的政策调整和法律改革，此时要考虑政策和法律的稳定性、可接受性，做好经济行为规范的对接、磨合，落到实处，②否则，新的行为规范与既有的行为规则发生冲突，会增加体制优化的成本。

另一方面，涉外经济作为市场经济的一部分，需要体系化的法制的保障。现代经济是相互联系和相互制约的"行动体系"，而行动体系所遵循的就是法律规则。③在涉外经济立法中，法律的体系化还有很多工作要做。例如，我国的外贸立法，尽管由《对外贸易法》作为龙头法，但其规定过于原则，实际起规制作用的仍然是由进出口管制、海关、商检、卫检、税收、运输保险等各个贸易环节的行政主管部门授权立法下出台的一些法律、法规和规章，这些法律规范之间缺乏有机联系，各管一段，没有统一的协调机制。又如，我国已经针对加入 WTO 和市场经济发展之需，修改了三部外商投资企业法，但没有解决内容重复交叉甚至矛盾的问题，外商投资企业法中的企业组织形式、外汇、税收、海关进出口、土地、会计、劳动等与公司法、外汇管理法、税法、海关法、土地法、会计法、劳动法等法律调整范围存在重叠。从立法的经济性、保持法律体系的系统性以及实行国民待遇原则出发，整合外商投资立法，协调相关部门法，应制定统一的外商投资管理法，对外资准入、外资审批、外资待遇、外资保护、对外资鼓励、对外资的管理以及投资争议解决等有关政府管理外商投

---

① 史际春等:《从证券市场看"错法"及其纠正机制》，载于《政治与法律》，2013 年第 1 期。关于"法律政策中心主义"的讨论还可参见贾希凌著:《涉外经济管制法律协调论》，北京大学出版社 2008 年版。

② "大传统如欲下达民间，必以与小传统达成某种最低限度的'共识'为前提，自下而上的推行西化式新法，而以大传统强行加于小传统，却因时势紧迫，无必要的疏通、准备与妥协，即无视此一以相当长程的阶段为代价的上下磨合过程，这大传统便也就止于上层，固有的老传统因而变不成新传统，无从起到联结上下，而成法制的效用，事情便'在乡下办不通'。"引自许章润:《说法　活法　立法》，载于《读书》1997 年第 11 期。

③ 现代经济，不是一些孤立分散的盈利行动，它是一系列相互刺激又相互制约的行动体系。"行动体系"区别于"行动"，在于强调他们的相互关联性和秩序性。行动体系不可以无所遵循，法律就是遵循的规则，在它的作用下，经济活动日益组织化成一个社会性的、有多方涉入的、相互联系同时又相互制约的过程。参见张静:《经济:道德？不道德?》，载于《读书》1997 年第 11 期。

资的特殊性问题加以管制。①

三、涉外经济管制的稳定性和变动性

涉外经济管制的长期过渡性所揭示的似乎是相互矛盾的两方面含义：一方面，涉外经济与国内经济在一段较长的阶段各自具有特点，涉外经济还有相对独立存在的必要性，因此，在一段时间内应该对涉外经济采取特别的管制措施；另一方面，我国经济越来越充分地纳入整个国际经济的大循环，国民待遇原则被普遍运用，与其他因素一起综合作用下，国内经济和涉外经济的界限越来越模糊，涉外经济管制的特殊性和差异性越来越少。最终，涉外经济管制将以同一性和统一性的管理原则为基础，被纳入我国整体经济管制的体系中。涉外经济管制的长期过渡性的特点，决定了涉外经济立法和经济政策的出台应循序渐进，考虑制度的可行性、连续性和稳定性。

另一方面，我国涉外经济的迅速发展要求以变化的制度管理变化的市场。对外贸易的变化、国际投资的新趋势、国际市场的发展，都需要及时调整涉外经济政策和法律，因时制宜。例如，全球化促进了跨国公司的蓬勃发展，跨国公司具有共同的商业目的，具有全球性的战略，母公司和子公司之间具有密切的联系，在全世界范围内追求高额利润。跨国公司与东道国不可避免地会产生很多矛盾和冲突，如挑战国家主权、与东道国发展目标冲突、转移定价、不正当竞争、违反东道国劳动法、影响国际收支、环境问题和消费者保护问题等。②越来越多的跨国公司以设立子公司的方式加强对华直接投资，我国应该加强对跨国公司的管制，在鼓励保护跨国公司合法权益与对跨国公司不利于我国的活动予以限制、管制之间谋求科学的平衡，对跨国公司立法须加强协调，使之系统化，并及时予以调整，尽量消弭跨国公司对我国经济产生的消极影响。又如，在对外贸易领域，各国管制政策都不是一劳永逸、一成不变的。20 世纪美国的贸易政策就经历了一个从贸易保护到自由贸易，又从自由贸易回到贸易保护的过程。然而，这并不是一个简单的循环，而是贸易保护和自由贸易政策两者不断交替的循环过程。美国贸易保护政策与自由贸易政策的交替和循环是随着美国经济发展以及美国在世界经济中扮演的角色和所起的作用的变化而变化的。③过渡时期的涉外经济法律体系的过渡性内涵导致法制革新的必然性，法制改革的诉求指向是给涉外经济主体提供稳定的预期与实质的公平机会。

四、加强涉外经济立法的整体规划和立法适度超前

涉外经济立法是一个长期的系统工程，应结合对外经济发展战略决策、国际经济的发展趋势和国内市场经济的本质要求，进行立法上的整体规划。我国已成为世界贸易组织成员，社会主义市场经济地位确立，立法机关应加强涉外经济立法的科学预测和规划，改

① 徐箐：《加入 WTO 与我国外资法的完善》，载于《法学》2001 年第 1 期。
② 余劲松著：《跨国公司的法律问题研究》，中国政法大学出版社 1989 年版，第 14—16 页。
③ 高芳英、刘玉斌：《二十世纪美国贸易保护与自由贸易政策的交替和循环》，载于《学术界》1999 年第 2 期。

变“成熟一个、制定一个”的立法观念，着眼于立法活动的长期性、系统性、整体性。

事实上，因应经济全球化，各国普遍实行对外开放战略，对内进行市场化改革，各国政府为使国内机制更好地与世界市场机制接轨，使国内的涉外经济立法适应国际经济立法的潮流，纷纷参照国际经济的规则、惯例、标准，调整、修改国内立法，各国经济法律制度尤其是涉外经济法律制度的差异性减弱，趋同性增强。例如，TRIMs 协议为各缔约方 TRIMs 提供了一套统一的国际准则，并以此约束各缔约方的外资立法，要求限期取消有关的 TRIMs。这就使以鼓励、限制措施作为外资法主要内容的国家(尤其是发展中国家)的外贸立法面临严峻挑战。为使本国的外资立法、政策与 TRIMs 协议接轨，国际社会出现了按照 TRIMs 协议的原则重塑外资立法的浪潮。①

许多国际经济条约、惯例反映了市场经济的本质要求，也与我国社会主义市场经济的基本需要相适应，这为我国提供了法律借鉴和移植的原始素材，我国立法机关应加强研究，进行整体规划，适度超前立法。当然，适度超前要考虑法律的可行性，在法律移植同时要重视我国现存立法的兼容性以及法治传统的合理内核。

五、涉外经济管制的价值取向

从国民经济整体而言，涉外经济管制要促进国民经济的稳定、健康、持续发展。从涉外经济的特殊领域来看，涉外经济管制应注意利益的协调、遏制负效应、促进比较优势、制度创新等方面的价值取向。

制定涉外经济政策和法律，不应忽视政策和法律背后的利益协调问题。这在外商直接投资活动中得到集中的体现。毫无疑问，任何类型的对外直接投资的产生和发展都由利益所驱动，而对利益的保护需要平衡、协调各方的利益。对不同利益的追逐起源于不同的动机，外商投资的动机，如寻求稳定和廉价的自然资源、人力资源，开辟国外市场，提高生产率，分散投资风险，追求优惠政策，转嫁环境污染，谋求全球经营战略等，都可以归结为追求利润和利益的根本目的。而东道国尤其是发展中国家吸引外商直接投资主要是为了获得弥补资金缺口，引进先进的生产、技术和经营管理经验，调整经济结构，提高本国产品的国际竞争力，促进就业，增加财政收入和综合国力等。从这一点上说，投资者与受资者之间存在互相依赖的关系，为了促进外商投资持续稳定地发展，外资管制应以保护投资人的合法利益作为基点，但需服从于东道国经济发展的需要。这就必然产生多种利益的冲突，如外商投资企业与内资企业之间争夺市场、资源、人才等，以及国外与国内投资者在投资企业争夺股权、控制权等，甚至各地区为了争取外资而制定各种区域性优惠政策，由此可能产生因竞争性管制而引起的损害本地甚至本国利益的管制套利等。这就需要在外商投资管制政策和法律制定中注意协调各方面利益，使外商直接投资活动的投资者和受资者都从中获益，实现“双赢”或“多赢”。

涉外经济管制不但要平衡各方的利益，而且要把规制的重点放在扼制涉外经济活动中产生的负效应上。仍以外商投资领域为例，在吸收和利用外商投资过程中外生因素的

① 丁伟：《〈与贸易有关的投资措施协议〉评介》，载于《华东政法学院学报》1999 年第 2 期。

负效应表现为：外商投资在某些产业和行业中不断渗透，所占比重增大，控制程度相应提高；一些外商投资企业还通过转移价格来转移利润，或者通过转移价格、虚报账目、做假账、虚亏实盈等方式逃避税收；一些外商通过推销陈旧设备、缩小现汇投资比例、资金到位率低等方式把投资风险转移给中方投资者；在一些外商投资企业中，存在无视劳动法规，严重侵犯职工合法权益的现象；也有为数不少的外商投资企业以转嫁环境污染为投资目的。此外，由于政策失误、规制不善或者调控不力而造成的不良效应，也要通过优化政府管制逐步解决。例如，我们在对外开放以来的较长时间里，一些地方政府只是注重本地区引进外资的数量，忽视质量，没有在经济结构调整和技术创新方面多加考虑，产生了地区性的消极的有积累作用的因果循环，低水平的重复引进反而延缓了经济结构的调整步伐，地方的总体经济状况没有得到根本改善。

涉外经济政策和法律应注意发挥我国的比较经济优势。国际经济理论揭示了国际经济运行某一阶段、某些方面的规律性，因此在制定涉外经济政策和法律时应该考虑合理利用这些理论。比较优势理论指出，投资者和受资者只有充分发挥各自的比较优势才能各得其所。在国际直接投资领域，发达资本主义国家因市场垄断、资本、技术、信息和管理方面的优势，始终处于垄断地位。我国在对外开放时，必须注意发挥自己的资源优势、市场优势和政策优势等。当然，随着国际直接投资的发展，影响投资者进行投资决策的因素也在发生变化，发展到一定阶段，东道国劳动力成本、优惠政策等的吸引力不断下降，而市场状况、产业环境、基础设施、法制和政策逐渐被视为影响外商投资的最关键的因素。这就要求我国在利用外商投资时，除了继续发挥资源优势外，还应进一步调整外商投资的政策和法律，进一步优化产业结构，促进公平、诚信的竞争秩序，完善基础设施，逐渐将短期的自然优势转变为长期的经济优势。

在政府的干预下，我国的某些比较优势，甚至在生产要素中的比较优势也会得到加强，如通过政府补贴促进出口，通过税收优惠和产业政策调整产业结构。①又如，我国西部大开发中的涉外经济政策就是要发挥自然资源优势，吸引资本和技术，2008年新修订的《中西部地区外商投资优势产业目录》就体现了重点引导和支持发展中西部地区优势产业的精神。值得注意的是，我国相当长的一段时间内，涉外经济主要依靠和发挥劳动力充足且成本低廉的比较优势，但随着人民币汇率制度的改革及其他发展中国家如越南等对外开放政策的施行，我国在这方面的优势逐渐丧失，对此应引起足够重视，应加快经济结构调整和提高出口产品的科技、资本含量。科学技术是生产力的第一要素，发达国家不但拥有资本的优势、信息优势，而且拥有技术（包括管理技术）优势，并且在开发和利用新产品方面有较大的优势。我们不能局限于本国传统的比较优势，应随着国际竞争环境的变化调整自身的产业结构，逐步从传统的"中国制造"走向"中国创造"，形成从简单模仿到科技创新的良性发展道路，并通过产业结构的调整和升级带动国民经济全面均衡地发展。

① 在大多数国家，政府都对贸易关系进行干预，通过政府补贴促进出口等措施，一个国家在生产某种特别产品的比较优势可能被加强。参见［美］威廉·盖里·沃斯著：《国际贸易与投资后冷战时代国际商务活动的法律环境》，黄建武等译，广东人民出版社1998年版，第9页。

对外开放、经济全球化、加入 WTO 要求我们加快多方面的制度层面的深度结合，把发展对外贸易、资本的引进、技术创新、经济结构、企业制度创新、体制改革作为一个统一的整体来考虑，不能把对外开放政策的宗旨简单地停留在机器设备、资金和技术等生产要素的引进的低级层面。新制度经济学派关于发展中国家不能把振兴经济的希望单纯寄托在引进资金和技术的观点值得关注。新制度经济学派的代表人物之一缪尔达尔认为："不受阻碍的国际贸易——以及资本的流通——一般往往会产生不平等，而且十分不平等的现象已经成为既成事实时，这种产生不平等的趋势就会进一步强化。我称之为有积累作用的因果循环，只要凭借市场支配力量自由发挥，一个生产率非常高的国家的生产率则往往继续保持原有水平，而生产率水平低的国家则往往继续保持原有水平，甚至进一步恶化。"①我们应当预防这种情况的发生，在引进资金、技术的同时，加强技术创新，加快制度创新，在优化市场机制方面多下工夫。

第三节　经济全球化与我国涉外经济管制

一、全球化的内涵

全球化是世界各国在经济上跨国界联系和相互依存日益加强的过程。②联合国贸发会议 1997 年度报告指出，"全球化的概念既指货物和资源日益加强的跨国界流动，也指一套管理不断扩大的国际经济活动和交易网络的组织结构的出现"，"但今天的世界经济与超国家范式相距还很远，对现状较为恰当的描述是全球在经济上的相互依存，市场、生产和金融活动的跨国界联系已加强到如此地步，以至任何一国的经济都不能不受到国界以外的政策和经济发展的影响"③。

经济全球化的内涵至少可归纳为以下三点：这是各国在经济上相互依存不断加深的历史过程；其突出表现为商品和资本、技术等要素的国际流动日益加强；其主要因素是信息革命以及贸易和金融的自由化。④

多种因素促成了全球经济一体化，最重要的因素就是以信息技术为标志的技术革命，国际互联网日新月异的发展对传统法学带来了许多挑战，⑤如网络安全、隐私权的保护问题、网络经营的市场准入、电子商务的交易合同、竞争规则、消费者权益保护、网络税收、网络广告、知识产权以及计算机犯罪、网络商务案件的管辖权、网上证据规则等等。这些新的法律问题具有全球性、技术性和变动性特点，促使各国在网络规制与网络发展，国家安

① 缪尔达尔著：《反潮流：经济学批判论文集》，商务印书馆 1992 年版，第 114 页。

② "Globalization and Liberalization", see *UNCTAD/ECDC/PA/4/Revl*, N. Y. and Geneva, 1996, p. 240.

③ UNCTAD, *Trade and Development Report 1997*, N. Y. and Geneva, 1997, pp. 70—71.

④ 王林生：《经济全球化与中国的对外贸易(一)》，载于《国际贸易问题》2000 年 10 月。

⑤ 国内学者对计算机信息网络所设计的法律问题开展了许多研究，其主要成果有：吴弘等著：《计算机信息网络法律问题研究》，立信会计出版社 2001 年版；孙铁成著：《计算机与法律》，法律出版社 1998 年版。

全与网络经营自主,社会公益与经营私益之间寻找平衡、协调的管理措施,谋求国际化协作和法律监管创新。许多国家在网络信息管理方面进行了专门立法,国际组织也进行了网络立法,如联合国国际贸易法委员会1996年4月通过的《电子商务示范法》等。在国际贸易、国际金融等涉外经济领域,跨国电子商务、国际电子银行业务和网络国际证券发行业务等得到越来越广泛的运用。2012年我国出台《电子商务"十二五"发展规划》,明确强调要将"跨境电子商务"作为未来电子商务的发展重点之一,同时提出要加强国际合作,"积极参与国际组织中电子商务相关活动,认真开展国际电子商务法规、标准制定与实施的调查研究,主动参与相关标准规范的制定与修订,积极参与国际双边、多边涉及电子商务的条约和协议的起草工作,推动国内电子商务发展与国际对接"①。为应对信息革命的浪潮,我国应当加强政府部门对发展电子商务的宏观规划和指导,并为电子商务的发展提供良好的法律环境。

二、全球化对涉外经济管制的影响

市场经济已经成为世界最普遍的经济运行形态,经济全球化也是在全球性选择市场经济体制的基础上才有了共同的环境。涉外经济管制是以涉外法律和涉外政策为主要媒介的经济管理系统的一个组成部分,与我国实现现代化和适应经济全球化这两个命题都是紧密联系在一起的,形成一种"哑铃"结构。"判断一国国内市场与国际市场的对接和统一程度,正确的途径应该是着眼于两个市场的市场体系、市场规则是否对接和统一。国内外市场对接和统一的基础是统一的市场规则。"其有利于实现现代化和有理、有利、有节地适应经济全球化,是建立和革新涉外经济管制体制、体系的一个总的方向和原则。

随着"后WTO时代"到来,人们的认识随着现实的进展越来越深刻。WTO原理之复杂和部分规则之弹性设计、发达国家与发展中国家的利益冲突和矛盾与我国涉外经济重大利益攸关,不容忽视。随着我国在贸易和投资等领域国际地位的提高,政府的商务外交更加频繁,在协助产业界争取国际战略物资的产品定价权、争取制定产业技术标准的资格过程中,贸易摩擦成为常态,金融业和金融市场的开放也呈现加速态势。WTO规则以及其中反映出的若干市场普适原理开始成为管制改革取道国际化方向的重要参照和依据。

全球化对涉外经济管制的影响以金融领域为典型。当今世界各国和地区放松金融管制、开放金融市场、逐渐放开资本项目的管制,使得资本在全球的资本市场自由流动,出现了金融全球化的趋势。金融全球化促进了生产国际化和资本国际化,加剧了国际金融机构的全球化竞争,提高了资金的流通效率,降低了国际筹资成本,同时也积累了很多金融风险,如客户和金融机构的经营风险、全球性的系统性风险、投机活动全球化等。由于国际金融业务往来空前增加,风险的累计和扩散十分迅速,在全球支付与清算系统中,系统重要性银行的风险可能传导并形成全球性的连锁反应。金融自由化、全球化使得国内金融市场与国外金融市场的联系日益紧密,货币市场和资本市场逐渐统一,金融监管的难度增大。金融自由化和金融监管是一对孪生子。在金融全球化的背景下,一国的金融政策

① 工业和信息化部:《电子商务"十二五"发展规划》,2012年3月27日。

很难保持独立性和自主性,必须考虑国际金融市场的影响。为了顺应金融全球化的趋势,各国以及国际层面应加强立法,促进金融的国际化、自由化和金融市场的一体化进程,统一交易规则,减少交易成本,协调各国金融政策,探索金融国际监管的法律框架。美国次贷危机引发的全球金融改革和法制变革充分证明了金融监管合作的必要性与复杂性,银行业监管的国际惯例对各国银行和各国金融监管及其立法都产生了不可忽视的影响力。

我国改革开放以来,在加快国内金融改革的同时,也提高了金融业的对外开放和对外投资的步伐。但金融市场化、自由化和加强金融监管、化解金融风险同样不可忽视。尤其在我国加入 WTO 后,关于银行服务业的承诺陆续实现,外国银行当地机构中国法人化受到鼓励,诸如人民币自由兑换、境内资本市场开放、金融市场混业经营等问题都与金融风险的控制和涉外金融管制有着较高的关联度,我们必须重新审视过去的一套监管规则和监管方式,鼓励金融创新,维护金融安全。

三、经济全球化与我国涉外经济管制法律

(一)涉外经济管制立法的统一性问题

立法者应当是现实主义者,从来就没有超越现实的成功立法;立法者也可能是保守主义者,保守主义的立法是原地踏步。在我国,改革会涉及利益调整,来自既得利益集团的阻力是进一步改革的阻力因素。我国加入 WTO 以后,在享受权利的同时也要承担相应的义务。一方面,我们要清理、修改或者废止与 WTO 规则和我国对外承诺不相符合的法律、法规、规章和政策,完善法律体系;另一方面,需要采取措施保证政令畅通,保证法治的统一性。根据世界贸易组织协定所确立的全国政策法律相统一性的规则,中央与地方之间,各地方之间的政策法律应保持统一。我国在这方面仍然存在较大问题。由于各方面的原因,我国经济立法当中的部门立法和地方立法占有相当大的比重。一些政府部门自觉不自觉地在立法工作和执法工作中争取那些给本部门、本系统带来实惠的审批权、发证权、收费权、罚款权。从中央到地方,各部门、各地方制定投资优惠政策,在税收减免、审批权限、资金和利润的汇出等方面形成了地区差别。这种地区差别将导致歧视性待遇。政策法律的不统一,影响了我国外资管制的整体效能,损害了我国的投资环境。部门利益不等于国家利益。为履行在全国范围内统一实行 WTO 规则和我国对外承诺的义务,需要纠正不顾国家全局利益和人民根本利益的本位主义和地方保护主义,坚决打破行业垄断和地区封锁。①

国家依法管制涉外经济必须以法律体系的健全作为基础。在我国加入 WTO 前后,涉外经济立法的出发点由原来主要执行改革开放战略和政策,增加了主动积极内化 WTO 规则的内容。国家要运用政府的强制力量建立符合社会主义市场经济根本要求、符合 WTO 规则的涉外经济法规体系,而且它也是社会主义市场经济法律体系的一个子系统。在建立涉外经济法律体系的过程中,政策的调整和法律的修改提上议事日程。市场经济是开放型经济、国际性经济,在涉外经济法律体系的建立和实行时,需要同国外的

① 杨景宇:《加入 WTO 与中国政府法制建设》,载于《经济参考》2001 年第 23 期。

有关法律和国际惯例相衔接，对外国法律、国际经济法律的移植和转化既有利于加快立法步伐，也有利于我国与国际经济的发展接轨，参与国际经济竞争。同时还要考虑我国的实际情况，因为“中国的法治之路必须重视利用中国的本土资源，注重中国的法律文化的传统和实际”①。在涉外经济法律体系的完善中也要处理好市场的基础作用，切实满足不断变化的涉外经济发展的需求。很多时候，市场自身的运作本身就能解决或者能更有效率地解决似乎需要或者可能通过政府管制之类的法律活动才能解决的问题，②制定法之树生长在运行于具体经济活动的习惯法土壤上才会常青，才会获得生命力。

（二）涉外经济管制法的透明度问题

外国公司认为我国对外贸易制度缺乏透明度，部分原因是因为难以获得有关贸易制度的规则和条例，而且有时各部门、各省之间的规定也不一致，与之形成对比的，是中国有一套外国人无法知道的内部规章。在外商投资方面，也存在外资法以及政策缺乏透明度的问题。我国利用外资领域的很多重要事项长期以来都靠一些内部文件、行政指示、内部通知、批文等来决定，范围涉及税收、工商、信贷、物资、进出口、劳务等。不少受内部规定困扰的外商甚至将不公开的内部法规视为“秘密法”③。这与 WTO 规定的透明度原则相抵触，为改变这种状况，我国对涉外经济法律和政策正在形成一套及时、充分透明化的公布机制。其次，我国涉外经济管制要加强工作程序的透明度。例如我国外贸法中的程序法规范相当欠缺，加强透明度就要求首先补充完善对外贸易法中的程序性规范。在这方面，美国贸易法的做法值得借鉴。④美国贸易法中大部分篇幅是对程序的规定。在美国外贸法的修订过程中，程序的要求、修订不断增强、丰富，透明度增加，从申请、发起到初裁、仲裁到税令的发布或中止，继之于行政复查和司法复查，环环相扣。严格细致的程序规定，既保证了当事人充分行使权利，又保证了行政权力不被滥用。

（三）涉外经济管制法的一致性问题

加入 WTO 对我国政府管制涉外经济提出了更高的要求，尽管涉外经济法制的完善是一个逐渐发展与完善的过程，不能一蹴而就，但我国加入 WTO 应对法律进行必要的“立、改、废”。例如，在外贸立法方面，我国 1994 年颁布的《对外贸易法》内容不完善，过于粗略、条文过于原则性。2004 年 4 月 6 日，对《对外贸易法》进行了修订，但至今《对外贸易法》的实施细则尚未出台，只出台了一些关于对外贸易的部门规章和文件等。在外商投资立法方面，我国已经按照市场经济的规律和加入 WTO 的要求，逐步拓宽了投资领域，清理了一大批内部文件和内容陈旧的规章，对各外商投资企业法进行了修改，自觉与国际惯例接轨，但仍然存在针对具体问题局部制定规则形成的许多低层级规范性文件，例如 2008 年《财政部、国家税务总局关于停止外商投资企业购买国产设备退税政策的通知》、

① 苏力著：《法治及其本土资源》，中国政法大学出版社 1996 年版，第 6 页。

② 同上书，第 102 页。

③ 丁伟：《论世界贸易协定体制下我国外资法面临的挑战》，载于《法学》1995 年第 10 期。

④ 张汉林、郭浑仪：《论入世与外资法的修改与政策建议》，载于《国际商报》2001 年 2 月 25 日。美国的关税法中程序规定也不厌其烦，可参见《美国关税法》，韩立余译，法律出版社 1995 年版。

2008 年商务部《外商投资准入管理指引手册》、2009 年《外商投资担保业审批指引》、2010 年《国家发展改革委关于做好外商投资项目下放核准权限工作的通知》、2010 年《商务部关于下放外商投资审批权限有关问题的通知》、2011 年《国务院办公厅关于建立外国投资者并购境内企业安全审查制度的通知》、2012 年《国家外汇管理局关于外商投资合伙企业外汇管理有关问题的通知》、2012 年《商务部关于涉及外商投资企业股权出资的暂行规定》等，有些内容应当在合适的时候纳入法律与行政法规，以实现立法的一致性。WTO 协定第 16 条第 4 款明确规定："每一成员方应当保证其法律、规则和管理程序同各协定附件规定的义务相一致。"加入 WTO 后我国涉外经济法面临的经济法制环境将发生极大的变化，涉外经济管制政策也作出较大幅度的调整。这种修改或调整主要为了满足国内法与世贸规则的一致性要求。除了在法律层面进行修改工作外，我国为了满足法律一致性和统一性的要求，还要进一步清理部门和地方性立法，对不符合 WTO 规则的部门立法、地方立法坚决废止。

（四）涉外经济管制法应充分利用世贸规则空间

加入 WTO 表明了我国全面融入世界经济潮流的信心和姿态。一方面，这对我国的市场化改革和对外开放将提供强大的推动力；另一方面，这对现有的经济、政治、法律和文化等各个方面产生深远和广泛的影响。WTO 各成员方有保证 WTO 规则在国内实施的义务，WTO 法律体系是在成员方谈判过程中形成的，具有原则性和灵活性两个方面。一方面，它通过严格的法律约束使其基本原则具有强制性和权威性，维护各成员方在实现贸易自由化方面的努力的平衡；另一方面，又赋予某些规则的实施以额外的灵活性，并且减轻任何不适宜的僵化，以协调多边贸易体制的共同、长远利益和各成员方暂时的矛盾和冲突。为了消除市场的外部性、维护公平竞争的秩序、保护国家经济的安全，毫无疑问，我国应优化和强化对涉外经济的适当管制。为此，我们应该在现行世界贸易组织规则框架内，努力学会和利用规则，保护国内市场机制。涉外经济立法的出发点由原来主要执行改革开放战略和政策，增加了主动积极内化 WTO 规则的内容，以满足国内法与 WTO 规则的一致性要求。

同时，WTO 贸易协定的不完全性和自我执行也决定了 WTO 争端解决机制对于促进 WTO 目标的实现、保证各成员方的贸易利益，以及约束各国的贸易政策都起着至关重要的作用。随着中国国际贸易的增长，贸易争端越来越普遍，无论是主动还是被动，我国都无法避免利用 WTO 争端解决机制。起诉是运用规则为导向的法律手段敦促成员切实遵守 WTO 规则和承诺，应诉是通过正当法律程序捍卫成员的合法权利和贸易利益。我们要重视并善于利用，以多边主义对抗他国的单边行为，更好地维护我国的经济利益。

第二十八章
外商投资管制制度

第一节　外商投资管制制度概述

一、外商投资概述

(一) 外国投资者的范围

外国投资者是指在中国境内从事国际私人直接投资活动的人,其范围包括:

(1) 外国公司、企业和其他经济组织或自然人。他们都是来自外国的私人投资者。这些投资者都具有外国国籍。

(2) 来自中国大陆以外的港澳台私人投资者。有关外商投资企业的法律都适用或参照适用于港商、澳商或台商投资的企业。此外,还有一些法律、法规专门给予港商、澳商或台商投资企业诸多优惠待遇或特别保护。①由于这些投资者是同胞——中国人,这些优惠待遇不适用中国和其他国家订立的最惠国待遇条款。

我国外商投资法律所指称的"外商"限于上述两类人。

对于中国公司设立在海外的企业回国投资能否看作"外商投资"的问题,现行立法尚无明确规定。在理论上有两种相反的理解。②"肯定说"认为这些企业法人在外国注册或有住所,依据确定法人国籍的"注册地说"或"住所地说",它们具有外国国籍,应可作为"外商"对待。"否定说"认为根据法人国籍确定的"资本控制说",一个在外国注册或有住所的企业,如其资本全部或部分为中国企业所有,可视其具有中国国籍,其回国投资不作为外商投资对待。"否定说"观点符合我国对外开放的政策目的,相对比较合理。我国利用外资的目的主要是扩大国际经济技术合作和交流,引进外国资本(资金)。中国在海外设立的企业,其资本本身来源于中国,经营所得的利润也应汇回国内。如将其看作是外商投资,与中国利用外资的目的不符。③为了防止中国企业以回国投资为名骗取我国给予外商投资企业的各项优惠待遇,法律宜明确中国公司设立在海外的企业回国投资不作为外商

---

① 具体参见《国务院关于鼓励台湾同胞投资的规定》(1988 年)、《国务院关于鼓励华侨和香港澳门同胞投资的规定》(1990 年)、《中华人民共和国台湾同胞投资保护法》(1994 年)、《中华人民共和国台湾同胞投资保护法实施细则》(1999 年)。

② 徐崇利、林忠著:《中国外资法》,法律出版社 1998 年版,第 3 页。

③ 余劲松:《外商投资企业若干新问题探讨》,载于《法学评论》1992 年第 5 期。

投资对待。

(二) 外商投资的含义

我国外商投资法所说的外商投资是国际私人资本在我国境内的直接投资。

(1) 外商投资属于国际投资的范畴。国际投资表现为资本的跨国流动,它是投资者为了获取经济收益(资本增值)而把其资本投入国外的一种经济活动。

(2) 外商投资属于国际私人投资的范畴。按照投资主体的不同,国际投资分为国际官方投资和国际私人投资。国际官方投资如外国政府或者国际经济组织的投资、贷款、援助等。国际私人投资是指投资主体为自然人、法人或其他民间性经济组织的跨国资本流动。我国外商投资法所说的外商投资指国际私人投资。

(3) 外商投资是特指输入我国的外国投资。国际投资活动使资金双向流动。对某个特定的国家而言,国际投资包括本国的海外投资(资本输出)和本国接受的外国投资(资本输入)。我国外商投资法所说的外商投资指后者。

(4) 外商投资是外国直接投资。利用外资的形式包括外国直接投资和外国间接投资。关于直接投资和间接投资的区别,在理论和实践上颇有争议。①认定直接投资的标准,端赖东道国的有关法律规定。一般认为,直接投资是以取得企业的经营管理权为目的,并对企业行使较大的有效控制权。②同时,外国投资者的投资回报取决于所投资的企业的经营收益。而对于间接投资而言,如对股票、债券、投资基金券(投资信托凭证)等的投资或者提供国际商业贷款,投资者不参加企业经营管理,不拥有企业的控制权,收益也不是取决于企业的经营效果。外商在我国直接投资于实业,属于直接投资的范围。如果海外投资者投资于B股、H股、N股,或者合格境外战略投资者(QFII)投资A股,或者我国企业在海外发行的公司债券,属于间接投资。直接投资关系主要由国际投资法调整,而间接投资关系则主要由国际货币金融法调整。

二、我国外商投资法律体系

我国外商投资法律自改革开放之后产生,并随之发展,以1992年为界划分成两个阶段。在1979年改革开放开始到1992年,在计划经济体制下,我国企业立法的特点是身份立法,即按照所有制为标准进行经济主体立法,相应地进行内外资有别的立法。1992年,我国确立社会主义市场经济体制的目标模式后,逐步统一内外资企业政策,实行国民待

① 朱崇实著:《中南两国外国人投资法比较研究》,厦门大学出版社1990年版,第1章第4部分。

② 有效的控制权一般是指外国投资者拥有一定的股份以便对企业的经营管理行使有影响力的表决权。有效的控制权的标准,如股份的比例,各国不一,取决于资本接受国(东道国)的具体法律规定(参见徐崇利、林忠著:《中国外资法》,法律出版社1998年版,第1页)。有的国家以外资股权比例结合"外国参与",如外国投资者委派董事的人数,作为判断外国直接投资的标准(参见儒雅尔:《国际经济法中关于私人投资的经济概念及其法律定义》,载于《世界法学》1986年第3期;转引自余劲松主编:《国际投资法》,法律出版社1997年版,第2页)。有的国家甚至把以参加企业经营为贷款条件的长期贷款,纳入直接投资的范围(参见余劲松主编:《国际投资法》,法律出版社1997年版,第2页)。

遇，立法双轨制走向立法单轨制，除了外商投资企业法另有规定外，外商投资企业采用有限责任公司形式的适用《公司法》规定；外商投资合伙企业应当符合《合伙企业法》以及其他有关法律、行政法规、规章的规定，符合有关外商投资的产业政策。

立法的转型是一个过程，有关法律制度和政策将不断补充、修改、细化和优化，例如我国加入世界贸易组织，外资立法进入修改的高潮阶段，当前仍在动态发展中。

中国的外商投资法律体系由国内的宪法规范《中华人民共和国宪法》第18条、外商投资的专项立法、地方性立法，以及中国参加或者缔结的国际条约组成。外商投资的专项立法是外商投资法律体系的主要部分，包括有关法律法规和规章。其主要由以下三个层面的立法构成：

（一）关于外商投资企业的专项法律

许多此类专项法律是根据投资方式及其企业形式制定的，主要有《中华人民共和国中外合资经营企业法》(1979年颁布，1990年和2001年修订，简称《中外合资经营企业法》)及其《实施条例》(1983年9月20日国务院发布，1986年、1987年和2001年修订)、《中华人民共和国中外合作经营企业法》(1988年颁布，2000年修订，简称《中外合作经营企业法》)及其《实施细则》(1995年)、《中华人民共和国外资企业法》(1986年颁布，2000年修订，简称《外资企业法》)及其《实施细则》(1990年，2001年修订)、《中华人民共和国对外合作开采海洋石油资源条例》(1982年颁布，2001年和2011年修订，简称《对外合作开采海洋资源条例》)、《中华人民共和国对外合作开采陆上石油资源条例》(1993年颁布，2001年、2007年和2011年修订，简称《对外合作开采陆上石油资源条例》)以及《关于设立外商投资股份有限公司若干问题的暂行规定》(1995年)等等。越来越多的专项外资立法按照不同的投资行业制定，如《外商投资开发经营成片土地暂行管理办法》(1991年)、《外商投资建筑业企业管理规定》(2002年)，以及《关于设立中外合资对外贸易公司试点暂行办法》(1996年)、《中华人民共和国外资保险公司管理条例》(2001年颁布)、《中华人民共和国外资银行管理条例》(2006年颁布)、《外资参股证券公司设立规则》(2002年颁布，2007年和2012年修订)、《外商投资电信企业管理规定》(2008年)等等。有的专项外资立法则是综合性的，如《指导外商投资方向规定》、《外商投资产业指导目录》、《国务院关于鼓励外商投资的规定》、《外商投资创业投资企业管理规定》(2003年)等。以上这部分立法是中国外资法律体系的主干部分。此外，2010年出台了关于外商投资的首部司法解释《最高人民法院关于审理外商投资企业纠纷案件若干问题的规定(一)》。

（二）关于外商投资企业的配套法律

该部分立法是上述专项外资立法的配套法律，包括涉外税收、工商、行政管理、外汇管理、劳动管理、进出口管理、海关等法律、法规、条例等。此外，还包括其他法律、法规中涉及外资的专门规范，如《中华人民共和国民事诉讼法》等中的相关条款等。

该部分立法还包括前文提及的《公司法》和《合伙企业法》及其相关配套性行政法规、规范性文件等。

（三）相关国际条约和国际习惯

改革开放以来，我国在不断健全和完善外资立法的同时，也缔结或参加了大量的国际投资条约，以进一步改善投资环境。从 1982 年开始，中国已对外签订了 70 多个投资保护协定。例如，中国与美国从 2009 年至 2012 年每年举办一届"中美战略与经济对话"，在刚过去的第四轮对话中，中美两国正式宣布重启"中美双边投资保护协定"的谈判工作。

又如，在世界银行的主持下，《解决国家与他国国民间投资争端公约》和《多边投资担保机构公约》分别于 1965 年和 1985 年制定，并据此建立了两个国际经济组织，即"解决投资争端国际中心"(ICSID)和"多边投资担保机构"(MIGA)，这两个机构均属世界银行集团的成员。这些公约及 WTO 协定中的"与贸易有关的投资措施协议"(简称"TRIMs 协议")和"服务贸易总协议"(GATS)等，亦为中国外资法的重要国际法渊源之一，并对中国现有的外资国内立法产生重大影响。

三、我国外商投资法的修改及其评价

我国外商投资企业的三个基本法律的制定和实施，对于贯彻对外开放方针，促进外商投资，扩大对外经济合作和技术交流，发挥了重要的作用；对于创造利用外资的法律环境、保障投资者的合法权益、执行产业政策、维护国家主权功不可没。由于外商投资企业法体系形成过程中所依据的立法背景发生了重大变化，我国于 2000 年 10 月 31 日修改了《中外合作经营企业法》和《外资企业法》，于 2001 年 3 月 15 日对《中外合资经营企业法》进行了修改。

（一）对三部外商投资企业法律作适当修改的必要性和现实意义

第一，适应进一步扩大对外开放的形势和需要，适应我国加入世界贸易组织的进程，并根据世界贸易组织规则和我国对外的承诺修改外资法，是我国修改外资法的根本动因之一。

修改外资法是我国履行承诺的要求。加入 WTO 对我国法律制度将产生深远的影响，而 WTO 各成员有保证 WTO 规则在国内实施的义务。每一成员应保证其各项法律、规章和行政程序，与所附协议中规定的义务相一致。中国已向世界贸易组织成员作出遵守规则、开放市场的承诺。其中，遵守国际规则的承诺，将对中国的对外经济贸易产生深远的影响，是中国逐步向国际法律体制靠拢的一个重大步骤，也是中国改善投资环境的一个非常重要的步骤。中国在加入世界贸易组织后，将按照国际规则对现行的对外贸易法律法规进行修改，建立起一个透明、公正的法律体系，以保障海内外投资活动的正常进行。据此，凡是违反世贸组织规则和我国的承诺的法律法规以及规章将被废除或修改。

对与"TRIMs 协议"规定抵触的方面进行修改，构成本次修改的主体方面。"TRIMs 协议"适用于与贸易有关的投资措施，即对贸易起限制和扭曲作用的任何对投资的鼓励或非鼓励措施，它将贸易与投资联系在一起考虑，构成世界贸易组织规则整体中的重要组成部分，把 GATT 中的国民待遇原则适用于投资领域，对于传统的国际投资法的内容作了深刻的变革，赋予新的内容，被视为全世界范围内最具有广泛影响的国际投资法典。按照

“TRIMs 协议”有关规定审视我国修改前的外商投资企业法,我国废除诸如当地成分要求、出口实绩要求、贸易平衡要求的投资限制法律规定,很有必要。

另外,此次修改对于保证外资的国民待遇迈出了重要一步。按照国民待遇原则,缔约一国对于来自缔约另一国的直接投资的待遇与其给予本国的同类投资的待遇相同。也就是说,为了保证国内资本和国际资本在同等条件下公平竞争,东道国对于外国投资者与国内其他企业在税收、销售、运输、购买、经营等方面一视同仁。实际上,投资限制使我国外商投资处于“次国民待遇”的境地,与世界贸易组织协定倡导的国民待遇这一最基本的原则相违背。

第二,修改外资法也是我国深化改革和扩大开放的内在要求。我国经济体制改革的目标是建立社会主义市场经济体制。世界贸易组织协定是建立在市场经济基础之上的多边贸易协定,是市场经济的典范之作。我国建立和完善社会主义市场经济体制,应大胆借鉴国际通行的先进的市场规则,自觉向世贸体系靠拢。这对于促进国内的市场化改革也是巨大的推动力。同时,应该看到,经济全球化的趋势已经不可避免,我国对外开放不断扩大,使得我国国内市场与国际市场已经不可分割。而我国要参与世界竞争和迎接外国投资者的挑战,优化法律环境,就必须与国际通行的规则接轨,就必须与世界贸易组织规则进行协调、接轨。“TRIMs 协议”为世界贸易组织各缔约方管制与贸易有关的投资措施提供了一套统一的国际标准,并以此约束各缔约方的外资立法。为了使本国的外资立法、政策与“TRIMs 协议”接轨,国际社会出现了按照协议的原则重塑外资立法的浪潮。我国外资法修改,也是谋求接轨的应变举措。

(二) 修改的主要内容及其评价

1. 关于外汇收支平衡问题

修订后删去《中外合作经营企业法》第 20 条:“合作企业应当自行解决外汇收支平衡。合作企业不能自行解决外汇收支平衡的,可以依照国家规定申请有关机关给予协助。”修订后删去《外资企业法》第 18 条第 3 款:“外资企业应当自行解决外汇收支平衡。外资企业的产品经有关主管机关批准在中国市场销售,因而造成企业外汇收支不平衡的,由批准其在中国市场销售的机关负责解决。”

要求外商投资企业自行解决外汇收支平衡,是适应当时情况所作的规定。在实行改革开放后的相当一段时间内,由于我国对外贸易不够发达,外汇一直短缺,国家外汇储备较少。为了保证国家外汇收支平衡,当时两部法律作出上述规定是完全必要的。进入 20 世纪 90 年代以后,随着我国外贸、外汇体制改革不断深化,对外贸易持续发展,国家外汇储备增加,人民币汇率制度改革与开放进程加快,删去上述两部法律之前的外汇收支平衡规定,已经具备条件。而且,原规定也不符合世界贸易组织规则。世界贸易组织“TRIMs 协议”第 2 条及该协议所附《解释性清单》第二项明确规定,各成员不得通过外汇平衡的要求,限制企业进口。我国政府在加入世界贸易组织谈判中,已经承诺在加入世界贸易组织后,将取消与“TRIMs 协议”不一致的所有措施,包括要求企业进口用汇与其外汇收入相平衡、要求企业达到特定的出口目标以实现外汇收支平衡等。因此,删去两部法律中的上述规定,也是适应加入世界贸易组织的需要。

2. 关于尽先在中国采购问题

《中外合资经营企业法》第 9 条第 2 款:"合营企业所需原材料、燃料、配套件等,应尽先在中国购买,也可由合营企业自凑外汇,直接在国际市场购买",修改为:"合营企业在批准的经营范围内所需的原材料、燃料等物资,可以在国内市场购买,也可以在国际市场购买。"删去《外资企业法》第 15 条:"外资企业在批准的经营范围内需要的原材料、燃料等物资,可以在中国购买,也可以在国际市场购买;在同等条件下,应当尽先在中国购买"中的"在同等条件下,应当尽先在中国购买",将这一条修改为:"外资企业在批准的经营范围内所需的原材料、燃料等物资,可以在国内市场购买,也可以在国际市场购买。"

原先两部法律要求中外合资经营企业、外资企业尽先在中国市场采购,也是根据当时的情况所作的规定,既是实现外商投资企业外汇收支平衡的需要,也有利于促进国内相关产业的发展。在社会主义市场经济条件下,企业如何采购,应由企业根据市场情况自主决定,政府不宜干预。外商投资企业同国内其他各类企业一样,均享有采购的自主权。两部法律要求中外合资经营企业、外资企业尽先在中国市场采购,也不符合世界贸易组织规则的要求。世界贸易组织"TRIMs 协议"第 2 条及该协议所附《解释性清单》第一项关于国民待遇义务的规定,各成员不得以任何形式限制企业购买、使用当地生产的或者来自于当地的产品。我国政府在加入世界贸易组织谈判中,已经作出取消"当地含量要求"的承诺。因此,对两部法律中关于要求中外合资经营企业、外资企业尽先在中国购买的规定加以修改,是必要的。

3. 关于出口义务问题

将《外资企业法》第 3 条第 1 款:"设立外资企业,必须有利于中国国民经济的发展,并且采用先进的技术和设备,或者产品全部出口或者大部分出口",修改为:"设立外资企业,必须有利于中国国民经济的发展。国家鼓励举办产品出口或者技术先进的外资企业。"

当时《外资企业法》作出上述规定,既是为了促使外资企业保持外汇收支平衡,也是为了适应外向型经济发展的需要。现在看来,国家可以鼓励外资企业产品多出口,但要求外资企业的产品必须全部或者大部分出口,则不符合市场经济原则。在社会主义市场经济条件下,企业产品不论是内销还是外销,应由企业根据国内外市场情况自主决定,政府不宜干预。外商投资企业同国内其他各类企业一样,均享有产品销售的自主权。《外资企业法》关于外资企业产品必须全部出口或者大部分出口的规定,属于世界贸易组织规则所禁止的"出口实绩要求"。世界贸易组织"TRIMs 协议"第 2 条及该协议所附《解释性清单》第二项 C 明确规定,各成员不得限制企业产品出口的数量、价值或者份额。我国政府在加入世界贸易组织谈判中,已经作出取消"出口实绩要求"的承诺。因此,将《外资企业法》中关于企业出口义务的规定,修改为国家鼓励出口的规定,是必要的。但我们认为国家鼓励出口的规定应慎重。如为鼓励出口而给予所谓"产品出口企业"的税收减免优惠,它以出口作为取得优惠待遇的条件,增加了出口产品的市场竞争力,扭曲了国际贸易,一般来说,构成了 GATT 关于反补贴中被禁止的补贴。

4. 关于企业生产经营计划问题

修订后删去《中外合资经营企业法》第 9 条第 1 款:"合营企业生产经营计划,应报主管部门备案,并通过经济合同方式执行"。修订后删去《外资企业法》第 11 条第 1 款:"外资企业的生产经营计划应当报其主管部门备案”。

原先两部法律规定中外合资经营企业、外资企业应将生产经营计划报主管部门备案，是当时计划经济体制下的产物。在社会主义市场经济条件下，企业享有充分的经营自主权，政府主要是进行宏观调控，并不干预企业的生产经营活动。现在，对国内其他各类企业，一般也已不再要求其报生产经营计划。两部法律上述规定已经没有实际意义，虽然世界贸易组织规则未直接涉及这个问题，但实践中经常引起误解。因此，按照政企分开的原则，将两部法律中的上述规定删去，是必要的。

5.《中外合资经营企业法》的其他修改

关于劳动和工会组织。原《中外合资经营企业法》规定的“合营企业职工的雇用、解雇，依法由合营各方的协议、合同规定”修改为“合营企业职工的录用、辞退、报酬、福利、劳动保护、劳动保险等事项，应当依法通过订立合同加以规定”。原合营企业法关于职工雇用、解雇等方面的规定需要参照其后制定的有关外资方面法律的规定加以补充，对职工的劳动保护、劳动保险等事项也应有所体现。同时，合营企业应遵守中国劳动法律法规所规定的劳动福利制度，职工的劳动权益不应由合营各方的协议、合同规定。合营企业的协议、合同由合营各方签订，从合同原理上说，不能当然约束不是契约当事人的劳动者。我国劳动法规定，企业用工应当签订劳动合同，劳动合同由劳动者与合营企业订立或者由工会出面订立集体劳动合同。关于工会组织，《中外合作经营企业法》、《外资企业法》中对职工依法建立工会，开展工会活动作出了规定，《中外合资经营企业法》中也应当作出这样的规定。这是保护职工合法权益的要求，职工有组织和参加工会活动的法定权利。所以，《中外合资经营企业法》增加规定：“合营企业的职工依法建立工会组织，开展工会活动，维护职工的合法权益。合营企业应当为本企业工会提供必要的活动条件。”

关于保险问题。原来规定的合营企业的各项保险应向中国的保险公司投保，不够明确，其中所指的保险公司，应当与《中外合作经营企业法》和《外资企业法》的有关规定相一致，同时也与保险法的有关规定相衔接。因此，将原来规定的“中国的保险公司”修改为“中国境内的保险公司”。

关于纠纷解决。原有《中外合资经营企业法》仅规定了合营各方发生纠纷时可以通过仲裁方式解决，故增加规定：“合营各方没有在合同中订有仲裁条款的或者事后没有达成书面仲裁协议的，可以向人民法院起诉。”这样也可以与其他有关法律的规定协调一致。

此外，原来《中外合资经营企业法》规定，合营企业的一切活动应遵守中华人民共和国法律、法令和有关条例规定。按照我国现行法律的规范用语，应当将法令和有关条例规定改为法规，以便理解和适用法律、法规，同时也可以与《中外合作经营企业法》和《外资企业法》的有关规定相一致，因此修改为：“合营企业的一切活动应遵守中华人民共和国法律、法规的规定。”

为了保证本法修改程序的灵活性和及时性，修改后删去修改权属于全国人大的规定。

（三）本次修改的不足之处和暂时性

首先，本次修改以“TRIMs 协议”协议为依据，解决外商投资企业“次国民待遇”，但尚未解决其“超国民待遇”。我国外资立法和政策向外国投资者提供了优于国内企业的优惠待遇，如地区性和行业性的所得税优惠、关税优惠以及比较容易取得的进出口经营权，这些“超国民待遇”造成国内企业不平等竞争劣势，也是国内假合资泛滥的主要动因。本次修改并未触及“超国民待遇”问题。

其次，本次修改没有涉及“TRIMs 协议”禁止的非关税壁垒的数量限制问题。根据协议解释性清单之二，我国外商投资立法和政策中存在数量限制的问题，突出表现在我国实施以产顶进的进口替代战略。关于合营、合作企业产品以产顶进办法明确规定，凡经批准实行以产顶进的产品，国内用户在同等条件下应优先选用。此外，国家进口管理部门列出以产顶进清单，限制进口清单内产品。国家还在税收、价格、信贷给予实行以进口替代的外资企业特殊优惠政策。但是，协议解释性清单规定“限制企业进口产品用于当地生产或与当地生产相关的产品”构成数量限制。对外资企业产品实行以产顶进，很可能构成当地成分要求，而且，实施的结果如果还限制了外资企业的出口，又可能成为国内销售要求，两者都是“TRIMs 协议”不允许的。此外，外贸管理部门内部规定的通过限制进口用汇实施替代进口以及对出口许可证管理限制外贸经营权从而限制产品出口，都可能构成对贸易有扭曲作用的数量限制。

再次，本次修改部分解决了我国外资立法与国际接轨的问题，但没有解决其与国内已有立法尤其是《公司法》的协调问题。尽管本次修改考虑到保险、劳动和工会组织在三个外资法内的协调性，但三个外资法本身仍然留有诸多不统一之处，而且外资法与公司法的冲突也应引起足够重视，例如对资本的缴付、公司资本的减少、出资额的转让、企业的组织机构等的规定。

最后，外资立法条文重复、内容冲突、层次混乱等立法技术和形式问题，以及有关合营企业的应当增加个人作为中方合营者，合营企业还应采取股份有限公司形式以及外资并购等也留待今后解决。例如，《中外合资经营企业合营各方出资的若干规定》(1987 年 12 月 30 日国务院批准)、《〈中外合资经营企业合营各方出资的若干规定〉的补充规定》(1997 年 9 月 2 日国务院批准，对外贸易经济合作部、国家工商行政管理局令〔1997〕第 2 号)等行政法规尚存在一些与执行上述法条相关的棘手问题。

考虑到上述问题涉及面广而又比较复杂，有些问题牵涉到与中外合作经营企业法和外资企业法的相互衔接，涉及与国内其他法律的衔接，更与“入世”后世界贸易组织规则如何在国内实施以及制定外资统一法典等深层次问题相联系，需要进行深入的调查研究和充分的论证，等条件成熟后再进行统一协调的修改和完善。正是在这种意义上说，本次修改具有局限性，是暂时的应对之举。完善我国外资立法确实任务艰巨，时间紧迫。我们应因势利导，认识按“TRIMs 协议”的原则重新构造我国外资立法和改革的重要意义，并采取切实有效的措施，积极而稳妥地推动我国外资立法与“TRIMs 协议”协调一致发展，从而建立起与世界贸易组织协定体制相一致的社会主义市场经济的运行机制。

(四) 外商投资企业登记管理适用《公司法》与《合伙企业法》的问题

2005 年，全国人民代表大会常务委员会与国务院分别修订了《公司法》和《中华人民共和国公司登记管理条例》，为了准确适用法律，规范、便民、高效地开展外资审批和登记管理工作，2006 年 5 月国家工商行政管理总局、商务部、海关总署、国家外汇管理局印发了《关于外商投资的公司审批登记管理法律适用若干问题的执行意见》的通知。通知指出,外商投资的公司的登记管理适用《公司法》和《公司登记管理条例》;有关外商投资企业的法律另有规定的,适用其规定;《公司法》、《公司登记管理条例》、有关外商投资企业的法律没有规定的,适用有关外商投资企业的行政法规、国务院决定和国家有关外商投资的其他规定。

外国投资者可以同中国的企业、其他经济组织以中外合资、中外合作的形式依法设立公司,也可以外商合资、外商独资的形式依法设立公司。以外商独资的形式依法设立一人有限公司,其注册资本最低限额应当符合《公司法》关于一人有限公司的规定;外国自然人设立一人有限公司,还应当符合《公司法》关于一人有限公司对外投资限制的规定。2006年1月1日以前已经依法设立的外商独资的公司维持不变,但其变更注册资本和对外投资时应当符合上述规定。

中外合资、中外合作的有限责任公司的董事会是公司的权力机构,其组织机构由公司根据《中外合资经营企业法》、《中外合作经营企业法》和《公司法》通过公司章程规定。外商合资、外商独资的有限责任公司以及外商投资的股份有限公司的组织机构应当符合《公司法》和公司章程的规定。

外商投资的公司设立登记的申请期限应当符合《公司登记管理条例》规定。但是,以中外合作、外商合资、外商独资形式设立公司,应当按照《中外合作经营企业法》和《外资企业法》的规定,自收到批准文件之日起30日内向公司登记机关申请设立登记。逾期申请设立登记时,申请人应当报审批机关确认原批准文件的效力或者另行报批。

公司登记机关应当根据申请,依法将外商投资的公司类型分别登记为"有限责任公司"或"股份有限公司",并根据其设立形式相应加注。

外商投资的公司申请变更登记的期限应当符合《公司登记管理条例》的规定。法律、行政法规规定或者国务院决定公司和公司登记事项在变更登记前须经批准的,应当自审批机关批准之日起30日内申请办理变更登记。逾期申请的,申请人应当报原审批机关确认文件效力或者另行报批。

外商投资的公司解散事由出现以后,公司未在《公司法》规定的期限内成立清算组进行清算,债权人也不向人民法院申请指定清算组进行清算的,外商投资的公司的权力机构、股东、债权人可以根据《外商投资企业清算办法》的规定向审批机关申请进行特别清算。

外商投资的公司申请注销登记,应当依照《公司登记管理条例》的规定提交相应文件。其中,清算报告还应当附税务机关的注销证明、海关出具的办结海关手续证明或者未办理海关登记手续的证明;外商投资的公司提前终止经营活动申请注销登记的,还应当提交审批机关的批准文件(法院裁定解散、破产或行政机关责令关闭、吊销营业执照、吊销设立许可或撤销公司设立登记的除外)。外商投资的公司设立或撤销分公司,无须原公司登记机关核转,直接向分公司所在地的外商投资的公司登记机关申请登记。但根据法律、行政法规、国务院决定或者国家有关外商投资限制类项目以及服务贸易领域的专项规定,设立和撤销分公司需经有关部门批准的,应当自批准之日起30日内申请登记。逾期申请,申请人应当报原审批机关确认文件效力或者另行报批。公司登记机关不再办理外商投资的公司办事机构的登记。原已登记的办事机构,不再办理变更或者延期手续。期限届满以后,应当办理注销登记或根据需要申请设立分公司。外商投资的公司的分公司可以从事公司经营范围内的联络、咨询等业务。如以办事机构名义从事经营活动,由公司登记机关依法查处。

此外,外国企业或者个人在我国境内设立合伙企业(以下称外商投资合伙企业),适用《合伙企业法》(2006 年修订),国务院为此于 2009 年制定《外国企业或者个人在中国境内设立合伙企业管理办法》,在具体登记环节,外商投资合伙企业适用《外商投资合伙企业登记管理规定》。根据该规定,外商投资合伙企业,应当由全体合伙人指定的代表或者共同委托的代理人向国务院工商行政管理部门授权的地方工商行政管理部门申请设立登记。企业登记机关予以登记的,应当同时将有关登记信息向同级商务主管部门通报。外商投资合伙企业的登记事项发生变更的,应当依法向企业登记机关申请变更登记。外商投资合伙企业解散的,应当依照《合伙企业法》的规定进行清算。清算人应当自清算结束之日起 15 日内,依法向企业登记机关办理注销登记。外商投资合伙企业的外国合伙人全部退伙,该合伙企业继续存续的,应当依法向企业登记机关申请变更登记。外商投资合伙企业变更登记或者注销登记的,企业登记机关应当同时将有关变更登记或者注销登记的信息向同级商务主管部门通报。

第二节 外商投资的法律形式

目前,我国外商投资的法律形式包括:中外合资经营企业、中外合作经营企业、外资企业、外商投资股份有限公司、中外合作开采自然资源、BOT 投资方式等。前三者统称为"三资企业"。

此外,除了上述直接投资外,外商通过并购国内企业的投资方式正日益活跃,本节也简要介绍我国对外资并购的管制。

一、中外合资经营企业

中外合资经营企业是指外国公司、企业和其他经济组织和个人(简称外国合营者),根据《中外合资经营企业法》以及其他有关法规的规定,按照平等互利的原则,经中国政府批准,在中华人民共和国国境内,同中国的公司、企业或其他经济组织(简称中国合营者)共同举办的合营企业,通称"合营企业"或"合资企业"。

合营企业属于股权式合营企业。双方共同出资,共同经营管理,按照各自出资的比例来分享利润,承担风险。

合营企业经批准、登记后取得中国法人资格,受中国法律的管辖和保护。合营企业除适用合营企业法及相关法规外,对其未作规定的,还应适用中华人民共和国公司法及其他有关公司的法律、法规的规定。

合营企业的组织形式为有限责任公司,合营企业以其注册资本对外独立承担民事责任。合营各方对合营企业的责任以各自认缴的出资额为限。

合营企业的组织机构包括合营企业的董事会和经营管理机构。董事会是合营企业的最高权力机构,决定合营企业的一切重大问题。下列事项由出席董事会会议的董事一致通过方可作出决议:(1)合营企业章程的修改;(2)合营企业的中止和解散;(3)合营企业注册资本的增加、转让;(4)合营企业与其他经济组织的合并。董事名额由合营各方参照出资比例确定。董事长和副董事长由合营各方协商确定或由董事会选举产生,中外合营者一方担任董事长的,由他方担任副董事长。董事长是合营企业的法定代表人。合营企业设经营管理机构,负责合营企业的日常经营管理工作。经营管理机构设总经理一人,副总经理若干人,总经理执行董事会会议的各项决议,组织领导合营企业的日常经营管理工作。

二、中外合作经营企业

中外合作经营企业是由外国企业和其他经济组织或者个人(简称外国合作者),根据《中外合作经营企业法》以及其他有关法规的规定,按照平等互利的原则,经中国政府批准,在中华人民共和国境内,同中华人民共和国的企业或者其他经济组织(简称中国合作者)用合同约定合作条件,共同设立的经济组织,通称"合作企业"。

合作企业属于契约式合营企业。合作各方的投资或者提供的合作条件一般不是以货币单位进行计算,也不以此为基础折算为股份。合作各方以合作企业合同约定收益或产品的分配、风险和亏损的分担、经营管理的方式、企业终止时财产的归属等。这是中外合作经营企业与采取股权式的中外合资经营企业的明显区别。

合作企业可以分为法人式合作企业和非法人式合作企业。合作各方可以协商确定合作企业是否为法人企业。

合作企业符合中国法律关于法人条件的规定的,依法取得中国法人资格,是为法人式合作企业。法人式合作企业的组织形式为有限责任公司,除合作企业合同另有约定外,合作各方以其投资或者提供的合作条件为合作企业承担责任。合作企业以其全部法人资产对合作企业的债务承担责任。法人式合作企业除适用合作企业法及相关法规外,对其未作规定的,还应适用中华人民共和国公司法及其他有关公司的法律、法规的规定。

非法人合作企业不是独立的法律实体,不具有法人资格,是经济实体。不具有法人资格的合作企业应当向工商行政管理机关登记合作各方的投资或者提供的合作条件。不具有法人资格的合作企业的合作各方的投资或者提供的合作条件,为合作各方分别所有。经合作各方约定,也可以共有,或者部分分别所有、部分共有。合作企业经营积累的财产,归合作各方共有。不具有法人资格的合作企业合作各方的投资或者提供的合作条件由合作企业统一管理和使用。未经合作他方同意,任何一方不得擅自处理。符合《合伙企业法》规定的合伙企业组织形式的,还适用《合伙企业法》及其相关行政法规和规范性文件。

合作企业的组织机构的设置和管理方式比较灵活,这一点也与合资企业有别。具体有以下三种:

(1) 董事会制。法人式合作企业一般实行董事会制。董事会是合作企业的最高权力机构,决定合作企业的重大问题。董事长、副董事长由合作各方协商产生。中外合作者的一方担任董事会的董事长的,由他方担任副董事长。董事会可以决定任命或者聘请总经理负责合作企业的日常经营管理工作。总经理对董事会负责。合作企业的经营管理机构可以设副总经理一人或若干人,协助总经理工作。

(2) 联合管理制。非法人式合作企业一般实行联合管理制。联合管理机构由合作各方代表组成,是合作企业的最高权力机构,决定合作企业的重大问题。中外合作者的一方担任联合管理机构的主任的,由他方担任副主任。联合管理机构可以设经营管理机构,也可以不设经营管理机构。设经营管理机构的,总经理由联合管理机构决定任命或者聘请,负责合作企业的日常经营管理工作,对联合管理机构负责。不设经营管理机构的,由联合管理机构直接管理企业。

(3) 委托管理制。合作企业成立后改为委托中外合作者以外的他人经营管理的,必须经董事会或者联合管理机构一致同意,并应当与被委托人签订委托经营管理合同。合作企业应当将董事会或者联合管理委员会的决议、签订的委托经营管理合同,连同被委托人的资信证明等文件,一并报送审查批准机关批准,并向工商行政管理机关办理变更登记手续。

在实践中,经合作企业的中外双方协商同意,可以委托合作一方进行管理,另一方不参加管理。

三、外资企业

外资企业是指依照《外资企业法》以及其他有关法规的规定,在中华人民共和国境内设立的,全部资本由外国投资者投资的企业,不包括外国的企业和其他经济组织在中国境内的分支机构。

外资企业符合中国法律关于法人条件的规定的,依法取得中国法人资格,其组织形式一般为有限责任公司。外资企业为有限责任公司的,外国投资者对企业的责任以其认缴的出资额为限。

外资企业经批准也可以为其他责任形式。外资企业为其他责任形式的,外国投资者对企业的责任适用中国法律、法规的规定。例如,外资企业如采取合伙企业形式的,适用《合伙企业法》的有关规定。外资企业如采取独资企业形式的,可以类推适用私营企业法中有关独资企业的规定。[①]外商独资企业不适用《中华人民共和国个人独资企业法》的规定。[②]

对于外资企业的组织机构,外资企业法及其实施细则均未作规定,由投资者自行决定。

① 余劲松主编:《国际投资法》,法律出版社 1997 年版,第 77 页。

② 参见《中华人民共和国个人独资企业法》第 47 条。

四、外商投资股份有限公司

外商投资股份有限公司是依据有关设立外商投资股份有限公司的规定，在中华人民共和国境内设立的，全部资本由等额股份构成，股东以其所认购的股份对公司承担责任，公司以全部财产对公司债务承担责任，中外股东共同持有公司股份，外国股东购买持有的股份占公司注册资本25%以上的企业法人。

外商投资股份有限公司是外商投资企业的一种特殊形式，具有中国法人资格，受中国法律的管辖和保护，适用中国法律、法规对外商投资企业的有关规定。对于《关于设立外商投资股份有限公司若干问题的暂行规定》等法规未作规定的，按《公司法》及其他相关法规办理。

外商投资股份有限公司的组织形式是股份有限公司，按照公司法的规定设股东会、董事会和监事会等组织机构。

五、中外合作开采自然资源

在我国，中外合作开采自然资源主要是合作开采石油以及天然气资源，这是中国利用外资的重要形式。自1982年以来，中国先后颁布了《对外合作开采海洋石油资源条例》(2011年修订)及《对外合作开采陆上石油资源条例》(2011年修订)，分别对属于中国资源管辖范围内的海洋及陆地石油资源的合作开采作出了规范。但两者内容基本相同。

我国对外合作开采海上石油资源的方式参考了国际上的通行做法，采取契约合作方式进行。根据《对外合作开采海洋石油资源条例》第8条的规定，除能源部或石油公司另有规定者外，中外合作开采海洋石油资源的方式是：由石油合同中的外国企业一方投资进行勘探，负责勘探作业，并承担全部勘探风险；发现商业性油(气)田后，由外国合作者同中国海洋石油总公司双方投资合作开发，外国合作者并应负责开发作业和生产作业，直到中国海洋石油总公司按照石油合同规定在条件具备的情况下接替生产作业，外国合作者可以按照石油合同规定，从生产的石油中回收其投资和费用，并取得报酬。

中国所采用的石油合同，除了具备一般的涉外经济合同的基本特征外，还具有如下五个特殊的法律特征：

(1) 在合同主体的法律地位上，中国海洋石油总公司和中国石油天然气总公司具有特殊的法律地位。它是具有法人资格的国家公司，分别享有对外合作开采海洋和陆上石油资源的专营权。国家公司除具备普通法人的一般权利与义务外，它同时又是国家的代表，享有法律赋予的特殊权利。

(2) 在合同性质上，是一般涉外合同，不属于所谓"国家契约"。中国海洋石油总公司及中国石油天然气总公司是企业法人，并非政府机构，因此，它们同外国石油公司所签订的合同属于一般涉外合同，不是"国家契约"，不受国际公法调整。这样可以避免外国石油公司因合同受国际法调整所带来的对其不利后果。

(3) 在法律适用上，这类合同仅适用中国法、中外合作开采石油合同的签订地、履行地、不动产所在地均在中国，依《合同法》规定，该种合同只能适用中国法律。

(4) 在合同内容上，我国法律规定较大范围的不可谈判条款，合同双方不得变更或规避之。合同中中外双方当事人的法律地位、开采资源的合作方式、勘探风险的承担、成本回收与利益分配方式、纳税和支付矿区使用费和其合同生效、变更及终止等方面的条款，都为不可谈判条款，若双方规避或变更，则合同无效。

(5) 此类合同为要式合同。在合同生效、变更、解除或终止方面，需要经过法定的政府部门(商务部)批准。

六、BOT 投资方式

(一) BOT 的含义

BOT(build-operate-transfer，建设—经营—转让)是 20 世纪 80 年代兴起的一种投资方式，主要投资于能源、交通、通讯、环保等公用基础设施，意指政府通过合同将公用基础设施的建设和经营权交给私人企业，并授予一定期限的特许专营权，然后由私营企业自行筹资建设，项目建成后自行运营，通过收费或者出售产品偿还贷款、获取收益；当特许权期满后，该基础设施无偿移交给政府所有。采用 BOT 投资，有利于：(1)节省资金，避免对基础设施的巨大投资导致巨额财政负担；(2)提高效率，私人企业经营的效率较高；(3)在项目实施中，学习外国先进的经营管理经验，并获得先进的技术和成套设备。

(二) BOT 的当事人

BOT 项目的当事人主要有：

(1) 政府部门。在 BOT 投资项目中，政府既是管理者，又是项目特许协议的一方当事人。BOT 项目的招标、评标以及提供建设用地、项目贷款、外汇平衡、政府保证等都与政府有关。

(2) 项目公司。项目公司(project company)是由项目发起人组建的，为了建设、经营 BOT 项目而设立的公司。项目公司依法取得法人资格，独立承担民事责任和有关项目的风险。在我国，外商可以以合作、合资或独资的方式建立 BOT 项目公司。项目发起人通常是 BOT 项目的中标人。项目公司的股东除了项目公司发起人外，一般还有项目的承建商、营运商、供应商、用户等。项目公司是特许协议的一方当事人，取得特许权后，负责 BOT 项目的设计、投资、建设、采购、经营、维护。项目公司具有融资载体的功能。

(3) 承建商。参股项目公司的建设公司通常取得 BOT 项目的主承建商资格。如果建设公司未参股项目公司，则由项目公司公开招标来确定主承建商。承建商负责设计施工，完成项目建设工作。

(4) 营运商。项目公司可以担任营运商。项目公司可以委托其他独立营运商来经营项目。营运商负责项目的经营、维护、收费等。

(5) 贷款人。由于 BOT 项目工程巨大，对资金的需求很大，其贷款一般采用国际银团贷款方式。

(6) 其他当事人。例如项目保险人、燃料和设备供应商、项目用户等。

（三）BOT 投资方式所涉及的合同或协议

BOT 项目的当事人之间的权利义务通过一系列复杂的合同来安排。其主要的合同或协议有：

(1) 特许协议。特许协议是项目公司与政府有关部门签订的有关 BOT 项目特许权、项目的建设、运营、移交以及有关项目的融资、保险、收益分配、外汇、税务等各个方面的基本合同。BOT 特许协议是 BOT 协议系列中的主合同，其他合同为从合同。在我国，由于特许协议是由政府与取得中国法人资格的项目公司签订的，所以其法律性质不属于国际特许协议或者国家契约。①

(2) 项目贷款合同。指由项目公司与贷款人签订的国际商业贷款合同。

(3) 工程承包合同。指由项目公司与建设公司签订的工程承包合同，一般为交钥匙合同。

(4) 经营管理合同。指由项目公司和运营商签订的有关基础设施的经营管理、收益分配等的合同。

(5) 产品或服务购买合同。为了保证项目的产品或者服务的销路稳定，项目公司与客户或者政府或者公用事业专营公司签订的产品或者服务的购买协议，即所谓“排水协议”②。

(6) 其他合同。例如 BOT 多个投资人为组建项目公司而签订的参股协议、项目公司与设备供应商签订的设备供应协议、项目公司与燃料供应商签订的燃料供应协议，以及有关 BOT 投资的工程咨询合同、审计合同、法律咨询合同、担保合同、保险合同等。

（四）我国对 BOT 投资的管制

1. 立法现状

我国对 BOT 投资的法律管制处于初级阶段，法规层次较低，近几年来进行了清理、废止，颁布较早且尚未废止的主要政策法规有《关于以 BOT 方式吸收外商投资有关问题的通知》（对外经济贸易合作部 1995 年 1 月发布）和《关于试办外商投资特许权项目审批管理有关问题的通知》（国家计委、电力部、交通部 1995 年联合发布）等。此外，BOT 投资还应符合我国政府定期修订公布的《指导外商投资方向规定》和《外商投资产业指导目录》。

2. 我国对 BOT 投资的管理和保护的主要内容

(1) BOT 项目的管理。

我国把 BOT 方式纳入我国现行的有关外商投资企业法律和审批体制进行管理，以 BOT 投资方式吸引外资应符合国家关于基础设施领域利用外资的行业政策和有关法律。

(2) 对 BOT 外商权益的保护。

政府机构一般不应对项目做任何形式的担保或承诺。如项目确需担保，必须事先征得国家有关主管部门的同意，方可对外作出承诺。为保证特许权项目在我国的顺利实施，在特许期内，如因受我国政策调整因素影响使项目公司受到重大经济损失的，允许项目公

① 余劲松主编：《国际投资法》，法律出版社 1997 年版，第 148 页。

② 徐崇利、林忠著：《中国外资法》，法律出版社 1998 年版，第 90 页。

司合理提高收费标准或延长项目公司的特许期；对于项目公司偿还贷款本金、利息和红利汇出所需要的外汇，国家保证兑换和汇出境外。但是，项目公司也要承担投融资、建造、采购、运营、维护等方面的风险，政府不提供固定投资回报率的保证，国内金融机构和非金融机构也不为其融资提供担保。

在特许期内，项目公司拥有特许权项目设施的所有权，以及为特许权项目进行投融资、工程设计、施工建设、设备采购、运营管理和合理收费的权利，并承担对特许权项目的设施进行维修保养的义务。

(3) BOT 境外项目融资管理。

BOT 投资方式一般系通过股权和贷款等筹资，以我国境内建设项目的名义在境外筹措外汇资金，并仅以项目自身预期收入和资产为限对外承担债务偿还责任。它属于项目融资，具有以下性质：一是债权人对于建设项目以外的资产和收入没有追索权；二是境内机构不以建设项目以外的资产、权益和收入进行抵押、质押或清偿；三是境内机构不提供任何形式的融资担保。以项目融资方式筹措国外资金的建设项目，主要投资者应具有足够的经济能力和履约能力，外方主要投资者还应有较强的国际融资能力和进行项目融资的业绩。建设项目的主要投资者不应成为可能产生重大项目风险和利益冲突的合同参与方。境内机构为项目的建设、经营等合同的履行出具的支持文件，不得改变项目融资的性质；国内金融机构不得提供任何形式的保证，境内其他机构对外提供履约担保，必须得到有关政府部门的批准。BOT 的项目公司负责融资相关的一切活动，并应在可行性研究报告批准后一年内完成项目融资。

经批准的项目融资，其对外融资规模纳入国家借用国际商业贷款指导性计划；项目融资条件应具有竞争性，并需经国家外汇管理局审批或审核，其中地方上报的项目融资条件由当地外汇管理分局初审后，报国家外汇管理局审批或审核。

项目公司以项目融资方式筹措的外汇资金，应及时调入境内，按照国家计委批准的内容用于进口技术设备、材料及支付其他费用，其余部分根据国家外汇管理规定保留或结汇；未经国家外汇管理局批准，不得存放境外。项目公司应根据有关规定，在境内的外汇指定银行开立人民币或外汇还本付息专项账户。未经国家外汇管理局批准，项目公司不得为其境内收入设立境外账户。项目公司应按照国家规定及有关协议，将用于支付还本付息的项目收入存入专项账户。偿还对外债务本金不足部分外汇，项目公司可凭有权机关批准的文件，经当地外汇管理部门核准，向外汇指定银行购买，存入专项账户。还本付息专项账户的外汇，根据国家规定及有关协议，按期汇出。项目融资协议正式签署后，项目公司应向外汇管理部门办理外债登记，并接受政府有关部门的检查和监督。

七、创业投资企业

外商投资创业投资企业（简称创投企业）是指外国投资者或外国投资者与根据中国法律注册成立的公司、企业或其他经济组织（简称中国投资者），根据规定在中国境内设立的以创业投资为经营活动的外商投资企业。创业投资是指主要向未上市高新技术企业（简称所投资企业）进行股权投资，并为之提供创业管理服务，以期获取资本增值收益的投资方式。相关的规范性文件包括:2003 年《外商投资创业投资企业管理规定》、2006 年《外商投资创业投资企业管理办法》征求意见稿、2009 年《商务部关于外商投资创业投资企业、创业投资管理企业审批事项的通知》、2012 年《商务部关于完善外商投资创业投资企业备案管理的通知》等。

设立创投企业应具备下列条件:(1)投资者人数在 2 人以上 50 人以下;且应至少拥有一个符合《外商投资创业投资企业管理规定》所规定条件的必备投资者。(2)非法人制创投企业投资者认缴出资总额的最低限额为 1 000 万美元;公司制创投企业投资者认缴资本总额的最低限额为 500 万美元。除必备投资者外,其他每个投资者的最低认缴出资额不得低于 100 万美元。外国投资者以可自由兑换的货币出资,中国投资者以人民币出资。(3)有明确的组织形式。(4)有明确合法的投资方向。(5)除了将本企业经营活动授予一家创业投资管理公司进行管理的情形外,创投企业应有 3 名以上具备创业投资从业经验的专业人员。(6)法律、行政法规规定的其他条件。

设立创投企业按以下程序办理:(1)投资者须向拟设立创投企业所在地省级国家商务主管部门报送设立申请书及有关文件。(2)省级国家商务主管部门应在收到全部上报材料后 15 天内完成初审并上报审批机构(商务部)。(3)审批机构在收到全部上报材料之日起 45 天内,经科学技术部同意后,作出批准或不批准的书面决定。(4)获得批准设立的创投企业应自收到审批机构颁发的《外商投资企业批准证书》之日起 1 个月内,持此证书向国家工商行政管理部门或所在地具有外商投资企业登记管理权的省级工商行政管理部门申请办理注册登记手续。

创投企业可以采取非法人制组织形式,也可以采取公司制组织形式。采取非法人制组织形式的创投企业(简称非法人制创投企业)的投资者对创投企业的债务承担连带责任。非法人制创投企业的投资者也可以在创投企业合同中约定在非法人制创投企业资产不足以清偿该债务时由必备投资者承担连带责任,其他投资者以其认缴的出资额为限承担责任。采用公司制组织形式的创投企业的投资者以其各自认缴的出资额为限对创投企业承担责任。

非法人制创投企业设联合管理委员会。公司制创投企业设董事会。联合管理委员会或董事会的组成由投资者在创投企业合同及章程中予以约定。联合管理委员会或董事会代表投资者管理创投企业。联合管理委员会或董事会下设经营管理机构,根据创投企业的合同及章程中规定的权限,负责日常经营管理工作,执行联合管理委员会或董事会的投资决策。联合管理委员会或董事会可以不设立经营管理机构,而将该创投企业的日常经营权授予一家创业投资管理企业或另一家创投企业进行管理。该创业投资管理企业可以是内资创业投资管理企业,也可以是外商投资创业投资管理企业,或境外创业投资管理企业。在此情形下,该创投企业与该创业投资管理企业应签订管理合同,约定创投企业和创业投资管理企业的权利与义务。该管理合同应经全体投资者同意并报审批机构批准后方可生效。

创投企业可以经营以下业务:以全部自有资金进行股权投资,具体投资方式包括新设企业、向已设立企业投资、接受已设立企业投资者股权转让以及国家法律法规允许的其他方式;提供创业投资咨询;为所投资企业提供管理咨询;审批机构批准的其他业务。创投企业资金应主要用于向所投资企业进行股权投资。创投企业不得从事下列活动:在国家禁止外商投资的领域投资;直接或间接投资于上市交易的股票和企业债券,但所投资企业上市后,创投企业所持股份不在此列;直接或间接投资于非自用不动产;用贷款进行投资;挪用非自有资金进行投资;向他人提供贷款或担保,但创投企业对所投资企业 1 年以上的企业债券和可以转换为所投资企业股权的债券性质的投资不在此列(该规定并不涉及所投资企业能否发行该等债券);法律、法规以及创投企业合同禁止从事的其他事项。

创投企业主要从出售或以其他方式处置其在所投资企业的股权获得收益。创投企业出售或以其他方式处置其在所投资企业的股权时,可以依法选择适用的退出机制,其中包括:将其持有的所投资企业的部分股权或全部股权转让给其他投资者;与所投资企业签订股权回购协议,由所投资企业在一定条件下依法回购其所持有的股权;所投资企业在符合法律、行政法规规定的上市条件时可以申请到境内外证券市场上市,创投企业可以依法通过证券市场转让其拥有的所投资企业的股份;中国法律、行政法规允许的其他方式。所投资企业向创投企业回购该创投企业所持股权的具体办法由审批机构会同登记机关另行制定。创投企业境内投资比照执行《指导外商投资方向规定》和《外商投资产业指导目录》的规定。

八、外资并购

(一) 外资并购的一般性规定

外资并购是指外国投资者通过并购境内企业股权或资产的方式取得股份或资产控制权的投资方式。具体而言,外国投资者并购境内企业,系指外国投资者协议购买境内非外商投资企业(简称境内公司)的股东的股权或认购境内公司增资,使该境内公司变更设立为外商投资企业(简称股权并购);或者,外国投资者设立外商投资企业,并通过该企业协议购买境内企业资产且运营该资产,或外国投资者协议购买境内企业资产,并以该资产投资设立外商投资企业运营该资产(简称资产并购)。

为了促进和规范外国投资者来华投资,引进国外的先进技术和管理经验,提高利用外资的水平,实现资源的合理配置,保证就业、维护公平竞争和国家经济安全,2009 年 6 月我国制定了《关于外国投资者并购境内企业的规定》,取代 2003 年制定的《外国投资者并购境内企业暂行规定》,2011 年又颁布了《国务院办公厅关于建立外国投资者并购境内企业安全审查制度的通知》。外国投资者在中国境内依法设立的投资性公司并购境内企业,也适用该规定。外国投资者股权并购境内外商投资企业,适用现行外商投资企业法律、行政法规以及《外商投资企业投资者股权变更的若干规定》,其中没有规定的,参照该规定办理。

外国投资者并购境内企业应遵守中国的法律、行政法规和部门规章,遵循公平合理、等价有偿、诚实信用的原则,不得造成过度集中、排除或限制竞争,不得扰乱社会经济秩序和损害社会公共利益。

外国投资者并购境内企业,应符合中国法律、行政法规和部门规章对投资者资格的要求和产业政策,包括《外商投资产业指导目录》的要求。被并购境内公司原有被投资公司的经营范围应符合有关外商投资产业政策的要求；不符合的，应进行调整。

外国投资者并购境内企业设立外商投资企业，应依照《关于外国投资者并购境内企业的规定》经审批机关批准，并向登记管理机关办理变更登记或设立登记。外国投资者在并购后所设外商投资企业注册资本中的出资比例一般不低于 25%。外国投资者的出资比例如果低于 25%，除法律和行政法规另有规定外，该企业不享受外商投资企业待遇，其举借外债按照境内非外商投资企业举借外债的有关规定办理。①

外国投资者协议购买境内公司股东的股权，境内公司变更设立为外商投资企业后，该外商投资企业的注册资本为原境内公司注册资本，外国投资者的出资比例为其所购买股权在原注册资本中所占比例。被股权并购境内公司同时增资时，并购后所设外商投资企业的注册资本为原境内公司注册资本与增资额之和；外国投资者与被并购境内公司原其他投资者，在对境内公司资产评估的基础上，确定各自在外商投资企业注册资本中的出资比例。外国投资者认购境内公司的增资，境内公司变更设立为外商投资企业后，该外商投资企业的注册资本为原境内公司注册资本与增资额之和。外国投资者与被并购境内公司原其他股东，在境内公司资产评估的基础上，确定各自在外商投资企业注册资本中的出资比例。被股权并购境内公司中国自然人股东在原公司享有股东地位一年以上的，经批准，可继续作为变更后所设外商投资企业的中方投资者。

外国投资者进行股权并购，对并购后所设外商投资企业应按照以下比例确定投资总额的上限：注册资本在 210 万美元以下的，投资总额不得超过注册资本的七分之十；注册资本在 210 万美元以上至 500 万美元的，投资总额不得超过注册资本的 2 倍；注册资本在 500 万美元以上至 1 200 万美元的，投资总额不得超过注册资本的 2.5 倍；注册资本在 1 200万美元以上的，投资总额不得超过注册资本的 3 倍。

外国投资者进行资产并购时，应根据购买资产的交易价格和实际生产经营规模确定拟设立的外商投资企业的投资总额。拟设立的外商投资企业的注册资本与投资总额的比例应符合有关规定。

（二）外资受让上市公司股权的特别规定

1. 外商投资企业受让上市公司非流通股的规定

外商投资企业（包括外商投资股份有限公司）受让境内上市公司非流通股，应按《关于外国投资者并购境内企业的规定》中规定的程序和要求办理有关手续。外商投资企业受让上市公司的非流通股，如果导致上市公司（持有外商投资企业批准证书的公司）外资比例低于总股本 25%，该上市公司应缴回外商投资企业批准证书，并按规定办理有关变更手续。

2. 外国投资者的战略性投资

为了规范股权分置改革后外国投资者对 A 股上市公司进行战略投资，维护证券市场秩序，引进境外先进管理经验、技术和资金，改善上市公司治理结构，保护上市公司和股东的合法权益，按照《关于上市公司股权分置改革的指导意见》的要求，商务部、中国证监会、

① 参见《关于外国投资者并购境内企业的规定》第 9 条。

国家税务总局、国家工商行政管理总局、国家外汇管理局制定了《外国投资者对上市公司战略投资管理办法》，于2006年1月1日实施。外国投资者对已完成股权分置改革的上市公司和股权分置改革后新上市公司通过具有一定规模的中长期战略性并购投资(简称战略投资)，取得该公司A股股份的行为适用该规定。

经商务部批准，外国投资者可以对上市公司进行战略投资。战略投资应遵循以下原则：(1)遵守国家法律、法规及相关产业政策，不得危害国家经济安全和社会公共利益；(2)坚持公开、公正、公平的原则，维护上市公司及其股东的合法权益，接受政府、社会公众的监督及中国的司法和仲裁管辖；(3)鼓励中长期投资，维护证券市场的正常秩序，不得炒作；(4)不得妨碍公平竞争，不得造成中国境内相关产品市场过度集中、排除或限制竞争。

外国投资者进行战略投资的行为应符合以下要求：以协议转让、上市公司定向发行新股方式以及国家法律法规规定的其他方式取得上市公司A股股份；投资可分期进行，首次投资完成后取得的股份比例不低于该公司已发行股份的10%，但特殊行业有特别规定或经相关主管部门批准的除外；取得的上市公司A股股份3年内不得转让；法律法规对外商投资持股比例有明确规定的行业，投资者持有上述行业股份比例应符合相关规定；属法律法规禁止外商投资的领域，投资者不得对上述领域的上市公司进行投资；涉及上市公司国有股股东的，应符合国有资产管理的相关规定。

外国投资者应符合以下要求：依法设立、经营的外国法人或其他组织，财务稳健、资信良好且具有成熟的管理经验；境外实有资产总额不低于1亿美元或管理的境外实有资产总额不低于5亿美元；或其母公司境外实有资产总额不低于1亿美元或管理的境外实有资产总额不低于5亿美元；有健全的治理结构和良好的内控制度，经营行为规范；3年内未受到境内外监管机构的重大处罚(包括其母公司)。

除以下情形外，外国投资者不得进行证券买卖(B股除外)：投资者进行战略投资所持上市公司A股股份，在其承诺的持股期限届满后可以出售；投资者根据《证券法》相关规定须以要约方式进行收购的，在要约期间可以收购上市公司A股股东出售的股份；投资者在上市公司股权分置改革前持有的非流通股份，在股权分置改革完成且限售期满后可以出售；投资者在上市公司首次公开发行前持有的股份，在限售期满后可以出售；投资者承诺的持股期限届满前，因其破产、清算、抵押等特殊原因需转让其股份的，经商务部批准可以转让。

外资并购国内企业对于本国的国民经济安全具有重大影响，因此各国都对此持十分谨慎的态度，通过立法和行政审核等多种方式进行多层及监管。例如，2012年的“三一集团起诉美国总统奥巴马”一案就反映出了美国对于中资浸入其国内产业的既允许又遏制的矛盾的态度。[①]我国《反垄断法》规定，对外资并购境内企业或者以其他方式参与经营者集中，涉及国家安全的，除依照反垄断法规定进行经营者集中审查外，还应当按照国家有关规定进行国家安全审查。各国都在鼓励外资和控制外资中寻找平衡，以求获得本国经

① 2012年7月，三一集团关联公司Ralls(罗尔斯公司)在美国经营的风电场项目被美国海外投资委员会(CFIUS)以“威胁美国国家安全”为由直接禁止；9月28日，美国总统也以同样理由，签发了禁止该项目的行政命令，并要求Ralls 90天内撤出全部投资。Ralls 9月12日把CFIUS告上法庭，10月1日，Ralls又向美国哥伦比亚特区联邦地方分区法院递交诉状，将奥巴马追加为被告，指控其违反了美国宪法保护财产所有权的规定和法定程序。

济利益的最大化。

第三节　外商投资企业的准入和退出管制

一、对外商投资方向的管制

(一) 外商投资方向和外商投资产业目录

外商投资方向是我国根据国民经济发展的目标和经济发展规划,对外商投资所规定的投资领域和范围,是我国利用外资的产业政策的具体化。《外商投资产业指导目录》是引导外商投资方向的重要政策措施,对于统筹国内发展和对外开放,促进产业结构优化和升级具有重要意义。

1986 年之前,我国吸引外商直接投资的目的是弥补国内建设资金的不足。这一时期的鼓励外商直接投资政策只注重引进外商直接投资的规模,对外商直接投资的质量和结构几乎没有任何引导和调控。由于缺乏对外商直接投资的产业指导和宏观调控,利用外商直接投资的效果并不明显。其可以概括为"资金驱动式"。在 1986 年《关于鼓励外商投资的规定》发布之后,我国政府有意识地加强对外商直接投资的引导,但是直到 1992 年之前,对外商直接投资的引导一直以地区导向为主。其可以概括为"区域驱动式"。1992 年以来,我国政府开始加强对外商直接投资的产业引导。此后的模式成为"产业指导式"。

自 1990 年以来,我国开始重视对外商直接投资产业导向的调控,对外商直接投资产业的调控体现在国家发布的《指导外商投资方向规定》(以下简称《规定》)和《外商投资产业指导目录》中。我国 1995 年制定、1996 年修订的《外商投资产业指导目录》(以下简称《目录》),以法规形式将吸引外商投资的产业政策公布于众,提高了政策的透明度。《规定》和《目录》将产业项目分为鼓励、允许、限制和禁止四大类。根据国家经济发展状况,1997 年 12 月,国家计委、国家经贸委、对外贸易经济合作部对《目录》进行了修订,扩大了国家管理外商投资的范围,突出了产业重点,更加适应产业结构调整的要求和有利于引进先进技术的原则,同时充分体现了鼓励外商向中西部地区投资的政策。该《目录》鼓励外商举办出口型企业,将产品 100%外销的允许类项目列入鼓励类目录。2002 年 3 月 11 日国家计委、国家经贸委和外经贸部发布又颁布了新《目录》,此后该版《目录》又经历了 2004 年、2007 年的两次修订。《目录》根据国家统计局制定的《国民经济行业分类与代码》的有关内容,将目前我国产业进行了更为细致的划分。在内容上,其鼓励类中新增鼓励类项目达 129 项,发生变动的为 37 项,取消鼓励的也有 37 项。限制和禁止外商投资的领域明显减少,而且根据加入 WTO 的承诺,增加了一些鼓励投资的领域和股比限制。2004 年 11 月 30 日,国家发展和改革委员会、商务部发布《外商投资产业指导目录(2004 年修订)》,2005 年 1 月 1 日起实行。该次修订在保持我国吸收外资政策连续性和稳定性的同时,对原《目录》进行了部分调整,主要涉及三方面内容:一是适应扩大对外开放和引进先进技术的需要,将国内急需发展的产业和产品增列为鼓励类条目,或通过对原鼓励类条目进行修改，增加鼓励内容。二是放宽外资准入范围，加快服务业对外开放步伐。三是适应国家宏观调控需要，防止部分行业的盲目和低水平投资。新《目录》施行后，外商投资属于鼓励类的项目，将享受免征进口设备关税和进口环节增值税的优惠政策。2007年10月31日，国家发展和改革委员会、商务部又对2002年版《目录》进行了第二次修订。主要政策变化有：不再鼓励外资投资传统制造业；不再鼓励外商投资重要矿产开发；调整了单纯鼓励出口政策；调整了相关条目以维护国家经济安全；扩大了服务业领域的鼓励项目；相关产业项目税收优惠政策也相应发生了变化，如外商投资高耗能、高污染、资源性项目由鼓励类变为限制类或禁止类且不再享有税收优惠政策，外商投资产业购买国产设备不再全部享受退还增值税的税收优惠政策，外商投资产业购买国产设备不再全部享受抵免企业所得税的税收优惠政策。①

2011年12月24日，国家发展和改革委员会、商务部发布了最新一版的《外商投资产业指导目录》，并于2012年1月30日开始施行。2011年版《目录》对2007年版《目录》做了相对有限度的修改。它反映了国务院于2011年3月发布的《第十二个五年计划优先发展规划》，以及国务院于2010年4月发布的《关于进一步做好利用外资工作的若干意见》中，在信息技术、高技术制造业和服务行业进一步向外商投资开放的规定。比如，高端制造业成为鼓励投资的重点领域，鼓励战略性新能源产业，鼓励外商投资循环经济和现代服务业等。

针对专业行业领域也出台了相关规定。2003年6月科技部与商务部联合研究制定了《鼓励外商投资高新技术产品目录》，以指导促进吸引外商投资高新技术产业工作，加快引进国外先进技术步伐，增强国内消化吸收和自主创新能力，进一步提高吸引外商投资的质量和水平。该《目录》是在《中国高新技术产品目录》(此目录于2006年被修订)的基础上，充分考虑了当时我国在技术上亟需发展或与国外有较大差距的高新技术产品以及国家安全、环保等方面的要求，经过相关领域专家评审编制而成。2006年12月31日，在2003年版《鼓励外商投资中国高新技术产品目录》的基础上，又对《目录》中的917项产品进行筛选修订，并新增部分我国在技术上、装备上与国外有较大差距和我国急需发展的产品，编制了2006年版《鼓励外商投资高新技术产品目录》。

与此同时，针对地区区域发展也有相关规定。根据2002年2月发布的《指导外商投资方向规定》(国务院令第346号)，国家发展和改革委员会、商务部于2004年对2000年6月公布的《中西部地区外商投资优势产业目录》进行修订。随后，《中西部地区外商投资优势产业目录(2008年修订)》又将其替代，并于2009年1月起施行。属于该目录的外商投资项目，享受《指导外商投资方向规定》的鼓励类项目的相关政策及《国务院办公厅转发外经贸部等部门关于当前进一步鼓励外商投资意见的通知》(国办发〔1999〕73号)中的有关优惠政策。这些区域发展政策对于实施国家西部大开发战略，鼓励中西部地区利用外资，引进先进技术、设备，发展中西部地区比较优势产业和技术先进的企业，促进产业结构的优化升级，带动中西部地区经济整体素质的提高具有非常重要的意义。

值得注意的是，国务院2005年12月2日发布《促进产业结构调整暂行规定》统一了产业结构调整指导目录制度，内外资企业指导目录开始良好衔接。根据《促进产业结构调

① 参见中华人民共和国海关总署网站：http://www.customs.gov.cn/publish/portal0/tab7973/info93566.htm。

整暂行规定》,《产业结构调整指导目录》是引导投资方向,政府管理投资项目,制定和实施财税、信贷、土地、进出口等政策的重要依据。《产业结构调整指导目录》由国家发展和改革委员会同国务院有关部门依据国家有关法律法规制定,经国务院批准后公布。《产业结构调整指导目录》原则上适用于我国境内的各类企业。其中,外商投资企业按照《外商投资产业指导目录》执行。《产业结构调整指导目录》是修订《外商投资产业指导目录》的主要依据之一。《产业结构调整指导目录》淘汰类适用于外商投资企业。《产业结构调整指导目录》和《外商投资产业指导目录》执行中的政策衔接问题由国家发展和改革委员会同商务部研究协商。《产业结构调整指导目录》由鼓励、限制和淘汰三类目录组成。不属于鼓励类、限制类和淘汰类,且符合国家有关法律、法规和政策规定的,为允许类。允许类不列入《产业结构调整指导目录》。

(二)外商投资方向和审批的关系

对外商投资方向的管制是我国外资企业准入制度的重要内容。《外商投资产业指导目录》和《中西部地区外商投资优势产业目录》是指导审批外商投资项目和外商投资企业适用有关政策的依据。《外商投资产业指导目录》列明不允许外商独资经营以及应当由国有资产占控股地位或者主导地位的外商投资项目(国有资产占外商投资企业注册资本的51%以上)。《外商投资产业指导目录》和《中西部地区外商投资优势产业目录》,国家发展和改革委员会会同商务部及国务院有关部门制定经国务院批准后公布,根据实际情况适时修订并公布。

《外商投资产业指导目录》可以对外商投资项目规定"限于合资、合作"、"中方控股"或者"中方相对控股"。限于合资、合作,是指仅允许中外合资经营、中外合作经营;中方控股,是指中方投资者在外商投资项目中的投资比例之和为51%及以上;中方相对控股,是指中方投资者在外商投资项目中的投资比例之和大于任何一方外国投资者的投资比例。鼓励类外商投资项目,除依照有关法律、行政法规的规定享受优惠待遇外,从事投资额大、回收期长的能源、交通、城市基础设施(煤炭、石油、天然气、电力、铁路、公路、港口、机场、城市道路、污水处理、垃圾处理等)建设、经营的,经批准,可以扩大与其相关的经营范围。产品全部直接出口的允许类外商投资项目,视为鼓励类外商投资项目;产品出口销售额占其产品销售总额70%以上的限制类外商投资项目,经省、自治区、直辖市及计划单列市人民政府或者国务院主管部门批准,可以视为允许类外商投资项目。对于确能发挥中西部地区优势的允许类和限制类外商投资项目,可以适当放宽条件;其中,列入《中西部地区外商投资优势产业目录》的,可以享受鼓励类外商投资项目优惠政策。

根据现行审批权限,外商投资项目由发展和改革委员会审批、核准或备案;外商投资企业的合同、章程由商务主管部门审批、备案。其中,限制类限额以下的外商投资项目由省、自治区、直辖市及计划单列市人民政府的相应主管部门审批,同时报上级主管部门和行业主管部门备案,此类项目的审批权不得下放。属于服务贸易领域逐步开放的外商投资项目,按照国家有关规定审批。涉及配额、许可证的外商投资项目,必须先向外经贸部门申请配额、许可证。法律、行政法规另有规定除外。但对于禁止类外商投资项目,任何公司、企业、其他经济组织或者个人均不得举办。

对违反《外商投资方向规定》审批的外商投资项目，上级审批机关应当自收到该项目的备案文件之日起 30 个工作日内予以撤销，其合同、章程无效，企业登记机关不予注册登记，海关不予办理进出口手续。

二、审批制度

对外商投资采取审批制度，是贯彻执行我国“积极、合理、有效”利用外资的经济政策的重要管制手段。

（一）审批制概述

我国对外商投资企业的设立，采取许可主义的立法原则，企业的设立除了要求符合法律规定的实质要件外，还应逐个报请行政主管机关审核批准后，经工商登记后成立。除了设立审批之外，对外商投资企业的重大变更（如企业延长期限、增加注册资本等），以及企业解散，也要履行相应的审批手续。

我国对外商投资的审批制采用逐个审批的方式，即凡属于外商投资企业/项目，无论投向什么行业，无论投资额的大小，均须经审批。目前有许多发展中国家采用有选择的审批制，[①]与之相比，我国的审批比较严格。有人主张我国应采用有选择的审批制，对较大投资项目和限制类投资项目采用审批制，对限额以下或者鼓励类、允许类项目采用登记制，但也有人认为实行有选择的审批制的条件还不够成熟。[②]

对外商投资实行审批制的作用主要是：保证外商投资企业的设立符合国家法律规定，使投资符合我国国民经济发展的需要，提高技术和管理水平；使外国投资向有利于我国国际收支平衡的方向发展；利于产业结构优化，防止外商投资的经济部门过于集中导致经济畸形发展；排除外资在我国国家安全和损害重大公共利益的经济部门投资。

（二）审批机构

我国对外商投资的审批，在体制上实行分级审批制，同时，对某些特定行业的审批，实行归口管理。

设立外商投资企业的申请，由国务院商务主管部门或者国务院授权的机关审查批准。当前，商务部主管外商投资企业的审批，商务部委托地方政府或者国务院有关部门等单位在其权限范围内审批。上述有权审批外商投资的机构，称为审批机构。

某些特定行业，如金融行业，实行归口管理。设立外资银行、合资银行、外资财务公司、合资财务公司，由中国银监会审批。

（三）审批权限

审批权限是指不同级别的审批机构所享有的审批权力的范围。我国自改革开放以

① 姚梅镇主编：《比较外资法》，武汉大学出版社 1993 年，第 521—522 页。

② 徐崇利、林忠著：《中国外资法》，法律出版社 1998 年版，第 50 页。

来，国务院通过各种通知逐步扩大地方和部门审批机构的审批权限①。主要分地方和部门审批机构和商务部审批。对越权审批的企业，审批行为无效，海关、税务和工商行政管理机关一律不得办理有关手续。

2010年，商务部发布《关于下放外商投资审批权限有关问题的通知》，就外商投资企业审批和管理权限下放有关问题作了补充性规定。其主要有：(1)《外商投资产业指导目录》鼓励类、允许类总投资3亿美元和限制类总投资5 000万美元(以下简称限额)以下的外商投资企业的设立及其变更事项，由地方审批机关(包括省、自治区、直辖市、计划单列市、新疆生产建设兵团、副省级城市商务主管部门及国家级经济技术开发区等)负责审批和管理。其中，外商投资股份有限公司的限额按注册资本计，改制为外商投资股份有限公司的限额按评估后的净资产值计，外国投资者并购境内企业的限额按并购交易额计。(2)单次增资额在限额以下的增资事项由地方审批机关负责审批和管理。(3)限额以上鼓励类且不需要国家综合平衡的外商投资企业的设立及其变更事项，由地方审批机关负责审批和管理。(4)注册资本3亿美元以下外商投资性公司和资本总额3亿美元以下外商投资创业投资企业、外商投资创业投资管理企业的设立及其变更事项，由地方审批机关负责审批和管理。(5)除法律法规明确规定由商务部审批外，服务业领域外商投资企业的设立及其变更事项(包括限额以上及增资)由地方审批机关按照国家有关规定进行审批和管理。根据相关规定需取得国家行业主管部门前置许可或向其征求意见的，应取得书面文件或同意意见。金融、电信领域外商投资企业的设立和变更事项仍按现行法律法规办理。

三、外资准入的条件和程序

(一) 外资准入的条件

外商只能在我国鼓励、允许和限制的方向和产业范围内进行直接投资活动。在符合

① 有关扩大审批权限的通知主要有：1984年5月《国务院关于批转〈沿海部分城市座谈会纪要〉的通知》、1984年10月《国务院关于批转〈国家计委关于改进计划体制的若干暂行规定〉的通知》、1986年8月《国务院关于上海市扩大利用外资规模的批复》、1987年4月《国务院关于批转〈1987年经济特区工作会议纪要〉的通知》、1987年12月《对外经济贸易部关于举办中外合资经营企业过程中有关法律问题的通知》、1988年2月《国务院关于广东省深化改革扩大开放加快经济发展请示的批复》、1988年3月《国务院关于沿海地区发展外向型经济的若干规定》、1988年4月《国务院关于福建省深化改革扩大开放加快外向型经济发展请示的批复》、1988年6月《国务院关于授权省、自治区、直辖市、经济特区和计划单列市人民政府审批外资企业的通知》、1988年7月《国务院关于扩大内地省、自治区、计划单列市和国务院有关部门吸收外商投资审批权限的通知》、1988年8月对外经济贸易部《关于简化中外合资、合作经营企业备案文件的通知》、1991年3月《国务院关于加强外资企业重大项目审批工作的通知》、1993年10月对外经济贸易合作部《对外经济贸易部关于举办股份有限公司形式中外合资企业有关问题的通知》、1993年10月对外经济贸易合作部《对外经济贸易部关于举办中外股份有限公司有关问题的通知》、1993年10月对外经济贸易合作部《对外经济贸易部关于审批中外合资股份公司有关问题的通知》、1995年国办发[1995]第35号《国务院办公厅关于当前审批外商投资企业有关问题的紧急通知》、1996年8月《国务院关于扩大内地省、自治区、计划单列市和国务院有关部门等单位吸收外商直接投资项目审批权限的通知》、2009年3月《商务部关于进一步改进外商投资审批工作的通知》、2010年6月《商务部关于下放外商投资审批权限有关问题的通知》等。

上述规定的前提下,有关法律法规对外商投资企业的设立条件加以规定。这些条件包括积极条件(即可予批准设立的条件)和消极条件(不予批准设立的条件)。此外,一些规章对特定外商投资企业的设立条件在当地股权、注册资本、投资主体资格等方面有特殊要求。

1. 中外合资经营企业的设立条件

在中国境内设立的合营企业,应当能够促进中国经济的发展和科学技术水平的提高,有利于社会主义现代化建设。国家鼓励、允许、限制或者禁止设立合营企业的行业,按照国家指导外商投资方向的规定及外商投资产业指导目录执行。

但如有下列情形之一者,企业设立申请不予批准:(1)有损中国主权的;(2)违反中国法律的;(3)不符合中国国民经济要求的;(4)造成环境污染的;(5)签订的协议、合同、章程显失公平,损害合营一方权益的。

2. 中外合作经营企业的设立条件

国家鼓励举办产品出口的或者技术先进的生产型合作企业,但《合作企业法》对具体的积极条件未作规定。申请设立合作企业,有下列情形之一的,不予批准:(1)损害国家主权或者社会公共利益的;(2)危害国家安全的;(3)对环境造成污染损害的;(4)有违反法律、行政法规或者国家产业政策的其他情形的。

3. 外资企业

设立外资企业,必须有利于中国国民经济的发展。国家鼓励举办产品出口或者技术先进的外资企业。

申请设立外资企业,有下列情况之一的,不予批准:(1)有损中国主权或者社会公共利益的;(2)危及中国国家安全的;(3)违反中国法律、法规的;(4)不符合中国国民经济发展要求的;(4)可能造成环境污染的。

4. 外商投资股份公司

设立外商投资股份公司应符合国家有关外商投资企业产业政策的规定,包括有关外资投资方向的规定。国家鼓励设立技术先进的生产型公司。

外商投资股份公司可以采取发起方式或者募集方式设立。以发起方式设立的公司,除应符合公司法规定的发起人的条件外,其中至少有一个发起人应为外国股东。以募集方式设立的公司,除应符合前述条件外,其中至少有一个发起人还应有募集股份前 3 年连续盈利的记录,该发起人为中国股东时,应提供其近 3 年经过中国注册会计师审计的财务会计报告;该发起人为外国股东时,应提供该外国股东居所所在地注册会计师审计的财务报告。

不同类型的企业法人转制为外商投资股份公司必须具备相应的法定条件。已设立中外合资经营企业、中外合作经营企业、外资企业,如申请转变为外商投资股份公司,应有最近连续 3 年的盈利记录。国有企业、集体所有制企业如申请转变为外商投资股份公司,必须符合以下条件:(1)该企业至少营业 5 年并有最近连续 3 年的盈利记录;(2)外国股东以可自由兑换的外币购买并持有该企业的股份占该企业注册资本的 25%以上;(3)企业的经营范围符合外商投资企业产业政策了;(4)符合《关于设立外商投资股份有限公司若干问题的暂行规定》规定的其他条件。一般性的股份有限公司可以通过向社会公开发行人民币特种股票(B股)、增资扩股或转股发行外国股东持有的股份、在境外发行境外上市外资股(包括但不限于H股和N股)并在境外上市等方式经申请和批准程序后转变为外商投资股份公司,但申请转变为外商投资股份公司必须符合以下条件:(1)该股份有限公司是经国家正式批准设立的;(2)外国股东以可自由兑换的外币购买并持有该股份有限公司的股份占公司注册资本的25%以上;(3)股份有限公司的经营范围符合外商投资企业产业政策;(4)符合《关于设立外商投资股份有限公司若干问题的暂行规定》规定的其他条件。

外商投资股份有限公司在境内发行股票(A股与B股)必须符合外商投资产业政策及上市发行股票的要求。[①]首次公开发行股票并上市的外商投资股份有限公司,以及首次发行股票后,其增发股票及配股除符合《公司法》等法律、法规及中国证监会的有关规定外,还应符合《关于上市公司涉及外商投资有关问题的若干意见》所规定的条件。含有B股的外商投资股份有限公司,申请其非上市外资股在B股市场上流通,应在获得商务部同意后,向中国证监会报送非上市外资股上市流通的申请方案。外商投资股份有限公司境内上市发行股票后外资比例低于总股本25%的,应缴回外商投资企业批准证书,并按规定办理有关变更手续。符合条件的外商投资企业可以在境外发行股票。

5. 投资性公司的设立条件

投资性公司系指外国投资者在中国以独资或与中国投资者合资的形式设立的从事直接投资的有限责任公司。

我国对投资性公司的立法变动比较频繁,先后有《关于外商投资举办投资性公司的暂行规定》、《〈关于外商投资举办投资性公司的暂行规定〉有关问题的解释》、《〈关于外商投资举办投资性公司的暂行规定〉的补充规定》、《〈关于外商投资举办投资性公司的暂行规定〉的补充规定(二)》、《关于修改〈关于外商投资举办投资性公司的暂行规定〉及其补充规定的决定》,后来商务部将上述规定合并为《关于外商投资举办投资性公司的规定》,并于2003年7月施行。根据情况变化,商务部对《关于外商投资举办投资性公司的规定》进行补充,形成《关于外商投资举办投资性公司的补充规定》,该规定于2006年7月施行。

申请设立投资性公司应符合下列条件:(1)外国投资者资信良好,拥有举办投资性公司所必需的经济实力,申请前一年该投资者的资产总额不低于4亿美元,且该投资者在中国境内已设立了外商投资企业,其实际缴付的注册资本的出资额超过1 000万美元,或者外国投资者资信良好,拥有举办投资性公司所必需的经济实力,该投资者在中国境内已设立了10个以上外商投资企业,其实际缴付的注册资本的出资额超过3 000万美元;(2)以合资方式设立投资性公司的,中国投资者应为资信良好,拥有举办投资性公司所必需的经济实力,申请前一年该投资者的资产总额不低于1亿元人民币;(3)投资性公司的注册资本不低于3 000万美元。

申请设立投资性公司的外国投资者应为一家外国的公司、企业或经济组织,若外国

① 具体参见2008年7月30日颁布的《商务部关于外商投资股份有限公司非上市外资股转B股流通有关问题的通知》。

投资者为两个以上的，其中应至少有一名占大股权的外国投资者符合以上第(1)项的规定。

(二) 外资准入的程序

根据我国外商投资的法律法规的规定，外商投资企业设立的程序主要包括立项、申请、审批、登记。

1. 立项

设立合营企业，由中国合营者向企业主管部门呈报拟与外国合营者设立合营企业的项目建议书和初步可行性研究报告。该建议书与初步可行性研究报告，经企业主管部门审查同意并转报审批机构批准后，合营各方才能进行以可行性研究为中心的各项工作，在此基础上商签合营企业协议、合同、章程。

设立合作企业，设立合作企业的项目建议书、可行性研究报告，应事先送主管部门审查同意。

外国投资者在提出设立外资企业的申请前，应当就下列事项向拟设立外资企业所在地的县级或者县级以上地方人民政府提交报告。报告内容包括：设立外资企业的宗旨；经营范围、规模；生产产品；使用的技术设备；产品在中国和国外市场的销售比例；用地面积及要求；需要用水、电、煤、煤气或者其他能源的条件及数量；对公共设施的要求等。县级或者县级以上地方人民政府应当在收到外国投资者提交的报告之日起 30 天内以书面形式答复外国投资者。

根据 2004 年国家发展和改革委员会颁布的《外商投资项目核准暂行管理办法》，中外合资、中外合作、外商独资、外商购并境内企业、外商投资企业增资等各类外商投资项目在规定条件下适用核准制。[①]2010 年，我国推进外商投资管理体制改革，下放核准权限，原由国家发改委核准的《外商投资产业指导目录》中总投资(包括增资)3 亿美元以下的鼓励类、允许类项目，除《政府核准的投资项目目录》规定需由国务院有关部门核准之外，由省级发展和改革委员会核准。此外，外商投资鼓励类项目可以享受相应的优惠政策，其中西部地区鼓励类项目减按 15%的税率征收企业所得税。核准权限下放后，项目申请报告、核准内容、条件、程序等仍按照《外商投资项目核准暂行管理办法》规定执行。《外商投资产业指导目录》中限制类项目核准权限暂不下放；国家法律法规和国务院文件对项目核准有专门规定的，从其规定。[②]

我国有关外商投资的法规、规章对一些特定外商投资项目的立项，例如合作开采海洋和陆上石油的总体开发方案等，规定由主管部门进行立项审查、审批。

2. 申请

申请设立合营、合作企业，由中国合营(作)者负责向审批机构报送下列正式文件：

---

① 2012 年 8 月 16 日，国家发展和改革委员会利用外资和境外投资司同时发布了《境外投资项目审核管理办法》(征求意见稿)以及《外商投资项目审核管理办法》(征求意见稿)。有关外商投资项目审核的新规有望不久后出台。

② 参见《国家发展改革委关于做好外商投资项目下放核准权限工作的通知》(发改外资[2010]914 号)。

(1)设立企业的申请书;(2)可行性研究报告;(3)企业协议、合同和章程;(4)企业高级管理人选名单(如董事长、副董事长、董事或者联合管理委员会主任、副主任、委员的人选名单);(5)中国合营者的企业主管部门和合营企业所在地的省、自治区、直辖市人民政府对设立该合营企业签署的意见。

上列各项文件必须用中文书写,其中(2)、(3)、(4)项文件可同时用合营各方商定的一种外文书写。两种文字书写的文件具有同等效力。设立中外合作经营企业还需报送合作各方的营业执照或者注册登记证明、资信证明及法定代表人的有效证明文件,外国合作者是自然人的,应当提供有关其身份、履历和资信情况的有效证明文件。设立外资企业还需报送外国投资者的法律证明文件和资信证明文件以及需要进口的物资清单等。

3. 审批

审查批准机关应当自收到规定的全部文件之日起的法定期间内决定批准或者不批准。按照法律规定,中外合营企业的审批期限为3个月,中外合作经营企业的审批期限为45天,外资企业的审批期限为90天。对于批准的申请,审查批准机关应颁发批准证书。审查批准机关认为报送的文件不全或者有不当之处的,应要求限期补全或者修正,否则不予批准。

4. 登记

设立外商投资企业的申请得到批准后,申请者应当自收到批准证书之日起30日内,凭批准证书向登记主管机关申请登记,领取营业执照。登记主管机关应当在受理申请后30日内,作出核准登记或者不予核准登记的决定。营业执照签发之日,即为该外商投资企业的成立之日。

外商投资企业应当在企业成立之日起30日内向税务机关办理税务登记。

(三)外商投资股份有限公司的特殊规定

对于外商投资股份有限公司,发起人达成设立公司协议后,可共同委托一发起人办理设立公司的申请手续。①其具体程序是:

(1) 申请人向其省、自治区、直辖市及计划单列市政府主管部门提交设立公司的申请书、可行性研究报告、资产评估报告等文件。以募集方式设立公司的,申请人还须提交招股说明书。

(2) 上述文件经主管部门审查同意后,由主管部门转报省、自治区、直辖市及计划单列市国家商务主管部门。上述文件经省、自治区、直辖市及计划单列市国家商务主管部门核准后,发起人正式签订设立公司的协议、章程。

(3) 发起人签订设立公司的协议、章程,报省、自治区、直辖市国家商务主管部门审查同意后,报商务部审查批准。商务部须在45日内决定批准或不批准。

以发起方式设立公司的,发起人缴足其认购的股份后,应当选举董事会和监事会,由董事会向公司登记机关报送设立公司的批准文件、公司章程、验资证明等文件,申请设立

---

① 参见《对外贸易经济合作部关于设立外商投资股份有限公司若干问题的暂行规定》第9条。

登记。

以募集方式设立公司的，发行股份的股数缴足后，必须经法定的验资机构验资并出具证明。发起人应当在30日内主持召开公司创立大会，并选举董事会、监事会，董事会应于创立大会结束后30日内，向公司登记机关报送设立公司的批准文件、公司章程、验资证明、创立大会的会议记录等文件，申请设立登记。

公司登记机关自接到全部登记文件之日起30天内完成登记注册手续，并颁发营业执照。

股份有限公司通过向社会公开发行人民币特种股票(B股)，申请转变为公司的股份有限公司通过增资扩股或转股发行外国股东持有的股份，申请转变为公司的股份有限公司在境外发行境外上市外资股(包括但不限于H股和N股)并在境外上市申请转变为公司的上述申请经商务部批准后，原股份有限公司应持批准证书和公司的募股证明向工商行政管理机关办理变更登记手续。

(四)外商投资企业的协议、合同和章程

协议、合同和章程是设立外商投资企业三个主要的法律文件。设立合资、合作企业，中外投资者可以签订协议，也可以不签订协议，但应签订合同。外资企业的投资者两个以上时，也应签订合同。所有外商投资企业都应制定章程。在签订协议之前的意向书、会议纪要、备忘录等辅助性文件不具有法律效力。

协议是外商投资企业的各投资方对设立外商投资企业的某些要点和原则达成一致意见而订立的文件。

合营、合作企业合同，是指合营、合作各方为设立合营、合作企业就相互之间的权利义务关系达成一致意见后形成的书面文件。

合营、合作企业协议、合同、章程自审查批准机关颁发批准证书之日起生效。在合营、合作期限内，合营、合作企业的协议、合同、章程有修改的，须经审查批准机关批准，涉及登记的应进行工商、税务的变更登记。两个或者两个以上外国投资者共同申请设立外资企业，应当将其签订的合同副本报送审批机关备案。

合营、合作企业合同属于中国国内合同，必须适用中国法律，有关合同的订立、效力、解释、执行及其争议的解决，均应适用我国法律。

我国法律规定，合营、合作企业协议、章程的内容与合营、合作企业合同不一致的，以合营、合作企业合同为准。①

① 有学者认为该法律规定值得进一步检讨，在三项文件的效力高低的排序上，应以章程为首，合同次之，协议居末。理由有三：(1)章程与合同同为审批机关批准，但在逻辑上，合同成立在前，章程成立在后。如两者存在冲突，应推定当事人以章程的意思表示推翻了合同的意思表示。(2)合同只对投资各方具有约束力。章程除了对投资各方具有约束力之外，其效力及于交易第三人。(3)合同属于内部、秘密、非公开法律文件；章程为外部、公开性法律文件。为保护交易安全，在效力上应以章程为高。参见徐崇利、林忠著：《中国外资法》，法律出版社1998年版，第111—113页。

四、出资

(一) 注册资本和投资总额

1. 注册资本

注册资本是指为了设立外商投资企业在登记管理机关登记的资本总额。注册资本是企业对外承担责任的物质保证,是企业进行生产的物质基础。

中外合资、合作企业的注册资本应为合资、合作各方认缴的出资额之和;外资企业的注册资本为外国投资者认缴的全部出资额。注册资本可以用人民币或者约定的可自由兑换的外币表示。外商投资股份公司的注册资本应为在登记注册机关登记的实收股本总额。①

某些特定外商投资企业应符合注册资本最低限额的规定。例如,外商投资股份公司的注册资本(实收股本总额)的最低限额为人民币 3 000 万元;外商投资举办的投资性公司的最低注册资本为 3 000 万美元。

我国法律明确规定,合营企业和外资企业在合营期内不得减少其注册资本,投资人不得以任何名义抽回其注册资本。但这种绝对禁止减少注册资本的立法随实践需要有所缓和。在不影响企业正常经营,且不侵犯债权人利益的前提下,经原审批机关批准后可以变更。外商投资股份公司可以按照《公司法》的规定增加或者减少注册资本。

外商投资企业可以依法增加注册资本或者转让出资。(1)《合营企业法》实施细则规定,合营一方如向第三者转让其全部或部分出资额,须经合营他方同意,并经审批机构批准。合营一方转让其全部或部分出资额时,合营他方有优先购买权。合营一方向第三者转让出资额的条件,不得比向合营他方转让的条件优惠。违反上述规定的,其转让无效。合营企业注册资本的增加、转让或以其他方式处置,应由董事会会议通过,并报原审批机构批准,向原登记管理机构办理变更登记手续。(2)《合作企业法》实施细则规定,合作各方之间相互转让或者合作一方向合作他方以外的他人转让属于其在合作企业合同中全部或者部分权利的,须经合作他方书面同意,并报审查批准机关批准。(3)《外资企业法》实施细则规定,外资企业注册资本的增加、转让,须经审批机关批准,并向工商行政管理机关办理变更登记手续。(4)外商投资股份公司的股份可以按照《公司法》的规定进行转让,但发起人在公司设立登记 3 年后方可转让其持有的股份,并应经过审批机关的审批。

2. 投资总额

投资总额是指按照外商投资企业合同或者章程规定的生产规模需要投入的基本建设

---

① 应当指出,三资企业实行认缴资本制(授权资本制),而外商投资股份公司适用《公司法》之规定,采用实缴资本制(法定注册资本制)。在授权资本制下,各投资人只要在合同、章程中明确合法的出资方式和出资额,经批准和登记,三资企业即成立,不必在登记成立之时缴足出资;而在法定注册资本制,除了必须获得批准外,股东必须按照公司章程的规定全部缴纳出资,经法定验资机构验资并出具验资证明,外商投资股份公司才能登记成立。

资金和生产流动资金的总和，它是企业注册资本和借入资金之和。

我国对外商投资企业的注册资本和投资总额的比例作出了明确限制。中外合资企业的注册资本和投资总额的比例标准如下表所示。①

中外合资企业注册资本与投资总额的比例 单位：万美元

投资总额	注册资本至少占投资总额	其中	
		投资总额	注册资本不得低于
300(含)以下	7/10		
300 以上至 1 000(含 1 000)	1/2	420 以下	210
1 000 以上至 3 000(含 3 000)	2/5	1 250 以下	500
3 000 以上	1/3	3 600 以下	1 200

满足注册资本与投资总额之间的上述比例，不但是设立中外合资企业的法定条件之一，而且在合营企业增加投资时，其追加的注册资本与投资总额的比例，也应按照上述标准执行。中外合资经营企业如遇特殊情况不能执行上述标准时，由商务部会同国家工商行政管理局批准。

中外合作经营企业、外资企业的注册资本和投资总额的比例，也参照上述标准执行。

（二）出资比例和出资方式

1. 出资比例

最低比例的限制。在合营企业的注册资本中，外国合营者的投资比例一般不得低于25%。在依法取得中国法人资格的合作企业中，外国合作者的投资一般不低于合作企业注册资本的25%。在不具有法人资格的合作企业中，对合作各方向合作企业投资或者提供合作条件的具体要求，由商务部规定。在外商投资股份有限公司中，外国股东购买并持有的股份应不低于注册资本的25%。

最高比例限制。我国《外商投资产业指导目录》列明了应当由国有资产占控股或者主导地位的外商投资项目，集中在一些关系国计民生的特定和关键行业，这是对外商有最高投资比例的专门规定。

2. 出资方式

外商投资企业投资者的出资方式主要是投资者所拥有合法权益的现金、实物、技术和土地使用权等。②外商投资的公司的股东的出资方式应当符合《公司法》第 27 条、《公

① 参见《关于中外合资经营企业注册资本与投资总额比例的暂行规定》。

② 《中外合资经营企业合营各方出资的若干规定》规定，合营各方按照合营合同的规定向合营企业认缴的出资，必须是合营者自己所有的现金、自己所有并且未设立任何担保物权的实物、工业产权、专有技术等。凡是以实物、工业产权、专有技术作价出资的，出资者应当出具拥有所有权和处置权的有效证明。合营企业任何一方不得用以合营企业名义取得的贷款、租赁的设备或者其他财产以及合营者以外的他人财产作为自己的出资，也不得以合营企业的财产和权益或者合营他方的财产和权益为其出资担保。合作企业也参照上述规定执行。

司登记管理条例》第14条、《公司注册资本登记管理规定》和《商务部关于涉及外商投资企业股权出资的暂行规定》(2012年颁布)的规定。在国家工商行政管理总局会同有关部门就货币、实物、知识产权、土地使用权以外的其他财产出资作出规定以前,股东以《公司登记管理条例》第14条第2款所列财产以外的其他财产出资的,应当经境内依法设立的评估机构评估作价,核实财产,不得高估或者低估作价。实缴出资时还必须经境内依法设立的验资机构验资并出具验资证明。中外合资的有限责任公司的股东以《中外合资经营企业法》规定的实物(含设备)、工业产权等非货币财产(土地使用权除外)出资的,其价格可以由合营各方评议商定。外商投资的公司的股东以自己的名义通过借贷等方式筹措的资金应当视为自己所有的资金,经验资机构出具验资证明以后可以作为该股东的出资。

(三)出资期限

外商投资企业应当在合同约定和法律规定的期限内缴清各自的出资。①企业依照有关规定发给的出资证明书应当报送原审批机关和工商行政管理机关备案。具体的出资期限适用前文所述2006年5月国家《关于外商投资的公司审批登记管理法律适用若干问题的执行意见》的通知。

根据通知,外商投资的有限责任公司(含一人有限公司)的股东首次出资额应当符合法律、行政法规的规定,一次性缴付全部出资的,应当在公司成立之日起6个月内缴足;分期缴付的,首次出资额不得低于其认缴出资额的15%,也不得低于法定的注册资本最低限额,并应当在公司成立之日起3个月内缴足,其余部分的出资时间应符合《公司法》、有关外商投资的法律和《公司登记管理条例》的规定。其他法律、行政法规要求股东应当在公司成立时缴付全部出资的,从其规定。外商投资的股份有限公司的出资应当符合《公司法》的规定。

外国投资者未能在规定期限内缴付第一期出资或者缴付第一期出资后无正当理由逾期30天不缴付其他各期出资的,外资企业批准证书即自动失效。外资企业应当向工商行政管理机关办理注销登记手续,缴销营业执照;不办理注销登记手续和缴销营业执照的,由工商行政管理机关吊销其营业执照,并予以公告。

通过资本运作设立的外商投资企业。对通过收购国内企业资产或股权设立外商投资企业的外国投资者,应自外商投资企业营业执照颁发之日起3个月内支付全部购买金。对特殊情况需延长支付者,经审批机关批准后,应自营业执照颁发之日起6个月内支付购买总金额的60%以上,在一年内付清全部购买金,并按实际缴付的出资额的比例分配收益。控股投资者在付清全部购买金额之前,不能取得企业决策权。

最后,应该说明的是,我国对外商投资企业出资的管理,因不同企业的性质、投资方式

① 有关出资期限的规定有对外经济贸易部、国家工商行政管理局发布的《中外合资经营企业合营各方出资的若干规定》(1988年)、《关于进一步加强外商投资企业审批和登记管理有关问题的通知》(1994年)和《中外合资经营企业合营各方出资的若干规定的补充规定》。

以及外资法与公司法协调问题，还设定了特殊性的规定。例如，非法人制创投企业的投资者可以根据创业投资进度分期向创投企业注入认缴出资，最长不得超过5年。又如，外国投资者并购境内企业设立外商投资企业，外国投资者应自外商投资企业营业执照颁发之日起3个月内向转让股权的股东，或出售资产的境内企业支付全部对价。对特殊情况需要延长者，经审批机关批准后，应自外商投资企业营业执照颁发之日起6个月内支付全部对价的60%以上，1年内付清全部对价，并按实际缴付的出资比例分配收益。①

五、外商投资企业合并与分立

为了规范涉及外商投资企业合并与分立的行为，保护企业投资者和债权人的合法权益，对外贸易经济合作部与国家工商行政管理局于1999年9月23日发布了《关于外商投资企业合并与分立的规定》(于2001年11月进行了修订)，指导中外合资经营企业、具有法人资格的中外合作经营企业、外资企业、外商投资股份有限公司(以下统称公司)之间的合并或分立行为。

外商投资企业的合并可以采取吸收合并和新设合并两种形式。外商投资企业的分立可以采取存续分立和解散分立两种形式。

公司合并或分立，应当遵守中国的法律、法规和相关规定，遵循自愿、平等和公平竞争的原则，不得损害社会公共利益和债权人的合法权益。公司合并或分立，应符合《指导外商投资方向规定》和《外商投资产业指导目录》的规定，不得导致外国投资者在不允许外商独资、控股与占主导地位的产业的公司中独资、控股或占主导地位。公司因合并或分立而导致其所从事的行业或经营范围发生变更的，应符合有关法律、法规及国家产业政策的规定并办理必要的审批手续。合并或分立后存续或新设的公司，经审批机关、海关和税务等机关核定，继续享受原公司所享受的各项外商投资企业待遇。

各方投资者在合并后的公司中的股权比例，根据国家有关规定，由投资者之间协商或根据资产评估机构对其在原公司股权价值的评估结果，在合并后的公司合同、章程中确定，但外国投资者的股权比例不得低于合并后公司注册资本的25%。各方投资者在分立后的公司中的股权比例，由投资者在分立后的公司合同、章程中确定，但外国投资者的股权比例不得低于分立后公司注册资本的25%。

公司合并或分立，须到登记机关办理有关公司设立、变更或注销登记。

六、外商投资企业的退出管制

(一) 期限管制

举办属于国家规定鼓励和允许投资项目的合营企业，合营各方可以在合同中约定合营期限，也可以不约定合营期限。合营各方在合营合同中不约定合营期限的合营企业，经税务机关批准，可以按照国家有关税收的规定享受减税、免税优惠待遇。举办合

① 参见《关于外国投资者并购境内企业的规定》第16条。

营企业，属于服务性行业、从事土地开发及经营房地产、从事资源勘查开发、国家规定限制投资项目等合营各方应当依照国家有关法律、法规的规定，在合营合同中约定合营期限。

合作企业合同中应约定合作期限。合作企业期限届满，合作各方协商合作企业期限届满，如果合作各方协商同意要求延长合作期限，应当在期限届满的180天前向审查批准机关提出申请。合作企业合同约定外国合作者先行回收投资，并且投资已经回收完毕时，合作企业期限届满不再延长；但是，外国合作者增加投资的，经合作各方协商同意，可以向审查批准机关申请延长合作期限。

外资企业的经营期限，根据不同行业和企业的具体情况，由外国投资者在设立外资企业的申请书中拟订，经审批机关批准。外资企业经营期满需要延长经营期限，应在经营期满180天前向审批机关报送延长经营期限的申请书。

外商投资股份公司，法律对其期限不作限制。

（二）解散事由

外商投资企业可因下列事由而解散，值得注意的是，虽然某些解散事由已经发生，但企业解散时仍需要报审批机关批准。

(1) 外商投资企业期限届满；

(2) 外商投资企业发生严重亏损，无力继续经营，投资者决定解散；

(3) 外商投资企业因不可抗力遭受严重损失，无法继续经营；

(4) 合营企业的合营一方不履行协议、合同、章程的义务，或者合作企业的中外合作者一方或者数方不履行合同、章程规定的义务，致使企业无法继续经营；

(5) 合营企业未达到其经营目的，同时又无发展前途；

(6) 合营、合作企业合同、章程，或者外资企业章程所规定的其他解散原因已经出现；

(7) 外商投资企业破产；

(8) 外商投资企业违反中国法律、行政法规，危害社会公共利益被依法撤销。

合营企业出现(2)至(6)项、合作企业出现(2)至(4)项、外资企业出现(2)、(3)、(4)、(7)项解散事由，需解散企业，应报审批机关批准。

（三）清算

外商投资企业原来依据《外商投资企业清算办法》清算，该《办法》根据2008年1月15日国务院发布的《国务院关于废止部分行政法规的决定》已被废止。[①]2008年《商务部办公厅关于依法做好外商投资企业解散和清算工作的指导意见》规定，今后外商投资企业的解散和清算工作应按照公司法和外商投资法律、行政法规的相关规定办理。外商投资法律

① 根据2008年1月15日公布的中华人民共和国第516号国务院令《国务院关于废止部分行政法规的决定》，《外商投资企业清算办法》已被2005年10月27日中华人民共和国主席令第42号公布的《中华人民共和国公司法》代替。

和行政法规有特别规定而公司法未做详细规定的，适用特别规定。

第四节 外商投资的法律保护

一、外商投资法律保护概述

外商对东道国的投资环境以及投资能否收回极为关注，它直接影响到外商投资的积极性。我国法律对保护外商投资的合法权益相当重视。我国宪法以根本法的形式允许外商在华投资，外资立法以及地方性立法对如何保护外商在华投资利益作出了比较详细的规定。我国通过签订和参加的双边条约和国际公约，进一步增强外国投资者来华投资的信心和安全感。外国投资者可以通过投资保险或担保，保护其权益，此外，对于投资争端，投资者还可以通过国际仲裁和国内仲裁寻求解决。

二、外国投资者所有权和企业经营权的保护

保护外国投资者所有权和企业经营权是外资立法的基本立场。《中外合资经营企业法》及其实施条例规定："中国政府依法保护外国合营者按照经中国政府批准的协议、合同、章程在合营企业的投资、应分得的利润和其他合法权益。外国投资者在中国境内的投资、获得的利润和其他合法权益，受中国法律保护。""在中国法律、法规和合营企业协议、合同、章程规定的范围内，合营企业有权自主地进行经营管理。各有关部门应给予支持和帮助。"《中外合作经营企业法》规定："合作企业在批准的合作企业协议、合同、章程范围内，依法自主地开展业务、进行经营管理活动，不受任何组织或者个人的干涉。"《外资企业法》及其实施细则规定："外国投资者在中国境内的投资、获得的利润和其他合法权益，受中国法律保护。外资企业在批准的经营范围内，自主经营管理，不受干涉。"

三、对外国投资者原本及其利润汇出的保护

外国投资者从企业获得的合法利润、其他合法收入和清算后的资金，可以汇往国外；如为人民币的，可以依法兑换成外汇，汇往国外。

四、国有化征收及其补偿

根据我国外资企业法和合营企业法，国家对外资企业、合营企业不实行国有化和征收，在特殊情况下，根据社会公共利益的需要，可以依照法定程序实行征收，并给予相应的补偿。

五、双边投资保护协定

根据我国与其他国家签订的鼓励与保护投资协定,我国给予外国投资者公平、公正待遇和最惠国待遇以及一定范围内的国民待遇。

六、投资保险和担保

跨国投资的政治风险如何分散转移,这是外国投资者很关心的问题,除了外国投资者向资本输出国海外投资保证机构投保政治风险保险外,还可以通过向中国的保险公司和多边投资担保机构投保政治险。

根据中国人民保险公司的《外国投资保险(政治风险)条例》,中国为外商在华投资提供政治风险保险。承保的范围包括:战争、类似战争行为、叛乱、罢工及暴动;政府有关部门征收或没收;政府有关部门汇兑限制,使保险人不能将按合同规定应属被保险人所有并可汇出的汇款汇出。

MIGA是由各成员国共同出资设立的国际投资保险机构,隶属于世界银行集团,在华外商投资者可以向其投保政治险,保护投资安全。

七、投资争端的解决

投资争端分为两类:外国投资者与我国合营者之间的投资争议;外国投资者和我国政府的投资争端。

如果外国投资者与我国合营者之间发生了投资争议,当事人可以通过协商、调解、仲裁或者诉讼的方式寻求解决。对于仲裁,当事人既可以向国内仲裁机构申请仲裁,也可以向国外仲裁机构申请仲裁。

对于外国投资者和我国政府的投资争端,外国投资者应在6个月内与我国有关政府(部门)进行协商;协商不成,可以寻求当地行政或司法救济,即申请行政复议和提起行政诉讼。有关国有化征收和补偿方面的争议,协商不成,凡属于《华盛顿公约》的缔约国投资人可以将争议提交“解决投资争端中心”(ICSID)予以国际仲裁。外国投资者也可以通过外交途径解决投资争端。

第二十九章

对外贸易法律制度

第一节　对外贸易法律制度概述

一、对外贸易

对外贸易是指一个国家(地区)与另一个国家(地区)之间的货物、技术和服务的交换。这种交换由进口和出口两个部分组成。对接受货物、技术和服务的国家(地区)来说,就是进口;对输出货物、技术和服务的国家(地区)来说,就是出口。

对外贸易是一国国内贸易的延伸,是再生产过程的重要组成部分。对外贸易关系到一国外汇收支平衡,关系到国内产品的生产和销售。我国加入世贸组织以后,对外贸易额在逐年增加,我国已成为世界的对外贸易大国。对外贸易对推动我国整个国民经济的外向型发展,加速我国现代化建设进程和提升整个社会文化与经济生活的全面素质具有越来越重要的意义。为此,国家采取各种措施促进对外贸易的发展,这些措施包括:制定对外贸易发展战略,建立和完善对外贸易促进机制;建立和完善外贸金融机构,设立外贸发展基金、风险基金;通过进出口信贷、出口信用保险、出口退税及其他促进对外贸易的方式,发展对外贸易;建立对外贸易公共信息服务体系,向对外贸易经营者和其他社会公众提供信息服务。

对外贸易经营者可以依法成立和参加有关协会、商会,协会、商会按照章程对其成员提供与对外贸易有关的生产、营销、信息、培训等方面的服务,发挥协调和自律作用,依法提出有关对外贸易救济措施的申请,维护成员和行业的利益,向政府有关部门反映成员有关对外贸易的建议,开展对外贸易促进活动。中国国际贸易促进组织按照章程开展对外联系,举办展览,提供信息、咨询服务和其他对外贸易促进活动,扶持和促进中小企业开展对外贸易,扶持和促进民族自治地方和经济不发达地区发展对外贸易。

根据不同的标准,可以将对外贸易进行如下划分:(1)根据贸易对象的不同性质,可以分为货物贸易、技术贸易和服务贸易。(2)根据贸易对象的流转方向,可以分为进口贸易、出口贸易和过境贸易。(3)根据清偿手段的不同,可以分为自由结汇贸易和易货贸易。

二、对外贸易法的含义

对外贸易法,是指在调整对外贸易活动中形成的对外贸易管理关系和对外贸易合作关系的法律规范的总称。

由于全球化的影响,各国对国际贸易的依赖程度越来越高。为了推行国家的对外贸易政策以及维护对外贸易经济秩序,世界各国无不以法律手段对对外贸易进行法律调整,加强管理。同时,各国国际贸易在全球化的推动下,经济相互联系更加紧密,谋求全球合作和共同发展,要求各国服从国际性的法律调整。各成员国应遵守世界贸易组织规则,通过国内的对外贸易立法,践行承诺和履行国际义务。

对外贸易法有广义和狭义之分。1994 年 5 月 12 日,第八届全国人大常委会第七次会议通过的《中华人民共和国对外贸易法》(第十届全国人大常委会第八次会议对该法进行了修订,修订后的对外贸易法自 2004 年 7 月 1 日起施行,以下简称《对外贸易法》)是我国对外贸易的基本法律,即为狭义上的对外贸易法。从广义上理解,我国对外贸易法是指调整外贸相关领域经济关系的法律规范的总称。组成我国对外贸易法的法律规范是综合性、多种类、多层次、交叉性的,其组成范围包括国内外贸立法以及一部分国际条约、国际惯例,包括我国与别国间缔定的多边或双边贸易条约或协定,如《联合国货物销售合同公约》等。我国还发布了大量关于对外贸易的行政法规、单行条例以及部门规章等。

三、我国《对外贸易法》的原则

我国《对外贸易法》确定了下列基本原则,这些基本原则是国家履行对外贸易管理职能和对外贸易法主体开展对外贸易活动的基本行为准则,也是国家制定其他对外贸易法律规范的基础,反映了我国对外贸易政策和法律的基本价值取向。

第一,实行统一的对外贸易制度,依法维护公平的、自由的外贸秩序的原则。国家需要实行统一的对外贸易制度,保证国家法律政策的统一和普遍执行,加强统筹兼顾、全面安排。《关税与贸易总协定》要求缔约方应以统一的方式实施各自的对外贸易方面的法律。为促进对外贸易的发展,对外贸易经营则必须遵照国家的法律公平合理地参与竞争。

第二,平等互利的原则。平等互利原则要求国家不论大小强弱,不论政治和经济制度、意识形态如何,在国际贸易中应处于平等地位,不允许恃强凌弱;应做到有益于双方经济的发展。我国在缔结或者参加关税同盟协定、自由贸易区协定等区域经济贸易协定,参加区域经济组织时,也将遵循平等互利原则。

第三,对等原则和最惠国、国民待遇原则。对等原则是一国保护本国对外贸易利益的重要措施。任何国家或者地区在贸易方面对我国采取歧视性的禁止、限制或者其他类似措施的,我国可以根据实际情况对该国家或者该地区采取相应的措施。《对外贸易法》还规定我国根据缔结或参加的国际条约与协定,给予其他方在互惠对等基础上的最惠国待遇与国民待遇。最惠国待遇是指一国给予外国或者外国国民的待遇,不低于或不少于现在或将来给予任何第三国或者第三国国民的待遇。国民待遇是指一国给予在本国境内的外国国民的待遇和给予本国国民的待遇相同。最惠国待遇与国民待遇是实现平等互利的重要措施。

四、对外贸易的管理者和经营者

国务院对外经济贸易主管部门是指商务部。它负责全国的对外贸易管理工作、法制建设，拟订对外贸易发展战略和政策，代表我国政府对外谈判、签约以及负责组织实施。其他部委，如国家发改委、国家科委、国防科工委、海关总署、国家商检局等部门也在各自的职责范围内负责一部分对外贸易管理工作。各省、自治区、直辖市对外经济贸易委员会（厅、局）属于地方的对外经济贸易主管部门，受同级政府领导，在业务上受商务部的指导。此外，商务部在各地设立的特派员办事处，派驻的特派员是商务部的代表。

对外贸易经营者，是指依法办理工商登记或者其他执业手续，依照对外贸易法和其他有关法律、行政法规的规定从事对外贸易经营活动的法人、其他组织或者个人。

从事货物进出口或者技术进出口的对外贸易经营者，除按法律、行政法规和国务院对外贸易主管部门规定外，应当向国务院对外贸易主管部门或者其委托的机构办理备案登记。从事国际服务贸易，应当遵守对外贸易法和其他有关法律、行政法规的规定。从事对外工程承包或者对外劳务合作的单位，应当具备相应的资质或者资格。

国家可以对部分货物的进出口实行国营贸易管理。实行国营贸易管理货物的进出口业务，除国家允许部分数量的国营贸易管理货物的进出口业务由非授权企业经营外，只能由经授权的企业经营。

对外贸易经营者可以接受他人的委托，在经营范围内代为办理对外贸易业务。

对外贸易经营者应当按照国务院对外贸易主管部门或者国务院其他有关部门依法作出的规定，向有关部门提交与其对外贸易经营活动有关的文件及资料。

第二节　对货物进出口与技术进出口的法律管制

一、货物与技术进出口管理的基本规定

根据我国的实际需要和国际通行惯例，我国外贸管理在整体上采取对货物与技术的进出口自由。根据国家利益和国际惯例，对货物与技术进出口可以适当限制与管理。《对外贸易法》将货物与技术进出口分为自由、限制、禁止三类。这种规定是与世界贸易组织的数量限制例外规定相适应的。①我国进出口贸易的限制性规定还遵循非歧视与透明度的原则，体现了国情与国际惯例的统一。

国家基于以下目的，可以根据有关法律、法规，国际条约、协定规定限制或禁止进口或出口：为维护国家安全、社会公共利益或者公共道德；为保护人的健康或者安全，保护动物、植物的生命或者健康，保护环境；为实施与黄金或者白银进出口有关的措施；国内供应短缺或者为有效保护可能用竭的自然资源；输往国家或者地区的市场容量有限；出口经营秩序出现严重混乱；为建立或者加快建立国内特定产业；对任何形式的农业、牧业、渔业产

① 虽然《关贸总协定》规定在一般情况下各缔约方应取消进出口贸易中的数量限制措施，但仍然承认在特殊情况下某种进出口数量限制的合理性。《关贸总协定》有很多取消数量限制的例外规定，集中体现在《关贸总协定》第 11 条、第 20 条和第 21 条。

品有必要限制进口的；为保障国家国际金融地位和国际收支平衡。

国家对与裂变、聚变物质或者衍生此类物质的物质有关的货物、技术进出口，以及与武器、弹药或者其他军用物资有关的进出口，可以采取任何必要的措施，维护国家安全。在战时或者为维护国际和平与安全，国家在货物、技术进出口方面可以采取任何必要的措施。

国家对限制或禁止进出口的货物、技术实行目录管理。依据《对外贸易法》关于限制、禁止进出口货物、技术的规定，由国务院对外经济贸易部会同国务院有关部门，制定、调整并公布限制或禁止进出口货物、技术的目录。

二、相关措施

配额与许可证是世界各国普遍使用的数量限制措施，也是我国对外贸易管制的两种重要措施。《对外贸易法》规定，对限制进口或者出口的货物，实行配额或者许可证管理；对限制进口或者出口的技术，实行许可证管理。

配额是指在对外贸易中，国家为了维护本国利益以及保障对外贸易秩序，对一些限制性商品的进口或出口进行宏观调控，实行数量限额的制度。通过实行配额管理，可以防止过度进口对国内产业和市场的冲击，比较有效地控制重要物资、敏感商品和关键技术的出口。

进出口货物许可证管理，是指国家规定某些商品进出口必须从对外贸易主管机关领取进出口许可证，没有许可证的一律不准货物进口或出口的一种职能行为。它体现了国家对涉外经济活动中对外贸易的宏观调控，是国家以实现宏观经济利益为目的的一种重要管理职能活动。

《关税与贸易总协定》原则上禁止设立和维持配额、进出口许可证或其他措施以限制或禁止其他缔约国领土的产品输入，或限制向其他缔约国输出或销售其产品。但在实际的国际经济生活中，配额与许可证仍不失为各缔约国为维护本国利益而通用的有效外贸管制手段。我国所实行的配额与许可证制度与《关税与贸易总协定》的宗旨并无违背。《关税与贸易总协定》在规定消灭数量限额原则的同时规定的适用例外情况，如缔约方为保障对外金融地位和国际收支平衡可进行必要的进出口数量与价格限制，农牧渔产品贸易可给予必要的限制，以及发展中国家的某些例外等，这说明了我国进出口配额与许可证制度是合理的。对实行配额管理的限制出口和进口货物，由国务院外经贸主管部门和国务院有关经济管理部门按照国务院规定的职责划分进行管理。

第三节　国际服务贸易法律制度

一、国际服务贸易

我国《对外贸易法》没有对国际服务贸易作出定义性解释。一般而言，国际服务贸易是指跨国提供或接受服务的无形贸易，包括货运、其他货物运输服务、设计和咨询服务、银行和保险业务、教育和卫生服务、广告业、旅游等等。根据《关税与贸易总协定》乌拉圭回合达成的《服务贸易总协定》,国际服务贸易包含四项内容:从一成员境内向任何成员境内提供服务;在一成员境内向任何其他成员的服务消费者提供服务;一成员境内的服务提供者在任何成员境内通过商业存在提供的服务;一成员境内的服务提供者在任何成员境内通过自然人的存在提供的服务。第二次世界大战以后,在世界经济结构尤其是发达国家的经济结构中第三产业的地位日趋重要、在资本国际化和跨国公司的推动下,生产要素在国家间加速流动。国际服务贸易因之大大发展。国际上有关国际服务贸易的立法集中体现在《服务贸易总协定》。随着我国经济的发展和加入世贸组织的需要,我国应大力发展对外服务贸易。

二、国际服务贸易的管理

为了促进我国国际服务贸易的逐步发展,国务院对外经贸主管部门和国务院有关部门,依照《对外贸易法》和其他有关法律、法规,对国际服务贸易进行管理。我国在国际服务贸易方面根据所缔结或参加的国际条约、协定中所作的承诺,给予其他缔约方、参加方市场准入和国民待遇。当然,我国有关国际服务贸易的立法还比较简单,体系还需要进一步协调,为了加强管理,应尽快出台专门的《服务贸易管理条例》。

我国《对外贸易法》对国际服务贸易作了若干限制与禁止规定。国家基于下列原因之一,可以限制或者禁止有关的国际服务贸易:为维护国家安全、社会公共利益或者公共道德;为保护人的健康或者安全,保护动物、植物的生命或者健康,保护环境;为建立或者加快建立国内特定服务产业;为保障国家外汇收支平衡,需要限制的;依照法律、行政法规的规定,其他需要限制或者禁止的;根据我国缔结或者参加的国际条约、协定的规定,其他需要限制或者禁止的。

国家对与军事有关的国际服务贸易,以及与裂变、聚变物质或者衍生此类物质的物质有关的国际服务贸易,可以采取任何必要的措施,维护国家安全。在战时或者为维护国际和平与安全,国家在国际服务贸易方面可以采取任何必要的措施。

国务院对外贸易主管部门会同国务院其他有关部门,依照对外贸易法和其他有关法律、行政法规的规定,制定、调整并公布国际服务贸易市场准入目录。

第四节　与贸易有关的知识产权法律制度

一、与贸易有关的知识产权法律制度概述

保护知识产权已成为各国对外贸易法的重要组成部分。各国不仅通过国内立法来保护知识产权,还通过双边和多边谈判,达成一系列的条约、协定,以保护与贸易有关的知识产权。国际上保护知识产权的公约和协定有几十个,以下几个最具代表性:《保护工业产权巴黎公约》、《专利合作条约》、《商标国际注册马德里协定》、《商标注册条约》和《保护文

学艺术作品伯尔尼公约》等。

随着国际贸易的发展,国际贸易中的知识产权纠纷案件不断增多,发达国家为维护其在技术和市场竞争优势,要求将知识产权保护纳入多边贸易谈判之中。以美国为代表的发达国家和发展中国家经过几年的艰苦谈判,终于在 1992 年达成了《与贸易有关的知识产权协定》(TRIPS)。该《协定》分为序言和七个部分,共有 73 个条文。第一部分为普遍义务与基本原则,第二部分为知识产权的效力、范围和使用标准;第三部分为知识产权的实施;第四部分为知识产权的取得、维持及相关程序;第五部分为争端的防止与解决;第六部分为过渡性安排;第七部分为机构安排。《与贸易有关的知识产权协定》不仅是国际保护产权公约中比较完整的一个,而且将知识产权保护纳入 WTO 的法律框架内,为促进国际贸易发展起到了积极作用。

二、对外贸易的知识产权管理

我国《对外贸易法》对于对外贸易有关的知识产权保护作了专章规定。国家依照有关知识产权的法律、行政法规,保护与对外贸易有关的知识产权。进口货物侵犯知识产权,并危害对外贸易秩序的,国务院对外贸易主管部门可以采取在一定期限内禁止侵权人生产、销售的有关货物进口等措施。知识产权权利人有阻止被许可人对许可合同中的知识产权的有效性提出质疑、进行强制性一揽子许可、在许可合同中规定排他性返授条件等行为之一,并危害对外贸易公平竞争秩序的,国务院对外贸易主管部门可以采取必要的措施消除危害。

其他国家或者地区在知识产权保护方面未给予中华人民共和国的法人、其他组织或者个人国民待遇,或者不能对来源于中华人民共和国的货物、技术或者服务提供充分有效的知识产权保护的,国务院对外贸易主管部门可以采取相应的对等措施。

海关是对进出境货物有关的知识产权实施保护的主要机构。进出口货物收发货人及其代理人,如需向海关申报知识产权状况,应当按照国家规定向海关如实申报有关知识产权状况,并提交合法使用有关知识产权的证明文件。

第五节　进出口商品检验法律制度

一、进出口商品检验法律制度概述

进出口商品检验是商品检验部门依法或依合同对商品的质量、规格、数量和包装以及是否符合安全、卫生要求等进行检测与鉴定,以确认进出口商品是否符合法定或约定的标准的制度,简称商检制度。商检制度有利于保证进出口商品的质量等合乎规定标准,从而在进口方面能防止各种不合乎法定标准和约定标准的商品的进口,有利于保护国家利益、社会公共利益和贸易当事方的利益;在出口方面则利于增强出口商品的国际竞争力,维护国家与相关厂商的信誉、利益,促进外贸发展。

国务院设立进出口商品检验部门,主管全国的进出口商品检验工作。国家在各地设立进出口商品检验机构,管理所辖地区的进出口商品的检验工作。当前,国家商检部门为国家进出口商品检验检疫局,它在各地设立的商检机构是指在各省、自治区、直辖市以及进出口商品的口岸、集散地设立的进出口商品检验局及其分支机构。

商检机构和经国家商检部门许可的检验机构,依法对进出口商品实施检验。进出口商品检验应当根据保护人类健康和安全、保护动物或者植物的生命和健康、保护环境、防止欺诈行为、维护国家安全的原则,由国家商检部门制定、调整必须实施检验的进出口商品目录(以下简称目录)并公布实施。出入境检验检疫机构对法定检验以外的进出口商品,根据国家规定实施抽查检验。

必须实施的进出口商品检验,是指确定列入目录的进出口商品是否符合国家技术规范的强制性要求的合格评定活动。合格评定程序包括:抽样、检验和检查;评估、验证和合格保证;注册、认可和批准以及各项的组合。经国家商检部门许可的检验机构,可以接受对外贸易关系人或者外国检验机构的委托,办理进出口商品检验鉴定业务。

国家质检总局根据进出口商品检验工作的实际需要和国际标准,可以制定进出口商品检验方法的技术规范和标准。

出入境检验检疫机构依照商检法的规定,对实施许可制度和国家规定必须经过认证的进出口商品实行验证管理,查验单证,核对证货是否相符。实行验证管理的进出口商品目录,由国家质检总局商有关部门后制定、调整并公布。

进出口商品的收货人或者发货人可以自行办理报检手续,也可以委托代理报检企业办理报检手续;采用快件方式进出口商品的,收货人或者发货人应当委托出入境快件运营企业办理报检手续。

我国现行商检基本法是全国人大常委会于 1989 年 9 月通过《中华人民共和国进出口商品检验法》(以下简称《商品检验法》),自同年 8 月 1 日起实施。该法分别于 2002 年 4 月 28 日和 2005 年 8 月 10 日进行了修订。此外,对进出口药品的质量检验、计量器具的量值检定、锅炉压力容器的安全监督检验、船舶(包括海上平台、主要船用设备及材料)和集装箱的规范检验、飞机(包括飞机发动机、机载设备)的适航检验以及核承压设备的安全检验等项目,由有关法律、行政法规规定的机构实施检验。

二、进出口商品的检验

相关责任人应根据目录,将进出口商品向商检机构报检。

对于列入目录必须经商检机构检验的进口商品的收货人或者其代理人,应当向报关地的商检机构报检。海关凭商检机构签发的货物通关证明验放。必须经商检机构检验的进口商品的收货人或者其代理人,应当在商检机构规定的地点和期限内,接受商检机构对进口商品的检验。商检机构应当在国家商检部门统一规定的期限内检验完毕,并出具检验证单。必须经商检机构检验的进口商品以外的进口商品的收货人,发现进口商品质量不合格或者残损短缺,需要由商检机构出证索赔的,应当向商检机构申请检验出证。

对重要的进口商品和大型的成套设备,收货人应当依据对外贸易合同约定在出口国装运前进行预检验、监造或者监装,主管部门应当加强监督;商检机构根据需要可以派出检验人员参加。

出口商品的发货人应当在国家质检总局统一规定的地点和期限内,持合同等必要的凭证和相关批准文件向出入境检验检疫机构报检。法定检验的出口商品未经检验或者经检验不合格的,不准出口。

法定检验的出口商品经出入境检验检疫机构检验或者经口岸出入境检验检疫机构查验不合格的,不准出口。

三、商品检验的监督管理

出入境检验检疫机构根据便利对外贸易的需要,可以对列入目录的出口商品进行出厂前的质量监督管理和检验,对其中涉及人身财产安全、健康的重要出口商品实施出口商品注册登记管理。实施出口商品注册登记管理的出口商品,必须获得注册登记,方可出口。出入境检验检疫机构进行出厂前的质量监督管理和检验的内容,包括对生产企业的质量保证工作进行监督检查,对出口商品进行出厂前的检验。国家对进出口食品和化妆品实施卫生注册登记管理。

出入境检验检疫机构根据需要,对检验合格的进出口商品加施商检标志,对检验合格的以及其他需要加施封识的进出口商品加施封识。

国家质检总局或者出入境检验检疫机构根据进出口商品检验工作的需要,可以指定符合规定资质条件的国内外检测机构承担出入境检验检疫机构委托的进出口商品检测。被指定的检测机构经检查不符合规定要求的,国家质检总局或者出入境检验检疫机构可以取消指定。

国家质检机构实施监督管理或者对涉嫌违反进出口商品检验法律、行政法规的行为进行调查,有权查阅、复制当事人的有关合同、发票、账簿以及其他有关资料。可以查封和扣押不合格的进出口商品。

出入境检验检疫机构依照有关法律、行政法规的规定,签发出口货物普惠制原产地证明、区域性优惠原产地证明、专用原产地证明。办理原产地证明的申请人应当依法取得出入境检验检疫机构的注册登记。出口货物一般原产地证明的签发,依照有关法律、行政法规的规定执行。

出入境检验检疫机构对进出保税区、出口加工区等海关特殊监管区域的货物以及边境小额贸易进出口商品的检验管理实行单独管理。

第六节　进出口货物的海关监管制度

一、海关

海关是国家的进出关境监管机关,是国家行政机关的职能部门。国务院设立海关总署，统一管理全国海关。国家在对外开放的口岸和海关监管业务集中地设立海关，海关的隶属关系不受行政区划的限制。海关总署是国务院的直属机关，统一领导和管理全国海关。海关总署在业务上对各海关实行垂直领导，自成体系。各海关依法独立行使职权，只向海关总署负责，具有独立性。

海关依法监管进出境的运输工具、货物、行李物品、邮递物品和其他物品，征收关税和其他税费，查缉走私，并编制海关统计和办理其他业务。

1987 年 1 月 22 日审议通过并于同年 7 月 1 日起实行的《中华人民共和国海关法》（以下简称《海关法》）是有关海关的基本立法。该法对海关的性质、设立、权力，对进出境运输工具的监管，对进出境货物的监管，对进出境物品的监管，关税的征纳，法律责任等做了明确规定。2000 年 7 月 8 日第九届全国人民代表大会常务委员会第十六次会议修改了《海关法》，并于 2001 年 1 月 1 日实施。

海关对进出境货物的监管分为对一般贸易进出境货物的监管和对特殊进出境货物的监管。

二、对进出境货物的监管

海关对进出境货物的监管分为一般贸易进出境货物的监管和特殊进出境货物的监管。

对于一般贸易进出境货物，《海关法》规定，进口货物自进境起到办结海关手续止，出口货物自向海关申报起到出境止，过境、转运和通运货物自进境到出境止，应当接受海关监管。过境、转运和通运货物是指由境外启运，通过中国境内继续运往境外的货物。通过境内陆路运输的，称“过境货物”；在境内设立海关的地点换装运输工具，而不通过境内陆路运输的，称“转运货物”；由船舶、航空器载运进境并由原装运输工具载运出境的，称“通运货物”。海关监管货物，未经海关许可，不得开拆、提取、交付、发运、调换、改装、抵押、质押、留置、转让、更换标记、移作他用或者进行其他处置。海关加施的封志，任何人不得擅自开启或者损毁。

海关监管分为报关、查验、征税和放行四个环节。

特殊进出境货物主要指：暂时进出口货物、转关运输货物、加工装配和中小型补偿贸易进出口货物、保税货物、进出经济特区的货物、经济技术开发区进出境货物、沿海开放地区进出境货物、高新技术产业开发区进出境货物、外商投资企业进出口的货物。海关对特殊进出境货物主要按照相应的管理规定进行监管。

第七节 对外贸易秩序的法律管制

一、对外贸易秩序的法律管制概述

对外贸易秩序，是指国家运用法律措施规范对外贸易竞争行为，制止不正当竞争与不公平交易,维护本国经济利益,形成对外贸易井然有序的发展局面。

维护对外贸易秩序,有利于维护国家宏观经济利益,促进对外贸易健康发展。国家可通过法律手段的利用,合理调节进出口贸易,避免对外贸易损失。维护对外贸易秩序还有助于我国统一对外贸易政策与制度,打破贸易垄断,提高透明度,有利于适应贸易全球化的需要以及协调和发展我国与各国的贸易。

二、对外贸易秩序法律管制的主要内容

维护对外贸易秩序有两个层面,在国内主要是要求对外贸易经营者在对外贸易经营中应当依法经营、公平竞争;在国际上主要是防止外国过度进口和倾销、补贴行为损害国内的产业,防止危害公平的贸易秩序。

根据我国对外贸易法规定,对外贸易经营者从事下列行为的,将被禁止或处罚:伪造、变造或者买卖进出口原产地证明、进出口许可证;走私;逃避法律、行政法规规定的认证、检验、检疫;侵害中华人民共和国法律保护的知识产权;以不正当竞争手段排挤竞争对手;骗取国家的出口退税;违反法律、行政法规规定的其他行为。另外,对外贸易经营者还应依照国家有关规定结汇、用汇。

国家采取措施保障对外贸易秩序。所谓保障措施是指进口国所进口产品数量增加,并对生产同类产品或者直接竞争产品的国内产业造成严重损害或者严重损害威胁(以下统称损害)的,对外贸易主管部门可以根据与国内产业有关的自然人、法人或者其他组织(以下统称申请人)的申请,依法进行调查,采取保障措施,以保护国内产业。

其他国家或者地区的产品以低于正常价值的倾销方式进入我国市场,对已建立的国内产业造成实质损害或者产生实质损害威胁,或者对建立国内产业造成实质阻碍的,国家可以采取反倾销措施,消除或者减轻这种损害或者损害的威胁或者阻碍。

其他国家或者地区的产品以低于正常价值出口至第三国市场,对我国已建立的国内产业造成实质损害或者产生实质损害威胁,或者对我国建立国内产业造成实质阻碍的,应国内产业的申请,国务院对外贸易主管部门可以与该第三国政府进行磋商,要求其采取适当的措施。

进口的产品直接或者间接地接受出口国家或者地区给予的任何形式的专向性补贴,对已建立的国内产业造成实质损害或者产生实质损害威胁,或者对建立国内产业造成实质阻碍的,国家可以采取反补贴措施,消除或者减轻这种损害或者损害的威胁或者阻碍。因进口产品数量大量增加,对生产同类产品或者与其直接竞争的产品的国内产业造成严重损害或者严重损害威胁的,国家可以采取必要的保障措施,消除或者减轻这种损害或者损害的威胁,并可以对该产业提供必要的支持。

因其他国家或者地区的服务提供者向我国提供的服务增加,对提供同类服务或者与其直接竞争的服务的国内产业造成损害或者产生损害威胁的,国家可以采取必要的救济措施,消除或者减轻这种损害或者损害的威胁。因第三国限制进口而导致某种产品进入我国市场的数量大量增加,对已建立的国内产业造成损害或者产生损害威胁,或者对建立国内产业造成阻碍的,国家可以采取必要的救济措施,限制该产品进口。

与中国缔结或者共同参加经济贸易条约、协定的国家或者地区，违反条约、协定的规定，使中国根据该条约、协定享有的利益丧失或者受损，或者阻碍条约、协定目标实现的，中国政府有权要求有关国家或者地区政府采取适当的补救措施，并可以根据有关条约、协定中止或者终止履行相关义务。国务院对外贸易主管部门依照本法和其他有关法律的规定，进行对外贸易的双边或者多边磋商、谈判和争端的解决。国务院对外贸易主管部门和国务院其他有关部门应当建立货物进出口、技术进出口和国际服务贸易的预警应急机制，应对对外贸易中的突发和异常情况，维护国家经济安全。国家对规避本法规定的对外贸易救济措施的行为，可以采取必要的反规避措施。

为保证对外贸易保障措施的落实，我国还制定了反倾销和反补贴法（详见本书第二十章）。

第三十章 涉外金融管制法律制度

涉外金融法是调整涉外金融关系,管理涉外金融活动的法律规范的总称。改革开放以来,为了引进外资和国际上先进的金融经营管理经验,配合国内经济和金融体制的改革,我国逐步推行了对外金融开放战略,并先后制定和颁布了一批重要的涉外金融法规,对涉外金融进行比较严格和全面的法律管制。这些涉外金融法规,一方面立足中国国情,另一方面注意向国际惯例靠拢,为促进涉外金融关系的健康发展,建立正常的涉外金融秩序,维护国家利益和中外当事人的合法权益,发挥了重要作用。

第一节 外资金融机构的法律管制①

一、外资金融机构驻华代表机构的管制

我国允许外资金融机构在我国设立代表机构,但必须受到金融监管机关的监管。

我国法律规定,凡是外资金融机构(港、澳、台地区注册的金融机构参照外资金融机构管理)可以经过中国银监会批准,在中国境内设立常驻代表机构。外资金融机构,包括外国金融机构和在中国境内注册设立的外资金融机构。外国金融机构是指在中国境外注册并经所在国家或地区金融监管当局或行业协会认可的金融机构。在中国境内注册设立的外资金融机构包括:总行在中国境内的外国资本的银行,外国的金融机构同中国的公司、企业在中国境内合资经营的银行,总公司在中国境内的外国资本的财务公司、货币经纪公司、信用卡公司,外国的金融机构同中国的公司、企业在中国境内合资经营的财务公司、货币经纪公司、信用卡公司,以及其他经中国银监会批准成立的外资金融机构。

外资金融机构的代表机构,包括外资金融机构在中国境内设立并从事咨询、联络和市场调查等非经营性活动的代表处、总代表处。代表处的主要负责人称首席代表,总代表处的主要负责人称总代表。

外国金融机构设立代表处,申请人应当具备一定的条件。申请设立代表处,申请人应

---

① 根据中国人民银行与中国银行业监督管理委员会的分工,原中国人民银行对金融机构的监管及审批职权已由中国银监会行使,但原中国人民银行颁布的有关规定仍有效。所以,当涉及监管主体和审批主体时,本节中中国人民银行的职权实际已由中国银监会行使。

向拟设机构所在地中国银监会分支机构领取申请表，并将填写好的申请表及法律、法规规定的资料提交拟设机构所在地中国银监会分支机构。中国银监会分支机构对外资金融机构提交的申请资料初审后，报中国银监会审查批准。

代表机构及其工作人员，不得与任何单位或自然人签订可能给代表机构或其代表的外资金融机构带来收入的协议或契约，不得从事任何形式的经营性活动。

代表机构设立、终止、变更和展期应向所在地银监会分支机构报告。设立代表机构的外国金融机构发生重大事项，代表机构应及时向其所在地银监会分支机构报告，由所在地中国银监会分支机构转报中国银监会。

二、营业性外资金融机构的管制

(一) 范围

营业性外资金融机构(以下称为外资金融机构)，是指依照中国有关法律、法规的规定，经批准在中国境内设立和营业的下列金融机构：(1)总行在中国境内的外国资本的银行(外资银行)；(2)外国银行在中国境内的分行(外国银行分行)；(3)外国的金融机构同中国的金融机构在中国境内合资经营的银行(合资银行)；(4)总公司在中国境内的外国资本的财务公司(外资财务公司)；(5)外国的金融机构同中国的金融机构在中国境内合资经营的财务公司(合资财务公司)。

(二) 准入管制

我国对外资金融机构规定了最低注册资本或营运资金。例如，外资银行、合资银行的最低注册资本为3亿元人民币等值的自由兑换货币；外资财务公司、合资财务公司的最低注册资本为2亿元人民币等值的自由兑换货币；注册资本应当是实缴资本。外国银行分行应当由其总行无偿拨给不少于1亿元人民币等值的自由兑换货币的营运资金。管理部门根据外资金融机构的业务范围和审慎监管的需要，可以提高其注册资本或者营运资金的最低限额，并规定其中的人民币份额。

外资金融机构的经营地域受一定的限制。我国对金融领域的对外开放一直持慎重的态度，采取循序渐进的方式。为履行"入世"的承诺，地域管制将逐步取消。

针对不同的外资金融机构，我国法律规定了相应的设立条件，这些条件主要包括申请人总资产、所在国和地区的监管制度等。

设立外资金融机构，申请人应当向外资金融机构的主管机关提交申请书和有关规定的资料，办理审批程序。未经批准擅自设立外资金融机构，由中国银监会予以取缔，没收其非法所得，并可以处以罚款。中国银监会是管理和监督外资金融机构的主管机关；外资金融机构所在地区的中国银监会分支机构对本地区外资金融机构进行日常管理和监督。

经批准设立外资金融机构的，申请人凭经营金融业务许可证向工商行政管理机关办理登记，领取营业执照。

（三）业务管制

外资银行、外国银行分行、合资银行按照中国银监会批准的业务范围，可以部分或者全部经营中资银行可以经营的业务。

独资财务公司、合资财务公司按照银监会批准的业务范围，可以部分或者全部依法经营中资公司可以经营的业务。

外资金融机构经营人民币业务的地域范围和服务对象范围，由中国银监会按照有关规定核定。

外资金融机构的存款、贷款利率及各种手续费率，由外资金融机构按照中国人民银行的有关规定确定。

外资金融机构经营存款业务，应当向所在地区的中国人民银行分支机构缴存存款准备金，其比率由中国人民银行制定，并根据需要进行调整。

外资金融机构应当按照规定向银监会及其分支机构报送财务报表和有关资料。中国银监会及其分支机构有权定期或者随时检查、稽核外资金融机构的存款、贷款、结算、呆账等情况，有权要求外资金融机构在规定的期限内报送有关文件、资料和书面报告，有权对外资金融机构的违法违规行为依法进行处罚、处理。中国银监会及其分支机构有权要求外资金融机构按照规定制定业务规则，建立、健全业务管理、现金管理和安全防范制度。外资金融机构应当接受银监会及其分支机构依法进行的监督检查，如实报送有关文件、资料和书面报告，不得拒绝、阻碍、隐瞒。

（四）解散与清算

外资金融机构自行终止业务活动，应当在距终止业务活动30日前以书面形式向监管部门提出申请，经审查批准后予以解散并进行清算。外资金融机构无力清偿到期债务的，监管部门可以责令其停业，限期清理。在清理期限内，已恢复偿付能力、需要复业的，必须向监管部门提出复业申请；超过清理期限，仍未恢复偿付能力的，应当进行清算。外资金融机构因解散、依法被撤销或者宣告破产而终止的，其清算的具体事宜，参照中国有关法律、法规的规定办理。清算终结后，应当在法定期限内向原登记机关办理注销登记。

三、境外中资金融机构的管理

境外中资金融机构是指境内金融机构、非金融机构及境外中资金融机构和非金融机构在境外设立或者收购的从事存款、贷款、票据贴现、结算、信托投资、金融租赁、担保、保险、证券经营等项金融业务的机构。中国境内银行、非银行金融机构（以下统称境内金融机构），非金融性公司、企业及其他组织（以下统称境内非金融机构），境外中资银行、非银行金融机构（以下统称境外中资金融机构）和境外非金融性中资公司、企业及其他组织（以下统称境外中资非金融机构），投资设立或者收购境外金融机构都要接受金融监管部门的监督和管理。

为了加强境外金融机构的管理，保障金融事业的健康发展，金融监管部门专门对境外金融机构制定了管理办法。我国金融机构到境外开展业务，需要营业网点。一般而言，营业网点通过设立或者收购境外金融机构的方式建立。

申请设立或者收购境外金融机构，应当具备一定的条件，这些条件主要是：符合相关法律、法规规定的主体资格；具有相应的自有资金；有相应的专业人员等。

设立或者收购境外金融机构除了应当符合东道国的法律规定并按照法定程序进行必要的许可和登记程序之外，我国对于设立或者收购境外金融机构也规定了国内审批的程序。

设立或者收购境外金融机构的审批管理机关为中国银监会(中国银监会成立之前是中国人民银行)。中国银监会及其各分支机构负责对境外金融机构的监督。境外中资金融机构应定期向监管部门报送工作报告。在境外设立或者收购金融机构或者发生变更事项应报批而未履行报批手续，或者未定期向监管部门报送有关财务报告和工作报告的，监管部门会给予处罚。

第二节 涉外证券管制

通过发行股票进行证券融资，已成为我国企业获得国外融资的重要渠道，也是外商间接投资的重要方式。境外股本融资是我国股份有限公司通过发行人民币特种股票向境外投资者募集股份(外资股)，筹集资本。所谓人民币特种股票，是指以人民币标明面值，主要供境外投资者以外币认购的记名式股票。外资股包括境内上市外资股和境外上市外资股。

一、境内上市外资股

境内上市外资股也称人民币特种股票，它是以人民币标明面值，以外币认购和买卖，在中国境内(上海、深圳)证券交易所上市交易的股票。因在上海和深圳上市的以人民币结算和交易的股票称之为A股，故将境内上市的外资股称之为B股。B股公司的注册地和上市地都在境内。中国证监会2001年2月19日发布了境内居民可投资B股市场的决定，境内居民个人可以从事B股投资。B股原来以人民币标明面值，目前为了方便境外投资者在购买B股时无需折算以及降低汇率风险，改为以港币(深圳证交所)和美元(上海证交所)标价。

1992年，上海证券交易所上市了第一支人民币特种股票——电真空B股。以前，有关B股发行和交易事宜主要由上海和深圳的地方法规规范。[①]1995年国务院发布《国务院关于股份有限公司境内上市外资股的规定》，统一管制境内上市外资股的发行和上市问

---

① 1991年11月22日中国人民银行和上海市人民政府联合发布《上海市人民币特种股票管理办法》和同年11月25日中国人民银行上海市分行发布的《上海市人民币特种股票管理办法实施细则》；1991年12月5日中国人民银行和深圳市人民政府联合发布《深圳市人民币特种股票管理暂行办法》和同年11月25日中国人民银行深圳经济特区分行发布的《深圳市人民币特种股票管理暂行办法实施细则》。

题，取代上海和深圳的地方性法规。

为了防止逃汇、非法套汇等违法行为的发生，中国证监会和国家外汇管理局先后发布《关于境内居民个人投资境内上市外资股若干问题的通知》、《国家外汇管理局关于境内居民投资境内上市外资股有关问题的补充通知》、《关于证券经营机构从事B股业务若干问题的补充通知》。上述规章对可以投资B股的外汇的范围和投资资金的来源、证券经营机构的开户、外汇资金划转手续、境内居民的身份确认、交易资金的撤出、证券经营机构经营资格、银行及其分支机构经营B股业务的资格、外汇账户统计等具体事项作出了比较详细的规定。

经中国证监会批准，境内上市外资股或者其派生形式(股票的认股权凭证和境外存股凭证)可以在境外流通转让。公司向境内上市外资股股东支付股利及其他款项，以人民币计价和宣布，以外币支付。公司所筹集的外币资本金的管理和公司支付股利及其他款项所需的外币，按照国家有关外汇管理的规定办理。

二、境外上市外资股

(一) 境外直接上市

境外上市，是指在国内注册的股份有限公司向境外投资人发行股票，在境外公开的证券交易场所流通转让。股份有限公司向境外投资人募集并在境外上市的股份(以下简称境外上市外资股)，采取记名股票形式，以人民币标明面值，以外币认购。境外上市外资股在境外上市，可以采取境外存股证形式或者股票的其他派生形式。存股证(depository receipt，简称DR)，是指向境外投资者发行的表明存放在境内的股份的证券形式，是一种可转让的、代表某种证券的证明。

由于境外上市外资股在境外公开发行并上市，由境外投资者购买，上市公司不仅要遵循我国的法律，而且要遵守上市地国家和地区的法律和证券交易规则。同时，境外上市外资股的诞生也提出了如何加强我国证券管理机构与其他国家、地区的证券管理机构的合作监管的问题。中国证券监督管理委员会，可以与境外证券监督管理机构达成谅解、协议，对股份有限公司向境外投资人募集股份并在境外上市及相关活动进行合作监督管理。我国已同新加坡、美国、澳大利亚、日本、马来西亚等国家签署了证券监管合作备忘录，与有关国家监管机构在监管信息分享、相互提供协助和人员交流等方面的合作达成一致。

中国证监会会同国务院授权的公司审批部门，可以对公司章程必备条款作出规定。公司章程应当载明公司章程必备条款所要求的内容；公司不得擅自修改或者删除公司章程中有关公司章程必备条款的内容。

公司向境外上市外资股股东支付股利以及其他款项，以人民币计价和宣布，以外币支付。公司所筹集的外币资本金的结汇和公司向股东支付股利以及其他款项所需的外币，按照国家有关外汇管理的规定办理。公司章程规定由其他机构代为兑换外币并付给股东的，可以依照公司章程的规定办理。

境外上市外资股股东与公司之间，境外上市外资股股东与公司董事、监事和经理之间，境外上市外资股股东与内资股股东之间发生的与公司章程规定的内容以及公司其他事务有关的争议，依照公司章程规定的解决方式处理。解决上述争议，适用中华人民共和国法律。

（二）境外间接上市

境外间接上市分为造壳上市和买壳上市。造壳上市包括分拆上市、控股上市、合资上市、在境外设立公司上市，其特点是由国内企业与一家境外非上市公司建立一定的产权关系，如控股、合资、直接设立附属公司，然后由该境外关联公司在境外申请上市。买壳上市是通过国内企业收购境外已上市公司，以现成的上市公司作为外壳取得上市地位，然后通过配股，注入国内资金和业务等，达到境外上市的目的。

在境外注册、中资控股（包括中资为最大股东）的境外上市公司（以下称境外中资控股上市公司），进行分拆上市、增发股份等活动，受当地证券监管机构监管，但其中资控股股东的境内股权持有单位应当事后将有关情况报中国证监会备案，并加强对股权的监督管理。在境外注册的中资非上市公司和中资控股的上市公司，以其拥有的境外资产和由其境外资产在境内投资形成并实际拥有3年以上的境内资产，在境外申请发行股票和上市，依照当地法律进行，但其境内股权持有单位应当按照隶属关系事先征得省级人民政府或者国务院有关主管部门同意；其不满3年的境内资产，不得在境外申请发行股票和上市，如有特殊需要的，需报中国证监会审批。上市活动结束后，境内股权持有单位应当将有关情况报中国证监会备案。凡将境内企业资产通过收购、换股、划转以及其他任何形式转移到境外中资非上市公司或者境外中资控股上市公司在境外上市，以及将境内资产通过先转移到境外中资非上市公司再注入境外中资控股上市公司在境外上市，境内企业或者中资控股股东的境内股权持有单位应按照隶属关系事先经省级人民政府或者国务院有关主管部门同意，并报中国证监会审核后，按国家产业政策、国务院有关规定和年度总规模审批。

（三）香港创业板上市

香港创业板成立于1999年，是香港主板市场以外的一个完全独立的新的股票市场。其宗旨是为新兴有增长潜力的企业提供一个筹集资金的渠道。为确保境内企业到香港创业板上市有序进行，凡符合《境内企业申请到香港创业板上市审批与监管指引》（以下简称《指引》）所列条件的国有企业、集体企业及其他所有制形式的企业，在依法设立股份有限公司后，均可自愿由上市保荐人代表其向中国证券监督管理委员会提交申请，中国证监会依法按程序审批。《指引》对境内企业申请到香港创业板上市的条件、境内企业申请到香港创业板上市须向证监会提交的文件、境内企业申请到香港创业板上市的审批程序等作出了明确规定。公司在香港创业板上市后，中国证监会将根据监管合作备忘录及与香港证监会签署的补充条款的要求进行监管。

三、合格境外机构投资者（QFII）和合格境内机构投资者（QDII）

（一）合格境外机构投资者（QFII）

所谓QFII（Qualified Foreign Institutional Investors），即合格境外机构投资者，是指符

合国家规定的条件的中国境外基金管理机构、保险公司、证券公司以及其他资产管理机构，经中国证券监督管理委员会和国家外汇管理局额度批准，将一定额度的外汇资金汇入中国并转换为人民币，通过严格监管的专门账户投资中国证券市场，其资本利得、股息等经批准后可转为外汇汇出的一种市场开放模式。中国证监会和国家外汇管理局对合格投资者的证券投资业务许可证、外汇登记证进行年检。中国证监会、中国人民银行和国家外汇管理局可以要求合格投资者、托管人、证券公司、证券交易所、证券登记结算机构提供合格投资者境内投资活动的有关资料，必要时可以进行现场检查。

（二）合格境内机构投资者（QDII）

所谓 QDII（Qualified Domestic Institutional Investors），即合格的境内机构投资者，是指在境内设立，经批准从事境外金融市场的股票、债券和其他金融产品的投资机构。QDII 与 QFII 一样，是在货币没有实现完全自由兑换、资本项目没有开放的情况下，有限度地允许境内资金到境外投资证券市场的一项过渡性制度安排。

我国现行金融监管是分业监管，中国银监会、中国证监会、中国保监会各自监管相应的领域，而 QDII 涉及金融的混业经营问题。QDII 运作模式需要中国证监会、中国银监会及中国保监会的合作监管。在涉及 QDII 的有关文件时，大都由几个监管部门联合颁布。

四、境外产业投资基金

通过设立境外产业投资基金也是一种重要的证券融资形式。所谓境外中国产业投资基金，是指中国境内非银行金融机构、非金融机构以及中资控股的境外机构（统称中资机构）作为发起人，单独或者与境外机构共同发起设立，在中国境外注册、募集资金，主要投资于中国境内产业项目的投资基金。

境外投资基金不得在中国境内募集。境外投资基金的资金应当主要投资于中国境内国家产业政策支持的产业项目，其数额不得低于基金总额的 70%，不得用于购买公开发行的人民币普通股票和人民币计值的政府债券，也不得以借贷形式在中国境内运用。境外投资基金所投资项目在境外发行债券、股票，应当按照国务院的有关规定经审查批准。

中资机构应当选择具有良好的金融管理制度的国家或者地区作为拟设立境外投资基金的上市所在地。中资机构为管理拟设立的境外投资基金，可以申请设立境外投资基金管理公司。申请设立境外投资基金管理公司，应当依照《境外金融机构管理办法》的规定，与设立境外投资基金的申请一并报经中国人民银行审查批准。申请设立境外投资基金管理公司，应当选择具有良好的金融管理制度的国家或者地区作为该公司主要经营活动所在地。境外投资基金管理公司在中国境内设立代表机构的，应当依照《中国人民银行关于外资金融机构在中国设立常驻代表机构的管理办法》的规定，报经中国人民银行审查批准。

中资机构应当选择中方持股 25%以上的基金管理公司作为拟设立境外投资基金的管理人。中资机构作为发起人认购基金份额的总额不得超过基金拟发行总额的 10%。

中资机构认购基金份额,只能使用其自有资金,不得使用信贷资金。境内发起人认购基金份额的资金应当存入中国人民银行认可的中国境内银行,不得汇出境外。

第三节 外债管理制度

一、外债的范围

所谓“外债”,是指境内机构对非居民承担的以外币表示的债务。“境内机构”,是指在中国境内依法设立的常设机构,包括但不限于政府机关、金融境内机构、企业、事业单位和社会团体。“非居民”,是指中国境外的机构、自然人及其在中国境内依法设立的非常设机构。

按照债务类型划分,外债分为外国政府贷款、国际金融组织贷款和国际商业贷款。外国政府贷款,是指中国政府向外国政府举借的官方信贷;国际金融组织贷款,是指中国政府向世界银行、亚洲开发银行、联合国农业发展基金会和其他国际性、地区性金融机构举借的非商业性信贷;国际商业贷款,是指境内机构向非居民举借的商业性信贷。

借用国际商用贷款是我国对外筹措资金的主要方式之一。借用国际商用贷款本来是一种平等的民事行为,但由于它关系到我国整体的外汇收支状况,涉及外汇管制和外汇管理,因此,我国对借用国际商用贷款实行比较严格的监管措施。

国际商业贷款是指境内机构向中国境外的金融机构、企业、个人或者其他经济组织以及在中国境内的外资金融机构筹借的,以外国货币承担契约性偿还义务的款项。在理解该定义时要注意下列几个问题:(1)如果境内的外资金融机构对外借款,不视为外债,也不纳入国际商业贷款管理的范围内;(2)境内借款人向境内的外资金融机构借款,视为外债,作为借用国际商业贷款加以管理;(3)除了一般性国外金融机构商业贷款之外,出口信贷、国际融资租赁、以外汇方式偿还的补偿贸易、境外机构和个人外汇存款(不包括在经批准经营离岸业务银行中的外汇存款)、项目融资、90天以上的贸易项下融资以及其他形式的外汇贷款也视同国际商业贷款管理;(4)境内机构向中资金融机构海外分支机构借用外汇贷款,作为借用国际商业贷款加以管理;(5)飞机融资租赁及借用国际商业贷款支付飞机融资租赁的预付款,作为借用国际商业贷款加以管理;(6)境内机构向中资银行离岸业务部门借用的外汇贷款,视同国际商业贷款管理。

境内机构应当凭自身资信对外借用国际商业贷款,并自行承担对外偿还责任。我国政府不承担国际商业贷款的最终还款责任。

为了保证借款人具有还本付息的能力,保证借款人有足够的自有外汇偿还贷款,对外借用国际商业贷款的境内机构仅限于经国家外汇管理局批准经营外汇借款业务的中资金融机构或者经国务院授权部门批准的非金融企业法人。

二、国际商业贷款的审批和管理

中国人民银行是境内机构借用国际商业贷款的审批机关，由它授权国家外汇管理局及其分局具体负责对境内机构借用国际商业贷款的审批、监督和管理。

境内机构借用国际商业贷款应当经外汇局批准。未经国家外汇管理局批准而擅自对外签订的国际商业贷款协议无效。国家外汇管理局不予办理外债登记。银行不得为其开立外债专用账户。借款本息不准擅自汇出。

金融机构借用国际商业贷款应当符合中国人民银行关于金融机构外汇资产负债比例管理的规定。

境内机构对外借用国际商业贷款应当加强成本控制，其借款总成本不得高于国际金融市场相同信用级别借款机构的同期借款总成本。国家外汇管理局对境内机构借用国际商业贷款的成本控制予以监督和指导。

借用国际商业贷款的境内机构应当按照国家外汇管理局的规定，于每季初 10 日内向国家外汇管理局报送上季度对外借款情况报表和年度国际商业贷款使用情况报告。国家外汇管理局有权检查境内机构筹借、使用和偿还国际商业贷款的情况。借款机构应当予以配合，提交有关文件和资料。

借用国际商业贷款的账户管理，适用外汇账户管理规定。未经国家外汇管理局批准，境内机构不得将借用的国际商业贷款存放境外、在境外直接支付或者转换成人民币使用。

境内机构签订国际商业贷款协议后，应当根据外债统计监测规定向国家外汇管理局办理外债登记，并按照有关规定办理还款手续。

对外借款的境内机构应当遵循以下原则，并根据国际市场汇率和利率的变化，在不扩大外债规模、不延长债务期限的条件下，切实防范外债风险：(1)借低还高应当报国家外汇管理局审批；(2)经批准经营自营或者代客外汇买卖业务的中资金融机构，可以为自身债务或者接受其他境内机构的委托进行国际商业贷款的保值业务；(3)其他中资机构委托境外金融机构或者境内外资金融机构对其借用的国际商业贷款进行保值，应当经国家外汇管理局批准；(4)外商投资企业可以自行委托境外金融机构或者境内外资金融机构办理国际商业贷款的保值业务。境内机构办理国际商业贷款保值业务后，应当按照外债统计监测规定办理外债登记变更手续。

第四节　对外担保的法律管制

在国际经济交往中，对外担保往往是其中不可或缺的一个环节。例如，国际商业贷款的贷款人往往需要借款人提供担保；国内企业对外投标时，招标人也要求投标人提供投标保函。对外担保构成担保人的或然债务，在债务人不履行债务时，担保人应负担保责任，从而以外汇对外支付，所以对外担保也是外债管理的重要内容。我国对涉外担保一贯从严管理。对外担保除了严格遵守我国的法律、行政法规外,还要遵守我国加入的国际条约、国际惯例等。

一、对外担保的含义和种类

对外担保,是指中国境内机构(境内外资金融机构除外,以下简称担保人)以保函、备用信用证、本票、汇票等形式出具对外保证,以《中华人民共和国担保法》中规定的可抵押财产对外抵押或者以《中华人民共和国担保法》规定的动产和权利对外质押,向中国境外机构或者境内的外资金融机构(债权人或者受益人,以下称债权人)承诺,当债务人(以下称被担保人)未按照合同约定偿付债务时,由担保人履行偿付义务;或者受益人依照《担保法》将抵押物或者质物折价拍卖、变卖的价款优先受偿。

对外担保的种类主要有:

(1) 融资担保,是指担保人为被担保人向受益人融资提供的本息偿还担保。融资方式包括借款、发行有价证券(不包括股票)、透支、延期付款及银行给予的授信额度等。

(2) 融资租赁担保,是指在用融资租赁方式进口设备时,担保人向出租人担保,当承租人未按照租赁合同规定支付租金时由担保人代为支付。

(3) 补偿贸易项下的担保,包括现汇履约担保和非现汇履约担保,其中现汇履约担保是指担保人向供给设备的一方担保,如进口方在收到与合同相符的设备后未按照合同规定将产品交付供给设备的一方或者由其指定的第三方,又不能以现汇偿付设备款及其附加的利息,则担保人按照担保金额加利息及相关费用赔偿供给设备的一方。非现汇履约担保不以现汇方式对外支付,不属对外担保管理的范畴。

(4) 境外工程承包中的担保,是指在境外工程承包中,担保人向招标人担保,当投标人中标或者签约后,如不签约或者不在规定的时间内履行合同,则担保人在担保的范围内向招标人支付合同规定的金额。包括投标担保、履约担保、预付款担保等。

(5) 其他具有对外债务性质的担保。担保人不得以留置或者定金形式出具对外担保。对境内外资金融机构出具的担保视同对外担保。

对外担保还可以由银行开具银行保函作为担保。银行保函是银行担保的最主要的形式。银行保函以保函的性质为标准,可以划分为从属性银行保函和见索即付的银行保函即独立性的银行保函。一般所称银行保函是指后者。它是银行向受益人出具的凭索赔书和保函规定的其他单证即承担保证责任的承诺文书。它属于广义的保证合同的一种。

二、对外担保的当事人限制

对外担保当事人包括担保人、被担保人、受益人。担保人是指符合规定条件的境内具有法人资格的,或者经法人授权的机构,包括中资金融机构、内资企业和外商投资企业,不包括境内外资金融机构。其中,对外保证项下的担保人为保证人;对外抵押项下的担保人为抵押人;对外质押项下的担保人为出质人。被担保人是指境内内资企业、外商投资企业和境内机构在境外注册的全资附属企业及中方参股的企业,即债务人。受益人是指中国境外机构以及境内的外资金融机构。其中,对外保证项下的受益人为债权人;对外抵押项下的受益人为抵押权人;对外质押项下的受益人为质权人。

担保人的资格对外担保成立生效的关键,是经批准有权经营对外担保业务的金融机构(不含外资金融机构)或者具有代位清偿债务能力的非金融企业法人,包括内资企业和外商投资企业。除经国务院批准为使用外国政府或者国际经济组织贷款进行转贷外,国家机关和事业单位不得对外担保。

国家外汇管理局对被担保人的范围作出了强制性的规定。担保人不得为经营亏损企业提供对外担保。担保人为外商投资企业(不含外商独资企业)提供对外担保,应坚持共担风险、共享利润的原则,同时被担保人的对外借款投向必须符合国家产业政策,未经批准不得将对外借款兑换成人民币使用。担保人不得为外商投资企业注册资本提供担保。除外商投资企业外,担保人不得为外商投资企业中的外方投资部分的对外债务提供担保。内资企业只能为其直属子公司或者其参股企业中中方投资比例部分对外债务提供对外担保。

三、对外担保的审批

中国人民银行授权国家外汇管理局及其分局、支局为对外担保的管理机关,负责对外担保的审批、管理和登记。经外汇管理局批准后,担保人方能提供对外担保。考虑到银行出具的保函是银行的常规业务,而且往往客户的时间要求比较紧迫,对审批方式规定了灵活变通的方式。外汇管理局对对外保证按照下列规定管理:对中资银行对外出具的融资保证、融资租赁保证、补偿贸易项下的现汇履约保证和超过1年(不含1年)的延期付款保证等实行逐笔审批;除此之外的对外保证按照资产负债比例进行管理;非银行金融机构和非金融企业法人出具的对外保证均需报外汇管理局逐笔审批。

对外担保的审批权限:对外担保根据担保的内容和主题的不同,分别由担保人报其所在地的省、自治区、直辖市分局审批;担保人报经其所在地的省、自治区、直辖市分局初审后,由该分局报国家外汇管理局审批;担保人提供的对外担保由国家外汇管理局审批。外商独资企业可以自行提供对外担保,无需得到国家外汇管理局逐笔批准。

第五节　境外项目融资的法律管制

一、境外项目融资的含义和性质

境外项目融资是指以境内建设项目的名义在境外筹措外汇资金,并仅以项目自身预期收入和资产对外承担债务偿还责任的融资方式。它具有以下性质:

(1) 债权人对于建设项目以外的资产和收入没有追索权;

(2) 境内机构不以建设项目以外的资产、权益和收入进行抵押、质押或偿债;

(3) 境内机构不提供任何形式的融资担保。

二、境外项目融资的管理

项目融资主要适用于发电设施、高等级公路、桥梁、隧道、城市供水厂及污水处理厂等基础设施建设项目,以及其他投资规模大、且具有长期稳定预期收入的建设项目。

以项目融资方式筹措国外资金的建设项目(以下称项目),主要投资者应具有足够的经济能力和履约能力,外方主要投资者还应有较强的国际融资能力和进行项目融资的业绩。项目的融资、建设、经营等有关合同中,参与方应具备相应的资格和履约能力,依靠自身经济和技术能力依法履行合同,并根据项目风险性质和各方控制能力,合理分担项目的商业风险及其他风险。

境内机构为项目的建设、经营等合同的履行出具的支持文件,不得改变项目融资的性质;国内金融机构不得提供任何形式的保证,境内其他机构对外提供履约担保,必须得到有关政府部门的批准。

为了保证项目债权人的合法利益,项目的国外债权人,在债务受偿、资产和权益的抵押等方面,应与国内债权人享有同等的权利。

项目产品或服务价格的确定应符合我国有关价格管理规定,有助于形成稳定的预期收入,合理反映物价上涨和汇率变动的影响,充分考虑项目所在地的承受能力,并得到有关价格管理部门的批准。项目境内收费不得以外币计价。

项目公司以项目融资方式筹措的外汇资金,应及时调入境内。项目公司应根据有关规定,在境内的外汇指定银行开立人民币或外汇还本付息专项账户。未经国家外汇管理局批准,项目公司不得为其境内收入设立境外账户。项目公司应按照国家规定及有关协议,将用于支付还本付息的项目收入存入专项账户。还本付息专项账户的外汇,根据国家规定及有关协议,按期汇出。

项目融资协议正式签署后,项目公司应向外汇管理部门办理外债登记,并于每年 3 月底之前向国家外汇管理局报送上年度资金使用、收入状况和债务偿还等情况,接受政府有关部门的检查和监督。

未经批准擅自进行的项目融资,外汇指定银行不得为之开立还本付息账户,所需外汇不予兑换,偿还贷款的本金不得汇出。

第六节 外 汇 管 制

一、外汇管理体制和外汇管理法

外汇是指以外币表示的可以用于国际清偿的支付手段和资产。在我国,外汇的范围包括:(1)外国货币,包括纸币、铸币;(2)外币支付凭证或者支付工具,包括票据、银行存款凭证、银行卡等;(3)外币有价证券,包括债券、股票等;(4)特别提款权;(5)其他外汇资产。

国家为了维护本国国际收支的平衡和汇价水平的稳定,有必要专门对外汇的买卖、收付、借贷、转移以及本国货币的汇率和外汇市场活动实行程度不同的限制措施,即对外汇进行管理(管制)。外汇储备的增加和减少,主要由进出口贸易外汇收支来决定。国际收支顺差则外汇储备增加,国际收支逆差则外汇储备减少。外汇储备减少会导致财政状况的恶化和汇价的波动,造成本国货币的贬值,影响本国的对外偿债能力。虽然各国外汇管理的宽严度不同,但各国从宏观上调控外汇收支,确保对外支付能力,积累一定的外汇储备,防止国际金融市场波动对国内造成不利影响。

外汇管理法是调整在外汇管理活动中发生的社会关系的法律规范的总称。我国还没有人大及其常委会制定的专门的外汇管理法,有关外汇的法律规范主要由国务院制定的行政法规和中国人民银行以及外汇管理局制定的政府规章。我国 1996 年发布了《中华人民共和国外汇管理条例》(以下简称为《外汇管理条例》),1997 年 1 月 14 日和 2008 年 8 月 1 日又分别进行了修改和补充。《外汇管理条例》分为八章 54 条,对经常项目外汇、资本项目外汇、金融机构外汇业务、人民币汇率和外汇市场等作出了具体规定。

二、经常项目外汇的管理

外汇法中的经常项目是指国际收支中经常发生的交易项目,包括贸易收支、劳务收支、单方面转移等。

我国对经常项目外汇按照不同主体分别进行管理:(1)境内机构(境内机构是指我国境内的企事业单位、国家机关、社会团体、部队等,也包括外商投资企业)的经常项目外汇收入必须调回境内,按照国务院关于结汇、售汇及付汇管理的规定卖给外汇指定银行,或者经批准在外汇指定银行开立外汇账户,不得违反国家有关规定将外汇擅自存放在境外。(2)属于个人(个人是指中国公民和在中华人民共和国境内居住满 1 年的外国人)所有的外汇,可以自行持有,也可以存入银行或者卖给外汇指定银行。个人的外汇储蓄存款,实行存款自愿、取款自由、存款有息、为储户保密的原则。(3)驻华机构(驻华机构是指外国驻华外交机构、领事机构、国际组织驻华代表机构、外国驻华商务机构、国外民间组织驻华业务机构等)和来华人员(来华人员是指驻华机构的长驻人员、短期入境的外国人、应聘在境内机构工作的外国人员以及外国留学生等)的合法人民币收入,需要汇出境外的,可以持有关证明材料和凭证到外汇指定银行兑付。(4)凡经有权管理部门核准或备案具有涉外经营权或有经常项目外汇收入的境内机构(含外商投资企业),均可以向所在地国家外汇管理局及其分局、支局申请开立经常项目外汇账户,并将现行的经常项目外汇结算账户和外汇专用账户合并为经常项目外汇账户。经常项目外汇账户的收入范围为经常项目外汇收入,支出范围为经常项目外汇支出和经外汇管理局核准的资本项目外汇支出。

三、资本项目的外汇管理

资本项目是指国际收支中因资本输出和输入所产生的资产与负债的增减项目,包括直接投资、各类贷款、证券投资等，反映长期资本和短期资本在国际间流动的国际收支项目。

境外机构、境外个人在境内直接投资，经有关主管部门批准后，应当到外汇管理机关办理登记。境外机构、境外个人在境内从事有价证券或者衍生产品发行、交易，应当遵守国家关于市场准入的规定，并按照国务院外汇管理部门的规定办理登记。境内机构、境内个人向境外直接投资或者从事境外有价证券、衍生产品发行、交易，应当按照国务院外汇管理部门的规定办理登记。国家规定需要事先经有关主管部门批准或者备案的，应当在外汇登记前办理批准或者备案手续。国家对外债实行规模管理。借用外债应当按照国家有关规定办理，并到外汇管理机关办理外债登记。国务院外汇管理部门负责全国的外债统计与监测，并定期公布外债情况。

资本项目外汇支出，应当按照国务院外汇管理部门关于付汇与购汇的管理规定，凭有效单证以自有外汇支付或者向经营结汇、售汇业务的金融机构购汇支付。国家规定应当经外汇管理机关批准的，应当在外汇支付前办理批准手续。

依法终止的外商投资企业，按照国家有关规定进行清算、纳税后，属于外方投资者所有的人民币，可以向经营结汇、售汇业务的金融机构购汇汇出。资本项目外汇及结汇资金，应当按照有关主管部门及外汇管理机关批准的用途使用。外汇管理机关有权对资本项目外汇及结汇资金使用和账户变动情况进行监督检查。

四、金融机构外汇业务的管理

对金融机构外汇业务的管理主要包括外汇经营许可证管理、外汇账户管理以及外汇经营业务规则等。

金融机构经营外汇业务须经外汇管理机关批准，领取经营外汇业务许可证。未经外汇管理机关批准，任何单位和个人不得经营外汇业务。经批准经营外汇业务的金融机构，经营外汇业务不得超出批准的范围。

经营外汇业务的金融机构应当按照国家有关规定为客户开立外汇账户，办理有关外汇业务。

金融机构经营外汇业务，应当按照国家有关规定交存外汇存款准备金，遵守外汇资产负债比例管理的规定，并建立呆账准备金。外汇指定银行办理结汇业务所需的人民币资金，应当使用自有资金。外汇指定银行的结算周转外汇，实行比例幅度管理，具体幅度由中国人民银行根据实际情况核定。

金融机构经营外汇业务，应当接受外汇管理机关的检查、监督。经营外汇业务的金融机构应当向外汇管理机关报送外汇资产负债表、损益表以及其他财务会计报表和资料。金融机构终止经营外汇业务，应当向外汇管理机关提出申请。金融机构经批准终止经营外汇业务的，应当依法进行外汇债权、债务的清算，并缴销经营外汇业务许可证。

五、人民币汇率

外汇汇率是两种不同货币的比价，即一国货币单位用另一国货币单位表示的价格，所以又称为“汇价”、“外汇牌价”,它反映了两种货币之间的兑换比例,是外汇买卖的折算标准,所以又称为“外汇兑换率”。

世界上有两种汇率的表示方法:直接标价法和间接标价法。前者以一定单位的外币为标准,将外币折算为一定数额的本国货币,并以本国货币的数额变化来反映汇率的升降。而后者以一定数额的本国货币来表示外币的汇价,以外币数额的增减来反映汇率的升降。

我国实行以市场供求为基础的、有管理的浮动汇率制度。企业和个人按规定向银行买卖外汇,银行进入银行间外汇市场进行交易,形成市场汇率。中央银行设定一定的汇率浮动范围,并通过调控市场保持人民币汇率稳定。

为缓解对外贸易不平衡、扩大内需以及提升企业国际竞争力、提高对外开放水平,自2005年7月21日起,我国开始实行以市场供求为基础,参考一篮子货币进行调节,有管理的浮动汇率制度。人民币汇率不再盯住单一美元,而是按照我国对外经济发展的实际情况,选择若干种主要货币,赋予相应的权重,组成一个货币篮子。同时,根据国内外经济金融形势,以市场供求为基础,参考一篮子货币计算人民币多边汇率指数的变化,对人民币汇率进行管理和调节,维护人民币汇率在合理均衡水平上的基本稳定。

第七节　离岸银行业务的管理

所谓离岸银行业务,指经国家外汇管理机关批准经营外汇业务的中资银行及其分支行吸收非居民的资金,服务于非居民的金融活动,即外国投资者与外国筹资者之间的业务。我国最早开展离岸金融业务的是深圳招商银行。离岸金融业务中的“非居民”是指在境外(含港、澳、台地区)的自然人、法人(含在境外注册的中国境外投资企业)、政府机构、国际组织及其他经济组织,包括中资金融机构的海外支持机构,但不包括境内机构的境外代表机构和办事机构。

国家外汇管理局及其分局是银行经营离岸银行业务的监管机关,负责离岸银行业务的审批、管理、监督和检查。银行经营离岸银行业务,应当经国家外汇管理局批准,并在批准的业务范围内经营。未经批准,不得擅自经营或者超范围经营离岸银行业务。

一、离岸银行业务的审批

我国相关行政法规规定了银行办理离岸银行业务的条件,符合规定条件的银行才可以申请经营离岸银行业务。这些条件包括:(1)遵守国家金融法律法规,近3年内无重大违法违规行为;(2)具有规定的外汇资产规模,且外汇业务经营业绩良好;(3)具有相应素质的外汇从业人员,并在以往经营活动中无不良记录。其中主管人员应当具备5年以上经营外汇业务的资历,其他从业人员中至少应当有50%具备3年以上经营外汇业务的资历;(4)具有完善的内部管理规章制度和风险控制制度;(5)具有适合开展离岸业务的场所和设施;(6)国家外汇管理局要求的其他条件。

国家外汇管理局对申请开办离岸银行业务的银行实行审批前的面谈制度。面谈对象是指离岸业务部的主要负责人及分管离岸银行业务的行长或副行长。银行经过审批后,才能经营下列部分或者全部离岸银行业务:外汇存款;外汇贷款;同业外汇拆借;国际结算;发行大额可转让存款证;外汇担保;咨询、见证业务;国家外汇管理局批准的其他业务。

银行在获得批准后应及时开办离岸银行业务。经批准经营离岸的银行自批准之日起6个月内不开办业务,视同自动终止离岸银行业务。国家外汇管理局有权取消其经营离岸银行业务的资格。

银行停办离岸银行业务也受到严格管理。如果银行要停办离岸银行业务,须提交申请,银行经国家外汇管理局审查批准后方可停办离岸银行业务。

二、离岸银行业务管理

国家对离岸银行业务要求分账经营、分离型管理和单独监测,离岸银行业务与在岸银行业务必须严格分开,而且监管的要求比较严格和细致。具体要求如下:

银行对离岸银行业务应当与在岸银行业务实行分离型管理,设立独立的离岸银行业务部门,配备专职业务人员,设立单独的离岸银行业务账户,并使用离岸银行业务专用凭证和业务专用章。经营离岸银行业务的银行应当建立、健全离岸银行业务财务、会计制度。离岸银行业务实行独立核算,其账务处理采取借贷记账法和外汇分账制,应分币种单独填制会计凭证,设置单独账簿,并编制单独的财务报表和统计报表。

离岸业务与在岸业务分账管理,离岸业务的资产负债和损益年终与在岸外汇业务税后并表。

银行应当对离岸银行业务风险单独监测。国家外汇管理局将银行离岸银行业务资产负债计入外汇资产负债表中进行总体考核。

为了稳妥推进离岸银行业务的试点工作,国家外汇管理局对离岸存款业务、离岸授信(含贷款)业务、离岸担保业务、离岸代客外汇买卖业务作出了比较明确的规定。

第三十一章 涉外税收法律制度

第一节 涉外税收法律制度概述

一、涉外税法的含义

涉外税法是由国家权力机关或其授权的行政机关制定的有关调整涉外税收关系的法律规范的总称。

涉外税法调整的对象是涉外税收关系。涉外税收除具有税收的强制性、无偿性和固定性这些区别于一般财政收入的特点外，这种税收关系还具有涉外性。即其主体、客体、内容至少有一个方面具有涉外因素，其中包括：纳税义务人是外国法人、自然人；征税对象在国外或来源于国外；引起、变更、消灭税收关系的事实全部或部分发生在国外。涉外税收关系既包括征税与纳税关系，也包括涉外税收管理关系。

二、涉外税法的渊源

我国涉外税法的渊源包括国内渊源和国际渊源。国内渊源指我国国内的法律和行政法规，国际渊源主要指我国与外国签订的关于避免对所得双重征税和防止偷漏税的双边协定。

我国对涉外税收的立法包括实体法和程序法。税收程序法主要有《中华人民共和国税收征收管理法》及其实施细则、《税务行政复议规则》以及其他税法中的程序性规定。税收实体法主要有《企业所得税法》及其实施细则、《个人所得税法》及其实施细则、《增值税暂行条例》及其实施细则、《消费税暂行条例》及其实施细则、《营业税暂行条例》及其实施细则等。

涉外税种主要是所得税（外商投资企业和外国企业所得税、个人所得税）和流转税（增值税、消费税和营业税）。此外，外商投资企业和外国企业还涉及关税、资源税、土地增值税、印花税、车船使用牌照税、城市房地产税、屠宰税和契税。

三、涉外税制的改革

（一）内外资税制的统一

我国涉外税制经历了多次改革。1991年《外商投资企业和外国企业所得税法》是在合并1980年《中华人民共和国中外合资经营企业所得税法》和1981年《中华人民共和国外国企业所得税法》的基础上修改制定的，与1993年《中华人民共和国企业所得税暂行条例》相比较，税负基本平均，其内容显示出逐步走向统一的趋势。1994年税制改革的核心是建立以增值税为主体的流转税制度和统一所得税制。作为企业所得税制统一的第一步，内资企业所得税的基本税负已于1994年初统一，基本税率均为33%。1993年底修正、1994年初实施的《个人所得税法》已将原先适用于外国人的个人所得税、适用于中国人的个人收入调节税和城乡个体工商户所得税合并。改革后的现行的流转税，包括增值税、消费税和营业税，统一适用于内外资企业，取消了对外商投资企业和外资企业征收的工商统一税。[①]2008年1月1日，我国统一后的《企业所得税法》开始施行，内外资企业统一适用新的企业所得税法，终结了在我国实行多年的内外资区别征收所得税的制度。

（二）取消优惠，实行国民待遇

我国改革开放之初，给予外商税收优惠是吸引外资的有效方法之一。通过给予外商投资企业减税、免税优惠，我国吸引外资取得了显著成效。但是，这种优惠措施所带来的弊端也是明显的。我们给予外资税收优惠，相当于我们以补贴的方式吸引外资，享受优惠的外资与不享受优惠的国内企业形成了明显的不对等竞争关系。各地为了尽可能多地吸引外资，给出的条件越来越优惠，结果造成了各地优惠条件的竞争，这不但破坏了正常利用外资的秩序，也损害了国家利益。按照WTO规则，给予外资的待遇应与国内企业相同。给予外资优惠待遇，实际上是对国内企业的歧视，也不符合WTO规则规定的国民待遇原则。涉外税制改革的目标是取消对外资的各种优惠待遇，给予外资与内资平等的国民待遇。

（三）强化监管，降低关税

降低关税和减少非关税壁垒是世贸组织成员应该承担的义务。我国加入WTO后，大量降低了进出口产品的关税。随着我国开放程度的提高，我国的关税也将进一步降低。关税降低将大大提高我国进出口贸易额。国际偷漏税和避税的问题越来越严重，手段多样，方法不断翻新，作为税收监管部门，应采取更加严厉的制裁和监管措施，坚决打击走私和出口骗税等违法犯罪行为。

（四）加强协调，增强透明度

涉外税法是国内税法的一个重要组成部分，是国家税收主权在对外关系方面的体现。这方面的立法应考虑对外发展经济贸易关系的需要，还会受到外国税法的影响和国际税法的制约。为了协调国际税收管辖权冲突，解决国际双重征税，对国际偷漏税和避税进行管制，各国都在签订双边税收协定，加强国际税收合作。我国加入WTO以后，应加强国际税收协调，履行WTO成员的义务，增强税收法律和政策的透明度。

① 具体内容参见《全国人大常委会关于外商投资企业和外国企业适用增值税、消费税、营业税等税收暂行条例的决定》(1993年12月29日第八届全国人民代表大会常务委员会第五次会议通过)。

四、避免国际双重征税

国际双重征税是因各国对跨国纳税人和跨国征税对象行使不同的税收管辖权而引起的。例如,我国按属人税收管辖权对总机构设在中国境内的外商投资企业来源于境内、境外的所得征税,而该企业的境外所得已经向行使属地税收管辖权的收入来源地国纳税。国际双重征税可以通过国内立法和国际条约采取措施避免。

为了避免国际双重征税,根据我国《企业所得税法》规定:企业来源于中国境外的所得已在境外缴纳的所得税税款,可以从其当期应纳税额中抵免。这种避免国际双重征税的方法称作抵免法。采用抵免法,既体现了对收入来源国属地税收管辖权优先地位的承认,又没有排除居住地国(国籍国)的属人税收管辖权,同时基本免除了跨国纳税人的国内、国际重叠税负。按照我国采用的抵免法,如果境外收入来源国的税率与我国税率等同,跨国纳税人在收入来源国的已纳所得税额可获全部抵免;如果境外收入来源国的税率低于我国,则我国还要行使属人税收管辖权,补征差额税款;如果境外收入来源国的税率高于我国,致使跨国纳税人在境外实际缴纳的所得税税款超过扣除限额的,其超过部分不得作为税额扣除,也不得列为费用支出,但可以用以后年度税额扣除不超过限额的余额补扣,补扣期限最长不得超过5年。

五、国际避税的法律管制

国际避税是指跨国纳税人利用各国税法或税收协定规定的欠缺或含混之处,采取形式合法的公开手段达到规避、降低或延迟应承担的纳税义务的目的。①

跨国纳税人通过关联企业间转让定价和不合理分摊成本是国际避税的常用方式。我国原《外商投资企业和外国企业所得税法》及其《实施细则》与2008年1月1日实施的《企业所得税法》就防止关联企业避税作了规定。

由于关联企业存在着共同利害关系,它们会根据其总体利益,制定关联企业之间交易的内部价格标准,将收入尽可能多地转移到位于低税率国家的关联企业,规避税负,非法牟利,即"转移定价";它们还会在关联企业之间分配成本和费用,将费用尽可能多地转移到位于高税率国家的关联企业,非法逃避税收,即不合理地分摊成本。

国际上多数国家采用独立核算原则(即独立竞争原则)确定跨国纳税人的跨国收入和费用分配。我国税法也采用了这一原则防范关联企业避税:企业与其关联方之间的业务往来,不符合独立交易原则而减少企业或者其关联方应纳税收入或者所得额的,税务机关有权按照合理方法调整。独立交易原则,是指没有关联关系的交易各方,按照公平成交价格和营业常规进行业务往来遵循的原则。我国《企业所得税法实施条例》规定了具体的调整方法。

---

① 廖益新主编:《国际税法学》,北京大学出版社2001年版,第342页。

第二节　关税法律制度

一、关税的含义

关税是以进出关境的货物或物品的流转额为征税对象而征收的一种商品税。作为一种较为古老的税种，它在各国开征十分普遍。海关征收关税，是加强关境管理，维护国家主权的必要途径。①关税可分为进口税、出口税和过境税，但各国一般主要是征收进口税，且以对进口货物征税为主，因为进口税对于国际经济和一国的民族经济的发展影响更大。

我国的关税法律制度主要表现为《海关法》、《进出口关税条例》、《海关进出口税则》等相关的法律、法规的规定。

关税减让一直是WTO谈判的主要议题。关税减让谈判一般在产品主要供应者与主要进口者之间进行，其他国家也可参加。双边的减让谈判结果，其他成员按照最惠国待遇原则可不经谈判而适用。我国加入WTO以后，按照谈判承诺幅度进行减让，关税已大幅下调。

二、征收机关

准许进出口的货物、进出境物品，由海关依法征收关税。进口环节海关代征税的征收管理，适用关税征收管理的规定。

三、纳税义务人

进口货物的收货人、出口货物的发货人、进出境物品的所有人，是关税的纳税义务人。

四、征税对象

关税的征税对象是：属于贸易性的、国家准许进出口的货物；属于非贸易性的、国家准许入境的旅客行李物品、个人邮递物品以及其他个人自用物品。

五、税目和税率

国务院制定《中华人民共和国进出口税则》（以下简称《税则》）、《中华人民共和国进境物品进口税税率表》（以下简称《进境物品进口税税率表》），规定关税的税目、税则号

① 刘剑文、熊伟著：《税法基础理论》，北京大学出版社2004年版，第41页。

列和税率。国务院设立关税税则委员会,负责《税则》和《进境物品进口税税率表》的税目、税则号列和税率的调整与解释,报国务院批准后执行;决定实行暂定税率的货物、税率和期限;决定关税配额税率;决定征收反倾销税、反补贴税、保障措施关税、报复性关税以及决定实施其他关税措施;决定特殊情况下税率的适用,以及履行国务院规定的其他职责。

进口关税设置最惠国税率、协定税率、特惠税率、普通税率、关税配额税率等税率。对进口货物在一定期限内可以实行暂定税率。

原产于共同适用最惠国待遇条款的世界贸易组织成员的进口货物,原产于与中国签订含有相互给予最惠国待遇条款的双边贸易协定的国家或者地区的进口货物,以及原产于中国境内的进口货物,适用最惠国税率。原产于与中国签订含有关税优惠条款的区域性贸易协定的国家或者地区的进口货物,适用协定税率。原产于与中国签订含有特殊关税优惠条款的贸易协定的国家或者地区的进口货物,适用特惠税率。原产于无法适用最惠国税率、协定税率、特惠税率国家或者地区的进口货物,以及原产地不明的进口货物,适用普通税率。适用最惠国税率的进口货物有暂定税率的,应当适用暂定税率;适用协定税率、特惠税率的进口货物有暂定税率的,应当从低适用税率;适用普通税率的进口货物,不适用暂定税率。适用出口税率的出口货物有暂定税率的,应当适用暂定税率。

六、完税价格

进出口货物的完税价格,由海关以该货物的成交价格为基础审查确定。成交价格不能确定时,完税价格由海关依法估定。进口货物的完税价格包括货物的货价、货物运抵我国境内输入地点起卸前的运输及其相关费用、保险费;出口货物的完税价格包括货物的货价、货物运至我国境内输出地点装载前的运输及其相关费用、保险费,但是其中包含的出口关税税额,应当予以扣除。进出境物品的完税价格,由海关依法确定。

在完税价格确定或估定以后,即可计算关税的应纳税额,其计算公式为:应纳税额=关税的完税价格×税率。

七、关税减免

在税收减免方面,关税的税收减免项目较多,可分为法定减免、特定减免和临时减免三大类。其中,法定减免是指应依据税法的明确规定来实施的税收减免;特定减免是国务院及其授权机关在法定减免以外,为实现特定的目的而特准给予的税收减免;临时减免是对某个具体纳税人的某次进出口货物临时给予的减免,它不具有普遍的减免效力。

下列进出口货物、进出境物品,减征或免征关税:(1)无商业价值的广告品和货样;(2)外国政府、国际组织无偿赠送的物资;(3)在海关放行前遭受损坏或者损失的货物;(4)规定数额以内的物品;(5)法律规定减征、免征关税的其他货物、物品;(6)中国缔结或者参加的国际条约规定减征、免征关税的货物、物品。

八、纳税期限和税收强制、保全措施

进出口货物的纳税义务人，应当自海关填发税款缴款书之日起 15 日内缴纳税款；逾期缴纳的，由海关征收滞纳金。纳税义务人、担保人超过 3 个月仍未缴纳的，经直属海关关长或者其授权的隶属海关关长批准，海关可以采取下列强制措施：书面通知其开户银行或者其他金融机构从其存款中扣缴税款；将应税货物依法变卖，以变卖所得抵缴税款；扣留并依法变卖其价值相当于应纳税款的货物或者其他财产，以变卖所得抵缴税款。海关采取强制措施时，纳税义务人、担保人未缴纳的滞纳金同时强制执行。

进出境物品的纳税义务人，应当在物品放行前缴纳税款。

进出口货物的纳税义务人在规定的纳税期限内有明显的转移、藏匿其应税货物以及其他财产迹象的，海关可以责令纳税义务人提供担保；纳税义务人不能提供纳税担保的，经直属海关关长或者其授权的隶属海关关长批准，海关可以采取下列税收保全措施：书面通知纳税义务人开户银行或者其他金融机构暂停支付纳税义务人相当于应纳税款的存款；扣留纳税义务人价值相当于应纳税款的货物或者其他财产。纳税义务人在规定的纳税期限内缴纳税款的，海关必须立即解除税收保全措施；期限届满仍未缴纳税款的，经直属海关关长或者其授权的隶属海关关长批准，海关可以书面通知纳税义务人开户银行或者其他金融机构从其暂停支付的存款中扣缴税款，或者依法变卖所扣留的货物或者其他财产，以变卖所得抵缴税款。采取税收保全措施不当，或者纳税义务人在规定期限内已缴纳税款，海关未立即解除税收保全措施，致使纳税义务人的合法权益受到损失的，海关应当依法承担赔偿责任。

九、补征、追征和退还

进出口货物、进出境物品放行后，海关发现少征或者漏征税款，海关有权向纳税人补征或追征，期限为自缴纳税款或者货物、物品放行之日起 1 年内。因纳税义务人违反规定而造成的少征或者漏征，海关在 3 年以内可以追征。海关多征的税款，海关发现后应当立即退还；纳税义务人自缴纳税款之日起 1 年内，可以要求海关退还。纳税义务人同海关发生纳税争议时，应当缴纳税款，并可以依法申请行政复议；对复议决定仍不服的，可以依法向人民法院提起诉讼。

第七编

市场运行监管法律制度

7

第三十二章
市场监管法的一般原理

第一节 市场监管的理论

一、市场监管的含义与特征

监管通常含有监督和管理的内容，但并不是监督与管理两词内涵的简单叠加，监管有其特定含义。国外有人认为"监管是国家凭借政治权力对经济个体自由决策所实施的强制性限制"，国内有学者则表述为"监管就是由监管者为实现监管目标而利用各种监管手段对被监管者所采取的一种有意识的和主动的干预和控制活动"①。可见，监管既不涵盖经济监督的全部内容，也不涵盖经济管理的全部内容，监管应是现代管理的一个独立的从属概念。

在现代市场经济条件下，经济管理存在着宏观调控、微观规制和市场监管等多个方面。

市场监管是指市场监管主体对市场活动主体及其行为进行限制、约束等直接干预活动的总和。

市场监管的主体是有权实施监管的机关、机构、团体，其中以政府机关为主。行使市场监管的有关政府机关，是一国政府体制的重要组成部分，包括综合性监管机关（如审计机关）和各具体市场的专门监管机关（如金融监管机关），其监管权由国家立法直接授予。政府机关附属的一些机构（事业单位性质），也因政府机关依法授权而有权监管市场（如中国证监会），在国外这类机构与政府机关一样被称为公共机构。非官方的社会团体（多为同业公会）和民间机构（如交易所），也承担着辅助政府对市场监管的职责，并且是一线监管。这类团体、机构的监管权来源于其成员的共同约定或普通认可，实施监管也是其履行法定的自律义务的体现。

市场监管的对象是市场活动的参与者及其市场行为。市场参与者主要分为三类，一类是提供交易产品或服务的经营者（各类企业及其分支机构、个体农户等），另一类是产品或服务的接受者（购买人、存款人、担保人等），还有一类是各类市场的投资人（包括机构与个人）。市场监管主要针对经营者与投资人。

---

① 赵锡军著：《论证券监管》，中国人民大学出版社 2000 年版，第 1—2 页。

市场监管的目标是控制市场风险、保障市场安全。即根据各类市场特点及其现实或潜在风险的特性，通过监管，来抵御、防范、降低风险的危害，维护市场稳定、健康、高效运行，保护经营者、投资人和社会公认的合法利益。

市场监管的方法是对市场运行全过程的制约，包括市场行为发生前的事先制约（如入市资格）、市场行为发生时的同步制约（如实时监控、及时制止违法行为）、市场行为发生后的事后制约（如定期或不定期的检查、经营财务资料的分析、违法行为的处罚等）。

市场监管不同于宏观调控。宏观经济调控是指政府为实现社会总需求与社会总供给之间的平衡，保证国民经济持续、稳定、协调增长，而运用经济的、法律的和行政的手段对社会经济运行的调节和控制。①虽同为对经济的干预手段，但宏观调控与市场监管有着明显的不同：在主体方面，宏观调控的主体只能是政府，尤其是中央政府，而市场监管除了由政府监管机关实施外，还有其他主体辅助监管；在干预的范围方面，宏观调控追求的是总量的供需平衡、经济的稳定增长，而市场监管的直接效果是控制风险、保障安全，从市场角度保证宏观调控目标的实现；在方式方法方面，宏观调控采取综合多样的方法，有直接的方法如指令性计划、命令、直接投资等，也有间接的方法如指导、协调、鼓励等，而市场监管的方法较为单一，即限制、约束。

市场监管也不同于微观规制。微观经济规制是指政府为维护市场竞争秩序、保障市场机制正常发挥作用，而对经营主体的市场行为进行规范、控制的活动。市场监管与微观规制很接近，同为外部力量对市场行为的干预，但两者之间也是有区别的：首先是基本目标不同，微观规制所追求的是竞争有序化，力图修复、维持市场秩序，保护正当经营者和消费者；而市场监管要实现的是市场的安全，将市场风险控制在最低限度，从整体上保护市场参与者。其次是干预的时间不同，微观规制是事后干预型，是"企图使某一事物符合预先要求或设计的一定状态"，因为"规制的发生必须以被规制对象行为发生偏颇为前提"②，所以也有学者认为微观规制的实质是对市场障碍的排除；③而市场监管则是对市场运行全过程的制约，事先、事中、事后均需干预。再次是干预的对象和范围不同，微观规制只针对市场经营者的竞争行为；而市场监管则是涉及经营者的各类市场行为，还涉及各类投资人的投资行为。最后是干预的主体不同，微观规制仅由政府的特定机关，主要是行使公平竞争管理或消费者保护职责的机关进行干预；市场监管则由较多的政府机关，包括综合监管机关和专门市场的监管机关进行干预，另有社会团体和民间机构辅助监管。

二、市场监管的意义

随着市场深化和经济专业化，以及经济活动稳定、持续发展的要求，市场监管逐渐为人们所注意和重视。市场监管的监管者对市场行为实施积极而有效的制约，保证了市场

① 潘静成、刘文华著：《经济法》，中国人民大学出版社 1999 年版，第 292 页。
② 杨紫烜著：《经济法》，北京大学出版社、高等教育出版社 1999 年版，第 270 页。
③ 漆多俊著：《经济法学》，武汉大学出版社 1998 年版，第 110 页。

运行不偏离固有的价值目标要求。这种积极的、灵敏的、主动与被动结合的、事先预防与事后处理相统一的监管,愈来愈体现出其优越性,市场监管已成为现代国家的首要经济管理职能。①市场监管的意义主要表现为:

第一,维护市场运行的安全稳定。安全稳定是市场运行的基础,也是市场监管的根本目标。市场不论是作为商品交换的场所,还是作为商品交换关系的总和,只有安全稳定,才能发展,才能发挥其固有的配置资源的作用。市场又是客观存在着风险的,所谓风险就是由市场的不确定性引起的产生经济损失的可能性,市场风险既包括纯市场性风险(如行情波动、利率风险),又包括体制性风险(如规则不完善、社会信用降低、违法犯罪、管理不当等);市场风险产生的原因,既可能是微观层面的企业行为所导致,也可能是宏观层面的调控偏差或制度缺陷所造成,还可能因自然灾害、意外事故所产生;市场风险的影响,可能只涉及个体,也可能涉及一个行业、一类市场或整个市场体系,乃至形成跨国的、区域性的风险。市场风险发展到一定程度,就会引发市场危机甚至经济危机,造成市场瘫痪。现代经济中专业分工精细,而各市场间关系紧密,任何一个市场不安全、不稳定,都会引起其他市场以至于整个市场体系的连锁反应。因此,防范市场风险,把风险的危害控制在最低限度,就成了各国政府十分关注的重大问题,而直接的措施就是市场监管。通过对市场运行中风险的严密监视和适时管制,实现避免风险、降低危害、保障市场安全稳定的目的。

第二,保护市场主体的合法权益。市场参与者包括经营者、投资者、消费者等,他们均各自追求自己的利益,但市场稳定运行、健康发展是所有市场参与者的共同利益,市场安全是各类市场主体生存发展的前提,所以全体市场参与者决不会允许个别主体以非法行为引发或扩散市场风险,危害他人利益。市场监管也正是顺应全体市场主体的一致要求而进行的。不能因为市场监管主要应用限制、约束手段,就认为是阻碍市场运行。市场监管所制约的是非法主体和非法行为,所保护的是合法主体、合法行为。正是通过市场监管,创建了规范经营、规范投资的环境,保障了市场安全,才能使市场主体实现自己的利益,也才能调动起人们经营、投资和消费的积极性,吸引更多的人参与市场,使市场得到发展。

第三,促进市场的开放和发展。在经济全球化、网络化的今天,市场面临的机遇和风险也日益增大;经济发展要求市场体系更完善、市场效率更高,这一切都要求加强市场监管的广度、细微度和有效性。一些市场发达国家和地区,纷纷健全监管立法,完善监管体系和制度,如美国联邦储备理事会前主席格林斯潘本人跟踪、监控的数据就多达 14 000 多种。②发展中国家也吸取一些亚洲国家在经济市场化、国际化过程中取消监管、酿成金融危机的教训,纷纷改革市场管理体制,建立健全市场监管制度。中国这样一个尚处在市场经济发展初期的发展中国家,在极度缺乏市场意识的经济土壤上培育各类市场,更需要国家的理性监管,在市场监管的过程中,促进市场体系的完善、市场效率的提高和市场开放、发展。

---

① 顾功耘著:《经济法》,高等教育出版社 2000 年版,第 129 页。

② 刘飏、曹建明等著:《金融安全与法制建设》,法律出版社 1999 年版,第 97 页。

三、市场监管的理论基础

(一) 市场监管的经济学理论基础

市场监管的理论基础首先来自经济学。一般认为,对监管最有影响的经济理论是社会利益论、公共选择论和特殊利益论。①

社会利益论积极主张监管,把监管看作是减少或消除市场失灵从而保护社会公众利益的手段。该理论认为,完全的市场竞争是不可能存在的,市场中存在着信息不对称、外部效应和垄断,因此市场就会失灵,如果让市场单独作用,那么市场运行就会是低效率的,资源就会浪费,就会有分配不公平和经济不稳定。监管是政府应公众的要求,纠正和消除市场缺陷、增进资源配置效率、改善收入分配的有效手段。

特殊利益论又称追逐论或俘虏论,是主张放弃监管的理论。认为监管的出发点虽是善良美好的,却是不切实际的,因为监管与被监管始终处于猫鼠追逐的状态。初始,被监管者会极力反对监管,但在对立法和行政程序变得极为熟悉后,就会动用资源(如权钱交易、院外集团游说)影响、支配监管者,形成所谓"寻租"现象。随着时间的推移,监管者就会越来越迁就被监管者的利益而忽视公共利益,甚至一些实力雄厚的特殊利益集团为保护自己利益而主动要求政府提供监管。而且监管的成本太高,不利于社会。

公共选择论主张合理监管。认为自由市场机制存在缺陷,需要某些方面和某种程度的外部管制,即监管,而监管这种公共产品只能由公共利益代表——政府来提供;但政府也会失灵,其不当或过度的监管会妨碍市场机制的正常作用。因此,是否应进行监管、哪些方面需要监管、如何进行监管,应从公共的角度进行判断和选择。

由上可见,社会利益论所阐述的市场缺陷自然导致市场监管的推理是令人信服的,其作为监管的理论基础是恰当的。但公共选择论和特殊利益论所提出的监管失灵、监管成本问题也是十分重要的,可提醒人们在涉及监管制度时更注意扬长避短,也促使监管者更好地承担起社会责任。

(二) 市场监管的法学理论基础

市场监管的理论也来自法学理论。

经济安全理论对市场监管甚有影响。第二次世界大战以后,随着专业分工愈来愈细,资源的运用也愈来愈专业化,资源被投入细而专的市场后,其价值就会受到市场不稳定的影响而可能产生巨大损失,进而在人们心理上产生经济不安全感。于是,在人们呼吁尽快妥善管理经济安全问题的背景下,经济安全理论产生并发展起来。②近几年来,我国经济法学者对经济安全理论也作了较多研究,认为经济与社会的发展已逐渐抛弃了个体与私

---

① 吴弘著:《证券法论》,世界图书出版公司 1998 年版,第 207—208 页;顾功耘著:《金融市场运行与法律监管》,世界图书出版公司 1999 年版,第 296—300 页;张忠军著:《金融监管法论》,法律出版社 1998 年版,第 60—61 页;赵锡军著:《论证券监管》,中国人民大学出版社 2000 年版,第 40—69 页。

② 吴斌著:《我国外资保险业法律监管》,载于《金融市场运行与法律监管》,世界图书出版社 1999 年版,第 301 页。

人交易安全,而在谋求更宏观的经济秩序安全,最终达到社会安全,经济安全是现代国家追求的基本秩序和正义;还指出经济安全是经济法的价值取向,经济法对实现经济安全具有特殊作用。①有学者还提出了经济安全权问题,认为经济安全权是人们对经济安全所平等享有的权利,包括经济整体安全权和经济持续安全权。我们认为,由于经济安全可分为个体(企业)安全、市场安全和国民经济整体安全,经济法对经济安全也各有分工:国民经济整体安全的环境应由宏观调控法来营造,实质就是供求平衡、稳定增长;个体安全则有赖微观规制法来维护,实质就是单个企业在竞争发展中其整体性、持续性不被非法竞争行为损害;而市场安全就应由市场监管法来保障,以消除市场过度投机、信息偏在等所致风险。

市场主体的社会责任也是市场监管的重要理由。经济法历来强调社会本位,要求市场主体在实现个体利益时应尊重社会利益,在行使个体权利时应承担一定社会责任。这种社会责任集中表现为遵守市场秩序、维护公共利益。市场主体在市场行为中是否履行了这种社会责任,就成为市场监管的基本理由。如有学者以金融市场为例论证监管法理基础,指出金融市场具有特殊风险,金融机构也就具有特殊地位,负有特殊的社会责任:一是虽为私人机构却拥有一定的货币调节的公共职能;二是拥有特许权的优势地位;三是负有确保公众信心以维持市场运转的义务。作为对金融权力的制衡、取得优势地位的对价以及对滥用权力或优势地位的防范,金融监管就是必不可少的了。②

第二节 市场监管法概述

一、市场监管法的含义与地位

市场监管法是调整在市场运行过程中,监管主体对市场活动主体及其行为进行制约所产生的经济关系的法律规范的总称。

市场监管法不仅是市场参与者规范经营、规范投资的准则,也是市场监管者依法监管、有效监管的依据,对于保障市场安全与秩序、维护市场主体合法权益、促进市场发展具有不可替代的重要作用。

市场监管法属于经济法。国内有少数学者将市场监管法的部分内容划入行政法研究领域,认为只要是与行政机关管理权有关的就是行政法,对此国外学者和国内绝大多数行政法学者并不赞同,因为这与法学界将行政法作为对行政组织及其权力的设置、形式、制约和监督的法的共识相违背。③实际上,与行政机关管理权力相关的法不仅仅是市场监管

① 陈乃新:《经济法的重要范畴:剩余权与经济安全权》,载于《法商研究》1998 年第 6 期;何文龙:《经济法的安全论》,载于《法商研究》1998 年第 6 期;单飞跃:《经济法的法价值范畴研究》,载于《现代法学》2000 年第 1 期。

② 陆泽峰著:《金融创新与法律变革》,法律出版社 2000 年版,第 287—289 页。

③ 潘静成、刘文华著:《经济法》,中国人民大学出版社 1999 年版,第 89—90 页。

法，其他如经济法中的宏观调控法，以及作为独立部门法的军事法、婚姻法、环境法、劳动法等也与行政机关管理权力有着大量的密切的联系，但并未被划入行政法的范围。市场监管法的内容不仅涉及行政机关的管理职能，还涉及交易所、社会团体等机构的监管职能，甚至经营者、投资人、中介人的内部控制等，这就大大超出了行政权力的范围。因此，市场监管法只能是经济法的一部分。

市场监管法是经济法的重要组成部分。在经济法学界，人们的注意力普遍集中在体现国家干预国民经济总局的宏观调控法和重在维护竞争秩序的微观规制法，对市场监管法有所忽视。有的论著以微观规制法替代市场监管法，但又无法协调两种不同的市场干预措施的差异；有的论述则将市场监管法的内容分解为特殊主体监管、特殊交易行为监管及经济监督等内容，将其分别置于经济法的其他组成部分中，既显得凌乱，又与其他内容不相和谐。我们认为，市场监管法因其特有的宗旨、作用、主体、对象、方法等，作为经济法中的一个重要组成部分是科学、合理的。市场监管法与宏观调控法、微观规制法等一起调整着经济法所调整的经济关系。

市场监管法的规范，既包括专门规定监管内容的法律法规（如《审计法》），也包括与商法内容结合在一起的监管规范（如《保险法》中的监管部分）；除法律法规外，大量的规章和规范性文件是市场监管法的重要渊源。市场监管法包括适用于各具体市场的市场分类监管法，如金融（银行）监管、保险监管、证券监管、期货监管、房地产监管、技术市场监管和信息市场监管的法律规范等；也包括适用于各市场的市场综合监管法，如会计、审计、工商企业监管的法律规范等。

二、市场监管法的原则

市场监管法的原则是体现在市场监管法律规范中的基本准则，是对市场监管立法、司法、执法有普遍意义的指导思想。

（一）公正监管原则

公正监管原则是市场监管中的基本要求，适用于市场的各方当事人。公正首先要市场公开：入市条件公开、程序公开；市场活动公开，正大光明、开诚布公，不允许作伪行骗、地下交易；经营者信息公开、管理者办事公开。公正其次要环境公平：主体地位平等、交易机会均等、法律规划统一；创设公平利用信息、公平竞争、公平交易的环境；市场主体共同负担监管成本，共同防范市场风险，共同享有市场繁荣产生的利益。公正更要管理公正：监管者对市场活动主体一视同仁，同样保护、同样制约；监管者依法监管、严肃执法，不滥用权力，也不放弃权力，不搞差别歧视，更不搞权钱交易。

市场监管法的任务就是根据各类市场的特点，将公正监管原则细化落实为各市场的具体规范。

（二）审慎监管原则

审慎监管原则是市场监管法的宗旨的要求，即市场监管应该促进市场主体的稳健性和市场行为的合法性，从而保证市场体系的运行安全，防范市场风险。

审慎原则源于会计制度，其要求企业的会计核算应尽可能地建立在稳妥可靠的基础上，尽可能减少经营的风险负担，主要办法是对资产和收益的估算要有所保留，而对可能的损失与费用要有充分预计。①在金融市场，“世界各国都将银行业置于一系列审慎监管之下，以限制它们的风险敞口和破产的可能性”②。我们将审慎原则扩展运用于整个市场体系，意在通过市场监管，最大限度控制风险。因为现代市场中，交易环境日益变化、交易品种日益创新、交易成本日益提高、交易关系日益复杂，风险也与日俱增：任何一个市场主体经营不当、管理不善就会面临破产的风险；任何一种市场行为违法违规、出轨出格就会有扰乱一个市场的风险。市场监管要把安全、平稳放在第一位，一方面要促使市场主体加强内控、谨慎经营，另一方面也要使整个市场体系形成稳健运行、抵御风险的机制。

（三）有效监管原则

有效监管原则是市场监管经济性、合理化的体现。监管不是万能的，不能代替市场本身。监管也要尊重市场机制，监管不可过分刚性，不是确保万无一失，不可强制扭曲市场规律，而是刚柔相济、顺势利导，矫正背离市场机制的行为。因此，市场监管就要在必要的范围内有效地发挥作用，这其中包含了监管合法、监管适度的问题。

监管合法即监管符合法律规范，监管主体资格的取得及权力的行使均有依据，监管的对象、范围、程序、方式均应合法，监管者不越权、不徇私枉法。

监管适度就是在降低监管成本、提高监管效率的基础上，准确把握监管的力度、时机和广度，既要维护市场安全、抵御风险，又不压制市场活力、妨碍合理竞争；既要保护社会公众的利益，又不挫伤市场主体的积极性。这就需要监督者加强调查研究和预测，避免任意性；加强各监管机构间的协调，避免重复、交叉监管；注重经营者、中介机构和行业的自律和辅助监管作用，避免行政机关包揽监管。总之，要努力以最小监管代价，获得最大的监管效果。

（四）协调监管原则

协调监管是市场监管的特性及我国特殊国情所决定的。我国正处在社会转型、体制转轨的关键时期，政府在监管中的地位和作用不容低估，社会各界对监管工作的支持与配合也不可或缺，各监管主体必须协调配合，单纯强调任何一类监管主体的作用都有失偏颇。行政性监管与自律性监管相结合，才能实现有效监管。在深化改革、政府转变职能、弱化行政管理的今天，自律性监管将日益增大其比重，发挥更大作用。外部监管与企业内部控制相衔接，使监管目标真正落实。

由于我国市场发展发育程度和各监管主体的成熟度都不平衡，为了防止出现监管真空和监管混乱，就必须强调协调监管。例如我国目前仍实行分业经营、分业监管的金融体制，而金融市场发展客观上又要求各金融监管机构间形成合力。协调监管，就要求政府各

① 张忠军著：《金融监管论》，法律出版社 1998 年版，第 204 页。

② 陆泽峰著：《金融创新与法律变革》，法律出版社 2000 年版，第 300 页。

有关部门之间相互配合，共同履行好监管职责，避免扯皮、失职现象。《银行业监督管理法》对建立健全金融监管合作机制作了相应规定："国务院银行业监督管理机构应当和中国人民银行、国务院其他金融监督管理机构建立监督管理信息共享机制。"

鉴于经济全球化和市场国际化的大势，市场监管还需国际合作，国内监管要与国际监管相协调，以符合市场日益国际化的需要。跨越国境的市场活动越来越频繁，相应市场风险的产生、迅速漫延与跨境扩散的潜在威胁也越来越大，我国的市场监管机构应当与其他国家或者地区的监管机构建立各种形式的监督管理合作机制，实施跨境监督管理，以有效阻隔风险，有效维护市场安全。

三、市场监管法的基本内容

在市场监管法中，有一些构成市场监管法律规范的基本内容。这些内容是各个单行监管法所必不可少的，可称之为监管法的基本要素。

（一）市场监管体制

体制就是各种机构的总和，并通过这些机构的相互作用使选择由观念变为行动，并发挥功效。①市场监管体制就是指由立法所确定的、为实现监管目标而对市场主体及其行为实施制约的组织体系和作用机制的总和。

各国各市场的监管体制并不一致，完全根据国情或市场发展状况确定，如中央集权型和地方分权型，集中统一（一机关）监管型和多元（多机构）监管型，行政主导型和自律主导型等等。

政府监管机关的设置及其权限、职责的规定，是市场监管体制的重点。但发挥交易所、行业公会等自律作用和强化市场主体内控机制的要求，也是市场监管体制的组成部分。

（二）市场准入与禁入

这是对进入市场的主体资格的监管，也是保障市场运行安全和防范市场风险的首道把关。市场准入门槛的高低，与市场监管的理念、市场发展及监管的成熟度密切有关，发达市场的准入要求相对较低，但绝非自由出入；而发展中的市场因风险抵御机制尚不完善，相对入市的要求较高，特别是在对国外主体开放市场的问题上，一般均有一个渐进的过程。

立法（或自律规则）对市场进入者的软、硬件条件作出规定，通常包括确保正常运营的必要资产（如资本金）、从事市场活动必要的法律稳健（如章程、协议）、具有市场专业知识的人员、符合市场活动需要的设施场地等，还对各专门市场的从业人员有知识、经验、操守等方面的要求。

在准入的执行上，各国有前置式（审核许可）或后置式（登记、核查）的不同模式。但对

---

① 张忠军著：《金融监管法论》，法律出版社 1998 年版，第 102 页。

有违法犯罪或信用不佳记录,具有市场安全隐患、不适合市场特定要求者(含企业、个人),各国均有禁止入市的规定,发布禁入命令也是监管机构的常用监管方法。

(三) 市场运行风险控制

市场监管法针对不同市场的特点,为市场全体设定了业务经营中抵御风险、监视风险、分散风险和转移风险的防范措施。例如业务经营范围和交易品种的限定,往往是为了实现控制风险发生的几率和风险发生后的影响范围、防止风险交叉影响的目的;而最低法定资本和最低实收资本的规定,则是出于增强主体风险承受能力的考虑;对于资本充足率、资产负债比、流动资产比等资产质量的考核,又是因为动态跟踪、监管市场主体经营风险状况的需要。而一些市场中对交易活动实施实时监控,对于及时发现与制止违法违规,将风险消灭在萌芽或初始状态是十分有利的。

风险控制的制度,意在确保市场主体健康发展,防止因市场波动或自身经营问题,造成收支逆差、清偿困难,乃至破产倒闭。

(四) 危机处理和市场退出

在市场主体陷入经营困境或濒临破产,风险成为现实时,为保护社会公众利益、减少市场震荡和连锁反应,政府监管当局一般将进行危机处理,包括挽救措施(如接管、动用政府危机基金或动员民间援助)和善后处理(如存款保险金)。

对于因破产倒闭、违法经营被责令关闭,以及因收购兼并等而退出市场的主体,也应当实行监管,使其规范退市、减少波动,并依法追究退市的责任。

(五) 交易场所监管

最狭义的市场概念,就是指交易场所,包括有形场所如交易所、交易中心、集市等,也包括无形场所如交易网络。市场监管法当然要对交易场所进行监管。

交易场所监管的法律规范,涉及交易场所设立的条件、核准和程序,交易场所的功能定位、基本职责、组织形式、治理机构、运作规则等等。交易场所既为交易主体提供场地、结算等服务,又对交易活动进行着一线监管,其本身有明显的自律功能。为此,交易场所应针对自身特点,制定完善的自律规则,而这些规则则应遵循市场监管法的原则和制度,并受政府监管机构的制约。

(六) 中介机构监管

市场中介机构是指为交易主体提供专业服务的服务机构,如资产评估、会计、审计、法律、信息、财务顾问、投资咨询、市场调研、业务培训等机构。中介机构满足了现代市场分工精细、专性强和社会化服务的要求,提高了市场效率,起到了活跃市场、沟通信息、拓展业务的积极作用。但在一定条件下,中介机构也会因欺诈、误导、助长违法违规等行为,造成或扩大市场风险,危害到交易主体、社会公众的合法权益,增加市场监管的难度。因此,对中介机构的监管就成为市场监管的必要组成部分。

对中介机构监管的法律规范,包括中介服务市场的准入资格、专业人员的从业资格、中介活动的原则和方式、中介机构的责任及对中介机构的监督检查等。

(七) 对监管者的监管

对监管者的监管既是市场监管的内在含义,也是宪政的必然要求。监管失灵通常是指政府监管的失效,监管失灵的原因的复杂性和形态的多样性有时超过了市场失灵,这就必须对监管者进行监管,对监管失灵现象进行矫正。在加强对市场监管的同时,应加强对监管部门的监管,规范市场行为必须首先规范其中的政府行为。

对监管者的监管包括再监管的措施,主要有:(1)审计监督,如我国《银行业监督管理法》中规定,国务院审计、监察等机关,应当依照法律规定对国务院银行业监督管理机构的活动进行监督。(2)监管信息公开,如《证券法》规定,国务院证券监督管理机构依照法定条件负责核准股票发行申请,核准程序应当公开,依法接受监督。(3)明确监管人员资格及义务,如《银行业监督管理法》要求从事监督管理工作的人员,应当忠于职守,依法办事,公正廉洁,不得利用职务便利牟取不正当的利益,不得在金融机构等企业中兼任职务;应当依法保守国家秘密,并有责任为其监督管理的银行业金融机构及当事人保守秘密。(4)复议和诉讼,如《证券法》规定,当事人对证券监督管理机构或者国务院授权的部门处罚决定不服的,可以依法申请复议,或者依法直接向人民法院起诉。(5)建立监管责任制和内部监督制,中国银监会《关于各级监管职责及其工作程序的暂行规定》中指出:“银监会建立监管责任的考核监督制度,对监管职能部门和监管人员进行严格考核和问责。”

四、监管方式

监管方式是监管内容的具体化,通常是指监管措施群,在政府监管部门而言就是具体行政行为,就其他监管主体而言就是监管或自律的手段。

(一) 信息披露

被监管者应当按照法规规定或根据监管机构要求,如实向社会公众披露经营活动、财务会计报告、风险管理状况,以及高级管理人员人事变动等重大事项的信息,并以一定方式使社会公众方便获悉。

信息披露是市场监管的首要方式,是市场监管公开、公平、公正原则的体现,也是现代市场交易公开化、透明度的要求。信息披露对于医治信息不对称的市场痼疾是一剂良药,对于公平利用信息和提高市场效率、维护市场主体积极性和方便监管都十分有利。向公众公开信息,有利于舆论、投资者或消费者的社会监督。

信息披露是市场主体的基本义务,应实行强制性披露与自愿性披露相结合的办法。最低限度的信息披露的原则、范围、内容、程序均由法律规定,市场主体也完全可以根据需要及自身实际公开更多信息。

(二) 监督检查

监督检查是市场监管中最常见的监管方式,可以有不同的分类。

(1) 事中的与事后的监督检查。事中的监督检查通常是指实时监控，在金融市场中常用，是对市场持续的、全过程的监管，一般通过电子信息网络对市场交易系统、结算系统等进行同步、动态、全面、连续的监督，收集市场主体资产变化、资金流动、损益状况等信息，特别是对异常现象及时分析，便于及时发现问题与制止违法违规。事后的监督检查通常定期或在某活动项目完成后，对一个阶段、一项任务的经营财务情况、统计资料进行统计分析，从中发现现实的或潜在的风险；也有的是针对事件、事故的发生所进行的专项检查，查明原因与责任。

(2) 现场的与非现场的监督检查。监管机构往往会派出检查小组，以事先通知或突击的方式，深入被监管者经营场所，通过询问监管工作人员，查阅、复制有关的文件、资料，检查实物或电脑记录等，对被监管者的安全、合法、风险抵御能力等进行全面评估，现场解决或纠正问题。我国《银行业监督管理法》第 27 条中规定：国务院银行业监督管理机构应当“根据银行业金融机构的评级情况和风险状况，确定对其现场检查的频率、范围和需要采取的其他措施”。非现场的监督检查通过对市场主体的报表、报告、数据等进行检查、认定、比较，判断其资产质量、管理水平和风险状况。通过现场的与非现场的监督检查，对被监管者的法人治理结构、内部控制制度、风险管理体系以及各项风险控制指标等进行全面考核。

(3) 内部的与外部的监督检查。内部的监督检查是市场主体通过其稽查、稽核、监察、纪检、审计、法务等内设监督部门，以及股东会、董事会、监事会及独立董事等内部权力机构，进行内部监督检查，控制自身经营风险、维护自身安全、保障效益提高。外部的监督检查是国家监管机构或自律组织依据法律规定或自律规则，对被监管者经营财务及资产盈亏、偿付能力等情况进行强制或独立的审计、会计核算、稽查，关注其风险与安全。广义的外部监督检查还应包括国家司法、监察、审计、工商、税收、海关等部门的监督检查。

监督检查均应依法进行，如现场检查应出示有效执法证件，否则被监管者有权拒绝检查。

(三) 警示谈话或质询

谈话或质询措施类似于宏观调控中的“窗口指导”。监管机构可以根据履行职责的需要，与被监管者的董事、经理等高级管理人员进行监督管理谈话，或进行警诫谈话，或要求高级管理人员就被监管者的业务活动和风险管理的重大事项作出说明，并晓之以市场监管法律政策及重要意义的大理，动之以维护市场安全稳定及利人利己的大情，责成高级管理人员及被监管者合法、规范、稳健经营，自觉防范风险，确保市场安全。

《保险公司管理规定》中明确：“中国保监会根据监管职责的需要，可以对保险机构的高级管理人员进行监管谈话或者质询，要求其就保险业务经营活动和风险管理的重大事项作出说明。”《证券公司管理办法》也规定：“中国证监会对证券公司高级管理人员实行谈话提醒制度。中国证监会对证券公司在经营管理中出现的问题，可以质询证券公司的高级管理人员，并责令其限期纠正。”

监管机构对日常监管中发现的问题，可以向被监管者的董事、经理等高级管理人员提出质询，相关高管人员应如实回答质询。

（四）监管评级

监管机构可根据监管需要设定评级制，即依据一定标准，在统计资料、专项评估的基础上，对被监管者及其财产进行监管评级。如中国人民银行曾发出通知，要求自2002年起在我国各类银行全面施行贷款质量五级分类管理，各银行可根据《贷款风险分类指导原则》，结合本行不良贷款的种类和特征，制定贷款质量五级分类的具体标准，一方面加强内部管理，分类操作、有效监督，提取贷款损失准备金；另一方面按期报送贷款质量五级分类结果，并附分析报告，将相关信息做到完整、真实、准确地披露。

监管评级的实质就是对被监管者的守法情况、信用记录、经营能力、资产质量、管理水平、风险程度等所作的评价、测定、揭示，有利于监管者掌握实际情况、针对不同对象采取不同监管方法，也有利于市场其他主体了解被监管主体信用度、可靠性，合理规避交易风险。

（五）特别监管措施

在被监管者违背审慎监管原则与措施，出现影响稳健经营情况时，监管机构可依据法律法规的规定，对被监管者采取不同于一般的监管措施。这是在正常监管的基础上加强监管的方式。我国《外资金融机构管理条例》及其实施细则就规定，外资金融机构有未分配利润与本年度纯损益之和为负数、月内累计资金流出境外量大于流入境内量等不审慎经营行为的，银行业监管机构有权对外资金融机构采取特别监管措施。

特别监管措施通常包括要求被监管者就有关问题提交专题书面报告、缩短定期提交监管报告的期限；要求被监管者出具保证书；对有关风险监管指标提出特别要求；对被监管者资金出入境采取限制性措施；以及向被监管者派驻特别监管人员，对其日常经营管理进行监督指导。

（六）监管强制措施

这是对被监管者违反监管规章、规则，但尚未构成违法的行为所采取的监管措施。监管强制措施还不属于行政处罚或处分，而是具有强制性、比较严厉的监管措施。当被监管者违规被责令限期改正而逾期未改正的，或者其行为严重危及其自身稳健运行、损害他人合法权益、影响到一定市场的安全的，市场监管机构依法可以区别情形，采取监管强制措施。

监管强制措施的性质是限制被监管者或其高管人员、控制股东的权利范围、经营能力及赢利水平，以促使其纠正违规，恢复规范经营。其主要强制措施包括：责令暂停部分业务；停止批准开办新业务；限制分配红利和其他收入，若限制期间被监管者仍分配红利和其他收入的，则由监管机构收回或责令其收回，亦可申请法院强制执行；限制资产转让，包括禁止转让资产和责令转让资产，对此监管机构都有权检查核对；责令控股股东转让股权或者改变股权结构等形式的重组，其中控股股东被责令转让股权的，应在一定期限内依法转让；限制有关股东的权利，其他股东应协助执行；责令调整董事、高级管理人员或者限制其权利，被监管者应依据监管强制措施形成决议，在规定的期限内调整高管人员人选或限制其相应权利；停止批准增设分支机构；要求在规定期限内增加资本金；等等。

监管机构实施监管强制措施，应制作监管强制措施决定书，送达被监管者，并通知相关当事人、关系人或公告,被监管者应将监管强制措施执行情况报告监管机构,监管机构有权检查执行情况。

此外,监管机构还可依照严格的法定程序,采取以下强制措施:对造成国家利益重大损失的、负有直接责任的董事、高级管理人员和其他直接责任人员,通知出境管理机关依法阻止其出境;申请司法机关禁止被监管者转移、转让财产或者对其财产设定其他权利;查询涉嫌违法的被监管者及其工作人员以及关联行为人的账户,对涉嫌转移或者隐匿违法资金的申请司法机关予以冻结。

(七)"柔性"监管措施

"柔性"监管措施指的是不带有强制性、但对被监管者业务开展或信誉有重大影响的监管措施,常见的有公开谴责、持续信用监管和"冷淡对待"等。公开谴责即对违规行为公开通报批评;持续信用监管即建立系统对相关被监管对象长期进行信用监督、及时公布其信用记录;"冷淡对待"即对多次违规的被监管者,监管机构将对其所出具的文件采取冷淡处理的办法。这些措施的特点是看似清淡,又非制裁,而实质结果却较严厉,故较具威慑力。

境外监管机构或自律组织经常采取这些"柔性"监管措施。例如 2005 年 1 月 24 日康师傅控股有限公司(0322, HK)因向投资银行的分析员不平等地披露可能导致股价波动的公司财务资料,两次违反《上市协议》,而遭到香港交易及结算所(下称港交所)公开谴责。①又如 2004 年 9 月,南海石油(0076, HK)公司主席周岭所持的 1 281 万股被强制斩仓抛售,导致股价暴跌,且该公司当日发出两份矛盾的公告,港交所认为其行为涉嫌违反上市规则,考虑对其采取包括"冷淡对待"在内的适当行动。港交所向纪律小组委员会提交报告,要求对有关人士作出严厉谴责,甚至对南海石油发出"冷淡对待"令。"冷淡对待"令期限最长为 5 年,在这段时间内,公司作出的任何交易或重组变动,港交所都不会受理。②

我国证券监管部门 2004 年初发布的《证券发行上市保荐制度暂行办法》中也引用了"冷淡对待"的措施,规定对违反相关规定的保荐机构和保荐代表人采取"冷淡对待"的监管措施,即根据情节轻重,在一定时间内不受理或不再受理其提出的推荐发行上市申请,严重的还要取消其从事保荐业务的资格。

此外,会计审计监督、行政制裁与自律制裁等,也是重要的监管方式。

第三节 会计审计监督制度

一、会计监督制度

会计是市场监管的基本方式之一,是以货币为计量单位,运用一系列的科学方法对市

① 参见《第一财经日报》2005 年 1 月 25 日。

② 参见《新闻晨报》2004 年 9 月 7 日。

场主体的经营活动进行全面的、系统的、连续的、综合的记录和反映，并借以对经营活动进行分析、预测、控制和考核的一种监管活动。会计的基本职能是核算和监督。

国家通过会计监督对经济活动进行监管，其基本法律依据是1985年1月21日第六届全国人大常委会第九次会议通过，1993年12月29日第八届全国人大常委会第五次会议和1999年10月31日第九届全国人大常委会第十二次会议两次修订的《中华人民共和国会计法》，以及《注册会计师法》、《企业会计准则》、《总会计师条例》等。

(一) 会计核算

会计核算是会计的一项最基本的职能，是以货币为主要计算单位，通过专门方法和程序，对市场主体已经发生的经济业务进行连续、系统、全面、综合的记录、计算、分析的活动。各单位必须根据实际发生的经济业务事项进行会计核算，填制会计凭证，登记会计账簿，编制财务报告。任何单位不得以虚假的经济业务事项或资料进行会计核算。

1. 会计核算的内容、期间和记账本位币

《会计法》规定，办理会计手续，进行会计核算的内容包括：款项和有价证券的收付；财务的收支、增减和使用；债权债务的发生和结算；资本、基金的增减；收入、支出、费用、成本的计算；财务成果的计算和处理；其他需要办理会计手续，进行会计核算的事项。

会计核算时间也称会计年度。我国以公历年度为会计年度，即以每年的1月1日至12月31日为一个会计年度。这是与我国的计划财政年度相一致的，旨在便于国民经济计划管理和财政管理。

记账本位币指在会计事项发生时所使用的货币，即日常进行账簿记录和编制会计报表所使用的计量货币。我国会计核算以人民币为记账本位币。业务收支以外国货币为主的单位，也可以选定某种外国货币作为记账本位币，但是编报的会计报表中应当折算为人民币。

2. 会计核算资料的要求

根据《会计法》的要求，会计凭证、会计账簿、会计报表及其他会计资料(包括使用电子计算机进行会计核算的软件及生成的会计资料)，必须符合国家统一的会计制度的规定，保证会计资料合法、真实、准确、完整。不得伪造、变造会计凭证、会计账簿及其他会计资料，不得提供虚假的会计报告。

对会计凭证的要求有：凡发生的经济业务事项必须填制或者取得原始凭证，并及时送交会计机构；会计机构必须对原始凭证进行审核，对不真实、不合法的原始凭证不予接受，对记载不准确、不完整的原始凭证予以退回；根据经过审核无误后的原始凭证编制记账凭证，以保证整个会计核算工作具有真实可靠的基础。

对会计账簿的要求有：不得违反法律和统一会计制度私设账簿登记、核算；应保证账簿记录与实物、款项、会计凭证、会计报表相符，账簿之间对应记录相符；采用的会计处理方法，前后各期应一致，不得随意变更；应根据经过审核无误后的原始凭证和记账凭证，按照法律法规及国家统一的会计制度的规定登记账簿。

对会计报告的要求有：必须按照规定，根据会计账簿记录编制会计报告，并经总会计师或负责人签名盖章；按规定须经注册会计师审计的，应提供注册会计师及会计师事务所出具的审计报告。

3. 公司、企业会计核算的特别规定

公司、企业应按国家统一的会计制度规定确认、计量和记录资产、负债、所有者权益、收入、费用、成本和利润;不得随意改变资产、负债、所有者权益的确认标准或计量方法,虚列、多列、不列或少列资产、负债、所有者权益;不得虚列或隐瞒收入,推迟或提前确认收入;不得随意改变费用、成本的确认标准或计量方法,虚列、多列、不列或少列费用、成本;不得随意调整利润的计算、分配方法,编造虚假利润或隐瞒利润;等等。

(二)会计监督

会计监督是指会计机构和人员等依照法律规定,通过办理会计手续对经济活动的合法性、合理性和效益性所进行的一种监督。

1. 内部会计监督

内部会计监督指由各市场主体所设置的会计机构和会计人员对本单位经营中应记录的会计事项所实行的监督。内部会计监督的对象是本单位的经营活动中已经记载或将要记载的会计事项,即进行会计核算的事项。

内部监督的内容主要为三项:(1)监督会计凭证的真实、合法、准确和完整;(2)监督有关账簿记录,做到账证相符、账账相符、账实(款)相符和账表相符;(3)监督本单位各项收支遵守国家统一的财务会计制度的情况。

各单位应建立、健全本单位内部会计监督制度,并符合以下要求:应明确记账人员与经济业务事项和会计事项的审批人员、经办人员、财物保管人员的职责权限,并相互分离、相互制约;应明确重大对外投资、资产处置、资金调度及其他重要经济业务事项的决策和执行的相互监督、相互制约程序;应明确财产清查的范围、期限和组织程序;应明确对会计资料定期进行内部审计的办法和程序。

单位负责人应当保证会计机构、会计人员依法履行职责,不得授意、指使、强令会计机构、会计人员违法办理事项。会计机构、会计人员对违反法律和国家统一的会计制度的会计事项,有权拒绝办理或者按职权纠正。会计机构、会计人员发现账簿记录与实物、款项不符时,应当按照有关规定及时处理;无权自行处理的,应当向本单位负责人报告,请求查明原因、作出处理。任何单位和个人对违反法律和国家统一的会计制度的行为,有权检举。

2. 外部监督

外部监督是指由国家有关经济监管部门如财政、税务、审计、中国人民银行、证券监管、保险监督等机关依法对各单位的会计资料所实行的监督。依法成立的会计师事务所和审计事务所,可按国家规定,由国家机关等委托承办查账业务。

各单位在接受外部监督时,必须依法如实提供会计凭证、会计账簿、会计报表和其他会计资料等情况,不得拒绝、隐匿、谎报。被查对象有权要求检查者出示证件并有权要求对涉及的国家秘密和商业秘密进行保密。监督检查的部门在实施监督检查后,应出具检查结论,并应避免重复查账。

财政部门对各单位是否依法设置会计账簿、会计资料是否真实完整、会计核算是否符合法律和国家统一的会计制度规定、会计人员是否具备从业资格进行监督。

(三) 会计机构和会计人员的监管

会计机构和会计人员的设置。各单位根据业务需要设置会计机构,或者在有关机构中设置会计人员并指定会计主管人员。会计机构内部应当建立稽核制度。不具备设置会计机构条件的单位,可以委托经批准设立的会计咨询、服务机构进行代理记账。国有、国有控股或主导的企业必须设置总会计师。

会计人员的资格。从事会计工作的人员,必须取得会计从业资格证书;担任单位会计机构负责人的,除取得从业资格证书外,还应具备会计师以上专业技术职务资格或从事会计工作 3 年以上经历。会计人员应当遵守职业道德,提高业务素质。因有提供虚假财务会计报告,做假账,隐匿或故意销毁会计凭证、会计账簿、财会报告,贪污、挪用公款,职务侵占等与会计职务有关的违法行为被依法追究刑事责任的人员,不得取得或重新取得会计从业资格证书;因违纪行为被吊销会计从业资格证书的人员,5 年内不得重新取得会计从业资格证书。

二、审计监督制度

审计是由专职机构和人员,依法对被审计单位的财政、财务收支及有关经济活动的真实性、合法性、效益性进行审查,评价经济责任,以维护财经法纪,改善经营管理,提高经济效益,保障宏观调控的独立的市场监管活动。

审计法是国家通过审计监管经济活动的制度,是调整审计机构和审计专业人员在审计过程中发生的经济关系的法律规范的总称。1994 年 8 月 31 日第八届全国人大常委第九次会议通过、2006 年 2 月 28 日第十届全国人大常委第二十次会议修正的《中华人民共和国审计法》是审计基本规范。

我国的审计体系由国家审计、部门和单位(内部)审计以及社会(民间)审计组成。

(一) 国家审计

国家审计是指由审计机关依法进行的审计。国务院及地方各级审计机关是执行审计监督权的综合性市场监管机关,其审计监督具有广泛性。

1. 国家审计的范围

国务院各部门和地方各级人民政府及其各部门的财政收支,国有的金融机构和企业事业组织的财务收支,以及其他依照本法规定应当接受审计的财政收支、财务收支,应依法接受审计监督。

其具体包括:本级各部门(含直属单位)和下级政府预算的执行情况和决算,以及预算外资金的管理和使用情况;中央银行的财务收支和其他国有金融机构的资产、负债、损益;国家的事业组织和使用财政资金的其他事业组织的财务收支;国有企业的资产、负债、损益;政府投资和以政府投资为主的建设项目的预算执行情况和决算;政府部门管理的和社会团体受政府委托管理的社会保障基金、社会捐赠资金以及其他有关基金、资金的财务收支,以及由国际组织和外国政府援助、贷款项目的财务收支;国家机关和依法属于审计机关审计监督对象的其他单位的主要负责人,在任职期间对本地区、本部门或者本单位的财政收支、财务收支以及有关经济活动应负经济责任的履行情况等。国有资本占控股地位或者主导地位的企业、金融机构的审计监督,由国务院规定。

审计机关对财政收支或者财务收支的真实、合法和效益,依法进行审计监督。

2. 审计工作原则

审计工作应遵循以下原则:(1)依法审计,即审计机关依据有关财政收支、财务收支的法律、法规和国家其他有关规定进行审计评价,在法定职权范围内作出审计决定。(2)独立审计,即审计工作由依法设置的审计组织机构依照法律规定独立行使审计监督权,不受其他行政机关、社会团体和个人干涉;审计机关的经济来源有法定的保障,不受被审计单位的制约。(3)审计公正,审计应客观公正、实事求是、廉洁奉公、保守秘密,审计人员在实施审计工作时,与被审计单位或者审计事项有利害关系的,应当回避。(4)法律保护,审计人员在实施审计时,任何组织和个人不得拒绝、阻碍,不得打击报复审计人员;审计机关负责人依照法定程序任免,在没有违法失职或其他不符合任职条件情况下,不得随意撤换;地方各级审计机关负责人的任免,应当事先征求上一级审计机关的意见。(5)审计结论与决定的强制性,即审计机关作出的审计结论和决定,被审计单位必须执行;审计结论和决定涉及其他有关单位的,有关单位应当协助执行。

3. 审计机关的设置

审计署在国务院总理领导下,对中央预算执行情况和其他财政收支情况进行审计监督,向国务院总理提出审计结果报告。地方各级审计机关分别在省长、自治区主席、市长、州长、县长、区长和上一级审计机关的领导下,对本级预算执行情况和其他财政收支情况进行审计监督,向本级人民政府和上一级审计机关提出审计结果报告。

国务院和县级以上地方人民政府应当每年向本级人民代表大会常务委员会提出审计机关对预算执行和其他财政收支的审计工作报告。审计工作报告应当重点报告对预算执行的审计情况。必要时,人民代表大会常务委员会可以对审计工作报告作出决议。国务院和县级以上地方人民政府应当将审计工作报告中指出的问题的纠正情况和处理结果向本级人民代表大会常务委员会报告。

4. 审计机关职权

审计机关的权限是《宪法》规定的审计监督权的具体体现。有权检查被审计单位的会计凭证、会计账簿、财务会计报告和运用电子计算机管理财政收支、财务收支电子数据的系统,以及其他与财政收支、财务收支有关的资料和资产,被审计单位不得拒绝。有权就审计事项的有关问题向有关单位和个人进行调查,并取得有关证明材料。有关单位和个人应当支持、协助审计机关工作,如实向审计机关反映情况,提供有关证明材料。有权制止被审计单位转移、隐匿、篡改、毁弃会计凭证、会计账簿、财务会计报告以及其他与财政收支或者财务收支有关的资料的行为;有权纠正转移、隐匿所持有的违反国家规定取得的资产的行为。

5. 审计报告

审计实施时,审计人员对会计资料进行审查,检查、核实现金、实物和有价证券,并向有关单位和个人进行调查,取得审计证据,并鉴定、综合审计证据。在审计终结时,应撰写审计报告。审计报告在报送审计机关之前,应当征求被审计单位意见;被审计单位应当自接到审计报告之日起10日内反馈书面意见。审计机关对审计报告中的审计事项应作出评价、出具审计意见书,对违反国家规定的财政、财务收支行为,需要依法给予处理、处罚的,应在法定职权内作出审计决定或者向有关主管机关提出处理、处罚意见。审计机关应当自收到审计报告之日起30内,将审计意见书和审计决定送达被审计单位和有关部门。审计决定自送达之日起生效。审计机关可以向政府有关部门通报或者向社会公布审计结果。

(二) 部门和单位(内部)审计

内部审计机构和审计人员在本部门、本单位负责人领导下,依照国家有关的法律、法规和政策规定,实施内部审计监督,独立行使内部审计监督权,并向本部门、本单位领导人负责并报告工作。

依法属于审计机关审计监督对象的单位,应当按照国家有关规定建立健全内部审计制度;其内部审计工作应当接受审计机关的业务指导和监督。

内部审计的范围包括:(1)财务计划或者单位预算的执行和决算;(2)与财务收支有关的经济活动及其经济效益;(3)内部控制制度的健全、有效程度;(4)国家和单位资产及管理情况;(5)专项资金的提取、使用;(6)国家财政法纪的执行情况;(7)承包、租赁经营的有关审计事项;(8)所在单位领导人交办的和审计机关委托的其他审计事项;(9)对本单位与境内外组织兴办合资、合作经营企业以及合作项目所拨入资金、财产的使用及其效益。此外,还可以根据所在单位情况,对有关经济活动进行内部审计。

内部审计机构的主要职权有:(1)检查凭证、账表,决算、资金和财产,查阅有关的文件和资料;(2)参加有关会议;(3)对审计中的有关事项进行调查并索取证明材料;(4)对正在进行的严重违反财经法纪、严重损失浪费的行为作出临时的制止决定;(5)对阻绕、破坏审计工作以及拒绝提供有关资料的,经单位领导人批准,可以采取必要的临时措施,并提出追究有关人员的责任的建议;(6)提出改进管理、提高经济效益的建议以及纠正处理违反财经法纪行为的意见;(7)对严重违反财经法纪和造成严重损失浪费的人员,提出追究责任的建议;(8)发现重大事项,应向上级内部审计机构和审计机关反映;(9)内部审计机构所在单位可以在管理权限范围内,授予内部审计机构作出经济处理、处罚的权限。

(三) 社会(民间)审计

社会(民间)审计是指由独立从事审计活动的社会中介机构受托进行的审计。从事审计活动的社会中介机构是依法独立承办审计查证和咨询服务的审计事务所和会计师事务所。设立审计中介机构必须具备的条件有:具备章程、有办公场所、具备符合要求的自有资金、配有与业务规模相适应的执业审计师或注册会计师。设立审计事务所须经当地审计机关同意,由省、自治区、直辖市以上审计机关批准;经批准成立的审计事务所依法向当地工商行政管理机关办理开业注册登记,领取营业执照。根据我国《注册会计师法》规定,会计师事务所也可以从事审计。

社会审计机构执行业务的特点是必须接受委托，按委托方的要求开展工作。社会审计机构审计的单位依法属于审计机关审计监督对象的，审计机关按照国务院的规定，有权对该社会审计机构出具的相关审计报告进行核查。

审计事务所的业务范围包括：(1)财务收支、经济效益、经济责任的查证事项；(2)经济案件的规定事项；(3)注册资金的验证和年检；(4)基建工程预算的验证；(5)建账、建制，资产评估，清理债权债务；(6)经济管理咨询；(7)培训审计、财务、会计和其他经济管理人员；(8)担任审计、会计咨询顾问。

会计师事务所按《注册会计师法》的规定，可从事下列审计业务：(1)审查企业会计报表，出具审计报告；(2)验证企业资本，出具验资报告；(3)办理企业合并、分立、清算事宜中的审计业务，出具有关的报告。注册会计师执行审计业务出具的报告，具有证明效力。

第三十三章
金融监管法律制度概述

第一节 金融监管与金融监管法

一、金融风险与金融监管

金融是指货币资金的融通,是与货币流通、银行信用及其他信用有关的经济活动的总称。企业等社会组织通过发行有价证券等筹集资金,称为直接资金融通;通过以银行为中心的金融机构筹集资金,称为间接资金融通。在我国,金融是调动和配置社会资金为社会主义市场经济服务的重要途径,也是国家进行宏观经济调控的有效手段。

金融是个高风险的行业。金融风险是指由不确定性引起的产生金融损失的可能性,通常包括市场风险(如利率、汇率风险、交易风险等)和体制性风险(如管理风险、信用风险、政策风险、犯罪风险等)。风险具有扩张性强、社会影响大、周期反应明显等特征。20世纪后半叶以来,经济全球化和金融创新的活跃,使金融活动的不确定性更大,带来的风险更加复杂、扩散更加迅速。金融风险频频爆发,并引发连锁反应,导致系统性金融风波乃至金融危机。例如1994年底发生的墨西哥金融危机,迅速波及拉美国家;1997年爆发的东南亚金融危机,不仅使东南亚诸国多年经济积累毁于一旦,还引起剧烈的社会动荡和政坛事变,日本、韩国、俄罗斯等许多国家也先后受到严重影响;特别是2008年的美国次贷危机,造成全球经济的大规模衰退;而自2009年以来欧洲部分国家发生的主权债务危机(即欧债危机),险些造成欧元区解体,更是将各国金融风险的防控及金融监管问题推到了风口浪尖。这使人们强烈地感受到:金融风险最终将与国家安全、社会稳定和世界经济发展密切相关。

世界各国为防范和化解金融风险,无不采取加强金融监管的手段。20世纪90年代后期,从英、美、日到发展中国家,纷纷颁布了新的金融监管立法。而次贷危机后,美国带头修法以强化金融监管,并建立起新的权威性金融监管机构。

按通说,金融监管是指金融监管机构依法利用公权力对金融市场主体及其金融活动进行限制和约束的行为的总称。①金融监管的目的是防范金融风险、确保金融安全;实施

① 曹建明等著:《金融安全与法制建设》,法律出版社1999年版,第100—101页;张忠军著:《金融监管法论》,法律出版社1998年版,第2页。

金融监管的机构是国家金融监管当局，监管的对象是金融市场的各类主体及其金融活动；金融监管的依据是金融法律规范，而监管的基本方法包括了市场准入、日常监视、现场检查和稽核处罚等。

金融监管不同于金融调控，但两者又是相辅相成的。在多数国家里，中央银行同时担负着金融监管和金融调控的双重任务。金融监管所提供的真实准确的信息，所构建的稳健运作的金融机构，所创设的健康有序的市场环境，为金融调控目标的实现打下了良好的基础，提供了有效的保障。

二、金融监管法的概念与内容体系

金融监管法是调整国家在监管金融市场主体及其活动过程中的经济关系的法律规范的总称。金融监管法规范、制约、指导、保护着金融机构，使其金融活动有了准则；同时，金融监管法也使金融监管机构的监管活动有了标准、方法和权威性。

金融监管法与金融调控法、金融业务法一起，构成了金融法的整体，并成为经济法的重要组成部分。

世界各国的金融监管立法一般均包含在其中央银行法、银行法及其他的金融法中，如美国的《联邦储备法》、《银行法》、《金融服务法》及 2010 年的《华尔街改革和消费者保护法》，日本的《日本银行法》、《证券交易法》等。但各国也有不少专门的金融监管立法，如美国 1966 年的《金融机构监管法》、1978 年的《金融机构管理和利率控制》、1989 年的《金融机构改革、复兴和实施法》，日本的《金融监察厅设置法》，新加坡的《金融管理局法》等。我国的金融监管法的基本制度均由相应的金融法律作出规定，而具体规则往往以行政法规和政府规章形式作出。

金融监管法的内容包括金融监管体制、对金融机构的监管、对投资人和融资人的监管、对金融市场活动和交易品种的监管，以及金融监管的国际合作等。

20 世纪 80 年代以来，世界经济的进一步发展，现代科学技术在金融领域的广泛采用，金融市场不断扩大，金融机构不断增加，金融商品不断涌现，金融工具不断创新，以及金融安全的需求，都促使金融监管法不断发展变化。首先是金融监管机构的地位得到加强，一些国家强化了中央银行在金融监管中的核心地位、扩大了监管职权，另有一些国家依法成立了权威性的集中金融监管的新机构。其次是加强了对金融机构经营风险的管理力度，巴塞尔银行业条例和监管委员会要求对银行实行资产负债比例管理和风险管理，旨在保障各国商业银行的安全经营。再次是密切配合金融改革创新，健全监管体系，金融自由化和创新化的浪潮促使各国调整传统的管制项目以鼓励竞争。如美国 20 世纪 90 年代的一系列立法，允许金融机构打破传统屏障，跨行业、跨州开展业务。但同时又针对金融衍生产品投机风险增加的现象，出台了衍生工具交易监管的制度，以建立健全风险防范与抵御机制。

我国金融监管法律体系构成如下：

第一层次是金融法律。金融法律是指由国家立法机关全国人大及其常委会依立法程序制定的有关金融活动的规范性文件，如《中国人民银行法》、《银行业监督管理法》、《商业银行法》、《证券法》和《保险法》等。

第二层次是金融行政法规。金融行政法规是由国家行政机关即国务院依法制定的各种有关金融活动的规范性文件，如《外汇管理条例》、《外资银行管理条例》、《证券公司监督管理条例》、《外资保险公司管理条例》、《金银管理条例》、《人民币管理条例》、《企业债券管理条例》等。

第三层次是专门的金融监管行政规章。金融监管行政规章是由作为行政机关职能部门的金融监管机关根据金融法律和金融行政法规制定的规范性文件，如中国人民银行制定的《人民币利率管理规定》、《结汇、售汇及付汇管理规定》等，中国银行业监督管理委员会颁行的《商业银行信息披露办法》、《商业银行资本充足率管理办法》、《信托公司管理办法》等，中国证券监督管理委员会发布的《证券发行与承销管理办法》、《期货公司管理办法》等，中国保险监督管理委员会颁行的《保险公司管理规定》、《再保险业务管理规定》等。

除此之外，还可包括自律性规范。自律性规范主要是由金融机构行业协会如银行公会、证券业协会、证券交易所等机构制定约束其会员的带有自治性质的规范性文件和金融机构自己制定的章程、内部规章以及各项业务规程等。这类自律性规范在经行政管理机关批准后，对外也有一定的约束力。

三、我国金融监管法的原则

（一）维护金融体系安全与稳定

我国金融法十分强调运用法律手段监督、管理金融机构和金融市场，并促使金融机构在法定范围内稳健经营，降低和防范风险，以提高金融体系的安全性和稳定性。纵观世界各国的金融危机或金融风险，有一点值得高度注意：一家金融机构发生的风险所带来的后果，往往超过对其自身的影响，因此，我们必须十分关注金融风险可能引发的“系统风险”(systemic risk)。这种系统风险表现为因一个或多个银行出乎意料倒闭，而在整个金融体系中乃至对全社会引发“多米诺骨牌效应”。这是因为，在整个金融运行过程中，银行相互之间及其对其他行业的影响很大，包括破产的影响。一家银行的突然倒闭，可能会引起其他银行的危机。当人们普遍怀疑银行资产抵偿其负债能力时，便会引发储户争相提款。在这种情况下，容易形成银行体系不稳定。1930 年至 1933 年，美国有约 9 000 家银行倒闭；次贷危机中仅 2009 年，美国就有 50 多家银行倒闭；俄罗斯金融危机时也曾发生2 000 多家银行倒闭；泰国金融危机触发了东南亚国家 150 多家金融机构的倒闭，所有这些都典型地反映了这种状况。因此，金融机构在具体的金融交易活动中出现的风险，有可能对该金融机构的生存构成威胁，一旦发生金融系统风险，金融体系运转失灵，不仅有可能在很短的时间内使自己的经济基础受到破坏，使长期积累的财富瞬间化为乌有，还会导致全社会经济秩序的混乱，甚至引发严重的政治、经济危机。

（二）保护金融消费者合法权益

金融消费者是消费者的一种类型，是消费者概念在金融领域的一种延伸，即为了满足个人生活需要而购买、使用金融机构提供的金融产品或接受其提供的金融服务的个人投资者。近几年来,随着我国市场经济的发展和金融创新的不断深化,消费金融理念已经深入人心,金融产品已逐步成为满足普通老百姓生活之需的产品,存贷款、信用卡、理财、保险等金融服务日益成为人们日常生活中不可分割的组成部分,与此相伴,金融消费服务所引发的纠纷与矛盾也日益增加,消费者金融权益被侵害的现象时有发生。

对于保护金融消费者的重要性要有清醒的认识,开展有效工作。要完善存款人和金融消费者投诉的处理机制和程序,金融机构要落实处理投诉的部门、职责及时效,优化资源配置,保证投诉处理的公开透明,并建立定期报告和检查回顾制度。要积极培育中介服务机构,这是帮助金融消费者寻求最合适的金融机构、金融产品、金融服务的专业机构,它同时也帮助金融机构寻找合适的消费者。要创新纠纷解决机制,如行业协会成立的调解委员会,司法系统建立的“诉调对接”中心,以及加强仲裁机构建设,为及时化解金融纠纷起到了积极的作用。此外,还要强化个人金融信息保护力度。

(三) 分业经营、分业监管

分业经营、分业管理就是指金融各业如银行、证券、保险各自独立经营,不可交叉。其理由是:第一,银行主要通过存、贷、汇业务在社会经济生活中充任不可或缺的间接融资角色,如果允许其参与高风险的证券业务,将直接加大银行的经营风险,一旦经济形势出现恶化引发股市危机,将殃及银行乃至整个社会信用制度直到经济崩溃;第二,由于利益机制的驱动,对高回报的预期,银行从事证券业务所投入资金将增加,则从事银行传统业务的投入资金必定减少,而一旦社会资金需求过旺时,会习惯性地倒逼中央银行增加基础货币投放,这样极易导致通货膨胀;第三,分业是专业分工的体现,有助于维护竞争和提高金融业整体运行的效率。世界各国根据其自身政治、经济、文化和历史背景,设计并实践着“分”或“合”的经营模式。美国 1933 年的《格拉斯—斯蒂格尔法》(Glass-Steageall Act)就是严格分业经营分业管理的法律规范。

随着金融全球化的发展,国际银行业的竞争日趋激烈,金融创新层出不穷,人们重新提出了合业的问题,认为银行与证券业务融合并不必然伴随其经营风险的加大,按照现代投资组合理论,单一贷款或证券投资均有其风险性,然而通过适当的投资组合,可缓解或控制其业务的风险性;而且,银行“存款保险制度”的贯彻及金融检查、内部人员融资限制等规制措施的实施,可以防范金融危机、维护金融安定;还有,所谓专业化分工应是市场运行的结果而不是初始安排,有效的分工是通过市场竞争形成的,强制分工无异于“划业为牢”,只能损害效率。①在经济全球化背景下,金融业需寻求成本低、更安全的业务发展空间,而混业经营能发挥规模效益和分散风险的功能,满足金融业发展与安全的需要,加上发达国家资本市场发达,金融机构内部管理完善,金融监管法规严密,在这样的背景下,金融合业经营、合业监管的出现也就很正常了。1999 年,美国国会终于在全国财经界的支持下,通过了《金融服务现代法案》(Financial Services Modernization Act)。该法案允许商业银行、投资银行和保险公司可以互相渗透并涉足彼此的领域竞争,为一家金融机构提供

① 刘志高著:《证券商监管法研究》,《金融市场运行与法律监管》,世界图书出版公司 1999 年版,第 225—226 页。

全方位服务创造了可能性，提供了法律依据。20 世纪 90 年代末，美国花旗公司和旅行者公司带头宣布合并组成花旗集团，集商业银行业务与证券、保险业务于一身。

我国金融法律、法规规定了现阶段金融监管实行分业经营、分业监管的原则。这是因为，目前我国金融市场还不够成熟，银行间接融资在全国融资格局中占 85%以上，而且金融机构内部控制风险不能适应业务交叉经营的要求，金融监管也缺乏经验。实施分业经营，可以防止银行业、证券业、保险业的风险在行业间交叉影响，可以防止资金通过银行大量进出股市及由此引起的股市过度投机，可以防止非银行金融机构借助关联银行进行不正当竞争。为此，我国法律明确规定现阶段对银行业、证券业、保险业实行分业经营；在分业经营的基础上，通过适当交叉逐步走向融合经营。

(四) 发挥金融业自律与内控的作用

金融业的自律组织在各国的金融监管中发挥着重要作用。自律组织的全体成员共同制定行为规范，并共同遵守，实行自我约束、自我保护。就专业熟悉程度、与金融运作的联系紧密度、规范领域的广度及监管手段方面而言，自律与政府监管相比，有其自身的特点，能发挥其独特的作用。我国全国和地方性银行同业公会、保险同业公会及证券业协会等自律组织也已建立，但如何发挥功能、辅助好政府监管，还有很多工作要做。

金融机构内部控制是指金融机构为完成既定的工作目标和防范风险，对内部各职能部门及工作人员的业务活动进行风险控制、制度管理和相互制约。20 世纪 90 年代中期英国巴林银行破产和日本大和银行的巨额损失，就是因为其内控机制不严，其交易员长期在无监管控制下违规操作，终于酿成严重后果。这一教训是惨重的。完善内控机制是金融监管的重要内容，金融监管当局要指导、督促金融机构建立健全内部控制机制，加强对其内部机构、资产风险、会计系统、授权授信和计算机系统的控制，并强化责任制。

第二节　金融监管体制

一、发达国家金融监管体制

西方发达国家历经数百年的发展演变，已形成了一个与市场经济发展基本适应的金融监管体制。但因各国的历史、政治、法律、民族文化传统及经济、金融发展水平不同，金融理论与实践的差异，其金融监管体制亦各具特色。

(一) 美国

美国经过 200 多年的发展，已经成为市场经济最为发达的国家，亦拥有与之相匹配的金融监管体制。美国现行金融监管体制是在 1929—1933 年的金融危机、经济大萧条和罗斯福新政时期创设并逐步发展起来的，又历经 60 年代后经济情况变化及 80 年代后期至 90 年代金融风潮影响，日趋健全，形成双重多元、分权制衡的金融监管体制，其促进自由竞争、防范危机的特征十分明显。

美国在联邦一级就有三大银行主管机关:一是货币监理署,作为历史悠久的老资格主管机关,是依1863年《国民银行法》成立的,虽隶属财政部,却因对国会负责而具独立性。除总部外,设6个地区办事处。其主要职责是负责国民银行及其分支机构设立注册及清理宣告,监督检查国民银行的资本营运、存贷款的安全、利率水平,对违法经营或经营混乱者采取行政处罚或予以接管。二是联邦储备系统,依据《联邦储备法》建立,其最高决策机构为联邦储备委员会(即美联储)。全国设12个储备区,各设一家联邦储备银行(下设25家分行),作为政策执行部门,负责制定货币政策和实行金融监管,办理中央银行业务;在金融监管方面,美联储着重监管各储备银行,各储备银行则具体监管加入联邦储备系统的商业银行(会员行)。三是联邦存款保险公司,依据1933年《银行法》成立,通过经营商业银行的存款保险业务,执行对商业银行的监管职能(重点是非联邦储备系统成员)。根据1989年《金融机构改革、复兴与实施法》,联邦存款保险公司还通过储蓄协会保险基金,对储蓄存款机构执行存款保险并实施监管。①

在证券管理方面,则有联邦证券交易委员会(SEC),这是根据1934年《证券交易法》成立的独立的、超党派的准司法机构,负责对全国的证券发行与交易、证券交易所、证券商、投资公司等实施监管。此外,还有联邦保险公司、储蓄机构监管办公室等。

在美国各州还设有银行监理官等金融管理机构,负责对州银行的监管,管理地方性证券发行及其他金融活动。

2010年通过的金融监管改革法,对金融监管组织体系进行了修正和补充。此次改革的思路是将监管权收缩到少数几个机构手里,②特别是美联储的权利被大大提升。新法不仅授权美联储对系统重要性的金融公司实行统一监管,还授权美联储对重要的支付结算体系进行监管和必要时的救助。新法涉及监管体系与监管机构的内容还有:(1)新成立金融稳定监管委员会,负责监测和处理威胁国家金融稳定的系统性风险。(2)在联邦储备委员会下设立新的消费者金融保护局(CFPB),赋予其决策权和部分执行权,对提供信用卡、抵押贷款和其他贷款等消费者金融产品及服务的银行和非银行实施监管,凡从事抵押贷款相关业务、资产超过100亿美元的银行、信用社、短期小额贷款公司、支票兑现机构以及某些非银行金融机构都应接受其监管。(3)联邦存款保险公司(FDIC)负责建立新的大型金融机构破产清算机制,解决"大而不能倒"的问题。(4)证券交易委员会(SEC)成立针对信用评级机构监管的专门办公室。(5)由交易所和监管机构担负起更多金融衍生品交易的自律与监管的任务。新法还将储蓄机构监理局(OTS)并入货币监理署(OCC),要求证券交易委员会和商品期货交易委员会进行更多协调。

(二)英国

英国是资本主义的发源地之一,是古老的金融帝国,也是最早出现银行的国家之一。经历了一个漫长的历史过程,英国金融监管体制形成了自己的特点。

① 张忠军著:《金融监管方法论》,法律出版社1998年版,第111—112页。

② 李亚培、李楠著:《美国金融监管改革法案的新特征及其可能影响分析》,载于《甘肃金融》2009年第8期。

英国长期依靠完善而有效的中央银行，实施集中监管。从1694年成立到1844年《皮尔条例》的颁布，至1946年的《英格兰银行法》实施，英格兰银行由一家商业银行逐渐演变为管理全国金融的中央银行，1979年《银行法》进一步总结业务和管理上积累的经验教训，确立了英国中央银行一元化管理的地位，赋予了英格兰银行监管、调控全国金融的职责。在监管方面，英格兰银行负责对金融机构营业的授权，并可限制或取消该授权，有权检查和要求金融机构提供报表资料、调查其业务活动。其监管机构有银行业务监督委员会和银行监督局，但其监管方式不仅仅是法律规则，也往往借助于道义劝说和"君子协定"。

20世纪90年代末，英国在金融大改革中制定了专门法律、成立了独立的监管机构——金融服务局(即超级金融监管委员会)，它代替了原英格兰银行的监管职能，负责对全英银行、基金管理机构、清算机构、保险公司、住房信贷合作社、证券与期货交易机构等的设立注册、运营规范等监管工作。超级金融监管委员会的基本职责是：(1)与中央银行合作，维持各方对金融业和市场的信心，促进金融市场的清廉、有序、公正、透明；(2)确保金融业具有竞争力、财政良好、交易公平，以及平等对待投资者、存款人和投保人；(3)增进公众对金融产品利益及风险的了解，确保信息公开；(4)监视、调查和防范金融犯罪；(5)通过有效、经济和适当的途径实现监管目的，促进金融业革新及与国际接轨。该委员会拥有广泛的检查、干预和处罚权力。为保证委员会的独立性，其最高执行委员会成员多数由来自金融机构的高级管理人员兼任，由英财政大臣和央行行长联合任命。有学者认为，英国在全球首创了统一监管的新型金融监管模式。①

(三) 日本

明治维新(1868年)以后，日本引进了近代银行制度，1882年建立中央银行——日本银行，但金融体制一直处于不稳定和较大变动之中。二战以后进行了大规模的金融制度改革，20世纪40年代末50年代初的一系列金融立法，才逐步确立起来日本单层多元、行政指导的金融监管体制。

日本银行(中央银行)与大藏省共同负担金融宏观调控和监管的职责，大藏省是金融行政主管机关，日本银行既属于大藏省领导，又相对独立而对国会和国民负责。在金融监管方面，大藏省在审批、监管金融机构方面有较大权力，其所属银行局、国际银行局、证券局等部门监管所有在日本注册的国内外金融机构或分支机构，监管重点是合法健康运营；而日本银行只对在日本银行开户并取得贷款的金融机构实施监督检查，监管重点是经营风险与资产安全。两三年一次的"检查"或"考查"，曾是这两大监管机构实施监管的主要方式之一。

20世纪90年代后，巨额不良金融债权的出现、亚洲金融危机的影响，使金融机构破产事件不断发生，引起了人们对现行监管体制的批评。在日本金融大改革之后，日本也于20世纪90年代末设立了作为总理府直属的金融监管厅，将大藏省的金融监管职能分离了出来。金融监管厅负责对民营金融机构的检查、监督，对证券交易进行监视，对存款保险机构实施的资金援助进行认定，其主要监管手段包括经营金融业务的许可、暂停和终止

① 曹建明等著：《金融安全与法制建设》，法律出版社1999年版，第107—108页。

决定权等。

二、中国的金融监管体制

（一）中国金融监管体制的历史沿革

新中国金融体制是在新民主主义革命时期根据地金融业的基础上形成和发展起来的，带有明显的服务于政治需要的特征。1948 年 12 月，中国人民银行正式建立；新中国成立之初，接受官僚资本、改造私营金融业、关闭证券交易所等市场，组建了国家专业银行、保险公司和合作金融机构。50 年代末，我国仿效苏联模式建立高度集中的计划经济体制，与此相适应，将信用集中于国家银行、取消多种信用工具，将多家金融机构并入中国人民银行，从而形成高度集权、严格管制的经营与监管混为一体的金融体制。这种体制虽对国民经济的恢复和发展起到过一定作用，但随着社会主义建设的全面开展，其弊端暴露无遗。最突出的问题就是独家垄断、机构单一，经营管理行政化。除个别情况外，中国人民银行独家包揽金融活动，既作为政府机构执行中央银行职能，又全面办理商业银行的信贷、结算、储蓄等业务，并对其他企业、事业单位实施行政监督管理。中国人民银行在全国按行政区划遍设分支机构，内部实行统一、垂直的领导管理，信贷严格按计划，资金管理实行统收统贷，体现出强烈的行政性。

1978 年我国进入改革开放的新时期，从 1979 年开始，金融体制进行了全面改革。1984 年 1 月 1 日起，中国人民银行专门执行中央银行的职能，并赋予运用货币政策、加强调控和金融监管的职能。在监管方面，中国人民银行负责监管新设或恢复重组的国家银行及非银行金融机构，监管相继形成的各类金融市场(90 年代初，其对证券市场的监管职能移交给了国务院证券委员会及中国证券监督管理委员会)。80 年代中，包括银行管理、外汇管理、金银管理、信托投资机构管理等一系列法规、规章出台，为金融监管提供了依据。

随着经济体制改革的深入发展，中共十四大确定了建立社会主义市场经济体制的总体方案，国务院于 1993 年 12 月发布《关于金融体制改革的决定》，要求在建立金融调控体系、金融组织体系和金融市场体系的同时，加强金融监管。1995 年 3 月 18 日，第八届全国人大第三次会议通过了《中华人民共和国中国人民银行法》并公布实施，中央银行的金融监管地位在立法中正式确立。1995 年 5 月 10 日第八届全国人大常委会第十三次会议通过了《中华人民共和国商业银行法》，对一些主要的监管制度作出规定。

1998 年，中央和国务院作出决定，对中国人民银行管理体制实行重大改革，撤销省级分行，跨地区设置九家大区分行，实行有效监管；同时，将国务院证券委与中国证监会合并，由新组建的中国证券监督管理委员会(以下简称中国证监会)集中统一监管全国证券期货市场；设立中国保险监管委员会(以下简称中国保监会)，统一监管全国保险业和保险市场。2003 年，国务院设立中国银行业监督管理委员会(以下简称中国银监会)，统一监管银行、金融资产管理公司、信托投资公司等银行业金融机构，并履行原由中国人民银行履行的监督管理职责。同时，修改后的《中国人民银行法》规定，中国人民银行仍将保留 6 项必要的监管职责，如监管银行间同业拆借市场、银行间债券市场、银行间外汇市场和黄金市场，组织或者协助组织银行业金融机构相互之间的清算系统，执行存款准备金管理等。《银行业监督管理法》第 6 条规定："国务院银行业监督管理机构应当与中国人民银行、国务院其他金融监督管理机构建立监督管理信息共享和监督管理协调机制。"《中国人民银行法》第 9 条规定："国务院建立金融监管协调机制，具体办法由国务院规定。"至此，我国现行的"一行三会"分业监管、分工合作的金融监管体制正式形成。

（二）我国金融监管的协调机制

为了明确金融监管机构的监管职责，协调配合，避免监管真空和重复监管，提高监管效率，鼓励金融创新，以达到所有金融机构及其从事的金融业务都能得到持续有效的监管，保障金融业稳健运行和健康发展，中国银监会、中国证监会、中国保监会本着讲求实效的指导思想，在 2004 年制定了《在金融监管方面分工合作的备忘录》。

首先是分业监管、职责明确。根据国家法律和国务院的授权，中国银监会负责统一监督管理全国银行、金融资产管理公司、信托投资公司及其他存款类金融机构；中国证监会依法对全国证券、期货市场实行集中统一监督管理；中国保监会统一监督管理全国保险市场，维护保险业的合法、稳健运行。

其次是相互间协调有序、规则透明。在金融集团监管方面：对金融控股公司的集团公司依据其主要业务性质，归属相应的监管机构，对金融控股公司内相关机构、业务的监管，按照业务性质实施分业监管。对产业资本投资形成的金融控股集团，在监管政策、标准和方式等方面认真研究、协调配合、加强管理。在信息收集与交流方面：银监会、证监会、保监会分别向其监管对象收集信息和数据，并负责统一汇总、编制各类金融机构的数据和报表，按照国家有关规定予以公布。建立定期信息交流制度，需定期交流的信息由三方协商确定。

再次是与国内外其他机构合作。被监管对象在境外的，由其监管机构负责对外联系，并与当地监管机构建立工作关系。中国银监会、中国证监会、中国保监会应与财政部、中国人民银行密切合作，共同维护金融体系的稳定和金融市场的信心。

中国银监会、中国证监会、中国保监会合作监管工作机制是：就重大监管事项和跨行业、跨境监管中的复杂问题进行磋商。建立中国银监会、中国证监会、中国保监会"监管联席会议机制"。监管联席会议成员由三方机构的主席组成，每季度召开一次例会，由主席或其授权的副主席参加，讨论和协调有关金融监管的重要事项、已出台政策的市场反映和效果评估以及其他需要协商、通报和交流的事项。监管联席会议仅协调有关三方监管的重要事宜，三方分别设立"联席会议秘书处"作为日常联络机构，并指定专门联系人。建立中国银监会、中国证监会、中国保监会"会签制"、"经常联系机制"。

第三节　金融监管的国际合作

随着金融全球化和跨国银行的迅速发展，传统的由银行所在国依据本国法实施的监管已越来越不能适应跨国金融活动的安全问题了。于是,各国尝试了一系列金融监管的国际合作、协调,其中较为突出的是巴塞尔委员会及其指定的一系列文件(巴塞尔协议体系)。

1975 年 2 月,根据英格兰银行总裁理查森的提议,在国际清算银行的发起和主持下,由"十国集团"成员比利时、英国、加拿大、法国、荷兰、意大利、日本、瑞典、德国、美国,再加上瑞士和卢森堡共 12 个国家中央银行的首领,在瑞士的巴塞尔聚会,讨论跨国银行的国际监管与合作问题。会议决定成立一个监督常设委员会——巴塞尔银行规章条例及监管办法委员会(简称巴塞尔委员会)。巴塞尔委员会是一个各国中央银行监督国际银行活动的联合代表机构和协调机构,它使银行业监管国际合作成为可能。其成立的目的,是为了国际间进行更紧密的合作,就银行业监管问题提供一个正式的讨论场所,达成一致意见或协议,并且努力改善有关从事国际银行活动的银行监督工作。其基本任务是:改善国际金融监督技巧的效能;提出任何影响从事国际银行业务的问题;为改善全世界银行业监管工作,同世界各国监管机构交换信息和意见。①

巴塞尔委员会自 1975 年后,针对国际金融监管发布了一系列准则,获得了世界上多数国家的支持,一些国家的中央银行亦主动采纳,使其发挥了加强金融安全的积极作用。

一、1975 年《巴塞尔协议》及其修订

巴塞尔委员会于 1975 年 9 月通过第一个文件《对银行的国外机构的监管原则》,被称为"神圣公约";该委员会又于 1983 年 5 月对 1975 年的"神圣公约"进行修订,通过了《修改后的巴塞尔协定:对银行的国外机构的监管原则》,又称为"新神圣公约"。

1975 年的巴塞尔协议制定了国际合作监督的指导线,按股权原则划分了分行、多数股权子银行、少数股权子银行,明确监督的重点是流动性、清偿能力和外汇头寸。其确定的原则是:(1)对外国银行机构的监管应由母国和东道国监管当局共同负责,每个国家应该保证对外国银行机构的监管,并且所实施的监管在母国与东道国看来是适当的。(2)任何外国银行机构都不能逃避政府监管。(3)东道国与母国之间应加强合作,努力消除信息、检查等妨碍合作的法律障碍。

1983 年修订本强调充分监管和综合监管原则,并确定监管分工:(1)关于清偿力,分行由母国当局负责监管,子银行由东道国和母国共负监管责任;合资银行的清偿力由东道国负主要监管责任,若合资银行中一国占有多数股权,那么其清偿力则由东道国和母国共同负责。(2)关于流动性,分行由东道国与母国共同负责,对于子银行和合资银行,主要由东道国负责监管。(3)对于外汇头寸,母国和东道国应共同负责监管,其中,母国监管当局负责监管银行集团的全球外汇头寸,东道国当局负责其境内机构的外汇头寸的监管。②

---

① 曹建明等著:《金融安全与法制建设》,法律出版社 1999 年版,第 113 页。

② 同上书,第 114—115 页;张忠军著:《金融监管法论》,法律出版社 1998 年版,第 354—357 页。

二、1988 年《巴塞尔协议》及其补充

巴塞尔委员会根据各国银行法监管差异较大，不利于风险防范和稳定经营的问题，于 1988 年 7 月正式通过并公布《关于统一国际银行资本衡量和资本标准的协议》。其目的是通过制定银行的资本和资产间的比例，定出计算方法和标准，以达到加强国际银行体系的健康和稳定的目标，同时通过制定统一的标准以消除在国际市场上各国银行之间相互竞争的不平等性。1995 年 12 月，又正式签署《巴塞尔资本充足协议的补充协议》，于 1996 年 1 月公布，1997 年底生效。《巴塞尔协议》除导言和四个附件外，正文分为资本的组成、风险加权的计算、标准比率的目的、过渡期及实施的安排四部分，其核心是资本充足率与风险权数。资本充足率为协议所要求的银行资本与其资产的比率不低于 8%。

银行资本分为两个部分，一部分是股东出资和资本公积金组成的核心资本，另一部分是包括未公开的储备、资产重估储备、通用贷款损失准备金、债务性资本工具及次级长期债券组成的从属资本。在资本的构成中，核心资本所占比重不得低于 50%。《巴塞尔协议》要求银行的总资产（经营规模）不得超过其核心资本的 25 倍或核心资本与从属资本之和的银行资本的 12.5 倍。

《巴塞尔协议》允许银行发放特定信贷时，按风险权数确定资本准备金折扣率。风险权数为 0 的信贷，可以不提取资本准备金；风险权数为 10%的贷款，资本准备金可打一折；风险权数为 20%的可打二折；风险权数为 50%的可打对折；风险权数为 100%的可不打折。而风险权数与资本充足率是联系在一起的。例如，银行要发放一笔 1 000 万元信贷，按照资本充足率要求必须备足 80 万元资本准备金；而这笔信贷的风险权数如果为 50%，资本准备金打对折，备足 40 万元即可贷款；如果风险权数为 100%，则必须备足 80 万元才能放款。《巴塞尔协议》以此来约束国际银行的放贷规模和经营规模。

《补充协议》由正文及两个附件组成，主要解决迅速增长的金融衍生交易不属原信用风险测定体系，从而逃避监管以及蕴含巨大风险的问题。

《补充协议》提出了标准测定法和风险价值法两种交易项目的风险测定方法；而对其他市场风险，则直接依照头寸总价值规定最低资本金要求，并将衍生产品交易单列，以示重视。在资本范围方面，在保留原协议的核心资本和从属资本不变外，增加了短期次级资本作为第三层次资本，并依据不同的金融市场交易规定不同的风险权数或资本要求比例，从而鼓励银行交易低风险的金融产品，降低风险。

三、1992 年《巴塞尔协议》

1991 年国际商业银行（BCCI）倒闭，再次引起巴塞尔委员会对国际性银行及其跨国分支机构有效监管的重视，并于 1992 年 7 月发布了《关于监督国际银行业集团及其跨国分支机构的最低标准的建议》。该建议对上述协议的部分条款加以明确，强调了母国协同监管角色的重要性，集中了四方面的最低标准，即监管责任分工、市场准入批准程序、部分信

息交流以及一些应急措施。①

(1) 所有国际银行(集团)都应接受母国有能力监管机构的监管。为此,母国监管机构应:掌握该银行全球业务的全面信息,并对信息进行评估,证实信息的真实性;有能力制止分支机构从事有关妨碍有效信息获得及实施有效监督的活动;有能力制止银行在特定管辖区内建立分支机构。

(2) 设立境外分支机构须得到母国和东道国监管机构的双重许可。审查分支机构开业申请时,东道国与母国监管机构应衡量:银行自身的资本实力;分支机构及总行的组织与经营程序是否符合有效的风险管理。

(3) 东道国监管当局有权向该银行或其母国监管当局索取有关分支机构的信息。双方监管应建立互为谅解的关系,通过现场检查或其他适当途径,从各自辖区内注册的银行或分支机构收集信息,通过双边安排,能更好地实施有效监管。

(4) 如东道国监管当局认为,设立机构一方在达到上述三项最低标准方面不能使其满意,则该监管当局可采取必要的限制性措施,例如禁止设立分支机构。东道国监管机构在审查外国银行开业申请时,应弄清该行在母国是否有一个当局统一监管且该监管当局是否正致力于培养必要的能力来达到这四项最低标准。

作为一项建议不具有约束力,但所提出的对跨国银行最低监管标准,仍为各国监管机构联合监管提供了依据。

四、1997 年《银行有效监管核心原则》

1997 年 9 月,巴塞尔委员会公布了《银行业有效监管核心原则》(以下简称《核心原则》)。针对著名的巴林银行的资本充足率虽远远超过了 8%的法定要求,但仍因破产而被接管的问题,《核心原则》根据银行监管的新趋势,归纳了 25 条原则,突破了《巴塞尔协议》单纯依靠达到资本充足率规定防范金融风险的局限性,将风险管理领域几乎扩展到银行业的各个方面,并制定了全面的指导性原则,以建立有效的监管方式和风险控制机制。

(一) 有效监管的原则

强调对银行业有效监管,是为了对市场缺陷发挥积极的弥补作用,而不是替代或扭曲市场的作用;监管措施不能影响和抑制银行业务的正常发展以及金融创新活动,在一个有效的银行监管体系下,参与银行监管的各个机构要有明确的责任和目标,并有其独立性和自主权;适当的监管法律框架是必要的,监管者和被监管者都受到法律的约束。

(二) 全面监管原则

从制定银行开业标准和审批开业申请(包括注册资本、机构设置、组织结构和业务范围等),到审慎监管确保银行制定并执行合理的发展方针、业务程序,以及建立管理信息系

① 严骏伟等著:《国际监管:跨过银行的金融规范》,上海社会科学出版社 2001 年版,第 149—152 页;张忠军著:《金融监管法论》,法律出版社 1998 年版,第 358—360 页。

统和风险防范系统等，将监管贯穿于银行运行的全过程。要求银行董事会必须制定规范审慎的借款标准，放贷应严格依此标准进行；银行监管机构应确保银行制定并始终贯彻执行科学合理的贷款评审程序、资产分类方法和准备金制度；建议监管者设立对同一借款人或相关借款人的贷款上限。

（三）内部监管原则

内部控制是《核心原则》的主要议题之一，要求监管者在审批开业过程中，应对银行业主结构、董事会和高级管理层作全面评估；银行内部治理结构的完整程度和持续性需要引起监管者的特别关注。监管者有权决定某一特殊的管理体系，并有权否决某些个人担任银行经理。重申了银行资本要求应遵守8%的规定，希望通过资本加强内部管理，因为如果股东投入更多的钱在银行中，他们势必会更有动力来维护银行运营的安全。

（四）持续监管原则

监管方式可采用现场与非现场稽核并重，合规性与风险性监管并重，对银行管理层与对整个机构运作的监管并重和内部与外部监管并重等，其最终目的是避免和降低风险。

（五）全球统一监管原则

要对银行业重要风险领域及其监管的关键组成部分制定标准，促进各国监管机构间建立长期联系和交换信息，防范市场风险可能带来的灾难性后果。《核心原则》比1988年《巴塞尔协议》具有更广泛的适用性，适用于所有国家和地区，适用国际商业银行的各种业务，也适用所有银行的监管。

五、2004年巴塞尔《新资本协议》

2004年12月，巴塞尔委员会发布了《新资本协议》（以下简称《新协议》）。与1988年协议相比，《新协议》的内容更为全面、复杂。《新协议》旨在1988年协议的基础上构建新的资本充足率框架，把关于资本的规定与现代化风险管理的做法紧密结合起来，以促进鼓励银行强化风险管理能力，不断提高风险评估水平，具有相当的前瞻性。

《新协议》提出了资本充足框架三大支柱：一是最低资本要求（minimum capital requirement）；二是资本充足性的监管约束（supervisory review of capital adequacy）；三是市场纪律（market discipline）。三大支柱相辅相成，构成有机的整体。

（一）最低资本要求

新框架仍将其视为保证银行稳健经营的中心因素。新框架将银行承受的风险系统地分为信用风险、市场风险和其他风险三类。其中，其他风险包括操作风险、流动性风险、法律风险和名誉风险。《新协议》修改了1988年协议中对信用风险的处理方法，同时明确将操作风险纳入资本监管的范畴，还提出了计算信用风险和操作风险的三种方法，供银行和监管当局选择它们认为最符合其银行业发展水平及金融市场状况的一种或几种方法，为提高银行的风险敏感度创造了条件。

(二) 资本充足性的监管约束

这一部分是首次被纳入资本的框架。新框架认为,为了促使银行的资本状况与总体风险相匹配,监管当局可以采用现场和非现场稽核等方法审核银行的资本充足状况。《新协议》强调了监管当局监督检查的重要性。要求银行和监管当局都要提高风险评估的能力。监管当局应该考虑银行的风险化解情况、风险管理状况、所在的市场性质以及收益的可靠性和有效性等因素,全面判断银行的资本充足率是否达到要求。在资本水平较低时,监管当局要及时对银行实施必要的干预。

(三) 市场纪律

市场约束机制也是第一次被正式引入。这是对最低资本要求和监管当局监督检查的必要补充。新框架充分肯定了市场具有迫使银行有效而合理地分配资金和控制风险的作用,市场奖惩机制可以促使银行保持充足的资本水平。同时,有效的市场约束机制也将更好配合监管当局工作。市场纪律主要通过强化信息披露(information disclosure)实现。为了确保市场约束的有效实施,《新协议》要求建立银行信息披露制度。新框架规定,银行在一年内至少披露一次财务状况、重大业务活动及风险度以及风险管理状况。这些指标主要包括资本结构、风险敞口、资本充足比率、对资本的内部评价机制以及风险管理战略等。同时,《新协议》还强调,信息披露制度的实施取决于监管当局的法律授权,其标准应该与各国会计标准衔接起来。①

六、2010 年《巴塞尔协议Ⅲ》

2010 年 9 月 12 日,由 27 个国家银行业监管部门和中央银行高级代表组成的巴塞尔银行监管委员会就《巴塞尔协议Ⅲ》的内容达成一致,全球银行业正式步入《巴塞尔协议Ⅲ》时代。

最新通过的《巴塞尔协议Ⅲ》系受 2008 年全球金融危机的影响得以出台,该协议第一次建立了一套完整的国际通用的、以加权方式衡量表内与表外风险的资本充足率标准,有效地扼制了与债务危机有关的国际风险。经过修订,巴塞尔协议已显得更加完善,对银行业的监管要求也明显提高,如为增强银行非预期损失的抵御能力,要求银行增提缓冲资本,并严格监管资本抵扣项目,提高资本规模和质量;为防范出现类似贝尔斯登的流动性危机,设置了流动性覆盖率监管指标;为防范"大而不能倒"的系统性风险,从资产规模、相互关联性和可替代性方面评估大型复杂银行的资本需求。

(一) 提高资本充足率要求

《巴塞尔协议Ⅲ》对于核心一级资本充足率、一级资本充足率的最低要求有所提高,引

① 张肖等著:《中华人民共和国银行业监督管理法讲话》,中国财政经济出版社 2004 年版,第 626—639 页。

入了资本留存超额资本，提升银行吸收经济衰退时期损失的能力，建立与信贷过快增长挂钩的反周期超额资本区间，对大型银行提出附加资本要求，降低"大而不能倒"带来的道德风险。

(二) 严格资本扣除限制

对于少数股权、商誉、递延税资产、对金融机构普通股的非并表投资、债务工具和其他投资性资产的未实现收益、拨备额与预期亏损之差、固定收益养老基金资产和负债等计入资本的要求有所改变。

(三) 扩大风险资产覆盖范围

提高"再资产证券化风险暴露"的资本要求、增加压力状态下的风险价值、提高交易业务的资本要求、提高场外衍生品交易(OTC derivatives)和证券融资业务(SFTs)的交易对手信用风险(CCR)的资本要求等。

(四) 引入杠杆率

为了弥补资本充足率要求下无法反映表内外总资产的扩张情况的不足，减少对资产通过加权系数转换后计算资本要求所带来的漏洞，推出了杠杆率，并逐步将其纳入第一支柱。

(五) 加强流动性管理，降低银行体系的流动性风险

《新协议》引入了流动性监管指标，包括流动性覆盖率和净稳定资产比率。同时，巴塞尔委员会提出了其他辅助监测工具，包括合同期限错配、融资集中度、可用的无变现障碍资产和与市场有关的监测工具等。①

《巴塞尔协议Ⅲ》规定，截至 2015 年 1 月，全球各商业银行的一级资本充足率下限将从现行的 4%上调至 6%，由普通股构成的"核心"一级资本占银行风险资产的下限将从现行的 2%提高至 4.5%。另外，各家银行应设立"资本防护缓冲资金"，总额不得低于银行风险资产的 2.5%，该规定将在 2016 年 1 月至 2019 年 1 月之间分阶段执行。

① http://wiki.mbalib.com/wiki/%E5%B7%B4%E5%A1%9E%E5%B0%94%E5%8D%8F%E8%AE%AEIII，浏览日期 2013 年 3 月 9 日。

第三十四章
银行监管法律制度

第一节 商业银行监管的法律规定

一、商业银行概述

商业银行是依照银行法和公司法设立的吸收公众存款、发放贷款、办理结算等业务的企业法人。商业银行实行自主经营、自担风险、自负盈亏、自我约束。商业银行依法开展业务,不受任何单位和个人干涉,但应依法接受中央银行的监督管理。商业银行以其全部法人财产独立承担民事责任。

我国商业银行包括:(1)国有控股商业银行,即中国工商银行、中国农业银行、中国建设银行和中国银行;(2)股份制商业银行,如交通银行、中信实业银行、光大银行、华夏银行、招商银行、福建兴业银行、民生银行及广东、深圳、海南、上海浦东等地的发展银行等;(3)城市与农村的合作银行,即在城市或农村信用合作社的联合基础上组建的合作银行;(4)外商投资的商业银行,包括外资商业银行、中外合资商业银行和外国银行分行。

商业银行在金融活动中占有十分突出的重要地位,对商业银行的监管理所当然成为金融监管的重要内容。《中华人民共和国银行业监督管理法》(2003年12月27日第十届全国人大常委第六次会议通过,2006年10月31日第十届全国人大会常委第二十四次会议修改)和《中华人民共和国商业银行法》(1995年5月10日第八届全国人大常委第十三次会议通过,2003年12月27日第十届全国人大常委第六次会议修改)及一系列配套法规、规章,是我国对商业银行监管的基本依据。

二、商业银行的准入与退出规则

(一) 设立商业银行的条件

设立商业银行应具备的条件是:

(1) 有符合《商业银行法》和《公司法》规定的章程。

(2) 有符合法定的注册资本最低限额。目前,设立商业银行的注册资本最低限额为10亿元人民币;城市合作商业银行的注册资本最低限额为1亿元人民币;农村合作商业银行的注册资本最低限额为5 000万元人民币。注册资本应是实缴资本。

(3) 有具备任职专业知识和业务工作经验的董事、高级管理人员。

(4) 有健全的组织机构和管理制度。商业银行应设立与其组织形式相适应的组织机构,其组织形式与组织机构均适用公司法的规定。商业银行应当按照有关规定,制定本行的业务规则,建立、健全本行的风险管理和内部控制制度。商业银行应当依照法律和国家统一的会计制度以及中国银行业监督管理委员会的有关规定,建立、健全本行的财务、会计制度;应建立、健全本行对存款、贷款、结算、呆账等各项情况的稽核、检查制度。

(5) 有符合要求的营业场所、安全防范措施和与业务有关的其他设施。

(6) 设立商业银行,还应当符合其他审慎性条件。

(二) 设立商业银行的审核

设立商业银行,应向国务院银行业监督管理机构提出申请,提交申请书、可行性研究报告及规定的其他文件、资料,经审查后填写正式申请表,并提交章程草案、拟任职的董事、高级管理人员的资格证明、法定验资机构出具的验资证明、股东名册及其出资额或股份、持有注册资本10%以上的股东的资信证明和有关资料、经营方针和计划、营业场所和安全防范措施及与业务有关的其他设施的资料、银行业监督管理机构规定的其他文件和资料。

国务院银行业监督管理机构审查设立申请时,应考虑经济发展的需要和银行竞争的状况。经批准设立的商业银行,由银行业监督管理机构颁发营业许可证,并凭该证向工商行政管理部门办理登记、领取营业执照。经批准设立的商业银行,由国务院银行业监督管理机构予以公告。商业银行自取得营业执照之日起无正当理由超过6个月未开业的,或开业后停业连续6个月以上的,由国务院银行业监督管理机构吊销其营业许可证,并予以公告。

凡未经批准,擅自设立商业银行或其他金融机构的,处3年以下有期徒刑或拘役,并处或单处2万元以上20万元以下罚金;情节严重的,处3年以上10年以下有期徒刑,并处5万元以上50万元以下罚金。

(三) 商业银行分支机构的设立

商业银行根据业务需要可以在我国境内外设立分支机构,在境内分支机构不按行政区划设立。商业银行对其分支机构实行全行统一核算、统一资金调度、分级管理的财务制度。在境内设立分支机构,应按规定拨付与其经营规模相适应的营运资金额。拨付各分支机构营运金额的总和,不得超过总行资金总额的60%。商业银行分支机构不具有法人资格,在总行的授权范围内依法开展业务,其民事责任由总行承担。

设立分支机构必须向国务院银行业监督管理机构提交申请书、近两年财会报告、拟任高级管理人员的资格证明、经营方针和计划、场地与设施等文件资料。经批准设立,由银行业监督管理机构颁布经营许可证,凭证办理工商登记、领取营业执照,并由监管机构公告。

三、商业银行经营业务的监管

商业银行可以经营下列部分或全部业务：吸收公众存款；发放长、中、短期贷款；办理国内外结算；办理票据承兑贴现；发行金融债券；代理发行、代理兑付、承销政府债券；买卖政府债券、金融债券；从事同业拆借；买卖、代理买卖外汇；从事银行卡业务；提供信用证服务及担保；代理收付款项及代理保险业务；提供保管箱服务；其他。经中国人民银行批准，可以经营结汇、售汇业务。经营范围由商业银行章程规定，报国务院银行业监督管理机构批准。商业银行在我国境内不得从事信托投资和证券经营业务，不得向非自用不动产投资或者向非银行金融机构和企业投资，但国家另有规定的除外。

（一）存款业务的监管

存款是商业银行接受存款人存入资金，并保证存款人随时或按约定时间支取本金、利息的一种基本业务。存款种类按存款人的不同，可分为个人储蓄存款、单位存款、财政性存款和同业存款；按存款期限的不同，可分为活期存款、定期存款、定活两便存款。对存款人的保护，是存款监管法律规定中的核心。

商业银行办理个人储蓄业务，应当遵循存款自愿、取款自由、存款有息、为存款人保密的原则。商业银行有权拒绝任何单位或个人查询、冻结、扣划个人储蓄存款，但法律另有规定的除外。商业银行不得泄露储户存款信息，储户遗失存折或存单，商业银行应按规定办理挂失止付手续。个人储蓄存款业务应按《储蓄管理条例》执行。

商业银行办理单位存款业务，应当保障存款单位的自主支配权。对单位存款，商业银行有权拒绝任何单位或个人查询，法律、行政法规另有规定的除外；有权拒绝任何单位或个人冻结、扣划，法律另有规定的除外。

商业银行应按中国人民银行规定的存款利率的上下限，确定存款利率，并予以公告。商业银行应当保证存款本金和利息的支付，不得拖延、拒绝支付存款本金和利息。为保证支付，商业银行必须保持最低限度现金资产，应按中国人民银行规定，向中国人民银行交存存款准备金，留足备付金。

（二）贷款业务的监管

贷款是银行按约定条件向借款人提供货币资金的一种基本业务。贷款种类按贷款的用途划分，有流动资金贷款、固定资产贷款、专项资金贷款；按归还期限划分，有长、中、短期贷款；按有无担保划分，有担保贷款和信用贷款等。我国《商业银行法》规定："商业银行根据国民经济和社会发展的需要，在国家产业政策指导下开展贷款业务。"商业银行开展信贷业务，应当严格审查借款人的资信，实行担保，保障按期收回贷款。

商业银行贷款实行审查制。为确保贷款安全和效益，商业银行贷款，应对借款人的借款用途、偿还能力、还款方式等情况进行严格审查。银行实行审贷分离、分级审批的制度。任何单位和个人不得强令银行发放贷款（或担保），银行有权拒绝强令贷款。

商业银行贷款实行担保制。银行应对保证人的偿还能力，抵押物、质物的权属和价值以及实现抵押权、质权的可行性进行严格审查。经银行审查、评估,确认借款人资信良好,确能偿还贷款的,可不提供担保,即实行信用贷款。商业银行不得向银行的董事、监事、管理人员、信贷业务人员及其近亲属,前述人员投资或担任高级职务的公司、企业和其他经济组织发放信用贷款;向关系人发放担保贷款的条件不得优于其他借款人同类贷款的条件。

商业银行贷款实行合同制。银行应与借款人订立书面合同,约定贷款种类、用途、金额、利率、还贷期限、还款方式、违约责任和双方认为需要约定的其他事项。商业银行依法向借款人收回到期贷款的本金和利息,受法律保护。商业银行应按中国人民银行规定的贷款利率上下限,确定贷款利率。借款人应按期归还贷款本息,借款人到期不归还担保贷款的,银行享有要求保证人还本付息或就担保物优先受偿的权利;借款人到期不归还信用贷款的,按合同追究违约责任。

(三) 结算业务的监管

结算是商品交换、劳务供应等经济往来中的货币收付行为,是对债权债务的清结。直接使用现金进行货币收付的,称为现金结算;通过银行在收付双方账户划转完成清算的,称转账结算;通过签、收票据并予以兑付的,称票据结算。我国法律规定,除国家允许使用现金结算的情况外,一般经济往来均应办理转账或票据结算。

商业银行办理票据承兑、汇兑、委托收款、异地托收承付等方式的结算业务,应当按照规定的期限兑现,收付入账,不得压单、压票或者违反规定退票。有关兑现、收付入账期限的规定应当公布。

企业事业单位可以自主选择一家商业银行的营业场所开立一个办理日常转账结算和现金收付的基本账户,不得开立两个以上基本账户。任何单位和个人不得将单位的资金以个人名义开立账户存储。银行账户只供开户人在业务范围内货币收付,开户人在账户内应有足够的资金保证支付,不准签发空头支款凭证,账户不得出租、外借或转让给其他单位或个人使用。严禁利用账户进行非法活动。

商业银行办理清算事项,应按《票据法》、《票据管理实施办法》和《支付结算办法》实施,并按规定收取手续费。

四、经营合规性监管

经营合规性监管是监管当局对商业银行是否认真执行金融法律、法规,是否认真执行国家金融方针政策,是否认真执行中央银行各项规章制度的情况进行的监督检查,这也是我国中央银行长期坚持的主要监管任务。①经营合规性监管针对商业银行业务经营的全过程,并通过非现场监控和现场稽核检查方式进行。

非现场监控是监管机构借助于现代化的金融风险预警系统,对商业银行的日常业务活动进行全面追踪监控,及时掌握商业银行乃至整个金融体系的运行动态和风险状况,以

① 戴相龙著:《领导干部金融知识读本》,中国金融出版社 1997 年版,第 296 页。

便有针对性地采取防范措施。其中,主要通过对报表、数据和其他信息资料的收集、整理、分析等实现监控。

现场稽核检查是由监控机构派员进驻商业银行,对其业务经营状况进行全面或专项检查、评估。这也是真正发现问题、解决问题的一个重要监管环节,美国、法国、德国、日本等金融发达国家都十分重视现场检查,如美国联邦储备银行制定了对商业银行的检查标准,并认为上次检查情况良好、上次检查至今资金上没有出现不良现象,以及主要管理人员没有变动的商业银行属正常经营,可延长检查间隔期。①

经营业务合规性监管与商业银行的盈利能力考核、资产负债监管及内部控制配套进行。

五、商业银行资产运营的监管

(一) 对资本适度的监管

所谓资本适度指银行的资本是否适度或充足,一般是以资本与银行资产或负债的一定比例来表示的,这个比例称为资本充足率。我国按照《巴塞尔协议》的规定银行资本总额与加权风险资产总额的比例不得低于8%。资本是否适度或充足是衡量商业银行的经营是否稳定的重要尺度,是对银行风险比例的要求。因此,商业银行必须按照中央银行的规定使本行的资本充足率达到规定的标准,如果偏低,则必须通过增加资本投入或减少一些业务活动以保持资本充足率。

(二) 对贷款质量的监管

贷款质量状况的分析是对银行资本是否真正适度充足或银行的资本在实际上究竟是多少的分析。监管机构也规定了贷款质量指标,逾期贷款余额与各项贷款余额之比不得超过8%,呆滞贷款不得超过5%,呆账贷款不得超过2%。这一指标实际上是对资本质量的要求,因此商业银行必须不断提高贷款质量,按照规定提取呆账准备金,及时冲销呆账。

(三) 对存贷款比例的监管

对贷款的限制是很多的,确定存贷比例指标是方式之一。监管机构规定,各项贷款和各项存款之比不超过75%,一年期以上的中长期贷款与一年期以上的存款之比不得超过120%,商业银行必须按照这一规定执行,不得突破。

(四) 对资本流动性的监管

流动性资产与总资产之比例,称为"流动性资产比例",这反映了银行资产满足随时变现要求的支付能力,也是防止银行因资金运转不灵而导致损害的预防措施。比值高说明流动性与支付能力强,比值低则支付能力差。我国法律规定,流动性资产与各项流动性负

① 梁宝柱著:《金融监管论》,西南财经大学出版社1999年版,第125页。

债余额的比例不得低于 25%。

(五) 对单一客户贷款的监管

对单一客户贷款同样存在风险,而且比小额贷款风险更大。对单一客户贷款过多而造成风险过于集中,一旦形成呆账造成损失过大,会影响银行经营的安全。合适的比例旨在分散风险。因此,商业银行对同一借款人的贷款余额与商业银行资本余额的比例不得超过 10%。

六、商业银行的接管

接管是国务院银行业监督管理机构在商业银行已经或可能发生信用危机、严重影响存款人利益时,对该商业银行采取的整顿和改组措施,也是监管机构处置有问题的商业银行、化解金融风险的方法。接管的重要目的是为了保障存款人的利益,尽力恢复商业银行的正常经营能力,维护金融业的稳健运行。

根据我国商业银行法的规定,银行业监督管理机构可以在下列情形下采取接管措施:

(1) 银行已经发生信用危机的。对于银行经营管理不善,或者违反法律或者公司章程的规定,造成银行资金无法收回,存款人到期存款不能兑现,严重影响存款人利益时,监督管理机构可以采取接管措施。

(2) 银行可能发生信用危机的。有的银行虽然从目前看还可以支付到期的债务,但是由于发生重大事项将使银行无法支付存款人存款,比如银行巨额贷款无法收回,直接影响存款人利益的。在这种可能发生信用危机的情况下,监督管理机构也可以采取接管措施。

接管由国务院银行业监督管理机构组织实施。监督管理机构既可以自己实施接管,也可以授权其分支机构实施接管。接管从接管决定实施之日起开始,从该日起被接管商业银行不能再行使其经营管理权,其经营管理权由行使接管权的组织代为行使。

根据我国商业银行法的规定,有以下情形之一的,接管终止:(1)接管决定规定的期限届满或者国务院银行业监督管理机构决定的接管延期届满;(2)接管期限届满前,该商业银行已恢复正常经营能力;(3)接管期限届满前,被接管的商业银行被合并;(4)接管期限届满前,被接管的商业银行被法院宣告破产。

七、商业银行违法的法律责任

商业银行无故拖延、拒绝支付存款本金利息,非法查询、冻结或扣押单位存款或个人储蓄存款,以及其他损害存款人合法权益行为的,应承担支付迟延利息和其他民事责任。

商业银行向关系人发放信用贷款或发放担保贷款条件优于其他借款人的,未按规定比例交存存款准备金或不遵守资产负债比例规定的,违反规定提交或降低利率及其他不正当手段存、贷款的,处以责令改正、罚款、没收违法所得的处罚,并对直接负责的主管人员和其他直接责任人员给予纪律处分,构成犯罪的,追究刑事责任。

银行工作人员利用职务上便利，索取、收受贿赂或者违反国家规定收受各种名义的回扣、手续费的，应追究刑事并承担贷款或担保损失的赔偿责任；利用职务之便，贪污、挪用、侵占本行或客户资金，构成犯罪的应追究刑事责任，未构成犯罪的给予纪律处分；玩忽职守造成损失的，应给予纪律处分，构成犯罪的追究刑事责任；违反规定徇私向亲属、朋友发放贷款或提供担保造成损失的，应承担赔偿责任；泄露在任职期间知悉的国家、商业秘密的，应给予纪律处分，构成犯罪的追究刑事责任；对强令发放贷款或担保的要求未予拒绝的，给予纪律处分，造成损失的应承担赔偿责任。

强令银行发放贷款或提供担保的，应对个人（包括主管等直接责任人员）给予纪律处分，承担赔偿损失责任。

银行办理结算因工作差错发生延误，因违反结算制度、发生压单、压票、违反规定延票、挪用、截留结算资金，影响当事人及其他银行资金使用的，应支付赔偿金；因差错被冒领的，应及时查处，对结算当事人的损失应予赔偿。因邮电部门传递银行结算凭证和电报差错等造成的延误，影响结算当事人和银行资金使用或造成资金损失的，由邮电部门赔偿。

第二节　非银行金融机构监管的法律规定

非银行金融机构，是指各种不以银行冠名的从事货币信用和金融服务的金融机构。根据《银行业监督管理法》有关规定，非银行金融机构具体指信托公司、财务公司、金融租赁公司、金融资产管理公司、城市信用合作社、农村信用合作社，以及经国务院银行业监督管理机构批准设立的其他金融机构。

一、信托公司监管的法律规定

信托公司是指依法设立的主要经营信托业务的金融机构。

所谓信托，是指委托人基于对受托人的信任，将其财产权委托给受托人，由受托人按委托人的意愿以自己的名义，为受益人的利益或者特定目的，进行管理或者处分的行为。[①]信托建立在委托人对受托人信任的基础上，以委托为依据，由委托人为受益人的利益管理和运用信托财产。

信托中存在三方当事人。委托人是具有完全民事行为能力的自然人、法人或其他组织，受益人是在信托中享有信托受益权的自然人、法人或其他组织。委托人与受益人为同一人的，称为自益信托；不为同一人的，称为他益信托。信托中的受托人可以是具有能力的自然人或一般的法人、其他组织，也可以是专门的信托经营机构，即信托投资公司。

信托的核心是信托财产。信托财产是信托投资公司因接受信托而取得的财产，以及

① 《中华人民共和国信托法》第2条。

信托投资公司因信托财产的管理、处分或其他情形而取得的财产。法律、法规禁止流通的财产，不得作为信托财产；法律、法规限制流通的财产，依法经有关主管部门批准后，可以作为信托财产。信托财产不属于信托投资公司的自有财产，也不属于信托投资公司对受益人的负债。信托投资公司终止时，信托财产不属于其清算财产。

信托及信托经营机构在世界上有较长的发展历史，也有规范信托投资公司的专门立法，如英国的《受托人法》和《受托人投资法》，日本和韩国的《信托业法》，新加坡的《信托公司法》等。

我国的信托机构在改革开放后得到迅速发展。以1979年10月中国国际信托投资公司设立为标志，80年代初，信托投资公司曾多达600余家。1986年4月，中国人民银行颁布《金融信托投资机构管理暂行规定》。我国信托公司经历了20世纪80年代至90年代的数次清理整顿，逐步规范化。为了加强对信托业的监管，规范信托业务经营行为，促进信托业的健康发展，中国人民银行于2001年1月颁行了《信托投资公司管理办法》，2002年5月又根据新颁布的我国《信托法》作了修订。2007年颁布了新的《信托公司管理办法》。信托公司从事信托活动，必须遵守法律、法规规定和信托文件约定，不得损害国家、社会和他人合法权益。为了加大对信托公司的监管力度，2004年以后，中国银监会颁布了《信托投资公司信息披露管理暂行办法》、《关于进一步加强信托投资公司内部控制管理的通知》、《信托公司集合资金信托计划管理办法》、《信托公司净资本管理办法》等一系列规章制度，为完善和加强对信托公司的监管提供了法律依据。

(一) 监管机构

国务院银行业监督管理机构有权对信托公司的经营活动进行检查，并实施年检制，必要时可责令进行审计。信托公司应按国务院银行业监督管理机构的要求提供有关业务、财务等报表和资料，并如实介绍其业务情况。

国务院银行业监督管理机构就监管中发现的重大问题，有权质询信托公司的高级管理人员，并责令其采取有效措施、限期改正。信托公司违反审慎经营规则的，中国银行业监督管理委员会责令限期改正；逾期未改正的，或者其行为严重危及信托公司的稳健运行、损害受益人合法权益的，中国银行业监督管理委员会可以区别情形，依据《银行业监督管理法》等法律法规的规定，采取暂停业务、限制股东权利等监管措施。信托公司已经或者可能发生信用危机，严重影响受益人合法权益的，国务院银行业监督管理机构可以对其实行接管或者督促机构重组。

对违法的信托公司，由国务院银行业监督管理机构按照《金融违法行为处罚办法》及有关规定予以处罚。

(二) 信托公司的准入规则

信托投资公司的设立及经营应当具备《信托公司管理办法》规定的下列条件：

(1) 符合公司法和国务院银行业监督管理机构规定的公司章程。

(2) 有国务院银行业监督管理机构规定的入股资格的股东。

(3) 具有国务院银行业监督管理机构中的最低限额的注册资本，一般不应低于人民币 3 亿元。

(4) 有具备国务院银行业监督管理机构规定的任职资格的高级管理人员和与其业务相适应的信托从业人员。国务院银行业监督管理机构对高级管理人员实行任职资格审查制度,对信托从业人员实行业务资格管理制度,符合条件的,颁发信托从业人员资格证书;未取得信托从业人员资格证书的,不得经办信托业务。高级管理人员和信托从业人员违反法律法规,损害受益人利益的,国务院银行业监督管理机构取消其任职资格或从业资格。

(5) 具有健全的组织机构、信托业务操作规则和风险控制制度。信托公司应当按照职责分离的原则设立相应的工作岗位,保证公司对风险能够进行事前防范、事中控制、事后监督和纠正,形成健全的内部约束机制和监督机制。应设立对公司董事会负责的内部审计部门。应按国家有关规定制定本公司的信托业务及其他业务规则,建立健全本公司的财务会计制度,建立健全本公司各项业务管理制度和内部控制制度,并报银行业监督管理机构备案。

(6) 有符合要求的营业场所、安全防范措施和与业务有关的其他设施。

(7) 国务院银行业监督管理机构规定的其他条件。

信托公司采用有限责任公司或股份有限责任公司形式。

设立信托公司,应向国务院银行业监督管理机构提出申请。银行业监督管理机构依照法律法规和审慎监管原则对信托公司的设立申请进行审查。经国务院银行业监督管理机构批准并领取金融许可证的,才可设立信托公司。未经批准,任何单位和个人不得经营信托业务,任何经营单位不得在其名称中使用"信托"字样,但法律法规另有规定的除外。擅自设立信托公司或擅自经营信托业务的,依法予以取缔,并予以处罚。

信托公司因下列情形变更的,应经国务院银行业监督管理机构批准:变更名称、变更注册资本金、变更公司所在地、改变组织形式、调整业务范围、变更高级管理人员、变更主要股东或调整股权结构、修改章程、合并或分立及其他规定事项变更。

信托公司因分立、合并或公司章程规定的解散事由出现,申请解散的,经国务院银行业监督管理机构批准后解散,并依法组织清算组清算。信托公司因违法违规经营、经营不善等原因,不撤销将严重损害社会公众利益、危害金融秩序的,由银行业监督管理机构依法予撤销。信托公司不能支付到期债务,且资产不足以清偿债务或明显缺乏清偿能力的,经银行业监管机构同意,可向人民法院提出破产申请。信托不因信托公司依法解散、被宣告破产或者被依法撤销而终止,也不因信托公司的辞任而终止(但法律或信托文件另有规定的除外)。

(三) 业务准入监管

信托业务是指信托投资公司以取得报酬为目的,以受托人身份接受信托和处理信托事务的经营行为。根据《信托公司管理办法》,信托公司可以申请经营下列部分或全部本外币业务:

(1) 受托经营资金信托业务。即委托人将自己无法或不能亲自管理的资金以及国家有关法规限制其亲自管理的资金,委托信托投资公司按照约定的条件和目的,进行管理、运用和处置。资金信托通常包括信托存贷款和信托投资。

(2) 受托经营动产、不动产及其他财产的信托业务。即委托人将自己的动产、房产、地产以及版权、知识产权等财产、财产权,委托信托投资公司按约定的条件和目的,进行管理、运用和处置。

(3) 投资信托业务。即受托经营国家有关法规允许从事的投资基金业务,作为基金管理公司的发起人从事投资基金业务。

(4) 投资银行业务。即企业资产重组、购并及项目融资、公司理财、财务顾问等中介业务。

(5) 证券承销业务。即委托人不委托转移财产权的情况下,信托投资公司代理委托人管理、运用和处分财产,代理结果直接归属于委托人。

(6) 代保管业务。即设置保险箱、库,受托代管贵重物品。

(7) 居间、咨询、资信调查业务。

(8) 担保业务。即以自有财产为他人提供担保,包括融资担保、贸易担保、工程承包担保和票据担保等。

(9) 国务院银行业监督管理机构批准的其他业务。

信托公司还可以接受以救济贫困、扶助残废人,发展教育、科技、体育、文化、艺术事业,发展医疗卫生事业,维护生态环境,以及发展其他有利于社会的公共事业等公共利益目的而设立的公益信托。

信托公司可以根据市场需要,以及信托目的、信托财产的种类或管理信托财产方式,设置信托业务品种。信托公司管理、运用信托财产时,可以依照信托文件的约定,采取出租、出售、存放同业、买入返售、租赁等方式进行。信托公司固有业务项下可以开展存放同业、拆放同业、贷款、租赁、投资等业务。投资业务限定为金融类公司股权投资、金融产品投资和自用固定资产投资。信托公司不得以固有财产进行实业投资,但银行业监督管理机构另有规定的除外。信托公司不得开展除同业拆入业务以外的其他负债业务,且同业拆入余额不得超过其净资产的20%,银行业监督管理机构另有规定的除外。信托公司可以开展对外担保业务,但对外担保余额不得超过其净资产的50%。

(四) 业务运营监管

1. 书面信托文件

信托公司接受信托,应采用信托合同或法律法规规定的其他书面形式。接受信托的书面文件,应载明事项包括:委托人、受托人及受益人的姓名、住所;信托目的;信托财产的范围、种类及状况;信托当事人的权利与义务;信托财产管理中风险的揭示和承担;信托财产的管理方式及信托利益的分配方式;信托投资公司的报酬;税费及管理费用;信托期限和信托终止;信托终止时信托财产的归属;违约责任及纠纷处理方式;委托人和受托人认为需要载明的其他事项。

2. 信托投资公司的忠实义务与勤勉义务

信托公司经营信托业务,不得利用受托人地位牟取不当利益,不得将信托财产挪用于非信托目的的用途,不得承诺信托财产不受损失或者保证最低收益,不得以信托财产为自已或他人债务提供担保，不得将信托财产资金投资于自己或关系人发行的有价证券；信托公司也不得将不同信托账户下的信托财产进行相互交易，不得以信托资金购买自有财产或以自有资金购买信托财产，但依据信托文件的约定，并以公平市场价格进行交易的，不受该两项限制。

信托公司应当自己处理信托业务，为委托人、受益人及处理信托事务的情况和资料保密。信托公司应当将信托财产与其固有财产分别管理、分别记账，并将不同委托人的信托财产分别管理、分别记账。信托投资公司应当妥善保存处理信托事务的完整记录，至少每年定期向委托人及受益人报告信托财产及其管理运用、处分及收支的情况。信托公司应配合委托人、受益人对信托财产的管理运用、处分及收支情况的了解和询问，并作出说明。

3. 信托业务报酬与费用

信托公司经营信托业务，依据约定以手续费或者佣金的方式收取报酬。信托公司因处理信托事务而支出的费用、负担的债务，以信托财产承担，但应在信托合同中列明或明确告知受益人。

信托公司违反信托目的或者因违背管理职责、管理信托事务不当之时信托财产受到损失的，应予以补偿、赔偿或恢复原状，在此之前不得请求给付报酬。

因信托公司违背管理职责或管理不当所负债务及所受到的损失，以其自有财产承担。

(五) 自律措施

信托公司应当按规定制定本公司的信托业务及其他业务规则，建立、健全本公司的各项业务管理制度和内部控制制度，并报监管机构备案。

信托司应当依法建账，对信托业务与非信托业务分别核算，并对每项信托业务单独核算。应当按照国家有关规定建立、健全本公司的财务会计制度，真实记录并全面反映其业务活动和财务状况。公司年度财务会计报表，应当经具有良好资质的中介机构审计。应当按照规定向监管机构及有关部门报送营业报告书、信托业务及非信托业务的财务会计报表和信托账户目录等有关资料。

信托公司的信托业务部门应当在业务上独立于公司的其他部门，其人员不得与公司其他部门的人员相互兼职，具体业务信息不得与公司的其他部门共享。

信托公司可以成立同业协会，实行行业自律。

二、金融租赁公司监管的法律规定

金融租赁公司是指经金融监管部门批准以经营融资租赁业务为主的非银行金融机构。

所谓融资租赁业务，是指出租人根据承租人对出卖人、租赁物的选择，向出卖人购买租赁物件，提供给承租人使用，向承租人收取租金的交易。它以出租人保留租赁物的所有权和收取租金为条件，使承租人在租赁合同期内对租赁物取得占有、使用和受益的权利。租赁当事人包括出租人、承租人、出卖人、委托租赁的委托人。

融资租赁业务在世界上已有近50年的历史。我国在20世纪80年代建立了第一批金融租赁公司,并许可信托投资公司开办融资租赁业务,中国人民银行曾发布《融资租赁管理办法》。2000 年 6 月 30 日中国人民银行颁布《金融租赁公司管理办法》。为了促进我国融资租赁业的健康发展,加强对金融租赁公司的监督管理,中国银行业监督管理委员会于 2006 年 12 月通过了新的《金融租赁公司管理办法》。

(一) 监管机构

金融租赁公司依法接受国务院银行业监督管理机构的监督管理。

金融租赁公司必须按规定向国务院银行业监督管理机构报送资产负债表、损益表及业务比例考核报表和书面报告;并于每一会计年度终了后的一个月内报送上一年度的财务报表和资料。金融租赁公司法定代表人及直接经办人员应对所提供的财务会计报表的真实性承担法律责任。银行业监督管理机构认为有必要时,有权随时要求金融租赁公司报送有关业务和财产状况的报告和资料。银行业监督管理机构对金融租赁公司实行年检制度。金融租赁公司必须接受银行业监督管理机构的现场检查和非现场检查。

国务院银行业监督管理机构对日常监督管理中发现的问题,可以向金融租赁公司的法定代表人和高级管理人员提出质询,并责令该公司限期改正或进行整顿。拒不改正或整顿的,银行业监督管理机构可以取消该公司法定代表人或有关高级管理人员的任职资格。

金融租赁公司可成立行业性自律组织,对金融租赁实行自律管理。国务院银行业监督管理机构认为必要时,可授权行业性自律组织行使有关管理职能。

(二) 准入与退出

申请设立金融租赁公司应具备下列条件:

(1) 具有符合法律规定的出资人。金融租赁公司的出资人分为主要出资人和一般出资人。主要出资人是指出资额占拟设金融租赁公司注册资本 50%以上的出资人,一般出资人是指除主要出资人以外的其他出资人。设立金融租赁公司,应由主要出资人作为申请人向中国银行业监督管理委员会提出申请。

(2) 具有符合本办法规定的最低限额注册资本金。金融租赁公司的最低注册资本为 1 亿元人民币或等值的自由兑换货币,注册资本为实缴货币资本。银行业监督管理机构可以根据融资租赁业发展的需要调整金融租赁公司的最低注册资本限额。

(3) 具有符合公司法和有关规定的章程。

(4) 具有符合国务院银行业监督管理机构规定的任职资格的高级管理人员和熟悉金融租赁业务的合格从业人员。

(5) 具有健全的组织机构、内部管理制度和风险控制制度。金融租赁公司应建立对各项业务的稽核、检查制度,并设立独立于经营管理层的专职稽核部门,直接向董事会负责,以加强内控制度的建设。金融租赁公司必须按照国务院银行业监督管理机构的有关规定,建立、健全内控制度。金融租赁公司应建立定期审计制度。

(6) 具有完善的公司治理、内部控制、业务操作、风险防范等制度。

(7) 具有与业务经营相适应的营业场所、安全防范措施和其他设施。

(8) 国务院银行业监督管理机构规定的其他条件。

申请筹建金融租赁公司，须向国务院银行业监督管理机构提交筹建申请书、可行性研究报告、章程等文件，经国务院银行业监督管理机构批准后进行筹建工作。提出开业申请须提交筹建工作报告和申请开业报告等文件资料。

经银行业监督管理机构批准，金融租赁公司可设立分支机构。

金融租赁公司有下列变更事项之一的，必须报经国务院银行业监督管理机构批准：变更名称；改变组织形式；调整业务范围；变更注册资本；变更股权；修改章程；变更营业地址；变更高级管理人员；国务院银行业监督管理机构规定的其他变更事项。

金融租赁公司出现下列情况时，经国务院银行业监督管理机构核准后，予以解散：(1)公司章程规定的营业期限届满或者公司章程规定的其他解散事由出现；(2)股东(大)会决议解散；(3)因公司合并或者分立需要解散；(4)依法被吊销营业执照、责令关闭或者被撤销；(5)其他法定事由。金融租赁公司已经或者可能发生信用危机，严重影响客户合法权益的，银行业监督管理机构依法对其实行托管或者督促其重组，问题严重的，有权予以撤销。

(三) 经营业务监管

经国务院银行业监督管理机构批准，金融租赁公司可经营下列本外币业务：(1)融资租赁业务；(2)吸收股东 1 年期(含)以上定期存款；(3)接受承租人的租赁保证金；(4)向商业银行转让应收租赁款；(5)经批准发行金融债券；(6)同业拆借；(7)向金融机构借款；(8)境外外汇借款；(9)租赁物品残值变卖及处理业务；(10)经济咨询；(11)中国银行业监督管理委员会批准的其他业务。适用于融资租赁交易的租赁物为固定资产。

金融租赁公司应建立定期外部审计制度，并在每个会计年度结束后的 4 个月内，将经法定代表人签名确认的年度审计报告报送银行业监督管理机构及相应派出机构。金融租赁公司业务经营须遵循下列监管指标：(1)资本充足率。金融租赁公司资本净额不得低于风险加权资产的 8%。(2)单一客户融资集中度。金融租赁公司对单一承租人的融资余额不得超过资本净额的 30%。计算对客户融资余额时，可以扣除授信时承租人提供的保证金。(3)单一客户关联度。金融租赁公司对一个关联方的融资余额不得超过金融租赁公司资本净额的 30%。(4)集团客户关联度。金融租赁公司对全部关联方的融资余额不得超过金融租赁公司资本净额的 50%。(5)同业拆借比例。金融租赁公司同业拆入资金余额不得超过金融租赁公司资本净额的 100%。银行业监督管理机构可对上述比例进行调整。

三、企业集团财务公司监管的法律规定

财务公司被称为准银行，主要为大企业、企业集团提供金融服务，以弥补商业银行业务的不足。在我国，财务公司分为两类：一类是外商投资财务公司，主要为外资和中外合资性质；另一类是企业集团财务公司，是指以加强企业集团资金集中管理和提高企业集团资金使用效率为目的，为企业集团成员单位提供财务管理服务的非银行金融机构。企业

集团是指在我国境内依法登记,以资本为联结纽带、以母子公司为主体、以集团章程为共同行为规范,由母公司、子公司、参股公司及其他成员企业或机构共同组成的企业法人联合体。财务公司是独立的自主经营、自担风险、自负盈亏、自我约束的企业法人。财务公司依法接受国务院银行业监督管理机构的监督管理。

为了规范企业集团财务公司(以下简称财务公司)的行为,加强监督管理,保障财务公司的稳健运行,促进企业集团的发展,国家有关部门曾于 1992 年 11 月 12 日发布《关于国家试点企业集团建立财务公司的实施办法》,中国人民银行曾于 1996 年发布《企业集团财务公司管理暂行办法》、2000 年发布《企业集团财务公司管理办法》,中国银监会于 2004 年 7 月 27 日发布新的《企业集团财务公司管理办法》,并于 2006 年 12 月进行了修改。

(一)准入规则

设立财务公司,应当报经银行业监督管理机构审查批准。

申请设立财务公司的企业集团应当具备下列条件:(1)符合国家的产业政策;(2)申请前一年,母公司的注册资本金不低于 8 亿元人民币;(3)申请前一年,按规定并表核算的成员单位资产总额不低于 50 亿元人民币,净资产率不低于 30%;(4)申请前连续两年,按规定并表核算的成员单位营业收入总额每年不低于 40 亿元人民币,税前利润总额每年不低于 2 亿元人民币;(5)现金流量稳定并具有较大规模;(6)母公司成立 2 年以上并且具有企业集团内部财务管理和资金管理经验;(7)母公司具有健全的公司法人治理结构,未发生违法违规行为,近 3 年无不良诚信纪录;(8)母公司拥有核心主业;(9)母公司无不当关联交易。

外资投资性公司除适用上述第(1)、(2)、(5)、(6)、(7)、(8)、(9)项的规定外,申请前一年其净资产应不低于 20 亿元人民币,申请前连续两年每年税前利润总额不低于 2 亿元人民币。

申请设立财务公司,母公司董事会应当作出书面承诺,在财务公司出现支付困难的紧急情况时,按照解决支付困难的实际需要,增加相应资本金,并在财务公司章程中载明。

设立财务公司,应当具备下列条件:(1)确属集中管理企业集团资金的需要,经合理预测能够达到一定的业务规模。(2)有符合《公司法》和《企业集团财务公司管理办法》规定的章程。(3)有符合本办法规定的最低限额注册资本金;设立财务公司的注册资本金最低为 1 亿元人民币,财务公司的注册资本金应当是实缴的人民币或者等值的可自由兑换货币;经营外汇业务的财务公司,其注册资本金中应当包括不低于 500 万美元或者等值的可自由兑换货币。(4)有符合监督管理机构规定的任职资格的董事、高级管理人员和规定比例的从业人员,在风险管理、资金集约管理等关键岗位上有合格的专门人才;从业人员中从事金融或财务工作 3 年以上的人员应当不低于总人数的三分之二,其中从事金融或者财务工作 5 年以上人员应当不低于总人数的三分之一。(5)在法人治理、内部控制、业务操作、风险防范等方面具有完善的制度。(6)有符合要求的营业场所、安全防范措施和其他设施。(7)中国银行业监督管理委员会规定的其他条件。

财务公司的注册资本金应当主要从成员单位中募集,并可以吸收成员单位以外的合格的机构投资者的股份。合格的机构投资者是指原则上在 3 年内不转让所持财务公司股份的、具有丰富行业管理经验的战略投资者。财务公司的股东资格应当符合中国银行业监督管理委员会的有关规定。外资投资性公司设立财务公司的注册资本金可以由该外资投资性公司单独或者与其投资者共同出资。

申请筹建财务公司，应当由母公司向银行业监督管理机构提出申请，并提交申请书、可行性研究报告、《企业集团登记证》等文件资料，设立外资财务公司的需提供外资投资性公司及其投资企业的外商投资企业批准证书等资料，经批准起3个月内完成财务公司的筹建工作，并向监管机构提出开业申请，经核准、颁发《金融许可证》后，办理工商注册登记，方可开业。

财务公司有下列变更事项之一的，必须报经国务院银行业监督管理机构批准：变更名称；改变组织形式；调整业务范围；变更注册资本；变更股东或者调整股权结构；修改章程；更换董事、高级管理人员；变更营业场所；银行业监督管理机构规定的其他变更事项。

（二）业务监管

财务公司可以经营下列部分或者全部业务：(1)对成员单位办理财务和融资顾问、信用鉴证及相关的咨询、代理业务；(2)协助成员单位实现交易款项的收付；(3)经批准的保险代理业务；(4)对成员单位提供担保；(5)办理成员单位之间的委托贷款及委托投资；(6)对成员单位办理票据承兑与贴现；(7)办理成员单位之间的内部转账结算及相应的结算、清算方案设计；(8)吸收成员单位的存款；(9)对成员单位办理贷款及融资租赁；(10)从事同业拆借；(11)银行业监督管理机构批准的其他业务。

符合条件的财务公司，可以向中国银行业监督管理委员会申请从事下列业务：(1)经批准发行财务公司债券；(2)承销成员单位的企业债券；(3)对金融机构的股权投资；(4)有价证券投资；(5)成员单位产品的消费信贷、买方信贷及融资租赁。从事上述业务，必须严格遵守国家的有关规定和中国银行业监督管理委员会审慎监管的有关要求，并应当具备以下条件：财务公司设立1年以上，且经营状况良好；注册资本金不低于3亿元人民币，从事成员单位产品消费信贷、买方信贷及融资租赁业务的，注册资本金不低于5亿元人民币；经股东大会同意并经董事会授权；具有比较完善的投资决策机制、风险控制制度、操作规程以及相应的管理信息系统；具有相应的合格的专业人员；监管机构规定的其他条件。

财务公司不得从事离岸业务，一般也不得从事任何形式的资金跨境业务。

财务公司的业务范围经银行业监督管理机构批准后，应当在财务公司章程中载明。财务公司不得办理实业投资、贸易等非金融业务。财务公司在经批准的业务范围内细分业务品种，应当报中国银行业监督管理委员会备案，但不涉及债权或者债务的中间业务除外。

（三）风险控制

财务公司经营业务，应当遵守下列资产负债比例的要求：(1)资本充足率不得低于10%；(2)拆入资金余额不得高于资本总额；(3)担保余额不得高于资本总额；(4)短期证券投资与资本总额的比例不得高于40%；(5)长期投资与资本总额的比例不得高于30%；(6)自有固定资产与资本总额的比例不得高于20%。

财务公司应当按照审慎经营的原则，制定本公司的各项业务规则和程序，建立、健全本公司的内部控制制度。应当分别设立对董事会负责的风险管理、业务稽核部门，制定对各项业务的风险控制和业务稽核制度，每年定期向董事会报告工作，并向银行业监管机构报告。

财务公司董事会应当每年委托具有资格的中介机构对公司上一年度的经营活动进行审计，并于每年的 4 月 15 日前将经董事长签名确认的年度审计报告报送银行业监管机构。

财务公司应当依照国家有关规定，建立、健全本公司的财务、会计制度。遵循审慎的会计原则，真实记录并全面反映其业务活动和财务状况。应当按规定向银行业监督管理机构报送资产负债表、损益表、现金流量表、非现场监管指标考核表及银行业监督管理机构要求报送的其他报表，并于每一会计年度终了后的 1 个月内报送上一年度财务报表和资料。银行业监督管理机构有权随时要求财务公司报送有关业务和财务状况的报告和资料。财务公司的法定代表人应当对经其签署报送的上述报表的真实性承担责任。

财务公司发生挤提存款、到期债务不能支付、大额贷款逾期或担保垫款、电脑系统严重故障、被抢劫或诈骗、董事或高级管理人员涉及严重违纪、刑事案件等重大事项时，应当立即采取应急措施并及时向银行业监管机构报告。企业集团及其成员单位发生可能影响财务公司正常经营的重大机构变动、股权交易或者经营风险等事项时，以及财务公司对单一股东发放贷款余额超过财务公司注册资本金 50%或者该股东对财务公司出资额的，财务公司应当及时向银行业监管机构报告。

财务公司应当按中国人民银行的规定缴存存款准备金，并按有关规定提取损失准备，核销损失。

国务院银行业监督管理机构根据审慎监管的要求，有权依照有关程序和规定采取措施对财务公司进行现场检查。财务公司的股东对财务公司的负债逾期 1 年以上未偿还的，监管机构可以责成财务公司股东会转让该股东出资及其他权益，用于偿还其对财务公司的负债。监管机构根据履行职责的需要和日常监管中发现的问题，可以与财务公司的董事、高级管理人员进行监督管理谈话，要求其就财务公司的业务活动和风险管理等重大事项作出说明。

财务公司违反审慎经营原则的，应当限期改正；逾期未改正的，或者其行为严重危及该财务公司的稳健运行、损害存款人和其他客户合法权益的，监管机构可以依照有关程序，采取下列措施：责令暂停部分业务，停止批准开办新业务；限制分配红利和其他收入；限制资产转让；责令控股股东转让股权或者限制有关股东的权利；责令调整董事、高级管理人员或者限制其权利；停止批准增设分公司。

（四）整顿与接管

财务公司出现下列情形之一的，银行业监督管理机构可以责令其进行整顿：出现严重支付危机；当年亏损超过注册资本金的 30%或者连续 3 年亏损超过注册资本金的 10%；严重违反国家法律、行政法规或者有关规章。整顿时间最长不超过 1 年。财务公司整顿期间，应当暂停经营部分或者全部业务。财务公司经过整顿，符合下列条件的，可恢复正常营业:已恢复支付能力;亏损得到弥补;违法违规行为得到纠正。

财务公司已经或者可能发生支付危机,严重影响债权人利益和金融秩序的稳定时,银行业监督管理机构可以依法对财务公司实行接管或者促成其机构重组。接管或者机构重组由监管机构决定并组织实施。

财务公司出现下列情况时,经银行业监督管理机构核准后,予以解散:(1)组建财务公司的企业集团解散,财务公司不能实现合并或改组;(2)章程中规定的解散事由出现;(3)股东会议决定解散;(4)财务公司因分立或者合并不需要继续存在的。财务公司有违法经营、经营管理不善等情形,将严重危害金融秩序、损害公众利益的,监管机构有权予以撤销。

财务公司解散或者被撤销,母公司应当依法成立清算组,按照法定程序进行清算,并由银行业监督管理机构公告。监管机构可以直接委派清算组成员并监督清算过程。清算组在清算中发现财务公司的资产不足以清偿其债务时,应当立即停止清算,并向监管机构报告,经核准,依法向人民法院申请该财务公司破产。

四、信用合作社监管的法律规定

信用合作社是指经国务院银行业监督管理机构批准设立、由社员入股组成、实行社员民主管理、主要为社员提供金融服务的合作金融机构。

我国早在革命根据地时期就出现了信用社,新中国成立后,国家有关部门分别于1951年和1957年发布了《农村信用合作社章程准则草案》、《农村信用合作社示范章程草案》。1990年10月12日,发布《农村信用合作社管理暂行规定》。为了加强对信用合作社的监督管理,规范信用社以及县联社的行为,保障其依法、稳健经营,充分发挥联社的职能作用,促进信用合作事业和集体经济健康发展,有关部门先后于1997年9月和11月发布了《农村信用合作社管理规定》、《农村信用合作社县级联合社管理规定》,1997年9月4日、1998年1月发布《城市信用合作社管理办法》、《城市信用合作社联合社管理办法》。

(一)信用合作社及其联社的性质

我国的信用合作社分为农村信用合作社及其联社和城市信用合作社及其联社。

农村信用合作社是指经过中国银监会批准设立、由社员入股组成、实行社员民主管理、主要为社员提供金融服务的农村合作金融机构。农村信用合作联社,是指经过中国银监会批准设立、由所在县(市)农村信用合作社(以下简称信用社)入股组成、实行民主管理、主要为农村信用社服务的联合经济组织。农村信用合作社及其联社均是独立的企业法人。

城市信用合作社是指在城市市区有城市居民、个体工商户和中小企业法人出资设立的,主要为社员提供服务,具有独立法人资格的合作金融组织。城市信用合作社联社是由市区内城市信用合作社出资组成的金融机构,是城市信用社的联合组织,也是独立的企业法人。

信用社必须遵守国家法律、法规和金融方针政策,依照法规开展金融业务,不断改进金融服务，坚持为农村和城市集体经济服务的宗旨。其财产、合法权益和依法开展的业务活动受国家法律保护，任何单位和个人不得侵犯和干涉。农村信用社及联社依法接受国务院银行业监督管理机构的监督管理。

（二）信用合作社市场准入和退出的监管

1. 市场准入的监管

设立信用社应当具备下列条件：(1)符合规定的章程。(2)有符合规定的社员。农村信用社社员一般不少于500个；城市信用合作社社员有50个以上的社员，其中企业法人不少于10个。(3)注册资金一般不少于100万元人民币。(4)有具备中国银监会规定的任职资格的法定代表人。从业人员中有60%以上的人员从事过一年以上的金融工作或具有金融及相关专业大中专学历。(5)有健全的组织机构和管理制度，包括社员代表大会(权力机构)、理事会(执行机构)、监事会(监督机构)。(6)有符合要求的营业场所和安全防范措施。

2. 市场退出的监管

信用合作社及其联社在已经或可能出现信用危机、严重影响存款人利益时，监管机构可以进行接管。信用社及其联社因解散、被撤销或宣告破产而终止。因分立、合并或者出现章程规定的解散事由需要解散的，应当向中国银监会提出申请，并附解散理由及债务清偿计划，经中国银监会批准后解散。资不抵债、无法归还到期债务的，经过中国银监会同意，由人民法院依法宣告破产。

（三）业务监管

1. 业务范围的监管

信用合作社的具体业务范围由中国银监会综合考虑其资金实力、主要负责人的业务水平和管理能力、所处经济环境、市场需求等因素的基础上确定。农村信用合作社的业务是：办理存款、贷款、票据贴现、国内结算业务；代理收付款项及受托代办保险业务；买卖政府债券；代理、发行、兑付、承销政府债券；提供保险箱业务；由县联社统一办理资金融通调剂业务；等等。县联社在做好对辖区内农村信用服务社管理和服务工作的前提下，自身也可以办理存款贷款等业务，支持农村经济发展。

城市信用合作社的主要业务是吸收社员存款；吸收中国银监会规定的限额以下的非社员的公众存款；发放贷款；办理结算业务、票据贴现；代收代付款项及受托代办保险业务：办理中国银监会批准的其他业务。城市联社营业部可以经营下列业务：办理城市集体企业、私营企业和个体工商户的存款、贷款和结算业务；组织管理城市信用社的联合贷款；组织城市信用社之间的资金调剂；办理城市信用社的结算业务；等等。

2. 业务风险控制的监管

信用社要在提高资金使用流动性、安全性的基础上，努力提高资金的使用效益，保持资产负债比例的合理性，实行自主经营、自担风险、自负盈亏、自我约束，努力规避金融风险。

农村信用社必须按照规定缴纳存款准备金，提取呆账准备金和坏账准备金。农村信用社对本社社员的贷款不得低于贷款总额的50%,其贷款应优先满足种养业和农户生产资金的需要。农村信用社坚持多存多贷、自求平衡的原则,实行资产负债比例管理和资产风险管理:资本充足率不得低于8%;年末贷款余额与存款余额的比例不得超过80%;流动性资产余额与流动性负债余额的比例不得低于25%;对同一借款人的贷款余额不得超过本农村信用社资本总额的30%。

城市信用社吸收社员存款不得超过存款余额的40%;对同一贷款人发放贷款余额不得超过50万元;城市信用社必须按照规定交存存款准备金;资本充足率不得低于8%,对单个社员贷款的余额不得超过信用社资本金的20%(最高限额为50%);流动性资产比例与流动性负债的比例不得低于25%。

信用社及其联社执行国家统一制定的信用财务制度,编制年度财务会计报告,及时向中国银监会报送。

第三节　外资金融机构监管的法律规定

一、外资金融机构监管立法

对外资金融依法监管是一国金融法制与监管体系的重要组成部分。对发展中国家而言,对外资金融机构的监管立法还有助于协调市场开放与保护国内金融业的关系,防范金融风险。

一国对外资金融机构的监管政策决定了该国外资金融机构立法的原则。世界各国根据本国经济发展总体战略和实施状况,根据本国金融业国际化程度,相应采取了三种不同的政策:一是保护主义,即完全禁止或限制外资金融机构的活动,把重点置于保护本国金融业免受外来干扰和制止上;二是对等互惠,即以外国政府给予本国金融机构的同等待遇对待外资金融机构;三是国民待遇,即以平等一致的待遇对待本国和外国的金融机构。不少国家在监管立法和执法实践中,往往采取综合多项政策的办法,并根据经济、金融的发展变化而适时调整。

随着我国经济体制改革的深化和加入WTO,我国的金融市场进一步开放,对外资金融机构的监管也日益与国际接轨。金融开放是中国加入世界贸易组织、市场经济建设的客观要求,是扩大吸引外商投资和增强国际竞争力的必然选择。自1979年,日本输出入银行被首家获准在我国设立代表机构以来,30多年的实践证明,我国金融开放是积极稳妥卓有成效的,它在我国经济发展和改革开放中发挥了重要作用,加快了引进外资和管理经验,强化了金融竞争机制,加快了我国金融国际化的进程。

我国是WTO的成员之一。作为发展中国家,我国金融业的开放应该以遵循WTO相关协议的要求为最终目标。WTO的《服务贸易总协定》明确了金融业对外开放的基本原则,其中包括:(1)市场准入原则,要求缔约方开放本国金融业;(2)国民待遇原则,要求缔约方给予金融服务提供者的待遇同等于国内同业者;(3)最惠国待遇原则,强调缔约国之间无条件的、非歧视性的适用,即任何一个成员给予另一成员的优惠和特权必须立即、无条件地给予其他所有成员,各成员之间只要提供的金融服务是相同的,就应该享受相同的待遇;(4)透明度原则,要求缔约方公布有关金融服务的法律法规、政策措施及习惯性做法等;(5)逐步自由化原则,这是发展中国家的特殊待遇和保护条款。

国务院于1994年2月颁布、并于2001年12月修订的《中华人民共和国外资金融机构管理条例》,中国银行业监督管理委员会于2004年7月26日颁布新的实施细则,以及《关于外资金融机构市场准入有关问题的公告》、《外国金融机构在华设立常驻机构管理办法》等规章,是我国对外资金融机构监管的法律基础,是外资金融机构发展的法律依据。

根据法规的规定,外资银行、中外合资银行、外资财务公司、中外合资财务公司等具有中国的金融企业法人地位,外国银行分行则属于非法人的企业分支机构。一切外资金融机构必须遵守中国的法律、法规,依法享有相应的权利与义务,其正当经营活动和合法权益受中国法律保护。外资金融机构不得损害中国的社会公共利益。外资金融机构应接受国务院银行业监督管理机构的监管。

二、外资金融机构市场准入制度

外资金融机构市场准入制度反映一国对外资金融机构进入本国的基本态度,立法与监管的目的在于避免金融业的过度竞争,保护国内金融业发展,维护本国金融体系的安全与稳定。发达国家的市场准入制度相对宽松,而发展中国家市场准入制度则比较严格。市场准入制度主要包括外资金融机构设立条件和设立程序两方面。

(一) 设立条件

1. 资格要求

资格要求反映了一国引进外资金融机构的期望目标,是对申请人(母行、母公司)本身的要求,其主要内容有:

第一,申请人的资信、实力。该项要求体现了东道国引进实力雄厚的大银行大公司,既发挥外资对本国经济、金融的促进作用,又保证本国金融的稳定。其具体要求有资本、资产规模、经营年限、经营状况、管理者素质等。例如新加坡只批准世界前300位银行前往经营,并曾多次在仔细调查之后拒绝了国际商业信贷银行的进入申请,从而也避免了该行破产事件的影响。我国规定:设立外资银行或外资财务公司的申请人为金融机构,提出设立申请前一年年末总资产不少于100亿美元;设立外国银行分行的申请人提出设立申请前一年年末总资产不少于200亿美元,并且资本充足率不低于8%;设立合资银行或合资财务公司的外国合资者为金融机构,提出设立申请前一年年末总资产不少于100亿美元。

第二,申请人母国监管环境。东道国要求申请机构提交其母国金融监管情况资料,以确保该机构在其母国受到良好监管。例如,英国1987年《银行法》要求准备在英国设立分支机构的外国银行向英格兰银行出具本国中央银行出具的证明申请行资信可靠、具有开设分行能力的鉴定意见。我国也要求申请人所在国家或者地区有完善的金融监督管理制度,并且申请人受到所在国家或者地区有关主管当局的有效监管。

第三,与东道国业务往来的记录。我国为积极有效引进外资金融机构,而又不至于出现一拥而进的局面,要求设立外资银行、外资财务公司、外国银行分行的申请人在中国境内已经设立代表机构2年以上;申请设立合资银行或者合资财务公司的外国合资者在中国境内已经设立代表机构。

此外,申请人应获所在国家或者地区有关主管当局同意其申请,并符合我国监管当局规定的其他审慎性条件。

2. 设立条件

设立条件反映了东道国金融业的发展结构状况,是对拟设立机构的限制,其主要内容有:

(1) 组织形式。外资金融机构的组织形式涉及在东道国的地位、权利与义务等问题,通常的组织形式有代表处(代表总部与东道国政界、工商界及客户联络的非营业机构)、代理行(可经营部分业务的分支机构)、分行(经营银行业务的分支机构)、小银行(总部控股或全资的在东道国注册的法人机构)、合资银行。我国允许设立外资银行或财务公司(即全资小银行)、合资银行或财务公司及合资保险公司、外国银行分行、外国保险公司分公司。目前我国外商投资法不允许设立外资(全资)保险公司。另外,我国允许各类外国金融机构在中国境内设立代表处,经批准后从事咨询、联络、市场调查等非经营性活动。

(2) 最低资本金。这是保证企业正常运转和承担责任的重要基础。我国规定,设立外资银行、合资银行的最低注册资本为3亿元人民币等值的自由兑换货币,设立外资或合资财务公司的最低注册资本为2亿元人民币等值的自由兑换货币,注册资本应当是实缴资本。设立外国银行分行应当由其总行无偿拨给不少于1亿元人民币等值的自由兑换货币的营运资金。

(3) 地域限制。这是为了适度限制外资金融机构的竞争力,保证本国经济平稳发展。世界上100多个发展中国家中有20%对外资金融机构的进入地域设定限制,如泰国规定外国银行只可在曼谷设分行,印度则限制在5个城市内。目前,我国允许设立外资金融机构的地区正不断增加。

(4) 数量限制。同样是为了防止外资金融机构利用其技术、资金等优势形成营业网络,过度冲击本国金融业,不少国家也对外资金融机构数量及分支机构数量作出限制,如印度尼西亚对一家外国银行实行一地(雅加达)一行(一分行)制。我国虽未具体规定,但也有专家建议在实践初期可控制机构数量,既防止过度竞争,又为逐步开放业务范围做好准备。①

(二) 设立程序

我国实行严格的设立审批制,设立外资金融机构,均应向国务院银行业监督管理机构

① 萧灼基著:《中国金融分析与预测(1994—1995)》,中华工商联合出版社1995年版,第183页。

提出书面申请,并提交可行性研究报告、章程、申请机构营业执照、申请机构近3年年报等有关资料。国务院银行业监督管理机构对申请进行初步审查,自收到完整的申请文件之日起6个月内作出受理或者不受理的决定。决定受理的,发给申请人正式申请表;决定不受理的,应当书面通知申请人并说明理由。

申请人一般应当自接到正式申请表之日起6个月内完成筹建工作;筹建工作完成后,申请人应当将填写好的申请表连同相关资料文件,设立外国银行分行的还应出示其总行对该分行承担税务、债务的责任担保书(美、德、英、意和中国香港均有母行保证承担责任、负责债务的类似制度),报监管机构审批。监管机构自收到设立外资金融机构完整的正式申请文件之日起2个月内,作出批准或者不批准的决定。决定批准的,颁发经营金融业务许可证;决定不批准的,应当书面通知申请人并说明理由。

经批准设立外资金融机构的,申请人凭经营金融业务许可证向工商行政管理机关办理登记,领取营业执照。

三、外资金融机构业务监管

业务监管是各国对外资金融机构监管的重点,其目的是减少或消除外资金融机构的经营风险,保护本国存款人利益,促进金融市场安全与稳定。外资金融机构进入我国后,作为我国金融体系中一个有机组成部分,对我国货币政策操作、金融市场的稳定与发展产生了一定的影响。外资金融机构的经营状况、支付能力与其总部及其他地区的经营情况有密切联系。业务监管制度通常包括业务范围、存款准备金、资本充足率和流动性、外汇头寸敞口及检查稽核等。我国依法对外资金融机构行使监管权的是国务院银行业监督管理机构和工商行政管理机关,同时充分发挥社会审计监督作用,并与有关国家(地区)当局合作监管。

(一) 业务范围监管

世界上有21%的发展中国家对外资金融机构的业务范围有所限制,集中限制的是本币及吸收本国存款。我国规定:独资银行、外国银行分行、合资银行按照监管机构批准的业务范围,可以部分或者全部依法经营下列种类的业务:(1)吸收公众存款;(2)发放短期、中期和长期贷款;(3)办理票据承兑与贴现;(4)买卖政府债券、金融债券,买卖股票以外的其他外币有价证券;(5)提供信用证服务及担保;(6)办理国内外结算;(7)买卖、代理买卖外汇;(8)从事外币兑换;(9)从事同业拆借;(10)从事银行卡业务;(11)提供保管箱服务;(12)提供资信调查和咨询服务;(13)经中国人民银行批准的其他业务。

独资财务公司、合资财务公司按照中国人民银行批准的业务范围,可以部分或者全部依法经营下列种类的业务:(1)吸收每笔不少于100万元人民币或者其等值的自由兑换货币,期限不少于3个月的存款;(2)发放短期、中期和长期贷款;(3)办理票据承兑与贴现;(4)买卖政府债券、金融债券,买卖股票以外的其他外币有价证券;(5)提供担保;(6)买卖、代理买卖外汇;(7)从事同业拆借;(8)提供资信调查和咨询服务;(9)提供外汇信托服务;(10)经中国人民银行批准的其他业务。

关于人民币业务，考虑到我国金融宏观调控的有效性，也为防止对国内银行本币业务、出口结算业务的过度冲击和防止外汇流失，我国曾实行试点基础上逐步开放办法，20世纪90年代先行在上海浦东、深圳等地进行试点，逐步扩大开放范围。目前，外资金融机构经营人民币业务的地域范围和服务对象范围，由我国监管机构按照有关规定核定。外资金融机构经营人民币业务，应当具备下列条件：提出申请前在中国境内开业3年以上；提出申请前2年连续盈利；监管机构规定的其他审慎性条件。

外资金融机构在批准的业务范围内，开办新的业务品种的，应当在开办之前向监管机构提出书面申请。监管机构应当自收到书面申请文件之日起60日内作出批准或者不批准的决定；作出不批准决定的，应当书面通知申请人并说明理由。

（二）经营风险监管

为了确保外资金融机构稳健经营、防范风险，世界各国一般要对外资金融机构的资本运营活动进行监管。在我国，外资金融机构应维持资本充足，独资银行、合资银行、独资财务公司、合资财务公司的资本充足率不得低于8%。独资银行、合资银行、独资财务公司、合资财务公司的固定资产不得超过其所有者权益的40%。独资银行、合资银行、独资财务公司、合资财务公司资本中的人民币份额与其风险资产中的人民币份额的比例不得低于8%。外国银行分行营运资金加准备金等之和中的人民币份额与其风险资产中的人民币份额的比例不得低于8%。外国银行分行的营运资金的30%应以国务院银行业监督管理机构指定的生息资产形式存在，包括在指定的银行的存款等。外资金融机构应当确保其资产的流动性。流动性资产余额与流动性负债余额的比例不得低于25%。独资银行、合资银行、独资财务公司、合资财务公司对1个企业及其关联企业的授信余额，不得超过其资本的25%，但是经监管机构批准的除外。外资金融机构从中国境内吸收的外汇存款不得超过其境内外汇总资产的70%。

外资金融机构经营存款业务，应当向所在地区的中国人民银行分支机构缴存存款准备金，其比率由中国人民银行制定，并根据需要进行调整。外资金融机构应当按照规定计提呆账（坏账）准备金。

外资金融机构应当聘用中国注册会计师，并经所在地区的中国人民银行分行认可。外资金融机构应当按照规定向中国人民银行及其分支机构报送财务报表和有关资料。

中国人民银行及其分支机构有权定期或者随时检查、稽核外资金融机构的存款、贷款、结算、呆账等情况，有权要求外资金融机构在规定的期限内报送有关文件、资料和书面报告，有权对外资金融机构的违法违规行为依法进行处罚、处理。

四、外资金融机构退出

外资金融机构设立分支机构，调整、转让注册资本，追加、减少营运资金，变更机构名称或者营业场所，更换高层管理人员或调整业务范围，变更持有资本总额或者股份总额10%以上的股东，修改章程等须经国务院银行业监督管理机构批准，并依法向工商行政管理机关办理有关登记。

外资金融机构自行终止业务活动，应当在距终止业务活动30日前以书面形式向国务院银行业监督管理机构提出申请，经国务院银行业监管机构审查批准后予以解散并进行清算。

外资金融机构无力清偿到期债务的，国务院银行业监督管理机构可以责令其停业，限期清理。在清理期限内，已恢复偿付能力、需要复业的，必须向国务院银行业监督管理机构提出复业申请；超过清理期限，仍未恢复偿付能力的，应当进行清算。

外资金融机构因解散、依法被撤销或者宣告破产而终止的，其清算的具体事宜，参照中国有关法律、法规的规定办理。外资金融机构清算终结，应当在法定期限内向原登记机关办理注销登记。

第三十五章
证券监管法律制度

第一节 证券市场监管与证券法

一、证券的含义和种类

(一) 证券的含义和法律特征

证券,是指长期资金的需求者公开发行的、由投资者购买且对一定收入享有请求权的投资凭证。通过公开发行证券而筹集长期资金是资金需求者的目的,而通过购买证券而享有一定收入的请求权是投资者的投资目的,证券正是双方可达到各自目的的媒介。

证券是一种投资权利证书。一方面,证券代表了投资者一定的权利;另一方面,证券又是投资者一定权利的载体。因而,证券是投资者一定权利的内容和形式的统一。

证券是一种可转让的权利证书。证券可以根据当事人的意志在不同的主体之间无偿或有偿地转让,以便及时实现当事人的权利。证券的可转让性是证券生命力的体现。

证券是一种面值均等的权利证书。证券在其票面上一般均标明特定的金额,同一种证券的各个等份所标明的金额都是相等的。少数证券虽不标明金额,但其所代表的实际价值仍然是均等划分的。面值均等,便于当事人履行义务和计算利益,也便于流通转让。

证券是一种具有风险性的权利证书。证券投资是一种具有市场风险的行为。投资不同的证券,风险会有不同。风险的大小,影响到证券收益的多少。

(二) 证券的种类

根据不同的标准,可对证券作出不同的分类。根据证券上是否记载面值,证券可分为有面值证券和无面值证券;根据持券人的姓名是否记载在证券上,证券可分为记名证券和不记名证券;根据发行人发行证券时是否向证券投资者提供担保,证券可以分为担保证券和无担保证券;根据持券人享有权利的法律性质不同,可将证券分为股票、债券、投资基金凭证等等。

二、证券市场及其监管

证券市场是证券供求关系和交易网络的总称,狭义的证券市场就是证券发行和买卖的场所。证券市场是商品经济高度发展的产物,并促进商品经济进一步发展。中国证券市场起步于20世纪80年代,在90年代得到高速发展,至21世纪初,上市公司数和市价总值均已居新兴市场第三位,对我国改革开放、市场经济建设和企业发展,都起到了非常重要的作用。

证券市场容易受政治、经济、社会因素影响而产生大动荡,助长投机心理、导致虚假繁荣和企业过度竞争、个人收入差距拉大而引发社会不安定等问题,存在着极大的风险,证券市场的监管必不可少。作为新兴的市场,各方面很不成熟,其风险又更大更普遍,监管尤其显得重要。

依法监管证券市场在我国受到重视,20世纪90年代开始,就发布了《股票发行与交易管理暂行条例》、《企业债券管理条例》、《国库券条例》等法规,《公司法》中也对证券的发行和交易作出了基本规定。特别是1998年12月29日,第八届全国人大常委会第六次会议通过了《中华人民共和国证券法》,这使我国证券市场发展与监管进入了一个新的时期。《证券法》于2004年8月28日第十届全国人大常委会第十一次会议、2005年10月27日第十届全国人大常委会第十八次会议修订。证券法对于规范证券市场运行,保护投资者的合法权益,维护社会经济秩序和社会公共利益,促进社会主义市场经济发展,具有十分重要的意义。

我国证券法根据我国国情和国际惯例,突出了监管的内容。有学者指出《证券法》规范中行政机关权力多、程序规范多、资格限制多、强制规范多、禁止性规定多、行政处罚多,因此本质上是一部管理法。[①]可见,证券法主要是监管法。

三、证券监管的基本原则

证券监管的基本原则是证券法规定的证券市场监督管理的基本依据,是证券市场参与者和监督管理者必须遵循的行为准则,是证券监管法的精神所在。

(一)公开、公平、公正原则

《证券法》第3条规定:"证券的发行、交易活动,必须实行公开、公平、公正的原则。"

公开原则,亦称信息公开制度。它是指证券发行者在证券发行前和发行后依法向证券发行对象和证券监管机构提供有关资料。确立公开原则,旨在为投资者创造一个信息畅通的投资环境,为筹资者提供一个平等的竞争场所,从而保护投资者的利益,完善投资环境。公开原则要求所公开的信息达到"真实、全面、及时、易得、易解"的标准。

公正原则是指证券监督管理机构及其他组织和人员依法采取有效措施,对证券市场的违法、犯罪活动进行制止和查处,以确保投资者得到公正的对待。公正原则旨在保护正当的市场运作,禁止非法内幕交易,禁止人为操纵交易市场,禁止通过各种欺诈的手段影响市场,从中渔利。为了保障证券交易的公正性,证券市场的监管人员、证券公司的管理人员和从业人员以及其他有关人员必须依法行事,严格遵守交易规则和操作程序。

公平原则是指在证券市场上,证券交易活动当事人的法律地位是平等的,无论经济实

---

① 江平:《本质上是部管理法》,载于《中国律师》1999年第4期。

力的大小，个人或机构投资者之间的交易活动，必须在平等和自愿的基础上，遵循等价有偿的原则进行。

（二）证券活动依法进行的原则

《证券法》第5条规定："证券发行、交易活动，必须遵守法律、行政法规；禁止欺诈、内幕交易和操纵证券交易市场的行为。"

证券活动必须依照法律、法规规定的条件、程序、场所、范围进行，才发生法律效力，否则，就是无效的，并要受到法律的制裁。在这里证券活动要遵守的法是广义上的，不仅包括法律法规，还包括政府规章和规范性文件，证券商协会、证券交易所的自律规则也有一定的规范作用。严禁任何人在证券市场中欺诈行骗、内幕交易、操纵市场或其他非法行为。

（三）分业经营、分业管理原则

《证券法》第6条规定："证券业和银行业、信托业、保险业分业经营、分业管理。证券公司与银行、信托、保险业务机构分别设立。国家另有规定的除外。"

我国现阶段的金融机构无论是证券商还是银行的经济实力都有限，内控机制不完善，市场环境、法制水平和政府监管也还不成熟，短期内尚不能适应混业经营的需要。若不顾实际硬要混业，则将重复甚至加剧证券市场投机盛行、秩序混乱的局面，增加不可预测的风险。所以，现阶段一方面要坚持分业经营和分业监管，另一方面也要为未来逐步走向混业创造条件、积极准备。

（四）政府集中统一监管和自律管理相结合的原则

《证券法》第7条规定："国务院证券监督管理机构依法对全国证券市场实行集中统一监督管理。国务院证券监督管理机构根据需要可以设立派出机构，按照授权履行监督管理职责。"第8条规定："在国家对证券发行、交易活动实行集中统一监督管理的前提下，依法设立证券业协会，实行自律性管理。"

证券市场情况复杂多变，影响涉及面广，需要集中、统一、高效的监管。我国曾经历了从多机构分散监管和地方分级监管的过程，最终确定了由国务院证券监督管理机构统一监管的体制，并将地方监管机构改为国务院证券监管机构的派出机构，消除了市场条块分割的不利状况，促进了市场健康发展和监管的有效进行。

在国家统一监管下，还要发挥自律组织和交易所的自我管理、自我约束的作用，形成证券市场监管的网络。

第二节　证券监管体制

一、证券监管体制的模式与演变

世界各国证券监管机构的设置因证券监管体制不同而有所不同。证券监管机构的不同设置主要包括两种类型,即专门的监管机构和兼管证券的监管机构。

实行专门监管机构的体制或类似体制的国家有美国、加拿大、日本等国,其中以美国为最典型。美国联邦政府下设证券交易委员会,成员由总统任命、国会批准,直属总统领导,独立行使职权,是美国证券市场的最高管理机构。证券交易委员会有监督执行美国证券交易法、信托契约法、投资公司法、投资顾问法和公共事业控股公司法等职能,拥有监管全国和国际的证券发行、证券交易以及证券商、投资公司等的权力,不受任何行政干预。

实行兼管证券的监管机构的体制是指由政府的财经、金融管理部门兼管证券事务,如德国的中央银行和法国的财政部。英国创设了金融统一监管机构(金融服务局)的模式。

另外,发达市场的证券交易所及证券业组织的自律管理也具有重要地位,其比较严格的规章制度和比较丰富的管理经验,成为证券监管的必要补充。

我国证券监管体制在早期由中国人民银行兼管。1992 年以后提出了由专门机构负责证券市场协调管理的需要,同年 12 月国务院发布《关于进一步加强证券市场宏观监管的通知》,成立了国务院证券委员会及其执行机构作为证券市场的监管机构,同时还确定了其他一些机构部门的职权,由此进入了证券市场的多头管理阶段。20 世纪 90 年代我国证券市场快速发展过程中,多头管理体制暴露出职责不明、权威性差、政出多门、条块分割、政府包办、淡化自律等问题,监管体制亟待变革。

1998 年出台的我国《证券法》明确实行集中统一的证券监管体制,其具体是:(1)国务院证券监督管理机构是对证券市场进行统一监管的机构,原证券市场中各机构的管理权限全部收归国务院证券监督管理机构行使。(2)国务院证券监督管理机构可以根据需要设立派出机构,使监管能够超脱于地方政府,摆脱地方利益的影响。(3)在集中统一监管的前提下,依法设立证券业协会,实行自律性监管。

二、我国证券监管机构的职责

根据《证券法》的有关规定,国务院证券监督管理机构在对证券市场实施监督管理中履行下列职责:依法制定有关证券市场监督管理的规章、规则,并依法行使审批或者核准权;依法对证券的发行、上市、交易、登记、存管、结算,进行监督管理;依法对证券发行人、上市公司、证券公司、证券投资基金管理公司、证券服务机构、证券交易所、证券登记结算机构的证券业务活动,进行监督管理;依法制定从事证券业务人员的资格标准和行为准则,并监督实施;依法监督检查证券发行、上市和交易的信息公开情况;依法对证券业协会的活动进行指导和监督;依法对违反证券市场监督管理法律、行政法规的行为进行查处;法律、行政法规规定的其他职责。

国务院证券监督管理机构可以和其他国家或者地区的证券监督管理机构建立监督管理合作机制,实施跨境监督管理。

国务院证券监督管理机构依法履行职责,有权采取下列措施:

(1) 对证券发行人、上市公司、证券公司、证券投资基金管理公司、证券服务机构、证券交易所、证券登记结算机构进行现场检查。

(2) 进入涉嫌违法行为发生场所调查取证。

(3) 询问当事人和与被调查事件有关的单位和个人,要求其对与被调查事件有关的事项作出说明。

(4) 查阅、复制与被调查事件有关的财产权登记、通讯记录等资料。

(5) 查阅、复制当事人和与被调查事件有关的单位和个人的证券交易记录、登记过户记录、财务会计资料及其他相关文件和资料;对可能被转移、隐匿或者毁损的文件和资料,可以予以封存。

(6) 查询当事人和与被调查事件有关的单位和个人的资金账户、证券账户和银行账户;对有证据证明已经或者可能转移或者隐匿违法资金、证券等涉案财产或者隐匿、伪造、毁损重要证据的,经国务院证券监督管理机构主要负责人批准,可以冻结或者查封。

(7) 在调查操纵证券市场、内幕交易等重大证券违法行为时,经国务院证券监督管理机构主要负责人批准,可以限制被调查事件当事人的证券买卖,但限制的期限不得超过15个交易日;案情复杂的,可以延长15个交易日。

国务院证券监督管理机构工作人员依法履行职责,进行监督检查或者调查时,应当出示有关证件,并对知悉的有关单位和个人的商业秘密负有保密的义务。国务院证券监督管理机构依法履行职责,被检查、调查的单位和个人应当配合,如实提供有关文件和资料,不得拒绝、阻碍和隐瞒。

国务院证券监督管理机构工作人员必须忠于职守,依法办事,公正廉洁,不得利用自己的职务便利牟取不正当的利益。国务院证券监督管理机构的工作人员不得在被监管的机构中兼任职务。

国务院证券监督管理机构依法制定的规章、规则和监督管理工作制度应当公开。国务院证券监督管理机构依据调查结果,对证券违法行为作出的处罚决定,应当公开。

国务院证券监督管理机构依法履行职责,发现证券违法行为涉嫌犯罪的,应当将案件移送司法机关处理。

三、证券交易所的自律功能

证券交易所是为证券集中交易提供场所和设施,组织和监督证券交易,实行自律管理的法人。在我国,设立和解散证券交易所,由国务院决定。

作为有价证券集中交易的场所,证券交易所应当创造公开、公平、公正的市场环境,提供便利条件,保证证券交易正常运行。其职能包括:(1)为组织公平的集中竞价交易提供保障,即时发布证券交易行情,制作证券市场行情表并予公布;(2)核准证券上市申请,安排证券上市;(3)决定证券的暂停上市、终止上市;(4)在出现突发事件或不可抗力事件时,可采取技术性停牌或决定临时停市;(5)对在交易所进行的证券交易实行实时监控,对上市公司披露信息进行监督;(6)根据需要,可以对出现重大异常交易情况的证券账户限制交易,并报国务院证券监督管理机构备案;(7)依法制定上市规则、交易规则、会员管理规则和其他有关规则,并报国务院证券监督管理机构批准;(8)对在场内交易违反交易所有关交易规则的人员,给予纪律处分;对情节严重的,撤销其资格,禁止其入场进行证券交易。

证券交易所可以自行支配的各项费用收入,应当首先用于保证其证券交易场所和设施的正常运行并逐步改善。证券交易所的积累归会员所有,其权益由会员共同享有,在其存续期间,不得将其积累分配给会员。

证券交易所应当从其收取的交易费用和会员费、席位费中提取一定比例的金额设立风险基金。风险基金由证券交易所理事会管理。

证券交易所应当将收存的交易保证金、风险基金存入开户银行专门账户,不得擅自使用。

按照依法制定的交易规则进行的交易,不得改变其交易结果。对交易中违规交易者应负的民事责任不得免除;在违规交易中所获利益,依照有关规定处理。

四、证券业协会

证券业协会,又称证券同业公会。证券业协会是证券业的自律性组织,是社会团体法人。我国的证券经营机构必须加入证券业协会,成为其会员。

证券业协会的权力机构为全体会员组成的会员大会。证券业协会设理事会。理事会成员依章程的规定选举产生。

证券业协会的章程或规则是规定其内部关系的自律文件。我国证券业协会章程由会员大会制定,并报国务院证券监督管理机构备案。

我国证券业协会应履行的职责是:(1)教育和组织会员遵守证券法律、行政法规;(2)依法维护会员的合法权益,向证券监督管理机构反映会员的建议和要求;(3)收集整理证券信息,为会员提供服务;(4)制定会员应遵守的规则,组织会员单位从业人员的业务培训,开展会员间的业务交流;(5)对会员之间、会员与客户之间发生的证券业务纠纷进行调解;(6)组织会员就证券业的发展、运作及有关内容进行研究;(7)监督、检查会员行为,对违反法律、行政法规或者协会章程的,按照规定给予纪律处分;(8)证券业协会章程规定的其他职责。

第三节　证券发行监管的法律规定

一、证券发行监管概述

证券发行是指发行人或承销商依法向公众进行证券招募和发售的行为。证券的发行可按不同的标准进行分类。

按证券的发行是否通过承销机构,可以分为直接发行和间接发行。直接发行是指发行人不通过证券承销机构的中介而直接与证券购买人签订购买合同;间接发行是指发行不直接与购买人发生关系,而委托证券承销机构代理发行证券的行为。

按发行对象的不同,可以分为私募发行和公募发行。私募发行是以特定的投资者为募集对象的发行;而公募发行则是发行人以同一条件向不特定的投资者广泛募集资金,以及向特定对象发行证券累计超过200人。

证券发行监管主要是指发行市场准入的控制。发行人必须保证其发行文件是真实、准确、完整的。非公开发行证券,不得采用广告、公开劝诱和变相公开方式。公开发行证券实行核准制,即必须符合法律、行政法规规定的条件,并依法报经国务院证券监督管理机构或者国务院授权的部门核准;未经依法核准,任何单位和个人不得向社会公开发行证券。国务院证券监督管理机构或者国务院授权的部门对已作出的核准证券发行的决定,发现不符合法律、行政法规规定的,应当予以撤销;尚未发行证券的,停止发行;已经发行尚未上市的,撤销发行核准决定,发行人应当按照发行价并加算银行同期存款利息返还证券持有人;保荐人应当与发行人承担连带责任,但是能够证明自己没有过错的除外;发行人的控股股东、实际控制人有过错的,应当与发行人承担连带责任。

发行人申请公开发行股票、可转换为股票的公司债券,依法采取承销方式的,或者公开发行法律、行政法规规定实行保荐制度的其他证券的,应当聘请具有保荐资格的机构担任保荐人。保荐人应当遵守业务规则和行业规范,诚实守信,勤勉尽责,对发行人的申请文件和信息披露资料进行审慎核查,督导发行人规范运作。

二、证券发行市场的准入

(一) 股票发行的条件

根据我国《证券法》和《公司法》的规定,股票的发行条件因具体情况而有所不同。

设立股份有限公司发行股票,应当符合以下条件:生产经营符合国家产业政策;其发行的普通股限于一种,同股同权;发起人认购的股本数额不得少于公司拟发行的股本额的35%;在公司拟发行的股本总额中,发起人认购的部分不少于人民币3 000万元,但国家另有规定的除外;向社会公众发行的部分不少于公司拟发行的股本总额的25%,其中公司职工认购的股本数额不得超过拟向社会公众发行的股本总额的10%,公司拟发行的股本总额超过人民币4亿元的,中国证监会按照规定可以酌情降低向社会公众发行的部分的比例,但是最低不少于公司拟发行的股本总额的10%;发起人在近3年内没有重大违法行为等。

股份有限公司增资发行股票,除应符合设立发行股票的条件以外,还应具备以下条件:具备健全且运行良好的组织机构;具有持续盈利能力,财务状况良好;最近3年财务会计文件无虚假记载,无其他重大违法行为;经国务院批准的国务院证券监督管理机构规定的其他条件。上市公司非公开发行新股,应当符合经国务院批准的国务院证券监督管理机构规定的条件,并报国务院证券监督管理机构核准。

公司对公开发行股票所募集资金,必须按照招股说明书所列资金用途使用。改变招股说明书所列资金用途,必须经股东大会作出决议。擅自改变用途而未作纠正的,或者未经股东大会认可的,不得公开发行新股。

(二) 公司债券发行的条件

公司债券的发行条件是:(1)股份有限公司的净资产不低于人民币3 000万元,有限责任公司的净资产不低于人民币 6 000 万元;(2)累计债券余额不超过公司净资产的 40%;(3)最近 3 年平均可分配利润足以支付公司债券一年的利息;(4)筹集的资金投向符合国家产业政策;(5)债券的利率不超过国务院限定的利率水平;(6)国务院规定的其他条件。公开发行公司债券筹集的资金,必须用于核准的用途,不得用于弥补亏损和非生产性支出。

上市公司发行可转换为股票的公司债券,除应当符合债券发行的条件外,还应当符合公开发行股票的条件,并报国务院证券监督管理机构核准。

有下列情形之一的,不得再次公开发行公司债券:前一次公开发行的公司债券尚未募足;对已公开发行的公司债券或者其他债务有违约或者延迟支付本息的事实,仍处于继续状态;违反规定,改变公开发行公司债券所募资金的用途。

(三) 证券发行的核准程序

根据《证券法》的有关规定,公开发行股票,发行人必须向国务院证券监督管理机构提交公司法规定的申请文件和有关文件,报经国务院证券监督管理机构核准。发行人向国务院证券监督管理机构或者国务院授权的部门提交的证券发行申请文件,必须真实、准确、完整。为证券发行出具有关文件的专业机构和人员,必须严格履行法定职责,保证其所出具文件的真实性、准确性和完整性。发行人申请首次公开发行股票的,在提交申请文件后,应当按照国务院证券监督管理机构的规定预先披露有关申请文件。

国务院证券监督管理机构设立发行审核委员会,依照法定条件审核股票发行申请。发行审核委员会由国务院证券监督管理机构的专业人员和所聘请的该机构外的有关专家组成,以投票方式对股票发行申请进行表决,提出审核意见。国务院证券监督管理机构依照法定条件负责核准股票发行申请。核准程序应当公开,依法接受监督。参与核准股票发行申请的人员,不得与发行申请单位有利害关系;不得接受发行申请单位的馈赠;不得持有所核准的发行申请的股票;不得私下与发行申请单位进行接触。国务院证券监督管理机构或者国务院授权的部门应当自受理证券发行申请文件之日起 3 个月内,依照法定条件和法定程序作出予以核准或者不予核准的决定,发行人根据要求补充、修改发行申请文件的时间不计算在内;不予核准的,应当说明理由。

国务院授权的部门对公司债券发行申请的核准,参照公开发行股票的核准规定执行。

在获准公开发行证券后,发行人及承销商应在证券公开发行前,公告公开发行募集文件,并将该文件置备于指定场所供公众查阅。发行证券的信息依法公开前,任何知情人不得公开或者泄露该信息。发行人不得在公告公开发行募集文件之前发行证券。

股票依法发行后,发行人经营与收益的变化,由发行人自行负责;由此变化引致的投资风险,由投资者自行负责。

三、证券承销及承销商的责任

证券承销是指证券发行的中介机构根据其与发行人之间签订的承销协议为证券发行人发行证券的行为,其中为证券发行人发行证券的中介机构被称为承销商。按照承销商在承销活动中所处的地位不同及所负的责任不同，可以将证券承销分为以下几种形式：

(1) 包销。这是指证券承销人将发行人的证券按照协议全部或是部分购入或是承诺在承销期届满后将售后剩余证券全部自行购入的一种承销方式。

(2) 代销，又称代理发行。这是指承销人代理发行人发售证券，在承销期届满后，将未售出的证券全部退还给发行人的一种承销方式。

(3) 联合承销，又称共同承销、承销团承销。这是指两个以上的证券承销商接受发行人的委托，共同为某一证券发行的一种承销方式。其中两个以上的承销商临时组成承销团。承销团由主承销商和分承销商组成，主承销商由发行人通过招标或协商的方式确定。确定主承销商后，由主承销商先与证券发行人就证券承销发行的主要事项达成协议，然后由主承销商与分承销商订立证券分销协议，联合承销特别适合于较大数额的证券发行。证券发行由两家以上证券公司联合主承销的，所有担任主承销商的证券公司应当共同承担主承销责任，履行相关义务。承销团由3家以上承销商组成的，可以设副主承销商，协助主承销商组织承销活动。根据《证券法》第25条规定，向不特定对象发行的证券票面总值超过人民币5 000万元的，应当由承销团承销。承销团应当由主承销和参与承销的证券公司组成。

上市公司非公开发行股票未采用自行销售方式或者上市公司配股的，应当采用代销方式。股票发行采用代销方式的，应当在发行公告中披露发行失败后的处理措施。股票发行失败后，主承销商应当协助发行人按照发行价并加算银行同期存款利息返还股票认购人。

发行人向不特定对象发行的证券，法律、行政法规规定应当由证券公司承销的，发行人应当同证券公司签订承销协议。公开发行证券的发行人有权依法自主选择承销的证券公司。证券公司不得以不正当竞争手段招揽证券承销业务。证券公司承销证券，应当同发行人签订代销或包销协议。

证券公司承销证券，应当对公开发行募集文件的真实性、准确性、完整性进行核查；发现含有虚假记载、误导性陈述或者重大遗漏的，不得进行销售活动；已经销售的，必须立即停止销售活动，并采取纠正措施。

股票发行采取溢价发行的，其发行价格由发行人与承销的证券公司协商确定。

第四节　证券上市监管的法律规定

一、证券上市的核准

证券上市是指发行人将已公开发行的有价证券；经过核准，在证券交易所自由、公开地买卖。凡在证券交易所内买卖的有价证券，称为上市证券；相应的证券发行人称为上市公司。证券上市的准入就是上市的法定条件和程序。

根据《证券法》规定，股份有限公司申请其股票上市必须符合下列条件：(1)股票经国务院证券监督管理机构核准已公开发行；(2)公司股本总额不少于人民币 3 000 万元；(3)公开发行的股份达到公司股份总数的 25%以上；公司股本总额超过人民币 4 亿元的，公开发行股份的比例为 10%以上；(4)公司最近 3 年无重大违法行为，财务会计报告无虚假记载。证券交易所可以规定高于前款规定的上市条件，并报国务院证券监督管理机构批准。国家鼓励符合产业政策并符合上市条件的公司股票上市交易。

根据《证券法》规定，公司申请公司债券上市交易，应当符合下列条件：(1)公司债券的期限为 1 年以上；(2)公司债券实际发行额不少于人民币 5 000 万元；(3)公司申请债券上市时仍符合法定的公司债券发行条件。

申请证券上市交易，应当向证券交易所提出申请，由证券交易所依法审核同意，并由双方签订上市协议。申请股票、可转换为股票的公司债券或者法律、行政法规规定实行保荐制度的其他证券上市交易，应当聘请具有保荐资格的机构担任保荐人。

二、上市公司的信息披露

上市公司公开其信息，是证券市场特征的要求，是投资者投资决策和监管机构监管活动的重要依据。

(一) 发行、上市信息披露

经国务院证券监督管理机构核准依法公开发行股票，或者经国务院授权的部门核准依法公开发行公司债券，应当公告招股说明书、公司债券募集办法。依法公开发行新股或者公司债券的，还应当公告财务会计报告。

证券上市交易申请经证券交易所审核同意后，签订上市协议的公司应当在规定的期限内公告证券上市的有关文件，并将该文件置备于指定场所供公众查阅。还应当公告下列事项：证券获准在证券交易所交易的日期；持有公司股份最多的前十名股东的名单和持股数额；公司的实际控制人；董事、监事、高级管理人员的姓名及其持有本公司股票和债券的情况。

(二) 持续信息披露

1. 定期报告

季报与中报。上市公司和公司债券上市交易的公司，应当在每一会计年度的上半年结束之日起 2 个月内，向国务院证券监督管理机构和证券交易所报送中期报告，并予以公告。公司应当在每个会计年度第 3 个月、第 9 个月结束后的 1 个月内编制完成并披露季度报告。

年度报告。上市公司和公司债券上市交易的公司，应当在每一会计年度结束之日起 4 个月内，向国务院证券监督管理机构和证券交易所报送年度报告，并予以公告。

2. 临时报告

发生可能对上市公司股票交易价格产生较大影响的重大事件，投资者尚未得知时，上市公司应当立即将有关该重大事件的情况向国务院证券监督管理机构和证券交易所报送临时报告，并予以公告，说明事件的起因、目前的状态和可能产生的法律后果。

(三) 信息披露的基本要求

公司公告的股票或者公司债券的发行、上市和持续披露文件，必须真实、准确、完整，不得有虚假记载、误导性陈述或者重大遗漏。

上市公司董事、高级管理人员应当对公司定期报告签署书面确认意见。上市公司监事会应当对董事会编制的公司定期报告进行审核并提出书面审核意见。上市公司董事、监事、高级管理人员应当保证上市公司所披露的信息真实、准确、完整。

依照法律、行政法规规定必须作出的公告，应当在国家有关部门规定的报刊上或者在专项出版的公报上刊登，同时将其置备于公司住所、证券交易所，供社会公众查阅。

国务院证券监督管理机构对上市公司信息披露情况进行监督，对上市公司控股股东和信息披露义务人的行为进行监督。证券监督管理机构、证券交易所、保荐人、承销的证券公司及有关人员，对公司依照法律、行政法规规定必须作出的公告，在公告前不得泄露其内容。

发行人、上市公司公告的招股说明书、公司债券募集办法、财务会计报告、上市报告文件、年度报告、中期报告、临时报告以及其他信息披露资料，有虚假记载、误导性陈述或者重大遗漏，致使投资者在证券交易中遭受损失的，发行人、上市公司应当承担赔偿责任；发行人、上市公司的董事、监事、高级管理人员和其他直接责任人员以及保荐人、承销的证券公司，应当与发行人、上市公司承担连带赔偿责任，但是能够证明自己没有过错的除外；发行人、上市公司的控股股东、实际控制人有过错的，应当与发行人、上市公司承担连带赔偿责任。

三、证券退市规则

证券上市并非一劳永逸，当上市公司因经营环境变化或自身经营问题，而不再符合上市条件时，将被暂停上市或终止上市（摘牌），以维护社会公共利益和投资者合法权益。

(一) 暂停上市

上市公司有下列情形之一的，由证券交易所决定暂停其股票上市交易：(1)公司股本总额、股权分布等发生变化不再具备上市条件；(2)公司不按照规定公开其财务状况，或者对财务会计报告作虚假记载，可能误导投资者；(3)公司有重大违法行为；(4)公司最近3年连续亏损；(5)证券交易所上市规则规定的其他情形。

公司债券上市交易后，公司有下列情形之一的，由证券交易所决定暂停其公司债券上市交易：(1)公司有重大违法行为；(2)公司情况发生重大变化不符合公司债券上市条件；(3)发行公司债券所募集的资金不按照核准的用途使用；(4)未按照公司债券募集办法履行义务;(5)公司最近2年连续亏损。

证券交易所作出暂停上市决定的,应当通知该公司并公告,同时报证券监管机构备案。对证券交易所作出的暂停上市、终止上市决定不服的,可以向证券交易所设立的复核机构申请复核。上市公司应当在接到证券交易所股票暂停上市决定之日起2个工作日内,发布《股票暂停上市公告》。上市公司在其股票暂停上市期间,应当依法履行上市公司的有关义务。在公司暂停上市期间,证券交易所可以为投资者提供股票特别转让服务,股票转让办法由证券交易所规定。

暂停上市的公司申请其恢复上市,应按证券监管机构的规定办理。

(二) 终止上市

发达证券市场上市证券的终止上市、退出市场主要有以下三种方式:一是自然退出,如公司解散或债券、基金证券已经到期,自动清算或兑付;二是自愿退出,上市公司由于自身的原因要求撤回上市或摘牌,包括公司对已发行并公开交易的可提前赎回债券实施提前回购;三是强制退出,即法定终止上市。而强制退出的标准包括:一是上市公司资本规模或股权结构发生重大变化而达不到上市条件;二是公司经营业绩或资产质量达不到要求;三是公司不遵守有关法规并造成恶劣影响。

在美国,约证券交易所对上市公司终止上市的规定主要涉及:股东数量达不到标准;股票交易量极度萎缩;因资产处置、冻结等失去持续经营能力;破产清算;财务状况和经营业绩欠佳;不履行信息披露义务;违反法律;违反上市协议。而根据纳斯达克的规定,一个上市公司若有形净资产低于400万美元,或其每股收盘价在30个连续交易日低于1美元,其上市地位将不保。

在日本,东京交易所的上市公司出现以下情形之一的就必须退市:上市股票股数不满1 000万股,资本额不满5亿日元;社会股东数不足1 000人(延缓一年);营业活动停止或处于半停止状态;最近5年没有发放红利股息;连续3年负债超过资产;上市公司有虚伪记载且影响很大。

在我国,上市公司有下列情形之一的,由证券交易所决定终止其股票上市交易:(1)公司股本总额、股权分布等发生变化不再具备上市条件,在证券交易所规定的期限内仍不能达到上市条件;(2)公司不按照规定公开其财务状况,或者对财务会计报告作虚假记载,且拒绝纠正;(3)公司最近3年连续亏损,在其后一个年度内未能恢复盈利;(4)公司解散或者被宣告破产;(5)证券交易所上市规则规定的其他情形。

公司有重大违法行为或未按照公司债券募集办法履行义务,经查实后果严重的,或者公司情况发生重大变化不符合公司债券上市条件,或公司债券所募集资金不按照核准的用途使用,公司最近2年连续亏损,在限期内未能消除的,由证券交易所决定终止其公司债券上市交易。公司解散或者被宣告破产的,由证券交易所终止其公司债券上市交易。

终止上市的公司的股票转让应当遵守公司法、证券法等法律法规的规定。

我国2005年修订的《证券法》已明确规定由证券交易所决定证券暂停和终止上市。上海与深圳证券交易所在新修订的上市规则中均细化了退市的条件与程序。

第五节　证券交易监管的法律规定

一、证券交易市场的准入规则

证券交易是指当事人在证券交易场所进行的证券买卖行为。证券交易场所一般包括证券交易所场内交易以及场外交易。我国《证券法》规定，依法公开发行的股票、公司债券及其他证券，应当在依法设立的证券交易所上市交易或者在国务院批准的其他证券交易场所转让。证券在证券交易所上市交易，应当采用公开的集中交易方式或者国务院证券监督管理机构批准的其他方式。

（一）主体的准入

根据交易规则，进入证券交易所参与集中交易的，必须是证券交易所的会员。一般投资者应当与证券公司签订证券交易委托协议，并在证券公司开立证券交易账户，以书面、电话以及其他方式，委托该证券公司代其买卖证券。投资者申请开立账户，必须持有证明中国公民身份或者中国法人资格的合法证件(国家另有规定的除外)。证券公司根据投资者的委托，按照证券交易规则提出交易申报，参与证券交易所场内的集中交易，并根据成交结果承担相应的清算交收责任。

证券交易所、证券公司和证券登记结算机构的从业人员、证券监督管理机构的工作人员以及法律、行政法规禁止参与股票交易的其他人员，在任期或者法定限期内，不得直接或者以化名、借他人名义持有、买卖股票，也不得收受他人赠送的股票。任何人在成为上述人员时，其原已持有的股票，必须依法转让。

为股票发行出具审计报告、资产评估报告或者法律意见书等文件的证券服务机构和人员，在该股票承销期内和期满后6个月内，不得买卖该种股票。为上市公司出具审计报告、资产评估报告或者法律意见书等文件的证券服务机构和人员，自接受上市公司委托之日起至上述文件公开后5日内，不得买卖该种股票。

发起人持有的本公司股份，自公司成立之日起一年内不得转让。公司董事、监事、高级管理人员应当向公司申报所持有的本公司的股份及其变动情况，在任职期间每年转让的股份不得超过其所持有本公司股份总数的25%；所持本公司股份自公司股票上市交易之日起一年内不得转让。上述人员离职后半年内，不得转让其所持有的本公司股份。公司章程对公司董事、监事、高级管理人员转让其所持有的本公司股份作出其他限制性规定的，应遵守规定。

除法定事项外，公司不得收购本公司股份。

禁止法人非法利用他人账户从事证券交易；禁止法人出借自己或者他人的证券账户。国有企业和国有资产控股的企业买卖上市交易的股票，必须遵守国家有关规定。

(二) 证券的准入

根据《证券法》的规定,证券交易当事人依法买卖的证券,必须是依法发行并交付的证券。非依法发行的证券,不得买卖。

依法发行的股票、公司债券及其他证券,法律对其转让期限有限制性规定的,在限定的期限内不得买卖。如《公司法》规定,公司公开发行股份前已发行的股份,自公司股票在证券交易所上市交易之日起一年内不得转让。

二、禁止的交易行为

(一) 内幕交易

禁止证券交易内幕信息的知情人利用内幕信息进行证券交易活动。

知悉证券交易内幕信息的知情人包括:(1)发行股票或者公司债券的公司董事、监事、经理、副经理及有关的高级管理人员;(2)持有公司5%以上股份的股东;(3)发行股票公司的控股公司的高级管理人员;(4)由于所任公司职务可以获取公司有关证券交易信息的人员;(5)证券监督管理机构工作人员以及由于法定的职责对证券交易进行管理的其他人员;(6)由于法定职责而参与证券交易的社会中介机构或者证券登记结算机构、证券交易服务机构的有关人员;(7)国务院证券监督管理机构规定的其他人员。

在证券交易活动中,涉及公司的经营、财务或者对该公司证券的市场价格有重大影响的尚未公开的信息,为内幕信息。下列各项信息皆属内幕信息:(1)《证券法》规定必须作临时公告的重大事件;(2)公司分配股利或者增资的计划;(3)公司股权结构的重大变化;(4)公司债务担保的重大变更;(5)公司营业用主要资产的抵押、出售或者报废一次超过该资产的30%;(6)公司的董事、监事、经理、副经理或者其他高级管理人员的行为可能依法承担重大损害赔偿责任;(7)上市公司收购的有关方案;(8)国务院证券监督管理机构认定的对证券交易价格有显著影响的其他重要信息。

知悉证券交易内幕信息的知情人或者非法获取内幕信息的其他人,不得买入或者卖出所持有的该公司的证券,或者泄露该信息或者建议他人买卖该证券。内幕交易行为给投资者造成损失的,行为人应当依法承担赔偿责任。

上市公司董事、监事、高级管理人员、持有上市公司股份5%以上的股东,将其持有的该公司的股票在买入后6个月内卖出,或者在卖出后6个月内又买入,由此所得收益归该公司所有,公司董事会应当收回其所得收益(但证券公司因包销购入售后剩余股票而持有5%以上股份的,卖出该股票不受6个月时间限制)。公司董事会不按照规定执行的,股东有权要求董事会在30日内执行。公司董事会未在上述期限内执行的,股东有权为了公司的利益以自己的名义直接向人民法院提起诉讼。公司董事会不按照第一款的规定执行的,负有责任的董事依法承担连带责任。

(二) 操纵市场

禁止任何人以下列手段获取不正当利益或者转嫁风险:(1)通过单独或者合谋,集中资金优势、持股优势或者利用信息优势联合或者连续买卖,操纵证券交易价格;(2)与他人串通,以事先约定的时间、价格和方式相互进行证券交易或者相互买卖并不持有的证券,影响证券交易价格或者证券交易量;(3)在自己实际控制的账户之间进行证券交易,即以自己为交易对象进行不转移所有权的自买自卖,影响证券交易价格或者证券交易量;(4)以其他方法操纵证券交易价格。

操纵证券市场行为给投资者造成损失的,行为人应当依法承担赔偿责任。

(三)编造传播虚假信息

禁止国家工作人员、新闻传播媒介从业人员和有关人员编造并传播虚假信息,严重影响证券交易。

禁止证券交易所、证券公司、证券登记结算机构、证券交易服务机构、社会中介机构及其从业人员,证券业协会、证券监督管理机构及其工作人员,在证券交易活动中作出虚假陈述或者信息误导。

各种传播媒介传播证券交易信息必须真实、客观,禁止误导。

(四)欺诈客户

禁止证券公司及其从业人员在证券交易中从事损害客户利益约欺诈行为:(1)违背客户的委托为其买卖证券;(2)不在规定时间内向客户提供交易的书面确认文件;(3)挪用客户所委托买卖的证券或者客户账户上的资金;(4)私自买卖客户账户上的证券,或者假借客户的名义买卖证券;(5)为牟取佣金收入,诱使客户进行不必要的证券买卖;(6)其他违背客户真实意思表示,损害客户利益的行为。

欺诈客户行为给客户造成损失的,行为人应当依法承担赔偿责任。

第六节 证券公司监管的法律规定

一、证券公司的准入规则

证券公司是指依照公司法规定和经批准的从事证券经营业务的有限责任公司或者股份有限公司。

(一)证券公司的设立

各国法律对设立证券公司的制度可分为两大类:一为特许制,又称审批制;二为注册制。审批制是指国家证券管理机关对申请人提出的设立证券公司的申请,不仅要求申请人依照法定程序提交法律规定必须提交的各种申请文件,还要对其提交的申请文件的真实性、准确性和完整性进行实质审查,对符合法定条件的设立申请,予以批准,不符合法定条件的设立申请,不予批准的管理制度。注册制是指国家证券管理机关对申请人提出的设立证券公司的申请,不进行实质审查,只要申请人依照法定条件提交了法律规定必须提交的各种申请文件，并且申请文件所记载的事项符合法律的规定，对法律要求披露的事项作了充分披露，即可获准设立注册的管理制度。目前，以美国为代表的英美法系国家实行注册制；以日本为代表的部分大陆法系国家和主要发展中国家大部分实行特许制。

我国《证券法》规定："设立证券公司，必须经国务院证券监督管理机构审查批准。未经国务院证券监督管理机构批准，任何单位和个人不得经营证券业务。"

设立证券公司，应当具备下列条件：(1)有符合法律、行政法规规定的公司章程；(2)主要股东具有持续盈利能力，信誉良好，最近 3 年无重大违法违规记录，净资产不低于人民币 2 亿元；(3)有符合本法规定的注册资本；(4)董事、监事、高级管理人员具备任职资格，从业人员具有证券从业资格；(5)有完善的风险管理与内部控制制度；(6)有合格的经营场所和业务设施；(7)法律、行政法规规定的和经国务院批准的国务院证券监督管理机构规定的其他条件。

经国务院证券监督管理机构批准，证券公司可以经营下列部分或者全部业务：(1)证券经纪；(2)证券投资咨询；(3)与证券交易、证券投资活动有关的财务顾问；(4)证券承销与保荐；(5)证券自营；(6)证券资产管理；(7)其他证券业务。证券公司经营上述(1)至(3)项业务的，注册资本最低限额为人民币 5 000 万元；经营第(4)至(7)项业务之一的，注册资本最低限额为人民币 1 亿元；经营第(4)至(7)项业务中两项以上的，注册资本最低限额为人民币 5 亿元。证券公司的注册资本应当是实缴资本。国务院证券监督管理机构根据审慎监管原则和各项业务的风险程度，可以调整注册资本最低限额，但不得少于前款规定的限额。

证券公司设立、收购或者撤销分支机构，变更业务范围或者注册资本，变更持有 5% 以上股权的股东、实际控制人，变更公司章程中的重要条款，合并、分立、变更公司形式、停业、解散、破产，必须经国务院证券监督管理机构批准。证券公司在境外设立、收购或参股证券经营机构，必须经国务院证券监督管理机构批准。

(二) 证券从业人员的准入与禁入

证券公司的董事、监事、高级管理人员，应当正直诚实，品行良好，熟悉证券法律、行政法规，具有履行职责所需的经营管理能力，并在任职前取得国务院证券监督管理机构核准的任职资格。

根据《证券法》规定，有下列情形之一的，不得担任证券公司的董事、监事、高级管理人员：(1)属于《公司法》规定不得担任公司的董事、监事、高级管理人员情形的；(2)因违法行为或者违纪行为被解除职务的证券交易所、证券登记结算机构的负责人或者证券公司的董事、监事、高级管理人员，自被解除职务之日起未逾 5 年；(3)因违法行为或者违纪行为被撤销资格的律师、注册会计师或者投资咨询机构、财务顾问机构、资信评级机构、资产评估机构、验证机构的专业人员，自被撤销资格之日起未逾 5 年。

因违法行为或者违纪行为被开除的证券交易所、证券登记结算机构、证券服务机构、证券公司的从业人员和被开除的国家机关工作人员，不得招聘为证券公司的从业人员。国家机关工作人员和法律、行政法规规定的禁止在公司中兼职的其他人员，不得在证券公司中兼任职务。

证券公司的董事、监事、高级管理人员未能勤勉尽责，致使证券公司存在重大违法违规行为或者重大风险的，国务院证券监督管理机构可以撤销其任职资格，并责令公司予以更换。

二、证券公司的业务与风险监管

(一) 业务监管

证券公司依法享有自主经营的权利，其合法经营不受干涉。

证券公司必须将其证券经纪业务、证券承销业务、证券自营业务和证券资产管理业务分开办理，不得混合操作。

证券公司的自营业务必须以自己的名义进行，不得假借他人名义或者以个人名义进行。证券公司的自营业务必须使用自有资金和依法筹集的资金。证券公司不得将其自营账户借给他人使用。自营证券总值与公司净资本的比例、持有一种证券的价值与公司净资本的比例、持有一种证券的数量与该证券发行总量的比例等风险控制指标，应当符合国务院证券监督管理机构的规定。

证券公司办理经纪业务，不得接受客户的全权委托而决定证券买卖、选择证券种类、决定买卖数量或者买卖价格。证券公司不得以任何方式对客户证券买卖的收益或者赔偿证券买卖的损失作出承诺。证券公司及其从业人员不得未经过其依法设立的营业场所私下接受客户委托买卖证券。客户的证券买卖委托，不论是否成交，其委托记录应当按照规定的期限，保存于证券公司。证券经纪人只能接受一家证券公司的委托，进行客户招揽、客户服务等活动。

证券公司办理证券资产管理业务，投资所产生的收益由客户享有、损失由客户承担，证券公司可以按照约定收取管理费用。证券公司使用多个客户的资产进行集合投资，或者使用客户资产专项投资于特定目标产品的，应当符合国务院证券监督管理机构的有关规定，并报证券监督管理机构批准。

证券公司为客户买卖证券提供融资融券服务，应当按照国务院的规定并经国务院证券监督管理机构批准。证券公司不得为其股东或者股东的关联人提供融资或者担保。

国家鼓励证券公司在有效控制风险的前提下，依法开展经营方式创新、业务或者产品创新、组织创新和激励约束机制创新。国务院证券监督管理机构、国务院有关部门采取有效措施，促进证券公司的创新活动规范、有序进行。

(二) 风险管理

国务院证券监督管理机构应当对证券公司的净资本，净资本与负债的比例，净资本与净资产的比例，净资本与自营、承销、资产管理等业务规模的比例，负债与净资产的比例，以及流动资产与流动负债的比例等风险控制指标作出规定。

证券公司应当建立健全内部控制制度，采取有效隔离措施，防范公司与客户之间、不同客户之间的利益冲突。

证券公司应当按照规定向国务院证券监督管理机构报送业务、财务等经营管理信息和资料。国务院证券监督管理机构有权要求证券公司及其股东、实际控制人在指定的期限内提供有关信息、资料。证券公司及其股东、实际控制人向国务院证券监督管理机构报送或者提供的信息、资料,必须真实、准确、完整。

国务院证券监督管理机构认为有必要时,可以委托会计师事务所、资产评估机构对证券公司的财务状况、内部控制状况、资产价值进行审计或者评估。

证券公司的净资本或者其他风险控制指标不符合规定的,国务院证券监督管理机构应当责令其限期改正;逾期未改正,或者其行为严重危及该证券公司的稳健运行、损害客户合法权益的,监督管理机构可以区别情形,对其采取下列措施:限制业务活动,责令暂停部分业务,停止批准新业务;停止批准增设、收购营业性分支机构;限制分配红利,限制向董事、监事、高级管理人员支付报酬、提供福利;限制转让财产或者在财产上设定其他权利;责令更换董事、监事、高级管理人员或者限制其权利;责令控股股东转让股权或者限制有关股东行使股东权利;撤销有关业务许可。

证券公司的股东有虚假出资、抽逃出资行为的,国务院证券监督管理机构应当责令其限期改正,并可责令其转让所持证券公司的股权。在股东按照要求改正违法行为、转让所持证券公司的股权前,监督管理机构可以限制其股东权利。

三、证券投资者保护

国家设立证券投资者保护基金,证券投资者保护基金由证券公司缴纳的资金及其他依法筹集的资金组成,其筹集、管理和使用的具体办法由国务院规定。

证券公司客户的交易结算资金应当存放在商业银行,以每个客户的名义单独立户管理。具体办法和实施步骤由国务院规定。证券公司不得将客户的交易结算资金和证券归入其自有财产。禁止任何单位或者个人以任何形式挪用客户的交易结算资金和证券。证券公司破产或者清算时,客户的交易结算资金和证券不属于其破产财产或者清算财产。除下列情形外,不得动用客户的交易结算资金或者委托资金:(1)客户进行证券的申购、证券交易的结算或者客户提款;(2)客户支付与证券交易有关的佣金、费用或者税款;(3)法律规定的其他情形。

证券公司从每年的税后利润中提取交易风险准备金,用于弥补证券交易的损失,其提取的具体比例由国务院证券监督管理机构规定。

证券公司的从业人员在证券交易活动中,执行所属的证券公司的指令或者利用职务违反交易规则的,由所属的证券公司承担全部责任。

证券公司应当建立信息查询制度,保证客户在证券公司营业时间内能够随时查询其委托记录、交易记录、证券和资金余额,以及证券公司业务经办人员和证券经纪人的姓名、执业证书、证券经纪人证书编号等信息。客户认为有关信息记录与实际情况不符的,可以向证券公司或者国务院证券监督管理机构投诉。证券公司应当指定专门部门负责处理客户投诉。证券监督管理机构应当根据客户的投诉,采取相应措施。

第七节　证券中介服务机构监管的法律规定

一、证券登记结算机构的监管

证券登记结算机构是为证券交易提供集中的登记、托管与结算服务的、不以营利为目的的法人。证券登记是指通过一定的记录形式确定当事人对证券的所有权及相关权益的产生、变更、消灭的法律行为;证券托管是指根据规定由登记结算机构统一保管证券,并向投资者出具所有权证明的行为;证券结算是指证券交易完成后,对买卖双方应收应付的证券和价款进行核定计算,并在双方账户上进行划拨的行为。

设立证券登记结算机构必须经国务院证券监督管理机构批准。设立证券登记结算机构,应当具备下列条件:(1)自有资金不少于人民币2亿元;(2)具有证券登记、托管和结算服务所必须的场所和设施;(3)主要管理人员和业务人员必须具有证券从业资格;(4)国务院证券监督管理机构规定的其他条件。证券登记结算采取全国集中统一的运营方式。

证券登记结算机构履行下列职能:(1)证券账户、结算账户的设立。投资者通过证券公司在证券登记结算机构设立证券账户,用于交易后的证券收付,并准确记载所持证券种类、名称、数量及相关权益和变动情况。(2)证券的托管和过户。证券持有人所持有的证券上市交易前,应当全部托管在证券登记结算机构。(3)证券持有人名册登记。证券登记结算机构应当向证券发行人提供证券持有人名册及其有关资料,保证证券持有人名册和登记过户记录真实、准确、完整,不得伪造、篡改、毁坏。(4)证券交易所上市证券交易的清算和交收。证券登记结算机构为证券交易提供净额结算服务时,应当要求结算参与人按照货银对付的原则,足额交付证券和资金,并提供交收担保。证券登记结算机构不得挪用客户的证券。(5)受发行人的委托派发证券权益。受委托后将发行公司的股票红利、红股、债券利息等划入投资者账户。(6)办理与上述业务有关的查询。投资者、证券公司及司法机关可按规定向证券登记结算机构查询证券账户的情况。(7)国务院证券监督管理机构批准的其他业务。

证券登记结算机构应当采取下列措施保证业务的正常进行:(1)具有必备的服务设备和完善的数据安全保护措施;(2)建立健全的业务、财务和安全防范等管理制度;(3)建立完善的风险管理系统。证券登记结算机构应当设立结算风险基金,并存入指定银行的专门账户。结算风险基金用于因技术故障、操作失误、不可抗力造成的证券登记结算机构的损失。证券登记结算机构以风险基金赔偿后,应当向有关责任人追偿。

证券登记结算机构按照业务规则收取的各类结算资金和证券,必须存放于专门的清算交收账户,只能按业务规则用于已成交的证券交易的清算交收,不得被强制执行。

二、证券投资咨询机构的监管

证券投资咨询机构,是指专门从事为证券投资人或者客户提供证券投资分析、预测或者建议等直接或者间接有偿咨询服务的活动的组织。

申请设立证券投资咨询从业资格的机构,应当具备下列条件:(1)从事证券投资咨询业务的机构,有5名以上取得证券投资咨询从业资格的专职人员;同时从事证券和期货投资咨询业务的机构,有10名以上取得证券、期货投资咨询从业资格的专职人员;其高级管理人员中,至少有1名取得证券或者期货投资咨询从业资格;业务人员,必须具备证券专业知识和从事证券业务2年以上经验;(2)有100万元人民币以上的注册资本;(3)有固定的业务场所和与业务相适应的通讯及其他信息传递设施;(4)有公司章程;(5)有健全的内部管理制度;(6)具备证券监管机构要求的其他条件。

证券投资咨询机构的业务主要是:接受投资人或者客户委托,提供证券投资咨询服务;举办有关证券投资咨询的讲座、报告会、分析会等;在报刊上发表证券投资咨询的文章、评论、报告,以及通过电台、电视台等公众传播媒体提供证券投资咨询服务;通过电话、传真、电脑网络等电信设备系统,提供证券投资咨询服务;以其他经认定的形式提供服务。

证券投资咨询机构的从业人员不得从事下列行为:(1)代理委托人从事证券投资;(2)与委托人约定分享证券投资收益或者分担证券投资损失;(3)买卖本咨询机构提供服务的上市公司股票;(4)利用传播媒介或者通过其他方式提供、传播虚假或者误导投资者的信息;(5)法律、行政法规禁止的其他行为。有上述行为给投资者造成损失的,依法承担赔偿责任。

证券投资咨询机构应当按照国家有关管理部门规定的标准或者收费办法收取服务费用。

证券投资咨询机构及其投资咨询人员,应当完整、客观、准确地运用有关信息、资料向投资人或者客户提供投资分析、预测和建议,不得断章取义地引用或者篡改有关信息、资料;引用有关信息、资料时,应当注明出处和著作权人。证券投资咨询机构及其投资咨询人员,不得以虚假信息、市场传言或者内幕信息为依据向投资人或者客户提供投资分析、预测或建议。证券投资咨询机构就同一问题向不同客户提供的投资分析、预测或者建议应当一致。

证券监管机构有权对证券投资咨询机构和投资咨询人员的业务活动进行检查,被检查的证券投资咨询机构及其投资咨询人员应当予以配合,不得干扰和阻碍。

三、其他中介服务机构的监管

资信评估机构是专门从事对公开发行的证券的质量进行评介,对其可靠性及投资价值进行测定的组织。资信评估机构的设立条件、审批程序和业务规则,由国务院证券监督管理机构规定。资信评估机构的业务人员,必须具备证券专业知识和从事证券业务2年以上经验。资信评估机构应当按照国务院有关管理部门规定的标准或者收费办法收取服务费用。

为证券的发行、上市或者证券交易活动出具审计报告、资产评估报告或者法律意见书等文件的会计师事务所、资产评估事务所、律师事务所及其专业人员,必须按照执业规则规定的工作程序出具报告,对其所出具报告内容的真实性、准确性和完整性进行核查和验证,并就其负有责任的部分承担连带责任。

第三十六章
保险监管法律制度

第一节　保险监管与保险法

一、保险的含义和种类

保险是指投保人根据合同约定,向保险人支付保险费,保险人对于合同约定的可能发生的事故因其发生所造成的财产损失承担赔偿保险金责任,或者当被保险人死亡、伤残、疾病或者达到合同约定的年龄、期限时承担给付保险金责任的商业保险行为。

保险具有以下特征:

首先,保险是对危险实施的保障。无危险则无保险,不论是有形财产遭到毁损灭失或人们依法负赔偿责任可能的财产危险,还是人们因病、残、老、死等原因而遭受损失可能的人身危险,其发生具有偶然性,一旦危险发生时,就由保险人承担责任。

其次,保险是分散危险。保险是通过分摊损失来实现其保障职能的,由多数人参加保险,交纳保险费,组成保险基金以分担少数人的损失。

再次,保险必须有明确的当事人和关系人。当事人包括投保人和保险人,关系人包括被保险人和受益人。投保人是指与保险人订立保险合同,并按照保险合同负有支付保险费义务的人;保险人是指与投保人订立保险合同,并承担赔偿或者给付保险金责任的保险公司;被保险人是指其财产或者人身受保险合同保障,享有保险金请求权的人,投保人可以为被保险人;受益人是指人身保险合同中由被保险人或者投保人指定的享有保险金请求权的人,投保人、被保险人可以为受益人。

保险可从不同角度分类:

从保险标的划分,可分为财产保险和人身保险。财产保险以财产及其有关利益为保险标的,包括财产损失保险、责任保险、保证保险、信用保险。人身保险以人的生命和健康为保险标的,包括人寿保险、疾病保险和意外伤害保险。

从保险实施的形式划分,可分为强制保险和自愿保险。强制保险是保险双方依国家规定缔结保险的法定保险;自愿保险是保险双方在自愿协商的基础上缔结的保险。

从危险转移的形式划分,可分为原保险和再保险。原保险是保险人与投保人之间的保险,是第一次保险;再保险是保险人将其所承担的保险业务,以投保形式部分转移给其他保险人的保险,是原保险的保险人与再保险人之间的保险。

二、保险监管的必要性

保险监管是指国家对保险市场的监督管理,是国家干预经济职能的体现。综观世界各国,保险监管均是保险立法的重要内容。保险作为金融市场的组成部分,有加强监管的必要。

首先,保险经营的高风险性。保险是基于风险设计的,风险难以预料和控制,一旦出现巨大灾害,保险人将面临巨额的赔款,如果缺乏有效的预防应对机制,很可能造成财务困难,甚至破产。另一方面,保险公司对于险种、费率、条款的设定,对保险标的的评估等如不准确,也会导致保险公司的经营困难。因此,保险经营比其他行业面临更大的风险,为了监控和分散风险,要对其实施更加严格的监管。

其次,保险双方当事人信息的不对称。保险合同一般是附合合同,合同条款由保险人事先制定,投保人只能对其表示接受与否。而且保险合同的专业性和技术性很强,保险人掌握保险技术和业务经验,而投保人和被保险人往往不熟悉保险业务,很难对保险条款提出异议,往往处于被动地位。这种信息不对称性,明显不利于被保险人,这一点有可能被信誉不佳的保险人利用,损害被保险人的利益。为了保护弱势方利益,有必要加强监管、依法约束,确保保险的公平。

最后,保险的社会性。一家保险公司往往联系着数以万计的投保人,涉及的保险金额巨大,其经营亏损或倒闭不仅损害公司自身的利益,还会严重损害广大被保险人的利益,危害相关产业的发展,从而影响市场的稳定和人民生活的安定。国家基于保护社会稳定和经济发展的需要,对保险公司稳健运行进行监管。

另外,保险经营的特殊性。保险开展营业的方式中,通过保险代理人和经纪人(统称保险中间人)展业是主要渠道。保险中间人的专业技术水平、诚实信用度、行为规范性,是保险市场健康稳定运行的关键。这样,对保险中间人的监管就成为不可或缺。

最后,保险市场的竞争性。国家对保险业的严格监管有利于依法规范保险活动,创造和维护平等的竞争环境,防止盲目竞争和破坏性竞争,以利于保险市场的发育成熟。

三、保险监管的立法

保险在世界上有悠久的历史,而保险法也早在 14 世纪后逐步从海上保险的规则基础上产生了。目前,世界上存在着德国法系、法国法系和英美保险法系。我国虽然在 19 世纪初就出现了外商设立的保险公司,在 19 世纪中叶出现了民族保险公司,但直至 20 世纪的 20 年代末 30 年代初才出现保险法。

保险法是调整保险合同关系和保险监管关系的法律规范总和,因此保险法也分为保险合同法和保险监管法。我国曾在 1981 年的《经济合同法》和 1992 年的《海商法》中规定了保险合同的内容,国务院也在 1983 年、1985 年分别发布了《财产保险合同条例》和《保险企业管理条例》。1995 年 6 月 30 日第八届全国人大常委会第十四次会议通过、2002 年 10 月 28 日第九届全国人大常委会第三十次会议修改、2009 年 2 月 28 日第十一届全国人大常委会第七次会议再次修订的《中华人民共和国保险法》，采取保险法与保险业法合一的模式。

保险监管法涉及保险业、保险市场和保险中介市场的监督管理，规定监管的原则和基本制度、监管体制、保险机构的设立与撤销、业务范围与风险控制等。我国保险监管机构颁布的大量规章，如《保险公司管理规定》、《保险监管暂行规定》、《保险业监管指标》，以及《保险代理人管理暂行规定》、《保险兼业代理管理暂行办法》、《保险公估人管理规定》、《保险经纪人管理规定》等，均为保险监管法的内容。

四、保险监管的原则

保险监管除了应遵循市场监管和金融监管的原则外，还应依法贯彻以下原则：

第一，统一监管原则。根据我国保险法和国务院的有关规定，国务院保险监督管理机构依法负责对保险业和保险市场统一实施监督管理。

第二，合法经营和诚实信用原则。经营保险业务必须遵守法律、行政法规，不损害社会公德和公共利益；投保人参加保险应出于自愿，不得采取任何形式的强制、胁迫；开展保险业务时，应讲求诚实信用，尊重他人利益，主动履行自己义务，善意行使自己权益，不得欺诈、胁迫、乘人之危。

第三，保险由依法设立的机构经营原则。经营商业保险业务，必须是依法设立的保险公司，其他单位和个人不得经营商业保险业务。在中华人民共和国境内的法人和其他组织需要办理境内保险的，应当向中华人民共和国境内的保险公司投保。

保险公司依法开展保险业务活动，不受各级政府部门、社会团体和个人的干预。

第四，公平竞争的原则。保险公司开展业务，应当合法、公平竞争，根据分类经营原则拓展业务范围，不断改善服务质量，提高自身经济效益和竞争能力，不得试图垄断或从事不正当竞争。

保险公司不得以排挤竞争对手为目的，非正常降低保险费率或扩大保险责任范围开展保险业务，进行恶性价格竞争；不得伪造、散布虚假事实，损害其他保险公司的信誉、声誉；不得利用保险监管机构、其他政府部门或法院的判决、处罚决定，攻击竞争对手，牟取商业利益；不得以抢占市场为目的，劝诱投保人或被保险人解除与其他保险人的保险合同；不得利用政府部门、其他国家权力机关、垄断性行业、部门或企业，非法排挤、阻碍其他保险公司正常开展保险业务活动。

保险公司及其职员不得向投保人、被保险人、受益人提供保险费回扣或违法、违规的其他利益，也不得超范围、超标准向保险代理人支付佣金或手续费。

保险公司的保险业务宣传资料应当全面、客观、完整、真实。保险公司不得利用广告宣传或其他方式，对其保险条款内容、服务质量等作引人误解的虚假宣传。保险公司的保险业务宣传资料不得预测公司的盈利或红利以及保单分红、利差返还等不确定的保单利益，对保险产品的宣传不得夸大或变相夸大保险责任。

第二节　保险监管体制

一、保险监管机构

新中国成立初期,我国保险监管部门是中国人民银行;1952 年 6 月后,改由财政部兼管;1959 年保险基本停办,中国人民保险公司又划归中国人民银行监督管理;1979 年开始恢复保险业务后,保险业仍由中国人民银行监督管理;随着银行业、证券业、保险业分业经营,国务院于 1998 年 11 月设立中国保险监督管理委员会,专门负责保险监督管理职责。

我国《保险法》第 9 条规定:"国务院保险监督管理机构依法对保险业实施监督管理。"中国保监会依照法律、法规统一监督管理全国保险市场,维护保险业的合法、稳健运行,派出机构在授权范围内行使职权。

二、保险监管方法

保险监管机构对保险业的监督管理遵循市场行为监管与偿付能力监管并重的原则,采取现场监管与非现场监管相结合的方式。

(一) 现场检查

中国保监会对保险机构的现场检查分为常规检查和专项检查。常规检查是定期对保险机构进行全面的检查,专项检查是针对某一具体问题非定期的检查。现场检查包括下列全部或者部分事项:(1)机构设立或者变更事项的审批或者报备手续是否完备;(2)申报材料的内容与实际情况是否相符;(3)资本金、各项准备金是否真实、充足;(4)偿付能力是否充足;(5)资金运用是否合法;(6)业务经营和财务情况是否良好,报表是否齐全、真实;(7)是否按规定对使用的保险条款和保险费率报请审批或者备案;(8)与保险中介的业务往来是否合法合规;(9)高级管理人员的任用或者变更手续是否完备;(10)需要事后报告的事项是否及时报告;(11)中国保监会认为需要检查的其他事项。

(二) 非现场监管

非现场监管是要求保险机构主动将规定材料报送保险监管机构,由监管机构审查的监管方式。相比于现场监管,它无须派出人员,监管成本与现场监管相比较低。《保险公司管理规定》中要求保险机构应当按照规定及时向监管机构报送营业报告、精算报告、财务会计报告、偿付能力报告、合规报告等报告、报表、文件和资料。保险机构向监管机构提交的各类报告、报表、文件和资料,应当真实、完整、准确。为保证真实性,保险公司的营业报告、财务会计报告、偿付能力报告和有关报表应当由公司法定代表人或者总经理签名,年度财务报告和偿付能力报告还应当经注册会计师审计。保险公司的精算报告应当由监管机构认可的精算人员签名。保险公司分支机构的报告和报表应当由机构负责人签名和分支机构签章。

(三) 责令限期改正

保险公司未按照保险法规定提取或者结转各项准备金,或者未按照法律规定办理再保险,或者严重违反本法关于资金运用的规定的,由保险监督管理机构责令限期改正,并可以责令调整负责人及有关管理人员。

(四) 整顿

保险监督管理机构作出限期改正的决定后,保险公司在限期内未予改正的,由保险监督管理机构决定组成整顿组织,对该保险公司进行整顿。整顿决定应当载明被整顿保险公司的名称、整顿理由、整顿组成员和整顿期限,并予以公告。

整顿组织由保险监管机构设立。成员包括两个方面:选派的保险专业人员,如保险监管机构专业人员、保险精算人员、从事保险业务方面的律师、会计师等,以及指定的被整顿保险公司的有关人员,如监事会成员,这些人员应当与违法行为不存在利害关系。

整顿组织在整顿过程中,有权监督该保险公司的日常业务,包括精算业务、展业业务、财会业务、理赔业务、内部风险控制等各个方面;整顿组织监督该保险公司的负责人及有关管理人员职权的行使。在整顿过程中,保险公司的原有业务继续进行,但是国务院保险监督管理机构可以责令被整顿公司停止部分原有业务、停止接受新业务,调整资金运用。

整顿的终结分三种情况:(1)被整顿的保险公司经整顿已纠正其违反本法规定的行为,恢复正常经营状况的,由整顿组织提出报告,经保险监督管理机构批准,整顿结束;(2)在整顿期间如被整顿的保险公司经营管理人员不配合整顿工作,或其他接管事由出现,整顿组织可以建议保险监管部门对该公司实行接管,如实施接管,则整顿终结;(3)在整顿中发现保险公司已经资不抵债,失去偿付能力,整顿组织可以报告监管机构,建议申请破产,进入破产清算程序,则整顿终结。

(五) 接管

接管是在保险公司违法情况严重的情况下,由监管机构建立接管组织,直接介入保险公司的日常经营,由接管组织负责保险公司的全部经营活动的一项行政强制措施。它比整顿更为严厉。整顿组织并不直接参与到公司的经营活动中,而是以监督为主,但接管则是全面、直接的介入管理中。

在保险公司违反保险法规定,损害社会公共利益,可能严重危及或者已经危及保险公司的偿付能力的,不接管不足以扭转保险公司经营状况时,保险监督管理机构对保险公司实行接管。接管的目的是对被接管的保险公司采取必要措施,以保护被保险人的利益,恢复保险公司的正常经营。被接管保险公司的债权债务关系不因接管而变化。

接管组织的组成和接管的实施办法,由保险监督管理机构决定,并予以公告。接管期限由监管机构确定,应当和被接管的保险公司恢复正常经营所需要的时间相适应。接管期限届满,保险监督管理机构可以决定延期,但接管期限最长不得超过 2 年。

接管的终结分为三种情况:(1)接管期限届满,被接管的保险公司已恢复正常经营能力的,保险监督管理机构可以决定接管终止;(2)接管组织认为被接管的保险公司的财产已不足以清偿所负债务的,经保险监督管理机构批准,依法向人民法院申请宣告该保险公司破产,进入破产清算程序,接管终止;(3)在接管过程中,其他保险公司提出要求兼并被接管公司,接管组织认为兼并更有利于该公司的发展和保护被保险人的利益,可以向保险监管机构报告,经同意后进入兼并程序,接管终止。

三、保险行业协会

保险行业协会,是指保险机构自愿组成的保险行业自律性社团组织。我国的保险行业协会包括中国保险行业协会、各地方保险行业协会以及保险行业联合会。其中,保险行业联合会是指由同一地方的财产保险协会、人寿保险协会和保险中介协会等组成的联合体。

随着我国社会主义市场经济体制的建立与完善和政府职能的转变,保险行业协会将发挥越来越重要的作用。根据中国保监会《关于加强保险行业协会建设的指导意见》,保险行业协会自律方面的主要职责是:(1)督促会员单位依法合规经营,组织签订自律公约,监督会员依法经营,维护公平竞争的市场环境;(2)依据有关法律法规和保险业发展情况,组织制定保险行业的质量标准、技术规范、服务标准和行规行约,制定从业人员道德和行为准则,并督促会员共同遵守;(3)制定行业指导性条款或标准化条款,报保险监管部门审批后对外发布,会员单位协议使用或自愿采用;(4)积极推进保险业信用体系建设;(5)对保险从业人员和中介机构进行自律管理,包括培训、资格考试、执业、流动和奖惩等,组织有关职业道德、法律法规、专业知识、营销技能等方面的培训教育;(6)进行自律惩戒,对于违反协会章程、自律公约和管理制度、损害投保人和被保险人合法权益、参与不正当竞争等致使行业利益和形象受损的会员,按章程或自律公约的有关规定,予以警告、业内批评、公开通报批评、扣罚违约金、开除会员资格等惩戒,也可建议监管部门依法处罚。

第三节 保险业监管的法律规定

一、保险公司的准入与退出

(一)保险公司的设立

设立保险公司或保险公司设立分支机构必须经保险监管机构批准。非经批准,任何单位、个人不得在中华人民共和国境内经营或变相经营商业保险业务。设立保险公司应符合下列原则:遵守保险法律、法规和行政规章;有利于我国保险市场和金融体系的稳定;保险与银行、证券分业经营;财产保险业务与人身保险业务分业经营;合理布局、公平竞争。

设立保险公司,应当具备下列条件:

(1) 有符合法律规定的章程。国有独资公司的章程由国家授权投资的机构或者国家授权的部门制定,或者由董事会制定,报国家授权投资的机构或者国家授权的部门批准。股份有限公司的章程由发起人制定,并经创立大会通过。

(2) 有符合法律规定的注册资本最低限额。《保险法》规定保险公司注册资本最低限额为人民币2亿元,注册资本应当为实缴货币资本。保险监督管理机构根据保险公司业务范围、经营规模,可以调整其注册资本的最低限额,但不得低于人民币2亿元。

(3) 有具备任职专业知识和业务工作经验的高级管理人员。保险机构高级管理人员的任职资格审核与管理,按照中国保监会的有关规定执行。

(4) 有健全的组织机构和管理制度。保险公司的组织机构包括公司决策、执行和监督机构;管理制度是指公司内部经营管理的基本制度,是公司开展业务的基础。组织机构适用公司法的规定,管理制度由公司董事会制定或决定。《保险法》对国有独资保险公司设立监事会做了规定:国有独资公司监事会由保险监督管理机构、有关专家和保险公司工作人员的代表组成,对国有独资保险公司提取各项准备金、最低偿付能力和国有资产保值增值等情况以及高级管理人员违反法律、行政法规或者章程的行为和损害公司利益的行为进行监督。

(5) 有符合要求的营业场所和与业务有关的其他设施。保险公司在境内外设立分支机构,也须经保险监督管理机构批准,取得分支机构经营保险业务许可证。

(二) 保险公司的变更、解散和清算

保险公司变更名称、注册资本、公司或者分支机构的营业场所,调整业务范围,公司分立或者合并,修改公司章程,变更出资人或者持有公司股份10%以上的股东,以及保险监督管理机构规定的其他变更事项的,须经保险监督管理机构批准。

保险公司更换董事长、总经理,应当报经保险监督管理机构审查其任职资格。

保险公司的解散,是指依法设立的保险公司因法定原因或法定事由出现,经保险监督管理机构批准,停止业务经营,清算后其法人资格消灭的法律行为。

保险公司因分立、合并或者公司章程规定的解散事由出现,经保险监督管理机构批准后解散。保险公司应当依法成立清算组,进行清算。清算工作由中国保监会监督指导。《保险法》规定,经营有人寿保险业务的保险公司除分立、合并外,不得解散。人寿保险包括长期人身保险,而长期人身保险往往关系到被保险人的生活保障,如果允许保险公司通过章程约定解散事由,将会损害被保险人的利益,甚至威胁社会稳定。《保险法》作出这样规定,排除了经营有人寿保险业务的保险公司以公司章程约定的事由而解散,使公司解散事由确定为法律规定的范围,保证了广大被保险人的利益。

二、保险公司业务与经营监管

(一) 业务范围

保险公司开展保险业务的范围由保险监督管理机构依法核定。保险公司只能在被核

定的业务范围内从事保险经营活动。《保险法》规定的业务范围包括:(1)财产保险业务,包括财产损失保险、责任保险、信用保险等保险业务;(2)人身保险业务,包括人寿保险、健康保险、意外伤害保险等保险业务。

同一保险人不得同时兼营财产保险业务和人身保险业务。但是,经营财产保险业务的保险公司经保险监督管理机构核定,可以经营短期健康保险业务和意外伤害保险业务。这一规定体现了我国对保险经营采取"产寿险分业经营"的原则,同时不排斥一定程度的合理交叉的混业经营规则。分业经营是世界上大多数国家保险监管的原则,人寿保险和财产保险从保险费率计算、资金运用、保险期间长短等方面有着显著的不同。一旦同一保险公司同时经营这两种业务,保险人出于自己利益的考虑很有可能作出不利于被保险人的行为。此外,产寿险的兼营可能造成未到期责任准备金的提存、计算方法等的混乱。保险比较发达的国家的保险市场相对完善,分业经营规则逐渐弱化,已经逐步开始向混业经营方向发展。例如日本对人寿保险与损害保险禁止兼营的规定作了修改,允许经由子公司兼营。在目前我国保险市场尚未成熟的阶段,坚持分业经营的原则是十分必要的。

随着我国保险业的不断发展,一成不变的分业经营不能适应日益扩大的保险业务的要求。因此,在 2002 年对保险法的修改中,加入了允许经营财产保险业务的保险公司经保险监督管理机构核定,可以经营短期健康保险业务和意外伤害保险业务的规定。从保险原理来看,短期健康保险和意外伤害保险虽是人身保险业务,但属于短期保险,与财产保险同样具有补偿性,精算基础和财务会计处理原则也相同,国际上通常视为"第三领域",大多数国家都允许财产保险公司和人身保险公司同时经营短期健康保险和意外伤害保险业务。

(二) 保险条款和保险费率的监管

保险条款是保险合同中对投保人和保险人权利义务的规定。由于保险合同是格式合同,保险条款由保险人制定,为了保证条款的公平,监管机构有必要对条款的内容加以适当的干预。从保险原理上看,保险费率相当于保险产品的价格。价格本应当由保险人制定,通过市场调节。但是在保险市场尚不完善的情况下,为了引导市场的健康发展,防止恶性竞争,保险机构有必要对保险费率进行监管。

《保险法》规定:关系社会公众利益的保险险种、依法实行强制保险的险种和新开发的人寿保险险种等的保险条款和保险费率,应当报国务院保险监督管理机构批准。其他保险险种的保险条款和保险费率,应当报保险监督管理机构备案。

如果保险条款有下列情形之一,监管机构可以要求保险公司对保险条款和保险费率进行修改,也可以责令保险公司停止使用:(1)违反法律、行政法规或者中国保监会的禁止性规定;(2)违反国家有关财政金融政策;(3)损害社会公共利益;(4)内容显失公平或者形成价格垄断,侵害投保人、被保险人或者受益人的合法权益;(5)条款设计或者厘定费率、预定利率不当,可能危及保险公司偿付能力;(6)监管机构基于审慎监管原则认定的其他事由。

(三) 保险公司资金运用的监管

保险公司的资金运用必须稳健,遵循安全性原则,并保证资产的保值增值。保险公司的资金运用,原先限于在银行存款、买卖政府债券、金融债券、证券投资基金,因为存款、政府债券、金融债券投资虽然收益不多,但是具有风险小、稳定增值的优点。《保险法》禁止保险公司的资金用于设立证券经营机构和保险业以外的企业,这也是出于安全性原则的考虑。

但随着我国保险业的发展完善,原先的投资范围已经不能满足发展需要,必须进一步拓宽保险公司投资的渠道。根据国际惯例,保险资金运用要更加注重多样化和分散化,并通过科学合理的投资组合,稳步提高投资的收益水平。2004 年 10 月,经国务院批准,中国保监会联合中国证监会颁发了《保险机构投资者股票投资管理暂行办法》。中国保监会按照"积极稳妥推进,做好制度安排,有效防范风险"的原则,以建立健全风险控制体制机制为重点,本着支持资本市场发展的精神,推动保险资金直接投资股票市场。并会同中国银监会、中国证监会制定了《关于保险机构投资者股票投资交易有关问题的通知》、《保险机构投资者股票投资登记结算业务指南》、《保险公司股票资产托管指引》和《关于保险资金股票投资有关问题的通知》等配套文件,明确了保险资金直接投资股票市场涉及的证券账户、交易席位、资金结算、资产托管、投资比例、风险监控等问题。三个监管部门经协商,建立对保险资金直接投资股票市场的协同监管机制,加强对有关金融机构从事保险资金运用相关业务的监管协调,共同防范系统性金融风险。

(四)保险公司财务的监管

1. 保证金的提存

保险公司成立后应当按照其注册资本总额的 20% 提取保证金,存入保险监督管理机构指定的银行,除保险公司清算时用于清偿债务外,不得动用。

2. 责任准备金的提存

责任准备金是保险人从保险费收入中提取的、用于支付未到期责任或未决赔款的资金。责任准备金不是保险公司的营业收入,而是保险公司的负债。各项责任准备金包括未到期责任准备金、未决赔款准备金、人寿保险责任准备金、长期责任准备金等。保险公司应当根据保障被保险人利益、保证偿付能力的原则提取各项责任准备金。准备金的提取和结转的具体办法由中国保监会制定。

未到期责任准备金又称未到期风险准备金,是指当年承保业务的保险单中,在下一会计年度有效保单的保险费;未决赔款准备金是指保险公司在会计年度决算以前已经发生保险责任而尚未赔偿或给付保险金,在当年收入的保险费中提取的资金。

3. 公积金的提存

公积金是指保险公司从营利中提取的积累资金。提取公积金可以扩充公司资本,稳定公司经营。《保险法》规定:保险公司应当提取公积金。财政部颁布的《保险公司财务制度》中规定了公积金的提取办法:公司缴纳所得税后的利润,除国家另有规定外,按下列顺序分配:(1)被没收的财物损失,支付各项税收的滞纳金和罚款,利差支出,以及保险监督管理部门对公司因少交或迟交保证金的加息。(2)弥补公司以前年度亏损。(3)提取法定盈余公积金。(4)提取公益金。(5)经批准提取总准备金。公司经主管财政机关或公司董事会批准提取的总准备金用于巨灾风险的补偿,不得用于分红、转增资本金。(6)向投资者分配利润。公司以前年度未分配的利润,可以并入本年度向投资者分配。

4. 保险保障基金

为了保障被保险人的利益,支持保险公司稳健经营,保险公司还应当提存保险保障基金。保险保障基金是为了防止巨灾出现,保险公司无法支付巨额赔款的情况。保险保障基金作为一种后备金,由保险监管机构集中管理,统筹使用,以避免保险公司擅自挪用保险保障基金的情况出现。管理使用的具体办法由保险监督管理机构制定。

三、保险公司偿付能力的监管

保险监管的首要任务是确保保险人的偿付能力。偿付能力是指保险公司对其所承担的保险责任在发生赔款给付时所具有的经济补偿能力。保险公司的偿付能力直接关系到投保人是否能在保险事故发生时获得赔偿,关系到广大被保险人的利益。保险公司的偿付能力是保险监管的核心。

(一) 最低偿付能力的监管

所谓最低偿付能力,是指保险公司所必须具备的赔偿和给付的能力,也就是保险公司必须具备相应的现金或资产,可以保证能够如期清偿债务。《保险法》对于偿付能力的额度作出了规定。

保险公司应当具有与其业务规模相适应的最低偿付能力。保险公司的实际资产减去实际负债的差额不得低于保险监督管理机构规定的数额;低于规定数额的,应当增加资本金,补足差额。根据中国保监会2003年颁布的《保险公司偿付能力额度及监管指标管理规定》,财产保险公司应具备的最低偿付能力额度为下述两项中数额较大的一项:(1)最近会计年度公司自留保费减营业税及附加后1亿元人民币以下部分的18%和1亿元人民币以上部分的16%;(2)公司最近3年平均综合赔款金额7 000万元以下部分的26%和7 000万元以上部分的23%。经营不满3个完整会计年度的保险公司,采用第(1)项规定的标准。

人寿保险公司最低偿付能力额度为长期人身险业务最低偿付能力额度和短期人身险业务最低偿付能力额度之和。其中,短期人身险业务的最低偿付能力额度适用财产保险公司最低偿付能力额度的规定;长期人身险业务最低偿付能力额度为下述两项之和:(1)投资连结类产品期末寿险责任准备金的1%和其他寿险产品期末寿险责任准备金的4%;(2)保险期间小于3年的定期死亡保险风险保额的0.1%,保险期间为3年到5年的定期死亡保险风险保额的0.15%,保险期间超过5年的定期死亡保险和其他险种风险保额的0.3%。在统计中未对定期死亡保险区分保险期间的,统一按风险保额的0.3%计算。风险保额为有效保额减去期末责任准备金,其中有效保额是指若发生了保险合同中最大给付额的保险事故,保险公司需支付的最高金额;期末责任准备金为中国保监会规定的法定最低责任准备金。

(二) 偿付能力充足率的监管

保险公司偿付能力充足率等于实际偿付能力额度除以最低偿付能力额度。实际对偿

付能力充足率小于100%的保险公司,中国保监会可以将该公司列为重点监管对象,根据具体情况采取下列监管措施:

(1) 对偿付能力充足率在70%以上的公司,中国保监会可以要求公司提出整改方案并限期达到最低偿付能力额度要求;逾期仍未达到要求的,可以采取要求公司增加资本,责令办理再保险、限制业务范围、限制向股东分红、限制固定资产购置、限制经营费用规模、限制增设分支机构等监管措施,直至其达到最低偿付能力额度要求。

(2) 对偿付能力充足率在30%到70%之间的公司,中国保监会除采取前项措施外,还可以责令其拍卖不良资产、转让保险业务、限制高级管理人员薪酬水平和在职消费水平、限制公司商业性广告、调整资金运用、停止开展新业务等监管措施。

(3) 对偿付能力充足率在30%以下的公司,中国保监会除采取前项措施外,可以对该保险公司依法实行接管。

(三) 自留保险费的规定

自留保险费是指保险公司承保并收取的保险费,除去支付的再保险费后所剩下的保险费。保险费是保险公司的负债,自留保险费越高,就等于保险公司的负债率越大,风险也就越高。而一般来说,人身保险的危险概率测算比较精确,风险不大;财产保险危险则相对缺乏规律性,风险比人身保险要大,因此《保险法》规定经营财产保险业务的保险公司当年自留保险费,不得超过其实有资本金加公积金总和的4倍,以确保经营财产保险业务的保险公司具备偿付能力。

(四) 对再保险的监管

再保险是原保险人与其他保险人建立的保险关系,将原保险人的保险责任转移到再保险人,又称为分保。再保险可以看作是原保险人作为投保人,向再保险人投保。其目的是为了分散风险。我国对再保险的监管主要体现在以下几个方面:

1. 再保险规定

保险公司对每一危险单位所承担的责任,不得超过其实有资本金加公积金总和的10%;超过的部分,应当办理再保险。所谓"危险单位",即一次保险事故可能造成的最大损失范围。保险公司对危险单位的计算办法和巨灾风险安排计划,应当报经保险监督管理机构核准。新《保险法》延续了2002年《保险法》中取消"除人寿保险外,保险公司应当将其承保的每笔保险业务的20%办理再保险"的规定,同时规定保险公司应当按照保险监督管理机构的有关规定办理再保险,并审慎选择再保险接收人。这便于保险监督机构根据我国"入世"承诺,对法定再保险作出调整。法定再保险的调整时间自2003年1月1日起,每年递减5%,直至2006年1月1日,法定再保险全部取消,保险公司将按照市场规则办理商业再保险。

2. 分出业务的规定

为了促进国内保险市场的发展完善,保险公司需要办理再保险分出业务的,应当优先向中国境内的保险公司办理。只有在境内保险公司不愿承担或境外保险公司的条件明显优于境内保险公司时,可以向境外保险公司分保。保险监督管理机构有权限制或者禁止保险公司向中国境外的保险公司办理再保险分出业务或者接受中国境外再保险分入业务。

第四节　保险中介市场监管的法律规定

一、保险代理人监管

保险代理人是根据保险公司的委托，向保险公司收取保险代理手续费，在保险公司授权的范围内专门代为办理保险业务的单位和个人。保险代理人按照组织结构不同，分为专业、兼业和个人代理人三类。

（一）专业保险代理机构

专业保险代理机构是指经符合规定的资格条件，经保险监管机构批准取得经营保险代理业务许可证，根据保险公司的委托，向保险公司收取保险代理手续费，在保险公司授权的范围内专门代为办理保险业务的单位。它的组织形式包括合伙企业、有限责任公司和股份有限公司。2009 年 9 月 18 日，中国保监会颁布了《保险专业代理机构监管规定》。

1. 市场准入

设立保险专业代理机构，应当具备下列条件：股东、发起人信誉良好，最近 3 年无重大违法记录；注册资本达到《公司法》和本规定的最低限额；公司章程符合法律规定；董事长、执行董事、高级管理人员符合本规定的任职资格条件；具备健全的组织机构和管理制度；有与业务规模相适应的固定住所；有与开展业务相适应的业务、财务等计算机软硬件设施；法律、行政法规和中国保监会规定的其他条件。保险专业代理公司的注册资本不得少于人民币 200 万元；经营区域不限于注册地所在省、自治区、直辖市的保险专业代理公司，其注册资本不得少于人民币 1 000 万元。

保险监管机构依法批准设立保险专业代理机构的，应当向申请人颁发许可证。申请人凭许可证办理工商登记，领取营业执照后方可开业。保险专业代理机构不得伪造、变造、出租、出借、转让许可证。

保险专业代理公司许可证的有效期为 3 年，保险专业代理机构应当在有效期届满 30 日前，向中国保监会申请延续。保险专业代理机构有下列情形之一的，中国保监会不予延续许可证有效期：许可证有效期届满，没有申请延续；不再符合《保险专业代理机构监管规定》中除股东、发起人信誉良好，最近 3 年无重大违法记录以外关于公司设立的条件；内部管理混乱，无法正常经营；存在重大违法行为，未得到有效整改；未按规定缴纳监管费的，中国保监会在对保险专业代理机构经营情况进行全面审查和综合评价后，作出是否批准延续许可证有效期的决定；决定不予延续的，应当书面说明理由。

保险专业代理公司有下列情形之一的，中国保监会依法办理许可证注销手续，并予以公告：许可证有效期届满，中国保监会依法不予延续的；许可证依法被撤回、撤销或者吊销的;保险专业代理公司解散、被依法吊销营业执照、被撤销、责令关闭或者被依法宣告破产的;法律、行政法规规定应当注销许可证的其他情形。

2. 变更

保险专业代理公司分立、合并或变更组织形式的应当报中国保监会批准。保险专业代理公司名称或者分支机构名称、住所或者分支机构经营场所、发起人、主要股东姓名或者名称、主要股东、注册资本变更的,以及股权结构重大变更、修改公司章程、撤销分支机构应当自事项发生之日起5日内,书面报告中国保监会。

保险专业代理公司因分立、合并需要解散,或者根据股东会、股东大会决议解散,或者公司章程规定的解散事由出现的,应当经中国保监会批准后解散。

3. 业务范围

保险专业代理机构可以经营下列保险代理业务:(1)代理销售保险产品;(2)代理收取保险费;(3)代理相关保险业务的损失勘查和理赔;(4)中国保监会规定的其他业务。保险专业代理机构从事保险代理业务,应当与被代理保险公司签订书面委托—代理合同,依法约定双方的权利与义务及其他事项。委托—代理合同不得违反法律、行政法规及中国保监会有关规定。除中国保监会另有规定外,保险专业代理机构从事保险代理业务不得超出被代理保险公司的业务范围和经营区域。

4. 执业管理

保险专业代理机构及其从业人员在开展保险代理业务过程中,不得有下列欺骗保险公司、投保人、被保险人或者受益人的行为:隐瞒或者虚构与保险合同有关的重要情况;误导性销售;伪造、擅自变更保险合同,销售假保险单证,或者为保险合同当事人提供虚假证明材料;阻碍投保人履行如实告知义务或者诱导其不履行如实告知义务;虚构保险代理业务或者编造退保,套取保险佣金;虚假理赔;串通投保人、被保险人或者受益人骗取保险金;其他欺骗投保人、被保险人、受益人或者保险公司的行为。

保险专业代理机构及其从业人员在开展保险代理业务过程中,不得有下列行为:利用行政权力、股东优势地位或者职业便利以及其他不正当手段,强迫、引诱或者限制投保人订立保险合同或者限制其他保险中介机构正当的经营活动;挪用、截留、侵占保险费、退保金或者保险金;给予或者承诺给予保险公司及其工作人员、投保人、被保险人或者受益人合同约定以外的利益;利用业务便利为其他机构或者个人牟取不正当利益;泄露在经营过程中知悉的投保人、被保险人、受益人或者保险公司的商业秘密和个人隐私。

保险专业代理机构不得与非法从事保险业务或者保险中介业务的机构或者个人发生保险代理业务往来。保险专业代理机构不得代替投保人签订保险合同。

(二)保险兼业代理人

保险兼业代理人是指受保险人委托,在从事自身业务的同时,为保险人代办保险业务的单位。党政机关及其职能部门、事业单位和社会团体不得从事保险代理业务。

1. 市场准入

保险兼业代理人资格申报及有关内容的变更,应由被代理的保险公司报中国保监会核准。申请保险兼业代理资格应具备下列条件:具有工商行政管理机关核发的营业执照;

有同经营主业直接相关的一定规模的保险代理业务来源；有固定的营业场所；具有在其营业场所直接代理保险业务的便利条件。中国保监会对经核准取得保险兼业代理资格的单位颁发《保险兼业代理许可证》。许可证有效期限为3年，保险兼业代理人应在有效期满前2个月申请办理换证事宜。保险兼业代理人资格申报及有关内容的变更，应由被代理的保险公司报中国保监会核准。

2. 业务范围

保险兼业代理人只能为一家保险公司代理保险业务，其业务一般包括代理推销保险产品、代理收取保费。代理业务范围以《保险兼业代理许可证》核定的代理险种为限。保险兼业代理人只能在其主业营业场所内代理保险业务，不得在营业场所外另设代理网点。

3. 执业管理

保险兼业代理人从事保险代理业务，不得擅自变更保险条款，提高或降低保险费率；不得利用行政权力、职务或职业便利强迫、引诱投保人购买指定的保单；不得使用不正当手段强迫、引诱或者限制投保人、被保险人投保或转换保险人；不得串通投保人、被保险人或受益人欺骗保险人；不得对其他保险机构、保险代理机构作出不正确的或误导性的宣传；不得代理再保险业务；不得挪用或侵占保险费；不得兼做保险经纪业务；不得从事中国保监会认定的其他损害保险人、投保人和被保险人利益的行为。

(三) 保险个人代理人

保险个人代理人是指接受保险人委托，为保险人代办保险业务的自然人。个人代理人必须是专职代理，不得同时从事其他职业。必须通过从业资格考试，取得保险代理人资格证书，与保险公司签订保险代理合同，持有所代理保险公司的《展业证书》，方可从事保险代理业务。《保险法》规定：个人保险代理人在代为办理人寿保险业务时，不得同时接受两个以上保险人的委托。人寿保险期限长、涉及被保险人的人身利益，并且随着人民生活水平的提高，人寿保险的业务不断扩大，竞争日益激烈，为了防止恶性竞争，危害被保险人的利益，保险法作出了这样的规定。

个人代理人的业务范围包括：代理推销保险产品、代理收取保险费。个人代理人不可以代理企业财产保险和团体人身保险业务。

二、保险经纪人监管

保险经纪人又称保险经纪机构，是基于投保人的利益，为投保人与保险人订立保险合同提供中介服务，并依法收取佣金的单位。与保险代理人代理保险人不同，保险经纪人一般是代表投保人的利益，并且一切行为由保险经纪人自己承担法律责任。

保险经纪人通过向投保人提供保险方案、办理投保手续、代投保人索赔并提供防灾、防损或风险评估、风险管理等咨询服务，使投保人对经营中自身存在的风险有比较充分的认识，并参考保险经纪人提供的专业的保险建议，使投保人所存在的风险得到有效的控制和转移，达到以最合理的保险支出获得最大的风险保障的目的。

根据委托方的不同，保险经纪人包括直接保险经纪人和再保险经纪人。直接保险经纪人指直接介于投保人和原保险人之间的中间人,它直接接受投保客户的委托。再保险经纪人是促成再保险分出公司与接受公司建立再保险关系的中介人。他们把分出公司视为自己的客户,在为分出公司争取较优惠条件的前提下选择接受公司并收取由后者支付的佣金。

(一) 市场准入

保险经纪机构可以采取合伙企业、有限责任公司、股份有限公司等组织形式。

设立保险经纪机构,应当具备下列条件:(1)股东、发起人信誉良好,最近3年无重大违法记录;(2)注册资本达到《公司法》和本规定的最低限额;(3)公司章程符合有关规定;(4)董事长、执行董事和高级管理人员符合本规定的任职资格条件;(5)具备健全的组织机构和管理制度;(6)有与业务规模相适应的固定住所;(7)有与开展业务相适应的业务、财务等计算机软硬件设施;(8)法律、行政法规和中国保监会规定的其他条件。

保险经纪公司的注册资本不得少于人民币1 000万元,并且必须为实缴货币资本。

保险经纪公司以注册资本最低限额设立的,可以申请设立3家分支机构。申请设立保险经纪分支机构应当具备下列条件:内控制度健全;注册资本达到《保险经纪机构监管规定》的要求;拟任主要负责人符合《保险经纪机构监管规定》的任职资格条件;拟任主要负责人符合本规定的任职资格条件;拟设分支机构具备符合要求的营业场所和与经营业务有关的其他设施。

申请设立保险经纪公司,全体股东、全体发起人应当指定代表或者共同委托代理人,向中国保监会办理申请事宜。中国保监会依法批准设立保险经纪机构的,应当向申请人颁发许可证。申请人收到许可证后,应当按照有关规定办理工商登记,领取营业执照后方可开业。保险经纪机构自取得许可证之日起90日内,无正当理由未向工商行政管理机关办理登记的,其许可证自动失效。

(二) 变更与退出

保险经纪机构有下列情形之一的,应当自事项发生之日起5日内,书面报告中国保监会:(1)变更名称或者分支机构名称;(2)变更住所或者分支机构营业场所;(3)发起人、主要股东变更姓名或者名称;(4)变更主要股东;(5)变更注册资本;(6)股权结构重大变更;(7)修改公司章程;(8)撤销分支机构。

保险经纪公司因下列情形之一退出市场的,中国保监会依法注销许可证,并予以公告:(1)许可证有效期届满,中国保监会依法不予延续;(2)许可证依法被撤回、撤销或者吊销;(3)保险经纪公司解散、被依法吊销营业执照、被撤销、责令关闭或者被依法宣告破产;(4)法律、行政法规规定的其他情形。

保险经纪公司分支机构有下列情形之一的,中国保监会依法注销许可证,并予以公告:(1)所属保险经纪公司许可证被依法注销;(2)被所属保险经纪公司撤销;(3)被依法责令关闭、吊销营业执照;(4)许可证依法被撤回、撤销或者吊销;(5)法律、行政法规规定应当注销许可证的其他情形。

(三) 执业管理

根据《保险经纪机构监管规定》的规定,保险经纪机构及其业务人员在开展经纪业务过程中,不得有欺骗保险公司、投保人、被保险人或者受益人的行为:(1)隐瞒或者虚构与保险合同有关的重要情况;(2)误导性销售;(3)伪造、擅自变更保险合同,销售假保险单证,或者为保险合同当事人提供虚假证明材料;(4)阻碍投保人履行如实告知义务或者诱导其不履行如实告知义务;(5)未取得投保人、被保险人的委托或者超出受托范围,擅自订立或者变更保险合同;(6)虚构保险经纪业务或者编造退保,套取佣金;(7)串通投保人、被保险人或者受益人骗取保险金;(8)其他欺骗投保人、被保险人、受益人或者保险公司的行为。

保险经纪机构及其业务人员在开展经纪业务过程中,不得有下列不正当竞争行为:(1)利用行政权力、股东优势地位或者职业便利以及其他不正当手段强迫、引诱或者限制投保人订立保险合同或者限制其他保险中介机构正当的经营活动;(2)挪用、截留、侵占保险费、退保金或者保险金;(3)给予或者承诺给予保险公司及其工作人员、投保人、被保险人或者受益人合同约定以外的利益;(4)利用业务便利为其他机构或者个人牟取不正当利益;(5)泄露在经营过程中知悉的投保人、被保险人、受益人或者保险公司的商业秘密和个人隐私。保险经纪机构不得以捏造、散布虚假事实等方式损害竞争对手的商业信誉,不得以虚假广告、虚假宣传或者其他不正当竞争行为扰乱保险市场秩序。

三、保险公估人监管

保险公估人是指保险监管机构批准设立,接受保险当事人委托,专门从事保险事故的勘验、鉴定、评估、理算等业务的机构或个人。保险公估人的评估、鉴定结果关系到保险人、被保险人的合法权益,为了规范保险公估机构的行为,中国保监会制定了《保险公估机构监管规定》,于 2009 年 10 月 1 日起执行。在其中,对保险公估机构的设立、变更、转让、终止、从业资格、经营管理等作了较为详细的规定。

《保险法》规定,保险活动当事人可以委托保险公估机构等依法设立的独立评估机构或者具有相关专业知识的人员,对保险事故进行评估和鉴定。接受委托对保险事故进行评估和鉴定的机构和人员,应当依法、独立、客观、公正地进行评估和鉴定,任何单位和个人不得干涉。因故意或者过失给保险人或者被保险人造成损失的,依法承担赔偿责任。

第三十七章
期货监管法律制度

第一节　期货市场监管与期货法

一、期货市场与期货监管法的含义

期货交易是指在期货交易所按标准期货合约条款，通过竞价方式买卖期货或期货选择权的活动的总称。

期货交易源于美国早期农产品交易。当年，农产品交易商为了分散贷款和销售的风险，往往寻求与来年的农产品需求者订立远期供货协议，最早的期货市场由此形成。1848年，美国芝加哥期货交易所建成，并将远期合约规范为标准的期货合约。由于期货交易顺应了转移风险、稳定经营成本的需要，在世界上迅速发展起来，越来越多的商品成为期货合约的标的，特别是在20世纪70年代后，金融期货的出现，使期货市场得到了进一步的发展。

期货市场具有发现价格和套期保值的功能，但也方便投机者投机赢利。期货交易以标准合约为交易标的，必须在交易所内进行交易。交易主体以赢利为目的，以各自对未来市场的预测为价格协商的基础，这就难免受到许多未知因素的制约和影响，也就决定了期货交易和期货市场的高风险性。为了发挥期货市场的积极功能抑制其消极作用，保障期货市场规范运作和健康发展，需要建立并强化对期货市场的监管。立法并依法监管期货市场受到了世界各国的普遍重视。

期货法是关于期货交易以及对期货市场进行监督管理的法律规范的总称。期货市场监管是期货法中最为重要的内容，本章专门阐述期货监管的法律制度。

我国期货市场自1990年开始试点，曾一度出现盲目发展的势头，国家有关部门也曾发布过一系列法规、规章和规范性文件，进行规范整顿，经过几年努力，期货市场试点工作开始步入正轨。国务院于1999年6月2日发布《期货交易管理暂行条例》，2007年国务院对条例进行修改后重新公布。2012年10月24日，国务院颁布《期货交易管理条例》。此后，期货监管机构又有一系列的期货监管规章出台，标志着我国期货市场法制建设迈上了一个新台阶，也标志着我国期货市场试点工作进入一个新阶段。随着期货市场的发展，期货纠纷也渐渐涌现。为了正确审理期货纠纷案件，最高人民法院于2003年6月18日和2010年12月31日分别颁布了《最高人民法院关于审理期货纠纷案件若干问题的规定》

和《最高人民法院关于审理期货纠纷案件若干问题的规定(二)》,对审理期货纠纷案件的若干问题作出了相应的司法解释。目前,中国期货市场一跃成为全球最大商品期货市场,沪深300股指期货也填补了金融期货的空白,中国期货市场在规范中逐步走向成熟,正处于从量的扩张向质的提升转变的关键时期。

二、期货监管的原则

期货监管的原则是期货法规定的,要求期货交易者和管理监督者必须遵守的最基本的行为准则,它是期货监管法的精神所在,贯穿在期货法律法规的始终。

(一) 期货市场统一监管原则

在我国,法规规定由国务院证券期货监督管理机构对期货市场实行集中统一的监管,这是从我国国情出发,建立全国统一的期货市场,形成对期货市场的全面有效监管的有力措施。

在我国期货市场初建时期,各部门各地区竞相开办期货交易所和期货公司,条条块块分头管理,加上法规缺乏,呈现无序状态。1993年以后,经初步清理整顿,国务院正式明确统一监管原则,集中由证券监管机构对期货市场的试点工作进行指导、规划、协调和监管。统一监管,有利于维护期货市场秩序、确保期货市场的效率,保护投资者的利益,有效地促进期货市场的健康发展。

(二) 公开、公平和公正原则

公开原则,是指期货交易必须在公开的场合中进行,包括交易行为公开和信息公开,保证期货市场具有较高的透明度。公开原则决定了内幕交易、操纵交易等非公开竞争行为的非法性,并应受到处罚。

公平原则,是指期货交易的机会公平和期货交易的前提公平。公平原则要求法律为交易主体设定平等地位,提供平等机会,并禁止欺诈。

公正原则,是指法律为期货交易提供公正的交易环境,包括交易过程的公正和处理争议的公正。前者要求在期货交易过程中,严格按照"时间优先、价格优先"的原则成交;后者要求期货交易所或期货行业协会或政府监督管理部门或仲裁诉讼机构,均应公正地处理期货交易主体的权利义务关系。

第二节 期货监管体制

一、期货市场监管的模式

世界各国根据自己不同的国情,建立了不同的期货市场监管体制。

美国为代表的是集中统一监管型。所谓集中统一监管,是指由政府设置专门的机构,根据法律赋予的职责，履行监督管理期货市场的职能。美国的商品期货交易委员会(CFTC)集中对期货市场进行全面管理。这是根据1974年《商品期货交易法》设立的一个独立的政府机构，统一监管全美境内除证券期货外所有的期货市场。

日本为代表的是分散监管型。所谓分散监管，是指政府不专门设置监督管理期货市场的行政机构，而由有关政府职能部门根据法律，分别履行监督管理期货市场的职能。日本由大藏省、通产省、农林水产省分别对金融期货市场、工业品期货市场和农产品期货市场进行监督管理。

英国为代表的是自律主导型。所谓自律主导，就是由期货业自律组织自我管理为主，政府只起指导作用。英国的非官方机构证券投资委员会(SIB)对期货市场及期货机构进行着有效的监管。①

以上三种模式各具特色，其中美国的集中统一监管型，较强调政府的干预，监管机构的权威性较强，并有相应立法作为保证，有自律组织作为辅助，较适合发展中国家期货市场的监管。我国采取的亦是集中统一监管型，并将期货与证券监管合为一个机构。

二、期货监管机构及其职权

期货监管机构即根据国家法律规定，在期货市场中享有监督管理权的国家机关，如美国的商品期货交易委员会、日本的大藏省等。我国《期货交易管理条例》规定，国务院期货监督管理机构对期货市场实行集中统一的监督管理。国务院期货监督管理机构的派出机构依照本条例的有关规定和国务院期货监督管理机构的授权，履行监督管理职责。

期货交易所、期货公司及其他期货经营机构、期货保证金安全存管监控机构，应当向国务院期货监督管理机构报送财务会计报告、业务资料和其他有关资料。

国务院期货监督管理机构依法履行职责，进行监督检查或者调查时，被检查、调查的单位和个人应当配合，如实提供有关文件和资料，不得拒绝、阻碍和隐瞒；其他有关部门和单位应当给予支持和配合。国务院证券期货监管机构在检查中，发现有违法嫌疑的，可进入涉嫌违法行为发生场所调查取证；查阅、复制当事人和与被调查事件有关的单位和个人的期货交易记录、财务会计资料以及其他相关文件和资料；对可能被转移、隐匿或者毁损的文件和资料可以予以封存；对违反期货市场监督管理法律、行政法规的行为进行查处。

国务院期货监管机构对有期货违法嫌疑的单位和个人有权进行询问、调查；对期货交易所、期货经纪公司、会员和客户在商业银行或者其他金融机构开立的单位存款账户可以进行查询；对有证据证明有转移或者隐匿违法资金迹象的，可以申请司法机关予以冻结。有关单位和个人应当给予支持、配合。

当期货市场出现异常情况时，国务院期货监督管理机构可以采取必要的风险处置措施。

国务院期货监督管理机构对期货交易所、期货公司及其他期货经营机构和期货保证金安全存管监控机构的董事、监事、高级管理人员以及其他期货从业人员，实行资格管理

① 唐波著：《期货法论》，世界图书出版公司1998年版，第209—210页。

制度。国务院期货监督管理机构制定期货从业人员的资格标准和管理办法,并监督实施。

三、期货市场的自律

期货业协会与期货交易所扮演着自律的角色。

通常,期货业协会在期货监管机构的指导下,由期货业各机构共同组成,实行自我管理、自我约束,维护会员合法权益。美国的全国期货协会作为一个行业组织,有着广泛的基础,行使制定并实施行规和道德标准、审查会员资格、对会员期货商的账户和财务进行审计监督、调节交易纠纷等职权,还提供信息、培训等服务,组织资格考试。1995 年,我国期货业协会成立,其主要职能包括:组织和教育会员贯彻实施期货法律法规;制定会员行为准则,强化职业道德规范;监管已注册会员的经营情况;调解纠纷;宣传普及期货及法制知识;发展调研;对违规的会员处罚;等等。

期货交易所也要依法建立健全规章制度,加强对场内交易活动的风险控制,加强对会员的监管。

第三节　期货交易所监管的法律规定

一、期货交易所概述

(一) 期货交易所的性质

期货交易所是为期货交易提供场所、设施及相关服务和规则的非营利性法人组织。《期货交易管理条例》规定:“期货交易所不以营利为目的,按照其章程的规定实行自律管理,期货交易所以其全部财产承担担民事责任。”期货交易所的功能是:

(1) 维护期货交易正常运行的功能。首先,期货交易所为期货交易提供场所、设备和服务,但本身并不参加交易,其主要功能是通过防止价格操纵和市场垄断,设立监视制度,管理期货交易,维持市场秩序。其次,通过规范委托单的执行,防止对作、擅为买卖相对人以及其他违反公平竞争原则的交易行为,保护各交易当事人的利益,使其免受不法活动的侵害。

(2) 健全财务功能。通过建立最低保证金标准制度、检查会员财务制度以及每日结算制度,实行期货交易市场的风险监控。

(3) 自律功能。交易所通过设立自律规章的执行机构和惩戒委员会,约束会员,使自行制定的各项规章制度得到严格执行。

(二) 期货交易所的组织形式

期货交易所在组织形式上,有公司制和会员制两大类。公司制交易所是股份有限公司或有限责任公司的形式设立的企业法人。其特点是,投资者是交易所的股东,而交易所的会员只是交易商。会员制交易所是由会员共同出资兴建的非营利性经济组织。其特点是,交易所的建设和营运资本由会员以交纳会费的形式筹集,交易所收入有结余时,会员不享有回报的权利,而当交易所出现亏空时,会员必须以增加会费的形式承担,会员相互之间享有同等的权利和义务。

由于公司制和会员制在国际上都有成功的范例,所以采取何种组织形式,应从国情出发。我国的期货交易所一般采取非营利性的会员制法人。自 1990 年郑州粮食批发市场建立后,中国所有的商品期货交易所均采用了会员制,只有 2006 年新成立的中国金融期货交易所是唯一的例外,采用公司制组织形式。

我国期货交易所的会员应当是中华人民共和国境内登记注册的企业法人或者其他经济组织。期货交易所可以实行会员分级结算制度。实行会员分级结算制度的期货交易所会员由结算会员和非结算会员组成。

二、期货交易所的准入与退出

(一) 期货交易所的设立

设立期货交易所,由国务院期货监督管理机构审批。未经国务院批准或者国务院期货监督管理机构批准,任何单位或者个人不得设立期货交易场所或者以任何形式组织期货交易及其相关活动。

设立期货交易所一般应具备以下条件:(1)地点要符合期货市场发展规划,具备较好的交通、金融、信息条件;(2)有确定的符合期货交易要求的上市品种;(3)具有符合规定的资金和从业人员;(4)有与交易规模和上市品种相适应的场地、设施、通讯和交通条件;(5)有制定交易规则和管理办法等等。

根据我国情况,在设立期货交易所时,还应结合考察经济区域、期货品种辐射面以及产地或消费地等因素,并遵循合并的原则,以防交易所布局不合理、数量过多等弊病的产生。

申请设立期货交易所,应提交章程、业务规则等文件。我国期货交易所设理事会,理事长、副理事长由国务院证券期货监管机构提名,理事会选举产生。期货交易所设总经理、副总经理,由国务院证券期货监管机构任免,总经理为期货交易所的法定代表人。属于证券法规定不得担任证券交易所高级管理人员情形、或者国务院证券期货监管机构规定的其他情形的,不得担任期货交易所的高级管理人员、财务会计人员。国家公务员不得在期货交易所任职。

(二) 期货交易所的变更、终止

期货交易所有下列情形之一的,应当经国务院期货监督管理机构批准:(1)制定或者修改章程、交易规则;(2)上市、中止、取消或者恢复交易品种;(3)上市、修改或者终止合约;(4)变更住所或者营业场所;(5)合并、分立或者解散;(6)国务院期货监督管理机构规定的其他情形。

期货交易所的合并、分立,由国务院证券期货监管机构审批。

期货交易所因下列情形之一解散:(1)章程规定的营业期限届满,会员大会决定不再延续;(2)会员大会决定解散;(3)国务院证券期货监管机构决定关闭。期货交易所因上述(1)、(2)两项情形解散的,由国务院证券期货监管机构审批。

三、期货交易所的业务与风险监管

期货交易所的基本职责是:提供期货交易的场所、设施和服务;设计合约、安排合约上市;组织、监督期货交易、结算和交割;为期货交易提供集中履约担保;按照章程和交易规则对会员进行监督管理等。

期货交易所不得直接或者间接参与期货交易。未经国务院期货监督管理机构审核并报国务院批准,期货交易所不得从事信托投资、股票投资、非自用不动产投资等与其职责无关的业务。期货交易所应当依法建立、健全各项规章制度,加强对期货交易所交易活动的风险控制和对会员以及期货交易所工作人员的监督管理。

当期货市场出现异常情况,即在交易中发生操纵市场并严重扭曲价格形成的行为或者不可抗力的突发事件以及国务院期货监督管理机构规定的其他情形时,期货交易所可以按照其章程规定的权限和程序,决定采取下列紧急措施,并应当立即报告国务院期货监督管理机构:提高保证金;调整涨跌停板幅度;限制会员或者客户的最大持仓量;暂时停止交易;采取其他紧急措施。异常情况消失后,期货交易所应当及时取消紧急措施。

期货交易所的所得收益应当按照国家有关规定管理和使用,不得分配给会员,不得挪作他用。期货交易所的税后所得按照国家有关规定提取公益金后,应当全部转作公积金,用于弥补以后年度发生的亏损。

期货交易所应当及时公布上市品种期货合约的成交量、成交价、持仓量、最高价和最低价、开盘价和收盘价及其他应公布的信息,并保证信息的真实、准确。期货交易所不得公布价格预测信息。

期货交易所的工作人员应当忠实履行职务,不得以任何方式为自己从事期货交易,不得泄露内幕信息或者利用内幕信息获得非法利益。期货交易所的工作人员履行职务,遇有与本人或者其亲属有利害关系的情形时,应当回避。期货交易所的工作人员在任职期间或者离开期货交易所未满一年的,不得在该期货交易所的会员单位任职。期货交易所总经理离任时,期货交易所应当聘请具有从事相关业务审计资格的中介机构对其进行离任审计。中国证监会认为必要时,可以指定中介机构进行离任审计。

第四节　期货公司监管的法律规定

一、期货公司的性质

期货公司是依法成立,接受客户委托,以自己名义为客户进行期货交易的企业法人。

期货经纪公司是法人期货经纪商。期货经纪商通常可作以下分类：

按经营业务的专一化程度不同，可将期货经纪商分为专业期货经纪商和兼营期货经纪商。前者指专业经营期货经纪业务的经纪商，而后者是既从事期货业务，又从事证券等业务的经纪商。

按期货经纪商是否为期货交易所的会员，可将期货经纪商划分为会员期货经纪商和非会员期货经纪商。前者有资格直接进场。按期货经纪商的构成，可将期货经纪商分为法人期货经纪商和个人期货经纪商。在美国、新加坡和我国香港特别行政区均允许个人成为期货经纪商。我国期货经纪商必须为法人，即期货经纪公司。

期货经纪公司为客户从事期货交易的结果由客户承担。期货经纪公司的营业部在授权范围内开展业务，其民事责任由期货经纪公司承担。

二、期货公司的准入与退出

(一) 期货公司设立核准

各国期货法对期货经纪商的核准均有专门的规定，但世界各国和地区规定不同，有关期货经纪商核准的立法有以下两种模式：

一是登记主义。又称准则主义，以美国和我国香港特别行政区为代表。美国的商号或公司申请成为期货经纪商，必须向美国商品期货交易委员会申请登记并注册，而且必须成为期货交易所的会员，注册登记的效力最多为一年，除被依法中止或被撤销，期货经纪商欲继续经营，必须重新申请登记。

二是许可主义。由国家期货主管机关对申请从事期货经纪业务的申请人进行实质性审查，经审查合格后颁发许可证，申请人取得期货经纪商资格。日本、新加坡及我国采用该制度。

设立期货公司，必须经国务院期货监管机构批准，取得监管机构颁发的期货经纪业务许可证，并在国家工商行政管理局登记注册。未经国务院证券期货监管机构批准，任何单位或者个人不得从事期货经纪业务，不得在其名称中使用“期货经纪”、“期货代理”或者其他类似字样。

设立期货公司，应当符合公司法的规定，并应当具备下列条件：(1)注册资本最低限额为人民币 3 000 万元；(2)董事、监事、高级管理人员具备任职资格，从业人员具有期货从业资格；(3)有符合法律、行政法规规定的公司章程；(4)主要股东以及实际控制人具有持续盈利能力，信誉良好，最近 3 年无重大违法违规记录；(5)有合格的经营场所和业务设施；(6)有健全的风险管理和内部控制制度；(7)国务院期货监督管理机构规定的其他条件。

期货公司根据业务需要可以设立营业部，作为分支机构。设立营业部应当符合国务院期货监督管理颁发的经营许可证，并在国家工商行政管理局登记注册。(1)注册资本最低限额为人民币 3 000 万元；(2)主要管理人员和业务人员必须具有期货从业资格；(3)有固定的经营场所和合格的交易设施；(4)有健全的管理制度；(5)国务院证券期货监管机构规定的其他条件。

期货经纪公司根据业务需要可以设立营业部，作为分支机构。设立营业部应当符合国务院证券期货监管机构规定的条件,经国务院证券期货监管机构批准,取得国务院证券期货监管机构颁发的经营许可证,并在国家工商行政管理局登记注册。

(二)从业人员的市场准入

我国《期货经营机构从业人员管理暂行办法》(已废止)规定,期货机构管理人员包括:期货公司的正、副总经理及相当于副总经理以上职务者;期货经纪公司业务部门的正、副经理;期货兼营机构中期货营业部门的正、副经理。期货经营机构业务人员包括:从事期货交易劝诱、开户、受托、执行、保证金收付、结算及交割业务的人员;从事期货交易投资分析、咨询或期货经营机构财务、业务稽核及其他相关业务的人员。

从业人员应同时具备下列条件:具有中华人民共和国国籍;具有完全民事行为能力;品行良好、正直诚实,具有良好的职业道德;未受过刑事处罚,并在申请从事期货业务前连续3年无经济违法记录;接受过专业培训,并取得培训机构颁发的结业证书后,在中国证券监督管理委员会授权统一组织的从业人员资格考试合格,并且获得中国证券监督管理委员会授权统一颁发的从业人员资格证书。

管理人员除应具备从业人员具备的条件外,还应具备大专以上学历,并符合下列条件之一:在证券或金融机构工作3年以上,并曾担任证券或金融机构部门经理以上或同等职务;在证券或金融机构工作5年以上,并曾担任证券或金融机构部门副经理以上或同等职务;从事期货交易上市品种相同商品的经营工作3年以上,并曾担任部门经理以上或同等职务;在期货、证券、金融行政管理部门工作5年以上,并曾任科长以上或同等职务;有充分事实证明其具备期货专业知识或期货经营经验,并能有效经营期货业务。

(三)期货公司变更终止的核准

期货公司办理下列事项,应当经国务院期货监督管理机构批准:(1)合并、分立、停业、解散或者破产;(2)变更业务范围;(3)变更注册资本且调整股权结构;(4)新增持有5%以上股权的股东或者控股股东发生变化;(5)设立、收购、参股或者终止境外期货类经营机构;(6)国务院期货监督管理机构规定的其他事项。

期货公司办理下列事项,应当经国务院期货监督管理机构派出机构批准:(1)变更法定代表人;(2)变更住所或者营业场所;(3)设立或者终止境内分支机构;(4)变更境内分支机构的经营范围;(5)国务院期货监督管理机构规定的其他事项。

期货公司或者其分支机构有《中华人民共和国行政许可法》第70条规定的情形或者下列情形之一的,国务院期货监督管理机构应当依法办理期货业务许可证注销手续:(1)营业执照被公司登记机关依法注销;(2)成立后无正当理由超过3个月未开始营业,或者开业后无正当理由停业连续3个月以上;(3)主动提出注销申请;(4)国务院期货监督管理机构规定的其他情形。

期货公司在注销期货业务许可证前,应当结清相关期货业务,并依法返还客户的保证金和其他资产。期货公司分支机构在注销经营许可证前,应当终止经营活动,妥善处理客户资产。

三、期货公司业务与风险的监管

期货公司除接受客户委托,从事期货交易所上市期货合约的买卖、结算、交割及相关服务业务外,不得从事其他业务。期货公司不得从事或者变相从事期货自营业务。

期货经纪公司接受客户委托,以自己的名义为客户进行期货交易,交易结果由客户承担。

期货公司除了有佣金请求权和保证金请求权外,还有平仓的权利。这是因为在期货交易中,期货公司接受客户委托后,以自己的名义进行交易,所以,当期货市场价格变化不利于客户所持仓位时,期货公司首先承担风险。为了规避此种风险,期货公司有权要求客户追加保证金。如果客户不能按要求追加保证金时,期货经纪公司有权将客户的仓位平仓。期货经纪公司可以行使平仓权利的通常情形包括:(1)客户经通知而未能追加保证金;(2)作为客户的个人死亡或丧失民事行为能力;(3)作为客户的法人终止或破产。

期货经纪公司应当为每一个客户单独开立专门账户、设置交易编码,不得混码交易。期货经纪公司向客户收取交易手续费,应当按照国务院有关部门的统一规定执行。

期货经纪公司应向客户披露期货交易风险,不得向客户作获利保证或者与客户约定分享权益或者共担风险,不得接受公司、企业或其他经济组织以个人名义委托进行期货交易,不得将受托业务进行转委托或接受转委托业务。

期货经纪公司向客户提供的期货市场行情应当真实、准确,不得隐瞒重要事项或者使用其他不正当手段诱骗客户发出交易指令。

期货经纪公司根据客户的交易指令,为其进行期货交易。期货经纪公司不得未经客户委托或者不按照客户委托范围,擅自进行期货交易。

为维护客户的利益,便于客户查询,便于期货监督管理部门的检查,期货经纪公司应作好下列记录并保持法定期限:客户账户中的资金总额;期货经纪公司对客户资金享有的剩余利益;开户记录;交易记录;每位客户的分类账;每一营业日的交易记录或交易日志等。期货经纪公司向客户收取的保证金,属于客户所有;期货经纪公司除按照监管机构的规定为客户向期货交易所交存保证金、进行交易结算外,严禁挪作他用。

期货经纪公司应当建立、健全内部业务管理规则,加强对客户资信情况的审查,并应当按照期货交易所的规定,向期货交易所报告大户名单、交易情况。期货经纪公司应当按照监管机构的规定提取、管理和使用风险准备金,不得挪用。

第五节　期货交易监管的法律规定

一、期货交易主体的准入

我国《期货交易管理条例》对参与期货交易的主体作出限制,主要有:

(1) 下列单位和个人不得从事期货交易,期货公司不得接受其委托为其进行期货交易:国家机关和事业单位;国务院期货监督管理机构、期货交易所、期货保证金安全存管监控机构和期货业协会的工作人员;证券、期货市场禁止进入者;国务院期货监督管理机构规定不得从事期货交易的其他单位和个人。

(2) 国有以及国有控股企业进行境内外期货交易,应当遵循套期保值的原则,严格遵守国务院国有资产监督管理机构以及其他有关部门关于企业以国有资产进入期货市场的有关规定。

(3) 国务院商务主管部门对境内单位或者个人从事境外商品期货交易的品种进行核准。境外期货项下购汇、结汇以及外汇收支,应当符合国家外汇管理有关规定。境内单位或者个人从事境外期货交易的办法,由国务院期货监督管理机构会同国务院商务主管部门、国有资产监督管理机构、银行业监督管理机构、外汇管理部门等有关部门制定,报国务院批准后施行。

二、场内交易

在期货交易所内进行期货交易的,应当是期货交易所的会员。符合规定条件的境外机构,可以在期货交易所从事特定品种的期货交易。具体办法由国务院期货监督管理机构制定。

客户可以通过书面、电话、互联网或者国务院期货监督管理机构规定的其他方式,向期货公司下达交易指令。客户的交易指令应当明确、全面。期货公司不得隐瞒重要事项或者使用其他不正当手段诱骗客户发出交易指令。

期货交易所实行集中竞价,按照价格优先、时间优先的撮合成交原则进行。

期货交易的结算,由期货交易所统一组织进行。结算是根据期货交易所公布的结算价格对交易双方的交易盈亏状况进行的资金清算。期货交易所实行当日无负债结算制度。期货交易所应当在当日及时将结算结果通知会员。

在交割期届满前,期货交易者可以买入或卖出与其所持期货合约的品种、数量及交割月份相同但交易方向相反的期货合约,了结期货交易。交割期届至仍未平仓的,应按约进行实物交割,并按交易所的规则和程序,由交易双方通过对该期货合约所载商品所有权的转移,了结到期未平仓的合约。

期货交易的交割,由期货交易所统一组织进行。期货交易所不得限制实物交割总量。交割仓库由期货交易所指定,期货交易所应与交割仓库签订协议,明确双方的权利与义务。交割仓库不得出具虚假仓单;不得违反期货交易所业务规则限制交割商品入库、出库;不得泄露期货交易有关的商业秘密;不得违反国家有关规定参与期货交易。

三、期货合约的审定

期货合约,是指由期货交易所统一制定的,规定在将来某一确定时间和地点交收一定数量和质量商品或者金融工具的标准化合约。其特征如下:

第一，期货合约由期货交易所设计并必须由期货监督管理部门审定。期货合约与期货交易所联系密切，为便于管理，期货合约由期货交易所开发、设计。期货交易事关社会经济的运行，选择何种商品上市交易，不仅对合约当事人的经济效益产生影响，而且还会影响整个国民经济。期货合约的审批上市是世界各国期货监督管理的一项重要工作。

第二，期货合约内容标准化。按照标准化方式签订的期货合约，可以避免交易过程中的一事一议、一次一议的繁琐谈判和由此产生的纠纷，节约时间，提高效率。期货合约的内容标准化，表现为期货合约条款的格式化，交易双方当事人无权变更其中任何一项条款。期货合约基本条款包括：(1)交易单位，即期货合约所规定的商品数量和数量单位；(2)合约月份，指期货合约的交割月份；(3)交易时间，即交易所开展期货交易的具体时间；(4)最后交易日，即某合约结束交易的日期，逾期则未平仓合约不能继续交易，必须进行实物交收；(5)交割等级，即期货合约所代表的商品质量、规格；(6)交割地点，指合约所规定的买卖双方交收实物的定点仓库；(7)最小变动价位，指买卖期货合约商品的价格最小变动量；(8)每日价格最大波动限制，亦称交易停板额，指买卖合约商品的价格不得高于或低于上一个交易日结算价的某一价格限制。价格条款是期货合约中的唯一变量。

第三，期货合约一经签订，对双方当事人都产生法律效力，都必须履行该期货合约。履行期货合约的方式有两种：一种是在交割期届至前通过对冲了结交易；另一种方式是交割期至进行实物交收。如果合约的当事人任何一方未能以上述方式履行合约义务，则为违约，承担相应的法律责任。

四、风险管理

（一）保证金制

保证金是期货交易者按照规定标准交纳的资金，用于结算和保证履约。期货交易应当严格执行保证金制度。期货交易所向会员、期货经纪公司向客户收取的保证金，不得低于国务院证券期货监管机构规定的标准，并应当与自有资金分开，专户存放。

期货交易所向会员收取的保证金，属于会员所有；期货交易所只能用于会员的交易结算，严禁挪作他用。期货交易所会员的保证金不足时，该会员必须追加保证金。会员未在期货交易所统一规定的时间内追加保证金的，期货交易所应当将该会员的期货合约强行平仓，强行平仓的有关费用和发生的损失由该会员承担。

期货经纪公司在客户保证金不足而客户又未能在期货经纪公司统一规定的时间内及时追加时，应当将该客户的期货合约强行平仓，强行平仓的有关费用和发生的损失由该客户承担。

（二）当日无负债结算制度

又称每日结算制度、逐日盯市制度，对会员交易账户上的所有交易资金，期货交易所应根据当日同类期货合约的结算价格核算交易账户上的盈亏，每日记入各自保证金账户。通过每日核算盈亏，调整保证金账户，使所有账户存有的保证金数额与其持有合约数量所需的履约保证金相当。由于这个制度实行每日结算，又被称为“每日结算无负债”制度。

每日结算的主要内容是平仓结算和持仓结算。期货交易所应当在当日收市后及时将结算结果通知会员。期货经纪公司根据期货交易所的结算结果对客户进行结算,并应当将结果及时通知客户。

(三) 风险准备金制

期货交易所、期货经纪公司应当按照国务院证券期货监管机构、财政部的规定提取、管理和使用风险准备金,不得挪用。会员在期货交易中违约,先以该会员的保证金承担违约责任,保证金不足的,期货交易所应以风险准备金和自有资金代为承担违约责任,并由此取得对该会员的相应追偿权。客户在期货交易中违约的,期货经纪公司比照上述规定执行。

(四) 涨跌停板制和持仓限额制

期货交易所规定,期货合约在一个交易日中的交易价格不得高于或者低于一定的涨跌幅度,超出该涨跌幅度的报价将被视为无效,不能成交。

持仓限额制是期货交易所对期货交易者所持有的未平仓的合约数量规定最高额。大户报告制是期货交易所要求交易量较大的会员及时告知持仓量。

五、禁止的交易行为

禁止内幕信息的知情人员或非法获取内幕信息的人员利用内幕信息从事期货交易,或向他人泄露,使他人利用内幕信息进行期货交易。

禁止任何单位和个人以联合买卖、连续买卖期货合约、串通交易、自买自卖等方式操纵期货交易价格或为影响行情而囤积实物。

禁止任何单位和个人编造、传播有关期货交易的虚假信息、扰乱市场。

禁止期货经纪公司以向客户提供虚假成交回报、挪用客户保证金等方式欺诈客户。

任何单位或个人不得使用信贷资金、财政资金进行期货交易。

违反上述规定的,将予以行政处罚;构成犯罪的,依法追究刑事责任。

图书在版编目（CIP）数据

经济法教程/顾功耘主编.—3版.——上海：上海人民出版社,2013
新世纪法学教材
ISBN 978－7－208－11577－4

Ⅰ.①经… Ⅱ.①顾… Ⅲ.①经济法－中国－高等学校－教材 Ⅳ.①D922.29

中国版本图书馆CIP数据核字(2013)第177370号

责任编辑 王舒娟
封面装帧 王小阳

经济法教程
（第三版）
顾功耘 主编
世纪出版集团
上海人民出版社出版
（200001 上海福建中路193号 www.ewen.co）
世纪出版集团发行中心发行
江苏启东人民印刷有限公司印刷
开本787×1092 1/16 印张51.25 插页4 字数1,164,000
2013年8月第3版 2015年1月第3次印刷
ISBN 978－7－208－11577－4/D·2319
定价 98.00元

新世纪法学教材